丝绸之路经济带沿线国家债法

邓社民 等 译

本丛书得到新疆大学2022年双一流项目和部区合建项目-中亚国家法律文本翻译与研究项目与新疆大学2023年双一流项目和部区合建项目-西北边疆治理与文献研究中心项目（23XB04）以及2023年新疆维吾尔自治区武汉大学小组团援疆项目的大力资助

DEBT LAW

法律出版社 LAW PRESS · CHINA

北京

图书在版编目（CIP）数据

丝绸之路经济带沿线国家债法 / 邓社民等译. 北京：法律出版社，2025. --（丝绸之路经济带沿线国家法律译丛）. -- ISBN 978 - 7 - 5197 - 9332 - 6

Ⅰ. D913.304

中国国家版本馆 CIP 数据核字第 2024YL7494 号

丝绸之路经济带沿线国家法律译丛

丝绸之路经济带沿线国家债法

SICHOU ZHI LU JINGJIDAI YANXIAN GUOJIA ZHAIFA

邓社民 等 译

策划编辑 田 浩
责任编辑 田 浩
装帧设计 汪奇峰

出版发行 法律出版社
编辑统筹 法商出版分社
责任校对 晁明慧
责任印制 胡晓雅
经　　销 新华书店

开本 710 毫米 × 1000 毫米 1/16
印张 78.75 **字数** 800 千
版本 2025 年 8 月第 1 版
印次 2025 年 8 月第 1 次印刷
印刷 中煤(北京)印务有限公司

地址：北京市丰台区莲花池西里 7 号(100073)
网址：www.lawpress.com.cn
投稿邮箱：info@lawpress.com.cn
举报盗版邮箱：jbwq@lawpress.com.cn

销售电话：010 - 83938349
客服电话：010 - 83938350
咨询电话：010 - 63939796

书号：ISBN 978 - 7 - 5197 - 9332 - 6
定价：296.00 元

凡购买本社图书，如有印装错误，我社负责退换。电话：010 - 83938349

丝绸之路经济带沿线国家法律译丛

编 委 会

目　录

Contents

第一部分　白俄罗斯共和国债法

（石浩东　周盛杰　译　邓社民　周盛杰　校对）

白俄罗斯民法典债法部分于 1998 年 10 月 28 日经众议院通过，1998 年 11 月 19 日经共和国委员会批准，1998 年 12 月 7 日生效。1997 年至 2023 年先后修改了 54 次。此文本是根据 2023 年 1 月 3 日修改的文本翻译而成。

目　　录

第三编　债法总则

第一分编　债的一般规定

第二十一章　债的概念和当事人

第二百八十八条　债的概念和产生根据

1. 根据债的关系，一方（债务人）有义务为另一方（债权人）的利益履行一定行为，例如：转让财产、开展工作、支付金钱等，或债务人不履行一定行为，债权人有权要求债务人履行其债务。

2. 债是基于合同、侵权损害、不当得利以及本法和其他法律中规定的其他事由而产生的。

第二百八十九条　债的当事人

1. 一人或数人可作为债权人或债务人的一方参与债的关系。

债权人对债务人其中一人的债权无效，或者对该人的债权时效期届满，并不影响其对其余债务人的债权。

2. 如果基于合同的每一方都对另一方负有责任，则都应被视为对另一方负有为其利益而必须履行一定行为的义务，同时债权人具有向债务人提出实现其债权的权利。

3. 债务不对未作为当事方参与该债权债务关系的人产生义务。

在法律规定或者当事人约定的情况下，债务可以使第三方对债务一方或双方享有权利。

第二十二章　债的履行

第二百九十条　一般规定

必须根据债权债务条款和法律要求适当履行债务，并且在没有此类条款和要求的情况下，应根据习惯要求履行债务。

第二百九十一条　不允许单方面拒绝债务的履行

不允许债务人单方面拒绝履行债务和单方面改变其履行条件，除非法律另有规定或当事人之间另有约定。

第二百九十二条　部分履行债务

债权人有权不接受部分债务的履行，除非法律另有规定或当事人之间另有约定。

第二百九十三条　向适当的人履行债务

除当事人之间另有约定且该约定符合债务的实质内容外，债务人有权在履行债务时要求债权人本人或其授权的人接受履行，债权人或其授权的人不接受履行的应承担违反该要求的风险。

第二百九十四条　第三人履行债务

1. 债务人可以委托第三人履行债务，但法律另有规定或当事人之间另有约定以及根据债务性质必须由债务人亲自履行的除外。在这种情况下，债权人必须接受由第三人代为履行债务。

2. 第三人因债权人要求债务人清偿而产生丧失对债务人财产的权利（租赁权、抵押权等）的风险的，可以不经债务人同意，由第三人对债权人进行清偿。在这种情况下，债权根据本法第 353 条至第 358 条的规定转让给第三人。

第二百九十五条　债务履行期限

1. 如果一项债务规定或能够确定其履行日期或履行期限，则该债务应于该日或该期间内的任何时间履行。

2. 如果一项债务没有规定履行期限，也没有规定确定期限的条件，则该债务必须在债务产生后的一段合理时间内履行。

在合理期限内未履行的债务，以及履行对期限有明确要求的债务，债务人应自收到债权人要求履行债务的书面请求之日起 7 日内履行，但在规定期限外履行不是由法律行为、债务条款或债务的实质要求产生的债务除外。

第二百九十六条　提前履行债务

债务人有权在到期日之前履行债务，但法律另有规定或当事人之间另有约定的除外。只有在法律规定或当事人预先约定了可以提前履行债务，或者根据债务的实质内容需要提前履行的，才可以提前履行。

第二百九十七条　债务履行地点

如果法律未规定或合同未约定履行地点的，从债务内容也无法看出履行地的，则应按照以下情况履行：

（1）转让土地、永久性建筑（建筑物、构筑物）或其他不动产——在财产所在地履行；

（2）根据债务转让货物或其他财产并提供运输时——将财产交付给第一承运人的地点视为履行地点；

（3）对于债务人转让货物或其他财产债务——在货物或财产所在地履行；

（4）对于货币债务——债务产生时债权人的居住地视为履行地，如果债权人是法人，则以债务产生时债权人所在地为履行地。如果债权人在债务履行期时改变了居住地或所在地并通知了债务人，则债权人的新居住地或所在地为履行地，由债权人承担因改变履行地点而多出的费用。

（5）对于其他所有债务——在债务人的居住地履行，如果债务人是法人，则在其所在地履行。

第二百九十八条　金钱债务货币

1. 金钱债务货币必须以白俄罗斯卢布表示。

金钱债务货币规定中，以白俄罗斯卢布支付相当于一定数额的外币或常规货币单位。在这种情况下，以卢布支付的金额应根据支付当日有关货币或常规货币单位的官方汇率确定，除非法律规定或当事人合同约定了其他汇率或确定日期。

2. 在白俄罗斯共和国境内进行债务结算时，在法律规定的情况、程序和条件下，允许使用外币和外币支付单据。

第二百九十九条　增加公民赡养费

根据赡养费协议和其他协议，为补偿对公民的生命和健康造成的损害而支付的赔偿金，应随着法律规定的基数增加而按比例增加。

第三百条　偿还金钱债务债权的顺序

除非白俄罗斯共和国总统令另有规定，否则已支付的金额不足以完全履行货币债务的，应予以清偿：

首先清偿债权人获得履行的费用。

其次是债务本金和使用货币资金应付的利息（借款、贷款、预付款等）。

最后是本法第366条规定的不履行或延迟履行货币债务的利息和罚金。

第三百零一条　选择之债的履行

标的有多项而债务人只需履行其中一项的，债务人享有选择权；但是，法律另有规定，当事人另有约定的除外。

第三百零二条　多个债权人或多个债务人参加的债务履行

如果一项债务涉及多个债权人或多个债务人，则每个债权人都有权要求债务人履行债务，每个债务人都有义务按照与其他债务人同等的比例履行债务，除非法律另有规定或者当事人之间另有约定。

第三百零三条　连带债务

1. 如果债务或债权的连带由合同约定或法律规定，特别是如果债务的主体是不可分割的，则产生连带债务（责任）或连带债权。

2. 除法律或债务条款另有规定外，多个债务人对企业相关的债务承担连带债务，多个债权人对该债务可以要求债务人承担连带责任。

第三百零四条　连带债务的债权人债权

1. 在债务人负有连带债务的情况下，债权人有权要求所有债务人或个别债务人履行全部或部分债务。

2. 未从其中一个连带债务人处得到全部清偿的债权人，有权要求其他连带债务人继续清偿。

在债务全部清偿之前，连带债务人仍有清偿债务的义务。

第三百零五条　对连带债务债权人债权的抗辩

在承担连带责任的情况下，债务人无权援引并未参与其中的其他债务人对债权人的抗辩，对债权提出异议。

第三百零六条　债务人中的一人履行连带债务

1. 一个债务人完全履行连带债务，免除其余债务人对债权人的履行义务。

2. 债务人内部对其之间的关系另有约定：

(1) 履行全部债务的连带债务人，有权向其他连带债务人追偿其多履行的部分；

（2）连带债务人之一未向履行连带债务人的债务支付的款项，由未支付的款项的债务人和其他债务人平分。

3. 本条规则适用于某个连带债务人的债权抵销导致连带责任终止的情形。

第三百零七条　连带债权

1. 在连带债权的情况下，任何连带债权人均有权向债务人提出履行全部债权的要求。

在连带债权人提出债务履行要求之前，债务人有权自行决定向其中任何一个债权人履行债务。

2. 债务人无权以与其他连带债权人之间互负债权债务关系为由，对债权人之一的债权提出抗辩，该债权人并没有参与提出抗辩的法律关系。

3. 对一个连带债权人完全履行债务，免除债务人对其他债权人的履行义务。

4. 已从债务人处接受全部履行的连带债权人有义务以同等份额补偿其他债权人，除非连带债权人之间另有约定。

第三百零八条　以提存方式履行债务

1. 债务人有权将欠款或有价证券交由公证人、白俄罗斯共和国外交使团的外交代表和白俄罗斯共和国领事机构的领事官员保管，并在法律规定的情况下，如果债务人由于以下原因不能履行义务，则向法院提存：

（1）债权人或者其授权的接受履行的人不在履行地；

（2）债权人无民事行为能力且无法定代理人；

（3）关于谁是债务的债权人明显缺乏确定性，特别是在债权人与其他人之间就此问题发生争议时；

（4）债权人故意逃避履行或拖延履行。

2. 向公证人、白俄罗斯共和国外交使团的外交代表和白俄罗斯共和国领事机构或法院的官员提存视为履行了债务。

第三百零九条　先履行抗辩权

1. 先履行抗辩权是指一方履行债务，以另一方履行债务为前提。

2. 如果先履行义务方未能履行合同约定的义务，或出现明显无法在规定期限内履行义务的情况，则后履行义务方有权中止履行其义务或拒绝履行其义务，并要求赔偿损失。

如果合同约定的义务没有全部履行，则后履行义务方有权中止履行其义务或拒绝履行与未履行义务相应的部分。

3. 如果在一方当事人未履行合同约定的义务的情况下另一方仍履行了合同义务，则未履行的当事人有义务继续履行。

4. 除法律另有规定或当事人之间另有约定外，适用本条第 2 款和第 3 款的规定。

第二十三章　债的履行担保

第一节　一 般 规 定

第三百一十条　债务履行担保的方式

1. 债务履行可以采取违约金、抵押、扣押债务人财产、担保、保证、银行保函、保证金以及法律规定或合同约定的其他方式担保履行。

2. 担保合同无效并不导致主债权债务关系无效。

3. 除非法律另有规定，否则主债权债务关系无效，担保合同也无效。

4. 本章的规则适用于担保履行证券债务的法律关系，同时兼顾证券法律规定的特殊性。

第二节　违　约　金

第三百一十一条　违约金的概念

1. 违约金是指债务人在不履行或不当履行债务的情况下，除法律另有规定外，债务人有义务向债权人支付的一笔款项，特别是在债务人延迟履行的情况下。在被要求支付违约金时，债权人没有义务证明其遭受了损失。

2. 债务人不履行或者不当履行债务但不承担责任的，债权人无权要求其支付违约金。

3. 法律可规定支付（追回）罚金（罚款、处罚）的具体内容。

第三百一十二条　违约金协议的形式

不论主合同的形式如何，违约金协议应以书面形式订立。

未遵守书面形式将导致违约合同无效。

第三百一十三条　法定违约金

1. 债权人有权要求支付法律规定的违约金，无论当事人的合同是否约定了支付违约金的义务。

2. 除非法律另有规定，否则法定违约金的数额可由当事人合同变更。

第三百一十四条　减少违约金

约定的违约金过分高于造成的损失的，法院可以予以适当减少。

在裁定减少违约金时，法院可以考虑当事人自愿庭前和解的行为。

不允许在支付违约金时减少违约金。法律可以规定不减少的情形。

本条规定不影响债务人依据本法第 375 条规定的减轻债务责任的权利和债权人在本法第 365 条规定的情形下获得损失赔偿的权利。

第三节　抵　　押[①]

第三百一十五条　抵押的概念和产生的依据

1. 通过抵押，有担保的债权人有权在债务人违约或不当履行该义务的情况下，拍卖、变卖抵押财产并就所得价款优先受偿，除非法律另有规定。

2. 土地、企业、永久性建筑（建筑物、构筑物）、公寓和其他不动产抵押受抵押法的调整。本法中关于抵押的一般规则适用于抵押法中未规定其他规则的抵押情形。

本款规则适用于有价证券的抵押，但证券法另有规定的除外。

3. 抵押因合同而产生。如果法律规定了何种财产和为保证履行何种义务被确认为抵押，则在发生法律规定的情况时，抵押也根据法律行为产生。

除非法律另有规定，否则本法关于因合同而产生的抵押的规则应相应地适用于因法律行为而产生的抵押。

第三百一十六条　抵押人

1. 抵押人可以是债务人本人，也可以是第三人。

2. 物的抵押人可以是物的所有人，也可以是对物具有管理权或经营权的人，但须符合本款下述规定。

拥有管理权的人只有在根据本法第 376 条第 3 款处置财产时，才有权在未经所有人同意的情况下抵押财产。

拥有管理权的组织有权按照国家财产处置法规定的程序抵押国有财产，除非白俄罗斯共和国总统令另有规定，私有财产抵押，须征得财产所有人或其授权人的同意。

---

① 白俄罗斯共和国的抵押的内涵包括质押，如果物品交易时需要国家登记的，那么进行抵押时也需要登记，如果不登记的，合同不生效，如果物品移转占有时不需要登记的，那么抵押时不用登记，合同生效抵押权设立。抵押合同中可以约定是否移转占有，既可以移转也可以不移转占有。

3. 拥有抵押权的人可以是抵押人。

除非白俄罗斯共和国总统令另有规定，否则国有企业有权按照关于处置国有财产的法律规定的程序抵押国有财产，私有财产经财产所有人或其授权人同意后可以抵押。

第三百一十七条　抵押的标的

1. 抵押的标的可以是任何财产，包括物和财产性权利（债权），但不包括已停止流通的财产、与债权人身份有内在联系的债权，如赡养费、对其生命或健康造成的损害的赔偿以及法律禁止转让给他人的其他权利。

通过外部国家贷款（信贷）获得的财产在该贷款（信贷）的债务全部偿还之前不得担保，包括抵押。

法律可以对抵押财产的转移施加其他限制。

2. 法律可能禁止或限制某些类型的财产特别是公民财产的抵押，不允许取消抵押品赎回权。

第三百一十八条　以抵押担保的债权

除非合同另有约定，抵押人以其在清偿时所有的债权为限，其中包括利息、罚金、因不履行或不当履行而造成的损失的赔偿、抵押人因履行义务而发生的费用、抵押物品的维护和回收费用。

第三百一十九条　没有转让和抵押财产转让给抵押权人的抵押

1. 抵押财产仍归抵押人所有，除非合同约定将抵押财产转让给抵押权人（典当）。

设立抵押权的财产、抵押股份以及流通中的抵押货物不能成为抵押的标的。

2. 经当事人约定，抵押标的可以由抵押权人加盖印章或者加盖抵押标志，由抵押人占有。

抵押规则应适用于固定抵押，只要其应用不与此类抵押中抵押权人与抵押人之间关系的实质相抵触。

3. 抵押人将抵押标的物暂时转为第三人占有或者使用的，视为由抵押人保管。

4. 除股权担保外，当担保所证明的财产权被抵押时，除非合同另有约定，应将其转让给抵押权人或交存于公证人、白俄罗斯共和国外交使团的外交人员和白俄罗斯共和国领事馆的领事官员处。

第三百二十条　抵押合同、合同形式和登记

1. 抵押合同应当载明抵押的标的和其价值，抵押所担保的义务的性质、数额和履行期限，以及本章规定的必须列入合同的其他条件。抵押合同还必须指明哪一方当事人持有被抵押的财产。

2. 抵押合同必须以书面形式订立。

财产抵押和（或）财产权利抵押（债权）担保合同履行的，抵押合同须经公证。

3. 抵押合同应根据相关财产交易登记程序进行登记。规定抵押权人未来将获得的不动产抵押合同，根据法律规定，合同不进行国家登记的不视为成立，合同无须进行国家登记的，自书面形式签订之时起即视为成立。

4. 违反本条第 2 款和第 3 款规定的，抵押合同无效。

第三百二十一条　抵押权人权利延伸的财产

1. 除非合同另有约定，否则抵押权人对抵押物的权利（抵押权）及于抵押物的从物。

在合同约定的情况下，抵押权延伸至因使用抵押财产而取得的成果、产品和收益。

2. 当一家公司或其他财产综合体被整体抵押时，抵押权延伸至其所有财产，包括动产和不动产、请求权和排他性权利、在抵押期间取得的财产，除非法律另有规定或者当事人之间另有约定。

3. 已废止。

4. 已废止。

5. 已废止。

6. 抵押合同，以及基于法律规定产生的抵押，法律可以规定抵押权人将来取得的物和财产权利。

第三百二十二条　抵押权的产生

1. 抵押权自抵押合同订立之日起产生，对于拟转让给抵押权人的财产抵押，自该财产转让之日起产生，除抵押合同另有约定的情形外，需要登记合同的，自合同登记之日起产生。

2. 流通中的货物的抵押权根据本法第 338 条第 2 款的规定产生。

第三百二十三条　再抵押

1. 如果抵押的财产成为另一担保（再抵押）的标的物，则后继抵押权人的债权应在前一抵押权人的债权得到清偿后从该财产的剩余价值中得到清偿。

2. 如果先前的抵押合同不禁止再抵押的，则允许进行再抵押。

3. 抵押人有义务按照本法第 320 条第 1 款的规定，将该财产的全部抵押情况告知再抵押权人，并承担因未履行该义务给再抵押权人造成的损失。

第三百二十四条　抵押财产的维护和保全

1. 除法律另有规定或当事人之间另有约定外，抵押人或抵押权人根据持有抵押财产的情况有义务：

（1）由抵押人承担费用，为抵押财产的全额价值投保，以防损失和损坏；如果财产的全额价值超过担保的债权，则投保金额不低于债权金额；

（2）采取必要措施确保抵押财产的安全，包括保护其免受第三方的侵犯和索赔；

（3）在抵押财产有损失或毁坏的危险时立即通知对方。

2. 抵押人和抵押权人有权根据文件检查对方所抵押财产的实际现状、数量、状况和储存条件。

3. 抵押权人严重违反本条第 1 款规定的义务，可能造成抵押财产灭失或者毁损的，抵押人有权要求提前解除抵押。

第三百二十五条　抵押财产灭失或损毁的后果

1. 抵押人承担抵押财产意外灭失或意外损毁的风险，抵押合同另有约定的除外。

2. 抵押权人对交付给他的抵押标的的全部或者部分灭失或者损毁的情况承担责任，但其能够证明依照本法第 372 条的规定可以免除责任的除外。

抵押人应对抵押物的损失承担责任，损失额为根据通货膨胀调整后的价值，损毁额为价值减少的数额，与合同约定的价值无关。

如果抵押物因损坏而发生变化，以致不能用于原定用途，抵押权人有权放弃该抵押物并要求赔偿损失。

合同可约定抵押权人有义务赔偿因抵押物灭失或损毁给抵押人造成的其他损失。

抵押人为抵押担保债务的债务人的，可以用抵押担保的债务抵销因抵押物灭失或损毁造成的损失而向抵押人提出的赔偿要求。

第三百二十六条　抵押标的的更换和恢复

1. 抵押标的的更换，应经抵押权人同意，但法律另有规定或者当事人之间另有约定的除外。

非因抵押权人的过错而使抵押标的存在全部或者部分灭失、损毁威胁的，抵押权人有权要求更换抵押标的，抵押人拒不履行要求，抵押权人有权要求其提前履行抵押担保的义务。

2. 抵押标的灭失、损毁或者所有权、经济经营权因法律规定的原因终止的，抵押人有权在抵押期限内赎回抵押标的，或在合理的时间用其他同等价值的财产进行替换，当事人之间另有约定的除外。

第三百二十七条 抵押标的的使用和处分

1. 除非合同另有约定，否则抵押人有权按照其目的使用抵押物，包括从中提取收益和孳息。

2. 抵押人有权将抵押标的物转让、出租、无偿转让给他人或者以其他方式处分，必须征得抵押权人同意，但法律另有规定或者当事人之间另有约定的除外。

限制抵押人遗赠抵押财产权利的合同无效。

3. 抵押权人只有在合同约定的情况下才有权使用交付给他的抵押标的物，并定期向抵押人报告使用情况。根据合同，抵押权人有义务从抵押标的中提取孳息和收益，以偿还主债务或保护抵押人的利益。

第三百二十八条 抵押权人对抵押标权利的保护

1. 持有或应当持有抵押财产的抵押权人，有权向非法占有抵押财产的人追索该财产，包括从抵押人处收回抵押财产（本法第 282 条、第 283 条、第 286 条）。

2. 抵押权人根据合同约定对交付给他的抵押标的享有使用权的，抵押权人可以要求包括抵押人在内的其他人消除对其权利的一切侵害，即使这些侵权行为与剥夺占有权无关（第 285 条和第 286 条）。

第三百二十九条 追偿抵押财产的根据

1. 债务人不履行或不当履行债务，为清偿抵押权人（债权人）的债权，抵押权人或抵押权人，可以追偿抵押财产并就所得价款清偿其债权。

2. 如果债务人对抵押担保义务的违反极其轻微，抵押权人的债权与抵押财产的价值严重不相称，则债务人可拒绝债权人执行抵押财产。

第三百三十条 追偿抵押财产的程序

1. 抵押权人（债权人）的债权应通过法院命令从抵押财产的价值中得到清偿。

根据抵押权人和抵押人之间达成的经过公证的合同，在追偿抵押财产的法定事由出现之前，可以以丧失抵押财产为代价清偿债权而不诉诸法院，但本条第 3 款规定的情形除外。同时，该合同应包含以下条款，即授予抵押人、抵押权人或由双方选择的任何其他人在抵押财产被追偿时代表抵押人出售抵押财产以清偿债务，并且不得规定将抵押财产的所有权转让给抵押权人。合同侵犯当事人权利，法院依当事人申请，可以宣告合同无效。

2. 如果根据法律需要个人、国家机关或其他国家组织的同意（决定），只有在按照既定程序获得该个人、国家机关或其他国家组织的这种同意（决定）之后，才有可能订立本条第 1 款第 2 项所述的合同。

3. 只有在下列情况下，才能根据法院的判决对抵押财产进行追偿：

（1）抵押人失踪，且无法确定其所在地；

（2）抵押标的属于历史文化财产；

（3）抵押标的为限制转让的财产；

（4）抵押标的是财产综合体的企业；

（5）抵押标的为共同财产，所有人未经书面同意庭外清偿抵押权人债权的；

（6）不动产抵押需要他人、国家机关或其他国家组织的同意（决定）。

第三百三十一条　抵押财产的变现

1. 根据本法第 330 条第 1 款第 1 项的规定，被追偿的抵押财产的变现，应按照程序法规定的程序，通过公开拍卖进行，除非本法和其他法律另有规定。

2. 根据抵押权人的请求，法院有权在关于强制执行抵押财产的决定中，将其从公开拍卖中推迟出售，最长期限为 1 年。

延期不影响当事人各方在该有财产担保的债务下的权利和义务，也不免除债务人对延期期间债权人增加的损失和违约金的赔偿。

根据本法第 330 条第 1 款第 2 项的规定，未经法院起诉而被要求执行的抵押财产应在以下情况变现。

①在公开拍卖中按照法律规定的程序进行：

由抵押权人、抵押人或经公证后由抵押权人与抵押人的被授权人进行拍卖，但本项第 3 句规定的情形除外；

抵押标的是私人拥有的土地或土地租赁权，包括位于其上或正在建造的永久性结构（建筑物、构筑物），或同时抵押这些永久性结构（建筑物、构筑物）所在的私人拥有的土地（土地租赁权）及永久性结构（建筑物、构筑物），以及与抵押人固定资产有关的其他财产；

②根据抵押银行、抵押人或经抵押银行与抵押人之间经过公证的合同授权的其他人签订的不经公开拍卖的买卖合同，以抵押财产为代价偿还银行贷款，但本款第1项第3句规定的财产除外。

3. 拍卖开始时抵押财产的初始价格由法院根据诉讼法作出的判决确定，或由抵押权人和抵押人之间的协议确定，法律另有规定的除外。

抵押的财产被出售给拍卖会上出价最高的人。

如果拍卖，包括重复拍卖，由于只有一个出价（申请）或只有一个出价人参加拍卖而使拍卖失败，在法律规定的情况下，经该出价人同意，拍卖标的应以增加5%的起价出售给该出价人。

4. 当拍卖被宣布无效，且唯一提交了参加拍卖申请（声明）或出席参加拍卖的参与者拒绝以增加5%的初始价格购买抵押财产时，如果法律规定了购买的可能性，则抵押权人有权通过与抵押人的合同购买抵押财产，并以购买价格抵销其抵押担保的债权。有关买卖合同的约定适用于此类合同。

当重复拍卖被宣布无效，且唯一申请（声明）参与重复拍卖或出席参与拍卖的参与者拒绝以增加5%的初始价格购买抵押财产，如果法律规定了购买的可能性，则抵押权人有权保留抵押财产，其价值评估不低于重复拍卖初始价格的10%。

如果抵押权人在宣布重复拍卖无效之日起1个月内未行使保留抵押财产的权利，并且申请（申请）参加重复拍卖或出席拍卖的唯一参与者拒绝以增加5%的初始价格购买抵押财产（如果法律规定可以购买），则抵押合同应予终止。

5. 如果变卖抵押物所得的价款不足以偿付抵押权人的债权，除非法律另有规定或合同另有约定，抵押权人有权从债务人的其他财产中获得所缺金额，而不享有抵押权的优先权。

6. 如果出售抵押财产的收益超过抵押人所担保的债权，在扣除所有费用后，其差额应返还给抵押人。

7. 债务人和作为第三人的抵押人在抵押标的变卖前，履行了抵押物或者其部分担保的义务后，可以终止抵押物的强制执行和变卖。限制这一权利的合同无效。

第三百三十二条　抵押担保债务的提前履行和追偿抵押财产

1. 在下列情况下，抵押权人有权要求提前履行抵押所担保的债务：

（1）抵押标的物不按照抵押合同约定，由原抵押人占有的；

（2）抵押人违反替换抵押物的规定（第326条）；

（3）抵押人未行使本法第326条第2款规定的权利，非因抵押权人责任造成抵押权标的灭失的。

2. 有下列情形之一的，抵押权人有权要求提前履行抵押物所担保的债务，债务没有得到清偿的，债权人可以对抵押标的进行追偿：

（1）抵押人违反再抵押规定（第323条）；

（2）抵押人未履行本法第324条第1款第1项和第2项规定的义务；

（3）抵押人违反处置抵押财产的规则（第327条第2款）。

第三百三十三条 抵押终止

1. 抵押终止的情形：

（1）所担保债务终止；

（2）根据本法第324条第3款规定，应抵押人的请求；

（3）抵押物灭失或抵押权终止，抵押人未行使本法第326条第1款第2项规定的权利；

（4）以公开拍卖方式出售抵押财产以及无法出售抵押财产的情况下（第331条第4款）；

（5）未经抵押人同意，将债务转让给新的债务人。

2. 抵押终止必须依法登记。

3. 因履行抵押财产所担保的债务或应抵押人的要求而终止抵押财产时（第324条第3款），持有抵押财产的抵押权人应立即将其归还抵押人。

第三百三十四条 将抵押财产转让给他人时抵押保全

1. 如果由于有偿、无偿处置财产或通过普遍继承的方式，抵押财产的所有权或经济管理权从抵押人手中转移到另一人手中，则抵押权仍然有效。

抵押人的法定继承人代替抵押人承担全部义务，但与抵押权人另有约定的除外。

2. 如果作为抵押标的的抵押人的财产通过法定继承方式转给了数人，每个法定继承人（财产的获得人）应按继承上述财产的比例，承担因抵押所担保的义务未履行而产生的后果。但是，如果抵押物是不可分割的，或者由于其他原因仍然属于继承人的共同所有，所有继承人应成为联合抵押人。

第三百三十五条 强制没收抵押财产的后果

1. 如果抵押人对作为抵押标的的财产的所有权因国家需求被征用或国有化，

且抵押人得到了其他财产或相应的补偿，则抵押权应延伸至替代提供的财产，或抵押权人应分别从应付给抵押人的补偿金额中清偿其债权。抵押权人也有权要求提前履行抵押担保的债务。

2. 如果根据法律规定的程序，以财产的实际所有人是另一人为由（第 282 条）或作为对犯罪或其他违法行为的制裁（第 244 条），对抵押物进行没收。在这种情况下，抵押权人有权要求提前履行抵押所担保的债务。

第三百三十六条　抵押合同权的让与

抵押权人有权依照债权转让的规定，将其在抵押合同下的权利转让给他人。

抵押权人将抵押合同权让与给他人，同时将抵押权担保的债权项下对债务人的请求权转让给他人的，视为有效。

除非另有证明，抵押合同权让与也意味着抵押担保的债务下的权利转让。

第三百三十七条　抵押担保债务的转让

抵押担保的债务转让给另一个人，未经抵押人同意的，抵押终止。

第三百三十八条　流通商品抵押

1. 流通中的商品抵押是指由抵押人保管商品的抵押，抵押人有权改变抵押财产（存货、原材料、物料、半成品、成品等）的构成和自然形态，条件是其总价值不低于抵押合同中约定的价值。

任何具有通用特征的动产都可以按照本法和其他法律规定的流通中的商品抵押的程序进行抵押。

流通中的商品抵押合同必须明确抵押商品的一般特征和抵押商品的总价值。

除合同另有约定外，可按抵押担保债务已履行部分的比例减少流通中抵押商品的价值。

2. 流通中的商品被抵押人让与的，自其所有权、经济管理权、经营管理权转移至取得方的时刻起，不再是抵押标的；抵押人取得的商品，在抵押合同中载明的，自抵押人对其享有所有权、经济管理权或经营管理权之时起成为抵押标的。

3. 流通中的商品抵押人必须保存抵押记录簿，记录抵押商品的状态，包括最后一次导致抵押商品的组成或自然形式发生变化的所有操作及其处理过程。

4. 抵押人违反流通中商品抵押约定的，抵押权人有权通过对抵押商品加盖其标志和印章，中止对抵押商品的交易，直至违约行为得到纠正，或者要求将抵押商品移交给抵押权人，或者要求提前履行抵押所担保的债务。

第三百三十九条　典当行物的抵押

1. 典当行可以将公民用于个人、家庭用途的动产作为抵押标的，为短期贷款提供担保。

2. 典当行物品抵押合同由典当行签发当票确定。

3. 被典当的物品应移交给典当行。

典当行有义务为了抵押人的利益，自费为被接受为抵押品的物品投保，其价值根据被接受为抵押品时市场中品质、种类相同的物品确定价格。

典当行不得使用或处分抵押物。

4. 典当行无权使用和处分抵押物。

5. 如果不能按时偿还在典当行抵押物品所担保的借款金额，典当行有权根据公证员、白俄罗斯共和国外交使团的外交人员和白俄罗斯共和国领事机构的领事官员在一个月的宽限期满后所做出的执行文件，按照出售抵押财产的既定程序出售该物品（第331条第3、4、6、7款）。此后，典当行对抵押人（债务人）的债权即告消灭，即使出售抵押财产所得的金额不足以完全清偿这些债务。

6. 典当行以公民财产为抵押向公民发放贷款的规则由法律规定。

7. 与法律赋予抵押人的权利相比，典当行抵押合同中限制抵押人权利的条款和条件无效，取而代之的是法律的相关规定。

第三百三十九条之一　财产权（债权）抵押

1. 权利抵押时，其价值由当事人合同确定，除非权利（债权）性质另有要求或法律另有规定。

2. 财产权（债权）只有在其有效期届满前才能抵押。

3. 在抵押财产权（债权）时，除非合同中另有约定，抵押人应承担以下义务：

（1）采取一切必要行动，确保抵押的权利（债权）的有效性；

（2）不得转让所抵押的权利（债权）；

（3）不采取导致抵押权利（债权）终止或价值降低的行动；

（4）采取必要措施保护抵押权利（债权）不受第三方侵害；

（5）向抵押权人通报所抵押的权利（债权）发生的变化、第三方侵权行为和第三方对该权利的主张（请求）。

4. 财产权（债权）抵押时，除合同另有约定外，抵押人未履行本条第3款第3项至第4项规定的义务的，无论抵押的债务期间是否届满，只要抵押权（债权）尚未终止，抵押权人均有权请求法院将抵押权（债权）转让给自己。

5. 有价证券证明的财产权（债权）的抵押是通过对该证券本身抵押来实现的。

第四节 留 置

第三百四十条 留置

1. 持有拟交付给债务人或债务人指定的人的物品的债权人，如果债务人未能按时偿付该物品或偿付债权人的费用和其他损失，债权人有权留置该物品，债务人直至有关义务得到履行。

2. 留置物可以担保债权，该债权与支付物品或偿还物品费用和其他损失无关，而是当事人作为经营者产生的债务。

3. 债权人可以扣留其占有的物，即使在债权人占有该物之后，该物的权利由第三方取得。

4. 除合同另有约定外，适用本条上述规定。

5. 持有留置物的债权人的债权，应当按照为清偿抵押所担保的债权而规定的幅度和方式从其留置物的价值中清偿。

第五节 保 证

第三百四十一条 保证合同

1. 保证人和债权人约定，当债务人不履行到期债务或者发生当事人约定的情形时，保证人履行债务或者承担责任。

2. 保证合同可以为将来产生的债务提供担保。

3. 白俄罗斯共和国总统令和（或）法律可以规定地方行政和管理机关制定和履行保证责任的特别程序。

第三百四十二条 保证合同的形式

保证合同必须以书面形式作出。违反书面形式的保证合同无效。

第三百四十三条 保证人的责任

1. 债务人不履行或者不当履行担保债务的，保证人和债务人应当对债权人承担连带责任，但法律另有规定或者保证合同约定保证人承担补充责任的除外。

2. 保证人对债权人的责任与债务人的责任相同，包括支付利息、追偿债务的法律费用和债权人因债务人违约或不适当履行而遭受的其他损失，保证合同另有约定的除外。

3. 共同保证人对债权人承担连带责任，保证合同另有约定的除外。

第三百四十四条　保证人抗辩债权人债权的权利

1. 保证人有权向债权人提出债务人对债权人的抗辩，保证合同另有约定的除外。

即使债务人放弃或承认其债务，保证人也不会丧失提出异议的权利。

2. 如果债权人对保证人提起诉讼，保证人有义务让债务人参与诉讼。

3. 如果保证人未履行本条第2款所述义务的，债务人有权针对保证人的追索权提出其对债权人的异议。

第三百四十五条　履行债务的保证人的权利

1. 已履行债务的保证人应获得债权人在该债务下的权利以及属于债权人作为抵押权人的权利，但以保证人已满足债权人的要求为限。保证人还有权要求债务人支付已支付给债权人的款项的利息，并赔偿因为债务人的责任而造成的其他损失。

2. 保证人履行债务后，债权人有义务向保证人移交证明其对债务人债权的文件，并转让担保该债权的权利。

3. 适用本条上述规定，但法律另有规定或保证人与债务人之间的合同另有约定且不符合其关系的除外。

第三百四十六条　保证人关于债务人履行债务的通知

债务人已履行由保证人担保的义务，必须立即通知保证人。否则，保证人若也履行了义务，有权向债权人追偿不当得利的款项或者向债务人提出追偿请求。在后一种情况下，债务人仅有权从债权人处收回不当得利的款项。

第三百四十七条　保证终止

1. 保证应在保证债务终止时终止，或在未经保证人同意的情况下，该债务发生变化，导致责任增加或对保证人产生其他不利影响的情况下终止。

2. 保证应随着保证人所担保的债务转让给新债务人而终止，除非保证人同意对新的债务人的债务负责。

3. 债权人拒绝接受债务人或保证人适当履行义务的，保证终止。

4. 保证责任将在保证合同约定的期间届满时终止。未规定保证期限的，自保证人担保债务履行期满之日起1年内债权人未向保证人提出承担保证责任的，保证终止。未约定主债权履行期间，无法确定履行期间或者催告后才确定的，债权人自合同订立之日起2年内不向保证人提出承担保证责任的，保证终止。

第六节 担 保

第三百四十八条 担保的概念

1. 担保是指担保人向另一人（债务人）的债权人承诺对该人履行全部或部分债务负责。

2. 担保债务可以根据合同产生。

3. 只有有效的要求才能提供担保。

4. 担保适用本法第342条，第343条第2款、第3款，第344条至第347条的规定，但法律另有规定的除外。

白俄罗斯共和国总统令和（或）法律可以制定特别程序，以批准和执行白俄罗斯共和国政府、地方行政和管理机构、其他组织的担保，包括在其法定资金中拥有国家份额的商业公司。

第三百四十九条 担保人的补充责任

1. 如果发生违约，担保人应作为补充（额外）债务人对债权人承担责任。

2. 担保人履行债务后，不取得对债务人的追偿权。

第三百五十条 银行担保的特点

银行担保的特点及其具体类型由法律确定。

第七节 定 金

第三百五十一条 定金的概念和协议形式

1. 定金是指一方根据合同向另一方支付的款项，作为合同订立和履约的凭据。

2. 无论定金金额如何，定金合同必须为书面形式。

3. 如果对根据合同一方应付的款项是否为合同定金存有疑问，特别是违反本条第2款的规定，则该金额被视为预付款，除非另有证明。

第三百五十二条 定金担保债务的终止和不履行的后果

1. 如果由定金担保的债务在履约开始前经各方当事人同意而终止，或因不可能履约而终止（第386条），定金必须退还。

2. 给付定金的一方不履行合同或者履行合同不符合约定，致使不能实现合同目的的，无权请求返还定金；收受定金的一方不履行合同或者履行合同不符合约定，致使不能实现合同目的的，应当双倍返还定金。

此外，除非合同另有约定，否则对未履行合同负有责任的一方有义务赔偿另一方的损失。

第二十四章　债的主体变更

第一节　债 权 让 与

第三百五十三条　债权让与的根据和程序

1. 债权人的权利（债权）可以通过交易（债权转让）进行转让，也可以根据法律规定进行转让。

债权转让的规定不适用于追索权。

2. 债权转让，无须经债务人同意，但法律另有规定或合同另有约定的除外。

3. 债权转让未书面通知债务人的，新债权人应当承担由此造成不利后果的风险。在这种情况下，债务人对原债权人的义务履行是适当履行。

第三百五十四条　不可让与的债权

与债权人人身密不可分的权利，如赡养费、生命或健康损害的赔偿，不得转让。

第三百五十五条　债权让与的范围

除法律另有规定或者合同另有约定外，原债权人的权利按照权利让与时的范围和条件让与给新的债权人。特别是，担保债务履行的权利，以及与债权有关的其他权利，包括请求支付利息的权利。

第三百五十六条　新债权人权利的证明

1. 将债权转让给他人的债权人有义务向新债权人转让证明债权的文件并提供与执行债权有关的信息。

2. 债务人有权在新债权人提供债权证明前不履行对新债权人的义务。

第三百五十七条　债务人抗辩新债权人的债权

债务人有权针对新债权人的债权提出在收到向新债权人转让债权的通知时对原债权人的抗辩。

第三百五十八条　以法律文件为根据的债权让与

债权人的债权根据如下规定进行转让：

（1）债权人权利的普遍继承；

（2）通过法院命令将债权进行转让，而这种转让是法律规定的；

（3）债务人的非债务人保证人或抵押人履行了债务人的义务；

（4）当对保险事故的发生负有责任的债务人代位求偿债权时；

（5）法律规定的其他情形。

第三百五十九条　债权让与的条件

1. 债权人可以将债权转让给他人，但不得违反法律规定或当事人之间的约定。

2. 未经债务人同意，不得转让债权人身份对债务人具有重大意义的债权。

第三百六十条　债权让与的形式

1. 基于简单书面或公证形式的交易债权转让必须以适当的书面形式进行。

2. 除非法律另有规定，否则需要国家登记的债权转让必须按照为该交易登记制定的程序进行登记。

3. 有价证券债权的转让通过对该证券背书的方式进行（第147条第3项）。

第三百六十一条　债权人让与债权的责任

转让债权的原债权人对其转让债权的无效性负责，但对债务人不履行债务的行为不负责任，除非原债权人在转让债权时对该债权可以得到履行进行了担保。

第二节　债务转让

第三百六十二条　债务转让的形式和条件

1. 债务人只有在债权人同意的情况下才能将债务让与他人。

2. 本法第360条第1款和第2款的规定适用于债务让与的形式。

第三百六十三条　新债务人对债权人债权的抗辩

新的债务人有权根据债权人与原债务人之间的关系，对债权人的债权提出抗辩。

第二十五章　违约责任

第三百六十四条　债务人的损失赔偿责任

1. 债务人有义务向债权人赔偿因不履行或不当履行债务而造成的损失。

2. 损失根据本法第14条规定确定。

3. 除法律另有规定或合同另有约定外，在确定损害赔偿时，应当考虑债务人自愿清偿债务之日债务履行地的现行价格，如果债务未被自愿清偿，则以债权人提出债务给付之诉之日的价格为准。根据情况，法院可以参考判决作出之日的市场价格，判决债务人清偿债务。

4. 在确定利润损失时，应考虑债权人为获得利润而采取的措施以及为此所做的准备。

第三百六十五条　损失和违约金

1. 如因不履行或不当履行义务而构成违约，则应在违约金未涵盖的部分赔偿损失。

法律规定或合同约定在某些情况下只可选择收取违约金而不可收取损害赔偿金；可收取超出违约金的全部损失；债权人可选择收取违约金或损害赔偿金。

2. 如果对不履行或不适当履行义务规定了有限责任（第 371 条），则可在违约金之外或代替违约金追回部分损失，但不得超过这种限制所规定的限度。

第三百六十六条　不履行金钱债务的责任

1. 对于因非法扣留、逃避归还、以其他方式拖延支付或以他人名义无理收取或储蓄的外来资金，应按这些资金的金额支付利息。利息金额由白俄罗斯共和国国家银行在履行货币债务或其相应部分之日的再融资利率确定，但通过司法程序收取债务的情况除外，此时法院根据判决之日的国家银行再融资利率满足债权人的请求。

除非法律规定或合同约定了不同的利息金额，否则适用上述规则。

如果法律规定货币债务应以白俄罗斯卢布支付，其数额相当于一定的外国货币或常规货币单位，则应按履行货币债务或其相关部分之日确定的相关货币或常规货币单位的官方汇率以白俄罗斯卢布支付的数额计息，如果是通过法院追讨债务，则按法院判决之日汇率计息。

2. 如果因滥用资金而使债权人遭受到损失或因通货膨胀增加的债务数额超过了根据本条第 1 款应支付的利息，则债权人有权要求债务人赔偿超过该数额的损失或因通货膨胀而增加的债务。

3. 使用他人资金的利息应在资金支付给债权人之日起收取，除非法律规定或合同约定了较短的利息期限。

4. 如果根据本条第 1 款、第 2 款的规定，使用他人资金应付的利息数额与违约后果明显不相称，法院有权应债务人的请求减少该利息数额，但不得低于按照本条第 1 款第 1 项确定的利息数额。

第三百六十七条　未能履行实物债务的责任

1. 因不当履行债务而支付违约金和损害赔偿金，不免除债务人继续以实物履行债务的责任，但法律另有规定或合同另有约定的除外。

2. 因不履行债务而支付的损害赔偿金和违约金，除法律另有规定或合同另有约定外，债务人不再以实物形式继续履行债务。

3. 债权人有权拒绝接受因迟延而丧失利益的债务的履行（第376条第2款），并不因此而需要支付违约金，使债务人免于实物债务的履行。

第三百六十八条　由债务人履行债务

如果债务人未能履行制造和转让物品的债务，未能将物品所有权、经济管理权或经营管理权转让，或未能将物品转让给债权人使用，债权人有权在合理的时间内委托第三方以合理的价格履行债务，或自行履行债务，债权人有权请求债务人支付因替代履行而花费的必要费用，除非法律另有规定或当事人之间另有约定。

第三百六十九条　交付特定物债务不履行后果

如果不履行将特定物的所有权、经济管理权、经营管理权或有偿使用权转让给债权人的义务，则债权人有权要求扣押该物，并根据债务规定的条件将其转让给债权人。如果该物品已经转让给拥有所有权、经济管理权或运营管理权的第三方，则该权利消失。如果该物尚未转让，则权利转让给较早产生债务的债权人，如果无法确定，则转让给较早提出债权的债权人。

债权人有权要求赔偿损失，而不是要求将债权标的物转让给自己。

第三百七十条　补充责任

1. 债权人根据法律或债务条款对其他负有补充责任的债务人（附属责任）提出债务履行请求之前，债权人应先对主要债务人提出履行债务请求。

如果主债务人拒绝清偿债权人的债权或者债权人未在合理时间内收到债务人对清偿债权的答复，该债权人可以向承担补充责任的债务人提出。

2. 如果债权可由主债务人通过抵消清偿或主债务人明显可以清偿，则债权人无权要求承担补充责任的人清偿相应主债务。

3. 负有补充责任的人在清偿债权人向其提出的债权时，必须将此事通知主债务人，如果债权人仍向补充责任人提出清偿债权诉讼，则补充责任人应通知主债务人参加。否则，针对补充责任人提出的清偿请求，主债务人有权援引他对债权人提出的抗辩。

第三百七十一条　债务责任范围的限制

1. 对于某些类型的义务和与某一业务范围有关的义务，获得全额赔偿的权利（有限责任）可能受到法律的限制。

2. 如果法律规定了对这类义务或这种违反行为的赔偿责任数额，则债权人作为消费者加入的合同或其他合同中限制债务人赔偿责任数额的合同无效。

第三百七十二条 违反义务责任的依据

1. 不履行债务或履行债务不当的人应承担过错（故意或过失）责任，但法律规定或当事人约定有免责事由的除外。

如果一个人根据债务性质和民事交易条件所要求的谨慎和勤勉行事的方式采取了一切措施以适当履行债务，则该人应被推定为无过错。

2. 无过错由违反义务的人证明。

3. 除非法律另有规定或当事人之间另有约定，否则在经营过程中未履行义务或未适当履行义务的人将承担责任，其能够证明由于不可抗力而无法适当履行义务的除外，也就是说，在这种情况下，无法预见且无预见的可能性。

4. 先前签订的关于消除或限制故意违反义务的责任的合同无效。

第三百七十三条 债务人对其雇员的责任

债务人的雇员为履行其债务而采取的行动被视为债务人的行为。如果这些行为导致不履行或不当履行债务，债务人应对这些行为负责。

第三百七十四条 债务人对第三方行为的责任

债务人对第三人的不履行或者不当履行债务行为承担责任，但法律规定直接由第三人承担责任的除外。

第三百七十五条 债权人过错

1. 如果不履行或者不当履行债务是由于双方的过错造成的，则法院应相应地减轻债务人的责任。

如果债权人有意或过失导致债务人不履行或不当履行债务造成损失数额增加，或者未采取合理措施减少损失，那么法院也有权减轻债务人的责任。

2. 本条第1款的规则应酌情适用于债务人根据法律或合同对其未能履行或未能适当履行债务负有责任的情况，而不论其是否有过失。

第三百七十六条 债务人迟延

1. 债务人迟延履行的，应当对迟延给债权人造成的损失和迟延期间偶然发生的以致不能履行的后果承担责任。

2. 因债务人迟延履行给债权人造成利益损失的，债权人可以拒绝接受履行并请求损害赔偿。

3. 由于债权人的迟延而不能够履行债务时，债务人不被视为拖欠债务。

第三百七十七条　债权人迟延

1. 如果债权人拒绝接受债务人提出的适当履行义务的要求，或没有采取法律规定或合同约定的行动，或没有采取根据债务的实质内容应有的行动，导致在履行义务之前，债务人无法履行其义务，则债权人应被视为违约。

在本法第 379 条第 2 款规定的情况下，债权人也应被视为迟延。

2. 如果债权人拒绝接受债务人提出的适当履行债务，或没有按照法律规定或合同约定或根据义务的实质采取一定行为，而使债务人在此之前无法履行其债务，则债权人被视为违约。

3. 对于金钱义务，债务人没有义务支付因债权人迟延接受履行而产生的利息。

第二十六章　债 的 终 止

第三百七十八条　债务终止的根据

1. 根据本法、其他法律规定或合同约定，债务全部或部分终止。

2. 只有在法律规定或合同约定的情况下，才允许应一方请求终止债务。

第三百七十九条　以不履行债务终止

1. 适当履行即终止债务。

2. 债权人在接受履行时，有义务应债务人的要求，在收到全部或部分履行时，向债务人签发收据或其他文件。

如果债务人已向债权人签发了债务文件作为债务的证明，债权人在接受履约时必须退还该文件，如果无法退还，则必须在所签发的收据中注明。收据可以用退还的债务文件上的签名代替。除非另有证明，债务人持有债务文件即证明债务的终止。

债权人拒不开具收据、退回债务凭证或者在收据上注明无法退回的，债务人有权延期履行。在这些情况下，债权人被视为违约。

第三百八十条　赔偿金

经双方同意，可以通过提供赔偿（支付金钱、转移财产等）来终止债务的履行。给予赔偿的数额、条件和程序由双方确定。

第三百八十一条　债务的终止抵销和不允许抵销的情况

1. 债务全部或部分通过抵销对等的同质债权而终止；当事一方申明便可抵销。

2. 在下列情况下不得抵销债权：

（1）根据另一方当事人的申请，诉讼时效期限适用于该请求，但该期限届满；

（2）关于对生命或健康造成的损害的赔偿；

（3）追讨赡养费；

（4）追讨生活费；

（5）法律另有规定或当事人之间另有约定。

第三百八十二条　债权让与时的抵销

债权转让的，债务人有权以其对原债权人的债权请求与新债权人的债权相抵销。

如果债权是在债务人收到转让通知时已经存在的基础上产生的，并且债权在收到通知之前已经到期，或者没有规定时限或由要求的时间决定，则应准予抵销。

第三百八十三条　债务人与债权人同时为一人时债务的终止

债务人与债权人同时为一人时，债务终止。

第三百八十四条　债务被更替而终止

1. 债务因各方达成协议而终止，以相同当事人之间的另一项债务取代他们之间存在的原始债务，规定不同的履行对象或履行方式（契约更新）。

2. 对生命或健康造成的损害赔偿以及支付赡养费的债务不允许更替。

3. 更替终止与原始债务相关的附随义务，除非双方另有约定。

第三百八十五条　债务免除

债权人免除债务人的债务时，债务终止，若该行为侵犯了他人对债权人财产的权利的除外。

第三百八十六条　债务因无法履行而终止

1. 如果在双边合同中，由于双方都不用负责任的情况，一方当事人不可能履行合同，在法律或合同没有任何其他规定或约定的情况下，其无权要求另一方当事人履行合同。任何一方都有权要求对方归还其已履行的全部或部分债务。

2. 如果在双边合同中，一方当事人因其负有责任的情形而无法履行合同，则在法律或合同中没有其他规定或约定的情况下，另一方当事人有权解除合同并向对方追偿因不履行合同而造成的损失。

3. 如果一方当事人因另一方当事人而在双边合同中无法履行合同，则前者保留获得补偿的权利，并抵销其由于无法履行合同而节省或获得的利益。

第三百八十七条　债务根据国家机关文件终止

1. 如果由于国家机关颁布文件而无法全部或部分履行债务，则应全部或有关部分债务终止履行。

因此遭受损失的当事人有权依法要求赔偿。

2. 如果终止债务所依据的国家机关的文件被认定为无效，则恢复受到影响的债权债务关系，当事人另有约定或已经丧失履行意义的除外。

第三百八十八条　债务因自然人死亡而终止

1. 如果没有债务人的亲自参与就无法履行债务，或者该债务与债务人的人格有不可分割的联系，则该债务在自然人死亡时终止。

2. 如果是针对债权人本人的债务履行，或债务履行是以其他方式与债权人的身份密不可分地联系在一起，则债务在债权人死亡时即告终止。

第三百八十九条　债务因法人清算终止债务

债务因法人（债务人或债权人）的清算而终止，但被清算的法人的债务依法分配给他人履行的除外（对生命或健康伤害的赔偿要求以及其他情况）。

第二分编　合 同 总 则

第二十七章　合同的概念和条款

第三百九十条　合同的概念

1. 合同是二人或二人以上就民事权利义务关系的成立、变更或者终止所达成的协议。

2. 本法第 9 章规定的双边和多边交易规则适用于合同。

3. 关于债务的一般规定（第 288 条至第 389 条）应适用于由合同产生的债务，除非本章的规则和法律中关于特定类型合同的规则另有规定。

4. 对于由两个以上当事人签订的合同，适用关于合同的一般规定，与此类合同的多边性质相抵触的除外。

第三百九十一条　合同自由

1. 公民和法人可以自由订立合同。

不得强迫订立合同，但法律规定订立合同义务或者自愿承担义务的除外。

2. 除非法律另有规定，当事人可以签订包含法律规定的各种合同要素的合同（混合合同）。混合合同中包含的合同要素，其规则应在各自的部分适用于混合合同下的当事人关系，除非当事人之间另有约定或混合合同的实质内容另有约定。

3. 合同条款由当事人在法律规定的方式和范围内自行决定（第392条）。

如果合同条款是由一项规范规定的，而该规范在双方合同未另作规定的情况下适用（任意性规范），则在不违反法律的情况下，当事人可以确立与该规范不同的合同条款。如果没有这样的约定，合同条款由任意性规范确定。

第三百九十二条　合同和法律

1. 合同必须符合法律规定的对当事人具有约束力的规则。

2. 如果在合同签订后和终止前通过了一项法律，规定了对双方具有约束力的规定，而这些规定与合同签订时的规则不同，除非法律另有规定，否则签订的合同条款必须与法律保持一致。

第三百九十三条　有偿和无偿合同

1. 一方当事人为履行其义务而必须收取报酬或其他对价的合同为有偿合同。

2. 无偿合同，是指一方当事人承诺向另一方当事人提供某些物品而不从对方手中获得对价的合同。

3. 除非法律另有规定、合同内容或实质另有约定，否则合同应被视为有偿合同。

第三百九十四条　价款

1. 双方在履行合同时应按照双方商定的价款依法结算。

在法律规定的情况下，适用经授权的国家机构指定或监管的价款（关税、费用、税率等）。

2. 在法律规定或合同约定的情况下，允许在合同订立后更改履行价款。

3. 如果有偿合同没有约定价款，也不能根据合同条款确定价款，则合同的履行应按类似情况下通常对类似货物、工程或服务收取的价款支付。

第三百九十五条　合同的效力

1. 合同自订立之日起生效并对双方具有约束力。

2. 双方当事人有权确定其签订的合同条款适用于其在签订合同之前产生的关系。

3. 法律可以规定或合同可以约定，合同期满后，双方的合同义务即告终止。

没有这种条件的合同应被视为有效，至合同中约定的当事方履行义务的终止日期终止。

4. 合同期满当然免除当事人的违约责任。

第三百九十六条　公共合同

1. 公共合同是指由商业组织缔结的协议，合同确定其销售商品、执行工作或提供服务的义务，该组织根据其业务性质，必须向任何申请缔约者履行这些义务（零售贸易、公共交通、通信服务、能源供应、医疗、酒店服务、强制保险等）。

除法律规定外，商业组织在缔结公共合同时不得给予某些缔约相对人以优惠。

2. 商品、工程和服务的价格以及公共合同的其他条款和条件对所有消费者都应是一样的，除非法律允许向某些类别的消费者提供优惠。

3. 在有可能向消费者提供相关公共商品（工程、服务）的情况下，商业组织不得拒绝签订公共合同。

商业组织无正当理由逃避订立公共合同的，适用本法第415条第4款的规定。

4. 在法律规定的情况下，除非白俄罗斯共和国总统令另有规定，否则白俄罗斯共和国政府可以发布对缔结和履行公共合同的各方具有约束力的规则（示范合同、条例等）。

5. 违反本条第2款和第4款规定的公共合同条款和条件无效。

第三百九十七条　合同示范条款

1. 合同可以约定，其特定条款应受为相应类型的合同制定并在报刊上公布的示范条款和条件约束。

2. 示范条款可以以合同范本或包含这些条款和条件的其他文件的形式列出。

第三百九十八条　格式合同

1. 格式合同作为一种合同，其条款已由一方当事人在表格或其他标准表格中确定，另一方当事人可以通过遵守拟议的整个合同之外的方式接受。

保险领域的格式合同也是一种合同，其条款在相关险种的规则中有所规定，经保险人或保险人协会批准，符合对保险活动行使国家监督的机关的要求，另一方（投保人）只能接受格式保险合同。

2. 格式合同的一方有权要求取消或修改合同，格式合同虽然不违反法律，但剥夺了该方在此类合同中通常享有的权利，排除或限制了另一方违反义务的责任，或包含其他对加入方明显苛刻的条件，而加入方基于其合理的利益，如果有机会参与确定合同条款，是不会接受这些条款的。

3. 在本条第2款所述的情况下，如果格式合同的一方知道或应该知道订立合同的条款，则加入合同的一方提出的撤销合同的要求不应得到满足。

第三百九十九条 预约合同

1. 根据预约合同，双方承诺在未来根据预约合同约定的条件缔结本约合同（基本合同）。

2. 预约合同以法律规定的主合同形式订立，主合同形式未确定的，预约合同以书面形式订立。违反有关预约合同形式的规则将导致其无效。

3. 预约合同应载有订立主合同的条件以及主要合同的其他必要条款。

4. 预约合同约定了双方承诺缔结主合同的期限。

如果预约合同中没有约定这一期限，主合同应在签订预约合同后一年内签订。

5. 如果预约合同的一方当事人逃避订立主合同，则应适用为强制性订立合同而制定的规定（第 415 条第 4 款）。

6. 如果在预约合同约定的双方应当订立主合同的期限届满之前未订立主合同的，且任何一方均未向另一方发出订立本约的要约，则预约合同约定的义务即告终止。

第四百条 第三人受益合同

1. 第三人受益合同，是指当事人约定债务人不向债权人履行债务，而是向合同约定或者未约定的第三人履行的合同，该第三人有权要求债务人向其履行债务。

2. 第三人向债务人行使权利之日起，未经第三人同意，当事人不得终止或者变更其订立的合同。

3. 合同中的债务人有权对第三人的债权提出其对债权人的抗辩。

4. 如果第三方放弃了合同赋予他的权利，债权人可以在不违反法律和合同的情况下行使这一权利。

第四百零一条 合同条款的解释

在解释合同条款时，法院应考虑其中包含的词语和表达方式的字面含义。如果合同条款含糊不清，应通过与其他条款和整个合同的含义进行比较来确定其字面含义。

如果本条第 1 款所载的规则无法确定条款的内容，则应在考虑到条款目的的情况下，确定缔约方的实际一般意愿。在此过程中应考虑到所有相关情况，包括条约缔结前的谈判和通信、当事方在相互关系中确立的惯例以及当事方随后的行为。

第二十八章　合同的订立

第四百零二条　订立合同的基本规定

1. 如果双方已按法律规定的形式就合同的所有必要条款达成一致，则合同应被视为已经订立。

必要条款是指与合同标的有关的条款，法律为此类合同约定的必要条款、必需条款或强制条款，以及应一方要求必须达成合同的所有条款。

2. 合同是一方发送要约（签订合同的要约）并由另一方接受（接受要约）而订立的。

第四百零三条　合同订立的时间

1. 合同在发出要约的人收到承诺通知时视为已订立。

2. 如果法律规定财产转让才能订立合同，则合同自有关财产转让之日起视为订立（本法第225条）。

3. 须经国家登记的合同自登记之时起视为订立，如果需要公证和登记，则自合同登记之日起视为订立，但法律另有规定的除外。

4. 在交易所签订的合同自规范交易所活动的法律或交易所规则规定的时间起视为订立。

第四百零四条　合同的形式

1. 除非本法或其他法律对某些合同约定了特定的形式，否则合同可以以任意交易形式订立。

如果法律对此类合同没有公证形式的要求，但当事人同意以这种形式订立合同，则合同自获得公证形式之时起视为订立。

如果此类合同的法律不要求书面（简单或公证）形式，但当事人同意以书面形式订立合同，则合同自书面形式形成之时起即视为订立。

2. 书面合同可以通过双方当事人签署的单一文件的形式订立，也可以通过邮寄、电报、电传、电子或其他通信手段交换文件，以可靠地确定该文件系合同当事人所签订。

3. 如果根据本法第408条第3款的规定接受了订立合同的书面建议，则视为合同的书面形式得到了遵守。

第四百零五条　要约

1. 要约是针对一个或多个特定人员的要约，它足够具体，并表达了发出要约的人将接受要约的收件人签订合同的意思表示。

要约必须包含合同的基本条款和条件。

2. 要约从收件人收到要约的那一刻起对发送要约的人产生约束力。如果撤回要约的通知早于或与要约本身同时到达受要约人，则要约应视为未收到。

第四百零六条　不可撤销的要约

除非要约本身另有约定，或根据要约的实质内容或提出要约时的情况发生重大变化，收件人收到的要约在约定的接受期限内不得撤销。

第四百零七条　要约邀请

1. 除非要约中另有明确说明，否则针对不确定人所发布的广告和其他要约视为要约邀请。

2. 公开要约是指载有合同所有必要条款的要约，从中可以看出，要约人按照要约中约定的条件与任何承诺人订立合同。

第四百零八条　承诺

1. 承诺是指接受要约的人对接受要约的答复。

承诺必须是完整和无条件的。

2. 除非法律另有规定或当事人之间另有约定，否则沉默不构成承诺。

3. 收到要约的为履行要约人而在约定的期限内采取行动以履行其中约定的合同条款（货物装运、提供服务、完成工作、支付适当金额等）视为承诺，法律另有规定或要约中另有约定的除外。

第四百零九条　承诺撤回

如果承诺撤回通知早于或与承诺本身同时到达要约人，应视为未收到承诺。

第四百一十条　根据载有承诺期限的要约订立合同

要约中载明承诺期限的，如果发出要约的人在承诺期限内收到承诺，则视为合同成立。

第四百一十一条　根据未载明承诺期限的要约订立合同

1. 如果要约中没有约定承诺期限，发送要约的人在法律规定的期限结束前收到承诺，或者如果没有规定期限，在通常合理的时间内收到承诺，则应视为合同已经订立。

2. 以口头方式提出要约，未约定承诺期限的，对方当即表示承诺的，合同即告订立。

第四百一十二条　逾期收到承诺

1. 在逾期收到承诺通知的情况下，要约人及时通知受要约人该承诺有效的不视为逾期。

2. 如果发出要约的一方立即通知另一方接受其逾期的承诺，则视为合同订立。

第四百一十三条　另外条件的承诺

同意按照要约以外的条件订立合同的答复不构成承诺。

这样的答复不构成承诺，视为新的要约。

第四百一十四条　合同签订地

如果合同未注明订立地点，则合同被视为在发出要约的公民居住地或法人住所地订立。

第四百一十五条　强制缔约

1. 如果根据本法和其他法律，受要约（合同草案）方必须签订合同，该方必须在收到要约后30日内向要约方发送接受或不接受的通知，或以不同条件接受要约（对合同草案的异议议定书）。

已发送要约并收到受要约的一方以不同条件提出的承诺通知（对合同草案的异议议定书）的一方，有权在收到该通知或接受期限届满后30日内将因缔结合同而产生的异议提交法院。

2. 如果根据本法或其他法律，合同的缔结对发出要约（合同草案）的一方具有约束力，并将在30日内向其发出对合同草案的异议议定书，该方应在收到异议议定书后30日内通知对方接受合同的措辞或拒绝异议议定书。

如果异议议定书被拒绝，或者发送异议议定书的一方没有在规定的期限内得到审查结果的通知，可以将缔结合同产生的异议提交给法院。

3. 本条第1款和第2款规定的时限规则应予适用，法律另有规定或当事人之间另有约定的除外。

4. 如果根据本法和其他法律必须签订合同的一方当事人拒绝签订合同，另一方当事人有权向法院申请强制签订合同。

无理拒绝签订合同的一方应向另一方赔偿由此造成的损失。

第四百一十六条　合同签订前的争议

如果根据本法第415条，或根据当事人之间的协议，将订立合同时产生的争议提交给法院，则当事人有争议的合同条款应根据法院的裁决来确定。

第四百一十七条　通过拍卖订立合同

1. 合同可以通过拍卖的方式订立，合同另有规定的除外。合同与赢得竞拍的人订立。

2. 拍卖的组织者可以是物的所有人或财产权人，也可以是专门组织。专门组织根据与物的所有人或财产权人的合同，并代表权利人或以自己的名义行事。

3. 在本法或其他法律规定的情况下，只能通过拍卖订立物品或财产权的买卖合同。

4. 竞标是以拍卖或招标的形式进行的。拍卖中的中标人是提供最高价格的人，而在招标中，根据招标组织者事先指定的招标委员会的结论，中标人为提供最佳条件的人。

5. 没有人出价（申请），或只有一个参与者提交报价（申请），或只有一个参与者到场，或没有人到场，或法律规定的其他情况的拍卖和竞标，均为无效。

如果只有一个参与者提交了参与申请（申请）或只有一个参与者前来参加拍卖，导致财产销售的拍卖被宣布失败，除非白俄罗斯共和国总统令另有规定，否则经该参与者同意，拍卖标的应以增加5%的起拍价出售给该参与者。

如果只收到一个参与者提出的参加出售财产的竞标申请，或者只有一个参与者出席，并且其投标符合竞标的条件，除非白俄罗斯共和国总统令另有规定，那么竞标的标的应按照投标人提出的条件出售给投标人。

6. 本法规定应适用于为执行法院判决而举行的公开拍卖，程序性法律、经济破产法另有规定的从其规定。

7. 在法律规定的情况下，允许两人或两人以上以一名参与者的名义参加拍卖。

第四百一十八条　拍卖的组织和程序

1. 拍卖和招标可以是公开的和非公开的。任何人均可参加公开拍卖和公开竞标。只有被特别邀请的人才能参加封闭式拍卖和封闭式竞标。

2. 除非法律另有规定，拍卖公告必须按照法律规定的方式在印刷媒体上发布，并由组织者在拍卖前至少30日发布，如果是根据法律举行的重复拍卖，则在拍卖前至少10日发布。有宣布拍卖和拍卖标的的信息应根据法律规定的程序发布在互联网上。在任何情况下都应通知都应包含有关拍卖时间、地点、形式、拍卖标的和拍卖程序的信息，包括拍卖登记参加程序、拍卖获胜者的确定以及初始价格的信息。

如果拍卖标的只是订立合同的权利，则即将举行的拍卖的通知必须说明为此规定的期限。

3. 除非法律或投标邀请书中另有规定，发出邀请的公开招标组织者可随时退出招标，但不得晚于拍卖前3日，也不得晚于招标前30日。

如果公开招标和拍卖的组织者违反规定的期限拒绝举行招标和拍卖，组织者有义务赔偿参与者所遭受的实际损失。非公开拍卖或非公开招标的组织者有义务赔偿其邀请的参与者的实际损失，无论在通知发出招标和拍卖通知后多长时间内拒绝投标和拍卖。

4. 投标者应按通知中规定的数额、时间和方式缴纳定金，以履行可能通过投标订立的合同约定的义务。

没有赢得拍卖和招标的参与者，以及在法律规定的其他情况下，保证金应在拍卖（招标）之日起的5个工作日内退还。对于赢得拍卖的参与者或本法第417条第5款第2、3项规定的人员，已支付的保证金数额应用于履行拍卖会上签订的合同的义务。

5. 中标人或本法第417条第5款第2、3项所述的人和招标组织者应在拍卖（招标）举行之日签署具有合同效力的议定书。

如果只对签订合同的权利进行招标，除非法律另有规定，否则各方应在招标后的20日内或招标通知书中指定其他期限内签署合同。

如果中标人或本法第417条第5款第2、3项规定的人员拒绝签署合同和或逃避根据拍卖（招标）结果签订的合同，以及法律规定的其他情况，参与者支付的保证金将不予退还，用以补偿组织和举行拍卖（招标）的费用。逃避签署合同的拍卖组织者有义务退还双倍金额的保证金，并向赢得拍卖的参与者或本法第417条第5款第2、3项规定的人员赔偿因参与拍卖而造成的损失，其数额超过保证金。

如果一方拒绝签订合同，另一方可以向法院申请强制签订合同，并要求对拒绝签订合同造成的损失进行赔偿。

6. 法律可以对招标（拍卖）的组织和进行规定不同的程序。

对于白俄罗斯共和国国家银行为调节银行的流动资金而进行的拍卖，应适用本条规定，法律另有规定的除外。

第四百一十九条　违反拍卖规则的后果

1. 违反法律规定的拍卖（招标），当事人可以请求法院宣告无效。

2. 宣布拍卖（招标）无效将导致与中拍人（赢得拍卖的人）签订的合同无效。

第二十九章　合同的变更和解除

第四百二十条　变更和解除合同的根据

1. 除非本法和其他合同另有约定，否则合同的变更和终止可由双方协议进行。

2. 应一方当事人的请求，只能通过法院判决修改或终止合同的情形：

（1）另一方当事人严重违反合同；

（2）在本法或其他法律另有规定或当事人之间另有约定的情况下。

如果一方当事人的违约行为导致另一方当事人在签订合同时应得的利益遭受重大损失，则被认为是根本违约。

3. 如果单方面全部或部分拒绝履行合同，并且法律或双方协议允许这种情况的发生，则合同应视为进行相应的终止或修改。

第四百二十一条　因情势变更合同的变更和解除

1. 当事人订立合同时所依据的情势变更，是合同变更或者解除的依据，但法律另有规定或当事人之间另有约定的除外。

情势变更被确认是实质性的，如果当事人能够合理地预见这种变化，他们根本就不会签订合同，或者签订的条件大不相同，则应视为重大变化。

2. 如果当事人未就使合同符合情势变更或解除合同的情况达成协议，同时满足下列条件时，可以解除合同，并基于本条第 4 款规定的理由，法院应利害关系方的请求针对性地加以修改：

（1）在签订合同时，双方当事人认为这种情况不会发生变化；

（2）情势变更是当事人按照合同性质和民事交易所要求的认真谨慎程度签约后由不能克服的原因引起的；

（3）在不改变合同条款的情况下履行合同将严重破坏合同双方财产利益的平衡，并将对有关当事人造成损害，使其丧失在订立合同时的期待利益；

（4）从合同的实质内容来看，情况发生变化的风险不应由有关当事方承担。

3. 如果合同因情势变更而解除，法院应根据当事一方的要求，在双方之间公平分配与履行合同有关的费用，确定解除合同的后果。

4. 在特殊情况下，如果终止合同有悖于公共利益，或对当事人造成的损失将大大超过按照法院更改的条款履行合同的费用，则允许通过法院判决变更合同。

第四百二十二条　变更和解除合同的程序

1. 变更或终止地合同，除法律另有规定或当事人之间另有约定外，以与合同相同的方式订立。

2. 一方当事人只有在收到另一方当事人对变更或终止合同建议的拒绝通知时，或在建议书、法律规定或合同约定的期限内未收到答复的，则可在 30 日内向法院提出修改或终止合同的请求。本法、白俄罗斯共和国总统令或其他法律可以规定不同的终止合同程序。

第四百二十三条　合同解除和变更的后果

1. 合同终止后，双方的义务终止。

2. 如果合同变更，双方的义务应继续依据变更后的合同履行。

3. 在合同终止或变更的情况下，除非当事人另有约定或合同变更的性质另有约定，否则从当事人终止或变更合同时起，双方当事人的义务也随即变更或终止；在通过法院程序终止或变更合同的情况下，从法院关于终止或变更合同的判决产生法律效力时起，双方当事人的义务也随即变更或终止。

4. 除法律另有规定或当事人另有约定外，当事人无权要求返还其在合同终止或变更前已履行的部分。

5. 如果终止或变更合同的依据是一方严重违约，另一方有权要求赔偿因终止或变更合同造成的损失。

第四编　典 型 合 同

第三十章　买　　卖

第一节　关于买卖合同的一般规定

第四百二十四条　买卖合同

1. 根据买卖合同，一方当事人（卖方）承诺将财产（商品、货物）的所有权、经济管理权、经营管理权（在本章中称为所有权，除非根据义务的实质和义务方的地位另有规定）转让给另一方当事人（买方），而买方承诺接受该财产并为其支付一定的金额（价格）。

2. 本款规定适用于有价证券和货币的买卖，但法律另有规定的除外。

3. 在本法和其他法律规定的情况下，某些类型的商品的购买和销售的具体流程应通过法律加以规定。

4. 本款的规定适用于财产权的出售，对这些权利的内容或性质另有要求的除外。

5. 本款规定应适用于某些类型的买卖合同（商品零售、货物供应、国家需求的货物供应、能源供应、承包、房地产销售、企业销售），本法和其他法律另有规定的除外。

第四百二十五条　买卖合同条款

1. 买卖合同交易的商品可以是任何东西，但要遵守本法第129条的规定。

2. 买卖合同交易的商品可以是卖方现有或将有的商品，但法律另有规定或依据商品性质另有要求的除外。

3. 如果买卖合同中与商品有关的条款约定了商品的名称和数量，则应视为买卖合同已经订立。

第四百二十六条　卖方交付商品的义务

1. 卖方应向买方交付买卖合同中约定的商品。

2. 除非合同中另有约定，卖方必须在交付商品的同时，将其附件和法律规定或合同约定的相关文件（技术数据表、质量证书、使用说明书等）交给买方。

第四百二十七条　交付商品义务的履行期限

1. 卖方履行向买方交付货物的义务的期限应根据买卖合同确定，如果合同没有约定这一期限，则根据本法第295条规定确定。

2. 如果合同明确约定，违反合同的履行期限，买方将丧失合同利益的，买卖合同应视为以在严格规定的期限内履行合同为条件而订立的。

第四百二十八条　卖方交付商品义务的履行时间

1. 除非买卖合同另有约定，卖方向买方交付商品的义务在下列时间视为履行：

（1）如果合同约定卖方有义务交付货物，将货物交付给买方或买方指定的人；

（2）如果商品交付给买方或买方在货物所在地指定的人，之后商品将由买方处置。当商品在合同约定的日期前已准备好在适当地点交付，且买方知道商品已准备好按照合同条款交付时，商品应被视为已准备好交付给买方。如果货物没有通过标记或其他方式为合同目的进行识别，则不被视为已准备好交付给买方。

2. 如果合同未约定卖方在货物所在地交付商品或将商品交付给买方的义务，则卖方将商品交付给买方的义务在交货时视为已经履行，货物交由承运人或通信组织交付给买方，合同另有约定的除外。

第四百二十九条　商品意外灭失的风险转移

1. 除非买卖合同另有约定，商品意外灭失或损坏的风险自卖方根据法律或合同被认为履行了向买方交付商品的义务之时起转移给买方。

2. 在商品运输途中达成的买卖合同，运输过程中发生意外损失或意外损坏的风险应自合同订立之时起转移给买方，合同中另有约定的除外。

如果卖方在签署合同时知道或应该知道商品会丢失或损坏，而没有相应地通知买方，则法院可根据买方的请求，认定合同中关于商品意外丢失或意外损坏的风险转移给买方的条款无效。

第四百三十条　卖方交付没有第三人权利商品的义务

1. 卖方必须将没有任何第三人权利的商品交付给买方，除非买方同意接受有第三方权利负担的商品。

2. 若商品在交付给买方时存在第三人对商品提出权利要求的情况，且卖方已知道第三人对交付商品的权利要求，第三人的权利要求完全合法，则本条第 1 款规定应适用。

第四百三十一条　在买方商品被没收的情况下卖方的责任

1. 如果商品由于买卖合同履行前的原因而被第三方从卖方处取走，卖方必须赔偿买方的损失，买方知道或应该知道这些原因的除外。

2. 在第三人向买方索赔所购财产时，双方当事人关于卖方责任免除或限制赔偿责任的协议无效。

第四百三十二条　在提出商品没收诉讼时退买方和卖方的义务

如果第三方以买卖合同履行前产生的事由对买方提出取回商品的诉讼，买方必须让卖方参与诉讼，卖方也有义务介入此案。

如果卖方证明，通过参与本案，其本可以防止第三方从买方手中取走已售商品，但买方未能让卖方参与本案，则免除卖方对买方的责任。

被买方邀请参加诉讼但未参加诉讼的卖方丧失证明买方行为不当的权利。

第四百三十三条　卖方拒绝交付商品的后果

1. 卖方拒绝将售出的货物交付给买方的，买方有权拒绝履行买卖合同。

2. 如果卖方拒绝交付特定物，买方有权向卖方提出本法第369条规定的要求。

第四百三十四条　未交付货物配件和文件的后果

如果卖方未能或拒绝向买方交付根据法律规定或买卖合同（第426条第2款）约定其应交付的与货物有关的附件或文件，买方有权给卖方设定一个合理的交付时间。

卖方未在规定期限内交付与货物有关的附件或文件的，除合同另有约定外，买方有权拒收货物。

第四百三十五条　商品的数量

1. 交付给买方的商品数量应在买卖合同中以适当的计量单位或货币形式加以规定。商品的数量可以通过在合同中约定的方式来商定。

2. 如果根据合同无法确定要交付的商品数量，则合同不被视为已订立。

第四百三十六条　违反合同数量条款的后果

1. 如果卖方违反合同条款向买方交付的商品数量少于买卖合同约定的数量，除非合同另有约定，否则买方有权要求卖方交付缺失的货物，或拒收交付的货物并拒绝支付有关款项，如果买方已经付款，买方可以要求卖方退还为此支付的款项。

2. 如果卖方已向买方交付超过合同约定数量的商品，买方必须按照本法第453条第1款的规定通知卖方。如果卖方在收到买方通知后的一段合理时间内未处置有关商品，买方有权接受全部数量的商品，合同另有约定的除外。

3. 如果买方接受的商品超过买卖合同约定的数量（本条第2款），则额外接受的商品应按根据合同确定的商品价格支付，合同另有约定的除外。

第四百三十七条　商品的种类

1. 如果买卖合同约定按一定比例的种类、型号、尺寸、颜色和其他特征（分类）交付商品的，卖方有义务按双方约定的分类向买方转让货物。

2. 如果买卖合同中没有明确约定商品的种类，而且合同也没有约定确定商品种类的程序，但从义务的实质来看，商品必须按一定种类交付给买方，则卖方有权根据其在订立合同时已知的买方的需要，按一定种类向买方交付商品，或拒绝履行合同。

第四百三十八条　违反合同种类条款的后果

1. 如果卖方在买卖合同约定的情况下交付的货物不符合合同约定，买方有权拒绝接受并付款，如果已经付款，可以要求退还已付款项。

2. 如果卖方将符合合同约定的商品和不符合约定的商品一起交付给买方，则买方有权选择：

（1）接受符合条件的商品，拒绝接受其余商品；

（2）拒绝接受所有交付的商品；

（3）要求用合同中约定种类的商品替换不符合条件的商品；

（4）接受所有交付的商品。

3. 如果买方拒绝接受不符合合同约定的商品，或者要求更换不符合合同约定的商品，买方也有权拒绝支付这些商品的费用，如果已支付，则有权要求退还已支付的款项。

4. 如果买方在收到交付的商品后的合理时间内未通知卖方其拒绝接受的话，则不符合买卖合同约定种类的商品应视为已被买方所接受。

5. 如果买方没有拒绝接受不符合合同约定种类的商品，买方有义务按照与卖方商定的价格付款。如果双方未采取必要步骤在合理时间内确定价格，买方将按照订立合同时在通常情况下类似商品的价格支付费用。

6. 除合同另有约定以外，适用本条的规定。

第四百三十九条　商品的质量

1. 卖方必须向买方交付质量符合买卖合同约定的货物。

如果合同中没有关于商品质量的约定，卖方有义务按照此类商品通常标准交付给买方。

如果卖方在合同订立时获悉买方取得商品的具体目的，则卖方有义务将符合买方目的的商品交付给买方。

2. 卖方按照样品和（或）描述销售商品时，有义务将与样品和（或）描述相符的商品交付给买方。

如果法律规定了对所售商品质量的强制性要求，从事商业活动的卖方就有义务向买方提供符合这些强制性要求的商品。

根据买卖双方之间的合同，可以交付比法律规定的强制性要求更高质量的商品。

第四百四十条　质量保证

1. 卖方有义务保证交付给买方的商品，在交付给买方时必须符合本法第439条规定的要求，除非买卖合同另有约定，并且在合理的时间内，商品必须符合通常标准。

2. 如果法律规定或买卖合同约定卖方提供商品质量保证，则卖方有义务将商品交付给买方，该商品必须符合本法第 439 条规定，在以年、月、日或运行时间确定的日历期间内，以小时、运行周期、公里或其他类似指标设置质保期限。

3. 质量保证也适用于产品的所有部件（附件），买卖合同中另有约定的除外。

第四百四十一条　担保期的计算

1. 担保期自商品交付买方之日起算（第 428 条），除非法律另有规定或买卖合同另有约定。

2. 如果买方因卖方原因无法使用合同约定的担保期内的商品，则担保期在卖方消除这种情况之前不应起算。

除非合同另有约定，在按照本法第 453 条规定的程序通知卖方商品存在瑕疵的情况下，因商品存在瑕疵而无法使用商品的应延长担保期时间。

3. 除非合同中另有约定，附件的质保期应视为与主产品的担保期相同，并应与主产品的担保期同时开始计算。

4. 除非买卖合同另有约定，卖方交付的替代在担保期内发现瑕疵的商品或商品配件的担保期应与被替代的商品相同（第 446 条）。

第四百四十二条　保质期

1. 法律或其他强制性规定可能会规定商品被视为不适宜其预期用途的期限（保质期）。

2. 对于有保质期限的商品，卖方有义务将其转交给买方，以便买方在保质期到期之前按预定目的使用。

第四百四十三条　保质期的计算

保质期从商品制造之日（时间）或商品适合使用之日起开始计算。

第四百四十四条　商品质量检验

1. 检验商品质量可以由法律规定或买卖合同约定。检验商品质量的程序由法律规定或者合同约定。如果检验程序由法律规定，则合同约定的检验程序应符合法律要求。

2. 如果商品质量检验程序没有按照本条第 1 款规定确定，商品质量检验应按照买卖合同约定的交付货物的通常适用条件进行。

3. 如果法律规定或买卖合同约定卖方有义务检查交付给买方的商品的质量（测试、分析、检查等），则卖方必须向买方提供符合质量检查的标准货物。

4. 买卖双方执行的检查商品质量的程序以及其他条件必须相同。

第四百四十五条　交付质量不合格商品的后果

1. 如果卖方在交付时没有说明商品的瑕疵，则收到质量不合格商品的买方有权选择要求卖方：

（1）购买价格相应降低；

（2）在合理时间内无偿消除商品瑕疵；

（3）补偿其消除商品瑕疵所花费用。

2. 如果出现重大的质量不合格的情况（在不花费过多成本或时间的情况下无法消除的瑕疵，或反复被发现或消除后再次出现的瑕疵，以及其他类似的瑕疵），买方有权：

（1）拒绝履行买卖合同并要求退还已支付的款项；

（2）要求用符合合同约定的商品替换有瑕疵的商品。

3. 除商品性质或义务的实质内容另有要求外，买方可以提出本条第 1 款和第 2 款所述的消除瑕疵或更换的要求。

4. 如果套装中的部分商品质量不合格（第 449 条），买方有权行使本条第 1 款和第 2 款规定的与这些商品相关的权利。

5. 除非本法或其他法律另有规定，否则应适用本条规定。

第四百四十六条　卖方负责商品的瑕疵

1. 如果买方证明商品的瑕疵是在货物转移给买方之前或是由于在此之前的原因而产生的，则卖方应对商品的瑕疵负责。

2. 对于卖方已提供质保的商品，卖方对商品的瑕疵负责，除非其能证明商品的瑕疵是在移交给买方后产生的，是由于买方违反了关于使用或储存货物的规定、第三方的行为或不可抗力。

第四百四十七条　已交付商品瑕疵的发现期限

1. 除非法律或买卖合同另有约定，买方有权对商品的瑕疵提出赔偿请求，但必须在本条规定的时限内发现瑕疵。

2. 如果商品没有担保期或保质期，买方可以提出与商品瑕疵有关的赔偿请求，前提是所售商品中的瑕疵是在合理的时间内发现的，但应在商品交付给买方之日起 2 年内或在法律规定或买卖合同约定的更长期限内。需要运输或邮寄的商品的质保期限从商品交付之日起计算。

3. 如果商品有担保期，在担保期内发现商品有瑕疵，买方有权提出赔偿。

如果买卖合同中的配件的担保期少于主产品的担保期，买方有权在主产品的担保期内发现配件瑕疵时提出赔偿。

如果合同中的配件的担保期比主产品的担保期长，买方有权在其担保期内发现配件的瑕疵时提出赔偿请求，无论主产品的担保期是否届满。

4. 对于有担保期的商品，如果在担保期内发现商品存在瑕疵，买方有权提出赔偿请求。

5. 合同约定的担保期不足 2 年，在担保期届满后，买方发现商品存在瑕疵，是在自商品交付给买方之日起 2 年内的，如果买方证明商品的瑕疵是商品交付给自己之前或由于交付前已有的原因而产生的，则卖方应承担责任。

第四百四十八条　商品的完整性

1. 卖方有义务将符合买卖合同条款的商品完整交付给买方。

2. 如果买卖合同没有有关商品完整性的约定，卖方必须向买方交付通常所要求的完整性的商品。

第四百四十九条　成套商品

1. 如果合同约定卖方有义务向买方交付成套商品（成套货物），则自交付成套商品之日起，视为义务已经履行完毕。

2. 除非合同另有约定，否则根据义务的实质内容，卖方必须同时将整套商品全部交付买方。

第四百五十条　交付不完整商品的后果

1. 在交付不完整商品的情况下（第 448 条），买方有权选择要求卖方：

（1）相应减少购买价格；

（2）在合理的时间内补足商品。

2. 如果卖方未能在合理的时间内满足买方补足商品的要求，买方有权选择：

（1）要求用完整的商品替代不完整的商品；

（2）拒绝履行买卖合同并要求退还已支付的价款。

3. 本条第 1 款和第 2 款规定的后果也适用于卖方违反向买方交付完整商品的义务的情况（第 449 条），买卖合同另有约定或义务的实质不符合的除外。

第四百五十一条　容器和包装

1. 除非买卖合同另有约定并且不符合义务的实质，否则卖方有义务将商品放入在容器和（或）包装中交付给买方，但根据其交易性质，不需要容器和（或）包装的除外。

2. 如果合同没有约定对容器和包装的要求，则商品必须以商品通常的方式装箱和（或）包装，如果没有通常方式，则以确保商品在正常储存和运输条件下的安全的方式包装。

3. 如果按照法律规定的程序对容器和（或）包装有强制性要求，从事商业活动的卖方有义务将符合这些强制性要求的在容器和（或）包装中的商品交付给买方。

第四百五十二条　交付无容器或包装或者容器和包装不当商品的后果

1. 如果商品交付给买方时无容器和（或）包装，或包装不当，买方有权要求卖方密封和（或）包装商品，或更换不适当的容器和（或）包装，因商品的实质或性质而另有规定的除外。

2. 在本条第 1 款规定的情况下，买方有权不向卖方提出本款规定的要求，而是向卖方提出因转让质量不合格的商品而请求赔偿。(第 445 条)

第四百五十三条　通知卖方合同履行不当

1. 买方有义务在法律规定或合同约定的期限内通知卖方违反买卖合同中关于商品的数量、种类、质量、完整性、容器和（或）包装的条款的情况，如果没有确定这样的期限，则应当根据商品的性质和用途，在发现违反相关合同条款后的合理时间内通知卖方。

2. 如不符合本条第 1 款规定，如果卖方证明，买方未及时通知致使卖方无法履行合同，或致使卖方承担了与及时通知情况下不相称的费用，则卖方有权全部或部分拒绝买方的要求，不向买方转让缺少数量的货物，不更换不符合买卖合同约定的质量或品种条件的货物，不消除货物缺陷，不完成货物或将不完整的货物更换为完整的货物，不填充和（或）包装货物或更换不适当的包装和（或）包装货物。

3. 如果卖方知道或应当知道转让给买方的商品不符合买卖合同的条款，则卖方无权援引本条第 1 款和第 2 款的规定。

第四百五十四条　买方接收商品的义务

1. 买方有义务接收转让给他的商品，但根据法律规定或合同约定，买方有权要求更换货物或拒绝履行买卖合同的情况除外。

2. 除非法律另有规定或买卖合同另有约定，买方必须采取通常要求其采取的行动，以确保交付和接收有关货物。

3. 如果买方违反法律规定或合同约定，未能或拒绝接收货物，卖方有权解除合同。

第四百五十五条　商品价格

1. 买方有义务按买卖合同约定的价格（除非法律另有规定）支付价款，如果合同没有约定并且无法确定应支付价款的，则根据本法第394条第3款确定的价格付款，并且必须根据法律、合同或通常规定的要求自费支付商品。

2. 以商品重量计价时，按净重确定，买卖合同另有约定的除外。

3. 如果买卖合同约定，货物价格可根据决定货物价格的指标（成本价格、费用等）发生变化，但没有约定价格修订的方法，则应根据合同签订时和货物交付时这些指标的比例确定价格。如果卖方延迟履行移交货物的义务，价格应根据合同订立时和合同约定的货物移交时这些指标的比例确定，如果合同没有约定，则根据本法第295条规定的时间确定。

本款规定应予适用，但本法、其他法律另有规定或合同另有约定，或义务的实质内容另有要求的，从其规定。

第四百五十六条　商品价款支付

1. 买方必须在卖方交付商品之前或之后立即支付价款，本法、其他法律另有规定或买卖合同另有约定，或根据义务的实质内容不符合的除外。

2. 合同未约定对交付商品分期付款的，买方有义务向卖方全额支付交付商品的价款。

3. 如果买方未能按照合同约定及时支付所交付商品价款，卖方有权按照本法第366条的规定要求付款和支付利息。

4. 买方违反约定，拒不接收商品并拒绝支付价款的，卖方有权选择要求支付价款或拒绝履行合同。

5. 如果卖方根据合同不仅有义务将买方未付款的商品转让给买方，而且还有义务将其他商品转让给买方，卖方有权暂停交付这些商品，直到所有先前转让的商品收到全额付款，法律另有规定或合同另有约定的除外。

第四百五十七条　预付商品价款

1. 如果买卖合同约定买方有义务在卖方交付商品之前支付全部或部分价款（预付款），买方必须在合同约定的期限内付款，如果合同没有约定该期限，则在本法第295条确定的期限内付款。

2. 买方未履行预付价款义务的，适用本法第309条规定。

3. 如果收到预付款的卖方未能在规定的时间内交付商品（第427条），买方有权要求交付已支付过预付款的商品或退还未交付商品的预付款。

4. 如果卖方未履行交付已支付预付款的商品的义务，且买卖合同未另行约定，则应根据本法第366条的规定，买方对预付货款收取利息，利息从合同约定应转让货款之日起算，至将货款转让给买方之日止，或将买方预付款退还给买方之日止。

第四百五十八条　赊销商品价款支付

1. 如果买卖合同约定买方在商品交付后的一定时间内付款（赊销），买方必须在合同约定的期限内付款，法律另有规定的除外；如果合同没有约定或法律没有规定期限，则在根据本法第295条确定的期限内付款。

2. 卖方不履行交付商品义务的，适用本法第309条的规定。

3. 如果收到商品的买方未能在合同约定的期限内履行付款义务，卖方有权要求支付已交付商品的价款或退还未付价款的商品。

4. 如果买方未在合同约定的期限内履行支付交付商品价款的义务，并且本法及其他法律没有其他规定或买卖合同没有另行约定，则根据本法第366条规定，买方应支付逾期价款利息，从商品应付款之日起至买方为商品付款之日止。合同可以约定买方有义务从卖方交付商品之日起支付与商品价格相对应的金额的利息。

5. 除合同另有约定外，自商品交付给买方之时起至卖方收到付款为止，赊销的商品视为已抵押给卖方，以确保买方履行其付款义务。

第四百五十九条　商品分期付款

1. 赊销商品合同可以约定分期付款。

有分期付款条件的赊销商品合同，如果其他条款规定了商品的价格，付款的方式、时间和数额，则视为合同订立。

2. 当买方未能在合同约定的期限内购买并支付价款时，卖方有权撤销合同并要求退还已交付的商品，除非卖方从买方处收到的付款金额超过货物应付金额的一半。

3. 本法第458条第2款、第4款和第5款规定适用于以分期付款为条件的买卖合同。

第四百六十条　商品保险

买卖合同可以约定卖方或买方有义务为商品投保。

如果有义务为商品投保的一方未按照合同约定投保，则另一方有权为商品投保并要求有义务投保的一方偿付保险费，或拒绝履行合同。

第四百六十一条　出卖人所有权保留

买卖合同约定交付给买方的商品的所有权由卖方保留，直到买方付清商品或发生其他情况，在付清货款之前买方无权处分该商品，除非法律另有规定或合同另有约定或该商品不符合其用途和性质。

如果转让的商品买方未在合同约定的期限内付款或出现无法将所有权转移给买方的其他情况，卖方有权要求买方将商品退还，合同另有约定的除外。

第二节　零售买卖

第四百六十二条　零售买卖合同

1. 零售买卖合同是指从事商品零售业务的卖方，或从事手工艺活动的人或在市场或当地行政和监管部门指定的其他地方销售商品的人，包括一次性销售，承诺向买方交付用于个人、家庭、日常或其他与商业活动无关的商品。

2. 零售买卖合同是一种公共合同（第396条）。

3. 本法未规定的涉及买方公民的零售买卖合同关系，适用消费者权益保护相关法律。

第四百六十三条　零售买卖合同的形式

除非法律另有规定或零售买卖合同另有约定，包括买方必须遵守的格式条款或其他标准形式的条款（第398条），零售买卖合同自卖方向买方给付现金或商品支票或其他证明货物已付款的单据时起，应视为已签订。买方没有这些文件并不妨碍其援引证人证词来证明合同及其条款规定的事实。

第四百六十四条　商品公开要约

1. 卖方在其广告、目录和产品说明中向不确定数量的人发出的商品要约，如果包含零售买卖合同的所有基本条款，应视为公开要约（第407条第2款）。

2. 卖方在销售点（在柜台、陈列柜等）展示商品、展示样品或在销售点提供关于待售商品的信息（说明、目录、商品照片等），无论是否标明价格和零售买卖合同的其他重要条件，都被认为是公开要约，除非卖方明确表示有关商品不打算出售。

第四百六十五条　向买方提供商品的信息

1. 卖方有义务向买方提供有关拟出售商品的必要和可靠的信息，这些信息应符合法律规定的内容和零售中通常要求的提供此类信息的方式。

2. 在签订零售合同之前，买方有权检查商品，有权要求当场检验或展示商品的使用情况，因商品的性质而不宜进行检验，并且不违反零售业的有关规定的除外。

3. 如果买方没有机会在销售点立即获得本条第 1 款和第 2 款所述的商品信息，则买方可以要求卖方赔偿因不合理地逃避订立零售买卖合同而造成的损失（第 415 条第 4 款），如果合同已经订立，买方可以在合理时间内解除合同，并要求退还已支付的价款和赔偿其他损失。

4. 卖方如果未能向买方提供有关商品的适当信息，也应对商品交付给买方后出现的瑕疵负责，买方须证明这些瑕疵是由于缺乏有关商品信息造成的。

第四百六十六条　以买方在一定期限内接收商品为条件的零售买卖合同

当事各方可以订立零售买卖合同，条件是买方在合同约定的期限内接收商品，在此期间卖方不得将商品出售给另一买方。

除合同另有约定外，买方未在合同约定的期限内到场或者采取其他必要行动接收商品的，卖方可视为买方拒绝履行合同。

除非法律另有规定或合同另有约定，卖方为确保在合同约定的时间内将货物交付给买方而支付的额外费用应包含在商品价款中。

第四百六十七条　凭样品销售

1. 零售买卖合同可以在买方对卖方提供的商品样品（说明、目录等）进行检查的基础上签订。

2. 除法律另有规定或合同另有约定外，凭样品买卖合同自商品交付至合同约定的地点之时起，即视为履行；如果合同未约定交货地点，从商品在公民居住地或法人住所地交付给买方的那一刻起，即视为履行。

3. 买方有权在交付商品前拒绝履行凭样品买卖合同，但须向卖方偿还为履行合同而发生的必要费用。

第四百六十八条　利用自动售货机销售商品

1. 在使用自动售货机进行商品销售的情况下，自动售货机的所有人有义务通过将商品放置在自动售货机上或以其他方式向买方提供有关商品的信息，向买方传达有关商品卖方的信息，标明卖方的名称（公司名称）、所在地、经营方式，以及告知买方需要采取的接收商品的行为。

2. 使用自动售货机的零售买卖合同自买方采取接收商品所需的行为之时起视为已生效。

3. 如果自动售货机未向买方提供已付款的商品，卖方有义务应买方的要求立即向买方提供商品或退还买方已支付的款项。

4. 如果机器用于交换货币、购买代币或兑换货币，则适用零售买卖规定，根据义务的性质另有要求的除外。

第四百六十九条　以交付给买方为条件的商品销售

1. 如果零售买卖合同是以向买方交付商品为条件订立的，则卖方必须在合同约定的期限内将商品交付到买方指定的地点，如果买方未指定交货地点，则交付到作为买方的公民或法人的所在地。

2. 当商品交付给买方，或在买方不在的情况下，交付给任何出示证明合同缔结的文件或商品交付的收据或其他文件的人，即视为履行了零售买卖合同，法律另有规定或合同另有约定的除外。

3. 如果零售买卖合同没有约定商品交付给买方的时间，商品必须在收到买方要求后的合理时间内交付。

第四百七十条　商品价格和付款

1. 买方有义务按照零售买卖合同订立时卖方申报的价格支付货款，法律另有规定的除外。

2. 零售买卖合同约定预付货款的（第 457 条），买方未在合同约定的期限内支付货款的，视为买方拒绝履行合同，但当事人之间另有约定的除外。

3. 赊销商品零售买卖合同，包括以买方分期付款为条件的合同，不适用本法第 458 条第 4 款的规定。

第四百七十一条　租赁销售合同

合同可以约定，在商品的所有权转移给买受人之前（第 461 条），买受人是应交付商品（租赁买卖合同）的承租人。

除非合同另有约定，买方自支付货款之日起成为商品的所有人。

第四百七十二条　质量合格商品的调换

1. 除非卖方声明有更长的商品更换期，否则买方有权在非食品产品交付后的

14 日内，在购买地点和卖方公布的其他地点更换所购买的商品，以换取不同大小、形状、尺寸、样式、颜色或配置的类似商品，在价格有差异的情况下重新与卖方进行结算。

如果卖方没有商品可供更换，则买方有权将购买的商品退还给卖方，并要求卖方退还其所支付的款项。

买方要求换货或退货的条件为：商品没有被使用过，不影响二次销售，并且拥有从零售商处购买商品的凭证。

本款的规定适用于公民购买者参与的零售买卖合同下的关系，消费者保护相关法律另有规定的除外。

2. 基于本条规定，不能换货或退货的商品应根据法律规定的程序确定。

第四百七十三条　在销售给其质量不合格商品情况下买方的权利

1. 所售商品质量不合格，若卖方在销售时未指明存在瑕疵，买方有权要求卖方：

（1）用质量合格的商品替换有瑕疵的商品；

（2）相应降低商品的购买价格；

（3）赔偿消除商品瑕疵的费用；

（4）在卖方交付的商品严重违反质量要求的情况下，买方有权要求对技术复杂或昂贵的产品进行更换（第 445 条第 2 款）。

2. 如果发现商品有瑕疵，且根据产品性质无法消除的（食品、日用化学品等），买方有权要求用质量合格的货物替代该商品，或要求相应降低购买价格。

3. 在没有提出本条第 1 款和第 2 款要求的情况下，买方有权拒绝履行零售买卖合同并要求退还已支付的货款。

买方必须按照卖方的要求，由卖方承担费用，退回收到的有瑕疵的商品。

在向买方退还货款时，卖方无权从货款中扣除因商品全部或部分使用、商品外观有损或其他类似情况而导致商品价值下降的金额。

第四百七十四条　更换货物、降低购买价格和退还不合格商品时的差价补偿

1. 用符合零售买卖合同的质量合格的商品替换有瑕疵的商品时，卖方无权要求买方赔偿合同约定的商品与替换商品之间的价格差额，或法院命令替换商品时存在的商品价格之间的差额。

2. 如果有瑕疵的产品被替换为类似但在尺寸、样式、类型或其他特征上不同的产品，替换产品的价格与有瑕疵产品的价格之间的差额应予退还。

如果卖方不满足买方的要求，则法院裁判时应确定更换商品的价格和替代商品的价格。

3. 如果要求按比例减少购买价格，则应考虑在提出减少购买价格要求时的商品价格，如果买方的要求未得到满足，则应考虑在法院作出按比例减少购买价款的裁决时的商品价格。

4. 如果将有瑕疵的商品退还卖方，买方有权要求卖方赔偿零售买卖合同约定的商品价格与买方采用替代的方式满足其自身要求时有关商品价格之间的差额，如果买方没有采用替代方式满足其自身要求，则有权在法院作出裁决时要求赔偿。

第四百五十七条　卖方的责任和实物履行义务

如果卖方不履行零售买卖合同义务，赔偿损失和支付违约金并不能免除卖方的实物履行义务。

第三节　商 品 交 付

第四百七十六条　供货合同

供货合同，是指从事商业活动的卖方承诺在约定的时间或日期将其生产或采购的商品转让给买方，用于商业活动或其他与个人、家人、家庭及与其他类似用途无关的目的。

第四百七十七条　签订供货合同时分歧的解决

1. 当双方在订立供货合同时对合同的某些条款发生分歧，要求订立合同的一方当事人，在收到另一方当事人关于调整这些条款的建议书后30日内，除非法律另有规定或双方当事人另有约定，应采取措施调整合同的有关条款，或以书面形式通知另一方当事人拒绝订立合同。

2. 一方当事人收到供货合同的有关条款和条件的建议，但没有采取措施就合同的条款和条件进行谈判，也没有在本条第1款规定的期限内通知对方拒绝签订合同的，应负责支付因其不采取行动协调谈判合同条款和条件而造成的损失。

第四百七十八条　商品交货期

1. 当事人约定在合同有效期内分批交付商品，但合同中未约定分批交付时间的（交货期），商品应按月分批交付，法律或债的实质另有要求的除外。

2. 除了确定交货期外，合同还可以约定交货时间表（10天、1天、1小时等）。

3. 在买方同意的情况下，可以提前交货。

提前交付并被买方接收的商品应计入下一期间应交付的商品数量。

第四百七十九条　商品交付程序

1. 供应方应将商品运送（移交）给作为供货合同一方的买方或合同中指定的收货人交付商品。

2. 如果供货合同约定买方有权指示供应方向指定的收货人运送（转让）商品（发货单），供应方应将商品运送（转让）给发货单中指定的收货人。

发货单的内容和买方将其发送给供应方的期限由合同确定。如果合同中没有约定发货单的发送期限，则应在发货前30日内发送给供应方。

3. 买方未能在规定时间内发送发货单，供应方有权解除合同或要求买方支付货款，供应方也有权要求买方赔偿因其未发送发货单而造成的损失。

第四百八十条　商品送达

1. 供应方应通过供货合同约定的运输方式，按照合同约定的条款和条件交付商品。

如果合同没有约定运输方式或交货条件，供应方应有权自行选择运输方式或交货条件，法律或债的实质另有要求的除外。

2. 供货合同可以约定买方（收货人）在供应方的所在地（取走）接收商品。

第四百八十一条　商品供应不足的弥补

1. 供应方若未能在某一交货期内交付货物，则有义务在供货合同有效期内的下一（几）期补足差额部分，合同另有约定的除外。

2. 如果供应方将商品运送给供货合同或买方发货单中指定的几个收货人，交付给某一个收货人的商品超过合同或发货单中规定的数量，不计入供应方应向其他收货人弥补交付的差额，但合同另有约定的除外。

3. 买方有权通知供应方拒绝接收逾期交货的商品，但供货合同另有约定的除外。在供应方收到通知之前交付的商品，买方有义务接收并付款。

第四百八十二条　弥补供应不足时的商品种类

1. 需要补足交付的商品种类由双方协议确定。在没有此类合同的情况下，供应方有义务在允许不交货的时期内，针对交付不足的商品进行补足。

2. 一种商品的交付量超过供货合同约定的数量，不计入同一批次内的针对另一种商品的交付量的补足，交付不足的商品应另行补足，但买方事前书面同意以该种方式交付的除外。

第四百八十三条　买方接收货物

1. 买方（收货人）应采取一切必要措施，确保顺利接收卖方交付的货物。

2. 买方应在法律规定或合同约定的期限内对所接收的货物进行查验。

买方（收货人）应在同一期限内按照法律规定或供货合同约定的程序检查所收货物的数量和质量，并将发现的货物瑕疵和数量不足的情况及时书面通知供应方。

3. 当买方（收货人）从运输组织处收到交付的货物时，应检查货物是否与运输和随附文件中的信息相符，并按照有关运输活动的法律规定从运输组织处接收货物。

第四百八十四条　买方不接收商品的保管责任

1. 当买方（收货人）依据法律或供货合同拒绝接收供应方交付的商品时，有义务保证该商品的安全（负责保管）并立即通知供应方。

2. 供应方有义务将买方（接收方）拒绝接收并保管的商品取出或在合理时间内处置。

如果供应方未在此期限内处置商品，买方有权将商品出售或退还给供应方。

3. 买方因对拒绝接收的商品采取保管措施、出售商品或将商品退还而发生的必要费用由供应方承担。

出售商品所得收益，在扣除买方代为支付的应由供应方承担的必要费用后，剩余部分应退还给供应方。

4. 如果买方没有法律规定或供货合同约定的理由拒绝接受供应方的商品，供应方有权要求买方支付货款。

第四百八十五条　商品抽样

1. 当供货合同约定由买方（接收方）在供应方所在地提货时（第480条第2款），买方有义务在交货地点查验交付的商品，法律另有规定、供货合同另有约定或债的实质另有要求的除外。

2. 买方（收货人）未能在供货合同约定的期限内抽样，或未能在收到供应方关于货物供应的通知后的合理时间内抽样，供应方有权解除合同或要求买方支付货款。

第四百八十六条　供货结算

1. 买方应按照供货合同约定的付款程序和付款方式支付所交付商品的货款。

如果双方未约定结算的程序和形式，则以支票的方式进行结算。

2. 供货合同约定由收货人（付款人）支付货款，收货人无理由拒绝付款或者未在合同约定的期限内支付货款的，供货人有权要求买方支付已交付商品的货款。

3. 如果供货合同约定将商品分批交付，则买方在最后一批商品装运（选择）后支付货款，合同另有约定的除外。

第四百八十七条　容器和包装

除非供货合同中另有约定，买方（收货人）有义务按照法律规定的方式和期限，将接收商品的可重复使用的容器和包装设备归还供货人。

其他容器和包装只在合同约定的情况下退还供货人。

第四百八十八条　交付质量不合格商品的后果

1. 买方（收货人）在收到质量不合格的商品后，有权根据本法第445条向供货人提出相应请求，除非供货人在接到买方关于所交付货物存在瑕疵的通知后，立即用质量合格的货物替换所交付的货物。

2. 买方（收货人）将交付给他的商品再次转售，其有权在消费者退回商品的合理时间内要求卖方对商品更换，供货合同另有约定的除外。

3. 对卖方交付不合格商品提出索赔的时效期限为1年，从买方（收货人）接收商品之日起算。

如果供货合同约定供货人提供商品质量保证（第440条），但供货人在规定的保证期内就商品的瑕疵作出声明的，则本款第1项规定的时效期间自瑕疵声明之日起算。

第四百八十九条　供应不完整商品的后果

1. 如果买方（收货人）收到违反供货合同条款、法律规定或通常标准的商品，则有权向供货人提出本法第450条规定的要求，除非供货人在收到买方关于所交付商品不完整的通知后，对不完整的商品立即补充或更换。

2. 将商品进行转售的买方（收货人）有权要求卖方在合理的时间内将消费者退回的不完整商品更换为完整商品，但供货合同另有约定的除外。

第四百九十条　买方在商品交付不足、未完成消除商品瑕疵或补充商品要求时的权利

1. 如果供货人未能按照合同约定的交货数量交付商品，或者未能满足买方在规定的时间内更换不合格货物或补充商品的要求，买方有权从其他人处购买未交付的商品，并向供货人收取因额外向他人购买商品而花费的所有必要和合理的费用。

2. 在供货人交货不足，或未能满足买方对消除商品瑕疵或交付完整商品的要求的情况下，应根据本法第 494 条第 1 款规定计算收货人向其他人购买商品的费用。

3. 买方（收货人）有权拒绝为质量不合格和不完整的商品支付货款，若已支付，在消除瑕疵、补足或更换商品前，买方有权要求退还。

第四百九十一条　未交付和逾期交付货物的违约金

对于未交付或延迟交付货物的违约金，应根据法律规定或交付合同向供货人收取，直到供货人在随后的交付期内实际履行了消除瑕疵和补足的义务，法律规定或合同约定了不同的违约金支付程序的除外。

第四百九十二条　多个供货合同的同类债务清偿

1. 如果供货人根据多个供货合同同时向买方交付同一货物，并且交付的货物数量不足以履行供应方在所有合同下的债务，则交付的货物应计入供应方在交货时或交货后指定的合同下。具体履行哪一债务由供货人在交付时或交付后指定。

2. 如果买方根据多个供货合同向供货人支付一定的款项，但并不足以偿付所有供货合同下的债务，则买方应在付款时或付款后立即指定其具体履行哪一合同。

3. 如果供货人或买方没有行使本条第 1 款和第 2 款所赋予的权利，则应履行已经到期的债务。若数个合同下债务同时到期，则应按比例履行所有合同下的债务。

第四百九十三条　单方拒绝履行供货合同

1. 在一方当事人根本违约的情况下，允许单方面拒绝履行（全部或部分）供货合同或单方面修改供货合同（第 420 条第 2 款）。

2. 在下列情况下，供货人违反供货合同被视为根本违约：

（1）交付质量不合格的货物，瑕疵不能在买方可以接受的时间内消除；

（2）屡次违反交付期限。

3. 在下列情况下，买方违反供货合同视为根本违约：

（1）屡次不按期支付货款；

（2）屡次不收货。

4. 当一方收到另一方单方全部或部分拒绝履行合同的通知时，供货合同视为已被修改或终止，通知中另有规定或双方协议另有约定的除外。

第四百九十四条　供货合同解除时的损失计算

1. 如果在由于卖方违约而使供货合同无效后的一段合理时间内，买方以较高但合理的价格从另一人处购买替代货物，则买方可要求卖方赔偿合同价格与替代交易价格之间的差额。

2. 如果在由于买方违约而使供货合同无效后的一段合理时间内，卖方以低于合同约定但合理的价格将货物卖给了另一人，则卖方可要求买方赔偿合同约定的价格与替代交易价格之间的差额。

3. 如果基于本条第 1 款和第 2 款规定解除供货合同后，没有进行替代交易，并且该产品有现行价格，则当事人可以提出对合同中确定的价格与合同终止时的现行价格之间的差额的赔偿。

现行价格是指在类似情况下在货物交付地对类似货物通常收取的价格。如果该地点不存在现行价格，可使用另一地点适用的、可作为合理替代物的价格，同时应考虑到货物运输成本的差异。

4. 满足本条第 1、2、3 款规定的，不免除未履行或不当履行义务的一方根据本法第 14 条对另一方所受其他损失的赔偿责任。

第四节　供应国家需求的产品

第四百九十五条　为国家需求供货

1. 为国家需要供货根据签订的国家需要供货合同进行。国家需求是指白俄罗斯共和国政府确定的白俄罗斯共和国的需求，各地区和明斯克市代表委员会确定的行政单位的需求，或按其程序的提供需求，但通过政府采购提供的需求除外。

2. 供货合同规则（第 476 条至第 493 条）适用于国家需求的货物供应关系，本法和其他法律另有规定的除外。

第四百九十六条至第五百零四条　已废止

第五节　定　　购

第五百零五条　定购合同

1. 根据合同，农产品生产者承诺将其种植（生产）的农产品转让给购买此类产品以供加工或销售的人（收购方）。

2. 第 476 条至第 494 条有关供货合同的规定应适用于本款未作规定的合同关系。

第五百零六条　农产品生产者的义务

1. 农产品生产者应在规定的期限内生产并向定购方交付符合定购合同约定数

量、品种和质量要求的农产品。

2. 合同可约定农产品生产者有义务组织农业生产，以确保获得所需品种和质量的农产品。

3. 农产品生产者有义务应收购方的要求，向收购方提交所收到的资金和物资的使用情况报告。

第五百零七条　收购人的义务

1. 收购人有义务向农产品生产者提供合同约定的资金和物资，并为农产品生产提供技术援助。

2. 除承包合同另有约定外，收购人有义务在农产品生产者所在地接收农产品并保证将其运走。

3. 承包合同可约定收购人有义务按照合同约定的条件接收农产品生产者生产的所有农产品。

4. 承包合同可以约定，农产品加工者有义务将加工该产品产生的农产品废料返还给农产品生产者，并按承包合同约定的价格向农产品生产者付款。

第五百零八条　定购合同的履行

1. 定购合同的履行期限由双方协商确定，同时应考虑农产品生产的时间（期限）。

2. 如果农产品必须用容器或包装交付，收购人应按照合同约定的数量和期限向农产品生产者提供必要的容器和包装材料。

3. 除定购合同另有约定外，收购方无权拒绝接受符合本合同约定的部分履行。

4. 在收购人所在地或者收购人指定的其他地点进行农产品交付的，收购人不得拒绝接收在合同约定期限内交付的符合合同约定的农产品。

第五百零九条　不履行或不当履行定购合同的后果

1. 收购人发现农产品不能按合同约定的数量、品种、质量交付的，其有权要求解除或者变更合同。

2. 农产品生产者不履行或者不当履行债务的，如果有过错，应当承担责任。

3. 由于双方均不负责的情况，农产品生产者不能生产并交付产品给收购人的收购方应当退还预付款。

4. 农产品生产者非因本人原因无法供应农产品的，有义务告知收购人。因农产品生产者的过错而未履行该义务的，其无权援引该情形。

第六节　能源供应

第五百一十条　能源供货合同

1. 根据能源供货合同，能源供应单位有义务通过所连接的管线向用户（消费者）提供能源，用户须对其所使用的能源付费，并遵守合同约定的能源使用制度，能源供应方应保证其管理范围内的能源供应管网运行安全，保证与能源使用有关的仪表和设备的正常运行。

2. 如果用户有符合技术要求的能源接收设备，同时具有连接到能源供应单位的管网和其他必要设备可以对能源使用情况进行核算，则能源供应单位应该与用户订立能源供货合同。

第五百一十一条　能源供货合同的订立和延长

1. 如果能源供货合同的用户是为家庭消费而使用能源的公民，则根据既定程序，从用户第一次实际连接到网络开始，合同即视为订立。

除当事人另有约定外，该合同视为无固定期限合同，可以根据本法第 517 条的规定进行变更或解除。

2. 签订固定期限的能源供货合同，如果在合同有效期届满前双方均未声明终止、修改或订立新合同，则视为在相同期限和相同条件下延长能源供货合同。

3. 如果能源供货合同的一方当事人在供货合同到期前提出了签订新合同的建议，则在签订新合同之前，双方之间的关系受先前签订的合同的约束。

第五百一十二条　能源数量

1. 能源供应单位应按照能源供货合同约定的数量，按照双方约定的供应方式，通过管网向用户供应能源。能源供应单位供应的能源和用户使用的能源数量应根据其实际消耗的计量数据确定。

2. 能源供货合同可以约定用户有权更改合同约定的接收能源数量，但需偿还能源供应单位因提供合同约定数量以外的能源而产生的费用。

3. 如果能源供货合同的用户是将能源用于家庭消费的公民，其有权使用所需数量的能源。

第五百一十三条　能源质量

1. 能源供应单位提供的能源质量应符合技术规范和标准化的技术监管性法律文件的强制性要求，符合国家管理机构其他文件规定的要求或能源供货合同约定的要求。

2. 如果能源供应单位违反能源质量要求，用户有权拒绝支付能源使用费用。在这种情况下，除非法律另有规定，同时，能源供应单位有权要求用户偿还因使用这些能源而不合理节省的费用（第974条第2款）。

第五百一十四条　用户对管网、仪表和设备的维护和使用责任

1. 用户应保证运行中的管网、仪表和设备的技术状况良好和安全，遵守规定的能源消耗制度，并应立即向能源供应单位报告事故、火灾、能源消耗计量装置故障以及在能源使用过程中出现的其他违规行为。

2. 如果能源供货合同的用户是将能源用于家庭消费的公民，则除非法律另有规定，能源供应单位有义务确保管网和能源消耗计量装置符合技术和安全标准。在这种情况下，用户有义务确保能源供应单位的代表能够使用其管辖范围内的能源供应管网和能源消耗计量装置，法律另有规定的除外。

3. 对管网、仪器和设备的技术状况和运行要求，以及对其情况进行监测的程序，由法律和国家行政机关通过的法规确定。

第五百一十五条　能源支付

1. 能源费用按照用户实际收到的能源计量数据支付，法律另有规定或当事人另有约定的除外。

2. 支付能源费用的程序由法律或双方协议确定。

第五百一十六条　分用户

1. 用户只有在能源供应单位同意的情况下，才能根据合同将其从能源供应单位接收的能源通过连接的管网传输给另一个人（分用户）。

2. 除法律另有规定或合同另有约定外，本款规则适用于用户向分用户传输能源的合同。

3. 向分用户传输能源时，用户仍对能源供应单位负责，法律另有规定的除外。

第五百一十七条　能源供应合同的变更和解除

1. 如果能源供货合同的用户是将能源用于家庭消费的公民，其有权单方面解除合同，但必须书面通知能源供应单位并全额支付所用能源的费用。

若能源供货合同的用户是一个法人，能源供应单位有权依据本法第493条第3款第1项规定单方面拒绝履行合同，但法律另有规定的除外。

2. 中断、终止或限制能源供应，需经过双方当事人同意，但经国家能源监督机构认证用户的能源供应设施状况不佳，有可能会发生事故或对公民的生命和安全造成威胁的情况除外。能源供应单位应将中断、终止或限制能源供应的情况通知用户。

3. 在必须采取紧急措施防止或消除能源供应系统发生事故的情况下，允许在未经用户同意和没有通知的情况下中断、终止或限制能源供应，但随后必须立即通知用户。

第五百一十八条　能源供货合同责任

1. 在不履行或不适当履行能源供货合同义务的情况下，违反合同义务的一方须赔偿由此给另一方造成的实际损失（第14条第2款）。

2. 若基于法律对能源消耗进行管制，允许中断向用户提供能源，能源供应单位有过错的，应对不履行或不适当履行合同义务的行为承担责任。

第五百一十九条　能源供应规则对其他合同的适用

1. 本法第510条至第518条规定适用于通过供热管网供热的法律关系，法律另有规定的除外。

2. 对于通过连接的管网供应天然气、石油和石油产品、水和其他货物的关系，适用能源供货合同的规则（第510条至第518条），法律另有规定或债的实质另有要求的除外。

第七节　不动产买卖

第五百二十条　不动产买卖合同

1. 根据不动产买卖合同（不动产买卖合同），卖方承诺将土地、永久性结构（建筑物、构筑物）、公寓或其他不动产转让给买方（第130条第1款）。

2. 本款规则适用于企业买卖，本法和其他有关企业买卖合同的法律另有规定的除外（第530条至第537条）。

第五百二十一条　不动产买卖合同形式

不动产买卖合同应以书面形式订立，由双方当事人共同签署文件（第404条第2款）。

违反不动产买卖合同的书面订立形式将导致合同无效。

第五百二十二条　不动产所有权转让的国家登记

1. 根据不动产买卖合同向买方转让不动产所有权须经国家登记。

2. 当事人在不动产所有权转让国家登记之前签署的不动产买卖合同不作为变更与第三方关系的依据。

3. 在一方当事人不进行不动产所有权转让国家登记的情况下，法院有权应另一方当事人的要求，对产权转让的国家登记作出裁决。无正当理由逃避不动产所有权转让国家登记的一方应赔偿另一方因延迟登记而产生的损失。

第五百二十三条　已废止

第五百二十四条　已废止

第五百二十五条　不动产买卖合同标的物的确定

不动产买卖合同标的物必须包括能够根据合同转让给买方的不动产的数据，包括确定不动产所处土地或作为其他不动产一部分的位置数据。

第五百二十六条　合同中的不动产价格

1. 不动产买卖合同必须约定不动产的价格。

2. 除非法律另有规定或不动产买卖合同另有约定，位于转让土地上的建筑物、构筑物或其他不动产的价格应包括不动产所在土地的价格。

3. 如果转让不动产的价格是依据买卖合同中的单位面积或其他价值确定的，则该不动产的总价格应根据转让给买受人的不动产的实际价值确定。

第五百二十七条　不动产转让

1. 出卖人转让不动产和买受人接收不动产，应当根据双方签署的转让合同或其他转让文件进行。

除法律另有规定或合同另有约定外，出卖人将不动产移交给买受人的义务在该财产转让给买受人并由当事人签署有关移交文件后视为履行。

一方当事人未按合同约定的条件签署不动产移交文件的，视为卖方放弃移交财产的义务，买方放弃接收财产的义务。

2. 买方接收不符合不动产买卖合同条件的不动产，并且在不动产转让文件中约定不符合条件的情况，不构成卖方因合同履行不当承担责任的理由。

第五百二十八条　转让质量不合格不动产的后果

出卖人向买受人交付不符合约定质量的不动产的，适用本法第 445 条的规定，但关于买受人有权要求用符合合同条款的货物替换质量不合格的货物的规定除外。

第五百二十九条　住房买卖的特点

1. 涉及住宅、公寓、住宅或公寓的一部分的买卖合同的必要条款是，在买方获得该住宅、公寓、住宅或公寓的一部分后，根据法律规定，仍有权使用该房产的人员可以居住在该房产中，提供这些人员的名单，并注明他们对所售房产的使用权。

2. 住宅、公寓、部分住宅或公寓的买卖合同应进行国家登记，并自登记之日起视为合同订立。

第八节 企业买卖

第五百三十条 企业买卖合同

1. 在企业买卖合同中，卖方承诺将整个企业作为一个财产综合体转让给买方（第132条），但卖方无权转让给他人的权利和义务除外。

2. 卖方应将使用企业商号、商标、服务标志和其他个性化标识的权利及其产品，包括根据许可使用此类个性化标识的权利，均转让给买方，合同另有约定的除外。

3. 除非法律另有规定，卖方凭借从事相关活动的特别许可证（执照）而获得的权利不能转让给企业的买方。卖方将其业务一并转让，而买方在没有这种特别许可证（执照）的情况下不能履行债务的，并不免除卖方对债权人的相应责任。

第五百三十一条 企业买卖合同的形式和国家登记

1. 企业买卖合同应以书面形式订立，由双方共同签署文件（第404条第2款），并应附本法第532条第2款规定的文件。

2. 违反企业买卖合同书面订立形式，合同无效。

3. 企业买卖合同须经国家登记，自登记之日起生效。

第五百三十二条 出售企业组成部分的证明

1. 待售企业构成和价值根据企业买卖合同中的按照既定清查规则在对企业进行全面清查的基础上确定。

2. 在签署企业买卖合同之前，双方应编制并审查文件，其中包括企业清查结果报告，资产负债表（组织和个体企业家实施简化税制的收入和支出的会计账簿），关于企业作为财产综合体的组成和价值的审计意见，以及企业中的所有债务（义务）清单，并注明债权人、性质、规模和债权期限。

上述文件中约定的财产、权利和义务，应由出卖人交付给买受人，但根据本法第530条另有规定或双方当事人另有约定的除外。

第五百三十三条 企业买卖时债权人的权利

1. 在将企业移交给买方之前，必须由企业买卖合同的卖方以书面形式通知待售企业的债权人。

2. 债权人未以书面形式通知卖方或买方同意转让债务的，有权在接到出售通知之日起3个月内，要求卖方终止或提前履行义务，并赔偿由此造成的损失。

3. 未收到以本条第1款规定的方式发出的出售企业通知的债权人，可以在知道或应当知道出卖人将企业转让给买受人之日起1年内，根据本条第2款规定要求清偿债权。

4. 企业转让给买方后，卖方和买方对未经债权人同意而转让给买方的债务承担连带责任。

第五百三十四条 企业移交

1. 卖方将企业移交给买方应以移交清单为准，该移交清单应附有企业的构成情况和向债权人发出的出售企业的通知，并说明所移交财产的瑕疵，以及包括卖方因损失而未能履行转让义务的财产清单。

企业移交的准备工作，包括起草和提交签署交接清单，由卖方负责，费用由卖方承担，合同另有约定的除外。

2. 自双方签署移交清单之日起，该企业即视为交付给买方。

自双方签署移交清单之日起，买方应承担拟交付企业财产意外毁损灭失的风险。

第五百三十五条 企业所有权的转让

1. 企业所有权自国家登记之日起移转给买方。

2. 除非企业的出售合同另有约定，企业的所有权移转给买方后应立即进行国家登记（第534条）。

3. 如果合同约定卖方保留转让给买方的企业财产的所有权，直至买方付款或其他情况发生，买方在所有权转让之前，有权处置被转让企业的财产和权利，但应以收购企业的目的为限。

第五百三十六条 瑕疵企业移交和接收的后果

1. 根据企业移交清单买卖双方交接的企业，不符合企业买卖合同中关于质量规定的后果，由本法第430条至第432条、第436条、第439条、第445条、第449条规定确定，合同另有约定和本条第2款至第4款另有规定的除外。

2. 如果企业是根据转让文件移交和接收的，该文件规定了企业的瑕疵和损失的财产（第534条第1款），买方有权要求适当减少企业的购买价款，除非企业的出售合同约定了在这种情况下买方有提出其他要求的权利。

3. 如果卖方的债务（义务）作为企业的一部分转让给买方，而这些债务（义务）在企业买卖合同或交接清单中没有约定，买方有权要求降低购买价格，除非卖方证明买方在订立合同和企业移交时知道这些债务（义务）的存在。

4. 卖方在收到买方关于作为企业一部分移交的财产存在瑕疵，或未移交某些财产的通知时，应立刻更换质量不合格的财产或向买方提供所缺失的财产。

5. 因归责于卖方的原因存在的瑕疵使合同目的不能实现，而卖方没有按照本法、其他法律规定或合同约定的条件、方式和期限消除这些瑕疵，或者不可能消除这些瑕疵，买方有权在诉讼过程中要求解除或变更合同，并要求恢复合同双方已履行的部分内容。

第五百三十七条 法律行为无效和合同变更或解除后果规则适用于企业买卖合同

本法和其他法律关于交易无效的后果和关于变更或解除买卖合同的规则，要求一方或者双方返还或者收取合同约定的实物的，在不严重侵犯买卖双方债权人、其他受法律保护的人的权利和利益，不违背国家和社会公共利益的情况下，适用于企业买卖合同。

第三十一章 互 易

第五百三十八条 互易合同

1. 根据互易合同，各方承诺将一种商品的所有权转移给另一方以换取另一种商品。

2. 有关买卖合同的约定（第30章）应适用于互易合同，除非这与本章的规定和互易合同的实质内容相抵触。在这种情况下，每一方都被视为其承诺交付的货物的卖方和其承诺接收作为交换的货物的买方。

第五百三十九条 互易合同的价格和费用

1. 除易货合同另有约定外，拟交换的货物应视为具有同等价值，在任何情况下，交付和接收货物的费用应由负有相应责任的一方承担。

2. 如果根据易货合同，拟交换的货物被认为是价值不对等的，则被认为交换货物的价值较低的一方当事人应在履行其转让义务之前或之后立即支付差价，但法律另有规定或当事人之间另有约定的除外。

第五百四十条 互易合同货物交付义务的同时履行

如果易货合同约定交换货物的交付时间不一致，则应在另一方交付货物后交付货物的一方履行交付货物的义务适用先履行抗辩规则（第309条）。

第五百四十一条 互易货物所有权转让

除法律另有规定或合同另有约定外，交换货物的所有权在双方履行交付有关货物的义务后，转让给合同中作为买方的当事人。

第五百四十二条 根据互易合同取得货物被扣押的责任

根据互易合同获得的货物被第三人扣押的一方当事人，可根据本法第431条的规定，要求另一方归还所互换的货物并（或）赔偿损失。

第三十二章 赠 与

第五百四十三条 赠与合同

1. 在赠与合同中，一方（赠与人）向另一方（受赠人）无偿转让或承诺转让其对自己或第三人物品的所有权或财产权（债权），免除或承诺免除其对自己或第三人的财产义务。

如果存在对等转让，或者存在对等权利或义务，该合同不被视为赠与合同。本法第171条第2款规定适用于此类合同。

2. 如果承诺是以适当的形式作出的（第545条第2款），并包含明确表达的将来向特定的人无偿转让物品或权利或免除其财产义务的意图，则承诺将物品或财产权无偿转让给他人或免除他人财产义务（承诺赠与）的合同是赠与合同，并对承诺人具有约束力。

承诺将其全部或部分财产赠与，但未指明赠与的具体标的物、权利或免除义务的承诺无效。

3. 在赠与人死亡后将赠与物转让给受赠人的合同无效。

对于这种赠与，适用民法关于继承的规定。

4. 捐赠住宅、公寓、住宅或公寓的一部分的合同的必要条款是，根据法律规定，在住宅所有权转让后，指明仍有权使用该住宅的人员名单，并注明此类人对所捐赠住宅的使用权。

第五百四十四条 受赠人拒绝接受赠与

1. 受赠人有权在赠与前的任何时候拒绝接受赠与。在这种情况下，赠与合同被视为无效。

2. 赠与合同采用书面形式的，拒绝接受赠与也应当采用书面形式。如果赠与合同已经国家登记（第545条第3款），拒绝接受赠与也必须进行国家登记。

3. 赠与合同采用书面形式的，赠与人有权要求受赠人赔偿因拒绝接受赠与而造成的实际损失。

第五百四十五条　赠与合同的形式

1. 捐赠并同时将赠与物交付给受赠人的，可以口头方式进行，但本条第2款和第3款规定的情况除外。

赠与的转让是通过交付、象征性移交（钥匙的交付等）或交付所有权文件进行的。

2. 有下列情形之一的，动产赠与合同应当采用书面形式：

（1）赠与人为法人，赠与价值超过法定基准5倍以上；

（2）合同载有未来赠与的承诺。

在本款规定的情况下，以口头方式订立的赠与合同无效。

3. 不动产赠与合同应当进行国家登记。

第五百四十六条　禁止赠与

下列情形下禁止赠与，但赠与价值不超过法律规定的5倍基数的除外：

（1）未成年人、无民事行为能力人的法定代理人以其名义实施的赠与；

（2）在医疗机构、教育机构、社会服务机构或其他类似机构进行治疗、教育或被保护的公民，其配偶和亲属向上述机构的工作人员实施的赠与；

（3）已废止；

（4）商业组织之间的赠与。

法律可规定禁止向公职人员、履行公务人员或外国官员赠送与履行公务（劳动）有关的物品或财产性利益，但在本条规定以外的礼宾和其他官方活动中赠送的纪念品除外。

第五百四十七条　赠与限制

1. 享有经营权和业务管理权的法人对其所有的财产实施的赠与。

2. 享有经营权或者经营管理权的法人，经所有权人同意，有权实施赠与，但法律另有规定的除外。这一限制不适用于价值较小的普通物品（第546条）。

3. 委托代理人进行赠与的，委托书未指明赠与人或者赠与标的物的，无效。

第五百四十八条　拒绝履行赠与合同

1. 如果赠与合同订立后赠与人的财产、生活或健康状况恶化，赠与人有权拒绝履行承诺在未来将财产或权利转让给受赠人的合同。

2. 赠与人有权拒绝履行承诺未来将物品或权利转让给受赠人的合同，依据是其有权取消赠与（第549条第1款）。

3. 赠与人以本条第1款、第2款规定的理由拒绝履行赠与合同的，受赠人无请求损害赔偿的权利。

第五百四十九条　撤销赠与

1. 受赠人对赠与人的生命，家庭成员、近亲属的生命或者赠与人的身体造成故意伤害的，赠与人有权撤销赠与。

受赠人故意剥夺赠与人生命的，赠与人的继承人有权向法院请求撤销赠与。

2. 根据利害关系人的请求，法院可以撤销个人企业家或法人违反经济破产法的规定，在该个体企业或法人被宣布经济破产之前的6个月内，用与其商业活动有关的资金进行的捐赠。

3. 赠与合同可以约定赠与人有权在其受赠人死亡时撤销赠与合同。

4. 撤销赠与时，若赠与财产尚实际存在，受赠人有义务返还。

第五百五十条　不能拒绝履行赠与合同和撤销赠与的情形

关于拒绝履行赠与合同（第549条）和撤销赠与（第549条）的规则不适用于普通小额赠与（第546条）。

第五百五十一条　因赠与物品瑕疵造成损害的后果

因赠与物品的瑕疵对受赠人的生命、健康或者财产造成的损害，如果证明这些瑕疵是在赠与之前就已存在的，不是明显的，且赠与人虽然知道这些瑕疵，但没有通知受赠人，则受赠人有权根据本法第58章的规定要求赔偿。

第五百五十二条　赠与承诺的继承

1. 依据赠与合同接受赠与的受赠人的权利不能转移给其继承人（权利继承人），但赠与合同另有约定的除外。

2. 赠与人承诺赠与的，其义务由其继承人承担，赠与合同另有约定的除外。

第五百五十三条　捐献

1. 捐献是指为公共利益目的捐赠物品或权利。

捐献的对象可以是公民、保健组织、教育机构、社会服务机构、其他类似组织、慈善和科学组织、基金会、博物馆和其他文化机构、社会、宗教和其他非营利组织以及白俄罗斯共和国及其行政单位。

2. 接受捐献不需要任何人的许可或同意。

3. 向公民捐献财产必须附带条件，向法人实体捐献财产可以附带条件，即受捐献人必须将该财产用于某一目的。如果没有这种条件，向公民捐献财产视为普通赠与，在此情况下，捐献财产由受捐献人按照财产的用途使用。

接受指定用途的捐献的法人必须单独记录捐献财产的使用情况。

4. 如果捐献的财产由于情况的变化而无法按照捐献者指定的用途使用，则只有在征得捐献者同意的情况下才能用于其他用途，在捐献者死亡或作为捐献者的法人解散的情况下，法院可以判决将捐献财产用于其他用途。

5. 不按照捐献人指定的用途使用捐献财产或者违反本条第4款规定改变捐献财产的用途，捐献人、其继承人或者其他受让人有权请求撤销捐献。

6. 捐献不适用本法第549条、第552条的规定。

第三十三章　年金和终身赡养

第一节　关于年金和终身赡养的一般规定

第五百五十四条　年金合同

1. 根据年金合同，一方（年金接收人）将财产转让给另一方（年金支付人），作为交换，年金支付人承诺定期以一定金额或其他形式向年金接收人支付租金，以换取收到的财产。

2. 根据年金合同，允许规定无限期支付年金（永久性年金）的义务或者规定在年金接收人有生之年支付年金（终身年金）的义务。终身年金可以按照公民终身赡养费条件规定。

第五百五十五条　年金合同形式

年金合同须经公证，约定以支付年金为条件转让不动产的合同也须经国家登记。

第五百五十六条　以支付年金为条件财产转让

1. 以支付年金为条件而转让的财产可以由年金接收人有偿或无偿转让给年金支付人。

2. 在年金合同约定转让财产以获得付款的情况下，买卖合同（第30章）的规则适用于当事人关于转让和付款的关系，在这种财产被无偿转让的情况下，只要本章没有另行规定，并且与年金合同的实质内容不冲突，则适用赠与合同（第32章）

的规则。

第五百五十七条　不动产年金负担

1. 位于不动产地块的企业、建筑物（构筑物）或其他不动产以抵押的方式缴付年金的情况下，年金支付人转让此类财产，在租赁合同下的年金义务应转移给财产的购买人，并且应符合有关保护和使用土地的法律对房产所在地块的规定。

2. 将设定了年金负担的不动产转让给所有时，转让人与买受人对因违反年金合同而产生的取得年金的请求权承担补充责任（第 370 条），但本法、其他法律规定或合同约定对该义务承担连带责任的除外。

第五百五十八条　年金支付担保

1. 在支付年金的情况下转让不动产（地块除外）时，受让人应获得该财产的抵押权，以确保年金支付人履行义务。在这种情况下，应根据有关土地保护和使用的法律，将地块转让用于支付年金。

2. 规定以金钱支付年金或以其他动产以支付年金的合同的必要条件是，确定年金支付人为履行其义务提供担保的义务（第 310 条），或为年金接受人投保不履行或不适当履行这些义务的保险（第 824 条）。

3. 如果年金支付人未履行本条第 2 款规定的义务，以及由于年金领取人无责任的情况下造成保障的丧失或保障条件的恶化，则年金领取人有权终止年金合同，并要求赔偿因终止合同而造成的损失。

第五百五十九条　逾期支付年金的责任

逾期支付年金的，年金支付人应当向年金接收人支付本法第 366 条规定的利息，但年金合同另有约定的除外。

第二节　永久年金

第五百六十条　永久年金的领取人

1. 永久年金的接收人只能是公民和非营利组织，前提是这不违反法律规定，并符合其活动宗旨。

2. 根据永久性年金合同，年金领取人的权利可以通过请求权让渡的方式或通过遗产继承以及在法人重组时通过权利继受的方式移转给本条第 1 款所规定的主体，但法律另有规定或合同另有约定的除外。

第五百六十一条　永久年金的形式和金额

1. 永久年金按照合同约定的金额以货币形式支付。

永久年金合同可以约定通过提供与年金数额等值的财产、工作或服务的方式支付永久年金。

2. 除非合同另有约定，应支付的年金按照法律规定的基数的成比例增加。

第五百六十二条　永久年金的支付期限

除非永久年金合同另有约定，否则永久年金应在每个日历季度末支付。

第五百六十三条　付款人的永久年金赎回权利

1. 永久年金付款人有权通过赎回的方式拒绝继续支付永久年金。

2. 只要年金支付人在年金支付终止前3个月内或在永久年金合同约定的更早期限内以书面形式声明终止，这种终止即为有效。同时，除非合同中规定了不同的赎回程序，否则在年金领取人全额收到赎回金额之前，支付年金的义务不得终止。

3. 合同中约定永久年金的支付人放弃赎回权的条款是无效的。

合同可以约定，在年金领取人有生之年或自合同签订之日起不超过30年的期限内，年金支付人不得行使赎回永久年金的权利。

第五百六十四条　应年金领取人的要求永久年金的赎回

在下列情况下，年金接收人有权要求支付人赎回年金：

（1）年金支付人逾期1年以上未支付年金，永久年金合同另有约定的除外；

（2）年金支付人违反支付年金的担保义务（第558条）；

（3）年金支付人已被宣布经济上无偿债能力（破产）或出现其他情况，明确表明不会按照合同约定的金额和期限向其支付年金；

（4）以支付年金为条件而转让的不动产成为共有财产或已经由若干人进行了分割；

（5）合同约定的其他情况。

第五百六十五条　永久年金的赎回价格

1. 在本法第563条和第564条规定的情况下，永久年金的赎回应按永久年金合同确定的价格进行。

2. 如果在以支付年金为条件转让财产的合同中没有关于回赎价格的条款，则应按照每年应支付年金的价格回赎财产。

3. 如果合同中没有关于回赎价格的约定，而根据合同，财产是在支付年金的情况下无偿转让的，则赎回价格和每年支付的租金数额应包括根据本法第394条第3款规定的规则确定的转让财产的价格。

第五百六十六条　永久年金支付转让的财产意外灭失的风险

1. 以支付永久性年金为条件的无偿转让的财产意外灭失的风险由年金的支付人承担。

2. 如果为支付永久年金而转让的财产发生意外毁损或灭失，支付人有权要求终止支付年金的义务或改变支付条件。

第三节　终 身 年 金

第五百六十七条　终身年金领取人

1. 终身年金的期限可以确定为以取得年金为条件交付了财产的公民的生命周期，或者财产交付人所指定的公民的生命周期。

除非终身年金合同另有约定，否则可以为若干公民设立终身年金，他们领取年金的份额是均等的。

2. 如果其中一名年金领取人死亡，其年金份额将转移给其遗属，除非终身年金合同另有约定，如果最后一名年金领取人死亡，则支付年金的义务将终止。

3. 如果终身年金合同的约定的年金领取人为已经死亡的公民，则合同自始无效。

第五百六十八条　终身年金的数额

1. 终身年金在合同中的定义为在年金领取人的一生中，定期支付给年金领取人的一笔款项。双方当事人订立赡养合同的，合同应当载明赡养费用。

2. 合同约定的每月终身年金数额不得低于法律规定的基数，在本法第 299 条规定的情况下可以增加。

第五百六十九条　终身年金的支付期限

除非终身年金合同另有约定，终身年金应在每个日历月结束时支付。

第五百七十条　应年金领取人的要求解除终身年金合同

1. 如果年金支付人严重违反终身年金合同，年金领取人有权要求年金支付人按照本法第 565 条规定的条件赎回年金，或解除合同并请求赔偿损失。

2. 如果公寓、住宅或其他财产是以支付终身年金为条件被无偿转让的，若年金支付人严重违反合同，年金领取人有权要求归还该财产，并将其价值从赎回年金的价格中扣除。

第五百七十一条　以支付年金为条件转让的财产意外灭失的风险

以支付终身年金为条件而转让的财产发生意外灭失的，不免除年金支付人按照终身年金合同约定的条件支付终身年金的义务。

第四节 终身抚养

第五百七十二条 终身抚养合同

1. 根据终身年金合同，年金领取人（自然人）将属于他的不动产（除地块外），转让给年金支付人，年金支付人承诺向自然人和/或其指定的第三人提供有依靠的生活保障。在这种情况下，应根据关于保护和使用土地的法律，移转土地以支付年金。

2. 终身抚养合同适用终身年金合同规则，但法律另有规定的除外。

第五百七十三条 终身抚养义务

1. 年金支付人履行终身抚养的义务可以包括保证年金领取人对住所、食物和衣物的需求，如果公民的健康状况需要，还可包括照顾需求。终身抚养合同还可以约定由年金支付人负担各种宗教礼仪服务的费用。

2. 终身抚养合同应当约定全部抚养费用。在这种情况下，每月抚养费总额不得低于法律规定的基数的2倍。

3. 在解决双方关于向公民提供或应该提供的抚养费数额的争议时，法院必须以善意和合理的原则为指导。

第五百七十四条 以定期付款取代终身抚养费

终身抚养合同可以约定，通过在公民在世期间定期支付金钱来代替以实物形式提供抚养费。

第五百七十五条 为终身抚养而转让的财产的处置和使用

只有事先征得抚养费领取人的同意，抚养费支付人才有权为履行终身抚养而将交付给他的不动产进行转让、抵押或者以其他方式设定担保。

抚养费支付人有义务采取必要措施，确保在提供终身抚养费期间，财产的使用不会导致财产价值的减少。

第五百七十六条 终身抚养的终止

1. 终身抚养的义务因接受终身抚养的人死亡而终止。

2. 抚养费支付人实质性地违反自己的义务时，抚养费领取人有权要求其返还为担保终身抚养而交付的财产，或者要求按照本法第565条规定的条件向其进行赎买。在这种情况下，抚养费支付人无权要求补偿因抚养扶养金领取人而产生的费用。

第三十四章　不动产租赁

第一节　租赁的一般规定

第五百七十七条　租赁合同

根据租赁合同（租赁协议），出租人承诺向承租人有偿提供财产，供其临时占有和使用。

承租人按照合同约定使用租赁物取得的成果、产出和收益，均为承租人的财产。

第五百七十八条　租赁客体

1. 可以出租土地和其他独立的自然物体、企业和其他财产综合体、永久结构（建筑物、构筑物）、独立房间、停车位、合同双方确定的部分、设备、车辆和其他在使用过程中不会失去自然特性的物品（非消耗性物品）。

法律可以规定不允许或限制出租的财产类型。

2. 法律可以规定租赁土地和其他独立的自然物体以及某些类型财产的具体细节。

3. 租赁合同中应载明有关数据，以便能够确定作为租赁标的物转让给承租人的财产。如果合同中没有这些数据，则认为租赁项目的条款没有得到双方的同意，相应的合同也不被视为已经签订。

第五百七十九条　出租人

出租财产的权利属于财产所有人。出租人也可以是法律或业主授权出租财产的人。

第五百八十条　租赁合同的形式和国家登记

1. 1 年以上的租赁合同，如果合同的一方及以上是法人，则无论期限如何，均应以书面形式订立，但法律法规另有规定的除外。

不动产租赁合同应当进行国家登记，法律法规另有规定的除外。

2. 承租人购买租赁财产的合同（第 595 条）应以该财产买卖合同约定的形式订立。

第五百八十一条　租赁合同期限

1. 租赁合同的期限由合同确定。

2. 若租赁合同没有约定期限，则租赁合同视为无固定期限合同。

在这种情况下，任何一方均有权在任何时间提前 1 个月通知对方，在不动产租赁合同中提前 3 个月通知对方后终止合同。法律可以规定或合同可以约定提前通知解除不定期租赁合同的其他期限。

3. 法律可以为某些类型的租赁以及某些类型的财产的租赁规定最长（极限）合同期限。在这些情况下，如果合同中没有约定租赁期限，而且在法律规定的期限届满之前双方都没有解除合同，则合同在期限届满时终止。

超过法定期限的租赁合同，视为等于法定期限。

第五百八十二条　向承租人提供财产

1. 出租人有义务向承租人提供符合法律要求、租赁合同条款以及该财产用途的财产。

2. 交付租赁物时，所有从物和有关文件（技术说明书、质量合格证等）应一并交付，但合同另有约定的除外。

如果这些从物和文件没有交付，导致承租人无法依其用途使用该财产，或者在相当程度上丧失了签订合同时期待的利益，则承租人有权要求出租人向其提供从物和文件，或者要求解除合同并赔偿损失。

3. 如果出租人未能在租赁协议规定的期限内，或在合同未约定期限的情况下，未能在合理期限内向承租人提供租赁物，承租人有权根据本法第 369 条向出租人索要租赁物，并要求赔偿因延迟履行造成的损失，或要求解除合同并赔偿因不履行合同造成的损失。

第五百八十三条　出租人对出租缺陷的责任

1. 出租人应对出租财产的缺陷负责，即使出租人在订立租赁合同时并不知道这些缺陷，完全或部分妨碍了出租财产的使用。

如果发现此类缺陷，承租人有权选择：

（1）要求出租人无偿消除财产缺陷，或者相应地减少租金、赔偿承租人因消除瑕疵而支出的费用；

（2）事先通知出租人后直接从租金中扣除因消除瑕疵而支出的费用；

（3）要求提前终止合同。

出租人接到承租人的缺陷通知或者由出租人出资弥补财产缺陷的意向通知后，出租人既可以立即用另一处状况良好的类似财产替换提供给承租人的财产，也可以无偿消除财产缺陷。

如果满足承租人的要求或从租金中扣除弥补缺陷的费用不足以弥补给承租人造成的损失，承租人有权要求赔偿未弥补的部分损失。

2. 属于出租人在签订租赁合同时约定的情形的，或者承租人事先知道缺陷的，或者承租人在签订合同或租赁时对租赁物进行检查时应当发现缺陷的，出租人对租赁物的缺陷不承担责任。

第五百八十四条 第三人对出租财产的权利

出租财产不构成终止或改变第三方对该财产的权利的理由。

在订立租赁合同时，出租人有义务提醒承租人注意第三方对出租财产的所有权利（地役权、抵押权等）。出租人不履行这一义务的，承租人有权要求减少租金或解除合同并赔偿损失。

第五百八十五条 租金

1. 承租人有义务及时交纳使用财产的租金。

交纳租金的程序、条件和期限由租赁合同确定。在合同未作具体规定的情况下，依据在类似情况下租赁类似财产通常适用的程序、条件和期限缴纳租金。

2. 可以将所有租赁物作为一个整体或对其各个组成部分分别确定租金，其形式为：

（1）分期交纳或一次性支付固定数额；

（2）约定对使用租赁财产而获得的天然孳息、产品和法定孳息收取一定的份额；

（3）承租人提供一定的服务；

（4）承租人向出租人转让合同约定的财产或租赁；

（5）责成承租人负担合同约定的用于改善租赁财产的费用。

双方可以在租赁合同中同时约定上述几种租金形式或约定其他的租金形式。

3. 如果合同没有另行约定，租金的数额可以在合同约定的期限内由双方协议变更，但1年最多变更1次。法律可以对具体种类的租赁以及对具体种类的财产规定变更租金数额的最长期限。

4. 非因承租人的原因而发生致使租赁合同约定的财产使用条件或财产状况严重恶化的情况时，承租人有权要求相应减少租金，法律另有规定的除外。

5. 除租赁合同另有约定外，承租人存在重大违约行为的，出租人有权要求承租人在出租人规定的期限内提前支付租金，但出租人不得要求提前支付连续2期以上的租金。

第五百八十六条　租赁财产的使用

1. 承租人应当按照租赁合同的约定使用租赁物，合同中未约定的，应当按照租赁物的通常用途使用。

2. 经出租人同意，承租人有权将租赁物转租给他人，将租赁合同约定的权利和义务转让给他人，将租赁物提供给他人无偿使用，以及将租赁物抵押，将租赁物作为对商业组织和公司、特许基金的出资或作为对生产合作社的股份出资，法律另有规定的除外。在上述情况下，除再次转租外，承租人仍根据协议对出租人负责。

转租合同的期限不得超过租赁合同的期限。

转租合同适用租赁合同的约定，本法和其他法律另有规定的除外。

3. 承租人不按照租赁合同的约定或者租赁物的用途使用租赁物的，出租人有权请求解除合同并要求赔偿损失。

第五百八十七条　当事人对租赁财产的维护义务

1. 出租人必须自费对租赁的财产进行维修，但法律另有规定或租赁合同另有约定的除外。

本法、其他法律和白俄罗斯共和国总统令可以规定，对于某些类型的租赁财产，只有出租人有义务对此类财产进行维修，包括确保其上的设施处于适当状态。

维修必须在租赁合同约定的期限内进行，如果没有合同约定或有紧急需要，则必须在合理的期限内进行。

出租人违反维修义务，承租人有权选择：

（1）按照合同约定或者因紧急需要进行维修，向出租人追缴维修费用或者抵扣租金；

（2）要求适当减租；

（3）请求解除合同并赔偿损失。

2. 除非法律另有规定或租赁合同另有约定，承租人有义务保持财产完好，并自费进行日常维修，承担财产维护费用。

第五百八十八条　当事人变更时租赁合同继续有效

1. 租赁财产的所有权（继承权）转移给他人，不构成变更或解除租赁合同的理由。

2. 承租不动产的自然人死亡的，其根据租赁合同享有的权利和承担的义务由继承人承担，法律另有规定或者合同另有约定的除外。

除非合同的签订是以承租人的人身因素为条件，否则出租人无权拒绝承租人的继承人在剩余期限内签订合同。

第五百八十九条　提前终止租赁合同时转租合同的终止

1. 除租赁合同另有约定外，提前终止租赁合同即终止根据该合同订立的转租合同。在这种情况下，转租人有权在转租的剩余期限内，按照与终止的租赁合同相一致的条件，与转租人就转租合同所规定的其使用的财产签订租赁合同。

2. 如果根据本法和其他法律规定签订的租赁合同无效，则根据本法签订的转租合同也无效。

第五百九十条　应出租人的要求提前解除租赁合同

应出租人的要求，有以下行为，法院可以提前解除租赁合同，除非本法、其他法律和白俄罗斯共和国总统令的法令另有规定。

（1）严重违反合同约定或者财产用途或者多次违反约定使用财产的；

（2）严重损害财产的；

（3）在合同约定的支付期限届满后，连续2次以上不支付租金的；

（4）在租赁合同约定的期限内，或者在合同中没有约定的期限内，在法律规定或合同约定承租人有义务进行维修的情况下，在合理的期限内对财产进行维修。

根据本法第420条第2款的规定，租赁合同可以根据出租人的要求确定提前解除合同的其他理由。

出租人只有在向承租人发出书面警告，告知其必须在合理期限内履行义务后，才有权要求提前解除合同，但本法、其他法律和白俄罗斯共和国总统令对提前解除合同的程序另有规定的除外。

第五百九十一条　应承租人要求提前解除租赁合同

在下列情况下，法院可应承租人的要求提前解除租赁合同：

（1）出租人未按照合同约定或者财产用途将财产交付承租人使用或者阻碍承租人使用的；

（2）交付给承租人的财产有妨碍使用的缺陷，在订立合同时未约定，承租人事先未知悉，承租人在订立合同时对财产进行检查或者对其完好情况进行检查时也无法发现；

（3）出租人未在租赁合同约定的期限内，或者合理的期限内，对负有义务的财产进行维修；

（4）因承租人不负责的情形，财产将处于不能使用的状态。

符合本法第420条第2款的规定的情况下，租赁合同还可根据承租人的要求确定提前解除合同的其他理由。

第五百九十二条　承租人订立新租约的优先权

1. 除非法律或租赁合同另有约定，在其他条件相同的情况下，适当履行职责的承租人在合同期满时享有优先于其他人签订新租赁合同的权利。承租人必须在租赁合同约定的期限内以书面形式通知出租人，如果租赁合同没有约定期限，则在合同终止前的合理期限内通知出租人。

签订新租赁合同时，经双方同意，合同条款可以变更。

如果出租人拒绝与承租人续签租赁合同，而在与承租人合同期限届满之日起1年内又与其他人签订租赁合同时，承租人有权根据自己的选择向法院要求将已签订合同的权利义务移转于自己并要求承租人赔偿因拒绝与之续签租赁合同而造成的损失。

2. 如果承租人在合同期限届满后继续使用财产而出租人没有提出异议，则合同视为按原条件签订的无固定期限合同（第581条）。

第五百九十三条　向出租人返还租赁财产

租赁合同终止时，承租人有义务按照其收到财产时的状况（考虑到正常损耗）或合同约定的状况将财产归还给出租人。

承租人未返还或者未及时返还租赁财产的，出租人有权请求支付逾期期间全部的租金。如果上述费用不足以弥补给出租人造成的损失，出租人可以要求赔偿。

合同约定未按时归还租赁财产应支付违约金的，除合同另有约定外，可在违约金之外全额追偿损失。

第五百九十四条　租赁财产的改良

1. 承租人对租赁物进行的可分离的改良，除租赁合同另有约定外，归承租人所有。

2. 承租人自费并经出租人同意，对租赁物进行了不损害租赁物的不可分离的改良，承租人有权在合同终止后收取改良的费用，但租赁合同另有约定的除外。

3. 承租人未经出租人同意对租赁物进行的不可分离的改良，其价值不予赔偿，法律另有规定的除外。

4. 租赁物的改良，无论是可分离的还是不可分离的，均为出租人的财产。

5. 承租人在法律规定的情况下，对租赁的国有财产以及其他租赁财产进行不可分离的改良，不得成为向次承租人增加租金的理由。

第五百九十五条　租赁物的赎回

1. 法律可规定或租赁合同可约定，承租人可在租赁期满时或在租赁期满前赎回租赁财产，但承租人须支付合同约定的全部赎买价款。

2. 如果租赁合同中没有约定赎回租赁财产的条件，则可以通过双方的补充协议确定，同时双方有权同意将先前支付的租金抵销为购买价格。

3. 法律可以规定禁止赎回租赁财产的情况。

第五百九十六条　特定类型租赁合同和特定类型财产租赁合同的特点

对于特定类型的租赁合同和特别类型财产的租赁合同｛租赁、车辆租赁、资本建筑物［建（构）筑物、隔离房、车位及其部件的租赁、企业租赁、融资租赁（租赁）］｝，适用本章规定，但法律另有规定的除外。

第二节　动产租赁

第五百九十七条　动产租赁合同

1. 在动产租赁合同中，出租人将财产出租作为一项持续经营活动，应向承租人提供动产，收取临时占有和使用的费用。

根据动产租赁合同提供的财产应用于消费目的，合同另有规定或不符合义务的实质内容的除外。

2. 动产租赁合同应以书面形式订立。

3. 动产租赁合同是一项公共合同（第 396 条）。

第五百九十八条　动产租赁合同期限

1. 动产租赁合同最长签订 1 年。

2. 关于无限期续订租赁合同和承租人优先续订租赁合同权利的规定（第 592 条）不适用于动产租赁合同。

3. 承租人有权随时解除租赁合同。

第五百九十九条　向承租人提供财产

订立动产租赁合同的出租人应当在承租人在场的情况下检查租赁物的完好性，并向承租人介绍租赁物的使用规则，或者向承租人发出使用租赁物的书面指示。

第六百条　消除租赁财产的瑕疵

1. 承租人发现租赁财产存在瑕疵时，如果租赁合同没有约定更短的期限，出租人有义务在承租人提出缺陷之日起10日内免费消除该财产的缺陷，或者用其他状况良好的类似财产替换该财产。

2. 租赁物的瑕疵是因承租人违反租赁物的使用、维修规定造成的，承租人应当向出租人支付租赁物的维修、运输费用。

第六百零一条　动产租赁合同租金

1. 租赁合同约定的租金应以定期支付或一次付清的固定数额形式确定。

2. 承租人提前返还租赁物的，出租人应当将所收租金的相应部分返还给承租人，从实际返还租赁物的次日起算。

3. 根据公证人、白俄罗斯共和国外交代表团外交特使和白俄罗斯共和国领事机构领事职员的执行令，可以以无争议的方式追索租户的租金欠款。

第六百零二条　租赁财产的使用

1. 根据租赁合同租赁的财产的维修由出租人负责。如出租人不履行此项义务，则不可收取承租人不能使用该财产的期间的租金。

2. 不允许实施以下行为：

将根据租赁合同交付给承租人的财产进行转租；

将租赁合同产生的权利和义务移转给他人；

将该财产提供给他人无偿使用；

将租赁权进行抵押；

将租赁权作为财产投资投入商业合伙和商业公司或者作为对生产合作社的股份出资。

第三节　交通工具租赁

提供管理和技术运营服务的车辆租赁（带有司乘人员的车辆租赁）

第六百零三条　带有司乘人员的交通工具租赁合同

1. 根据带有驾驶员的交通工具租赁合同（暂时租赁），出租人向承租人提供交通工具供其暂时占有和使用，提供驾驶和技术服务，并收取费用。

2. 关于不定期租赁合同续签和承租人续签租赁合同的优先权的规则（第592条），不适用于带有驾驶员的交通工具租赁合同。

第六百零四条　带有驾驶员的交通工具租赁合同的形式

带有司乘人员的交通工具租赁合同均应以书面形式签订，不论合同期限长短。对此种合同不适用本法第580条第2款规定的租赁合同登记的规则。

第六百零五条　出租人对交通工具的维护义务

在带有司乘人员的交通工具租赁合同的整个有效期内，出租人有义务维护所出租交通工具的应有状态，包括进行日常维护和维修，并提供必要的配件。

第六百零六条　出租人交通工具的管理和技术服务义务

1. 出租人向承租人提供的交通工具驾驶与技术服务应该保障交通工具按照合同约定目的的正常和安全使用。带有司乘人员的交通工具租赁合同可以约定向承租人提供范围更大的服务。

2. 交通工具司乘人员的构成及业务水平应当符合对双方的强制性规则和合同条款，而如果没有规定对双方的强制性规则，则应符合该种交通工具的通常使用要求和合同条款。

司乘人员是出租方的工作人员。司乘人员在交通工具驾驶和技术服务方面服从出租人的指令，而在交通工具的商业利用方面服从承租人的指令。

除租赁合同另有约定外，司乘人员的服务费用及交通工具维护费用由出租人承担。

第六百零七条　承租人支付交通工具商业运营费用的义务

除带有司乘人员的交通工具租赁合同另有约定外，承租人应承担交通工具商业运营所产生的费用，包括燃料费、运营过程中消耗的其他材料费和其他费用。

第六百零八条　交通工具的保险

除非带有司乘人员的交通工具租赁合同另有约定，否则出租人有义务为交通工具投保和（或）为交通工具可能造成或与交通工具使用有关的损害投保责任保险。

第六百零九条　与第三人签订的使用交通工具的合同

1. 除非带有司乘人员的交通工具租赁合同另有约定，承租人有权不经出租人同意转租交通工具。

2. 承租人在租赁交通工具的商业运营范围内，有权在未经出租人同意的情况下，以自己的名义与第三人订立运输合同和其他合同，只要这些合同不违背租赁合同中约定的使用目的，或在合同未约定目的时不与交通工具的用途相抵触。

第六百一十条　承租人造成交通工具损害的责任

租赁的交通工具灭失、损坏的，承租人应当向出租人赔偿由此造成的损失，但出租人需证明车辆灭失、损坏是由于法律规定的或者租赁合同约定承租人应当承担责任的情形所致。

第六百一十一条　出租人的交通工具损害赔偿责任

租赁交通工具及其机械、装置、设备对第三人造成损害的，由出租人依照本法第58章的规定承担赔偿责任。如果出租人证明损害是由于承租人的过错造成的，出租人有权向承租人进行追偿。

第六百一十二条　某些种类交通工具租赁的特点

除本章的规定外，运输规章和本法还可以对某些同时提供驾驶与技术服务的交通工具租赁作出其他特别规定。

第六百一十三条　无司乘人员的交通工具租赁合同

在无司乘人员的交通工具的租赁合同中，出租人将交通工具有偿提供给承租人临时占有和使用，不提供车辆的管理和技术运营服务。

关于无固定期限租赁合同的承租人订立新租赁合同的优先权的规则（第592条）不适用于无司乘人员的交通工具的租赁合同。

第六百一十四条　无司乘人员的交通工具租赁合同形式

无司乘人员的交通工具的租赁合同必须以书面形式订立，而不论其期限如何。本法第580条第2款规定的租赁合同登记规则不适用于此类合同。

第六百一十五条　承租人维护交通工具的义务

承租人有义务在无司乘人员的交通工具租赁合同的整个期间保持所租赁交通工具的良好状态，包括进行维护和维修。

第六百一十六条　承租人管理交通工具和其技术维护的义务

承租人自行管理和运营租赁车辆，包括进行商业利用和技术服务。

第六百一十七条　承租人支付交通工具维修费用的义务

除无司乘人员的交通工具的租赁合同另有约定外，承租人应承担租赁交通工具的维修费用，交通工具的保险，包括其责任保险，以及因使用交通工具而产生的费用。

第六百一十八条　与第三人的交通工具使用合同

1. 除交通工具租赁合同另有约定外，承租人有权不经出租人同意，将所租交通工具进行转租。

2. 承租人有权不经出租人同意，以自己的名义与第三人订立运输合同和其他合同，只要不与交通工具租赁合同中约定的交通工具使用目的相抵触，或在合同未约定使用目的时不与交通工具的用途相抵触。

第六百一十九条　有关承租人的交通工具损害赔偿责任

对于租赁的交通工具，其机械、装置、设备对第三人造成的损害，承租人应依照本法第58章的规则承担责任。

第六百二十条　某些种类交通工具租赁的特点

除本章的规定外，运输规章和本法还可以对某些不同时提供驾驶与技术服务的交通工具租赁作出其他特别规定。

第四节　主要建筑（建筑物、设施）、独立房间或车位的租赁

第六百二十一条　主要建筑（建筑物、设施）、独立房间或车位的租赁合同

1. 根据主要建筑（建筑物、设施）、独立房间或车位的租赁合同，出租人承诺将主要建筑（建筑物、设施）、独立房间或车位转让给承租人临时占有或临时使用。

除法律另有规定外，本款规定适用于主要建筑（建筑物、设施）、独立房间或车位部分的租赁。

2. 本节规定适用于企业租赁，除非本法和其他有关企业租赁的法律另有规定。

第六百二十二条　建筑物或设施租赁合同的形式

主要建筑（建筑物、设施）、独立房间或车位的租赁合同应以书面形式订立，由当事人各方签署文件（第404条第2款）。

主要建筑（建筑物、设施）、独立房间或车位的租赁合同如未遵守格式规定，则无效。

第六百二十三条　建筑物或者设施租赁时其所在土地的权利

1. 依照建筑物或者构筑物租赁合同，在向承租人移转该不动产的占有权和使用权的同时，该不动产所占用和为其使用所必需的那部分土地的相应权利也应同时移转。

2. 承租人有权使用建筑物或者构筑物所占用的部分土地，并按照其用途使用其必需的土地，法律另有规定或合同另有约定的除外。

3. 在不违反法律以及与出租人订立的合同的情况下，承租人有权不经过出租人同意，对租赁土地上的建筑物、构筑物进行转租。

第六百二十四条　主要建筑物、设施承租人在土地出售时保留土地使用权

如果出租人将主要建筑物、构筑物所在的地块出售，则该主要建筑物、构筑物的承租人有权根据该地块出售前的有效条件使用主要建筑物、构筑物。

第六百二十五条　租金数额

1. 建筑物或者构筑物租赁合同应当约定租金的数额。当合同中没有以书面形式约定的关于双方协商一致的租金数额的条款时，建筑物或者构筑物租赁合同视为未签订。在这种情况下，本法第 394 条第 3 款规定的确定价格的规则，不得适用。

2. 建筑物或者构筑物租赁合同约定的建筑物或者构筑物使用费包括其占用土地的使用费，或者包括与该土地一并移转的相应部分的土地的使用费，但法律另有规定或者合同另有约定的除外。

3. 如果在合同中约定了建筑物、构筑物单位面积或其他数量指标的租赁价格，租金以交付给承租人的建筑物或者构筑物的实际面积确定。

第六百二十六条　建筑物、构筑物、独立房间或车位的交付

1. 出租人交付或承租人接收建筑物或者构筑物，按照双方签署的交付文件或者由双方签字的其他交付文件进行。

出租人交付建筑物或者构筑物的义务在将建筑物或者构筑物交付给承租人占有、使用或者双方在相应的交付文件上签字后视为已经履行，但法律另有规定或合同另有约定的除外。

如果一方拒绝按照合同约定的条件在建筑物或者构筑物的交付文件上签字，当该方为出租人时，视为拒绝履行交付财产的义务，而为承租人时，视为拒绝接收财产。

2. 当建筑物或者构筑物租赁合同终止时，租赁的建筑物或者构筑物应当按照本条第 1 款规定返还给出租人。

第五节　企业租赁

第六百二十七条　企业租赁合同

1. 以企业作为用于经营活动的财产综合体的整体租赁合同，出租人向承租人承诺有偿提供企业所包含的土地、建筑物、构筑物、设备和其他固定资产的临时占有和使用权，按合同约定的顺序、条件和限度转让原材料、燃料、材料和其他流通资产的库存，土地、水和其他自然资源的使用权，与企业有关的其他财产权、法人的名称权、其商品（作品、服务）和其他专有权，以及向其转让债权，让与债务。转让对他人财产的占有权和使用权，包括土地和其他自然资源的占有权和使用权的转让，按照法律规定的程序进行。

2. 出租人根据从事相关活动的特别授权（许可证）获得的权利不得转让给承

租人，除非法律另有规定。承租人在没有这种特别授权（许可证）的情况下无法履行的企业经营中的义务，并不免除出租人对债权人的相应义务。

第六百二十八条　企业租赁时债权人权利

1. 出租人应当在企业移转前，将企业出租的事实书面通知企业债权人。

2. 债权人未以书面形式通知出租人同意转让债务的，有权在接到出租通知之日起 3 个月内，要求终止或者提前履行债务，并要求赔偿所造成的损失。

3. 出租人未按照本条第 1 款规定程序通知租赁企业的债权人的，债权人可以在企业转让之日起 1 年内要求清偿符合本条第 2 款规定的债权。

4. 企业出租后，出租人和承租人对转让企业中未经债权人同意而转移给承租人的债务承担连带责任。

第六百二十九条　企业租赁合同的形式和国家登记

1. 企业租赁合同应以书面形式订立，由当事人共同签署文件（第 404 条第 2 款）。

2. 企业租赁合同须经国家登记，合同自登记之日起生效。

3. 违反企业租赁合同形式的租赁合同无效。

第六百三十条　租赁企业的交付

企业应根据交付合同交付给承租人。

企业交付的准备工作，包括准备和提交交付协议，由出租人负责，费用由出租人承担，除非企业租赁合同另有约定。

第六百三十一条　使用租赁企业的财产

除企业租赁合同另有约定外，承租人未经出租人同意，不得将租赁企业财产中的有形资产出售、交换、出借、转租给他人，以及不得将租赁合同约定的与这些资产有关的权利和义务转让给他人。经承租人同意进行这些交易时，不得降低企业的价值，也不得违反企业租赁合同的其他规定。这一程序不适用于土地和其他自然资源，也不适用于法律规定的其他情况。

除非企业租赁合同另有约定，承租人有权在未经出租人同意的情况下改变租赁财产的组成，对其进行改造、扩建、技术改造，以增加其价值。

第六百三十二条　承租人维护企业和支付其运营费用的义务

1. 企业承租人有义务在企业租赁合同的整个期限内使得企业保持适当的经营状况，包括对企业进行日常维护和整改。

2. 除非合同另有约定，承租人应承担与租赁企业经营有关的费用，以及支付租赁财产保险费。

第六百三十三条　承租人对租赁企业的改良

改良经出租人同意的，企业承租人有权就租赁财产不可分割的改良费用获得补偿，但企业租赁合同另有约定的除外。

如果出租人能够证明，承租人的改良并未使得租赁财产的价值增加或性能有所改良，或这种改良违背了诚实、合理原则，法院可以免除出租人向承租人偿还这些改良费用的责任。

第六百三十四条　法律行为无效、合同变更和解除规则适用于企业租赁合同

本法关于法律行为无效、合同变更和解除的规则，规定一方或双方根据合同获得的物质相互返还或收回，适用于企业租赁合同，但不得侵犯债权人、出租人和承租人以及其他人的合法权益，也不得与国家利益和公共利益相抵触。

第六百三十五条　租赁企业的归还

企业租赁合同终止后，应按照本法第627条、第628条、第630条规定，将租赁企业归还出租人。在这种情况下，承租人有义务做好将企业归还给出租人的准备工作，包括准备和签署交付书，费用由承租人承担，除非合同另有约定。

第六节　融资租赁

第六百三十六条　融资租赁合同

根据融资租赁合同，是指作为法人或个体企业家的出租人承诺从承租人指定的卖方（供应人）处取得承租人指定的标的物，并将取得的标的物交付给承租人使用，以收取临时占有和使用的费用。在这种情况下，出租人不负责选择融资租赁合同标的物和出卖人（供应人）。

融资租赁合同可以约定出卖人（供应人）和所购财产的选择权由出租人行使。

承租人可以作为融资租赁合同标的物的出卖人（供应人）。

出租人有权对融资租赁合同标的物的安全及工作状态进行监管，遵守其对融资租赁合同标的物使用设定的限制，包括根据转租合同交付给次承租人临时占有和使用。

第六百三十六条之一　转租合同

根据转租合同，承租人（转租合同下的转租人）在其被授予的权利范围内，将从出租人处获得并构成该合同标的的财产有偿转让给第三方在一定期限内占有和使用。

出租人同意承租人（转租合同中的转租人）根据转租合同将融资租赁合同标的物有偿转让给第三方（次承租人）暂时占有和使用的，应以书面形式表示。

承租人（转租合同中的转租人）有权对融资租赁合同标的物的安全及其工作状态的维护、遵守其制定的融资租赁合同标的物使用限制等。

有关转租合同的约定适用于转租合同，本法或其他法案另有规定的从其规定。

第六百三十七条　融资租赁合同标的

融资租赁合同的标的物可以是任何非消耗性物品，但土地和其他自然物体除外。

第六百三十八条　已废止

第六百三十九条　向承租人移交融资租赁合同标的物

1. 除融资租赁合同另有约定的外，标的物应由出卖人（供应人）直接移交给承租人。

2. 当作为融资租赁合同标的物没有在合同约定的期限内移交给承租人时，如果协议没有规定该期限，那么应在合理期限内移交，如果延迟是应出租人原因造成的，则承租人有权要求解除合同并赔偿损失。

第六百四十条　将财产意外毁损灭失的风险转移给承租人

融资租赁物意外毁损灭失的风险，在融资租赁物移交给承租人时转移给承租人，融资租赁合同另有约定的除外。

第六百四十一条　出卖人（供应人）的责任

1. 承租人有权直接向融资租赁合同标的物的出卖人（供应人）提出因出卖人（供应人）与出租人订立的买卖（销售）合同而产生的请求，特别是关于财产的质量、标的物完整性和交付时间方面的请求，以及在出卖人（供应人）不当履行合同时的请求。在这种情况下，承租人享有本法和其他法律对买方规定的权利和义务，支付所购标的物款项的义务除外。但是，未经出租人同意，承租人不得解除与出卖人（供应人）的买卖合同。

在与出卖人（供应人）的关系中，承租人和出租人是连带债权人（第307条）。

2. 除非融资租赁合同另有约定，出租人对承租人要求卖方履行源自买卖合同义务的请求权方面不承担责任，但出卖人（供应人）是由出租人选择的除外。在后一种情况下，承租人有权选择直接向财产出卖人（供应人）和出租人提出买卖合同所产生的请求，出租人和出卖人（供应人）负有连带责任。

第三十五章 住房租赁

第六百四十二条 住房租赁合同

住房租赁合同关系受住房法调整。

第三十六章 无偿使用

第六百四十三条 无偿使用合同（借用）

1. 在无偿使用合同（借用）中，一方当事人承诺将标的物无偿转让或借给另一方当事人（借用人）占有、使用，后者承诺将在一定期间后按照出借时的状态原物归还，但须考虑正常损耗或按合同约定的状态归还。

2. 本法第578条第1款和第581条第2款第1项、第586条第1款和第3款、第592条第2款、第594条第1款和第3款规定应相应适用于无偿使用合同。

第六百四十四条 出借人

1. 将物品交付给他人无偿使用的权利属于其所有人和法律或所有人授权的其他人。

2. 商业组织无权将财产交付给该组织所有人、发起人、股东、领导人或实际管理、控制该组织的人无偿使用。

第六百四十五条 提供无偿使用的物品

1. 出借人有义务提供符合无偿使用合同条款及其目的的物品。

2. 除非合同另有约定，无偿使用的物品应与所有附属文件（使用说明书、技术文件等）一起免费使用。

如果这些附属文件未被交付，且没有这些文件该物品就无法正常使用，或对于相对人该物品的使用价值将大大降低，相对人有权要求提供这些附属文件，或要求解除合同并赔偿损失。

第六百四十六条 未将标的物交付无偿使用的后果

如果出借人不将物品交付给借用人，借用人有权要求解除合同，并要求赔偿损失。

第六百四十七条 移交无偿使用物的瑕疵责任

1. 出借人在签订无偿使用合同时故意或因重大过失未对标的物瑕疵作出说明，

则由出借人承担责任。

如果发现标的物有瑕疵，借用人有权选择要求出借人无偿消除该标的物的瑕疵或要求赔偿其消除该标的物瑕疵的费用，或要求提前解除合同并赔偿损失。

2. 出借人在被告知借用人的要求后，可以立即用另一处于适当状态的类似物品替换该有瑕疵的物品。

3. 出借人在订立合同时已经告知了物品瑕疵，或者出借人事先知道物品有瑕疵的，或者瑕疵是借用人在订立合同或交付物品时检查物品是否完好时应该发现的，出借人不承担任何责任。

第六百四十八条　第三人对无偿使用的物品的权利

对物品的无偿借用不构成第三人对该物品权利的变更或终止的理由。

在签订无偿使用合同时，出借人有义务提醒借用人注意第三人对该物品所有的权利（地役权、抵押权等）。如果不履行这一义务，借用人有权要求解除合同并赔偿其实际损失。

第六百四十九条　借用人维护物的义务

借用人有义务使无偿使用的物品处于完好状态，包括进行日常维护和维修，并承担其维护费用，但无偿使用合同另有约定的除外。

第六百五十条　财产意外毁损或灭失的风险

因未按无偿使用合同约定或者财产用途使用标的物，或者未经出借人同意将无偿使用的标的物转借给第三人，致使无偿使用的物品灭失或毁损的，由借用人承担标的物意外毁损或灭失的风险。如果根据实际情况，借用人可以通过放弃自己的财产来防止无偿使用的财产的毁损或灭失的，但其选择保护自己的财产，则由出借人承担无偿使用的财产毁损或灭失的风险。

第六百五十一条　因使用物品造成第三人损害的责任

除出借人能证明损害是由借用人或经出借人同意占有物品的人的故意或重大过失造成的情况外，出借人应对因使用物品而给第三人造成的损害承担责任。

第六百五十二条　合同的提前解除

1. 有下列情形之一的，出借人有权要求提前解除无偿使用合同：

（1）不按照合同约定或者标的物用途使用该标的物的；

（2）不履行维护或者保管标的物义务的；

（3）使标的物状况严重恶化的；

（4）未经出借人同意，将标的物转借用给第三人的。

2. 在下列情况下，借用人有权要求提前解除无偿使用合同：

（1）发现标的物有瑕疵，使得标的物无法正常使用或使用负担沉重，而该瑕疵在订立合同时借用人不知道，也不可能知道；

（2）因出借人不负责的情况，该物品处于无法使用的状态；

（3）订立合同时，出借人未就第三人对标的物的权利向其作出声明的；

（4）出借人不履行交付标的物或者其附随物及其相关凭证的义务的。

第六百五十三条　拒绝无偿使用合同

1. 双方均有权随时解除未约定期限的无偿使用合同，但需提前 1 个月通知另一方，除非合同约定了不同的通知期限。

2. 除非合同另有约定，借款人有权随时按照本条第 1 款规定的方式退出已注明期限的合同。

第六百五十四条　无偿使用合同当事人的变更

出借人有权转让标的物或将其交付给第三人有偿使用。在这种情况下，以前签订的无偿使用合同中的权利转移给新的所有权人或使用人，该物品的权利交付承租人。

在作为出借人的自然人死亡或法人重组或清算的情况下，出借人在无偿使用合同下的权利和义务转移给其继承人（权利继承人）或转移给对该物品享有所有权的人或其他权利人。

在借用人法人重组的情况下，合同约定的权利和义务转移给其权利继承人，合同另有约定的除外。

第六百五十五条　无偿使用合同终止

无偿使用合同在作为借用人的自然人死亡或者法人清算时终止，合同另有约定的除外。

第三十七章　承　　揽

第一节　承揽的一般规定

第六百五十六条　承揽合同

1. 在承揽合同中，一方（承揽人）应按照另一方（定作人）的指示完成一定的工作，并在规定的期限内将工作成果交付定作人，定作人应接受工作成果并支付报酬（支付工作价款）。除非法律另有规定或双方合同另有约定，否则承揽人将承担该工作的风险。

2. 本款规定适用某些类型的承揽合同（生活承包合同、建筑承包合同、设计和勘测工作承包合同），除非本法和关于这些类型合同的其他法律另有规定。

第六百五十七条　依照承揽合同完成工作

1. 承揽合同的内容是制造或加工物品或完成其他工作，并将其成果交付给定作人。

2. 根据承揽合同，承揽人应将有关工程的权利转让给定作人。

3. 承揽人应独立完成定作人指定的任务，但合同另有约定的除外。

第六百五十八条　承揽人自费完成工作

1. 如完成工作的费用由承揽人负担，即以承揽人的材料、人力和资金完成工作，但合同另有约定的除外。

2. 承揽人对其所提供的材料和设备质量不合格以及提供的有第三方权利的材料和设备负责。

第六百五十九条　当事人之间的风险分担

1. 除非本法和其他法律另有规定或承揽合同另有约定：

（1）材料、设备、用于加工（处理）的物品或者其他用于履行合同的财产意外毁损、灭失的风险由上述物品、财产的提供方承担；

（2）在定作人验收之前，工作成果毁损、灭失的风险由承揽人承担。

2. 逾期交付或验收工作成果时，本条第1款规定的风险由逾期方承担。

第六百六十条　总承揽人和分承揽人

1. 如果法律违规的或者承揽合同未约定承揽人必须亲自完成合同中指定的工作，承揽人有权让他人（分承揽人）参与履行其部分义务。在这种情况下，承揽人为总承揽人。

2. 承揽人违反本条第1款或合同的约定，委托分承揽人履行承揽合同的，应对该分承揽人参与履行合同所造成的损失向定作人承担赔偿责任。

3. 根据本法第394条第1款和第374条的规定，总承揽人应对分包人不履行或不适当履行义务的后果向定作人承担责任，而对定作人不履行或者不适当履行承揽合同义务向分承揽人承担责任。

除非法律另有规定或合同另有约定，定作人和分包人无权就各自与总承包人签订的合同的违约行为向对方提出赔偿请求。

4. 经总承揽人同意，定作人有权与他人订立完成单项工作的合同。在这种情况下，他人对工作不履行或者不适当履行直接向定作人承担责任。

第六百六十一条　多人参与履行工作的条件

1. 如果承揽方为两人或两人以上时，在标的物不可分割的情况下，则几个承揽人为定作人的连带债务人，并相应地为定作人的连带债权人。

2. 在标的物不可分割的情况下，以及在法律规定或合同约定的其他情况下，本条第 1 款所述的每个人在其份额范围内对定作人负有义务，并享有相应权利（第 302 条）。

第六百六十二条　完成工作的期限

1. 承揽合同应约定工作的开始和结束日期。经双方协商，合同还可约定开始和完成个别阶段工作的日期（中间日期）。

除非法律另有规定或合同另有约定，否则承揽人应对违反开始、结束和中间完工期限的行为负责。

2. 在合同约定的情况和方式下，可以修改承揽合同中约定的开始、结束和中间完成工作的期限。

3. 违反完成工作的截止日期时，应按照本法第 376 条第 2 款的规定承担逾期履行的责任。

第六百六十三条　工作价款

1. 承揽合同应约定所要完成的工作的价款或确定价款的方法。如果合同中没有这样的规定，价款应根据本法第 394 条第 3 款的规定，在考虑到双方必要开支的情况下，根据类似工作通常适用的价格确定。

2. 承揽合同中的价款包括对承揽人所花费用的补偿和应对承揽人支付的报酬。

3. 工作价格可以通过编制预算来确定。

如果承揽人根据预算完成工作，那么预算自定作人确认之时起生效并成为合同的一部分。

4. 工作价款（预算）可以是固定的或是约数。如果合同中没有其他说明，则工作价款（预算）视为是固定的。

5. 如果需要进行额外的工作，因此大大超过了预估的工作价款（预算），承揽人应及时通知定作人。定作人如不同意支付超过承揽合同中约定的工作价款，承揽人有权拒绝履行合同。在这种情况下，承揽人可以要求定作人支付已完成的部分工作的价款。

承揽人如果未及时将关于必须提高合同约定的工作价款的事宜预先通知定作人，则应履行合同，同时保留依照合同中约定的价格请求给付工作价款的权利。

6. 承揽人无权请求增加固定价格（预算），定作人也无权请求减少固定价格，包括在签订合同时不可能预见工作的全部范围或工作所需的费用。

如果合同签订后材料和设备价格大幅上涨，以及签订合同时无法预见的需第三方提供服务的情况，承揽人有权要求增加工作价款（预算），如果定作人拒绝履行，承揽人则有权根据本法第421条的规定解除合同。

第六百六十四条　承揽人的节省

1. 如果承揽人的实际支出低于工作价款（预算），承揽人有权请求按照合同约定的工作价款（预算）支付工作费用，除非定作人能够证明承揽人节省的工作费用影响了工作质量。

2. 承揽合同可以约定承揽人的节省费用由承揽人和定作人进行分配。

第六百六十五条　支付工作价款程序

1. 如果承揽合同对完成工作或工作的各个阶段未规定预先给付价款，当工作按照适当方式在约定期限内完成，或者经定作人同意提前完成时，定作人应于工作成果最终交付后向承揽人给付约定的价款。

2. 只有在法律规定或合同约定的情况下，承揽人才有权要求支付预付款或定金。

第六百六十六条　承揽人的留置权

如果定作人不履行支付价款的义务或承揽合同中支付其他款项的义务，根据本法第340的规定，承揽人有权留置工作成果，以及对属于定作人的设备、为加工而移交的物品、剩余未使用的材料和定作人拥有的其他财产进行留置，直至定作人支付相应的款项。

第六百六十七条　使用定作人的材料完成工作

1. 在使用定作人材料进行工作时，承揽人应：

（1）勤俭节约地使用定作人提供的材料；

（2）工作结束后，向定作人提交材料的使用报告；

（3）退还剩余部分，或在定作人同意的情况下，根据承揽人剩余的未使用材料，折抵部分工作价款。

2. 如果工作未完成或工作成果有瑕疵，不符合承揽合同约定的成果交付条件，或合同中没有这样的条件，不能正常交付是由于定作人提供的材料存在瑕疵而造成的，承揽人有权要求支付已完成工作的费用。

3. 如果承揽人证明定作人提供的材料在承揽人对该材料进行查验时无法发现其瑕疵，则承揽人可以行使本条第 2 款规定的权利。

第六百六十八条　承揽人未妥善保管定作人提供财产的责任

承揽人应对定作人提供的材料、设备、为加工而移交的物品或承揽人因履行承揽合同而拥有的其他财产进行妥善保管，否则应承担赔偿责任。

第六百六十九条　承揽人完成工作期间定作人的权利

1. 定作人在任何时候，在不干扰承揽工作的情况下，有权检查承揽人所做工作的进度和质量。

2. 如果承揽人未及时履行承揽合同或工作进度缓慢，以致工作显然无法按期完成，定作人有权解除合同，并要求赔偿损失。

3. 如果承揽人在进行过程中明显不能适当地完成工作，定作人有权要求承揽人在合理的时间内修正，如果承揽人未能在规定的时间内修正，定作人有权解除合同或委托他人进行修正工作，费用由承揽人承担，且定作人有权要求承揽人赔偿损失。

4. 如有正当理由，定作人可以在工作成果交付前随时解除合同，但对于承揽人于接到定作人解除合同的通知前已完成部分的工作须按比例给付规定的价款，合同另有约定的除外。定作人还应向承揽人赔偿因解除合同而造成的损失，但赔偿应以规定的工作总价款与已给付部分的差额为限。

第六百七十条　承揽人有义务通知定作人的情况

1. 如果发现以下情况，承揽人应立即通知定作人，并在接到定作人指示之前暂停工作：

（1）定作人提供的材料、设备、技术或移交加工（处理）的物品不适用或质量不合格；

（2）定作人对承揽人执行工作的指示可能产生不利后果；

（3）出现承揽人无法预料的其他情况，这些情况威胁到所完成工作成果的适用性和质量，或使承揽人其无法按期完成工作。

2. 承揽人如未将本条第1款所述情况通知定作人的，或未等到合同约定的答复期届满便继续工作，在合同没有约定答复期的情况下，未等待合理的时间的，或不顾定作人发出的停工指示而继续施工，则承揽人无权以上述情况为由向定作人提出索赔。

3. 如果承揽人就本条第1款规定的情况发出了及时且合理的通知，但定作人仍未在合理时间内更换不合格的材料、设备、技术或进行加工的物品，未发出改变工作方法的指示或者对威胁工作成果适用性的情况不采取其他的必要消除措施，承揽人有权拒绝履行承揽合同，并要求赔偿因终止合同而造成的损失。

第六百七十一条　定作人的协助义务

1. 在承揽合同约定的情况下，定作人有义务按照承揽合同约定的方式和范围协助承揽人履行工作。

如果定作人未能履行该义务，承揽人有权要求赔偿损失，包括因停工、工程延期或合同约定的工作价格上涨而造成的额外费用。

2. 如果由于定作人的行为或过失而导致承揽合同约定的工作无法履行，承揽人对已完成部分的工作仍有权请求定作人按照合同约定的价款请求给付报酬。

第六百七十二条　定作人不履行承揽合同的对应义务

1. 如果定作人违反承揽合同中约定的义务，包括未能提供材料、设备、技术或待加工物品，或提供的材料、设备质量不合格、不适当，致使承揽人无法履行合同，以及存在规定期限内不能履行这些义务的情形的（第309条），承揽人有权不开始工作或者暂停已经开始的工作。

2. 发生本条第1款所规定的情况的，承揽人有权拒绝履行合同并要求赔偿损失，但合同另有约定的除外。

第六百七十三条　定作人对承揽人完成工作的验收

1. 定作人应当按照承揽合同约定的方式和期限，在承揽人的协助下，对所完成的工作结果进行检查和验收，如果发现有违反合同并导致工作成果出现质量问题的情况或者有其他瑕疵的，定作人应该立即通知承揽人。

2. 定作人验收工作时如发现该工作有瑕疵，只有在验收证明文件或其他文件中记载了瑕疵或随后有可能提出消除瑕疵的请求，才能提及这些瑕疵。

3. 未检查而验收的定作人，将丧失在验收时通过常规验收方法发现瑕疵（明显缺陷）的权利，但合同另有约定的除外。

4. 定作人验收后，发现承揽人有违反承揽合同的情况，或者发现在正常验收方法下无法发现的瑕疵（隐性缺陷），包括承揽人故意隐瞒的瑕疵，应在发现后立即通知承揽人。

5. 当定作人和承揽人之间就所完成工作的瑕疵或者就瑕疵原因产生争议时，根据任何一方当事人的请求都应指定鉴定。鉴定费由承揽人负担，但鉴定确定不存在承揽人违反承揽合同的事实或者承揽人的行为与所发现的瑕疵之间不存在因果关系的情形除外。在上述情况下鉴定费由请求鉴定方负担，如果该鉴定由双方协议确定，鉴定费由双方平均分担。

6. 除承揽合同另有约定外，如果定作人拒绝接收已完成的工作成果，则承揽人有权自合同约定的应交付工作成果给定作人起1个月后，并在随后向定作人发出2次通知的情况下，出售工作成果，将所得收益扣除承揽人所得价款后，按本法第308条的规定以定作人名义将剩余钱款提存。

7. 如果定作人拒绝接收已完成的工作成果导致延迟交付工作成果的，则工作成果意外毁损、灭失的风险在应交付工作成果时转移给定作人。

第六百七十四条　工作质量

1. 承揽人所完成的工作质量应符合承揽合同的约定，如果承揽合同对此没有约定或约定不明，则应符合有关工作质量的一般要求。除法律另有规定或合同另有约定外，所完成的工作成果应在交付定作人时具有合同所确定的或者通常要求所确定的质量，并在合理使用期限内适用合同约定的使用目的，如果合同未对其进行规定，则应适用该类工作成果的通常使用标准。

2. 如果法律或法律规定的程序对根据承揽合同完成的工作有强制性要求，作为经营者的承揽人应按照这些强制性要求完成工作。

第六百七十五条　工作质量担保

1. 法律规定或承揽合同约定承揽人应当向定作人提供工作质量担保的，承揽人有义务在整个担保期内向定作人提供符合本法第674条第1款规定的工作成果。

2. 工作成果质量担保，除合同另有约定外，适用于构成工作成果的所有部分。

第六百七十六条　承揽人对工作质量不合格的责任

1. 承揽人完成工作成果如违反承揽合同，致使工作成果质量降低，或者出现其他致使工作不适用合同约定的使用目的的瑕疵，或者在合同中没有相应条款时，工作成果不符合通常使用标准的，除法律另有规定或合同另有约定外，定作人有权要求承揽人：

（1）在合理期限内无偿消除瑕疵；

（2）相应降低工作价款；

（3）当承揽合同约定定作人有权消除工作瑕疵时，定作人有权要求承揽人赔偿消除瑕疵的费用（第368条）。

2. 承揽人有权以重新无偿完成工作并向定作人赔偿因逾期履行而造成的损失代替消除瑕疵。此时，在工作的性质允许返还的情况下，定作人应将已交付给他的工作成果返还承揽人。

3. 如果在定作人确定的合理期限内，违反承揽合同约定的情况或工作结果的其他瑕疵，没有得到消除的，或者因瑕疵重大而无法消除的，定作人有权拒绝履行合同，并要求承揽人赔偿由此造成的损失。

4. 如果证明瑕疵是由于承揽人的过失或不作为造成的，则承揽合同中关于免除承揽人某些瑕疵责任的条款，并不免除承揽人的赔偿责任。

5. 对完成工作提供所需材料的承揽人，应按照卖方对不符合质量的商品承担责任的规定对材料质量负责（第445条）。

第六百七十七条　工作成果质量不合格的发现期限

1. 除非法律另有规定或合同另有约定，定作人有权在质量担保期内就工作结果的不合格向承揽人提出赔偿请求。

2. 如果承揽合同对工作成果未约定质量担保期，定作人提出与工作成果有瑕疵的请求的条件是瑕疵须在合理期限内发现，以自交付工作成果之日起的2年为限，但法律、合同或者交易习惯另有要求的除外。

3. 定作人有权就质量担保期内发现的工作成果瑕疵提出赔偿请求。

4. 如果合同约定的质量担保期少于2年，定作人在质量担保期结束后发现工作结果的瑕疵，并且是在本条第5款规定的2年内之内发现的，同时定作人证明瑕疵是在工作结果交付给定作人之前就存在的，或者是因此前已经出现的原因而发生，则承揽人应承担责任。

5. 质量担保期（第675条第1款）从定作人接受或应当接受工作成果之时开始起算，除非承揽合同另有约定。

6. 承揽合同质量担保期届满时，除法律另有规定、双方合同另有约定或者对承揽合同的特性另有规定外，适用本法第441条第2款和第4款的规定。

第六百七十八条　工作质量不合格的诉讼时效

1. 由于承揽合同完成的工作不符合质量标准而提出赔偿请求的诉讼时效为1年，而对建筑物、构筑物、未完工建筑物（构筑物）、独立房屋、车位的诉讼时效期限为3年。

2. 如果法律规定或合同约定了质量担保期，并且关于工作结果瑕疵的赔偿请求在质量担保期内提出，则本条第1款规定的诉讼时效期间从提出瑕疵赔偿请求之日起算。

3. 如果定作人依照承揽合同部分地验收了工作成果，诉讼时效期间从工作成果整体验收之日起开始计算。

第六百七十九条　承揽人向定作人提供信息的义务

如果承揽合同有约定承揽人向定作人提供与工作成果有关的信息，或者如果没有该信息使得工作成果无法按照合同目的使用，则承揽人应在交付工作成果时一并向定作人交付涉及承揽合同标的物的利用或其他使用事项的信息资料。

第六百八十条　承揽合同当事人获得信息的保密义务

如果一方因履行承揽合同约定的义务而从另一方处获得新的解决方案和技术信息，包括不享有法律保护的信息，以及可能被视为商业秘密的信息（第140条），未经另一方同意，不得向第三方披露。

使用此类信息的程序和条件应由双方协议确定。

第六百八十一条　承揽人向定作人返还材料和设备

定作人依据本法第669条第2款或者第676条第3款解除承揽合同时，承揽人应归还定作人提供的材料、设备、为加工而移交的物品和其他财产，或将其交给定作人指定的人，如果无法返还，则相应赔偿材料、设备和其他财产的价款。

第六百八十二条　在接收工作成果前终止承揽合同的后果

定作人根据法律规定或者合同约定的理由，于承揽人所完成的工作成果验收前终止承揽合同的（第673条第1款），定作人有权请求承揽人向其交付未完成的工作成果，同时向承揽人补偿所产生的费用。

第二节　日常承揽

第六百八十三条　日常承揽合同

1. 根据日常承揽合同，从事商业活动的承揽人应根据公民（定作人）的要求完成一定的工作，以满足定作人的个人、家庭需要，定作人应接收工作成果并支付报酬。

2. 日常承揽合同是公共合同（第396条）。

3. 消费者保护法适用于日常承揽合同关系。

第六百八十四条　定作人权利保障

1. 承揽人无权硬性要求定作人将约定外的工作或者服务列入日常生活承揽合同。定作人对合同未约定的工作或者服务有权拒绝给付报酬。

2. 定作人有权在交付工作成果之前的任何时候解除生活承揽合同，在定作人发出解除合同通知前，承揽人完成部分工作的，定作人应按照比例向其支付报酬，并补偿承揽人在此之前为履行合同而产生的费用。剥夺定作人这一权利的合同条款无效。

第六百八十五条　日常承揽合同形式

日常承揽合同，包括定作人加入的条款或其他标准条款（第398条），自承揽人向定作人发出确认合同订立的依据或其他文件时，合同视为成立。

第六百八十六条　日常承揽合同的公开要约

本法第407条关于商品公开要约的规定，适用于根据日常承揽合同所做工作的广告和其他要约。

第六百八十七条　向定作人提供拟议工作的信息

1. 承揽人有义务向定作人提供有关拟议工作及其类型和特点、价格和付款方式的必要和可靠的信息，并根据定作人的要求告知与合同有关的其他信息以及相关工作。如果由于工作的性质需要，则还应向定作人指明将执行该工作的具体人员。

2. 由于从承揽人处获取的信息不完整或者不准确，致使日常承揽合同订立后所完成的工作不具备定作人要求的质量，定作人有权解除该合同，对已完成的工作拒绝给付价款，并要求赔偿损失。

3. 本条规定的信息应以国家官方语言之一提供给定作人，以外文提供或传递的信息应视为未提供，但应定作人要求以外文提供或传递的信息除外。

第六百八十八条　由承揽人材料完成工作

1. 如果日常承揽的工作由承揽人提供的材料完成，则定作人在合同签订时按合同约定全额或部分支付材料费用，并在定作人收到承揽人完成的工作时进行最后结算。

根据合同，承揽人可以提供贷款的材料，定作人可以分期付款。

2. 签订日常承揽合同后，承揽人提供的材料的价格发生变化，无须重新计算材料价格。

第六百八十九条　由定作人的材料完成工作

如果根据日常承揽合同由定作人的材料完成工作，承揽人应在签订合同时出具给定作人的收据或其他文件中注明由双方协议确定的材料名称，说明和材料价格。定作人对收据或其他类似文件确定的材料价格有异议的，可以向法院提起诉讼。

第六百九十条　工作价款和付款

日常承揽合同中的工作价款由双方协议确定，不得高于国家有关部门规定的价款，承揽人在最终交付后由定作人支付价款。经定作人同意，定作人可在签订合同时全额或预付工作价款。

第六百九十一条　告知定作人工作成果的使用条件

在交付工作时，承揽人有义务告知定作人有效和安全使用工作成果所需满足的条件，以及违反这些条件可能对客户和其他人造成的后果。

第六百九十二条　发现工作成果存在瑕疵的后果

1. 如果在验收工作成果时或使用过程中发现瑕疵，定作人可以在本法第678条规定的合理期限内，或者如果有质量担保期的，则可以在这些期限内，根据其选择，实现本法第676条规定的权利之一，或要求无偿重新开展工作，或者请求赔偿，或者请求补偿由第三人修复瑕疵而支出的费用。

2. 如果工作成果存在可能对定作人和其他人的生命或健康构成严重威胁的重大缺陷，定作人或其法定继承人可在自接受工作成果之日起10年内提出无偿消除此重大缺陷的请求，法律规定了更长期限（服务期限）的除外。无论这些缺陷何时被发现，包括在保修期结束时被发现，都可以提出此类请求。

3. 如果承揽人未能遵守本条第2款规定，定作人有权在同一期限内要求退还为工作支付的部分价款，或要求退还定作人自行或在第三方的帮助下消除瑕疵所产生的费用。

第六百九十三条　定作人不接收工作成果后果

1. 当定作人不领取已完成的工作成果或者以其他方式规避验收时，承揽人有权在书面通知定作人之后，在自通知之日起2个月后以合理价格出售工作成果，所得价款在扣除承揽人应得的所有款项后，按本法第308条规定的方式提存。

2. 在本条第1款所述的情况下，承揽人可以行使留置合同标的物的权利（第

340 条）或向定作人请求赔偿损失，而不是出售合同标的物。

第六百九十四条　日常承揽合同一方当事人死亡的后果

根据本法第 388 条规定的理由终止生活承揽合同，合同终止的后果应由相应一方的权利继承人与其相对人达成协议确定，如果双方未达成协议，则由法院根据所完成的工作的规模及其价格、消耗和保留的材料的价值以及其他基本情况确定。

第六百九十五条　日常承揽合同工作没有完成或完成不合格时定作人的权利

在承揽人按照日常承揽合同工作没有完成或完成不合格时，定作人可以行使本法第 473 条至第 475 条赋予的权利。

第三节　建筑承揽

第六百九十六条　建筑承揽合同

1. 根据建筑承揽合同，承揽人应在合同约定的期限内按照定作人的指示完成一定的工程或完成建筑和其他特殊的安装工程并交付定作人，定作人应为承揽人完成工程创造必要的条件，接收工程的结果并支付约定的价款。

2. 建筑承揽合同是关于基本建设或其他项目建筑物的建设、构筑物的改造，以及建筑和其他特殊安装工程的完成的合同。建筑承揽合同规则适用于建筑物、构筑物和其他的维修工程，合同另有约定的除外。在合同约定的情况下，承揽人在定作人验收后的合同约定期限内对标的物的使用负有担保责任。

3. 如果建筑承揽合同是为满足公民（定作人）的个人、家庭需要而进行的，本条第 2 款关于定作人在生活承揽合同下的权利的规则也相应适用于该合同。

第六百九十七条　当事人之间的风险分担

1. 在承揽人接收建筑承揽合同标的物之前，承揽人承担建筑承揽合同标的物的意外毁损、灭失风险。

2. 在定作人验收之前，由于定作人提供的材料（零部件、结构装置）或设备质量不合格，或者因执行定作人的错误指令而导致工程毁损、灭失的，在履行本法第 670 条第 1 款规定的义务的情况下，承揽人有权要求定作人支付全部工程费用。

第六百九十八条　设计预算文件

1. 承揽人有义务按照设计文件进行施工和相关工作，该文件规定了工程的范围、内容和其他要求，包括工程价格的预算。除非合同另有约定，否则承揽人应完成设计文件中规定的所有工作，包括预算文件（设计预算文件）。

2. 建筑承揽合同应约定设计和预算文件的组成和内容，并应约定提供有关文件的期限。

3. 如果承揽人在施工过程中发现工程设计方案文件中没有列出的、额外的工作，因而需要进行额外的工程和增加预估的施工费用，则承揽人有义务通知定作人。如果在10天内未收到定作人的答复，除非法律另有规定或合同另有约定，承揽人应暂停相关工作，并将因停工造成的损失记入定作人账户。如果定作人证明没有必要进行额外的工作，定作人可以对上述损失不予赔偿。

4. 未能履行本条第3款规定的义务的承揽人应被剥夺要求雇主支付额外工作费用和赔偿由此造成的损失的权利，除非承揽人为定作人的利益需要立即采取行动，特别是由于暂停工作可能导致建筑物毁损、灭失的。

5. 如果定作人同意开展额外工作并支付额外费用，则只有在这些不属于承揽人专业活动范围或由于超出承揽人职责范围的原因而无法由承揽人履行的情况下，承揽人才有权拒绝履行这些工作。

第六百九十九条　对设计预算文件的修改

1. 定作人有权在不增加承揽人施工费用情况下，对项目设计预算文件进行修改。

2. 若设计预算文件的修改需要承揽人承担额外费用，经双方协商，由定作人承担该费用。

3. 如果由于承揽人无法控制的原因，工程项目成本超出预算至少10%，则承揽人有权根据本法第420条要求修改设计预算文件。

4. 承揽人有权要求赔偿其为查明和消除设计预算文件中的瑕疵而发生的合理费用。

第七百条　建筑施工材料和设备的担保

1. 提供建筑材料（包括零件和结构）或设备的义务应由承揽人承担，除非建筑承揽合同约定全部或部分建筑材料由定作人提供。

2. 对建筑工程的供应负有保障义务的一方，应对其提供的材料或者设备出现一经使用即会降低工程质量的状况承担责任。除非该方能证明，材料的不能使用系由他方应承担责任的情况所致。

3. 如果发现定作人提供的材料或者设备一经使用即会降低工程质量，并且定作人拒绝予以更换，则承揽人有权解除建筑承揽合同并要求定作人按已完成工作的比例支付合同价款，并且可以要求赔偿上述价款未涵盖的损失。

第七百零一条 支付工程款

1. 承揽人应按照法律规定和建筑承揽合同约定的期限和程序，按预算确定的金额支付承揽人已完成的工程的款项。如果法律没有规定或合同没有约定，应根据本法第665条的规定支付工程款。

2. 建筑承揽合同可以约定定作人在验收标的物后一次性支付全部工程款。

第七百零二条 建筑承揽合同定作人的补充义务

1. 承揽人应及时提供符合建筑承揽合同中约定的面积和状态的建设用地。如果合同中没有此类约定，则地块的面积和状况应保证工程按时开工、正常进行和按期完工。

2. 根据建筑合同约定的情况和程序，定作人应将进行工程所必需的建筑物和构筑物交付承揽人使用，保障将货物运输给承揽人，保障铺设临时电力、水和蒸汽管道系统以及提供其他服务。

3. 本条第2款所述的定作人提供的服务的费用支付，应在建筑承揽合同约定的情况和条件下进行。

第七百零三条 定作人检查和监督建筑承揽合同工程的完成

1. 定作人有权对工程完成的过程和质量、完成工作的期限（进度）、承揽人所提供材料的质量，以及承揽人是否正确地使用定作人的材料进行检查和监督，但在此种情况下不得干涉承揽人的业务经营活动。

2. 定作人在对工程的完成进行检查和监督时，如发现违反建筑承揽合同条款可能致使工程质量降低的情况或者发现工程的其他瑕疵时，应立即将该情况向承揽人声明。定作人未作出声明的，则失去之后以发现瑕疵为由提出请求的权利。

3. 在工程建筑过程中，如果定作人的指示不违背建筑承揽合同的条款，也不构成对承揽人业务经营活动的干扰，承揽人应执行定作人的指示。

4. 承揽人如果以不适当方式完成工作，则无权以定作人对所完成工作不进行检查监督作为免除责任的根据，但法律责成定作人负有检查监督义务的情况除外。

第七百零四条 工程师（工程组织）参与定作人权利的行使和义务的履行

定作人为了控制和监督施工，并委托第三方代表自己在与承揽人的关系中做出决定，可以不经承揽人同意，独立与适当的工程师（工程组织）签订合同，为定作人提供此类服务。在这种情况下，合同应约定该工程师（工程组织）的职能，以及其行为对承揽人造成的后果。

第七百零五条　建筑承揽合同中当事人的合作

1. 施工过程中如果发现合同的适当履行存在障碍，各方有义务在其权力范围内采取一切合理措施消除此类障碍。未履行该义务的一方，丧失因相关障碍未消除而造成的损害获得赔偿的权利。

2. 在建筑承揽合同有约定的情况下，一方因履行本条第1款规定的义务而产生的费用，由另一方承担。

第七百零六条　承揽人保护环境和建筑工程安全担保责任

1. 承揽人在进行施工和相关工程时，应遵守环境保护和施工安全方面的法律要求，并对违反这些要求的行为承担责任。

2. 在施工过程中，如果使用定作人提供的材料和设备，或者执行定作人的指示可能导致违反对双方均有强制力的环境保护和保障建筑工程安全的要求的，则承揽人应拒绝使用该材料和设备或拒绝执行定作人的指示。

第七百零七条　建筑停工的后果

如果建筑承揽合同的工程由双方意志以外的原因而中止，项目停建，定作人应向承揽人全额支付在停建前所完成的工程的费用，以及赔偿因工程必须中止和工程必须停建所导致的费用支出，但应扣除承揽人因工程中止已经获得或者可能获得的利益。

第七百零八条　工程的交付和验收

1. 定作人在收到承揽人关于已准备好交付已完成工作的结果或已完成的阶段工程（如果合同中有约定）的通知后，有责任在3天内进行验收。

2. 除建筑承揽合同另有约定外，定作人应自费组织实施工程成果验收。

在法律规定的情况下，国家机关、地方政府和自治政府的代表应参加工作成果的验收。

3. 预先接受阶段性工程成果的定作人，承担非因承揽人的过错而产生的工程成果灭失或者毁损的风险后果。

4. 承揽人交付工作成果和定作人验收工作成果，双方均应在有关文件上签字。如果一方拒绝签署文件，则应在文件上注明理由，文件由另一方单独签署。

只有在法院认为拒绝签署文件的理由正当的情况下，法院才能宣布移交或接受工作成果的单方签署的文件无效。

5. 在法律规定或建筑承揽合同约定的情况下，或由于合同约定的工作性质，在验收工作结果之前必须进行初步测试。在这种情况下，只有在初步测试结果良好时才能进行验收。

6. 如果定作人发现瑕疵，且该瑕疵使工作成果不能用于建筑承揽合同约定的目的，又不能由承揽人或者定作人消除时，定作人有权拒绝验收工作成果。

第七百零九条　承揽人的工程质量的责任

1. 承揽人违反设计和预算文件规定的要求，违反双方必须遵守的建筑标准和规范，以及未达到技术文件书所指明的工程项目指标，其中包括诸如企业生产能力的指标，须向定作人承担责任。

2. 承揽人未经定作人同意轻微违反设计和预算文件，如能证明并不影响工程项目的质量，则承揽人不承担责任。

第七百一十条　建筑承揽合同中的质量担保

1. 如果建筑承揽合同没有另行约定，承揽人应担保建筑标的达到技术文件书规定的指标并依照建筑承揽合同在担保期内担保标的能够使用。法定担保期限可由双方协商延长。

2. 在担保期内发现项目有瑕疵（缺陷）的，如果承揽人不能证明该瑕疵的产生是由于标的本身或其部分的正常损耗、不正确使用，或者是由于定作人本人或其委任的第三人制定的标的使用说明书不正确，以及定作人本人或其委任的第三人对该项目进行的不适当的修理引起的，则承揽人对在担保期内发现的瑕疵承担责任。

3. 承揽人应负责任的瑕疵导致标的不能使用的时间内，质量担保期应予中断。

4. 如果在质量担保期内发现本法第 709 条第 1 款规定的瑕疵，则项目的定作人（使用人）有权按照法律规定的程序在该期限届满前要求承揽人消除瑕疵。

第七百一十一条　建筑工程质量不合格的发现期限

提出与工作成果质量不合格有关的要求时，适用本法第 677 条第 1 款至第 5 款规定。

在这种情况下，根据本法第 677 条第 2 款和第 4 款发现瑕疵的期限为 5 年。

第七百一十二条　定作人承担消除瑕疵的费用

1. 建筑承揽合同可约定承揽人有义务应定作人的要求对承揽人不负责任的瑕疵进行消除，费用由定作人承担。

2. 当瑕疵的消除与合同的标的无直接关系或者由于承揽人意志以外的因素不能进行消除时，承揽人有权拒绝履行本条第 1 款规定的义务。

第四节　完成设计和勘测工作承揽合同

第七百一十三条　完成设计和勘测工作承揽合同

1. 依照设计和勘测工作承揽合同，承揽人（设计人、勘测人）有义务按照定作人布置的任务，编制技术文件书和（或）完成勘测工作，而定作人应接收工作成果并给付报酬。

2. 除法律另有规定或合同另有约定外，因设计、勘测工作出现意外而无法履行合同的风险由定作人承担。

第七百一十四条　完成设计和勘察工作的原始资料

1. 根据设计和勘测工作承揽合同，定作人应将设计工作任务书以及编制设计预算文件所必需的其他原始资料交给承揽人。设计工作任务书可由承揽人根据定作人的委托编制。在这种情况下，任务书自定作人批准之时起对双方具有约束力。

2. 承揽人应遵守设计工作和勘测工作的任务书和其他基础资料中的要求，只有在定作人同意的情况下，承揽人才有权违反这些要求。

第七百一十五条　承揽人的义务

1. 根据设计和勘测工作承揽合同，承揽人应：

（1）按照设计基础资料和合同要求完成工作；

（2）与定作人协商编制设计预算文件，必要时与业主协商、国家主管机关、地方政府和自治政府机构一起协商；

（3）将编制好的设计预算文件和勘测成果交给定作人。

未经定作人同意，承揽人无权将设计预算文件转交给第三方。

2. 承揽人根据设计和勘测承揽合同向定作人保证，第三方无权根据承揽人准备的设计文件阻止或限制工作的执行。

第七百一十六条　承揽人对不适当完成设计和勘测工作的责任

1. 依照设计和勘测工作承揽合同，对于编制设计预算书和完成勘测工作的不当，包括其后在建筑工程中以及在按设计预算书和勘测工作资料建设的项目的使用过程中发现的瑕疵，由承揽人承担责任。

2. 如果在设计预算文件或勘测工作中发现瑕疵，承揽人应根据定作人的要求无偿修改设计预算文件，并据此进行必要的补充勘测工作，并赔偿定作人由此的损失，法律另有规定或合同另有约定的除外。

第七百一十七条　定作人的义务

根据设计和勘测工作承揽合同，除合同另有约定外，定作人应：

（1）在全部工程完工后向承揽人全额支付合同约定的价款，或在个别阶段工程完工后分期支付；

（2）仅为合同约定的目的使用承包商提供的设计预算文件，未经承揽人同意，不得将技术文件提供给第三方，也不得泄露其中的数据；

（3）协助承揽人按照合同约定的范围和条件完成设计和勘测工作；

（4）与承揽人一起参加相关国家和地方政府以及自治机关对已完成的设计文件和预算文件的审批；

（5）由于承揽人意志以外的情况，为完成设计和勘测工作而修改基础数据而产生的额外费用，应向承揽人支付；

（6）在第三方因设计预算文件或勘测工作的瑕疵而向业主提出赔偿请求时，要求承揽人参与诉讼。

第五节　已废止

第七百一十八条至第七百二十二条　已废止

第三十八章　完成科学研究工作、试验设计和技术工作

第七百二十三条　完成科学研究工作、试验设计和技术工作的合同

1. 依照完成科学研究承揽合同，执行人应按定作人确定的技术任务书进行科学研究，而依照完成试验设计和技术工作承揽合同，执行人应试制新产品样品，编制设计技术文件书或者研制新工艺，而定作人应接收工作成果并给付工作价款。

2. 与承揽人签订的合同可涵盖样品研究、开发和生产的整个周期及其各个阶段（组成部分）。

3. 对于完成科学研究工作、试验设计和技术工作承揽合同履行不能的意外风险，由定作人承担，法律另有规定或者合同另有约定的除外。

4. 已废止。

第七百二十四条　完成工作

1. 执行人必须亲自进行科学研究，只有经定作人同意，执行人才有权吸收第三人履行完成科学研究承揽合同。

2. 在完成试验设计或技术工作时，除合同另有约定外，执行人有权吸纳第三

人履行合同。对执行人与第三人的关系适用总承包人和分包人的规则（第660条）。

第七百二十五条　组成合同标的信息资料的保密

1. 除完成科学研究工作、试验设计和技术工作的合同另有约定外，双方应对涉及合同标的、合同履行过程和所取得成果的信息资料保密。保密的信息资料范围，由合同确定。

2. 双方均承诺，只有在征得对方同意的情况下，才可公布在工作过程中获得的保密信息。

第七百二十六条　当事人工作成果权

1. 完成科学研究工作、试验设计和技术工作承揽合同的双方，有权在合同约定的范围内和依照合同约定的条件使用工作成果。

2. 除非合同另有约定，在合同标的范围内，对工作成果的权利，包括对受法律保护的成果的权利属于定作人，承揽人有权为自身需要而使用其获得的工作成果。

为自身需要而使用不能理解为旨在通过使用工作成果系统地进行牟利的活动。

第七百二十七条　执行人的义务

在完成科学研究工作、试验设计和技术工作的合同中，执行人应：

（1）按照与定作人确定的技术任务书完成工作，并在合同约定的期限内将工作成果交付定作人；

（2）与定作人协商是否需要使用属于第三人的受保护的智力活动成果并取得其使用权；

（3）自行并自费消除因其过错造成的工作中可能导致不符合技术任务书或合同中约定的技术参数的瑕疵；

（4）发现无法取得预期效果或者不宜继续工作时，立即通知定作人；

（5）保障向定作人交付依合同所获得的不侵犯他人专属权的成果。

第七百二十八条　定作人义务

1. 完成科学研究工作、试验设计和技术工作的合同中，定作人应：

（1）向承揽人提供完成工作所需的信息；

（2）接受已完成的工作成果并支付报酬。

2. 合同还可约定定作人有义务向承揽人传达技术任务书，并与承揽人协商工作方案（技术参数）或工作方向。

第七百二十九条　无法获得科学研究工作成果的后果

如果在科学研究工作中发现由于执行人意志以外的情况而不能取得成果，对于在发现不可能取得科学研究承揽合同约定的成果之前已经进行的工作，定作人必须支付费用，但不得高于合同中约定的相关工作部分的价格。

第七百三十条　不能继续进行研发和技术工作的后果

在进行研发和技术工作的过程中，发现并非因承揽人的过错而产生的不可能或不适宜继续工作的情形时，定作人必须给付承揽人已经产生的费用。

第七百三十一条　执行人的违约责任

1. 如果执行人不能证明这种违约行为不是由于执行人的过错而发生，执行人应就违反完成研究工作、试验设计和技术工作合同的行为向定作人承担责任（第372条第1款）。

2. 如果合同约定赔偿损失应以合同中工作的总价值为限，则执行人应在出现瑕疵的工作的价值限度内赔偿其给定作人造成的损失。在合同约定的情况下，预期的利益也应予以赔偿。

第七百三十二条　完成科学研究工作、试验设计和技术工作承揽合同的法律调整

完成工作的期限和工作报酬，以及定作人不接收工作成果的后果分别适用本法第662条、第663条和第693条的规定。

第三十九章　有偿提供服务

第七百三十三条　有偿提供服务合同

1. 依照有偿服务合同，一方（执行人）应根据另一方（定作人）的指示提供服务（采取某些行动或开展某些活动），而定作人应对该服务给付报酬。

2. 本章规定适用于提供医疗、兽医、审计、咨询、信息、房地产、旅游、通信、教育和其他服务的合同，但根据本法第37章、第38章、第40章、第41章、第44章至第47章、第49章和第51章规定的合同除外。

第七百三十四条　有偿提供服务合同的履行

除非有偿提供服务的合同另有约定，否则执行人必须亲自提供服务。

第七百三十五条　服务费

1. 定作人应按照法律规定或有偿提供服务合同约定的期限和方式支付所提供

服务的费用。

2. 因定作人的过错导致合同履行不能时，定作人应全额给付服务费，法律另有规定或合同另有约定的除外。

3. 当双方对所发生的不能履行合同的情况都无责任时，定作人须补偿执行人已实际支出的费用，法律另有规定或合同另有约定的除外。

第七百三十六条　单方拒绝履行有偿提供服务合同

1. 定作人有权拒绝履行有偿服务合同，但条件是必须向执行人给付其实际支出的费用。

2. 执行人只有在赔偿定作人全部损失的条件下，才有权拒绝履行有偿服务合同。

第七百三十七条　有偿提供服务合同的法律调整

承揽合同（第656条至第682条）和生活承揽合同（第683条至第695条）的一般规定在不违反本法第732条至第736条规定以及有偿服务合同标的物特点的情况下，适用于有偿服务合同。

第四十章　运　　输

第七百三十八条　运输的一般规定

1. 运输货物、旅客和行李参照有关运输合同约定。

2. 运输条件由本法、运输法、法规、其他法律文件以及双方协议确定。

本章的规定应适用于运输，除非法律另有规定。

第七百三十九条　货运合同

1. 依照货运合同，承运人应将托运人托运的货物运输到目的地，并交给有权接收货物的人（收货人），而托运人应对运输货物给付规定的运费。

2. 货运合同的签订由运单（运输法或本法、其他法律规定的运单或其他货物证明）确认。

第七百四十条　客运合同

1. 依照客运合同，承运人应当把旅客运输到目的地，而当旅客托运行李时，承运人还应把行李运输到目的地，并将其交给有权受领该行李的人；旅客应交付规定的旅费，而在托运行李时，还应交付规定的行李托运费。

2. 客运合同的签订以客票为凭证，而托运行李的，以行李托运单为凭证。

客票和行李托运单的格式按照运输规章、本法或者其他法律规定的程序确定。

3. 旅客有权按照有关运输条例、守则和其他法律规定的程序：

(1) 已废止；

(2) 在规定范围内免费携带随身行李；

(3) 按收费标准托运行李。

第七百四十一条　租船合同

依照租船合同（租用），一方（船舶出租人）应向另一方（租船人）提供为运输货物、旅客和行李而用于一次或者几次航程的一艘或几艘船舶的全部或者部分舱位，并收取费用。

租船合同的订立程序以及上述合同的格式由运输规章和法律规定。

第七百四十二条　多式联运

1. 多式联运是指以至少2种运输方式运输货物、旅客和行李。

2. 货物多式联运由托运人根据运输合同按照本法第41章规定的方式进行。

3. 用单一运输单证进行货物、旅客和行李的多式联运，属于直接多式联运。不同运输方式的承运人之间的关系以及组织直接多式联运的程序由运输规章、法规以及其他法律规定。

第七百四十三条　公共交通运输

1. 如果承运人根据法律或颁发的特别许可证（执照）获得营运资格，承运人有义务应任何公民或法人的请求运输货物、旅客和行李，承运人进行的运输应被视为公共运输。

2. 从事被视为公共交通运输的运输组织名单应按规定程序公布。

3. 公共运输合同是公共合同（第396条）。

第七百四十四条　运费

1. 货物、旅客和行李的运输，除法律另有规定外，应由双方协议确定收取运费。

2. 使用公共交通工具运输货物、旅客和行李的费用根据法律规定的运价确定。

3. 承运人按照托运人的要求完成在价目表中未规定的工作和服务，依照双方的协议收费。

4. 承运人为保障应收取的运费和其他应收取的运送费用，有权留置交付他托运的货物和行李（第340条），但法律、其他规范性文件、运送合同另有约定或者债的性质有不同要求的除外。

5. 如果依照法律或者其他法律文件规定对货物、旅客和行李的运费有优惠或者优待条件，则由此产生的支出应由运输组织以相应的预算资金补偿。

第七百四十五条　运输工具的提供，货物的装载（卸载）

1. 承运人有义务在运输合同约定的期限内，向托运人移交适合运输有关货物的状况良好的车辆，以供装载。

托运人有权拒绝不适合运输有关货物的运输工具。

2. 货物的装卸应由承运人或托运人（收货人）按照合同约定的程序进行，并应遵守法律规定和共和国国家行政机关据此颁布的法令。

3. 如果法律和共和国国家行政机关根据该法律颁布的法令没有规定装卸货物期限，货物的托运人（收货人）应在合同约定的期限内装货（卸货）。

第七百四十六条　货物、旅客和行李的运达期限

承运人应当在运输规章、法规和其他法律规定的期限内，将货物、旅客或行李运送到目的地，如未规定该期限，则应在合理期限内运达。

第七百四十七条　运输义务责任

1. 在不履行或者不适当履行运送义务时，双方负担本法、运输法、法规和其他法律以及双方协议中确定的责任。

2. 运输组织与旅客和托运人之间订立的关于限制或者取消法律所规定的承运人责任的协议，一律无效，但运输法规定在货物运送时可以有这种协议的情形除外。

第七百四十八条　承运人未提供运输根据和托运人未使用所提供运输根据的责任

1. 承运人未按照合同交付运输货物的运输工具，托运人未交付货物或因其他原因未使用所交付的运输工具，应承担法律规定的赔偿责任和当事人合同约定的赔偿责任。

2. 如果未提供运输工具或者不使用所提供的运输工具是由于下列原因之一引起，则承运人和货物托运人免责：

（1）不可抗力、其他具有自然灾害性质的现象（火灾、积雪封路、水灾）和战争行动；

（2）依照有关运输法规定的程序，确定某一条线路停止或者限制货物运送；

（3）运输法规定的其他情况。

第七百四十九条　承运人延迟运送旅客的责任

1. 因运送旅客的运输工具迟发，或者该运输工具晚点到达目的地（市内和郊区公共交通运输除外），如果不能证明迟发或晚点是由于不可抗力，运输工具中威胁旅客生命和健康的故障，或承运人意志以外的状况引起的，承运人应按有关运输规章或运输法规定的金额，向旅客支付违约金。

2. 在旅客因运输工具迟发而拒绝乘坐的情况下，承运人应将运费返还给旅客。

第七百五十条　承运人对货物或行李遗失、短缺和损毁（损坏）的责任

1. 在接收货物和行李运送后、将货物交付给收货人、收货人授权的人或有权领取行李的人之前发生货物或行李遗失、短缺或损毁（损坏）的，如果承运人不能证明货物或行李遗失、短缺或损毁（损坏）是因承运人不能预见和不能避免的情况所致，则承运人应承担责任。

2. 在运输货物或行李过程中产生的损害，由承运人赔偿：

（1）货物或者行李灭失或者遗失的，以货物或者行李灭失或者遗失的价值为限；

（2）货物或行李损坏（缺失）的，按其价值减少金额赔偿，无法修复损坏的货物或行李的，按其成本赔偿；

（3）交付运输并申报价值的货物或行李发生灭失的，以该货物或行李申报价值为限。

货物或行李的价值应根据卖方发票上的价格或合同中约定的价格确定，如果没有发票或合同中没有约定的价格，则应根据类似货物在类似情况下通常的价格确定。

3. 承运人在赔偿因货物或行李的遗失、短缺和损毁（损坏）引起的损失的同时，还应返还托运人（收货人）追索遗失、短缺和损毁（损坏）的货物或行李的运费，但该运费包含在货物价值内的除外。

4. 对承运人单方起草的关于未妥善保管货物或行李原因的文件（商业文书、格式文件等）有争议时，应将该文件与能够作为证明货物或者行李的承运人、托运人或者收货人责任依据的其他文件一起，交由法院裁定。

第七百五十一条　货物运输的索赔和诉讼

1. 在向承运人提起关于货物运送的诉讼之前，必须按照有关运输规章或者运输法规定的程序先向承运人提出索赔。

2. 托运人或收货人在承运人全部或者部分拒绝满足请求或者在30日内未接到承运人答复的情况下，可向法院提起诉讼。

3. 因货物运输引起的索赔，时效期间为1年，自法律确定的时间起算。

第七百五十二条　运输组织合同

1. 如果有必要进行长期的货物运输，承运人和托运人可以签订运输组织合同。

依照组织运输货物的合同，承运人应在约定的期限内接收货物，而托运人应按约定的数量将货物提交运输。在组织运输货物合同中应约定提供运输工具和提交运输货物的数量、期限和其他条件，结算的程序以及组织运输的其他条款。

2. 如果有必要进行系统性的旅客运输，承运人可以与公民或法人签订旅客组织运输合同。

旅客组织运输合同以书面形式签订。

旅客组织运输合同约定了提供运输车辆的路线、班次、时间和其他条件，付款程序以及组织运输的其他条件。

第七百五十三条　承运人之间的合同

不同运输方式的承运人之间可以订立安排货物运输工作的合同（枢纽协议、集中货物进出口合同等）。

签订此类合同的程序由运输规章和法规以及其他法律确定。

第七百五十四条　承运人造成旅客生命和健康损害的责任

承运人对旅客生命和健康损害的责任，除法律规定或者运送合同约定的加重承运人责任的情形外，依照本法第58章的规定确定。

第四十一章　运 输 代 理

第七百五十五条　运输代理合同

1. 根据运输代理合同，一方（代理人）有义务为另一方（托运人或收货人客户）提供或安排提供约定的与运输有关的服务，费用由另一方（托运人客户或收货人客户）承担。

运输代理合同可以约定代理人使用客户所选择的运输工具并按照代理人或者客户所选择的运输路线组织货物运送的义务、代理人以客户的名义或者以自己的名义订立货物运送合同的义务、保障货物的发运和接收以及与运送有关的其他义务。

运输代理合同还可以约定以送达货物所必需的以下业务作为补充性服务，如取得出口或者进口所需要的单证，办理海关及其他手续，检查货物的数量和状况，装卸货物，为客户交纳其应交纳的关税、税费和其他费用，保管货物，在目的地领取货物以及完成合同约定的其他业务和服务。

2. 本章的规则也适用于依照合同由承运人履行代理人义务的情况。

3. 除法律另有规定外，运输代理合同的履行条件由当事人合同确定。

4. 运输代理合同以书面形式订立。

5. 如果为履行其职责所必需，客户应向运输代理人签发委托书。

第七百五十六条　运输代理合同中运输代理人的责任

代理人依照本法第 25 章的规则确定的依据和数额对不履行或者不适当履行代理合同义务承担责任。

如果代理人证明违反义务是由于运输合同的不当履行造成的，则应根据有关的承运人对代理人负责的相同规则确定代理人对客户的赔偿责任。

第七百五十七条　提供给运输代理人的文件和其他信息

1. 向代理人提供关于货物特性、运输条件的文件和其他信息，以及为履行运输代理合同约定的义务所必需的其他资料。

2. 代理人发现获得的信息资料有瑕疵时应通知客户，而当信息资料不完全时，应要求客户提供必要的补充资料。

3. 如果客户未能提供必要的信息，代理人有权在客户提供这些信息之前不履行其义务。

4. 客户应对因违反本条第 1 款规定的提供信息的义务而给货运代理造成的损失负责。

第七百五十八条　第三人履行运输代理人的义务

如果运输代理合同并未规定代理人必须亲自履行义务，则代理人有权托付第三人履行自己的义务。

将职责转让给第三人并不免除代理人对客户履行合同的责任。

第七百五十九条　单方解除运输代理合同

任何一方都有权解除运输代理合同，但应在合理期限内将此情况预先通知对方。

在单方解除合同时，提出解除合同的一方向另一方赔偿因解除合同造成的损失。

第四十二章 借贷和信贷

第七百六十条 借贷合同

1. 依照借贷合同，一方（出借人）将金钱或具有特定特征的标的物交付给另一方（借款人）所有，而借款人应返还出借人同样数额的金钱（借款总额）或同等质量和同等数量的标的物。

2. 借贷合同自交付款项或其他物品之时起视为订立，但法律另有规定的除外。

3. 根据本法第141条、第142条和第298条的规定，外币和贵金属可以成为在白俄罗斯共和国境内借贷合同的标的。

第七百六十一条 借贷合同的形式

1. 民间的借贷合同，如果借贷数额至少超过计算指标的10倍，应以书面形式订立，而当法人为出借人时，不论借贷数额多少，均应以书面形式订立。

2. 借贷合同及其条款的证明可以为提供给借款人的收据或其他证明出借人向其转让一定金额或一定数量物品的文件。

第七百六十二条 借贷合同利息

1. 除法律另有规定或借贷合同另有约定外，出借人有权按照合同约定的数额和方式向借款人收取借款利息。如果合同中没有关于利息数额的条款，则根据借款人支付债务金额或相应部分之日白俄罗斯共和国国家银行的再融资利率确定利息数额。

2. 除借贷合同另有约定外，应按月支付利息，直至还清借款之日为止。

3. 在下列情况下，借贷合同应为无息贷款，除非法律另有规定或合同另有约定：

（1）公民之间签订的借贷合同金额不超过计算指标的50倍，并且不属于一方的经营活动借款；

（2）根据合同，借款人获得的不是货币，而是其他具有流通特征的物品。

第七百六十三条 借款人偿还借款的义务

1. 借款人应当按照借贷合同约定的期限和方式将收到的借款款项归还给贷款人。

合同对还款期限没有约定或者约定为追索时间的，借款金额应当自出借人提出要求之日起30日内由借款人归还，但合同另有约定的除外。

2. 除借贷合同另有约定外，无息借款金额可由借款人提前归还。

有息借款经贷款人同意，可以提前归还。

3. 除借贷合同另有约定外，借款金额在交付给出借人或相关资金存入出借人行账户时视为已归还。

第七百六十四条　借款人违反借贷合同的后果

1. 除法律另有规定或借贷合同另有约定外，借款人未按期归还借款的，自应当归还之日起，至归还出借人之日止，应当按本法第366条第1款规定的数额支付利息，而不支付本法第762条第1款规定的利息。

2. 借贷合同约定分期归还借款，借款人违反归还一期还款期限的，出借人有权要求提前归还全部剩余借款及应付利息。

第七百六十五条　借贷合同异议

1. 借款人有权对借贷合同的违约行为质疑，证明货币或其他物品实际上不是从借款人处获得的，或者是以低于合同约定的数量获得的。

2. 如果借贷合同必须以书面形式订立（第761条），则不得以证人证言为由对其质疑，除非合同是在受到欺诈、暴力、威胁，借款人与出借人之间恶意串通或显失公平的情况下订立的。

3. 如果借款人在以违约为由对借贷提出异议的过程中，证实并未从出借人处实际收到钱款或其他物品，则应视为借贷合同未订立。

如果借款人实际从出借人处收到的货币或其他物品的数量较少，则应视为就该数量的货币或物品签订了合同。

第七百六十六条　借款人丧失债务担保的后果

借款人未履行借贷合同约定的担保偿还借款的义务，以及因借款人不负责的情形造成担保物丧失或者条件恶化的，除合同另有约定外，出借人有权要求借款人提前偿还借款并支付所欠利息。

第七百六十七条　专项借贷

1. 如果借贷合同的条件是借款人将收到的资金用于特定目的（专项借贷），则出借人必须确保借款人能够控制贷款金额的预期用途。

2. 借款人未履行借贷合同约定的借款金额专用义务，违反本条第1款规定的义务的，除合同另有约定外，出借人有权要求借款人提前归还借款金额并支付所欠利息。

第七百六十八条　以期票或债券办理的贷款

本章的规定适用于以期票或债券形式确定的贷款关系，但不得与有关期票发行和流通或债券发行和流通的法律相抵触。

第七百六十九条　国家借贷合同

对于以白俄罗斯共和国作为借款人的借贷关系，或以行政单位作为借款人的借贷关系，在不与法律相抵触的情况下，适用本章规定。

第七百七十条　商业贷款

本章规定也适用于货物、工程或服务的预付款、延期付款和分期付款（商业贷款），除非法律另有规定。

第七百七十一条　信贷合同

1. 根据信贷合同，银行或非银行信贷和金融机构（贷款人）有义务按合同约定的数额和条件向另一人（借款人）提供资金（贷款），借款人有义务归还收到的资金并支付利息。

2. 本章的规定适用于信贷合同关系，同时考虑法律规定的特殊性。

第四十三章　货币债权转让融资（保理）

第七百七十二条　货币债权转让融资合同（保理）

1. 货币债权转让融资合同中，一方（保理人）向另一方（债权人）承诺，通过折价向债权人支付债务人的货币债务额（债务人的货币债务金额与保理人支付给债权人的金额之间的差额），并通知债务人债权人的权利已转让给保理人（公开保理），或不通知这种转让（隐蔽保理）。

2. 保理人可以是银行或非银行金融机构。

3. 保理合同既可涉及一项货币债务，也可涉及若干货币债务，包括未来可能产生的货币债务，特别是针对收取已交付货物货款的同质货币债务。

4. 保理关系受法律约束。

第四十四章　银 行 存 款

第七百七十三条　银行存款合同

根据银行存款合同，一方（存款接收人）接受另一方（存款人）以白俄罗斯卢布或外币提供的资金——存款，并承诺将资金返还给存款人，按照合同约定代表存款人进行非现金结算，并按合同约定的条件和方式支付存款应计利息。

根据银行存款合同，也可以将贵金属和（或）宝石进行寄存。

银行存款合同关系由法律和合同确定。

第四十五章　活期（结算）银行账户

第七百七十四条　活期（结算）银行账户合同

根据活期（结算）银行账户合同，一方（银行或非银行信贷和金融组织）承诺为另一方（账户持有人）开立活期（结算）银行账户，用于保管账户持有人的资金和（或）将收到的有利于账户持有人的资金存入该账户，以及执行账户持有人的指令从该账户划拨和支付相关资金，账户持有人应向银行或非银行信贷和金融组织提供使用账户中暂时闲置资金的权利，并支付法律规定或合同约定的利息，除法律规定的情况外，还应向银行或非银行信贷和金融组织支付其提供服务的报酬（费用）。

银行活期（结算）账户关系应由法律调整。

第四十六章　结　　算

第七百七十五条　结算

1. 与公民的经营活动无关的结算可以用现金支付（第 141 条），也可以按照法律规定的非现金方式支付。

2. 法人之间的结算，以及公民经营活动的结算，以非现金方式进行。在法律规定的情况下，上述主体之间的结算也可以以现金进行。

3. 非现金结算是通过银行或非银行信贷和金融机构进行的，在这些机构中开设了相应的账户，除非法律另有规定，不受所使用的结算形式的影响。

4. 结算关系由法律调整。

第四十七章　保　　管

第一节　关于保管的一般规定

第七百七十六条　保管合同

1. 根据保管合同，一方（保管人）对另一方承诺（寄存人）保管其移交的物品，并安全退还该物品。

2. 在保管合同中，如果保管人是商业组织或非营利组织，将保管作为其专业活动之一（专业保管人），则可以约定保管人有义务在合同约定的期限内接收寄存人的物品。

第七百七十七条 保管合同形式

1. 本法第162条规定的情形，保管合同应当以书面形式订立。此外，对于公民之间的保管合同（第162条第1款第2项），如果交付保管的物品的价值超过法律规定的基本价值的10倍，则应以书面形式订立合同。

规定保管人有义务接收保管物的保管合同必须以书面形式订立，而不论该合同当事人的组成和保管物的价值如何。

在紧急情况下（火灾、自然灾害、突发疾病、攻击威胁等）转移物品，可以通过证人证言来证明保管关系，无须签订书面保管合同。

2. 如果保管人通过向寄存人签发下列文件而证明接收保管，则应视为遵守了简单的书面形式的保管合同：

（1）保管人签字的保管凭证、收据、证明书或者其他文件；

（2）号牌（号码）或其他证明接收物品存放的标志，如果以这种形式确认接收物品存放是法律规定的，或者这种类型的存放是常见的。

3. 违反保管合同书面形式要求，并不剥夺寄存人与保管人在归还保管物的身份发生争议时援引证人证言的权利。

第七百七十八条 接收物保管义务履行

1. 保管人根据保管合同履行接收保管物的义务（第776条第2款），不得要求将该物品交付给其他人保管。

但是，除法律另有规定或者保管合同另有约定外，寄存人未按照合同约定的期限交付保管物的，应当向保管人承担保管失败造成的损失。如果寄存人在合理期限内通知保管人拒绝保管人的服务，则免除其责任。

2. 除合同另有约定外，寄存人在合同约定的期限内未将保管物交付保管人保管的，解除保管人的保管义务。

第七百七十九条 保管期限

1. 保管人有义务在保管合同约定的期限内保管物品。

2. 如果保管合同没有约定保管期限，并且不能根据保管合同的条件确定保管期限，则保管人有义务保管该物品，直到寄存人要求取回物品为止。

3. 保管期限以寄存人取回的时间为准的，保管人有权在正常保管期限届满时，给予寄存人合理的期限，要求寄存人取回。寄存人不履行这一义务的，应承担本法第789条规定的后果。

第七百八十条　非特定物品的保管

在保管合同直接约定的情况下，可以将接收保管的一个寄存人的物品与另一个寄存人的相同种类和质量的物品混在一起。保管人应退还各寄存人确定数量的相同种类和质量的物品。

第七百八十一条　保管人确保物品安全的义务

1. 保管人有义务采取合同约定的一切措施，确保保管物的安全。

如果保管合同中没有关于这些措施的条款，或者这些条款不完整，保管人还应采取与义务的实质内容相对应的措施，包括与保管物的属性相对应的措施，以保存该物，除非合同禁止采取这些措施。

2. 在任何情况下，保管人都应采取法律规定的措施或按照法律规定的程序（防火、卫生、安保等）保存移交给他的物品。

3. 如果是无偿保管，保管人有义务如同保管自己物品一样保管好寄存物。

第七百八十二条　保管物品的使用

保管人未经寄存人同意，不得使用保管物，也不得将保管物提供给第三人使用，但使用保管物对保管物的安全是必要的，且不违反合同的除外。

第七百八十三条　保管条件的改变

1. 如果有必要改变保管合同约定的保管条件，则保管人有义务立即将此通知寄存人并等待其答复。

如果需要改变保管条件以消除财产损失或财产损坏的危险，则保管人有权更改保管合同约定的方法、地点和其他存储条件，而无须等待寄存人的答复。

2. 如果物品在保管过程中被损坏，或者出现了不能确保其安全的情况，并且无法等待寄存人及时采取行动，则保管人应有权以保管地方的现行价格独立出售该物品或部分物品。如果非因保管人的原因引起了这种情况，则保管人有权从购买价款中收回其出售费用。

第七百八十四条　危险性物品的保管

1. 易燃、易爆或具有一般危险性质的物品，如寄存人在存放时未提醒保管人注意的，保管人可随时予以中和或销毁，保管人无须赔偿损失。寄存人应对因存放这些物品给保管人和第三方造成的损失负责。

在将具有一般危险性质的物品移交给专业保管人保管时，如果这些物品以错误的名称存放，而保管人在接收这些物品时无法通过外部检查核实其危险性质，则本条款第一部分规定应得到适用。

在本款规定的有偿保管情况下，为保管物品所支付的报酬不予退还，如果未支付报酬，保管人可全额追偿。

2. 如果本条第 1 款第 1 项规定的物品在保管人知情并同意的情况下被接收寄存，尽管符合其寄存条件，但已对他人或保管人或第三方的财产造成危险，而当时的情况不允许保管人要求寄存人立即取走这些物品，则这些物品可由保管人中和或销毁，保管人无须赔偿损失。在此情况下，寄存人对保管人和第三方因保管这些物品而造成的损失不承担任何责任。

第七百八十五条　将物品交给第三方保管

除保管合同另有约定外，保管人未经寄存人同意，不得将保管物交付第三方保管，但因情况需要，无法取得寄存人同意的除外。

保管人应当物品交付第三人保管情况及时通知寄存人。

将物品交付第三人保管时，寄存人与原保管人之间的合同仍然有效，原保管人将第三人的行为作为自己的行为负责。

第七百八十六条　保管费

1. 保管费必须在保管期结束时支付给保管人，如果分期付款，则应在每个期末支付给保管人。

2. 如果保管费的支付期限超出了必须支付的期限的一半，则保管人有权拒绝履行保管合同，并要求寄存人取回保管的物品。

3. 寄存人因不由保管人负责的情形在规定期限届满前终止保管的，保管人应当享有相应部分的报酬，在本法第 784 条第 1 款规定的情形下，应当享有全部报酬。

因保管人负有责任的事由提前终止保管的，保管人无权要求支付保管费，收取的保管费应当退还寄存人。

4. 保管期限届满，寄存人未取回保管物的，应当向保管人支付继续保管该物的相应报酬。这一规定也适用于寄存人有义务在保管期限届满之前取回物品的情况。

5. 除保管合同另有约定外，适用本条规则。

第七百八十七条　保管费用的偿还

1. 除非保管合同另有约定，否则保管人用于保管物品的费用应计入保管费中。

2. 在无偿保管的情况下，除非法律另有规定或合同另有约定，寄存人有义务偿还保管人因保管物品而产生的费用。

第七百八十八条　额外的保管费用

1. 物品的保管费用超过了通常的保管费用，而当事各方在订立保管合同时无法预见该费用的（额外费用），在本法、其他法律规定或合同约定的其他情况下，如果寄存人同意或以后同意支付这些费用，则应偿还给保管人。

2. 如果有必要产生额外费用，则保管人有义务通知寄存人。如果寄存人未在保管人指定的期限内答复的，则应视为寄存人同意支付额外费用。

如果保管人在未征得寄存人事先同意的情况下支付了额外费用，尽管在当时的情况下是必要的，而寄存人随后没有同意支付这些费用，则保管人有权要求偿还的费用以如果不支付这笔费用会对物品造成的损害为限。

3. 除非保管合同另有约定，否则应退还超出保管费的特殊费用。

第七百八十九条　寄存人取回物品的义务

1. 寄存人有义务在合同约定的保管期限或本法第449条第3款保管人约定的期限届满后，取回交付的保管物。

2. 如果寄存人拒绝取回保管物，除非合同另有约定，保管人有权在书面通知寄存人后，以保管地的现行价格出售保管物，并且如果该物品的价值超过法定基准额度的100倍，以本法第417条至第419条规定的方式拍卖该物品。

出售物品所获得的金额减去应付给保管人的价款，剩余费用退还寄存人。

第七百九十条　保管人归还保管物的义务

1. 保管人有义务将已交付保管的物品归还寄存人或其指定收货人，除非合同约定非个性化保管（第780条）。

2. 保管人应按照接收保管时的状况归还物品，并应考虑到物品的自然特性、自然损耗或因其自然属性引起的其他变化。

3. 保管人在归还物品的同时，应当交付保管期间产生的孳息和收益，但合同另有约定的除外。

第七百九十一条　保管人的责任依据

1. 保管人应根据本法第372条规定的理由，对保管物的灭失、缺失或损坏负责。专业保管人应对物品的灭失、缺失或损坏负责，除非其能证明灭失、缺失或损坏是由于不可抗力造成的，或是由于物品的特性造成的，而保管人在接收物品存放时不知道也不应当知道这些特性，或由于寄存人的故意或重大过失造成的。

2. 对于在寄存人履行取回义务后保管物的灭失、缺失或损坏（第 789 条第 1 款），保管人只有在故意或重大过失的情况下才应承担责任。

第七百九十二条　保管人的职任范围

1. 因财产的遗失、短缺或损毁对寄存人造成的损失，除非法律另有规定或合同另有约定，应按照本法第 364 条的规定由保管人赔偿。

2. 在无偿保管的情况下，因物的遗失、短缺或损毁给寄存人造成的损失应予赔偿：

（1）物件遗失和短缺的按遗失或短缺物件的价值赔偿；

（2）物品损毁的按物品价值减少的数额赔偿。

3. 如果由于保管人造成的损害，使得物品的质量发生巨大变化而无法用于其原始目的，则寄存人有权拒绝取回物品，并要求保管人偿还该物品的价值。如果法律另有规定或合同另有约定，则同样赔偿其他损失。

第七百九十三条　保管人损失的赔偿

如果保管人在接收保管物时不知道也不应该知道物的某些性质，则寄存人有义务赔偿保管人因所存放物品的性质而产生的损失。

第七百九十四条　应寄存人要求保管义务的终止

即使在合同约定的保管期限尚未到期的情况下，保管人也有义务应寄存人的要求归还保管物。

第七百九十五条　关于保管的一般规则适用于个别类型的物品

有关保管的一般规定（第 776 条至第 794 条）应适用于个别类型的保管，除非本法第 797 条至第 816 条和其他法律对个别类型的保管另有规定。

第七百九十六条　依法保管

除非法律另有规定，本章的规则应适用于因法律行为而产生的保管义务。

第二节　仓　　储

第七百九十七条　仓储合同

1. 根据仓储合同，货物仓库（保管人）承诺将有价货物所有人（寄存人）转移给其的货物进行保管，并安全退还该货物。

商业仓储是指从事货物储存的企业活动并提供与储存有关的服务。

2. 若仓储文件能证明合同的签订和货物入库，则视为已遵守仓储合同的书面形式（第802条）。

第七百九十八条 公共仓储

1. 如果根据法律或向该商业组织颁发的特别许可证（执照），该商业组织有义务接受任何商品经销商的货物存放，则该商业组织应被视为公共仓库。

2. 由公共仓库缔结的仓储合同被视为公共合同（第396条）。

第七百九十九条 在仓库收货时和储存期间对货物进行检查

1. 除非仓储合同另有约定，仓库在接收货物储存时，有义务自费检查货物，并确定其数量（单位数、货位、计量单位、重量、体积）和外部状况。

2. 在储存期间，仓库有义务向托运人提供检查货物或货物样品的机会，如果储存是以非个性化的方式进行的，仓库有义务提取样品并采取必要措施确保货物的安全。

第八百条 货物仓储条件和状况的变化

1. 为保证货物的安全，需要改变其储存条件时，保管人有权自行采取必要的措施。然而，如果需要对仓储合同约定的货物储存条件进行重大维修，保管人有义务将所采取的措施通知货物寄存人。

2. 如果在储存期间发现货物损坏超出了仓储合同中约定的限度或自然损耗的通常标准，保管人应立即起草一份报告，并在当天通知寄存人。

第八百零一条 返还寄存人时检查货物的数量和状况

1. 寄存人和仓库都有权要求在返还货物时检查和核实其数量，由此产生的费用应由要求检查或验证货物的人承担。

2. 保管人将货物退还给寄存人时，货物未经双方共同检验，由于保管不当造成的缺货或损坏，寄存人应当在收到货物时以书面形式向保管人提出索赔，对于在正常提货方式下无法发现的缺损或损坏，应当在收到货物后3日内提出索赔。

在没有本款第1部分所述货物寄存人声明的情况下，除非另有证明，否则货物应被视为仓库根据仓储合同的约定归还。

第八百零二条 仓储凭证

1. 货物仓库出具下列保管单证之一作为接收货物进行保管的凭证：

（1）两联仓单；

（2）单式仓单；

（3）仓储收据。

2. 两联仓单由两部分组成，即仓储证明和抵押证明（权证），两者可以分开。

3. 由两部分组成的两联仓单和单式仓单均为有价证券。

4. 根据两联或单式仓单接收储存的货物在储存期间可以通过适当的凭证进行抵押。

第八百零三条 两联仓单

1. 两联仓单的每一部分都应同样注明：

（1）货物储存接收的仓库名称和地点；

（2）根据仓库登记册，仓库证书的当前编号；

（3）接收储存货物的法人名称或自然人姓名，以及货物所有人的所在地（居住地）；

（4）接收储存货物的名称和数量——单位数量和（或）货物地点和（或）货物的量度（重量、体积）；

（5）接收储存货物的期限（如果规定了期限），或说明货物按要求接收储存；

（6）仓储报酬或计算报酬所依据的关税金额，以及支付仓储费的程序；

（7）仓单签发日期。

两联仓单的2部分均应有授权人的相同签名和仓库的印章。

2. 不符合本条要求的单证不是两联仓单。

第八百零四条 仓储和抵押证明持有人的权利

1. 仓储证明和抵押证明的持有人对仓库内保管的货物具有完全的处分权。

2. 抵押证明与仓储证明分开时，仓储证明持有人有权处分货物。但在抵押债务消灭前不得从仓库取走货物。

3. 抵押证明持有人与仓储证明持有人为不同人时，抵押证明持有人有权依照抵押证明所得的贷款和利息的数额将货物抵押。货物抵押时，应在仓储证明上作出相应记载。

第八百零五条 仓储和抵押证明的转让

仓储证明和抵押证明可按照转让背书同时或者单独转让。

第八百零六条 依照两联仓单交付货物

1. 仓储证明和抵押证明（两联仓单）的持有人必须同时提交这两个证明时，

货物仓库才能向证明持有人交付货物。

2. 仓储证明持有人如无抵押证明，但已清偿抵押证明所抵押的债务时商品仓库凭仓储证明可以向该证明持有人交付货物，但条件是在提交仓储证明时还应一并提交已偿付抵押证明担保的全部债务的收据。

3. 货物仓库如违反本条要求向没有抵押证明又未偿付抵押证明所担保债务的仓储证明持有人交付了货物，则应按抵押证明所担保的全部金额向抵押证明持有人承担给付责任。

4. 仓储证明和抵押证明的持有人有权请求分批交付货物。此时，应将原有证明交回并换取仓库尚存货物的新证明。

第八百零七条　单式仓单

1. 单式仓单为不记名仓单。

2. 单式仓单必须包含本法第 803 条第 1 款第 1、2、4 项至第 7 项规定的信息，并注明该仓单为不记名仓单。

3. 不符合本条要求的单证，不是单式仓单。

第八百零八条　保管物的处分权

如果法律、其他规范性文件规定或者合同约定商品仓库对交付给其保管的货物有权处分时，对双方当事人的关系适用关于借贷的规则，但货物返还的时间和地点由本章规则确定。

第三节　特殊种类的保管

第八百零九条　典当行保管

1. 典当行保管合同是对公民所属财物的保管，该合同为公共合同（第 396 条）。

2. 典当行保管合同的订立以典当行向寄存人签发的记名保管收据为凭。

3. 交付典当行保管的财物，应根据在接收保管物之时及接收地点的商业组织对该种类和该质量的财物通常确定的价格，由双方协议估价。

4. 典当行应自费按照本条第 3 款所作估价的全部金额对保管的商品投保，受益人为寄存人。

第八百一十条　未从典当行取回的物

1. 如果寄存人在与典当行约定的期限内不取回交付典当行保管的财物，典当行应在期满后 2 个月内保管该物并按保管合同的约定对此收取费用。2 个月期满后，典当行对不领取的财物可按照本法第 339 条第 5 款规定的程序出售。

2. 出售未领取财物所得的价款，用以清偿保管费，剩余数额由典当行返还给寄存人。

第八百一十一条 在银行或非银行金融机构保管贵重物品

1. 对有价证券、贵重金属和宝石、其他贵重物品和其他重要物品，包括文件，银行和非金融机构可进行保管。

2. 银行和非金融机构进行保管，以银行向寄存人签发的记名保管单证为凭，该单证的提交是向寄存人交付所保管贵重物品的依据。

第八百一十二条 用银行或非银行金融机构个人保险箱保管贵重物品

1. 在银行或非银行金融机构保管贵重物品的合同中可约定由寄存人（客户）使用或由银行或非银行金融机构提供的个人银行保险箱（保险柜、银行或非银行金融机构的隔离箱柜）保管贵重物品。

根据在个人保险箱中保管贵重物品的合同，客户应有权将贵重物品放入保险箱并从保险箱中取出，为此银行或非银行金融机构应向客户提供保险箱钥匙、客户身份识别卡或证明客户有权使用保险箱及其中物品的其他标志或文件。

合同条款可以约定寄存人有权在银行或非银行金融机构工作，并将贵重物品存放在个人保险箱中。

2. 根据银行或非银行金融机构使用个人银行保险箱保管贵重物品的合同，银行或非银行金融机构接收客户的贵重物品，这些贵重物品应存放在保险箱内，并确保寄存人将贵重物品放入保险箱和从保险箱中取出，取出后归还客户。

3. 根据银行或非银行金融机构使用个人银行保险箱的合同，银行或非银行金融机构应确保寄存人能够将贵重物品放入保险箱并从保险箱中取出，不受任何人的监控，包括银行或非银行金融机构的监督。

银行或非银行金融机构必须对提供给寄存人的保险箱所在的房间进行监控。

除非在银行或非银行金融机构保管贵重物品并向客户提供单独保险箱的合同中另有规定，否则如果银行或非银行金融机构证明，在正常保管条件下，任何人在客户不知情的情况下不可能开启保险箱或由于不可抗力而开启保险箱，则银行或非银行金融机构应免除保险箱内物品缺失的责任。

4. 银行对于将保险箱提供他人使用而对保险箱内的物品不承担责任的合同，适用本法第 34 章租赁合同的规则。

第八百一十三条　运输组织寄存处的保管

1. 公用运输组织管理的寄存处应接受旅客和其他公民的寄存物，而不论他们有无乘坐交通工具的票证。运输组织寄存处的保管合同为公共合同（第396条）。

2. 寄存处（自动寄存处除外）接收寄存物以发给寄存人的收据或号牌为凭证。在收据或者号牌遗失时，按照寄存人出具的说明该物品属于寄存人所有的证据，交付寄存物。

3. 对于寄存处负责保管物品的期限可以特别规定或由双方协商确定。在规定期限内未领取的寄存物，寄存处应继续保管30日。该期限届满后，可依本法第789条第2款规定的程序将未领取的物品出售。

4. 交付寄存处保管的物品，因灭失、缺失或者毁损给寄存人造成的损失，保管人应于寄存人提出赔偿要求之时起24小时内，按照寄存人交付保管时的物品估价赔偿。

第八百一十四条　组织存衣处的保管

1. 如果物品在交付保管时，对保管未约定报酬或者未以其他明显方式约定报酬，则组织存衣处的保管推定为无偿保管。

存放在存衣处的物品，无论是有偿保管还是无偿保管，保管人都必须采取本法第781条第1款和第2款规定的一切措施，确保物品的安全。

2. 本条的规定也适用于公民在各单位和运输工具上属于保管场所范围内的外衣、帽子或者其他类似物品的保管。

第八百一十五条　旅店保管

1. 旅店作为保管人无须与居住于该店的人（房客）有特别约定，便应对房客存放于旅店的物品的灭失、缺失或者损坏承担责任，但金钱、其他外币有价证券和其他贵重物品除外。

存放于旅店的物品是指托付给旅店工作人员的物品，或者存放于客房、其他指定场所的物品。

2. 如果房客的金钱、其他外币、有价证券和其他贵重物品由旅店保管，或者由房客将物品存入旅店为其提供的个人保险箱，不论该保险箱在客房或者在旅店其他处所，旅店对上述物品的灭失均应承担责任。如果旅店能证明，根据保管条款任何人在未经房客批准时均不可能接触保险箱，或者由于不可抗力才能够接触保险箱，则免除旅店对保险箱内的物品未妥善保管的责任。

3. 房客发现自己的物品灭失、缺失或者损坏时，应立即向旅店管理人员申报。否则，旅店对物品未妥善保管不承担责任。

4. 旅店作出关于对房客物品的未妥善保管不承担责任的公告，并不免除旅店的责任。

5. 如因房客的过错造成房客物品的遗失、缺失或损坏，免除旅店赔偿责任。

6. 本条的规则相应地适用于公民在汽车旅馆、休养所、寄宿公寓、疗养院、浴池和其他类似场所的物品保管。

第八百一十六条　争议标的物保管（争讼物）

1. 依照争讼物保管合同，两个或者数个对物品的权利产生争议的人将该物品交付第三人保管，负有保管义务的第三人于争议解决后，依法院的裁判或者依全体争议人的协议将物品返还给应取得该物品之人（协议扣押）。

2. 为两个或者数个人之间的争议标的的物品，可依法院的判决按照扣押财产的程序交付保管（司法扣押）。

司法扣押物品的保管人，既可以是法院指定的人，也可以是由争议方协议确定的人。在这两种情形下均须征得保管人的同意，但法律另有规定的除外。

3. 依财产扣押程序寄存保管的物品，可以是动产，也可以是不动产。

4. 依扣押程序对物品进行保管的保管人，有权要求争议各方给付保管费，但合同另有约定或者法院对扣押财产的判决有不同意见的除外。

第四十八章　保　　险

第八百一十七条　自愿保险和强制保险

1. 保险是根据被保险人与保险人签订的保险合同自愿提供的，除非白俄罗斯共和国法律或总统法令另有规定。

投保人可以是自然人，包括公民、外国或无国籍人士、也可以是组织，包括外国组织和国际组织，还可以是与保险公司签订保险合同的白俄罗斯共和国及其行政单位，外国政府，或根据白俄罗斯共和国法律总统令成为投保人。

2. 在白俄罗斯共和国法律或总统令指定人员有义务为生命、健康或财产投保或为承担民事责任投保（强制保险，国家强制保险除外）的情况下，保险应根据白俄罗斯共和国法律和总统令执行。

3. 本章的规定适用于强制保险，但白俄罗斯共和国总统令另有规定的除外。

第八百一十八条　不允许投保的利益

1. 非法利益不允许投保。

2. 不允许为参加游戏、彩票和博彩的损失投保。

3. 不得为释放人质而被迫支付的费用投保。

4. 已废止。

5. 与本条第1款至第3款相抵触的保险合同的条款和条件无效。

第八百一十九条　保险合同

1. 根据保险合同，一方（保险人）承诺在法律规定或合同约定的事件（保险事件）发生时，在合同确定的金额（保险金额、责任限额）范围内，赔偿另一方（投保人）或合同受益的第三方（被保险人、受益人）因该事件对合同所保财产权益产生的损失（以保险赔偿金或保险方支付保险金）。

2. 保险的对象可以是与下列内容有关而不违反法律的财产权益：

对被保险人或合同中指定的其他自然人的生命或健康造成伤害（人寿保险除外）；

公民达到一定年龄或在其生命中发生合同约定的其他保险事件（与人寿保险有关的个人保险）；

投保人或合同中指定的其他受益人所拥有的财产的损失（死亡）或损坏，或其财产权利的损害，包括由于法人的经营活动的相对方不履行（不当履行）其义务而产生的商业活动损失①或由于法人无法控制的情况而改变该活动的条件（财产保险）；

在投保人或其他人造成他人生命、健康或财产损失的情况下，投保人或其他人应承担的责任，或合同约定的责任（责任保险）。

第八百二十条　人身保险合同

1. 依照人身保险合同，一方（保险人）收取他方（投保人）所付的合同约定的费用（保险费），在投保人本人或者合同指定的公民（被保险人）的生命、健康受到损害，或者被保险人达到一定年龄、在其生活中发生合同约定的其他事件（保险事故）时，保险人有义务一次或者分期向另一方给付合同约定的金额（保险金）。

① 就本章而言，商业主体包括商业组织和商业公司、单一制企业、生产合作社（包括农业生产合作社）。国家协会、协会（联盟）；或非营利组织、商业组织和（或）个体企业的协会、消费者合作社、工商会、机构、业主协会；非法人组织。

2. 如果合同中未指定其他人为受益人，则人身保险合同视为为被保险人的利益而订立。在合同的被保险人死亡，而合同中未指定其他受益人，被保险人的继承人为受益人。

如果人身保险合同是为了被保险人以外的人的利益，包括不是被保险人的投保人的利益，只有经过被保险人的书面同意，人身保险合同才可以订立。未经此种同意而订立的合同可以根据被保险人提起的诉讼被认定为无效，而在被保险人死亡时，可以根据其继承人提起的诉讼而被认定为无效。

第八百二十一条 财产保险

1. 财产可以根据保险合同投保，受益人（投保人或受益人）根据法律或合同对投保财产享有利益。

2. 当投保人和受益人在保险事件发生时，对保险财产不享有保全的利益时，所订立的财产保险合同可由法院根据保险人的主张宣告无效。

3. 受益人为自有财产保险的合同中可以不指定受益人。

签订此类合同时，应向投保人签发不记名保险单。在行使此类合同权利时，必须向保险人出示该保险单。

第八百二十二条 财产权和商业风险保险

1. 财产权益保险合同可以为投保人或合同中指明的其他受益人的财产权益投保。

合同中约定的权利可以投保，包括投保人（受益人）行使其财产占有权、使用权和处分权，以及投保人（受益人）与其他人之间因决定财产和相关权利［所有权、经济管理权、经营管理权、债权（合同和非合同）、知识产权成果权］的归属而产生的请求权。

2. 商业风险是指投保人在商业活动中产生的风险。

3. 根据商业风险保险合同，商业风险只能由被保险人自己投保，而且只能为自己投保。

非投保人的商业风险保险合同无效。

为非保险人订立的商业风险保险合同，视为以投保人为受益人订立的。

4. 本章关于商业风险保险的规则适用于借款不归还（不偿还）和（或）逾期归还（偿还）风险保险合同。

第八百二十三条 造成损害的责任保险

1. 根据造成损害的责任保险合同的约定，投保人本人或任何其他可能承担该责任风险的人，可以对因他人的生命、健康或财产损害所产生的义务投保。

2. 保险合同中必须列明其造成损害的责任人，如果未列明该责任人，则投保人视为责任人。

3. 造成损害的责任保险合同被认为是为可能受损害的人（受益人）投保的，即使该合同是为被保险人或其他对损害负有责任的人投保的，或者合同中没有说明该合同是为谁投保的。

4. 如果造成损害的责任保险是强制性的，以及在法律或该保险合同约定的其他情况下，被视为保险合同受益人的人有权在保险金额范围内直接向保险人提出损害赔偿要求。

第八百二十四条　合同责任保险

1. 在法律规定的情况下，可以投保违约责任险。

2. 违约责任保险合同只能为投保人本人的责任投保，不符合这一要求的保险合同无效。

3. 即使保险合同是为另一人的利益订立的，或者没有说明为谁的利益订立的，违约责任保险合同也被认为是被保险人根据本合同的条款为应承担相应责任的一方，即为受益人的利益而投保的。

第八百二十五条　强制保险

1. 法律或白俄罗斯共和国总统令令可强制指定公民、法人对以下事项负有投保义务：

（1）对法律规定的他人的生命、健康或者财产投保，以防止他们的生命、健康或者财产受到损害；

（2）因损害他人的生命、健康、财产或者违反与他人的合同而产生的民事责任风险。

2. 法律不能规定白俄罗斯共和国公民有义务为自己的生命或健康投保。

3. 已废止。

4. 如果投保义务不是根据法律，而是根据合同而产生，其中包括为财产投保的义务是根据与财产占有人的合同或者根据作为财产所有权人的法人的设立文件而产生，则该保险不是本条意义上的强制保险，也不产生本法第 827 条规定的后果。

第八百二十六条　强制保险的履行

1. 强制保险应由白俄罗斯共和国法律或总统令规定有义务投保的人（投保人）

通过与保险人签订保险合同的方式实施。

2. 强制保险的费用由投保人承担，除非白俄罗斯共和国总统令另有规定。

3. 强制保险的对象、保险范围和保险金额（最低金额、责任限额）由白俄罗斯共和国法律和总统令确定。

4. 本条规定不适用于强制性国家保险（第859条）。

第八百二十七条　违反强制保险规则的后果

1. 强制保险的法定受益人，如果知道负有投保义务的人未履行投保责任，则有权通过诉讼程序请求负有保险义务的人进行投保。

2. 如果受托人没有履行保险义务，或者签订保险合同的条件与白俄罗斯共和国法律和总统令所确定的条件相比，受益人的地位更加恶化，则在发生保险事故时，其应对受益人承担责任，其条件与规定应通过适当保险支付保险赔偿金或保险范围的条款相同。

3. 如果负有保险义务的人由于不履行投保义务或者不适当履行该义务而不正当地储蓄钱款，则应依本法第366条第1款的规定，根据国家保险监督机构提起的诉讼，将该钱款连同利息一并收归白俄罗斯共和国所有。

第八百二十八条　保险人

1. 保险人是指为从事保险业务而设立并持有从事保险业务的特别许可证（执照）的商业机构。

白俄罗斯共和国法律或总统令可对某些保险类型的保险人组成做出不同规定。

2. 保险组织应具备的要求、申请从事其活动的许可证的程序和对该活动实现国家监督的程序由法律规定。

第八百二十九条　投保人和受益人履行保险合同义务

1. 为受益人订立保险合同，包括在受益人是被保险人的情况下，并不免除投保人履行该合同约定的义务，除非合同另有约定，或者投保人的义务已由合同受益人履行。

2. 当受益人要求支付保险赔偿金或保险金额时，保险人有权要求受益人（包括受益人为被保险人时）履行保险合同约定的义务，包括投保人应履行但未履行的义务。受益人应承担不履行或不及时履行本应提前履行的义务的风险。

第八百三十条　保险合同的形式

1. 保险合同必须以书面形式签订，除非法律或白俄罗斯共和国总统令另有规定。

违反书面形式将导致保险合同无效，但强制性国家保险合同除外（第859条）。

2. 保险合同可以通过单证的方式订立，以及通过邮政、电报、电传打字机、电子或其他通信方式交换文件，以便能够可靠地确定文件来自合同一方（第404条第2款），或保险人根据被保险人的书面或口头声明向被保险人交付由保险人签署的保险单（证书、证明）。

自愿保险合同必须附有由保险人或保险人协会批准并经国家监督保险活动的机构同意的有关保险类型的规则。自愿保险合同中的保险规则附件必须以该合同中的记录作为证明。

3. 保险人在签订保险合同时，有权使用其与国家监督保险活动的机构商定并制定的保险单形式，但法律另有规定的除外。

第八百三十一条　总保单保险

1. 同类财产（商品、货物等）以相同条件在一定期限内分批连续投保，可以按照投保人与保险人的协议，根据保险合同、总保险单实现。

2. 投保人对于按照总保险单保险的每批财产，均应在该总保险单约定的期限内将该总保险单约定的信息资料告知保险人。如果未约定期限，则应在收到该资料后立即通知。即使在收到该资料时应由保险人赔偿损失的可能性已不复存在，投保人也不免除该义务。

3. 依照投保人的请求，保险人应把列入总保险单内的各批财产的分批保险单发给投保人。

如果分批保险单的内容与总保险单内容不符，应以分批保险单为准。

第八百三十二条　保险合同的实质条款

1. 订立财产保险合同时，投保人与保险人应就以下事项达成协议：

（1）作为保险标的的特定财产或者其他财产权益；

（2）发生保险的事件（保险事故）的性质；

（3）保险金额（责任限额）；

（4）保险费的数额和缴纳期限；

（5）合同期限。

2. 投保人与保险人订立人身保险合同时，应当就以下事项达成协议：

（1）被保险人；

（2）被保险人生活中发生的事件（保险事件）的性质；

（3）保险金额（责任限额）；

（4）保险费的数额和缴纳期限；

（5）合同期限。

3. 投保人与保险人订立保险合同时，投保人为公民的，除本条第1款、第2款规定的实质性条件外，还应当约定：

（1）提前解除合同的理由；

（2）在未履行义务或合同提前终止的情况下，向投保人退还保险费的程序；

（3）关于不履行义务的责任。

第八百三十三条 保险规则中保险合同条款的确定

1. 订立自愿保险合同的条件，由保险人或保险人协会批准并经国家监督保险活动的机构同意的有关保险类型的规则确定。

2. 保险规则中的条款，包括保险合同或保险单（证明）文本中未包含的条款，对保险人和投保人或受益人具有约束力。

第八百三十四条 保险合同订立时投保人应提供的信息资料

1. 保险合同订立时，对于确定保险事故发生概率和保险事故可能造成损失的数额具有实质意义的情况（保险危险），如果保险人不知悉也不可能知悉这些情况，则投保人应该将自己知悉的情况告知保险人。

保险人在标准格式保险合同（保险单）中或者以书面质询的方式特别说明的情况，在任何情形下均为具有实质意义的情况。

2. 如果保险合同是在投保人未回答保险人的问题的情况下订立的，则保险人之后不能以投保人未告知有关情况为由而要求解除合同或者确认合同无效。

3. 如果在保险合同订立后确定，投保人告知保险人的关于本条第1款所规定的情况是明知虚假的信息材料，则保险人有权请求确认合同无效并适用本法第180条第2款规定。

如果投保人未告知的情况已经不复存在，保险人不得要求确认保险合同无效。

第八百三十五条 保险人对保险风险的评估权

1. 在订立财产保险合同时，保险人有权对被保险的财产进行检查，而且在必要时为确定财产的实际价值有权指定鉴定。

2. 在订立人身保险合同时，保险人为评定被保险人的实际健康状况有权对其诊查。

3. 保险人依据本条对保险风险的评定对投保人不具有强制力，投保人有权提出不同的证明。

第八百三十六条　保险信息的保密

保险人无权披露其因职业活动而收到的关于投保人、被保险人和受益人的健康状况以及财产状况的信息，除非保险合同另有规定。根据法律规定，保险人应当根据其侵犯权利的种类和性质，依照本法第 140 条或者第 151 条的规定承担违反保险信息保密义务的责任。

第八百三十七条　保险金额

1. 保险金额（责任限额）是法律、白俄罗斯共和国总统令规定或保险合同约定的金额，在该金额范围内，除法律、白俄罗斯共和国总统令另有规定外，保险人有义务在发生保险事故时支付保险金。

2. 如果是财产保险，除非保险合同另有约定，保险金额不得超过其实际价值（保额）：

（1）对于财产，保险合同订立之日财产在其所在地的实际价值；

（2）对于商业风险，投保人在发生保险事故时可能遭受的商业损失。

在法律或白俄罗斯共和国总统令规定的情况下，保险金额（责任限额）可以低于保险标的价值。

3. 在人身保险合同和民事责任保险合同中，保险金额（责任限额）由双方自行决定，法律和白俄罗斯共和国总统令另有规定的除外。

第八百三十八条　财产保险价值的争议

对保险合同中约定的财产的保险价值不得质疑，除非保险人在订立合同之前没有行使其评估保险风险的权利（第 835 条第 1 款），在该价值方面被故意误导。

第八百三十九条　不完全财产保险

如果在财产或者经营风险的保险合同中保险金低于保险价值，保险人于保险事故发生时，应该按保险金与保险价值的比例赔偿投保人（受益人）所受到的那部分损失。在不完全的财产保险情况下，合同可以确定更高的保险赔偿数额，但不得高于保险价值。

第八百四十条　补充性财产保险

1. 在仅为部分保险价值投保时，投保人（受益人）有权进行补充性保险，包括向其他保险人实现补充性保险，但所有保险合同的保险金总额不得超过保险价值。

2. 违反本条第1款的规定，应承担本法第841条第1款规定的后果。

第八百四十一条　保险金额超出保险价值的后果

1. 如果财产或者经营风险保险合同约定的保险金超过保险价值，则超出保险价值的那部分保险合同自始无效。

在这种情况下，已交付的多余部分的保险费不应予以返还。

2. 如果保险合同约定保险费为分期交纳并且在本条第1款规定的情况确定之时保险费尚未完全交纳，则剩余的保险费应按保险金额减少的比例减少交纳。

3. 如果保险合同中保险金过高是由于投保人的欺诈引起的，则保险人有权请求确认合同无效，并有权要求投保人赔偿因此而产生的损失，赔偿的数额为保险人从投保人处得到的超出保险费的金额。

4. 本条第1款至第3款规定也应相应地适用于2个或2个以上保险人为同一标的投保（双倍保险）造成保险金额（责任限额）超过保险价值的情况。

在这种情况下，各保险人应支付的保险金额应按照相应保险合同的原保险金额（责任限额）的减少成比例减少。

第八百四十二条　不同保险风险的财产保险

1. 对财产和经营风险的不同保险风险，既可以由一个保险合同，也可以由几个单独的保险合同进行投保，包括与不同的保险人订立保险合同。

在这种情形下，允许所有合同的保险金总额（责任限额）高于保险价值。

2. 如果根据本条第1款订立的两份或两份以上合同导致保险人有义务就同一保险事故发生的相同后果支付保险赔偿金，则本法第841条第4款的规则应适用于有关部分的此类合同。

第八百四十三条　共同保险

保险标的由多个保险人在一份合同中共同承保（共同保险）。如果这种合同没有约定各保险人对投保人（受益人）的义务，则他们对投保人承担财产保险合同项下的保险金给付或人身保险合同项下的保险金额给付的连带责任。

第八百四十四条　保险费

1. 保险费（保险金）是投保人为保险应向保险人支付的现金数额，白俄罗斯共和国总统令另有规定的除外。

2. 在确定保险合同项下支付的保险费金额时，除非法律另有规定，否则双方应采用保险人与国家保险活动监督机构商定并制定的保险费率，该费率根据保险标的和保险风险的性质确定单位保险金额（责任限额）的保险费。

3. 如果保险合同约定分期支付保险费，则可确定未按期支付下一期保险费（保险金）的后果。

4. 如果在支付下一期保险费（保险金）之前发生了保险事故，保险人有权在确定应支付的保险赔偿金或保险金额时抵销逾期未付的一期保险费（保险金）的金额。

第八百四十五条　更换被保险人

1. 投保人以外的责任人已根据责任保险合同投保（第 823 条），除非合同另有规定，该责任人应有权在保险事故发生前以书面形式通知保险人，用其他人代替该责任人。

2. 人身保险合同中指定的被保险人只有在保险人同意的情况下才能进行更换。

第八百四十六条　更换受益人

投保人有权以书面形式通知保险人，将保险合同中指定的受益人更换为其他人。经被保险人同意指定的人身保险合同项下的受益人的更换（第 926 条第 2 款），须经被保险人同意方可进行。

受益人在履行了保险合同约定的任何义务或向保险人提出保险赔偿要求后，未经保险人同意不得由其他人替代。

第八百四十七条　保险合同的生效

1. 保险合同应自支付保险费（保险金）或首期保险费之日起生效，经保险人或保险人协会批准并与对保险活动行使国家监督权的机构批准或相关险种的法律另有规定的除外。

2. 合同约定的保险适用于保险合同生效后发生的保险事故，但合同对保险起算时间另有约定的除外。

第八百四十八条　保险合同的提前终止

1. 如果在保险合同生效后，发生保险事故的可能性已经消失，保险风险也不再存在的，并且保险因保险事故以外的其他情况而终止，则保险合同应在合同期限届满前终止。这些情况包括：

（1）保险事件发生以外的原因造成保险财产损失；

（2）已投保商业风险保险或者其他经营风险保险的人员按规定终止经营活动。

2. 投保人（受益人）有权在任何时候取消保险合同，即使取消合同之前，本条第1款规定的保险事故发生的可能性尚未消失。

3. 因本条第1款规定的情形提前终止保险合同的，保险人有权按照保险有效时间的比例获得部分保险费（保险金）。

投保人（受益人）提前解除保险合同时，向保险人支付的保险费（保险金）不得退还，合同另有约定的除外。

第八百四十九条　保险合同有效期内保险风险增加的后果

1. 在财产保险合同有效期内，如果合同订立时告知保险人的情况发生重大变化，而这些变化又可能对保险风险的增加发生重大影响，则投保人（受益人）有义务立即将其知悉的有关情况通知保险人。

在任何情况下，在保险合同（保险单）中以及在交付投保人的保险规则中约定的变化都视为重大变化。

2. 保险人在获知被保险风险增加的情况后，有权要求修改保险合同的条款和条件，或要求投保人支付与风险增加相称的额外保险费（保险金）。

如果投保人（受益人）反对修改保险合同的条款和条件或支付额外的保险费（保险金），则保险人有权根据本法第29章规定要求解除合同。

3. 如果投保人或受益人未能履行本条第1款规定的义务，保险人有权要求解除合同并赔偿因解除合同而造成的损失（第423条第5款）。

4. 如果引起保险风险增加的情况已经消失，则保险人无权请求解除保险合同。

5. 在人身保险中，只有在合同有约定时，才发生本条第2款和第3款规定的保险合同有效期内保险风险变更的后果。

第八百五十条　将被保险财产的权利转让给第三人

如果保险合同的受益人将被保险财产的权利转让给第三人，则本合同项下的权利和义务应转让给被保险财产的权利的受让人，但根据本法第236条第2款规定强行扣押财产和放弃所有权的情况除外（第237条）。

被保险财产的权利的受让人必须立即以书面形式通知保险人。

第八百五十一条　保险事故的通知

1. 财产保险合同的投保人在得知保险事故发生后，应将事故的发生立即通知保险人或者其代理人。如果合同约定了通知期限和（或）方式，则应在合同约定的期限内按照合同约定的方式进行通知。

如果受益人知道保险合同是为其利益而订立的，其有意享有保险赔偿权利，则受益人也负有同样的通知义务。

2. 投保人不履行本条第 1 款规定的义务时，保险人有权拒绝给付保险赔偿金，除非能够证明，保证人已及时获悉保险事故的发生，或者保险人不掌握有关情况并不影响其给付保险赔偿金的义务。

3. 如果人身保险合同中的保险事故是被保险人死亡或者其身体健康受到损害，则本条第 1 款和第 2 款的规定也相应地适用人身保险合同。在这种情况下，合同所规定的通知保险人的期限不得少于 30 天。

第八百五十二条　减少保险事故损失

1. 财产保险或责任保险合同约定的保险事故发生时，被保险人有义务采取在当时情况下合理且可以负担的措施，以减少可能造成的损失。

在采取这些措施时，如果保险人传达指示给投保人，则投保人必须遵守保险人的指示。

2. 为减轻应由保险人赔偿的损失而发生的费用，如果是为了执行保险人的指示或需要而发生的，则应由保险人支付，即使所采取的措施没有成功。

这类费用应按保险金额（责任限额）与保险价值的比例予以赔偿，而不论其与其他损失的赔偿额是否可能超过保险金额（责任限额）。

3. 如果被保险人故意没有采取合理的和力所能及的措施来减轻可能发生的损失，保险人可以免于赔偿。

第八百五十三条　投保人、受益人或被保险人过失造成的保险事故后果

1. 如果保险事故是投保人、受益人或被保险人故意造成的，除本条第 2 款和第 3 款规定的情况外，保险人可免于支付保险赔偿金或保险金。

法律可以规定，在因投保人或受益人的重大过失而发生保险事故时，保险人可以免于支付财产保险合同约定的保险赔偿金。

2. 因责任人的过错造成合同项下的生命、健康、财产损害的，保险人不免除支付责任保险合同项下的保险赔偿金。

3. 如果被保险人死亡是自杀造成的，而且保险合同已经生效至少 2 年，保险人不能免于支付根据人身保险合同应支付的保险金。

第八百五十四条　免除保险人支付保险赔偿金和保险担保的事由

1. 保险在下列保险事故发生时免除支付保险赔偿金和承担保险担保责任，除非白俄罗斯共和国加入的国际条约、法律另有规定或保险合同另有约定：

（1）核爆炸、辐射或放射性污染的影响；

（2）军事行动；

（3）内战。

2. 除财产保险合同另有约定外，保险人对因国家机关扣押、没收、征用、国有化或销毁被保险财产而产生的损失免除保险赔偿。

第八百五十五条　将投保人的损害赔偿权转移给保险人（代位权）

1. 除财产保险合同另有约定或法律另有规定外，投保人（受益人）对因保险赔偿损失的责任人所享有的请求权，应在已支付的保险金额范围内转移给根据该合同支付保险赔偿金的保险人。财产保险合同中排除向保险人转让故意造成损失的人的请求权的条件是无效的。

2. 转让给保险人的请求权，由保险人按照调整投保人（受益人）与损失责任人之间关系的规则行使。

3. 投保人（受益人）有义务向保险人提交所有文件和证据，并向保险人传递保险人行使转让给其的索赔权所需的所有信息。

4. 投保人（受益人）放弃转让给保险人的对损失责任人的请求权，或因投保人（受益人）的过错使得无法行使该权利的，保险人应免于支付全部或有关部分的保险赔偿金，并有权要求退还多支付的赔偿金。

第八百五十六条　与财产和责任保险有关债权的诉讼时效

基于财产保险和责任保险合同产生的索赔，应当规定总的诉讼时效，从保险合同终止之日起计算。

第八百五十七条　再保险

1. 再保险是指一个保险人根据合同约定的条件，与另一个保险人共同履行其部分义务的保险。

2. 除非再保险合同另有约定，本章规定适用于再保险合同。在这种情况下，签订了再保险合同的主保险合同的保险人是后一份合同的再保险人。

3. 再保险的情况下，主保险合同的保险人仍然对主保险合同的投保人负有支付保险赔偿金或保险金的责任。

4. 可连续签订 2 份或多份再保险合同。

第八百五十八条　已废止

第八百五十九条　国家强制保险

1. 为了确保公民的社会利益和国家的利益，法律可以规定关于公民的生命、健康和（或）财产的强制性国家保险。

强制性国家保险由国家、地方政府和自治机构（投保人）为本款上述目的从预算中拨出的资金提供。

2. 国家强制保险直接根据关于保险的法律或保险人和投保人按规定程序签订的保险合同进行。

3. 强制性国家保险的保险费应按保险法规定的数额支付给保险人。

4. 本章规则应适用于国家强制保险，但有关此类保险的法律另有规定且相关保险关系的实质内容不相符的除外。

第八百六十条　一般保险规则适用的特殊险种

本章规定应适用于外国投资非商业风险保险、海上保险、医疗保险和养老保险关系，只要有关这些险种的法律没有另行规定。

第四十九章　委　　托

第八百六十一条　委托合同

1. 依照委托合同，一方（受托人）应当以他方（委托人）的名义和费用实施一定的法律行为。受托人所实施法律行为的权利和义务直接产生于委托人。

2. 委托合同可在订立时指明受托人有权以委托人的名义实施行为的期限，或者不指明该期限。

第八百六十二条　受托人的报酬

1. 如果法律规定或委托合同约定应给付报酬，则委托人有义务支付受托人酬金。

当委托合同与双方或者其中一方从事经营活动有关时，委托人应向受托人给付报酬，但合同另有约定的除外。

2. 在有偿委托合同中未约定报酬的数额和报酬给付方式时，应在委托完成后依照本法第 394 条第 3 款确定的数额给付报酬。

3. 商事代理人（第 185 条第 1 款），有权依照本法第 340 条的规定，扣留其持有的应当交付给委托人的物品，以担保委托人根据委托合同提出的请求。

第八百六十三条　根据委托人的指示执行委托

1. 受托人有义务按照委托人的指示执行委托。委托人的指示必须是合法的、可行的和具体的。

2. 根据事件的情况，如果符合委托人的利益，并且受托人不能在合理的时间内询问委托人或未收到委托人的答复，则受托人有权偏离委托人的指示。在这种情况下，代理人有义务尽快将情况告知委托人。

3. 作为商业代表的受托人（第 185 条第 1 款）可经委托人授权，不经事先请求而偏离委托人的指示。在此情况下，除非合同另有约定，否则商业代表的受托人有义务在合理的时间内将所偏离的事项通知委托人。

第八百六十四条　受托人的义务

受托人的义务：

（1）亲自执行委托人的指示，本法第 808 条规定的情况除外；

（2）应委托人的要求，将有关订单执行进度的所有信息告知当事人；

（3）及时地将受托人在执行委托事务时根据交易获得的一切转移给委托人；

（4）在执行委托事项时或执行委托事项之前终止合同的，如果合同条款或合同性质另有要求，则应立即将有效期内的委托书交还委托人，并提交附有证明文件的报告。

第八百六十五条　委托人的义务

1. 除本法第 183 条第 1 款第 2 部分规定的情形外，委托人应当向受托人出具委托书，以实施委托合同约定的法律行为。

2. 除合同另有约定外，委托人应当向受托人偿还因执行委托事务而产生的费用，并向受托人提供执行委托事务所需的资金。

3. 委托人应接受受托人根据合同执行的所有事项。

4. 如根据本法第 862 条的规定，委托合同是有偿的，则委托人有义务向受托人支付报酬。

第八百六十六条　转委托

1. 仅在本法第 188 条规定的情况和条件下，受托人才有权将委托事项转交他人（再代理人）执行委托。

2. 委托人有权拒绝接受受托人选定的转委托人。

3. 如果在委托合同中指定了可能的转委托人，受托人既不对转委托人的选择负责，也不对转委托人处理的事务负责。

如果合同中没有约定转委托人，或者约定了但未指定具体的转委托人，则受托人有责任选择转委托人。

第八百六十七条　委托合同的终止

1. 委托合同因下列原因终止：

（1）委托人撤销委托；

（2）代理人拒绝委托；

（3）委托人或者代理人死亡，或宣告其中一方当事人死亡，无民事行为能力、限制民事行为能力或者失踪。

2. 委托人有权在任何时候取消委托，而受托人也可以随时拒绝委托。违反此项规定的约定无效。

3. 一方当事人放弃委托代理人担任商业代表的，必须在 30 天内通知另一方当事人终止合同，除非合同约定更长的期限。

在作为商业代表的法人进行重组时，受托人有权在不事先通知的情况下撤销委托。

第八百六十八条　委托合同终止的后果

1. 如果委托合同在受托人完全执行转让之前终止，则委托人有义务偿还受托人在执行委托事务中产生的费用，并且支付受托人的报酬。该规则不适用于受托人在获悉或本应了解终止执行委托事项仍然执行委托事务的情况。

2. 委托人取消委托不是补偿因合同终止而对受托人造成的损失的依据，但规定以受托人作为商业代表的合同终止的情况除外。

3. 受托人拒绝履行委托人的委托，不得作为因委托合同终止而赔偿委托人损失的理由，但受托人在委托人被剥夺以其他方式确保其利益的可能性的情况下拒绝履行委托合同，以及拒绝履行约定以受托人作为商业代表采取行动的委托合同的情况除外。

第八百六十九条　受托人的继承人和法人受托人的清算人义务

如果受托人死亡，其继承人有义务通知委托人终止代理合同，并采取必要措施保护委托人的财产，特别是保存其财物和文件，然后转让给委托人。

作为受托人的法人的清算人也承担同样的义务。

第五十章　无 因 管 理

第八百七十条　无因管理条款

1. 为防止人身或财产造成伤害，未经任何授权、其他指示或事先利害关系人同意的行动，履行义务或为其他合法利益（为他人的利益）而采取的行动，应基于当事人的明显利益或实际或可能的意图进行，并应根据事件情况进行尽职调查和酌情决定。

2. 本章规定不适用于国家机关、地方行政机构和自治机构为他人利益采取的行动。

第八百七十一条　通知利害关系人其利益的行为

1. 为他人利益行事的人有义务尽早通知有关的人，并在合理的时间内等待有关的人作出批准或不批准所采取的行动的决定，除非这种等待会对有关的人造成严重损害。

2. 如果是在有关公民在场的情况下采取的符合其利益的行动，则无须特别通知该公民。

第八百七十二条　利害关系人认可无因管理行为的后果

未经利害关系人认可了未经其授权而为其利益采取地行动，则关于委托合同或与所采取行动的性质相对应的其他合同的规则将继续适用于当事方之间的关系，即使认可是口头的。

第八百七十三条　利害关系人不赞同无因管理行为的后果

1. 如果行为人获悉利害关系人不予赞同之后仍为其利益而实施行为，则利害关系人无论对实施该行为的人，还是对第三人，均不承担责任。

2. 为避免对处于危险中的人的生命造成危险而采取的行动，也可以违背利害关系人的意愿，履行赡养义务也可以违背义务承担者的意愿。

第八百七十四条　赔偿无因管理人的损失

1. 根据本章规定为他人利益行事的人产生的必要费用和其他实际损害，除本法第 873 条第 1 款所述行为产生的费用外，应由利害关系人赔偿。

即使在为他人利益采取的行动没有产生预期结果的情况下，也保留获得必要费用和其他实际损害赔偿的权利。但为防止他人财产受损，赔偿金额不得超过该财产的价值。

2. 为他人利益行事的人在征得利害关系人同意后所采取的行动（第 872 条）所产生的费用和其他损失，应根据相关合同类型的规则予以偿还。

第八百七十五条 无因管理的报酬

如果法律规定或与利害关系人达成的合同约定了获得报酬权利，则无因管理人有权获得报酬。

第八百七十六条 无因管理的后果

为他人利益而进行交易的义务应转移给为其利益而进行交易的人，条件是该交易得到他人的批准，而且交易的另一方当事人不反对这种交易，或者在进行交易时知道或应当知道该交易是为他人利益而进行的。

此种交易的责任转移给为他人利益缔结交易的人时，交易的权利也应转移给该人。

第八百七十七条 无因管理的不当得利

如果行为的直接目的不是保障他人的利益，其中包括行为人错误地认为是为自己的利益，导致他人不当得利的，则应适用本法第 59 章的规定。

第八百七十八条 无因管理造成损失的赔偿

为他人利益实施的行为对利害关系人或第三人造成损害的赔偿，适用本法第 58 章规定。

第八百七十九条 无因管理人的报告

为他人利益实施行为的人，应向因该行为获益的人提交报告，并指明所获收入和所花费用以及其他损失。

第五十一章 行 纪

第八百八十条 行纪合同

1. 根据行纪合同，一方（行纪人）受另一方（委托人）的委托，以自己的名义进行一项或多项交易，费用由委托人承担。

在行纪人与第三方进行的交易中，行纪人获得权利并承担义务，即使行纪人在交易中被显名或为完成交易与第三方建立了直接关系。

2. 行纪合同可以约定固定期限，也可以不约定有效期；可以约定履行地，也可以不约定履行地；可以约定或不约定委托人有义务不赋予第三方为其利益并由其承担费用进行交易的权利，委托人有义务履行交易，也可以不承担此项义务；可以约定也可以不约定有关委托商品范围的条件。

3. 法律或其他规范性文件可以对某些种类的行纪合同作出特别规定。

第八百八十一条　行纪合同的形式

1. 委托人有义务向行纪人支付报酬，如果行纪人为第三方履行交易提供担保的，还应按照行纪合同中约定的支付额外报酬的数额和方式支付额外报酬。

合同未约定报酬数额或者报酬支付方式，不能根据合同确定报酬数额的，则应在行纪合同履行后支付报酬，报酬数额应根据本法第394条第3款确定。

2. 如果由于委托人的因素致使行纪合同没有履行，行纪人仍有权取得行纪酬金以及请求补偿支出的费用。

第八百八十二条　行纪委托的履行

行纪人必须按照委托人的指示，以对委托人最有利的条件执行委托，如果行纪人的合同中没有这种指示，则按照通常规定的要求执行委托。

行纪人以高于委托人指定的条件进行交易的，除当事人另有约定外，额外利益由委托人和行纪人平均分配。

第八百八十三条　委托人未履行已订立交易的责任

1. 如果第三方未能履行由委托人出资与之达成的合同，则行纪人不对委托人负责，除非行纪人在选择第三方时没有采取必要的谨慎态度，或对交易的履行作出担保。

2. 如果第三方不履行行纪人与其达成的合同，行纪人应立即将此情况通知委托人，收集必要的证据，并应委托人的要求，根据债权转让规则（第353条至第357条、第359条和第360条）将该交易中的权利转让给委托人。

3. 允许根据本条第2款将权利转让给交易中的受让人，尽管行纪人与第三方达成了禁止或限制此种转让的协议，这并不免除行纪人因违反禁止或限制条款转让权利而对第三方承担责任。

第八百八十四条　分行纪

1. 如果行纪合同没有另行约定，行纪人为履行该合同有权同他人订立分行纪合同，行纪人对分行纪人的行为向委托人承担责任。

根据分行纪合同，在与分行纪人的关系上，行纪人取得委托人的权利和义务。

2. 行纪合同终止前，非经行纪人同意，委托人无权与分行纪人发生直接关系，但行纪合同另有约定的除外。

第八百八十五条　违背委托人指示

1. 如果因情况需要，而行纪人不能事先向委托人提出请求，或者在合理的时间内没有收到对其请求的答复，为了委托人的利益，行纪人可以背离委托人的指示。行纪人有义务尽快将相关事宜通知委托人。

委托人可授予以商业组织行事的行纪人不经事先请求而拒绝执行其指示的权利。在这种情况下，除合同另有约定外，行纪人有义务在合理时间内将相关事宜通知委托人。

2. 行纪人以低于与委托人约定的价格出售财产的，应当向委托人赔偿差额，除非行纪人能证明无法以约定的价格出售财产，且以较低的价格出售财产避免了更大的损失。在行纪人有义务事先征求委托人指示的情况下，行纪人还应证明其没有机会事先征得委托人的同意而背离委托人的指示。

3. 行纪人以高于与委托人约定价格的价格购买财产，委托人不愿意接受的，应当在收到行纪人关于与第三人达成交易的通知后的合理期限内向通知行纪人。否则，该交易被视为已被委托人接受。

如果行纪人表示由自己负担价格的差额，则委托人无权拒绝为其达成的交易。

第八百八十六条　行纪标的物的权利

1. 由委托人交给行纪人的物品或者行纪人以委托人的费用购置的物品，为委托人所有。

2. 根据本法第 340 条的规定，行纪人有权扣留其持有的物品，这些物品应交付给委托人或委托人指定的人，以确保其根据行纪合同提出的索赔。

如果委托人被宣布经济上破产，行纪人的上述权利即告终止，而行纪人在其持有的物品价值范围内对委托人的债权，应按照本法第 340 条的规定，与存在抵押担保的债权相同。

第八百八十七条　从委托人应得的钱款中清偿行纪人的债权

根据本法第 340 条的规定，行纪人有权从委托人交付给他的所有款项中扣除根据委托合同应支付给他的款项。但是，委托人的债权人在债权清偿顺序上较抵押权人享有优势的，不得剥夺其从行纪人扣缴的款项中清偿其债权的权利。

第八百八十八条　行纪人对委托人财产遗失、短缺或损坏的责任

1. 行纪人对其占有的委托人财产的灭失、缺失或损坏，向委托人承担责任。

2. 如果行纪人在接收委托人送来的财产或者行纪人代为接收委托人的财产时，

外观检查即可发现该财产的损坏或短缺，以及当委托人的财产在行纪人处被某人损坏的情况下，行纪人应采取措施保护委托人权利不受侵害，收集必要的证据并将所有情况立即通知委托人。

3. 在行纪人未对其占有的委托人的财产投保时，只有在委托人指示行纪人用委托人费用对该财产投保，或者依照法律规定行纪人必须对该财产投保时，行纪人才对此承担责任。

第八百八十九条　行纪人的报告

在完成委托后，行纪人有义务向委托人提交一份报告，并将根据行纪合同收到的所有物品移交给委托人。委托人如对报告有异议，必须在收到报告之日起30日内通知行纪人，除非另有约定，委托人视为接受报告。

第八百九十条　委托人接受已履行合同

委托人有义务：

（1）接受行纪人依行纪合同所完成的所有事项；

（2）检查行纪人为其购置的财产，并将在该财产上发现的瑕疵立即通知行纪人；

（3）免除行纪人因履行行纪合同而向第三人承担的义务。

第八百九十一条　履行行纪委托费用的补偿

委托人除向行纪人给付行纪酬金并在有关情况下给付为第三人履行合同义务进行担保的额外报酬外，还应补偿行纪人为履行委托而支出的费用。

行纪人无权对其占有的委托人财产要求补偿保管费，法律另有规定或者行纪合同另有约定的除外。

第八百九十二条　行纪合同的终止

行纪合同因下列原因而终止：

（1）委托人拒绝履行合同的；

（2）行纪人在法律规定或者合同约定的情形下拒绝履行合同的；

（3）行纪人死亡，行纪人被宣告死亡、失踪或者为无民事行为能力人、限制民事行为能力人；

（4）作为行纪人的经营企业被宣告破产。

如果行纪人被宣告破产，其根据委托人的指示为委托人订立的交易的权利和义务转移给委托人。

第八百九十三条　委托人撤销行纪委托

1. 委托人有权随时拒绝履行行纪合同。行纪人有权要求赔偿因委托人拒绝委托履行行纪合同而造成的损失。

2. 行纪合同未约定期限的，委托人应当在30日内通知行纪人解除合同，除非合同另有约定。

在这种情况下，委托人应就其在合同解除前所进行的交易向行纪人支付报酬，并偿还行纪人在合同解除前所发生的费用。

委托被解除的，委托人应当在合同约定的期限内处置交付给行纪人的财产，未约定期限的，应当立即处分交由行纪人管理的财产。如果委托人不履行这一义务，行纪人有权保管该财产，费用由委托人承担，或以对委托人最有利的价格出售该财产。

第八百九十四条　行纪人拒绝履行行纪合同

1. 在行纪合同未指明其有效期时，行纪人有权随时解除行纪合同，并应于30日内将终止合同的事宜通知委托人，但合同约定了更长通知期限的除外。

行纪人有义务采取必要措施，保护被委托人的财产。

2. 委托人应当自收到委托人拒绝履行行纪合同的通知之日起15日内，处分行纪人所管理的财产，但合同另有约定的除外。如果委托人不履行这一义务，行纪人有权保管该财产，费用由委托人承担，或以对委托人最有利的价格出售该财产。

3. 除合同另有约定外，拒绝执行委托的行纪人有权就其在合同终止前所进行的交易获得佣金，并有权就其在合同终止前发生的费用获得补偿。

第五十二章　财产信托管理

第八百九十五条　财产信托管理合同

1. 依照财产信托管理合同，一方（信托设立人）将财产交付另一方（信托管理人）于一定期限内进行信托管理，而另一方应为信托设立人的利益或者信托设立人指定的人（受益人）的利益而对该财产进行管理。

将财产转让给信托管理人并不意味着将其所有权转移给信托管理人。

2. 信托管理人在对财产进行信托管理时，有权根据信托合同对该财产采取有利于信托设立人或受益人的任何法律行为和事实行为。

法律可以规定或合同可以约定对信托行为的限制。

3. 信托管理人以自己的名义管理财产，进行交易，并表明自己是以信托管理人的身份行事的。如果在进行不需要采取书面形式的行为时，受托人以信托管理人的身份通知另一方当事人，并且在信托管理人的姓名或名称后面加上“.”，则视为符合这一条件。

在没有表明信托管理人身份行事的情况下，信托管理人个人对第三方承担责任，并且仅以属于信托管理人的财产对第三方承担责任。

第八百九十六条　信托管理的对象

1. 信托管理的对象可以是企业和其他财产综合体、与不动产有关的客体、记名证券、无凭证证券所证明的权利、专有权和其他财产。

2. 除法律规定的情况外，金钱不能成为信托管理的独立客体。

3. 受经济管理或业务管理的财产不得转入信托管理。受经济管理或业务管理的财产只有其法人清算后，或对该财产的经济管理或业务管理权终止后，并根据法律规定的其他理由归所有人所有时，才能转入信托管理。

第八百九十七条　委托人

信托管理的财产的委托人是财产所有人或本法第909条规定的其他人。

第八百九十八条　信托管理人

1. 信托管理人可以是个体经营者或者商业组织，但单一制企业除外。

2. 依法进行财产信托管理的，信托管理人可以是企业家以外的公民，也可以是除事业单位以外的非营利组织。

关于私有化的法律可以规定其他人也可以是信托管理人。

3. 信托管理人不能是财产信托管理合同的受益人。

第八百九十九条　财产信托管理合同的实质条款

1. 财产信托管理合同应当载明：

（1）合同标的，包括信托财产的特征及其价值；

（2）信托管理人使用财产的范围；

（3）管理财产的法人或者自然人的名称（信托管理人或者受益人的姓名）；

（4）合同约定支付报酬的，信托管理人支付报酬的数额和形式；

（5）合同期限。

2. 财产信托管理合同签订期限不超过5年。对于交付信托管理的某些类型的财产，法律可以规定其他期限。

合同有效期届满后当事人一方未提出终止合同的，则视为以合同约定的同样期限和条款延长合同期限。

第九百条 财产信托管理的合同形式

1. 财产信托管理合同应当采用书面形式。

2. 不动产信托管理合同应当采用不动产买卖合同约定的形式订立，并进行国家登记。

3. 违反信托管理合同格式或信托管理合同国家登记要求的，合同无效。

第九百零一条 信托管理中财产的独立

1. 交付信托管理的财产既独立于信托管理人的其他财产，也独立于委托人的财产。对于该财产信托管理人有独立的资产负债表，并根据该资产负债表进行独立核算。为了对与信托管理有关的活动进行结算，应开设单独的银行账户。

2. 对信托设立人债务的追索不得涉及信托交付委托管理的财产，但信托设立人资不抵债（破产）的除外。信托设立人破产时，该财产的信托管理终止，并将该财产列入破产财产。

第九百零二条 抵押担保的财产转交信托管理

1. 将抵押财产交付信托管理时，抵押权人不失去对该财产的追偿权。

2. 应当预先告知信托管理人所交付信托管理的财产已设立了抵押权。如果信托管理人不知道或者不应该知道交付给其信托管理的财产已被设立抵押权时，其有权请求法院解除财产信托管理合同并请求给付应付的报酬。

第九百零三条 信托管理人的权利和义务

1. 信托管理人应在法律规定或信托管理合同约定的范围内，行使财产所有权人对转入信托管理的财产的权力。信托管理人应在信托管理合同约定的情况下处置不动产。

2. 信托管理人因财产信托行为取得的权利，需纳入信托财产。因信托管理的此类行为而产生的债务，应由信托财产代为履行。

3. 为保护对信托管理财产的权利，信托管理人有权要求消除对该权利的侵犯（第 282 条、第 283 条、第 285 条和第 286 条）。

4. 信托管理人应按照财产信托管理合同约定的程序和条件，向委托人和受益人提交经营活动报告。

第九百零四条　财产信托管理的转让

1. 除本条第2款规定的情况外，信托管理人应亲自对财产进行信托管理。

信托管理人可委托他人（代理人）代表信托管理人执行管理财产所需的行为，但已获得信托管理合同的授权，或已获得委托人的书面同意，或因确保委托人或受益人利益的情况而必须采取的行为，且无法在合理的时间内收到委托人的指示的情况除外。

2. 信托管理人对其选出的代理人的行为负责。

第九百零五条　信托管理人的责任

1. 信托管理人如在信托管理财产时对受益人或信托设立人的利益未采取合理措施，应赔偿受益人在财产信托管理期间的预期利益，赔偿信托设立人在扣除财产的自然损耗的情况下因财产的灭失或损坏产生的损失，以及预期的利益。

信托管理人如果不能证明，损失的发生是由于不可抗力或者受益人或信托设立人的行为所致，则应对该损失承担责任。

2. 信托管理人在超出其授权或违反对其规定的限制的情况下进行的交易，其义务应由信托管理人本人承担。如果参与交易的第三方不知道也不应该知道存在越权或限制，则应按照本条第3款规定的方式履行由此产生的义务。在这种情况下，委托人可要求信托管理人赔偿其所受损失。

3. 信托管理财产产生的债务，以该财产清偿。该信托财产不足的，可以追偿信托管理人的财产，仍然不足的，可以追偿委托人未交付信托的财产。

4. 财产信托管理合同可以约定由信托管理人提供担保，以担保因信托合同履行不当给委托人或受益人造成的损失。

第九百零六条　给信托管理人的报酬

信托管理人有权取得财产信托管理合同约定的报酬，也有权从信托财产收益中收回其在管理财产时所产生的必要费用。

第九百零七条　财产信托管理合同的终止

1. 财产信托管理合同应在下列情况下终止：

（1）作为受益人的自然人死亡或者被宣告死亡或者作为受益人的法人被清算，但合同另有约定的除外；

（2）受益人拒绝按照合同获取收益，但合同另有约定的除外；

（3）作为受益人的自然人死亡，被宣布死亡、失踪，被宣告为无民事行为能力人、限制行为能力人，被宣布破产，以及本法和其他法律规定禁止受托人从事经营活动的情况；

（4）因信托管理人不能亲自对财产进行信托管理，受托人或者委托人拒绝进行信托管理的；

（5）委托人因本款第 4 项规定以外的原因拒绝合同，但须向信托管理人支付合同约定的报酬的；

（6）信托管理人破产；

（7）依照本法第 36 条第 1 款的规定，为管理被监护人的财产而订立信托管理合同的，终止信托。

2. 在一方解除财产信托管理合同时，应于合同终止前 3 个月内通知另一方，合同对通知期限另有规定的除外。

3. 财产信托管理合同终止时，受信托管理的财产应交付信托设立人，合同另有约定的除外。

第九百零八条　有价证券信托管理

1. 在将有价证券交付信托管理时，可规定将不同的人交付信托管理的有价证券合并在一起共同进行管理。

2. 证券信托管理人的权限在证券信托管理合同中确定。

根据证券信托管理合同，可以向信托管理人交付现金，用于购买和管理证券。

3. 证券信托管理的特点由法律规定。

4. 本条规定相应适用于记名有价证券所证明的权利。

第九百零九条　财产信托管理的法律根据

1. 可在下列情况下设立财产信托：

（1）在本法第 36 条和第 39 条规定的情况下，需要永久管理被监护人的财产或被宣布失踪的公民的财产；

（2）遗嘱中指定信托管理人（遗嘱执行人）；

（3）本法和其他法律规定的其他事由。

2. 本章规定应酌情适用于因本条第 1 款所述事项而产生的财产信托关系，除非法律另有规定以及信托关系的实质内容另有要求。

因本条第 1 款规定的事由产生财产信托管理的，本章规定的信托管理人的权利分别属于监护机构和监护人、遗嘱执行人（执行人）或法律规定的其他人。

第五十三章　综合营业执照（特许经营）

第九百一十条　综合营业执照合同

1. 根据综合经营许可（特许经营）合同（以下简称特许经营合同），一方（权利人）有义务向另一方（用户）提供特许经营合同中约定期限的或未约定期限的许可，包括对权利人的企业名称使用权、特许经营合同约定的其他知识产权客体以及用户经营活动中的商业秘密的许可。

2. 特许经营合同应约定在一定范围内使用本条第1款所述的许可综合体［规定最低和（或）最高使用量］，并指明或不指明其在某些商业活动中的使用范围。

3. 特许经营合同的当事人可以是营利组织和个体工商户。

4. 特许经营合同项下的报酬可以由用户以一次性或者定期支付、从收益中扣除或者特许经营合同约定的其他方式支付给权利人。

第九百一十条之一　特许经营合同的形式和登记

1. 特许经营合同应以书面形式订立。

2. 特许经营合同须按照法律规定的程序在专利主管部门进行登记。

第九百一十条之二　特许经营分许可

1. 特许经营合同可约定使用者有权根据其与权利持有人商定的条件或特许经营合同中约定的条件（综合经营许可分许可），授权他人使用许可综合体或该综合体的一部分。特许经营合同可约定使用者有义务在一定期限内提供一定数量的综合商业分许可。

2. 综合经营分许可合同的有效期不得超过其所依据的特许经营合同。

3. 特许经营合同终止后，综合经营分许可合同也随之终止。

4. 除非特许经营合同另有约定，使用者需为二次使用者的行为向权利持有人承担责任。

5. 除法律另有规定外，本章关于特许经营合同的约定适用于综合经营分许可合同。

第九百一十条之三　权利持有人的义务

1. 许可人有义务向使用者提供根据特许经营合同应提供的许可综合体所需的技术、商业或其他信息，并就使用该综合体的相关问题对使用者及其工作人员进行指导。

2. 除特许经营合同另有约定外，许可人有义务：

向使用者提供持续的技术和咨询援助，包括培训；

根据特许经营合同对使用者生产（完成、提供）的商品（工程、服务）进行质量检测。

第九百一十条之四　使用者的义务

鉴于使用者根据特许经营合同所从事活动的性质和特点，使用者有义务：

在执行特许经营合同约定的行为时，使用该合同约定的权利人的企业名称；

确保根据特许经营合同生产（完成、提供）的商品（工程、服务）的质量与权利人直接生产（完成、提供）的类似商品（工程、服务）的质量相一致；

遵守和执行权利人的指示和指令，以确保许可综合体的性质、使用方法和条件符合权利持有人的使用方式，包括遵守关于使用者在履行特许经营合同时使用的场所的外部和内部设计的指令；

通过直接从权利人处购买商品、订购工程、提供服务，向买方（客户）提供其可以期待的所有附加服务；

不泄露从权利人处获得的未公开信息，包括商业秘密（专有技术）；

如果特许经营合同约定了这一义务，则颁发约定数量的综合商业分许可证；

在特许经营协议的基础上，以最明显的方式告知买方（客户）可以使用的公司名称、商标、服务标志或民事活动的其他个性化手段、商品、作品或服务。

第九百一十条之五　特许经营合同当事人权利的限制

1. 特许经营合同可以约定对当事人权利的限制，具体规定如下：

权利持有人有义务不向其他人提供类似的许可综合体，供其在被许可指定的区域内使用，或不在该区域内从事类似的活动；

使用者有义务在使用综合营业执照的范围内不与权利持有人竞争；

使用者有义务拒绝根据特许经营合同从权利人的竞争对手（潜在竞争对手）处获得类似的独家权利和未公开的信息；

使用者有义务与权利人就执行特许经营合同时使用的场所的位置及其外部和内部设计达成协议。

2. 根据相关商品市场的状况和当事人的经济状况，如果对特许经营协议中当事人权利的限制与反垄断法相抵触，则法院可应反垄断机构或其他利害关系人的请求宣布这些限制无效。

第九百一十条之六　权利持有人对使用者提出要求的责任

1. 使用者根据特许经营合同销售（完成、提供）的商品（工作、服务）的质量与权利持有人直接销售（完成、提供）的同类商品（工作、服务）的质量不相符的，权利持有人承担补充责任。

2. 按照对作为权利持有人产品（商品）生产者的使用者提出的要求，权利持有人与使用者承担连带责任。

第九百一十条之七　特许经营合同的变更

1. 特许经营合同可以根据本法第 29 章的规定进行变更。

2. 特许经营合同的变更，应当按照特许经营合同备案的程序进行备案。

3. 在与第三方的关系中，特许经营合同的当事人有权从合同变更登记之日起援引合同变更。

第九百一十条之八　特许经营合同在当事人变更时继续有效

1. 权利持有人向他人转让授予使用者的知识产权客体许可综合体中包含的任何排他性权利，不构成修改或终止特许合同的理由。新的权利人成为合同的一方当事人，享有与转让给其的客体专有权有关的权利和义务。

2. 如果特许经营人死亡（企业注销），并根据法律规定的程序将其在特许经营合同下的权利和义务转移给继承人，如果继承人在继承权成立之日起 6 个月内未根据法律规定的程序登记为企业，特许经营合同将终止。

3. 已故权利持有人在继承人接受这些权利和义务并登记为企业之前行使权利和履行义务，由受托人依照本法第 52 章的规定行使。

第九百一十条之九　企业名称变更时特许经营合同继续有效

权利人变更其企业名称的，特许经营合同对权利人新的企业名称继续有效，除非被许可人要求解除合同并赔偿损失。如果特许经营合同继续有效，被许可人有权要求相应减少对权利人的报酬。

第九百一十条之十　根据特许经营合同授予的专有权终止的后果

1. 如果在合同有效期内，特许经营合同所授予的专有权已到期，但企业名称的权利已终止而未用新企业名称取代，或者该权利因其他原因终止，则特许权合同继续有效，但与已终止权利有关的条款除外，除非特许经营合同另有约定，被授权人有权要求按比例减少应付给权利人的报酬。

企业名称权终止而未以新的企业名称替换的，特许经营合同终止。

第九百一十条之十一　特许经营合同的解除

1. 特许经营合同，不论是否约定期限，可以依照本法第 29 章的规定解除。

2. 签订的没有约定期限的特许经营合同，任何一方都有权在任何时候解除合同，但应提前 6 个月通知另一方，除非合同约定了更长的期限。

3. 提前解除约定期限的特许经营合同，或解除无期限的特许经营合同，应当按照特许经营合同备案的程序办理备案。

第五十四章　普 通 合 伙

第九百一十一条　普通合伙合同（共同活动合同）

1. 依照普通合伙合同（共同活动合同），两人或者数人（合伙人）为获取利润或达到其他不与法律相抵触的目的，以非法人的形式承担义务合并出资并共同从事经营活动。

2. 为从事经营活动而订立普通合伙合同的当事人，只能是个体经营者和（或）商业组织。

第九百一十二条　合伙人的出资

1. 所有资产均为合伙人的出资，包括金钱、其他财产、专业知识和其他知识、技能和技巧以及商业信誉。

2. 合伙人的出资推定为价值均等，合同另有约定的除外。合伙人出资的货币价值按照合伙人之间的合同确定。

第九百一十三条　合伙人共同财产

1. 合伙人投入的其享有所有权的财产，以及因共同活动生产的产品和从共同活动中获取的天然孳息和法定孳息为合伙人的按份共有财产，但法律另有规定或者普通合伙合同另有约定的除外。

合伙人对投入的财产享有不同于所有权的权利，应为全体合伙人的利益而使用，与他们的共有财产共同构成合伙人的共同财产。

2. 合伙人可以委托合同当事人之一对其共同财产进行会计核算。

3. 合伙人共同财产的使用应征得合伙人的共同同意，如果未能达成一致意见，则应按照法院规定的顺序使用。

4. 合伙人维护共同财产的义务和与对履行该义务产生有关费用的补偿方式由普通合伙合同确定。

第九百一十四条　合伙人共同事务的管理

1. 在管理共同事务时，如果普通合伙合同未约定由普通合伙合同的某些合伙人或者全体合伙人共同管理合伙事务，则每个合伙人都有权代表全体合伙人进行活动。

在共同管理事务时，实施每一法律行为都须全体合伙人的同意。

2. 在与第三人的关系中，代表全体合伙人实施法律行为的合伙人的权利，以其他合伙人授予其的委托书或者以书面普通合伙合同为凭证。

3. 在与第三人的关系中，各合伙人不能援引对合伙人管理共同事务权能的限制，除非各合伙人能证明，在订立合同时第三人知道或者应该知道存在此种限制。

4. 代表全体合伙人实施法律行为的合伙人，如果该合伙人因管理共同事务而实施此种法律行为的权利受到限制，或者以自己的名义为全体合伙人的利益订立了合同，可以请求补偿自己承担的费用，但须有充足的理由确定，这些法律行为确为保障全体合伙人的利益所必须。因此种法律行为遭受损失的各个合伙人，有权请求赔偿损失。

5. 涉及合伙人共同事务的决定，由合伙人协商一致共同作出。

第九百一十五条　合伙人的知情权

每个合伙人，无论是否被授权管理合伙人的共同事务，都有权了解管理事务的全部文件资料。放弃或者限制此项权利，包括依照合伙人的合同对该权利的放弃或者限制，自始无效。

第九百一十六条　合伙人的共同开支和亏损

与合伙人共同活动有关的开支和亏损的抵补方式，由合伙人协议确定。无协议时，每个合伙人依其出资的比例负担开支和亏损。

完全免除任何一个合伙人参加抵补共同开支和亏损的责任的协议，自始无效。

第九百一十七条　合伙人共同债务的责任

1. 如果普通合伙合同与其参加人从事的经营活动无关，则每一合伙人以自己的全部财产对合伙共同债务按其出资的比例承担责任。

合伙人对非因合同产生的共同债务，承担连带责任。

2. 如果普通合伙合同与其参加人从事的经营活动有关，则合伙人对全部共同债务负连带责任。

第九百一十八条　利润分配

对于共同活动所获得的利润，由合伙人按其对共同事务的出资比例进行分配。

但普通合伙合同或者合伙人间的其他合同另有约定的除外。排除某个合伙人参加分配利润的合同，自始无效。

第九百一十九条　应债权人要求分出合伙人份额

普通合伙人的债权人有权依照本法第258条的规定请求分出合伙人在共同财产中的份额。

第九百二十条　普通合伙合同的终止

1. 普通合伙合同因下列原因终止：

（1）某合伙人被宣告为无民事行为能力人、限制行为能力人或者被宣告失踪，且合伙合同或后续协议没有其他规定。

（2）某一合伙人被宣告为资不抵债（破产）；

（3）合伙人死亡或者参加普通合伙合同的法人清算或者改组，但普通合伙合同或者后续合同约定继续保留其余合伙人之间的合同关系或者约定由其继承人（权利继受人）接替死亡的合伙人（被清算或改组的法人）的除外；

（4）合伙人拒绝继续参加无期限的普通合伙合同，但本款第1项的情形除外。

（5）本款第1项规定的情形外，经合伙人之一请求解除其与其他合伙人之间订立的有期限的普通合伙合同；

（6）普通合伙合同期限届满；

（7）除本款第1项规定的情况外，应债权人的请求分配某一合伙人的份额。

2. 普通合伙合同终止时，由某一合伙人交付给所有合伙人共同占有和（或）共同使用的物，无偿地返还给交付该物的合伙人，但当事人间的合同另有约定的除外。

从普通合伙合同终止时起，其合伙人对尚未向第三人履行的共同债务承担连带责任。

合伙人对共有财产的分割和对已产生的共同请求权的分割依照本法第255条规定的方式进行。

在普通合伙企业合同终止时，将个人财产作为共同财产的合伙人，在符合其他合伙人和债权人利益的情况下，有权通过司法程序要求返还该财产。

第九百二十一条　拒绝普通合伙的无期限合同

合伙人要求拒绝普通合伙的无期限合同申请，应在其退出合同前的3个月内提出。

限制拒绝普通合伙的无期限合同权利的协议，自始无效。

第九百二十二条　应一方当事人的请求终止普通合伙合同

除本法第420条第2款规定外，以约定期限或约定目的作为解除条件的普通合伙合同的一方当事人，有权根据正当理由请求解除自己与其余合伙人之间的合同关系，同时赔偿因解除合同而给其余合伙人造成的损失。

第九百二十三条　普通合伙合同解除的合伙人的责任

当普通合伙合同并不因某个合伙人拒绝继续加入合伙的申请或者并不按照某个合伙人解除合同的请求而终止时，退出合伙合同的人，对在其加入合同期间内产生的共同债务，与其仍为普通合伙合同合伙人时一样，向第三人承担责任。

第九百二十四条　隐名合伙

1. 普通合伙合同可以约定，该合同的存在对第三人不公开（隐名合伙）。对隐名合伙适用本章关于普通合伙的规则，但本条有不同规定或者隐名合伙的实质有不同要求的除外。

2. 在同第三人的关系中，隐名合伙的每个参加人均以自己的全部财产对其以自己的名义为合伙人的共同利益而实施的法律行为承担责任。

3. 在合伙人的关系中，在其共同活动过程中产生的债务为共同债务。

第五十五章　悬赏广告

第九百二十五条　给付奖赏的义务

1. 在广告中公开宣布对在公告指定期限内完成指定合法行为的人给付金钱奖赏或者给付其他奖赏（悬赏）的人，应向完成相应行为的任何人包括对拾得遗失物或者向悬赏人告知必要信息资料的人，给付所允诺的奖赏。

2. 在悬赏广告中标明悬赏人的条件下，给付悬赏的义务即产生。对允诺作出响应的人，有权请求以书面形式确认悬赏，如果实际上悬赏广告并非由广告中所指明的人作出，该人不承担给付悬赏的义务。

3. 如果在悬赏中未指明奖赏的金额，则与悬赏人协商确定该金额，有争议时，由法院确定。

4. 无论有关行为的完成是因悬赏而产生或与悬赏无关，均发生给付奖赏的义务。

5. 当悬赏广告中指明的行为由数人完成时，领取悬赏的权利由这数人中最先完成该行为的人获得。

如果公告中指明的行为由2个以上的人完成且不能确定谁为最先完成该行为的人，以及该行为是否由2个以上的人同时完成时，则悬赏由他们平均分配或者按照他们之间协议确定悬赏分配数额。

6. 如果悬赏广告没有另行规定并且广告指定行为的性质也无不同要求，那么完成的行为是否符合广告中指定的要求应由悬赏人确定，而在有争议时，由法院确定。

第九百二十六条　悬赏的撤销

1. 公开宣布给付悬赏的人有权以同样的形式撤销该悬赏，但下列情形除外：

公告本身约定或根据公告本身要求推定不得撤销；

对允诺悬赏的行为给出了一定期限；

在宣布撤销时已经有一人或数人完成了公告中所指定的行为。

2. 悬赏的撤销不免除悬赏人赔偿相应人因实施公告中指定行为而支出的费用的义务。

第五十六章　公 开 竞 赛

第九百二十七条　公开竞赛的组织

1. 公开宣布对优秀完成工作或取得其他成果是优胜者给予奖金或其他奖励（给付奖励）的人，应该向依据竞赛条件而被确认为优胜者的人给予（颁发）约定的奖励。

2. 公开竞赛的目的必须是实现对社会有益的目标。

3. 公开竞赛可以公开方式进行，此时竞赛组织者的要约通过报刊或者其他大众信息媒体向一切有意参加者公布，或者以非公开方式进行，此时要约根据竞赛组织者的选择向一定范围的人发出。

公开竞赛可将其参加人的技能作为先决条件，此时，竞赛组织者应对有意参加竞赛的人进行初选淘汰。

4. 公开竞赛公告应至少载明竞赛任务的内容、评价工作成果或其他成果的标准和程序、提交的地点、期限和程序、获奖金额和形式、竞赛结果公布的程序和时间等条件。

5. 对于含有与优胜者签订合同之义务的公开竞赛，只要本法第417条至第419

条未另作规定，则应适用本章的规定。

第九百二十八条　公开竞赛条件的变更和撤销

1. 宣布公开竞赛的人只有在规定的交付工作成果期限的前半期内，才有权变更竞赛条件或者撤销公告。

2. 对变更竞赛条件或者撤销竞赛的通知，应以与竞赛公告同样的方式作出。

3. 在变更竞赛条件或者撤销竞赛公告时，宣布竞赛的人，应补偿任何人在获悉或者应该获悉有奖竞赛条件变更或者有奖竞赛撤销前因完成公告所规定的工作而支出的费用。

4. 如果在变更竞赛条件或者撤销竞赛公告时违反了本条第 1 款或者第 2 款的要求，宣布有奖竞赛的人应对完成符合公告规定条件工作的人给予奖励。

第九百二十九条　给予奖励的决定

1. 给予奖励的决定应按竞赛公告中确定的方式和期限作出并通知公开竞赛的参加人。

2. 如果公告中指明的工作成果由 2 个以上的人共同完成，奖励依据这些人之间达成的协议分配。如果该协议未达成，则奖励分配的方式由法院决定。

第九百三十条　使用获奖的科学、文学和艺术作品

1. 如果公开竞赛的主题是关于科学、文学或艺术作品的创作，而竞赛条件另有规定，则宣布公开竞赛的人享有与获得附带条件奖项的作品的作者签订使用该作品的合同的优先权利，并为此向作者支付适当的报酬。

2. 如果有奖竞赛的公告没有不同规定，且所完成的工作性质无不同要求，宣布有奖竞赛的人应将未获奖的作品返还竞赛的参加人。

第五十七章　举办游戏和赌博

第九百三十一条　与游戏和赌博组织以及参与其有关的请求权

公民和法人与游戏和赌博组织以及参与其有关的请求，不应受司法保护，但在受到欺诈、暴力胁迫或者在其代理人与游戏和赌博的组织者恶意串通的影响下而参加游戏和赌博的人的请求，以及本法第 932 条第 5 款规定的请求除外。

第九百三十二条　白俄罗斯共和国和行政区划单位或经其许可举办的彩票、累积赌博和其他游戏活动

1. 在白俄罗斯共和国，建立、组织和开展彩票活动的权利属于国家，由共和国国家行政机构、地方执行和管理机构、国家法人按照既定程序行使。彩票、累积赌博（相互赌博）、其他博彩游戏的组织者与游戏参与者之间的关系应根据法律规定并以合同为基础加以规制。

2. 游戏组织者和参与者之间的合同是在自愿的基础上签订的，并通过发行彩票、票证、其他文件或游戏组织规则规定的任何其他方式生效。

3. 本条第 1 款规定的合同要约应包括游戏的举办期限、奖金及其数额的确定程序等条件。

如果游戏组织者拒绝在规定期限内举行游戏，比赛参加者有权要求比赛组织者赔偿因取消游戏或推迟游戏期限而产生的实际损失。

4. 游戏组织者应按照游戏条件规定的获奖金额、形式（金钱或实物）和期限向依据彩票、赌博和其他游戏规则而中奖的人给付所赢的奖品或者奖金，如果该规定未指明期限，则从游戏结果确定之时起 10 日内向中奖者给付。

5. 在游戏组织者未履行本条第 4 款规定的义务时，彩票、赌博和其他游戏的获奖人有权请求组织者给付所赢的奖金，并请求赔偿因组织者一方违反合同所产生的损失。

第五十八章　因损害产生的义务

第一节　关于损害赔偿的一般规定

第九百三十三条　损害责任的一般依据

1. 造成公民人身或财产损害及法人财产损害的，应由损害人赔偿全部损失。

法律可以责成非损害人的损害赔偿责任。

法律可以规定或合同可以约定损害人在赔偿损害之外向受害人给付赔偿的责任。

2. 致害人如果证明损害不是由其过错造成的，则免于损害赔偿。法律也可以规定致害人虽无过错但仍需负赔偿损害责任的情况。

3. 合法行为造成损害的，在法律规定的情形下，应负赔偿责任。

损害如系应受害人的请求或者经其同意所致，而致害人的行为并不违反社会道德原则，可以拒绝赔偿。

第九百三十四条　损害的预防

1. 某活动具有将来产生损害的风险，可作为禁止该危险活动的依据。

2. 如果损害系由企业、构筑物的经营或其他生产活动所致，并且该活动正在继续致害或构成新的损害危险，法院有权责成被告除赔偿损失外，还需暂停或终止有关活动。

只有当暂停或终止有关活动违背社会利益时，法院方可驳回请求暂停或终止该活动的诉讼请求。驳回暂停或终止该活动的诉讼请求时，受害人仍有权请求赔偿该活动所造成的伤害。

第九百三十五条　正当防卫造成损害

正当防卫所造成的损害，如防卫行为未超过正当防卫限度，不应予以赔偿。

第九百三十六条　紧急避险造成损害

紧急避险所造成的损害，即为了排除对本人或者他人构成威胁的危险而造成的损害，如果该危险在当时情况下不可能以其他方法排除，紧急避险所致损害应由损害人赔偿。

法院可以考虑造成损害的情况，责成因损害人的行为而受益的第三人负赔偿责任，或者全部或者部分免除该第三人或者损害人的损害赔偿责任。

第九百三十七条　法人或自然人对其雇员所致损害的责任

1. 法人或者自然人对其工作人员在履行劳动（公务，职务）义务时产生的损害，承担赔偿责任。根据本章的规定，自然人如系依照有关法人或者自然人下达的任务并处于该法人或自然人安全监督之下，按照劳动合同（契约）或者民事法律合同完成工作，即该法人或者自然人的工作人员。

2. 商业公司和生产合作社对其参加人（成员）在从事其经营、生产或者其他活动时所产生的损害，承担赔偿责任。

第九百三十八条　国家机关、地方管理和自治机关及其公职人员造成损害的责任

由于国家机关、地方政府和自治机关及其官员的非法行为（不作为），包括国家机关或地方政府和自治机关颁布的不符合法律的行为，对公民或法人造成的损害应得到赔偿。损害赔偿由白俄罗斯共和国国库或行政单位国库酌情承担。

第九百三十九条　刑事追捕机关和法院的非法行为造成的损害的责任

1. 因非法定罪、实施强制安全措施和治疗、将公民列为犯罪人、拘留、羁押、软禁、适用禁止离境规定和签署保证书、暂时停职、安置在精神病（精神神经）机构、以行政拘留形式非法实施行政处罚、劳动改造等行为给公民造成的损害，应由白俄罗斯共和国国库支付赔偿金，并在法律规定的情况下予以赔偿。

2. 刑事追捕机关的非法行为对公民或法人造成的损害，未造成本条第 1 款规定的后果的，应根据本法第 938 条规定的理由和程序予以赔偿。如果根据法院的判决确定法官有罪，则对在执行司法过程中造成的损害给予赔偿。

第九百四十条　代表国库进行损害赔偿的机关和人员

如果根据本法和其他法律，所造成的损害应由白俄罗斯共和国国库或行政单位的国库承担赔偿责任，则有关财政机构应代表国库行事，除非根据本法第 125 条第 3 款的规定，这一义务应由其他机构、法人或自然人承担。

第九百四十一条　责任保险的人损害赔偿

以自愿或强制保险方式为受害人投保责任险的法人或自然人（第 823 条、第 825 条第 1 款），在保险赔偿金不足以完全补偿所造成的损害时，应补偿保险赔偿金与实际损害之间的差额。

第九百四十二条　不满 14 岁的未成年人造成损害的责任

1. 不满 14 岁的未成年人造成的损害，如其父母或者监护人不能证明损害非因该未成年人过错所致，则未成年的父母或者监护人承担损害赔偿责任。

2. 如果需要监护的未成年人处于依法作为其监护人的组织（保健组织、教育机构、社会服务机构、其他组织）的监护之下，则该组织有义务赔偿对未成年人造成的损害，除非证明损害不是由其过错造成的。

3. 如果未成年人在处于教育、教养、医疗或其他应对其实施监督的机构，或者在依合同实施监督的人的监督管理下造成损害，而该机构或者个人又不能证明损害非因实施监督中的过错所致，则该机构或个人应承担损害赔偿责任。

4. 父母、养父母、监护人、保健机构、教育机构和其他组织赔偿损害的义务，不因未成年人达到成年年龄或获得足以赔偿损害的财产而终止。

如果父母、养父母、监护人或者其他公民，根据本条第 3 款所述，死亡或没有足够的资金来赔偿对受害人生命或健康造成的损害，而具有完全民事法律行为能力的加害人本人拥有履行赔偿的能力，法院有权根据受害人和加害人的财产状况以及其他情况，决定全部或部分赔偿损害、费用由加害人承担。

第九百四十三条　年满 14 岁不满 18 岁的未成年人造成损害的责任

1. 年满 14 岁不满 18 岁的未成年人因一般原因造成损害的，依照规定独立承担责任。

2. 年满 14 岁不满 18 岁的未成年人没有足以赔偿损害的收入或者其他财产的，应当由其父母、养父母或者监护人全部或者部分赔偿，除非该未成年人能够证明损害不是由其过错造成的。

如果需要监护的年满 14 岁不满 18 岁的未成年人处于教育、医疗、居民社会保障机构以及依法作为未成年人监护人的其他类似机构，而该机构或者个人又不能证明损害非因实施监督中的过错所致，则应承担损害赔偿责任或者承担部分赔偿责任。

3. 父母、监护人和有关机构对年满 14 岁不满 18 岁的未成年人造成损害的赔偿责任，因致害后未成年人成年，或虽未成年但已有收入或拥有进行赔偿的足够财产，或成年之前已取得民事行为能力，父母、监护人和有关机构的义务即告终止。

第九百四十四条　被剥夺亲权的父母对未成年人造成损害的责任

被剥夺亲权的父母可在被剥夺亲权后 3 年内对其未成年子女造成的损害承担责任，如果损害是由于不当行使亲权造成的。

第九百四十五条　被认定为无民事行为能力的公民造成损害的责任

1. 被认定为无民事行为能力的公民造成损害的，应由其监护人或对之负有监督义务的组织承担赔偿责任，除非监护人或组织能证明损害非因该公民过错所致。

2. 监护人或负有监督义务的组织，对被认定无民事行为能力的公民造成损害的责任，不因该行为人后来被认定为具有民事行为能力而终止。

3. 如果监护人死亡或者无足够的资金用以赔偿对受害人的生命或健康所致损害，而致害人本人有该资金，则法院考虑受害人和致害人的财产状况及其他情况，有权作出由致害人本人全部或部分承担赔偿责任的判决。

第九百四十六条　被认定为限制民事行为能力的公民造成损害的责任

因酗酒或吸毒而被限制民事行为能力的人造成损害的，由致害人本人负赔偿责任。

第九百四十七条　不能理解自己行为意义的公民造成损害的责任

1. 具有民事行为能力的公民或者年满 14 岁不满 18 岁的未成年人，在不能理解自己行为意义或者不能控制自己行为的状态下造成损害的，不对所造成的损害负责。

如果受害人的生命或者健康受到损害，法院可考虑受害人和致害人的财产状况及其他情况，责成致害人承担全部或部分赔偿责任。

2. 如果致害人本人通过酗酒、吸毒或以其他方式使自己处于不能理解自己行为意义或者不能控制自己行为的状态下，则不能免除致害人的责任。

3. 如果致害人因为精神病而在不能理解自己行为意义或不能控制自己行为的状态下造成损害，则法院可以责成与致害人共同生活，知其有精神障碍却未提出认定其无民事行为能力的请求且具有劳动能力的配偶、父母、成年子女承担赔偿责任。

第九百四十八条 对他人具有高度危险的活动造成损害的责任

1. 如果法人和自然人的活动对他人具有高度危险（车辆、机械、高压电能、原子能、爆炸物、烈性毒药的使用等；进行建造和与此有关的其他活动等），则有义务赔偿因该危险造成的损害，除非其能证明损害是由于不可抗力或受害人的故意造成的。法院也可根据本法第952条第2款和第3款规定的理由免除危险源管理人的全部或部分责任。

2. 对高度危险来源享有所有权、经营权或业务管理权或者占有法律依据的（租赁权、交通工具的管理权委托书、有关机关关于交付高度危险来源的指令等）法人或者公民承担损害赔偿责任。

3. 高度危险来源的占有人，如果能够证明高度危险来源因他人违法行为而脱离占有人的占有，则对该来源所致损害不承担责任。在这种情况下，高度危险来源所造成的损害应由其非法占有人承担责任。当高度危险来源的占有人对该来源非法脱离其占有具有过错时，则由高度危险来源的占有人和非法占有人共同承担赔偿责任。

第九百四十九条 共同造成损害的责任

共同造成损害的人，向受害人承担连带责任。

根据受害人的申请并为其利益，法院有权责成共同损害人承担责任。

第九百五十条 对损害人的追偿权

1. 对他人（执行公务、职务或其他劳动义务的工作人员，驾驶交通工具的人员等）造成的损害承担了赔偿责任的人，有权向致害人请求返还（追偿）已付的赔偿金额，但法律另有规定的除外。

2. 对共同造成损害承担了赔偿责任的致害人，有权请求其他致害人依每人的过错程度向受害人给付相应的赔偿。当过错程度不能确定时，赔偿数额应均等分配。

3. 白俄罗斯共和国、对刑事检察机关和法院工作人员造成的损害进行赔偿的行政机关（第939条第1款），在法院判决生效且确定工作人员有罪的情况下，国家机关可以向有过错的工作人员追偿。

4. 依据本法第942条至第945条规定的进行赔偿损害的人，无权向造成损害的人追偿。

第九百五十一条　损害赔偿的方式

在满足损害赔偿要求时，法院应根据案件情况，责成对损害负有责任的人进行实物赔偿（提供相同种类和质量的物品，修复受损物品等）或金钱赔偿（第14条第2款）。

第九百五十二条　考虑到受害人的过错和造成损害的人的财产状况

1. 因受害人故意造成的损害不予赔偿。

2. 如果受害人本人的重大过失促成损害的发生或使损害扩大，则应根据受害人和致害人的过错程度减少赔偿金额。

受害人存在重大过失而致害人没有过错，在致害人的责任不以过错为必要条件时，应减少致害人赔偿的数额或免除赔偿损害，但法律另有规定的除外。对公民生命或健康造成的损害，不得免除损害赔偿。

在赔偿额外费用（第954条第1款）、赔偿与抚养人死亡有关的损害（第958条）以及赔偿丧葬费（第963条）时，不考虑受害人的过错。

3. 法院可考虑致害公民的财产状况，减少其赔偿损害的金额，但损害由其故意行为所致的情形除外。

第二节　造成公民生命或健康损害的赔偿

第九百五十三条　履行合同或其他义务时对公民生命和健康所致损害的赔偿

在履行合同义务以及服兵役、在内政机构任职和履行其他相关职责时对其公民生命或健康造成的损害，应根据本章规定予以赔偿，除非法律规定或合同约定了更高的赔偿责任。

第九百五十四条　健康损害的赔偿范围和性质

1. 造成公民残疾或影响健康的其他损害时，应赔偿受害人已失去的或预期能获得的工资（收入），以及因健康损害而引起的额外费用，其中包括治疗、补充营养、购置药品、安装假肢、护理、疗养治疗、从事其他职业的培训的费用等，只要确定受害人需要此类帮助和护理且无权无偿获取这些帮助和护理的。

2. 在确定受害人失去的工资（收入）时（因受害人残疾或其他健康损害而给予的残疾津贴除外），在其健康损害前或者损害后规定的其他赡养金、补助费和其他类似的进项不予考虑（不计入损害赔偿金之内），并且也不得因此减少损害赔偿的金额。受害人于健康损害后所领取的工资（收入）也不得计入损害赔偿金之内。

3. 本条规定的对受害人赔偿的范围和应向其给付的赔偿金额，可根据法律或合同予以增加。

第九百五十五条　确定因健康损害失去的工资（收入）

1. 应赔偿受害人失去的工资（收入）的金额，按照其残疾前或者健康受到其他损害前或者失去劳动能力前的月平均工资百分比确定，该百分比应由受害人失去职业劳动能力前的月平均工资百分比确定，该百分比应与受害人失去职业劳动能力的程度相当，而在没有职业劳动能力时，则应与丧失一般劳动能力的程度相当。

2. 受害人失去的工资包括其按照劳动合同和民事合同在本职工作以及在兼职工作中领取的列入所得税征收范围内的所有劳动报酬。一次性给付损害赔偿，如未使用假期补偿和解雇时的遣散费，不计算在内。在暂时丧失工作能力和产假期间，所支付的福利金将计算在内。从事经营活动的收入，以及作者的稿费也应列入失去的工资的范围，而经营活动的收入根据税务检查机关的资料确定。

各类工资（收入）均按税前金额计算。

3. 受害人月平均工资（收入）的计算方法是将健康损害前12个月的工资（收入）总额除以12。如果受害人于健康损害前工作少于12个月，则月平均工资（收入）的计算方法是用健康损害前实际工作月数的工资（收入）总额除以实际工作的月数。

受害人工作不满1个月的月份，根据其本人的意愿用之前的满工月的月份替代，或者在不能代替时，不计算该月份。

4. 如果受害人于损害时没有工作，则根据本人意愿按其离职前的工资计算或者按照当地与之技能相当的工作人员的一般报酬数额计算，但不得少于依法确定的标准的5倍。

5. 如果受害人于残疾前或者健康受到其他损害前的工资（收入）发生了能改善其财产状况的稳定变化（提高了职务工资，调任报酬较高的工作，全日制学校毕业后参加了工作，以及在能证明受害人的劳动报酬有稳定变化和可能变化的其他情况下），在确定其月平均工资（收入）时，仅计算在相关变化之后已经得到的或者应该得到的工资（收入）。

第九百五十六条　对未成年人健康损害的赔偿

1. 如果未满14岁且没有收入的未成年人残疾或健康受到其他损害时，造成损害的人有义务赔偿未成年人因健康受到损害而造成的费用。

2. 当未成年人年满14岁时，或者在对14岁至18岁无收入的未成年人造成损害的情况下，造成损害的责任人有义务对受害者进行赔偿，除了赔偿因健康损害产生的费用外，还要赔偿未成年人因丧失或降低工作能力而产生的损害，赔偿金额为法律规定的基准数额的5倍。

3. 如果未成年人在健康受到损害时有收入，则根据收入数额赔偿损害，但不得低于法律规定的基准数额的5倍。

4. 健康曾经受到损害的未成年人在开始从事劳动活动后，有权请求根据所领取的工资增加损害赔偿金额，但不得低于其职务报酬数额或当地同类岗位工作人员的工资数额。

第九百五十七条　对扶养人死亡而受到损害的人的赔偿

1. 在受害人死亡的情况下，下列人员有权要求赔偿损害：

（1）依靠死者扶养或者在死者生前有权要求死者扶养的无劳动能力的人；

（2）死者死后出生的子女；

（3）父或母、配偶或其他家庭成员，不论有无劳动能力，只要不工作并从事照管死者扶养的未满14岁的或者已满14岁的但根据医疗机构证明其身体状况需要他人照管的死者子女、孙子女、兄弟姐妹的事务；

（4）靠死者扶养并在死者死后5年内丧失劳动能力的人；

父或母、配偶或其他家庭成员，只要不工作并从事照管死者的子女、孙子女、兄弟姐妹的事务并在照管期间也丧失劳动能力的，他们在结束对上述人的照管之后，仍享有损害赔偿请求权。

2. 损害赔偿期限：

（1）未成年人，直至18岁；

（2）18岁以上的学生，直至完成全日制教育之前，但不超过23岁；

（3）55岁以上的妇女和60岁以上的男子，直至终身；

（4）残疾人，在残疾期间。

对照管受死者扶养的死者子女、孙子女、兄弟姐妹的父或母、配偶或其他家庭成员的赔偿，直至所照管的孩子年满 14 岁或健康状况改变时止。

第九百五十八条　扶养人死亡时的损害赔偿金额

1. 给付因扶养人死亡而享有损害赔偿请求权的人的赔偿金额，应以该请求权人于死者在世时按本法第 955 条的规则确定的从死者工资（收入）中获得的或有权获得的扶养费的份额确定。在确定对上述人员的赔偿时，死者在世时所领取的赡养金、终生扶养金和其他类似的款项与工资（收入）应一并计算。

2. 确定赔偿金额时，因扶养人死亡发放给请求权人的抚恤金、扶养人死亡前或者死亡后发给请求权人的其他各类赡养金以及由请求权人领取的工资（收入）和助学金，都不列入赔偿的范围内，有权因扶养人死亡而获得损害赔偿的人获得的赔偿金数额不得重新计算，但下列情况除外：

（1）在扶养人死亡后出生的子女；

（2）指定向受雇照顾已故供养人的子女、孙子女、兄弟姐妹的人停止支付赔偿金；

（3）对在扶养人死亡后 5 年内丧失工作能力的受扶养人给予损害赔偿。

赔偿金额可以根据法律的规定或合同的约定增加。

第九百五十九条　损害赔偿数额的后续变更

1. 部分丧失劳动能力的受害者，如其劳动能力因健康损害而与判决损害赔偿时相比有所降低，有权随时请求负有赔偿责任的人相应地增加赔偿数额。

2. 如果受害人的劳动能力与判决损害赔偿时相比有所提高，则对受害人的健康损害负有赔偿责任的人，有权请求相应地减少赔偿数额。

3. 如果负有赔偿责任的公民曾因本法第 952 条第 3 款的规定而减少赔偿金额，在其财产状况有所改善时，受害人有权请求增加赔偿数额。

4. 造成损害的公民，如果其财产状况因残疾或达到退休年龄而与损害赔偿判决时相比有所降低，法院可根据该公民的请求减少赔偿数额，但损害由其故意行为造成的情形除外。

第九百六十条　由于生活费的提高而增加损害赔偿数额

1. 在生活费提高时，造成公民生命或健康损害而应给付给其的赔偿金额，应按照法定程序依生活费指数相应提高。

2. 当法律规定的基本工资增加时，与受害人健康损害或死亡相关的收入损失赔偿金额和其他赔偿金额也会相应增加。

第九百六十一条　损害赔偿的给付

1. 对公民丧失工作能力或死亡公民的损害的赔偿应按月支付。

在有正当理由的情况下，法院可应有权获得损害赔偿的公民的请求，在考虑到造成损害的人的能力的情况下，一次性向其支付应付款项，但赔偿年限不得超过3年。

2. 在根据医学专家意见确定的时限内，以及在有必要提前支付相关服务和财产费用，包括疗养服务费、路费、支付康复技术设备的费用等时，可以判决未来时间给付补偿金额。

第九百六十二条　法人终止情况下的损害赔偿

1. 按照规定程序被认定对生命或健康损害负赔偿责任的法人重组时，给付有关费用的责任由其权利继受人承担。损害赔偿请求也应向该权利继受人提出。

2. 如果按照既定程序被认定对造成的生命或健康损害负有责任的法人被清算，则应根据法律规定将相应的款项货币化，以支付给受害人。

法律可规定将付款货币化的其他情况。

第九百六十三条　丧葬费的赔偿

对受害人死亡负有责任的人，应向支付丧葬费的人赔偿必要的丧葬费。

支付丧葬费的人取得的丧葬补助金，不列入损害赔偿范围。

第三节　因商品、工作或服务的瑕疵造成损害的赔偿

第九百六十四条　因商品、工作或服务的瑕疵造成损害的赔偿依据

因商品、工作或服务的结构、配方的瑕疵或者其他瑕疵，以及因关于商品的信息不真实或不充分而造成的公民生命、健康或财产的损害及法人财产的损害，应由商品的出售者或制造者，完成工作或提供服务的人（执行人）予以赔偿，不论他们是否有过错，也不论受害人与他们是否存在合同关系。

本条的规定仅适用于以消费目的而不是用于经营活动目的而购买商品的情形。

第九百六十五条　因商品、工作或服务的瑕疵造成损害的责任人

1. 因商品瑕疵造成损害的，应依受害人的选择，由商品的出售者或制造者赔偿。

2. 因工作或服务瑕疵造成损害的，应由完成工作或提供服务的人（执行人）赔偿。

3. 因未提供充分或真实的商品、工作、服务信息而造成损害的，应由本条第1

款和第 2 款所述人员赔偿。

第九百六十六条　因商品、工作或服务的瑕疵造成损害的赔偿期限

1. 因商品、工作或服务的瑕疵造成损害，如果损害系在商品、工作或服务的质量保质期内发生，或者未规定质量保质期的，在产生商品、工作、服务损害之日起的 10 年内发生，应该予以赔偿。

2. 在本条第 1 款所述时限以外，在下列情况下，损害应予赔偿：

（1）违反法律规定，未规定保质期的；

（2）为致害人提供商品、工作或服务的人没有通知受害人在保质期结束时应采取必要的行动，以及不采取这些行动可能造成的后果。

第九百六十七条　因商品、工作或服务的瑕疵造成损害的免责依据

商品的出售者或者制造者、工作或服务的执行人，如能证明损害的发生是由于不可抗力或者由于消费者违反了商品、工作及服务使用规则或保管规则的，可免除赔偿责任。

第四节　精神损害赔偿

第九百六十八条　一般规定

1. 对公民精神损害赔偿的依据和数额，依本章规定和本法第 152 条规定确定。

2. 在法律规定的情况下，对侵犯公民财产权的行为（不作为）造成的精神损害应予赔偿。

3. 对精神损害的赔偿与应予赔偿的财产损害无关。

第九百六十九条　精神损害赔偿的依据

在下列情况下，不论造成损害的人的是否有过错，都应给予精神损害赔偿：

（1）因危险源造成公民生命或者健康损害的；

（2）因非法定罪，采取强制措施和治疗措施，将公民作为罪犯、拘留、软禁，签署禁止离开和适当行为的保证书，暂停职务，将公民送入精神病（神经精神病学）机构，非法处以行政拘留和劳教等行政处罚而对公民造成伤害的；

（3）传播不真实的信息，损害公民的荣誉、尊严或者商业信誉，对公民造成损害的；

（4）法律规定的其他情形。

第九百七十条　精神损害的赔偿方式和数额

1. 精神损害赔偿应以货币形式进行。

2. 精神损害赔偿的数额，由法院根据给受害人造成的身体和精神痛苦的性质决定。当以过错作为损害赔偿的依据时，法院还要根据致害人的过错程度确定赔偿数额。在确定精神损害赔偿的数额时，应斟酌合理性和公正性的要求。

受害人身体和精神痛苦的性质，由法院根据受害人精神受到损害的实际情况以及受害人的个人特点作出评定。

第五十九章　因不当得利而产生的债务

第九百七十一条　返还不当得利的义务

1. 没有法律、其他规范性文件或者合同作为根据，靠损害他人（受损人）利益而取得或者储蓄财产的人（受益人），应将无根据取得或者储蓄的财产（不当得利）返还受损人，但本法第978条规定的情况除外。

2. 不当得利的发生不论是否是财产取得人、受损人本人、第三人结果的行为或是他们意志以外的原因造成的，都适用于本章的规定。

第九百七十二条　返还不当得利的请求权与保护民事权利的其他请求权的相互关系

除非法律另有规定且不符合相关关系的实质，本章规定也适用于以下请求：

（1）退回无效交易下已履行的内容；

（2）关于所有人从他人非法占有中取回财产的；

（3）一方对另一方承担返还已履行内容的义务；

（4）损害赔偿的请求，包括对不当得利人的非善意行为造成的损害的赔偿请求。

第九百七十三条　用实物返还不当得利

1. 构成受益人不当得利的财产，应当以实物返还受损人。

2. 对于受益人在知道或者应该知道该不当取得或储蓄财产系不当得利之后所发生的该财产的任何短少或者损坏，包括意外短少或损坏，受益人均应向受损人承担责任，在此之前，受益人仅对因其故意或者重大过失造成的财产短少或者损坏承担责任。

第九百七十四条　赔偿不当得利的价值

1. 如果不能以实物返还不当取得或者储蓄的财产，受益人应按取得财产的实际价值赔偿受损人，如果受益人在得知不当得利后未立即赔偿财产价值，则还应赔偿因财产价值后来发生变化而引起的损失。

2. 虽无获取他人财产之意图，但无根据地临时使用他人财产或者使用他人服务的人，应按使用结束时或使用发生地的实际价格，向受损人赔偿因该使用而获取的利益。

第九百七十五条　权利不合理转让给他人的后果

以不存在或无效的债权为由，通过转让债权或以其他方式将其权利转让给另一人的人，有权要求恢复原状，包括归还证明所转让权利的文件。

第九百七十六条　赔偿受害人未获得的收益

1. 不当获取或储存财产的人有义务将其自知道或应该知道不当得利之日起从该财产中获得或本应获得的所有收益退还或补偿受损人。

2. 对于不当取得的金钱，应加算自受益人知道或者应该知道其不当取得或储蓄财产时起使用他人财产的利息（第366条）。

第九百七十七条　赔偿应返还的财产费用

在归还非法获得或储蓄的财产（第973条）或赔偿其价值（第974条）时，受益人有权要求受损人赔偿维护和保管财产的必要费用折抵受益人所取得的利益（第976条）。受益人如故意扣留应归还的财产，则丧失该费用的赔偿请求权。

第九百七十八条　不应返还的不当得利

下列财产不应作为不当得利返还：

（1）在履行期限届满前为履行债务而交付的财产，但债务另有规定的除外；

（2）诉讼时效届满时为履行债务交付的财产；

（3）工资和等价款项、养老金、津贴、奖学金、对生命或健康造成损害的赔偿金、赡养费以及作为其生存手段提供给公民的其他款项，但公民有非善意行为和存在计算错误的除外。

（4）为履行不存在的债务而提供的金钱和其他财产，如果受益人证明要求归还财产的人知道没有义务或为慈善目的而提供财产。

第二部分　哈萨克斯坦共和国债法

（魏　芳　译　邓社民　周盛杰　校对）

《哈萨克斯坦共和国债法》根据1994年12月27日第269－Ⅻ号哈萨克斯坦共和国最高议会命令颁布，1995年3月23日由哈萨克斯坦总统令宣布生效。此文本是根据2022年12月30日修改的文本翻译而成。

目　录

第四节　完成设计和勘察工作的承揽
第五节　科学研究、试验设计和工艺工作承揽
第三十三章　有偿提供服务
第三十四章　运输
第三十五章　运输代理
第三十六章　借款
第三十七章　货币债权转让融资（保理）
第三十八章　银行服务
第一节　一般规定
第二节　银行账户
第三节　汇款
第四节　银行存款
第三十九章　保管
第一节　关于保管的一般规定
第二节　特殊类型的保管
第三节　仓储
第四十章　保险
第四十一章　委托
第四十二章　无因管理
第四十三章　行纪
第四十四章　财产委托管理
第四十五章　综合经营（特许经营）
第四十六章　竞争性债务
第四十七章　因损害发生的债
第一节　损害赔偿的一般规定
第二节　造成公民生命和健康损害的赔偿
第三节　因商品、工作或服务瑕疵造成损害的赔偿
第四节　精神损害赔偿
第四十八章　因不当得利而发生的债

第三编 债 法

第一分编 债的总则

第十六章 债的概念和产生的根据

第二百六十八条 债的概念

根据债，一方（债务人）有义务为另一方（债权人）实施特定行为，如转移财产、完成工作、支付金钱等，或不实施特定行为。债权人有权要求债务人履行其义务，债权人有义务接受债务人的履行。

第二百六十九条 债的当事人

1. 根据1998年3月2日哈萨克斯坦共和国第211－1号法律废止。

2. 参加债的关系的每一方当事人——债权人或者债务人，可以是一个，也可以同时为多个。在该种情况下，根据本法规定（本法第286条至第288条）产生按份、连带或附属债务。

债权人对参加债的关系的多数债务人中的一人的请求无效，或者对该债务人的请求的诉讼时效期间届满，不影响债权人对其他债务人的请求。

3. 如果根据合同，当事人双方都承担有利于另一方的义务，在其有义务实施有利于另一方的行为方面，应被视为另一方的债务人，同时在有权向另一方提出请求方面，应被视为另一方当事人的债权人。

第二百七十条 债的参与人

1. 当事人（债务人和债权人）和第三人是债的参与人。

2. 第三人是指受债约束或者与债的当事人之一有其他法律关系的人。

3. 债不得对第三人设定义务。在法律规定或者当事人约定的情况下，债可以对第三人设定相对于债的一方或者双方当事人义务的权利。

第二百七十一条 债产生的依据

债的产生基于合同、造成的损害或本法第7条规定的其他理由。

第十七章 债的履行

第二百七十二条 债的适当履行

债应按照合同的条款和法律的要求适当履行，若没有该类条款和要求，则应按照商业惯例或其他普遍适用的要求适当履行。

第二百七十三条 禁止单方拒绝履行债务

单方不得拒绝履行债务或者改变履行债务的条件，但法律另有规定或合同另有约定的除外。

第二百七十四条 债的部分履行

债权人有权不接受债的部分履行，但债务履行条件、法律、商业惯例另有规定或债的实质另有要求的除外。

第二百七十五条 向适格的人债务履行

如果当事人双方的协议没有另行约定，或者根据交易习惯、债务的实质无其他特殊约定，债务人在履行债务时，有权要求债权人或其授权人出具接受债务履行的证明，并承担因未提出该要求而产生后果的风险。

第二百七十六条 第三人履行债务

1. 如果法律规定或合同有约定，或者第三人受相关合同约束，则债务的履行可以全部或部分委托给第三人。

2. 如果从法律、合同条款或债的实质来看，债务人没有亲自履行该债务，则债权人有义务接受第三方代替债务人所提供的履行。

3. 第三人因担心债权人对该财产追索而有可能丧失对债务人财产的权利（使用权、占有权、抵押权及其他）的，可以不经债务人同意自费满足债权人的请求。在该情况下，债权人的债权适用本法关于债权转让的规则（本法第 339 条至第 347 条）转移给第三人。

第二百七十七条 债的履行期限

1. 如果债约定了或可以确定其履行日期或履行期限，则该债应在该日期或在该期限内的任意时间履行。

2. 如果债没有规定履行期限且不包含可以确定该期限的条件时，则应在债产生后的合理期限内履行。

未在合理期限内履行的债以及根据追索时间决定其履行期限的债，债务人应当自债权人提出履行后的7日内履行，但根据法律、债的条件、交易习惯或债的性质另有不同履行期限的除外。

第二百七十八条 债务履行的一致性要求

较长履行期限的债应当在对该种债而言合理的期间（日、旬、月、季等）一致性履行，除非法律或债的条件另有规定，或者从债的性质或商业流转习惯中得出不同规定。

第二百七十九条 债的提前履行

1. 债务人有权在债务到期前履行债务，但法律或债的条件另有规定或不符合债的性质的除外。

2. 债的提前履行与双方经营活动有关时，只有在债的提前履行的可能性由法律或债的条件规定的情况下，或者商业流转习惯或债的性质允许时，才允许提前履行。

第二百八十条 债务履行进展情况的信息

法律规定或债务条款可以约定债务人将债务履行的进展情况通知债权人。

第281条已根据哈萨克斯坦共和国1998年3月2日第211－1号法律修订。

第二百八十一条 债的履行地

如果法律或者债的条件没有规定履行地点，或者从债的性质或商业流转习惯中看不出履行地，则应按照如下履行：

（1）转移不动产之债，在财产所在地履行；

（2）规定交付运输的商品或者其他财产之债，在为了将货物送达债权人而将财产交付给第一承运人的地点履行；

（3）经营者交付商品或其他财产之债，如果债权人在债产生时知道该地点的，在财产的生产地或保管地履行；

（4）金钱之债，在债产生时债权人的住所地履行，如果债权人是法人，在债产生时其所在地履行；如果债权人在债履行前变更了住所或所在地并已通知债务人，则在债权人的新住所地或所在地履行，并由债权人承担由于履行地变更所产生的全部费用；

（5）其他债，在债务人的住所地履行，如果债务人是法人，在其所在地履行。

第二百八十二条 金钱债务

1. 因金钱债务，一方（债务人）有义务向另一方（债权人）支付金钱，债权人有权要求债务人履行其支付金钱的义务（借款和其他义务）。根据有偿合同支付金钱的义务、赔偿损失和支付罚金的义务，以及因造成损害或不当得利而产生的义务，均受金钱债务规则的约束，除非本法、哈萨克斯坦共和国法律另有规定，或因债的性质而产生。

哈萨克斯坦共和国境内的货币之债应当以坚戈表示（本法第 127 条），哈萨克斯坦共和国法律另有规定的情况除外。

在哈萨克斯坦共和国境内进行债务结算时，允许在哈萨克斯坦共和国法律规定的情况和条件下或按照法律规定的方式使用外币以及外币支付凭证。

支付和转账的程序和方法由哈萨克斯坦共和国关于支付和汇款的法律规定，并由各方在相关合同中确定。

第 2 款载于哈萨克斯坦共和国 2015 年 11 月 24 日第 422 – V 号法律（2016 年 1 月 1 日生效）。

2. 支付的金额不足以履行金钱之债的，除当事人另有约定外，首先偿还本金债务及报酬（利息），本期的本金债务及报酬（利息），其余部分为违约金和债权人为获得履约而花费的费用。

第 2 款自 2016 年 7 月 1 日起生效，适用于此前签订的合同产生的法律关系。

哈萨克斯坦共和国银行法律或哈萨克斯坦共和国关于小额信贷组织的法律规定了根据银行贷款合同偿还款项或提供小额信贷的特点。

3. 除非哈萨克斯坦共和国的法律另有规定，长期债务可以根据双方约定的条件规定付款的指数化。

参见："哈萨克斯坦共和国国家银行"（阿斯塔纳）国家机构中央分行 2009 年 2 月 26 日第 23 – 31/285/402 号信函，哈萨克斯坦共和国政府 1999 年 4 月 9 日第 400 号法令。

第 283 条经哈萨克斯坦共和国 2015 年 4 月 27 日第 311 – V 号法律修订。

第二百八十三条　公民赡养费的增加

依照（对生命或者健康造成的损害，依照终身赡养合同等进行赔偿）金钱之债而直接支付给公民的赡养费的数额，按预计通货膨胀率的平均值比例增加。

另见：哈萨克斯坦共和国劳动和社会保障部 1999 年 2 月 24 日第 03 – 2/956 号信函。

第二百八十四条　相互之债的履行

1. 双方必须同时履行相互之债，但法律、商业流转习惯、债的条件另有规定或债的性质另有不同的除外。

2. 一方不履行或不适当履行债务，免除另一方在履行相互之债和清偿反诉时的义务，但法律或债的条件另有规定的除外。

第二百八十五条　选择之债的履行

债务人可以履行两种或两种以上行为中的一种，债务人有选择权，但法律规定或债务条款另有规定的除外。

第二百八十六条　多数人之债的履行

如果一项债务涉及多个债权人或多个债务人（多人债务），每个债权人都有权要求履行，而每个债务人都有义务按与其他债务人相同的份额履行该债务，除非法律或债的条件（债务份额）另有规定。

第二百八十七条　连带之债的履行

1. 连带之债是指多人之债中，债权人均有权要求每个债务人全部履行该债务以及每个债务人均有义务全部履行该债务。

如果存在合同约定或法律规定，特别是在债之标的物不可分的情况下，则产生连带之债或连带请求权。

2. 在与经营活动有关的债中，几个债务人的债或者几个债权人的请求是连带之债或连带请求，但法律或者债的条件有不同规定的除外。

3. 在债务人承担连带债务时，债权人有权要求全部债务人或任一债务人履行全部或部分债务。若债权人没有从一个连带债务人处获得全部清偿，则有权要求其他连带债务人清偿不足部分。

连带债务人只有在全部债务得到履行时，才能解除责任。

如果其中一个债务人全部履行了连带债务，则可以免除其他债务人对债权人的履行责任。

4. 在连带债权的情况下，任何一个连带债权人均有权向债务人提出全部债权。

向一个连带债权人全部履行债务，则免除债务人对其他债权人的履行。

5. 在连带债务的情况下，债务人无权针对债权人请求提出基于该债务人没有参加的其他债务人与债权人的关系的抗辩。

在连带请求的情况下，债务人无权针对一个连带债权人的请求提出基于该债权人没有参加债务人与其他连带债权人的关系的抗辩。

第二百八十八条　补充之债的履行

法律规定或债权人与债务人之间的债的条件可约定，如果主债务人未能满足债权人的债务履行请求，该债权人可以就未履行部分向另一债务人（补充债务人）提出请求。

第二百八十九条　追索权

1. 债务人已履行他人债务的，有权以已履行的债务金额向该人追偿（追索）。

债务人因第三人的行为未履行债务的，有权向该人要求赔偿损失。

2. 已履行连带债务的债务人，有权在减去自己份额后，按相同比例向其余各债务人追偿。

连带债务人之一未向已履行连带债务的债务人支付的款项，由该债务人和其他连带债务人平均承担。

连带之债的债务人通过抵销方式终止连带债务时，应相应适用本款的规则。

3. 已从债务人处获得履行的连带债权人有义务偿还其他债权人的份额，但他们之间的关系另有规定的除外。

第二百九十条　债务履行的证明

1. 债权人接受履行时，有义务应债务人的请求，向其出具全部或部分履行的收据。

债务人已向债权人出具债务凭证作为债务证明的，债权人接受履行后，必须将该凭证退还债务人。如果无法退还，债权人有义务在给其开具的收据中注明。

收据可以以退还给债务人的债务文件上的签名代替。

2. 从债务人处找到债务文件证明，除非另有证明，否则债务已终止。

3. 债权人拒绝出具履约收据、退还债务凭证或者在收据中注明不能退还的，债务人有权延迟履行。在该情况下，债权人被视为违约。

第 291 条已根据哈萨克斯坦共和国 1997 年 7 月 11 日第 154 －1 号和 1998 年 3 月 2 日第 211 －1 号法律修改。

第二百九十一条　用提存方式履行债务

1. 如果债务人因为下列原因无法履行债务，债务人有权将其应支付的金钱或有价证券向公证机关提存，符合下列情形的，可向法院提存：

（1）债权人或者其授权接受履行的人不在履行地；

（2）债权人无民事行为能力且没有代理人；

（3）不能确定谁为债权人，包括因为债权人与他人之间就谁为债权人存在争议而无法确定；

（4）债权人不接受履行或延迟接受履行。

2. 债务人将金钱或者证券提存给公证机关或者法院，视为已经履行债务。接受金钱或者证券提存的公证机关或者法院应将此情况通知债权人。

参见：2009 年 9 月 8 日哈萨克斯坦共和国金融市场和金融组织管理和监督机构第 05 – 03 – 25/4283/17792 号信函。

第十八章　债的履行担保

第一节　一 般 规 定

第 292 条由哈萨克斯坦共和国 2005 年 7 月 8 日第 72 – III 号法律、2011 年 3 月 25 日第 421 – IV 号法律修订。

第二百九十二条　债的履行担保方式

1. 债的履行可以采用违约金、物的担保、留置债务人财产、保证、担保、定金、保证金及法律规定或者合同约定的其他担保方式。

哈萨克斯坦共和国规范证券市场活动的法律规定了担保证券之债的方法。

2. 担保债务履行的合同无效并不导致该债（主债）的无效。

3. 主债本身无效导致债的担保之债无效。

根据哈萨克斯坦共和国 2015 年 11 月 24 日第 422 – V 号法（2016 年 1 月 1 日生效），本条补充第 4 款。

4. 除非哈萨克斯坦共和国法律另有规定，主债终止即导致担保之债终止。

第二节　违　约　金

根据哈萨克斯坦共和国 1998 年 3 月 2 日第 211 – 1 号法律对第 293 条进行了修订。

第二百九十三条　违约金的概念

违约金（罚款、罚金）是指债务人在不履行或不适当履行债务时，特别是在迟延履行时，有义务向债权人支付的法律规定或者合同约定数额的金钱。在要求支付违约金时，债权人没有义务证明他所受到的损失。

第二百九十四条　违约金协议的形式

无论主债的形式如何，违约金协议必须采用书面形式。

违反书面形式会导致违约金合同无效。

第二百九十五条　法定违约金

1. 无论双方协议是否约定违约金，债权人均有权要求债务人支付法律规定的违约金（法定违约金）。

2. 双方可约定增加法定违约金的数额，但法律禁止的情形除外。

第二百九十六条　违约金数额

违约金数额按固定数额或者不履行或不适当履行的债务数额的百分比确定。

第二百九十七条　违约金的减少

如果应付的违约金（罚款、罚金）与债权人的损失相比过高，法院有权根据债务人履行债务的程度和债权人的利益减少违约金（罚款、罚金）。

第二百九十八条　违约金追偿的理由

对不履行或不适当履行债务的行为，在有条件使债务人承担责任时，应予以处罚（本法第359条）。

第三节　抵　　押

根据哈萨克斯坦共和国1998年3月2日第211－1号、2002年1月17日第285－II号法律对第299条进行了修订。

第二百九十九条　抵押的概念

1. 抵押是保证债的履行的一种方式，债权人（抵押权人）在债务人不履行抵押所担保的债务的情况下，有权从抵押财产的价值中优先于财产所有人（抵押人）的其他债权人受偿，本法规定的例外情况除外。

抵押权人有权在同样的基础上就抵押物毁损灭失的保险金、赔偿金优先受偿，不论其受益人是谁，除非该毁损、灭失是由抵押权人造成的。

2. 企业、建筑物、构筑物、公寓、地块权和其他不动产的抵押由哈萨克斯坦共和国不动产抵押法规定。在哈萨克斯坦共和国不动产抵押法没有规定其他规则的情况下，本法中关于抵押的一般规则适用于抵押。

3. 国家登记的航空器和海上船舶、内河航运船舶、江海航运船舶（船舶抵押）的抵押，由哈萨克斯坦共和国特别法律规定。在哈萨克斯坦共和国特别法律未规定其他规则的情况下，船舶抵押适用本法中关于抵押的一般规定。

本款第1项的规定也适用于在建船舶、内河航运船舶、江海航运船舶。

第三百条　抵押产生的根据

1. 抵押因合同而产生。如果法律规定了何种财产对担保何种债务作抵押，则抵押也根据法律规定的情况发生而产生。

2. 本法关于因合同产生的抵押的规则，相应地适用于基于法律产生的抵押，但法律另有规定的除外。

根据哈萨克斯坦共和国1997年7月11日第154－1号、1998年3月2日第211－1号法律对第301条进行了修订。

第三百零一条　抵押标的物

1. 抵押的标的物可以是任何财产，包括物和财产权利（请求），但禁止流通的物（本法第116条第2款）和与债权人的人身不可分离的请求，特别是抚养费请求、对生命或健康造成的损害的赔偿请求，以及根据法律禁止向他人转让的请求除外。

2. 抵押权可以通过合同及于未来将为抵押人所有的财产的所有权或者经营占有权。

3. 法律禁止或限制特定种类财产的抵押，特别是不允许追索的公民财产的抵押。

4. 根据哈萨克斯坦共和国2007年1月12日第225－III号法律删除。

5. 根据哈萨克斯坦共和国2005年7月8日第72－III号法律删除。

第302条根据哈萨克斯坦共和国1997年7月11日第154－1号法律进行了修订。

第三百零二条　抵押担保请求权

1. 如果合同没有约定或者法律没有规定，质押担保的范围为实际清偿时的债权，包括赔偿（利息）、因逾期履行而引起的损失的赔偿、违约金（罚款、罚金）以及因保管抵押物而支出的必要费用和追偿的费用。

2. 可以就未来将出现的债权设立抵押，但当事人必须就该债权的担保金额达成一致。

根据哈萨克斯坦共和国1997年7月11日第154－1号、2005年7月8日第72－III号、2007年1月12日第225－III号、2011年3月25日第421－IV号法律对第303条进行了修订。

第三百零三条　抵押的种类

1. 抵押是抵押财产仍由抵押人或第三人占有和使用的一种担保类型。

抵押的标的可以是企业、建筑物、构筑物、公寓楼内的寓所，车辆、航天器、流通中的货物和其他非禁止流通的财产。

可分离的孳息只有在自分离之日起不成为第三人权利客体的情况下，才可以作为抵押的标的。企业、建筑物、构筑物、公寓楼中的寓所，车辆和航空器的抵押须向负责登记此类财产的机构进行登记。

参见：哈萨克斯坦共和国1998年6月30日第254－1号法律《关于动产抵押的登记》。

2. 质押为担保的一种，抵押物由抵押人转让给抵押权人占有。

经质权人同意，质押物可由出质人保管并加盖质权人印章。质押物可留在出质人处，并标明质押标记（硬质押）。

3. 权利抵押时，抵押的标的为可以让与的财产权，特别是企业、建筑物、构筑物的租赁权、合伙企业财产的份额、债权、著作权、发明和其他财产权。

在土地和其他自然资源法律规定的范围和条件下，允许对地块权以及其他自然资源的权利进行抵押。

期限性权利只能在期限届满之前成为抵押的标的。

抵押权的债务人应被告知抵押的情况。

抵押权有文件证明的，可以通过转让权属文件的方式达成抵押合同。

3－1. 在将银行存款抵押时，存款人在银行存款合同下的权利作为抵押品。抵押人（存款人）有义务将银行存款抵押以书面形式通知银行，并注明抵押权人的情况。

4. 有价证券抵押依照证券市场的法律规定进行。

5. 除抵押合同另有约定外，金钱作为抵押权的标的物应存放在银行。

除非合同另有约定，该笔金钱应付的孳息（利息）属于抵押人。

防止抵押权人或其他人使用该笔金钱，可将资金转移给抵押权人或其他人（转入银行金库、保险箱、独立储藏室）。违反使用该笔金钱的人，自金钱交付之日起，应承担不当得利责任。

第三百零四条　共有财产的抵押

共有财产只有在全部所有人同意的情况下才能抵押。共有财产份额的权利是一个独立的抵押标的。

第三百零五条　抵押人

1. 抵押人既可以是债务人本人，也可以是第三人。

2. 财产的抵押人可以是物的所有权人，或者经所有人同意，对其享有经营管理权的人，但法律另有规定的除外。

3. 权利抵押人，是指所抵押的权利属于其享有的人。

如果法律或者合同禁止在未经上述人同意的情况下转让他人财产的租赁权或其他权利，则非经其所有权人或经营管理权人的同意，不得设定抵押。

第三百零六条 抵押财产的保险

1. 合同可以约定或法律可以规定抵押人有义务对其占有的抵押财产进行保险。

由抵押人使用的抵押财产的保险应由抵押人承担。

2. 发生保险事故时，只有在抵押权人放弃的情况下，抵押人对抵押财产保险合同的请求权才会产生。

保险给付金额超过抵押所担保债务数额的，抵押权人有义务在收到保险金之日起3个工作日内将差额转给抵押人。

第三百零七条 抵押合同的内容和形式

第1款根据哈萨克斯坦共和国2014年12月29日第269－V号、哈萨克斯坦共和国2015年4月22日第308－V号法律进行了修改。

1. 抵押合同中应当载明抵押标的物及其估价、抵押所担保的债务的性质、数额和履行期限，在合同中还应当写明抵押物置于何方当事人处以及是否允许其使用。经当事人约定，可以对作为抵押标的的动产和（或）某些类别的动产（包括机器设备和有形流动资产的存货）进行概括描述，不要求对担保物进行具体描述。

抵押标的的价值以坚戈为单位，可由双方协商确定，但哈萨克斯坦共和国法律另有规定的除外。外币债务担保的抵押物的估价以坚戈为单位，并按抵押合同签订日的市场汇率计算。

2. 抵押合同必须以书面形式订立。

3. 不符合本条第1款、第2款规定的，抵押合同无效。

第三百零八条 抵押登记

1. 除本法另有规定外，应登记的抵押财产应在对该财产进行登记的机构登记。

不动产的抵押应当由进行不动产权利登记的国家机构进行登记。

2. 抵押标的变更应进行登记。

抵押标的的其他变化可以根据当事人的意愿进行登记。

3. 抵押终止登记应在下列情况下登记在册：

（1）根据抵押权人就主债履行提出的申请办理抵押权终止登记；

（2）按照哈萨克斯坦共和国法律规定的方式取消抵押权；

（3）因抵押合同解除而登记终止抵押；

（4）因本法第322条规定的其他理由终止抵押。

4. 抵押人已履行抵押担保的义务的，有权要求撤销抵押登记。应抵押人的要求，抵押权人有义务向登记机关提交必要的文件和书面说明。抵押权人不履行或者不及时履行该义务的，抵押人有权要求赔偿对其造成的损失。

第三百零九条　抵押权人权利涉及的财产

1. 抵押权人对抵押标的物的权利（抵押权），及于其附属物和不可分割的孳息，但合同另有约定或者法律另有规定的除外。

在合同约定或者法律规定的情况下，抵押权可以及于因使用抵押财产而取得的可分离的孳息、产品和收益，以及后来获得的资产和置换的资产。

2. 以企业或其他财产综合体作为整体进行抵押的，抵押权及于其中所有财产，包括动产和不动产、请求权和专属权以及在抵押期间取得的权利，除非法律另有规定或者合同另有约定。

3. 建筑物或构筑物的抵押，只有在该建筑物或构筑物所在的土地，或专门保障抵押客体的那部分土地根据同一合同同时进行不动产抵押时才允许。

第三百一十条　抵押权的产生

1. 除抵押合同另有约定外，抵押权需登记的，自登记时产生；应当将抵押财产转移给抵押权人的，自财产转移之时起产生；如果抵押财产不需要转让的，则抵押权自抵押协议签订之时起产生。

2. 流通货物的抵押权，依本法第327条第2款的规定产生。

第三百一十一条　再抵押

1. 如果抵押财产又是担保另一债务的标的（再抵押），则后来的抵押权人的债权只有在前一抵押权人的债权得到清偿时，方能得以清偿。

2. 再抵押只有在前一抵押合同没有禁止时，才能成立。

3. 抵押人有义务向每一个再抵押权人告知在该抵押财产上业已存在的所有抵押权情况，并承担没有履行这一义务而对抵押权人所造成的损失进行赔偿的责任。

第三百一十二条　抵押财产的保管和维护

1. 除法律另有规定或者合同另有约定外，占有抵押物的抵押人或者抵押权人必须：

（1）采取必要的措施以保证抵押物的完好，包括保护其不受第三人的侵害和追索；

（2）当抵押物出现灭失或者损坏的危险时，应立即将有关情况通知另一方。

2. 抵押权人和抵押人有权凭单证检查被对方占有的抵押物是否真实存在以及其数量、状况和保管的条件。

3. 如果抵押权人严重违反本条第1款规定的义务而使抵押物出现损坏或者灭失的危险，则抵押人有权请求提前解除抵押。

第三百一十三条　抵押财产灭失或者损坏的后果

1. 抵押人应承担抵押物意外灭失或者意外损坏的风险，但抵押合同另有约定的除外。

2. 抵押权人对已移转给他的抵押物的全部或者部分灭失、损坏承担责任，但其证明可以根据本法第359条的规定而免除责任的除外。

3. 在抵押物灭失时，抵押权人就抵押物的实际价值负责；在抵押物受到损坏时，则对价值的降低承担责任，而不论在该抵押物交付抵押权人时的价值如何。

4. 如果抵押物因受到损坏而发生改变，致使不能按其直接用途利用，则抵押人有权拒绝接受抵押物并要求按抵押物的灭失进行赔偿。

5. 合同可以约定抵押权人因抵押物的灭失或者损坏而引起的抵押物的其他损失的赔偿责任。

6. 如果抵押人为抵押担保之债的债务人，则其有权将对抵押权人因灭失或者损害抵押物而引起的损害赔偿之请求权用于清偿抵押担保的债务。

第三百一十四条　抵押标的的更换及复原

1. 经抵押权人同意，抵押标的可以更换，但法律另有规定或者合同另有约定的除外。

2. 如果抵押标的灭失、损坏或者其所有权、经营权因法律规定的原因而终止，则抵押人有权在合理的期限内复原抵押标的或者用价值相等的其他财产进行更换。

第三百一十五条　抵押标的物使用和处分

1. 除合同另有约定且违背抵押的实质外，抵押人有权按照抵押标的的用途使用之，并有权得到因使用而产生的孳息和收益。

2. 如果合同没有另行约定且不违背抵押的实质，抵押人只有在征得抵押权人的同意后才有权转让抵押标的，将其出租、无偿提供给第三人使用或者以其他方式进行处分。

限制抵押人以遗嘱处分抵押财产的合同无效。

3. 只有在合同约定的情况下，抵押权人才有权使用交付给他的抵押标的，并应定期向抵押人提供使用情况的报告。依照合同，抵押权人还可从抵押物中提取孳息，以偿还相关债务或保护抵押人的利益。

第三百一十六条　抵押权人保护抵押标的物的权利

1. 占有或者应当占有抵押财产的抵押权人有权请求非法占有人返还抵押物，其中包括抵押人的占有。

2. 在合同约定抵押权人有权使用移转给他的抵押物时，其有权要求包括抵押人在内的其他人停止对其权利的一切侵害，即使这些侵害与使之失去对抵押物的占有没有关系。

第三百一十七条　追偿抵押财产的根据

1. 如果债务人不履行或不适当履行抵押所担保的债务系基于债务人应该负责的原因而发生，则可以为满足抵押权人（债权人）的债权而对抵押物进行追偿。

2. 如果债务人对担保债务的违反极其轻微，抵押权人请求的数额与被保证的债权明显不相符，则可以拒绝抵押权人对抵押物的追偿。

适用债务人对担保债务的违反极其轻微，抵押权人请求的数额与被保证的债权明显不相符时，应同时具备下列条件：

（1）当事人在抵押合同中确定的未履行义务（不包括罚款、罚金）的数额低于抵押财产价值的10%；

（2）延迟履行抵押担保义务的期限不超过3个月。

第三百一十八条　对抵押标的物的程序

1. 除本法及其他法律另有规定或合同另有约定外，应通过司法程序来清偿抵押财产的债权。

2. 在抵押合同、本法及其他法律规定的情形下，抵押权人有权通过竞价（拍卖）的方式，在庭外强制程序中独立出卖抵押物。抵押银行同样有权出售担保贷款的抵押物。在哈萨克斯坦共和国关于不动产抵押存在法律规定的情况下，不得强制非法出售抵押的不动产。

第三百一十九条　抵押财产的变卖

1. 对抵押财产进行变卖（出售）时，应当按照诉讼法规定的程序进行公开拍卖，但法律另有规定的除外。

以货币和债权抵押时，该抵押财产通过将货币和债权抵押或到期的货币转让的方式实现，如果在执行抵押时不能转让货币，则通过将抵押人对抵押标的的权利转让给抵押权人的方式实现。

抵押标的物或者抵押债权拍卖所得超过被担保的抵押权人的债权的，差额应返还抵押人。在抵押物的拍卖所得不足以清偿抵押权人的债权的情况下，如法律没有另行规定或者合同没有另行约定，则抵押权人有权从债务人的其他财产中得到不足部分的清偿，但不享有基于抵押的优先权。

2. 本法和不动产抵押法规定了以强制庭外程序出售抵押财产的特殊性。除本法另有规定外，不动产抵押法规定的为实现抵押权的规则和程序，适用于履行其他抵押的财产出售。

3. 根据抵押人的要求，法院有权在关于抵押物的追偿的判决中将自然人抵押财产的公开拍卖延期，最长期限为一年，法人的抵押财产延期期限最长为一个月。延期不影响当事人抵押财产所担保的债权和债务，也不免除债务人赔偿债权人在延期期间所增加的损失和违约金。

4. 任何法人和公民，包括抵押人和抵押权人，都有权参加拍卖。

拍卖开始前，法院或代理人（本法第320条）有权要求每个出价人在开始拍卖前缴纳保证金。拍卖结束时应退还保证金。中标人的保证金计入最终价格。

赢得拍卖但未支付最终价格的中标人的保证金不予退还，并由法院或代理人处置。

5. 如果拍卖因参与的出价人少于两个而被宣布失败，抵押人有权按法院判决或代理人根据有财产评估活动执照的自然人或法人的意见确定的当前评估价值将抵押财产转为其所有，或要求重新拍卖。

6. 变卖抵押财产所得款项不足以支付抵押权人的债权的，除法律另有规定或合同另有约定外，抵押权人有权从抵押人的其他财产中得到不足部分的清偿，但不享有基于抵押的优先权。

变卖抵押物所得的金额超过抵押权人以抵押物担保的债权金额的，差额返还抵押人。

7. 债务人以及作为抵押人的第三人（财产担保人），在抵押物出卖前的任何期间均有权清偿被担保的债务或者债务中延误履行的部分从而终止对抵押物的追索和拍卖。限制这项权利的合同无效。

第三百二十条　抵押财产在非司法强制程序中的变卖

1. 在通过非司法强制程序出卖抵押财产时，拍卖由代理人进行，代理人为法人或自然人，并须持有抵押人在抵押担保债务违约的情况下处分抵押财产的授权书。

2. 代理人应履行以下程序：

（1）拟定抵押人未履行义务通知书，并在抵押合同登记机关登记。

根据哈萨克斯坦共和国2011年3月25日第421－Ⅳ号法律对本条第2款进行修改。

（2）未能满足通知要求的，在不早于向抵押人发送通知之日起30日，拟定抵押财产拍卖通知，在抵押合同登记的主管部门登记，并将其交付给抵押人或以挂号信寄至抵押合同约定的地址。

（3）在当地媒体上正式发布拍卖公告。

第三百二十一条　对被担保之债的提前履行以及对抵押物的追索

1. 有下列情况之一的，抵押权人有权请求被担保债务的提前履行：

（1）抵押人未遵守抵押合同约定的条件而使抵押物脱离其占有；

（2）抵押人违反有关更换抵押物的规则（本法第314条）；

（3）非因抵押权人承担责任的情形（本法第313条第2款）使抵押标的物灭失，而抵押人未行使本法第314条第2款规定的权利；

（4）在抵押人没有其他财产的情况下，根据执行文件执行抵押物偿还第三人债务，第三人的债权不优先于抵押权人的债权。

2. 抵押权人有权要求提前履行被担保债务，如果其债权未得到满足，则在有下列情形之一时有权对抵押物进行追索：

（1）抵押人违反关于再抵押的规定；

（2）抵押人违反本法第312条第1款和第2款的规定；

（3）抵押人违反抵押物处分的规则（本法第315条第2款）；

（4）抵押人违反了抵押担保义务（本法第317条、第720条和第722条，哈萨克斯坦共和国1995年12月23日不动产抵押法第20条）。

第三百二十二条　抵押的终止

1. 抵押因下列原因之一而终止：

（1）抵押所担保的债务终止；

（2）存在本法第 312 条第 3 款规定的原因而应抵押人的请求终止；

（3）抵押物灭失或者抵押权终止，而抵押人没有行使本法第 314 条第 2 款规定的权利；

（4）抵押物公开拍卖或者抵押物的出卖成为不可能（本法第 319 条）。

2. 抵押终止须在抵押合同登记簿上注明。

3. 在抵押因被抵押所担保的债务履行或应抵押人的请求（本法第 312 条第 3 款）而终止时，占有抵押物的抵押权人应立即将抵押物返还给抵押人。

第三百二十三条 按照法定继承将抵押财产权利转移给他人时抵押财产的保全

1. 因有偿或无偿让与或者普遍的法定继承程序，抵押人将抵押财产的所有权或经营管理权转让给他人时，抵押权继续有效。

抵押人的法定继承人代替抵押人，承担抵押人的全部义务，但与抵押人另有约定的除外。

2. 抵押人将作为抵押标的的财产以继承方式转移给多个人的，由各继承人（财产受让人）承担不履行抵押担保义务而产生的后果。抵押权所担保的债务与转让给各继承人（财产受让人）的上述财产的比例相称。但是，如果抵押的标的物是不可分割的，或者因其他原因为法定继承人共同共有的，则其为共同抵押人。

第三百二十四条 抵押财产强制没收的后果

1. 如果抵押人对作为抵押标的的财产的所有权依法律规定的原因和程序而终止，因国家需求而被征缴（赎买）、被征用或国有化而给抵押人提供其他的财产或者给予相应补偿，则抵押权及于替代的财产之上，或者抵押权人相应地取得从抵押人应得的补偿中优先满足其债权的权利。抵押权人还有权请求提前履行抵押所担保的债务（本法第 321 条第 1 款）。

2. 如果因作为抵押标的的财产实际上为第三人所有，或因实施犯罪行为或者其他违法行为而受到制裁等原因而被依法定程序从抵押人处收缴了抵押物，则对该财产的抵押终止。在此情况下抵押权人有权要求提前履行被担保的债务。

第三百二十五条 抵押合同权利的让与

1. 抵押权人有权依照债权人让与请求权的规则（本法第 339 条至第 347 条）将自己的抵押合同权利转让给其他人。

2. 如果抵押所担保的债务人的主债转移给他人时，抵押权人将抵押合同权利向同一人的转让有效。

3. 根据哈萨克斯坦共和国1998年3月2日第211-1号法律删除。

第三百二十六条　抵押所担保之债的债务移转

如果抵押人没有向抵押权人表示同意对新的债务人承担责任，则抵押随着抵押担保之债的债务移转给他人而终止。

第三百二十七条　流通商品抵押

1. 流通商品抵押是指由抵押人占有，享有改变抵押财产（储备商品、原料、材料、半成品、成品等）的组成和自然形态的权利，其条件是财产的总价值不少于抵押合同中所约定数额的商品抵押。

被抵押流通商品价值的减少与抵押所担保的债务已履行部分相当时才被允许，但合同另有约定的除外。

2. 抵押人转让的流通商品自其所有权、经营权或者业务管理权移转于取得人之时起便不再是抵押标的，而抵押人取得的抵押合同所列商品自抵押人产生所有权或者经营权之时起成为抵押标的。

3. 流通商品的抵押人必须备制抵押记录簿，在记录簿上应当记载商品抵押的条件以及截至最后业务之日可能引起抵押标的组成或者自然形态发生的变化，包括加工在内的一切业务。

4. 如果抵押人违反流通商品抵押的条款和条件，抵押权人有权通过对抵押商品加以自己的标志和印章以中止一切业务，直至消除违反。

第三百二十八条　典当物的抵押

1. 为担保短期贷款而接受公民的个人消费品作抵押，可由注册为典当行的法人作为其经营活动而进行，其专门活动是：

（1）提供以动产为抵押的短期借款；

（2）统计、保管和销售含有贵金属和宝石的首饰。

典当行有权进行投资活动。

2. 典当物抵押的合同以典当行开出当票的形式办理，可能包含为抵押财产投保的要求。抵押财产的保险由典当行承担。

3. 典当行无权使用和处分抵押物。

4. 典当行对抵押物的灭失、损坏承担责任，但能证明灭失或损坏是因不可抗力造成的除外。

5. 典当行经营活动必须按照典当行最高机构批准的《典当行经营规则》的规

定进行，并应包含以下信息：

（1）限制所发放贷款的金额和条件；

（2）授予贷款的利率限制值；

（3）进行交易的费率和关税；

（4）典当行及其客户的权利和义务及其责任；

（5）抵押票遗失时向抵押人出具副本的程序；

（6）其他条件。

典当行经营规则应张贴在典当行客户可查看的地方。

典当行必须按照哈萨克斯坦共和国许可与通知法规定的方式将其活动的开始或终止通知金融监督授权机构。

6. 典当物抵押合同的条款若规定抵押人的权利少于本法规定的权利，则该条款自始无效。同时，应适用本法的相应规定以代替这些条款。

根据哈萨克斯坦共和国2015年8月2日第343－V号法律（2016年4月1日生效），本条补充第7款。

7. 典当行有义务遵守哈萨克斯坦共和国关于打击犯罪所得合法化（洗钱）和资助恐怖主义的法律规定的要求。

第四节　保证和担保

第三百二十九条　保证

1. 保证人以保证的形式，向他人（债务人）的债权人承诺其与债务人共同对债务的全部或部分承担履行责任，但法律另有规定的情形除外。

2. 共同提供保证的人对债权人承担连带责任，但担保合同另有约定的除外。

3. 可以缔结保证合同，以保证将来出现的债务。

第三百三十条　担保

担保人通过担保承担义务，向另一人的债权人担保该人全部或部分履行债务的补充责任。

第三百三十一条　担保和保证的根据和形式

1. 担保和保证是根据保证或担保合同产生的。担保的适用可由法律规定。

2. 担保和保证合同必须以书面形式作出，违反书面形式将导致担保和保证合同无效。

3. 担保人或保证人以书面形式通知债权人其对债权人履行债务人债务的责任，

债权人未在通常需要的时间内拒绝担保人或保证人的提议的，则担保或保证合同应被视为书面合同。

4. 二级银行可以在授权机构许可的基础上，按照本法和授权机构的规范性法律行为，规范上述业务的程序，签发银行担保和保证。

二级银行在违反本法的规定和未考虑授权机构法律监管行为的要求的情况下签发的银行担保和保证无效。

第三百三十二条　担保人和保证人的责任

1. 除非合同另有约定，担保人和保证人仅担保有效的债权。担保人、保证人事先知道债务人无民事行为能力仍为其提供担保，而债权人不知道的，不免除其责任。

2. 担保人对债权人承担与债务人相同的责任，包括支付违约金、赔偿（利息）、因追偿债务而发生的费用以及因债务人不履行或不适当履行债务给债权人造成的其他损失，除非保证合同另有约定。

3. 保证人在保证书约定的金额范围内对债权人承担责任，但保证书另有约定的除外。债权人在对承担补充责任的保证人提出索赔之前，必须采取合理措施追偿，包括抵销债务和按规定方式强制执行债务人的财产。

第三百三十三条　债权人向其提出请求时保证人的权利和义务

1. 保证人在清偿债权人的债权之前，有义务通知债务人，对保证人提起诉讼的，应使债务人参与诉讼。否则，债务人有权对保证人的反诉提出其对债权人的所有抗辩。

2. 除保证合同另有约定外，保证人有权对债权人的债权提出债务人可能提出的抗辩。即使债务人已放弃或承认其债务，保证人也不丧失提出该抗辩的权利。

第三百三十四条　已履行债务的担保人和保证人的权利

1. 已履行债务的担保人，在担保人清偿债权人债权的范围内，应获得债权人与该债务有关的所有权利以及债权人作为抵押权人的所有权利。担保人也有权要求债务人支付其已支付给债权人的违约金和赔偿（利息），并赔偿由于债务人的责任而产生的其他损失。

2. 在担保人履行了担保责任之后，债权人应向担保人出具有关债务人的债权证明文件，并移转担保该请求权的权利。

3. 如果法律没有不同规定，债务人与担保人订立的合同或者其之间的关系无不同约定，则应适用本条第 1 款和第 2 款的规定。

4. 担保人在履行债务人对债权人的债务的范围内，获得债务人相同的权利。

第三百三十五条　担保人和保证人关于债务人履行债务的通知

债务人在履行担保人或保证人担保的债务后，应立即就此通知担保人或保证人。否则，已履行债务的担保人或保证人，有权要求债权人返还不当取得或者向债务人提出追偿请求。在后一种情况下，债务人仅有权向债权人追索不当取得。

第三百三十六条　担保和保证的终止

1. 担保和保证因其所担保和保证之债的终止而终止，以及因该债务在未经担保人和保证人同意且导致担保人和保证人责任增加或者其他对担保人和保证人不利的后果的变更而终止。

2. 如果担保人和保证人不同意为新的债务人向债权人承担担保和保证责任，则担保和保证随被担保和保证之债移转于他人而终止。

3. 担保和保证所担保之债的履行期限届满后，债权人拒绝接受债务人或者担保人和保证人提出的适当履行的，债务终止。

4. 担保和保证因担保或保证合同约定的期限届满而终止。如果没有规定此期限，债权人自担保或保证之债的履行期届满之日起 1 年内未起诉担保或保证人的，担保或保证终止。若主债的履行期限不明且不能确定或者不能确定请求时间，在债权人自缔结担保或保证合同之日起 2 年内没有起诉担保人或保证人的，担保或保证终止，除非法律另有规定。

第五节　定　　金

根据哈萨克斯坦共和国 2007 年 1 月 12 日第 225 – III 号法律对第 337 条进行了修改。

第三百三十七条　定金的概念　定金合同的形式

1. 定金是订立合同的一方为证明合同的签订和保证合同的履行而支付给对方的依照合同应支付的一定数额的金钱。

2. 不论定金的数额多少，定金合同均应采取书面形式。此规则也适用于主债必须经过公证的情况。违反书面形式将导致定金合同无效。

第三百三十八条　定金所担保债务的终止和不履行的后果

1. 在债务开始履行前因双方协议或者因无过错履行不能而终止债务的，定金应当返还。

2. 如果给付定金的一方没有履行债务，定金归另一方；如果接受定金的一方不履行债务，应当向另一方双倍返还定金。除此之外，如果合同没有另行约定，对合同的不履行负有责任的一方有义务向另一方赔偿损失，但应扣除定金的数额。

第六节 留 置

第三百三十八条之一 留置的一般规定

1. 如果债权人占有应当交给债务人或者债务人所指定的人的物，而债务人没有按期支付该物的价款或者偿付与之有关的费用和其他损失，则债权人有权将该物留置，直到相应的债务得到履行。

双方当事人的请求权虽与给付物的价款、偿付物的费用或其他损失无关，但均为经营者产生的债，也可以用物的留置进行保障。

2. 即使在债权人对物发生占有之后物之权利由第三人取得，债权人仍可对该物进行留置。

3. 本条规定适用于合同没有不同约定的情形。

第三百三十八条之二 以留置财产清偿债权

持有留置财产的债权人的债权应从该物的价值中清偿，清偿范围和方式应与清偿抵押担保的债权相同。

根据哈萨克斯坦共和国 2011 年 3 月 25 日第 421 – IV 号法律，第 18 章补充第 7 节。

第七节 保 证 金

第三百三十八条之三 保费的概念

1. 保证金是保证金支付人在交易过程中为履行订立合同的义务或履行其他义务而向保证金收受人转移的金额。

2. 法律可以规定保证金义务。支付保证金的义务也由当事人约定产生。

第三百三十八条之四 保证金担保的债务不履行、终止或履行的后果

1. 因支付人的过错，未履行以保证金为担保的债务，保证金由对方承担。

2. 因保证金收受方的过错或当事人约定终止本债务或无过错无法履行保证金担保的债务时，保证金可退还。

3. 在订立合同或履行以保证金为担保的其他债务时，保证金金额应抵销另一方根据已签订的合同或以保证金为担保的其他义务应向保证金接收人支付的款项。除非本法、其他法律、当事人合同或者债的性质另有要求。

第十九章　债的主体变更

根据哈萨克斯坦共和国1998年3月2日第211－1号法律，第339条补充第4款。

第三百三十九条　债权人债权转移的根据及程序

1. 属于债权人的债权（请求权）可以根据合同（债权让与）或者根据法律移转给他人。

债权人的债权移转给第三人的规定不适用于返还代偿请求权。

2. 债权人的债权移转给第三人时，不需要债务人的同意，但法律另有规定或者合同另有约定的除外。

3. 如果债权人没有将债权移转的事实书面通知债务人，则新的债权人应承担因此而引起的一切不利后果的风险。在此情况下，债务人对原债权人的履行视为对适当债权人的履行。

4. 某些类型债务的请求权转让的特殊性可以通过法律来确定。

第三百四十条　不能转让给他人的权利

不得将与债权人人格密不可分的权利，特别是对抚养费、生命或健康损害的赔偿等权利转让给他人。

第三百四十一条　转让给他人的债权范围

如果法律没有另行规定或者合同没有另行约定，原债权人移转于新债权人债权的数额及条件，以移转之时所存在者为限。特别是，保证债务履行的权利以及与债权相关的其他权利，包括未支付的报酬（利息）在内的权利，一并移转于新的债权人。

第三百四十二条　新债权人权利的证明

1. 在新债权人出示债权移转的证明之前，债务人有权拒绝对其履行债务。

2. 将债权移转于他人的债权人有义务将有关债权的证明文件移交于该第三人，并将对债权的履行具有意义的信息材料通知该人。

第三百四十三条　债务人对新债权人债权的抗辩

债务人在收到关于债权移转于新债权人的通知后，对原债权人所提出的一切抗辩，均有权对新债权人提出。

第三百四十四条　根据法律将债权转让给他人

有下列法律规定的情形之一时，债权人的债权依法移转于第三人：

（1）对债权人债权的总括继受；

（2）根据法院的判决而将债权人的债权移转于第三人，如果依据法律规定这种移转是可能的；

（3）非为债务人的担保人、保证人或者抵押人履行了债务人的债务；

（4）在保险事故的责任人为债务人时，债权人对债务人的债权移转于保险人；

（5）法律规定的其他情形。

第三百四十五条　债权让与的条件

1. 在不与法律或者合同相抵触的条件下，允许债权人将债权让与第三人。

2. 如果债权人的人身对债务人具有实质性意义，则非经债务人的同意，债权不得移转。

第三百四十六条　债权让与的形式

1. 债权所赖以产生的法律行为为书面形式（普通或公证）时，债权的让与应当以相应的书面形式完成。

2. 需要国家登记的交易下的债权让与必须按照为该交易的登记规定的方式进行登记。

3. 指示有价证券权利的让与以对该种证券进行背书（本法第 132 条第 3 款）的方式实施。

第三百四十七条　让与债权的债权人责任

让与债权的原债权人对新债权人就债权让与的非有效性负责，但不对债务人不履行债务承担责任，除非原债权人向新债权人为债务人提供了保证。本法另有规定或者合同另有约定的除外。

第三百四十八条　债务的转让

1. 只有在征得债权人同意时，债务人方可将其债务转让于第三人。

2. 新债务人有权对债权人的请求提出基于债权人和原债务人之间的关系的抗辩。

3. 债务转移的形式分别适用本法第 346 条第 1 款和第 2 款的规则。

4. 某些类型的债务转移的特殊性可以通过法律确定。

第二十章　违 约 责 任

第三百四十九条　违约的概念

1. 违约是指债务人不履行或不适当履行（不及时、货物和工作有缺陷、违约内容确定的其他条件)。如果出现无法适当履行的情况，债务人有义务立即通知债权人。

2. 债权人有权要求债务人承担违约的责任。

第三百五十条　违约造成的损害赔偿

1. 债务人违约，有义务赔偿因其违约而对债权人造成的损失（本法第 9 条第 4 款)。违约金所担保的债务的损失赔偿由本法第 351 条规定确定。

2. 当事人在违约前达成的免除债务人违约损害赔偿的合同无效，但双方当事人可以通过共同协商约定只赔偿财产的实际损失。

3. 除法律另有规定或合同另有约定外，在确定损失时，应考虑债务人自愿满足债权人债权请求之日的债务履行地的价格，或者债权请求未自愿满足之日履行义务地的价格。法院可以根据具体情况，考虑到判决之日或实际支付之日的价格满足损害赔偿请求。

4. 在确定利润损失数额时，应当考虑债权人为取得利润而采取的措施和为此所作的准备。

5. 债权人有权要求取消债务人以及财产所有人为避免违约的责任而实施的任何行为。

第三百五十一条　损失和违约金

1. 如果对不履行债务或者不适当履行债务规定了违约金，则损失的赔偿以违约金不足以弥补损失的部分为限。

法律可以规定或者合同可以约定以下情况：允许只追索违约金而不追索损失；除违约金外追索全部损失；可以根据债权人的选择追索违约金，或要求赔偿损失。

2. 如果对不履行或者不适当履行债务规定了有限责任，超出违约金，或者取代违约金的，应当赔偿的损失部分应该在限制规定的范围内追偿。

第三百五十二条　违约造成的精神损害赔偿

因违约而造成的精神损害，应在本法第 350 条规定的损害赔偿之外予以赔偿。

另见：哈萨克斯坦共和国最高法院 2015 年 11 月 27 日关于《法院适用精神损害赔偿法律》的第 7 号监管决议。

第 353 条载于哈萨克斯坦共和国 1997 年 7 月 11 日第 154 - 1 号法律修正案，根据哈萨克斯坦共和国 2007 年 1 月 12 日第 225 - III 号法律修订。

第三百五十三条　非法使用他人资金的责任

1. 因不履行金钱债务或延期支付，或者不合理收受或存入他人资金等方式而非法利用他人资金的，应当支付违约金。违约金的数额按照哈萨克斯坦共和国国家银行在履行金钱债务或者相应部分之日的银行利息贴现率计算。以诉讼程序追偿债务的，法院可以提起诉讼或者作出判决之日的哈萨克斯坦共和国国家银行银行利息贴现率为准，或根据债权人的选择在实际付款之日对债权人的债权进行清偿。如果法律没有另行规定违约金的数额或者合同对违约金的数额没有另行约定时，适用该规定。

2. 使用他人资金的违约金应在这笔款项支付给债权人之日起收取，除非法律规定或合同约定了不同的计算违约金金额的程序。

3. 如果非法利用债权人的资金而对其造成的损失超过本条第 1 款规定的违约金数额，债权人还有权要求债务人赔偿超过的部分。

根据哈萨克斯坦共和国 1998 年 3 月 2 日第 211 －1 号法律对第 354 条进行了修订。

第三百五十四条　责任和债务的实际履行

1. 因不适当履行债务而支付违约金或者赔偿损失，并不解除债务人以实际履行的责任，但法律另有规定或者合同另有约定的除外。

2. 因不履行债务而赔偿了损失，同时因不履行债务而支付违约金，解除债务人实际履行的责任，但法律另有规定或者合同另有约定的除外。

3. 债权人拒绝接受因迟延而丧失利益的履行（本法第 365 条），以及支付以赔偿金（本法第 369 条）形式规定的违约金，则免除债务人实际履行的责任。

第三百五十五条　转让特定物之债不履行的后果

1. 在没有完成将特定物交付给债权人所有、经营、管理或者归其使用的债务时，债权人有权要求债务人返还该物并交给债权人。但第三方对该物享有优先权的情况除外。

2. 物的转让不免除债务人的损害赔偿责任。

第三百五十六条　债务人履行债务

如债务人未能履行向债权人制造和转让物品的义务，或者未履行完成一定的工作、提供服务的债务，而法律、合同或者债的性质没有其他规定，则债权人有权在合理的期限内以合理的价格委托第三人履行或者亲自履行，同时有权要求债务人赔偿必要的费用和其他损失。

根据哈萨克斯坦共和国 1998 年 3 月 2 日第 211－1 号法律对第 357 条进行了修订。

第三百五十七条　补充责任

1. 对根据法律或者债务条款对主债务人的责任承担责任（补充责任）的其他人提出请求前，债权人应当向主债务人提出请求。

如果主债务人拒绝履行或者未完全履行债权人的债权，或者债权人未在合理的期限内得到债务人对请求的答复，则该请求可以向承担补充责任的人提出。

2. 如果该请求可以通过与主债务人抵销的方式予以满足，则债权人无权要求承担补充责任者满足对主债务人的请求（本法第 370 条）。

3. 承担补充责任者在满足债权人对其提出的请求前，应当将此情况通知主债务人，如果债权人已向承担补充责任的人提起诉讼，则应让主债务人参加诉讼。

否则，主债务人有权提出其可以向债权人提出的异议，以对抗承担补充责任者的返还代偿请求。

根据哈萨克斯坦共和国 1998 年 3 月 2 日第 211－1 号法律对第 358 条进行了修订。

第三百五十八条　债务责任范围的限制

1. 对特定种类的债以及与特定活动有关的债，法律可以对要求全额赔偿损失的权利作出限制（有限责任）。

2. 如果法律规定了违约责任的金额，则债权人通过格式合同或其他合同就债务人的责任金额所达成的限制合同无效。

第三百五十九条　违约责任的根据

1. 对债务不履行和（或）不正确履行的人在具有过错的情况下应承担责任，但法律另有规定或者合同另有约定的除外。如果债务人能够证明其为适当履行债务采取了所有必要措施，则视为无过错。

2. 如果法律没有另行规定或者合同没有另行约定，则在进行经营活动中未履行或者未适当履行债务的人应当承担责任，除非能证明不能履行是不可抗力所致，即在该条件下不可抗力的情况（自然现象、军事行动等）所致。市场上缺乏履行债务所需要的商品、制品或服务均不属于上述情形。

法律可以规定或合同可以约定其他责任或免除责任的理由。

3. 事先订立的关于故意违约责任的免除或者限制的合同无效。

第三百六十条　债务中的企业风险

如果债务规定按照企业主的命令完成某种工作，则无法或不适宜使用工作成果的风险由企业承担。正确完成工作的人有权按照完成工作的程度获得报酬，除非合同约定了不同的企业风险分配。

第三百六十一条　无法履行双边合同的后果

在双边合同中，因双方均不承担责任的情况，一方当事人无法履行的，除法律另有规定或合同另有约定外，任何一方均无权要求履行合同。在这种情况下，各方均有权要求返还其已履行而未收到相应的履行的一切。

第三百六十二条　债务人对其雇员的责任

债务人的职员或其他雇员履行债务人之债务的行为视为债务人的行为。如果该行为致使债务未履行或者未适当履行，则债务人应对该行为负责。

第三百六十三条　债务人对第三人行为的责任

1. 债务人因第三人对债务人债务的作为或不作为而违约的，债务人也应对债权人负责。

债务人对受托履行债务的第三人的未履行或者未正确履行负责，但法律规定责任由作为直接履行人的第三人承担的除外。

2. 债务人因第三人的作为或不作为造成的违约责任，可通过证明其无责任的方式免除责任。

债务人在开展业务活动时，因不可抗力造成的第三方作为或不作为引起的违约责任，可免除（本法第 359 条第 2 款）。

3. 违反第三人权利对债务标的物设押义务的，债务人只有在与债权人订立合同之前产生该负担且债权人在订立合同时已得到通知的情况下才可以免除责任。

4. 法律可以规定或合同可以约定债务人对第三人行为责任的其他条件。

根据哈萨克斯坦共和国 1998 年 3 月 2 日第 211 – 1 号法律对第 364 条进行了修订。

第三百六十四条　债权人的过错

1. 如果债务的不履行或者不正确履行是双方的过错所致，法院应相应地减少债务人的责任。如果债权人故意或因过失促使债的未履行或者未正确履行而引起损失扩大，或者未采取合理措施减少损失，法院也有权减轻债务人的责任。

2. 本条第1款的规则也相应地适用于不论债务人是否有过错均根据法律或者合同对债的未履行或未正确履行承担责任的情形。

第三百六十五条　债务人迟延

1. 债务人对迟延履行造成的损失以及在延迟期间意外发生的不能履行的后果，向债权人承担责任。

2. 如果因债务人迟延而使债务履行对债权人已无利益，债权人可以拒绝接受履行并要求赔偿损失。

3. 在债务人的迟延未使债不能履行之前，债务人不被视为迟延（本法第366条）。

第366条根据哈萨克斯坦共和国1997年7月11日第154－1号法律进行了修订。

第三百六十六条　债权人的迟延

1. 如果债权人拒绝接受债务人提供的适当履行，或者未能完成法律规定或合同约定抑或根据商业交易习惯或者债之性质应为的行为，而在该行为完成前债务人又不能履行自己的债务的，则视为债权人迟延。

债权人拒绝正式确认债务人履行其债务的，债权人也被视为迟延。

2. 如果债权人不能证明迟延是因非由其个人或者根据法律或债权人的委任而代为接受履行者应负责任的情形所致，则在债权人迟延的情况下，债务人有权要求债权人赔偿因其迟延而造成的损失。

允许延迟的债权人应当承担延迟期间发生的意外以及不能履行债务的全部不利后果。

3. 在金钱之债中，债务人没有义务支付债权人迟延期间的报酬（利息）。

第二十一章　债的终止

第三百六十七条　债终止的根据

1. 债务因履行、补偿、抵销、债务人和债权人同为一人、更替、债务免除、无法履行、国家机构颁布法令、自然人死亡、法人清算的行为而全部或部分终止。

2. 只有在法律规定的情况下，才允许应一方当事人要求终止债务。

3. 法律可以规定和合同可以约定终止债务的其他理由。

根据哈萨克斯坦共和国1998年3月2日第211－1号法律修改了第368条。

第三百六十八条　债以履行而终止

债因正确履行而终止。

第三百六十九条　补偿金

根据各方当事人的合同，债可因提供代偿（支付金钱、转让财产等）替代履行而终止。补偿的数额、期限及程序由各方当事人决定。

第370条根据哈萨克斯坦共和国1998年3月2日第211－I号、2005年12月23日第107－III号、2011年2月10日第406－IV号法律进行了修订。

第三百七十条　债因抵销而终止

1. 债可以用到期的、未规定期限的或按提出请求时间确定履行期限的同类相对请求权的抵销而全部或者部分终止。对于抵销，只要一方提出即可。

2. 下列情况下禁止请求权的抵销：

（1）根据一方的请求对债应当适用诉讼时效期，而该期限已经届满；

（2）对生命或健康造成损害的赔偿；

（3）赡养费的追偿；

（4）终身抚养金；

（4－1）债权是对已被吊销执照或处于保全或清算过程中的银行的债权转让合同产生的；

（5）法律规定或合同约定的其他情形。

3. 在债权让与时，债务人有权以自己对原债权人的相对请求权的抵销对抗新债权人的请求权。

如果请求权产生的根据在债务人收到债权让与通知时已经存在，并且请求权的期限在其收到通知时已届满或者该期限没有指明抑或以提出请求的时间来决定，则抵销可以进行。

第三百七十一条　债因债权人与债务人为同一人而终止

债因债务人与债权人为同一人而终止。

第372条根据哈萨克斯坦共和国1998年3月2日第211－1号法律进行了修订。

第三百七十二条　债因更新而终止

1. 债因双方关于用相同当事人但标的或履行方式不同的新债代替他们之间的初始之债（债的更新）的协议而终止。

2. 在与生命、健康的损害赔偿或者支付赡养费有关的债中，不允许债的更新。

3. 债的更新终止与初始之债有关的附随义务，但双方协议有不同约定的除外。

第三百七十三条　债务免除

如果不损害他人对债权人财产的权利，债因债权人免除债务人的债务而终止。

第三百七十四条　债因履行不能而终止

1. 如果履行不能由任何一方均不应当负责任的情况所引起，债因履行不能而终止。该规则不适用于金钱债务。

2. 因一方当事人或另一方当事人均不承担责任的情形致使一方当事人不能履行债务的，无权要求另一方当事人履行债务，但法律另有规定或合同另有约定的除外。在这种情况下，已履行债务的各方都有权要求退还已履行的债务。

3. 如果债务人履行不能是债权人的过错行为所致，债务人也无权要求债权人返还其已履行的债。

第三百七十五条　债因国家机关的法令而终止

1. 如果由于包括地方代表机构和执行机构在内的国家机关颁布的法令（公法行为）使债的履行变得全部或者部分不能时，债全部或者相应部分终止，因此遭受损失的当事人有权依照本法的规定要求该机构和机关赔偿其损失。

2. 在依照规定程序确认债据以终止的公法行为无效时，债可恢复，但从当事人的合同或者债的实质中可以得出不同规定和履行已经对债权人丧失利益的除外。

第三百七十六条　债因公民死亡而终止

1. 没有债务人的亲自参与就无法履行债务或者债的履行与债务人人格密不可分，则债因债务人的死亡而终止。

2. 如果履行债务的目的是为了债权人本人，或债务与债权人的人格密不可分，则债因债权人死亡而终止。

第三百七十七条　债因法人的清算而终止

1. 债因法人（债权人或者债务人）的清算而终止，但法律规定将法人之债（生命或者健康的损害赔偿请求权等）的履行移转于另一法人的情形除外。

第2款根据哈萨克斯坦共和国2011年3月25日第421－IV号法律进行了修改。

2. 国家机构包括地方代表机构和行政执行机构终止活动或重组，不导致该机构未履行的债的终止。上述债的履行应归属于有预算资金可供支配的机构，除非终止活动或重组各机构的决定指定了应将债归属于其他国家机构。

第二分编　合同的一般规定

第二十二章　合同的概念和条款

第三百七十八条　合同的概念

1. 合同是两人或者多人关于设立、变更或者终止民事权利或民事义务的协议。

2. 对合同适用本法第四章规定的关于双方法律行为及多方法律行为的规则。

3. 对两个以上当事人订立的合同（多边合同）适用合同的一般规定，但违背该类合同的多方性质的除外。

第三百七十九条　因合同产生的法律关系

1. 合同可能产生义务、财产、版权或其他法律关系。

2. 关于义务的一般规定（本法第 268 条至第 377 条）适用于合同产生的义务，除非本章规则和本法中有关某些类型合同的规则另有规定。

3. 本章规定适用于所有权、版权或者其他由合同（合资合同、企业合同、版权合同等）产生的财产、版权或其他法律关系，但法律、合同或法律关系实质另有要求的除外。

第三百八十条　合同自由

1. 公民和法人在订立合同上享有自由。禁止强制订立合同，但本法、其他法律规定有订立合同义务以及自愿接受的情形除外。

2. 当事人可以订立法律规定或未规定的合同。

第三百八十一条　混合合同

当事人可以订立包含法律规定的不同合同要素的合同（混合合同）。对混合合同中当事人之间的关系，如果当事人的合同没有其他规定或从混合合同的实质未得出不同结论，则混合合同含有哪种合同成分，就在相应部分适用关于该种合同的规则。

第三百八十二条　合同条款的确定

1. 合同条款根据当事人的意志决定，但相应条款的内容为法律另有规定的情形除外。

如果合同条件为依法有效的规范所规定，而该规范的适用以当事人合同没有不同规定为限（任意性规范），则当事人可以通过协议排除规范的适用或者约定有别于规范规定的条件。在没有这样的协议时，合同条款由任意规范决定。

2. 如果当事人的合同或任意性规范均未规定合同条件，相应的合同条款由适用于当事人关系的商业流转习惯确定。

第三百八十三条　合同与法律

1. 合同应当符合合同订立时有效的法律规定和对当事人具有强制力的规范（强制性规范）。

2. 如果在合同订立后，法律规定了对当事人具有强制力的又与订立合同时有效的规则不同的规则，则已订立合同的条款依然有效，但新法律规定其效力及于在以前订立的合同的情形除外。

第三百八十四条　有偿与无偿合同

1. 一方当事人因履行其义务而获得报酬或其他对应给付的合同，为有偿合同。

2. 一方当事人承诺向另一方当事人提供给付而不接受付款或者其他对应给付的，视为无偿合同。

3. 如果从法律、合同的内容或者实质不能得出不同结论，合同推定为有偿合同。

第三百八十五条　价款

1. 合同的履行按双方协议的价款支付。

在法律规定的情况下，适用被授权的国家机关制定的或监管的价款（费率、定价、税率等）。

2. 合同订立后，只有在按合同约定、法律规定的条件和场合或者依照法定的程序，才允许变更合同价格。

3. 如果在有偿合同中价格没有约定且根据合同条款也不能确定，则合同的履行应该按照可比情况下同类商品、工作或者服务的通常价格给付价款。

第三百八十六条　合同的效力

1. 合同自签订之时起生效并对当事人产生约束力（本法第393条）。

2. 当事人有权规定其所签订的合同的条款适用于在合同签订之前产生的关系。

3. 法律可以规定或者合同可以约定合同有效期限届满即终止当事人的合同义务。

未注明有效期的合同，视为在合同中约定的当事人完成履行之前有效。

4. 合同有效期届满并不免除当事人在该期限届满前产生的违约责任。

第387条根据哈萨克斯坦共和国1997年7月11日第154－1号法律进行了修订。

第三百八十七条　公开合同

1. 公开合同是指由商业组织签订，规定因其活动性质而应对每个向其提出请求的人履行的出售商品、完成工作或者提供服务义务的合同（零售贸易、公共交通运输、通信服务、能源供应、医疗、酒店服务等）。

商业组织在签订公开合同时没有权利优先考虑某人，但法律另有规定的情形除外。

2. 在公开合同中商品、工作、服务的价格和其他条件对所有的消费者一律平等，除非法律允许对某类消费者提供优惠。

3. 在商业组织有可能为消费者提供相应的商品（工作、服务）时，不得拒绝签订公开合同。

当商业组织无故拒绝签订公开合同时，适用本法第399条第4款的规定。

4. 在法律规定的情况下，哈萨克斯坦共和国政府可以颁布对当事人签订和履行公开合同（标准合同、条例等）具有约束力的规则。

5. 不符合本条第2款、第4款规定的条件的公开合同条款无效。

第三百八十八条　合同的示范条款

1. 合同中可以约定，合同的个别条款可以按照为相应种类合同制定并在出版物上公布的示范条款决定。

2. 当合同中不包含对示范条款的援引时，这些示范条款作为交易习惯适用于双方当事人的关系，但这些条款应符合本法第3条和第382条的规定。

3. 示范条款可以用示范合同的形式或者以包含这些条款的其他文件表述。

第三百八十九条　格式合同

1. 格式合同是指合同的条款由当事人一方以标准条款或者其他标准形式决定，并且另一方只能整体接受的合同。

哈萨克斯坦共和国关于养老金提供的法律可以规定签订加入合同的具体内容及其内容要求。

2. 如果格式合同虽然不与法律相抵触，但剥夺了格式合同接受方在该类合同中通常给予的权利，免除或者限制了被格式合同接受方在违约时的责任，或者含有其他在格式合同接受方能参与决定合同条款的情况下出于自己合理理解的利益不可能接受格式合同提供方设定负担的条款，则格式合同接受方有权要求终止合同。

3. 在存在本条第 2 款规定的情形时，如果格式合同接受方知道或者应当知道签订合同的条件，则格式合同接受方提出终止合同的要求，不应予以满足。

第 390 条根据哈萨克斯坦共和国 1998 年 3 月 2 日第 211 - 1 号法律进行了修订。

第三百九十条　预约合同

1. 根据预约合同，当事人承担依预约合同约定的条款在将来签订关于移转财产、完成工作或者提供服务的合同（主合同）义务。

2. 预约合同的形式应采取法律对主合同规定的形式签订，如果没有规定主合同的形式，则以书面形式签订。不按规定形式签订的预约合同，自始无效。

3. 预约合同应当包含决定主合同的标的，以及主合同的其他必要条款。

4. 在预约合同中应约定当事人必须签订主合同的期限。

如果在预约合同中没有确定该期限，则主合同应当在预约合同签订之日的 1 年内签订。

5. 当签订了预约合同的一方当事人拒绝订立主合同时，有义务赔偿对方由此遭受的损失，但法律另有规定或合同另有约定的除外。

6. 如果直至当事人应当订立主合同的期限届满之时主合同没有签订或者一方当事人没有向另一方当事人发出订立主合同的建议，则预约合同约定的义务终止。

7. 意向书（意向协议）如未明确约定当事人的意向并赋予其预约合同效力，则不属于民事合同，不承担法律后果。

第三百九十一条　为第三人利益的合同

1. 为第三人利益的合同就是在合同中约定，债务人非向债权人，而是向合同中指定的或未指定的第三人履行，该第三人有权要求债务人为自己的利益完成履行。

2. 自第三人向债务人表示行使合同约定的权利的意愿时起，当事人无第三人的同意便不得解除或者变更他们签订的合同，但法律另有规定或者合同另有约定的除外。

3. 合同中的债务人有权对第三人提出他可以向债权人提出的异议。

4. 在第三人放弃合同为之约定的权利时，债权人可以享有该权利，但不得与法律或者合同相抵触。

根据哈萨克斯坦共和国2011年3月25日第421-IV号法律，本条补充第5款。

5. 根据合同条款，自第三人表示行使合同权利之时起至第三人放弃其权利时，债权人有权要求债务人仅在有利于第三人的条件下履行义务。

第三百九十二条　合同的解释

1. 法院在对合同条款进行解释时，应注意其中的词语及表达的字面意义。当合同条款的字面意义不清时，应对照合同的其他条款及合同的整体意思进行解释。

2. 本条第1款规定不能确定合同内容的，应当考虑合同的目的而对当事人之总的确切意思进行解释。在此情况下，应注意到所有相关的情况，包括合同前的会谈和往来信函、当事人相互关系中已确定的实际做法、商业流转习惯、当事人的后续行为。

第二十三章　合同的订立

第三百九十三条　合同订立的基本条款

1. 如果当事人就合同所要求的形式对所有基本条款达成一致时，则合同视为订立。

基本条款是指关于合同标的的条款，法律承认的必要条件或者该类合同所必须的条款，以及根据一方当事人的请求而应该达成协议的所有条款。

2. 根据法律规定，为订立合同需要转让财产的，自有关财产转让之日起视为合同成立。

第三百九十四条　合同形式

1. 如果当事人约定以一定的形式签订合同，则合同具备约定的形式后即视为已经签订，即使法律对该类合同并不要求这种形式。

2. 如果订立合同的书面建议依照本法第396条第3款规定的程序被接受，合同的书面形式即视为已得到遵守。

第三百九十五条　要约

1. 要约是向一个或者几个特定的人发出的建议，该建议内容确定并表达了提出要约的人在受要约人接受时受要约约束的意图。如果要约约定了合同的基本条款或确定了这些条款的方式，则该要约是足够具体的。

2. 要约自受要约人收到之时起对要约人产生约束力。

如果撤回要约的通知先于或者与要约本身同时到达受要约人，则视为没有收到要约。

3. 受要约人收到的要约在规定的承诺期限内不得撤回，除非要约本身另有规定或者根据要约的性质或作出要约的情况产生其他异议。

4. 广告以及其他向非特定人发出的建议，视为要约邀请，但要约中有不同明确表示的除外。

5. 如果要约中包含了合同的所有基本条款，并且从要约中可以看出要约人愿意与任何响应其要约的人订立合同意愿的，即为要约合同（公开要约）。

第三百九十六条　承诺

1. 受要约人对要约的接受即为承诺。

承诺应是完整并且无条件的。

2. 沉默不是承诺，但根据法律、商业流转习惯或者当事人以前的交易关系能得出不同结论的除外。

3. 受要约人在约定的承诺期限内实施履行合同条件的行为（运输商品、提供服务、完成工作、支付相应款项等）视为承诺，但法律另有规定或者要约另有约定的除外。

4. 如果撤回承诺的通知早于或者与承诺同时到达要约人，则承诺视为没有收到。

第三百九十七条　合同订立的程序

1. 当在要约中约定了承诺的期限时，如果发出要约的人在要约约定的期限内收到承诺，则合同视为已经签订。

2. 当书面或电子要约中没有规定承诺的最后期限，如果要约人在法律规定的期限届满之前收到承诺，则合同视为签订，如果法律也没有规定该期限，则在正常必需时间内收到承诺视为合同已经签订。

当要约以口头形式得出而未规定承诺期限时，如果另一方当事人立即表示承诺，则合同视为已经签订。

3. 当关于承诺的通知及时发出却迟延时，如果发出要约的一方当事人没有及时将收到迟延通知的事宜通知另一方，则承诺视为并未迟到。

如果发出要约的一方及时通知另一方表示接受迟延的承诺，则合同视为已经签订。

4. 同意按非要约中提出的条件签订合同的答复，不是要约。

这种答复是拒绝承诺，同时也是新的要约。

第三百九十八条　合同订立的地点

如果合同中没有说明签订合同的地点，则合同视为在发出要约的自然人的居住地或者法人的住所地签订。

第三百九十九条　按必要程序订立合同

1. 根据本法或者其他法律接受要约（合同草案）的一方必须签订合同时，该方应当在自收到要约之日起30日内向另一方发出关于承诺或者拒绝承诺或按不同条件（对合同草案的异议议定书）承诺要约的通知，除非法律规定或双方同意另一期限。

2. 发出要约的一方当事人在收到有义务订立合同的一方当事人关于以不同条件（合同草案异议书）签订合同的承诺通知时，有权在自收到该通知或者承诺期限届满之日起的30日内将合同草案异议书交由法院审查，除非法律对某些类型的合同约定了不同的期限。

3. 如果必须签订合同的一方在30日内收到对合同草案的异议书，该方必须在收到该合同草案异议书之日起的30日内通知对方关于接受修正的合同或者拒绝异议议定书。

在异议议定书被拒绝或者在上述期限内没有收到对异议议定书的审查结果时，发出异议议定书的一方有权请求法院审查签订合同时产生的分歧，除非法律对某些类型的合同另有约定。

4. 根据本法或者其他法律有义务签订合同的一方拒绝签订合同时，另一方当事人有权向法院提出强制签订合同的请求。

无正当理由拒绝签订合同的一方，应当赔偿对方因此遭受的损失。

第四百条　合同前的争议

当订立合同出现的争议根据本法第399条第2款、第3款的规定或者根据双方协议交由法院审理时，则当事人有分歧的合同条款根据法院的判决确定。

第二十四章　合同的变更和解除

第401条根据哈萨克斯坦共和国1998年3月2日第211－1号法律进行了修订。

第四百零一条　合同变更和解除的根据

1. 合同可以根据当事人的约定而变更或者解除，但本法、其他法律另有规定或者合同另有约定的除外。

2. 出现以下情形时合同可以根据一方当事人的请求依法院的判决而变更或者解除：

（1）对方严重违反合同的；

（2）在本法、其他法律规定或者合同约定的其他情况下。

所谓严重违反是指一方对合同的违反致使对方在很大程度上失去了在订立合同时有权预计的利益。

3. 如果一方单方面拒绝履行合同［部分或者全部拒绝履行合同（本法第404条）］，则合同被视为已变更或者解除。

第四百零二条　合同变更和解除的程序

1. 关于变更或者解除合同的协议按照合同签订的形式为之，但法律、合同或者商业流转习惯另有要求的除外。

2. 一方当事人只有在下列情况下才能向法院提出变更或解除合同的请求：在收到对方对他提出的变更或解除合同建议的拒绝之后；或者在建议提出的期限或法律规定、合同约定的期限内没有收到答复；或者在未规定此期限的30日内没有收到答复。

第403条根据哈萨克斯坦共和国1998年3月2日第211－1号法律进行了修订。

第四百零三条　合同变更或解除的后果

1. 在合同解除的情况下，当事人的义务终止。

2. 在合同变更的情况下，当事人的义务按变更后的合同继续。

3. 在合同变更或者解除的情况下，债务自当事人签订关于变更或者解除的协议之时起变更或者终止，但协议或变更的性质有不同要求的除外；在根据诉讼程序而变更或者解除合同的情况下，债务自法院关于变更或者解除合同的判决生效之时起变更或解除。

4. 当事人无权要求返还在合同变更或者解除前所为的履行，但法律另有规定或者当事人的合同另有约定的除外。

5. 如果合同变更或者解除的原因是一方当事人严重违反合同，则另一方有权要求赔偿因变更或者解除合同而造成的损失。

第404条载于哈萨克斯坦共和国1998年3月2日第211－1号法律修正案，根据哈萨克斯坦共和国2014年3月7日第177－V号法律进行了修订。

第四百零四条　单方拒绝履行合同（拒绝合同）

1. 在本法、其他法律规定或当事人合同约定的情况下，允许单方拒绝履行合同（单方解除合同）。

2. 在下列情况下，一方当事人有权拒绝履行合同：

（1）无法履行基于合同的义务（本法第374条）；

（2）按照既定程序宣布另一方破产，除非哈萨克斯坦共和国关于重整和破产的法律另有规定；

（3）订立合同所依据的国家机关行为的变更或取消。

3. 合同订立时未规定期限的，可以单方拒绝履行，但法律另有规定或当事人另有约定的除外。

4. 单方拒绝履行合同的，一方应在不少于1个月前通知另一方，但本法、其他法律另有规定或双方合同另有约定的除外。

第四百零五条　合同期限的延长

双方有权延长合同期限。合同期限的延长按照本法第397条的规定进行。

第四编　债的特定种类

第二十五章　买　　卖

第一节　关于买卖的一般规定

第四百零六条　买卖合同

1. 买卖合同，是指一方当事人（卖方）有义务将物（商品）的所有权、经济管理权或经营管理权移转给另一方（买方）所有，而买方有义务接受该物（商品）并支付一定数目的金钱（价格）的合同。

2. 有价证券和外汇贵重物品的买卖适用本节规定，但法律对其买卖有专门规定的除外。

根据哈萨克斯坦共和国2009年2月12日第133－IV号法律，本条补充第2－1款。

2－1. 伊斯兰银行在开展银行活动时买卖商品的特殊性由哈萨克斯坦共和国监

管银行活动的法律确定。

3. 在本法或其他法律规定的情况下，某些类型商品买卖的特殊性由法律和其他法律律确定。

4. 本款规定适用于财产权利的买卖，但该权利的内容或性质另有要求的除外。

5. 对于个别类型的买卖合同（零售买卖、商品供应、能源供应、订购、企业买卖），适用本节规定，但本法关于该类型合同另有约定的除外。

根据哈萨克斯坦共和国2010年4月2日第262－Ⅳ号法律（首次正式发布6个月后生效），该条补充了第6款。

6. 当按照执行判决的程序出售财产时，法院执行人员应担任出卖人。

第四百零七条　商品合同条款

1. 买卖合同的商品可以是符合本法第116条规定的任何物品。

2. 买卖合同可以对卖方签订合同时现有的商品签订，也可以对卖方将来制造或取得的商品签订，但法律另有规定且商品的性质有不同要求的除外。

3. 如果合同能确定商品的名称和数量（基本条件），则商品买卖合同的条件视为被双方所同意。

第四百零八条　卖方交付商品的义务

1. 卖方有义务向买方交付买卖合同约定的商品。

2. 如果买卖合同没有另行约定，卖方有义务在交付商品的同时向买方提供其附件，以及规范性法律规定或者合同约定的与之相关的文件（证明货物完整性、安全性、质量、操作程序等的文件）。

第四百零九条　交付商品义务履行的期限

1. 卖方履行将商品移转买方的义务之期限由买卖合同确定，如果合同不能确定该期限，按照本法第277条的规定确定。

2. 如果合同明确约定违反履行期限时买方将失去合同利益，则买卖合同视为以严格确定的履行期限为条件而签订。

只有在买方同意的情况下，卖方才有权在合同约定的期限到来之前或者届满之后履行合同。

法律可以规定或合同可以约定部分履行买卖合同的情况（履行合同的中间条款）。

第四百一十条　卖方履行交付商品义务的时间

1. 如果买卖合同没有另行约定，则卖方交付商品于买方的义务在以下时间视为履行：

（1）在合同约定了卖方的送达义务的情况下，将商品交付买方或者买方指定的人时；

（2）将商品交由买方控制，在商品应当在商品存放地交付给买方或买方指定人的情况下。

当合同约定的期限到来之前商品已在应当交付的地点做好交付的准备，并且买方根据合同约定的条件被通知商品已准备交付，商品视为由买方控制。如果商品没有通过商品标识或者其他方式说明其为合同标的，则商品不能视为已准备交付。

2. 如果在买卖合同中没有约定卖方将商品送达买方或者在其所在地交付给买方的义务，则卖方在将商品交由承运人或者邮政组织运送给买方时，其交付商品的义务视为已经履行，但合同另有约定的除外。

第四百一十一条　商品意外灭失风险的转移

1. 如果买卖合同没有另行约定，则自根据法律或者合同认为卖方已经履行了交付商品的义务之时起，商品意外灭失或者意外损坏的风险转移于买方。

2. 所售商品在运输途中的意外灭失或者意外损坏的风险自合同签订之时起转移于买方，但合同或者交易习惯有不同规定的除外。

当合同条款约定商品意外灭失或意外损坏的风险自商品交付第一承运人之时起移转给买方时，如果在合同签订时卖方知道或者应当知道商品灭失或者损坏而未将此情况通知买方，则法院可以根据买方的请求确认该合同条款无效。

第四百一十二条　卖方保全所售货物的义务

若所有权、经济经营权或经营管理权在货物转让前移转给买方，卖方有义务保存货物直至转让，防止货物变质。

除非双方另有约定，否则买方必须向卖方偿还相关的必要费用。

第四百一十三条　卖方转让无第三人权利的商品的义务

1. 卖方有义务向买方交付不存在第三人任何权利的商品，但买方同意接受有第三人权利负担的商品的情形除外。

卖方不履行该义务，又不能证明买方知道或者应当知道该商品存在第三人权利，则买方有权要求降低商品价格或者解除买卖合同并要求卖方赔偿其损失。

2. 如果在将商品交付给买方时，卖方明知存在第三人对商品的追偿，而这些追偿后来按规定程序被确定为合法，则本条第1款规定应相应地予以适用。

第四百一十四条 买方商品被没收时卖方的责任

1. 第三人以买卖合同履行前的事由就货物向买方追偿时，卖方有义务赔偿买方遭受的损失，除非能证明买方知道或者应当知道该事由的存在。

2. 在第三人就所购货物向买方索赔的情况下，双方关于免除卖方责任或限制责任的合同无效。

第四百一十五条 提起没收商品诉讼时买方和卖方的义务

1. 如果第三人根据商品买卖合同履行前产生的事由而对买方提起关于追偿商品的诉讼，则买方应要求卖方参加诉讼，而卖方有义务与买方作为诉讼一方参加诉讼。

2. 如果卖方能够证明，其参加诉讼可能阻止第三人对买方商品的追偿，而买方却没有要求卖方参加诉讼，则免除卖方对买方的责任。

3. 买方要求卖方参加诉讼而卖方没有参加的，则卖方不再具有证明买方在进行诉讼中存在过错的权利。

第四百一十六条 没有履行移转商品义务的后果

1. 如果卖方拒绝向买方交付所出售的商品，则买方有权拒绝履行买卖合同。

2. 当卖方拒绝交付特定物时，买方有权向卖方提出本法第 355 条规定的请求。

第四百一十七条 转让属于商品配件和文件义务不履行的后果

1. 如果卖方没有向买方移转或者拒绝移转（本法第 408 条第 2 款）应当交付的商品的从物或与之有关的文件，则买方有权给卖方指定交付的合理期限。

2. 如果卖方在上述期限内没有移转从物或者与商品有关的文件，则买方有权拒绝接收商品，但合同另有约定的除外。

第四百一十八条 商品的数量

应当移转给买方的商品的数量由买卖合同按相应计量单位或者货币形式确定。商品数量条款可通过在合同中约定商品数量确定办法来决定。

第四百一十九条 违反合同商品数量条款的后果

1. 如果卖方违反买卖合同条款交付给买方的商品少于合同约定的数量，且合同没有不同约定，则买方有权或者要求交付不足部分的商品，或者拒绝接受交付的商品并拒绝付款，如果商品已经付款，则买方有权要求返还已经支付的金钱数额。

2. 如果卖方交付给买方的商品多于买卖合同约定的数量，则买方有义务将此情况按照本法第 436 条第 1 款规定的程序通知卖方。如果在卖方收到买方的通知后的合理期限内没有处分相应部分商品，则买方有权接受全部商品，但合同有不同约定的除外。

3. 当买方接受超过买卖合同约定数量的商品时，应对多余部分的商品按合同约定的价格支付价款，但双方以协议确定不同价格的除外。

第四百二十条　商品的种类

如果根据买卖合同，对应当交付的商品的类型、型号、尺寸、颜色或者其他特征（分类）有特别要求时，卖方应按双方协商的分类向买方提供商品。

第四百二十一条　违反商品种类合同条款的后果

1. 当卖方根据买卖合同约定向买方交付的商品与合同约定的种类不相符合时，买方有权拒绝接收商品和拒绝支付价款，对已经支付的，买方有权要求卖方返还支付的金钱数额。

2. 如果卖方移转给买方的与买卖合同约定的种类相符合的商品的同时还移交了不符合合同种类条款的商品，则买方有权自行选择：

（1）接收符合种类条款的商品，拒绝接收其余的商品；

（2）拒绝接收所有交付的商品；

（3）要求以符合合同约定种类的商品替换不符合种类条件的商品；

（4）接收所有交付的商品。

3. 当拒绝接收种类与买卖合同条件不符的商品，或者要求更换与规定种类不相符的商品时，买方还有权拒绝支付该商品的价款，如果已经支付，则有权要求返还已经支付的金额。

4. 如果买方在收到商品后的15日内没有通知卖方拒绝接收商品，则与买卖合同约定的种类不相符合的商品视为已被接受。

5. 如果买方没有拒收货物，虽货物种类与合同不符，其仍有义务按照与卖方约定的价格支付货款。如果卖方未能在15日内采取必要措施就价格达成一致，则买方按照订立合同时类似商品通常的价格支付货款。

6. 除非买卖合同另有约定，否则应适用本条规则。

第四百二十二条　商品的质量

1. 卖方有义务向买方交付质量符合买卖合同约定的商品。

2. 如果买卖合同中没有关于商品质量的条款，则卖方有义务向买方交付适用该类商品之通常使用目的的商品。

如果在合同签订时买方已将购买商品的具体目的告知卖方，则卖方有义务交付适用该目的的商品。

3. 当商品根据样品和（或）说明进行出售时，卖方应向买方交付与样品和（或）说明一致的商品。

4. 如果按法定程序规定了对出卖商品的质量的强制性要求，则从事经营活动的卖方有义务交付与该强制性要求相符合的商品。

卖方和买方可以合同约定交付比法定程序规定的强制性要求质量更高的商品。

5. 如果合同中没有约定明确货物是否符合质量的时间，并且没有合理的时间内应适合该类货物通常的使用目的的质量要求，卖方在交付给买方商品时，必须符合本条规定的要求。

第423条根据哈萨克斯坦共和国2012年7月10日第31－V号法律进行了修订。

第四百二十三条　商品的有效期

1. 法律、国家标准的强制性要求或其他强制性规则可以规定一段时间，期满后，商品被认为不适用于指定用途（有效期）的，商品上须注明有效期的情形。

2. 规定有效期的商品，卖方有义务在使用期届满前交给买方，使其用于预定目的。

第四百二十四条　商品有效期的计算

有效期为自商品生产之日起计算的时间期间适合使用，或者商品适用使用的日期来临之前的日期。

第四百二十五条　商品质量的保证

1. 合同约定由卖方提供商品质量保证的，卖方有义务根据本法第422条，在合同约定的一定期间内（保证期）将符合要求的商品交给买方。

2. 除合同另有约定外，货物的质量保证适用于商品的所有组成部分（组件）。

第四百二十六条　保证期计算办法

1. 保证期间自商品交付于买方（本法第410条）之时起开始计算，但合同有不同约定的除外。

2. 如果买方因取决于卖方的原因而不能在合同的保证期间内使用商品，则保证期限在卖方消除该原因之前不予计算。

如果合同没有不同约定，当提供的商品因发现瑕疵而不能使用时，保证期间延长，延长的时间为商品不能使用的时间，但条件是必须依照本法第 436 条规定的方式将商品瑕疵事项通知卖方。

3. 如果买卖合同没有不同约定，对配套产品的保证期间与对主要产品的保证期间相同并与对主要产品的保证期限同时开始计算。

4. 更换商品（配套产品）时，保证期间重新开始计算，但买卖合同另有不同约定的除外。

第 427 条根据哈萨克斯坦共和国 2012 年 7 月 7 日第 31 – V 号法律进行了修订。

第四百二十七条　商品质量的检验

1. 如果法律规定或合同约定检查商品质量，则必须按照其中规定的要求进行。

国家标准和其他标准化规范性文件对商品质量检查有强制性要求的，应按照其中的要求进行质量检查。

2. 如果本条第 1 款规定的程序未规定商品质量检验条件，商品质量检验应当按照通常的交易习惯或者合同约定的其他普遍适用的检验条件进行。

3. 法律、国家标准的强制性要求、其他标准化规范性文件或者合同约定了卖方对其交付商品的检验义务（测试、分析、检验等）时，卖方应根据要求向买方交付已进行过商品检验的证明。

第四百二十八条　交付不合格质量商品的后果

1. 如果卖方没有具体声明商品的瑕疵，向买方交付质量不合格的商品时，买方有权根据自己的选择要求卖方：

（1）相应地减少价格；

（2）在合理期限内无偿消除商品瑕疵；

（3）补偿因消除商品瑕疵而支出的费用；

（4）用符合合同约定的商品更换质量不合格的商品；

（5）拒绝履行合同并要求返还已经支付的价款。

买方放弃本条款规定的权利的合同条款无效。

2. 如果套装中包含的部分商品质量不合格（本法第 432 条），买方有权就该部分商品行使本条第 1 款规定的权利。

3. 在质量不合格商品的卖方不是其制造商的情况下，可根据买方的选择向卖方或制造商提出更换或免费消除货物缺陷的要求。

4. 如本法或者其他法律无其他规定，适用本条规定。

第四百二十九条 卖方承担商品的瑕疵

1. 如果买方能够证明，商品的瑕疵在卖方向其交付商品之前已出现或者是因为在此之前的原因而出现时，卖方应对商品的瑕疵负责。

即使卖方不知道所售商品的瑕疵，卖方也要对这些瑕疵负责。免除卖方责任或限制责任的合同无效。

2. 卖方对商品提供质量保证的，卖方对商品的瑕疵负责，除非其能证明，瑕疵是在商品交付后因买方违反使用或者保管规则而引起，因第三人的行为而引起或者不可抗力所致。

第四百三十条 已交付商品瑕疵发现期限

1. 如果法律没有另行规定或者买卖合同没有另行约定，买方有权提出与瑕疵有关的请求，其条件是在本法规定期限内发现瑕疵。

2. 即便对商品没有规定保证期限或者使用期，买方仍可提出与商品瑕疵有关的请求，其条件是商品瑕疵是在商品交付之日起的 2 年内的合理的期限内发现的，如果法律另有规定或者合同另有约定，该期限可以更长。应该通过运输或者邮寄方式发运的商品，提出瑕疵的期限自商品运抵目的地之日起计算。

3. 如果对商品规定了保证期限，只要商品瑕疵是在该保证期间内发现的，买方就有权提出与商品瑕疵有关的请求。

当在买卖合同中对配套产品约定了比主产品更短的保证期限，而配套产品的瑕疵是在主产品的保证期间内发现时，买方有权提出与配套商品的瑕疵有关的请求。

如果在买卖合同中对配套产品约定的保证期长于对主产品的保证期，而瑕疵是在配套产品保证期内发现的，则买方有权提出与商品瑕疵有关的请求，而不论主产品的担保期限如何。

4. 对规定了使用期的商品，买方有权对在该使用期内发现的瑕疵提出相关要求。

5. 如果合同约定的保证期限少于 2 年，而买方发现商品瑕疵时保证期限虽已届满，但自商品交付之日起仍不满 2 年的，如果买方能够证明商品的瑕疵是在交付给买方之前产生的或者是交付前的原因所致，则卖方应承担责任。

第四百三十一条 商品完整性

1. 卖方有义务向买方交付与买卖合同关于商品完整性的条款相符的商品。

2. 当在买卖合同中没有对商品完整性进行约定时，卖方有义务向买方交付交易习惯或者其他通常要求所规定的配套商品。

第四百三十二条　配套商品

1. 如果买卖合同约定了卖方有义务向买方交付配套的一套商品（配套商品），则该义务自交付了构成配套所包括的全部商品之时起视为履行。

2. 如果买卖合同没有另行约定，并且债的性质也无其他不同要求时，卖方有义务将配套商品包括的全部商品一次性交付给买方。

第四百三十三条　交付不配套商品的后果

1. 当交付不配套商品（本法第431条）时，买方有权根据自己的选择向卖方要求：

（1）相应地降低价格；

（2）在合理期限内配齐成套的商品；

（3）要求将不配套商品更换为配套商品；

（4）拒绝履行买卖合同并要求返还已支付的费用。

2. 本条第1款规定的后果也适用于卖方违反交付全套商品义务（本法第432条）的情况，但法律另有规定或者买卖合同有不同约定或债的性质有不同的除外。

第四百三十四条　商品的包装

1. 如果合同没有另行约定，债的性质也无其他不同要求时，卖方有义务向买方交付有包装的商品。

2. 如果买卖合同没有对商品的包皮和包装做出约定，商品应当按照该类商品的通常方式进行包装，在无该通常方式时，则应该用能够保证该类商品在通常运输和保存条件下保持完好的方式包装。

3. 如果按照法律规定的程序，对包装提出了强制性要求，则从事经营活动的卖方有义务向买方交付符合该强制性要求的包装的商品。

第四百三十五条　交付无包装或者包装不合格商品的后果

1. 如果应当有包装的商品在交付买方时没有包装，或者所交付商品的包装不合格时，买方有权要求卖方对商品进行包装、更换合格的包装，但合同、债的性质或者商品的性质有不同要求的除外。

2. 在本条第1款规定的情况下，买方有权不向卖方提出该款规定的请求，而提出因交付质量不合要求的商品而产生的请求（本法第428条）。

第四百三十六条　卖方不适当履行合同的通知

1. 买方有义务在法律规定或者合同约定的期限内，将卖方违反买卖合同中有关商品数量、种类、质量、配套、包皮和（或）包装等条款的事宜通知卖方。在没有规定该通知期间时，则在根据商品的性质和用途应当发现卖方对合同相应条款的违反后的合理期限内通知。

2. 在本条第 1 款的规则未被履行时，如果卖方能够证明买方没有执行这些规则而使满足买方的请求成为不可能，或者使卖方的支出与及时通知违反合同事实的情况相比变得过大，则卖方有权全部或者部分拒绝买方的要求。

3. 如果卖方知道或者应当知道交付给买方的商品与买卖合同的条款不相符合，则他无权援用本条第 1 款规定。

第四百三十七条　买方接收商品的义务

1. 买方有义务接收交付给他的商品，但根据本章规定，其有权要求更换商品或者拒绝履行合同的情形除外。

2. 如果法律没有另行规定或者合同没有另行约定，买方有义务实施通常要求买方为保证交付和接收相应商品所必需的行为。

3. 如果买方违反法律或者合同而不接受或者拒绝接收商品，则卖方有权请求买方接收商品，或者有权拒绝履行合同。

第四百三十八条　商品的价款

1. 买方有义务按照合同约定的价款支付商品价款。如果在合同中没有约定价款并且根据合同条款不能确定价款，则按照本法第 385 条规定确定的价款支付价款，并自费实施法律规定、合同约定的行为或者通常为完成支付所必需的行为。

2. 如果商品的价款由商品的重量决定，则应按净重确定，但买卖合同另有约定的除外。

3. 如果合同约定，商品的价款应当根据决定商品价格的各种指标（成本、费用等）进行变更，但又未确定重新定价的方式，则价格由合同签订时和商品交付时各种指标的对比确定。如果卖方迟延履行交付商品的义务，则商品的价款根据合同签订时和依照合同应交付商品时该指标的对比确定。如果合同没有约定交付日期，则根据合同签订时和依照本法第 277 条确定的时间的上述指标的对比确定。

如果本法、其他法律没有规定或者合同没有约定并且债的性质也无其他要求，则适用本款规定。

第四百三十九条　商品价款的支付

1. 买方有义务在卖方交付商品前或者在交付商品之后立即支付商品价款，但合同条款约定或法律规定在一定期限内支付价款的除外。

2. 如果买卖合同未约定分期付款，则买方有义务向卖方支付已交付商品的全部价款。

3. 如果买方没有对按照合同向其交付的商品及时付款，则卖方有权要求买方支付商品价款并支付利息（本法第353条）。

4. 如果买方违反合同而拒绝接收商品和拒绝付款，卖方有权根据自己的选择要求买方支付商品价款或者有权拒绝履行合同。

5. 如果根据买卖合同卖方有义务不仅向买方交付尚未付款的商品，还必须交付其他商品，则卖方有权中止该其他商品的交付，直至买方付清所有已交付商品的价款，但法律另有规定或者合同另有约定的除外。

第四百四十条　商品价款的预付

1. 如果买卖合同约定买方有义务在卖方交付商品前支付部分或者全部价款（预付款），则买方应该在合同约定的期限内进行支付，合同没有约定期限的，则应在本法第277条确定的期限内支付。

2. 当买方没有履行预付商品价款的义务时，适用本法第284条的规定。

3. 当卖方收到了预付款而没有在规定期限内履行交付商品的义务时（本法第409条），买方有权要求卖方交付已经付款的商品或者要求卖方返还未交付商品的价款。

4. 买卖合同没有另行约定时，如果卖方不履行交付已经预先付款的商品的义务，则应当根据本法第353条的规定，向买方支付自依照合同应交付商品之日至向买方交付商品之日或者返还预付价款之日的利息。合同可以约定卖方有义务自收到买方预付价款之日起支付预付款利息。

第四百四十一条　赊销商品价款的支付

1. 当买卖合同约定商品的价款在商品交付给买方之后的一定期限内进行支付（赊销）时，买方应当在合同约定的期限内付款，如果合同没有约定该期限，则应在根据本法第277条确定的期限内付款。

2. 当卖方没有履行交付商品的义务时，适用本法第284条的规定。

3. 当买方收到商品而未在买卖合同约定的期限内进行付款时，卖方有权要求买方交付已交付商品的价款或者返还未付款的商品。

如果买方没有在合同约定的期限内履行接收货物后的支付义务，而本法没有另行规定和合同没有另行约定，则应按照本法第353条规定支付从货物交付之日起至买方付款之日的违约金。

4. 合同可以约定买方有义务支付自卖方交付商品之日起与商品价款相应金额的违约金。

5. 赊销商品按销售当日有效价格办理。除非法律另有规定或合同另有约定，否则赊销商品价格的后续变化不需要重新计算。

第四百四十二条　赊销商品的分期付款

1. 商品赊销合同可以约定分期付款。

如果在买卖合同中除其他必要条款外同时规定了商品的价格、程序、付款条件和付款金额，则分期付款的商品赊销合同即视为已经签订。

2. 如果买方未在合同约定的期限内对分期出售的商品按期付款，而合同未有其他约定的，卖方有权拒绝履行合同并要求返还已交付的商品，但当买方已支付的价款超过商品全部价款的一半时除外。

第四百四十三条　商品的保险

1. 买卖合同中可以约定卖方或买方对商品的投保义务，除非法律另有规定。

2. 当有义务对商品投保的一方没有按照合同条款对商品进行投保时，另一方有权为商品投保并要求义务方赔偿投保费用，或者有权拒绝履行合同。

第四百四十四条　卖方的所有权保留

1. 当买卖合同约定已交付商品的所有权在商品价款支付前或者其他情况到来前保留于卖方，则买方无权在商品所有权向他移转之前让渡商品或者以其他方式处分商品，但法律另有规定或者合同另有约定及商品的用途和特性有不同要求的除外。

2. 如果在合同约定的期限内买方未支付已交付商品的价款或者商品所有权向买方移转的其他情况未发生，则卖方有权要求买方返还商品，但合同另有约定的除外。

第二节　零售买卖

第四百四十五条　零售买卖合同

根据零售买卖合同，从事商品零售经营活动的卖方承担向买方交付个人用品、家庭用品、家居用品及其他与经营活动无关的商品的义务。

零售买卖合同为公开合同（本法第387条）。

第四百四十六条　零售买卖合同的形式

如果法律没有另外规定或者零售买卖合同没有另行约定，包括格式条款或者其他标准形式（本法第389条），则买卖合同自卖方向买方出具证明买方对商品已付款的现金发票、商品发票或者其他单证之时起视为订立。即便买方无以上单证，其仍有权援用证人的证言以证明合同的订立及合同条款。

第四百四十七条　商品公开要约

1. 在销售地点展示商品、展示样品或提供有关所售商品的信息（说明、目录、照片等），无论是否注明买卖合同的价格及其他基本条款，均被视为公开要约，除非卖方已明确确定有关商品不用于销售的。

2. 以广告、商品目录或者其他商品介绍中指明的商品报价是针对不在商品销售地点且不包含合同基本条款的非特定范围的人的推销，不应视为公开要约。

第四百四十八条　向买方提供商品信息

1. 卖方有义务向买方提供关于所售商品的必要而准确的信息，该信息必须符合法律的规定和零售商业中通常对这种信息内容和提供方式的要求。

2. 只要不受商品特点所限，也不违背通行的零售交易规则，买方有权在零售买卖合同签订前检查商品，并要求卖方在买方在场的情况下对商品的性能进行当场测试或者演示商品的使用。

3. 卖方如果未向买方提供获取有关商品信息的机会，且买方能证明瑕疵的出现是缺乏该信息所致，则卖方应对商品交付给买方后出现的瑕疵负责。

第四百四十九条　附带买方在一定期限内接收商品条件的合同

1. 零售买卖合同的订立可以附带条款，要求买方在合同约定的期限内接收商品，在该期限内商品不得转卖给他人。

2. 如果合同无不同约定，买方在合同约定的一定期限内不到场或者没有实施接收商品所必需的行为，卖方可将之视为买方拒绝履行合同。

3. 卖方在合同约定的期限内为保证将商品交付给买方而支付的额外费用计入商品价款，但法律另有规定或者合同另有约定的除外。

第四百五十条　凭样品的商品出售

1. 零售买卖合同的签订可以以向买方介绍卖方所提供的商品样品（商品的介

绍、商品目录等）为依据。

2. 如果法律没有另行规定或者合同没有另行约定，根据样品的商品买卖合同自商品运至合同约定的地点时起视为已经履行。如果合同未约定交付地点，则自商品运到公民的住所或者法人住所地之时起视为已经履行。

3. 买方在商品交付前有权拒绝履行合同，但应赔偿卖方与履行合同有关的必要费用。

第四百五十一条　使用自动售货机的商品出售

1. 当使用自动售货机出售商品时，自动售货机的所有人有义务向买方提供有关产品的信息（名称、数量、单价等），售货机占有人有义务在售货机上张贴或者以其他方式将卖方名称（商业名称）、所在地、操作方式以及其他买方取得商品所必须实施的行为等信息提供给买方。

2. 使用自动售货机的零售买卖合同自买方实施取得商品所必需的行为时起视为签订。

3. 如果买方没有得到已经支付了价款的商品，卖方有义务立即提供商品或者返还买方已支付的金钱。

第四百五十二条　送货上门的商品出售

1. 当零售买卖合同约定有将商品送至买方的条款时，卖方有义务在合同约定的期限内将商品送到买方指定的地点。

2. 零售买卖合同自商品交付买方之时起视为已经履行，买方不在时，自商品交付任何出示提单或者其他证明合同签订或办理交货手续的文件的人之时起视为已经履行，但法律另有规定或者合同另有约定或债的性质有不同要求的除外。

第四百五十三条　商品的价款和付款

1. 买方有义务按照在合同签订之时卖方所提出的价款支付商品的价款，但法律另有规定或者债的性质有不同要求的除外。

2. 当零售买卖合同约定对商品预先支付（本法第 440 条），而买方没有在合同约定的期限内支付，视为买方拒绝履行合同，但双方合同另有约定的除外。

3. 对于零售赊销合同，包括含有分期付款条款的合同，不适用本法第 441 条第 3 款第 2 项的规则。

4. 买方有权在合同约定的分期付款的期限内随时全额支付货款。

第四百五十四条　规定合格商品的更换

1. 对非食品类商品，如果卖方没有提出更长的期限，买方有权在自交付之日起的 14 日内在购买地和卖方提出的其他地点将所购商品更换为其他尺寸、形式、规格、式样、颜色、配置的类似商品。价格存在差异时，可与卖方进行必要的重新结算。

2. 当卖方没有更换所必需的商品时，买方有权退还所购买的商品并收回支付的价款。

3. 如果商品没有使用，其使用性能完好，并且有证据证明该商品确系在卖方处所购买，则对买方提出的更换或者退回商品的要求应当予以满足。

4. 不得依据本条规定的理由予以退换的商品，按法律规定的程序决定。

第四百五十五条　在出售商品质量不合格时买方的权利

1. 当买方购买的商品不符合质量要求，而卖方未将商品的瑕疵告知买方时，则买方有权依据本法第 428 条第 1 款的规定，要求卖方自费取回买方收到的质量不合格的商品。

2. 在将已支付的价款返还给买方时，卖方无权从货款中扣除因全部或部分使用货物、商业外观损失等造成的货物价值下降的相应款项。

第四百五十六条　在商品更换、降低购买价格和返还质量不合格商品时差价的补偿

1. 在将不符合质量要求的商品更换为符合零售买卖合同约定的商品时，卖方无权要求补偿合同约定的价格与商品更换时或者法院判决更换时商品价格之间的差额。

2. 在将质量不符合要求的商品更换为类似的，但尺寸、样式、品种或者其他特征不同的合格商品时，应当补偿被更换商品在更换时的价格与替代商品的价格之间的差额。

如果卖方未满足买方的要求，则被更换商品的价格以及替代商品的价格以法院作出更换商品之判决时为准。

3. 在提出相应地降低商品价格时，以降价请求提出时的价格为准进行结算，当买方的请求未被卖方自愿满足时，适用法院作出降低价格判决时的价格。

4. 在将不符合质量要求的商品返还给卖方时，买方有权请求赔偿合同约定的商品价格和有关商品在卖方自愿满足其请求时的价格之间的差价，当其请求未被卖方自愿满足时，补偿与法院作出裁定时的价格之间的差价。

第四百五十七条 卖方的责任与债务的实际履行

在卖方不履行零售买卖合同约定的义务时，赔偿损失和支付违约金不免除其实际履行的义务。

第三节 供 货

第四百五十八条 供货合同

根据供货合同，供应人即从事经营活动的卖方（供应方）承诺在约定的期限内将其生产的或采购的商品交付给买方，以供其用于从事经营活动或者用于其他与个人、家庭、家居以及类似使用无关的情形。

另见：2012 年 5 月 23 日卡拉干达州法院统一司法实践发展咨询委员会第 8 号信息函《关于供货合同货物验收程序》。

第四百五十九条 供货合同签订时分歧的调解

1. 在双方签订供货合同时就合同的个别条款出现分歧的情形，提议订立合同的一方收到另一方关于就合同条款进行协商的建议的，应当在自收到该建议之日起 30 日内，采取就相应条款达成协议的措施或者书面通知另一方拒绝签订合同。

2. 收到提出有关合同条款建议的一方，如果未在本条第 1 款规定的期限内就合同条款达成协议而采取措施，也未通知另一方当事人拒绝签订合同，则其有义务赔偿因未就合同条款进行协商而对另一方造成的损失。

第四百六十条 供货合同的有效期限

1. 供货合同可以签订 1 年、1 年以上（长期合同）或者双方约定的其他期限。

合同中未约定有效期且不能根据债的实质内容确定合同有效期，则合同有效期为 1 年。

2. 长期合同中，交付货物的数量或合同的其他条款确定为 1 年或更长时间的，合同应当约定当事人就后续合同的相关条件达成一致的程序。在合同中没有约定程序的，则应确认合同的签订期限为 1 年或合同条款已约定的期限。

第四百六十一条 交货期限

1. 当双方约定在供货合同的有效期间内商品的供应分批进行，而未规定各批商品的供应日期（供应期限）时，则商品应当按月以相等的批量供应，但如果法律、交易习惯或者债的性质有其他要求的除外。

2. 在确定供应期限的同时，供货合同中可以约定商品供应的进度表（每旬、每天、每小时等）。

3. 经买方同意，商品的供应可以提前进行。

4. 提前供应并为买方接收的商品计入下期应当供应的商品的数量中。

第四百六十二条　供货程序

1. 商品的供应通过向作为供货合同当事人的买方，或者在合同中被指定为收货人的第三人发运（交付）商品的方式进行。

2. 当供货合同约定了买方给供应人下达运送商品（交付）给收货人的指令（装运单）的权利时，商品运输（交付）由供应人交付于装运单中指定的收货人。

3. 装运单的内容以及买方向供应人发出装运单的时间由合同约定。如果合同没有约定发出装运单的最后期限时，应当在不迟于供应期限到来前30日内发出。

4. 买方未在规定的期限内提交发货单，供应人有权拒绝履行合同，除非合同另有约定。

第四百六十三条　商品送达

1. 商品由供应人通过合同约定的运输方式并按照合同约定的条件以装运方式交付。

2. 如果合同中没有约定运输方式或交付条件，在法律、交易习惯或者债的性质无其他要求的限度内，对运输方式或确定商品交货条件的选择权属于供应人。

第四百六十四条　商品不足的弥补

1. 供应人在某个供应期限内没有将商品送达时，有义务在合同有效期间内的下一个（下几个）供应期限内将未送达的商品数量补齐，但合同有不同约定的除外。

2. 长期合同下，供应方在特定交货期内未交货的数量，应在允许短交货的年度内的下一期补货，除非合同另有约定。

3. 当商品由供应人发运给供货合同或者买方的装运单指定的几个收货人时，对一个收货人所送达的商品超过合同或者装运单规定的数量不能抵充对另外收货人之短缺的商品，应由供应方补货，但合同有不同约定的除外。

4. 买方有权在通知供应人后拒绝接收迟延送达的商品，但供货合同另有约定的除外。供应人在收到通知以前送达的商品，买方有义务接收并支付价款。

第四百六十五条　弥补不足时商品的品种

1. 对应予弥补不足时商品的品种由双方协议决定。在没有协议时，供应人有义务按照发生未送达商品的供货期限内规定的商品的品种补足商品的数量。

2. 在同一种品名的商品的送达超过合同约定的数量时，不能抵销另一种品名的商品的短缺，而应当补足，除非对该供应有买方事先的书面同意。

第四百六十六条 买方接收商品

1. 买方（收货人）有义务完成为保证接收根据供货合同交付商品所必需的行为。

2. 买方（收货人）接收的商品应当在法律、供货合同或者商业惯例确定的期间内查验。

买方（收货人）有义务在该期限内按照法律、合同或者交易习惯所确定的程序检验接收商品的数量和质量，并将商品不合要求或者瑕疵的情形立即书面通知供应人。

3. 如果收到运输组织交付的货物，买方（收货人）有义务检验商品是否符合运输单证和随运单证记载的情况，从运输部门接收商品时买方应当遵守调整运输活动的法律规定。

第四百六十七条 未被买方接收商品的保管责任

1. 当买方（收货人）根据法律或者合同拒绝接收供应人所提供的商品时，其有义务保证商品的完好（对商品的保管义务）并及时通知供应人。

2. 供应人有义务将被买方（收货人）负责暂为保管的商品运走或者在合理的期限内进行处分。

如果供应人在该期限内没有对商品作出处分，买方有权出售商品或者将其退还给供应人。

3. 买方因接收保管商品、出售商品或者将其返还给供应人所支出的必要费用，由供应人承担。

在此情况下，出售商品所得在扣除应当付给买方的费用后返还给供应人。

4. 无法律规定或者合同约定的原因买方不接收和拒绝接收商品的，供应人有权要求买方对商品支付费用。

第四百六十八条 商品抽样

1. 供货合同可以约定买方（收货人）在供应方所在地接收商品（商品抽样）。

2. 合同未约定抽样期限的，买方（收货人）必须在收到供应方货物准备就绪通知后的合理时间内进行抽样。

3. 当供货合同约定买方（收货人）在供应方所在地收取商品时，买方有义务在商品转移地检查转移的商品，除非法律另有规定或债的性质有不同要求。

4. 买方（收货人）未能在供货合同约定的期限内选择商品，并且在收到供应方关于商品准备就绪的通知后的合理时间内没有选择商品，供应方有权选择拒绝履行合同或要求买方支付货款。

第四百六十九条　对供应商品的结算

1. 买方应按照供货合同约定的结算程序和方式支付商品价款。如果双方未以协议确定结算的方式和程序，则结算以付款委托的方式进行。

2. 如果供货合同约定对成套商品的供应进行分期运送，则买方对商品的支付在成套商品的最后部分发运（取样）后进行，但合同另有约定的除外。

3. 如果供货合同约定买方（付款人）支付货款，而收货人无故拒绝支付或在合同约定的期限内不予支付，则供应人有权要求买方对已交付的商品支付货款。

第四百七十条　包装

1. 如果合同没有不同约定，买方（收货人）有义务在法律规定的方式和期限内向供应人返还运送商品使用的可重复使用的包皮和包装。

2. 商品的其他包装，只有在有合同约定的场合下，才返还给供应人。

第四百七十一条　供应质量不合格商品的后果

1. 收到质量不合格商品的买方（收货人）有权向供应方提出本法第428条规定的要求，但供应人在接到买方关于商品瑕疵的通知后立即以合格商品更换已交付的非合格商品的除外。

2. 买方（收货人）将商品进行零售的，对消费者退还的不符合质量要求的商品，有权要求供应人在合理期限内进行更换，除非供货合同另有约定。

第四百七十二条　供应不配套商品的后果

1. 如果商品供应违反供货合同条款、法律法规的要求或者违反关于商品配套的一般要求，则买方（收货人）有权向供应人提出本法第433条规定的请求，但供应人在收到关于商品不配套的通知后立即补配成套或者以成套商品予以更换的情形除外。

2. 买方（收货人）将向其供应的商品进行零售的，有权在合理期限将消费者退回的不配套商品更换为配套商品，但供货合同有不同约定的除外。

第四百七十三条　在供应商品数量不足、消除商品瑕疵或者商品补配成套的要求未履行时买方的权利

1. 如果供应人未提供供货合同约定数量的商品，或者在约定期限内未履行买方关于更换不符合质量要求的商品或关于将商品补配成套的请求，则买方有权向他人购买未供应的商品，供应人必须承担买方因购买这些商品所发生的全部必要的合理费用。

因供应人未提供供货合同约定数量的商品，或者在约定期限内未履行买方关于消除商品瑕疵或关于将商品补配成套的请求而导致买方向他人购买商品时，费用的计算按照本法第 477 条第 1 款规定。

2. 对不符合质量要求的商品和不配套的商品，买方（收货人）有权拒绝支付价款，已经支付的，有权要求供应人返还其已支付的价款，直至消除商品瑕疵和使商品补配成套或者更换商品。

第四百七十四条　商品供应数量不足或供应逾期的违约金

法律规定或供货合同约定的供应数量不足或者供应逾期的违约金可以合同规定的日期起至实际履行义务之日止收取，但法律规定或合同约定了不同的违约金收取规则的除外。

第四百七十五条　对几个供货合同所产生同类债务的清偿

1. 当供应人同时根据几个供货合同向买方供应同名的商品，而所供应的商品不足以清偿全部合同的债务时，所供应的商品应该记入供应人在供应时所指定的或供应后立即指定的合同的履行。

2. 如果买方已经支付了根据几个供货合同所收到的同名商品的价款，而所付价款不足以清偿买方全部合同的债务，则所支付的金额应记入买方在支付商品价款时指定的或支付后立即指定的合同的履行。

3. 如果供应人或买方未行使本条第 1 款和第 2 款规定的权利，则债的履行用于清偿履行期较早的合同的债务。如果几个合同的履行期同时到来，则已经提供的履行按比例记入对所有合同的清偿。

第四百七十六条　单方拒绝履行供货合同

1. 只有在一方实质性违反供货合同的情况下，才允许单方（全部或部分）拒绝履行供货合同或者单方变更供货合同（本法第 401 条第 2 款第 2 项）。

2. 在下列情况下，推定供应人对合同的违反为实质性违反：

（1）供应不符合质量要求的商品，其瑕疵在买方接受的期限内无法消除；

（2）多次违反商品供应条款。

3. 在下列情况下，推定买方对合同的违反为实质性违反：

（1）多次违反商品价款支付条款；

（2）多次不取商品。

4. 经当事人约定，可以提供其他单方拒绝履行合同或者单方面修改合同的理由。

5. 自一方收到另一方更改或单方拒绝履行合同的通知之日起，供货合同即告变更或解除，但通知中规定了解除或变更合同的不同期限或者双方协议有不同约定的除外。

第四百七十七条　合同解除时损失的计算

1. 如果由于卖方违反债的规定而解除合同，买方在合理期限内用更高的合理价格向他人购买商品以代替合同约定的商品，则买方可以向卖方提出请求，要求赔偿合同价格与实施替代法律行为价格之间的差额。

2. 如果由于买方违反债的规定而解除合同，卖方在合理期限内以低于合同价格但尚属合理的价格向他人出售商品，则卖方可以向买方提出请求，要求赔偿合同约定的价格与实施替代法律行为价格之间的差额。

3. 如果在根据本条第 1 款和第 2 款的理由解除合同以后，没有实施替代合同的法律行为，而该商品存在现行价格，则一方可以提出请求，要求赔偿合同约定的价格与解除合同时现行价格之间的差额。

可比情况下同类商品在应该交付商品的地点的价格视为现行价格。如果在该地点不存在现行价格，则可以使用可进行合理替代的地点的价格，同时考虑商品运费的差价。

4. 满足本条第 1 款至第 3 款的请求，不免除未履行或未正确履行合同债的一方根据本法第 9 条第 4 款向另一方赔偿其他损失的义务。

第四节　定　　购

第四百七十八条　定购合同

1. 根据定购合同，农产品的生产者承担将其种植（生产）的农产品交付采购人，即为加工或者出卖该产品而进行采购的人员的义务。

2. 本章的规则未调整的定购合同关系适用供货合同的规则（本法第 458 条至

第477条）。

第四百七十九条　采购人的义务

1. 如果订购合同没有另行约定，采购人有义务在农产品所在地接受生产者的农产品并保证运出。

2. 当对农产品的验收是在采购人所在地或者其所指定的其他地点进行时，采购人无权拒绝符合订购合同条款并在合同约定期限内交付的农产品。

供应方有义务确保按照标准准确确定产品的质量。

3. 订购合同可以约定从事农产品加工的采购人应农产品生产者的要求向其返还加工农产品废料的义务，由农产品生产者按合同约定的价格付款。

第四百八十条　农产品生产者的义务

农产品的生产者有义务按照订购合同约定的数量、质量和种类向采购人交付种植（生产）的农产品。

第四百八十一条　农产品生产者的责任

未履行或者未正确履行义务的农产品生产者，在有过错的情况下应承担责任。

第五节　能源供应

第四百八十二条　能源供应合同

1. 根据能源供应合同，能源供应组织承担通过管网向用户（消费者）提供能源的义务，而用户承担对所用能源付款的义务，并有义务遵守合同约定的能源消耗制度，保证在其支配下的能源网络的安全和保证其所使用的与用能源有关的仪器和设备的完好。

2. 能源供应合同是公开合同（本法第387条）。

3. 对双方具有约束力的能源供应合同条款和条件应根据本法和其他法律确定。

第四百八十三条　能源供应合同的订立和延长

1. 如果用户拥有按照哈萨克斯坦共和国法律规定的方式连接到能源供应组织网络的必要设备，则与用户订立能源供应合同。

2. 用户为因日常生活需要利用能源时，能源供应合同自第一次依规定程序将用户实际接入管网之时起视为订立。

如果双方的合同没有另行约定，该合同视为无限期的合同，并可以根据本法第490条规定的理由变更或者解除。

3. 有确定期限的能源供应合同，如果在有效期限届满前任何一方均没有提出终止、变更合同，则视为以原来的期限和条件延长。合同延长时，经双方同意，可以修改合同条款。

4. 如果在合同有效期限届满前当事人中的一方提议订立新的合同，则双方当事人的关系在新合同订立之前由原来签订的合同调整。

第484条根据哈萨克斯坦共和国2013年3月6日第81－V号法律进行了修订。

第四百八十四条　能源数量

1. 能源供应机构有义务按照合同规定的数量和双方商定的供应制度，通过连接管网向用户供应能源。能源供应机构供应的能源量和用户收到的能源量应根据其实际消耗的计量数据确定。

2. 能源供应合同可以约定用户有权变更能源供应合同约定的接收能源数量，其条件是用户补偿给能源供应组织因接收不符合合同规定的能源量而产生的费用。

3. 当能源供应合同的用户是为了日常生活所需而使用能源的用户有权使用其所必需的能源。能源供应机构提供的能源数量和用户接受的能源数量由计量装置的指标决定，在没有计量装置或暂时中断的情况下，由计算决定。

第四百八十五条　违反能源数量合同条款的后果

供电机构通过接入管网向用户提供的电能少于合同约定的，适用本法第419条的规定，但法律另有规定、合同另有约定或者债的性质有不同要求的除外。

第486条根据哈萨克斯坦共和国2012年7月10日第31－V号法律进行了修订。

第四百八十六条　能源的质量

1. 能源的质量应该符合国家标准和其他标准化规范性文件的规定或者合同约定的要求。

2. 如果能源供应组织违反能源质量的要求，适用本法第491条规定，但法律、合同或债的性质另有要求的除外。

第四百八十七条　用户维护和使用管网、仪器和设备的义务

1. 用户有保证所使用的管网、仪器和设备处于良好的技术状态和安全的义务，遵守规定的能源制度，并在发生事故、火灾、统计仪表故障以及在使用管网中出现其他问题时立即通知能源供应组织。

2. 如果能源供应合同的相对方是为日常生活使用的人，则能源供应机构有义务确保能源网络和能源消耗计量装置的适当技术条件和安全，但法律另有规定的除外。

3. 管网、仪器设备的技术状况和运行要求由法律规定。

4. 用户有义务允许能源供应机构的员工对设备进行监控，以监控所运行的能源网络、设备和设备的技术状况及安全性。监督其合规性的程序由法律确定。

第488条根据哈萨克斯坦共和国2012年7月4日第25－V号法律进行了修订。

第四百八十八条　能源费支付

1. 用户应按照能源统计数据对实际使用的能源量缴费，如果没有计量设备或者临时中断，则以计算方式进行，但使用商业能源计量自动化系统的情况除外。

2. 能源的结算办法由法律或者双方的协议确定。

第四百八十九条　用户向他人输送能源

1. 用户只有在征得能源供应组织同意的情况下，方可将从能源供应组织得到的能源通过管网再输送给他人（二级用户）。

2. 本款的规则适用于用户向二级用户传输能源的合同，除非法律另有规定或合同另有约定。

3. 向二级用户传输能源时，用户仍对供电机构负责，但法律另有规定的除外。

第四百九十条　合同的变更和解除

1. 经双方同意，可以中断、终止或限制能源供应，但经国家能源监督机构认证的用户能源设施状况不佳可能导致事故或危及公民生命安全的情况除外。能源供应机构应提前通知用户能源供应的中断、终止或限制。

2. 在必须采取紧急措施防止或消除能源供应机构系统事故的情况下，允许能源供应机构在未与用户达成协议和未向其发出通知的情况下中断、终止或限制能源供应，但须立即通知用户。

3. 根据相关法律规定，不允许中断、终止或限制对不间断生产活动的能源供应。

4. 如果能源供应合同中的用户是为了生活需要而使用能源的用户，则其有权在通知能源供应组织并缴清能源费的条件下单方解除合同。

5. 如果根据能源供应合同，用户是使用能源用于家庭消费的用户，供能单位有权因用户未支付使用的能源而单方面暂停履行合同，但必须在中止合同履行前1个月通知用户。

第四百九十一条　能源供应合同的责任

1. 一方因违反能源供应合同的约定而没有履行或者没有适当履行依能源供应

合同所产生的债务时，能源供应组织和用户有义务赔偿因此造成的实际损失（本法第9条第4款）。

2. 如果根据法律的规定对能源供应制度进行调整而发生暂停对用户供应能源的，能源供应组织在有过错时，应承担未履行或者未适当履行合同债务的责任。

第四百九十二条　能源供应合同适用于其他通过连接网络进行的其他关系

1. 本款的规则适用于因通过并联网供应热能而产生的关系，但法律另有规定的除外。

2. 对因通过管网供应天然气、石油和石油产品、水和其他商品而发生的关系，适用关于能源供应合同的规则，法律另有规定、合同另有约定或者债的性质有不同要求的除外。

第六节　企业买卖

第四百九十三条　企业买卖合同

1. 根据企业买卖合同，卖方承担将企业作为财产综合体（本法第119条）移转给买方所有的义务，但卖方无权向他人移转的权利和义务除外。

第2款根据哈萨克斯坦共和国2007年5月15日第253－III号法律进行了修订。

2. 企业雇员的权利和义务按照哈萨克斯坦共和国劳动法规定的方式从企业的卖方转移到买方。

3. 如果合同没有另行约定，商业名称权、商标权、服务标志权和卖方及其商品、工作或服务的其他个性化手段的使用权，以及根据许可属于卖方的个性化手段的使用权，一并移转给买方。

4. 卖方根据从事相关经营活动的许可证（执照）取得的权利，不得移转给企业的买方，但法律另有规定的除外。向买方移转作为企业构成的债务时，如果买方因未拥有许可证（执照）而不可能予以履行，则不免除卖方对债权人的清偿责任。对该债务的不履行，卖方和买方向债权人承担连带责任。

第5款根据哈萨克斯坦共和国2011年3月1日第414－IV号法律修正案修改。

5. 在企业作为单一财产联合体的情况下，基于出卖国有企业的特殊性，由哈萨克斯坦共和国关于国有财产的法律规定。

第494条根据哈萨克斯坦共和国2011年3月25日第421－IV号法律进行了修订。

第四百九十四条　企业买卖合同的形式

1. 企业买卖合同应采取书面形式订立，即制作一份文件由双方签字，还必须附具本法第 495 条第 2 款所列文件。

2. 根据哈萨克斯坦共和国 2011 年 3 月 25 日第 421 – IV 号法律删除。

第 495 条根据哈萨克斯坦共和国 2006 年 5 月 5 日第 139 – III 号法律进行了修订。

第四百九十五条　确定拟买卖企业的构成和估价

1. 拟买卖企业的构成及价值由当事人协商确定，但法律另有规定的除外。

2. 在签署合同之前，双方应制作并审查以下文件：库存清单、资产负债表、审计机构关于企业财产构成及价值的审计报告，以及包括说明债权人、债权人请求的性质、数额和期限的企业所有债务的清单。

上述文件中所列财产、权利和义务由卖方移转给买方，但本法第 493 条有不同要求且双方合同另有约定的除外。

另见：评估活动主体对作为财产综合体的企业的评估方法要求的应用规则。

第四百九十六条　企业买卖时债权人的权利

1. 企业买卖合同的卖方在企业移转给买方之前，应该将企业买卖的事实书面通知企业债务的债权人。

2. 债权人如果没有书面向买方和卖方表示同意债务的移转，则有权在收到关于企业买卖事实的通知之日起的 3 个月内要求终止或提前履行债务，并要求卖方赔偿因此对其造成的损失，或者要求认定企业买卖合同全部或部分无效。

3. 债权人如没有按本条第 1 款被通知企业买卖的事实，则有权在知悉或应该知悉卖方向买方移转企业的事实之日起的 1 年内提起诉讼，要求满足本条第 2 款所规定的请求。

4. 在企业移转给买方后，卖方对未经债权人同意移转给买方的企业的债务承担连带责任。

第四百九十七条　企业的移交

1. 企业由卖方向买方的移交按照移交文书进行，移交文书应包括企业的构成信息和通知债权人企业出卖的事实等内容，以及关于被移交财产的瑕疵和卖方因财产灭失而未能履行移交义务的财产清单。

2. 企业移交的准备，包括移交文书的制作和提交签署，均为卖方的义务，费用由卖方负担，但合同另有约定的除外。

3. 自双方签署移交文书之日起，企业视为已经移转给买方。

自该时刻起，被移转企业财产意外灭失和意外损坏的风险亦移转给买方。

第498条根据哈萨克斯坦共和国2011年3月25日第421－IV号法律进行了修订。

第四百九十八条　企业权利转让

1. 企业所有权自该权利进行国家登记之时起移转给买方。其余财产的权利自双方签署转让合同之日起移转给买方。

2. 本款根据哈萨克斯坦共和国2011年3月25日第421－IV号法律废止。

3. 如果合同约定在付清企业价款或发生其他情况之前卖方对移转给买方的企业保留所有权，则买方在所有权移转之前，在确保企业作为财产综合体运作的必要范围内，有权处分被移转企业的财产和权利。

第四百九十九条　瑕疵企业移转和接受的后果

1. 卖方或买方根据企业移交文书移转或接受企业时，如果企业构成不符合合同的约定，包括所移转财产的质量的规定，则有关后果根据本法第413条至第415条、第419条、第422条、第428条、第432条的规则确定，但合同和本条第2款至第4款有不同要求的除外。

2. 当企业移转所依据的移交文书已经说明企业的瑕疵和已经灭失的财产（本法第497条第1款），则买方有权要求相应地减少企业的购买价格，但企业出卖合同约定在这种情况下有权提出其他要求的除外。

3. 如果移转的企业财产中包括合同或移交文书中没有指明的卖方债务（义务），而卖方不能证明在出卖合同签订和企业移转时买方知悉该债务，则买方有权要求降低购买价格。

4. 卖方在收到关于移转的企业财产存在瑕疵或者缺少应移转的某种类财产的通知时，可以立即更换不符合质量要求的财产或向买方补齐合同约定的财产。

5. 如果确认企业因为应由卖方负责的瑕疵而不适用企业出卖合同约定的目的，并且该卖方没有按照本法、其他法律规定或者合同约定的条件、程序、期限消除该瑕疵，或者该瑕疵无法消除，则买方有权通过诉讼程序要求解除或者变更企业出卖合同，并要求返还双方对合同的履行。

第五百条　法律行为无效后果、合同变更和解除的规则适用于企业出卖合同

本法关于法律行为无效的后果和关于变更或解除买卖合同的规则，规定一方或双方以实物返还或者向一方或双方追索实物的，适用企业出卖合同，但该后果实质性地违反卖方和买方的债权人、其他人的权利和合法利益或者与公共利益相违背的除外。

第二十六章 互 易

第五百零一条 互易合同

1. 根据互易合同，各方可承诺将一种商品的所有权、经济管理权和经营管理权转让给对方，以换取另一种商品。

2. 对互易合同相应地适用关于买卖合同的规则，但以不与本章的规则和互易的实质抵触为限。在此情况下，每一方均被视为有义务交付商品的卖方和有义务接受互易商品的买方。

3. 本章规定适用于权利（作品、服务）的交换，除非法律另有规定且不符合相关债的性质。

第五百零二条 互易合同的价款和费用

1. 如果互易合同没有不同要求，则应予交换的商品推定为等价商品，而其交付和接受的费用在每一种场合均由承担相应义务的一方负担。

2. 如果互易合同中互易的商品被认为不等价，则有义务交付价款较低的商品的一方，应该在履行交付商品的义务前或在交付商品后立即支付差价，但合同另有约定的除外。

第五百零三条 根据互易合同交付商品义务的相互履行

如果根据互易合同交付商品的条款不一致，由一方履行转让货物的义务，则对在后交付商品的一方的义务适用债的相互履行的规则（本法第 284 条）。

第五百零四条 互易商品所有权的转让

如果法律没有另行规定或合同没有另行约定，互易商品的所有权在双方履行交付相应商品之后转让给互易合同中作为买方的双方当事人。

第五百零五条 根据互易合同取得的商品被没收的责任

根据互易合同取得的商品被第三方没收的一方，如果有本法第 414 条规定的理由，有权要求另一方归还其交换获得的商品，如果另一方无法返还实物，则该方有权要求另一方赔偿损失。

第二十七章 赠 与

第五百零六条 赠与合同

1. 根据赠与合同，一方当事人（赠与人）可向另一方当事人（受赠人）无偿移转或承诺无偿地移转财产归其所有或者移转对自己的或对第三人的财产权（债权），或者免除或承诺免除另一方对自己的或对第三人的财产义务。

当存在财产或权利的对待交付或对待义务时，合同不得视为赠与合同。对该种合同适用本法第160条第2款的规定。

2. 允诺向某人移转财产或者财产权或免除某人的财产义务（允诺赠与），如果允诺是以适当的形式作出的（第508条第2款）并且含有将来向具体人无偿移转财产或权利或者免除具体人的财产义务的明确意思表示，则视为赠与合同并对允诺人具有约束力。

允诺赠与全部财产或部分财产而不指明何物、何种权利或免除何种义务作为具体赠与标的，该允诺自始无效。

3. 约定在赠与人死后向受赠人进行交付的合同，自始无效。

对该类赠与合同适用民事法律关于继承的规定。

第五百零七条　受赠人拒绝赠与

1. 受赠人有权在向他移转赠与之前的任何时间拒绝赠与。在此情况下，赠与合同视为已经解除。

根据哈萨克斯坦共和国2011年3月25日第421－IV号法律修改了第2款。

2. 如果赠与合同以书面形式签订，则对赠与的拒绝亦应以书面形式实施。如果赠与合同进行过国家登记，则对赠与的拒绝亦应进行国家登记。

3. 如果赠与合同以书面形式订立，则赠与人有权要求受赠人赔偿因其拒绝接受赠与而造成的实际损失。

第五百零八条　赠与合同的形式

1. 向受赠人即时移转财产的赠与，可以以口头形式实施，但本条第2款和第3款规定的情形除外。赠与交付以直接交付、象征性交付（交付钥匙等）或交付所有权文件等形式进行。

2. 动产赠与合同有下列情形之一的，应该采用书面形式：

（1）赠与人为法人且赠与价值超过法律规定的10个月核算基数①；

（2）合同包含将来赠与的允诺的。

在本款规定的情况下，以口头形式实施的赠与合同自始无效。

---

① 月核算基数：根据哈萨克斯坦共和国法律计算福利支付和其他支付，以及计算罚款、税收和其他付款的计算指数。每年进行更新，2023年为3692坚戈。

3. 本款根据哈萨克斯坦共和国2011年3月25日第421－Ⅳ号法律删除。

第五百零九条 赠与的禁止

除价值不超过法律规定的10个月核算基数的普通物外，在下列情况下不允许赠与：

（1）未成年人或被认定为无民事行为能力的人的法定代理人以未成年人或者无民事行为能力人的名义实施赠与。

（2）在医疗机构、教育机构、社会保障机构和其他类似机构进行治疗、教育和收容的公民及其配偶和亲属向上述机构的工作人员实施的赠与。

第3项规定于哈萨克斯坦共和国2011年3月1日第414－Ⅳ号法律修正案。

（3）对公务员及其家庭成员因其职务或因其履行职责而实施的赠与。

第五百一十条 赠与的限制

1. 对财产享有经营权和业务管理权的法人，经财产所有权人的同意方得实施赠与，但法律另有规定的除外。这一限制不及于价值不超过法律规定的10个月核算基数金额的普通赠与。

2. 共同共有的财产的赠与，须经所有共同共有人的同意并在遵守本法第220条规定的情况下才允许实施。

3. 属于赠与人对第三人请求权的赠与，须遵守本法第339条至第343条、第345条、第346条的规定。

4. 以替受赠人履行对第三人的义务的方式实施的赠与，须遵守本法第276条第1款的规则。

以赠与人承担受赠人对第三人债务的方式实施的赠与，须遵守本法第348条的规定。

5. 未指定受赠人或指定受赠对象的代理人的受赠委托书无效。

第五百一十一条 赠与合同的拒绝履行

1. 如果在赠与合同签订之后，赠与人的财产状况、家庭状况或者健康状况发生重大变化，致使在新的条件下合同的履行会导致赠与人生活水平严重下降，则赠与人有权拒绝履行允诺在将来向受赠人移转财产或者财产权或免除受赠人财产义务的赠与合同。

2. 赠与人有权拒绝履行承诺将来向受赠人转让物品或权利的合同，或承诺解除受赠人财产义务的合同，其理由是赠与人有权取消赠与（本法第512条第1款）。

3. 赠与人依照本条第1款和第2款规定的理由拒绝履行合同的，受赠人无权要求赔偿损失。

根据哈萨克斯坦共和国2014年3月7日第177－V号法律对第512条进行了修订。

第五百一十二条　赠与的撤销

1. 如果受赠人实施危害赠与人本人、赠与人家庭成员或近亲属的生命，或者故意造成赠与人身体伤害的行为，赠与人有权撤销赠与。

在受赠人故意剥夺赠与人生命的情况下，赠与人的继承人有权请求法院撤销赠与。

2. 如果赠与财产对赠与人具有较大的非财产性价值，而受赠人对该财产造成该种价值不可挽回的损失时，则赠与人有权向法院要求撤销赠与。

3. 应利害关系人的要求，法院可以撤销个人企业家或法人在被宣布破产前一年内违反哈萨克斯坦共和国关于重整和破产的法律规定，以与企业活动有关的资金为代价进行的赠与。

4. 赠与合同可以约定赠与人有权在其寿命超过受赠人时撤销赠与合同。

5. 赠与撤销时，如果赠与的财产在撤销赠与时尚实际存在，受赠人有义务返还该财产。

第五百一十三条　拒绝履行赠与合同和赠与无法撤销的情形

关于拒绝履行赠与合同（本法第511条）和撤销赠与（本法第512条）的规则不适用于价值不超过法律规定的10个月核算基数的赠与（本法第510条第1款）。

第五百一十四条　因赠与物瑕疵造成损害的后果

由于赠与物瑕疵而给作为公民的受赠人的生命、健康或财产造成损害的，如果能够证明瑕疵在该物移转给受赠人之前已经产生但不明显，而赠与人知道瑕疵的存在却没有向受赠人说明，则赠与人应该依照本法第47章的规则予以赔偿。

第五百一十五条　承诺赠与时的权利继受

1. 受赠人根据允诺赠与合同取得受赠物的权利不得移转给他的继承人（法定继承人），但赠与合同另有约定的除外。

2. 赠与人可将承诺赠与的义务移转给其继承人（法定继承人），但赠与合同另有约定的除外。

第五百一十六条　捐赠

1. 捐赠是基于社会公益目的而实施的财产或权利的赠与。

捐赠可以向公民、医疗机构、教育机构、社会保障机构和其他类似机构、慈善机构、科学和教育机构、基金会、博物馆和其他文化机构、社会团体和宗教团体进行，也可以向国家和本法第111条和第112条规定的其他民事主体进行。

2. 接受捐赠不需要任何人的批准或同意。

3. 捐赠人在向公民捐赠时应该规定捐赠财产的用途，而向法人捐赠时可以约定将捐赠财产用于特定的用途作为先决条件。如无条件时，则财产的捐赠视为普通赠与，而在其他情况下受赠人应按财产的用途使用捐赠的财产。

接受捐赠的法人在使用受赠财产时，若受赠财产被约定了使用目的，其应对使用受赠财产的全部业务进行单独记录。

4. 如果由于情况发生变化而不可能再依照捐赠人指定的用途使用受赠财产，则该财产须经捐赠人同意方可用于其他用途，而在作为捐赠人的公民死亡或作为捐赠人的法人已经清算时，须经法院裁判方能用于其他用途。

5. 不按照捐赠人规定的用途使用受赠财产或违反本条第4款的规定改变其用途的，捐赠人、其继承人或其他法定继承人有权要求撤销捐赠。

6. 本法第512条和第515条的规定不适用于捐赠。

第二十八章　年金和终身赡养费

第一节　一 般 规 定

第五百一十七条　年金合同

1. 根据年金合同，一方当事人（年金接受人）将财产交付给另一方（年金支付人）所有，而年金的支付人承担作为接受财产的交换定期向年金接受人支付一定数额的金钱或者提供其他形式的生活费的义务。

2. 根据年金合同，允许约定无限期支付年金（永久性年金）的义务或者约定在年金接受人有生之年支付年金（终身年金）的义务。终身年金可以按照公民终身赡养费的条件约定。

第518条已根据哈萨克斯坦共和国2011年3月25日第421－IV号法律进行了修改。

第五百一十八条　年金合同的形式

年金合同应当进行公证。

第五百一十九条　以支付年金为条件的财产转让

1. 以支付年金为条件转让的财产，可以由年金接受人有偿或无偿移转给年金支付人所有。

2. 如果年金合同约定有偿交付财产，则对双方移转财产和付款的关系适用关于买卖合同的规则（本法第25章），而如果财产无偿移转，则适用关于赠与合同的规则（本法第27章），但以本章的规则未有不同规定和不与年金合同的实质相抵触为限。

第五百二十条　不动产年金负担

1. 年金以要求支付为条件而设定于移转的土地、企业、建筑物、构筑物或其他不动产之上。年金支付人将该财产进行转让时，因年金合同而产生的义务移转给财产取得人。

2. 将本条第1款所述年金负担的不动产转让给他人所有时，该转让人与该他人对因违反年金合同而产生的取得年金的请求权承担补充责任（第357条），但本法、其他法律没有规定或合同没有约定对该义务承担连带责任的除外。

第五百二十一条　年金支付担保

1. 在以支付年金为条件而移转土地或其他不动产时，年金接受人取得该财产的抵押权以保证年金支付人支付年金的义务。

2. 在规定以支付年金为条件而移转金钱或其他动产的合同中，必要条款是规定年金支付人对其义务的履行提供保证（本法第292条），或者对不履行或不适当履行该义务的责任风险进行投保，收益人为年金接受人。

3. 在年金支付人不履行本条第2款规定的义务时，以及在由于年金接受人不应负责的原因失去保证或保证条件恶化时，年金接受人有权解除年金合同并要求年金支付人赔偿因解除年金合同而对其造成的损失。

第五百二十二条　迟延支付年金的责任

年金支付人迟延支付年金的，应向年金接受人支付本法第353条规定的违约金，但年金合同约定了不同违约金数额的除外。

第二节　永久性年金

第五百二十三条　永久性年金的领受人

1. 永久性年金领受人只能是自然人以及非营利组织，非营利组织接受永久性年金的前提是符合其活动宗旨。

2. 根据永久性年金合同，年金领受人的权利可以通过请求权让渡或继承以及在法人重组时通过权利继受的方式移转给本条第 1 款所规定的人，但法律另有规定或合同另有约定的除外。

第五百二十四条 永久性年金的形式和数额

1. 永久性年金按照合同约定的金额以货币形式支付。

2. 永久性年金合同可以约定通过提供与年金数额等值的财物、工作或服务的方式支付永久性年金。

3. 如果永久性年金合同没有另行约定，则永久性年金的数额应随着法律规定的月核算基数的变化而变化。

第五百二十五条 永久性年金支付的期限

如果合同没有另行约定，则永久性年金应在每个季度结束时支付。

第五百二十六条 付款人的永久性年金赎买权

1. 永久性年金付款人有权通过赎买的方式拒绝继续支付永久性年金。

2. 此种拒绝在下列条件下有效：年金付款人在终止支付年金前至少 3 个月或者在永久性年金合同约定的更早期限内以书面形式提出。在这种情况下，支付永久性年金的义务在永久性年金接受人收到全部赎买款之前不得终止，但合同约定了不同赎买办法的除外。

3. 永久性年金合同关于永久性年金付款人放弃对永久性年金的赎买权的条款自始无效。

合同可以约定，在年金接受人的有生之年或者在不超过合同签订之日起的 30 年的其他期限内，年金付款人不得行使赎买永久性年金的权利。

第五百二十七条 根据年金领受人的请求对永久性年金的赎买

有下列情形之一的，永久性年金接受人有权要求支付人赎买年金：

（1）年金支付人延迟支付年金超过 1 年，但合同另有约定的除外；

（2）年金支付人违反支付年金的担保义务（本法第 521 条）；

（3）年金支付人被认定为无支付能力或者发生了显然能证明支付人不能按照合同约定的数额和期限支付年金的情况；

（4）以支付永久性年金为条件而移转的不动产成为共有财产或已经在几个人之间进行了分割；

（5）合同约定的其他情况。

第五百二十八条　永久性年金的赎买价格

1. 在本法第526条和第527条规定的情况下，永久性年金的赎买按照合同约定的价格进行。

2. 如果永久性年金合同中没有关于以支付永久性年金为条件而有偿移转财产的赎买价格条款，则赎买按照应支付年金的年度金额进行。

3. 如果永久性年金合同中没有关于以支付永久性年金为条件而无偿移转财产的赎买价格条款，则赎买价除年金的年度金额外，还应包括所移转财产的价格。

第五百二十九条　支付永久性年金移转的财产意外灭失或损坏的风险

1. 以支付永久性年金为条件而无偿移转的财产意外灭失或者意外损坏的风险由年金的支付人承担。

2. 以支付永久性年金为条件而有偿移转的财产意外灭失或者意外损坏时，支付人有权分别要求终止支付年金的义务或者变更年金支付的条件。

第三节　终身年金

第五百三十条　终身年金领受人

1. 终身年金的期限可以确定为以取得年金为条件而交付了财产的公民的有生之年，或者财产交付人所指定的公民的有生之年。

2. 允许规定终身年金的领受人为多个公民，其取得年金权利的份额视为相等，但终身年金合同另有约定的除外。

当终身年金领受人之一死亡时，其接受终身年金权利的份额移转给尚在人世的其他领受人，但终身年金合同另有约定的除外。而在最后一名年金受益人死亡后，支付年金的义务终止。

3. 如果终身年金合同的领受人为签订合同之时已经死亡的公民，则合同自始无效。

第五百三十一条　终身年金的数额

1. 在终身年金合同中，终身年金的数额应规定为在年金接受人有生之年定期向其支付的金额。若当事人与受抚养人订立终身赡养合同，合同应当确定该赡养费的货币价值。

2. 除年金合同另有约定外，每月支付的终身年金的数额不得低于法定最低工资。

第五百三十二条　终身年金支付的期限

如果合同没有另行约定，终身年金应在每个日历月结束时支付。

第五百三十三条　根据年金领受人的请求对终身年金合同的解除

1. 如果年金支付人严重违反终身年金合同，年金接受人有权要求年金支付人依照本法第528条规定的条件赎买年金，或者要求解除合同。

2. 如果以支付终身年金为条件无偿转让公寓、住房或其他财产，则在年金支付人严重违反年金合同时，年金接受人有权要求年金支付人返还该财产，同时将该财产的价值计入年金的赎买价。

第五百三十四条　支付终身年金移转的财产意外灭失或损坏的风险

以支付终身年金为条件而移转的财产发生意外灭失或者意外损坏，不免除年金支付人按照终身年金合同约定的条件支付终身年金的义务。

第四节　终 身 赡 养

第五百三十五条　终身赡养合同

1. 根据终身赡养合同，作为年金接受人的公民将属于其的不动产移转给年金支付人所有，而年金支付人承诺对该公民和（或）其所指定的第三人进行终身赡养。

2. 对终身赡养合同适用关于终身年金的规定，但本章有不同规定的除外。

第五百三十六条　赡养费提供的义务

1. 年金支付人提供终身赡养费的义务可以包括保证年金接受人对住所、食物和衣物、护理及必要的帮助的需求。

合同还可以约定由年金支付人负担殡葬服务的费用。

2. 终身赡养合同中应当确定全部赡养费的总价值。在该情况下，每月赡养费的总价值不得低于法定最低工资的2倍。

3. 法院在审理双方关于已经提供和应该提供给公民的赡养费金额的纠纷时，应该遵循诚信和合理的原则。

第五百三十七条　以定期支付代替终身赡养

合同可以约定以在公民有生之年进行定期金钱支付代替终身赡养的实物提供。

第五百三十八条　为终身赡养而转让的财产的让与和使用

1. 只有经年金接受人的事先同意，年金支付人才有权将为担保终身赡养而交付给其的不动产进行让渡、抵押或者以其他方式设定负担。

2. 年金支付人有义务采取必要措施，保证在提供终身赡养的期间内对上述财产的使用不会导致该财产价值的减少超过其自然损耗的价值。

第五百三十九条　终身赡养费的终止

1. 终身赡养费的给付义务因年金接受人的死亡而终止。

2. 在年金支付人严重违反义务时，年金接受人有权要求年金支付人返还其为保证终身赡养而转让的不动产，或者要求年金支付人按照本法第528条规定的条件向其支付赎买价格。在该情况下，年金支付人无权要求补偿因赡养年金接受人而发生的费用。

第二十九章　财 产 租 赁

第一节　一 般 规 定

第五百四十条　财产租赁合同

1. 根据财产租赁合同，出租人承担让承租人暂时占有和使用出租物的义务，并收取费用。

2. 在本法规定的情况和程序中，承租人有权处置租赁财产。

3. 财产租赁合同还包括租赁合同、出租合同以及其他与有偿转让临时使用财产有关的合同。

第五百四十一条　财产租赁的客体

1. 企业和其他财产综合体、土地、建筑物、构筑物、设备、交通工具和其他在使用中不丧失其自然属性的物（非消耗物）均可以进行租赁。

2. 租赁的标的也可以是土地使用权、底土使用权和其他所有权，但法律另有规定的除外。

3. 法律可以规定禁止或限制出租的财产的种类。

第4款载于哈萨克斯坦共和国2013年7月4日第131－V号法律修正案。

4. 哈萨克斯坦共和国的法律可以对出租住宅、土地、底土和其他独立自然物体的财产租赁有特殊规定。

根据哈萨克斯坦共和国2011年3月1日第414－IV号法律，本条补充了第5款。

5. 哈萨克斯坦共和国关于国有财产的法律对租赁国有财产做出特殊规定。

根据哈萨克斯坦共和国2013年7月4日第131－V号法律、哈萨克斯坦共和国2015年10月31日第380－V号法律，本条补充第6款。

6. 哈萨克斯坦共和国关于公私合作和特许经营的法律规定了基于公私合作合

同（包括特许合同）租赁国有资产的特殊规定。

第五百四十二条　财产租赁合同的条件

租赁合同应该载明能够确定作为租赁客体交付给承租人的财产的内容。

如果合同没有这些内容，则视为双方未就关于租赁客体的条款达成协议，而相应合同视为未签订。

第五百四十三条　出租人

出租财产的权利属于财产的所有权人。出租人也可以是法律或财产所有权人授权出租财产的人。

第五百四十四条　财产租赁合同的形式

1. 租赁期限超过1年的租赁合同，应以书面形式签订，而合同一方当事人为法人的，不论合同期限的长短，均应以书面形式签订。

2. 根据哈萨克斯坦共和国2011年3月25日第421－IV号法律删除。

第3款根据哈萨克斯坦共和国2011年3月25日第421－IV号法律进行了修改。

3. 公民之间的租赁合同可以口头订立，期限最长为1年（含1年）。

4. 规定财产所有权以后移转给出租人的财产租赁合同，以该财产买卖合同的形式签订。

第五百四十五条　财产租赁合同的期限

1. 财产租赁合同的期限由合同约定。

2. 如果财产租赁合同没有约定期限，则租赁合同视为不定期合同。

在该情况下，任何一方均有权在任何时间内提前1个月通知对方，而在不动产租赁合同中提前3个月通知对方后终止合同。除非法律另有规定或合同另有约定。

3. 法律可以对具体种类的租赁以及对具体种类财产的租赁规定最长（极限）的合同期限。在这种情况下，如果合同未约定租赁期限或任何一方均未在法定极限期届满前要求解除合同，则合同在极限期届满时终止。

在该情况下，租赁合同约定的期限超过法定极限期的，其期限视为等于极限期。

第五百四十六条　财产租赁合同租金

1. 交纳租金的程序、条件和形式由租赁合同确定，法律另有规定的除外。如果合同没有约定，则视为规定可比条件下同类财产租赁时通常适用的程序、条件和形式。

2. 租金按租用财产的整体或其各组成部分分别确定。租金的形式如下：

（1）分期交纳或一次性支付的固定数额；

（2）使用租赁财产、产品、孳息或收入的固定份额；

（3）承租人提供一定的服务；

（4）承租人向出租人交付合同约定的财产；

（5）承租人负担合同约定的用于改善租赁财产的费用。

双方可以在租赁合同中同时规定上述几种租金形式或规定其他的租金形式。

3. 如果当事人无其他约定，租金的数额一年最多变更一次。法律可以对具体种类的租赁以及对具体种类的财产租赁规定变更租金数额的最低期限。

4. 如果集中规定的价格和关税发生变化，可根据其中一方的要求对费用进行修改。

5. 如果法律无不同规定，在因承租人不应负责的原因而发生租赁合同约定的财产使用条件或财产状况严重恶化的情况时，承租人有权要求相应地减少租金。

6. 如果租赁合同没有另行约定，当承租人严重违反交纳租金的期限时，出租人有权要求其在合同约定的期限内交纳租金。在这种情况下，出租人有权要求承租人提前交纳最多两期的租金。

第五百四十七条　向承租人提供财产

1. 出租人有义务按照租赁合同约定的条件和用途向承租人交付租赁财产。

2. 除合同另有约定外，该财产连同其所有从物及相关文件（证明财产的完整性、安全性、质量、操作程序等的文件）一并出租。

如果这些从物和文件没有交付，承租人因而无法依财产的用途使用财产，或者在相当程度上丧失了签订合同时有权期待的利益，则承租人有权要求出租人向其提供从物和文件，或者要求解除合同。

3. 如果出租人未在合同约定的期限内将出租的财产交付承租人，合同未约定期限时，承租人在合理的期限内有权依照本法第 355 条要求出租人交付该财产，或者要求解除合同。

第五百四十八条　出租人对出租财产瑕疵的责任

1. 出租人应对交付出租财产的全部或者部分妨碍承租人使用的瑕疵负责，即使在签订合同时其并不知悉该瑕疵。

发现瑕疵时，承租人有权依照自己的选择：

（1）无偿消除财产瑕疵；

（2）相应地减少租金；

（3）事先通知出租人后直接从租金中扣除因消除瑕疵而支出的费用；

（4）要求提前解除合同。

2. 出租人在收到关于承租人请求的通知或者承租人以应向出租人支付的费用消除瑕疵的意向的通知后，可以立即以状态良好的同类财产更换原先提供给承租人的财产，或者无偿消除财产的瑕疵。

3. 如果满足承租人的请求或承租人从租金中扣除消除瑕疵的费用不足以弥补承租人的损失，则承租人有权要求出租人赔偿其未弥补的那部分损失。

4. 出租人对租赁物在订立合同时说明的或承租人事先知晓的瑕疵不承担责任。

第五百四十九条　第三人对出租财产的权利

1. 财产交付出租并不构成对第三人在该财产上的权利的终止或者变更的根据。

2. 在签订租赁合同时，出租人有义务事先向承租人说明第三人在该财产上的所有权利（地役权、抵押权等）。

出租人不履行这一义务的，承租人有权要求减少租金或者要求解除合同。

第五百五十条　租赁财产的使用

承租人有义务按照租赁合同约定的条件使用租赁财产，在合同没有约定使用条件时，应按财产的用途进行使用。

第五百五十一条　承租人处置租赁财产的范围

1. 承租人经出租人的同意后，有权将租赁财产再出租并将租赁合同的权利和义务移转给第三人（转租），有权将租赁财产提供第三人无偿使用，以及将租赁权进行抵押、作为投资注入商业合伙和商业公司的注册资本或作为股金投入生产合作社，但法律另有规定的除外。在上述情况下，除转租外，承租人仍根据合同向出租人承担责任。

2. 向他人转让财产的合同期限不得超过租赁合同的期限。

3. 财产租赁合同的规则应适用于转租合同，除非法律另有规定。

第五百五十二条　出租人维护出租财产的义务

1. 出租人有义务自费对出租财产进行维修，但法律另有规定或者合同另有约定的除外。

2. 出租人因非承租人责任的情况产生紧急需要的，有义务在合理时间内自费修理，但法律另有规定或合同另有约定的除外。

3. 出租人未能履行基本修缮义务时赋予承租人选择的权利：

（1）自行修理，向出租人收取修理费用；

（2）用修理费用抵销租金；

（3）要求相应地减少租金；

（4）解除合同。

第五百五十三条　承租人维护出租财产的义务

除非法律另有规定或合同另有约定，否则承租人负有维护财产状况良好的义务，自费进行当前维修并承担财产维护费用。

第五百五十四条　承租人对出租财产产品、孳息和其他收入的所有权

承租人因使用租赁财产而获得的产品、孳息和其他收入为其财产，但法律另有规定或合同另有约定的除外。

第五百五十五条　财产改良

1. 如果租赁合同没有另行约定，承租人对租赁财产进行的可以分离的改善，归承租人所有。

2. 如果承租人以自己的资金并征得出租人的同意对财产进行了改善，而该改善的分离将损害出租财产时，承租人有权在合同终止后要求出租人赔偿其该改善的价值，但租赁合同另有约定的除外。

3. 如果承租人未征得出租人的同意而对出租财产进行了不可分离的改善，则其无权要求出租人赔偿其该改善的价值，但法律另有规定或合同另有约定的除外。

第五百五十六条　应一方当事人请求变更和解除财产租赁合同

1. 在本法、其他法律存在规定或合同存在约定的情况下，经一方当事人请求，可以在司法程序中提前修改或终止租赁合同。

2. 应出租人的要求，可以解除租赁合同并将财产返还给出租人的情形包括：

（1）承租人不顾出租人书面通知仍严重违反合同约定条款或不按照财产用途使用该财产的；

（2）承租人故意或者过失对财产造成重大损害的；

（3）承租人在合同约定的付款期限届满后两次以上未支付租金的；

（4）如果承租人根据法律的规定或者合同的约定有义务对租赁物进行维修，而未在合同约定的期限内进行财产维修，或者在无合同约定时未在合理的期限内进行维修。

出租人只有在向承租人发出关于在合理期限内履行其义务的通知而承租人未履行或不适当履行后，才有权要求解除合同。

3. 有下列情形之一的，可以根据承租人的要求提前解除租赁合同：

（1）出租人没有根据合同约定的条件或者财产的用途将出租财产交付承租人使用或者对其使用设置障碍；

（2）出租人未在合同约定的期限内进行维修，或者合同没有约定时，未在合理期限内履行财产维修的义务；

（3）交付给承租人的财产具有阻碍其使用的瑕疵，而在合同签订时出租人没有对该瑕疵进行说明，承租人事先并不知悉并在签订合同时对财产进行查看或检查其是否完好时也不可能知悉；

（4）财产状况由于承租人不承担责任的情况而不再适合使用。

第五百五十七条　承租人订立新的期限合同的优先权

1. 如果法律没有另行规定或者合同没有另行约定，已适当履行义务的承租人，在合同期限届满时，享有在相同的条件下优先于其他人续签租赁合同的权利。承租人必须在合同约定的期限内以书面形式通知出租人续签合同的愿望，而合同未约定该期限时，应在合同有效期届满之前的合理期限内进行通知。

2. 在续签租赁合同时，合同条款可以根据双方协议变更。

3. 如果出租人拒绝与承租人续签租赁合同，而在自与承租人签订的合同期限届满之日起 1 年内又与其他人签订租赁合同时，承租人有权选择向法院要求将已签订合同的权利义务移转于自己并要求出租人赔偿因拒绝与之续签租赁合同而对其造成的损失，或者仅要求赔偿该损失。

第五百五十八条　财产租赁合同的续签

如果承租人在合同期限届满后继续使用财产而出租人未提出异议，则视为双方按原条件签订了不定期合同。同时，双方均有权随时以书面形式通知对方解除合同，租赁物为房地产时至少提前 3 个月，租赁物为其他财产时提前 1 个月，除非法律另有规定或合同另有约定。

第五百五十九条　当事人变更时财产租赁合同有效

1. 租赁物的所有权、经济管理权或经营管理权转让给他人，不作为变更或终止租赁合同的依据。

2. 作为不动产承租人的自然人死亡时，其在该不动产租赁协议下的权利和义务移转给继承人，但法律另有规定或合同另有约定的除外。

出租人无权拒绝该继承人在剩余有效期内签订合同，除非合同的签订是承租人的个人因素所致。

第五百六十条　转租合同与租赁合同的关系

1. 除租赁合同另有约定外，租赁合同提前终止的，依其订立的转租合同亦随之终止。

2. 租赁合同因本法规定的原因无效的，依本法订立的转租合同也无效。

第五百六十一条　合同终止时向出租人返还财产

1. 在租赁合同终止时，承租人有义务以接受财产时的财产状况（考虑正常损耗）或者按合同约定的财产状况将租赁财产返还给出租人。

2. 合同结束时归还财产的状况不符合本条第1款规定的条件的，承租人应当赔偿给出租人造成的损失。租赁物在合同约定的使用寿命前发生故障的，除合同另有约定外，承租人应当向出租人补偿该财产的剩余价值。

3. 如果承租人未将财产返还于出租人或者未及时返还，出租人有权要求承租人支付整个迟延期间的租金。上述租金不能弥补出租人的损失时，出租人有权要求承租人赔偿其损失。

4. 如果合同对不及时返还财产约定了违约金，则出租人可以在违约金之外全额追偿损失，但合同另有约定的除外。

第五百六十二条　财产转让承租人所有

1. 租赁合同可以约定，将租赁财产的所有权按照当事人约定的条件转为承租人所有。

2. 如果租赁合同没有约定赎买租赁财产的条款，则该条款可以由双方的补充合同约定，双方有权约定将原先已经交纳的租金计入赎买价。

3. 法律可以规定禁止赎买租赁财产的情形。

第五百六十三条　承租人权利的保护

承租人享有与所有权保护同等的对租赁财产的权利保护。承租人不对对租赁财产无任何权利的第三方的暴力行为造成的使用中断承担责任。

承租人有权以自己的名义起诉和以其他方式维护自己的权利。

第五百六十四条 财产租赁的某些种类和某些种类财产租赁的特点

对某些种类的租赁合同以及某些种类财产的租赁合同（租赁、企业租赁、建筑物和构筑物的租赁、运输工具租赁、租金），适用本章的规定，其他法律和本法对该类合同另有规定的除外。

第二节 融资租赁

第五百六十五条 融资租赁合同

1. 融资租赁合同是出租人承诺从卖方处取得承租人指定的财产的所有权，并有偿将该财产提供给承租人临时占有和用于经营的合同。

2. 融资租赁合同可以约定由出租人选择卖方和购得的财产。

3. 哈萨克斯坦共和国的法律可以规定某些类型租赁合同的特殊性。

第566条根据哈萨克斯坦共和国2015年4月22日第308－V号法律进行了修改。

第五百六十六条 融资租赁的标的

融资租赁的标的可以是建筑物、构筑物、机器、设备、库存、车辆、土地和任何其他非消耗品。

融资租赁的标的物可以是作为抵押物的动产。

证券和自然资源不能成为融资租赁的标的。

第567条根据哈萨克斯坦共和国2015年4月27日第311－V号法律进行了修改。

第五百六十七条 融资租赁合同的基本条款

融资租赁合同除具备本法第542条规定的条款外，还必须包含以下条款：

（1）财产卖方的名称。

（2）向承租人转让财产的条件和期限。

（3）支付的金额和周期。

（4）合同期限。

（5）将财产所有权转让给承租人的条件，如果合同约定了这种转让。

根据哈萨克斯坦共和国2015年4月22日第308－V号法律，本条补充了第6项。

（6）存在的产权负担。

融资租赁合同的基本条款由哈萨克斯坦共和国融资租赁法规定。

第五百六十八条　卖方关于融资租赁财产出租的通知

出租人在为承租人购买财产时，应通知出卖人该财产拟出租给特定人。

第五百六十九条　财产意外毁损或灭失风险

除非合同另有约定，否则作为租赁标的的财产的意外毁损或灭失风险在财产转让时转移给承租人。

第五百七十条　根据租赁合同付款

根据租赁合同应定期支付的租赁款的计算可以考虑到按合同订立时的财产价值的全部或大部分价值的贬值。

第五百七十一条　融资租赁合同标的转让给融资租赁承租人

1. 融资租赁合同标的由出卖人在承租人所在地直接转让给承租人，但合同另有约定或根据债的性质而定的除外。

2. 租赁合同标的未在本合同约定的期限内转让给承租人的，因出租人责任造成延误的，承租人有权要求终止合同并赔偿损失。

根据哈萨克斯坦共和国2015年4月22日第308－V号法律，本条补充第3款。

3. 作为抵押标的的动产可以根据租赁合同转让。

第五百七十二条　卖方的责任

1. 承租人有权直接向作为融资租赁合同标的物的财产的卖方提出源自出租人和卖方签订的买卖合同的请求，其中包括就有关财产的质量和配套、供货期限的请求，以及在卖方未正确履行合同的其他约定的情形下提出请求。在这种情况下，承租人有权以上述财产买卖合同的一方当事人的资格，享有本法对买方规定的权利和义务，但不包括所购财产的价款支付义务。

在承租人和出租人与卖方的关系方面，承租人和出租人为其连带债权人。

2. 如果融资租赁合同没有另行约定，出租人对承租人就卖方履行源自买卖合同的请求权方面不承担责任，但由出租人负责选择卖方的情况除外。在后一种情况下，承租人有权根据自己的选择直接向财产的卖方，或出租人提出源自买卖合同的请求，出租人和卖方对其承担连带责任。

第三节　企 业 租 赁

第五百七十三条　企业租赁合同

1. 根据企业租赁协议，出租人承诺有偿向承租人提供企业整体作为一个财产综合体的临时占有和使用权（本法第119条），包括权利人的公司名称和（或）商业名称的权利、受保护的商业信息，以及合同约定的其他专有权利对象、商标、服务标志等（专有权综合体），但出租人无权转让给他人的权利和义务除外。

2. 出租人根据许可证（执照）从事相应活动而获得的权利，不得移转给承租人，但法律另有规定的除外。合同交付的企业负有债务，而承租人没有许可证（执照）便无法履行的，此种债务的移转不免除出租人对债权人的相应债务。

第3款根据哈萨克斯坦共和国2007年5月15日第253－III号法律进行了修改。

3. 企业员工的权利和义务按照哈萨克斯坦共和国劳动法规定的方式由出租人移转给承租人。

第五百七十四条　企业租赁时债权人的权利

1. 出租人应当在企业移转前将企业出租的事实书面通知其债权人。债权人如不同意移转，有权在收到通知之日起3个月内要求出租人终止或提前履行相关义务并赔偿损失。如果在规定期限内债权人未提出上述任何要求，将被视为同意出租人将相关债务转移给承租人。

2. 债权人向出租人要求终止或提前履行义务的，只有在与债权人完成清算后，出租人才能将企业转让给承租人。

3. 在作为财产综合体的企业出租后，出租人与承租人对于未经债权人同意而移转给承租人的企业财产中的债务承担连带责任。

第五百七十五条　企业租赁合同的形式

1. 企业租赁合同通过制作一份双方签字的文件的书面形式签订。

2. 违反企业租赁合同形式的，合同一律无效。

3. 本款根据哈萨克斯坦共和国2011年3月25日第421－IV号法律删除。

第五百七十六条　租赁企业的转让

向承租人转让企业按照移交文书进行。企业转让前的准备，包括移交文书的起草和提交签署，为出租人的义务并以其费用进行，但企业租赁合同另有约定的除外。

第五百七十七条　承租人维护企业和支付运营费用的义务

1. 如果合同没有另行约定，承租人在企业租赁合同的整个有效期间内有义务保持企业处于应有的技术状态，包括其日常维护和维修。

2. 如果合同没有另行约定，承租人应负担与租赁企业运营有关的费用。

第五百七十八条　使用租赁企业财产

如果法律没有另行规定和合同没有另行约定，承租人有权不经出租人同意而将作为企业财产的有形资产出售、交换、出借或者临时使用或借用、转租，并可在不减少企业价值或不违反企业租赁合同及其他规定的条件下将租赁合同的权利义务移转于第三人。

第五百七十九条　承租人对租赁企业的改善

1. 未经出租人同意，承租人有权改变出租财产的组成，对其进行改建、扩建、技术改造，增加其价值，除非租赁合同另有约定。

2. 企业承租人有权要求出租人补偿其对企业之不可分离的改善，而不论该改善是否经过出租人的同意，但企业租赁合同另有约定的除外。

3. 如果出租人能够证明承租人用于改善的费用并未使租赁财产的价值和运营性能得到相应的改善，或者这些改善的进行违反了善意及合理的原则，法院可以免除出租人对承租人补偿上述改善价值的义务。

第五百八十条　租赁企业的返还

企业租赁合同终止时，租赁的作为财产综合体的企业应当按照本法第 573 条、第 574 条和第 576 条的规定返还给出租人。在这种情况下，向出租人移交企业的准备工作，包括准备和提交转让文书的签署，为承租人的义务并以其费用进行，但合同另有约定的除外。

第四节　建筑物和构筑物的租赁

第五百八十一条　建筑物或构筑物租赁合同

1. 根据建筑物或构筑物租赁合同，出租人承担将建筑物或构筑物交予承租人暂时占有和使用的义务。

2. 本章规定适用于企业租赁，但本法关于企业租赁的规则有不同规定的除外。

根据 2011 年 3 月 25 日第 421 – IV 号《哈萨克斯坦共和国民法典》对第 582 条进行了修改。

第五百八十二条　建筑物或者构筑物租赁合同的形式

1. 建筑物或者构筑物租赁合同通过拟定一份文件，而双方在该文件上签字的书面形式签订。

2. 违反建筑物或者构筑物租赁合同的形式的，合同一律无效。

3. 根据哈萨克斯坦共和国 2011 年 3 月 25 日第 421 – IV 号法律删除。

第五百八十三条　租赁费的数额

1. 建筑物或者构筑物租赁合同应当约定租金的数额。当合同中没有以书面形式约定双方协商一致的租金数额的条款，建筑物或者构筑物租赁合同视为未签订。在这种情况下，本法第 385 条第 3 款规定的确定价格的规则不得适用。

2. 如果在合同中约定了建筑物（构筑物）单位面积或其他数量指标的租赁价格或者其他标志时，租金以交付给承租人的建筑物或者构筑物的实际面积确定。

第五百八十四条　建筑物或者构筑物的移交

1. 出租人交付或承租人接收建筑物或者构筑物，按照移交文书或者由双方签字的其他交付文件进行。

2. 如果一方拒绝按照合同约定的条件在建筑物或者构筑物的交付文件上签字，当为出租人时，视为拒绝履行交付财产的义务，当为承租人时，视为拒绝接收财产。

3. 当建筑物或者构筑物租赁合同终止时，租赁的建筑物或者构筑物应当按照本条第 1 款和第 2 款规定返还给出租人。

第五节　交通工具的租赁

第五百八十五条　带有司乘人员交通工具的租赁合同

1. 提供管理和技术运营服务的车辆租赁（临时租赁）合同（带有乘务人员的交通工具租赁合同），是出租人有偿将交通工具交由承租人暂时占有和使用，并为其提供管理和技术操作的服务的合同。

第 2 款根据哈萨克斯坦共和国 2011 年 3 月 25 日第 421 – IV 号法律进行了修改。

2. 关于不定期租赁合同续签和承租人续签租赁合同的优先权的规则（本法第 557 条、第 558 条），不适用于带有乘务人员的交通工具的租赁合同。

第五百八十六条　带有司乘人员交通工具的租赁合同的形式

带有乘务人员的交通工具的租赁合同均应以书面形式签订，而不论合同期限长短。

第五百八十七条　出租人维护交通工具的义务

在合同的整个有效期内，出租人均有义务维持所出租交通工具的应有状态，包括进行日常维护和维修以及提供必要的附属用品。

第五百八十八条　出租人交通工具管理和技术维护的义务

1. 出租人向承租人提供的交通工具管理与技术服务应该保障交通工具按合同约定的目的正常和安全使用。带有乘务人员的交通工具租赁合同可以约定向承租人提供更广泛的服务。

2. 交通工具乘务人员的构成及业务水平应当符合对双方有约束力的合同规则和条件，而如果没有规定对双方有约束力的规则，则应符合该种交通工具的通常使用要求和合同条款。

3. 乘务人员是出租方的工作人员，其在交通工具驾驶和技术服务方面服从出租人的指令，而在交通工具的商业运营方面服从承租人的指令。

4. 如果合同没有另行约定，乘务人员的服务费用以及维修费，均应由出租人负担。

第五百八十九条　承租人交付与交通工具的商业运营有关的费用的义务

如果交通工具与服务人员租赁合同没有另行约定，承租人应承担因交通工具的商业使用而产生的费用，其中包括燃料费和其他在使用过程中消耗的材料费以及其他费用。

第五百九十条　交通工具的保险

如果带有乘务人员的交通工具租赁合同没有另行约定，在强制保险的情况下，出租人有义务为交通工具投保和（或）对交通工具可能造成的或者与之有关的损害的保险责任投保。

第五百九十一条　与第三人使用交通工具的合同

在对交通工具进行商业使用的范围内，承租人有权不经出租人的同意而以自己的名义与第三人签订运输合同和其他合同，只要该合同不与租赁合同约定的交通工具使用目的相抵触，而在合同未约定目的时不与交通工具的用途相抵触。

第五百九十二条　造成交通工具损坏的责任

当租赁的交通工具灭失或损坏时，如果出租人能证明交通工具灭失或损坏是由于承租人依照法律或租赁合同应该承担责任的情况而发生的，则承租人必须向出租人赔偿损失。

第五百九十三条　交通工具所造成损害的责任

对租赁的交通工具及其机械、装置、设备等对第三人造成的损害，承租人应依照本法第931条的规定承担责任。

根据哈萨克斯坦共和国2011年3月25日第421－IV号法律修改了第594条。

第五百九十四条　某些种类交通工具租赁的特点

除本章的规定外，法律还可以对某些同时提供管理与技术服务种类的交通工具租赁作其他特别规定。

根据哈萨克斯坦共和国 2011 年 3 月 25 日第 421 – IV 号法律，本法补充第 594 – 1。

第五百九十四条之一 无司乘人员的交通工具的租赁合同

1. 无司乘人员的交通工具租赁合同，是出租人有偿将交通工具交由承租人暂时占有和使用，但不提供管理和技术服务的合同。

2. 关于不定期租赁合同续签和承租人续签租赁合同的优先权的规则（本法第 557 条、第 558 条），不适用于无司乘人员的交通工具的租赁合同。

根据哈萨克斯坦共和国 2011 年 3 月 25 日第 421 – IV 号法律，本法补充第 594 – 2 条。

第五百九十四条之二 无司乘人员的交通工具的租赁合同的形式

无司乘人员的交通工具的租赁合同均应以书面形式签订，不论合同期限长短。

根据哈萨克斯坦共和国 2011 年 3 月 25 日第 421 – IV 号法律，本法补充第 594 – 3 条。

第五百九十四条之三 承租人维护交通工具的义务

除合同另有约定外，在无司乘人员的交通工具的租赁合同的整个有效期内，承租人均有义务维持所出租交通工具的应有状态，包括进行日常维修和基本维修。

根据哈萨克斯坦共和国 2011 年 3 月 25 日第 421 – IV 号法律，本法补充第 594 – 4 条。

第五百九十四条之四 承租人支付交通工具维护费用的义务

如果无司乘人员的交通工具租赁合同没有另行约定，承租人应负担交通工具的维护费、保险费，包括责任保险费，以及负担因交通工具的运营而产生的费用。

根据哈萨克斯坦共和国 2011 年 3 月 25 日第 421 – IV 号法律，本法补充第 594 – 5 条。

第五百九十四条之五 与第三人使用交通工具的合同

如果无司乘人员的交通工具租赁合同没有另行约定，则承租人有权不经出租人的同意按照带有乘务人员或无司乘人员租赁合同条件转租交通工具。

根据哈萨克斯坦共和国 2011 年 3 月 25 日第 421 – IV 号法律，本法补充第 594 – 6 条。

第五百九十四条之六 交通工具造成损害的责任

对租赁的交通工具及其机械、装置、设备对第三人造成损害，承租人应依照本法第931条的规定承担责任。

根据哈萨克斯坦共和国2011年3月25日第421－IV号法律，本法补充第594－7条。

第五百九十四条之七　某些种类交通工具租赁的特点

不提供管理和技术服务的某些类型交通工具租赁的特殊性可由其他法律规定。

第六节　动产租赁

第五百九十五条　动产租赁合同

1. 根据动产租赁合同，以财产出租作为常规经营活动的出租人承担将动产交付承租人暂时占有和使用的义务，并收取租金。

根据动产租赁合同交付的财产应用于消费，但合同或者债的性质有不同要求的除外。

2. 动产租赁合同应以书面形式签订。

3. 动产租赁合同为公开合同（本法第387条）。

第五百九十六条　动产租赁合同的期限

1. 动产租赁合同的期限最长为1年。

2. 关于不定期租赁合同的续签和承租人续签合同的优先权的规则（本法第557条、第558条）不适用于动产租赁合同。

3. 承租人有权随时解除租赁合同，但合同另有约定的除外。

第五百九十七条　提供财产给承租人

签订动产租赁合同的出租人有义务在承租人在场的情况下当面对出租财产的完好性进行检查，并向承租人介绍使用出租财产的规则或者向其交付该财产的书面使用说明书。

第五百九十八条　租赁财产之瑕疵的消除

当承租人发现租赁财产存在完全或者部分妨碍使用的瑕疵时，如果租赁合同没有约定更短的期限，则出租人有义务在自承租人提出瑕疵之日起的10日内，无偿地消除瑕疵或者以状态良好的同类财产更换该财产。

如果出租财产的瑕疵是因承租人违反财产使用与维护规则造成的，承租人应向出租人支付财产的修理和运输费用。

根据哈萨克斯坦共和国2000年3月29日第42－II号法律，删除第599条第3款。

第五百九十九条　财产使用费

1. 动产租赁合同财产使用费可以规定为以固定数额分期交纳或者一次性交纳。

2. 当承租人提前返还出租物时，出租人应返还相应部分的租金，这部分租金自实际返还财产之日的后一日起计算。

第六百条　租赁财产的使用

1. 根据动产租赁合同出租的财产，维护和维修是出租人的义务。

2. 将根据动产租赁合同交付给承租人的财产进行转租，将租赁合同产生的权利和义务移转给他人，将该财产提供他人无偿使用，将租赁权进行抵押，将租赁权作为财产投资投入商业合伙和商业公司或者作为股金投入生产合作社是被禁止的。

第三十章　住 宅 租 赁

第六百零一条　住房租赁合同

1. 住房租赁合同是住宅的所有人或其授权的人（房东）承诺向公民（租户）及其家庭成员提供住宅，供其有偿使用的合同。

根据哈萨克斯坦共和国 2011 年 3 月 25 日第 421 – IV 号法律对第 2 款进行了修改。

2. 住房租赁合同应以书面形式签订。

第六百零二条　国家住房基金住房租赁合同

第 1 款已根据哈萨克斯坦共和国 2011 年 7 月 22 日第 479 – IV 号法律进行了修订。

1. 在国家住房基金的房屋中住宿的合同根据地方行政机关、国家机构或国家企业关于分配住房的决定签订。

2. 住房分配的条件，各方的权利和义务，修改和终止国家住房基金房屋租赁合同的理由，应由住房法律来确定。

第六百零三条　私人住房基金的房屋租赁合同

租用私人住房基金房屋的条件由双方协商确定，除非住房法另有规定。

第三十一章　财产的无偿使用

第六百零四条　财产无偿使用合同

1. 财产无偿使用合同（借用合同）是一方（出借人）应将财产无偿临时转让

给另一方（借用人），而后者承诺在考虑到正常损耗的情况下，按收到财产时的状态或按合同约定的状态归还同一财产的合同。

2. 对于财产无偿使用合同，分别适用本法第541条第1款和第545条第2款第1项，第550条，第555条，第556条第2款第1项、第2项、第4项，第558条的规定。

根据哈萨克斯坦共和国2011年3月1日第414－IV号法律，本条增加了第3款。

3. 本法的规定与哈萨克斯坦共和国关于国家财产的法律和哈萨克斯坦共和国其他法律所规定的特征应适用于无偿使用国家财产的合同。

第六百零五条　出借人

1. 将物交付无偿使用的权利属于物之所有权人或者法律或所有权人授权的其他人。

2. 商业组织无权将财产交付给发起人、参加人（股东）、董事、其管理机构或者监督机构的成员无偿使用。

第六百零六条　提供财产无偿使用

1. 出借人交付的财产应符合无偿使用合同约定的条款和条件及其用途。

2. 交付无偿使用的物应当连同其附件和相关的文件（证明财产的完整性、安全性、质量、操作程序等的文件）一并交付，但合同另有约定的除外。

如果该附件和文件没有交付，但没有这些附件和文件该财产就不能用于其预期目的，或其使用价值对承租人来说明显降低，则承租人有权要求提供这些附件和文件或取消合同，并赔偿承租人的实际损失。

第六百零七条　对交付的无偿使用财产之瑕疵的责任

1. 出借人将财产无偿转让后，如果给借用人造成了实际损失，且该财产的瑕疵在签订无偿使用合同时因出借人的故意或者重大过失而没有说明，则出借人对该瑕疵负责。

2. 出借人在接到借用人的要求或者关于出借人出资消除财产瑕疵的意向后，可以立即以其他处于应有状态的同类财产更换瑕疵财产。

3. 如果在签订合同时出借人对瑕疵已作出说明或者提前通知借用人，或者在合同签订之时借用人查验财产或在检查财产的完好性过程中或者交付财产时应当发现瑕疵，则出借人不承担责任。

第六百零八条 第三人交付无偿使用财产的权利

将财产交付无偿使用并不构成第三人在该财产上权利的变更或者终止的根据。

在签订无偿使用合同时，出借人有义务提醒借用人第三人在该财产上的所有权利（地役权、抵押权等）。如出借人不履行该义务，则借用人有权要求解除合同并要求出借人赔偿其因此而受到的实际损失。

第六百零九条 借用人财产维护的义务

借用人有义务保持无偿使用的财产的完好状态，包括进行日常的维护和大修，并承担维护财产的所有费用，但无偿使用合同另有约定的除外。

第六百一十条 财产意外灭失或者意外损失的风险

如果财产的灭失或者损坏是因借用人在使用时没有根据无偿使用合同的约定或者财产的用途，或者未经出借人的同意转借给第三人造成，则借用人对无偿借用财产的意外灭失或者意外损害的风险承担责任。

如果根据实际情况放弃财产可以防止借用财产的灭失或者损坏，但其却选择了保留财产，则借用人也应对财产的意外灭失或者意外损坏承担责任。

第六百一十一条 因财产使用造成第三人损害的责任

如果不能证明损害是因借用人或者经出借人同意而占有财产的人的故意或者重大过失所致，出借人对于因使用财产而引起的对第三人造成的损害应承担责任。

第六百一十二条 合同的提前解除

1. 在下列情况下，出借人有权要求提前解除无偿使用合同：

（1）未按照无偿使用合同的约定或者财产的用途使用财产；

（2）未履行保持财产的完好状态或者维护财产的义务；

（3）使财产状况严重恶化；

（4）未经出借人的同意将财产转借第三人。

2. 借用人有权要求提前解除无偿使用合同的情形：

（1）当发现在签订合同时不知道也不可能知道的瑕疵，导致无法正常使用财产或负担过重；

（2）财产因借用人不应负责的原因而不再适合使用；

（3）在签订合同时出借人没有事先说明出借的财产上存在第三人的权利；

（4）出借人未履行交付财产或者财产附件或有关的文件的义务。

第六百一十三条　拒绝合同

1. 任何一方当事人均有权在提前1个月通知另一方当事人后在任何时间解除没有指明期限的无偿使用合同，但合同约定有另外的通知期限的除外。

2. 如果合同没有另行约定，借用人有权按照本条第1款规定的程序在任何时间解除已规定期限的合同。

第六百一十四条　合同当事人的变更

1. 出借人有权让渡财产或者将财产移转给第三人有偿使用。在这种情况下，新的所有人或使用人应获得先前签订的无偿使用合同中的权利，其对财产的权利应受承租人权利的限制。

2. 在作为出借人的自然人死亡或者作为出借人的法人重组或清算的情况下，出借人根据无偿使用合同产生的权利和义务移转给其继承人（法定继承人）或者财产所有权的取得人或其他作为财产交付无偿使用根据的权利的取得人。

在作为借用人的法人改组的情况下，出借人根据无偿使用合同产生的权利和义务移转于作为其权利继受人的法人，但合同另有约定的除外。

第六百一十五条　合同的终止

无偿使用合同在作为借用人的自然人死亡或者作为借用人的法人清算的情况下终止，但合同另有约定的除外。

第三十二章　承　　揽

第一节　承揽的一般规定

第六百一十六条　承揽合同

1. 承揽合同是一方（承揽人）承担按照他方（定作人）的要求完成一定的工作的义务，并将工作成果交付定作人，而定作人应受领工作成果并给付价款的合同。除非法律另有规定或合同另有约定，否则承揽人承担工作的风险。

2. 除合同另有约定外，承揽人应自行确定履行客户委托的方式。

3. 本章的规定适用于某些类型的承揽合同（日常生活承揽，建筑承揽，完成设计与勘测工作承揽，科学研究、试验设计和技术工作承揽合同的承揽），但本法对该类型合同另有约定的除外。

4. 某些类型的承揽合同的关系也可以通过关于某些类型的承揽合同的法律与本法一起规范。

第六百一十七条 承揽人承担费用完成工作

1. 如果承揽合同没有另行约定，完成工作的费用由承揽人负担，即以承揽人的材料、人力和资金完成工作。

2. 所提供材料和设备不符合质量要求的，承揽人应承担责任，提供已经设定第三人权利负担的材料和设备的，承揽人亦应承担责任。

第六百一十八条 材料意外损失的风险

除非法律另有规定或合同另有约定，在承揽人按合同约定的期限交付工作之前，材料意外灭失或者意外损坏的风险应由提供材料的一方承担。

当工作成果逾期交付或者逾期受领时，风险由逾期一方承担，除非法律另有规定或合同另有约定。

第六百一十九条 总承揽人和分承揽人

1. 如果法律没有规定或者承揽合同没有另行约定，承揽人有权雇佣他人（分承揽人）履行合同。在此情况下，承揽人以总承揽人的身份对定作人行事，并以定作人的身份对分承揽人行事。

2. 总承揽人对分承揽人不履行或者不适当履行义务造成的后果向定作人承担责任，而对定作人不履行或者不适当履行承揽合同义务向分承揽人承担责任。

3. 除法律另有规定或合同另有约定外，定作人与分承揽人无权就对方违反与总承揽人的合同向对方提出索赔。

4. 经总承揽人同意，定作人有权与他人订立完成单项工作的合同。在此情况下，上述他人对工作的未履行或者未适当履行直接向定作人承担责任。

5. 如果合同是与两个或两个以上的承揽人同时签订的，而且债的标的是不可分割的，则这些承揽人是共同债务人，相应的定作人是共同债权人。在债的标的可分割的情况下，以及在法律规定或当事人合同约定的其他情况下，每个承揽人都在其份额范围内获得权利并对定作人承担义务。

第六百二十条 完成工作的期限

1. 承揽合同应指明完成工作的始期和终期。根据双方当事人之间的协议，在合同中也可约定完成工作各个阶段的期限（中间期）。

如果合同没有另行约定，承揽人则既对因违反完成工作的始期、终期承担责任，也对因违反完成工作的中间期承担责任。

2. 承揽合同中约定的完成工作的始期、终期和中间期可在合同约定的情形下和依合同约定的方式予以变更。

第六百二十一条　工作价款

1. 承揽合同须指明应完成工作的价款和确定价款的方法。如果合同未作上述规定且当事人未能达成一致，法院根据同类工程通常适用的价格，并考虑当事人所承担的必要费用，确定价格。

2. 工作价款可通过编制预算等方式来确定。

在依照承揽人编制的预算完成工作时，该预算自定作人确认之时起具有效力并成为承揽合同的一部分。

工作价款（预算）可以是约数或者固定数额。当承揽合同无其他指明时，工作价款则被认为是固定的数额。

3. 如果必须进行补充性工作并因此必须大大超过工作价款的预算时，承揽人应及时通知定作人。定作人如不同意提高承揽合同中已指明的工作价款时，有权拒绝履行合同。在此情况下，承揽人对其已完成的那部分工作，可请求定作人给付价款。

4. 承揽人如果未及时将关于必须提高合同约定的工作价款（预算）事宜预先通知定作人，应履行合同，同时保留依照合同中约定的价格请求定作人给付工作价款的权利。

5. 承揽人无权请求增加固定价款（确定的预算），而定作人也无权请求减少该价款，即便在订立承揽合同时不可能预先确定应完成工作的总量或不可能预先确定为此而消耗的必要开支时，也无权请求增加或减少价款。

在由承揽人提供的材料和设备的价值，以及由第三人向承揽人提供的服务的价值发生显著增加时，承揽人有权要求提高既定的价款，而当定作人拒绝履行该请求时，承揽人有权解除合同。

第六百二十二条　承揽人节省的费用

1. 当承揽人的实际开支低于在确定工作价款（预算）时所计算的费用时，承揽人有权请求按承揽合同约定的价格（预算）给付价款，除非定作人能证明，承揽人获得的节余对所完成工作的质量有影响。

2. 在承揽合同中可约定承揽人所获节余在双方当事人之间进行分配。

第六百二十三条　工作价款的支付办法

1. 如果承揽合同对工作的完成未约定预先给付价款或者未约定在工作完成的

各个阶段给付价款，当工作按适当方式在约定期限内或者经定作人同意提前完成时，定作人应于工作成果最终交付后向承揽人给付约定的价款。

2. 只有在法律规定或合同约定的情况下，承揽人才有权要求给付预付款和定金。

第六百二十四条　承揽人的留置权

1. 当定作人不履行给付约定价款或者承揽人因完成承揽合同其他应得款项的义务时，承揽人有权对工作成果以及属于定作人的设备、为加工而交付的物、未使用的剩余材料和定作人的其他财产予以留置，直到定作人给付有关款项为止。

2. 合同可约定定作人扣除应支付给承揽人的部分报酬，以支付在本法第630条规定的期限内消除发现的瑕疵的费用。

第六百二十五条　使用定作人材料完成工作

1. 承揽人应节约并审慎地使用定作人提供的材料，完成工作后应向定作人提交材料消耗报表并返还剩余材料，或者经定作人同意，扣除留在承揽人处未经使用的剩余材料的价值而减少工作价款。

2. 承揽人应对定作人提供的材料缺陷造成的工程缺陷负责，除非其能证明在正确验收材料时无法发现该缺陷。

第六百二十六条　承揽人对定作人所提供财产未尽妥善保管义务应负担的责任

承揽人对定作人提供的材料、设备、为加工而移交的物或其他与履行承揽合同有关而由承揽人占有的财产，承担妥善保管的责任。

第六百二十七条　定作人在承揽人完成工作期间的权利

1. 定作人在不干预承揽人活动的前提下，有权在任何时间对承揽人完成工作的进程和工作质量进行检查。

2. 如果承揽人未及时着手履行承揽合同或者工作进行缓慢，致使工作显然不可能如期完成，则定作人有权解除合同并要求赔偿损失。

3. 如果承揽人在工作进行期间已清楚表明该工作将不能以应有的方式完成，定作人有权给承揽人指定合理期限消除瑕疵，而承揽人在指定期限内不履行该项要求的，定作人有权解除承揽合同或者委托他人承担修复工作，该修复费由承揽人负担，同时定作人有权要求承揽人赔偿其损失。

4. 除非合同中另有约定，定作人可以在工程交付之前的任何时间解除合同，向承揽人支付收到解除合同通知之前的工程款。定作人也有义务赔偿承揽人因解除合同而造成的损失，赔偿额度为已完成的工作所支付的部分价格与为整个工作确定的价格之间的差额。

第六百二十八条　承揽人有义务预先告知定作人的情况

1. 发现以下情况时，承揽人应立即通知定作人并在接到定作人指示前中止工作：

（1）定作人提供的材料、设备、技术文件或者为加工交付的物不适用或不符合质量要求；

（2）执行定作人关于工作完成方式的指示可能对定作人造成不利后果；

（3）其他承揽人意志以外的、可能对工作成果的适用性和耐久性构成威胁或者使该工作不能如期完成的情况。

2. 如果承揽人未将本条第1款所指明的情况通知定作人，或者未等到合同约定的合理答复期限届满而继续工作，或者对定作人立即停止工作的指示置之不理，则承揽人无权在对定作人提出请求以及在其对定作人提出相应请求时援引上述情况。

3. 尽管承揽人对本条第1款所述的情况及时发出了合理的警告，但如果定作人未在合理的时间内更换不合适的或有缺陷的材料，未改变关于施工方式的指示，或未采取其他必要措施消除危及工程适用性或耐久性的情况，承揽人有权解除合同并要求定作人赔偿解除合同而对其造成的损失。

第六百二十九条　定作人的协助义务

1. 定作人应以承揽合同约定的范围和方式对承揽人完成工作给予协助。

定作人不履行该项义务时，承揽人有权要求定作人赔偿因此对其造成的损失，包括因停工或延期工作而产生的额外费用，或者要求增加合同中约定的工作价款。

2. 因定作人的行为或者不作为而无法按照承揽合同完成工作时，承揽人对已完成部分的工作仍有权请求按合同约定的价款给付报酬。

第六百三十条　定作人接收完成的工作

1. 定作人应按承揽合同约定的期限和程序，并在承揽人参与的情形下检查和验收所完成的工作成果，而当定作人发现有违反合同致使工作成果质量降低的情况或者工作中的其他瑕疵时，应立即将该情况向承揽人申明。

2. 定作人在验收工作时如发现该工作有瑕疵，只有在验收书或其他验收证明文件中说明了该瑕疵或者说明随后有提出消除该瑕疵请求的可能时，才有权援引这些瑕疵。

3. 定作人未进行检查即验收工作的，丧失援引验收时按通常方法即可确定的瑕疵（表面瑕疵）。

4. 定作人在验收工作后发现该工作与承揽合同约定不符，或者发现用通常验收方法不可能确定的其他瑕疵（隐蔽瑕疵），包括承揽人故意隐瞒的瑕疵，定作人应在发现之后的合理期限内将此情况通知承揽人。

5. 对于定作人发现的隐蔽瑕疵，通知承揽人的期限是 1 年，如果是与建筑和结构有关的工程，则无论哪种类型，若是承揽人故意隐瞒的瑕疵，通知承揽人的期限是从工程验收之日起的 3 年。

法律可以规定或合同可以约定更长的期限（保证期）。

如果根据合同，定作人已经接受了工作的一部分，本条款规定的期限从接受整个工作之日起计算。

6. 当定作人和承揽人之间就所完成工作的瑕疵或者其原因产生争议时，根据任何一方当事人的请求都应指定鉴定。鉴定费由承揽人负担，但鉴定确定承揽人不存在违反合同的行为或者承揽人的行为与所发现的瑕疵之间不存在因果关系的情形除外。在这种情况下，鉴定费由请求鉴定方负担；如果该鉴定由双方协议确定，鉴定费由双方平均分担。

7. 如果承揽合同没有另行约定，当定作人拒绝接受所完成的工作时，承揽人从按合同约定应将工作成果交付定作人之日起的满 1 个月，并两次通知定作人后，有权将该工作成果出售，出售所得的价款在扣除一切应给付承揽人的数额后，存入定作人的提存账户。

8. 如果定作人拒绝接受已完成的工作成果，导致工作迟延交付，则制造（加工）物的所有权在移交时被视为已移转给定作人。

第六百三十一条　在合同标的灭失或无法完成工作的情况下当事人之间的结算

如果合同标的意外灭失，或者非因当事人的过错而无法完成工作，承揽人无权就该工作要求报酬。

当合同标的的灭失或无法完成工作是由于定作人交付的材料有瑕疵或者定作人对工作方式的指示有缺陷，或者是在定作人延迟接受完成的工作后发生时，如果承揽人遵守了本法第 628 条的规定，其仍然有权获得工作报酬。

第六百三十二条　工作质量

1. 承揽人所完成工作的质量应符合承揽合同的条款，当合同对质量要求的条款未规定或者规定不完全时，应符合通常对同类工作提出的要求。

2. 如果法律或其规定的程序对承揽合同完成工作有强制性要求，作为经营者的承揽人有义务按照该强制性要求完成工作。

承揽人按照合同可以承担义务，按照比对双方当事人的强制性要求更高的质量要求完成工作。

第六百三十三条　工作质量保证

1. 在法律规定或者承揽合同约定工作成果的保证期时，承揽人向定作人交付的工作成果在整个保证期内应符本法第632条的要求。

2. 如果承揽合同没有另行约定，工作成果的质量担保应及于工作成果的全部。

第六百三十四条　保证期的计算办法

除非合同中另有约定，保证期从已完成的工作成果被定作人接受或应被接受之时开始计算。

第六百三十五条　承揽人对工作质量不合格的责任

1. 如果法律没有另行规定或合同没有另行约定，承揽人完成工作期间如果违反承揽合同，致使工作成果质量降低，或者出现其他致使工作不适用合同约定的使用目的的瑕疵，或者在合同中没有相应条款时工作不适用通常使用，定作人有权根据自己的选择要求承揽人：

（1）在合理期限内无偿消除瑕疵；

（2）相应减少约定的工作价款；

（3）当承揽合同约定定作人有权消除瑕疵时，定作人有权要求承揽人赔偿消除瑕疵的费用。

2. 承揽人有权以重新无偿完成工作并向定作人赔偿因逾期履行而造成的损失代替消除瑕疵。此时，在工作的性质允许返还的情况下，定作人应将已交付给其的工作成果返还承揽人。

3. 如果工作中有违反承揽合同条款的情况，或者工作成果的其他瑕疵在定作人确定的合理期限内未消除，定作人有权拒绝履行合同并要求赔偿损失。

4. 如果能够证明工作瑕疵的产生是由承揽人的过错行为或不作为造成的，纵使承揽合同对承揽人工作的某些瑕疵有免责条款也不免除承揽人的责任。

5. 对完成工作提供所需材料的承揽人，应按照卖方对不符合质量的商品承担责任的规定对材料的质量负责（本法第428条第1款第1项至第3项和第5项）。

第六百三十六条　工作质量不合格诉讼的时效

对因按照承揽合同完成的工作不符合质量而提出请求的诉讼时效期，应从发现瑕疵之日起计算，定作人应在本法第 630 条规定的期限内提出。

第六百三十七条　承揽人向定作人移交信息资料的义务

如果承揽合同有约定，或者信息资料性质决定如无该信息资料便不能依合同指明的目的使用工作成果，则承揽人必须在交付工作成果时一并向定作人交付涉及承揽合同标的物的利用或其他使用的信息资料。

第六百三十八条　当事人所获信息的保密义务

如果一方因履行承揽合同义务从对方获得关于新的决策和技术知识的信息，包括不受法律保护的信息，以及可视为商业秘密的信息，获得该信息的一方未经对方同意无权将该信息告知第三人。

该信息的利用方式和条件由双方协商确定。

第六百三十九条　返还定作人材料和设备

当定作人根据本法第 627 条第 4 款或第 635 条第 3 款的规定解除合同时，承揽人应将定作人提供的材料、设备、为加工而交付的物和其他财产返还定作人或者转交给定作人指定的人，如果该返还不可能实现，则应赔偿材料、设备和其他财产的价值。

第二节　日常承揽特征

第六百四十条　日常承揽合同

依照日常生活承揽合同，从事相应经营活动的承揽人承担义务，按照公民（定作人）的要求，完成用于满足定作人的日常生活需要或其他个人需要的一定工作，而定作人承担受领工作并给付报酬的义务。

日常生活承揽合同是一种公共合同（本法第 387 条）。

第六百四十一条　定作人权利的保证

1. 承揽人无权强行要求定作人将约定外的工作或者服务列入日常承揽合同。如果违反此要求，定作人有权拒绝对该工作或者服务给付报酬。

2. 定作人有权在交付工作之前随时拒绝履行日常承揽合同，但对通知解除合同之前已完成部分的工作，应向承揽人给付既定报酬，如果在所给付的部分工作价款中未包括承揽人在解除合同前为履行合同而支出的费用，定作人还应向承揽人赔偿该费用。取消定作人上述权利的合同条款自始无效。

第六百四十二条　合同的形式

除非法律另有规定或合同另有约定，日常生活承揽合同应包括定作人签署的格式条款或其他标准格式（本法第389条），日常生活承揽合同从承揽人向定作人出具确认合同订立的收据或其他文件之日起，即被视为以适当形式订立。

定作人缺乏此类文件并不剥夺其依靠证词来证明合同订立的权利。

第六百四十三条　向定作人提交工作成果信息

在向定作人提交工作成果时，承揽人有义务告知定作人为了有效和安全地使用所制造或改造的物品或其他工作成果必须满足哪些要求，以及违反相关要求可能对定作人和其他人产生的后果。

第六百四十四条　向定作人提交工作信息

1. 在订立日常生活承揽合同以前，承揽人应向定作人提供工作所必要的和可靠的信息资料，说明工作的种类和特点、价格和付款方式，以及根据定作人的请求将有关合同的其他事项和相关工作的信息资料告知定作人。如果工作性质需要，承揽人应将完成该工作的具体人向定作人指明。

2. 由于从承揽人处获取的资料信息不全面或者不可靠，致使日常生活承揽合同订立后所完成的工作不具备定作人要求的品质，定作人有权解除该合同并要求赔偿损失。

第六百四十五条　使用承揽人的材料完成工作

1. 如果按照日常生活承揽合同用承揽人的材料完成工作，定作人应于合同订立时给付全部材料费或者给付合同约定的部分材料费，而在定作人受领承揽人完成的工作之时进行费用最终结算。

根据合同，材料可由承揽人提供，材料费可赊账，定作人可以通过分期付款的方式支付材料费。

2. 在日常生活承揽合同订立后承揽人提供的材料价格发生变化时，价格不得重新计算。

第六百四十六条　使用定作人的材料完成工作

如果按照日常生活承揽合同使用定作人的材料完成工作，则承揽人于合同订立时在给定作人开具的收据或者其他文件中应指明按双方协议所确定的材料的准确名称、数量、材料情况描述和价格。对收据或其他类似文件中的材料估价有异议时，定作人可通过书面证据提请法院解决。

第六百四十七条　工作价款和支付

日常生活承揽合同的工作价款由双方协议确定，并且不得高于承揽人公布的价目表中标明的价格。工作价款由定作人在承揽人最终交工后给付。经双方同意，工作价款也可在合同订立时由定作人全部付清或者以预付款的方式给付。

第六百四十八条　完成工作瑕疵发现的后果

1. 在验收工作成果或者使用该成果发现有瑕疵时，定作人可在本法第630条规定的担保期限内，选择实现本法第635条规定的其中一项权利。

2. 定作人或其法定继承人可在接受工作后3年内提出免费消除根据日常生活承揽合同完成的工作中可能危及定作人或其他人的生命或者健康的瑕疵的要求，除非在既定的法律程序中规定了其他条款（服务条款），否则无论何时发现瑕疵，包括在担保期结束后发现的瑕疵，都可以提出请求。

如果承揽人未能满足此要求，定作人有权在同一期限内要求退还部分已付工作款，或者赔偿自己或在第三方帮助下消除瑕疵的费用。

第六百四十九条　定作人不领取工作成果的后果

1. 当定作人不领取已完成的工作成果或者以其他方式拒绝领取时，承揽人有权在书面通知定作人的2个月后以合理价格出售工作成果，所得价款在扣除承揽人应得的所有款项后，按本法第291条规定的方式提存。

2. 在本条第1款所述的情况下，承揽人可以不出售工作成果，而行使留置权（本法第624条）或向定作人追偿损失。

第六百四十九条之一　定作人未能收到工作成果的后果

1. 如果定作人未收到或定作人不接受已完成的工作成果，承揽人有权在发出警告之日起2个月后以书面形式通知定作人，根据本法第291条，以合理的价格出售工作成果，所收到的金额减去应付承揽人的所有款项，以定作人的名义提存。

2. 在本条第1款规定的情况下，承揽人可以行使留置权（本法第624条）代替出售工作成果，或者向定作人追偿。

第六百五十条　合同一方当事人死亡的后果

在因一方死亡而解除日常生活承揽合同的情况下（本法第376条），解除合同的后果由当事人的继承人与对方当事人协商确定，如果未能达成协议，则由法院根据已完成的工作量和其价格、花费和保存的材料的成本以及其他重要情况确定。

第三节 建筑承揽

第六百五十一条 建筑承揽合同

1. 依照建筑承揽合同，承揽人应在合同约定的期限内按定作人提出的任务建筑一定客体或者完成其他建筑工程，而定作人应为承揽人创造完成工程的必要条件、验收工作成果并给付约定的价款。

2. 建筑承揽合同的内容是建筑或者改建企业、建筑物（包括住宅）、构筑物或其他客体以及完成安装、调试或者与正在建设的工程有不可分割关系的其他工作。如果合同没有另行约定，建筑承揽合同的规则也适用于对建筑物、构筑物的维修。

在合同约定的情况下，承揽人在定作人验收后的合同约定期限内对标的物的使用负担保责任。

3. 在“统包施工”施工合同中，承揽人承担施工和维护的所有责任，并应根据合同条款将准备好使用的设施交给定作人。

第 4 款载于哈萨克斯坦共和国 2016 年 4 月 7 日颁布的第 487 – V 号法律修正案（自首次正式公布之日起满 6 个月后生效）。

4. 在建工程在交付给定作人和支付工程款之前，其所有人应为承揽人。

5. 如果按照建筑承揽合同完成的工作是为了满足公民（定作人）日常生活或者其他个人需要，则对该合同相应地适用日常生活承揽合同中定作人权利的规定。

第六百五十二条 建筑承揽合同风险分担

1. 如果在合同约定的交付期限届满之前由于不可抗力导致建筑客体意外灭失或者意外损坏，除非合同另有约定，否则定作人有义务支付已完成和（或）重建工程的费用。

2. 除非法律另有规定或合同另有约定，交接前因意外无法完成工作的风险由定作人承担。

3. 工程费用意外增加的风险由承揽人承担。

4. 合同可约定将所有可能的施工风险转移给承揽人（统包施工）。

5. 合同可以约定承揽人承担投保义务。在这种情况下，保险费用应包括在确定已完成工作的报酬时应考虑的建筑成本中。

第六百五十三条 进行工作的安全责任

承揽人负责所进行工作的安全。

第六百五十四条 设计预算文件

1. 承揽人应按照确定项目工程范围及内容和对工程提出其他要求的设计文件书，并按规定工程价格的预算进行工程建筑和与工程建筑有关的工作。

在建筑承揽合同没有另行约定时，推定承揽人应完成设计预算文件中所指定的一切工作。

2. 除非合同另有约定，以外语起草的设计预算文件以及其他技术文件应交给承揽人，并翻译成哈萨克斯坦国语或俄语。计量单位应符合法律所规定的公制体系。

3. 施工合同应确定设计预算文件的组成和内容，并规定何方及何条款应提供相关文件。

4. 承揽人如果在施工过程中发现设计预算文件中没有包括的工作，以及在这方面需要额外的工作和增加预算施工成本，则有义务通知定作人。

如果定作人 10 天内未回复通知，除非法律规定或合同约定了不同期限，承揽人可以暂停相关工程，并向定作人收取停工造成损失的费用。

5. 承揽人如果不履行本条第 4 款规定的义务，则被剥夺要求定作人支付其所完成额外工作和赔偿由此造成的损失的权利，除非其能证明为了定作人的利益有必要立即采取行动，特别是由于暂停工作可能导致在建建筑的破坏或损害。

6. 如果定作人同意额外工作和支付费用，只有在该工作不属于承揽人的专业范围或由于承揽人无法控制的原因而无法完成时，承揽人才有权拒绝执行上述工作。

第六百五十五条 设计预算文件的修订

1. 定作人有权要求修改设计预算文件，但不得涉及承揽人的额外费用和（或）延长履约期。

2. 对设计预算文件的修改，如果涉及承揽人的额外支出，应根据双方协商额外估算，由定作人承担费用。

3. 如果由于无法控制的原因，工程费用超过了估算值的 10%，承揽人有权要求修改估算值。

4. 承揽人有权要求赔偿其因发现和消除设计预算文件中的瑕疵而产生的合理费用，除非这些文件是根据其命令编制的。

第六百五十六条 工作材料担保

1. 如果建筑承揽合同未约定由定作人全部或者部分保障建筑工程材料，则保障建筑工程材料包括零件和构件或者设备供应的义务由承揽人负担。

2. 负责采购建筑材料和设备的承揽人要承担其提供的材料（零件、构件）或设备无法使用而导致工程质量下降的风险。

3. 如果发现定作人提供的材料（零件、构件）或者设备一经使用即会降低工程质量，承揽人有权要求定作人在合理时间内更换，若定作人拒绝予以更换，则承揽人有权解除工程建筑承揽合同并要求定作人按已完成工作的比例支付合同价款并赔偿损失。

第六百五十七条　工程价款支付

1. 定作人应按预算确定的数额和法律规定或者合同约定的期限和方式给付承揽人完成工程的价款。在法律没有规定或者合同没有约定时，应依照本法第623条的规定给付。

2. 统包工程中合同也可以规定于定作人验收标的之后一次全部付清工作价款，除非双方协商另有约定。

第六百五十八条　提供建设用地

定作人有义务及时提供合同约定面积和条件的建设用地。如果合同中没有说明，地块的面积和条件应保障工程及时开工、正常进行并按期竣工。

第六百五十九条　建筑承揽合同中定作人的补充义务

定作人应在建筑承揽合同约定的情况和程序下，将进行工程所必需的建筑物和构筑物交付承揽人使用，保障将货物运送给承揽人，保障铺设临时电力、水和蒸汽管道系统以及提供其他服务，依照合同约定的条款付款。

第六百六十条　定作人对完成工作合同的检查和监督

1. 定作人有权对工程完成的过程和质量、完成工作的期限（进度）、承揽人所提供材料的质量，以及承揽人是否正确地使用定作人的材料进行检查和监督，但不得干涉承揽人的业务经营活动。

2. 定作人在对工程的完成进行检查和监督时，如发现违反建筑承揽合同条款的情况可能致使工程质量降低或者发现工程的其他瑕疵，应立即将该情况向承揽人声明。定作人未作出声明的，则失去在今后以发现瑕疵为由提出请求的权利。

3. 在工程建筑过程中，如果定作人的指示不违背建筑承揽合同的条款，也不构成对承揽人业务经营活动的干涉，承揽人应该对所接到的定作人指示予以执行。

4. 承揽人如果以不适当方式完成工作，则无权以定作人对所完成工作不进行检查监督作为免除责任的根据，但法律规定或合同约定定作人负有检查监督义务的情况除外。

第六百六十一条 承揽人环境保护和建设工程安全义务

承揽人不得在工作过程中使用定作人提供的材料（部件、构件）和设备，也不得执行定作人的指示，如果这可能导致违反对双方有约束力的环境保护和建设工程安全要求。

第六百六十二条 建筑停建时当事人的义务

如果建筑承揽合同的工程因双方意志以外的原因而中止，项目停建，定作人应向承揽人全额支付在停建前所完成的工程费用，以及赔偿因工程必须中止和工程必须停建所导致的费用支出。

第六百六十三条 工作成果的交付和验收

1. 定作人收到承揽人关于准备交付按建筑承揽合同所完成的工程成果的通知后，或者收到关于准备交付合同约定的阶段性工程成果的通知后，应立即着手工程的验收。

2. 如果建筑承揽合同没有另行约定，定作人以自己的费用组织和进行工程的验收。在法律规定的情况下，国家机关和地方自治机关的代表应参加工程成果的验收。

3. 预先接受阶段性工程成果的定作人，负担非因承揽人的过错而产生的工程成果灭失或者毁损的风险后果，包括合同约定由承包商承担工作风险的情况。

4. 承揽人移交工程成果和定作人验收该成果，双方须签署文书正式生效。在法律规定的情况下，也由国家机关和地方自治机关的代表签署。当一方拒绝在文书上签字时，在文书上应对此作出标明并由另一方签字。

只有在法院认定拒绝签署文件的理由无根据时，交付或验收工作成果的单方文书方可由法院认定为有效。

5. 在法律规定或者合同约定的情况下，或者由合同所完成工程的性质所决定，在工程成果验收前应预先进行试验。这种情况下，只有在预先试验取得良好结果的条件下，方能进行验收。

6. 如果定作人发现瑕疵，且该瑕疵使工作成果不能用于建筑承揽合同约定的目的，又不能由承揽人或者定作人消除时，定作人有权拒绝验收工作成果。

如果在验收过程中发现其他瑕疵，应在本条第4款规定的文书中予以说明。

第7款载于2014年12月29日第269－V号法律修正案中。

7. 在法律规定的情况下，定作人应接受工程成果。

如果验收不合格的工程成果投入使用，定作人应承担哈萨克斯坦共和国法律规定的责任。

第六百六十四条　承揽人对工程质量的责任

承揽人违反合同约定的要求和违反对双方均有强制力的建筑规范及规则，以及未达到技术文件书和预算所指明的工程项目指标，其中包括诸如企业生产能力的指标，须向定作人承担责任。

在改建（翻新、改造、重建、修复等）建筑物或构筑物时，承揽人对建筑物、构筑物或其部分降低或者丧失其牢固性、稳定性、安全性承担责任。

第六百六十五条　建筑承揽合同中质量保证

1. 如果建筑承揽合同没有另行约定，承揽人应担保建筑标的达到技术文件书规定的指标并依照建筑承揽合同在担保期内担保标的能够使用。担保期为自定作人验收之日起10年，除非法律另有规定或合同另有约定。

2. 如果承揽人不能证明该瑕疵的产生是由于标的本身或其部分正常损耗、不正确使用或者定作人本人或其委任的第三人制订的标的使用说明书不正确，以及定作人本人或其委任的第三人对该项目进行不适当的修理引起的，则承揽人对在担保期内发现的瑕疵承担责任。

3. 由于承揽人应负责任的瑕疵（故障和缺陷）而致标的不能使用的时间不计入担保期。

4. 在担保期内发现存在本法第630条第4款所指的瑕疵时，定作人应在发现后的合理期限内将此情况向承揽人声明。

5. 建筑承揽合同可约定定作人有权扣留合同预算中约定的部分工程价款，直至担保期结束。

第六百六十六条　由定作人消除瑕疵

1. 对于承揽人不应负责的瑕疵（故障和缺陷），建筑承揽合同可以约定承揽人有义务按定作人要求并以定作人的费用消除瑕疵。

2. 当瑕疵的消除与合同的标的无直接关系或者由于承揽人意志以外的原因承揽人不能进行消除时，承揽人有权拒绝履行本条第1款规定的义务。

第四节 完成设计和勘察工作的承揽

第六百六十七条 设计和勘察工作承揽合同

1. 依照完成设计和勘察工作的承揽合同，承揽人（设计人、勘察人）有义务按照定作人的指示编制技术文件书及预算和（或）完成勘察工作，而定作人应接受工作成果并给付报酬。

2. 除非法律另有规定或设计和（或）勘察承揽合同另有约定，否则设计和勘察工作的承揽合同意外无法履行的风险由定作人承担。

第六百六十八条 完成设计和勘察工作的基础资料

1. 依照完成设计和勘察工作的承揽合同，定作人应向承揽人转交设计任务书，以及提供编制技术文件书和预算所必需的其他基础资料。完成设计工作任务书可以按定作人的委托由承揽人起草。在这种情况下，该任务书自定作人批准之时起对双方具有拘束力。

2. 承揽人应遵守包含在任务书中的和完成设计、勘察工作任务的其他基础资料中的各项要求，只有经定作人同意，承揽人才有权违反上述要求。

第六百六十九条 定作人的义务

如果合同没有另行约定，依照完成设计和勘察工作承揽合同，定作人的义务是：

在工作全部完成后向承揽人全额给付规定的所有工作的价款或者在各个阶段的工作完成后给付其部分价款：

（1）只能将从承揽人处获取的技术文件书和预算用于合同约定的目的，未经承揽人同意不得将技术文件书移交第三人，也不得泄露其中的数据；

（2）按合同约定的范围和条款协助承揽人完成设计和勘察工作；

（3）和承揽人一起参加国家主管机关和地方主管部门对已经编制的技术文件书和预算进行的审批活动；

（4）向承揽人补偿因承揽人意志以外的原因完成设计和勘察工作的基础资料的变更而发生的额外开支；

（5）吸收承揽人参加因所编制的技术文件书或者在完成的勘察工作有瑕疵时第三人向定作人提起的诉讼案件。

第六百七十条 承揽人的义务

依照完成设计和勘察工作承揽合同，承揽人的义务是：

（1）按照合同订立时移交给其的基础资料完成工作；

（2）与定作人协商完成编制技术文件书和预算，必要时与定作人及国家主管机关和地方主管部门一起进行协商；

（3）除合同另有约定外，应同时向定作人交付已经编制好的技术文件书和预算以及勘察工作的成果；

（4）未经定作人同意，承揽人无权将技术文件书和预算交付第三人。

第六百七十一条　承揽人的保证

依照完成设计和勘察工作承揽合同，承揽人应向定作人保证，第三人无权阻碍或者限制依承揽人编制的技术文件书和预算完成工作。

第六百七十二条　承揽人对设计预算文件和勘察工作瑕疵责任

1. 依照完成设计和勘察工作承揽合同，对于编制技术文件书和预算及完成勘察工作不当，包括其后在建筑过程中以及在按技术文件书和预算及勘察工作而建设的客体的使用过程中发现的瑕疵，由承揽人承担责任。

2. 如果法律没有另行规定或完成设计和勘察工作承揽合同没有另行约定，当发现在技术文件书和预算及勘察工作中存在瑕疵时，承揽人按照定作人的要求应无偿重新编制技术文件书和预算并相应地进行必要的补充性勘察工作，以及赔偿给定作人造成的损失。

3. 由于设计和勘察文件的瑕疵而产生的要求可以由使用设计和勘察文件的人提出，即使其不是设计和勘察文件的定作人。

第五节　科学研究、试验设计和工艺工作承揽

第六百七十三条　科学研究、试验设计和工艺承揽合同

1. 依照完成科学研究承揽合同，承揽人（执行人）应按定作人确定的技术任务进行科学研究。依照完成试验设计和工艺承揽合同，承揽人（执行人）应试制新产品样品，编制设计技术文件书或者研制新工艺，而定作人应受领工作并给付工作价款。

2. 与承揽人（执行人）订立的合同既可包括进行研究、研制和制造样品的整个周期，也可只包括该周期的各个阶段。

第六百七十四条　工作的完成

1. 承揽人（执行人）必须亲自进行科学研究。除非合同另有约定，只有经定作人同意，承揽人（执行人）才有权吸收第三人履行完成科学研究承揽合同。

2. 在完成试验设计或工艺工作时，如果合同没有另行约定，承揽人有权吸收第三人履行合同。

第六百七十五条 工作的交付、接受和付款

承揽人（执行人）有义务移交，定作人应接受并支付完成的全部研究工作、试验设计和工艺工作。合同可约定分期对工作进行验收和付款，或规定其他付款方法。

2001年11月6日第247号总统令委托哈萨克斯坦共和国国家科学院负责审查由国家预算资助的基础科学研究计划内进行的工作。

第六百七十六条 合同信息的保密性

如果完成科学研究工作、试验设计和工艺承揽合同没有另行约定。

（1）承揽人（执行人）和定作人应对涉及合同标的、合同履行过程和所取得成果的信息资料保守秘密，机密的信息资料范围由合同确定。

（2）承揽人只有在征得定作人同意的情况下，才有权对上述合同下的工作成果申请专利。

第六百七十七条 当事人工作成果权

1. 根据完成科学研究工作、试验设计和工艺承揽合同，定作人有权在合同约定的范围内和依照合同约定的条件使用转让给其的工作成果。

2. 如果合同没有另行约定，承揽人（执行人）有权为了自己的需要使用其所取得的工作成果。

3. 合同可以约定承揽人（执行人）有权向第三方出售工作成果。

第六百七十八条 定作人的义务

在完成科学研究工作、试验设计和工艺承揽合同下，定作人应承担以下义务：

（1）向承揽人（执行人）说明职权范围，并商定方案（技术和经济参数）或工作主题；

（2）向承揽人（执行人）交付完成工作所必需的信息资料；

（3）接受完成的工作成果并给付价款（本法第623条）。

第六百七十九条 承揽人（执行人）的义务

1. 在完成科学研究工作、试验设计和工艺承揽合同中，承揽人（执行人）的义务是：

（1）依照与定作人商定的方案（技术和经济参数）或主题完成工作并在合同约定的期限内将工作成果交付定作人；

（2）遵守与知识产权的法律保护有关的要求；

（3）如果因执行人的过错在已完成的工作中出现了可能引起偏离技术规范或合同中约定的技术和经济参数问题的瑕疵，执行人以自己的人力和用自己的费用消除瑕疵；

（4）将发现无法获得预期成果或者不适宜继续工作的情况立即报告定作人；

（5）保障向定作人交付依合同所获得的不侵犯第三人专属权的成果。

2. 除非完成科学研究工作、试验设计和工艺承揽合同另有约定，承揽人（执行人）应承担以下义务：

（1）未经定作人同意，不公布工作过程中获得的科技成果；

（2）采取措施保护在能够受到法律保护的工作中获得的结果，并通知定作人；

（3）向定作人提供使用受法律保护的科学和技术成果的独家许可，并将其应用于定作人所执行的工作。

第六百八十条　无法取得科研工作成果的后果

如果在科学研究工作中出现承揽人（执行人）意志以外的情况而不能取得成果，对在发现不可能取得完成科学研究承揽合同约定的成果之前已经进行的工作，定作人必须支付费用，但不得高于合同中约定的相关工作部分的价格。

第六百八十一条　无法取得试验设计和工艺工作成果的后果

在进行试验设计和工艺工作的过程中，出现并非因承揽人的过错而产生的不可能或不适宜继续工作的情形时，定作人应给付执行人已经发生的费用。

第六百八十二条　承揽人（执行人）的违约责任

1. 如果不能证明违反完成科学研究工作、试验设计和工艺承揽合同的情况并非因承揽人（执行人）的过错而导致时，承揽人（执行人）应向定作人承担未履行或未适当履行合同的责任。

2. 违反合同的承揽人（执行人）有义务赔偿定作人的实际损失，除非合同另有约定。

第三十三章　有偿提供服务

第六百八十三条　有偿提供服务合同

1. 依照有偿提供服务合同，执行人应依定作人的要求提供服务（实施一定行为或进行一定的活动），而定作人应对该服务给付报酬。

2. 本章的规定适用于提供邮电、医疗、兽医、审计、咨询、信息服务、培训服务、旅游服务和其他服务的合同，但本法第 32、34、35、39、41、43、44 章规定的提供服务的合同除外。

第六百八十四条　有偿提供服务合同的履行

如果有偿服务合同没有另行约定，执行人应亲自提供服务。

第六百八十五条　服务费支付

1. 定作人须按照有偿服务合同约定的期限和程序为向其提供的服务给付报酬。

2. 因定作人的过错导致合同履行不能时，如果法律或者有偿服务合同无其他规定，定作人应全额给付服务费。

3. 当双方对所发生的不能履行合同的情况都无责任时，如果法律或者有偿服务合同无另行规定，定作人须补偿执行人已实际支出的费用。

第六百八十六条　单方拒绝履行有偿提供服务合同

1. 定作人有权拒绝履行有偿服务合同，但条件是必须向执行人给付其实际支出的费用。

2. 执行人只有在赔偿定作人因终止合同造成的全部损失的情况下，才有权拒绝履行有偿服务合同约定的义务，但因定作人的过错造成的除外。

第六百八十七条　有偿提供服务合同的法律调整

对有偿提供服务合同适用关于承揽的一般规定（本法第 616 条至第 639 条）和日常生活承揽的规定（本法第 640 条至第 650 条），但上述规定与本法第 683 条至第 686 条相抵触以及与有偿服务合同标的的特点相抵触的情形除外。

第三十四章　运　　输

第六百八十八条　一般规定

1. 运输货物、旅客和行李依照运输合同进行。

2. 运输的一般条款由运输法、其他法律和根据该法律颁布的规则确定。

以特定的运输形式运输货物、旅客和行李的条件由双方协商确定，但本法、运输法规、其他法律和据此颁布的规则有不同规定的除外。

第六百八十九条　货物运输合同

1. 依照货物运输合同，一方当事人（承运人）应将另一方当事人（托运人）托运的货物运输到目的地，并交给有权接收货物的人（收货人），而托运人应按合同或运价给付运费。

2. 订立货物运输合同以制作和向货物托运人签发货运单、提货单或运输法律规定的运输货物的其他单证为凭。

第六百九十条　旅客运输合同

1. 依照旅客运输合同，承运人应当把旅客运输到目的地，而当旅客托运行李时，承运人还应把行李运输到目的地，并将其交给有权受领该行李的人；旅客应交付规定的旅费，在托运行李时，还应交付规定的行李托运费。

2. 旅客运输合同的签订以客票为凭证，而托运行李的，以行李托运单为凭证。

客票和行李单的格式按照运输法律规定的程序确定。

第六百九十一条　租船运输合同（租船合同）

依照租船运输合同，一方（船舶出租人）应向他方（租船人）提供为运输货物、旅客和行李而用于一次或者多次航程的一艘或多艘船舶的全部或者部分舱位，并收取运费。

租船运输合同的订立程序，以及上述合同的形式和类型由运输法律确定。

第六百九十二条　运输组织合同

承运人和发货人在有必要进行系统运输时可订立运输组织的长期合同。

依照运输组织合同，承运人应在约定的期限内接收货物，而发货人应按约定的数量将货物提交运输。

在运输组织合同中应约定提供运输工具和提交发送货物的数量、期限、质量和其他条件以及法律没有规定的运输组织的其他条款。

第六百九十三条　运输组织之间的合同

不同类型的运输组织之间可以订立关于保障运输货物组织工作的合同［联运协议、货物集中运送（运出）合同等］。

该类合同订立的程序由运输法律规定。

第六百九十四条　多式联运

两种或两种以上运输方式（多式联运）通过单一货物运输单（单一提单）运输过程中的关系，以及组织该运输的程序，应由多式联运参与者之间根据哈萨克斯坦共和国关于运输的法律签订的合同来确定。

第六百九十五条　公共交通工具运输

1. 如果法律或其他颁发给上述组织的许可证（专利）规定，该组织应根据任何公民或法人的请求进行旅客、货物和（或）行李的运输，则应视为公共运输。

2. 公共交通工具运输合同是一种公开合同（本法第387条）。

第六百九十六条　运输工具的提供、货物的装卸

1. 承运人应在申请单（订单）、运输合同约定的期限内，向货物托运人提供适用运送相应货物的运输工具。

托运人有权拒绝所提供的不适用运输相应货物的运输工具。

2. 装（卸）货物要依照合同约定的方式，并应遵守运输法律的要求及依照该法律颁布的规则所确定的办法，由运输组织或者货物托运人（收货人）进行。

3. 以货物托运人（收货人）的人力和工具装（卸）货物时应在合同约定的期限内进行，但运输法律及依照该法律颁布的规则对该期限有不同规定的除外。

第六百九十七条　运费

1. 运送货物、旅客和行李应收取双方协议确定的运费，但法律另有规定的除外。

2. 使用公共运输工具运送货物、旅客和行李的运费，根据运输法律规定的运费价目表确定。

3. 承运人按照收货人的要求完成在价目表中未规定的工作和服务，依照双方的协议收费。

4. 承运人为保障获取应向其应交付的运费和其他应付的运送费用，有权留置交付其托运的货物和行李（本法第292条），但法律另有规定、运输合同另有约定或者债的性质有不同要求的除外。

第六百九十八条　货物、旅客和（或）行李的运达期限

承运人应在运输法规和根据该法规制定的运输规则规定的期限内将货物、旅客和（或）行李运送到目的地。如果没有规定送达货物、旅客或行李的期限，而且双方也没有在合同中约定期限，则应在合理时间内送达。

第699条已根据哈萨克斯坦共和国2001年12月6日第260－II号法律进行了修订。

第六百九十九条　处分货物权

1. 发货人或货物订单文件持有人可要求承运人终止运输或退回货物，或作出其他处置。在这种情况下，承运人有权要求发货人或货物订单文件持有人向其支付已经完成运输的费用，以及赔偿与所做订单相关的费用。

2. 当货物到达目的地后被移交给收货人时，托运人丧失前款所述的权利。

3. 如果收货人拒绝履行其接收需要特殊储存条件的货物（易腐烂货物）的义务，且托运人未被告知如何处置该货物，当该货物无法储存或不当储存可能导致其损坏时，承运人有权出售该货物。

出售所得在扣除应付给承运人的款项后提存。

第七百条　旅客的权利

旅客应有权按照运输法律规定的方式：

（1）免费或以其他优惠条件携带儿童。

（2）在规定的范围内免费携带手提行李。

（3）根据收费标准，有偿交付行李运输。

第七百零一条　违反运输义务的责任

1. 在不履行或者不适当履行运送义务时，双方承担本法、运输法律、其他规范性法条规定和双方合同约定的责任。

2. 运输组织与旅客和托运人（收货人）之间订立的关于限制或者取消运输法律所规定的责任的协议一律无效，但运输法律规定在货物运输时可以有该种协议的情形除外。

第七百零二条　承运人未提供运输工具和托运人未使用所提供运输工具的责任

1. 承运人未按照所接受的托运货物的申请单（订单）或合同约定的提供运送货物的运输工具，托运人未将货物交付托运或者由于其他原因未使用承运人所提供的运输工具的，应承担法律规定以及双方合同所约定的责任。

2. 如果未提供运输工具或者不使用所提供的运输工具是由于下述原因之一引起，则承运人和货物托运人免负责任：

（1）不可抗力；

（2）依照运输法律规定的程序，确定某一条线路停止或者限制货物运输；

（3）法律规定的其他情况。

第七百零三条　直达多式联运时承运人的责任

直接多式联运中的承运人对货物的损失、变质、损坏或短缺对发货人（收货人）承担连带责任。

延误的责任由最后承运人承担，除非其能证明延误不是由于最后承运人的过错所致。

第七百零四条　承运人延误运送旅客的责任

1. 当运送旅客的运输工具迟发，或者该运输工具晚点到达目的地（市内和郊区公共交通运输除外），如果不能证明迟发或晚点是不可抗力所致，承运人应按有关运输法律规定的金额向旅客支付罚金。

2. 在旅客因运输工具迟发而拒绝乘坐的情况下，承运人有义务全额退还旅客的票价，并赔偿旅客因延迟而造成的损失。

第七百零五条　承运人对货物或行李的遗失、缺失和损坏的责任

1. 在接收货物和行李接收运送后直至将货物交付收货人、收货人授权的人或有权领取行李的人之前承运人应确保货物或行李的安全。

2. 如果承运人不能证明货物或行李遗失、缺失或者损坏不是承运人过错所致，则承运人应承担责任。

3. 在运送货物或者行李时造成的损失，应由承运人赔偿：

（1）在货物或者行李遗失或短缺时，按遗失或短缺的货物或者行李的价值赔偿；

（2）在货物或者行李毁损（损坏）时，按其降低的价值赔偿，而在货物或行李无法恢复时，则按其价值赔偿；

（3）在保价交付运送的货物或者行李遗失时，按货物或者行李的保价金额赔偿。

货物或者行李的价值根据卖方发票上指明的或者合同约定的价格确定，而在无发票或者合同未约定价格时，按照在可比的情况下对类似商品通常收取的价格确定。

4. 承运人在赔偿因货物或行李的遗失、缺失和毁损（损坏）引起的损失的同时，还应返还托运人（收货人）为追索遗失、缺失和毁损（损坏）的货物或者行李的运费，但该运费包含在货物价值内的除外。

5. 对承运人单方起草的关于未妥善保管货物或行李原因的文件（商业文书、公共格式文件等）有争议时，应与能够作为货物或者行李的承运人、托运人或者收货人责任根据的其他证明文件一起交由法院裁定。

第七百零六条　货物运输的索赔和诉讼

1. 在向承运人提起因货物运送所发生的诉讼之前，必须按照法律规定的程序先向承运人提出索赔。

2. 因货物运输引起的索赔的时效期间为 1 年。

3. 本条的规则不适用于因运送旅客和行李而引起的索赔。

第七百零七条　承运人造成旅客生命和健康损害的责任

承运人造成旅客生命和健康损害的责任，除法律规定或者运输合同约定承运人加重责任的情形外，依照本法第47章的规则确定。

第三十五章　运 输 代 理

根据哈萨克斯坦共和国2011年3月25日第421－IV号法律对第708条进行了修订。

第七百零八条　运输代理合同

1. 运输代理合同是一方（货运代理）承诺为另一方（作为客户的货物托运人或者收货人或其他对货运代理服务有意的人）完成或者组织完成代理合同约定的与运输货物有关的服务，包括代表客户或以自己的名义签订货物运输合同（合约），以获取报酬并承担费用的合同。

运输代理合同还可约定送达货物所必需的如下业务作为补充性服务，如取得出口或者进口所需要的单证，办理海关及其他手续，检查货物的数量和状况，装卸货物，为客户交纳其应缴纳的关税、税费和其他费用，保管货物，在目的地领取货物以及完成合同约定的其他业务和服务。

在征得客户同意的情况下，货运代理可以根据客户的利益、关税率和交货时间来决定客户货物的运输方式。

2. 本章未规定的，当货运代理根据合同条款代表客户时，本法第41章的规定适用于货运代理合同下的关系，当代表自己时，本法第43章的规定适用于货运代理合同。

第七百零九条　合同的形式

1. 运输代理合同应以书面形式订立。

第2款已根据哈萨克斯坦共和国2011年3月25日第421－IV号法律进行了修订。

2. 如果为履行职责所需，客户应向代理人授予委托书。

第七百一十条　提供给运输代理人的文件和其他信息

第1款已根据哈萨克斯坦共和国2011年3月25日第421－IV号法律进行了修订。

1. 客户应向代办人提供关于货物特性、运输条件的文件和其他信息，以及提供代办人为履行运输代理合同约定的义务所必需的其他资料。

根据哈萨克斯坦共和国 2011 年 3 月 25 日第 421 – IV 号法律对第 2 款进行了修订。

2. 代办人对所获得的信息资料发现有瑕疵时应通知客户，而当信息资料不完整时，应向客户征询必要的补充资料。

3. 如果客户不提供必要的信息资料，货运代理人有权在提供该信息资料前不着手履行相关义务。

根据哈萨克斯坦共和国 2011 年 3 月 25 日第 421 – IV 号法律对第 4 款进行了修订。

4. 客户违反本条第 1 款规定的提供信息资料的义务而对代理人造成损失的，应承担责任。

第七百一十一条 由第三人履行运输代理人义务

1. 如果运输代理合同并未约定代理人必须亲自履行义务，则代理人有权雇佣他人履行其义务。

2. 托付第三人履行义务不免除代理人对客户承担的履行合同的责任。

第七百一十二条 留置权

货运代理人只有在不支付所欠运输代理服务报酬的情况下才有权留置货物。

第七百一十三条 运输代理合同运输代理人的责任

1. 代理人依照本法第 20 章的规则确定的依据和数额对不履行或者不适当履行货运代理合同义务承担责任。

第 2 款根据哈萨克斯坦共和国 2011 年 3 月 25 日第 421 – IV 号法律进行了修订。

2. 如果代理人能够证明违反义务是运输合同履行不当引起的，则代理人对客户的责任依照相应承运人对货运代理人负责的相同规则确定。

第七百一十四条 单方拒绝履行运输代理合同

第 1 款根据哈萨克斯坦共和国 2011 年 3 月 25 日第 421 – IV 号法律进行了修订。

1. 客户或代理人都有权拒绝履行运输代理合同，但应在合理期限内将此情况预先通知另一方。

2. 在单方拒绝履行合同时，提出拒绝履行合同的一方向另一方赔偿解除合同造成的损失。

第三十六章　借　　款

第715条根据哈萨克斯坦共和国2003年7月10日第483－II号法律进行了修订。

第七百一十五条　借款合同

1. 借款合同是一方（出借人）将金钱或以种类特征确定的其他物品的所有权（经济管理、经营管理）交付给另一方（借用人）所有，而借用人承诺及时返还出借人同样数额的金钱或同种类和同等质量的物品的合同。

2. 合同的履行与金钱或物品的转移有关，由种类特征定义，可以规定给予贷款，包括预付、提前支付、延期和分期支付货物（工程和服务）的形式，但不得违背法律规定，以及相应债的性质。

3. 禁止法人和公民以企业的形式向公民筹集资金，此类合同自始无效。

该禁令不适用于借款人是经国家授权机构许可接受存款的银行的情况，也不适用于接受资金以换取按法律程序登记发行的证券的情况。

第七百一十六条　借款合同的形式

1. 借款合同应根据本法第151条至第152条的规定订立。

2. 如果有债券、借款人的收据或其他文件证明出借人转让了一定数额或一定数量的物品，也应视为以适当的书面形式签订了借贷合同。

第七百一十七条　借款合同的签订

除非本法另有规定或当事人合同另有约定，借款合同自金钱或物品交付时视为已订立。

如果合同约定分期（分批）转让金钱或物品，除非另有约定，否则合同应视为第一批转让发生时订立。

第718条在哈萨克斯坦共和国2011年2月10日第406－IV号法律修正案中作了规定。

第七百一十八条　借款合同的报酬

1. 除非哈萨克斯坦共和国法律另有规定或合同另有约定，出借人有权按照合同确定的金额向借款人收取使用借款标的物的报酬。

第2款根据哈萨克斯坦共和国2012年7月5日第30－V号法律、哈萨克斯坦共和国2012年11月26日第57－V号法律进行了修订。

2. 银行、开展某些类型银行业务的组织、小额信贷组织和信贷合作伙伴关系的借款人的权利保护应通过设定最高年实际利率来确保，该利率包括出借人在发放贷款和提供服务时收取的利息、所有类型的佣金和其他由银行收取的费用，并按照哈萨克斯坦共和国法律规定的方式计算。

最高年实际利率应根据哈萨克斯坦共和国国家银行的规范性法律文件规定。

3. 如果根据借款合同将物品转移给借款人，则应按合同约定的规模和形式（货币或实物）支付利息。

4. 支付利息的程序和条件应在借贷合同中确定。

如果合同中没有约定支付利息的程序和条件，则按月支付。

5. 如果借款人未在规定时间内归还借款标的，应支付借款标的整个使用期间的利息。

第七百一十九条　借款标的的提供

1. 借款标的应在合同约定的期限、金额和条款及条件下提供。

除非合同另有约定，借款标的在向借款人划转或相关款项划入借款人银行账户时视为已提供。

2. 借款人有权拒绝接受全部或部分借款标的，并在合同约定的条款发放期限前通知贷款人，但法律另有规定或合同另有约定的除外。

3. 出借具有种类特征的物品时，应按照货物买卖合同的规则（本法第406条至第492条）履行其数量、种类、完整性、质量、包皮和（或）包装的条件，除非合同另有约定。

第七百二十条　专项借款

1. 除非合同另有约定，借款应被认为是无目的的，借款人应自行决定使用收到的借贷标的。

2. 如果借款合同的订立以借款人将所借资金用于一定目的为条件（专用借贷)，借款人应保障出借人有可能对该借款的专项使用进行监督。

3. 当借款人不履行借款合同关于借款的专项使用条款，以及违反本条第2款规定的义务时，出借人有权拒绝履行合同，不给予借款标的的一部分，并有权请求借款人提前偿还借款标的并支付相应的利息。

第七百二十一条　借款人履行义务的担保

1. 可以按照本法规定的方式对履行归还借贷标的和支付利息的义务提供担保。

在这种情况下，借款人有义务使出借人能够控制借贷的担保，除非法律另有规定或合同另有约定。

2. 如果借款人未履行归还借贷标的和支付利息的义务，以及非因出借人负责的原因失去担保或担保条件降低，出借人有权拒绝履行合同中相应的未提供借贷标的的一部分，并要求借款人提前归还借贷标的及其利息。

第七百二十二条　借款标的的返还

1. 借款人有义务在合同约定的期限内按约定方式归还借贷标的。

除非合同另有约定，借款标的物在其向出借人划转或相关款项转入其银行账户时即视为归还。

如果合同中没有约定借款标的的归还期限，借款人应自出借人提出要求之日起30日内归还。

不以支付利息为条件发放的借贷标的可以提前偿还。以支付利息为条件发放的借贷，经出借人同意或在合同中存在约定的情况下可以提前偿还。

借款利息可以随时提前偿还，除非合同中另有约定。

2. 经出借人同意，借款人的义务可以通过以下方式履行：货币借款合同通过接受种类物作为偿还，借物贷款合同通过接受货币作为偿还，该物品的价值应根据双方协商确定。

根据哈萨克斯坦共和国2015年7月17日第333－V号法律对第3款进行了修改。

3. 如果合同约定分批（分期）偿还借款标的，则借款人违反规定的下一部分借款标的返还期限的，出借人有权要求借款人提前归还借款标的剩余部分以及到期的利息，并通过取消抵押物的赎回权来满足其要求（本法第321条第2款第4项）。

第4款已根据哈萨克斯坦共和国2015年7月17日第333－V号法律进行了修改。

4. 如果合同约定在偿还借贷标的之前的期限内支付借款利息，则在借款人违反规定的支付报酬期限的情况下，出借人有权要求借款人提前归还借贷标的及应得的利息，并通过取消抵押财产的赎回权来满足其要求（本法第321条第2款第4项）。

第七百二十三条　提前返还借款标的债权的清偿期限

如果出借人根据第720条第3款、第721条第2款、第722条第3款和第4款规定的理由提出提前偿还借贷标的的要求，应按照本法第722条第1款规定计算偿还借贷标的和支付利息的新期限。

第七百二十四条 借款合同的争议

1. 借款人如能证明其实际上并未从出借人处收到借贷标的（金钱或物品），或者收到的金额或数量少于合同中约定的金额或数量，则有权对借贷合同提出异议。

2. 如果借贷合同必须是书面的（本法第716条），则不得通过证人的证词来质疑，除非合同是在欺诈、暴力、胁迫、双方的恶意串通或其他严重情况下订立的（本法第159条第9款和10款）。

第七百二十五条 债务更新为借款合同

1. 由买卖、财产租赁或者其他原因而产生的债，经当事人同意，可以借贷之债确定。

2. 以借贷之债实现债的更替，须遵守债务更替的要求（本法第372条），并按照订立借贷合同约定的形式完成（本法第716条）。

第七百二十六条 国家借款合同

1. 国家借款合同是借用人为国家，出借人应为公民或法人的合同。

2. 国家借款为自愿借贷。

3. 国家借款合同以出借人购买发行的国家债券或者其他国家有价证券（有据可查或无据可查）的方式订立，证明出借人有权从借用人处取得货币资金或者以借贷条款为依据取得的其他财产等价物、规定的利息或者其他财产权。

4. 借款人应以国库的财产对国家借款合同所产生的债务负责。

5. 哈萨克斯坦共和国参与国家借款关系的特点可以通过法律来规定。

根据哈萨克斯坦共和国2005年12月23日第107－III号法律对第727条进行了修改。

第七百二十七条 银行借款合同

1. 根据银行借款合同，出借人承诺按照支付、紧迫性、偿还等条件向借款人提供金钱借款。

根据哈萨克斯坦共和国2009年2月12日第133－IV号法律增加了第1－1款。

1－1. 根据债权人与伊斯兰银行的银行借款合同，资金按紧急和还款条款借入，且不收取使用资金的利息。

2. 银行借款合同要遵守与贷款合同有关的规则，其具体内容见本法第728条的规定。

第七百二十八条　银行借款合同和小额信贷合同的特性

银行贷款合同和小额信贷合同应具有以下特殊性：

（1）根据银行贷款合同，贷款人应是拥有国家授权机构颁发的银行贷款业务许可证的银行或其他法人；

（2）小额信贷组织应作为小额信贷合同的贷款人；

（3）银行或小额信贷合同的标的物应是未来可以提供的资金。在后一种情况下，银行贷款合同、小额信贷合同应被视为自其缔结之时起生效（本法第939条第1款），除非合同另有约定。

（4）银行贷款合同和小额信贷合同应以书面形式签订。如果未以书面形式订立，将导致银行贷款合同、小额信贷合同无效。

（5）银行贷款合同、小额信贷合同不得包含规定银行或任何其他拥有国家授权机构颁发的银行贷款业务许可证的法人、小额信贷组织有权单方面修改合同条款的条件，除非哈萨克斯坦共和国法律另有规定。

（6）本法第722条第2款的规定不适用于银行贷款合同、小额信贷合同，但哈萨克斯坦共和国银行法律或哈萨克斯坦共和国关于小额信贷组织的法律另有规定的除外。

（7）本法第722条第3款和第4款的规定应适用于银行贷款合同、小额信贷合同，如果借款人违反规定的偿还下一部分贷款或小额信贷的期限和（或）支付对价的期限超过40个日历日，则应支付利息。

应禁止银行发放以银行发行的股票为抵押的贷款或用于购买此类股票的贷款。

第三十七章　货币债权转让融资（保理）

第七百二十九条　货币债权让与融资合同（保理）

1. 货币债权转让融资合同是一方（金融代理人）转让或者承诺将资金转让给另一方当事人（客户），客户转让或者承诺将其因客户（债权人）与该第三方（债务人）的关系而产生的对第三方的金钱请求权转让给金融代理人的合同。

客户将其对债务人的金钱请求权让与金融代理人也可以是客户为了向金融代理人担保债的履行。

2. 按照货币债权转让融资合同，金融代理人的义务可包括为客户进行会计核算，以及向客户提供与让与作为标的的金钱请求权有关的其他财物服务。

3. 本法规定的关于债权转让的一般规则（本法第339条至第347条）应适用于针对金钱债权转让的融资，除非本章另有规定。

第七百三十条 货币债权让与融资合同的形式

货币债权让与融资合同应按照本法第346条规定的要求以书面形式签订。

第七百三十一条 为获得融资让与货币债权

1. 提供资金的前提是请求权的让与，让与的标的既可以是到期的货币债权（现有债权），也可以是产生于将来的获取资金的权利（未来债权）。

作为让与标的的货币债权，在客户与金融代理人的合同中以应证实该货币债权与合同订立时的现有债权为同一的方式确定，而未来债权的同一认定不得迟于其产生之时。

2. 除非合同另有约定，现有的货币债权应被视为在签订合同时已转移给财务代理人。

在让与未来货币债权时，合同约定的作为让与标的的货币债权本身产生之后，该债权视为已经转让给财务代理人。

如果货币债权的转让以一定的事件为条件，则该事件发生后让与生效。在这种情况下，不要求再办理货币债权让与手续。

第七百三十二条 客户对金融代理人的责任

1. 如果货币债权转让融资合同没有另行约定，客户应对作为让与标的的货币债权的无效向金融代理人负责。

2. 如果客户拥有让与货币债权的权利，并在让与该债权时不知道存在债务人有权不履行债务的状况，则作为让与标的的货币债权为有效债权。

3. 在金融代理人向债务人提出履行作为让与标的的请求权时，客户对债务人不履行或者不适当履行该请求权不承担责任，但客户与金融代理人之间的合同另有约定的除外。

第七百三十三条 禁止让与货币债权的行为无效

即使客户与其债务人之间存在禁止或者限制债权让与的协议，向金融代理人进行货币债权的让与仍为有效。

第七百三十四条 货币债权的再让与

如果货币债权转让融资合同没有另行约定，金融代理人不得再次让与货币债权。

当合同允许再次让与货币债权时，对该再让与相应地适用本章的规定。

第七百三十五条　债务人向金融代理人履行货币债权

1. 债务人在接到客户或者金融代理人关于货币债权已让与该金融代理人的书面通知后，应向金融代理人进行支付。

通知中应确定应该履行的货币债权以及指明接受付款的金融代理人。

2. 按照债务人的请求，金融代理人应在合理期限内向债务人提供货币债权确实已让与金融代理人的证据。如果金融代理人不履行该义务，则债务人有权根据货币债权向客户付款，作为向客户履行相应的债务。

3. 债务人依照本条规定向金融代理人履行货币债权，即免除债务人对客户的相应债务。

第七百三十六条　金融代理人获得债务人资金的权利

1. 如果依照货币债权转让融资合同条款，金融代理人向客户提供资金是通过向客户购买债权的方式实现的，则金融代理人取得对其从债务人处得到的作为债权履行的全部款项的权利，而在金融代理人所得金额低于客户债权的价格时，客户对金融代理人不承担责任。

2. 如果向金融代理人让与货币债权是为了担保客户向金融代理人履行债务，并且金融代理合同没有另行约定，则金融代理人应向客户提交报表，并向客户交付超出货币债权让与所担保债务的那部分金额。如果金融代理人从债务人处取得的金额低于债权让与所担保的客户对金融代理人的债务，则客户仍对剩余部分的债务向金融代理人承担责任。

第七百三十七条　债务人的同时请求权

当金融代理人请求债务人付款时，债务人如果在收到关于债权已让与金融代理人的通知之前就与客户存在基于合同的货币债权，则有权依照本法第 370 条的规定提出自己的货币债权予以抵销。

如果客户没有通知其存在对债务人的债务，金融代理人有权拒绝抵销。

第七百三十八条　金融代理人获取的资金返还债务人

1. 在客户违反了自己与债务人订立的合同义务时，如果债务人有权直接从客户处获得该金额，则债务人无权请求金融代理人返还按照让与其的债权已给付其的金额。

2. 如果债务人能证明，金融代理人未履行其向客户承诺的与债权让与有关的付款之债，或者金融代理人虽然明知客户违反了对债务人的债权让与有关的付款的义务还进行了该付款，则债务人有权直接从客户那里取得因债权让与所付给金融代理人的金额，而且也有权要求金融代理人返还该金额。

根据哈萨克斯坦和国2006年2月20日第127－III号法律本法补充第738条之一，在2012年1月12日第539－IV号法律修正案中列出。

第七百三十八条之一　项目融资和证券化时货币债权的让与

项目融资和证券化中针对货币债权转让的融资特点，应由哈萨克斯坦共和国关于项目融资和证券化的法律规定。本章的规定应适用于项目融资和证券化交易，除非哈萨克斯坦共和国关于项目融资和证券化的法律法案另有规定。

第三十八章　银 行 服 务

第一节　一 般 规 定

第七百三十九条　银行服务合同

1. 除非合同另有约定，银行服务合同是一方（银行）承诺代表另一方（客户）提供银行服务，客户承诺支付该服务的费用的合同但合同另有规定的除外。

2. 银行服务合同细分为：

（1）银行账户合同；

（2）汇款合同；

（3）银行存款合同；

（4）法律规定或者当事人约定的其他合同。

根据哈萨克斯坦共和国2012年7月5日第30－V号法律补充了第3款。

3. 在与银行签订银行账户合同和（或）银行存款合同时，应开设银行账户。

4. 银行在保证客户自由处置其资金的权利下可以使用银行账户中的可用资金。

第七百四十条　银行资金处分的限制

1. 法人［银行、保险（再保险）组织、被国家授权机构剥夺执照和（或）处于强制清算过程中的自愿积累养老基金除外］和公民在银行的资金不得被扣押，除非法院、调查和询问机构以及司法当局在刑事和民事案件及执行程序中按照刑事诉讼程序规定的内容和理由扣押。

2. 法人和公民在银行的资金扣押期限不得超过哈萨克斯坦共和国刑事和民事

诉讼法为处理适当案件规定的期限。

3. 客户对于调查和询问机构关于扣押其钱财的决定，可以按照哈萨克斯坦共和国法律法规规定的顺序向法院提出上诉。

4. 暂停客户银行账户的扣款业务应按照哈萨克斯坦共和国法律规定的顺序和情况进行。

5. 拥有暂停客户银行账户借记交易权利的国家授权机构的命令，不应适用于根据国家授权机构或官员的冻结决定而实施冻结的资金数额。

6. 在银行接受有权冻结客户银行账户资金的国家授权执行机构关于暂停借记业务的命令后提交的决议，在取消该命令后应予以执行，但本条第7款规定的情况除外。

7. 为保全或执行强制执行文件而对客户银行账户中的资金进行冻结，应优先执行，除为满足本法第742条第2款第4项的要求而冻结的情况外。

在此情况下，银行执行国家授权的执行机构或官员关于冻结的决定后，在保全或执行强制执行文件而冻结的金额范围内，有权暂停客户银行账户借记交易业务。

如果为了担保索赔或执行强制执行文件，对客户在其银行账户中的资金进行了一次以上的冻结，该资金应按照银行接受的先后顺序执行。

国家授权机构或官员关于冻结的其他决定，以及有权暂停客户银行账户借记交易的国家授权机构的命令，应在为确保索赔或执行强制执行文件而实施的冻结撤销或取消后，按银行接受的顺序执行。

第七百四十一条　未经客户同意提取资金

只有根据已生效的司法行为，并在《哈萨克斯坦共和国税法》、关税同盟和（或）哈萨克斯坦共和国的海关法律以及哈萨克斯坦共和国关于养老金保障和强制性社会保险的法律规定的情况下，才能未经法人和公民同意冻结其在银行和进行某些类型银行交易的其他组织的资金。

根据哈萨克斯坦共和国《关于赦免哈萨克斯坦共和国公民、外国人和持有哈萨克斯坦共和国居留证的人的财产合法化》的法律规定，在未经客户同意的情况下，可从国家邮政运营商处提取其在银行的财产合法化征税。

第742条根据2000年3月29日第42－II号法律、2003年3月13日第394－II号法律、2003年7月9日第482－II号法律、2004年4月8日第542－II号（2005

年1月1日生效）法律进行了修订。

第七百四十二条　提取客户资金的顺序

1. 如果客户在银行的资金足以满足对客户的所有要求，则应按照收到客户或其他人的申请的要求（日历顺序）提取资金，除非法律另有规定。

2. 如果客户在银行的资金不足以清偿向客户提出的下一个债权，银行应将收到的客户款项累积起来，以该款项足额清偿上述债权，但哈萨克斯坦共和国法律规定的情况除外。当向客户提出多项要求时，银行按以下顺序提取客户的资金：

（1）根据规定满足对生命和健康造成的损害的赔偿要求以及赡养费要求的执行文件提取资金；

根据哈萨克斯坦共和国2007年5月15日第253－III号法律对第2项进行了修正；在哈萨克斯坦共和国2013年6月21日第106－V号法律修正案中规定。

（2）根据执行文件提取资金，该文件规定提取资金用于支付员工遣散费与工资，根据劳动合同、版权合同支付报酬，客户支付强制性养老金缴款的义务，向国家社会保险基金缴纳强制性职业养老保险费和社会保险费；

（3）提取资金用于客户对预算的负债；

（4）根据执行文件提取资金，以清偿其他货币债权；

（5）为满足按日历顺序向客户提出的其他债权而提取资金。

属于同一类型的债权从银行提取资金，应按收到相应文件的时间顺序进行。

3. 如果作为客户的法人被清算，则按照本法第51条规定的优先顺序清偿债权人的债权。

根据哈萨克斯坦共和国2005年12月23日第107－III号法律对第743条进行了修改。

第七百四十三条　从事某些类型银行业务的组织提供的银行服务

从事某些类型银行业务的组织有权提供某些银行服务。

该组织提供的某些银行服务应按照本法和哈萨克斯坦共和国法律规定的程序进行。

第七百四十四条　为银行服务付费

客户应根据银行服务合同约定的条款和程序，为银行提供的银行服务付费。

第七百四十五条　银行秘密

银行保函不得泄露银行机密。

构成银行秘密的信息资料和披露的理由应由规范银行活动的法律确定。

第746条在2000年3月29日第42－II号法律修正案中有所规定（见旧修正案）。

第七百四十六条 违反银行客户服务条款的责任

从事某些类型的银行业务的银行和组织，对于与银行客户服务相关的违规行为，应在哈萨克斯坦共和国监管银行活动和银行服务合同的法律规定的范围内承担责任。

第二节 银 行 账 户

第747条第3款根据哈萨克斯坦共和国1999年11月29日第486－I号法律进行了修改。

第七百四十七条 银行账户合同

1. 银行账户合同是一方（银行）承诺接受另一方（客户）的款项，执行客户的指令，向客户或第三方转移（发放）适当的资金，并提供银行账户合同约定的其他服务的合同。

根据银行账户合同，为客户或为客户在银行进行资金核算而指定的人根据双方约定的条款分配一个客户个人识别码，客户个人识别码的分配、注销和客户资金的银行保存记录程序由银行法律确定。

2. 法人和公民可以自主选择服务银行，有权与一家或多家银行签订银行账户合同。

3. 银行账户合同不受期限限制，但法律另有规定或当事人合同另有约定的除外。

第七百四十八条 银行账户合同的形式

1. 银行账户合同必须以书面形式订立。

2. 违反银行账户合同的书面形式，合同无效。

第七百四十九条 客户资金的处置

1. 银行根据客户的指示提取客户在银行的资金，但法律或银行账户合同另有约定的除外。

除非法律另有规定或银行账户合同另有约定，否则银行无权自行决定和控制客户的资金使用方向，也无权对其处分资金的权利设置法律未规定的其他限制。

2. 如果资金是由公民存入的，由公民本人或受托人行使处置其银行款项的权利。

如果资金是由法人存入的，则该法人的负责人和（或）其授权的其他人有权处置这笔钱。

3. 以客户名义处理银行资金的人的权利由客户向银行提交法律规定的文件和合同确认。

4. 银行账户合同必须约定处置银行资金的程序，该程序的要求由规范银行活动的法律法规规定。

第750条根据哈萨克斯坦共和国2009年7月11日第185–IV号法律（在首次正式颁布后30个日历日生效）进行了修订。

第七百五十条　银行完成银行账户合同业务

1. 根据银行账户合同，银行应承担以下义务：

（1）在客户提出要求后确保资金到位；

（2）接受以客户为受益人的收款；

（3）履行客户的指示，将资金转给第三人；

（4）如果哈萨克斯坦共和国法律有规定和（或）银行账户合同有约定，则执行第三方提取客户资金的命令；

（5）根据银行账户合同约定的程序进行客户的承兑以及向客户发放现金；

（6）应客户的要求，提供客户在银行的存款金额以及按照合同约定的方式进行操作；

（7）根据合同、法律和商业惯例，为客户提供其他银行服务。

2. 银行有义务在不迟于银行收款的次日根据客户的个人识别码接受以客户为受益人的收款，并根据客户的个人识别码从客户账户提取或发放款项，除非哈萨克斯坦共和国国家银行的法律和根据该法案颁布的法律和监管法令另有规定。

第七百五十一条　使用资金的报酬

使用客户存入银行的资金，银行应按照合同约定的金额和方式向其支付报酬。

第七百五十二条　银行账户合同的解除

1. 银行账户合同应客户要求可随时解除，除非法律另有规定或合同另有约定。

2. 银行账户合同的解除是客户个人识别码作废的依据。

3. 客户在银行剩余的钱应划拨给客户或根据客户的指示转移（提取）给第三方。

第七百五十三条　银行的银行账户

本章的规则适用于银行的银行账户，除非哈萨克斯坦共和国国家银行的法律或规范性法律文件另有规定。

第三节　汇　　款

第七百五十四条　汇款合同

1. 汇款合同是一方（银行）代表另一方（客户）承诺向第三方汇款，而无须为客户分配个人识别码的合同。

2. 银行在不向客户分配个人识别码的情况下进行转账的程序由规范银行活动的法律规定。

第七百五十五条　汇款合同的订立

如果银行在客户申请提供此类银行服务时接受了客户的执行订单，则视为已签订不开立银行账户的转账合同，除非规范银行活动的法律另有规定。

第四节　银 行 存 款

第756条根据哈萨克斯坦共和国2003年7月9日第482－II号法律、2009年2月12日第133－IV号法律进行了修订。

第七百五十六条　银行存款合同

银行存款合同是一方（银行）承诺接受他方（存款人）的资金（存款），按照银行存款合同约定的金额和方式支付利息，并按照法律规定和合同对特定类型存款约定的条件和方式归还存款的合同。

对于每种类型的存款，银行应分别分配一个单独的识别代码，以便核算客户的资金。银行转让、注销个人识别码、核算客户资金的程序由哈萨克斯坦共和国银行法律确定。

银行存款的具体内容可由哈萨克斯坦共和国规范银行活动的法律来确定。

第七百五十七条　银行存款的类型

1. 根据存款的返还条件，银行存款分为以下类型：

（1）活期存款；

（2）定期存款；

（3）附条件存款。

2. 活期存款应在存款人首次要求时全部或部分归还。

定期存款应有固定期限。

附条件存款应在存款合同中约定的情况发生之前存入。

3. 如果定期存款是存款人在约定期限届满前要求存入的，而附条件存款是在银行存款合同约定的情况发生前要求存入的，则按活期存款的利率支付利息，除非银行存款合同另有约定。

根据哈萨克斯坦共和国2007年1月12日第225－III号法律对第758条进行了修改。

第七百五十八条　银行存款合同的形式

1. 银行存款合同应以书面形式订立，符合哈萨克斯坦共和国国家银行的法律、规范性法律文件以及银行业务中使用的商业惯例所规定的要求。

2. 应存款人要求，可以以其名义或第三方的名义出具证明存款的文件。

3. 违反银行存款合同的书面形式，将导致该合同无效。

第七百五十九条　银行存款合同有效期

1. 银行存款合同自银行收到存款之日起订立。

2. 活期银行存款合同应为永久性合同。

3. 如果存款人在存款期满后未能收回定期存款的金额，以及在发生银行存款合同约定的偿还存款的情况后未能收回附条件存款的金额，银行存款合同被视为按活期存款条件延长，除非合同另有约定。

第七百六十条　银行存款合同的利息

1. 银行应按银行存款合同约定的金额向存款人支付存款利息。

2. 银行无权单方面变更存款利息金额，但银行存款合同约定延长存款期限的除外。

第七百六十一条　银行存款合同利息支付程序

1. 银行存款合同约定的利息应由银行按照银行存款合同约定的程序和金额支付。

2. 如果银行存款合同没有另行约定，按照存款人的请求于每季度期满后从存款总额中向存款人单独给付存款利息，到期未取的利息计入存款总额一并计算利息。

返还存款时应给付在取款时所有加算的利息。

3. 对于活期存款，存款人有权从存款金额中单独获得应得的存款利息。

如果是定期存款，存款人也有权在存款期满前从存款金额中单独获得应得的利息，除非银行存款合同中另有约定，否则利息应根据银行对活期存款适用的利率重新计算。存款期满后，存款人有权全额领取应得的利息，无论其是否索要存款（本法第759条第3款）。

对于附条件存款，存款人应根据银行存款合同约定的程序，在存款金额之外另行领取应得的利息。

4. 利息应以约定的返还存款的期限和形式支付（本法第765条）。

5. 在全额偿还存款时，应支付存款人当时应得的所有利息。

第七百六十二条　存款

1. 除非银行存款合同中另有约定，存款人应以现金和非现金转账方式进行存款。

2. 在活期存款的情况下，存款人可以以任何金额和任何周期的个人分期付款方式存入资金。在这种情况下，新收到的款项的利息的计算应基于银行在收到钱的当天所适用的利率。

如果是定期存款以及特定存款，除非银行存款合同中另有约定，否则存款人应以一次性付款的形式存入资金。

第七百六十三条　第三人存款

银行以存款人的名义从第三人收到的款项应存入存款人的账户，并在其个人识别码上注明必要的数据。

第七百六十四条　为第三人利益的存款

1. 可以第三人名义向银行存款。

指明存款受益人的公民姓名（本法第15条）或法人名称（本法第38条）是各银行存款合同的基本条件。

为合同订立时已死亡公民的利益或者于此前不存在的法人的利益而订立的银行存款合同，自始无效。

2. 如果第三人以书面形式放弃其存款人的权利，签订银行存款合同的人可以对其所存资金行使存款人的权利。

3. 为第三人利益的存款，只有在符合银行存款合同约定的条件下，第三人才有权处分。在符合该条件之前，第三人只有在获得存款人书面同意的情况下才可以处置存款。

存款条件必须在银行存款合同中以书面形式规定，不得与法律相抵触，也不得有导致存款难以发放的歧义。

为了获得附条件存款，第三人应向银行提交证明满足既定条件的文件。

为第三人提供附条件存款的人应有权：在第三人未提交证明满足该条件的文件的情况下，改变其规定的条件；在第三人未满足存款时规定的条件或在满足银行存款合同约定的条件前死亡的情况下，处置该存款。

4. 关于有利于第三方的合同的规则（本法第 391 条）应适用于为第三人利益的银行存款合同，但与本条规定相抵触的除外。

第七百六十五条　银行存款的返还

1. 银行有义务在存款人首次要求时返还存款或其部分。

（1）活期存款——在收到存款人的要求后；

（2）定期存款——在银行存款合同约定的期限届满时；

（3）附条件存款——在发生需根据银行存款合同返还存款的情况时。

2. 存款人有权提前返还定期存款。

在这种情况下，银行有义务在收到存款人的请求之日起 5 日内发放存款或其部分。

3. 对于附条件存款，存款人有权在发生必须返还存款的情况之前返还存款。在这种情况下，银行有义务在本条第 2 款规定的期限内发放该存款或其部分。

4. 银行存款合同中关于存款人放弃在特定条件出现之前提前收取定期存款以及附条件存款权利的规定是无效的。

5. 外币存款应以同种货币返还，除非法律另有规定或银行存款合同另有约定。

6. 如果银行没有按照存款人的要求在本条第 2、3 款规定的期限内返还存款或其部分，应按照银行存款合同约定的条款和条件继续支付利息。

第 765 条在 2000 年 3 月 29 日第 42 – II 号法律修正案中修正第 6 – 1 款，根据 2011 年 3 月 25 日第 421 – IV 号法律进行了修订（见旧版本）。

6 – 1. 本条的规则不适用于抵押的存款。

根据哈萨克斯坦共和国 2009 年 8 月 28 日第 192 – IV 号法律（首次正式公布后 6 个月生效）对第 7 款进行了补充，根据哈萨克斯坦共和国 2012 年 6 月 21 日第 19 – V 号法律进行了修正，根据哈萨克斯坦共和国 2014 年 6 月 10 日第 206 – V 号法律进行了修订。

7. 根据哈萨克斯坦共和国《关于打击犯罪所得和资助恐怖主义行为的合法化（洗钱）的法律》规定的理由和方式可以暂停发放银行存款。

第七百六十六条　银行有款返还的担保

银行为确保其收到的存款返还而有义务使用的方式和方法由法律、哈萨克斯坦共和国国家银行的监管性法律和银行存款合同确定。

第七百六十七条　为进行银行存款交易而支付的银行服务费

存款人按照合同约定的方式支付银行为进行银行存款业务提供服务的费用。

第三十九章　保　　管

第一节　关于保管的一般规定

第七百六十八条　保管合同

1. 保管合同是一方（保管人）承诺保管另一方（寄存人）交给其的财物，并完好地返还该财物的合同。

2. 保管合同自物品移交保管之时视为订立。

3. 本章不适用于不动产之保管。

第七百六十九条　保管物接受合同

1. 保管人以企业经营活动形式进行保管，可按合同约定接管寄存人的财物，并按照本章规定保管寄存人交付的财物。

2. 保管人在合同中承诺接受某一财物进行保管的，无权要求将该财物存入他处。但寄存人未在合同约定的期限内移交保管物的，则应对未实现的保管给保管人造成的损失向保管人承担责任，但法律另有规定或者合同另有约定的除外。

3. 如果寄存人在合理期限内向保管人声明拒绝其服务，则免除寄存人的上述责任。

4. 如果合同没有另行约定，在合同约定期限内寄存人未向保管人交付财物的，保管人免除接收财物进行保管的义务。如果没有规定期限，自合同签订之日起30日届满时保管人免除接收保管物品的义务。

第七百七十条　保管物接收义务

因经营活动而进行保管的保管人无权在存在技术能力的情况下拒绝接受保管物品，除非法律另有规定。在这种情况下，保管合同应被视为公开合同（本法第387条）。

第七百七十一条　无人管理物的保管

1. 在无人管理物的保管中，接受存放的物品可与其他保管人的同类和同质物品混合存放，返还给寄存人的财物应为同等数量的同类、同质物品。

2. 在保管非特定物品时，如果存在法律规定或当事人约定，应将该物品与相同种类、相同质量的物品分开。

第七百七十二条　保管合同的形式

1. 保管合同应以书面形式签订，但在火车站、机场、机关、企业、剧院、博物馆、体育场、食堂等的储藏室和衣帽间交付短期保管的物品除外，除外情况由保管人发放编号、号牌和其他合法标志。

2. 如果保管人通过向受让人出具保管收据、发票、证明书等经保管人签字的文件证明接收保管的物品，则视为遵守合同的书面形式。

3. 家庭服务形式的保管合同可以口头签订。

4. 如果对接收保管的物品和保管人归还的物品是否为同一财物发生争议，允许证人作证。

5. 在没有书面合同、紧急情况下（火灾、洪水等）存放物品，无论入库物品的价值如何，都可以通过证人证词来证明。

第七百七十三条　保管期限

1. 物品按要求存入或未指定期限的，保管人有权在通常的保管期限届满时要求寄存人取回该物，但有义务为寄存人提供足以接受该物的合理时间。

2. 寄存人有权随时向保管人索要物品，即使合同约定了不同的保管期限。但在这种情况下，除合同另有约定外，寄存人有义务赔偿因提前终止义务而对保管人造成的损失。

第七百七十四条　支付给保管人的报酬和费用

1. 根据保管合同给保管人的报酬数额应由双方约定。在法律规定的情况下，报酬的数额可以通过税率、费率、关税来确定。

2. 当事人可以约定或法律可以规定无偿保管。在无偿保管的情况下，寄存人有义务支付保管人因存放物品而实际发生的、必要的费用。

3. 除非法律另有规定或当事人另有约定，保管报酬应在保管结束时支付给保管人，如果规定分期支付，则在每期届满时支付。如果在合同中约定的保管期限结束前终止保管，应按比例向保管人支付部分报酬。

4. 如果在合同约定的期限届满后，寄存人仍未取回存放的物品，则寄存人有义务向保管人支付同等金额的存放物品的报酬。

5. 除非合同中另有约定，保管费用应包括在报酬中。特别费用应假定不包括在报酬金额或合同约定的费用中。

第七百七十五条　保管人保障财物完整性的义务

1. 保管人应采取合同中约定的一切措施以及其他必要措施，确保移交保管财物完好。

2. 如果是无偿保管，保管人有义务将接收保管的财物视为自己的财物。

3. 财物应在考虑到其自然磨损或自然损耗的情况下以接收保管时的状态归还。

4. 保管人不得使用保管物，但合同另有约定以及为了保障保管物的完好而必须使用被保管财物的情形除外。

5. 在归还财物的同时，保管人有义务交出保管期间获得的孳息和收入，除非合同另有约定。

第七百七十六条　保管条件的变更

1. 在必须变更保管合同约定的财物保管条件时，保管人应立即将此情况通知寄存人并等待答复。

2. 如果变更保管条件是为消除财物的灭失或者损坏的危险所必须，保管人不必等待寄存人的答复，有权变更保管的方式和地点（本条第 1 款）。

3. 如果在保管期间出现了财物遭受损失或者产生了其他不能保障财物之完好的情况且不能等寄存人采取及时措施时，保管人有权出售所保管的财物或者部分保管的财物，并有权用出卖财物所获的价款补偿自己保管和出售的费用。

第七百七十七条　将物转交第三人保管

1. 如果保管合同无不同的规定，保管人无权不经寄存人同意将财物转交第三人保管，但保管人为了寄存人的利益不得不转交第三人保管并且无法取得寄存人同意的情况除外。保管人应立即将财物转交第三人保管的情况通知寄存人。

2. 保管人应对其委托保管的第三方的行为负责。

第七百七十八条　保管人对财物损坏的责任

保管人对接收保管的财物的灭失、缺失或损坏负责。如果其能证明该物品的灭失、缺失或损坏并非由其过失所致，则可免除责任。

第七百七十九条　保管人—企业主责任

1. 因经营活动而进行保管的人，只有在财物的灭失、缺失或损坏是由不可抗力造成的，或财物本身的属性，抑或寄存人的故意或者重大过失而造成的情况下，才能免除不交付财物的责任。

2. 如果在合同约定的保管期或保管人根据本法第773条规定的程序指定的期限届满时，寄存人没有取回该财物，保管人只有在故意或重大过失的情况下才对该财物的损失、短缺或损坏承担责任。

第七百八十条　保管人的责任范围

1. 因财物灭失、缺失或损坏给寄存人造成的损失，由保管人按照本法第350条规定予以赔偿，但法律另有规定或合同另有约定的除外。

2. 如果该财物在存放时已估价，根据合同或保管人签发的其他书面文件中的规定，保管人的责任应根据估价金额确定。

3. 在无偿保管的情况下，因物的灭失、缺失或损坏而给寄存人造成的损失应予赔偿：

（1）财物灭失或短缺的，以灭失或短缺物品的价值金额计算；

（2）财物损坏的，以其价值减少的金额计算。

4. 如果由于保管人造成的损坏，财物的质量发生了较大变化，以至于不能用于原来的目的，寄存人有权拒绝接收该财物，并要求保管人赔偿该财物的价值和其他损失，除非法律另有规定或合同另有约定。

第七百八十一条　违反收货期限的后果

1. 寄存人有义务在本法第773条规定的期限届满后，收取寄存的财物。

2. 在寄存人逃避收取物品的情况下，保管人有权在提前1个月通知后以哈萨克斯坦共和国民事诉讼法中规定的程序出售该财物，除非法律另有规定或合同另有约定。

3. 出售财物所得的金额减去应付给保管人的金额后转给寄存人。

第七百八十二条　保管人遭受损害的赔偿

如果保管人在接收保管物时不知道且不应当知道该物特性，寄存人应赔偿保管人因该财物的特性而对保管人造成的损失。

第七百八十三条　保管的一般规定对某些种类保管的适用

除本法第780条至第802条和（或）其他法律对不同类型的保管另有规定外，有关保管的一般规定适用于保管类合同。

第二节　特殊类型的保管

第七百八十四条　典当行保管

1. 典当行保管合同的订立以典当行向寄存人签发记名保管收据为凭。

2. 交付典当行保管的财物，应根据在接收保管物之时及接受地点的贸易中对该种类和该质量的财物通常确定的价格，由双方协议估价。

3. 典当行应按本条第 2 款所作估价的全部金额对所接收保管的商品投保。

第七百八十五条　典当行无人提取的物

1. 如果寄存人不取回交付典当行保管的财物，典当行应在 3 个月内保管该物，3 个月期满后，典当行对未领取的财物可按照本法第 781 条第 2 款规定的程序出售。

2. 出售未领取财物所得的价款，用以清偿保管费及典当行应得的其他款项。剩余数额由典当行在寄存人出示保管凭证后返还给寄存人。

第七百八十六条　贵重物品在银行的保管

1. 对有价证券、贵重金属、文件、宝石和其他重要物品，银行可接受进行保管。

2. 与银行订立贵重物品的保管合同以银行向寄存人签发记名保管单证为凭，该单证的提交是向寄存人或其代表交付所保管贵重物品的依据。

3. 依照银行个人保险箱（保险柜、独立储藏室）保管贵重物品的合同，银行应向用户交付保险箱钥匙、寄存人身份证，或者能证明持证人有权开启保险箱和取出保管贵重物品的其他标志或凭证。

4. 除非合同中另有约定，用户有权从保险柜中取出贵重物品，并随时归还，也有权对储存的文件进行处理。银行有权记录保管人对贵重物品的接收和归还情况。

5. 如果用户从保险柜中领取（包括临时领取）部分贵重物品，银行应负责保管其余贵重物品。

6. 本条规定的在银行保险柜中保管贵重物品的规则，不适用于银行将其保险箱（保险柜、独立储藏室）提供给他人使用的财产租赁条款。

第七百八十七条　运输组织寄存处的保管

1. 运输组织管理的寄存处应接收旅客和其他公民的寄存物，而不论他们有无乘坐交通工具的票证。运输组织寄存处的保管合同为公开合同（本法第 387 条）。

2. 寄存处（自动寄存处除外）接收寄存物以发给寄存人收据或号牌为凭证。在收据或者号牌遗失时，按照寄存人出具的说明该物品属于寄存人所有的证据交付寄存物。

3. 交付寄存处保管的物品，因灭失、缺失或者毁损给寄存人造成的损失，如果该物品在存放时已估价或双方已就应赔偿的损失金额达成一致，保管人应于 24 小时内赔偿。

4. 物品可在特殊规则或双方合同约定的期限内存放在寄存处。逾期未领取的物品，可再存放 3 个月。此期限届满时，无人认领的物品可以出售，出售所得按照本法第 781 条的规定分配。

第七百八十八条 各单位存衣处的保管

1. 如果物品在交付保管时未约定报酬，则各单位存衣处的保管推定为无偿保管。

2. 保管人应给寄存人一个编号牌或其他确认接受存放物品的标志，作为保管的证明。

3. 存放在存衣处的物品应交给编号牌持有者。保管人没有义务核实编号牌持有者对接收该物品的授权，但如果保管人对编号牌是否属于信物持有人有疑问，保管人有权推迟向信物持有人归还该物品。

4. 寄存人即使遗失编号牌，但保管人已将该物品存放在寄存处或该物品属于寄存人的事实是保管人无法怀疑的，或寄存人已证明的，则保管人有权将该物品返还。

第七百八十九条 酒店保管

1. 除金钱、有价证券和其他货币贵重物品外，住宿者存放在酒店内的物品，酒店视为保管人，在无特别约定的情况下，应对其遗失或损坏负责，但因不可抗力、物品本身的属性或因住宿者、陪同人员或访客的过错而导致遗失或损坏的情况除外。

2. 酒店仅对接收保管的金钱、其他贵重物品和证券的损失负责。

3. 住客如果发现自己的贵重物品丢失或损坏，必须立即通知酒店管理部门，不得无故拖延。否则，酒店不对损害承担责任。

4. 酒店作出关于对房客物品的未妥善保管不承担责任的公告，并不免除酒店的责任。

5. 本条的规定也适用于在汽车旅馆、度假屋、疗养院、招待所和类似地方的物品保管，以及专门存放来访人员的外衣、帽子和其他类似物品的场所。

第七百九十条 争议物保管（争讼物）

1. 依照争讼物保管合同，两个或者数个对物品之权利产生争议的人将该物品交付第三人保管，负保管义务的第三人于争议解决后，依法院的裁判或者依全体争议人的协议将物品返还给应取得该物品之人（协议扣押）。

2. 有争议的物品依法院的判决按照扣押财产的程序交付保管（司法扣押）。

司法扣押物品的保管人，既可以是法院指定的人，也可以是由争议方协议确定的人。在这两种情形下均要求征得保管人的同意，但法律另有规定的除外。

3. 依财产扣押程序寄存保管的物，可以是动产，也可以是不动产。

第三节　仓　　储

第七百九十一条　商品仓库

商品仓库是以从事商品保管及提供有关保管服务作为经营活动的组织。

第七百九十二条　公用仓库保管商品

1. 仓库应被视为公用仓库，除非其被依法指定只能接受有限数量人的货物存储。

2. 公用仓库签订的仓库保管合同为公开合同（本法第387条）。

第七百九十三条　仓库的义务

1. 仓库有义务遵守标准、技术条件、技术指导、仓储说明、特定类型货物仓储规则以及其他对仓库强制执行的特殊规范性文件中规定的仓储条件（方式）。

2. 仓库在验收入库后，有义务自费检查货物。

3. 仓库有义务为寄存人提供检查货物或其样品的机会，如果以非个人方式进行存储，则允许其采样并采取必要措施确保货物安全。

4. 如果需要紧急改变仓储条件以确保货物安全，货物仓库有权自行采取所需的紧急措施，应将所采取的措施通知货物所有人。

5. 在发生损坏的情况下，仓库有义务起草报告并立即按寄存人提供的地址通知寄存人。

第七百九十四条　货主对商品仓库的要求

除非合同中另有约定，货主有义务在从仓库收到货物时，向仓库申报因保管不当造成的货物遗失、短缺或损坏，以及在发现这些遗失、短缺或损坏所需的通常期限内报告隐藏的损坏。如果在适当的期限内没有向仓储公司报告，仓储公司不承担损失赔偿责任，除非损失是仓储公司的故意或重大过失造成的。

第七百九十五条　仓储费用的赔偿

仓库公司有权按照合同约定或法律规定的费率报销为寄存人的利益而进行的额

外业务（货物保险、装卸业务、支付关税等）的费用。该权利由仓库所储存货物的留置权担保。

第七百九十六条　仓库拒绝保管合同

如果寄存人隐瞒货物的危险性，可能造成重大损失，仓库有权拒绝仓储合同。

第七百九十七条　仓储凭证

1. 商品仓库出具下列仓储单证之一作为接收商品进行保管的凭证：

（1）单式仓单；

（2）两联仓单。

在哈萨克斯坦共和国法律规定的情况下，仓库有义务出具两联或单式仓单，以确认接收货物进行无记名仓储。

2. 由两部分组成的两联仓单和单式仓单均为有价证券。

3. 两联仓单和单式仓单均可抵押。

第七百九十八条　单式仓单

1. 应向持票人签发单式仓单。

2. 单式仓单应包含本法第 799 条第 2 款的第 2 项、第 3 项、第 5 项至第 10 项规定的信息，以及签发给持票人的说明。

根据哈萨克斯坦共和国 2007 年 1 月 12 日第 225 – III 号法律对第 799 条进行了修改。

第七百九十九条　两联仓单

1. 两联仓单由仓储和抵押证明（权证）两部分组成，两者内容相同，必要时可以分开。

2. 两联仓单的每一联均应注明：

（1）双仓单相关部分的名称；

（2）接收商品保管的商品仓库名称和所在地；

（3）仓储证明的入库登记册序号；

（4）寄存商品的法人名称或者公民的姓名，以及寄存人的所在地（住所地）；

（5）货物的名称和数量，货物的件数；

（6）接收的货物的数量，除非哈萨克斯坦共和国的法律另有规定；

（7）货物储存的期限（如有）；

（8）保管费和付款方式；

（9）签发仓储证明的日期。

哈萨克斯坦共和国2014年12月29日第269－V号法律（旧版本）修正案中规定了第10项。

（10）授权人的签名和仓库的印章（如有）。

哈萨克斯坦共和国的法规可以对两联仓单的形式和内容做出补充规定。

第八百条　两联仓单持有人的权利

1. 两联仓单的持有人对仓库内保管的货物具有完全的处分权。

2. 抵押证明与仓储证明分开时，仓储证明持有人有权处分货物，但于抵押债务消灭前不得从仓库取走货物。仓单持有人可以通过出具背书并交付单据本身的方式转移所存储货物的所有权，但不转移货物。

3. 经背书取得仓储凭证并附不可分割抵押凭证的买方，成为无抵押仓货所有人。在没有抵押证明的情况下取得仓储凭证，推定货物的所有权带有抵押权。有关抵押条件（货物留置权的金额和期限）的信息，可在仓库登记簿中获取，供利害关系人查阅。

4. 抵押凭证持有人对本凭证项下贷款金额及其利息的货物享有抵押权。在确立货物的抵押权时，应在仓库凭证上注明。

5. 买受人或者出卖人可以通过向抵押权人（债权人）或仓储公司支付适当的抵押担保金额的方式解除货物抵押，抵押权人或仓储公司有义务将其转让给抵押证明的合法持有人。

6. 抵押权凭证持有人以抵押权担保的债权在期限内未得到满足的，有权按照法律规定的程序出售抵押权凭证下的抵押货物，并向抵押人的其他债权人提出索赔。价款不足的，抵押证明持有人可以向对抵押凭证担保的债权承担连带责任的所有背书人追偿未收到的部分。

第八百零一条　仓储证明和抵押证明的转让

仓储证明和抵押证明可以一并转让，也可以按照转让背书分别转让。

第八百零二条　依照两联仓单交付商品

1. 仓储证明和抵押证明（两联仓单）的持有人必须同时提交这两个证明，商品仓库才能向证明持有人交付商品。

仓储证明持有人如无抵押证明，但已清偿抵押证明所抵押的债务时，商品仓库可以凭仓储证明向该证明持有人交付商品，但条件是在提交仓储证明时还应一并提交已偿付抵押证明担保的全部债务的收据。

2. 仓储证明和抵押证明的持有人有权请求分批交付货物。此时，应将原有证明交回并换取仓库尚存商品的新证明。

3. 如果商品仓库违反本条要求，向没有抵押证明又未偿付抵押证明所担保债务的仓储证明持有人交付了商品，则应按抵押证明所担保的全部金额向抵押证明持有人承担给付责任。

第四十章　保　　险

第八百零三条　保险合同

1. 保险合同是一方（投保人）承诺支付保险费，另一方（保险人）承诺在保险事件发生时，在合同约定的金额（保险金额）范围内向投保人或合同约定的其他人（受益人）支付保险金的合同。

哈萨克斯坦共和国法律可规定按照保险合同约定的程序、条款和条件支付其他款项的情况。

第 2 款规定在哈萨克斯坦共和国 2006 年 7 月 5 日第 164 – III 号法律修正案中。

2. 保险以保险合同为基础进行。

第八百零四条　本法典调整的保险关系

本法适用于投保人和保险人之间的关系，以及其与被保险人和受益人之间在缔结和履行保险合同过程中产生的关系。

第八百零五条　保险的形式

1. 保险的形式有：

（1）根据义务的程度分为自愿保险和强制保险。

（2）按保险的对象划分为人身保险和财产保险。

（3）根据支付保险金的理由分为累积保险和非累积保险。

2. 为发放保险许可证，法律可以规定不同的分类。

第八百零六条　强制保险和自愿保险

第 1 款载于 2007 年 5 月 7 日第 244 – III 号法律修正案中。

1. 强制保险是指根据法律的要求进行的保险，其条款和条件由当事人合同确定，除非规范强制性保险类型的法律另有规定。

2. 根据哈萨克斯坦共和国 2007 年 5 月 7 日第 244 – III 号法律删除。

3. 为自己的生命或健康投保的义务不得通过法律或合同强加于公民。

强制保险的费用由投保人承担。

第4款根据哈萨克斯坦共和国2007年5月7日第244－III号法律进行了修订。

4. 在强制保险的情况下，投保人有义务按照双方协议确定的条款和条件与保险人签订合同，除非规范该类保险的法律另有规定。

第5款已根据2007年5月7日第244－III号法律进行了修订。

5. 强制保险合同只能与获准从事此类保险的保险人签订。签订强制保险合同的程序和条件由规范强制保险的法律规定，对上述保险人来说是强制性的，除非法律另有规定。

6. 自愿保险是按当事人意愿进行的保险。

自愿保险的种类、条款和程序应通过双方协议确定。

第八百零七条　保险标的

根据哈萨克斯坦共和国2006年2月20日第128－III号法律和哈萨克斯坦共和国2007年5月7日第244－III号法律修改了第1款。

1. 财产和人身保险的标的可以是公民和法人的任何财产利益，包括下列财产利益：

（1）公民存活到保险合同约定的一定年龄或期限、死亡、公民生活中发生一定事件；

（2）由于事故、疾病和其他事件对公民的生命和健康造成危害的；

（3）财产的占有、使用和处分；

（4）赔偿对他人造成损害的责任，包括因违反合同（义务）而造成的损害。

强制保险的标的由法律确定。

第2款已根据哈萨克斯坦共和国2006年2月20日第128－III号法律进行了修改。

2. 投保人的非法财产利益不予投保。

根据哈萨克斯坦共和国2006年2月20日第128－III号法律对第3款进行了修订。

3. 以本条第2款规定的财产权益为标的的保险合同无效。

第八百零八条　违反强制保险规则的后果

1. 据法律规定投保强制保险的人，如果知道自己没有投保，有权向受托人要求投保。

第 808 条第 2 款根据哈萨克斯坦共和国 2000 年 12 月 18 日第 128 – II 号法律进行了修订。

2. 如果保险人没有履行保险义务，或者签订保险合同的条件比法律规定的条件差，则当保险事故发生时，应按照与保险生效时的保险赔付相同的条件对被保险人负责。

3. 根据法定条例有义务作为被保险人的，有权向法院提出要求按照本法第 806 条第 5 款有义务进行保险但逃避保险的保险人，以法律规定的条款和条件订立保险合同。

4. 有义务作为投保人进行保险的以及有义务作为保险人的保险企业规避保险的，应承担法律规定的责任。

第八百零九条　人身保险和财产保险

第 1 款根据哈萨克斯坦共和国 2006 年 2 月 20 日第 128 – III 号法律进行了修改。

1. 人身保险应包括生命、健康、劳动能力和其他与公民人身有关的财产利益的保险。

根据人身保险合同，被保险人可以是投保人本人或合同中指定的另一人（被保险人）。

第 2 款在 2006 年 2 月 20 日第 128 – III 号法律修正案中有所规定（见旧修正案）。

2. 财产保险包括财产和相关财产权益的保险。

3. 财产保险应投保本法第 115 条规定的财产损失（毁坏）、短缺或损坏的风险以及其他财产利益和权利。

第 809 条第 4 款根据哈萨克斯坦共和国 2000 年 12 月 18 日第 128 – II 号法律进行了修改。

4. 在投保人或受益人没有保全被保险财产利益的情况下签订的财产保险合同无效。

第 5 款根据哈萨克斯坦共和国 2006 年 2 月 20 日第 128 – III 号法律进行了修改。

5. 在民事责任保险中，因对第三方的生命、健康或财产造成伤害而产生的责任风险，以及因合同而产生的责任，应予以保险。

根据哈萨克斯坦共和国 2000 年 12 月 18 日第 128 – II 号法律本章补充了第 809 条之一。

第八百零九条之一　储蓄型保险

第 1 款规定在 2006 年 2 月 20 日第 128 – III 号法律修正案中。

1. 储蓄型保险是规定在保险事故发生时（包括保险合同规定的期限届满时或保险合同规定的其他事故发生时，以先发生者为准）支付保险金的保险。

2. 非储蓄型保险是指仅在具有发生概率和随机性特点的保险事件发生时才支付保险金的保险。

根据 2006 年 2 月 20 日第 128 – III 号法律，对第 3 款进行了修订。

3. 年金保险合同是一种保险合同，根据该合同，保险人有义务在合同约定的期限内以定期付款的形式向受益人支付保险金。

4. 储蓄型保险合同可专门为个人保险而订立。

根据 2006 年 2 月 20 日第 128 – III 号法律，对第 5 款进行了修订。

5. 年金保险合同应归类为累积保险合同。

第 810 条根据哈萨克斯坦共和国 2006 年 2 月 20 日第 128 – III 号法律删除。

第 811 条根据哈萨克斯坦共和国 2006 年 2 月 20 日第 128 – III 号法律删除。

第八百一十二条　根据哈萨克斯坦共和国 2006 年 2 月 20 日第 128 – III 号法律删除

第八百一十三条　投保人

1. 投保人是指与保险人签订保险合同的人。

2. 法人和公民均可成为投保人。

第 813 条第 3 款根据哈萨克斯坦共和国 2000 年 12 月 18 日第 128 – II 号法律进行了修改。

3. 投保人可以自由选择自愿保险和强制保险形式。

第 814 条根据哈萨克斯坦共和国 2000 年 12 月 18 日第 128 – II 号法律和 2006 年 7 月 5 日第 164 – III 号法律进行了修订。

第八百一十四条　保险人

保险人是提供保险的人，在发生保险事故时，保险人有义务在合同约定的金额（保险金额）范围内向投保人或其他合同受益人（受益人）支付保险金。

只有注册为保险组织并获准开展保险活动的法人或根据哈萨克斯坦共和国关于相互保险的法律成立的相互保险公司才能成为保险人。

第 815 条已根据哈萨克斯坦共和国 2000 年 12 月 18 日第 128 – II 号法律进行了

修改。

第八百一十五条　被保险人

1. 被保险人是指保险所针对的人。

除非合同中另有约定，否则投保人同时也是被保险人。

第 2 款根据哈萨克斯坦共和国 2007 年 5 月 7 日第 244 – III 号法律进行了修订。

2. 法律规定投保人有义务向第三方提供保险。自愿投保的，投保人可以在保险合同中指定第三人为被保险人。在该情况下，保险标的要么是被保险人的人身及其相关利益（被保险人的人身保险），要么是被保险人的财产及其财产利益（被保险人的财产保险）。

在为财产投保时，非投保人的被保险人必须对保护该财产具有利益。

3. 如果合同的条款和条件对非投保人的被保险人规定了某些义务，则投保人必须获得被保险人的同意才能签订此合同。

对于强制保险以及团体非人身保险，不需要第三方同意签订确定其为被保险人的协议。

在自愿保险的情况下，个人对其人身或财产保险提出异议，将导致合同无法订立，如果已经订立，则合同终止。

4. 如果投保人有义务为第三方投保，第三方有权要求投保人提供关于履行这一义务的报告，并在法律规定的情况下，获得证明其为被保险人的文件。

如果投保人不履行或不适当履行其对第三方的保险义务，第三方有权适用本法第 808 条第 1 款和第 2 款规定的措施。

5. 如果被保险人是未成年公民，其权利应按本法第 22 条至第 24 条规定的方式行使。

6. 签订有利于被保险人的合同并不免除被保险人在该合同中的义务。

第三方保险的费用应由投保人承担。

7. 如果被保险人拒绝领取合同项下应得的保险金，则领取保险金的权利应转给投保人。

8. 如果非投保人的被保险人死亡，并且对其签订的个人保险合同未约定该种情况，该合同应予终止，除非法律规定或合同约定可以更换被保险人。

如果被保险人的死亡是保险合同约定的保险事故，该合同按其规定的条件履行。

非投保人的被保险人死亡，已为其订立财产保险合同的，经投保人同意，被保险人的权利和义务以及作为保险标的的被保险人的财产权利转移给财产继承人，但法律另有规定或者合同另有约定的除外。

投保人不同意更换已故的被保险人或者被保险人的继承人不同意接受其因保险合同而产生的权利和义务的，合同终止。

9. 以第三人（被保险人）为受益人的保险合同应遵守本法第 391 条的规定，但不得与本条的规定相抵触。

根据哈萨克斯坦共和国 2000 年 12 月 18 日第 128 – II 号法律对第 916 条进行了修订。

第八百一十六条　受益人

1. 受益人是指根据保险合同或有关强制保险的法律规定，作为保险金受益人的人。

受益人可以是法人，也可以是公民。

人身保险和财产保险均可指定受益人。

在强制保险的情况下，受益人由规范此类保险的法律来确定；在自愿保险的情况下，受益人应由投保人指定。

2. 除非关于强制保险的法律另有规定或自愿保险合同另有约定，否则投保人应是受益人。

如果投保人不是被保险人，受益人应为被保险人或经被保险人书面同意后指定。

如果保险合同中没有指定受益人，则推定被保险人为受益人。

3. 根据哈萨克斯坦共和国 2006 年 2 月 20 日第 128 – III 号法律（经修订）删除。

4. 根据哈萨克斯坦共和国 2000 年 12 月 18 日第 128 – II 号法律（经修订）删除。

5. 被保险人同时是受益人时，应遵守本法第 815 条的规定。

6. 如果非被保险人的受益人死亡或放弃其受益权，则其权利转移给投保人。

如果作为被保险人的受益人死亡，应适用本法第 815 条第 8 款规定的后果。

7. 如果被保险人的死亡是保险合同中约定的事件，在该被保险人不是投保人或者虽是投保人但合同没有指定受益人的情况下，应认定被保险人的继承人为受益人。

8. 在发生保险事故时，受益人有权直接向保险人要求支付保险合同约定的保险费。

9. 签订有利于受益人的合同，不应免除保险人对履行该合同的义务。

根据哈萨克斯坦共和国 2000 年 12 月 18 日第 128 – II 号法律对第 817 条进行了修改。

第八百一十七条　保险事故

1. 保险事故是指保险合同约定的该事故发生时给付保险金的事件。

2. 强制保险的被保险事故的类型应由关于强制保险的法律确定，而自愿保险的被保险事故类型则由当事人协商确定。

3. 被视为保险事故的事件应具有发生的概率和随机性的特点，但累积保险合同中可能约定的事件除外。

第 4 款根据哈萨克斯坦共和国 2010 年 7 月 15 日第 338 – IV 号法律进行了修订。

4. 被保险人（受益人）应负责证明保险事件的发生以及由此造成的损失。

第 818 条根据哈萨克斯坦共和国 2000 年 12 月 18 日第 128 – II 号法律进行了修改。

第八百一十八条　保险费

第 1 款根据哈萨克斯坦共和国 2006 年 2 月 20 日第 128 – III 号法律和哈萨克斯坦共和国 2015 年 4 月 27 日第 311 – V 号法律进行了修改。

1. 保险费是指投保人为保险人接受保险合同约定的金额向投保人（受益人）支付保险金的义务而必须向保险人支付的金额。

保险人从投保人处收到的保险费，除本法第 845 条之一第 3 款规定的情况外，所有权属于保险人。

第 2 款根据 2007 年 5 月 7 日哈萨克斯坦共和国第 244 – III 号法律进行了修改。

2. 保险费的数额应由合同约定。在强制保险的情况下，保险费是由法律规定的。

保险费的支付程序和条件应由合同确定。对于强制保险，可以由法律确定。

参见：关于保险公司为强制保险合同提供折扣的非法性信息（哈萨克斯坦共和国，2008 年 5 月 20 日）。

3. 在确定根据保险合同交纳的保险费数额时，双方当事人有权根据保险标的和保险危险的性质，适用由保险人制定的确定按单位保险金收取保险费的保险费率。

4. 合同中可约定以定期保险费的形式分期支付保险费。

5. 如果保险合同约定分期支付保险费，则还可以约定未能按时支付定期保险费的后果，包括提前终止合同。

6. 如果保险事故在定期保险费交纳前发生，而保险费又逾期交纳，则保险人在确定给付保险金数额时有权扣除逾期的保险费数额。

第八百一十九条　保险金额

1. 保险金额是指保险标的被保险的金额，它是保险人在发生保险事故时的责任限额。

第 2 款根据哈萨克斯坦共和国 2000 年 12 月 18 日第 128 – II 号法律进行了修改。

2. 保险金额应由合同约定。如果是强制保险，保险金额不应低于法律规定的金额。

根据哈萨克斯坦共和国 2006 年 2 月 20 日第 128 – III 号法律对第 3 款进行了修订。

3. 在为财产投保时，保险金额不得超过合同签订时的实际价值（可保价值）。

4. 双方不得对保险合同中确定的财产价值提出异议，但保险人证明被投保人恶意误导的除外。如果保险合同中确定的保险金额超过了可保价值，则在签订合同时，保险金额中超过可保价值的部分无效。

5. 根据哈萨克斯坦共和国 2006 年 2 月 20 日第 128 – III 号法律删除本款。

第 820 条根据哈萨克斯坦共和国 2000 年 12 月 18 日第 128 – II 号法律进行了修订。

第八百二十条　保险支付金

第 1 款根据哈萨克斯坦共和国 2006 年 2 月 20 日第 128 – III 号法案进行了修订。

1. 保险支付金是指在保险事故发生时或在储蓄型保险合同确定的期限到来时，保险人在保险金额的范围内向投保人（受益人）支付的金额。

保险支付金应一次性支付，但年金保险合同的保险金除外。

2. 确定保险金数额的程序应在合同中约定。在强制保险中，确定保险赔付金额的程序应根据哈萨克斯坦共和国的法律确定。

3. 保险赔付的程序和条件应由合同确定。

对于强制保险，可以通过法律来确定。

4. 财产和民事责任保险的保险支付金不得超过投保人（被保险人）因保险事故的发生而遭受的实际损失金额。

5. 人身保险的保险支付金应支付给投保人（被保险人），而不考虑其在社会保险、其他保险合同中应得的金额以及损害赔偿的方式。

6. 财产保险合同的条款和条件可以规定以实物损害赔偿代替保险金，赔偿金额不超过保险支付金。

7. 在支付保险支付金时，保险人有权抵销投保人应缴保险金或保险费。

8. 保险人应根据本法第 353 条的规定，对逾期支付保险金负责，除非合同约定或强制保险的法律规定了更高的责任金额。

第八百二十一条 双重保险

1. 双重（多重）保险是指根据与每个保险人签订的单独合同，在几个保险人处对同一标的进行保险。

第 821 条第 2 款根据哈萨克斯坦共和国 2000 年 12 月 18 日第 128 – II 号法律进行修改。

2. 在双重财产保险中，每个保险人都应在与投保人签订的合同范围内对投保人负责，但投保人从所有保险人处获得的保险赔偿总额不得超过实际损失。

同时，投保人有权从任何保险人处获得保险金，但以与投保人签订的合同中约定的保险金额为限。如果收到的保险金不足以弥补实际损失，投保人有权从另一保险公司获得所缺金额。

所造成的损失已由其他保险公司赔偿，而全部或部分免除保险金赔付的保险人，有义务在扣除所发生的费用后，向投保人退还适当部分的保险金。

3. 在双重（多重）人身保险的情况下，每个保险人都独立地履行其对投保人的保险义务，而不考虑其他保险人的履行情况。

第八百二十二条 团体保险

1. 团体保险中一份保险合同涵盖同时作为受益人的若干被保险人。

第 822 条第 2 款根据哈萨克斯坦共和国 2000 年 12 月 18 日第 128 – II 号法律进行了修改。

2. 团体保险可以是人身保险，也可以是财产保险，可以是个人的，也可以是非个人的（涵盖某一类人）。

对于非人身保险，被保险人的范围应在保险合同中具体说明，其程度应能使保险事故、其对每个被保险人的后果以及应支付的保险金额进行个性化处理。

3. 雇主为其雇员投保的集体保险只能是人身保险。

第八百二十三条　共同保险

第 823 条第 1 款根据哈萨克斯坦共和国 2000 年 12 月 18 日第 128 - II 号法律进行了修改。

1. 一个保险标的可以由几个保险人共同投保一份合同（共同保险）。在这种情况下，合同应包含确定每个保险人按约定份额享有的权利和承担的义务的条件。

如果该合同没有明确约定每个保险人的权利和义务，则其应对投保人（受益人）承担支付保险金的连带责任。

2. 共同保险人可以根据联营协议合并为简单合伙企业（保险池），以便为大型或特大型风险提供共同保险。

3. 如果共同保险人之间有适当协议，其中一人可以在与被保险人的关系中代表所有共同保险人，但只对其应对被保险人负责的份额负责。

第 824 条根据哈萨克斯坦共和国 2003 年 7 月 10 日第 483 - II 号法律进行了修订。

第八百二十四条　再保险

1. 保险人可以通过再保险向另一保险人（再保险人）提供履行其对被保险人的全部或部分义务的风险保障。

2. 与再保险人签订再保险合同的保险人，仍应根据与之签订的保险合同对投保人承担全部责任。

第 3 款根据哈萨克斯坦共和国 2006 年 2 月 20 日第 128 - III 号法律进行了修改，规定于 2015 年 4 月 27 日第 311 - V 号的法律修正案中。

3. 再保险的条件由哈萨克斯坦共和国的法律以及保险人和再保险人之间的再保险合同决定。

再保险合同必须符合本法对保险合同的约定。伊斯兰再保险合同应符合本法对伊斯兰保险合同约定的要求。同时，再保险合同（伊斯兰再保险合同）中主保险合同（伊斯兰保险合同）的保险人被视为投保人。

4. 为组织再保险，再保险人可以根据联营协议合并为简单合伙企业（再保险池）。

5. 保险人可以连续签订两个或多个再保险合同。

第八百二十五条 保险合同的形式

1. 保险合同应通过以下方式以书面形式订立。

第1项根据哈萨克斯坦共和国2006年2月20日第128－III号法律进行了修订。

（1）由当事人订立保险合同；

（2）投保人加入保险人单方面制定的格式条款和条件（保险规则）（加入合同），保险人向投保人签发保险单；

（3）根据哈萨克斯坦共和国2003年7月10日颁布的第483－II号法律删除本项；

（4）根据哈萨克斯坦共和国2006年2月20日第128－III号法律删除本项。

2. 强制保险的书面合同的形式应根据哈萨克斯坦共和国关于强制保险的法律确定，关于自愿保险的书面合同的形式由保险人或由各方协商确定。

3. 违反保险合同的书面形式将导致合同无效。

第八百二十五条之一 保险规则

1. 保险规则由保险人针对每种保险制定，应符合本条的要求。

2. 保险规则应包含以下内容：

（1）保险标的清单。

（2）确定保险金额的程序。

第3项于哈萨克斯坦共和国2006年2月20日第128－III号法律中有明确规定。

（3）保险事故清单。

（4）保险事故的排除和保险限制。

（5）保险合同的有效期和地点。

（6）订立保险合同的程序。

（7）当事人的权利和义务。

（8）被保险人在发生保险事故时的行为。

（9）确认保险事故发生和损失金额的文件清单。

（10）缴纳保险金的程序和条件。

根据哈萨克斯坦共和国2010年7月15日第338－IV号法律，本条补充第10－1项。

（10－1）通知投保人或被保险人履行保险给付所需的遗失文件的时间限制。

（11）作出保险给付或者拒绝给付决定的期限。

（12）保险合同终止条件。

（13）解决争议的程序。

（14）根据哈萨克斯坦共和国2006年2月20日颁布的第128－III号法律删除本项。

（15）其他附加条款。

3. 根据哈萨克斯坦共和国2003年7月10日第483－II号法律删除本款。

4. 经投保人与保险人协商，根据保险规则，可以订立保险合同，规定订立保险合同时确定的附加条件。

5. 根据哈萨克斯坦共和国2009年12月30日第234－IV号法律删除本款。

第八百二十六条　保险合同的内容

1. 保险合同应包括：

（1）保险人的名称、地点和银行信息。

（2）投保人的姓、名、父称（如有）和住所（如为自然人），或其名称、地点和银行信息（如为法人）。

（3）保险标的说明。

（4）保险事故的说明。

根据哈萨克斯坦共和国2010年7月15日颁布的第338－IV号法律对第5项进行了修改。

（5）投保金额（年金保险合同除外）及给付程序和条件。

（6）保险费的金额、支付程序和条件。

根据哈萨克斯坦共和国2015年4月27日第311－V号法律，本条补充第6－1项。

（6－1）保险人管理伊斯兰保险基金的报酬数额，支付条件和程序（签订伊斯兰保险合同时）。

（7）合同订立的日期和期限。

（8）被保险人和受益人的详细资料（如果为保险关系的一方）。

（9）合同（保险单）编号、系列。

（10）修改合同条款和条件的情况和程序。

(11) 支付的条款和条件以及偿还的金额（对于累积保险）。

根据哈萨克斯坦共和国2010年7月15日第338-IV号法律，本条补充第11-1项。

(11-1) 通知投保人或被保险人丢失保险赔付所需文件的条件。

(12) 根据哈萨克斯坦共和国2012年1月12日第538-IV号法律，自2013年1月1日起删除本项。

(13) 根据哈萨克斯坦共和国2012年1月12日第538-IV号法律，自2013年1月1日起删除本项。

(14) 投保金额、保险金额和保险费的货币类型。

(15) 标明被保险人的身份证号码、居住地和经济部门。

(16) 如果被保险人（受益人）不是保险合同中的投保人，在保险合同中约定了被保险人（受益人）的情况下，说明被保险人（受益人）的身份号码、居住地和经济部门。

2. 经双方同意，合同中可以附加其他条件。

根据哈萨克斯坦共和国2006年2月20日第128-III号法律，本条补充第2-1款。

2-1. 保险免赔额是指保险人对不超过保险条款和条件中规定的一定数额的损失免于赔偿。

超额部分可以是有条件的（不可减免）和无条件的（可减免）。

在有条件的免赔额的情况下，保险人免除对设定的免赔额度内损失的赔偿，但如果损失超过了免赔额，则应全额赔偿。

如果免赔额是无条件的，在任何情况下都应在扣除设定的金额后对损害进行赔偿。

免赔额应设定为保险金额的百分比或绝对数额。

3. 如果保险合同中的条件与法律规定的条件相比，使投保人的情况恶化，则应适用法律规定。

4. 再保险人在再保险合同中的责任期间必须与保险人在保险合同中的责任期间相对应，但再保险合同另有约定的除外。

5. 保险合同约定的条件不完备的，由保险人承担责任。

根据哈萨克斯坦共和国2000年12月18日第128-II号法律，本章增加了第

826 条之一。

第八百二十六条之一　储蓄型保险合同保险费的迟延支付

第 1 款载于哈萨克斯坦共和国 2006 年 2 月 20 日第 128 – III 号法律修正案；哈萨克斯坦共和国 2010 年 7 月 15 日第 338 – IV 号法律。

1. 保险人如果在储蓄型保险合同约定的期限内未收到保险费（第一笔除外），有义务通知投保人缴纳保险费。

2. 该通知应包含：

（1）缴纳保险费的期限（延期缴纳保险费的期间）；

（2）逾期缴纳保险费的罚金；

（3）如果在保险费缓缴期间没有缴纳保险费，保险人有权单方解除合同。

3. 保险费缓交期不得少于 30 个日历日。

4. 如果在储蓄型保险合同约定的保险费缓缴期内发生保险事故，保险人有义务在扣除未付的金额后给付保险金。

5. 支付保费义务的通知应以能够确认收悉的方式发送给投保人。

根据哈萨克斯坦共和国 2000 年 12 月 18 日第 128 – II 号法律，本章补充了第 826 条之二。

第八百二十六条之二　储蓄型保险合同效力的恢复性

1. 储蓄型保险合同的效力因被保险人未缴纳保险费而中止或终止的，保险人有义务在被保险人缴纳后恢复合同效力：

（1）根据哈萨克斯坦共和国 2006 年 2 月 20 日第 128 – III 号法删除本项；

（2）逾期未付的保险费；

（3）逾期缴纳本法第 353 条规定数额的保险费的滞纳金。

2. 投保人有权在合同终止或合同当事人中止履行义务之日起 1 年内恢复储蓄型保险合同的效力。

第 3 款根据哈萨克斯坦共和国 2006 年 2 月 20 日第 128 – III 号法律进行了修订。

3. 保险人有权在累积保险合同恢复时对被保险人的健康状况进行体检。

被保险人健康状况恶化时，保险人有权重新计算保险给付金额和（或）保险费。如果投保人拒绝以新的条款恢复合同的效力，则合同不予恢复。

根据哈萨克斯坦共和国 2006 年 2 月 20 日第 128 – III 号法律，本条补充第 4 款。

4. 储蓄型保险合同的效力提前终止且保险人已支付赎回金额的，保险人有权拒绝恢复该累积保险合同的效力。

根据哈萨克斯坦共和国 2000 年 12 月 18 日第 128 – II 号法律，本章补充了第 826 条之三。

第八百二十六条之三 通过办理总保单的合同保险

1. 经投保人与保险人同意，在一定时期内对不同批次的同类财产（商品、货物等）以类似的条款和条件进行系统的保险，可签订一份保险合同，向投保人出具一份总保单。

2. 投保人有义务在本条第 1 款所述合同约定的期限内，若无规定，则在收到每批财产后立即通知保险人。即使在收到此类信息的时候，保险人赔偿损失的可能性已经过去，投保人也不免除此项义务。

3. 应投保人的要求，保险人有义务为属于本条第 1 款所述合同范围的个别财产出具保险单。

如果保险单的内容与一般保险单不符，以保险单为准。

第 827 条根据哈萨克斯坦共和国 2000 年 12 月 18 日第 128 – II 号法律进行了修订。

第八百二十七条 保险合同的效力

1. 保险合同应在被保险人支付保险费时生效并对当事人具有约束力，分期付款的，则在支付首期保险费时生效，除非合同或强制保险的法律另有规定。

2. 除非合同另有约定或强制保险法律另有规定，否则保险合同自第一次保险事故给付保险金之日起终止。

3. 保险的有效期应与合同的有效期一致，但合同或强制保险法律另有规定的除外。

第 828 条根据哈萨克斯坦共和国 2000 年 12 月 18 日第 128 – II 号法律、哈萨克斯坦共和国 2009 年 12 月 30 日第 234 – IV 号法律、哈萨克斯坦共和国 2010 年 7 月 15 日第 338 – IV 号法律进行修订。

第八百二十八条 保险人的义务

1. 保险人应：

（1）在保险事件发生时，按照保险合同约定或法律规定的金额、程序和条件支付保险金；

如果保险合同以附随合同的形式订立，并向投保人签发自愿险种的保险单，则应使投保人熟悉保险条例，并提供保险条例的副本；

（2）赔偿投保人（被保险人）发生保险事故时为减少损失而发生的费用；

（3）保证保险的保密性；

（4）如果投保人（被保险人）或受害人（受益人）或者其代表未能提交保险赔付所需的所有文件，在保险合同约定的期限内告知其提交缺少的文件。

2. 保险和保险活动的法律规定以及保险合同可约定保险人的其他义务。

根据哈萨克斯坦共和国 2000 年 12 月 18 日第 128 – II 号法律、哈萨克斯坦共和国 2003 年 7 月 1 日第 445 – II 号法律对第 829 条进行了修改。

第八百二十九条　旨在减少保险事故损失费用的赔偿

1. 财产保险合同约定的保险事故发生后，投保人（被保险人）有义务采取合理的、在当时情况下可以采取的措施以防止或减少可能的损失，包括抢救和保护被保险财产的措施。

在采取此类措施时，如果保险人的指示已经传达给投保人（被保险人），那么投保人（被保险人）必须遵循该指示。

2. 如果投保人（被保险人）为防止或减少损失而产生的费用是必要的，或者是为执行保险人的指示而产生的，即使相关措施并不成功，保险人也应赔偿这些费用。

但是，该费用应按实际产生的金额补偿，保险金和费用报销的总额不超过保险合同约定的保险金额；如果该费用是由投保人（被保险人）执行保险人的指示而产生的，则应全额补偿，不考虑保险金额。

3. 如果投保人（被保险人）故意不采取合理的、可利用的措施减少可能的损失，保险人免除该部分损失的保险赔偿责任。

第八百三十条　保险保密

1. 保险秘密包括保险金额、免赔额、已付保险费、保险（再保险）合同中与投保人、被保险人或受益人身份有关的其他条款等信息。正在清算中的保险（再保险）组织签订的保险（再保险）合同信息不属于保险保密范围。

根据哈萨克斯坦共和国 2006 年 2 月 20 日颁布的第 128 – III 号法律，本条补充第 1 – 1 款。

1 – 1. 保险和保险活动法律可以就构成保险秘密的信息的披露规定其他条件和程序。

2. 保险市场专业参与者和保险代理人无权披露其因专业活动而获得的构成保险秘密的信息，但向其他专业保险参与者提供与订立再保险合同或共同保险关系有关的市场或者保险代理人以及本条第4、5、6款规定的情况除外。

第3款在哈萨克斯坦共和国2015年11月24日第422－V号法律（2016年1月1日生效）的修正案中有所规定。

3. 保险（再保险）公司的领导、雇员、哈萨克斯坦共和国的保险控股公司、保险经纪人、保险代理人和其他因公务而获得构成保险秘密信息的人，应根据哈萨克斯坦共和国法律的规定，对其披露承担责任。

4. 保险秘密可以在投保人（被保险人、受益人）书面同意的基础上向第三方披露。

5. 应向以下人员提供包含保险秘密的信息：

（1）被保险人（受益人）的代表——根据经公证的委托书。

（2）调查和审前调查机构——就其正在处理的刑事案件而言。

第3项根据哈萨克斯坦共和国2009年8月28日第192－IV号法律（在其首次正式公布后6个月内生效）修改。

（3）法院——根据法院的裁决或决议进行诉讼的案件。

（4）检察官——根据在其职权范围内对其收到的材料进行检查的决定。

（4－1）基于金融监督的授权机构——以哈萨克斯坦共和国关于打击犯罪所得合法化（洗钱）和资助恐怖主义的法律规定的目的和方式。

（4－2）基于《哈萨克斯坦共和国养老金保障法》第59条第4款规定的目的，向“政府”“国有公司”提供。

（5）基于授权的国家机构——就与实施对保险活动的监督有关的问题。

根据哈萨克斯坦共和国2015年11月24日第422－V号法律（自2016年1月1日起生效）补充第5－1项。

（5－1）哈萨克斯坦共和国居民保险控股公司——用于计算保险集团的审慎标准，以及形成保险集团的风险管理和内部控制体系。

（6）根据哈萨克斯坦共和国关于保险和保险活动的法律规定，向其他人提供。

6. 在投保人、被保险人或受益人死亡的情况下，应向其发布含有保险保密性的资料：

（1）继承人。

（2）根据法院的裁决或经公证人盖章认证的书面请求，向法院和公证人提供待处理的继承案件。公证人的书面请求中必须附上投保人的死亡证明副本。

（3）外国领事机构——关于他们正在处理的继承案件。

7. 保险业务的一般条款和条件、所提供的保险服务清单、保险费率、保险条款和保险（再保险）合同的其他基本条款及条件应是公开信息，不受保险保密性或商业保密的限制。

8. 如果保险人披露任何构成保险秘密的信息，投保人（被保险人、受益人）有权要求保险人赔偿对其所造成的损失，并酌情要求赔偿精神损害。

第八百三十一条　投保人的义务

第831条第1款根据哈萨克斯坦共和国2000年12月18日第128－II号法律进行了修改。

1. 投保人应承担以下义务：

（1）按照保险合同约定的金额、程序和条件支付保险费；

（2）告知保险人保险风险状况；

（3）在保险事故发生时通知保险人；

（4）采取措施减少保险事故造成的损失（本法第829条第1款）；

（5）确保向保险人转让对保险事故发生的责任人的索赔权（本法第840条）。

2. 保险合同也可以规定投保人的其他义务。

第八百三十二条　订立合同时投保人应提供的信息

第832条第1款根据哈萨克斯坦共和国2000年12月18日第128－II号法律进行了修改。

1. 保险合同订立时，对于确定保险事故发生概率和保险事故可能造成损失的数额具有实质意义的情况（保险危险），如果保险人不知悉也不可能知悉这些情况，则投保人应该将自己知悉的情况告知保险人。

保险人在标准格式保险合同中或者以书面质询的方式特别说明的情况，在任何情形下均为基本情况。

2. 如果保险合同是在投保人未回答保险人的问题的情况下订立的，则保险人以后不能以投保人未告知有关情况为由而要求解除合同或者确认合同无效。

3. 如果在保险合同订立后确定，关于本条第1款所规定的情况，投保人告知保险人的是明知虚假的信息，则保险人有权请求确认合同无效并适用本法第844条第

1 款规定的后果。

如果投保人未告知的情况已经不复存在，保险人不得以此要求确认保险合同无效。

第 833 条根据哈萨克斯坦共和国 2003 年 7 月 1 日第 445 – II 号法律进行了修订。

第八百三十三条 保险风险和造成损害的评估

1. 在订立财产保险合同时，保险人有权对被保险的财产进行检查和评估，必要时可指定专家进行检查，以确定其实际价值。

对被保险财产的评估和保险人造成的损害为保险的组成部分，无须额外许可。

2. 订立人身保险合同时，保险人为评定被保险人的实际健康状况有权对其进行体检。

3. 保险人根据本条对被保险风险的评估不对投保人具有强制力，投保人有权提出相反的证明。

4. 根据投保人或其代理人申请，保险人应确定因保险事故的发生造成的损失金额。如有必要，应由评估师（独立专家）评估损失金额。对造成损害的评估结果有异议的，当事人有权提出其他证明。

根据哈萨克斯坦共和国 2007 年 5 月 7 日第 244 – III 号法律，本条补充第 5 款。

5. 在强制保险的情况下，评估因发生被保险事故而造成的损失金额的程序和条件可由哈萨克斯坦共和国的法律确定。

第八百三十四条 合同有效期内保险风险增加的后果

1. 在财产保险合同有效期内，如果合同订立时告知保险人的情况发生重大变化，而这些变化又可能对保险风险的增加发生重大影响，则投保人（被保险人）有义务立即将其知悉的有关情况通知保险人。

任何情况下，保险合同中约定的变化都视为重大变化。

第 834 条第 2 款根据哈萨克斯坦共和国 2000 年 12 月 18 日第 128 – II 号法律进行了修改。

2. 保险人获知引起保险风险增加的情况的通知后，有权请求变更保险合同的条款或者就风险的增加请求缴纳与之相应的补充保险费。

投保人或者被保险人不同意变更保险合同条款或者拒绝补付保险费，保险人有权依照本法第 24 章的规定要求解除合同。

3. 投保人或被保险人不履行本条第1款规定的义务时，保险人有权请求解除保险合同并请求投保人或被保险人赔偿解除合同对其造成的损失。

4. 如果引起保险风险增加的情况已经消失，则保险人无权以此请求解除保险合同。

5. 在人身保险中，只有在合同有明文约定时，才发生本条第2款和第3款规定的保险合同有效期内保险风险变更的后果。

第835条根据哈萨克斯坦共和国2000年12月18日第128－II号法律、2003年7月1日第445－II号法律进行了修订。

第八百三十五条　保险人对保险事故发生的通知

1. 投保人在得知保险事故发生后，应将事故的发生立即通知保险人或者其代理人。如果哈萨克斯坦共和国关于强制保险的合同约定或法律规定了通知的期限和（或）方法，则应在规定或者约定的时间内按照合同或哈萨克斯坦共和国法律规定的方式进行通知。

如果投保人不是被保险人，则该义务由被保险人承担。

如果在人身保险中，保险事故是被保险人的死亡，则通知保险人保险事故的义务在于投保人，如果投保人是被保险人，则由受益人承担。但是，合同约定的通知保险人的期限不得少于30日。

2. 无论投保人或被保险人是否已通知保险人，受益人在任何情况下均有权将保险事故的发生通知保险人。

3. 保险事故发生未通知保险人，保险人有权拒绝给付保险赔偿金，除非能够证明保险人已及时获悉保险事故的发生，或者保险人不了解有关情况并不影响其给付保险赔偿金的义务。

第八百三十六条　投保人的更换

1. 如果签订财产保险合同的投保人死亡，投保人的权利和义务应转给通过继承接管财产的人。在所有权（或其他财产权利）转让的情况下，除非合同另有约定或法律另有规定，否则投保人的权利和义务应经保险人同意转让给新的所有人（或其他财产权利人）。

2. 如果为被保险人签订人身保险合同的投保人死亡，经被保险人同意，合同中约定的权利和义务转移给被保险人。如果被保险人不能履行保险合同约定的义务，可以将其权利和义务转移给依照法律规定有责任保护其权利和合法利益的人。

3. 在保险合同的有效期内，如果作为法人的投保人进行重组，其在该合同中的权利和义务经保险人同意，按照本法规定的程序转移给相应的法定继承人。

第八百三十七条　被保险人的更换

1. 在损害责任风险保险合同是为投保人以外的人的损害责任投保的情况下，如果合同没有另行约定，则投保人有权在保险事故发生前的任何时间将该被保险人更换为其他人，但应事先将此情况书面通知保险人。

第 837 条第 2 款根据哈萨克斯坦共和国 2000 年 12 月 18 日第 128 – II 号法案进行了修订。

2. 非人身保险以及财产保险合同中指定的被保险人，只有在征得被保险人（团体人身保险除外）和保险人的同意后，才可由投保人更换为其他人。

如果第三方保险源于关于强制保险的法律的规定，则应按照上述法律和此合同约定的方式更换被保险人。

第八百三十八条　受益人的更换

1. 投保人有权在保险事故发生前以书面形式通知保险人，将保险合同中确定的受益人更换为其他人。

第 838 条第 2 款根据哈萨克斯坦共和国 2000 年 12 月 18 日第 128 – II 号法律进行了修改。

2. 当受益人履行了保险合同中的某项义务或者向保险人提出了支付保险赔偿后，受益人不能再更换为其他人。

3. 作为被保险人的受益人应按照本法第 837 条规定的方式进行变更。

第八百三十九条　保险人免于给付保险金的根据

第 1 款根据哈萨克斯坦共和国 2006 年 2 月 20 日第 128 – III 号法律、2014 年 7 月 3 日第 227 – V 号法律进行了修改。

1. 如果由于以下原因之一发生保险事故时，保险人有权全部或部分拒绝向被保险人支付保险金：

（1）投保人、被保险人和（或）受益人为保险事故的发生或者促成保险事故的发生而采取的故意行为，但在必要防卫和极端危急情况下采取的行动除外；

（2）投保人、被保险人和（或）受益人的行为按照哈萨克斯坦共和国法律规定的方式被认定为故意犯罪或行政违法行为，且与保险事故有因果关系。

根据民事责任保险合同，如果保险事故的发生是作为保险标的的责任人的过错造成的，则保险人不得免于支付保险金。

如果被保险人因自杀而死亡，且保险合同已经生效至少 2 年，根据人身保险合同，保险人不免除保险金的赔付。

2. 若自愿保险合同和强制保险法律没有其他规定，保险事故是基于以下原因发生的，保险人免于支付保险金：

（1）核爆炸、辐射或放射性污染的影响；

（2）军事行动；

（3）内战、任何形式的民众骚乱、大规模暴动或罢工。

3. 如果财产保险合同没有另行约定，保险人对被保险财产根据国家机关的指令而被收缴、没收、征用、查封或者销毁而产生的损失免于给付保险赔偿金。

4. 下列情况也可作为保险人拒绝支付保险金的理由：

（1）投保人故意向保险人传达有关保险标的、保险风险、保险事故及其后果的虚假信息；

（2）投保人故意不采取措施减少保险事故造成的损失（本法第 829 条）；

（3）投保人从造成损失的责任人处获得适当的财产保险损失赔偿；

（4）投保人阻碍保险人调查保险事故的发生情况和确定保险事故造成的损失金额；

（5）未将保险事故的发生情况通知保险人（本法第 835 条）；

（6）投保人放弃对发生保险事故的责任人的索赔权利，以及拒绝向保险人移交索赔权利转移所需的文件（本法第 840 条）。如果保险赔偿金已支付，保险人有权要求投保人全部或部分返还；

（7）法律规定的其他情况。

5. 以本条规定的投保人的不当行为为由，免除保险人对投保人的保险责任，同时免除保险人对被保险人或受益人的保险赔付责任。

6. 保险合同的条款和条件可以在不违背法律规定的情况下规定拒绝支付保险金的其他理由。

7. 拒绝支付保险金的决定由保险人作出，并以书面形式通知投保人，同时说明拒绝的理由。

8. 对于保险人拒绝支付保险金的行为，投保人可以向法院提起诉讼。

根据哈萨克斯坦共和国 2000 年 12 月 18 日第 128 – II 号法律对第 840 条进行了

修改。

第八百四十条　投保人的损害赔偿请求权向保险人的移转（代位权）

1. 如果财产保险合同没有另行约定，保险人在给付保险赔偿金后，投保人（被保险人）对造成保险损失赔付的责任人的请求权，以保险赔偿金数额为限移转给保险人。排除对故意造成损失的人的请求权向保险人移转的合同条款，自始无效。

2. 移转给保险人的请求权依照调整投保人（被保险人）和损失责任人之间关系的规则实现。

3. 投保人（被保险人）有义务在收到保险金后将所有文件和证据交给保险人，并将保险人行使其请求权所需的所有信息告知保险人。

4. 如果投保人（被保险人）放弃对保险赔付损失责任人的请求权，或者因投保人（被保险人）的过错而无法行使该权利，则免除保险人全部给付或者就有关部分给付保险赔偿的责任，保险人有权要求返还多给付投保人的赔偿金额。

第 841 条根据哈萨克斯坦共和国 2003 年 7 月 10 日第 483 – II 号法律、2009 年 12 月 30 日第 234 – IV 号法律进行了修订。

第八百四十一条　保险合同的提前终止

1. 除本法规定的终止义务的一般理由外，保险合同在下列情况下应提前终止：

（1）保险标的不复存在。

（2）非投保人的被保险人在未进行变更的情况下死亡（本法第 815 条第 8 款）。

（3）投保人转让财产保险标的，若保险人反对变更投保人，且合同没有另行约定或强制保险的法律没有另行规定（本法第 836 条第 1 款）。

（4）投保与该活动相关的创业风险或民事责任的被保险人按照既定的创业活动程序终止。

（5）由于保险事故以外的情况，保险事故发生的可能性已经消失，保险风险已经不复存在。

第 6 项规定于哈萨克斯坦共和国 2006 年 2 月 20 日第 128 – III 号、哈萨克斯坦共和国 2010 年 7 月 15 日第 338 – IV 号修正案中。

（6）法院对保险公司强制清算的判决生效，但哈萨克斯坦共和国保险活动法另有规定的情况除外。

根据哈萨克斯坦共和国 2006 年 2 月 20 日第 128 – III 号法律本条增加了第 7 项。

（7）根据哈萨克斯坦共和国2010年7月15日第338－IV号法律删除本项。

（8）根据哈萨克斯坦共和国法律规定的程序，保险人签发的保险单中包含的条件和信息的变更。

根据哈萨克斯坦共和国2010年7月15日第338－IV号法律，本条补充第9项。

（9）在哈萨克斯坦共和国保险活动法规定的情况下。

在上述情况下，自作为终止合同原因的情况发生之时起，合同即被视为终止，利害关系方必须立即通知对方。

根据哈萨克斯坦共和国2006年2月20日第128－III号法律，本条补充第1－1款。

1－1. 如果累积保险合同的投保人在合同订立后的第14日至第30日内单方面终止合同，保险人应在扣除保险人在订立累积保险合同时发生的不超过所收保险费的20%的费用后，将所收的保险费退还给投保人。

2. 投保人有权随时解除保险合同。

第842条根据哈萨克斯坦共和国2000年12月18日第128－II号法律、2003年7月10日第483－II号法律以及2010年7月15日第338－IV号法律进行了修订。

第八百四十二条　保险合同提前终止的后果

1. 如果因本法第841条第1款规定的情况而提前终止非累积保险合同，保险人有权按照保险生效时间的比例获得部分保险费。在保险人清算的情况下，保险费（缴款）的退还应按照哈萨克斯坦共和国关于保险和保险活动的法律规定的债权人债权清偿顺序进行。

在本法第841条第1款第6项和本条第3款规定的情况下，提前终止累积保险合同时，只退还合同约定的赎回金额，并按照哈萨克斯坦共和国关于保险和保险活动的法律规定的债权人债权清偿优先顺序进行。

2. 如果投保人拒绝履行合同（本法第841条第2款），除非与本法第841条第1款和第1－1款所示的情况有关，否则向保险人支付的保险费或保险金不予退还，除非合同另有约定。

3. 如果保险合同的提前终止是保险人的过错而未能履行其条款导致的，则保险人有义务向投保人全额退还被保险人已支付的保险费或保险金。

第八百四十三条　保险合同的无效

1. 除了本法规定的合同无效的一般理由外，在下列情况下，保险合同应被视为无效：

（1）在签订合同时，无保险标的。

根据哈萨克斯坦共和国2006年2月20日第128－III号法律对第2项进行了修改。

（2）保险标的为非法财产利益（本法第807条第2款）。

第3项载于哈萨克斯坦共和国2014年7月3日第227－V号法律修正案。

（3）保险标的是根据已生效的相关法院判决应予没收的财产，或通过犯罪手段获得的财产，或为刑事犯罪标的。

（4）保险事故是不具有任何可能性和随机性的事件（本法第817条第3款），并且是在合同有效期内不可避免地客观发生的，双方当事人或至少投保人是知情的。

（5）投保人在签订合同时有意获取不正当利益，包括在保险事故发生后签订合同。

（6）根据哈萨克斯坦共和国2006年2月20日第128－III号法律删除本项。

（7）根据哈萨克斯坦共和国2006年2月20日第128－III号法律删除本项。

（8）在应征得被保险人同意的情况下，未征得被保险人的同意。

（9）未遵守合同的书面形式（本法第825条第3款）。

2. 有关强制保险的法律可规定与某些险种有关的合同无效的其他理由。

第八百四十四条　保险合同认定无效的后果

根据哈萨克斯坦共和国2000年12月18日第128－II号法律对第1款进行了修正。

1. 当保险合同被确认无效时，保险人有义务向投保人退还收到的保险费或保险金，投保人（受益人）有义务退还从保险人处收到的保险金。

若合同因投保人的非法行为而被宣布无效，而保险人在订立合同时或在合同履行过程中不知道或不应当知道，则保险人应在扣除所发生的费用后，向投保人退还合同未到期的保险费或保险金；如果保险费已支付，保险人有权要求退还其所支付的金额。

如果保险合同由于某些原因被宣布无效，保险人有理由拒绝支付保险金，也会产生同样的后果（本法第839条）。

2. 如果保险合同旨在实现犯罪目的，则适用本法第157条第4款至第6款规定的后果。

第八百四十五条 相互保险

第1款根据哈萨克斯坦共和国2006年2月20日第128－III号法律进行了修订。

1. 公民和法人可对本法第807条第1款规定的财产权益，根据相互原则将为此所必需的资金以联合到相互保险社的形式投保。

根据哈萨克斯坦共和国2006年2月20日第128－III号法律和哈萨克斯坦共和国2006年7月5日第164－III号法律对第2款进行了修改。

2. 相互保险公司为其成员的财产利益提供保险，属于非商业性组织。

相互保险的特殊性、相互保险公司的法律地位及其活动条件应根据本法和有关相互保险的法案确定。

根据哈萨克斯坦共和国2006年2月20日第128－III号法律和哈萨克斯坦共和国2006年7月5日第164－III号法律修改了第3款。

3. 相互保险协会根据会员资格和保险合同对其会员的财产利益进行保险。

4. 在相互保险法律规定的情况下，允许通过相互保险的形式实施强制保险。

5. 根据哈萨克斯坦共和国2006年2月20日第128－III号法律删除本款。

根据哈萨克斯坦共和国2015年4月27日第311－V号法律，第40章补充了第845条之一。

第八百四十五条之一 伊斯兰保险合同

1. 伊斯兰保险合同是一种保险合同（本法第803条），根据哈萨克斯坦共和国关于保险和保险活动的法律规定的具体情况订立。

2. 被保险人根据伊斯兰保险合同支付的保险费，以及因保险费投资而获得的收入，由保险人转入保险人设立的伊斯兰保险基金，以便根据伊斯兰保险合同向投保人（受益人）支付保险金。

3. 保险人根据伊斯兰保险合同收到的保险费，以及构成伊斯兰保险基金的其他财产，所有权不属于保险人。

4. 伊斯兰保险合同中的保险人有权根据哈萨克斯坦共和国关于保险和保险活动的法律规定以及签订的伊斯兰保险合同约定的要求，从伊斯兰保险基金中获得管理报酬。

5. 伊斯兰保险的特点，伊斯兰保险基金的形成、核算、使用和分配，从事伊斯兰保险的保险公司的法律地位，以及其活动条件都是根据本法和哈萨克斯坦共和国关于保险和保险活动的法律确定的。

第四十一章　委　　托

第八百四十六条　委托合同

1. 依照委托合同，一方（受托人）应当以他方（委托人）的名义和费用实施一定的法律行为。受托人所实施法律行为的权利和义务直接产生于委托人。

2. 委托合同应以书面形式订立。

第八百四十七条　依照委托人的指示执行委托

1. 受托人有义务根据委托人的指示执行委托于他的任务。委托人的指示应具体、合法和可行。

2. 如果按照事物的情况违背委托人的指示是为了委托人的利益所必须，并且受托人无法事先征询委托人的意见，或者在合理期限内未得到对自己征询的答复时，受托人有权违背委托人的指示。

3. 根据双方的协议，商业代理可免于履行本条第 2 款所述的义务。

第八百四十八条　受托人的义务

受托人有以下义务：

（1）亲自执行委托于他的事项；

（2）依委托人要求向委托人汇报委托执行过程的全部情况；

（3）立即向委托人转交为执行委托而实施法律行为的一切所得；

（4）执行委托后，立即将尚未过期的委托书返还委托人，并根据委托性质的要求提交附有证明文件的报告；

（5）履行哈萨克斯坦共和国法律规定的其他义务。

第八百四十九条　委托人的义务

1. 除合同中另有约定外，委托人应承担以下义务：

（1）保障受托人为执行委托所必需的资金；

（2）向受托人偿付其为履行委托所需之费用。

2. 委托人应及时接受受托人按照委托合同所完成的全部工作。

3. 委托人有义务按照本法第 850 条的规定向受托人给付报酬。

4. 哈萨克斯坦共和国法律可以规定委托人的其他义务。

第八百五十条　委托合同的报酬

1. 如果法律规定或者委托合同约定应给付报酬，则委托人应向受托人给付报酬。

当委托合同与双方或者其中一方从事经营活动有关时，委托人应向受托人给付报酬，但合同另有约定的除外。

2. 如果合同约定或法定条款中提到了履行合同的报酬，但没有规定或约定报酬的数额，则应按照该类服务通常接受的价格来确定。

3. 当受托人证明其适当履行所有必要的行为，但非因其过错而未完成任务时，应支付报酬。

第八百五十一条　转委托

1. 如果合同有约定，或者为了保护委托人的利益，受托人有权转交他人（复代理人）执行委托。

2. 委托他人履约的受托人有义务立即通知委托人。委托人有权撤销受托人选择的复代理人，除非该复代理人已在合同中指出。

3. 如果委托合同中已为受托人指出可能的复代理人，则受托人对复代理人的选择和复代理人的事务处理均不承担责任。

4. 如果合同中约定受托人有转托他人执行委托的权利，但合同未指明复代理人，则受托人应对复代理人的选择负责。

5. 如果合同中没有约定受托人有转托他人执行委托的权利，受托人应对复代理人的所有行为负责。

第八百五十二条　委托合同的终止

1. 委托合同终止的原因如下：

（1）委托人撤销委托；

（2）受托人辞却委托；

（3）委托人或者受托人死亡，委托人或者受托人中的某一方被认定为无民事行为能力人、限制行为能力人或者被宣告为失踪人。

2. 如果受托人不知道且不应知道委托合同的终止，那么根据委托人的指示所采取的行为对委托人（委托人的受让人）、第三方和受托人具有约束力。

3. 如果委托合同约定了受托人作为商业代理人的行为，则拒绝委托合同的一方当事人应在 1 个月之前将委托合同终止的事宜通知另一方，但合同约定了更长期限的除外。

第八百五十三条 委托合同终止的后果

1. 如果委托合同终止于受托人完成全部委托事项之前，委托人应补偿受托人办理委托事项时所支出的费用，而在应给付受托人报酬时，还应对受托人已完成的工作给付相应的报酬。本法不适用于受托人获悉或者应该获悉委托合同已经终止之后完成委托事项的情况。

2. 委托人撤销委托不作为赔偿因委托合同终止给受托人造成损失的根据，但终止规定受托人为商业代理人行为的合同除外。

3. 受托人辞却执行委托不作为赔偿因委托合同终止给委托人造成损失的根据，但受托人辞却委托使委托人不能以其他方式维护自己利益，以及受托人为商业代理人而终止的情况除外。

第八百五十四条 委托合同中的继承

1. 在受托人死亡的情形下，其继承人或其他受委托保管遗产的人应通知委托人终止委托合同和采取必要措施保护委托人财产，包括保护委托人的财产和文件，并随后将该财产交付委托人。

作为受托人的法人清算时，其清算人也负有此项义务。

2. 如果作为受托人的法人进行重组，应根据本法第 48 条的规定立即通知委托人。在上述情况下，除非委托人在合理时间内发出解除合同的通知，否则法人的权利和义务应转给其继承人。

第四十二章 无 因 管 理

第八百五十五条 无因管理成立条件

1. 未经利害关系人的委托、未接受其他指示或者预先允诺同意，为防止利害关系人人身或财产受到损害，为履行其债务或者为了他的其他合法利益的行为（无因管理），应从利害关系人的明显利益和好处出发，以及根据利害关系人实际的或可能的意愿，以实际情况所必需的关心和慎重态度实施。

2. 本章的规定不适用国家机构为实现其某项活动宗旨而为他人利益实施的行为。

第八百五十六条 利害关系人无因管理通知

1. 无因管理人，应将该情况通知利害关系人，并于合理期限内等待利害关系人作出追认或不追认该行为的决定，只要该等待对利害关系人不会造成严重损失。

2. 如果该行为是利害关系人在场时实施的，则不要求将为其利益的行为专门通知该利害关系人。

第八百五十七条　利害关系人追认无因管理的后果

如果利害关系人对无因管理表示追认，即使是口头追认，则对双方以后的关系适用关于委托合同或者与该行为性质相适应的其他合同之规定。

第八百五十八条　利害关系人不追认无因管理的后果

1. 如果行为人获悉利害关系人不追认，则利害关系人无论对实施该行为的人，还是对第三人，均不承担责任后果。

2. 基于防止处于危险中的人的生命危险为目的的行为，即使在违背该人的意志的情况下也允许实施，而履行扶养义务即使违背了扶养义务人的意志也应予以实施。

第八百五十九条　无因管理人损失的补偿

1. 依照本章规则无因管理人所支出的必要费用和其他实际损失，应由利害关系人补偿，但本法第858条第1款指出的行为所引起的费用除外。

无因管理未达到预期结果时，仍保留要求补偿必要费用和其他实际损失的权利。但为防止他人财产受损失而实施行为的，补偿的数额不得超出财产的价值。

2. 在得到利害关系人追认后（本法第857条）无因管理人因该行为所支出的费用和其他损失，依照相关类型的合同规则补偿。

第八百六十条　无因管理的报酬

如果法律、与利害关系人的协议或者交易习惯对获取报酬的权利有规定，则无因管理人在其行为对利害关系人带来有益结果时，有权获取报酬。

第八百六十一条　无因管理的后果

为他人利益订立的合同所产生的义务转移给受益人，条件时受益人追认该合同；且合同另一方未对此转移表示反对，或在订立合同时明知或应知该合同系为他人利益而订立。

当该合同义务移转于为之而订立合同的人时，该合同的权利也应移转于该人。

第八百六十二条　无因管理产生的不当得利

如果行为的直接目的不是保障他人的利益，其中包括行为人错误地认为是为自己的利益所为的行为，而导致他人不当得利，则应适用本法第48章的规定。

第八百六十三条 无因管理造成损害的赔偿

为他人利益实施行为给利害关系人或者第三人造成损失的损害赔偿关系，由本法第 47 章规定调整。

第八百六十四条 无因管理的报告

无因管理人，应向享有该行为利益的人提交报告，并指明所获收入和所花费用以及其他损失。

第四十三章 行 纪

第八百六十五条 行纪合同

1. 依照行纪合同，一方（行纪人）应根据另一方（委托人）的委托，以自己的名义、用委托人的费用实施一项或多项行为，并收取报酬。

2. 代理合同应以书面形式订立。

第八百六十六条 行纪报酬

在本法第 868 条第 2 款规定的情况下，委托人应按照行纪合同约定的金额和方式向行纪人支付报酬。在行纪合同未约定代理费数额并且根据合同条款也不能确定其数额时，应遵照本法第 385 条第 3 款确定报酬金额。

如果行纪合同由于行纪人意志以外的原因而没有履行，行纪人保留收取委托费及发生的费用的权利。

第八百六十七条 行纪人与第三人行为的权利和义务

1. 在行纪人与第三方进行的合同中，行纪人获得权利并承担义务，即使委托人在法律行为中被指名或与法律行为中的第三人存在直接关系。

2. 应委托人的要求，行纪人有义务将法律行为中的权利转让给他，并将转让事宜通知与之达成合同的第三方，第三方不得以其对行纪人的非本次合同产生的要求对委托人的要求提出异议。

第八百六十八条 行纪委托的履行

1. 行纪人必须履行其与第三方达成合同所产生的所有义务和权利。

2. 行纪人有义务按照委托人的指示执行委托，如合同中没有此类指示，按照通常的商业惯例或其他普遍适用的要求，以对委托人最有利的条件执行。如果行纪人以比委托人指定的条件更有利的条件进行交易，除非合同另有约定，否则双方应均分利益。

3. 如果第三人不履行由行纪人出资与其进行的交易，行纪人不承担任何责任，除非行纪人在选择该人时未尽到必要谨慎的义务，或接受了执行合同的担保。

4. 如果第三方违反了行纪人与其达成的交易，行纪人有义务立即通知委托人，并收集和提供必要证据。

5. 委托人在接到第三人违反行纪人与其达成的交易的通知后，有权要求行纪人将该合同中的债权转让给委托人。

第八百六十九条　分行纪合同

1. 如果行纪合同没有另行约定，行纪人有权同其他人订立分行纪合同，但行纪人对分行纪人的行为向委托人负责。

根据分行纪合同，除本法第 867 条第 2 款规定的权利外，分行纪人获得行纪人权利和义务。

如果法律只允许由特别授权的人进行交易，那么分行纪合同只能与该人签订。

2. 在行纪合同终止之前，行纪人不得与分行纪人建立直接关系，除非行纪人与委托人的合同中另有约定。

第八百七十条　违背委托人的指示

1. 在本法第 847 条第 2 款规定的情况下，行纪人有权违背委托人的指示。

2. 以低于与委托人约定的价格出售财产的行纪人有义务补偿差价，除非其证明没有机会以约定的价格出售财产并且以更低的价格销售避免了更大的损失，且没有机会获得委托人的事先同意而违背指示。

3. 如果行纪人以高于与委托人商定的价格购买财产，委托人不愿接受，在收到与第三方交易的通知后，应立即通知行纪人。否则，该购买行为将被视为已被委托人接受。

如果委托人告知自己接受差价，则委托人无权拒绝达成的交易。

第八百七十一条　对委托标的物的权利

1. 行纪人从委托人处收到或行纪人以委托人费用取得的财产为委托人的财产。

2. 行纪人有权扣留在代理人达成的交易中转让给委托人或第三方的财产，直至委托人支付根据行纪合同应支付给其的款项。

第八百七十二条　行纪人预扣应付给其的款项

代理人有权从收到的所有款项中预扣根据代理合同应付给其的款项，费用由委托人承担。

第八百七十三条　行纪人对委托人财产遗失、短缺或损坏的责任

1. 行纪人对其占有的财产造成遗失、短缺或损坏的，应向委托人承担责任。

2. 如果行纪人收到由委托人发送或由委托人代为接收的财产，该财产被损坏或有其他检查时可以发现的瑕疵，或对委托人的财产造成任何损害，行纪人应采取措施保护委托人的权利，收集必要的证据并立即通知委托人。在满足上述条件时，行纪人不对委托人的损失承担责任。

3. 委托人未为其占有的财产投保的，行纪人仅在委托人责令行纪人为财产进行保险或法律要求为该财产投保的情况下，才应承担责任。

第八百七十四条　自我交易

1. 除委托人另有约定外，行纪合同可以下述方式履行：行纪人可以作为卖方交付委托人所要购买的货物，或者作为买方接受委托人要出售的货物的方式来履行。

2. 行纪人如果作为卖方交付了货物或作为买方接受了货物，则有权获得通常报酬，并可开具发票要求报销因代理合同产生的费用。

第八百七十五条　委托人接收行纪合同的履行

委托人有以下义务：

（1）接受行纪人根据合同履行的所有事项；

（2）检查行纪人为其购置的财产，并及时通知行纪人发现的瑕疵；

（3）免除行纪人因履行委托任务而对第三方承担的义务。

第八百七十六条　行纪委托履行费用的补偿

1. 委托人除了支付委托费和在适当的情况下支付额外的行纪人报酬外，还有义务向行纪人偿还用于执行委托任务所花费的费用。

2. 除非法律另有规定或合同另有约定，否则行纪人对其持有的委托人财产的保管费用无权要求补偿。

第八百七十七条　委托人取消委托

委托人有权在任何时候取消委托给行纪人的任务。在此情况下，委托人对取消委托造成行纪人的损失应予以赔偿。

如果委托被取消，委托人必须在取消后1个月内处置由行纪人持有的财产，除非合同约定了不同期限。如果委托人未能履行该义务，行纪人有权将财产提存，或以对委托人尽可能有利的价格出售。

第八百七十八条　行纪人拒绝履行委托

1. 除非合同另有约定，行纪人不得拒绝履行已接受的委托，除非委托人违反义务，导致无法按照委托人的指示履行委托，或者无法履行委托是由行纪人不负责任的其他情况引起的。

行纪人有义务以书面形式通知委托人其拒绝委托并采取措施保护委托人所拥有的财产。

委托人在接到行纪人拒绝委托的通知后，有义务在收到拒绝通知之日起 1 个月内处置行纪人持有的财产，除非合同约定了不同的期限。如果不履行此义务，行纪人有权将财产提存或以对委托人最有利的价格出售。

2. 因委托人违反职责而拒绝执行委托的行纪人，应保留收取委托费以及报销费用的权利。

第八百七十九条　行纪合同的终止

1. 如果委托人取消了行纪合同中约定的所有任务，则合同应予终止。

2. 行纪合同的终止，除一般原因外，还包括以下原因：

（1）行纪人拒绝履行合同；

（2）行纪人死亡、被宣布为无民事行为能力、限制行为能力人、被宣告失踪或无偿付能力人（破产人）。

第八百八十条　委托人拒绝订立没有指定期限的合同

委托人有权在任何时候拒绝履行未指定期限的行纪合同，但要提前 1 个月通知代理人，除非合同中约定了更长的通知期限。

在这种情况下，委托人有义务向行纪人支付其在合同终止前完成的交易的报酬，并向行纪人偿还合同终止前发生的费用。

第八百八十一条　行纪人拒绝订立没有指定期限合同

1. 行纪人可以在任何时候解除无期限的合同，只要在不迟于 1 个月前通知委托人，除非合同中约定了更长的通知期限。

在这种情况下，行纪人有义务采取措施保护其占有的委托人的资产。委托人有义务在合同终止前处分行纪人占有的财产，如果未履行此义务，行纪人有权提存或以对委托人尽可能有利的价格出售该财产。

2. 解除合同的行纪人有权在合同终止时获得委托费用和应得的补偿。

第八百八十二条 行纪合同的继承

1. 作为委托人的法人进行重组时，其权利和义务应转移给合法的继承人，除非委托人在收到重组通知之日起 1 个月内发出终止合同的通知。

2. 作为委托人的自然人死亡、被认定为无民事行为能力、限制行为能力、被宣告失踪以及法人清算时，代理人有义务继续履行委托，直到委托人的继承人或代表人给出适当的指示。

第四十四章 财产委托管理

第 883 条根据哈萨克斯坦共和国 2007 年 1 月 12 日第 225 – III 号法律、哈萨克斯坦共和国 2014 年 3 月 7 日第 177 – V 号法律进行了修订。

第八百八十三条 财产信托管理的概念和产生依据

1. 在建立财产信托管理时，受托人应以自己的名义对移交给其占有、使用和处分的财产进行管理，除非合同另有约定或法律另有规定，否则应以受益人的利益为重。

2. 财产的信托管理产生（建立）的依据是：

（1）协议［特别是根据合同、遗嘱指定遗嘱执行人（受托人）］。

（2）司法行为（在破产或重整程序中指定破产或重整管理人，在确立对无民事行为能力、失踪或已宣布死亡的公民的财产建立监护权，以及在哈萨克斯坦共和国法律规定的其他情况下）。

（3）行政行为（当建立对未成年人或死者财产的监护权时，企业家进入公务员系统时以及在法律规定的其他情况下）。

根据哈萨克斯坦共和国 2009 年 2 月 12 日第 133 – IV 号法律，本条补充了第 3 款。

3. 在银行活动过程中对财产进行信托管理的特殊性应由哈萨克斯坦共和国规范银行活动的法律来确定。

根据哈萨克斯坦共和国 2011 年 3 月 1 日第 414 – IV 号法律、哈萨克斯坦共和国 2013 年 7 月 4 日第 131 – V 号法律、哈萨克斯坦共和国 2015 年 10 月 31 日第 380 – V 号法律，本条补充第 4 款。

4. 国有财产委托管理的特殊性应根据哈萨克斯坦共和国关于国有财产、公私合营、特许权的法律和哈萨克斯坦共和国的其他法律来确定。

第八百八十四条　财产信托管理的主体

1. 信托管理的主体为财产所有权人，也可以是其他财产权的主体或被授权将财产转入信托管理的主管机构。

2. 任何人均可成为受托人，除非法律另有规定。

只有在委托人同意的情况下，才可以任命受托人。

3. 除受托人和国家或行政区域单位以外的任何人都可以成为受益人（为其利益管理财产的人）。

4. 除法律另有规定或财产信托管理合同另有约定外，受益人是财产信托管理的设立人。

第885条根据哈萨克斯坦共和国2014年3月7日第177－V号法律进行了修订。

第八百八十五条　财产信托管理的客体

1. 信托管理的对象可以是任何财产，包括货币、证券和财产权，除非法律另有规定。

2. 信托给受托人的财产应与依所有权（经济管理、业务管理）归属于其的财产分开核算。

3. 受托人在履行职责过程中获得和（或）收到的财产应列入信托财产。

4. 除本法第1081条另有规定及此人破产外，不得针对创始人转让给受托人的财产追偿其债务。

5. 将抵押财产转入信托管理并不剥夺抵押人对该财产进行赎回的权利。

第886条根据哈萨克斯坦共和国2003年5月16日第416－II号法律进行了修订。

第八百八十六条　财产信托管理合同

1. 依照财产信托管理合同，一方（管理设立人）将财产交付另一方（受托管理人）于一定期限内信托管理，另一方应为管理设立人指定的人（受益人）的利益对该财产进行管理。

在信托管理合同的有效期内，信托管理的设立人无权对信托管理的财产实施任何行为，除非哈萨克斯坦共和国的法律另有规定或上述合同另有约定。

2. 财产信托管理合同应约定：

（1）财产信托管理合同的主体和期限；

（2）转入信托管理的财产的构成；

（3）受益人的说明；

（4）受托人报告的条件和形式；

（5）说明在财产信托管理合同终止的情况下接受信托财产的人。

法律可规定某些类型合同的其他基本条件。

合同可以约定其他条件，包括受托人的报酬数额和形式。

合同必须约定第三方对转入信托管理的财产的权利。

3. 关于财产信托管理合同的规范适用于基于其他理由建立的财产信托管理关系，除非法律或已产生关系的性质另有要求。

第八百八十七条　财产信托管理合同的形式

1. 财产信托管理合同应以书面形式签订。

第2款根据哈萨克斯坦共和国2011年3月25日第421－Ⅳ号法律进行了修订。

2. 不动产信托管理合同应按照不动产转让合同约定的形式和方式执行。

第八百八十八条　受托管理人的权利和义务

1. 受托人可以采取所有人可能对委托财产采取的任何行为，以妥善管理该财产。

受托人对信托财产的权利可能受到法律、合同或产生财产信托管理的其他行为的限制。

受托人只有在设立信托的法律中明确规定的情况下，才可以进行不动产的转让和抵押。

2. 受托人有权获得由信托人（受益人）支付的或由信托财产支付的或者由使用信托财产所得收入支付的信托管理的必要费用的补偿。

受托人有权获得报酬，若建立财产信托管理的法律有此规定。

3. 受托人有权收回非法占有的信托财产，并要求消除对其管理权的侵犯，即使这种侵犯行为与侵犯占有权无关。

4. 受托人应以财产信托合同约定的期限和方式，向委托人和受益人提交报告书。应设立人和（或）受益人的要求，立即提交关于受托人活动的报告，在其他情况下也是如此。

5. 如果参与交易的第三方不知道也不应当知道该限制，则受托人违反为其规定的限制而进行的交易应被确认为有效。在此情况下，受托人应根据合同和法律对委托人承担责任。

受托人在超过授予的权利或违反规定的限制情况下进行的交易的责任，应由受托人以其财产承担。

第八百八十九条　财产信托管理的转移

1. 受托人管理人应亲自进行财产的信托管理。

第2款根据哈萨克斯坦共和国2011年3月1日第414－Ⅳ号法律进行了修订。

2. 如果财产信托管理的法律对受托管理人有相关授权，或者为保障受益人的利益而为情势所迫，并且在这种情况下又不可能在合理期限内得到管理设立人的指示，则受托管理人可以委托他人以受托管理人的名义实施管理财产的必要行为。受托管理人应对他所选择的受托人的行为与对自己的行为一样承担相同责任。

受托人有义务立即将信托转让通知委托人，除非法律另有规定。在这种情况下，设立人有权宣布终止财产管理，向受托人偿还先前发生的费用，如果财产管理是商业活动，则应偿付损失。

第八百九十条　受托人责任

1. 如果财产管理不当，设立人或受益人可以向法院提出终止信托管理和赔偿损失的要求。在这种情况下，若受托人不能证明其采取了所有可能措施来适当履行职责，则应推定为不当履行职责。

2. 受托人应对因财产管理不当造成的损失向拥有其财产的第三方承担替代责任。

第891条根据哈萨克斯坦共和国2014年3月7日的第177－Ⅴ号法律进行了修订。

第八百九十一条　财产信托管理合同的终止

1. 财产信托管理合同由于以下原因之一而终止：

（1）作为受托管理人的自然人死亡，被宣告为无民事行为能力人、限制行为能力人或者被宣告失踪，以及作为受托管理人的法人清算；

（2）由于受托管理人不能亲自实施财产信托管理，受托管理人或设立人拒绝；

（3）在向受托管理人支付损失和报酬的情况下，如果合同规定了这种情况，则设立人拒绝履行合同的；

（4）在未通知受托管理人将抵押财产转移给管理人的情况下，如果合同有约定，受托管理人拒绝履行合同的。

2. 对信托财产所有权的转让不终止对该财产的信托管理。

3. 财产信托管理合同终止后，信托财产应转让给合同中约定的人。

4. 设立人破产时，财产信托管理终止，信托财产应转移到财产库。

在自然人设立人死亡的情况下，信托财产应转入遗产。

5. 一方当事人主动解除合同时，必须至少提前3个月通知另一方（本条第1款第2项和第4项规定的情况除外），除非法律另有规定或合同另有约定。

6. 证券信托管理的终止程序和条件由哈萨克斯坦共和国证券市场法律规定。

第八百九十二条　股票和其他有价证券的信托管理

1. 受托人有权对转让给信托管理和（或）以受托财产为代价或者以使用受托财产的收入为代价获得的股票和其他证券进行交易。

2. 有关发行证券受托人的信息应按照哈萨克斯坦共和国法律规定的方式，记录在证券市场专业参与者开设的信托管理设立人的账户上。

3. 信托管理人在管理受托之股份（股票）时，除非财产信托管理法律另有规定，否则：

（1）参与股份公司的管理；

（2）收取股票股息并将其转给受益人；

（3）股份公司清算时，接收股份应得的财产，并按照合同约定将其转让给受益人或设立人；

（4）进行股份转让和其他业务，包括抵押。

4. 证券信托管理的特殊性由哈萨克斯坦共和国法律规定。

第893条根据哈萨克斯坦共和国2004年7月7日颁布的第577－II号法律修订。

第八百九十三条　投资基金资产的信托管理

投资基金资产的信托管理的特殊性根据哈萨克斯坦共和国关于投资基金的法律规定的条件和程序进行。

第八百九十四条　企业作为财产综合体的信托管理

除非法律另有规定，企业作为财产综合体的信托管理按照财产信托管理法律规定的条件和方式进行。

第八百九十五条　公务员财产的信托管理

公务员用于企业活动的财产，视情况按法律规定的方式转移信托管理。

第四十五章 综合经营（特许经营）

第八百九十六条 商业综合许可合同的概念

1. 依照商业综合许可合同，一方（综合许可人）应向另一方（综合被许可人）授予使用属于权利人的专属权综合体的权利（许可综合体），包括权利人的商业名称和受保护的商业信息权以及合同约定的其他专有权客体（商标权、服务标志权、专利等），供被许可人在商业活动中使用，并收取使用费。

2. 商业综合许可合同规定在一定范围内使用许可人的许可综合体、商业声誉和商业经验（特别是规定最低和（或）最高使用量），可指明或不指明使用地区，涉及某一活动领域（销售从许可人处收到的或用户生产的商品、从事其他商业活动、完成作品、提供服务）。

3. 法律规定限制在某些创业活动领域适用商业综合许可合同。

参见：哈萨克斯坦共和国 2002 年 6 月 24 日通过的第 330 号《商业综合许可（特许经营）法》。

第八百九十七条 商业综合许可合同的形式

商业综合许可合同应以书面形式订立。

第八百九十七条之一 商业综合许可合同的登记

1. 商业综合许可合同中包括根据哈萨克斯坦共和国法律注册的发明、实用新型、工业设计、选择成果、商标、服务标志、集成电路拓扑结构的综合专有权的转让的，应在专利机构（组织）登记。

2. 对于本条第 1 款所述的合同登记程序，适用许可合同登记的规定。

第八百九十八条 许可人的义务

许可人有义务向被许可人提供技术和商业文件以及被许可人为实施合同授予的权利所需的其他信息，并在合同约定的期限和范围内就与实施该权利有关的问题向被许可人提供培训和咨询。

合同还可以约定许可人的其他义务。

第八百九十九条 被许可人的义务

除非合同另有约定，被许可人应承担以下义务：

（1）在进行合同约定的活动时，以合同约定的方式使用许可人的许可综合体；

（2）允许许可人进入其生产区域，向其提供必要的文件并协助获得必要信息，以控制所授予的专有权的正确使用；

（3）遵守许可人关于所授专有权的性质、使用方法和条件的所有指示和指令；

（4）不泄露许可人的生产秘密和从许可人处获得的其他商业机密信息；

（5）以最明显的方式告知买方（客户），其在商业综合许可合同的基础上使用公司名称、商标、服务标志或其他个性化的手段。

第九百条　限制性条件

1. 商业综合许可合同可以约定限制性（排他性）条件，特别是：

（1）许可人有义务不向他人提供相同专属权综合体在使用人固定的区域内使用，或者在该区域内自己不从事类似的活动；

（2）被许可人有义务在商业综合许可合同效力所及的地域内，在使用属于权利人的专属权进行经营活动方面不与权利人竞争；

（3）被许可人有义务拒绝从权利人的竞争者（潜在的竞争者）那里按照商业综合许可合同取得类似的权利；

（4）被许可人有义务在行使依照合同提供的专属权时，就所使用商业场所的位置以及其内外部的装饰，同权利人进行协商。

2. 限制商业综合许可合同双方当事人权利的以下条款，自始无效：

（1）许可人有权确定使用人出售商品的价格或被许可人实施（提供）的工作（服务）的价格，或者确定该价格的上限或下限；

（2）被许可人仅对一定范畴的买方（定作人）或者仅有权对合同约定地域有所在地（住所地）的买方（定作人）出售商品、完成工作或者提供服务。

第九百零一条　许可人对被许可人提出要求的责任

对于被许可人根据商业综合许可合同出售（完成、提供）的货物（工作、服务）的质量不符合要求，许可人应承担次要责任。

第九百零二条　商业综合体分许可

1. 商业综合许可合同可以约定被许可人有权按照与许可人商定的条款或合同中约定的条款准许他人使用授予其的专属权综合体或者部分专属权综合体。

2. 商业综合许可合同中可以约定被许可人有义务在一定期限内授予一定数量的分许可，无论是否注明其使用区域。

3. 许可人与被许可人的主合同的规则适用于商业综合分许可合同，除非商业综合分许可合同的具体特征另有规定。

第九百零三条　商业综合体分许可合同对许可人与被许可人主合同的依赖性

1. 商业综合分许可合同的期限不得长于许可人与被许可人的主合同。

2. 商业综合许可合同终止后，据此签订的所有商业综合分许可合同也随之终止。

3. 如果许可人与被许可人的主合同因法律规定的原因无效，则根据该合同签订的商业综合分许可合同也无效。

第九百零四条　许可人、被许可人和分许可被许可人之间关系的特点

1. 除非商业综合许可合同另有约定，在合同提前终止时，被许可人在商业综合分许可合同中的权利和义务应转移给许可人。

2. 被许可人分许可被许可人的行为给许可人造成的损害应承担替代责任，除非商业综合许可合同另有约定。

第九百零五条　企业名称变更时合同继续有效

如果许可人改变其企业名称，商业综合许可合同应予保留，并对许可人的新企业名称有效，除非被许可人要求解除合同并赔偿损失。如果合同被保留，被许可人有权要求按比例减少应付给许可人的报酬。

第九百零六条　一项或多项专有权转移使用时合同继续有效

如果许可人改变了一项或多项转让使用的专有权，商业综合许可合同对许可人的新专有权仍然有效，除非被许可人要求解除合同并赔偿损失。如果合同被保留，被许可人有权要求相应减少应付给许可人的报酬。

第九百零七条　转让使用专有权终止的后果

如果在商业综合许可合同的有效期内，根据合同转让使用的复合权利中所包含的任何专有权到期，或该权利因其他原因而终止，合同应继续有效，但与终止的权利有关的条款除外，且被许可人有权要求相应减少应付给许可人的报酬，除非合同另有约定。

第九百零八条　商业综合许可合同终止

1. 签订并注明期限的商业综合许可合同，可以按照本法的规定终止。

2. 如果合同没有约定更长的通知期限，合同一方有权提前6个月通知另一方解除无固定期限的商业综合许可合同。

第九百零九条　商业综合许可合同的继承

1. 将许可综合体中包含的任何单独的专有权转让给他人不是变更或终止合同

的依据，新的权利持有人在与被转让专有权有关的权利和义务范围内与授权人签订协议。

2. 如果公民许可人死亡，其在商业综合许可合同中的权利和义务应转让给其继承人，但是其继承人应已经拥有企业公司或者在继承之日起的6个月内注册企业，否则合同将被终止。

在继承人承担相关权利和义务或继承人登记为企业家之前，许可综合体的管理由公证人指定的受托人按照规定的方式进行。

第四十六章 竞争性债务

第910条根据哈萨克斯坦共和国2002年5月21日第323－II号法律修订。

第九百一十条 竞争债务的内容

1. 本章规定了因悬赏广告而产生的竞争债务，以及在哈萨克斯坦共和国法律规定的招标、拍卖和其他形式的投标基础上产生的义务。

竞争债务也可由哈萨克斯坦共和国的其他法律规定。

2. 在竞争债务中，发起人根据其确定的竞争招标的主题和初始条件，向不确定或确定的人群发出参与竞争债务的要约，并承诺向竞争招标的赢家支付固定的报酬，并（或）与其签订与竞争债务内容相应的合同。

3. 参加投标的提议可以由投标发起人直接提出，也可以通过投标的中间组织者提出。

中介人的权利和义务由其与竞争发起人的合同约定。

4. 招标可以是公开的，即招标发起人通过在报刊和其他大众传媒上发布公告的方式向所有感兴趣的人发出参加招标的邀请；也可以是非公开的，即招标发起人根据自己的选择向一定范围内的人发出参加招标的邀请。

5. 当招标发起人对希望参加投标的人员进行预选时，公开招标可以以其参与者的资格预审为条件。

第九百一十一条 悬赏广告

1. 公开宣布对优秀完成工作或取得其他成果给付奖金或者其他奖励的人，应该向依据竞争条件而被确认为优胜者的人给付约定的奖励。

2. 悬赏广告应包含：任务的实质内容、提交结果的标准和程序、报酬的数额和形式以及公布结果的程序和条件。

3. 支付报酬的决定及其支付本身应在允诺中规定的时间内作出并履行。

4. 如果已经宣布了科学、文学或艺术作品的创作竞赛，作出公开允诺的人应有权优先与作品的创作者签订合同，在支付报酬的情况下使用该作品，除非公开允诺中另有规定。

5. 公开允诺给予报酬的人，有义务将未获得报酬的作品归还创作者，除非竞争条款另有规定。

第九百一十二条 悬赏广告的撤销

1. 已公开宣布支付报酬的人有权以同样的方式撤销该承诺，除非该公告本身规定或暗示不允许撤销，或已为履行承诺支付报酬的行为规定了一定的时限，或被撤销者中至少有一人在宣布撤销时已履行了公告中规定的行为。

2. 悬赏广告的撤销，并不免除宣布报酬的人向撤销报酬的人偿付其因实施宣布的行为而产生的费用。在任何情况下，补偿金额均不得超过公告中规定的报酬。

第 913 条载于哈萨克斯坦共和国 2016 年 4 月 9 日第 496 – V 号法律修正案。

第九百一十三条 从事彩票、赌博和其他游戏的特殊性

1. 国家或经国家授权机构许可举办博彩和其他基于风险游戏的人与彩票、彩票运营商和此类游戏的参与者之间的关系应以合同为基础。

从参与者支付彩票、收据或其他文件并签发彩票、收据或者其他文件之时起，应视为彩票经营者与彩票参与者之间的合同达成。

2. 根据彩票、赌博和其他游戏条款被认定为获胜者的人，应由游戏的发起人（组织者）支付奖金，彩票则由彩票的运营商支付。

游戏发起者（组织者）应根据游戏的规则和支付奖金的时间、金额和形式（货币或实物）支付奖励，如果条款和条件中没有明确规定支付时间，则应在游戏结果总结后 10 日内支付。

彩票运营者在法律规定的期限内，按照彩票条件确定的金额、形式（现金或实物）支付奖金。

3. 若游戏的发起人（组织者）、彩票经营者未能履行本条第 2 款规定的义务，彩票、赌马和其他博彩的参与者有权要求支付奖金并赔偿对其造成的损失。

第九百一十四条 与进行游戏和打赌及参与它们有关的请求权

公民和法人组织或参加赌博和打赌（赌博和投注）有关的请求，在赌博业务的组织者符合赌博和（或）投注条件的情况下，不受法律保护，但本法第 913 条规定的请求除外。

第九百一十五条　招标

1. 在以投标书形式进行招标时，其发起人（组织者）承诺（作为卖方、买方、客户、承包商、出租人、承租人等）在其提出的初始条件的基础上，与为发起人提供最佳招标条件的投标人签订合同。

2. 投标人应在招标条件规定的期限内，以书面形式向招标人或招标组织者提交其报价，并附上招标中规定的所有投标文件。招标条件可以规定用密封的信封和标语提交报价。

违反提交投标书的最后期限，将导致错过最后期限者被排除在投标参与人之外，除非投标的发起人或组织者以书面形式通知该人可以参与投标。

3. 从投标者中选出中标人的工作由招标人或由招标人设立的招标委员会以非公开方式或者根据招标条款以公开方式选出。

4. 如果投标人少于两个，或投标人的投标书被招标发起人认为不足以满足招标条件，招标发起人可宣布投标无效。

5. 招标的发起人应与中标人签订相关合同。如果招标方拒绝与中标方签订相应合同，中标方有权追回其损失。

6. 招标条款可规定每个投标人支付保证金，保证金应在汇总投标结果后返还给投标人。如果投标人在投标期满前撤回其报价或改变其报价，保证金将不予退还。

如果中标人拒绝以符合中标人报价的条件与招标人签订相关合同，则保证金不予退还。

第九百一十六条　拍卖

1. 以拍卖方式竞投时，出卖人应将拍卖标的物出售给出价最高的竞买人。

2. 拍卖可以在出卖人宣布的价格基础上增加或降低价格。

3. 降价拍卖的条款和条件可以规定出售物品的最低价格。

4. 拍卖标的可以是未退出民事交易的任何动产或不动产，包括知识产权、合同和财产权，以及进出口和其他配额及许可证。

5. 参与拍卖的提案应包含拍卖标的、拍卖地点和时间的信息。

6. 除非拍卖条款另有规定，参加拍卖的人应在拍卖开始前提交参加拍卖的申请并支付规定的保证金。

7. 至少有两名参与者（买方）参加拍卖，拍卖方可举行。

8. 如果没有参与者愿意购买拍卖标的，则可以降低初始价格或将拍卖标的从本次拍卖中删除。

9. 除非拍卖条款中另有规定，拍卖标的应出售给出价最高的竞买人。

10. 若买方拒绝订立本条第 9 款规定的合同，则将其排除在拍卖参与人之外，保证金不予退还，且买方拒绝购买的拍卖标的可以再次拍卖。

11. 参加拍卖但未购买任何物品的人，应返还保证金。

对于购买了任意拍卖品的人，保证金金额将从已支付的购买价格中扣除。

第四十七章　因损害发生的债

第一节　损害赔偿的一般规定

第九百一十七条　损害责任的一般根据

1. 因不法行为（不作为）对公民和法人的财产或非财产利益和权利造成的损害［财产和（或）非财产］，由造成损害的人全额赔偿。

法律可以责成非致害人的损害赔偿责任，也可以规定更高的赔偿数额。

2. 致害人如果能够证明损害并非其过错所致，则可免负赔偿责任，但本法另有规定的除外。

3. 合法行为造成损害的，在本法和其他法律规定的情况下，应负赔偿责任。

第九百一十八条　防止损害

1. 将来发生的损害危险，可作为提起禁止该危险活动诉讼的依据。

2. 如果损害系企业、构筑物或其他生产活动的经营所致，并且该活动正在继续致害或构成新的损害危险，法院有权责成被告除赔偿损失外，还须停止有关活动。

只有当停止有关活动违背社会利益时，法院方可驳回请求停止该活动的诉求。驳回停止该活动的诉讼请求时，受害人仍有权请求赔偿该活动对其所造成的损害。

第九百一十九条　正当防卫造成损害

正当防卫所造成的损害，如防卫行为未超过正当防卫限度，不应予以赔偿。

第九百二十条　紧急避险造成损害

紧急避险所造成的损害，即为了排除对本人或者他人构成威胁的危险而造成的损害，如果该危险在当时情况下不可能以其他方法排除，紧急避险所致损害应由致害人赔偿。

法院可以斟酌造成损害的情况，责成因致害人的行为而受益的第三人负赔偿责任，或该第三人和致害人承担赔偿责任，或者全部或者部分免除该第三人或者致害人的损害赔偿责任。

第九百二十一条　法人或自然人对其工作人员所致损害的责任

1. 法人或者自然人对其工作人员在履行劳动（职务，公务）职责中所致损害，承担赔偿责任。

2. 根据本法关于造成伤害的义务的规定，自然人如系依照有关法人或者自然人下达的任务并处于该法人或自然人安全监督之下，按照劳动合同或者民事法律合同完成工作，即为法人或者自然人的工作人员。

合伙企业、股份公司、生产合作社对其参加人（成员）在合伙企业、股份公司、合作社从事其经营、生产或者其他活动时所造成的损害，承担赔偿责任。

第九百二十二条　国家机关、地方自治机关及其公职人员造成损害的责任

1. 因国家机关发布不符合法律的行为而造成的损害，无论发布该行为的机构和官员的过错如何，均应根据法院判决予以赔偿。损害赔偿由国库承担。财政机构或其他机构和公民应作为国库的代表执行特殊任务。

2. 地方自治机关通过司法程序对其机构和公职人员造成的损害承担责任。

3. 国家机关公职人员在行政管理领域的非法行为（不作为）所造成的损失，一般按照本法第 917 条的规定，由该机关支配的资金进行赔偿。在资金不足的情况下，应由国家财政补贴。

第九百二十三条　调查、初步侦查、检察机关和法院的违法行为造成损害的责任

1. 因非法定罪、非法追究刑事责任、非法实施羁押、软禁、禁止离境、非法实施逮捕或劳动教养的方式非法处以行政处罚、非法安置在精神病院或其他医疗机构而对公民造成的损害，不论调查、侦查、检察机关及法院的公职人员有无过错，国家应按照法律规定的方式全额赔偿。

2. 调查、侦查、检察机关的其他违法活动给公民和法人造成的损害，依本法第 922 条所规定的理由和方式进行赔偿。

3. 除本条第 1 款规定的情况外，法官和其他法院工作人员在司法工作中的非法行为（不作为）所造成的损害，应根据一般理由并按照本法第 922 条第 3 款规定的程序予以赔偿。

第九百二十四条　保险自己责任的损害赔偿

法人或自然人如为受害人利益依自愿保险或强制保险程序对自己责任投保，当保险赔偿金不足以完全赔偿损害时，法人或自然人应赔偿保险赔偿金与受害人实际损失之间的差额。

第九百二十五条　未满14岁的未成年人造成损害的责任

第1款根据哈萨克斯坦共和国2011年3月25日第421－IV号法律进行了修订。

1. 对于未满14岁的未成年人（儿童）造成的损害，如不能证明损害非因其过错所致，则其法定代理人承担损害赔偿责任。

2. 如果需要监护的未成年人处于教育、医疗、居民社会保障机构以及依法作为未成年人监护人的其他类似机构中，而该机构又不能证明自身无过错，则应对未成年人所致损害承担赔偿责任。

3. 如果未成年人处于教育、教养、医疗或其他应对之实施监督的机构，或者在依合同实施监督的人的监督管理之下时造成损害，而各该机构或者个人又不能证明损害非因实施监督中的过错所致，则应承担损害赔偿责任。

4. 法定代理人、教育机构、教养、医疗和其他机构造成损害的赔偿责任，不因该未成年人达到年龄或其拥有足以赔偿损害的财产而消灭。

如果法定代理人死亡，或者他们以及本条第3款所述的其他公民无力赔偿对受害人生命或者健康所造成的损害，而致害人已成为完全行为能力人，且具有进行赔偿的足够财产，则法院斟酌受害人和致害人的财产状况及其他情况，有权作出由致害人全部或者部分承担赔偿责任的判决。

第九百二十六条　年满14岁不满18岁的未成年人造成损害的责任

1. 年满14岁不满18岁的未成年人造成损害的应承担一般责任。

2. 如果年满14岁不满18岁的未成年人没有收入或其他赔偿损害的足够财产，其法定代理人如果不能证明损害非因其过错所致，则应负赔偿责任，或者赔偿其不足部分。

如果需要照顾的14岁至18岁未成年人被安置在适当的教育、医疗、社会福利或其他类似机构中，而这些机构根据法律成为其监护人，则这些机构有义务对损害进行全部或部分赔偿，除非它们能证明损害的发生并非因机构过错所致。

3. 当造成损害的人达到成人年龄，或在达到成人年龄前有足够的资产或其他收入来源来赔偿损害，或取得法律行为能力时，法定代表人和有关机构的赔偿义务终止（本法第 17 条第 2 款、第 22 条第 1 款）。

第九百二十七条　被剥夺亲权的父母对未成年人造成损害的责任

未成年子女在其父母被剥夺亲权后的 3 年内造成损害的，如其致害行为系因父母未正确履行父母责任所致，则法院可责成父母对未成年子女所造成的损害承担责任。

第九百二十八条　被认定为无民事行为能力的公民造成损害的责任

1. 被认定为无民事行为能力的公民（本法第 26 条）造成损害的，应由其监护人或对之负有监督义务的组织承担赔偿责任，除非其能证明损害非因其过错所致。

2. 监护人或负有监督义务的组织对被认定为无民事行为能力的公民造成损害的责任，不因该行为人后来被认定恢复行为能力而终止。

3. 如果监护人死亡或无足够能力用以赔偿对受害人的生命或健康所造成的损害，而致害人本人有该能力，则法院斟酌受害人和致害人的财产状况及其他情况，特别是在加害人恢复法律行为能力的情况下，有权作出由致害人本人以其财产全部或部分承担赔偿责任的判决。

第九百二十九条　被认定为限制行为能力的公民造成损害的责任

因酗酒或吸毒而被限制行为能力的公民（本法第 27 条）造成损害的，由致害人本人负赔偿责任。

第九百三十条　无能力理解自己行为意义的公民造成损害的责任

1. 不具有民事行为能力的公民或者年满 14 岁不满 18 岁的未成年人，在不能理解自己行为意义或者不能控制自己行为的状态下造成损害的，对其造成的伤害不承担责任。

如果受害人的生命或健康受到损害，法院可斟酌受害人和致害人的财产状况及其他情况，责成致害人承担全部或部分赔偿责任。

2. 如果致害人本人酗酒、吸毒或以其他方式使自己处于不能理解自己行为的意义或不能控制自己行为的状态，则不能免除致害人的责任。

3. 如果致害人因为精神疾病而在不能理解自己行为意义或不能控制自己行为的状态下造成损害，则法院可以责成与致害人共同生活、知其有精神障碍却未提出认定其无民事行为能力请求且具有劳动能力的配偶、父母、成年子女承担赔偿责任。

第九百三十一条　高度危险活动造成损害的责任（高度危险来源）

1. 法人和公民的活动对周围人群具有高度危险（交通工具、工业企业、建筑工地、车辆所有人等）的，只要不能证明损害是不可抗力或受害人的故意所致，则必须赔偿高度危险来源所造成的损害。

对高度危险源享有所有权、经营权或业务管理权或者任何其他法律依据（财产租赁合同、车辆驾驶权授权书、有关机关关于交付高度危险源的指令等）的法人或者公民承担损害赔偿责任。

2. 高度危险源的占有人因该来源的相互作用（车辆碰撞等）而致第三人损害的，依本条第1款规定的理由承担连带责任。

因高度危险源的相互作用给占有人造成的损害，依照一般理由进行赔偿：

（1）因一方的过错造成的损失由该方全额赔偿；

（2）因双方或多方的过错造成的损害，根据各自过错的程度按比例赔偿。

如果无法确定每一方的过错程度，则责任应由各方平均分担。

如果各方对所造成的损害无过错，则任何一方均无权要求损害赔偿。在此情况下，各方均承担其遭受损失的风险。

3. 高度危险源的占有人如果能够证明高度危险源因他人违法行为而脱离其占有，则其对该危险源所致损害不承担责任。在这种情况下，高度危险源所造成的损害应由非法占有人承担责任。当高度危险源的占有人对该危险源非法脱离其占有存在过错时，则可同时追究高度危险源的占有人和非法占有人的责任。

第九百三十二条　共同造成损害的责任

共同造成损害的人，向受害人承担连带责任。

按照受害人的申请并为其利益，法院有权责成共同致害人按份额承担责任。

第九百三十三条　对致害人的追偿权

1. 对他人（执行公务、职务或其他劳动义务的工作人员，驾驶交通工具的人员等）所造成损害承担了赔偿责任的人，有权向致害人请求返还（追偿）已付的赔偿金额，但法律规定不同金额的除外。

2. 对共同致害负担了赔偿责任的致害人，有权请求其他致害人依每人的过错程度给付应向受害人给付的相应份额。当过错程度不能确定时，份额应均等。

3. 国家对调查机构、侦查、检察机关及法院的公职人员造成损害（本法第923条第1款）负赔偿责任时，如果法院的生效判决认定该公职人员有罪过，则国家有权向该公职人员进行追偿。

4. 根据本法第925条至第928条的规定赔偿了损害的人，无权向致害人追偿。

第九百三十四条 财产损害的赔偿方式

法院在满足损害赔偿请求权时，应根据案件情况责成对损害负有责任的人以实物赔偿损害（给付同种类和同质量的物、修复被损坏的物等）或赔偿损失。

第九百三十五条 考虑受害人的过错和致害人的财产状况

1. 因受害人的故意而发生的损害，不应予以赔偿。

2. 如果因受害人本人的重大过失促成损害的发生或使损害扩大，则应根据受害人和致害人的过错程度减少赔偿金额。

3. 受害人存在重大过失而致害人没有过错，应减少致害人赔偿的数额或免除赔偿损害，但法律另有规定的除外。对公民生命或健康造成的损害，不得免除损害赔偿。

4. 在赔偿额外费用（本法第937条）、赔偿与抚养人死亡有关的损害（本法第940条）以及赔偿丧葬费（本法第946条）时，不考虑受害人的过错。

5. 法院可斟酌致害公民的财产状况，减少其赔偿损害的金额，但损害由其故意行为所致的情形除外。

第二节 造成公民生命和健康损害的赔偿

第九百三十六条 履行合同或其他义务时造成公民生命和健康的损害赔偿

公民在履行合同义务、劳动（服务）义务、兵役义务时对生命或健康造成的损害，依本章规定进行赔偿，但法律规定或合同约定更高责任的除外。

第九百三十七条 健康损害赔偿的范围和性质

第1款规定于哈萨克斯坦共和国2015年4月27日第311－V号法律修正案。

1. 在对公民造成伤害或其他健康损害的情况下，应赔偿受害人已失去的或预期能获得的工资（收入），以及因健康损害而引起的额外费用（治疗、补充营养、购置药品、安装假肢、护理、疗养治疗、购置专门交通工具、从事其他职业的培训费等），只要确定受害人需要此类帮助和护理且又不能无偿获取这些帮助和护理的。

因健康损害造成的费用（治疗、补充营养、购置药品、安装假肢、护理、疗养治疗、购置专门交通工具、从事其他职业的培训费等）由对雇员健康造成损害的雇主在哈萨克斯坦共和国劳动法规定的范围内予以补偿。

2. 在确定受害人收入损失时，因受害人残疾或其他健康损害而给予的残疾津贴，以及在其健康损害前或者损害后规定的其他类型的福利和养老金不计入损害赔偿金之内。受害人于健康损害后所领取的收入也不得计入损害赔偿金之内。

3. 本条规定的对受害人赔偿的范围和应向其给付的赔偿金额，可根据法律或合同予以增加。

第九百三十八条 因健康损害失去工资（收入）的确定

1. 应赔偿受害人失去的工资（收入）的金额，按照其受伤或健康遭受其他损害之前或者其失去劳动能力前的月平均工资（收入）的百分比确定，该百分比应与受害人失去职业劳动能力的程度相当，而在没有职业劳动能力时，则应与丧失一般劳动能力的程度相当。

第2款载于哈萨克斯坦共和国2014年11月7日第248－V号法律修正案中。

2. 受害人失去的工资（收入）包括其按照劳动合同和民事合同在本职工作以及在兼职工作中领取的列入所得税征收范围的所有类型的劳动报酬，一次性给付（对未休假的补偿费、离职时的遣散费等）不列入受害人失去工资的范围，暂时失去劳动能力及产假期间给付的补助金则应计算在内。从事经营活动的收入，以及特许权使用费也应列入失去的工资范围，而经营活动的收入根据国家税务局的数据确定。各类工资（收入）均按税前金额计算。

3. 受害人月平均工资（收入）的计算方法是将健康损害或残疾发生前12个月工作的工资（收入）总额除以12。如果受害人于损害时工作少于12个月，则月平均工资（收入）的计算办法是用健康损害前实际工作月数的工资（收入）总额除以工作的月数。

受害人的工作不满1个月的月份，根据其本人的意愿用之前的满工月的月份代替，如无法代替，则不计算该月份。

4. 如果受害人于损害时没有工作，则根据本人意愿按其退职前的工资计算或者当地与之技能相当的工作人员的一般报酬数额计算，但不得少于依法确定的月计算指数的10倍。

5. 如果受害人于受伤前或健康受到其他损害前的工资（收入）中发生了能改善其财产状况的稳定变化（所担任职位的工资增加、调任报酬较高的工作、在全日制学校毕业后参加了工作以及在能证明受害人的劳动报酬有稳定变化和可能变化的其他情况下），在确定其月平均工资（收入）时，仅计算在相关变化之后已经得到的或应该得到的工资（收入）。

根据哈萨克斯坦共和国2011年3月30日第424－Ⅳ号法律，本条补充第6款。

6. 根据哈萨克斯坦共和国2015年4月27日第311－Ⅴ号法律删除本款。

第九百三十九条 造成未成年人健康损害的赔偿

1. 在造成不满14岁又无工资（收入）的未成年人残疾或健康的其他损害时，对损害负有责任的人，应赔偿受害人因健康毁损所支出的费用。

2. 当受到健康损害的未成年人年满14岁后，以及在给年满14岁不满18岁且无工资（收入）的未成年人造成损害的情形下，对损害负有责任的人，除了应赔偿受害人因健康受到损害所支出的费用外，还应按照法律规定的每月计算指数的10倍赔偿与丧失或降低受害人劳动能力有关的损害。

如果未成年人在其健康受到损害时有工资，损害则依据该工资的数额赔偿，但不低于法定每月计算指数的10倍。

健康曾经受到损害的未成年人在开始从事劳动活动后，有权请求根据所领取的工资增加损害赔偿金额，但不得低于其职务报酬数额或当地同类技能工作人员的工资额。

第九百四十条 因公民死亡受到损失的人的损害赔偿

第1款根据哈萨克斯坦共和国2011年3月25日第421－Ⅳ号法案进行了修订。

1. 在公民死亡的情况下，有损害赔偿请求权的人为依靠死者供养或在死者生前有权要求死者供养的无民事行为能力的人，具体包括：死者死亡后出生的子女；父或母、配偶或者家庭其他成员；不论有无劳动能力，没有工作并从事照管受死者供养的未满14岁的或者已满14岁但根据医疗机构证明其身体状况需要他人照顾的死者的子女、孙子女、兄弟姐妹的人。

2. 靠死者供养并在死者死后5年内丧失劳动能力的人，也有权获得损害赔偿。

父或母、配偶或者家庭其他成员，没有工作并从事照管本条第1款中提到的死者的子女、孙子女、兄弟姐妹且在照管期间内也丧失劳动能力的，其在结束对上述人的照管后仍享有损害赔偿请求权。

3. 损害赔偿的期限为：对未成年人的赔偿，到年满18岁止；对年满18岁的学生的赔偿，到从全日制学校学习毕业时止，但不得超过23岁；对58岁以上的妇女和63岁以上的男子的赔偿，终身；对残疾人的赔偿，在残疾期间内；对照管受死者供养的死者子女、孙子女、兄弟姐妹的父或母、配偶或家庭中其他成员的赔偿，到所照管的孩子年满14岁或健康状况改变时止。

第九百四十一条　自然人死亡时的损害赔偿金额

1. 给付因公民死亡而享有损害赔偿请求权的人的赔偿数额，应以该请求权人于死者在世时按本法第 938 条的规则确定的死者工资（收入）中获得的或有权获得的扶养费的份额确定。在确定对上述人的赔偿时，死者在世时所领取的赡养金、终生扶养金和其他类似的款项与工资一并列入死者收入中。

2. 确定赔偿金额时，因扶养人死亡发放的补助金、扶养人死亡前或者死亡后发放的其他各类补助金以及收入、奖学金、抚恤金，都不列入赔偿的范围。

3. 因扶养人死亡而规定向每一个损害赔偿请求权人的赔偿金额不应继续重新计算，但扶养人死亡后其子女出生，给付照管死亡扶养人的子女、孙子女、兄弟姐妹的人的赔偿金的发放（终止）除外。

赔偿的数额可由法律或合同予以增加。

第九百四十二条　损害赔偿数额的变更

1. 丧失部分劳动能力的受害人，如其劳动能力因健康损害而较其获得损害赔偿时又有降低，其有权随时请求负有赔偿责任的人相应地增加赔偿数额。

2. 如果受害人的劳动能力比其获得损害赔偿时有所提高，则对受害人的健康损害负有赔偿责任的人，有权请求相应地减少赔偿数额。

3. 如果负有损害赔偿责任的公民曾因本法第 935 条第 5 款的规定而减少赔偿金额，在其财产状况有所改善时，受害人有权请求增加赔偿数额。

4. 造成损害的公民，如果其财产状况因残疾或达到退休年龄而与损害赔偿判决时相比有所降低，法院可根据该公民的请求减少赔偿数额（本法第 935 条第 5 款）。

第九百四十三条　因生活成本提高而增加损害赔偿数额

对公民的健康损害或受伤害者的死亡的赔偿金额应每年按照预测的通货膨胀率的平均值的比例增加。

第九百四十四条　损害赔偿的给付

第 1 款规定于哈萨克斯坦共和国 2015 年 4 月 27 日第 311 – V 号法律修正案中；根据哈萨克斯坦共和国 2015 年 8 月 2 日第 342 – V 号法律（2016 年 1 月 1 日生效）进行了修改。

1. 因受害人劳动能力降低或者因受害人死亡引起的损害赔偿，按月给付。

受害人在履行劳动（服务）职责期间的收入损失部分应在确定工作能力丧失

程度的期间内进行赔偿，但不得超过哈萨克斯坦共和国关于养老金的法律所规定的退休年龄。

同时，在收入损失（工资）的损害赔偿金额中，应强制性扣留养老金缴费，并按照《养老金法》规定的金额和程序转入统一的累积养老金基金。

有正当理由的情况下，法院斟酌致害人给付的可能性，可依有损害赔偿请求权的公民的请求判决一次性给付，但对3年以上的赔偿不适用一次性给付。

2. 对额外费用的赔偿，可以按医学鉴定结论确定的期间为限判决赔偿将来应给付的费用，以及必须预先给付有关的服务费和财产费（获得疗养费、路费和专门交通工具费等），也可判决先行给付。

3. 在受害方依法有权要求终止或提前履行义务的情况下，该要求通过将相关预付款货币化来满足。

第九百四十五条　法人终止时的损害赔偿

1. 按规定程序被认定对生命或健康损害负赔偿责任的法人重组时，给付有关费用的责任由其权利继受人承担。损害赔偿的请求也应向该权利继受人提出。

2. 按规定程序被认定对损害生命或健康负赔偿责任的法人清算时，有关款项应按照法律或其他法令文件确定的规则货币化，一次支付给受害人。

3. 在被清算的法人财产缺乏或不足而无法进行货币化支付的情况下，国家应按照法律规定的方式向受害者支付裁决金额。

根据哈萨克斯坦共和国2011年3月30日第424－Ⅳ号法律（自2011年1月1日起生效），补充了第4款；规定于哈萨克斯坦共和国2015年4月27日第311－Ⅴ号法律修正案。

4. 在因破产而清算的法人对雇员的生命和健康造成的伤害的赔偿金货币化期结束后，哈萨克斯坦共和国公民应按哈萨克斯坦共和国政府规定的方式，以按月支付的形式获得社会援助，其金额应按预计通货膨胀率平均值的比例每年增加。

第九百四十六条　丧葬费的赔偿

对受害人死亡负有责任的人，应向支付丧葬费的人赔偿必要的丧葬费。

支付丧葬费的人取得的丧葬补助金，不列入损害赔偿的范围。

第三节　因商品、工作或服务瑕疵造成损害的赔偿

第九百四十七条　因商品、工作或服务瑕疵造成损害的赔偿依据

因商品（工作或服务）的结构、时效性或者其他瑕疵，以及因关于商品（工

作或服务）的信息不真实或不充分而造成的公民生命、健康或财产的损害及法人财产的损害，应由商品的出售者或制造者（执行人）予以赔偿，而不论其是否有过错，也不论受害人与其是否存在合同关系。

本条的规则仅适用于以消费为目的而购买商品（完成工作、提供服务）的情形。

第九百四十八条　商品、工作或服务瑕疵造成损害的责任人

1. 因商品瑕疵造成损害的，应依受害人的选择，由商品的出售者或制造者赔偿。

2. 因工作或服务瑕疵造成损害的，应由执行人承担赔偿责任。

3. 因未提供充分或真实的商品（工作、服务）信息和使用规则的信息而造成损害的，应按照本条第 1 款和第 2 款的规定进行赔偿。

第九百四十九条　因商品、工作或服务瑕疵造成损害的赔偿期限

1. 因商品（工作、服务）瑕疵造成损害，如果损害系在商品（工作、服务）的适用期或服务期内发生，或者在未规定适用期或服务期时损害于商品（工作、服务）生产之日起的 10 年内发生，应该予以赔偿。

2. 在本条第 1 款规定的条件之外，下列损害应得到赔偿：

（1）违反法律要求而未规定适用期或服务期；

（2）买方（消费者）未预先被告知关于在适用期（服务期）届满后应采取哪些必要行为以及不采取这些行为而可能出现的后果。

第九百五十条　因商品、工作或服务瑕疵造成损害的免责依据

商品的出售者或者制造者、工作或服务的执行人，如能证明损害的发生是因为不可抗力或者由于消费者违反了商品（工作成果、服务）的使用规则或保管规则，可免除赔偿责任。

第四节　精神损害赔偿

第九百五十一条　精神损害赔偿

第 1 款根据哈萨克斯坦共和国 2011 年 3 月 25 日第 421 – IV 号法律进行了修改。

1. 精神损害是指对自然人个人非物质利益和权利的侵犯、损害或剥夺，包括受害者因对其实施犯罪而经历（忍受、体验）的精神或身体上的痛苦（羞辱、刺激、抑郁、愤怒、羞耻、绝望、身体疼痛、伤害、不适等）。

2. 除本条第 3 款规定的情况外，如果施暴者有过错，则精神损害应由施暴者赔偿。

3. 在下列情况下，无论施暴者有无过错，精神损害都应得到赔偿：

（1）因危险源增加而对公民的生命和健康造成伤害；

（2）由于对公民非法定罪、非法追究刑事责任、非法实施拘留、软禁或禁止离境的限制措施、非法实施逮捕形式的行政处罚、非法将公民送入精神病医疗机构或其他医疗机构，而对其造成伤害的；

（3）因传播有损荣誉、尊严或商业信誉的信息而造成伤害的；

（4）法律规定的其他情况。

4. 侵犯公民财产权的行为（不作为）所造成的精神损害不予赔偿，但法律另有规定的除外。

第九百五十二条　精神损害赔偿范围

1. 精神损害应以货币形式进行赔偿。

2. 在确定精神伤害的数额时，既要考虑到受害人对其所受精神伤害严重性的主观评价，也要考虑到表明受害人精神和身体痛苦程度的客观数据；作为侵犯对象的物品的极端重要性（生命、健康、荣誉、尊严、自由、住宅不可侵犯性等），犯罪后果的严重性（谋杀近亲、身体受伤导致残疾、剥夺自由、失去工作或住宅等）。

3. 精神损害赔偿与财产损害赔偿无关。

第四十八章　因不当得利而发生的债

第九百五十三条　不当得利返还义务

1. 没有法律或者合同的依据，靠损害他人（受损人）利益而取得财产或者积聚财产的人（受益人），应将无根据取得或者积聚的财产（不当得利）返还受损人，但本法第 960 条规定的情况除外。

2. 如果取得财产或者积聚财产的理由不复存在，也应产生本条第 1 款规定的义务。

3. 不当得利的发生不论是否因财产取得人、受损人本人、第三人行为的结果或其意志以外的原因造成，均适用本章的规定。

第九百五十四条　不当得利返还请求权与其他民事权利保护请求权的相互关系

如果本法、其他法律没有不同规定，并且相关关系的性质也无不同要求，本章规定也应适用于以下请求权：

（1）关于返还无效法律行为之履行的请求；

（2）财产所有权人关于财产脱离非法占有的请求；

（3）债的一方基于该债向他方提出的返还履行的请求；

（4）损害赔偿的请求，包括不当得利人的非善意行为造成损害的赔偿请求。

第九百五十五条　不当得利以实物返还

1. 属于受益人不当得利的财产，应以实物返还受损人。

2. 对于受益人在知道或者应该知道该不当得利之后所发生的该财产的意外短少或损坏，受益人均应向受损人承担责任，在此之前，受益人仅对其故意或者重大过失造成的财产短少或损坏承担责任。

第九百五十六条　不当得利的价值赔偿

1. 如果不能以实物返还不当取得或者积聚的财产，受益人应按取得该财产时的实际价值赔偿受损人，如果受益人在得知不当得利后未立即赔偿财产的价值，则还应赔偿财产价值后来发生变化而引起的受损人的损失。

2. 无根据地临时使用他人财产（无意获取）或者使用他人服务的人，应按使用结束时或使用发生地的实际价格，向受损人赔偿因该使用而获取的利益。

第九百五十七条　无根据向他人移转权利的后果

依据不存在或者无效的债，将属于自己的债权或权利移转给他人的人，有权请求恢复原状，包括请求返还证明所转让权利的文件。

第九百五十八条　赔偿受损人未获得的收益

1. 不当取得或者积聚财产的人，对于自其知道或者应当知道不当得利时起从该财产中已经获得或者应当获得的全部收益，向受损人返还或者赔偿。

2. 对不当取得的金钱，应加算自受益人知道或者应该知道其不当取得或积聚资金时起使用他人资金的利息。

第九百五十九条　赔偿应返还财产的费用

在返还不当取得或积聚的财产（本法第955条）或者赔偿其价值（本法第956条）时，受益人有权要求受损人赔偿维护和保管财产的必要费用以折抵受益人所取得的利益。受益人如故意扣留应返还的财产，则丧失该费用的赔偿请求权。

第九百六十条　不应返还的不当得利

下列财产不应作为不当得利返还：

（1）在履行期限到来之前为履行债务而交付的财产，但债有不同规定的除外；

(2) 诉讼时效期限届满后为履行债务而交付的财产;

(3) 作为生存手段(工资、著作权费、致人生命或健康损害的赔偿金、养老金、赡养费等)提供给其的金钱和其他财产,但公民有非善意行为的除外;

(4) 为履行不存在的债而交付的金钱或者其他财产,但受益人须能证明请求返还财产的人知道债不存在或者是为了慈善而提供该财产。

第三部分　吉尔吉斯共和国债法

（刘卿宇　译　邓社民　周盛杰　校对）

吉尔吉斯共和国债法1996年5月8日宣布生效。经过76次修改和补充。此文本是根据2023年4月11日修改的文本翻译而成。

目　录

第三编 债法总则

第十六章 债的概念和当事人

第二百九十六条 债的概念

由于债的关系，一方（债务人）有义务实施有利于他人（债权人）的特定行为，例如交付财产、完成工作、提供服务、向共同活动投入资金等，或者不实施特定行为，而债权人有权要求债务人履行其义务。

第二百九十七条 债产生的原因

债产生于：

（1）合同；

（2）科学作品、文学、艺术和其他智力活动产生的成果；

（3）造成损害；

（4）遗产继承；

（5）本法第 7 条规定的其他原因。

第二百九十八条 债的当事人

1. 参加债的关系的每一方当事人——债权人或者债务人，可以是一个，也可以同时为多个。

2. 若根据合同当事人的每一方承担有利于另一方的义务，一方当事人在有义务实施有利于另一方的行为方面是另一方当事人的债务人，同时在有权向另一方提出请求方面又是另一方当事人的债权人。

3. 债不得对当事人以外的人（第三人）设定义务。

在法律或者双方协议的情况下，债可以对第三人设定相对于债的一方或者双方当事人义务的权利。

第十七章 债的履行

第二百九十九条 债的履行方式

债应当按照合同的条件和法律要求的方式正确履行，在缺乏以上条件和要求时应根据交易习惯或者其他通常提出的请求予以正确履行。

第三百条 禁止单方拒绝债务的履行

不允许单方放弃债务的履行或者改变债务的履行条件，但法律另有规定或合同另有约定的除外。

第三百零一条 债的部分履行

债权人有权不接受债务分期履行，但法律、债务履行有不同规定，或者从习惯或者债的实质得出其他不同结论的除外。

第三百零二条 向适当的人履行债务

若双方协议没有另行约定，从习惯或者债的实质中也得不出不同结论，则债务人有权在履行债务时要求对方提供证据证明债的履行是由债权人本人或债权人所授权的人接受的，并承担不提出上述请求所发生风险的后果。

第三百零三条 第三人履行债务

1. 若法律、债的条件和实质中没有要求债务人必须亲自履行义务，债务人可以将债务的履行交付给第三人。在这种条件下，债权人必须接受该第三人替债务人履行债务。

2. 第三人由于债务人财产受到追偿而有可能丧失自己对该财产的权利（出租权、抵押权等）时，可不经债务人同意，自费清偿债权人的债权。债权人的权利依照本法第314条转移给替债务人履行了债务的第三人。

债权人的权利依照本法第314条移转给替债务人履行了债务的第三人。若债权人在该债权债务中的权利移转给第三人，则第三人不得利用这些权利损害债权人的利益，债权人的权利在用被担保之债进行清偿时或者在债务人资金不足以全额清偿请求时没有优先权。

第三百零四条　以最经济的方式履行债务、协助履行债务

债权债务双方应当以最经济的方式履行其债务，并协助对方履行债务。

第三百零五条　债的履行期限

1. 若债约定了或者能够确定其履行的日期或者应该得到履行的期间，则债应当在该日期履行或者在该期间内的任何时间履行。

2. 若债没有规定履行的期限或者不含有能够确定履行期限的条款，债应当在其发生后的合理期限内履行。

若债在合理期限内以及合同约定的期限内未履行，债务人应该在债权人提出履行请求之日起的 7 日内履行，但根据法律、债的条件、交易习惯和债的实质另有要求的除外。

3. 债务人有权提前履行债务，但法律或者债的条件另有规定或者债的性质不允许的除外。但是，当债的提前履行与双方的经营活动有关时，只有在债的提前履行的可能性由法律或者债的条件规定的情况下且交易习惯或债的实质允许时，才可以提前履行。

第三百零六条　债的履行地

若法律没有规定或者合同没有约定合同履行的地点，根据交易习惯或者债的实质也不能确定履行地点，履行应当按照下列方式进行：

交付不动产时——在财产所在地履行；

规定交付运输的商品或者其他财产之债——在为了将物送达债权人而将物交给第一承运人的地点履行；

经营者交付商品或者其他财产之债——在财产的制作地或者保管地履行，若该地在债产生时为债权人所知悉；

金钱债务——在债产生时的债权人住所地履行，若债权人为法人，在债产生时的法人住所地履行；若在债履行时债权人的住所地或所在地发生改变并告知债务人——则因变更执行地产生的费用由债权人承担；

所有其他债务——在债务人的所在地履行，当债务人为法人时，在其所在地履行。

第 307 条已根据 1999 年 11 月 27 日第 131 号法令进行了修订。

第三百零七条　货币债务的币种

1. 金钱之债应当以本国货币表示和支付。在吉尔吉斯共和国境内，在法定程序规定的情况下，允许使用外币以及用外币付款凭证进行结算。

2. 在金钱之债中可以规定，债务应以与一定数额外币等值的本国货币支付。在这种情况下，应当用本国货币支付的金额按照付款当日本国货币与相应外币的官方牌价计算，但法律规定或者双方合同约定了不同的比价或者不同的比价确定日期的除外。

第308条已根据2008年3月19日第24号法令进行了修订。

第三百零八条　公民赡养费的增加

直接支付公民赡养费的数额（包括对生命或者健康造成损坏的赔偿、根据终生供养合同给付的费用等），均应按照依其他法律规定的最低生活标准数额的提高而增加。

第309条已根据1999年11月27日第131号法令和2013年5月30日第85号法令进行了修订。

第三百零九条　金钱之债偿还的顺序

当用于支付的金钱不足以履行全部金钱债务时，应先清偿主债务，然后再支付债权人接受履行的费用，剩余部分清偿利息和罚款。

第三百一十条　以提存方式履行债务

1. 若债务人因下列原因而无法履行债务，债权人有权将其应支付的金钱或者有价证券交公证机关提存，或在法律规定的情况下，交法院提存：

债权人或者其授权接受履行的人不在债务应当履行的地点；

债权人为无民事行为能力人且没有代理人；

不能确定谁为债权人，其中包括因为债权人与其他人之间就谁为债权人存在争议而无法确定；

债权人不接受履行或者迟延接受履行。

2. 将金钱或者有价证券提存给公证机关或者法院，视为债务已经履行。

接受金钱或者有价证券提存的公证机关或者法院应当及时通知债权人。

第三百一十一条　连带之债或者连带请求权的产生条件

若法律规定、合同约定了义务或者请求权的连带性质，包括在债的标的物不可分的情况下，则产生连带债务（责任）或者连带债权。

第三百一十二条　与经营活动有关的连带之债或连带请求权

在与经营活动有关的债中，几个债务人的债务或者几个债权人的债权是连带的，但法律或债的条件有不同规定的除外。

第三百一十三条　连带之债中债务人的义务和债权人的权利

1. 在存在多个债务人的连带债务中，债权人既有权要求所有的债务人共同履行债务，又可以要求其中的任何一个债务人单独履行债务，既可以要求其全部履行，又可以要求其部分履行。

2. 当债权人从一个连带债务人处没有得到全部清偿时，有权要求其他债务人清偿不足部分。

连带之债的债务人只有在全部债务得到履行时，才能解除责任。

3. 在连带债务中，债务人无权以该债务人没有参加其他债务人与债权人的关系而对债权人的请求权提出抗辩。

4. 债务人中的一人履行全部连带债务即免除其余债务人对债权人的履行责任。

5. 假如对主债务人之间的关系没有另外规定，则：

（1）清偿了连带债务的债务人有权要求其余债务人扣除该债务人应当承担的份额后按照相等的份额偿还他们应承担的部分；

（2）连带债务人之一未偿还已经履行债务的债务人的那一部分，由该债务人以及其余债务人平均分担。

6. 本条规则适用于因债务人之一用相对请求而使连带债务终止的情况。

第十八章　债的主体的变更、债务转移

第三百一十四条　债权人债权转移的理由

1. 属于债权人的债权（请求权）可以根据法律行为（债权让与）或者根据法律转移给他人。

2. 债权人的债权出于以下理由转移给他人：

（1）对债权人债权的概括继受；

（2）法院关于将债权人的债权转移给他人的符合法律规定的判决书；

（3）债务人的保证人（本法第 345 条）或者抵押人履行了债务；

（4）在保险事故的责任人为债务人时债权人对债务人的债权转移至保险人；

（5）法律规定的其他情况。

第三百一十五条　债权人债权向他人转移的程序

1. 债权人的债权转移给第三人时，不需要经过债务人同意，但法律另有规定或合同另有约定的除外。

2. 若关于债权人的权利转移给他人的事宜未以书面形式通知债务人，则新债权人承担因此而引起的不利后果。在这种情况下，对原债权人债的履行视为对适格债权人债的履行。

3. 与债权人的人身不可分割的权利，包括抚养费请求权、因生命或者健康受到损害而产生的赔偿请求权，不得转移给他人。

4. 若法律没有另行规定或者合同没有另行约定，原债权人转移给新债权人的债权的数额及条件，以转移之时所存在者为限。担保债务履行的权利以及包括未支付利息在内的与请求权有关的其他权利也一并转移给新的债权人。

5. 债权人债权向他人转移的规则不适用于追索权债权。

第三百一十六条　债权人债权让与的条件和形式

1. 在不违反法律的情况下，允许债权人将债权转移给他人。

2. 若债权人的个人身份对债务人有实质性意义，则非经债务人同意，债权不得转移。

3. 债权人将请求权交付给他人的，必须向其移交证明请求权的文件，并将对债权的履行具有意义的信息材料通知该人。

4. 承担债权的原债权人对所让与的请求权无效向新债权人承担责任，而不对债务人不履行该请求权负责，但原债权人为债务人向新债权人进行保证的除外。

5. 债权赖以产生的法律行为为书面形式时（普通书面形式或者经公证的书面形式），债权让与协议应当采用相应的书面形式。

债权赖以产生的法律行为要求国家登记，则债权让与协议应当按照法律规定的登记程序进行登记。

对有价单证的转让通过背书完成。

第三百一十七条　债务人对新债权人请求权的抗辩

1. 在新债权人向债务人提供债权转移的证据之前，债务人有权不向其履行债务。

2. 债务人有权对新债权人的请求权主张对原债权人的一切抗辩权，若该抗辩产生于收到债权交付通知之前。

第三百一十八条　债务转移

1. 经债权人同意，债务人可将自己的债务转移给他人。

2. 债务转移的形式适用债权请求权转移形式的规则。

3. 新债务人有权对债权提出基于债权人与原债务人之间的抗辩。

第十九章　债务履行的担保

第一节　一 般 规 定

第三百一十九条　债务的担保方式

1. 债务的履行可以用违约金、抵押、债务人财产抵押、保证人、担保、定金以及法律规定或者合同约定的其他方式来担保。

2. 担保债务履行的合同无效并不引起其赖以产生的主债务无效。

3. 主债务无效，担保合同无效。

第二节　违　约　金

第三百二十条　违约金概念

1. 违约金（罚款、罚金）是指债务人在不履行或者不适当履行债务时，债务人必须向债权人支付法律规定或者合同约定数额的金钱。在要求支付违约金时，债权人没有义务证明债务人对其造成的损失。

2. 若债务人对不履行或者不适当履行债务不承担责任，则债权人无权要求债务人支付违约金。

第三百二十一条　法定违约金

1. 无论双方协议是否约定违约金，债权人均有权要求债务人支付法律规定的违约金（法定违约金）。

2. 双方可以约定增加法定违约金的数额，但法律禁止的除外。

第三百二十二条　违约金协议的形式

不论主债务的形式如何，违约金协议必须采用书面形式。

违反书面形式的违约金协议一律无效。

第三百二十三条　违约金的减少

若应当支付的违约金数额与违约的后果相比显然过高，法院有权减少。

本条规定不影响债务人根据本法第 356 条减少其债务数额的权利，也不影响债权人在本法第 358 条规定的情况下要求偿还损失的权利。

第三节　抵　　押

第三百二十四条　抵押产生的概念和根据

1. 根据抵押，享有债权担保的债权人（抵押权人）在债务人不履行或不适当履行债务时，有权在抵押物所有权人（抵押人）提供的抵押物的价值中优先于其他债权人得到债务清偿，但法律另有规定的除外。

抵押物灭失或毁损时取得的保险赔付，不论保险的受益人是谁，只要抵押物的灭失或毁损不是抵押权人导致的，抵押权人有权优先受偿。

2. 抵押根据合同效力或基于法律规定产生。

本法基于合同抵押的规则，适用于基于法律产生的抵押。与抵押有关的法律关系不受本法调整，由有关法律以及土地法律调整。

3. 根据2016年7月15日第117号法令本条失效。

第三百二十五条　抵押的标的和形式

1. 抵押的标的可以是任何财产，其中包括物和权利（请求权），但不包括民事流转中被没收的财产、个人性质的权利（获得工资的权利等）、与债权人身份密不可分的债权（赡养费等）、禁止私有化或者根据法律规定强制私有化的财产，以及依法禁止追偿的财产。

法律可以对某些种类财产的抵押，特别是禁止追偿的私人财产的抵押进行限制和禁止。

2. 抵押的形式包括：

将抵押物转移给抵押权人；

抵押物由抵押人占有；

权利抵押。

第三百二十六条　抵押权人

1. 抵押权人可以是抵押担保的债务人本人，也可以是债务人和债权人以外的第三人。

2. 抵押权人可以是对抵押物拥有所有权或其他物权的人。抵押物属于经营活动或业务管理活动的，经所有权人同意的可以抵押。

3. 只有抵押权人享有抵押权利才是适格的抵押人。

未经所有权人同意，禁止抵押租赁权或其他权利，合同另有约定的除外。

第三百二十七条　抵押权人权利扩及财产

1. 抵押权人的权利（抵押权）对抵押物的权利延伸至其附属物，合同另有约定的除外。

抵押权延伸至使用抵押物而获取的孳息、产品和收入。

2. 将企业作为整体抵押时，抵押权延伸到所有动产和不动产、有形和无形财产，包括建筑物、构筑物、设备、库存、原材料、成品、抵押期间取得的请求权和专有权，法律另有规定或合同另有约定的除外。

3. 以土地作抵押的，土地上的建筑物、构筑物和住宅楼，不属于合同中的抵押物，这些附着物所占用和使用的部分独立于土地存在。

4. 根据法律规定产生的抵押合同，抵押权延伸到抵押人未来获得的财产和权利。

第三百二十八条 抵押合同

1. 抵押合同必须定下列事项：

合同双方；

债务担保抵押的说明，可以用债务最高额表示；

足以识别抵押物的一般描述；

合同期限。若合同没有约定履行期限，合同自双方履行义务后生效。

在不动产或财产需抵押登记的情况下，凭借该财产属于抵押权人的权利，标明所有权文件的细节，以及由双方协议确定的其他条件。

双方必须在合同中说明哪些当事人将占有抵押物。

若抵押权人权利由抵押合同证明，那么必须在合同中说明。

2. 抵押合同必须以书面形式订立。

3. 不动产抵押合同应当进行公证。同时考虑到土地法律的特殊性，不动产抵押合同应当进行登记。

若抵押担保债务根据合同应当进行公证或者当事人合同约定公证，动产抵押合同应当进行公证。

动产抵押权在自愿基础上以电子形式登记于国家统一动产抵押登记簿上。

动产抵押权在国家统一动产抵押登记簿上进行登记并不当然使无效的合同具有法律效力。

未在动产抵押登记簿上登记的动产抵押权，并不意味着依照本法规定的债务履行请求权所作的法律行为无效。

动产抵押权的登记是为了使已登记的抵押权人就抵押动产优先于未登记的其他债权人受偿。

若同一抵押动产上有多个已登记和未登记的抵押权人，已登记的抵押权人享有优先受偿权。已登记的抵押权根据抵押登记的日期和时间确定受偿顺序。

若已登记的抵押权人行使追偿违反追偿顺序，应当按照本法向顺序优先的债权人赔偿损失。

4. 违反本条第 2 款和第 3 款规则，抵押合同无效。

5. 抵押权与抵押物有关，抵押权自抵押合同登记时设立，以其他财产抵押的，抵押权自抵押物交付给抵押权人时设立；不需要交付抵押物的，抵押权自抵押合同签订时设立。

第三百二十九条　再抵押

1. 若先前抵押合同未禁止就同一财产进行再抵押，则允许再抵押，先前抵押合同并不因为再抵押合同的签订而失去效力。若先前抵押合同就再抵押进行了约定，再抵押合同的订立应当符合这些约定。

2. 若抵押物又成为另一抵押物以担保其他请求权（再抵押），而享有优先受偿权的先抵押权人未与再抵押权人有书面约定，则再抵押权人就抵押物后于在先抵押权人受偿。

3. 抵押人有义务将关于财产全部现有抵押的信息书面通知每一个再抵押权人，包括抵押担保的性质和数额，并承担因不履行此项义务而给再抵押权人造成损失的责任。如有抵押登记，再抵押权人有权从国家统一动产抵押登记簿中获得财产现有抵押的全部资料。

第三百三十条　抵押财产的保存和维护

1. 若合同中没有不同规定，占有抵押物的抵押人或抵押权人必须：

（1）若抵押物总价值超过抵押担保数额（总价值不低于担保数额），抵押人对抵押物的全部价值的毁损灭失进行投保；

（2）采取必要措施保证抵押物的安全，包括使抵押物免受第三人的侵害和追偿；

（3）抵押物有毁损灭失的风险时，要立即通知另一方。

2. 抵押权人和抵押人有权凭单证检查由对方占有的抵押物的实际可用性、数额、状况和储存条件。

3. 若一方严重违反本条第 1 款规定的义务而对抵押物造成毁损灭失的危险，另一方有权请求提前履行抵押担保义务和（或）提前终止抵押。

第三百三十一条　抵押财产遗失或损毁的后果

1. 抵押人承担抵押物意外毁损灭失的风险，但抵押合同另有约定的除外。

2. 抵押权人对转移其占有的抵押物承担全部或者部分毁损灭失的风险，但抵押权人证明其依据本法第356条免除责任的除外。

抵押物灭失时，抵押权人就其市场价值为限承担责任；抵押物毁损时，抵押权人就其毁损后的市场价值同抵押时的市场价值的差额为限承担责任。

抵押物因损坏发生变化，不能用于预定目的，抵押权人有权拒绝并要求赔偿损失。

合同可以约定抵押权人对因抵押物毁损灭失而引起的其他损失承担责任。

若抵押人为抵押担保之债的债务人，则有权将对抵押权人因抵押物毁损灭失而引起的损害赔偿的请求权用于清偿抵押担保的债务。

3. 经抵押权人同意，抵押物可以更换，但是合同另有约定的除外。

若抵押物毁损灭失，或者抵押人基于法定原因而丧失其所有权、使用权，则抵押人有权在合理期限内恢复抵押物状态或者用价值相等的其他财产替换抵押物，法律另有规定或合同另有约定的除外。

第三百三十二条　抵押标的使用和处分

1. 除合同另有约定且抵押实质有不同要求外，抵押人有权按照其用途使用抵押物，包括延伸抵押权而获得的天然孳息和法定孳息。

2. 除合同另有约定且抵押实质有不同要求外，经抵押权人同意，抵押人有权交付抵押物的所有权，用于经营活动或业务管理活动，抵押人有权将抵押物交付给他人用于出租或者无偿使用或用其他方式处分抵押物。

限制抵押人以遗嘱处分抵押物的合同无效。

3. 只有在合同约定的情况下，抵押权人才有权使用交付的抵押物，并定期向抵押人提供抵押物的使用情况。依照合同，为了清偿主债务或抵押人的利益，抵押权人有义务从抵押物中获得天然孳息和法定孳息。

第三百三十三条　抵押权人保护抵押标的权利

1. 占有或者应当占有抵押物的抵押权人有权请求非法占有人返还抵押物，包括要求抵押人返还。（第291条、第294条）

2. 若抵押权人有权使用向他交付的抵押物，则他可以请求包括抵押人在内的其他人停止对其权利的一切侵害，即使这些侵害与使之失去对抵押物的占有没有关系。（第294条）

第三百三十四条　追偿抵押财产的根据

1. 若债务人不履行或不适当履行抵押所担保的债务，为满足抵押权人的请求权，可以对抵押物进行追偿。

2. 本款根据2009年3月3日第96号法令失效。

第三百三十五条　追偿抵押财产的程序

1. 根据吉尔吉斯共和国法律的规定，通过诉讼程序或者非诉程序，从不动产抵押物的价值中来实现抵押权人（债权人）的请求权。

抵押权人对不动产抵押物请求权的实现允许通过非诉程序，基于：抵押权人和抵押人经公证的合同，与抵押合同同时签订的协议或者是在抵押合同保质期内签订的协议。协议侵犯第三人利益的，法院可宣布其无效。

抵押权人有权通过非诉程序并根据公证员的执行文书对抵押物进行追偿。

2. 抵押人（债务人）未满足抵押权人请求权，抵押权人有权将开始对抵押物进行追偿的事宜通知债务人后依照公证员的执行文书进行追偿。

抵押进行登记的，抵押人（债务人）未满足抵押权人请求权，抵押权人根据抵押法律进行抵押公示登记后有权依照公证员的执行文书进行追偿。

公证员执行文书依照吉尔吉斯共和国法律规定的程序进行。

3. 通过法院判决实现抵押权人对动产抵押物的追偿，抵押人和抵押权人另有约定的除外。若本法没有其他规定，转移给抵押权人占有的抵押物可以通过抵押合同的约定进行追偿。

4. 抵押物属于法定的对社会具有重大历史价值、艺术价值或者其他文化价值的财产，或者抵押物属于公民所有的唯一住房，对抵押物的追偿只能根据法院的判决进行。

通过银行或者其他信贷机构借来的资金（信贷）或者由个人或法人的专用资金购买或建造的房屋和公寓，不适用于上述规定。

第三百三十六条　抵押财产的实现

1. 根据本法第335条对抵押物的追偿的规定，抵押物变卖（出售）通过公开拍卖的方式进行，合同另有约定的除外。

2. 根据抵押人的请求，法院有权在抵押物追偿判决中将拍卖抵押物的时间延长1年。延期不影响双方在抵押物上的权利和义务，也不免除债务人赔偿债权人在延期期间的损失和违约金。

3. 抵押物的起拍价由抵押权人和抵押人约定（第335条第2款）或者法院判决决定（第335条第1款）。

抵押物将拍卖给出价最高的人。

4. 宣布流拍后抵押权人有权与抵押人协商购买抵押物并以抵押物债权抵销购买价款。该协议适用关于买卖合同的规则。

拍卖再次流拍时，抵押权人有权留置抵押物（考虑到吉尔吉斯共和国土地法律关于农业用地抵押追偿的规定），其起拍价在再次拍卖时降低 10%。

5. 若变卖抵押物的价金不足以清偿债务，抵押权人在合同没有另行约定的情况下，有权从债务人的其他财产中获得清偿。

6. 若变卖抵押物的价金超过抵押权人的抵押担保金额，差额应退还抵押人。

7. 债务人和作为第三人的抵押人，在抵押物出售前的任何时间，履行了抵押义务或者履行了逾期产生的义务，有权请求停止清偿和拍卖。限制这项权利的合同无效。

第三百三十七条 提前履行抵押所担保的债务和追偿抵押财产

抵押权人有权请求提前履行抵押所担保的债务，若其请求权没有得到清偿，则在有下列情形之一时请求对抵押物进行追偿：

（1）抵押人违反抵押物处置规则或者抵押物脱离抵押人占有；

（2）抵押人违反关于更换或复原抵押物的规则；

（3）出于抵押人原因而使抵押物灭失，抵押人没有行使更换或者复原抵押物的权利；

（4）抵押人违反再抵押的规则；

（5）抵押人违反抵押物保管和维护的规则；

（6）抵押人未通知抵押权人、第三人对抵押物的权利；

（7）法律规定或合同约定的其他情形。

第三百三十八条 抵押的终止

1. 抵押因下列情形终止：

（1）抵押所担保的债务终止；

（2）具有本法第 330 条第 3 款规定的情形，根据抵押人的请求而终止；

（3）在抵押物灭失或抵押权终止的情况下，抵押人未行使本法第 331 条第 3 款规定的变更或复原抵押物权利的；

（4）抵押物公开拍卖，或者抵押目的不可能实现的。

2. 必须在抵押权登记簿上就终止抵押做出说明。

3. 抵押因抵押担保义务的履行或应抵押人请求而终止的，抵押权人有义务将抵押物立即返还抵押人。

第三百三十九条　抵押财产权转移给他人时抵押的保留

1. 如抵押物因有偿或无偿交付或概括继承的方式从抵押人处转移给他人，抵押仍然有效。

2. 财产或财产权利的继受人或抵押人的合法继承人代替抵押人，履行抵押合同全部义务，包括抵押人未适当履行的义务，但与抵押权人另有约定的除外。

3. 根据本条第1款规定将抵押物转移给多人的，每一个继受人（法定继承人）应当按照所继受财产份额比例承担不履行担保义务的后果。但是，若抵押物不可分割或出于其他原因为抵押物继受人（法定继承人）共有，他们为连带抵押人。

4. 抵押人对抵押财产的所有权因国家或政府需要而依法被征收（赎买）、征用和国有化，国家或政府应当向抵押人提供其他财产或给予适当补偿。抵押延伸到作为补偿的财产，抵押权人从应付给抵押人的赔偿金额中获得债务清偿。

5. 若抵押权人的利益不能得到本条第4款规定的充分保护，抵押权人有权要求提前履行担保义务，其要求得不到满足时，对征收补偿的财产进行追偿。

6. 若国家以犯罪或者其他违法（没收）的方式从抵押人处扣押抵押财产，抵押依然有效并使用本条第1、2、3款规则。但是若抵押权人的利益不能得到充分保护，抵押权人有权要求提前履行担保义务，其要求得不到满足时，对没收财产进行追偿。

7. 若抵押财产的实际所有人是第三人（返还请求），按照法律规定从抵押人处扣押抵押财产时，抵押终止。在这种情况下，抵押权人有权要求提前履行担保义务。

第三百四十条　流通中商品的抵押

1. 留置在抵押人处并且抵押人有权改变抵押物（库存商品、原料、材料、半成品、成品等）的构成和自然形态的商品抵押，其总价值不低于抵押合同约定的价值，是流通中商品的抵押。

流通中抵押货物的价值可按抵押所担保债务的已履行部分比例减少，合同另有约定的除外。

2. 抵押人所交付的流通中的商品，自其所有权、经营权或业务管理权移转给取得人之时起不再成为抵押标的，而抵押人所取得的抵押合同所规定的流通中的商品自抵押人取得对它们的所有权、经营权或业务管理权之时起成为抵押标的。

第三百四十一条　典当物的抵押

1. 为担保短期贷款而接受公民的个人消费品作抵押，可由专门组织——典当行为其经营活动而办理抵押。

2. 抵押合同以典当行开出当票的形式办理。

3. 抵押物应当转移给典当行。

典当行必须以自己的费用为抵押物按其总价进行全额保险，受益人为抵押人。典当物的估价依照接受抵押之时对该种类及质量之物所评估的相应价格确定。

典当行无权使用和处分抵押物。

4. 典当行对抵押物的毁损灭失承担责任，但能证明毁损灭失是由不可抗力所引起的除外。

5. 若在规定的期限内，抵押人（债务人）没有偿还抵押物所担保的贷款，典当行有权在1个月的宽限期限届满后依照典当其他法律规定的程序出卖该物。在此之后，典当行对抵押人（债务人）的请求权消灭，即使变卖抵押物之所得不足以清偿其债权。

第三百四十二条　留置

1. 若债权人占有应当交给债务人或者债务人所指定的人的物，而债务人没有按期支付该物的价款或者偿付与之有关的费用和其他损失，则债权人有权将该物留置，直到相应的债务得到履行。

2. 请求权虽与给付物的价款和偿还费用无关，但产生于双方当事人，也可以用留置进行保障。

3. 债权人因请求权对物进行留置的，按照对抵押担保之请求权清偿的程序和范围，从留置物的价值中清偿。

4. 除合同另有约定外，留置适用本条的规则。

第四节　担保（保证）

第三百四十三条　担保（保证）合同

1. 根据保证合同，保证人承担义务，向债权人保证债务人全部或者部分履行债务。

保证合同的签订可以是保证未来发生的债务。

2. 保证合同应当以书面形式签订。未书面签订的保证合同一律无效。

第三百四十四条　担保人（保证人）的责任

1. 债务人不履行或者不适当履行被保证的债务时，保证人与债务人向债权人负连带责任，但保证合同约定保证人承担补充责任的除外。

2. 保证人对债权人之责任的范围与债务人相同，包括利息、因追偿债务而发生的费用以及因债务人不履行或者不适当履行债务而引起的其他损失，但保证合同另有约定的除外。

3. 共同保证人向债权人承担连带责任，但保证合同另有约定的除外。

第三百四十五条　担保人对债权人债权的抗辩权

1. 担保人有权主张债务人对债权人的抗辩，但保证合同另有约定的除外。即使在债务人不行使该抗辩权或者已经承认自己债务的情况下，担保人仍不失去此项权利。

2. 担保人在满足债权人的债权之前，有义务通知债务人。对担保人提起诉讼，追加债务人为共同被告。

3. 担保人未履行本条第 2 款规定的义务的，债务人有权主张担保人对债权人的抗辩。

第三百四十六条　履行债务的担保人权利

1. 在担保人履行了债务后，债权人的所有权利转移给担保人。担保人还有权请求债务人支付给付债权人款项的利息以及要求债务人赔偿为债务人承担责任而遭受的其他损失。

2. 在担保人履行了债务之后，债权人应向担保人出具对债务人的债权证明文件，并转移债权请求权。

3. 若法律没有不同规定，且担保人与债务人签订的保证合同或双方关系无不同约定，则适用本条第 1 款和第 2 款的规定。

第三百四十七条　担保人关于债务人履行债务的通知

债务人在履行了被保证的债务后，必须将此情况立即通知担保人。否则，已履行保证义务的担保人有权向债权人追索不当得利或者向债务人提出追偿。在后一种情况下，债务人只有权从债权人处收回不当得利。

第三百四十八条　担保的终止

1. 若担保债务不经担保人同意而发生变更，致使责任增加或者产生其他对保证人不利的后果，保证随之终止。

2. 若担保人未同意新债务人对债权人承担债务，当债务转移给第三人时，债务终止。

3. 担保人履行其保证义务期限届满，债权人拒绝接受债务人或者担保人提供的适当履行的，保证终止。

4. 保证合同所指明的保证期限届满时保证终止。若未约定期限，债权人在保证所担保的债务履行期限到来之日起的 1 年内未向担保人提起诉讼，则担保终止。若未约定也不能确定主债的履行期限，或者未约定根据追偿时间确定履行期限，而在签订担保合同之日起的 2 年内债权人未提起诉讼，则担保终止。

第五节　银行保证

第三百四十九条　银行担保的概念

1. 根据担保人请求，银行、其他信贷机构或保险组织通过银行担保的方式，承诺按担保人要求向债权人支付债务，当债权人提出书面要求时向其支付约定款项。

2. 担保人应当向担保银行支付担保费用。

3. 银行担保不得被担保人撤销，另有规定的除外。

4. 银行担保下属于债权人对担保人的求偿权不能交付给他人，担保中另有规定的除外。

5. 银行担保自其签订协议之日起生效，法律另有规定的除外。

第三百五十条　银行担保独立于主债务

银行担保所规定的担保人对债权人的义务并不是其主要义务，即使在担保合同中提及了这一义务。

第三百五十一条　银行担保请求的提出

1. 债权人要求支付银行担保下的货币金额的请求必须以书面形式提交给担保人，并附有担保合同。在附件中，债权人必须说明被担保人违反担保的主要义务的情况。

2. 债权人的请求权必须在担保期内行使。

3. 担保人收到债权人的索赔请求后，必须立即通知被担保人，并向其提供债权副本和所有有关文件。

4. 担保人必须在合理的时间内以所附文件审查债权人的债权，并合理谨慎地确定此债权及其所附文件是否符合担保条款。

第三百五十二条　银行担保中的担保人义务限制

1. 银行担保规定的担保人对债权人的义务仅限于支付担保的金额。

2. 如担保合同没有另行约定，担保人对债权人因担保人不履行和不当履行担保义务而承担的责任不限于担保合同的金额。

3. 若该债权或所附文件不符合担保条款或在担保规定的期限结束后提交给担保人，担保人有权拒绝承担担保责任。

担保人必须立即通知债权人拒绝承担担保责任。

4. 若担保人在承担担保责任前，已经知道银行担保的主要债务已经全部或部分履行、其他原因终止或无效，必须立即通知债权人和被担保人。

担保人在通知后收到的债权人的重复求偿，担保人必须予以清偿。

第三百五十三条　银行担保的终止

1. 担保人在下列情形下对债权人的义务终止：

（1）向债权人支付担保金额；

（2）担保合同所规定的期限届满；

（3）债权人放弃其在担保合同中的权利；

（4）债权人书面申请免除担保人的义务。

以本款第 1、2、4 项规定的理由终止担保人的义务并不取决于是否已履行债务。

2. 终止担保义务的担保人必须立即通知被担保人。

3. 担保人根据担保合同向债权人履行担保义务后，有权向被担保人追偿，这取决于担保人与被担保人的协议。

4. 除非担保人与被担保人的合同另有约定，担保人未按照担保合同履行担保义务或违反担保人对债权人的义务时，担保人无权要求被担保人赔偿。

第六节　定　　金

第三百五十四条　定金的概念，定金协议的形式

1. 定金是指合同当事人为保证合同履行，由一方当事人预先向对方交纳一定数额的钱款。

2. 定金合同，无论金额，都必须以书面形式签订。

3. 如对因合同当事人到期付款而支付的款项是否为定金有疑问，特别是由于违反本条第 2 款的规定，这笔款项视为预付款，除非另有证明。

第三百五十五条 定金担保的债务不履行和终止的后果

1. 经双方协议或由于无法履行义务而在开始履行义务之前终止义务时，必须退还定金。

2. 给付定金的一方不履行约定的债务无权要求返还定金；收受定金的一方不履行约定的债务，应当双倍返还定金。

此外，除合同另有约定外，对不履行合同义务的一方有义务补偿另一方的损失，该损失可用定金抵销。

第二十章 违约责任

第三百五十六条 违约责任的根据

1. 未履行义务或履行义务不当的人在有过错（故意或疏忽）的情况下承担责任，但法律规定或合同约定了其他责任理由的情况除外。

若一方持审慎态度采取一切措施适当履行义务，他就被认为是无过错的。

2. 有无过错由违反一方承担证明责任。

3. 如法律没有其他规定或合同没有另行约定，未履行或履行义务不当的一方应承担责任，除非由于不可抗力，即在特殊和不可避免的情况下（不可抗力）而无法适当履行义务。这种情况不包括第三人违约、缺乏在市场上执行所必需的货物、债务人缺乏必要的资金。

合同可以约定或法律可以规定免除责任的其他条件。

4. 事先达成的免除或减轻故意违约责任的合同无效。

第三百五十七条 由于双方的过错而违反义务的后果

1. 若不履行或不适当履行义务是双方的过错造成的，法院有权相应地减少债务人的责任数额。若债权人故意或过失导致不履行或不适当履行造成的损失数额增加，或者没有采取合理措施减少损失数额，法院也有权减少债务人的责任数额。

2. 本条第1款的规则适用于债务人根据法律或合同对不履行或不当履行义务负有责任的情况，而不论其过失如何。

第三百五十八条 债务人赔偿损失的义务

1. 因不履行或不当履行义务而造成的损失，债务人有义务赔偿债权人（第14条）。

2. 除非法律另有规定或合同另有约定，在确定损失时，应考虑到在债务人自愿履行义务之日应履行义务地的市场价格，若债权没有自愿履行，根据实际情况，法院可以满足损害赔偿请求，同时考虑到判决当天的市场价格。

3. 在确定利润损失时，应考虑到债权人为缔约做各种准备工作并为此所支出的各种合理费用。

第三百五十九条　损失及违约金

1. 若对不履行或不当履行义务进行处罚，则对处罚未涉及的部分赔偿损失。

法律可以规定或合同可以约定以下情况：只允许追回罚款而不允许追回损失；可以追回超过罚款的全部损失；可以根据债权人的选择追回罚款或损失。

2. 若对不履行或不当履行义务确定了有限责任（第365条），则可以追回超过或不超过处罚规定的限额的未受处罚部分应予赔偿的损失。

第三百六十条　不履行货币债务的责任

1. 如因延迟付款、非法扣留、逃避归还或无正当理由收款或以牺牲他人为代价而使用他人的资金，应支付这些资金数额的利息。

利息金额由债权人居住地决定，若债权人是法人，则在履行货币债务当天根据银行利率确定。在法庭上追索债务时，法院可以在提出索赔之日或决定之日，根据银行利率满足债权人的债权。除非法律规定或合同约定了不同的利息金额，此规则普遍使用。

2. 若因不当使用其资金而给债权人造成的损失超过本条第1款规定的所欠的利息数额，债权人有权要求债务人赔偿超过这一数额的损失。

3. 非法使用与经营活动有关的资金，超过本条第1款和第2款规定的数额的，从逾期付款的数额中，处每年5%的罚款，但合同约定的罚款较高的除外。

4. 使用他人资金的利息自债权人支付资金数额之日起计息，除非法律规定或合同约定了较短的利息应计期限。

第三百六十一条　责任和以实物履行债务

1. 除非法律另有规定或合同另有约定，在不当履行义务的情况下支付罚款和赔偿损失并不能使债务人免于履行义务。

2. 对不履行义务的损失进行赔偿和罚款后，债务人的实体义务消灭，法律另有规定、合同另有约定的除外。

3. 债权人拒绝接受债务人迟延履行债务或债务人支付作为补偿的罚款，债务人的实体义务消灭。

第三百六十二条　债务人履行债务

债务人未履行生产、交付所有权、经营管理的义务，或者将该物交付给债权人使用或者为其履行某些工作或者提供服务义务的，如法律没有另行规定、合同没有另行约定或义务性质没有其他规定，债权人有权将该义务以合理的价格委托给第三人代为履行或者自行履行，并要求债务人赔偿所产生的必要费用和其他损失。

第三百六十三条　转让特定物债务不履行的后果

在未履行交付特定物所有权、经营管理或有偿使用的义务的情况下，债权人有权要求将该物从债务人手中拿走，并按照该义务规定取得所有权。若该物已经交付给拥有合法所有权或管理权的第三人，则该权利消失。若该物尚未交付，则较早主张债务的债权人具有优先权，若没有，则较早提出索赔的债权人具有优先权。

债权人有权要求赔偿损失，而不是取得特定物的所有权。

第三百六十四条　补充责任

1. 在根据法律或债务条款对除了作为主债务人的其他负有责任（补充责任）的第三人提出债权之前，债权人必须先对主债务人提出债权。

若主债务人拒绝履行债务或逃避债权，则可以请求第三人承担补充责任。

2. 债权人无权要求负有补充责任的第三人清偿债务，若这种清偿可以通过抵销对主债务人的反诉或通过从主债务人账户中收回资金来满足。

3. 除非法律另有规定或合同另有约定，承担补充责任的第三人有权向主债务人追偿。

4. 承担补充责任的第三人在满足债权人债权之前，必须通知主债务人，该主债务人应当承担债务责任。否则，主债务人有权对债权人对补充责任第三人的请求权提出异议。

第三百六十五条　债务责任数额的限制

1. 对于某些类型的义务和与某种类型的活动有关的义务，法律可能会限制对损害赔偿（有限责任）进行全额赔偿的权利。

2. 若这类义务或这种违反行为的责任数额由法律确定，并且若协议是在导致不履行或不当履行义务的情况发生之前订立的，则限制债务人根据加入协议或其他协议所承担的责任数额的合同无效。

第三百六十六条　债务人对雇员的责任

债务人员工履行义务的行为被认为是债务人的行为。若这些行为导致不履行或不当履行义务，债务人应对这些行为负责。

第三百六十七条　债务人对第三人行为的责任

债务人对受委托执行的第三方未履行或不当履行义务负责，但法律规定责任由直接执行的第三人承担的除外。

第三百六十八条　债务人迟延履行

1. 迟延履行的债务人对迟延造成的损失和迟延期间意外发生的无法执行的后果向债权人承担责任。

2. 因债务人迟延履行而利益受损的，债权人可以拒绝债务人履行，并要求损害赔偿。

3. 债务人因债权人迟延而无法履行义务时，不视为逾期。

4. 在债务人违约的情况下，债权人有权将有关债务人的信息和其在规定期限内未履行的义务交付给第三人，但法律明确禁止及法律对提供债务人信息有限制的除外。

第三百六十九条　债权人迟延履行

1. 若债权人拒绝接受债务人提出的适当履行，或者没有履行法律规定或合同约定的义务，或者没有履行由于商业惯例产生的义务，致使债务人不能履行其义务，则认定债权人逾期。

在本法第 371 条第 2 款规定的情况下，债权人也被视为逾期。

2. 因债权人的迟延，债务人有权就迟延造成的损失请求赔偿，除非债权人证明迟延是非本人原因、法律规定、根据债权人的指示受托接受义务履行的第三人不负责任而导致的。

3. 根据货币债务，债务人无须支付债权人延迟履行期间的利息。

第二十一章　债务终止

第三百七十条　债务终止的理由

1. 根据本法、其他法律规定或合同约定的理由，全部或部分终止该债务。

2. 只有在法律规定或合同约定的情况下，才允许在一方当事人的要求下终止债务。

第三百七十一条　以履行终止债务

1. 适当履行终止义务。

2. 接受执行的债权人有义务应债务人的请求，向其发出全部或部分收到履行的证明。

若债务人已经向债权人发出借条作为履行义务的证明，那么债权人接受债务人履行后必须归还借条，若不能归还，应在其出具的收据上注明。收据可由应归还的债务文件上的签名代替。除非另有证明，否则债务文件的标记意味着债务终止。

若债权人拒绝发出、退回借条或在收据中说明其无法归还，债务人有权延迟履行。在这些情况下，债权人被视为逾期。

第三百七十二条　代偿

根据双方的协议，可以通过提供代偿来终止债务的履行（支付金钱、转移财产等），补偿金额、条款和程序由双方当事人确定。

第三百七十三条　以抵销终止债务

抗辩期限届满或者未规定抗辩期限时，债务通过抵销抗辩而全部或部分终止。单方有权抵销。

不允许抵销的情形包括：

（1）如应另一方的要求，时效期限须适用于索赔，而这一期限已届满；

（2）生命或健康受损害的赔偿；

（3）赡养费的追偿；

（4）终身维护；

（5）法律规定或合同约定的其他情形。

在债权交付的情况下（第316条），债务人向原债权人抵销的抗辩，有权对新债权人主张。

债务人收到债权交付通知，而债务履行期限事先约定，或者履行期限没有具体规定或要求，则可抵销。

第三百七十四条　债权人和债务人为同一人时债务终止

债权人和债务人为同一人时债务终止。

第三百七十五条　以债务更新终止债务

1. 当事人达成协议，以不同的标的或履行方法（更替），用当事人之间的另一项新债务取代原债务，从而终止原债务。

2. 在赔偿对生命或健康造成的损害和支付赡养费的义务方面，不允许更替。

3. 与原债务有关的附加义务终止，双方合同另有约定的除外。

第三百七十六条 债务免除

在不损害其他债权人权利基础上，债权人免除债务人对其承担的债务，则该债务终止。

第三百七十七条 以无法履行而终止债务

1. 若该债务是任何一方都不负责的情况引起的，则该债务因无法履行而终止。

2. 债务人因双方当事人均不负责的情形（本条第 1 款）而不能履行义务的，债权人无权要求债务人履行义务。履行义务的一方有权要求返还。

3. 因债权人过错导致债务人不能履行义务，债权人无权要求返还。

第三百七十八条 根据国家权利机关文件终止债务

1. 若因国家或地方政府的政策（公文），无法全部或部分履行该债务，则该债务全部或相应部分终止。因此遭受损失的一方有权以其他法律规定的方式要求赔偿。

2. 若一项公文按照既定程序被宣布无效，并在此基础上终止的债务得以恢复，除非当事人的合同另有约定或该项债务的实质另有要求，而且该项履行并未使债权人丧失利益。

第三百七十九条 因自然人死亡而终止债务

1. 若该债务需债务人亲自履行，或者该债务在其他方面与债务人的人格密不可分，则该债务即因债务人死亡而终止。

2. 若该债务需债权人亲自接受，或者该债务在其他方面与债权人的人格密不可分，则该债务在债权人死亡时终止。

第三百八十条 因法人清算而终止债务

债务因法人（债务人或债权人）清算而终止，但法律规定另一法人履行被清算法人的义务（因生命或健康受到损害而产生的义务等）的情况除外。

第二十二章 合同的一般规定

第三百八十一条 合同的概念

1. 合同是指两人或两人以上设立、变更或终止民事权利和义务的协议。

2. 若本章的规则和本法所载的某些类型合同的规则没有对此作出规定，合同产生的义务受关于义务的一般规定的约束。

3. 由两个以上缔约方缔结的合同（多边条约），若不违反此类条约的多边性质，则适用合同的一般规定。

第三百八十二条 合同自由

1. 公民和法人可以自由签订合同。

禁止强迫订立合同，除非本法、其他法律或自愿承诺规定了订立合同的义务。

2. 当事人可以订立法律规定和未规定的合同。

3. 当事人可以订立法律规定的各种要素的合同（混合合同）。关于合同的法律的相关部分，其要素包含在混合合同中，适用于混合合同下的当事人关系，除非当事人的合同或混合合同本身另有约定。

4. 合同条款由双方自行决定，但法律对条款内容另有规定的除外（第383条），在合同条件由有效法律规定的情况下，除非当事人的合同另有约定（处分性规范），否则当事人可以通过协议排除合同的适用或设定合同约定以外的条件。在没有这种协议的情况下，合同的条件由处分性规范决定。

5. 若合同条款不是由当事人决定或处分性规范规定的，则相关条款由商业惯例确定。

第三百八十三条 合同与法律

1. 合同必须遵守在订立合同时有效的法律（强制性规范）规定的对双方具有约束力的规则。

2. 法律生效前订立的合同当事人的关系，适用本法第3条的规定。

第三百八十四条 有偿合同和无偿合同

1. 当事人一方享有合同约定的权利，须向对方当事人支付相应对价的合同是有偿合同。

2. 当事人一方只享有合同权利而不偿付任何代价的合同是无偿合同。

3. 合同通常为有偿合同，合同法、合同的内容或实质另有要求的除外。

第三百八十五条 合同的效力

1. 合同自订立之日起生效并对双方具有约束力（第394条）。

2. 当事人有权约定其订立的合同条款适用于其在订立合同之前产生的关系。

3. 若法律规定或合同约定了合同的期限，则期限届满意味着合同约定的当事人义务的终止。

没有说明其有效期的合同，在其规定的当事人履行义务结束之前，视为有效。

4. 合同期满并不免除双方对在此期限届满前发生的违约行为的责任。

第三百八十六条 公共合同

1. 公共合同是由商业组织订立，约定其销售货物、履行工程或提供服务的合同，该组织根据其活动的性质，必须对所有适用主体（零售贸易、公共交通运输、通讯服务、能源供应、医疗、旅馆、银行等）履行这些义务。

商业组织在订立公共合同时应平等对待消费者，但法律另有规定的除外。

2. 商品、工程和服务的价格以及公共合同的其他条件对所有消费者都是相同的，除非法律允许为某些类别的消费者提供福利。

3. 禁止商业机构拒绝签订向消费者提供相关的商品（工程、服务）的公共合同。

商业组织无理由逃避订立公共合同的，适用本法第 406 条第 4 款的规定。

4. 在法律规定的情况下，吉尔吉斯共和国政府可以在签订和执行公共合同（示范合同、规章等）时发布对双方具有约束力的规则。

5. 违反本条第 2 款和第 4 款规定的公共合同条款无效。

第三百八十七条 格式合同

1. 格式合同是一种合同，其条款由一方当事人以表格或其他标准形式拟定，并能与先合同作为一个整体被对方当事人接受。

2. 虽然格式合同不违反法律，但剥夺了一方享有的合同权利，排除或限制了一方当事人对违约义务的赔偿责任，或者包含了明显加重一方义务负担的其他条件，而该方若有机会参与确定合同条款，其通常不会接受，在此情形下，格式合同的一方当事人有权要求终止或变更合同。

3. 在存在本条第 2 款规定的情况下，若参加合同的一方知道或应该知道它以何种条件订立合同，则其为执行业务活动而提出的终止合同的要求不予支持。

第三百八十八条 预约合同

1. 预约合同是指双方承诺根据其条款，在未来签订关于财产交付，工程执行或提供服务的合同（本约合同）。

2. 预约合同以法律规定的本约合同形式订立，若本约合同的形式没有规定，则以书面形式订立。违反预约合同形式规则的合同无效。

3. 预约合同应包含本约合同成立的条件以及其他基本条件。

4. 预约合同应约定双方承诺订立本约合同的期限。

若预约合同中没有约定这一期限，则本约合同应在预约合同订立之日起一年内订立。

5. 订立预约合同的一方逃避订立本约合同的，适用本法第406条第4款的规定。

6. 若双方在期限届满之前没有订立本约合同，或者一方没有向另一方发出订立本约合同的要约，则预约合同约定的义务终止。

7. 若在意向协议中当事人没有明确约定赋予预约合同效力，则不会产生民事后果。

第三百八十九条　为第三人利益的合同

1. 为第三人利益的合同是当事人约定债务人有权不向债权人履行，而是向合同中约定或未规定的、有权要求债务人履行对其有利义务的第三人履行的合同。

2. 除法律另有规定或合同另有约定外，自第三人向债务人主张行使合同权利之日起，未经第三人同意，当事人不得终止或变更其订立的合同。

3. 合同中债务人有权对第三人的请求提出其本可对债权人提出的抗辩。

4. 第三人放弃合同赋予的权利的，在不违反法律和合同的情况下，债权人可以行使这项权利。

第三百九十条　价款

1. 双方在履行合同时是按照双方协商确定的价格进行的。

在法律规定的情况下，由授权的国家机构对价款（关税、定价、赔率等）进行规定和调整。

2. 允许在合同订立后，根据合同约定、法律规定进行价格变动。

3. 在有偿合同中没有约定价格并且不能根据合同条款确定的，当事人可以参照类似货物、工程或服务的价格。

第三百九十一条　合同示范条款

1. 合同中可以约定示范条款，用于相同类型合同并提前印制。

2. 在合同中没有示范条款的情况下，若该示范条款符合本法第4条和第382条第5款规定的要求，则可作为商业习惯适用于当事人的关系。

3. 示范条款可以以示范合同或包含这些条款的其他文件形式列出。

第三百九十二条　合同的解释

在解释合同条款时，法院应考虑到其中包含的词语和表达的字面含义。合同条件在含糊不清的情况下的字面含义是通过将其与其他条件和整个合同的含义进行比较来确定的。

若上述规则不能确定合同内容，应当在考虑到合同目的的情况下明确双方的实际共同意愿。同时考虑到所有相关情况，包括缔约前的谈判和通信、双方交易习惯、商业惯例、后续行为。

第三百九十三条　订立合同的基本条款

1. 若双方以规定形式就合同的所有基本条款达成了协议，则认定合同成立。

基本条款是订立法律规定的合同中必不可少或必要的条件，以及应一方当事人的请求达成协议的所有条件。

2. 合同是通过向一方发送要约（订立合同的要约）并由另一方接受要约（承诺）来订立的。

第三百九十四条　合同订立时间

1. 合同在收到受要约人承诺时成立。

2. 若按照法律规定，订立合同需交付财产，则认为合同自有关财产交付之日起成立（第256条）。

3. 依法需经公证或登记的合同，自公证或登记之日起合同成立。

第三百九十五条　合同形式

1. 合同可以任何形式订立，除非法律另有规定。

若当事人同意以某种形式订立合同，则在完成此形式时合同成立，即使法律对此种形式并无规定。

2. 以合同书、信件、电报、电传、电话留言、传真、电子或其他任何能够体现所载内容的形式来签订书面合同。

3. 若按照本法第402条规定的程序接受订立合同的书面要约，则认定合同以书面形式签订。

第三百九十六条　要约

1. 要约是指向一个或几个特定的人发出，内容明确具体，以缔结合同为目的向对方当事人所作的意思表示。

要约必须包含合同的基本条款。

2. 要约经受要约人承诺，要约人即受该意思表示约束。

撤回要约的通知应当在要约到达相对人前或与要约同时到达相对人。

第三百九十七条　要约的不可撤销性

要约不得在承诺期限内撤回，除非要约本身另有规定，或与要约的实质或要约的环境无关。

第三百九十八条　要约邀请，公开要约

1. 除非要约中另有明确说明，否则针对不特定人群的广告和其他要约被视为要约邀请。

2. 要约中包括合同所有基本条款，表明经受要约人承诺，要约人即受该意思表示约束，被视为要约（公开要约）。

第三百九十九条　承诺

1. 承诺是指受要约人接受要约的意思表示。

承诺必须是无条件地接受要约的所有条件。

2. 沉默不是承诺，除非法律、商事习惯或双方交易习惯另有要求。

3. 受要约人在承诺期限内，为履行合同约定的条款（货物装运、服务提供、工程履行、支付相应金额等）而采取的行动，被视为承诺，法律另有规定或要约中另有约定的除外。

第四百条　承诺的撤回

撤回承诺的通知应当在承诺通知到达要约人之前或者与承诺同时到达要约人。

第四百零一条　根据含有承诺期限要约订立的合同

当要约约定承诺期限时，若要约人在承诺期限内收到承诺，则认定合同成立。

第四百零二条　根据不含有承诺期限要约订立的合同

1. 若书面要约未约定承诺期限，在法律规定的期限届满前或在通常必要的期限内要约人收到承诺，合同成立。

2. 若要约是口头提出，而没有约定承诺期限，则另一方承诺，合同成立。

第四百零三条　逾期承诺

1. 逾期收到要约，承诺不逾期，除非要约方立即通知受要约方承诺逾期。

2. 若要约方通知受要约方接受逾期的承诺，合同成立。

第四百零四条　承诺其他条款

同意根据要约外的条款签订合同的意思表示不属于承诺。

这种意思表示被视为拒绝原要约，提出新要约。

第四百零五条　合同订立的地点

若合同未指定成立地点，则合同签订地点为公民居住地或发送要约的法人住所地。

第四百零六条 强制缔约

1. 若根据本法或其他法律的规定，一方当事人必须订立合同，则该方必须在收到要约之日起30日内，作出拒绝承诺或以其他条件（要约异议书）向另一方发出承诺（新要约）的通知，法律规定或双方约定了承诺期限的除外。

2. 要约方收到被强制缔约人基于其他条件的承诺（要约异议书），则有权在收到通知之日起或承诺期限届满之日起30日内将订立合同期间产生的分歧提起诉讼，法律对承诺期限另有规定的除外。

3. 若要约人在30日内收到被要约人的要约异议书，则要约人有义务在收到要约异议书之日起30日内作出接受或拒绝的通知。

若要约异议书被驳回或在规定期限内未收到通知，被要约人有权将合同订立时产生的异议提起诉讼，法律另有规定的除外。

4. 根据本法或其他法律的规定，若缔约具有强制性，一方拒绝订立，另一方有权向法院申请强制缔约。

无正当理由拒绝订立合同的一方，必须赔偿对方因此而受到的损失。

第四百零七条 缔约前的争议

在本法第406条第2款和第3款规定的情况下，若当事人对合同订立时产生的异议提起诉讼，则当事人有异议的合同条款根据法院判决确定。

第四百零八条 以拍卖方式订立合同

1. 除合同另有约定外，合同可以拍卖方式与中标人订立。

2. 拍卖方可以是所有权人或物权人或拍卖专门机构。拍卖专门机构可与所有权人或物权人签订合同，以他们或者自己的名义实施民事法律行为。

3. 在本法或其他法律规定的情况下，出售物品或财产权的合同只能通过拍卖方式订立。

4. 拍卖以竞价或竞争谈判方式进行。

以竞价方式进行的拍卖，出价最高者中标。以竞争谈判方式进行的拍卖，能够更好地满足招标委员会的拍卖条件者中标。

拍卖形式由所有权人或者物权人确定，法律另有规定的除外。

5. 只有一人参加竞价或者竞争谈判的拍卖依法无效。

6. 本法第408条至第410条规定适用于按法院判决执行的公开拍卖，但民事诉讼法律另有规定的除外。

7. 破产法规定了在破产过程中订立合同、组织和进行拍卖的具体要求。

第四百零九条　拍卖的组织和程序

1. 竞价和竞争谈判可以公开，可以不公开。

任何人都可以参加公开竞价和公开竞争谈判。只有受邀请的人才可参加密封拍卖和密封竞价谈判。

2. 除法律另有规定外，主办单位必须在拍卖前至少 30 天发出拍卖通知。通知必须包含有关拍卖的时间、地点和形式，拍卖标的和拍卖程序，包括参与拍卖的登记程序、拍卖人信息，以及起拍价格的信息。

若拍卖标的是订立合同的权利，则拍卖通知必须说明缔约期限。

3. 除非法律或拍卖通知另有规定，否则作出公开拍卖通知的组织者，有权随时取消竞价拍卖，但不得晚于拍卖日前 3 天，以竞争谈判方式拍卖的，不得晚于拍卖日前 30 天。

公开拍卖的组织者拒绝在规定时间内举行拍卖的，有义务赔偿参与者的实际损失。

即使在取消拍卖通知发出后，密封竞价或密封竞争谈判的组织者依然有义务赔偿其邀请的参与者的实际损失。

4. 投标人按投标通知书规定的金额、条款和程序交纳保证金，若拍卖取消，押金可以退还。对于没有中标的参与者，押金也应当退还。

与中标人订立合同时，其保证金的数额记入合同履约金。

5. 中标人与拍卖主办方于竞拍或竞争谈判当日签订具有合同效力的拍卖结果协议书。中标人逃避订立合同的义务，拍卖主办方没收中标人保证金。拍卖主办方逃避订立合同的义务，双倍退还保证金以及赔偿中标人因参与拍卖而超过保证金的实际损失。

若仅根据拍卖条款行使订立合同的权利，则当事人必须在拍卖完成和协议书依法登记后不迟于 20 天或拍卖通知中规定的期限内完成缔约。若其中一方逃避订立合同的义务，另一方有权向法院申请强制订立合同，并要求赔偿所造成的损失。

第四百一十条　违反拍卖规则的后果

1. 法院可以根据利害关系人的请求宣布违反法律规定的拍卖无效。

2. 拍卖无效意味着签订的合同无效。

第四百一十一条　合同变更和终止合同的理由

1. 除非本法、其他法律另有规定或合同另有约定，合同允许变更和终止。

2. 应一方当事人的请求，由法院判决变更或终止合同：

（1）另一方严重违反合同的；

（2）本法、其他法律规定或合同约定的其他情况。

一方当事人严重违反合同义务，对另一方当事人造成损害，使其在订立合同时被剥夺了基本权利。

3. 在法律允许或当事人合同约定的情况下，单方面拒绝全部或部分履行合同的，合同被视为终止或相应变更。

第四百一十二条　因情势变更合同的变更和终止

1. 情势变更是变更或终止合同的基础，除非合同另有约定或与合同的实质内容无关。

情势变更是指若当事人能够合理地预见该变化，则不会订立合同或以其他不同条件订立合同。

2. 若当事人没有就情势变更或终止合同达成协议，合同可以终止，并根据本条第4款规定的理由，应利害关系人的请求，在存在下列条件的情况下进行变更：

（1）情势变更是指当事人基于合同条款约定的和商业习惯规定的审慎义务仍不可避免的客观情况；

（2）在不改变合同条款的情况下继续履行合同，将损害合同双方的财产利益，并损害利害关系人的利益，使其在订立合同时丧失基本权利；

（3）从商业习惯或合同实质来看，情势变更的风险不由利害关系人承担。

3. 因情势变更而终止合同时，法院应任何一方的请求确定终止合同的后果，基于公平原则平等分担他们因执行本合同而产生的必要费用。

4. 在特殊情况下，当终止合同损害公共利益或对当事人造成的损害明显超过执行变更合同所需的费用时，法院可判决因情势变更而变更合同。

第四百一十三条　合同变更和终止的程序

1. 关于合同变更和终止的协议以与合同相同的形式进行，除非法律另有规定，合同另有约定或商业惯例另有规定。

2. 一方拒绝合同变更和终止，或未在法律规定或合同约定的时间内答复的，请求合同变更和终止的一方有权在30日内提起诉讼。

第四百一十四条　合同终止和变更的后果

1. 合同终止后，双方的权利义务终止。

2. 合同变更后，双方的权利义务关系以变更后的合同为准。

3. 合同终止或变更后，合同的权利义务关系随之终止或变更，当事人另有协议或合同修改的性质另有约定的除外，法院判决终止或变更合同的，自判决生效之日起成立。

4. 合同终止或变更后，当事人已经履行的义务，无权要求返还，法律另有规定或当事人合同另有约定的除外。

5. 因一方严重违约而终止或变更合同，另一方有权要求赔偿损失。

第四编　债的特定种类

第二十三章　买 卖 合 同

第一节　买卖合同的一般规定

第四百一十五条　买卖合同

1. 根据买卖合同，一方（卖方）将货物所有权交付给另一方（买方），而买方承诺接受该产品并支付相应的金额。

2. 有价证券和其他贵重物品的买卖，适用本规定，法律对其另有规定的除外。

3. 在本法或其他法律规定的情况下，个别类型商品的买卖特征由法律及其他规范性法条规定。

4. 本款规定适用于产权的出售，对其内容及权利性质有其他规定的除外。

5. 本条适用于个别类型的买卖合同（零售买卖、货物供应、能源供应、企业销售），本法对此类合同另有约定的除外。

第四百一十六条　买卖合同的形式

1. 房地产买卖合同以书面形式订立，需经过国家登记，不需要强制性公证。

2. 房地产买卖合同须按照本法第 25 条的规定进行国家登记。

第四百一十七条　商品合同条款

1. 买卖合同中的商品可以是符合本法第 23 条规定的任何物品。

2. 买卖合同可对卖方现有的商品签订，也可以对卖方将来制造或将来取得的商品签订，法律或商品性质另有要求的除外。

3. 若合同中确定了商品名称和数量，则认为商品买卖合同的条件已达成一致。

第四百一十八条　卖方交付商品义务

1. 卖方有义务根据买卖合同向买方交付商品。

2. 根据法律规定或合同的约定，卖方有义务在交付商品的同时将其配件以及相关文件（技术说明书、合格证书、操作说明等）一并转交给买方。

第四百一十九条　交付商品义务履行期限

1. 卖方履行交付义务期限由买卖合同确定，合同没有约定的，根据本法第305条的规则确定。

2. 若合同中明确约定违反了合同执行的最终期限买方将失去合同中的利益，那么此合同应该包含必须在规定期限前履行合同的条款。

未经买方同意，在买方未拒绝履行合同的情况下，卖方无权在合同约定的期限届满之前或之后履行该合同。

第四百二十条　卖方交付商品义务的履行时间

1. 除买卖合同另有约定外，卖方在以下情况下向买方履行交付义务：

若合同约定了卖方的交货义务，则卖方根据合同将货物交给买方或者买方指定的第三方；

若货物需要交给买方或者买方在货物所在地指定的第三方，则卖方按照买方的意愿进行交货；

若在合同约定的履行期限前，商品已准备好在适当地点交付，并且买方根据合同条款知道货物已准备好交付，则认为是根据买方意愿交付。若货物没有标记或无法以其他方式识别，则商品不符合交付要求。

2. 若卖方没有根据合同履行交货义务或者没有将货物转交给货物所在地的买方，则在卖方将货物交给承运人或者买方指定的第三人时，认为卖方已履行交付义务，合同另有约定的除外。

第四百二十一条　卖方维护所售财产的义务

1. 当所有权（管理权或运营权）在财产交付之前转移给买方时，卖方对交付财产负有维护义务。

2. 买方有义务支付卖方为此所需的费用，双方另有规定的除外。

第四百二十二条 货物意外灭失的风险转移

1. 卖方根据法律规定或合同约定向买方履行交付义务时，货物毁损灭失的风险由买方承担，合同另有约定的除外。

2. 出卖运输的在途货物，毁损、灭失的风险自合同成立时起由买方承担，合同另有约定或商业惯例另有规定的除外。

3. 货物毁损灭失的风险自货物交付给第一承运人时由买方承担，若卖方在订立合同时知道或应当知道货物已经毁损灭失并且没有将此事通知买方，应买方请求，法院可以宣布其合同无效。

第四百二十三条 卖方必须确保所交付的商品不存在任何第三方的权利

1. 卖方所交付的货物，必须是第三方不能提出任何权利或要求的货物，除非买方同意在这种权利或要求的条件下收取货物。

违反本法，买方有权要求降低购买价格或终止买卖合同，除非证明买方知道或应该知道第三人对标的物的权利。

2. 本条规则适用于卖方向买方交付货物时，卖方知道存在第三方索赔，且索赔被认定为合法的情形。

第四百二十四条 提出退货诉讼时买方和卖方的义务

1. 第三人在履行合同前导致买方就退货提起诉讼，买方有义务让卖方参与诉讼，卖方有义务参与诉讼。

2. 若卖方可以证明通过参加诉讼，本可以阻止买方退货，但买方未通知卖方参与诉讼，则可免除卖方对买方的责任。

3. 收到买方通知的卖方，未参加诉讼，丧失证明买方使用不当的权利。

第四百二十五条 从买方处召回货物时卖方的责任

当货物由第三人以合同执行前产生的理由从买方处召回时，卖方有义务赔偿买方所遭受的损失，但买方知道或应该知道这些理由存在的情况除外。

第四百二十六条 卖方拒绝交货的后果

若卖方拒绝交付售出货物，买方有权要求卖方交付并就因合同延迟执行或拒绝执行造成的损失请求卖方赔偿。

第四百二十七条 未履行交付货物配件和文件义务的后果

若卖方未交付或拒绝交付根据法律规定或买卖合同的约定（第418条第2款）必须交付的与货物有关的附件或文件，买方有权要求其在合理时间内交付。

若卖方未在规定期限内交付与货物有关的附件或文件，买方有权拒绝接收货物和拒绝付款，已经付款的，有权要求退回，合同另有约定的除外。

第四百二十八条　货物数量

1. 交付给买方的货物数量由买卖合同以适当的计量单位或货币体现。货物数量的条件可以通过在合同中约定确定货物数量的程序来确定。

2. 若买卖合同未确定交付货物的数量，则合同未成立。

第四百二十九条　违反货物数量合同条款的后果

1. 若卖方违反买卖合同的条款，买方有权要求补足货物数量，或者拒绝接收交付的货物及拒绝付款，已经付款的，有权要求退回，合同另有约定的除外。

2. 若卖方交付货物的数量超过合同约定，买方有义务按照本法第 46 条第 1 款规定的程序通知卖方。若卖方在收到买方通知后未在合理时间内处置超出货物，买方有权接收所有货物，合同另有约定的除外。

3. 若买方接收超过买卖合同（本条第 2 款）约定金额的货物，超出部分根据合同确定的货物价格支付，双方协议确定了不同价格的除外。

第四百三十条　货物分类

1. 若根据买卖合同，货物按种类、型号、尺寸、颜色或其他特征（分类）以一定比例交付，卖方有义务按照双方约定的分类将货物交付给买方。

2. 如果销售合同中没有对种类进行定义，合同也没有规定对种类进行定义的程序，但从义务的实质内容来看，货物必须按种类转让给买方，则卖方有权根据买方的需要（卖方在订立合同时已知晓买方的需要）按种类将货物转让给买方，或拒绝履行合同。

第四百三十一条　违反合同货物分类条款的后果

1. 当卖方以不符合合同约定的分类方式交付货物时，买方有权拒绝接收并拒绝付款，已经付款的，有权要求退回。

2. 若卖方根据买卖合同约定按分类向买方交付货物，对于未按分类交付的货物，买方有权选择以下做法：

（1）接收符合分类条件的货物，并拒绝其余货物；

（2）拒绝所有交付货物；

（3）要求将不符合分类条件的货物替换为合同约定的分类货物；

（4）接收所有货物。

3. 若拒绝接收不符合分类条件的货物或要求更换，买方有权就这些货物拒绝付款，已经付款的，有权要求退回。

4. 若买方收到不符合分类条件的货物后，未在合理期限内向卖方发出拒绝的通知，则视为接收。

5. 若买方没有拒绝不符合分类条件的货物，其有义务支付与卖方协商的价格。若未在合理期限内就价格达成一致，则买方可参照合同订立时类似货物的价格支付货款。

6. 除买卖合同另有约定外，适用本条规则。

第四百三十二条 货物质量

1. 卖方有义务向买方交付买卖合同约定质量的货物。

2. 若合同中对货物质量没有规定，卖方有义务将符合质量标准的货物交付给买方。

若在订立合同时，买方告知了购买货物的具体目的，卖方有义务将符合合同使用目的的货物交付给买方。

3. 根据样品和（或）描述销售货物时，卖方有义务将与样品和（或）描述相同的商品交付给买方。

4. 对于规定了强制性国家标准的货物，从事企业活动的卖方有义务将符合强制性国家标准的货物交付给买方。

根据买卖双方协议，交付货物可高于强制性国家标准。

第四百三十三条 货物质量保证

1. 除非对时间另有规定，货物在交付给买方时必须符合本法第 432 条所规定的要求，并且在合理期限内必须符合使用目的。

2. 在合同约定卖方保证货物质量的情况下，卖方有义务在合同约定的一定时间内（保修期）向买方交付符合本法第 432 条规定的货物。

3. 货物的质量保证也适用于其所有组成部件（配件），合同另有约定的除外。

第四百三十四条 保修期的计算

1. 保修期从货物交付给买方时起算（第 420 条），合同另有约定的除外。

2. 出于卖方原因导致买方无法正常使用保修期内的货物，保修期在原因消灭前中止。

除合同另有约定第 446 条规定的程序通知卖方货物存在缺陷。

3. 附件保修期和主设备保修期一致，并随主产品保修期变化，合同另有约定的除外。

4. 在保修期内发现货物（附件）存在缺陷的，应当更换保质期相同的同款产品（附件），合同另有约定的除外。

第四百三十五条　货物保质期

1. 法律、其他规范性文件、国家标准的强制性要求或其他强制性规则可确定货物在过期后不适合其预期用途的期限（保质期）。

2. 规定了保质期的货物，卖方有义务在保质期内将符合使用目的的货物交付给买方。

第四百三十六条　货物保质期的计算

货物的保质期自其制造阶段符合使用目的之日或者符合使用目的之前起算。

第四百三十七条　货物质量检验

1. 货物质量检验由法律、其他规范性法条规定或买卖合同约定。

货物质量检验程序由法律、其他规范性法条规定或合同约定。在法律或其他法令对检验程序有规定的情况下，货物质量检验程序必须符合这些要求。

2. 未按照本条第1款规定的程序进行货物质量检验的，按照商业惯例或其他普遍适用的条件，对货物质量进行检验。

3. 如果法律、其他规范性法条规定或合同约定卖方有义务检查交付货物的质量（测试、分析、检验等），卖方必须向买方提供货物质量检验证明。

4. 买卖双方关于货物质量检验程序及其他条件必须相同。

第四百三十八条　交付质量不合格货物的后果

1. 如果卖方将不合格货物交付给买方，买方对货物缺陷不满意，有权自行选择向卖方提出下列要求：

在合理时间内无偿消除货物缺陷；

赔偿其消除货物缺陷所支出的费用。

2. 若有重大违反货物质量要求的情况（发现不可补救的缺陷，付出一定成本或时间的情况下无法消除的缺陷，或消除的缺陷被反复发现或重新出现），买方有权自行选择以下做法：

拒绝执行买卖合同并要求退还货款；

要求更换不合格的货物。

3. 如果所有货物中所包含的部分质量不合格（第441条），买方有权就这部分货物行使本条第1款和第2款规定的权利。

4. 除本法和其他法律另有规定外，应适用本条规则。

第四百三十九条　卖方承担货物瑕疵责任

1. 如果买方证明货物的缺陷发生在卖方交付给买方之前或出于在此之前的原因，则卖方对货物的缺陷承担责任。

2. 卖方提供质量保证的货物，也应对货物的缺陷承担责任，除非其证明货物的缺陷是由于买方违反货物的使用规则或储存规则，或第三人行为，或不可抗力而产生的。

第四百四十条　交付货物瑕疵发现期限

1. 除非法律另有规定或合同另有约定，买方有权就货物缺陷提出索赔，但必须在本条规定的期限内发现。

2. 若货物没有保修期或保质期，买方可以就货物的缺陷提出索赔，但前提是所售货物的缺陷是在合理的时间内发现的，自货物转交给买方之日起两年内，或在法律规定或买卖合同约定的更长期限内，运输或邮寄的货物的缺陷检测期应从货物交付目的地之日起计算。

3. 若约定了货物的保修期，在保修期内发现了货物的缺陷，买方有权就货物的缺陷提出索赔。

若部件产品的保修期短于主产品的保修期，在主产品的保修期内发现部件产品的缺陷，买方有权就其提出索赔。

若合同约定的部件产品保修期长于主产品的保修期，则无论主产品的保修期是否到期，在主产品的保修期内发现该部件的缺陷，买方都有权提出索赔。

4. 如果在货物保质期内发现存在缺陷，买方有权提出索赔。

5. 合同约定的保修期少于两年，在保修期满后，买方在货物交付后两年内发现缺陷，如果买方证明货物的缺陷发生在卖方交付给买方之前或出于在此之前的原因，则卖方对货物的缺陷承担责任。

第四百四十一条　货物的完整性

1. 卖方有义务按照合同约定将货物完整地交付给买方。

2. 如果合同没有规定货物的完整性，卖方必须将符合商业惯例或其他通常要求的标准货物交付给买方。

第四百四十二条　成套货物

1. 如果销售合同约定卖方有义务向买方交付成套货物（一套货物），则从交付所有成套货物之时起，该义务即被视为已经履行。

2. 除非合同另有约定或债的实质另有要求，卖方应同时向买方交付该套货物中包含的所有货物。

第四百四十三条　交付不成套货物的后果

1. 在交付不成套货物的情况下，买方有权向卖方提出：

按比例降低购买价格；

货物应在合理期限内达到成套标准。

2. 若卖方未能在合理期限内满足买方关于增加设备的要求，买方可以选择以下做法：

要求将不成套货物换成成套货物；

撤回合同，并要求退还已支付的金额。

3. 本条第 1 款和第 2 款规定的后果即使在卖方违反向买方交付成套货物的义务（第 442 条）的情况下也适用，除非合同另有约定或债的实质另有要求。

第四百四十四条　包装

1. 除非合同另有约定或债的实质另有要求，卖方应将包装好的货物交付买方，但因其性质不需要包装的货物除外。

2. 若合同对包装没有约定，则货物必须按照通用的方式包装，若不能，则必须以确保此类货物在正常储存和运输条件下的安全的方式包装。

3. 若法律对包装规定了强制性要求，从事经营活动的卖方应将符合这些强制性要求的包装好的货物交付给买方。

第四百四十五条　交付无包装或包装不全货物的后果

1. 若货物在没有包装和（或）包装不全的情况下交付给买方，买方有权要求卖方包装货物或更换包装不全的货物，除非合同另有约定，债的实质或货物性质另有要求。

2. 在本条第 1 款规定的情况下，买方有权不向卖方提出本款规定的索赔，而向其提出因交付质量不合格货物的索赔（第 438 条）。

第四百四十六条　卖方不当履行买卖合同的通知

1. 买方应在本法、其他法律规定或合同约定的期限内，或在没有规定或约定期限的情况下，在发现违反合同有关条款后的合理期限内，根据货物的数量、性质和用途，通知卖方有关货物的数量、品种、质量、完整性、包装等方面的违反合同条款的情况。

2. 若买方未能遵守本条第1款规定，卖方能够证明买方未能遵守本法导致卖方无法满足买方要求，或与及时通知卖方违反合同条款相比，卖方将承担不可估量的费用，卖方有权全部或部分拒绝买方的要求，即向其交付所缺货物，更换不符合合同质量或品种条件的货物，消除货物的缺陷，补足货物或更换不成套的货物，对货物进行包装或更换包装不全的货物。

3. 若卖方知道或可能知道提供给买方的货物不符合合同条款的约定，则不适用于本条第1款的规定。

第四百四十七条　买方接收货物的责任

1. 买方必须接收卖方交付的货物，除非他有权要求更换货物或撤销买卖合同。

2. 买方应采取一切理应采取的行动，以确保有关货物的交付和接收，本法、其他法律另有规定或合同另有约定的除外。

3. 买方违反法律、其他规范性法条规定或者合同约定不接收或者拒绝接收货物的，卖方有权要求买方接收货物或者解除合同。

第四百四十八条　买方支付货款的义务

1. 买方应按合同约定的价格支付货款，若合同中没有约定且无法根据合同条件确定，则按本法第390条第3款确定的价格支付货款，并采取本法、其他法律规定、合同约定或付款所需的一切行为。

2. 按货物重量确定价格的，除合同另有约定外，应按净重确定。

3. 若合同约定货物价格会随着影响货物价格的因素（成本价、费用等）而发生变化，但未确定价格修正方法，则根据合同签订时和货物交付时这些因素确定价格。卖方迟延履行货物交付义务的，应根据合同订立时和合同约定的货物交付时这些因素确定价格，合同没有约定的，按本法第305条规定的时间确定。

除本法、其他法律另有规定或合同另有约定，债的实质另有要求外，适用本款规定。

第四百四十九条　货款支付

1. 买方应在卖方交付货物之前或之后立即支付货款，但本法、其他法律另有规定或合同另有约定的除外。

2. 除非合同约定分期付款，否则买方必须向卖方全额支付已交付货物的价款。

3. 若买方没有根据合同及时支付货物价款，卖方有权根据本法第360条的规定要求买方支付货款和利息。

4. 若买方违反合同拒绝接收货物并支付货款，卖方有权选择要求支付货款或拒绝履行合同。

5. 根据合同，卖方不仅应向买方交付未付款的货物，而且应交付其他货物的，卖方有权中止交付这些货物，直至买方全额支付以前交付的所有货物的货款，其他法律另有规定或合同另有约定的除外。

第四百五十条　预付货款

1. 若合同约定买方应在卖方交货之前支付全部或部分货款（预付货款），买方必须在合同约定的期限内支付货款，若合同没有约定，则在本法第305条规定的期限内付款。

2. 买方不履行预付款义务的，卖方有权中止或撤销合同，并要求赔偿损失。若买方已支付部分货款，卖方有权中止合同或拒绝履行未付款部分的义务。

3. 收到预付货款的卖方在规定的期限内不履行交货义务的（第419条），买方有权要求卖方交付已付款货物或要求返还未交付货物的预付货款。

4. 除合同另有约定外，预付货款的利息应按本法第360条的规定，从应交货之日起至交货给买方或退还预付货款之日计算。

5. 合同可以约定，卖方应从收到买方的预付款项之日起支付该款项的利息。

第四百五十一条　赊销货款的支付

1. 若合同约定在货物提供给买方后的一定时间内支付货款（赊销货物），买方必须在合同约定的期限内付款，若合同没有约定，则在本法第305条规定的期限内付款。

2. 若卖方没有履行交货的义务，应适用本法第450条第3款的规定。

3. 若收到货物的买方在合同约定的期限内不履行付款义务，卖方有权要求支付货物的货款或退还未付款货物。

4. 除本法另有规定或合同另有约定外，若买方未在合同约定的期限内履行支付货款的义务，则应根据本法第360条的规定，从合同约定的支付货物之日起至买方支付之日止，支付逾期金额的利息。

5. 合同可以约定，买方应从卖方交付货物之日起，支付与货物价格相对应的金额的利息。

6. 自向买方交付货物之日起至买方支付货款为止，赊销货物被视为卖方为确保买方履行支付义务而作的抵押，合同另有约定的除外。

第四百五十二条　分期支付货款

1. 赊销货物的合同可以约定分期付款。

以分期付款为条件的赊销合同，若规定了货物价格、付款程序、条件和金额以及合同的其他基本条件，则视为合同已订立。

2. 当买方在合同约定的期限内未对分期付款销售的货物再次付款时，除合同另有约定外，卖方有权撤销合同并要求退还已售货物，但买方已支付货款超过总货款一半以上的除外。

3. 对于以分期付款为条件的赊销合同，应适用本法第451条第2、4、5、6款的规定。

第四百五十三条　货物保险

1. 合同可以约定卖方或买方对货物的保险义务。

2. 负有货物保险义务的一方未按合同条款投保的，另一方有权对货物进行投保，并要求负有保险义务的一方支付保险费用或拒绝履行合同。

第四百五十四条　卖方所有权保留

1. 若合同约定交付货物的所有权在支付货款前或其他情况出现前由卖方保留，买方无权在取得货物所有权前转移货物所有权或以其他方式处分货物，法律另有规定、合同另有约定或货物的用途和特性另有规定的除外。

2. 若在合同约定的期限内，卖方未收到交付货物的货款，或者不存在所有权转移给买方的其他情况，卖方有权要求买方返还货物，合同另有约定的除外。

第二节　零售买卖

第四百五十五条　零售买卖合同

1. 根据零售买卖合同，从事零售商品的企业活动的卖方，承诺将通常用于个人、家庭、家居或其他与经营活动无关的商品提供给买方。

2. 零售买卖合同是一种公共合同（第386条）。

3. 本法对有公民参与的零售买卖合同没有约定的，适用消费者权利保护的法律和其他法规。

第四百五十六条　零售买卖合同的形式

除非法律另有规定，零售买卖合同中的格式条款或其他条款另有约定（第387条），自卖方向买方发出现金或销售收据或其他确认收款的文件之日起，零售买卖合同即被视为以适当形式订立。没有这些文件并不剥夺买方引用证人证言以证明合同及其条款成立的权利。

第四百五十七条　商品的公开要约

1. 若商品的广告、目录和说明中包含零售买卖合同的所有基本条款，则向不确定的人提供的商品应被视为公开要约（第398条第2款）。

2. 在销售场所（柜台、商店橱窗等）陈列商品、展示商品样品或在销售场所提供有关所售商品的信息（商品说明、目录、商品照片等），无论零售买卖合同中是否规定了价格和其他基本条款，均应视为公开条约，但卖方明确表示有关商品不用于销售的情况除外。

第四百五十八条　向买方提供有关货物的信息

1. 卖方必须按照本法、其他法律和商业惯例，向买方提供有关所售货物的必要和可靠的信息。

2. 买方有权在订立零售买卖合同之前检查货物，要求在卖方在场的情况下检查货物的性能或演示货物的使用，货物性质不允许此类操作或违反商业惯例的除外。

3. 若买方没有机会在销售地立即收到本条第1款和第2款规定的货物信息，其有权要求卖方赔偿因无理逃避订立零售购买合同而造成的损失（第406条第4款），合同已经订立的，可在合理期限内撤销合同，要求退还已付货款并赔偿其他损失。

4. 卖方没有向买方提供有关货物的信息，货物交付后出现缺陷，买方能够证明这些缺陷是缺乏货物相关信息而造成的，卖方应当承担赔偿责任。

第四百五十九条　以买方在一定期限内接收为条件的货物销售

1. 签订零售买卖合同时，以买方在合同约定的期限内接收货物为条件的，在此期限内卖方不得将此货物出售给他人。

2. 除零售买卖合同另有约定外，买方在合同约定的期限内未到场或未采取其他必要行动验收货物，可视为拒绝履行合同。

3. 卖方确保在合同约定的时间内将货物交付给买方的额外费用包含在货物价格中，本法、其他法律另有规定或合同另有约定的除外。

第四百六十条　凭样品销售货物

1. 可以根据卖方提供的商品样品（其说明、目录等）签订零售买卖合同。

2. 货物交付至合同约定地点时，视为合同已履行，若合同没有约定货物交付地，则货物交付至买方居住地或法人住所地时，视为合同已履行，本法、其他法律另有规定或凭样品买卖合同另有约定的除外。

3. 买方在货物交付前有权拒绝履行零售买卖合同，但必须赔偿卖方为履行合同而产生的必要费用。

第四百六十一条　使用自动售货机销售货物

1. 若货物是用自动售货机出售，自动售货机的所有人应将货物放在自动售货机上或以其他方式向买方提供有关卖方的商号、地点、经营方式以及买方为收到货物而需要采取的行动等信息。

2. 使用自动售货机的零售买卖合同从买方执行接收货物的必要行动时起即被视为已订立。

3. 若已支付的货物没有提供给买方，卖方应立即向买方提供货物或退还买方已支付的货款。

4. 自动机器用于兑换货币、购买支付代币或兑换外汇的，应适用零售规则，债的实质另有要求的除外。

第四百六十二条　以送达买方为条件的货物销售

1. 以向买方交付货物为条件订立的零售买卖合同，卖方应在合同约定的时间内将货物交付至买方指定的地点，买方没有指定货物交付地点的，交付地为买方的居住地或者法人住所地。

2. 自货物交付买方时，或在买方缺席的情况下将货物交付给任何出示订立合同或交付货物的收据及其他证明文件的第三人时，视为合同已履行。本法、其他法律另有规定，合同另有约定或债的实质另有要求的除外。

3. 若合同没有约定向买方交付货物的时间，则必须在收到买方要求后的合理期限内交付货物。

第四百六十三条　分期付款合同

合同可以约定，在货物所有权转移给买方之前（第 454 条），买方是货物的承租人（租售合同）。

若合同没有另行约定，买方自全额付款时取得货物所有权。

第四百六十四条　货物的价款和支付

1. 买方应按订立零售买卖合同时卖方公布的价格支付货款，本法、其他法律或债的实质另有要求的除外。

2. 在零售买卖合同约定预付货款的情况下（第450条），买方未在合同约定的期限内付款的，视为买方拒绝履行合同，当事人另有约定的除外。

3. 本法第451条第4款规定不适用于买方分期付款的赊销合同。

4. 买方有权在分期付款货款合同约定的期限内随时全额支付货款。

第四百六十五条　货物交换

1. 自非食品类商品交付给买方之日起14日内，除卖方公布的期限较长外，买方有权在购买地和卖方公布的其他地点将所购商品调换成其他规格、形状、尺寸、款式、颜色或套型的同类商品，如有差价则与卖方进行必要的重新计算。

若卖方没有换货所需的货物，买方有权将所购货物退还给卖方，并请求退回所付货款。

若货物没有使用过，不影响二次销售，且有证据证明从卖方处购买，则卖方应当满足买方提出的换货或退货要求。

2. 以本条规定的理由不予换货或退货的货物清单，应按法律或其他法规规定的程序确定。

第四百六十六条　买方在收到质量不合格货物时的权利

1. 若卖方没有事先说明缺陷，买方收到质量不合格货物时，其有权向卖方提出下列要求：

用质量合格的货物更换有缺陷的货物；

按比例降低购买价格；

立即免费消除货物的缺陷；

赔偿消除货物缺陷的费用。

2. 若货物缺陷因其特性无法消除（食品、家用化学品等），买方可自行决定要求以适当质量的货物替换这些货物或相应降低购买价格。

3. 若买方未提出本条第1款和第2款的要求，其有权撤销零售买卖合同，并要求退还已支付的货款，将质量不合格的货物退回卖方。

卖方在向买方退还已付货款时，无权从中扣除因货物全部或部分使用、商品外观损失或其他类似情况造成的货物价值下降的金额。

第四百六十七条 在货物更换、购买价格降低和退回质量不合格货物时赔偿差价补偿

1. 在用质量合格货物替代不合格货物的情况下，卖方无权要求赔偿合同约定的货物价格与换货时或法院判决换货时货物价格的差额。

2. 用尺寸、款式、品种或其他特征相近但合格的货物更换不合格货物时，应按更换时的价格与质量不合格货物价格的差额予以补偿。

若买方的主张得不到卖方的满足，则应在法院判决更换货物时，确定更换货物的价格和被更换货物的价格。

3. 对质量不合格的货物要求按比例减少货款的，按要求减少货款时的价格计算，若买方的要求得不到满足，则按法院判决按比例减少货款时的价格计算。

4. 在向卖方退回质量不合格的货物时，买方有权要求赔偿零售买卖合同中约定的货物价格与降价后货物价格之间的差额，若要求未得到满足，则在法院判决时要求赔偿。

第四百六十八条 卖方的责任和以实物履行债务

若出卖人不履行零售买卖合同约定的义务，赔偿损失和支付罚金并不能免除出卖人的合同义务。

第三节 货 物 供 应

第四百六十九条 供货合同

根据供货合同，从事经营活动的供销双方承诺在规定的期限或条件下，将其生产或购买的货物交付给买方，用于经营活动或与个人、家庭、家居及其他类似用途无关的其他目的。

第四百七十条 供货合同的有效期

1. 供货合同的期限可以是 1 年，也可以是 1 年以上（长期供货合同）或双方当事人合同中约定的其他期限。

合同中未约定有效期的，视为合同签订 1 年。

2. 若长期供货合同就交货数量或其他条款规定了 1 年或更短期限，合同必须约定各方在合同到期之前就这些条件达成一致的程序，直至合同期满。若合同中没有这样的程序，则视为合同签订 1 年或合同条款约定的期限。

3. 若长期供货合同的一方拒绝或逃避按照合同约定的程序就交付货物的数量或合同的其他条款达成合同，另一方有权向法院提出申请，要求确定有关期间的货物交付条款或终止供货合同。

第四百七十一条　缔结供货合同时争议解决

1. 在签订供货合同时，双方对合同的个别条款有异议的，提出签订合同并收到对方提出建议的一方，必须在收到本建议之日起30日内，采取措施就合同的有关条款达成一致意见，或书面通知对方拒绝签订合同，法律另有规定或双方另有约定的除外。

2. 一方根据合同有关条款收到要约，但未采取措施就供货合同条款达成一致，且未在本条第1款规定的期限内通知另一方拒绝订立合同的，应赔偿因逃避协商合同条款而造成的损失。

第四百七十二条　货物供应期间

1. 当事人约定在供货合同有效期内分批交货，且合同中未约定分批交货条件（交货期）的，必须按月等量分批交货，本法、其他法律、债的实质或商业准则另有规定的除外。

2. 除确定交货期外，还可以在供货合同中约定交货进度（10天、每天、每小时等）。

3. 买方可同意提前交付货物。提前交付并经买方验收的货物，计入下期交付的货物数量。

第四百七十三条　货物供应的程序

1. 供应方交付货物的方式是将货物装运（转移）给作为供货合同一方的买方或合同中指定的收货人。

2. 供货合同约定买方有权向供应方发出向收货人装运（转移）货物的指示（装运卸货）的，由供应方向合同中指定的收货人装运（转移）货物。

发货单的内容和买方向供应方发送发货单的期限由合同确定。若合同中没有约定寄送发货单的期限，买方应在交货期前30天内寄送给供应方。

3. 买方未能在约定的时间内寄送发货单，则供应方有权撤销供货合同，供货合同另有约定的除外。

第四百七十四条　货物的送达

供应方通过供货合同约定的运输方式，按照合同约定的条款和条件送达货物。

若合同没有明确约定运输方式或送达条件，则选择运输方式或确定送达条件的权利属于供应方，本法、其他法律、债的实质或商业准则另有规定的除外。

第四百七十五条　货物交付不足的补充

1. 在交货期内少交付货物的供应方应在随后的供货合同有效期内对少交付的货物进行赔偿，合同另有约定的除外。

2. 根据长期供货合同，供应方在某一交货期未交付货物的，应在货物应交年份的下个供货期补充，合同另有约定的除外。

3. 若供应方将货物运给供货合同或发货单中指定的多个收货人，向一个收货人交付的货物超过合同或发货单约定的数量，不计入向其他收货人少交付的补偿，合同另有约定的除外。

4. 买方有权在通知供应方后拒绝接收逾期交货的货物，合同另有约定的除外。买方应在供应方收到通知之前接收并支付已交付的货物。

第四百七十六条　补货时货物种类

1. 货物种类不足时要补充，由双方协商确定。若没有这样的合同，供应方应在允许少交付货物的时期内，在确定的分类中对少交付的货物进行补偿。

2. 交付的某一名称的货物数量超过供货合同约定的数量，不应算作对同一种类中另一名称的货物交付不足的补偿，并应予以补货，买方事先书面同意的除外。

第四百七十七条　买方接收货物

1. 买方（收货人）应采取一切必要措施，确保顺利接收卖方交付的货物。

2. 买方（收货人）接收的货物必须在本法、其他法律规定、供货合同约定或海关规定的期限内由他进行检验。

买方（收货人）应按照本法、其他法律规定、供货合同约定或商业惯例规定的程序，在同一时间内对货物的数量和质量进行检查，发现不合格货物或者瑕疵货物时，应立即书面通知供应方。

3. 在收到运输组织交付的货物时，买方（收货人）应检查货物是否符合运输和随附单据中规定的信息，并根据规定从运输组织处接收这些货物。

第四百七十八条　买方不接收的货物保管责任

1. 当买方（收货人）拒绝接收供应方根据法律、其他规范性规定或供货合同交付的货物时，买方（收货人）应确保货物的安全（负责保管）并立即通知供应方。

2. 供应方应在合理期限内将买方（收货人）负责保管的货物运走或处理。

若供应方没有在此期限内处理货物，买方可以将货物出售或退还给供应方。

3. 买方因负责保管、销售货物或将货物返还卖方而产生的必要费用，由供应方承担。

供应方承担的必要费用从销售货物的收益中扣除。

4. 若买方不接收或拒绝接收供应方的货物，供应方有权要求买方支付货款，本法、其他法律另有规定或合同另有约定的除外。

第四百七十九条　货物的选择

1. 供货合同约定买方（收货人）在供应方所在地接收货物（选货）的，买方应在货物转移地对所转移的货物进行检验，本法、其他法律或债的实质另有要求的除外。

2. 买方（收货人）应在供货合同约定的期限内挑选货物，若没有规定期限，则应在收到供应方关于货物准备就绪的通知后的合理期限内挑选。

3. 买方（收货人）未在供货合同约定的期限内选择货物，或在没有选择的情况下，在收到供应方关于货物准备就绪的通知后的合理期限内未选择货物，供应方有权撤销合同或要求买方（收货人）支付货款。

第四百八十条　供应货物的结算

1. 买方应按照供货合同约定的结算程序和形式支付所供货物的货款。若当事人对结算的顺序和形式没有约定，以付款委托书的方式结算。

2. 供货合同约定由收货人（付款人）支付货款，收货人无理由拒绝付款或者未在合同约定的期限内支付货款的，供货人有权要求买方支付已交付货物的货款。

3. 若供货合同约定成套货物分批交付，则买方在成套货物最后一部分装运（样品）后支付货款，合同另有约定的除外。

第四百八十一条　包装

1. 若供货合同没有另行约定，则买方（收货人）应按照本法、其他法律中的强制条款或合同约定，将货物运抵时的多余包装和包装工具退还给供应方。

2. 其他包装物和包装工具只有在合同约定的情况下才应退还给供应方。

第四百八十二条　供应质量不合格货物的后果

1. 收到质量不合格货物的买方（收货人）应有权根据本法第 438 条的规定向供应方提出索赔，除非供应方在收到买方关于所交付货物存在缺陷的通知后，立即用质量合格的货物替换所交付的不合格货物。

2. 以零售方式销售货物的，买方（收货人）有权要求供应方在合理时间内更换消费者退回的质量不合格的货物，供货合同另有约定的除外。

第四百八十三条 供应不成套货物的后果

1. 供应方违反供货合同的条款和条件、本法、其他法律的要求或货物完整性的一般要求交付货物的，买方（收货人）有权向供应方提出本法第 443 条规定的要求，但供应方收到买方关于所交付货物不成套的通知后，补足货物或者将不成套货物替换成成套货物的除外。

2. 以零售方式销售货物的，买方（收货人）有权要求供应方在合理时间内更换消费者退回的不成套货物，供货合同另有约定的除外。

第四百八十四条 买方在供货不足、完成消除货物缺陷或补足货物要求时的权利

1. 若供应方未按供货合同约定的数量交货，或未在规定时间内满足买方更换不合格货物或补足货物的要求，买方有权向他人购买未交货的货物，购买货物所需的一切必要合理费用由供应方承担。

2. 买方（收货人）有权拒绝为质量不合格和不完整的货物支付货款，若已支付，在消除缺陷、补足或更换货物前，买方有权要求退还。

第四百八十五条 供货不足或延迟供货的违约金

法律规定或供货合同约定的交货不足或延迟交货的违约金是在供应方实际履行义务前向其收取的，并在随后的交货期补足未交付的货物数量，法律规定或合同约定了其他违约金程序的除外。

第四百八十六条 单方面拒绝履行供货合同，变更供货合同的条款

1. 在任何一方当事人严重违约的情况下，允许单方面拒绝履行供货合同（全部或部分）（第 411 条第 2 款第 4 项）。

2. 在下列情况下，卖方违反供货合同的行为被认为是严重违约行为：

交付的货物质量不合格且有缺陷，在买方接收的期限内无法消除；

屡次违反交货期限。

3. 在下列情况下，买方违反供货合同的行为被视为重大违约行为：

屡次违反付款期限；

屡次不选货。

4. 双方可以约定其他单方面拒绝履行供货合同的理由。

5. 自一方当事人收到另一方当事人关于单方面拒绝全部或部分履行合同的通知之时起，供货合同即被视为终止，通知中或双方合同另有约定的除外。

6. 供货合同的条款可以通过双方当事人的合同进行变更，若不能达成合同，则可以通过本法第413条规定的程序进行变更。

第四节 能源供应

第四百八十七条 能源供应合同

1. 根据能源供应合同，能源供应组织应通过联网向用户（消费者）供应符合规定要求的能源，并对因违反合同和供应质量不合格的能源而造成的实际损失进行赔偿，用户应对所获得的能源进行支付，并遵守合同约定的能源消耗制度，确保能源网络运行安全和所使用的能源装置和设备的完好。

2. 用户有其他必要的设备和符合技术要求的能耗计量装置，并与供能机构联网的，供能机构应与用户签订供能合同。

3. 本法未规定的能源供应合同关系适用关于能源供应的法律和规范性法律文件，以及相关的强制性规范。

第四百八十八条 能源供应合同的订立和延长

1. 若能源供应合同中的用户是使用能源进行家庭消费的公民，则从用户第一次实际连接到所连接的网络时起，合同应按照既定程序被视为订立。

2. 在一定时期内签订的能源供应合同，若双方在合同到期前都没有宣布终止、修改或签订新的合同，则应视为按同样的期限和条件延长。当合同延长到新的期限时，其条款和条件可由双方合同变更。

3. 若一方当事人在合同有效期届满前提出缔结新合同的意见，则新合同缔结前双方当事人的关系应以先合同为准。

第四百八十九条 能源数量

1. 能源供应公司应按照能源供货合同约定的数量，按照双方约定的供应方式，通过联网向用户供应能源。供能机构供应的能源和用户使用的能源数量根据其实际消耗的核算数据确定。

2. 能源供应合同可以约定用户有权改变合同约定其获得的能源数量，但必须补偿能源供应组织为保证能源供应而发生的费用，而不是合同约定的数量。

3. 若能源供应合同中的用户是使用生活用电的公民，他有权按约定的数量使用能源。

第四百九十条 能源质量

1. 供能机构供应的能源质量应当符合国家标准和其他强制性规定或供能合同

约定的要求。

2. 若能源供应方违反能源质量要求，用户可拒绝支付此类能源的费用。

第四百九十一条　用户维护和运营网络、仪器和设备的责任

1. 用户应确保管网、装置和设备在运行中的技术状况和安全，遵守既定的能源消耗制度，并将能源使用过程中出现的事故、火灾、能源计量装置故障和其他违法行为立即通知供能机构。

2. 若能源供货合同中的用户是使用家用能源的公民，除非现行法律另有规定，否则能源供应公司应确保能源网络、计量装置直至能源消费点的适当技术条件和安全。

3. 对能源网络、装置和设备的技术条件和操作的要求，以及对其遵守情况的控制程序，由法律规定和根据这些法律通过的强制性规则确定。

第四百九十二条　能源支付

1. 除本法、其他法律另有规定或双方合同另有约定外，应根据能源核算数据，按用户实际收到的能源量支付能源费。

2. 能源支付的程序由本法、其他法律规定或双方合同约定。

第四百九十三条　分用户

用户只有在得到供电公司同意的情况下，才能将其从能源供应公司获得的能源通过互联网络交付给他人（分用户）。

第四百九十四条　合同的变更和解除

1. 若能源供货合同的用户是使用生活用电的公民，他有权单方面解除合同，但必须通知能源供应公司，并足额支付使用的能源费用。

若能源供货合同的用户是一个法人，能源供应组织有权根据本法第486条规定的理由单方面解除合同，但其他法律文件另有规定的除外。

2. 经双方协商，允许中断、终止或限制能源供应，但经国家能源监督管理机构认证的用户能源装置的不良状况可能发生事故或对公民的生命安全构成威胁的情况除外。能源供应公司应向用户发出能源供应中断、终止或限制的通知。

3. 在必须采取紧急措施防止或消除供电组织系统发生事故的情况下，允许在未经用户同意和没有通知的情况下中断、终止或限制供电，随后必须立即通知用户。

第四百九十五条　能源供应合同责任

1. 在不履行或不适当履行能源供货合同义务的情况下，违反义务的一方应赔偿由此造成的实际损失（第14条第2款第2项）。

2. 若基于法规对能源消耗制度进行管制，允许中断向用户提供能源，能源供应组织有过错的，应对不履行或不当履行合同义务负责。

第四百九十六条　能源供应规则适用于其他合同

1. 本款规定适用于通过联网供应热能的相关法律关系，法规另有规定的除外。

2. 本款的规则适用于通过联网供应天然气、石油和石油产品、水和其他货物的相关有关的法律关系，其他法规和债的实质另有要求的除外。

第五节　企 业 买 卖

第四百九十七条　企业买卖合同

1. 根据企业买卖合同，出卖人承诺将企业作为一个财产整体转移给买受人所有（第33条），但出卖人无权转移给他人的权利和义务除外。

2. 卖方关于商号、商标、服务标志和其他个性化手段的权利及其产品均应交付给买方，合同另有约定的除外。

3. 卖方根据从事有关活动的许可证（执照）获得的权利不得交付给买方，其他法规另有规定的除外。作为企业的一部分向买方交付在没有这种许可证（执照）的情况下买方无法履行的义务，并不解除卖方对债权人的相应义务。买卖双方对不履行上述义务承担连带责任。

第四百九十八条　企业买卖合同的形式和国家登记

1. 企业买卖合同是以书面形式订立（第416条），双方起草签署（第395条第2款），并附上本法第499条第2款规定文件的合同。

2. 违反企业买卖合同形式的合同无效。

3. 企业买卖合同须经国家登记，合同自登记时成立。

第四百九十九条　确定拟买卖企业的组成和价值评估

1. 被出售企业的构成和成本评估，是在企业完整清查的基础上，按照清查的既定规则，在企业买卖合同中确定的。

2. 在签订企业买卖合同之前，双方必须拟定和考虑，库存报告、企业构成和价值的资产负债表，以及公司所包含的所有债务（负债）清单，并说明债权人、性质、规模和债权时间。

这些文件中规定的财产、权利和义务应由卖方交付给买方，本法第497条双方当事人另有约定的除外。

第五百条　企业买卖时债权人的权利

1. 卖方必须在将公司交付给买方之前至少21天，以书面形式通知对被出售公司享有债权的债权人。

2. 债权人在接到出售企业的书面通知后，必须在45天内以书面形式通知卖方同意或不同意债务交付。若在此期间没有收到债权人的异议通知，则推定债权人同意交付。债权人对债务交付表示反对的，必须立即要求出卖人终止或提前履行债务并赔偿损失，或者要求宣告该企业的合同全部或部分无效。

3. 未按照本条第1款规定的程序向债权人发出企业出售通知的，债权人可以在知道或应当知道卖方将企业交付给买方之日起1年内，根据本条第2款的规定提出清偿债权的要求。

4. 企业交付给买方后，买卖双方对交付企业中未经债权人同意而交付给买方的债务承担连带责任。

第五百零一条　企业移交

1. 卖方将公司移交给买方是根据交接清单进行的，该清单规定了公司的组成数据和出售公司时通知债权人的情况，以及已查明的被交付财产损失的信息，因财产损失而无法移交的责任。

企业移交的准备工作，包括起草和提交签署交接清单，由卖方负责，费用由卖方承担，合同另有约定的除外。

2. 自双方签署交接清单之日起，该企业即视为移交给买方。

从签署交接清单之日起，买方应承担拟移交企业财产意外毁损灭失的风险。

第五百零二条　企业所有权转让

1. 企业的所有权自进行国家登记时即转移给买方。

2. 在企业交付给买方后，应立即对买方的企业所有权进行国家登记（第501条）。

3. 合同约定卖方保留交付企业的所有权，直至支付企业货款或出现其他情况时，买方有权在保证企业作为财产综合体经营所必需的范围内，处置属于交付企业的财产和权利。

第五百零三条　移交和接收缺陷企业的后果

1. 根据企业移交清单买卖双方移交的企业，不符合企业买卖合同中关于质量规定的后果，由本法第423条至第425条、第429条、第432条、第438条、第442

条的规定确定，合同和本条第 2 款至第 4 款另有规定的除外。

2. 若企业移交和接收行为是在已经查明企业缺陷和遗失财产信息的情况下进行的（第 501 条第 1 款），则买方有权要求相应降低企业的购买价格，除非企业买卖合同中没有约定在这种情况下提出其他要求的权利。

3. 如果卖方的债务（义务）作为企业的一部分转让给买方，而这些债务（义务）在企业买卖合同或交接清单中没有约定，买方有权要求降低购买价格，除非卖方证明买方在订立合同和企业交接时知道这些债务（义务）的存在。

4. 卖方在收到买方关于作为企业一部分交付的财产存在缺陷的通知时，或未交付某些类型的财产，应立刻更换质量不合格的财产或向买方提供所缺失的财产。

5. 出于卖方原因存在的缺陷不能实现合同目的，而卖方没有按照本法、其他法律规定或合同约定的条件、方式和期限消除这些缺陷，或者不可能消除这些缺陷，买方有权在诉讼中要求终止或修改合同，并要求恢复合同双方已履行的内容。

第五百零四条　法律行为无效后果和合同变更或解除规则适用企业出售合同

本法关于法律行为无效后果和买卖合同变更或解除规则，规定了一方或双方根据合同收到的实物的返还或收取，若这种后果不严重侵犯买卖双方债权人、其他人的权利和受法律保护的利益，不与公共利益相冲突，则适用于企业的买卖合同。

第二十四章　互　　易

第五百零五条　互易合同

1. 根据互易合同，双方各自承诺一方转交给另一方一种产品作为交换。

买卖规则（第 23 章）应相应适用于互易合同，但与本章规则和交换实质相违背的除外。双方是指其承诺交付货物的卖方和其承诺接收货物的买方。

2. 以经营权为基础的法人有权作为互易合同的一方，根据该合同，他们只有在法人财产所有人同意的情况下才能交付不动产（第 230 条第 3 款）。

3. 以业务管理权为基础的法人有权作为互易合同的一方，只有在法人财产所有人同意的情况下，才能交付交付他们的财产（第 231 条第 3 款）。

第五百零六条　互易合同价款和费用

1. 若互易合同没有另行约定，交换的货物被认为具有同等价值，其交付和接收的费用应分别由承担相应责任的一方承担。

2. 根据合同约定，待交换的货物被认为价值不等的，除非合同另有约定，否则价格低于待交换货物价格的应交付货物的一方应在货物交付之前或之后立即支付差价或所有权文件。

第五百零七条 交换货物所有权的转让

除法律另有规定或易货合同另有约定外，交换货物的所有权应在双方履行相应货物交付义务后同时转移给易货合同买方。

第五百零八条 根据互易合同获得的货物退回的责任

第三人根据互易合同退回获得的货物的一方当事人有权根据本法典第425条规定理由要求另一方当事人退还后者收到的交换货物，并（或）赔偿损失。

第二十五章 赠 与

第五百零九条 赠与合同

1. 根据赠与合同，一方（赠与人）生前可无偿交付或承诺交付给另一方（受赠人）所有权中的物品，或交付或承诺交付给他自己或第三人的财产权（债权），或解除或承诺解除他对自己或第三人的财产义务。

2. 若有违背交付物的权利或违反义务的行为，则该合同不视为赠与。本法第188条第2款的规定适用于此类合同。

3. 无偿向某人赠与物品或财产权或解除某人的财产义务的承诺（赠与承诺），若以适当的形式（第510条第2款）作出，并载有今后无偿赠与物品或权利或解除某人的财产义务的明确意图，则被确认为赠与合同，对承诺人具有约束力。

承诺将自己的全部或部分财产捐献，但未以物品、权利或义务免除的形式确定具体赠与内容，则承诺无效。

第五百一十条 赠与合同的形式

1. 除本条第2款和第3款规定的情形外，赠与时可以口头向受赠人交付赠品。赠与的交付方式有赠送、象征性交付（交钥匙等）或交付产权文件等。

2. 在下列情况下，应当以简单的书面形式订立动产赠与合同：

（1）赠与人是法人，且赠与价值超过计算指数的10%；

（2）合同中含有对未来赠与的承诺。

在本款规定的情况下，经赠与人主张，法院可以宣告口头达成的赠与合同无效。

3. 不动产赠与合同须经国家登记，不需要强制性的公证证明。

第五百一十一条 禁止赠与

除赠送价值不超过计算指数10%的普通礼品外，以下财产禁止赠与：

（1）享有经营权和业务管理权的法人对其所有的财产实施的赠与；

（2）未成年人或被认定为无民事行为能力的人的法定代理人以其名义实施的赠与；

（3）公务员和地方自治机关的工作人员因履行职责而实施的赠与；

（4）在医疗机构、教育机构、社会服务机构或其他类似机构进行治疗、教育或收容的公民，其配偶和亲属向上述机构的工作人员实施的赠与；

（5）商业组织之间的赠与。

第五百一十二条 赠与的限制

1. 经共同所有权各方同意，允许赠与共同所有财产，但须遵守本法第272条的规定。

2. 将属于赠与人的所有权赠与给第三方，应遵守本法第314条至第317条的规定。

3. 在遵守本法第303条第1款规定的情况下，向第三方履行其某项义务。

赠与人将受赠人的债务转移给第三方的赠与方式，应遵守本法第318条的规定。

4. 代表人的赠与委托书，若没有指明受赠人的姓名，也没有指明赠与的主体，则该委托书无效。

第五百一十三条 拒绝履行赠与合同

1. 若在合同订立后，受赠人的财产状况明显恶化，赠与人有权拒绝履行包含承诺将该物或权利交付给未来受赠人的合同，或拒绝解除受赠人的财产义务。

2. 赠与人有权拒绝签订合同，因为合同中包含了未来将赠与物转移的承诺，或有权以某种理由解除赠与人的财产义务，这使他有权取消赠与（第514条第1款）。

3. 赠与人以本条第1款、第2款规定的理由拒绝履行赠与合同的，受赠人无权要求损害赔偿。

第五百一十四条 撤销赠与

1. 若赠与人、其家庭成员或近亲属的生命或健康受到蓄意侵害，赠与人有权撤销赠与。

在故意剥夺赠与人生命的情况下，赠与人的继承人有权请求法院撤销赠与，向法院要求取消赠与的权利属于其继承人。

2. 赠与合同可以约定赠与人有权在其寿命超过受赠人时撤销赠与合同。

3. 撤销赠与时，若赠与财产尚实际存在，受赠人有义务返还。

第五百一十五条 拒绝履行赠与和无法撤销赠与的情形

关于拒绝履行赠与合同（第513条）和撤销赠与（第514条）的规则不适用于价值小的普通赠与。

第五百一十六条 瑕疵财产赠与的后果

因赠与财产瑕疵而给受赠人的生命、健康、财产造成损害的，若能证明瑕疵在该物转移给受赠人之前已经产生但不明显，而赠与人知道瑕疵的存在却没有向受赠人说明，赠与人应当承担赔偿责任。

第五百一十七条 承诺赠与的权利继受

1. 根据赠与合同承诺赠与受赠人的权利不转移给其继承人（法定继承人），但赠与合同另有约定的除外。

2. 根据赠与合同承诺赠与人的义务转移给其继承人（法定继承人），合同另有约定的除外。

第五百一十八条 捐赠

1. 捐赠是指为社会公益目的而实施的财产或者权利的赠与。

捐赠对象可以是公民、社会福利机构、医疗、教育、科研、慈善和其他类似机构、博物馆和其他文化机构、基金会、公共组织和宗教组织，以及国家和行政、领土单位。

2. 接受捐赠不需要任何人的同意或许可。

3. 捐赠人在向公民捐赠时应该约定，而向法人捐赠时可以约定将捐赠财产用于特定目的。

若不具备这样的条件，将财产捐赠给公民，则视为普通的捐赠，其他情况下，捐赠人按照财产用途使用捐赠财产。

4. 若由于情况发生变化，无法按照上述捐赠人的目的使用捐赠的财产，只有在捐赠人同意的情况下，才能将其用于其他目的，若作为捐赠人的自然人死亡或法人已经清算，须经法院判决方能用于其他目的。

5. 捐赠财产的使用不符合捐赠人所指明的用途，或者不符合本条第4款规定改变该用途的，捐赠人、其继承人或者其他法定继承人有权要求撤销捐赠。

6. 本法第513条和第514条的规定不适用于捐赠。

第二十六章　年金和终身赡养

第一节　年金和终身赡养的一般规定

第五百一十九条　年金合同

1. 根据年金合同，一方当事人（年金接受人）将财产交付给另一方（年金支付人）所有，而年金的支付人承担义务作为接受财产的交换定期向年金接受人支付一定数额的金钱或者提供其他形式的生活费。

2. 根据年金合同，允许规定无限期支付年金（永久性年金）的义务或者规定在年金接受人有生之年支付年金（终身年金）的义务。终身年金可以按照公民终身赡养费条件规定。

第五百二十条　年金合同的形式

年金合同须经公证，而约定交付不动产支付年金的合同也须经国家登记。

第五百二十一条　以支付年金为条件的财产转让

1. 以支付年金为条件转让的财产，可以由年金接受人有偿或无偿移转给年金支付人所有。

2. 如果年金合同约定有偿交付财产，则对双方移转财产和付款的关系适用关于买卖合同的规则（第23章），而如果财产无偿移转，则适用关于赠与合同的规则（第25章），但本章规则中没有规定且与租房合同的实质内容不相抵触的除外。

第五百二十二条　不动产年金负担

1. 年金以要求支付为条件而设定于移转的土地、企业、建筑物、构筑物或其他不动产之上。年金支付人将该财产进行转让时，因年金合同而产生的义务移转给财产取得人。

2. 将设定了年金负担的不动产转让给他人所有时，该转让人与该他人对因违反年金合同而产生的取得年金的请求权承担补充责任（第364条），但本法、其他法律规定或合同约定对该义务承担连带责任的除外。

第五百二十三条　年金支付担保

1. 在以支付年金为条件而移转土地或其他不动产时，年金接受人取得该财产的抵押权以保证年金支付人支付年金的义务。

2. 在约定以支付年金为条件移转金钱或其他动产的合同中，必要条款是规定年金支付人对其义务的履行提供保证（第319条），或者对不履行或不适当履行该义务的责任风险进行投保，受益人为年金接受人。

3. 在年金支付人不履行本条第2款规定的义务时，以及在出于年金接受人不应负责的原因失去保证或保证条件恶化时年金接受人有权解除年金合同并要求赔偿因解除年金合同而造成的损失。

第五百二十四条 延迟支付年金的责任

年金支付人延迟支付年金的，应向年金接受人支付本法第360条规定的利息，但年金合同约定了不同利息数额的除外。

第二节 永久性年金

第五百二十五条 永久性年金的领受人

1. 永久性年金领受人只能是公民，以及非商业性组织，但这与法律相抵触并不符合其活动宗旨的除外。

2. 根据永久性年金合同，年金领受人的权利可以通过请求权让渡的方式或通过遗产继承以及在法人改组时通过权利继受的方式移转给本条第1款所规定的人，但法律另有规定或合同另有约定的除外。

第五百二十六条 永久性年金的形式和数额

1. 永久性年金按照合同约定的数额以金钱形式支付。

永久性年金合同可以约定通过提供与年金数额等值的财产、工作或服务的方式支付永久性年金。

2. 除永久性年金合同另有约定外，应支付的年金数额应根据相关付款利率或银行利率的变化而变化。

第五百二十七条 永久性年金的支付期限

如果永久性年金合同没有不同约定，则永久性年金在每个季度结束时支付。

第五百二十八条 付款人赎买永久性年金的权利

1. 永久性年金付款人有权通过赎买的方式拒绝继续支付永久性年金。

2. 此种拒绝在下列条件下有效：年金付款人在终止支付年金前至少3个月或者在永久性年金合同约定的更早期限内以书面形式提出。在这种情况下永久性年金领受人收到全部赎买款之前不得终止，但合同约定了不同赎买办法的除外。

3. 永久性年金合同关于永久性年金付款人放弃永久性年金赎买权的条款自始无效。

合同可以约定，在年金领受人的有生之年或者在不超过合同签订之日起的30年的其他期限内，年金付款人不得行使赎买永久性年金的权利。

第五百二十九条　根据年金领受人的请求永久性年金的赎买

有下列情形之一的，永久性年金领受人有权要求支付人赎买年金：

（1）年金付款人延迟支付年金超过1年，但永久性合同规定了不同期限的除外；

（2）年金付款人违反支付年金的担保义务（第532条）；

（3）年金付款人被认定为无支付能力或者发生了显然能证明支付人不能按照合同约定的数额和期限支付年金的情况；

（4）以支付永久性年金为条件而移转的不动产成为共有财产或已经在几个人之间进行了分割；

（5）合同约定的其他情况。

第五百三十条　永久性年金的赎买价格

1. 在本法第528条和第529条规定的情况下，永久性年金的赎买按照永久性年金合同约定的价格进行。

2. 如果永久性年金合同中没有关于以支付永久性年金为条件而有偿移转财产的赎买价格条款，则赎买按照应支付年金的年度金额进行。

3. 如果永久性年金合同中没有关于以支付永久性年金为条件而无偿移转财产的赎买价格条款，则赎买价格除年金的年度金额外，还应包括所移转财产的价格，而该财产的价格依照本法第390条第3款的规则确定。

第五百三十一条　以支付永久性年金为条件移转的财产意外灭失或损毁的风险

1. 以支付永久性年金为条件而无偿移转的财产意外毁损或灭失的风险由年金的付款人承担。

2. 支付永久性年金为条件而有偿移转的财产意外毁损或灭失时，年金付款人有权分别要求终止支付年金的义务或者变更年金支付的条件。

第三节　终 身 年 金

第五百三十二条　终身年金领受人

1. 终身年金的期限可以确定为以取得年金为条件交付了财产的公民的有生之年，或者财产交付人所指定的公民的有生之年。

2. 允许规定终身年金的受益人为几个公民时，其取得年金权利的份额视为相等，但终身年金合同另有约定的除外。

当终身年金领受人之一死亡时，他接受终身年金权利的份额移转给尚在人世的其他接受人，但终身年金合同另有约定的除外，而在最后一名年金领受人死亡后，支付年金的义务终止。

3. 如果终身年金合同的受益人为签订合同之时已经死亡的公民，则合同自始无效。

第五百三十三条　终身年金的数额

1. 在终身年金合同中，终身年金的数额应规定为在年金领受人有生之年定期向他支付的金额。

2. 合同中约定的终身年金的金额，每月至少应有一个计算指标，在本法第 308 条规定的情况下，应当增加。

第五百三十四条　终身年金支付的期限

如果终身年金合同没有另行约定，终身年金应在每个月末支付。

第五百三十五条　根据年金领受人的请求终身年金合同的解除

1. 如果年金支付人实质性地违反终身年金合同，年金接受人有权要求年金支付人依照本法第 530 条的规定赎买年金，或者要求解除合同并赔偿损失。

2. 若以支付终身年金为条件无偿转让住宅、住房或其他财产，则在年金支付人实质性地违反年金合同时，年金接受人有权要求返还该财产，同时将年金计入该财产的赎买价。

第五百三十六条　以支付终身年金为条件所移转的财产意外灭失或损毁的风险

以支付终身年金为条件而移转的财产发生意外毁损灭失的，不免除年金支付人按照终身年金合同约定的条件支付终身年金的义务。

第四节　终 身 赡 养

第五百三十七条　终身赡养合同

1. 根据终身赡养合同，作为年金接受人的公民将属于他的住房、住宅土地或其他不动产移转给年金支付人所有，而年金支付人承担义务对该公民和（或）他所指定的第三人（一人或几人）进行终身赡养。

2. 对终身赡养合同适用关于终身年金的规定，本章有不同规定的除外。

第五百三十八条　赡养提供义务

1. 年金支付人履行终身赡养费的义务可以包括保证年金接受人对住所、食物和衣物的需求，而在公民的身体需要时，还包括对他的照料。终身赡养合同还可以约定由年金支付人负担各种宗教礼仪服务的费用。

2. 终身年金合同中应当确定全部赡养费的总价值。在这种情况下，每个月的赡养费总额的费用不得低于计算指数的 2 倍。

3. 法院在审理双方关于已经提供和应该提供给公民的赡养费金额的纠纷时，应该遵循诚信和合理的原则。

第五百三十九条　以定期支付代替终身赡养

终身赡养合同可以约定在公民有生之年进行定期金钱支付代替终身赡养的实物提供。

第五百四十条　为担保终身赡养转让的财产的让与和使用

只有事先征得年金接受人的同意，年金支付人才有权将为担保终身赡养而将交付给他的不动产进行让与、抵押或者以其他方式设定负担。

年金支付人应采取必要的措施，保证在提供终身赡养期间对上述财产的使用不降低其价值。

第五百四十一条　终身赡养费的终止

1. 终身赡养的义务因年金领受人的死亡而终止

2. 付款人实质性地违反自己的义务时，年金领受人有权要求返还为保证终身赡养而交付的财产，或者要求按照本法第 530 条规定的条件向他支付赎买价格。在这种情况下，年金付款人无权要求补偿因赡养年金领受人而发生的费用。

第二十七章　财 产 租 赁

第一节　一 般 规 定

第五百四十二条　财产租赁合同

根据财产租赁（租赁）合同，出租人承担义务向承租人提供财产供承租人暂时占有和使用或暂时使用，并收取费用。

第五百四十三条　财产租赁的客体

1. 土地和其他独立的自然客体、企业和其他财产综合体、建筑物、构筑物、设备、交通工具和其他在使用中不丧失其自然属性的物（非消耗物）均可以进行租赁。

法律可以规定禁止或限制出租的财产种类。

2. 法律可以对土地和其他独立自然客体的出租作出专门规定。

第五百四十四条　产品、孳息和租赁财产收入所有权

承租人因使用租赁财产获得的孳息、产品和收入归其所有，合同另有约定的除外。

第五百四十五条　租赁合同的形式

1. 租赁合同必须以书面形式订立。

2. 租赁合同约定今后将财产的所有权转移给雇主，应按该财产买卖合同约定的形式订立。

3. 不动产租赁合同期限在 3 年以上的，须进行国家登记。

若合同签订时间不足 3 年，则必须根据一方当事人的要求进行登记。

4. 动产租赁合同在法律规定的情况下，必须进行登记。

第五百四十六条　出租人

出租财产的权利属于财产的所有权人。出租人也可以是法律或财产所有权人授权出租财产的人。

第五百四十七条　财产租赁合同的期限

1. 财产租赁合同的期限由合同确定。

2. 若财产租赁合同没有约定期限，则租赁合同视为不定期合同。在这种情况下，任何一方均有权在任何时间内提前 1 个月通知对方，而在不动产租赁合同中提前 3 个月通知对方后终止合同。法律可以规定或合同可以约定提前通知解除不定期租赁合同的其他期限。

3. 法律可以对具体种类的租赁以及对具体种类财产的租赁规定最长（极限）的合同期限。在这种情况下，如果合同未约定租赁期限或任何一方均未在法定极限期届满前要求解除合同，则合同在极限期届满时终止。

租赁合同约定的期限超过法定最长期限的，超过部分无效。

第五百四十八条　向承租人提供财产

1. 出租人向承租人提供财产的状态必须符合租赁合同约定的条件和财产的用途。

2. 财产出租时所有从物和有关文件（技术说明书、质量合格证等）应一并交付，但合同另有约定的除外。

如果这些从物和文件没有交付，承租人因而无法依其用途使用该财产，或者在相当程度上丧失了签订合同时有权期待的利益，则承租人有权要求出租人向他提供从物和文件，或者要求解除合同并要求赔偿损失。

3. 如果出租人未在合同约定的期限内将出租的财产交付承租人，而在合同未约定期限时，未在合理的期限内交付该物，则承租人有权依照本法第 363 条要求出租人交付该财产并要求赔偿延迟交付造成的损失，或者要求解除合同并赔偿合同未履行而造成的损失。

第五百四十九条　出租人的出租财产瑕疵的责任

1. 出租人应对交付出租财产的全部或者部分妨碍其使用的瑕疵负责，即使在签订合同时他并不知悉这些瑕疵。

发现瑕疵时，承租人有权依照自己的选择：

要求出租人无偿消除财产瑕疵，或者相应地减少租金、赔偿承租人消除瑕疵而支出的费用；

事先通知出租人后直接从租金中扣除因消除瑕疵而支出的费用；

要求提前解除合同。

2. 出租人在收到关于承租人请求的通知或者承租人以出租人的费用消除瑕疵意向的通知后，可以立即以状态良好的同类财产更换原先提供给承租人的财产，或者无偿消除财产的瑕疵。

3. 如果满足承租人的请求或承租人从租金中扣除消除瑕疵的费用不足以弥补承租人的损失，则承租人有权要求赔偿未弥补的那部分损失。

4. 如果财产瑕疵在租赁合同签订时已在合同中说明或者承租人事先知悉，或在签订合同时或交付出租财产时对财产进行查看或检查财产是否完好时承租人应该发现，则出租人对瑕疵不承担责任。

第五百五十条　第三方出租财产的权利

财产交付出租并不构成对第三人在该财产上的权利的终止或者变更的根据。

在签订租赁合同时，出租人有义务事先向承租人说明第三人在该财产上的所有权利（地役权、抵押权等）。出租人不履行这一义务的，承租人有权要求减少租金或者要求解除合同并要求赔偿损失。

第五百五十一条　租金

1. 承租人有义务及时交纳使用财产的费用。

交纳租金的程序、条件和期限由租赁合同确定。

2. 租金可以对出租财产整体规定或者对其各个组成部分单独规定。租金的形式如下：

（1）分期交纳或一次性支付的固定数额；

（2）规定对使用租赁财产而收获的天然孳息、产品和法定孳息收取一次的份额；

（3）承租人提供一定的服务；

（4）承租人向出租人交付合同约定的财产归其所有或者租赁；

（5）责成承租人负担合同约定的用于改善租赁财产的费用。

双方可以在租赁合同中同时规定上述几种租金形式或规定其他的租金形式。

3. 如果合同没有另行约定，租金的数额可以在合同约定的期限内由双方协议变更，但 1 年最多变更 1 次。法律可以对具体种类的租赁以及对具体种类的财产规定变更租金数额的最长期限。

4. 在出于承租人不应负责的原因而发生致使租赁合同约定的财产使用条件或财产状况严重恶化的情况时，承租人有权要求相应减少租金，法律另有规定的除外。

5. 当承租人实质性地违反交纳租金的期限时，出租人有权要求他在合同约定的期限内提前交纳租金。在这种情况下，出租人有权要求承租人提前交纳最多 2 期的租金。合同另有约定的除外。

第五百五十二条　租赁财产的使用

1. 承租人有义务按照租赁合同约定的条件使用租赁财产，在合同没有约定使用条件时，应按租赁财产的用途进行使用。

2. 如果承租人对租赁财产的使用违反合同条件或租赁财产的用途，则出租人有权要求解除合同并赔偿损失。

第五百五十三条　租赁财产的处分　租赁财产的分租和转租

承租人经出租人同意后，有权将租赁财产分租并将租赁合同的权利和义务移转给第三人（转租），以及将租赁权进行抵押、作为投资注入商业合伙和商业公司的注册资本或作为股金投入生产合作社，但法律另有规定的除外。在上述情况下，除转租外，承租人仍根据合同对出租人承担责任。

转租合同的期限不得超过租赁合同的期限。

对转租合同适用关于租赁合同的规则，法律另有规定的除外。

第五百五十四条　出租人维护财产的义务

1. 出租人有义务以自费对租赁财产进行维修，但法律另有规定或租赁合同另有约定的除外。

维修应该在合同约定的期限内进行，而如果合同未约定维修或因为紧急情况需要而进行维修，则应该在合理的期限内进行。

2. 出租人违反维修义务的，承租人有权根据自己的选择：

进行合同约定的维修或因紧急情况而必需的维修，并向出租人追索修理费或将修理费抵销租金；

要求相应地减少租金；

要求解除合同并赔偿损失。

第五百五十五条　承租人维护财产的义务

承租人有义务维持租赁财产的良好状态，自费进行日常修理并承担租赁财产的维护费用，但法律另有规定或合同另有约定的除外。

第五百五十六条　当事人变更时租赁合同继续有效

1. 租赁财产的所有权（经营权、业务管理权、继承占有权）向他人的移转，不构成变更或解除租赁合同的根据。

2. 在承租不动产的自然人死亡时，根据租赁合同产生的权利和义务移转给他的继承人，但法律另有规定或者合同另有约定的除外。

出租人无权拒绝该继承人在合同剩余的有效期内继承合同，但合同的签订以承租人的个人品质为条件的情况除外。

第五百五十七条　应出租人要求提前终止租赁合同时分租合同的终止

1. 如果租赁合同没有另行约定，租赁合同提前终止时根据它签订的分租合同亦终止。在这种情况下，分承租人有权对其使用中的财产根据分租合同签订租赁合同，其期限以原分租合同的剩余时间为限，条件与已终止的租赁合同相同。

2. 如果租赁合同依照本法规定的理由自始无效，则依照它签订的分租合同亦自始无效。

第五百五十八条　应出租人的要求提前解除合同

1. 法院可以根据出租人的要求提前解除租赁合同，如果承租人有下列行为之一：

（1）实质性地违反合同约定条款或者财产的用途使用财产或者多次违反合同

条款；

（2）使财产状态发生实质性恶化；

（3）在合同约定的期限届满时连续 2 次以上不交纳租金；

（4）当根据法律、其他规范性文件的规定或者合同的约定承租人有义务进行维修时，不在合同约定的期限内进行维修，而在无合同约定时不在合理的期限内进行维修。

2. 租赁合同还可以根据本法第 411 条第 2 款的规定约定依出租人的要求而提前解除租赁合同。

出租人只有在向承租人发出关于在合理期限内履行其义务的预先书面通知后，才有权要求解除合同。

第五百五十九条　应承租人的要求提前解除合同

有下列情形之一的，法院可以根据承租人的要求提前解除租赁合同：

（1）出租人没有根据合同约定的条件或者财产的用途将租赁物交付承租人使用或者对其使用设置障碍；

（2）交付给承租人的租赁物具有阻碍其使用的瑕疵，而在合同签订时出租人没有对该瑕疵进行说明，承租人事先并不知悉，在签订合同时对租赁物进行查看或检查其是否完好时也不可能知悉；

（3）出租人负有维修义务时，出租人不在合同约定的期限内进行维修，而没有合同约定时，不在合理期限内进行维修；

（4）租赁物状况由于承租人不应负责的情况而不再使用。

租赁合同还可以根据本法第 411 条第 2 款的规定约定依承租人的要求而提前解除租赁合同。

第五百六十条　财产租赁合同期满后继续使用租货财产

1. 除法律另有规定或合同另有约定外，适当履行了自己义务的承租人，合同期限届满时，享有在相同的条件下优先于其他人续签租赁合同的权利，承租人必须在合同约定的期限内以书面形式通知出租人续签合同的意思表示，而合同未约定该期限时，应在合同有效期届满之前的合理期限内进行通知。

在续签租赁合同时，合同条款可根据双方协议变更。

如果出租人拒绝与承租人续签租赁合同，而在自与承租人的租赁合同期限届满之日起 1 年内又与其他人签订租赁合同，承租人有权根据自己的选择向法院要求将已签订合同的权利义务移转于自己并要求赔偿因拒绝与之续签租赁合同而造成的损失，或者仅仅要求赔偿该损失。

2. 如果承租人在合同期限届满后继续使用财产而出租人没有提出异议，则合同视为按原条件签订的不定期合同，本法第547条第3款另有规定的除外。

第五百六十一条　财产返还给出租人

1. 在租赁合同终止时，承租人有义务以接受财产时的财产状况并考虑到正常的磨损，或者按合同约定的财产状况将租赁财产返还给出租人。

2. 如果承租人未将财产返还于出租人或者未及时返还，出租人有权要求支付整个迟延时间的租金。上述租金不能弥补出租人的损失时，出租人有权要求赔偿损失。

如果合同对不及时返还财产约定了违约金，还可以在违约金之外全额追偿损失，但合同另有约定的除外。

第五百六十二条　租赁财产的改良

1. 承租人对租赁财产进行的可以分离的改善，归承租人所有，合同另有约定的除外。

2. 如果承租人以自己的资金并征得出租人的同意对财产进行了改善，而该改善的分离将损害出租财产，承租人有权在合同终止后要求赔偿这些改善的价值，但租赁合同另有约定的除外。

3. 若承租人未得出租人的同意而对出租财产进行了不可分离的改善，则承租人无权要求赔偿改善的价值，但法律另有规定的除外。

4. 对租赁财产的改善，不论是可分离的还是不可分离的，若是以该财产的折旧提成费而进行，则均归出租人所有。

第五百六十三条　租赁财产的赎买

1. 合同可以约定，租赁财产的所有权在租赁期限届满或届满前移转给承租人，其条件是承租人付清合同约定的全部赎买价款。

2. 若租赁合同没有约定赎买租赁财产的条款，则该条款可以由双方的补充合同约定，在这种情况下双方有权规定将已经交纳的租金计入赎买价。

3. 在吉尔吉斯共和国法律规定的情况下，租赁合同及随后的赎买须进行登记。

4. 法律可以规定禁止赎买租赁财产的情形。

第五百六十四条　某些种类的租赁和某些种类财产的租赁的特点

对某些种类的租赁合同以及某些种类财产的租赁合同（动产租赁、运输工具租赁、建筑物和构筑物的租赁、企业租赁）适用本法，但本法对这些合同另有规定的除外。

第二节 动产租赁

第五百六十五条 动产租赁合同

1. 根据动产租赁合同，以财产出租作为经常性经营活动的出租人承担义务将动产交付承租人暂时占有和使用，并收取租金。

根据动产租赁合同交付的财产应用于消费目的，但合同或者债的性质有不同要求的除外。

2. 动产租赁合同以书面形式签订。

3. 动产租赁合同为公共合同（第386条）。

第五百六十六条 动产租赁合同的期限

1. 动产租赁合同的期限为1年以下。

2. 关于不定期租赁合同的续签和承租人续签合同的优先权的规则（第560条）不适用于动产租赁合同。

3. 承租人有权在任何时间拒绝履行动产租赁合同，合同另有约定的除外。

第五百六十七条 向承租人提供财产

出租人在签订动产租赁合同后有义务在承租人在场的情况下当面对租赁物的完好性进行检查，并向承租人介绍使用租赁物的规则或者向他交付该动产使用说明书。

第五百六十八条 租赁财产瑕疵的消除

1. 当承租人发现租赁物存在完全或者部分妨碍使用的瑕疵时，如果租赁合同没有约定更短的期限，则出租人有义务在自承租人提出瑕疵之日起的10日内，无偿地消除瑕疵或者以状态良好的同类财产更换该财产。

2. 若租赁物的瑕疵是承租人违反租赁物使用与维护规则造成的，承租人应向出租人支付租赁物的修理和运输费用。

第五百六十九条 租金

1. 根据动产租赁合同，租金可以规定为以固定数额分期交纳或者一次性交纳。

2. 当承租人提前返还租赁物时，出租人应返还相应部分的租金，这部分租金自实际返还财产之日的第二天起计算。

3. 对承租人拖欠租金的追索根据公证员执行背书以非诉讼程序进行。

第五百七十条　租赁财产的使用

1. 根据动产租赁合同，租赁物的维修和日常维护是出租人的义务。

2. 不允许实施以下行为：将根据动产租赁合同交付给承租人的财产进行转租；将租赁合同产生的权利和义务移转给他人；将该财产提供给他人无偿使用；将租赁权进行抵押；将租赁权作为财产投资投入商业合伙和商业公司或者作为股金投入生产合作社。

第三节　交通工具的租赁

第一分节　提供驾驶与技术运营服务交通工具的租赁

第五百七十一条　带有司乘人员的交通工具的租赁合同

1. 根据带有司乘人员的交通工具租赁合同（暂时租赁），出租人向承租人提供交通工具供承租人暂时占有和使用，提供驾驶和技术服务，并收取费用。

2. 关于不定期租赁合同续签和承租人续签租赁合同的优先权的规则（第560条），不适用于带有司乘人员的交通工具租赁合同。

第五百七十二条　带有司乘人员的交通工具租赁合同的形式

带有司乘人员的交通工具租赁合同均应以书面形式签订，而不论合同期限长短。这种合同不适用本法第545条第4款规定的租赁合同登记的规则。

第五百七十三条　出租人保养交通工具的义务

在带有司乘人员的交通工具租赁合同的整个有效期内，出租人均有义务保养所出租交通工具的应有状态，包括进行日常保养和维修以及提供必要的附属用品。

第五百七十四条　出租人在交通工具驾驶与技术运营的义务

1. 出租人向承租人提供的交通工具驾驶与技术服务应该保障交通工具符合合同约定目的的正常和安全使用。带有司乘人员的交通工具租赁合同可以约定向承租人提供范围更大的服务。

2. 交通工具司乘人员的构成及业务水平应当符合对双方的强制性规则和合同条款，而如果没有规定对双方的强制性规则，则应符合该种交通工具的通常使用要求和合同条款。

3. 司乘人员是出租方的工作人员，他们在交通工具驾驶和技术服务方面服从出租人的指令，而在交通工具的商业利用方面服从承租人的指令。

4. 司乘人员的服务费用以及生活费，均应由出租人负担，合同另有约定的除外。

第五百七十五条 承租人与交通工具商业运营有关费用支付的义务

承租人应承担因交通工具的商业使用而产生的费用，其中包括燃料费和其他在使用过程中消耗的材料费以及税费，合同另有约定的除外。

第五百七十六条 交通工具的保险

在法律规定或者合同约定保险为强制保险时，出租人有义务对交通工具进行投保和（或）对交通工具可能造成的或因交通工具的使用而可能引起的损失的保险责任投保，合同另有约定的除外。

第五百七十七条 与第三人使用交通工具合同

1. 承租人有权不经出租人的同意将交通工具转租，合同另有约定的除外。

2. 在对交通工具进行商业使用的范围内，承租人有权不经出租人的同意而以自己的名义与第三人签订运输合同和其他合同，只要这些合同不与租赁合同约定的交通工具使用目的相抵触，或在合同未约定目的时不与交通工具的用途相抵触。

第五百七十八条 造成交通工具损坏的责任

当租赁的交通工具毁损灭失时，如果出租人能证明交通工具毁损灭失属于承租人依照法律或租赁合同应该承担责任的情况，则承租人必须向出租人赔偿损失。

第五百七十九条 交通工具所造成损害的责任

租赁的交通工具，其机械、装置、设备对第三人造成的损害，出租人应依照本法第 51 章的规则承担责任。出租人如果能证明损害因承租人的过错而发生，则有权向承租人提出赔偿向第三人所支付费用的返还请求。

第五百八十条 交通工具某些种类租赁的特点

除本章的规定外，运输法律和其他法律还可以对某些种类同时提供驾驶与技术服务的交通工具租赁作出其他特别规定。

第二分节 不提供驾驶和技术运营服务交通工具的租赁

第五百八十一条 无司乘人员的交通工具的租赁合同

根据无司乘人员的交通工具租赁合同，出租人向承租人提供交通工具供承租人暂时占有和使用，但不提供驾驶和技术服务，并收取租金。

关于不定期租赁合同续签和承租人续签租赁合同的优先权的规则（第 560 条），不适用于无司乘人员的交通工具租赁合同。

第五百八十二条 无司乘人员的交通工具租赁合同的形式

无司乘人员的交通工具租赁合同均应以书面形式签订。

第五百八十三条　承租人保养交通工具的义务

承租人在无人驾驶交通工具的租赁合同整个有效期内有义务维护租赁交通工具的应有状态，包括进行日常维护和大修。

第五百八十四条　承租人驾驶和技术运营交通工具的义务

承租人自己管理租赁的交通工具，以及对其进行商业和技术运营。

第五百八十五条　承租人支付交通工具保养费用的义务

承租人应承担交通工具的维护费、保险费，包括自己的责任保险费，以及负担因使用交通工具而产生的费用。

第五百八十六条　与第三人使用交通工具的合同

1. 除非无司乘人员的交通工具租赁合同另有约定，承租人有权以带司乘人员或无司乘人员的交通工具租赁合同的条款和条件转租所租交通工具，而无须征得出租人的同意。

2. 承租人有权不经出租人的同意而以自己的名义与第三人签订运输合同和其他合同，只要这些合同不与租赁合同约定的交通工具使用目的相抵触，或在合同未约定目的时不与交通工具的用途相抵触。

第五百八十七条　交通工具所造成损害的责任

对租赁的交通工具，其机械、装置、设备对第三人造成的损害，承租人应依照本法第51章的规则承担责任。

第五百八十八条　某些种类交通工具租赁的特点

除本法的规定外，运输法和其他法律还可以对不提供驾驶与技术服务的交通工具租赁的某些种类作出其他具体规定。

第四节　建筑物和构筑物的租赁

第五百八十九条　建筑物或构筑物租赁合同

1. 根据建筑物或构筑物租赁合同，出租人承担义务将建筑物或构筑物交于承租人暂时占有和使用或者仅暂时使用。

2. 本章规定适用于企业租赁，但本法关于企业租赁的规则有不同规定的除外。

第五百九十条　建筑物或者构筑物租赁合同的形式和国家登记

建筑物或者构筑物租赁合同通过拟定一份文件，双方在该文件上签字（第395条第2款）的书面形式签订。

违反建筑物或者构筑物租赁形式的合同一律无效。

第五百九十一条　建筑物或者构筑物租赁时其所在土地的权利

1. 依照建筑物或者构筑物租赁合同，在向承租人移转该不动产的占有权和使用权的同时，该不动产所占用和为其使用所必需的那部分土地的权利也应同时移转。

2. 承租人有权使用建筑物或者构筑物所占用的部分土地，并按其用途使用所必需的土地，法律另有规定或合同另有约定的除外。

3. 当建筑物或构筑物的出租人不是建筑物或者构筑物所占据的土地的所有权人时，允许不经该土地所有权人的同意而进行建筑物或者构筑物的租赁，但不得与法律规定的对该土地使用的条件相抵触。

第五百九十二条　租金

1. 建筑物或者构筑物租赁合同应当约定租金的数额。当合同中没有以书面形式约定的关于双方协商一致的租金数额的条款，建筑物或者构筑物租赁合同视为未签订。在这种情况下，本法第 390 条第 3 款规定的确定价格的规则，不得适用。

2. 建筑物或者构筑物租赁合同约定的建筑物或者构筑物使用费包括其占用土地的使用费，或者包括与该土地一并移转的相应部分的土地的使用费，但法律另有规定或者合同另有约定的除外。

3. 如果在合同中约定了建筑物（构筑物）单位面积或其他数量指标的租赁价格或者其他标志，租金以交付给承租人的建筑物或者构筑物的实际面积确定。

第五百九十三条　建筑物或者构筑物的交付

1. 出租人交付或承租人接收建筑物或者构筑物，按照移交文书或者由双方签字的其他交付文件进行。

出租人交付建筑物或者构筑物的义务在将建筑物或者构筑物交付给承租人占有或者使用或者双方在相应的交付文件上签字后视为已经履行，法律另有规定或合同另有约定的除外。

如果一方拒绝按照合同约定的条件在建筑物或者构筑物的交付文件上签字，当其为出租人时，视为拒绝履行交付财产的义务，而为承租人时，视为拒绝接收财产。

2. 为交付建筑物或构筑物所做的准备，包括移交文书的起草和提交签署以及移交其他文件，为出租人的义务，由其承担费用，合同另有约定的除外。

3. 当建筑物或者构筑物租赁合同终止时，租赁的建筑物或者构筑物应当按照本条第1款规定返还给出租人。

第五节　企业租赁

第五百九十四条　企业租赁合同

1. 根据以企业作为从事经营活动而利用的财产综合体的整体企业租赁合同出租人以收取费用为目的而承担义务，将土地、建筑物、构筑物、设备和其他组成企业的基本财产提供给承租人；根据合同约定的程序、条件和范围交付原料储备、燃料、材料和其他流动财产；转让土地、水体和其他自然资源建筑物、构筑物和其他设备的使用权；转让属于出租人的与企业相关的其他财产权、企业活动个别化标识权和其他专属权，以及向承租人移转与企业相关的债权债务。移转属于他人所有的财产的占有权和使用权，其中包括土地和其他自然资源的使用权，根据法律或者其他法律文件规定的程序进行。

2. 出租人根据许可证（执照）从事相应活动而获得的权利，不得移转给承租人，但法律或者其他法律文件有不同规定的除外。根据合同交付的企业债务，而承租人没有许可证（执照）便无法履行的，此种债务的移转不免除出租人对债权人的相应债务。

第五百九十五条　企业租赁时债权人的权利

1. 出租人应当在企业移转前将企业出租的事实书面通知包括在企业财产中的债务的债权人。

2. 债权人有权自收到企业租赁通知之日起1个月内，要求出租人终止或者提前履行有关义务。如果这些债权中的任何一项未在规定的期限内提出，则视为债权人同意将相应的债务转让给承租人。

3. 只有在与要求出租人提前终止或履行其义务的债权人达成和解后，企业才能转让给承租人。

4. 未按照本条第1款规定的程序通知债权人的，债权人可以在知道或者应当知道企业租赁之日起1年内，提出本条第2款规定的债权清偿要求，以及对出租人违反本条第1款规定造成的损失的赔偿请求。

5. 企业雇员的权利和义务，按照劳动法的相关规定，在法人重组时，出租人将企业转让给承租人时一并转移。

第五百九十六条　企业租赁合同的形式和国家登记

1. 企业租赁合同通过拟定一份文件，双方在该文件上签字（第395条第2款）

的书面形式签订。

2. 企业租赁合同应当进行国家登记，并自登记之日起视为已经签订。

3. 违反企业租赁形式的合同一律无效。

第五百九十七条 租赁企业的交付

向承租人移转企业按照移交文书进行。

企业移转前的准备，包括移交文书的起草和提交签署以及移交其他文件，为出租人的义务，由其承担费用，合同另有约定的除外。

第五百九十八条 承租人维护企业和支付运营费用的义务

1. 承租人在企业租赁合同的整个有效期间内有义务保持企业处于应有的技术状态，包括其日常维护和维修。

2. 承租人应负担与租赁企业运营有关的费用，承租人还应支付租赁企业的保险费，合同另有约定的除外。

第五百九十九条 租赁企业财产的使用

1. 承租人有权不经出租人同意而将作为企业财产的材料物品出卖、交换、提供临时使用或者出借、转租，并可在不减少企业价值和不违反企业租赁合同及其他规定的条件下将租赁合同的权利义务移转于第三人，合同另有约定的除外。上述程序对于土地和其他自然资源以及在法律规定的其他场合下不得适用。

2. 承租人有权不经出租人同意改变出租的财产综合体的构成，对其进行改建、扩大、使企业增值的技术改造，合同另有约定的除外。

第六百条 承租人对租赁企业的改善

企业承租人有权要求补偿其对企业之不可分离的改善，而不论该改善是否经过出租人的批准，但企业租赁合同另有约定的除外。

法院可以免除出租人对承租人补偿上述改善价值的义务，如果出租人能够证明，承租人用于改善的费用并未使租赁财产的品质和（或）运营性得到相应的改善，或者这些改善的进行违反了诚实、合理的原则。

第六百零一条 法律行为无效的后果与合同变更和解除规则适用于企业租赁合同

本法关于合同无效的后果、合同变更和解除的规则，即规定从一方或双方实物返还或者追缴根据合同的实际取得的规则，适用于企业租赁合同，如果这些后果不实质性地违反法律所保护的出租人的债权人和承租人、第三人的权益，并且不与社会利益相抵触。

第六百零二条　租赁企业的返还

企业租赁合同终止时，租赁的财产综合体应当按照本法第 595 条和第 597 条的规定返还给出租人。在这种情况下，向出租人移交企业的准备工作，包括移交文书的编制和提交签字，为承租人的义务并由其支付费用，但合同另有约定的除外。

第六节　融资租赁（长期租赁）

第六百零三条　融资租赁合同

根据融资租赁合同（长期租赁合同），出租人承担义务在承租人确定的卖方处购买承租人指定的财产并将其交付给承租人暂时占有和使用并收取费用。出租人在这种情况下不承担选择租赁标的和卖方的责任。

融资租赁合同可以约定，出租人有权选择卖方和所购买的财产。

吉尔吉斯共和国的法律可以规定融资租赁（长期租赁）的某些特点。

第六百零四条　融资租赁合同的标的

1. 融资租赁合同的标的可以是任何非消耗品，包括企业和其他财产综合体、建筑物、构筑物、设备、交通工具以及用于企业活动的其他动产和不动产。

2. 租赁合同的标的不得是自然客体，但土地除外，以及法律禁止自由流通或建立特别流通程序的财产。

第六百零五条　卖方出租财产的通知

出租人为了承租人获得财产，应当通知卖方财产打算出租给特定的人。

第六百零六条　融资租赁合同标的交付给承租人

1. 作为该合同的标的物的财产由卖方在承租人所在地直接交付给承租人，合同另有约定的除外。

2. 如果作为融资租赁合同标的物的财产未在合同约定的期限内交付给承租人，而合同未约定该期限时未在合理期限内交付给承租人，承租人有权要求解除合同并要求赔偿损失，只要逾期是出租人应该负责的事由所致。

第六百零七条　财产意外毁损或灭失的风险移转给承租人

租赁财产意外毁损或灭失的风险自交付出租财产之时起移转于承租人，合同另有约定的除外。

第六百零八条　卖方的责任

1. 承租人有权直接向作为融资租赁合同标的物财产的卖方提出源自出租人和

卖方签订的买卖合同的请求，其中包括就有关财产的质量和配套供货期限的请求，以及在卖方其他未正确履行合同的情形下提出请求。在这种情况下，承租人有权以上述财产买卖合同的一方当事人的资格，享有本法对买方规定的权利和承担义务，但不包括所购财产的价款支付义务。但是，承租人未经出租人同意无权解除与卖方的买卖合同。

在对卖方的关系方面，承租人和出租人为其连带债权人（第312条）。

2. 如果融资租赁合同没有另行约定，出租人对承租人就卖方履行源自买卖合同的请求权方面不承担责任，但由出租人负责选择卖方的情况除外。在后一种情况下，承租人根据自己的选择既可直接向财产的卖方，又可向出租人提出源自买卖合同的请求，出租人和卖方承担连带责任。

第二十八章 住 房 租 赁

第六百零九条 住房租赁合同

1. 根据住房租赁合同，一方当事人——住房的所有权人或者其授权的人（出租人）有义务向另一方（承租人）提供住房以居住为目的而暂时占有和使用并收取房租。

2. 住房可以根据租赁合同或者其他合同提供给法人占有和（或）使用。

第二十九章 无偿使用（借用）

第六百一十条 无偿使用合同

1. 根据无偿使用合同（借用合同），一方当事人将物交付给另一方无偿使用，而后者有义务将该物以交付时的状态并考虑到正常的磨损，或者以合同约定的状态返还给出借人。

2. 出借人交付的财产应符合无偿使用合同约定的状态以及其用途。

3. 无偿借用合同适用本法第504条、第547条第1款和第2款、第548条第1款和第2款、第552条、第560条第2款、第563条第1款和第3款的规定。

第六百一十一条 出借人

1. 将物交付无偿使用的权利属于物之所有权人或者法律或所有权人授权的其他人。

2. 商业组织无权将财产交付给发起人、参加人（股东）、领导人、其管理机构或者监督机构的成员无偿使用。

第六百一十二条　未提供物无偿使用的后果

如果出借人没有将物交付给借用人，后者有权要求解除无偿借用合同并要求赔偿其因此受到的实际损失。

第六百一十三条　交付无偿使用物的瑕疵责任

1. 出借人对财产的瑕疵负责，如果该瑕疵在签订无偿使用合同时因其故意或者重大过失而没有说明。

在这种瑕疵被发现后，借用人可以根据自己的选择要求出借人无偿地消除财产的瑕疵或者赔偿其因消除财产的瑕疵而支出的费用或者解除合同并要求赔偿他因此受到的实际损失。

2. 出借人在接到借用人的要求或者关于出借人出资消除财产瑕疵的意向后，可以立即以其他处于应有状态的同类财产更换瑕疵财产。

3. 如果在签订合同时出借人对瑕疵已作出说明或者提前通知借用人，或者在合同签订之时借用人查验财产或者在检查财产的完好性过程中或者交付财产时应当发现瑕疵，则出借人不承担责任。

第六百一十四条　第三人交付无偿使用物的权利

1. 将财产交付无偿使用并不构成第三人在该财产上权利的变更或者终止的根据。

2. 在签订无偿使用合同时，出借人有义务提醒借用人第三人在该财产上的所有权利（地役权、抵押权等）。如出借人不履行该义务，则借用人有权要求解除合同并要求赔偿他因此而受到的实际损失。

第六百一十五条　借用人维护物的义务

借用人有义务保持无偿使用的财产的完好状态，包括进行日常的维护和维修，并承担维护财产的所有费用，合同另有约定的除外。

第六百一十六条　财产意外毁损或灭失的风险

借用人对无偿借用财产的意外毁损灭失的风险承担责任，如果财产的毁损灭失因借用人在使用时没有根据无偿使用合同的约定或者财产的用途，或者未经出借人的同意转借给第三人而发生。

如果根据实际情况借用人放弃自己的财产可以防止借用财产的灭失或损坏，但他却选择了保护自己的财产，则借用人也应对财产的意外毁损灭失承担责任。

第六百一十七条　因物的使用造成第三人损害的责任

出借人对因使用财产而引起的对第三人损害负责，如果不能证明损害是借用人或者经出借人同意而占有财产的人的故意或者重大过失所致。

第六百一十八条　无偿使用获得的物转让给第三方

在出借人同意的情况下，借用人有权将无偿使用的物转让给第三方，并继续享有物的权利。

第六百一十九条　无偿使用合同的提前解除

1. 如果借用人有下列行为之一，出借人有权要求提前解除无偿使用合同：

（1）没有按照无偿使用合同的约定或者财产的用途使用财产；

（2）没有履行保持财产的完好状态或者维护财产的义务；

（3）使财产状态发生实质性的恶化；

（4）未经出借人的同意将财产转借第三人。

2. 如果出现下列情况之一，借用人有权要求解除无偿使用合同：

（1）发现瑕疵，而该瑕疵使财产的正常使用成为不能或者负担过重；而在签订合同时借用人不知道而且不可能知道瑕疵的存在；

（2）财产出于借用人不应负责的原因而不再使用；

（3）在签订合同时出借人没有事先说明出借的财产上存在第三人的权利。

第六百二十条　拒绝无偿使用合同的

1. 任何一方当事人均有权在提前1个月通知另一方当事人后在任何时间拒绝没有指明期限的无偿使用合同，但合同对通知期限另有约定的除外。

2. 借用人有权按照本条第1款规定的程序在任何时间内拒绝约定了期限的合同，合同另有约定的除外。

第六百二十一条　无偿使用合同当事人的变更

1. 出借人有权出让财产或者将财产移转给第三人有偿使用。在这种情况下原无偿使用合同的权利移转于新的所有权人或者使用人，而借用人的权利继续存在于该财产之上。

2. 在作为出借人的自然人死亡或者作为出借人的法人改组或清算的情况下，出租人根据无偿使用合同产生的权利和义务移转给他的继承人（权利继受人）或者财产所有权的取得人或者其他作为财产交付无偿使用根据的权利的取得人。

在作为借用人的法人改组的情况下，出租人根据无偿使用合同产生的权利和义务移转于作为其权利继受人的法人，但合同另有约定的除外。

第六百二十二条　无偿使用合同的终止

无偿使用合同在作为借用人的自然人死亡或者作为借用人的法人清算的情况下终止，合同另有约定的除外。

第三十章　承　　揽

第一节　承揽的一般规定

第六百二十三条　承揽合同

1. 依照承揽合同，一方（承揽人）承担义务按照他方（定作人）指定的任务完成一定的工作，并将工作成果交付定作人，而定作人应受领工作成果并给付价款。

2. 本章的规定适用于某些类型的承揽合同（日常生活承包、建筑承包、完成设计与勘测工作承包），但本法对这些类型合同另有约定的除外。

第六百二十四条　依照承揽合同完成的工作

1. 订立承揽合同的目的在于制作或者改制（加工）物或完成其他工作并将该工作成果移转于定作人。

2. 承揽人独立确定完成定作人指定任务的方式，合同另有约定的除外。

第六百二十五条　承揽人自费完成工作

1. 如果承揽合同没有另行约定，完成工作的费用由承揽人负担，即以承揽人的材料、人力和资金完成工作。

2. 提供的材料和设备不符合质量要求的，承揽人应承担责任，提供已经设定第三人权利负担的材料和设备的，承揽人亦必须承担责任。

第六百二十六条　当事人之间风险的分担

1. 若本法、其他法律没有另行规定或者承揽合同没有另行约定，则：

材料、设备、为改制（加工）移交的物或者为履行合同使用的其他财产意外毁损灭失的风险，由提供上述物的一方承担。

已完成的工作成果在定作人接收前意外灭失或者意外损坏的风险，由承揽人承担。

2. 当工作成果逾期交付或者逾期受领时，本条第 1 款规定的风险由逾期一方承担。

第六百二十七条　总承揽人和分包人

1. 如果法律未规定或者承揽合同未约定承揽人必须亲自完成合同中指定的工作，承揽人有权让他人（分包人）参与履行其部分义务。在这种情况下，承揽人为总承揽人。

2. 依照本法第 303 条第 1 款和第 367 条的规定，总承揽人对分包人不履行或者不适当履行义务造成的后果向定作人承担责任，而对因定作人不履行或者不适当履行承揽合同义务向分包人承担责任。

定作人和分包人无权因违反他们中各方与总承揽人订立的合同相互提出赔偿请求，法律另有规定或合同另有约定的除外。

3. 违反本条第 1 款的规定或者合同的约定，让分包人履行承揽合同的承揽人，对分包人参与合同之履行所造成的损失向定作人承担责任。

4. 经总承揽人同意，定作人有权与他人订立完成单项工作的合同。在这种情况下，上述他人对工作的不完成或者不适当完成直接向定作人承担责任。

第六百二十八条　数人参与完成工作

1. 如果承包方同时为 2 个以上，在债的标的物为不可分物时，几个承揽人为定作人的连带债务人，并相应地为定作人的连带债权人。

2. 当债的标的物为可分物时，以及在法律规定或合同约定的其他情况下，本条第 1 款所指之人中的每个人都以自己的份额为限对定作人取得权利并承担义务。

第六百二十九条　完成工作的期限

1. 承揽合同应指明完成工作的开始和截止日期。根据双方当事人间的协议，在合同中也可以规定完成工作各个阶段的期限（中间期）。

承揽人既对因违反完成工作的开始和截止日期承担责任，又对因违反完成工作的中间期承担责任，法律另有规定或合同另有约定的除外。

2. 承揽合同中约定的完成工作的开始日期、截止日期和中间期可在合同约定的情形下和依合同约定的方式予以变更。

3. 违反完成工作的截止日期时，承揽人承担本法第 368 条第 2 款规定的逾期履行的后果。

第六百三十条　工作价款

1. 承揽合同须指明应完成工作的价款和确定价款的方法。如果合同未有上述约定，则价款根据本法第 390 条第 3 款确定。

2. 承揽合同的价款包括抵偿承揽人的费用和应向承揽人给付的报酬。

3. 工作价款可通过编制预算的方法确定。

在依照承揽人编制的预算完成工作时，该预算自定作人确认之时起具有效力并成为承揽合同的一部分。

4. 工作价款（预算）可以是约数或者固定数额。当承揽合同无其他指明时，工作价款则被认为是固定的数额。

5. 如果必须进行补充性工作并因此严重超过工作价款的预算，承揽人应及时通知定作人。定作人如不同意提高承揽合同中已指明的工作价款，有权拒绝履行合同。在此情况下，承揽人对其已完成的那部分工作可请求定作人给付价款。

承揽人如果未及时将关于必须提高合同约定的工作价款事宜预先通知定作人时，应履行合同，同时保留依照合同中约定的价格请求给付工作价款的权利。

6. 承揽人无权请求提高固定价款，而定作人也无权请求减少该价款，其中包括在订立承揽合同时不可能预先确定应完成工作的总量或不可能预先确定为此而消耗的必要开支时，也无权请求增加或减少价款。

由承揽人提供的材料和设备的价值，以及由第三人向承揽人提供的服务的价值发生重大增加，而这种增加在订立合同时是不可能预见的，承揽人有权要求提高既定的价款，如定作人拒绝履行该请求，承揽人有权依照本法第 412 条解除合同。

第六百三十一条　承揽人费用的节余

1. 当承揽人的实际开支低于在确定工作价款时所计算的费用时，承揽人有权请求按承揽合同约定的价格给付价款，除非定作人能证明，承揽人获得的节余对所完成工作的质量有影响。

2. 在承揽合同中可约定承揽人所获节余在双方当事人间进行分配。

第六百三十二条　工作付款程序

1. 如果承揽合同对完成工作或完成工作的各个阶段未规定预先给付价款，当工作按适当方式在约定期限内完成，或者经定作人同意提前完成时，定作人应于工作成果最终交付后向承揽人给付约定的价款。

2. 只有在法律规定和承揽合同约定的情况下和按照法律规定或合同约定的数额，承揽人才有权要求给付预付款和定金。

第六百三十三条　承揽人的留置权

当定作人不履行给付约定价款或者承揽人完成承揽合同其他应得款项的义务

时，承揽人有权依照本法第342条的规定，对工作成果，定作人的设备、为改制（加工）而交付的物、未使用的剩余材料和由承揽人占有的定作人的其他财产予以留置，直到定作人给付有关款项为止。

第六百三十四条 使用定作人的材料完成工作

1. 承揽人应节约并精打细算地使用定作人提供的材料，完成工作后应向定作人提交材料消耗报表并返还剩余材料，或者经定作人同意，扣除留在承揽人处未经使用的剩余材料的价值而减少工作价款。

2. 承揽人应对定作人提供的材料存在缺陷而导致未完成工作负责，除非他能够证明在接受这些材料时无法发现存在缺陷。

第六百三十五条 承揽人未妥善保管定作人提供的财产责任

承揽人对定作人提供的材料、设备、为改制（加工）而移交的物或其他与履行承揽合同有关而由承揽人占有的财产，承担妥善保管的责任。

第六百三十六条 定作人在承揽人完成工作时的权利

1. 定作人在不干预承揽人活动的前提下，有权在任何时间对承揽人完成工作的进程和工作质量进行检查。

2. 如果承揽人未及时着手履行承揽合同或者工作进行缓慢，致使工作明显不可能如期完成，则定作人有权解除合同并要求赔偿损失。

3. 如果承揽人在工作进行期间已表明该工作将不能以应有的方式完成，定作人有权给承揽人指定合理期限消除瑕疵，而承揽人在指定期限内不履行该项要求的，定作人有权解除承揽合同或者委托他人承担修复工作，该修复费由承揽人负担，同时定作人有权要求赔偿损失。

4. 定作人可以在工作成果交付前随时解除合同，但对承揽人于接到定作人拒绝履行合同的通知前已完成部分的工作须按比例给付约定的价款，合同另有约定的除外。定作人还应向承揽人赔偿因终止合同而造成的损失，但赔偿应以约定的工作总价款与已给付部分的差额为限。

第六百三十七条 承揽人应预先告知定作人的情况

1. 发现以下情况时，承揽人应立即通知定作人并在接到定作人指示前中止工作：

定作人提供的材料设备、技术文件或者为改制（加工）交付的物不适用或不符合质量要求；

执行定作人关于工作完成方式的指示可能对之造成不利后果；

其他承揽人意志以外的可能对工作成果的适用性和牢固性构成威胁或者使该工作不能如期完成的情况。

2. 如果承揽人未将本条第1款所指明的情况通知定作人，或者未等到合同约定的合理答复期限届满而继续工作，以及在合同未约定合理答复期，或者对定作人指示立即停止工作的指示置之不理，则承揽人无权在对之提出请求以及在他对定作人提出相应请求时援引上述情况。

3. 如果定作人对承揽人就本条第1款所指明的各种情况的及时且有根据的预先告知置之不理，不在合理期限内更换不适宜的或者不符合质量要求的材料、设备、技术文件或为改制（加工）而交付的物，不变更关于完成工作方式的指示，或者对威胁工作适用性的情况不采取其他的必要消除措施，承揽人有权解除合同并要求赔偿因合同的终止给他造成的损失。

第六百三十八条　定作人的协助义务

1. 定作人应在承揽合同约定的情况下，按承揽合同约定的范围和方式对承揽人完成工作给予协助。

定作人不履行该项义务时，承揽人有权要求定作人赔偿因此造成的损失，包括因停工而引起的额外费用，或者有权要求变更完成工作的期限，或者要求增加合同中约定的工作价款。

2. 因定作人的行为或者过失致使已不可能按照承揽合同完成工作时，承揽人对已完成部分的工作仍有权请求按合同约定的价款给付报酬。

第六百三十九条　定作人未履行承揽合同的相互义务

1. 当定作人违反承揽合同中应履行的义务，包括不提供材料、设备、技术文件或者应改制（加工）的物，从而阻碍承揽人履行合同，以及存在明显能证明在规定期限内有不履行上述义务的情况，承揽人有权不开工，对已开始的工作有权中止。

2. 出现本条第1款所指的情况时，承揽人有权拒绝履行合同并要求赔偿损失，合同另有约定的除外。

第六百四十条　定作人验收承揽人所完成的工作

1. 定作人应按承揽合同约定的期限和程序，并在有承揽人参加的情形下检查和接收所完成的工作（工作成果），而当发现有违反合同致使工作成果质量降低的情况或者工作中的其他瑕疵，应立即将该情况向承揽人申明。

2. 定作人验收工作时如发现该工作有瑕疵，只有在验收书或其他验收证明文件中说明了这些瑕疵或者说明随后有提出消除该瑕疵请求的可能时，才有权援引这些瑕疵。

3. 定作人未进行检查即接收工作的，即丧失援引验收时按通常方法即可确定的瑕疵（表面瑕疵），合同另有约定的除外。

4. 定作人在接收工作后发现该工作与承揽合同约定不符，或者发现用通常验收方法不可能确定的其他瑕疵（隐蔽瑕疵），其中包括承揽人故意隐瞒的瑕疵，定作人应在发现之后的合理期限内将此情况通知承揽人。

5. 当定作人和承揽人之间就所完成工作的瑕疵或者就请求的原因产生争议时，根据任何一方当事人的请求都应指定鉴定。鉴定费由承揽人负担，但鉴定确定不存在承揽人违反承揽合同的事实或者承揽人的行为与所发现的瑕疵之间不存在因果关系的情形除外。在上述情况下鉴定费由请求鉴定方负担，如果该鉴定由双方协议确定，鉴定费由双方平均分担。

6. 如果承揽合同没有另行约定，当定作人拒绝接收完成的工作时，承揽人自按合同约定应将工作成果交付定作人之日起满 1 个月，随后又 2 次通知定作人后，有权将该工作成果出售，出售所得的价款，在扣除一切应给付承揽人的数额后，依照本法第 310 条规定的程序存入定作人的提存账户。

7. 如果定作人拒不接收所完成的工作而引起工作交付迟延，制作（改制或加工）物意外毁损灭失的风险自物应交付时起移转于定作人。

第六百四十一条　工作质量

1. 承揽人所完成工作的质量应符合承揽合同的条款，当合同对质量要求的条款未约定或者约定不完全时，应符合通常对同类工作提出的要求。如果法律、其他规范性文件没有另行规定或者合同没有另行约定，所完成的工作成果应在交付定作人时具有合同所指明的或者通常要求所确定的品质，并在合理使用期限内适用合同约定的使用目的；如果合同未对其使用进行约定，则应适用该类工作成果的通常使用。

2. 如果法律、其他规范性文件规定了或者依照法律、其他规范性文件确定的程序规定了对承揽合同完成工作的强制性要求，作为经营者的承揽人应遵照这些强制性要求完成工作。

承揽人按照合同可以承担义务，按照比双方当事人的强制性要求更高的质量要求完成工作。

第六百四十二条　工作质量的担保

1. 在法律、其他规范性文件有规定、承揽合同有约定或者交易习惯对工作成果规定有担保期时，工作成果在整个担保期内应符合合同的质量条款（第 641 条第 1 款）。

2. 工作成果的质量担保应及于工作成果的全部，合同另有约定的除外。

第六百四十三条　担保期的计算方法

1. 担保期（第 642 条第 1 款）自定作人接收或应该接收已完成的工作成果之时起开始计算，合同另有约定的除外。

2. 本法第 434 条第 2 款和第 4 款的规定适用于承揽合同担保期的计算，法律、其他规范性文件另有规定、双方合同或合同特点另有约定的除外。

第六百四十四条　承揽人工作质量不合格的责任

1. 承揽人完成工作如违反承揽合同，致使工作成果质量降低，或者出现其他致使工作不适用合同约定的使用目的的瑕疵，或者在合同中没有相应条款时工作不适用通常使用，除法律另有规定或合同另有约定外，定作人有权根据自己的选择要求承揽人：

在合理期限内无偿消除瑕疵；

相应减少约定的工作价款；

当承揽合同约定定作人有权消除工作瑕疵时，定作人有权要求承揽人赔偿消除瑕疵的费用（第 362 条）。

2. 承揽人有权以重新无偿完成工作并向定作人赔偿因逾期履行而造成的损失代替消除瑕疵。此时，在工作的性质允许返还的情况下，定作人应将已交付给他的工作成果返还承揽人。

3. 如果工作中有违反承揽合同条款的情况，或者工作成果的其他瑕疵在定作人确定的合理期限内未予消除，或者瑕疵重大而不可消除，定作人有权拒绝履行合同并要求赔偿损失。

4. 对完成工作提供所需材料的承揽人，应按照卖方对不符合质量的商品承担责任的规定对材料质量负责（第 438 条）。

第六百四十五条　工作成果质量不合格的发现期限

1. 定作人有权在本条规定的质量问题发现期内提出与工作成果不符合质量要求有关的请求，法律另有规定或合同另有约定的除外。

2. 如果对工作成果未规定担保期，定作人提出与工作成果瑕疵有关的请求的条件是瑕疵须在合理期限内发现，以自交付工作成果之日起的 2 年为限，但法律另有规定、合同另有约定或者交易习惯另有要求的除外。

3. 定作人有权提出与在担保期内发现的工作成果瑕疵有关的请求。

4. 定作人于担保期满后，但在自本法第 643 条第 1 款规定的起算时间起 2 年内发现工作成果瑕疵时，如果定作人能证明瑕疵在工作成果交付之前发生，或者出于此前已经出现的原因而发生，则承揽人应承担责任。

第六百四十六条　工作质量不合格的诉讼时效

1. 承揽合同完成的工作不符合质量而提出请求的诉讼时效期间为 1 年，而对建筑物、构筑物的质量提出请求的诉讼时效期依本法第 212 条的规则确定。

2. 如果定作人依照承揽合同部分地接收了工作成果，诉讼时效期从工作成果整体验收之日起开始计算。

3. 如果法律、其他规范性文件规定了或者承揽合同约定了担保期，而工作成果瑕疵是在担保期内提出的，则本条第 1 款所规定的诉讼时效期自提出瑕疵之日起开始计算。

第六百四十七条　承揽人向定作人交付信息的义务

如果承揽合同有约定，或者信息资料性质决定如无该信息资料便不能依合同指明的目的使用工作成果，则承揽人必须在交付工作成果时一并向定作人交付涉及承揽合同标的物的利用或其他使用的信息资料。

第六百四十八条　双方对所获信息的保密

如果一方因履行承揽合同义务从对方处获得关于新的决策和技术知识的信息，其中也包括不受法律保护的决策和知识，以及其持有人规定了商业秘密待遇的信息材料，获得该信息的一方，未经对方同意无权将该信息告知第三人。

该信息的利用方式和条件由双方协议确定。

第六百四十九条　承揽人返还定作人交付的财产

当定作人根据本法第 636 条第 2 款或者第 644 条第 3 款的规定解除承揽合同时，承揽人应将定作人提供的材料、设备、为改制（加工）而交付的物和其他财产返还定作人或者将上述财产转交给定作人指定的人，如果该返还不可能实现，则赔偿材料、设备和其他财产的价值。

第六百五十条　工作成果验收前承揽合同终止的后果

定作人根据法律规定或者合同约定的理由，在定作人验收承揽工作成果（第640条第1款）之前，定作人有权要求承揽人将未完成的工作成果移交给他，并向承揽人补偿由此产生的费用。

第二节　日常生活的承揽

第六百五十一条　日常生活承揽合同

1. 依照日常生活承揽合同，从事相应经营活动的承揽人承担义务，按照公民（定作人）的要求，完成用于满足定作人的日常生活需要或其他个人需要的一定工作，而定作人承担义务受领工作并给付报酬。

2. 日常生活承揽合同为公共合同（第386条）。

3. 对本法未调整的日常生活承揽合同关系，适用消费者权益保护法和根据该法通过的其他规范性文件。

第六百五十二条　日常生活承揽合同的形式

日常生活承揽合同，包括定作人加入条款或其他标准条款（第387条），自承揽人向定作人发出确认合同订立的依据或其他文件时，合同成立。

定作人没有这些文件并不影响其提交证人证词以支持合同及其条款的事实的权利。

第六百五十三条　定作人权利的保障

1. 承揽人无权硬性要求定作人将约定外的工作或者服务列入日常生活承揽合同。定作人对合同未约定的工作或者服务有权拒绝给付报酬。

2. 定作人有权在向他交付工作之前随时拒绝履行日常生活承揽合同，但对通知解除合同之前已完成部分的工作，应按比例向承揽人给付约定的报酬，如果在所给付的部分工作价款中未包括承揽人在解除合同前为履行合同支出的费用，定作人还应向承揽人清偿该费用。取消定作人此项权利的合同条款自始无效。

第六百五十四条　提供给定作人拟议工作的资料

1. 在订立日常生活承揽合同以前，承揽人应向定作人提供要约所必要的和可靠的信息资料、说明工作的种类和特点、价格和付款方式，以及根据定作人请求将有关合同的其他事项和相关工作的信息资料告知定作人。如果根据工作性质需要，承揽人还应向定作人指明将完成该工作的具体人。

2. 从承揽人处获取的资料信息不全面或者不真实可靠，致使日常生活承揽合同订立后所完成的工作不具备定作人要求的品质，定作人有权解除该合同，对已完成的工作拒绝给付价款并要求赔偿损失。

第六百五十五条　使用承揽人的材料完成工作

1. 如果按照日常生活承揽合同用承揽人的材料完成工作，定作人应于合同订立时给付全部材料费或者给付合同约定的部分材料费，而在定作人受领承揽人完成的工作之时进行费用最终结算。

根据合同，材料可由承揽人提供，材料费可赊账，定作人可以通过分期付款的方式支付材料费。

2. 在日常生活承揽合同订立后承揽人提供的材料价格于发生变化时，价格不得重新计算。

第六百五十六条　使用定作人的材料完成工作

如果按照日常生活承揽合同使用定作人的材料完成工作，则承揽人于合同订立时在给定作人开具的收据或者其他文件中，应指明按双方协议所确定的材料的准确名称、材料情况描述和价格。对收据或其他类似文件中的材料估价有异议时，定作人有权提起诉讼。

第六百五十七条　工作价款和付款

日常生活承揽合同的工作价格由双方协议确定，并且不得高于有关国家机关规定的或者调整的价格。工作价款由定作人在承揽人最终交工后给付。经定作人同意，工作价款也可在合同订立时由定作人全部付清或者以预付款的方式给付。

第六百五十八条　书面告知定作人完成工作的使用条件

在向定作人交付工作时，承揽人应将为有效和安全使用工作成果必须遵守的要求，以及如违反相应要求可能对定作人本人和其他人造成的后果告知定作人。

第六百五十九条　发现完成工作瑕疵的后果

1. 验收工作成果或者使用该成果发现有瑕疵时，定作人可在本法第 646 条规定的合理期限内（如果担保期在该期限内）选择实现本法第 644 条中规定的一项权利，或者请求重新无偿地完成工作，或者请求赔偿自己或者由第三人修复瑕疵而支出的费用。

2. 如果工作成果存在可能对定作人和其他人的生命或健康构成严重威胁的重

大缺陷，定作人或其法定继承人可在接受工作成果之日起10年内提出无偿消除此重大缺陷的请求，法律规定了更长期限（服务期限）的除外。无论这些缺陷何时被发现，包括在保修期结束时被发现，都可以提出此类请求。

3. 当承揽人不履行本条第2款规定的要求时，定作人有权在相同期限内请求返还自行或在第三人帮助下消除瑕疵所产生的费用。

第六百六十条　定作人不领取工作成果的后果

当定作人不领取已完成的工作成果或者以其他方式规避验收时，承揽人有权在自书面通知定作人之日起2个月后以合理价格出售工作成果，所得价款在扣除承揽人应得的所有款项后，按本法第310条规定的方式提存。

第六百六十一条　日常生活承揽合同工作未完成或不合格时定作人的权利

日常生活承揽合同不当履行或不履行时，定作人可享有本法第466条至第468条规定的买方的权利。

第三节　建筑承揽

第六百六十二条　建筑承揽合同

1. 依照建筑承揽合同，承揽人应在合同约定的期限内按定作人提出的任务建筑一定客体或者完成其他建筑工程，而定作人应为承揽人提供完成工程的必要条件、验收工作成果并给付约定的价款。

2. 建筑承揽合同的内容是建设或者改建企业、建筑物（包括住宅）、构筑物或其他客体以及完成安装、调试或与正在建设的工程有不可分割关系的其他工作。建筑承揽合同的规则也适用于对建筑物、构筑物的维修，合同另有约定的除外。

在合同约定的情况下，承揽人在定作人验收后的合同约定期限内对标的物的使用负担保责任。

3. 为满足公民（定作人）日常生活或者其他个人需要，对该合同相应地适用本章第2节关于日常生活承揽合同中定作人权利的规定。

第六百六十三条　当事人之间风险的分担

1. 作为建筑承揽合同标的的建筑客体意外灭失或者意外损坏的风险在定作人验收之前由承揽人承担。

2. 如果建筑客体于定作人验收之前灭失或者损坏是由于定作人提供的材料（零件、构件）或者设备质量不好，或者是由于执行了定作人的错误指示，则承揽人在履行了本法第637条第1款所规定义务的条件下有权请求向他给付整个预算所规定的工程价款。

第六百六十四条　建筑客体保险

1. 建筑承揽合同可约定，负担建筑工程项目和在建筑中所利用的材料、设备或者其他财产意外灭失或者意外损坏风险一方，或者对工程建设中给他人造成损害的承担责任的一方有义务对相应风险进行投保。

承担投保义务的一方，应向另一方提供按照建筑承揽合同约定的条款订立保险合同的证据，包括关于保险人、保险金额和所投保风险的资料。

2. 投保不免除有关方为预防保险事故发生而采取必要措施的义务。

第六百六十五条　设计预算文件

1. 承揽人有义务根据设计文件进行施工和完成相关工作，并按约定工程价格的预算进行工程建筑和与工程建筑有关的工作。

2. 在建筑承揽合同没有另行约定时，推定承揽人应完成设计预算书中所指定的一切工作。

3. 建筑承揽合同应确定设计预算书的构成和内容，合同还须约定双方中的哪一方以及在什么期限内应提供相应的文件。

4. 在工程建筑过程中，承揽人如发现设计预算书里未考虑到的工程且因此必须进行额外工作和增加建筑工程预算费用，承揽人应将该情况告知定作人。

如果承揽人在10天内未收到定作人对该告知的答复，而法律未规定或者建筑承揽合同对此未约定为同期限，则承揽人应中止有关工作，因停工引起的损失由定作人负担。如果定作人能证明不存在进行额外工作的必要性，则免除赔偿该损失的责任。

5. 承揽人如不履行本条第3款义务，则无权请求定作人给付已完成额外工作的价款和赔偿因此造成的损失，除非承揽人能证明其行为是为了定作人的利益而必须立即实施的行为，其中包括中止工程可能导致建筑标的灭失或者损坏。

6. 在定作人同意进行额外工作并对该工作支付价款时，只有当该工作超出其职业活动范围或者出于承揽人意志以外的原因而不能完成工作时，承揽人才有权拒绝完成额外工作。

第六百六十六条　设计预算文件的修改

1. 若设计预算书的修改不需要承揽人承担额外费用，定作人有权提出修改。

2. 若设计预算书的修改需要承揽人承担额外费用，经双方协商，由定作人承担该费用。

3. 如果出于承揽人的意志以外的原因，工程价值超过预算10%以上，承揽人有权根据本法第411条要求重新进行预算。

第六百六十七条　建筑材料和设备的保障

1. 如果建筑承揽合同未约定由定作人全部或者部分保障建筑工程材料，则保障建筑工程材料，包括零件和构件或者设备供应的义务由承揽人负担。

2. 对建筑工程的供应负保障义务的一方，应对之提供的材料或者设备出现一经使用即会降低工程质量的状况承担责任。除非该方能证明，材料的不能使用系他方应承担责任的情况所致。

3. 如果发现定作人提供的材料或者设备一经使用即会降低工程质量，并且定作人拒绝予以更换，则承揽人有权解除工程建筑承揽合同并要求定作人按已完成工作的比例支付合同价款。

第六百六十八条　支付工程款

1. 定作人应按预算确定的数额、法律规定或者建筑承揽合同约定的期限和方式给付承揽人完成工程的价款。在法律没有规定或者合同没有约定时，应依照本法第632条的规定给付。

2. 建筑承揽合同也可以规定于定作人验收标的之后一次全部付清工作价款。

第六百六十九条　建筑承揽合同定作人的补充义务

1. 定作人应及时提供建设用地。所提供的土地面积和状况应符合建筑承揽合同约定的条件，而当未约定这种条件时，所提供的土地面积和状况应保障工程及时开工、工程的正常进行和按期竣工。

2. 定作人应在建筑承揽合同约定的情况下和依照该合同约定的程序将进行工程所必需的建筑物和构筑物交付承揽人使用，保障将货物运输给承揽人，保障铺设临时电力、水和蒸汽管道系统以及提供其他服务。

3. 本条第2款指明的由定作人提供各项服务的费用支付，依照建筑承揽合同约定的情况和条款进行。

第六百七十条　定作人对完成建筑承揽合同工程的检查和监督

1. 定作人有权对工程完成的过程和质量、完成工作的期限（进度）、承揽人所提供材料的质量，以及承揽人是否正确地使用定作人的材料进行检查和监督，但在此种情况下不得干涉承揽人的业务经营活动。

2. 定作人在对工程的完成进行检查和监督时，如发现违反建筑承揽合同条款的情况可能致使工程质量降低或者发现工程的其他瑕疵，应立即将该情况向承揽人声明。定作人未作出声明的，则失去在今后以发现瑕疵为由提出请求的权利。

3. 在工程建筑过程中，如果定作人的指示不违背建筑承揽合同的条款，也不构成对承揽人业务经营活动的干涉，承揽人应该对所接到的定作人指示予以执行。

4. 承揽人如果以不适当方式完成工作，则无权以定作人对所完成工作不进行检查监督作为免除责任的根据，但法律责成定作人负有检查监督义务的情况除外。

第六百七十一条　建筑承揽合同中当事人的协作

1. 在完成工程建筑和与工程建筑有关的其他工作时，如果发现了妨碍正确履行建筑承揽合同的情况，双方中任何一方均应采取自己能解决的排除妨碍的一切合理措施。不履行该义务的一方，无权请求另一方赔偿相应妨碍未排除而造成的损失。

2. 一方与履行本条第1款规定的义务有关的费用，在建筑承揽合同对此有规定的情况下，应由另一方予以补偿。

第六百七十二条　承揽人保护环境和保障建筑工程安全的义务

1. 承揽人在进行建筑和与建筑有关的工作时，应遵守法律和其他法律文件关于保护环境和保障建筑工程安全的要求。

承揽人应对违反上述要求承担责任。

2. 在工程建设过程中，如果使用定作人提供的材料和设备，或者执行定作人的指示可能导致违反对双方均有强制力的环境保护和保障建筑工程安全的要求，则承揽人无权使用该材料和设备或执行定作人的指示。

第六百七十三条　建筑工程停建的后果

如果建筑承揽合同的工程出于双方意志以外的原因而中止，项目停建，定作人应向承揽人全额支付在停建前所完成的工程费用，以及赔偿因工程必须中止和工程必须停建所导致的费用支出，但应扣除承揽人因工程中止已经获得或者可能获得的利益。

第六百七十四条　工程的交付和验收

1. 定作人收到承揽人关于准备交付按建筑承揽合同所完成的工程成果的通知后，或者收到关于准备交付合同约定的阶段性工程成果的通知后，应立即着手工程的验收。

2. 如果建筑承揽合同没有另行约定，定作人以自己的费用组织和进行工程的验收。

在法律或者其他法律文件规定的情况下，国家机关和地方自治机关的代表应参加工程成果的验收。

3. 预先接收阶段性工程成果的定作人，负担非因承揽人的过错而产生的工程成果灭失或者毁损的风险后果。

4. 承揽人移交工程成果和定作人验收该成果，双方须签署文书。当一方拒绝在文书上签字时，在文书上应对此作出标明并由另一方签字。

只有在法院认定拒绝签署文件的理由有根据时，交付或验收工作成果的单方文书，才可由法院认定为无效。

5. 在法律规定或者建筑承揽合同约定的情况下，或者由合同所完成工程的性质所决定，在工程成果验收前应预先进行试验。这种情况下，只有在预先试验取得良好结果的条件下，才能进行验收。

6. 如果定作人发现瑕疵，且该瑕疵使工作成果不能用于建筑承揽合同约定的目的，又不能由承揽人或者定作人消除时，定作人有权拒绝验收工作成果。

第六百七十五条　承揽人对工程质量的责任

1. 承揽人对违反技术文件书规定的要求和违反对双方均有强制力的建筑规范和规则，以及未达到技术文件书所指明的工程项目指标，其中包括诸如企业生产能力的指标，须向定作人承担责任。

在改建（更新、改造、修复等）建筑物或构筑物时，承揽人对建筑物、构筑物或者其部分降低或者丧失其牢固性、稳定性、安全性承担责任。

2. 承揽人未经定作人同意轻微违反技术文件书，如能证明它并不影响工程项目的质量，则承揽人不承担责任。

第六百七十六条　建筑承揽合同中质量的担保

1. 如果建筑承揽合同没有另行约定，承揽人应担保建筑标的达到技术文件书规定的指标并依照建筑承揽合同在担保期内担保标的能够使用。法定担保期限可由双方协商延长。

2. 在担保期内发现项目有瑕疵（缺陷）的，如果承揽人不能证明该瑕疵的产生是由于标的本身或其部分正常损耗、不正确使用，或者定作人本人或其委任的第三人制定的标的使用说明书不正确，以及定作人本人或其委任的第三人对该项目进行不适当的修理，则承揽人对在担保期内发现的瑕疵承担责任。

3. 承揽人应负责任的瑕疵而致标的不能使用的时间不计入担保期。

4. 在担保期内发现存在本法第675条第1款所指的瑕疵时，定作人应在发现后的合理期限内将此情况向承揽人声明。

第六百七十七条 由定作人负担消除瑕疵的费用

1. 对于承揽人不应负责的瑕疵，建筑承揽合同可以约定承揽人有义务按定作人的要求并用定作人提供的费用消除瑕疵。

2. 当瑕疵的消除与合同的标的无直接关系或者出于承揽人意志以外的原因不能进行消除时，承揽人有权拒绝履行本条第1款规定的义务。

第四节 设计和勘察工作的承揽

第六百七十八条 完成设计和勘察工作的承揽合同

依照完成设计和勘察工作的承揽合同，承揽人（设计人、勘察人）有义务按照定作人布置的任务，编制技术文件书和（或）完成勘察工作，而定作人应接受工作成果并给付报酬。

第六百七十九条 完成设计和勘察工作的基础资料

1. 依照完成设计和勘察工作的承揽合同，定作人应向承揽人转交设计任务书，以及提供编制技术文件书所必需的其他基础资料。完成设计工作任务书可以按定作人的委托由承揽人起草。在这种情况下，该任务书自定作人批准之时起对双方具有拘束力。

2. 承揽人应遵守包含在任务书中的和其他完成设计、勘察工作任务及其他基础资料中的各项要求，只有经定作人同意，承揽人才有权违反上述要求。

第六百八十条 定作人的义务

如果合同没有另行约定，依照完成设计和勘察工作承揽合同，定作人的义务是：

在工作全部完成后向承揽人全额给付约定的所有工作的价款或者在各个阶段的工作完成后给付其部分价款；

从承揽人处获取的技术文件书只能用于合同约定的目的，未经承揽人同意不得将技术文件书移交第三人，也不得泄露文件的有关内容；

按合同约定的范围和条件协助承揽人完成设计和勘察工作；

与承包商一起参与国家主管机关对已完成的设计和预算文件的审批；

向承揽人补偿因承揽人意志以外的原因完成设计和勘察工作的基础资料的变更而发生的额外开支；

吸收承揽人参加因所编制的技术文件书或者完成的勘察工作有瑕疵时第三人向定作人提起的诉讼案件。

第六百八十一条　承揽人的义务

依照完成设计和勘察工作承揽合同，承揽人的义务是：

按照设计任务书和设计的其他基础资料以及合同完成工作；

与定作人就编制设计预算书进行协商，而在必要时与定作人及国家主管机关一起进行协商；

向定作人交付已经编制好的设计预算书和勘察工作的成果；

未经定作人同意，承揽人无权将设计预算书交付第三人。

第六百八十二条　承揽人完成设计和勘察工作不合格的责任

1. 依照完成设计和勘察工作承揽合同，对于编制设计预算书和完成勘察工作不当，包括其后在建筑工程中以及在按设计预算书和勘察工作资料建设的客体的使用过程中发现的瑕疵，由承揽人承担责任。

2. 如果法律没有另行规定或完成设计和勘察工作承揽合同没有另行约定，当发现在设计预算书和勘察工作中存在瑕疵时，承揽人按照定作人的要求应无偿重新编制设计预算书并相应地进行必要的补充性勘察工作，以及赔偿给定作人造成的损失。

第六百八十三条　设计和勘察承揽合同的法律调整

设计和勘察承揽合同下的关系适用本法规定，并可适用设计和勘察工作相关法律。

第五节　完成科学研究工作、试验设计和技术工作承揽

第六百八十四条　完成科学研究工作、试验设计和技术工作的合同

1. 依照完成科学研究承揽合同，执行人应按定作人确定的技术任务书进行科学研究，而依照完成试验设计和技术工作承揽合同，执行人应试制新产品样品，编制设计技术文件书或者研制新工艺，而定作人应受领工作并给付工作价款。

2. 与执行人订立的合同既可包括进行研究、研制和制造样品的整个周期，又可包括该周期的各个阶段（组成部分）。

3. 如果法律没有另行规定或者合同没有另行约定，完成科学研究工作、试验

设计和技术工作承揽合同履行不能的意外风险，由定作人承担。

4. 完成科学研究工作、试验设计和技术工作的合同条款，应符合关于专属权（知识产权）的法律和其他法律文件。

第六百八十五条　完成工作

1. 承揽人（执行人）必须亲自进行科学研究。只有经定作人同意，执行人才有权吸收第三人履行完成科学研究承揽合同。

2. 在完成试验设计或技术工作时，如果合同没有另行约定，执行人有权吸收第三人履行合同。对执行人与第三人的关系适用总承揽人和分承揽人的规则（第627条）。

第六百八十六条　构成合同标的信息的保密

1. 如果完成科学研究工作、试验设计和技术工作的合同没有另行约定，双方应对涉及合同标的、合同履行过程和所取得成果的信息资料保守秘密。机密的信息资料范围，由合同确定。

2. 工作时所获得的并被认定为机密的信息资料，任何一方承担义务只有经他方同意才可公开发表。

第六百八十七条　当事人的工作成果权利

1. 完成科学研究工作、试验设计和技术工作承揽合同的双方，有权在合同约定的范围内和依照合同约定的条件使用工作成果。

2. 如果合同没有另行约定，定作人有权使用执行人交付给他的工作成果，而执行人也有权为了自己的需要使用他所取得的工作成果。

第六百八十八条　定作人的义务

1. 在完成科学研究工作、试验设计和技术工作承揽合同中，定作人的义务是：

向执行人交付完成工作所必需的信息资料；

接收完成的工作成果并给付价款。

2. 合同还可以约定定作人向执行人颁发技术任务书以及与执行人就工作规划（技术经济数据）或者工作课题进行协商。

第六百八十九条　承揽人（执行人）的义务

在完成科学研究工作、试验设计和技术工作承揽合同中，承揽人（执行人）的义务是：

依照与定作人约定的程序（技术和经济参数）或主题，在合同约定的期限内将工作成果交付定作人；

同定作人协商使用属于第三人的受法律保护的智力活动成果的必要性，并取得对该成果的使用权；

如果因执行人的过错在已完成的工作中出现了可能引起偏离技术任务书或合同中约定的技术经济数据问题的瑕疵，执行人应以自己的人力和用自己的费用消除瑕疵；

将发现不可能获得预期成果或者不适宜继续工作的情况立即报告定作人；

保障向定作人交付依合同所获得的不侵犯他人专属权的成果。

第六百九十条　无法取得科研工作成果的后果

如果在科学研究工作中发现由于执行人意志以外的情况而不能取得成果，对在发现不可能取得完成科学研究承揽合同约定的成果之前已经进行的工作，定作人必须支付费用，但不得高于合同中约定的相关工作部分的价格。

第六百九十一条　无法取得试验设计和技术工作成果的后果

在进行试验设计和技术工作的过程中，发现并非因执行人的过错而产生的不可能或不适宜继续工作的情形时，定作人必须给付执行人已经发生的费用。

第六百九十二条　承揽人（执行人）违约责任

1. 如果不能证明违反完成科学研究工作、试验设计和技术工作承揽合同的情况并非因承揽人（执行人）的过错而发生（第356条第1款），执行人应向定作人承担违反合同的责任。

2. 如果合同约定赔偿损失应以合同中工作的总价值为限，则承揽人（执行人）应在出现瑕疵的工作的价值限度内赔偿其给定作人造成的损失。在合同约定的情况下，预期的利益也应予以赔偿。

第六百九十三条　完成科学研究、试验设计和技术工作承揽合同的法律调整

完成工作的期限和工作报酬，以及定作人不领取工作成果的后果分别适用本法第629条、第630条和第660条的规定。

第三十一章　提供有偿服务

第六百九十四条　有偿服务合同

依照有偿服务合同，执行人应依定作人的要求提供服务（实施一定行为或进行一定的活动），而定作人应对该服务给付报酬。

第六百九十五条　有偿服务合同的标的

有偿服务合同的标的是邮电、医疗、兽医、审计、咨询、信息服务、培训服务、旅游服务等。

第六百九十六条　有偿服务合同的履行

执行人应亲自提供服务，合同另有约定的除外。

第六百九十七条　服务费

1. 定作人须按照有偿服务合同约定的期限和程序，为执行人向其提供的服务给付报酬。

2. 因定作人的过错产生合同履行不能时，定作人应全额给付服务费，法律另有规定或合同另有约定的除外。

3. 当双方对所发生的不能履行合同的情况都无责任时，定作人须补偿执行人已实际支出的费用，法律另有规定或合同另有约定的除外。

第六百九十八条　执行人违反有偿服务合同的责任

1. 如果不履行或不适当履行提供有偿服务的合同，执行人应全额赔偿因此给定作人造成的损失，但不超过合同约定的服务价格的两倍。

2. 如果执行人不履行或不适当履行提供有偿服务的合同，合同可以约定增加本条第 1 款的赔偿责任。

第六百九十九条　单方拒绝履行有偿服务合同

1. 定作人有权拒绝履行有偿服务合同，但条件上必须向执行人给付其实际支出的费用。

2. 执行人只有在赔偿定作人全部损失的条件下，才有权拒绝履行有偿服务合同约定的义务。

第七百条　有偿服务合同的法律调整

对有偿服务的合同适用关于承揽的一般规定（第 623 条至第 650 条）和日常生活承揽的规定（第 651 条至第 661 条），但上述规定与本章规则以及与有偿服务合同标的的特点相抵触的情形除外。

第三十二章　运　　输

第七百零一条　运输的一般规定

1. 运输货物、旅客和行李依照运输合同进行。

2. 运输的一般条款由运输法、其他法律和根据运输法、其他法律颁布的规则确定。

以某些类型的运输形式运输货物、旅客和行李的条件，以及双方当事人在此类运输中的责任由双方协商确定，但本法、运输法、其他法律和根据法律颁布的规则另有规定的除外。

第七百零二条　货运合同

1. 依照货运合同，承运人应将托运人托运的货物运输到目的地，并交给有权接收货物的人（收货人），而托运人应对运输货物给付规定的运费。

2. 订立货运合同以制作和向货物托运人签发货运单（提货单或有关运输法、本法规定的运输货物的其他单证）为凭。

第七百零三条　客运合同

1. 依照客运合同，承运人应当把旅客运输到目的地，而当旅客托运行李时，承运人还应把行李运输到目的地，并将其交给有权受领该行李的人；旅客应交付规定的旅费，而在托运行李时，还应交付规定的行李托运费。

2. 客运合同的签订以客票为凭证，而托运行李的，以行李托运单为凭证。

客票和行李单的格式按照运输法、本法或者其他法律规定的程序确定。

3. 按照有关运输法、本法或其他法律规定的办法，旅客有权：

免费或者以其他优惠条件携带儿童同行；

在额定范围内免费运输随身携带的手提行李；

在额定范围内免费运输行李，超过部分按运费标准收取费用。

第七百零四条　租船合同（租用）

依照租船合同（租用），一方（船舶出租人）应向另一方（租船人）提供为运输货物、旅客和行李而用于一次或者几次航程的一艘或几艘船舶的全部或者部分舱位，并收取费用。

租船合同的订立程序，以及上述合同的格式由运输规章和法律规定。

第七百零五条　直达多式联运

在按统一的货运单使用不同的运输形式运输货物、旅客和行李（直达多式联运）时，运输组织间的相互关系，以及安排这些运输的方式，由有关运输组织之间依直达联运（联合）法订立的协议确定。

第七百零六条　使用公共交通工具运输

1. 商业组织从事的运输是使用公共交通工具的运输，但法律、其他规范性文件或该组织颁发的许可证要求必须根据公民或法人的请求运送货物、旅客和行李的情形除外。

2. 使用公共交通工具的运送合同是公共合同（第386条）。

第七百零七条　运费

1. 运送货物、旅客和行李应收取双方协议确定的运费，但法律或者其他规范性文件另有规定的除外。

2. 使用公共运输工具运送货物、旅客和行李的运费，由根据运输法所制定的运费价目表确定。

3. 承运人按照托运人的要求完成在价目表中未规定的工作和服务，依照双方的协议收费。

4. 承运人为保障向其应交付的运费和其他应付的运送费用，有权留置交付他托运的货物和行李（第342条），但法律、其他规范性文件有不同规定、运送合同另有约定或者债的性质有不同要求的除外。

5. 如果依照法律或者其他法律文件对货物、旅客和行李的运费规定有优惠或者优待条件，则由此而产生的支出应由运输组织以相应的预算资金补偿。

第七百零八条　运输工具的提供，货物的装载（卸载）

1. 承运人应在其接受的运送合同或者组织运送合同申请单（订单）中规定的期限内，向货物托运人提供性能良好、适用运送相应货物的运输工具以供装货。

托运人有权拒绝所提供的不适用运送相应货物的运输工具。

2. 货物的装载（卸载）要依照合同约定的方式，并应遵守运输法及依照该法颁布的规则所确定的办法，由运输组织或者货物托运人（收货人）进行。

3. 以货物托运人（收货人）的人力和工具装载（卸载）货物时应在合同约定的期限内进行，但运输法及依照该法颁布的规则对该期限有规定的除外。

第七百零九条　货物、旅客和行李的送达期限

承运人应当在运输法、本法和其他法律规定的期限内，将货物、旅客或行李运送到目的地，如未规定该期限，则应在合理期限内运达。

第七百一十条　运输产生的义务责任

1. 在不履行或者不适当履行运送义务时，双方承担本法、运输法、其他法律以及双方协议中确定的责任。

2. 运输组织与旅客和托运人之间订立的关于限制或者取消法律所规定的承运人责任的协议，一律无效，但运输法规定在货物运送时可以有这种协议的情形除外。

第七百一十一条　承运人不提供运输工具和托运人不使用所提供的运输工具的责任

1. 承运人不按照所接受的托运货物的申请单（订单）提供运送货物的运输工具，而托运人不将货物交付托运或者出于其他原因不使用所提供的运输工具，均承担运输法以及双方合同所确定的责任。

2. 如果未提供运输工具或者不使用所提供的运输工具是由于下述原因之一，则承运人和货物托运人免责：

不可抗力、其他具有自然灾害性质的现象（火灾、积雪封路、水灾）和战争行动；

依照有关运输法规定的程序，确定某一条线路停止或者限制货物运送；

运输法规定的其他情况。

第七百一十二条　承运人延误运送旅客的责任

1. 运送旅客的运输工具迟发，或者该运输工具晚点到达目的地（市内和郊区公共交通运输除外），如果不能证明迟发或晚点是由于不可抗力，以及因清除运输工具中威胁旅客生命和健康的故障，或承运人意志以外的状况，承运人应按有关运输规章或运输法规定的金额，向旅客支付罚金。

2. 在旅客因运输工具迟发而拒绝乘坐的情况下，承运人应将运费返还旅客。

第七百一十三条　承运人对货物或行李遗失、短缺和毁损（损坏）的责任

1. 在接收货物和行李运送后至将货物交付收货人或经过授权的人或有权领取行李的人之前发生货物或行李遗失、短缺或损坏的，如果承运人不能证明货物或行李遗失、短缺或损坏是承运人不能预防和不能消除的情况所致，则承运人应承担责任。

2. 在运送货物或者行李时造成的损失，应由承运人按以下办法赔偿：

在货物或者行李遗失、短缺时，按遗失或短缺的货物或行李的价值赔偿；

在货物或者行李损坏时，按其降低的价值赔偿，而在货物或行李不可能恢复时，则按其价值赔偿；

在保价交付运送的货物或者行李灭失时，按货物或者行李的保价金额赔偿。

货物或者行李的价值根据卖方发票上指明的或者合同约定的价格确定，而在无发票指明或者合同未约定价格时，按照在可比的情况下对类似商品通常收取的价格确定。

3. 承运人在赔偿因货物或行李的遗失、短缺和毁损（损坏）引起的损失的同时，还应返还托运人（收货人）为追索所遗失、短缺和毁损的货物或行李的运费，但该运费包含在货物价值内的除外。

4. 对承运人单方起草的关于未妥善保管货物或行李原因的文件（商业文书、格式文件等）有争议时，应与能够作为货物或者行李的承运人、托运人或者收货人责任根据的其他证明文件一起，交法院裁定。

第七百一十四条　货物运输的索赔和诉讼

1. 在向承运人提起因货物运送所发生的诉讼之前，必须按照有关运输规章或者运输法规定的程序先向承运人提出索赔。

2. 托运人或收货人在承运人全部或者部分拒绝满足请求或者在30日内未接到承运人答复的情况下，可向法院提起诉讼。

3. 因货物运送发生的请求权诉讼时效期限为根据本法第208条确定的日期起1年。

第七百一十五条　运输组织合同

承运人和托运人在必须进行连续不断的货物运送时可订立组织运输的长期合同。

依照组织运输货物的合同，承运人应在规定的期限内接收货物，而托运人应按约定的数量将货物提交运输。在组织运输货物合同中应约定提供运输工具和提交发送货物的数量、期限和其他条件、结算的程序以及组织运输的其他条款。

第七百一十六条　交通运输组织之间的合同

不同类型的运输组织之间可以订立关于保障运送货物组织工作的合同（联运协议、货物集中运输、发运的合同等）。

该类合同订立的程序由运输法、其他法律和规范性文件规定。

第七百一十七条　承运人造成旅客死亡和健康损害的责任

承运人对旅客生命和健康损害的责任，除法律规定或者运送合同约定承运人加重责任的情形外，依照本法第51章的规则确定。

第三十三章　运 输 代 理

第七百一十八条　运输代理合同

1. 依照运输代理合同，运输代理人承诺履行或安排履行与货物运输有关的合同约定的服务，以获取报酬并由发货人或收货人承担费用。

运输代理合同可以约定代理人使用委托人所选择的运输工具并按照代理人或者委托人所选择的运输路线组织货物运送的义务、代理人以委托人的名义或者以自己的名义订立货物运输合同（一个或数个）的义务、保障货物的发运和接收以及与运输有关的其他义务。

运输代理合同还可约定送达货物所必需的如下业务作为补充性服务，如取得出口或者进口所需要的单证，办理海关及其他手续，检查货物的数量和状况，装卸货物，为客户交纳其应交纳的关税、税费和其他费用，保管货物，在目的地领取货物以及完成合同约定的其他业务和服务。

2. 本章的规则也适用于依照合同由承运人履行代理人义务的情况。

3. 如果运输代理活动法、其他法律或法律文件没有不同规定，则履行运输代理合同的条款由双方协议确定。

第七百一十九条　合同形式

1. 运输代理合同以书面形式订立。

2. 当代理人履行义务需要客户的委托书时，客户应向代理人授予委托书。

第七百二十条　运输代理人的运输代理合同的责任

运输代理人依照本法第 20 章的规则确定的依据和数额对不履行或者不适当履行运输代理合同义务承担责任。

如果运输代理人能够证明，义务的违反是由于运送合同履行不当，则运输代理人对客户的责任依照由有关承运人向运输代理人承担责任的相同规则确定。

第七百二十一条　提供给运输代理人的文件和其他资料

1. 向代理人提供关于货物品质、货物运送条件的单证和其他信息，以及提供代理人为履行运输代理合同约定的义务所必需的其他资料。

2. 代理人对所获得的信息资料发现有瑕疵时应通知客户，而当信息资料不完全时，应向客户征询必要的补充资料。

3. 提供必要的信息资料，代理人有权在提供该信息资料前不着手履行相关义务。

4. 客户违反本条第1款规定的提供信息资料的义务而对代理人造成损失的，应一同承担责任。

第七百二十二条　第三人履行运输代理人的义务

如果运输代理合同并未规定代理人必须亲自履行义务，则代理人有权托付其他人履行自己的义务。

托付第三人履行义务不免除代理人对客户承担的履行合同的责任。

第七百二十三条　拒绝履行运输代理合同

任何一方都有权拒绝履行运输代理合同，但应在合理期限内将此情况预先通知他方。

在单方拒绝履行合同时，提出拒绝履行合同的一方向另一方赔偿解除合同造成的损失。

第三十四章　借款和信贷

第一节　借　　款

第七百二十四条　借款合同

1. 依照借款合同，一方（出借人）将金钱或具有特定特征的标的物交付给另一方（借款人）所有，而借款人应返还出借人同样数额的金钱（借款总额）或同等质量和同等数量的标的物。

2. 借款合同自转移金钱或标的物时签订。

第七百二十五条　借款合同的形式

1. 公民之间的借款合同，如果借贷数额至少超过计算指标的10倍，应以书面形式订立，而法人为出借人时，不论借款数额多少，均应以书面形式订立。

2. 违反借款合同的书面形式将承担本法第178条规定的后果。

3. 如果有出借人的收据或其他文件证明出借人转移一定数量的钱或一定数量的财产，则推定借款合同以书面形式达成。

4. 如果借款合同的金额超过计算指标的至少500倍，则必须以公证形式签订。

5. 违反公证形式的借款合同无效。出借人无权要求支付未遵守公证形式的借款合同的利息。

第七百二十六条　借款合同的利息

1. 如果法律没有另行规定或者借款合同没有另行约定，出借人有权按照合同确定的数额和方式向借款人收取借款利息。在合同未约定利息金额条款时，以借款人支付债务金额或其相应部分时出借人居住地当天的银行利率为准，借款人为法人的，以法人住所地银行利率为准。

2. 公民之间签订的借款合同金额不超过计算指标的50倍，并且不属于一方的经营活动借款，则借款合同是无息的，除非另有明确规定。

3. 如果借贷合同约定，向借贷人移转的是具有特定特征的标的物，且规模和形式（货币或实物）在合同中有约定，则借款人应支付利息。

4. 支付利息的程序和条款由借款合同确定。如果支付利息的程序和条款不由合同约定，则按月支付利息，直到偿还借款金额之日为止。

5. 在依照本法第727条第2款的利息提供的借款提前还贷时，出借人有权向贷人收取借款合同约定的直至还贷日（含当时）的全额利息或部分利息。

6. 如果在借款合同中约定了高利率，法院根据法律规定的程序确定最高允许利息的范围。

第七百二十七条　借款人偿还借款的义务

1. 借款人有义务按借款合同约定的期限和方式，将获取的借款总额偿还出借人。

在合同未约定偿还期限或者偿还期限以请求还款时间确定时，借款人应在出借人提出还款请求权之日起的30日内偿还借款，但合同另有约定的除外。

2. 如果借款合同无不同规定，无息借款可由借款人提前全额偿还或部分偿还。

向公民提供的供其个人、家人、家用或其他使用而与经营活动无关的有息借款，借款人可以全额或部分提前偿还，条件是至少在还款前30天通知出借人。借款合同可以约定借款人通知出借人有意提前偿还事项的更短期限。

在其他情况下，经出借人同意，包括在借款合同中表示同意提前还款，有息借款可由借款人提前偿还。

3. 如果法律没有另行规定和借款合同没有另行约定，自向出借人交付相应款项或将该款项划入出借人银行账户时起，借款被认为已经清偿。

第七百二十八条　借款人违反借款合同的后果

1. 如果法律无另行规定或者借款合同无另行约定，在借款人不按期偿还借款时，应按本法第360条第1款规定的数额，加收自应偿还之日起直到实际偿还之日止的利息，而不论是否已经支付本法第726条第1款规定的利息。

2. 如果借款合同约定分批偿还借款（分期付款），在借款人未按合同约定的期限定期还款时，出借人有权请求借款人将所有剩余的借款连同加算到还款日的利息一并提前偿还。

第七百二十九条 借款合同不实的异议

1. 借款人有权证明，借款合同标的实际上并未移转给他处分或者并未完全移转给他处分（关于借款合同不实的异议）。

2. 如果借款合同应该以书面形式订立（第725条），则不得通过证人证言提出关于借款合同不实的异议，除非合同是在欺诈、暴力、威胁、多种不利情况影响下签订的以及借款人的代理人为损害借款人利益而签订的。

3. 在对借款合同不实提出异议的情况下，借款人债务的数额根据向他移转的或向他所指定的第三人移转的金钱数额或其他财产的数量确定。

第七百三十条 借款人义务履行的担保

借款人不履行借贷合同约定的保证偿还借款的义务，以及借款人不负责的情况而造成抵押物损失或恶化的，出借人有权要求借款人提前偿还借款和支付到期利息，但合同另有约定的除外。

第七百三十一条 专项借款

1. 借款人自行决定根据借款合同收到的资金的用途，借款合同另有约定的除外。

2. 如果借款合同的订立以借贷人将所借资金用于一定目的为条件（专项借款），借款人应保障出借人有可能对该借款的专项使用进行监督。

3. 当借贷人不履行借款合同关于借款的专项使用条款，以及违反本条第2款规定的义务时，出借人有权请求借款人提前偿还借款并支付应付的利息，但合同另有约定的除外。

第七百三十二条 债务更新为借款之债

1. 依照双方的协议，出于买卖、财产租赁或者其他原因而发生的债务，可以更替为借款之债。

2. 以借款之债实现债务的更替，须遵守债务更新要求（第375条）并按照订立借款合同的形式完成（第725条）。

第七百三十三条 国家借款合同

1. 依照国家借款合同，借款人为吉尔吉斯共和国，而出借人为公民或者法人。

2. 国家借款为自愿借款。

3. 国家借款合同通过借款人购买发行的国债或其他国家证券来达成，这些证券证明了出借人有权从借款人处获得借出的资金，或者根据借款条件，获得其他财产、规定的利息或其他财产权利，具体时间由借款发行的条件规定。

4. 已发行到流通领域中借款的条件不得变更。

第二节 信　　贷

第七百三十四条　信贷合同

1. 依照信贷合同，银行或者其他信贷组织（贷款人）有义务按照合同约定的数额和条件向借贷人提供资金（贷款），而借款人应返还贷款并偿付使用该贷款的利息。

2. 如果本章规则没有不同规定以及信贷合同的实质未有不同要求，本章第1节规定适用于信贷合同关系。

第七百三十五条　信贷合同的形式

信贷合同应以书面形式订立。

违反以书面形式订立的信贷合同一律无效，该合同为自始无效合同。

第七百三十六条　拒绝提供或者受领信贷

1. 如果有情况明显地证明向借款人提供的贷款将不能如期返还，则贷款人有权拒绝向借款人提供信贷合同约定的全部或者部分贷款。

2. 借款人在合同约定的提供贷款期限之前通知贷款人以后，有权拒绝接受全部或者部分贷款，但法律、其他规范性文件另有规定或者信贷合同另有约定的除外。

3. 在借款人违反信贷合同约定的使用专用贷款义务时（第731条），贷款人也有权拒绝继续按照合同向借款人提供贷款。

第三节 商品信贷和商业信贷

第七百三十七条　商品信贷

双方当事人可以订立合同，约定一方有向另一方提供以种类特征确定的物之义务（商品信贷合同）。如果该合同没有另行约定和债的实质没有其他要求，则对该合同适用本章第2节的规定。

关于所提供物的数量、种类、配套、质量、外皮和（或）包装的条款应依照商品买卖合同（第428条至第448条）的规定履行，但商品信贷合同另有约定的除外。

第七百三十八条 商业信贷

1. 如果合同的履行涉及将金钱或者其他具有通用特征的物品交付另一方所有，则合同可以约定提供信贷，其中包括以预付款、事先给付、延期或者分期付款的方式支付商品、工作或服务价款的形式提供信贷（商业信贷），但法律另有规定的除外。

2. 如果产生相关之债的合同规则没有不同规定，并且与该债的性质不相抵触，则本章的规则相应地适用于商业信贷。

第三十五章 金钱债权转让融资

第七百三十九条 金钱债权转让融资合同

1. 根据金钱债权转让融资合同，一方当事人（金融代理人）将资金转移或承诺转移给另一方当事人（客户），以支付客户（债权人）因提供货物、履行工程或向第三方提供服务而向第三人（债务人）提出的货币债权，客户让与或承诺让与该金钱债权请求权。

客户也可以将对债务人的金钱债权请求权转让给金融代理人，以担保客户履行对财物代理人的义务。

2. 金融代理人根据金钱债权融资合同之债可以管理客户的会计账户以及向客户发出其他作为转让标的的金钱请求。

第七百四十条 金融代理人

银行和其他信贷组织以及拥有开展此类活动的许可证的其他商业机构，可以作为金融代理人签订金钱债权代理合同。

第七百四十一条 为融资目的转让的金钱债权

1. 金钱债权转让合同中的转让标的，既可以是支付期已经到来的金钱债权请求权（现有请求权），又可以是未来发生之债的请求权（未来请求权）。

作为转让标的的金钱债权请求权必须在客户与财物代理人的合同中约定，以便在合同订立时确定现有请求权和未来请求权不晚于其发生时。

2. 在转让未来请求权的情况下，自债务人本身获得合同约定的权利出现后转移给财物代理人。如果金钱债权请求权的转让以某一事件为条件，则在该事件发生后转让。

在这些情况下，不需要对金钱债权转让进行额外登记。

第七百四十二条　客户对金融代理人的责任

1. 客户应对作为让与标的的金钱债权请求权的无效承担责任，另有规定的除外。

2. 如果客户有权转让金钱债权请求权，而在转让时不知道债务人有拒绝履行该债权的权利，则作为转让标的的金钱债权请求权被确认为有效。

3. 客户对债务人不履行或者不适当履行该请求权不承担责任，合同另有约定的除外。

第七百四十三条　禁止转让金钱债权无效

即使客户与其债务人之间或客户与向他让与金钱债权请求权的人之间存在禁止或限制请求权的协议，向财物代理人进行金钱债权请求权的让与仍然有效。

第七百四十四条　金钱债权再转让

禁止财物代理人再次让与金钱债权请求权，但合同另有约定的除外。

若合同允许再让与，则应适用本章规定。

第七百四十五条　债务人向财物代理人履行金钱债权请求权

1. 债务人在接到客户或者财物代理人关于金钱债权请求权已让与该财物代理人的书面通知，并且在通知中确定了应该履行的金钱债权请求权、指明了其确定方式以及指出了应该向谁进行支付时，应该向财物代理人进行支付。

2. 按照债务人的请求，财物代理人应在合理期限内向债务人提供金钱债权请求权确实已让与财物代理人的证据。如果财物代理人不履行该义务，则债务人有权根据金钱债权请求权向客户付款，作为向客户履行相应的债务。

3. 债务人依照本条的规定履行金钱债权请求权，即免除债务人对客户的相应债务。

第七百四十六条　金融代理人从债务人处获得资金的权利

1. 如果依照金钱债权代理合同让与金钱债权请求权是为了使财物代理人取得该请求权，而财物代理人从债务人处取得了履行上述请求权的全部金额，则客户不对财物代理人所取得的金钱少于财物代理人取得上述请求的价款承担责任。

2. 如果向财物代理人让与金钱债权请求权是为了担保客户对财物代理人债务的履行，而财物代理合同未有不同规定，则财物代理人必须向客户提交报表，在收到债务人的履行后向客户移转超过让与请求权所担保金额的部分。如果财物代理人从债务人处取得的金钱少于让与请求权所担保的客户对财物代理人的债务，则客户仍应对自己债务的剩余部分向财物代理人负责。

第七百四十七条　债务人的反请求

1. 当金融代理人请求债务人付款时，债务人如果在收到关于请求权已让与金融代理人的通知之前就与客户存在基于合同的金钱债权请求权，则有权依照本法第373条的规定提出自己的金钱债权请求权予以抵销。

2. 债务人因客户违反关于禁止或限制请求权让与的协议而可能向客户提出的请求，对金融代理人不发生效力。

第七百四十八条　金融代理人获取的资金返还给债务人

1. 如果客户未履行自己与债务人订立的合同义务，则债务人无权请求财物代理人返还已给付他的金额，相应的请求可以由债务人向客户提出。

2. 债务人有权直接请求客户返还因债权转让而支付给财物代理人的款项，但如果证明财物代理人没有履行承诺向客户支付与债权转让有关的付款的义务，或明知客户违反了与债权转让有关的对债务人的义务，则债务人有权要求财物代理人退还上述款项。

第三十六章　银 行 存 款

第七百四十九条　银行存款合同

1. 依照银行存款（提存）合同，一方（银行）接受他方（存款人）存入的金钱或者接受为存款人存入的金钱（存款），并有义务按照合同约定的条件和程序返还存款并给付存款利息。

银行存款合同自收到银行存款之日起订立。

2. 存款人为公民时，银行存款合同为公共合同（第386条）。

3. 根据吉尔吉斯共和国1999年11月27日第131号法律删除本款。

第七百五十条　吸收存款权

1. 银行根据按法定程序颁发的许可证（执照）享有吸收存款的权利。

2. 如果不具有该项权利的人接受公民存款或者违反法律、违反依法通过的银行法规定的程序接受公民存款，存款人可以请求立即归还存款以及支付本法第360条规定的存款利息，并请求赔偿除利息数额以外给存款人造成的一切损失。

如果这种人以银行存款合同的条款接受法人资金，则该合同为无效合同（第

185 条）。

3. 如果法律没有不同规定，本条第 2 款规定的后果也适用于以下情况：

将公民资金吸收为票据和其他有价证券形式的存款，从而排除其持有人请求即付的取款权和存款人行使本章规则规定的其他权利；

通过向公民和法人出售非法发行的股票和其他有价证券的途径吸收资金。

第七百五十一条　银行存款合同的形式

1. 银行存款合同应以书面形式订立。

存款如果以存折、存单、取款单或者以银行向存款人签发的符合法律规定的要求、行规并符合银行采取的交易习惯要求的其他单据予以证明，则银行存款合同的书面形式视为已经得到遵守。

2. 违反银行存款合同订立形式的合同一律无效。该合同为自始无效合同。

第七百五十二条　存款的种类

1. 银行存款合同的订立有一经请求即付存款的条款（活期存款）或者在合同约定的期限届满后返还存款的条款（定期存款）。

合同可以约定不与法律相抵触的以其他条件还款的存款。

2. 对于与公民订立的任何类别的银行存款合同，银行在任何情况下均应根据存款人的请求第一时间立即支付存款金额或者其部分存款金额，但法人按合同约定的其他还款条款进行的存款除外。

公民放弃根据其请求提取存款的合同条款无效。

3. 如果定期存款按照寄存人的要求在到期之前或者在银行存款合同约定的其他情况到来之前取款，则存款利息应按照活期存款的利率由银行给付，但银行存款合同约定了较高数额利息的除外。

4. 如果在定期存款到期后或者合同约定的情况到来后寄存人不要求取款，合同视为按照活期存款延期，但合同另有约定的除外。

5. 银行账户合同（第 36 章）的规则可以调整银行与活期存款个人之间的关系，本章另有规定或银行存款合同的内容另有约定的除外。

第七百五十三条　存款的利息

1. 银行依照银行存款合同约定的金额向存款人给付存款利息。

在合同未约定应给付的利息金额时，银行必须依照本法第 726 条第 1 款规定的数额给付利息。

2. 如果银行存款合同没有另行约定，银行有权变更活期存款的利率。

在银行降低利率的情况下，新的利率适用于通知存款人降息以前存入的存款，从通知之时起满1个月后生效，但合同另有约定的除外。

3. 银行存款合同约定的公民定期存款的利率，或者在合同约定的情况发生后支取存款的利率，银行不得单方降低，但法律另有规定的除外。

第七百五十四条 存款利息的计算和支付方式

1. 银行存款的利息从银行收到存款之日起计至存款返还存款人或出于其他原因从存款人账户注销的前一天止。

2. 按照存款人的请求于每季度期满后从存款总额中向存款人单独给付存款利息，到期未取的利息计入存款总额一并计算利息，合同另有约定的除外。

返还存款时应给付在取款时所有加算的利息。

第七百五十五条 存款返还的担保

1. 银行归还存款的担保方式和方法由法律规定和合同约定。

2. 银行应向存款人提供关于确保归还存款的信息。

3. 在银行不履行法律规定或者银行存款合同约定的归还存款的担保义务时，以及在丧失担保或者该担保条件降低时，存款人有权请求银行立即归还存款，按照本法第726条第1款规定支付利息，并按照本法第360条的规定赔偿因此造成的损失。

第七百五十六条 第三人将资金存入存款人的账户

如果银行存款合同没有另行约定，当第三人说明存款人账户的必要信息资料并将资金存入存款人的银行账户时，资金应列入存款人账户。在这种情况下，推定存款人向第三人提供了有关账户的必要信息资料并同意接受第三人的资金。

第七百五十七条 为第三人利益的存款

1. 存款可以用确定的第三人的名义存入银行。如果银行存款合同没有另行约定，该第三人自他向银行提出基于存款人权利的取款请求之时起，或者以其他方式向银行表示行使该权利的意愿之时起，即取得存款人的权利。在为公民或者法人的利益存款时，指明该公民的姓名（第54条）或者法人的名称（第89条）是有关银行存款合同的实质条款。

为合同订立时已死亡公民的利益或者于此前不存在的法人的利益而订立的银行存款合同，自始无效。

2. 以其名义进行存款的第三人从存款记入其账户的那一刻起获得存款人的权利，合同另有约定的除外。

3. 以第三人的名义办理存款的，以第三人的名义签订银行存款合同的人有权要求退还或者转移到自己的名下。

第七百五十八条　存折

1. 存折是公民依照银行存款合同将资金存入其存款账户的证明，合同另有约定的除外。

在存折上应记明由银行认证的银行名称和所在地（第89条），而如果在银行分支机构存款，还应记明有关分支机构的名称和所在地、存款账号、存入账户的所有金额、所有取款的金额和截至向银行提交存折时账户上的存款余额。

如果不能证明存款的其他情况，则存折上指明的存款数据是银行和存款人之间结算存款的依据。

2. 银行存款合同可以约定发行记名存折或不记名存折。存折是一种有价单证。

3. 取款、给付存款利息和执行存款人关于从存款账户上将资金划拨给他人的指示，均凭存折由银行完成。

如果记名存折遗失或者损坏不能用于出具，银行可按照存款人的申请向他开出新的存折。

丢失的不记名存折权利的恢复按照有价单证规定的程序进行（第43条）。

第七百五十九条　储蓄（存款）存单

1. 储蓄（存款）存单是证明向银行存款的金额以及存款人（单据持有人）在规定期限届满后在签发单证的银行或本银行任何分行领取存款金额和单证规定的利息的担保。

2. 储蓄（存款）存单可以不记名，也可以记名。

3. 储蓄（存款）存单持有人提前提出取款请求时，银行应该给付存款并按照活期存款给付利息，但相应单据的条款对利息数额有不同规定的除外。

第三十七章　银行账户

第七百六十条　银行账户合同

1. 依照银行账户合同，银行有义务接受进款并将进款计入客户（账户占有人）建立的账户，并执行客户关于从账户上划拨和给付相关资金及进行其他账户业务的指示。

2. 银行在担保客户资金自由处分权的同时，可以利用账户上现有的资金。

3. 客户独立管理其在银行账户中持有的资金。

银行无权规定和控制客户资金的使用方向，无权对客户按照自己的意志处分资金的权利作出法律或者银行账户合同所没有的其他限制。

第七百六十一条　银行账户合同的形式

1. 银行账户合同以书面形式订立。

2. 违反银行账户合同的书面形式将导致本合同无效。该合同自始无效。

第七百六十二条　银行账户合同的订立

1. 在订立银行账户合同时，按双方当事人协商一致的条件为客户或者客户所指定的人在银行开立账户。

2. 客户按照银行公布的开立该类账户的条件提出开立账户的请求，而且该条件又符合法律和依法规定的银行法的要求时，银行有义务与客户订立银行账户合同。

银行无权拒绝法律、银行章程和向其颁发的许可证（照）所规定的开立账户的相关业务，但银行在不具有该服务的可能性而拒绝时或者法律、其他规范性文件允许拒绝的情况除外。

当银行无理由地规避订立银行账户合同时，客户有权向银行提出本法第 406 条第 4 款规定的请求。

第七百六十三条　账户资金处分权的证明

1. 以客户名义执行从账户上划拨资金和支付资金指示的人的权利，由客户向银行提交法律、依法制定的银行法和银行账户合同约定的单据予以证明。

2. 客户根据第三人请求，其中包括与向该客户履行自己的债务有关的请求，可以向银行作出关于从账户上注销资金的指示。如果该指示采用书面形式并能证实是有该请求权的人提出的相关请求，银行则应接受该指示。

3. 合同可以约定账户上资金处分权的认证方式，包括电子付款方式和在账户上使用类似亲笔签字（第 176 条第 2 款）、代码、识别用语和能证实指示确系由有此授权的人作出的其他方式。

第七百六十四条　由银行执行的账户业务

根据实务中的商业惯例和银行法，银行有义务接受并贷记账户收到的资金，并按照法律规定的操作方式执行客户关于转移和支付资金的命令，合同另有约定的除外。

第七百六十五条　账户业务期限

银行应在接到有关付款单据或汇款后的一天内将进款列入客户的账户，法律、银行法另有规定或合同另有约定的除外。

第七百六十六条　账户信贷

1. 如果客户的账户上已无资金，而银行仍依照银行账户合同从该账户上付款（账户借贷），则自进行付款之时起，认为银行向客户提供了相应数额的贷款。

2. 账户信贷双方当事人的权利和义务由关于借贷和信贷的规则确定（第 34 章），但银行账户合同另有约定的除外。

第七百六十七条　银行处理账户业务费用

1. 在银行账户合同约定的情况下，客户对银行完成的处理账户上资金的业务应向银行支付服务费。

2. 本条第 1 款规定的银行服务费，银行可在每季度期满后从客户账户上的资金中提取，但银行账户合同另有约定的除外。

第七百六十八条　银行使用账户内资金应支付的利息

1. 如果银行账户合同没有另行约定，银行使用客户账户内的资金应按照银行账户合同约定的数额支付利息，该利息金额列入账户。

利息由银行按银行账户合同确定的金额支付，如没有约定，通常由银行按活期存款利率支付利息（第 753 条）。

2. 利息金额在合同约定的期限内列入账户，而在合同未约定该期限的情况下，利息金额于每季度期满后列入。

第七百六十九条　银行和客户账户相互债权的抵销

1. 银行向客户提出的与账户贷款（第 766 条）和向银行支付服务费（第 767 条）的有关请求权，以及客户向银行提出的因使用资金支付利息的请求权（第 768 条），可以通过抵销（第 373 条）而终止，但银行账户合同另有约定的除外。

2. 本条第 1 款规定的抵销由银行进行。银行应依照合同约定的程序和期限将所进行抵销的情况通知客户，如果双方当事人未约定相应条款，则应按银行实践中向客户提供账户资金情况的通常方式和通常期限通知客户。

第七百七十条　从账户划扣资金的根据

1. 银行按照客户的指示从账户上划扣资金。

2. 如果无客户划扣账户上资金的指示，只有依照法院的判决，以及在法律规定的情况下或银行和客户之间合同约定的情况下才允许划扣资金。

第七百七十一条　从账户上划扣资金的顺序

1. 账户上有资金且该资金足够满足对账户提出的全部请求时，按照客户的指示和划扣资金其他文件的次序（按日历次序）实现资金划扣，但法律另有规定的除外。

2. 当账户资金不足以全部满足已提出的请求时，按以下顺序进行资金划扣：

第一顺序：按照执行文件从账户上划扣或者支付资金，以清偿生命或健康的损害赔偿请求权，以及追索赡养费的请求权；

第二顺序：按照执行文件从账户上划扣或者支付资金，以便为过去和现在按照劳动合同工作的人员结算退职金和劳动报酬，以及对智力活动成果的著作者给付酬金；

第三顺序：按照支付文件划扣或者支付资金，为按照劳动合同进行工作的人员结算劳动报酬，按照税务机关代扣代交税费的委托而向俄罗斯联邦预算体系的预算划扣资金，以及根据保险费交纳监督机关的委托将保险费划拨到国家预算外的资金；

第四顺序：按照执行文书，划扣资金清偿其他金钱请求权；

第五顺序：按照日历顺序依据其他付款文书划扣资金。

对同一顺序的请求，依文书到达的日期的先后顺序进行划拨。

第七百七十二条　银行对未及时进行账户交易和不合理地划扣资金的责任

当银行未及时地将客户的进款列入账户或者无根据地将资金划扣，以及不执行或不及时执行客户关于从账户上划扣或者给付资金的指示时，银行应按照本法第360条规定的方式和金额偿付有关金额的利息。

第七百七十三条　银行秘密

1. 银行应保证对银行账户和银行存款、账户交易、客户信息以及在银行与客户关系过程中已委托或已为银行所知的任何信息保守秘密。

这种保证也适用于银行之前的客户和银行向其提供服务的人，不论他们是否有银行账户。

2. 构成银行秘密的信息资料，只能向客户本人或者其代理人提供。只有在法律规定的情况下并依法律规定的程序才可以向国家机关及其公职人员以及其他个人提供此种信息资料。

3. 如银行泄露构成银行秘密的信息资料，被侵权的客户有权请求银行赔偿所造成的损失，但吉尔吉斯共和国“关于打击资助恐怖主义和犯罪所得合法化（洗钱)”的法律另有规定的除外。

第七百七十四条　对账户处分的限制

不得限制客户处分账户上的资金，但在法律规定的情况下查封账户上的资金或者暂停账户业务的除外。

第七百七十五条　银行账户合同的解除

1. 按照客户的申请可随时解除银行账户合同。

2. 如果客户账户中持有的资金金额低于法律、银行法规定或银行账户合同约定的最低金额，银行有权要求解除银行账户合同。

3. 解除银行账户合同时关闭客户账户的根据。

4. 账户上的资金余额应在5 日内交给客户，或根据客户的书面指示转移到其他账户。

第三十八章　结　　算

第一节　一 般 规 定

第七百七十六条　现金结算和非现金结算

1. 法人之间、公民之间以及公民参与的结算，可通过不限制数额的现金方式进行，或者以非现金方式进行。

2. 法人之间的结算以及公民参加的与其经营活动有关的结算，以非现金方式进行。上述人之间的结算也可以用现金进行，法律另有规定的除外。

3. 无现金结算应通过银行和其他信贷机构（以下简称银行)，在结算当事人已开立账户的情况下进行，但法律另有规定和因采用的结算形式不同的除外。

第七百七十七条　非现金结算的形式

1. 在进行非现金结算时，允许采用支付委托书、信用证、收取现金、支票以及法律规定的其他形式的结算，允许按照法律规定的银行法和银行实践中的业务习惯进行结算。

2. 合同当事人有权选择并在合同中约定本条第 1 款规定的任何一种结算方式。

第二节 委托付款结算

第七百七十八条 一般规定

1. 银行在进行委托付款结算时，应根据付款人的指示，在法律规定或依法确定的期限内，将一定数额的款项转入该银行指定的付款人或其他银行的账户，但银行账户合同约定的期限较短或银行实务中适用的业务习惯决定的除外。

2. 通过委托付款进行结算的程序由法律规定，以及根据银行法和银行实践中适用的商业习惯确定。

第七百七十九条 银行接受委托付款的条件

1. 委托付款及其提交的结算单据的内容和形式应符合法律规定的要求和依银行法。

2. 如果委托付款不符合本条第 1 款规定的要求，银行可以指定委托内容。这种要求应在收到订单后立即向付款人提出。如果在法律或根据法律制定的银行法规规定的期限内没有收到答复，在合理的期限内，银行可以不执行订单，并将订单退还给付款人，除非法律、根据法律制定的银行法规另有规定或银行与付款人之间的合同另有约定。

3. 除付款人与银行之间的合同另有约定外，付款人账户上有资金的，银行应接受其指令执行。银行应执行从账户中扣款的命令（第 771 条）。

第七百八十条 委托履行

1. 接受客户委托付款的银行，应在本法第 778 条第 1 款规定的期限内，将有关金额转给受益银行，以便将其转入通知中所述人员的账户。

2. 本行有权委托其他银行办理向客户订单指定账户转账的业务。

3. 银行应根据付款人的要求，立即通知付款人执行该指令。执行的程序和对执行指令通知内容的要求，由法律、银行法或当事人的约定规定。

第七百八十一条 银行不履行或不适当履行付款委托的责任。

1. 如果不履行或不当履行客户的订单，则银行应根据本法第 360 条的规定对此违反行为承担责任。

2. 如果出于付款人的原因使银行违反结算操作的履行规则而导致订单未履行或不当履行，则法院可向该银行施加本条第 1 款规定的责任。

第三节　信用证结算

第七百八十二条　一般规定

1. 在以信用证方式进行结算时，付款人按照订单规定向开立信用证的银行（开证行）承诺，如果收款人或他指定的人提交有关文件并满足信用证规定的其他条件则付款。

2. 如果要开立有担保的（已存入的）信用证，开证行必须在其整个义务有效期内将付款人的个人资金或由代理银行支配的贷款转账给开证行。

在开立无担保的信用证时，开证行授予代理银行从保留在其的开证行账户中注销全部信用证的权利。

第七百八十三条　可撤销信用证

1. 可撤销信用证是指开证行无须事先通知收款人即可修改或撤销的信用证。撤销信用证开证行对收款人不会产生任何义务。

2. 如果代理银行在完成操作时未收到有关条件变更或撤销信用证的通知，则有义务根据可撤销信用证进行付款和其他操作。

第七百八十四条　不可撤销信用证

1. 未经收款人的同意不得修改或撤销的信用证是不可撤销信用证。

2. 应开证行的要求，参加信用证交易的代理银行可以批准不可撤销的信用证（担保信用证）。这种批准意味着代理银行除了履行开证行补充的义务外，还要承担按信用证条款付款的义务。

未经代理银行同意，其批准的不可撤销信用证不能修改或撤销。

第七百八十五条　信用证的履行

1. 为履行信用证，收款人向代理银行提交单据，以确定信用证的所有条件均已满足。如果违反了其中一项条件，则不能根据信用证付款。

2. 如果代理银行已按照信用证的条款进行了付款或其他操作，则开证行有义务支付其产生的费用。指定费用以及开证行与履行信用证有关的其他所有费用由付款人支付。

第七百八十六条　拒绝接收单据

1. 如果代理银行拒绝接收外观不符合信用证条件的单据，则必须立即将此情况通知收款人和开证行，并说明拒绝的原因。

2. 如果开证行在收到代理银行接收的单据后，认为其外观与信用证条款不符，则开证行有权拒绝接收该单据，要求代理银行向收款人支付违反信用证条款的费用，并拒绝偿还已支付的金额。

第七百八十七条　履行信用证的银行的责任

如果代理银行违反银行业务规范所规定的义务导致信用证下的错误付款或无理由地拒绝付款，则代理银行应对开证行负责，若开证行履行了该信用证，则对付款人负责。

第七百八十八条　信用证结算

1. 代理银行的信用证结算的条件如下：

信用证到期时；

根据收款人的要求，如果信用证的条款规定了有撤销信用证的可能性，则拒绝在到期前使用信用证；

根据付款人的要求全部或部分撤销信用证，如果信用证的条款规定了这种撤销是可能的。

代理银行必须将关于信用证的结算告知开证行。

2. 存入信用证中未使用的款项应在信用证结算时一起退还给开证行。开证行有义务将退回的款项存入付款人的存款账户中。

第四节　托收结算

第七百八十九条　一般规定

1. 在托收结算时，客户委托其银行（开证行）执行一项由客户授权的从付款人处收取款项的行动。

2. 收到托收单的开证行有权委托另一家银行（代理银行）执行该命令。

托收结算流程受法律、银行法以及银行营业中使用的惯例的约束。

第七百九十条　执行托收委托

代理银行必须在开证行的指令下，立即将接收到的（托收的）款项转账，开证行有权将其存入客户的账户中。代理银行有权从托收的款项中代扣应收的酬金以及支出的赔偿费。

第七百九十一条　拒绝付款的通知

1. 如果未收到所支付的款项和（或）承兑，则代理银行有义务立即将未付款或拒绝承兑的原因通知开证行。

开证行有义务立即将此事通知客户，并征求其进一步操作的指示。

2. 如果在银行法所规定的期限内没有收到关于进一步操作的指示，代理银行有权在合理时间内将单据退还给开证行。

第五节 支 票 结 算

第七百九十二条 一般规定

1. 以支票结算时（第 45 条），银行有权指明签票人，该签票人有权通过签发支票来支配该银行的资金。

2. 签发支票不会消灭要履行的金钱之债。

3. 支票提交期限届满前，不得撤销支票。

4. 用支票付款的交易流程和条件受本法的约束，而不受本法约束的部分，则受与之相关的其他法律和银行法的约束。

第七百九十三条 支票应填项目

1. 支票必须包含：

（1）写明其为“支票”字样；

（2）付款人支付一定的金额的命令；

（3）付款人的公司名称和付款账户；

（4）支付货币；

（5）出票日期及出票地点；

（6）支票抬头人（出票人）签字。

如果单据中缺少以上的任意一项，则支票会失去其效力。

2. 支票的格式和填写流程由法律和制定支票的银行法决定。

第七百九十四条 支票支付

1. 支票由出票人支付。

2. 付款人用支票支付时，要在法律规定的期限内出示支票。

3. 出票人有权要求将支票连同付款收据交给他。

第七百九十五条 支票权利的转让

1. 支票权利的转让应按照本法第 41 条规定的流程，并遵守本条规定进行。

2. 个人支票不可转让。

3. 在汇票中，付款人的付款收据具有背书效力。

付款人的背书无效。

持有根据背书获得的可转让支票的人，如果其权利基于连续的背书，则被视为支票的合法所有人。

第七百九十六条 付款担保（票据保证）

1. 支票付款可以全部或部分通过支付担保（票据保证）来保证。

除付款人外，任何人都可以提供支票的支付担保（票据保证）。

2. 票据保证贴在支票的正面或另一张纸上，记有“保证”的字样，并注明担保人和被担保人。如果未注明被担保人，则认为被担保人是出票人。

票据保证由票据担保人签字，并表明其地址（所在地）和签字日期。

3. 票据担保人的责任与其提供担保的责任相同（第313条）。

即使所担保的债务除格式错误外其他理由均认定该债务为无效，但担保债务仍然有效。

4. 付款支票的票据担保人对为其提供担保的一方和有义务向后者提供担保的一方，享有支票所产生的权利。

第七百九十七条 兑付支票

1. 兑付支票是指支票持有人向开票银行出示支票以收取付款的行为。

2. 按照已兑付支票将资金划入持票人的账户，应在从付款人处取得付款之后进行，但持票人与银行之间的合同另有约定的除外。

第七百九十八条 付款人的义务

支票的付款人必须采取一切可能采取的方式证明支票的真实性，以及证明支票的提示人确系支票的权利人。

在背书支票付款时，付款人必须检查背书的正确性，而不是检查背书人的签名。

第七百九十九条 拒付支票的证明

1. 拒付支票应以下列方式之一予以证明：

（1）公证人制成的拒付证书或者按照法定程序制成的意义相同的文书；

（2）付款人在反映支票提示付款日期的支票上填入的拒付标注；

（3）兑付银行作出的说明支票已及时提交但未付款的标注并指明日期。

2. 拒付证书和意义相同的文书应在支票提示期限届满之前作出。

如果支票的提示是在期限的最后一天，拒付证书或者意义相同的文书可在下一个工作日作出。

第八百条 未付款支票的通知

1. 持票人应在制成拒付证书或者意义相同的文书之日后的两个工作日期间内，

将未付款的情况通知自己的背书人和发票人。

每个背书人应在其接到通知后的两个工作日内，将其接到的通知传达给自己的背书人，该通知也在同一期间内发往票据保证人。

2. 在上述期间内未寄出通知的人不丧失自己的权利，该人应赔偿因未通知支票未付款可能发生的损失。赔偿损失的数额不得高于支票的金额。

第八百零一条　未付款支票的后果

1. 如果付款人拒绝对支票付款，持票人有权按照自己的选择，向对支票负有义务的一人、数人或所有的人（发票人、票据保证人、背书人）提起诉讼，上述人向持票人负连带责任。

2. 持有人有权根据本法第 360 条第 1 款的规定要求上述人支付支票金额和自己为获得付款所支出的费用以及利息。

3. 支票持有人对本条第 1 款所指的诉讼，可以在支票提示付款期限结束之日起 6 个月内提出。

第三十九章　委　　托

第八百零二条　委托合同

1. 依照委托合同，一方（受托人）应当以他方（委托人）的名义和费用实施一定的法律行为。受托人所实施法律行为的权利和义务直接产生于委托人。

2. 委托合同可在订立时指明受托人有权以委托人的名义实施行为的期限，或者不指明该期限。

第八百零三条　委托合同的形式

委托合同应以书面形式签订。

第八百零四条　受托人的报酬

1. 如果法律规定或委托合同约定应给付报酬，则委托人有义务支付受托人酬金。

当委托合同与双方或者其中一方从事经营活动有关时，委托人应向受托人给付报酬，但合同另有约定的除外。

2. 在有偿委托合同中未约定报酬的数额和报酬给付方式的条款时，应在委托完成后依照本法第 390 条第 3 款确定的数额给付报酬。

第八百零五条　根据委托人的指示执行委托

1. 受托人有义务按照委托人的指示执行给予他的委托。委托人的指示必须合法、可行和具体。

2. 根据事件的情况，如果符合委托人的利益，并且受托人不能在合理的时间内询问委托人或未收到对委托人的答复，则受托人有权偏离委托人的指示。在这种情况下，代理人有义务尽快将发生的情况告知委托人。

3. 作为商业代表的受托人（第 202 条第 1 款），委托人可以有偏离指示而无须事先提出请求的权利。在这种情况下，除非订单合同另有约定，否则商业代表有义务在合理的时间内通知委托人。

第八百零六条　受托人的义务

受托人的义务有：

亲自执行委托人的指示，本法第 808 条规定的情况除外；

应委托人的要求，将有关订单执行进度的所有信息告知当事人；

及时地将受托人在执行订单时根据交易获得的一切转移给委托人；

执行命令时或在执行之前终止合同的，如果合同条款或合同性质有要求，则应立即将有效期内的委托书交还委托人，并提交附有证明文件的报告。

第八百零七条　委托人的义务

1. 委托人有义务向受托人签发委托书，以执行代理合同约定的法律诉讼，但本法第 200 条第 1、2 款规定的情况除外。

2. 除非合同另有约定，委托人有义务：

向受托人提供执行委托所必需的资金；

补偿受托人所花的费用。

3. 委托人有义务及时接受受托人根据代理合同履行的一切义务。

4. 按照本法第 804 条的规定，如果合同为赔偿合同，委托人有义务向受托人支付报酬。

第八百零八条　转委托

1. 仅在本法第 205 条规定的情况和条件下，受托人才有权转交他人（再代理人）执行委托。

2. 受托人有权解散由受托人选出的代理人。

3. 如果代理合同中指定了代理人，则该代理人对其选择或事务不承担任何责任。

如果协议中没有规定代理人的事务，或者规定了但未指定代理人，则受托人有责任选择代理人。

第八百零九条　委托合同的终止

1. 订单合同出于以下原因而终止：

委托人取消订单；

受托人拒绝；

委托人或受托人死亡；

认定委托人或受托人无民事行为能力、限制民事行为能力或失踪。

2. 委托人有权在任何时候取消订单，而受托人也可以随时拒绝。

3. 拒绝以受托人的身份作为商业代表提供代理诉讼合同的一方，除非代理合同约定了更长的期限，否则必须在不超过30天的情况下将合同的终止情况通知另一方。

重组为商业代表的法人，委托人有权在不事先通知的情况下取消订单。

第八百一十条　委托合同终止的后果

1. 如果委托合同在受托人完全执行转让之前终止，则委托人有义务偿还受托人在执行命令中产生的费用，并且对于受托人应得的报酬，委托人还应根据其所做的工作向其支付。该规则不适用于受托人在获悉或本应了解终止命令后执行命令的情况。

2. 委托人取消订单不是补偿因合同终止而对受托人造成的损失的依据，但规定了受托人作为商业代表的合同终止的情况除外。

3. 拒绝执行委托人的命令不是赔偿因合同终止给受托人造成的损失的依据，但在委托人被剥夺了以其他方式确保其利益的机会的条件下拒绝受托人的情况，以及拒绝执行规定受托人作为商业代表的协议的情况除外。

第八百一十一条　委托合同的继承

如果受托人死亡，则其继承人或其他负责确保继承财产安全的人有义务通知委托人终止代理合同，并采取必要的措施保护委托人的资产，尤其要保留其财产和文件，然后将其转交给委托人。

作为受托人的法人清算时，其清算人也负有此项义务。

第四十章　无 因 管 理

第八百一十二条　无因管理

1. 为防止对其人身或财产造成伤害，未经任何授权，其他指示或事先利害关系人同意的行动，履行义务或为其他合法利益（为他人的利益）而采取的行动，应基于当事人的明显利益或实际或可能的意图进行，并应根据事件情况进行尽职调查和酌情决定。

2. 本章规定不适用于国家或其他机构为实现其某项活动宗旨而采取的无因管理行为。

第八百一十三条　通知利害关系人为其利益的行为

为他人利益实施行为的人，一旦有可能便应将该情况通知利害关系人，并于合理期限内等待利害关系人作出赞同或不赞同该行为的决定，只要该等待对利害关系人不会造成严重损失。

第八百一十四条　利害关系人认可无因管理的后果

如果利害关系人认可无因管理，即使口头认可，则对双方以后的关系适用关于委托合同或者与该行为性质相适应的其他合同之规定。

第八百一十五条　利害关系人不认可无因管理的后果

1. 如果行为人获悉利害关系人不予认可之后仍为他人利益而实施行为，则利害关系人无论对实施该行为的人，还是对第三人，均不承担义务。

2. 以防止处于危险中的人的生命危险为目的而实施的行为，在即使违背该人的意志的情况下也被允许实施。

第八百一十六条　无因管理人的义务

1. 除第 815 条第 1 款规定的行为所引起的费用外，依照本章规定无因管理所产生的必要费用和其他实际损害应由利害关系人偿还。

在无因管理未达到预期结果的情况下，也保留偿还必要费用和其他实际损失的权利。但是，在防止损害他人财产的情况下，赔偿金额不应超过财产的价值。

2. 如果为了他人利益而采取的行动被包括在当事人的商业活动范围内，则他有权要求连同实际损害赔偿一起按比例支付报酬。

第八百一十七条　为他人利益实施法律行为

1. 为他人利益实施法律行为时，合同产生的义务移转于利害关系人，其条件是另一方当事人在订立合同时知道或者应该知道合同是为他人的利益而订立。

当该合同义务移转于为之订立合同的人时，该合同的权利也应移转于该人。

2. 实施法律行为的人可以推迟权利的转让，直到他因他人利益而发生的费用得到偿还的那一刻。

第八百一十八条　无因管理产生的不当得利

如果行为的直接目的不是保障他人的利益，其中包括行为人错误地认为是为自己的利益所为的行为，均导致他人的不当得利，则应适用本法第 52 章的规定。

第八百一十九条　无因管理人的损失补偿

为防止他人财产受损失而实施无因管理行为的，行为人有权要求受益人赔偿其必要费用和其他实际损失。在这种情况下，赔偿金额不应超过财产的价值。

第八百二十条　无因管理造成损失的赔偿

为他人利益实施行为造成损失的损害赔偿关系，由本法第 51 章的规则调整。

第八百二十一条　无因管理人的报告

无因管理人，应向因该行为获益的人提交报告，并指明所获收入和所花费用以及其他损失。

第四十一章　行　　纪

第八百二十二条　行纪合同

1. 依照行纪合同，一方（行纪人）承担义务按照另一方（寄售人）的委托，以自己的名义，但用寄售人的费用实施一个或几个法律行为，并收取酬金。

2. 行纪合同的订立可以约定或不约定一定的有效期，可以约定或者不约定合同的履行地，可以约定或者不约定代理的专有权，约定或者不约定有关作为行纪标的物的商品种类的条款。

3. 法律或其他规范性文件可以对某些种类的行纪合同作出特别规定。

第八百二十三条　行纪合同的形式

行纪合同以书面形式订立。

第八百二十四条　行纪酬金

1. 寄售人应向行纪人给付酬金，而在行纪人为第三人履行合同承担担保责任（履行义务担保）的情况下，寄售人还应该按照行纪合同约定的数额和方式给付额外的酬金。

如果合同未约定给付酬金的数额和方式，而酬金数额又不能根据合同条款确定，则应在行纪合同履行后按本法第 390 条第 3 款的规定确定数额给付酬金。

2. 如果出于寄售人的原因致使行纪合同没有履行，则行纪人仍有权取得行纪酬金以及请求补偿支出的费用。

第八百二十五条 行纪人在与第三人交易中的权利和义务

1. 按照行纪人与第三人订立的合同，行纪人取得权利并成为义务人，即使合同中已指明寄售人或者寄售人在履行合同方面直接与第三人发生关系。

2. 应寄售人的要求，行纪人有义务将该交易下的权利转让给他，并通知进行交易的第三人。若不是由该交易引起寄售人对行纪委托的索赔，第三方无权对此提出异议。

第八百二十六条 行纪委托的履行

1. 行纪人必须履行所有义务，行使其与第三人达成的交易所产生的所有权利。

2. 行纪人对接受的委托，应依照寄售人的指示以对寄售人最有利的条件执行，如果在行纪合同中没有该指示，则应依照交易习惯或其他通常提出的请求予以执行。当行纪人以比寄售人指示更为有利的条件完成委托行为时，如果双方的协议没有另行约定，多得的利益在寄售人和行纪人之间平分。

3. 行纪人对于第三人不履行由寄售人负担费用而与第三人订立的合同不向寄售人承担责任，但行纪人在选择第三人时未尽其必要的慎重或者对履行合同负担保责任（履行义务担保）的情形除外。

4. 在第三人不履行行纪人与之订立的合同时，行纪人应立即将该情况通知寄售人，收集必要的证据，并按照寄售人的请求，向寄售人转让该合同的权利。

第八百二十七条 分行纪

1. 如果行纪合同没有另行约定，行纪人为履行该合同有权同他人订立分行纪合同，行纪人对分行纪人的行为仍向寄售人承担责任。

根据分行纪合同，在与分行纪人的关系上，行纪人取得寄售人的权利和义务。

2. 行纪合同终止前，非经行纪人同意，寄售人无权与分行纪人发生直接关系，但行纪合同另有约定的除外。

第八百二十八条 行纪人出售财产的价格

行纪人售出财产的价格由行纪人与寄售人约定，法律另有规定的除外。

第八百二十九条 违背委托人指示

1. 如果根据情况，为了委托人的利益之必须，行纪人又不能预先征询委托人意见或者在合理期限内未能得到委托人对该征询的答复时，行纪人有权违背委托人的指示。一旦通知寄售人成为可能，行纪人应立即通知委托人未按其指示办事的情况。

委托人可授予具有经营者资格的行纪人（第202条第1款）无须预先征询即可不按委托人指示办事的权利。

2. 行纪人以低于与委托人约定的价格售出财产时应向委托人补足差额，除非能证明他不可能按照约定价格出售财产并且以较低价格出售是为了防止更大亏损的发生。在行纪人有义务预先征询委托人同意的情况下，行纪人还应该证明他不可能获得委托人预先同意允许不按其指示办事。

3. 行纪人以与委托人约定的价格购进财产，委托人不愿领受该购买物时，委托人应在接到行纪人与第三人订立合同的通知后的合理期限内，向行纪人作出有关声明。否则，该购买物视为被委托人所接受。

如果行纪人声明自己负担价格的差额，则委托人无权拒绝为他订立的合同。

第八百三十条　行纪标的的财产权利

1. 由委托人交给行纪人的物或者行纪人以委托人的费用购置的物，为委托人所有。

2. 行纪人有权依照本法第342条留置其占有的应交付寄售人或者交付委托人所指定的人的物，直到根据行纪合同委托人支付费用为止。

第八百三十一条　从应付给委托人的数额中清偿行纪人的请求

行纪人有权从由委托人负担费用的全部进款中扣除按照行纪合同应付给行纪人的金额。

第八百三十二条　行纪人对委托人财产遗失、短缺或损坏的责任

1. 行纪人对其占有的委托人财产的遗失、短缺或损坏，向寄售人承担责任。

2. 如果行纪人在接受委托人寄来的财产或者为委托人接收交付给行纪人的财产时，外观检查即可发现该财产的损坏或短缺，以及在委托人的财产在行纪人处被某人损坏的情况下，行纪人应采取措施保护委托人权利，搜集必要的证据并将所有情况立即通知委托人。

3. 在行纪人对其占有的委托人的财产未投保时，只有在委托人指示行纪人用委托人费用对该财产投保，或者依照法律规定行纪人必须对该财产投保时，行纪人才对此承担责任。

第八百三十三条　自我交易

行纪合同可以由行纪人履行，除非与委托人另有规定，否则其本人作为卖方必须购买交付给他的货物，或者他本人作为买方必须接受他出售的货物。

作为卖方独立交付货物或作为买方接收货物的行纪人有权获得正常的佣金，并可以请求偿还行纪交易产生的费用。

第八百三十四条　委托人接受按照行纪合同履行的事项

委托人有义务：

接受行纪人依行纪合同所完成的所有事项；

检查行纪人为他购置的财产，并将该财产上发现的瑕疵立即通知行纪人；

免除行纪人因履行行纪委托而向第三人承担的义务。

第八百三十五条　履行行纪委托费用的补偿

1. 委托人除向行纪人给付行纪酬金并在有关情况下再给付为第三人履行合同义务进行担保的额外报酬外，还应补偿行纪人为履行委托而支出的费用。

2. 行纪人无权对其占有的寄售人财产要求补偿保管费，其他规范性文件另有规定或者行纪合同另有约定的除外。

第八百三十六条　委托人撤销行纪委托

1. 委托人有权随时撤销对行纪人的委托而拒绝履行行纪合同。行纪人有权要求赔偿因委托撤销而引起的损失。

在撤销委托的情形下，委托人应在行纪合同约定的期限内，而如果未约定该期限，则应立即处分自己置于行纪人处的财产。如果委托人未履行该义务，行纪人有权将该财产提存或者按尽可能对委托人有利的价格出售。

2. 若委托人撤销了所有的行纪委托，则行纪合同终止。

第八百三十七条　行纪人拒绝履行委托

1. 如果行纪合同没有另行约定，行纪人无权拒绝履行合同，但委托人违反义务导致行纪人无法按照委托履行合同或者由于行纪人不应负责的情况而无法执行委托的除外。

行纪人有义务将其拒绝履行的情况书面通知委托人，并采取必要的措施以保全委托人的财产。

委托人应从接到行纪人拒绝履行委托事项通知之日起 1 个月内处分自己置于行纪人处的财产，但行纪合同约定了不同期限的除外。如果委托人未履行该义务，则行纪人有权将该财产提存或者按尽可能对委托人有利的价格出售。

2. 行纪人因委托人违反义务而拒绝执行委托的，有权请求委托人支付委托报酬和补偿所产生的费用。

3. 若行纪人拒绝履行行纪委托，则行纪合同终止。

第八百三十八条　行纪合同的终止

行纪合同出于以下原因终止：

寄售人拒绝履行合同；

行纪人拒绝履行合同；

行纪人或寄售人死亡；

行纪人或寄售人被宣告为无民事行为能力人、限制行为能力人，被宣告失踪或死亡；

行纪人被宣告为资不抵债。

第八百三十九条　委托人拒绝履行未指明期限的合同

在行纪合同未指明其有效期时，委托人有权随时撤销行纪合同，并应于 30 天内将终止合同的事宜通知行纪人，但合同约定了更长通知期限的除外。

在这种情况下，委托人应向行纪人给付在合同终止前已实施法律行为的酬金，并补偿行纪人在合同终止前所花的费用。

在拒绝履行委托合同情况下，委托人必须履行第 836 条第 1 款第 2 项规定的义务。

第八百四十条　行纪人拒绝履行未指明期限的合同

1. 在行纪合同未指明其有效期时，委托人有权随时撤销行纪合同，并应于 30 天内将终止合同的事宜通知委托人，但合同约定了更长通知期限的除外。

在这种情况下，行纪人有义务采取必要的措施以保全委托人的财产。委托人应在合同终止前处理置于行纪人处的财产，如果他不履行这项义务，行纪人有权以委托人的费用将该财产提存或者按尽可能对委托人有利的价格出售。

2. 拒绝履行合同的行纪人，有权要求委托人补偿合同终止前所支出的费用。

第八百四十一条　作为委托人的公民死亡或法人清算的后果

作为委托人的公民死亡、被宣告丧失行为能力以及法人被清算的，行纪人有义务继续履行委托，直到收到委托人的继承人或代表人停止委托的指示为止。

第八百四十二条　作为行纪人的自然人死亡或法人清算的后果

作为行纪人的公民死亡或法人清算的，行纪合同终止。

若作为行纪人的法人重整，在收到重组通知之日起一个月内，委托人未通知合同终止，行纪人的权利和义务由重整后的法人继承。

第四十二章 金融代理

第八百四十三条 代理合同

1. 依照代理合同，一方（代理人）应根据另一方（委托人）的委托，以自己的名义、用委托人的费用或者以委托人的名义和费用实施法律性质的行为或其他行为，并收取代理费。

按照代理人以自己的名义和用委托人的费用与第三人订立的合同，代理人取得权利并为义务人，即使合同中已指明委托人或者委托人直接参与和第三人履行合同。

按照代理人以委托人的名义和费用与第三人订立的合同，权利义务直接产生于委托人。

2. 在以书面形式订立代理合同约定代理人享有以委托人的名义实施法律行为一般权能的情况下，委托人在与第三人的关系中，无权援引代理人不具有的权能，除非能够证明第三人知道或者应该知道代理人的权能受到限制。

3. 代理合同可约定一定的有效期或者不约定有效期。

4. 法律可以规定某些种类代理合同的特点。

第八百四十四条 代理报酬

委托人应按照代理合同约定的金额和方式向代理人给付代理报酬。

在代理合同未约定代理报酬数额并且根据合同条款也不能确定其数额时，应按照本法第 390 条第 3 款确定的金额给付。

在合同条款未约定代理报酬的给付方式时，委托人应在代理人向他提交前一时期报告后的一个星期内给付代理报酬，但根据合同的性质或者交易习惯要求以其他方式给付代理报酬的除外。

第八百四十五条 代理合同对委托人和代理人权利的限制

1. 代理合同可以约定委托人有义务不与合同约定区域内进行工作的其他代理人订立类似的代理合同，或者有义务在该区域内不从事与代理合同标的类似的独立活动。

2. 代理合同可以约定代理有义务不与其他委托人签订履行区域与合同约定的区域完全或部分重叠的类似的代理合同。

3. 如果代理合同的条款规定代理人能向一定范围的买方（定作人）或者只能对在合同约定区域有住所地或所在地的买方（定作人）出售商品、完成工作或提供服务，该条款自始无效。

第八百四十六条　代理人的报告

1. 在履行代理合同的过程中，代理人应按合同约定的方式和期限向委托人提交报告书。在合同没有相应条款时，代理人应随着合同的履行或者于合同效力终止后提交报告书。

2. 如果代理合同没有另行约定，代理人应在报告上附具使用委托人费用所发生开支的必要凭证。

3. 委托人对代理人的报告有异议时，如果双方的合同未约定其他的期限，委托人应在接到报告之日起 30 日内将异议通知代理人，否则报告将视为被委托人所接受。

第八百四十七条　分代理合同

1. 如果代理合同没有另行约定，代理人为履行合同有权同其他人订立分代理合同，但代理人对分代理人的行为向委托人负责。在代理合同中可以约定代理人有义务订立分代理合同，同时指出或不指出分代理合同的具体条款。

2. 分代理人无权以代理合同委托人名义同第三人订立合同，但根据本法第 187 条第 1 款的规定分代理人可根据转委托实施的行为除外。该转委托的方式和后果由本法第 808 条的规则确定。

第八百四十八条　代理合同的终止

代理合同出于以下原因而终止：

一方拒绝履行未约定有效期的合同；

代理人死亡、被宣告为无民事行为能力人、限制行为能力人或失踪人；

作为代理人的个体经营者被认定为资不抵债（破产）。

第八百四十九条　委托和行纪合同规则适用代理关系

对代理合同产生的关系，根据代理人依照合同条款以委托人的名义还是以自己的名义实施行为而分别适用本法第 39 章或第 4 章规则，但以这些规则不与本章的规则或代理合同的实质相抵触为限。

第四十三章　财产信托管理

第八百五十条　财产信托管理合同

1. 依照财产信托管理合同，一方（管理设立人）将财产交付另一方（信托管理人）于一定期限内信托管理，而另一方应为信托设立人的利益或者信托设立人指定的人（受益人）的利益而对该财产进行管理。

2. 财产交付信托管理并不会引起该财产所有权移转给信托管理人。

第八百五十一条 信托管理产生（设立）的基础

1. 财产的信托管理是根据信托管理人和财产所有人之间签订的合同而产生的。

2. 以下情形可以设立财产信托管理：

由于本法第73条的规定，需要对被监护人的财产进行经常性管理；

在遗嘱中指定遗嘱执行人（信托管理人）时。

第八百五十二条 财产信托管理合同的实质条款

1. 财产信托管理合同应列明：

交付信托管理的财产组成；

交付信托管理财产的所有人，如果财产信托管理合同由其他人签订，应列明此人的姓名；

对受托财产享有利益（受益人）的人的公司名称或自然人的姓名；

信托管理人的名称或者姓名；

提供给受益人的收益；

给付信托管理人的报酬的数额和形式，如果合同没有约定，与非所有人依法订立信托管理合同时，信托管理免费提供；

信托管理人向信托设立人和受益人提供其信托管理报告的期限和程序；

合同有效期。

2. 财产信托管理合同签订期限不超过5年。对于交付信托管理的某些类型的财产，法律可以规定其他期限。

合同有效期届满后当事人一方未提出合同终止时，视为以合同约定的同样期限和条款延长。

第八百五十三条 财产信托管理合同的形式

1. 财产信托管理合同应以书面形式订立。

2. 不动产信托管理合同应以不动产出售合同约定的形式订立。将不动产交付信托管理应按照移转该财产所有权的同样程序进行国家登记。

3. 违反财产信托管理合同的形式或者违反将不动产交付信托管理须国家登记的要求的，合同一律无效。

第八百五十四条　信托管理的客体

1. 信托管理的客体可以是企业和其他财产综合体、属于不动产的某些客体、有价证券、无纸有价证券证明的权利、专属权和其他财产。

2. 与动产有关的个别物品和由通用特征确定的物品（第 31 条）以及金钱不能成为信托管理的独立客体，但下列情形除外：

当金钱只是企业或其他财产综合体的一部分时；

当金钱作为与信托管理有关的活动的结算时；

当金钱作为退休储蓄的手段时。

第八百五十五条　负担抵押的财产交付信托管理

1. 将抵押财产交付信托管理时，抵押权人不失去对该财产的追偿权。

2. 应当预先告知信托管理人所交付信托管理的财产已被设立了抵押。如果信托管理人不知道或者不应该知道交付他委托管理的财产已被设立抵押，他有权请求法院解除财产委托管理合同并请求给付按合同应给付他的 1 年的报酬。

第八百五十六条　信托管理中财产的独立

1. 交付委托管理的财产既独立于信托设立人的其他财产，又独立于信托管理人的财产。对该财产信托管理人有独立的资产负债表，并根据该资产负债表进行独立核算。为了对与委托管理有关的活动进行结算，应开设单独的银行账户。

2. 对信托设立人债务的追索不得涉及他交付委托管理的财产，但信托设立人资不抵债（破产）的除外。信托设立人破产时，该财产的委托管理终止，并将该财产列入破产财产。

第八百五十七条　信托管理的设立人和受益人

1. 信托管理设立人是：

财产所有权人；

拥有土地永久继承权的人；

国家机关授权管理国有资产的人；

经所有人许可，对企业享有经营管理权的人。

2. 以本法第 851 条第 2 款规定的理由设立财产信托管理的，本章规定的信托设立人为家庭或子女的扶养部门、遗嘱执行人或法律规定的其他人。

3. 信托设立人在合同约定的期限内将信托管理的财产交付给管理人。他有权在合同终止后请求返还信托财产，合同另有约定的除外。

信托设立人无权干涉管理人的管理活动。

信托设立人有权在合同条款约定的期限内从管理人处收到有关其管理活动的报告。

4. 信托管理合同下的受益人可以是民事法律关系的任何主体，受托人除外。

受益人有权享受信托管理合同约定的利益。

如果合同中没有约定受益人，则受益人是信托设立人。

第八百五十八条　信托管理人

1. 信托管理人可以是个体经营者或者商业组织，但单一制企业除外。

在依照法定根据进行财产信托管理的情形下，不具有经营者身份的公民或者非商业组织可为信托管理人，但机构除外。

2. 财产不应交付国家机关或者地方自治机关信托管理。

3. 信托管理人不能是财产信托管理合同的受益人。

第八百五十九条　信托管理人的权利

1. 在对财产进行信托管理时，管理人有权根据信托管理合同为受益人的利益执行与此财产有关的任何法律和事实行为。

法律可以规定或合同可以约定对信托管理财产的某些行为的限制。

2. 信托管理人在法律规定和财产信托管理合同约定的范围内对所交付信托管理的财产行使所有权人的权能。信托管理人在财产信托管理合同约定的情形下对不动产进行处分。

财产所有人不得行使赋予信托管理人的权利。

3. 为了维护信托管理财产的权利，信托管理人有权请求排除一切侵犯其权利的行为（第289条）。

第八百六十条　有价证券信托管理

在将有价证券交付委托管理时，可规定将不同的人交付委托管理的有价证券合并在一起共同进行管理。

信托管理人处分有价证券的权限由委托管理合同确定。有价证券委托管理的特点由法律规定。

本章的规则相应地适用于无纸有价证券证明的权利（第39条）。

第八百六十一条　信托管理人实施行为的后果

1. 信托管理人因财产信托管理行为而取得的权利，列入所交付信托管理的财产构成。信托管理人因该行为而产生的义务，使用该财产进行履行。

2. 信托管理人以自己的名义对所交付的财产实施信托管理行为时，应指明他是以信托管理人的身份实施行为的。如果实施的行为不要求书面形式，信托管理人以此身份实施行为的事宜已通知了另一方，而且在书面文件中于信托管理人姓名或者名称之后加注了“托管”的字样，则视为已遵守了这一条件。

如果未指明信托管理人的行为是以该身份实施，则信托管理人个人应向第三人承担义务，并且只能以属于他的财产向第三人承担责任。

第八百六十二条　信托管理人的义务

1. 信托管理人在财产信托管理活动时，有义务采取谨慎行为，维护信托设立人和受益人的利益。

2. 信托管理人亲自执行财产的信托管理，但存在本条第 2 款规定的情况除外。

如果财产信托管理合同对信托管理人有相关授权，或者信托管理人取得信托设立人的书面同意，或者为保障信托设立人或受益人的利益而为情势所迫，并且在这种情况下又不可能在合理期限内得到信托设立人的指示，则信托管理人可以委托他人以信托管理人的名义实施管理财产的必要行为。

信托管理人应对他所选择的信托人的行为与对自己的行为一样承担相同责任。

3. 信托管理人按照财产信托管理合同约定的期限和方式就自己的活动情况向信托设立人和受益人提交报告书。

第八百六十三条　信托管理人的责任

1. 信托管理人如在信托管理财产时对受益人或信托设立人的利益未采取合理措施，应赔偿受益人在财产信托管理期间的预期利益，而向信托设立人在扣除财产的自然损耗的情况下赔偿财产的灭失或损坏造成的损失，以及赔偿预期的利益。

2. 信托管理人如果不能证明损失的发生是不可抗力或者受益人或信托设立人的行为所致，则应对该损失承担责任。

3. 在信托财产管理不当的情况下，信托设立人可以向法院提出终止信托管理和损害赔偿的请求。

4. 信托管理人违反限制性规定实施的法律行为，如果参与交易的第三方不知道也不应当知道这些限制，则视为有效。在这种情况下，信托管理人应承担本条第 1 款规定的责任。

5. 信托管理人就信托财产管理不当行为所造成的损失，以其个人财产向第三者承担补充责任。

6. 财产信托管理合同可约定由信托管理人提供抵押担保，以担保赔偿因不适当履行财产信托管理合同而可能给信托设立人或受益人造成的损失。

第八百六十四条　给信托管理人的报酬

信托管理人有权取得财产信托管理合同约定的报酬，以及取得对他在财产信托管理时所支出必要费用的补偿，在财产所有人依法设立信托管理的情况下，以合同约定的其他资金作为报酬。

根据法律规定的理由（第 851 条第 2 款）对财产进行信托管理的，合同可以约定无偿履行信托管理。

第八百六十五条　财产信托管理合同的终止

1. 财产信托管理合同出于以下原因而终止：

一方当事人就合同到期而发出终止合同的通知；

作为受益人的自然人死亡或者作为受益人的法人被清算，但合同另有约定的除外；

受益人拒绝按合同获取收益，但合同另有约定的除外；

作为信托管理人的自然人死亡，被宣告为无民事行为能力人、限制行为能力人或者失踪人，以及作为信托管理人的个体经营者被宣告资不抵债（破产）；

作为信托管理人的法人被清算或者被宣告资不抵债（破产）；

由于信托管理人不能亲自实施财产信托管理，信托管理人或者信托设立人撤销信托管理；

本法第 855 条第 2 款规定的情况下信托管理人拒绝行使信托管理；

在向信托管理人给付合同约定的报酬的条件下，信托设立人撤销合同；

信托设立人被宣告资不抵债（破产）。

2. 在一方撤销财产信托管理合同时，其应于合同终止前 3 个月内通知另一方，合同对通知期限另有规定的除外。

3. 财产信托管理合同终止时，受信托管理的财产应交付信托设立人，合同另有约定的除外。

第四十四章　综合经营许可（特许经营）

第八百六十六条　综合经营许可合同

1. 根据综合经营许可合同，一方（综合许可人）承诺向另一方（综合被许可人）收取一定费用，以提供一组专有权（综合经营许可），包括使用商标、服务商标、许可人的专利专有权以及其提供的涉及被许可人业务受商业信息保护协议。

2. 综合经营许可合同约定可以在一定活动范围内使用全面许可、商业信誉和商业经验［特别是在确定最小和（或）最大使用范围的情况下］，并指定或不指定使用范围（销售从许可人处收到的货物或被许可人生产的货物，进行其他贸易活动，提供服务，完成工作）。

3. 可以在有或没有指定期限的情况下签订综合经营许可合同（无期限协议）。

4. 自2000年1月18日起，根据吉尔吉斯共和国第24号法律删除本款。

第八百六十七条　综合经营许可合同的形式和注册

1. 综合经营许可合同必须以书面形式订立。

违反合同形式将导致合同无效。

2. 关于使用受专利法保护的物品的综合经营许可的协议，须在专利局注册。违反此要求合同将视作无效。

第八百六十八条　综合经营分许可

1. 综合经营许可合同约定被许可人有权使用许可人为其提供的综合许可或协议中约定为他人提供的条件。协议包含被许可人在一定时期内签发一定数量分许可的义务，无论是否指明其使用范围。

综合经营分许可合同的签订期限不能长于缔结综合经营许可的期限。

2. 如果综合经营许可合同无效，则根据该协议缔结的综合经营分许可也无效。

3. 除非缔结了一段时期的综合经营许可合同另有约定，否则在提前终止协议之前，被许可人根据综合经营分许可合同所享有的权利和义务应移交给许可人，除非他拒绝承担本协议下的权利和义务。该规则适用于在未指定期限的情况下终止综合经营许可合同。

4. 除非综合经营许可合同另有约定，否则被许可人对次要被许可人对许可人造成的损害承担附带责任。

5. 除分许可的内容另有约定，本章所规定的综合经营分许可合同的规则应适用于综合经营分许可。

第八百六十九条　综合经营许可合同的报酬形式

被许可人以一次性或定期付款、扣除收益、许可人提供给他转售商品的批发价加价的形式或合同约定的其他形式向许可人支付报酬。

第八百七十条　许可人的义务

许可人有义务向被许可人转让技术和商业文件，并提供其他信息，以便被许可人行使根据协议授予他的权利，并就与行使权利有关的问题向被许可人及其雇员提供指导。

该协议可以约定许可人的其他义务。

第八百七十一条　被许可人的义务

考虑到被许可人根据综合经营许可合同进行的活动的性质和特殊性，被许可人有下列义务：

被许可人向许可人保障根据协议生产的商品、所提供的服务、所从事的工作与许可人直接所做的服务或工作的质量完全一致；

遵守许可人的所有细则和指示，旨在完全遵守综合经营许可中所包括的专有权的性质、方法和使用条件，包括被许可人行使合同所授予的权利时所使用的商业场所外部和内部设计的指示；

通过直接从许可方购买（订购）产品（服务、工作），向买方（客户）提供所有可以预想的附加服务；

避免泄露许可人的生产秘密和从他那里获得的其他机密商业信息；

在合同中有明确规定的情况下，授予约定数量的分许可；

以最明显的方式告知买方（客户），他可以依据综合经营许可使用商标、服务标记或其他独有方法。

该协议可以规定被许可人的其他义务。

第八百七十二条　限制条件

1. 关于综合经营许可合同可约定限制性（专有）条件，特别是：

许可人有义务不签发其他类似的综合经营许可，以在分配给被许可人的领土上使用，或避免在该领土上进行直接的独立活动；

与被许可人使用许可人拥有的专有权进行的创业活动有关的，被许可人有义务在使用综合经营许可的范围内不与许可人竞争；

被许可人拒绝从许可人的竞争者（潜在竞争者）处获得其他综合经营许可；

被许可人有义务与许可人达成协议，以行使合同授予的专有权允许使用的商业场所的位置，以及其外部和内部设计。

如果考虑到相关市场的状况和当事方的经济状况与反垄断法律相抵触，则限制条件可能因反垄断机构或其他利害关系人的利益而无效。

2. 综合经营许可合同限制性条件无效的原因是：

许可人有权确定被许可人的商品销售价格、被许可人所进行的（提供的）工作（服务）的价格，或确定所示价格的上限或下限；

被许可人有权向特定类别的买方（客户）出售商品、开展工作或提供服务，或仅向在协议中指定地区（居住地）的买方（客户）提供服务。

第八百七十三条　许可人对被许可人要求的责任

除非许可人能证明损害是被许可人未能履行或不适当地履行综合经营许可合同下的义务所致，否则许可人应对因被许可人在许可人的监管下进行的活动所造成损害的赔偿负连带责任。

第八百七十四条　综合经营许可合同的修改

综合经营许可合同可以根据本法第22章的规则进行更改。

第八百七十五条　综合经营许可合同的终止

1. 根据本法第22章的规定，可以终止综合经营许可合同并注明期限。

2. 各方均有权在任何时候取消综合经营许可的长期式协议，除非该合同约定了更长的通知期限，否则应提前6个月通知另一方。

3. 如果终止了协议中包含的专有权，则该综合经营许可合同也将终止。

第八百七十六条　当事人变更时合同继续有效

1. 许可人向他人转让综合经营许可中包含的任何专有权，并不是更改或终止综合经营许可合同的根据。新的许可人就转让专有权相关的权利和义务订立合同。

2. 如果许可人死亡，则根据综合经营许可合同，其权利和义务应移交给继承人。前提是许可人已经注册，或者在继承开始之日起6个月内注册为企业家。否则协议终止。

在继承人承担了相应的权利和义务或继承人注册为企业家之前，许可综合体的管理由公证人任命的管理人进行。

第八百七十七条　已废止

第八百七十八条　经营许可体专有权终止的后果

如果在综合经营许可合同的有效期内，综合经营许可中所包含的专有权的有效期已到期，或者该权利在不同情况下终止，除非合同另有约定，否则保留合同废除的有关终止权利的规定，被许可人有权提出要求相应减少许可人的费用。

第四十五章　保　　管

第一节　保管的一般规定

第八百七十九条　保管合同

1. 根据保管合同，一方（保管人）承诺为另一方（寄存人）保管其移交的物品，并安全退还该物品。

2. 保管合同自该物品移交保管之日起即视为已订立。

第八百八十条　保管物接收合同

1. 保管人按照本章的规定接收寄存人的物品并保管寄存人转交的物品，将其作为业务或其他专业事务进行保管，可以承担合同中的义务。

2. 根据合同，保管人已经承担了接收该物品进行保管的义务，无权要求将该物品转移给寄存人进行保管。

但是，在合同约定的期限内未将物品移交保管的寄存人，除法律另有规定、保管合同另有约定外，因保管失败而造成的损失，应由寄存人向保管人负责。

如果寄存人在合理时间内宣布拒绝保管人的服务，则免于承担责任。

3. 除非合同另有约定，否则如果在合同约定的期限内未将物品转移给保管人进行保管且未指定此期限，保管人从合同订立之日起 6 个月后，将免于接收该物品的保管义务。

第八百八十一条　保管合同的形式

1. 在本法第 177 条规定的情况下，必须以书面形式订立保管合同。

保管人通过向寄存人开具由其签署的保管收据、票据、证明或其他文件来证明对保管物品的接收，则认为符合保管合同的简单书面形式。

2. 如果在特殊情况（火灾、自然灾害、突发疾病、恐怖袭击等）下将物品转移保管，则无须遵守合同的书面形式。

在特殊情况（火灾、自然灾害、突发疾病、恐怖袭击等）下进行的物品转移可以通过证词证明，而与转移物品的价值无关。

3. 如果法律或其他法令行为确认接收这种保管物品的形式，或者保管物品通常采用这种形式，那么保管人可以通过向寄存人签发带编号的号牌（数字）或其他证明作为接收保管物品达成协议的标志。

4. 如果对接收保管的物品和由保管人退还的物品存在争议，则可以由公证人作证。

第八百八十二条　接收保管物品的义务

一般用作商业或其他专业活动的仓库（隔间、厂房）保管人无权拒绝订立保管合同。在这种情况下订立的合同被认为是公共合同（第386条）。

第八百八十三条　保管期限

1. 保管人有义务在保管合同约定的期限内保管物品。

2. 如果保管合同没有约定保管期限，并且不能根据保管合同的条件确定保管期限，则保管人有义务保管该物品，直到寄存人要求收回物品为止。

3. 如果保管期限在保管人接收该物品的那一刻确定，则在这种情况下，保管人有权在保管期满后要求寄存人收回该物品，并为此提供合理的期限。

第八百八十四条　通用物的保管

在保管合同直接规定的情况下，可以将接收保管的一个寄存人的物品与另一寄存人的相同种类和质量的物品混在一起。保管人应退还双方当事人确定数量的相同种类和质量的物品。

第八百八十五条　保管人的物的安全保障义务

1. 保管人有义务采取保管合同中的所有约定，以及其他必要措施，以确保所接管物品的安全。

2. 如果免费保管，则保管人有义务接收保管的物品作为自己的物品加以保管。

3. 如果合同中没有约定互换保管物品的条件，则保管人有义务将已转交给他保管的物品返还给寄存人或由他指定的另一人作为接管人（第883条）。

4. 考虑到物品的自然变质或自然损失，必须在可以保管的状态下将其退还。

5. 除非合同另有约定，否则保管人必须在物品归还的同时转移其在存放期间获得的成果和收入。

第八百八十六条　交付的保管物的使用

未经寄存人同意，保管人无权将转移给他的物品进行存放，也无权提供第三方使用机会，除非是为确保安全而必须存放的物品。

第八百八十七条　保管条款的变更

1. 如果有必要改变保管合同约定的保管条件，则保管人有义务立即将此通知寄存人并等待其答复。

如果需要改变保管条件以消除财产损失或财产损坏的危险，则保管人有权更改保管合同约定的方法、地点和其他存储条件，而无须等待寄存人的回应。

2. 如果物品在保管过程中被损坏，或者出现了不能确保其安全的情况，并且无法等待寄存人及时采取行动，则保管人应有权以保管地方的现行价格独立出售该物品或部分物品。如果是保管人不负责的原因引起了这种情况，则他有权以购买价偿还其销售费用。

第八百八十八条　危险性物品的保管

1. 实质上易燃、易爆或通常具有危险的物品，如果寄存人在寄存时没有就这些特性警告过保管人，则保管人在任何时候使之失效或破坏，都无须赔偿寄存人损失。寄存人应对此类物品存放给保管人和第三方造成的损失承担责任。

当将具有危险特性的物品转移给专业保管人时，本款第 1 项中的规定适用于以下情况：这些物品以错误的名称存放并且保管人在接受之后无法通过外部检查来验证其危险特性。

2. 虽然遵守了本条第 1 款第 1 项的规定，但在保管人知情和同意的情况下，存放的物品仍对他人或保管人或第三方的财产构成危险，并且情况不允许保管人立即要求寄存人带走他们，或者后者不满足这一要求，则保管人可以使这些物品失效或破坏，且无须赔偿寄存人的损失。在这种情况下，对于与存放这些物品有关的损失，寄存人不对保管人和第三方承担任何责任。

第八百八十九条　将物交付第三人保管

除保管合同另有约定外，未经寄存人同意，保管人无权将保管的物品转移给第三方，除非因形势被迫以寄存人的利益为重，且被剥夺了得到其同意的机会。

保管人有义务立即告知寄存人将其所保管的物品转移给了第三方。

将物品移交给第三方时，原始保管人与寄存人之间的合同条款仍然有效，并且原始保管人应对将物品移交给其保管的第三人的行为负责。

第八百九十条　保管报酬

1. 保管报酬必须在保管期结束时支付给保管人，如果分期付款，则应在每个期末支付给保管人。

2. 如果保管报酬的支付延迟了必须支付的期限的一半以上，则保管人有权拒绝履行保管合同，并要求寄存人带走保管的物品。

3. 如果在保管人不负责的情况下，在规定的期限届满之前终止了保管，则他有权获得一定比例的报酬，在本法第 888 条第 1 款规定的情况下，他有权获得全部报酬。

如果出于保管人责任的情况下，提前终止保管，则他无权要求支付保管报酬，而该报酬收到的款项必须退还给寄存人。

4. 如果在保管合同约定的期限届满之后，寄存人没有将保管的物品取回，则他有义务向保管人支付继续存放该物品的报酬。

5. 除非保管合同另有约定，否则应适用本条的规则。

第八百九十一条　保管费用的补偿

1. 除非保管合同另有约定，否则保管人用于保管物品的费用应计入保管费中。

2. 在无偿存放的情况下，除非法律另有规定或合同另有约定，寄存人有义务偿还保管人因其存放东西而产生的费用。

第八百九十二条　特别保管费

1. 物品的保管费用超过了通常的这种费用，当事各方在订立保管合同时无法预见的费用（特别保管费），在法律、其他法令行为或合同约定的其他情况下，如果寄存人同意或以后同意支付这些费用，则应偿还给保管人。

2. 如果有必要产生特别费用，则保管人有义务要求寄存人同意这些费用。如果寄存人未在保管人指定的期限内或在要求答复的时间内告知自己的异议，则应视为寄存人同意特别费用。

如果保管人在未征得寄存人事先同意的情况下发生了特别费用，哪怕是在有可能的情况下，而寄存人随后没有批准这些费用，如果没有产生这些费用，则保管人只能对可能造成损害的程度要求特殊费用的赔偿。

3. 除非保管合同另有约定，否则应退还超出保管费的特殊费用。

第八百九十三条　寄存人收回物品

1. 寄存人有义务在合同约定的保管期限或本法第883条第3款保管人确定的退还期限届满后，收回转移的保管物品。

2. 如果寄存人逃避收回物品，除非合同另有约定，保管人有权在书面警告寄存人后，以保管地点的现行价格独立出售该物品，并且如果该物品的价值超过计算出的指数的50倍，以本法第408条至第410条规定的方式拍卖该物品。

出售物品所收到的金额减去应付给保管人的款项，出售物的费用转给寄存人。

第八百九十四条　保管人对物品遗失、短缺或毁损的责任

1. 保管人应参照本法第20章规定的依据，负有对保管物品遗失、短缺或毁损的负责。

2. 保管业务或其他专业活动的保管人（专业保管人）应对所保管物品的灭失、缺失或毁损负责，除非不能证明发生了物品的遗失、短缺或毁损：

（1）由于不可抗力的作用；

（2）由于物品的隐藏特性，保管人在接收保管时不知道也不应该知道；

（3）由于寄存人的故意或重大过失。

3. 对于寄存人收回这些物品后，所保管物品的遗失、短缺或毁损（第 893 条第 1 款），保管人仅在有故意或重大过失的情况下负责。

第八百九十五条　保管人的责任范围

1. 财产的遗失、短缺或损毁对寄存人造成的损失，除非法律另有规定或合同另有约定，应按照本法第 358 条的规定由保管人赔偿。

2. 如果是无偿保管，则应赔偿因物品的灭失、缺失或毁损给寄存人造成的损失：

（1）物品的遗失、短缺——遗失或短缺物品的价值；

（2）对物品的毁损——物品的价值减少。

3. 如果由于保管人所造成的损害，物品的质量发生很大变化而无法用于其原始目的，则寄存人有权拒绝收回物品，并要求保管人偿还该物品的价值。如果法律另有规定或合同另有约定，则同样赔偿其他损失。

第八百九十六条　保管人损失的赔偿

如果保管人在接受用于存放的物品时不知道也不应该知道这些性质，则寄存人有义务赔偿保管人因所存放物品的性质而产生的损失。

第八百九十七条　应寄存人要求保管义务终止

即使在合同约定的保管期限尚未到期的情况下，保管人也有义务应寄存人的要求退还被接收保管的物品。

第八百九十八条　关于保管的一般规定适用于其个别类型

关于保管的一般规定（第 879 条至第 897 条）适用于各种类型的保管，除非本章第 2 节和第 3 节以及其他法律中对个别保管类型另有规定。

第八百九十九条　依法保管

除非法律另有规定，否则本章的规则相应地适用于因法律而产生的保管义务。

第二节 货物仓储

第九百条 货物仓库

货物仓库是保管商品并作为企业提供与保管相关服务的单位。

第九百零一条 公共货物仓库

如果依法没有将货物仓库分类为可以接受有限数量人员保管货物的仓库，则该货物仓库被视为公共仓库。

由公共仓库缔结的仓储合同被视为公共合同（第386条）。

第九百零二条 仓储合同

1. 根据仓储合同，货物仓库（保管人）承诺将有价货物所有人（寄存人）转移给他的货物进行保管，并安全退还这些货物。

2. 如果通过仓库文件证明了协议对保管货物的签订和接收，则视为已遵守仓储合同的书面形式（第906条）。

第九百零三条 货物仓库的义务

1. 货物仓库必须遵守标准规定的存储条件（制度）、技术条件、技术说明、存储说明，以及该仓库强制性的特殊监管文件中某些类型货物的存储规则。

2. 仓库接收货物存储时，有义务自费检查货物，并确定其数量（单位、地点或度量——重量、体积）和外部条件。

3. 货物仓库有义务在存储期间为寄存人提供检查货物或样品的机会，如果保管的货物相同，则可以采取样品和必要的措施以确保货物的安全。

4. 在为保证货物安全的情况下，必须改变仓储条件的，仓库有权自行采取必要的措施。但是，如果需要极大地改变仓库保管合同约定的仓储条件，货物仓库有义务将采取的措施通知寄存人。

5. 如果在存储期间发现货物损坏超出了合同约定或自然损坏的通常准则，则货物仓库有义务立即就此采取行动，并在当天通知寄存人。

第九百零四条 货物仓库拒绝仓储合同

如果货主隐瞒了货物的危险性质（可能造成重大损失），则货物仓库有权拒绝履行仓储合同。

第九百零五条 退还货主时检查货物的数量和状况

1. 货主和仓库都有权要求在返还货物时检查和核实其数量。由此产生的费用应由要求检查或验证货物的人承担。

2. 如果在仓库将货物退还寄存人时，货物没有由他们一起检查或检验，则寄存人必须在收到货物时以书面形式向仓库作出货物存放不当而导致货物短缺或损坏的声明，对于普通方法并不能发现短缺或损坏的货物——需在收货后 3 天内。

在本条第 1 款规定的寄存人没有声明的情况下，除非另有证明，否则应认为该货物是符合合同条款由仓库退回的。

第九百零六条　仓单

1. 仓库出具下列保管单证之一作为接收商品进行保管的凭证：

（1）两联仓单；

（2）单式仓单；

（3）仓储收据。

2. 由两部分组成的两联仓单和单式仓单均为有价证券。

3. 两联仓单和单式仓单都可以作为抵押标的。

第九百零七条　两联仓单

1. 两联仓单由仓储和抵押证明（栈单）等两部分组成，它们可以分开独立使用。

2. 两联仓单的每一联应同样指明：

（1）接收商品保管的商品仓库名称和所在地；

（2）仓储证明的入库登记册序号；

（3）寄存商品的法人名称或者公民姓名，以及寄存人的所在地（住所地）；

（4）接收保管的商品名称和数量、单位数量和（或）商品的件数和（或）度量单位（重量、体积）；

（5）如果商品的保管期限已确定，应指明该期限或者指明货物存放到提取之时；

（6）保管费的数额或者计算数额的收费标准以及保管费的支付办法；

（7）签发仓储证明的日期；

（8）授权人的签名和仓库的印章。

3. 不符合本条要求的书据，不是两联仓单。

第九百零八条　仓储和抵押证明持有人的权利

1. 仓储证明和抵押证明的持有人对仓库内保管的商品具有完全的处分权。

2. 抵押证明与仓储证明分开时，仓储证明持有人有权处分商品，但于抵押债务消灭前不得从仓库取走商品。

3. 抵押证明持有人与仓储证明持有人为不同人时，抵押证明持有人有权依照抵押证明所得的贷款和利息的数额将商品抵押。商品抵押时，应在仓储证明上作出相应记载。

第九百零九条 仓储和抵押证明的转让

仓储证明和抵押证明可按照转让背书同时或者单独转让。

第九百一十条 单式仓单

1. 单式仓单为不记名仓单。

2. 单式仓单应包括本法第907条规定的信息，并指明凭票给付。

3. 不符合本条要求的单证，不是单式仓单。

第九百一十一条 依照两联仓单交付商品

1. 仓储证明和抵押证明（两联仓单）的持有人必须同时提交这两个证明，商品仓库才能向证明持有人交付商品。

2. 仓储证明持有人如无抵押证明，但已清偿抵押证明所抵押的债务，商品仓库凭仓储证明可以向该证明持有人交付商品，但条件是在提交仓储证明时还应一并提交已偿付抵押证明担保的全部债务的收据。

3. 商品仓库如违反本条要求向没有抵押证明又未偿付抵押证明所担保债务的仓储证明持有人交付了商品，则应按抵押证明所担保的全部金额向抵押证明持有人承担给付责任。

4. 仓储证明和抵押证明的持有人有权请求分批交付货物。此时，应将原有证明交回并换取仓库尚存商品的新证明。

第九百一十二条 具有处分物的权利的保管

如果法律、其他规范性文件规定或者合同约定商品仓库对交付给它保管的商品有权处分，对双方当事人的关系适用关于借贷的规则，但商品返还的时间和地点由本章规则确定。

第三节 保管的特殊种类

第九百一十三条 典当行保管

1. 典当行保管合同是对公民所属财物的保管，该合同为公共合同（第386条）。

2. 典当行保管合同的订立以典当行向寄存人签发记名保管收据为凭。

3. 交付典当行保管的财物，应根据在接收保管物之时及接受地点的商业中对该种类和该质量的财物通常确定的价格，由双方协议估价。

4. 典当行应以自己的费用按本条第3款所作估价的全部金额对所接收保管的商品投保，受益人为寄存人。

第九百一十四条　未从典当行取回的财物

1. 如果寄存人在与典当行约定的期限内不取回交付典当行保管的财物，典当行应在2个月内保管该物并按保管合同的约定对此收取费用。2个月期满后，典当行对不领取的财物可按照本法第341条第5款规定的程序出售。

2. 出售未领取财物所得的价款，用以清偿保管费。剩余数额由典当行返还给寄存人。

第九百一十五条　银行贵重物品保管

1. 对有价证券、贵重金属和宝石、其他贵重物品和其他重要物品，包括文件，银行可接收进行保管。

2. 银行订立贵重物品的保管合同以银行向寄存人签发记名保管单证为凭，该单证的提交是向寄存人交付所保管贵重物品的依据。

3. 在证券保管（存放）合同约定的情况下，银行除确保证券安全外，还应当对这些证券实施具有法律意义的行为（代理等）。

第九百一十六条　银行个性化保险箱贵重物品的保管

1. 贵重物品的银行保管合同可以约定，寄存人（用户）使用或者银行向寄存人提供由银行负责保卫的个人保险箱（在银行隔离地区的分格保险箱）保管贵重物品。

依照银行个人保险箱保管贵重物品的合同，用户有权自己将贵重物品放入保险箱和从中取出该物，为此，银行应向用户交付保险箱钥匙、用户保密卡，或者能证明用户有权开启保险箱和取出保管物的其他标志或凭证。

2. 依照向用户提供个人保险箱在银行保管贵重物品的合同，银行应保障用户存入和取出其贵重物品不受任何人监督，包括不受银行监督。

银行有义务对进入用户保险箱所在场地进行监控，合同另有约定的除外。合同可以约定只有在用户和银行均在场的情况下才能打开保险箱。

如果向用户提供个人保险箱在银行保管贵重物品的合同没有另行约定，银行如能证明，根据保管条件任何人未经用户许可均不可能接触保险箱，或者接触保险箱是不可抗力所致，则免除银行对保险箱内物品未妥善保管的责任。

3. 银行对于将保险箱提供给他人使用而银行对保险箱内的物品不承担责任的合同，适用本法租赁合同的规则。

第九百一十七条　运输组织保管处的保管

1. 公用运输组织管理的寄存处应接收旅客和其他公民的寄存物，而不论他们有无乘坐交通工具的票证。运输组织寄存处的保管合同为公共合同（第386条）。

2. 寄存处（自动寄存处除外）接收寄存物以发给寄存人收据或号牌为凭证。在收据或者号牌遗失时，按照寄存人出具的说明该物品属于寄存人所有的证据，交付寄存物。

3. 寄存处负责保管物品的期限由特别规则或双方协商确定。在规定期限内不领取的寄存物，寄存处应继续保管30天。该期限届满后，可依本法第893条第2款规定的程序将未领取的物品出售。

4. 交付寄存处保管的物品，因灭失、缺失或者毁损给寄存人造成的损失，保管人应于寄存人提出赔偿要求之时起24小时内，按寄存人交付保管时的物品估价金额赔偿。

第九百一十八条　各单位存衣处的保管

1. 如果物品在交付保管时，对保管未约定报酬或者未以其他明显方式约定报酬，则各单位存衣处的保管推定为无偿保管。

2. 保管人接收寄存物以发给寄存人收据或号牌为凭证。

3. 号牌持有者有权取出存衣处的物品。保管人没有义务检查号牌持有者是否有取出物品的权限。但是，如果保管人对号牌持有者的所有权有疑问，则保管人有权延迟归还号牌持有者的物品。

4. 当寄存人丢失号牌时，保管人有权从存衣处取出物品，由寄存人对有权取出物品或不让保管人对其身份产生怀疑承担证明责任。

5. 本条的规定也适用于公民在各单位和运输工具上属于保管场所范围内的外衣、帽子或者其他类似物品的保管。

第九百一十九条　旅店保管

1. 除金钱、其他贵重货币、有价证券及其他贵重物品外，旅店作为保管人无须与居住于该店的人（房客）作出特别约定，应对房客存放于旅店的物品之灭失、缺失或者损坏承担责任，但遗失、短缺或者损坏是由不可抗力、物品本身的属性或客人本人、随行人员或访客的过失造成的除外。

存放于旅店的物品是指托付给旅店工作人员的物品，或者放置在指定地点（酒店房间等）的物品。

2. 如果房客的金钱、其他外币、有价证券和其他贵重物品由旅店接收保管，或者由房客将物品存入旅店为其提供的个人保险箱，不论该保险箱在客房或者在旅店其他处所，旅店对上述物品的遗失均应承担责任。如果旅店能证明，根据保管条款任何人在未经房客批准时均不可能接触保险箱，或者由于不可抗力才能够接触保险箱，则免除旅店对保险箱内的物品未妥善保管的责任。

3. 房客发现自己的物遗失、短缺或者损坏时，应立即向旅店管理人员申报。否则，旅店对物品未妥善保管不承担责任。

4. 旅店作出关于对房客物品的未妥善保管不承担责任的公告，并不免除旅店的责任。

5. 本条的规则相应地适用于对公民在汽车旅馆、休养所、寄宿公寓、疗养院、浴池和其他设有专门场所存放来访公民的外衣、帽子和其他类似物品而不需交存的机构。

第九百二十条　争议标的物的保管（争讼物）

1. 依照争讼物保管合同，两个或者数个对物品之权利产生争议的人将该物品交付第三人保管，负保管义务的第三人于争议解决后，依法院的裁判或者依全体争议人的协议将物品返还给应取得该物品之人（协议扣押）。

2. 为两个或者数个人之间的争议标的的物品，可依法院的判决按照扣押财产的程序交付保管（司法扣押）。

司法扣押物品的保管人，既可以是法院指定的人，又可以是由争议方协议确定的人。在这两种情形下均须征得保管人的同意，但法律另有规定的除外。

3. 依财产扣押程序寄存保管的物，可以是动产，也可以是不动产。

4. 依扣押程序对物品进行保管的保管人，有权要求争议各方给付保管费，但合同另有约定或者法院对扣押财产的判决有不同规定的除外。

第四十六章　保　　险

第一节　一般规定

第九百二十一条　自愿保险和强制保险

1. 保险是根据公民或法人（投保人）与保险公司（保险人）签订的财产或人

身保险合同进行的。

2. 如果法律规定其中规定的人员有义务为作为投保人的其他人的生命、健康或财产投保，或为其他人承担民事责任，费用由他们自己承担或由有关人员承担（强制保险），保险按照本章的规则通过签订合同的方式实现。

在强制保险的情况下，投保人有义务按照管理这类强制保险的法律规定的条款和条件与保险人签订财产或人身保险合同。

第九百二十二条　不允许保险的利益

1. 非法利益保险是不被允许的。

2. 不允许为参加游戏、彩票和博彩的损失投保。这些利益和损失的保险合同条款和条件是无效的。

3. 保险的财产利益必须在保险事故发生时存在（第924条第2款）。

4. 不允许以预设奖金的方式对即将发生或不发生的事件（各种体育、政治、文化、金融、气候等）进行投保。

第九百二十三条　财产保险合同

1. 根据财产保险合同的约定，一方当事人（保险人）承诺在合同约定的事件（投保事件）发生后，在合同确定的金额（保险赔偿金）范围内，赔偿合同约定的赔款（保险金）给另一方当事人（投保人）或其他为其利益而订立合同的人（受益人），因该事件造成的保险财产损失或因投保人的其他保险财产利益而造成的损失（支付保险赔偿金）。

2. 根据财产保险合同的约定，以下财产权益可以特别投保：

（1）某些财产完全丧失（毁坏）、短缺或损坏的风险（第924条）；

（2）民事责任风险——因他人生命、健康或财产损害而承担义务的风险。

第九百二十四条　财产保险

1. 根据保险合同，财产保险的利害关系人（投保人或受益人）可以是基于法律、其他规范性文件或合同对该财产的保护方面拥有利益的人（财产所有权人、其他物权人、买受人、承租人、承包人、保管人、委托人等）。

2. 当投保人和受益人在保险事件发生时，对保险财产没有保全的利益时，所订立的财产保险合同可由法院根据保险人的主张宣告无效。

3. 为受益人的利益订立的财产保险合同可以不指定受益人的姓名或法人名称。

签订此类合同时，应向投保人签发不记名保险单。在行使此类合同权利时，必须向保险人出示本保单。

第九百二十五条　造成损害的责任保险

1. 根据责任风险保险合同的约定，投保人本人或其他可能承担该责任的人，可以对他人的生命、健康或财产损害所产生的义务进行保险。

2. 造成损害的风险责任被保险人必须在保险合同中列明。如果保险合同中没有指定此人，则应视为投保人自身责任的投保风险。

3. 如果造成损害的责任其保险具有强制性，以及在法律规定或这种责任的保险合同约定的其他情况下，被视为保险合同受益人的人有权在保险金额范围内直接向保险人提出损害赔偿要求。

第九百二十六条　人身保险合同

1. 依照人身保险合同，一方（保险人）收取他方（投保人）所付的合同约定的费用（保险费），在投保人本人或者合同指定的公民（被保险人）的生命、健康受到损害，或者被保险人达到一定年龄、在其生活中发生合同约定的其他事件（保险事故）时，保险人有义务一次或者分期向另一方给付合同约定的金额（保险金）。

取得保险金的权利应属于合同订立为之利益的人。

本章关于保险赔偿的规定，适用于人身保险合同项下保险金额的收付权相关关系，但与财产保险合同项下保险赔偿直接相关的规定除外。

2. 如果合同中未指定其他人为受益人，则人身保险合同视为为被保险人的利益而订立。在合同的被保险人死亡，而合同中未指定其他受益人，被保险人的继承人为受益人。

如果人身保险合同是为了被保险人以外的人的利益，包括不是被保险人的投保人的利益，只有经过被保险人的书面同意，人身保险合同才可以订立。未经此种同意而订立的合同可以根据被保险人提起的诉讼而被认定为无效，而在被保险人死亡时，可以根据其继承人提起的诉讼而被认定为无效。

第九百二十七条　团体保险

1. 在团体（集体）保险的情况下，几个人的生命、健康和财产可以在一份保险合同下投保。

2. 团体保险可以是特定化的，也可以是非特定化的，覆盖某类人群。

在非人身保险的情况下，应在保险合同中明确约定被保险人的范围，以便对保险事件、其与每个被保险人有关的后果以及保险赔偿金的数额进行单独处理。

3. 本法关于人身保险和财产保险的规定分别适用于团体保险合同关系。

第九百二十八条　强制保险

1. 法律可强制指定的人对以下事项负有投保义务：

对法律规定的他人的生命、健康或者财产投保，以防止他们的生命、健康或者财产受到损害；

因损害他人的生命、健康、财产或者违反与他人的合同可能发生的自己的民事责任风险。

法律还可以规定其他类型的强制保险，但公民不可为自己的生命或健康强制投保。

2. 如果投保义务不是根据法律，而是依据合同而产生，其中包括财产投保的义务根据与财产占有人的合同或者依据作为财产所有权人的法人的设立文件而产生，则该保险不是本条意义上的强制保险，也不产生本法第930条规定的后果。

第九百二十九条　强制保险的履行

1. 强制保险以对该保险负有义务的人（投保人）与保险人订立合同的方式实现。

2. 在法律规定的情况下实行强制保险，由投保人负担费用，但强制乘客保险除外。

3. 强制保险的客体、应投保的风险、有义务作为投保人的人员范围、最低保额以及强制保险的其他基本条件由法律规定。

第九百三十条　违反强制保险规则的后果

1. 强制保险的法定受益人，如果其知道保险未实行，则有权通过诉讼程序请求负有保险义务的人进行投保。

2. 如果负有保险义务的人不实行该保险或者所订立的保险合同条款与法律规定的条款相比对受益人更为不利，则在发生保险事故时，负有保险义务的人，须按正常保险时应给付的保险赔偿向受益人承担责任。这种责任并不能免除后者以其他理由（雇用或其他合同或损害的结果）对受益人（受害方）的责任。

3. 如果负有保险义务的人由于不履行投保义务或者不适当履行该义务而不正当地储蓄钱款，则应依本法第360条第1款的规定，根据国家保险监督机构提起的诉讼，将该钱款连同利息一并收归吉尔吉斯共和国所有。

第九百三十一条 保险人

1. 持有从事相关种类保险许可证（执照）的法人可以作为保险人订立保险合同。

2. 保险组织应具备的要求、申请从事其活动的许可证程序和对该活动实现国家监督的程序，由吉尔吉斯共和国保险法规定。

第九百三十二条 再保险

1. 保险人根据保险合同承担的保险赔偿金风险，可以由另一保险人（保险人们）根据与之签订的再保险合同全部或部分投保。在这种情况下，保险合同（主合同）项下的保险人，签订了再保险合同，在这最后一个合同中被视为投保人。

在法律规定的情况下，保险人有义务对其根据保险合同承担的风险进行再保险。

2. 为保险合同（主合同）项下非投保人的利益而订立的再保险合同无效，应视为为投保人的利益而订立。

3. 在再保险的情况下，保险人仍然根据主险合同对投保人承担本合同的保险金给付责任。

4. 允许在两个或两个以上的再保险合同下对同一风险进行再保险。

第九百三十三条 保险秘密

除吉尔吉斯共和国打击资助恐怖主义和犯罪收益合法化（洗钱）法规定的情况外，保险人无权披露其因职业活动而获得的关于投保人、被保险人和受益人的信息，关于这些人的财产状况的信息，在个人保险的情况下，还包括其健康状况的信息。他应确保其雇员在离开保险机构后不透露这些信息。

保险人违反保险秘密的，应按照其侵权的种类和侵权的性质，依照本法第 34 条或者第 50 条的规则承担责任。

第二节 保险合同的形式、内容和签订

第九百三十四条 保险合同的形式

1. 保险合同应以书面形式订立。

违反书面形式，将导致保险合同无效。该合同自始无效。

2. 保险合同可用编制一份文件的方式订立（第 395 条第 2 款）或者根据投保人的书面或者口头申请由保险人发给投保人由保险人签署的保险单（证明书、证书、收据）的方式订立。

3. 签订合同时，保险人有权使用其制定的各种保险的标准合同格式（保险单）。

4. 如果保险单丢失，保险人应向投保人提供保险单副本，费用由投保人承担。

向持票人恢复遗失保险单项下的权利（第924条第3款）应按照程序法规定的程序进行。

第九百三十五条 保险合同的实质条款

1. 订立财产保险合同时，投保人与保险人应就以下条款达成协议：

（1）作为保险标的的一定财产或者其他财产利益；

（2）保险所防备的事件（保险事故）的性质；

（3）保险金额；

（4）合同的有效期。

2. 订立人身保险合同时，投保人与保险人应就以下条款达成协议：

（1）被保险人；

（2）被保险人的生命中保险所防备的事件（保险事故）的性质；

（3）保险金额；

（4）合同有效期。

3. 如果投保人与保险人就本条规定的任何一项保险条款未达成一致意见，则不视为保险合同已经订立。但是，如果保险合同根据《强制保险法》订立，而且合同中没有约定的条件在相关法律中得到了充分准确的规定，则不应适用这一规则（第929条）。

第九百三十六条 保险合同和保险规则中保险条款的确定

1. 保险合同订立的条款可以根据由保险人或者由保险人联合组织通过、赞同、确定的相关种类的保险标准规则（保险规则）确定。

2. 如果合同（保险单）明文约定适用保险规则，而且这些规则本身与合同在同一文件（保险单）中规定，或者列举在保险单的背面，或者另附于保险单，则保险规则所包含的条款，虽未列入保险合同（保险单），但仍对投保人（受益人）具有强制力。在最后一种情况下，订立合同时发给投保人保险规则的事项应在合同中记载以作证明。

3. 保险合同订立时，投保人和保险人可以约定变更或者排除保险规则的某些规定，也可以约定对该规则进行补充。

4. 投保人（受益人）为维护自己的利益有权援引保险合同（保险单）中引用

的相关种类的保险规则，即使这些规则因本条的规定对他并不具有强制力。

5. 当使用标准合同形式（第934条第3款）或标准保险规则签订保险合同时，所签订的合同应被视为加入合同（第387条），除非保险人另有证明。

第九百三十七条 订立合同时投保人应提供的信息资料

1. 保险合同订立时，对于确定保险事故发生概率和保险事故可能造成损失的数额具有实质意义的情况（保险危险），如果保险人不知悉也不可能知悉这些情况，则投保人应该将自己知悉的情况告知保险人。

保险人在标准格式保险合同（保险单）中或者以书面质询的方式特别说明的情况，在任何情形下均为具有实质意义的情况。

2. 如果保险合同在投保人未回答保险人的问题的情况下订立，则保险人以后不能以投保人未告知有关情况为由而要求解除合同或者确认合同无效。

3. 如果在保险合同订立后确定，关于本条第1款所规定的情况，投保人告知保险人的是明知虚假的信息材料，则保险人有权请求确认合同无效并适用本法第197条第2款规定的后果。

如果投保人未告知的情况已经不复存在，保险人不得要求确认保险合同无效。

第九百三十八条 保险人保险风险的评估权

1. 在订立财产保险合同时，保险人有权对被保险的财产进行检查，而且在必要时为确定财产的实际价值有权指定鉴定。

2. 订立人身保险合同时，保险人为评定被保险人的实际健康状况有权对其诊查。

3. 保险人依据本条对保险风险的评定对投保人不具有强制力，投保人有权提出不同的证明。

第九百三十九条 总保险单保险

1. 同类财产（商品、货物等）以相同条件在一定期限内分批连续投保，可以按照投保人与保险人的协议，根据保险合同、总保险单实现。

2. 投保人对于按照总保险单保险的每批财产，均应在该总保险单规定的期限内将该保险单约定的信息资料告知保险人。如果未规定期限，则应在收到该资料后立即通知。即使在收到该资料时应由保险人赔偿损失的可能性已不复存在，投保人也不免除该义务。

3. 依照投保人的请求，保险人应把列入总保险单内的各批财产的保险单分批发给投保人。

如果分批保险单的内容与总保险单内容不符，应以分批保险单为准。

第三节　保险金额、保险价值和保险费

第九百四十条　保险金额

1. 保险金额——保险人根据财产保险合同承诺支付保险赔偿金的金额或保险人根据人身保险合同承诺支付的金额，由投保人与保险人协商确定，本法或其他法律另有规定的除外。

2. 在根据强制性保险法签订的保险合同中，保险金额不得低于有关法律规定的最低金额。

3. 如果是财产保险，除非保险合同另有约定，否则保险金额不得超过其实际价值（保额）：

根据买卖合同或任何其他补偿合同转让的财产——依据该合同价格；

其他财产——签订保险合同之日在其所在地的实际价值。

第九百四十一条　财产保险价值的争议

保险合同已确定的财产保险价值，保险人不得提出异议，但保险人能够证明被故意引导致使对该价值发生误解的情形除外。

第九百四十二条　不完全财产保险

1. 如果在财产保险或者经营风险的保险合同中保险金低于保险价值，保险人于保险事故发生时，应该按保险金与保险价值的比例赔偿投保人（受益人）所受到的那部分损失。

2. 在不完全的财产保险情况下，合同可以确定更高的保险赔偿数额，但不得高于保险价值。

第九百四十三条　补充性财产保险

1. 在仅对部分保险价值投保时，投保人（受益人）有权进行补充性保险，包括向其他保险人实现补充性保险，但所有保险合同的保险金总额不得超过保险价值。

2. 违反本条第 1 款的规定，应承担本法第 944 条第 1 款规定的后果。

第九百四十四条　保险超出保险价值的后果

1. 如果财产保险或者经营风险合同约定的保险金超过保险价值，则超出保险价值的那部分保险合同自始无效。

在这种情况下，已交付的多余部分的保险费不应予以返还。

2. 如果保险合同约定保险费为分期交纳并且在本条第1款规定的情况确定之时保险费尚未完全交纳，则剩余的保险费应按保险金额减少的比例减少交纳。

3. 如果保险合同中保险金过高是由于投保人的欺诈，则保险人有权请求确认合同无效，并有权要求投保人赔偿因此而造成的损失，赔偿的数额为保险人从投保人处得到的超出保险费的金额。

第九百四十五条　双重保险

1. 当同一财产在两个或两个以上的保险人处投保后，保险金额超过保险价值时，也应相应适用本法第944条的规定（双重保险）。

2. 在财产双重保险的情况下，每一份保险合同都是无效的，就该合同下的保险金额而言，其比例为所有保险合同下的总保险金额超过可保价值的部分。

在保险合同仍然有效的保险金额范围内，各保险人有义务按照其签订的合同支付保险赔偿金，但从所有保险人处获得的保险赔偿金总额不得超过保险事件造成的实际损失。

保单持有人（受益人）有权在与其签订的合同约定的保额范围内，向任何保险人领取保险赔偿金。如果收到的保险赔偿金不包括实际损失，保单持有人（受益人）有权从另一保险人处获得所缺金额。

在双重保险的情况下，由于所造成的损害得到其他保险人的赔偿而全部或部分免除保险赔偿的保险人有义务将剩余金额的相应部分返还给这些保险人。

3. 在双重人身保险的情况下，每个保险人都独立履行对投保人、被保险人和受益人的保险义务，而不管其他保险人是否履行义务。

第九百四十六条　不同保险风险的财产保险

1. 可针对财产不同风险投保，既可以在一份保险合同下投保，也可在不同的保险合同下投保，包括与不同的保险人订立保险合同。

在这种情形下，允许所有合同的保险金总额高于可保价值。

2. 如果根据本条第1款订立两份或数份保险合同导致多个保险人有义务对保险事故发生的相同后果给付保险赔偿金，则重复保险规则对此类合同适用（第945条）。

第九百四十七条　共同保险

1. 被保险项目可由多个保险人在一份合同中共同投保（共同保险）。如果这种合同没有约定各保险人对投保人（受益人）的义务，则他们对投保人承担财产保险合同项下的保险金给付或人身保险合同项下的保险金额给付的连带责任。

2. 对于大额和特别大额风险的共同保险，共同保险人可以在共同活动协议的基础上建立简单的合作关系（联保）。

第九百四十八条　保险费和保险费率

1. 保险费是指投保人（受益人）在保险合同约定的方式和条件下，有义务向保险人支付的保险金。

2. 保险人在确定保险合同约定的保险费数额时，有权适用保险人制定的保险费率，根据保险标的和保险风险的性质，确定从保险金额的单位收取的保险费。

在法律规定的情况下，保险费的数额根据吉尔吉斯共和国政府规定的保险费率确定。

3. 向保险人支付的保险费金额不得从投保人（受益人）的义务中追偿，即使根据保险条款和条件，向后续投保人（受益人）支付的保险赔偿金也要从这些金额中累计。

第九百四十九条　保险费缴纳

1. 保险合同可约定定期向投保人收取保险费。

2. 除非保险合同约定了逾期缴纳保险费的其他后果，否则投保人（受益人）可以在一个月的宽限期内交纳下一次未缴纳的保险费，并按照本法第360条第1款的规定对逾期缴纳的保险费金额缴纳利息。

如果在宽限期内未缴纳保险费，保险合同即行终止。

如果被保险人在支付下一次保险费之前发生保险事故，逾期未支付但在宽限期内，保险人有权在支付保险赔偿金时冲抵逾期的保险费。

第四节　保险合同的履行

第九百五十条　保险合同的生效

1. 除合同另有约定或法律另有规定外，保险合同自保险费或首期保险费支付后生效。

2. 如果没有另一项保险协议，保险合同约定的保险适用于保险合同生效后发生的保险事件。

第九百五十一条　投保人在保险合同有效期内的义务

在保险合同有效期内，投保人应按照本章的规定和合同条款的规定，做到：

签订合同时未足额交纳保险费的，及时交纳保险费；

通知保险人就同一保险标的签订其他保险合同；

迅速将保险风险的增加通知保险人（第953条）；

将保险事故的发生通知保险人（第955条），并采取措施予以证明；

采取措施减少受保事件的损失（第954条）。

第九百五十二条　投保人和受益人履行合同义务

1. 只要合同没有另行约定或者投保人的义务已由合同的受益人履行，为受益人利益订立的保险合同，也包括被保险人为受益人时，均不得免除投保人依照该合同履行义务。

2. 在受益人依照财产保险合同提出给付保险赔偿金或者依照人身保险合同提出给付保险金请求时，保险人有权请求受益人，包括受益人为被保险人的，依照保险合同履行义务，包括投保人应履行而未履行的义务。不履行或者未及时履行此前应履行的义务的后果之风险，由受益人承担。

第九百五十三条　保险合同有效期内保险风险增加的后果

1. 在财产保险合同有效期内，如果合同订立时告知保险人的情况发生重大变化，而这些变化又可能对保险风险的增加发生重大影响，则投保人（受益人）有义务立即将他知悉的有关情况通知保险人。

在任何情况下，保险合同（保险单）中以及在交付投保人的保险规则中约定的变化都视为重大变化。

2. 保险人接到引起保险风险增加的情况的通知后，有权请求变更保险合同的条款或者就风险的增加请求交纳与之相应的补充保险费。

3. 如果投保人（受益人）未将导致保险风险增加的重大情况变化（本条第1款）通知保险人，或反对保险人改变保险合同条款和条件或支付额外保险费的建议（本条第2款），保险人有权根据本法第411条至第414条的规定要求终止合同。

4. 如果引起保险风险增加的情况已经消失，则保险人无权请求解除保险合同。

5. 在人身保险中，只有在合同有明文约定时，才发生本条第2款和第3款规定的保险合同有效期内保险风险变更的后果。

第九百五十四条　保险事故损失的减少

1. 当财产保险合同约定的保险事故发生时，投保人应采取在当时情形下合理和可行的措施，以减少可能的损失。

如果保险人告知投保人要采取的措施，投保人应遵照保险人的指示采取措施。

2. 以减少应由保险人赔偿的损失为目的而支出的费用，如果该费用为必要费用或者为了执行保险人的指示而支出，即使所采取的有关措施没有成效，保险人也应予以补偿。

该费用按保险金对保险价值的比例补偿，而不论这些费用加上其他损失的赔偿是否可能超过保险金。

3. 如果投保人故意不采取合理的和可行的措施以减少可能的损失，则因此而产生的损失，保险人不负赔偿责任。

第九百五十五条　保险事故通知保险人

1. 财产保险合同的投保人在得知保险事故发生后，应将事故的发生立即通知保险人或者其代理人。如果合同约定了通知期限和（或）方式，则应在合同约定的期限内按照合同约定的方式进行通知。

受益人知道保险合同是为其利益而订立的，如果他有意享有保险赔偿权利，则受益人也负有同样的通知义务。

2. 不履行本条第 1 款规定的义务时，保险人有权拒绝给付保险赔偿金，除非能够证明，保险人已及时获悉保险事故的发生，或者保险人不掌握有关情况并不影响其给付保险赔偿金的义务。

3. 如果人身保险合同中的保险事故是被保险人死亡或者其身体健康受到损害，则本条第 1 款和第 2 款的规定也相应地适用人身保险合同。在这种情况下，合同所规定的通知保险人的期限不得少于 10 天。

第九百五十六条　保险事故文件

被通知发生保险事故的保险人（第 955 条）有义务在代表其签订保险合同的人的参与下，起草一份关于保险事件的文件，以证明其情况和后果。

保险人签署的保险合同副本应发给参与起草合同的人员。如果此人不是投保人，也应将保险报告书副本寄给投保人。

第九百五十七条　保险赔偿金的支付程序和期限

1. 保险赔偿金由保险人根据赔偿权利人的书面申请进行赔付。

2. 保险合同（保险单）和被保险事件行为的复印件应附在保险赔偿金支付申请书中，或在申请书中注明这些文件的日期和编号。

如果是无记名保险单（第 924 条第 3 款），必须提交保险单原件。

如果没有发生被保险事件的行为，应提供被保险事件发生的证明，如果是财产保险，还应提供保险人赔偿的损失金额。

3. 保险人在支付保险赔偿金之前，有权对保险事件的原因、情况和后果进行检查。国家机关、地方政府机关和官员有义务向保险人提供与这种检查有关的任何必要信息。

4. 人身保险合同项下的赔付金额，保险人应在收到赔付申请之日起 30 日内支付，但法律规定或保险合同约定的较短期限除外。

在其他情况下，保险人应在收到赔付申请之日起 30 日内支付保险赔偿金，除非保险合同另有约定。

5. 如果延迟支付保险赔偿金，包括因无理拒绝支付保险赔偿金而造成的延迟，应根据本法第 360 条第 1 款对保险赔偿金的数额计算利息，并对每延迟一天支付逾期数额的 0.1% 的罚款。

第九百五十八条　保险人免于支付保险赔偿金的理由

1. 投保人、受益人或被保险人的故意而导致保险事件发生的，保险人应免于支付保险赔偿金，但在必要防卫状态或极端必要状态下实施的故意行为以及本条第 2、3 款规定的情形除外。

2. 责任人的过错造成生命或健康损害的，保险人不免除民事责任保险合同约定的保险赔偿金。

3. 如果被保险人因自杀而死亡，且保险合同至此至少已生效两年，则保险人不得免除支付人身保险合同约定的被保险人死亡时应支付的金额。

4. 法律可以规定和合同可以约定因投保人或受益人的重大过失导致保险事件发生时，保险人免于支付财产保险合同项下的保险赔偿金的情形。

5. 如果法律没有另行规定或者保险合同没有另行约定，出于以下原因之一发生保险事故时，保险人免于给付保险赔偿和保险金：

（1）核爆炸、核辐射或者核放射性污染；

（2）战争行动以及军事演习或者其他军事行动。

6. 如果财产保险合同没有不同的约定，保险人对被保险财产根据国家机关的指令而被收缴、没收、征用、查封或者销毁而产生的损失免于给付保险赔偿金。

第九百五十九条　拒绝支付保险赔偿

1. 在下列情况下，保险人有权拒绝向保单持有人（受益人）支付保险赔偿金：

（1）保险合同在保险事故发生前终止，包括本法第 965 条规定的理由；

（2）根据本法或其他法律规定的理由，包括本法第 966 条规定的理由，保险合同无效；

（3）保险人以本法第958条规定的理由免于支付保险赔偿；

（4）保险人应以本法规定的理由，包括以本法第924条第2款和第937条第3款规定的理由，提出保险合同无效的请求，或以投保人（受益人）妨碍调查保险事件的情况或确定造成的损失金额为由，提出保险合同终止的请求；

（5）本法第955条第2款和第960条第4款规定的情况。

2. 保险人关于拒绝支付保险赔偿金的决定，应在规定的赔偿金支付期限内通知申请支付保险赔偿金的人（第958条第4款），并应包含拒绝支付的合理理由。

3. 在保险人拒绝支付保险赔偿金的情况下，可以向法院提出支付保险赔偿金的要求。

第九百六十条　将投保人的损失赔偿权转移给保险人（代位权）

1. 除财产保险合同另有约定或法律另有规定外，投保人（受益人）对因保险赔偿损失的责任人所享有的请求权，应在已支付的保险金额范围内转移给根据该合同支付保险赔偿金的保险人。

财产保险合同中排除向保险人转让故意造成损失的人的请求权的条件是无效的。

2. 转让给保险人的请求权，由保险人按照调整投保人（受益人）与损失责任人之间关系的规则行使。

3. 投保人（受益人）有义务向保险人提交所有文件和证据，并向保险人传递保险人行使转让给它的索赔权所需的所有信息。

4. 投保人（受益人）放弃对保险人赔偿的损失责任人的请求权，或因投保人（受益人）的过错导致无法行使该权利的，保险人应免于支付全部或有关部分的保险赔偿金，并有权要求退还多支付的赔偿金。

第九百六十一条　将被保险财产的权利转移给保险人

如果被保险财产因保险事件的发生而造成其实际价值的全额损失，以至于今后无法将该财产用于预定用途，经保险人同意，投保人（受益人）可以将其对被保险财产的权利转让给保险人，并按保险金额的全额领取保险赔偿金。

第五节　保险合同的变更、终止和无效

第九百六十二条　受益人的更换

保单持有人有权以书面形式通知保险人，将保险合同中指定的受益人更换为他

人。人身保险合同项下的受益人的更换（第 926 条第 2 款），须经被保险人同意方可进行。

受益人在履行了保险合同约定的任何义务或向保险人提出保险赔偿要求后，未经其同意不得由他人替代。

第九百六十三条　被保险人更换

1. 如果投保人以外的人的责任是根据保险合同对损害责任风险进行保险（第 925 条），则后者有权按照合同的其他规定，在保险事件发生之前的任何时候，将该被保险人替换为其他人，并书面通知保险人。

人身保险合同中指定的被保险人只有在保险人同意的情况下才能由其他人代替，如果合同不是为了被保险人的利益而签订（第 923 条第 2 款），那么也要征得被保险人的同意。

第九百六十四条　将被保险财产的权利转让给他人

当被保险财产的权利从订立保险合同的人手中转移时，本合同约定的权利和义务应转移给被转移财产权利的人，但放弃所有权（第 280 条第 2 款）和以本法第 281 条规定的理由强制收回财产的情况除外。

被保险财产的权利被转让的人应以书面形式通知保险人。如果财产保险合同在订立时没有指明受益人的姓名或商号，则不需要这种通知（第 924 条第 3 款）。

第九百六十五条　保险合同的提前终止

1. 保险合同生效后，因保险事件以外的其他情况导致保险事件发生的可能性停止，保险风险的存在也停止的，保险合同应在保险合同订立的期限前终止。

这种情况应适用于：

（1）出于保险事件发生以外的原因造成保险财产损失；

（2）承认被投保民事责任险的公民属于无民事行为能力人或限制民事行为能力人。

2. 在本法第 949 条第 2 款规定的情况下，如果没有支付下一次保险费，保险合同应在合同期限之前终止。

3. 投保人（受益人）有权在任何时候取消保险合同，如果到取消之时，由于本条第 1 款规定的情况，保险事件发生的可能性尚未停止。

4. 因本条第 1 款、第 2 款规定的情形而提前解除保险合同的，保险人有权按保险有效期内的比例获得保险费部分，并退还多付的保险费部分。

投保人（受益人）提前解除保险合同的，除法律另有规定或合同另有约定外，向保险人支付的保险金不予退还。

第九百六十六条　保险合同无效

在以下情况下，保险合同是无效的：

（1）合同中已经投保了非法权益；

（2）以犯罪方式取得的财产，属于犯罪标的物或被没收的财产，按合同投保；

（3）被保险的事件是一种失去发生概率和随机性迹象的事件；

（4）保险合同订立时，保险标的不存在；

有本法规定的其他情形，保险合同也应无效。

第六节　特殊类型的保险

第九百六十七条　相互保险

1. 公民和法人可以通过建立相互保险公司和汇集必要的资金，相互为其财产和本法第923条所述的其他财产利益投保。

2. 相互保险公司为其成员的财产和其他财产利益投保，属于非营利组织。

相互保险公司法律地位的特殊性及其活动条件应根据本法和相互保险法确定。

3. 相互保险公司以会员资格为基础，直接对会员的财产和财产利益进行保险，除非公司的组成文件规定在这些情况下要签订保险合同。

相互保险公司与其成员之间的保险关系，除相互保险法、各公司的章程文件或既定的保险规则另有规定外，适用本章的规则。

4. 只有在相互保险法规定的情况下，才允许通过相互保险履行强制保险。

5. 相互保险公司可以作为保险人，为非公司成员的人的利益投保，条件是其组织文件中规定了这种保险活动，公司是以商业组织的形式成立的，有提供适当类型保险的许可证，并符合吉尔吉斯共和国保险组织法规定的其他要求。

非相互保险公司成员的人员的权益保险，由相互保险公司按照本章的规定签订保险合同。

第九百六十八条　国家强制保险

1. 为了保障公民的社会利益和国家利益，法律可以规定国家机关对某些类别的公务员的生命、健康和财产进行强制保险，费用由国家预算中为此划拨的资金支付（国家强制保险）。

2. 本章的规则适用于国家强制保险，除非该保险的法律另有规定，且不因相关保险关系的实质而产生。

第九百六十九条　保险的一般规则适用医疗保险

本章所载的保险条例适用于健康保险法规定的情况。

第四十七章　普通合伙

第九百七十条　普通合伙合同

1. 依照普通合伙合同（共同活动合同），两人或者数人（合伙人）为获取利润或达到其他不与法律相抵触的目的，承担非法人义务而联合自己的出资并共同从事活动。

2. 为从事经营活动而订立普通合伙合同的当事人，只能是个体经营者和（或）商业组织。

3. 普通合伙合同必须以书面合同订立。

第九百七十一条　合伙人的出资

1. 投入共同事业的一切，包括金钱、其他财产、专业知识和其他知识、技能和技巧，以及商业信誉，均为合伙人的出资。

2. 合伙人的出资推定为价值均等，合同另有约定的除外。合伙人出资的货币价值按照合伙人之间的协议确定。

第九百七十二条　合伙人共同财产

1. 合伙人投入的其享有所有权的财产，以及因共同活动生产的产品和从共同活动中获取的天然孳息和法定孳息为合伙人的按份共有财产，但法律另有规定或者普通合伙合同另有约定的除外。

合伙人对投入的财产享有不同于所有权的权利，为全体合伙人的利益而使用，与他们的共有财产一起共同构成合伙人的共同财产。

2. 对合伙人共同财产的会计核算可由合伙人委托参加普通合伙合同的法人之一进行。

3. 合伙人共同财产的使用依照其共同协议进行，协议不成时，依法院确定的方式进行。

4. 合伙人维护共同财产的义务和履行该义务有关费用的补偿方式由普通合伙合同确定。

第九百七十三条　合伙人共同事务的管理

1. 合伙人共同事务的管理依照合同约定的程序进行。

2. 在管理共同事务时，如果普通合伙合同未约定由普通合伙合同的某些参加人或者全体参加人共同管理合伙事务，则每个合伙人都有权代表全体合伙人进行活动。

在共同管理事务时，实施每一法律行为均需全体合伙人的同意。

3. 在与第三人的关系中，代表全体合伙人实施法律行为的合伙人的权利，以其他合伙人授予他的委托书或者以书面普通合伙合同为凭。

4. 在与第三人的关系中，各合伙人不能援引对合伙人管理共同事务权能的限制，除非各合伙人能证明，在订立合同时第三人知道或者应该知道存在此种限制。

5. 代表全体合伙人实施法律行为的合伙人，如果该合伙人管理共同事务而实施此种法律行为的权利受到限制，或者以自己的名义为全体合伙人的利益订立了合同，可以请求补偿自己负担的费用，但须有充足的理由断定这些法律行为确为全体合伙人的利益所必须。

因此种法律行为遭受损失的各个合伙人，有权请求赔偿损失。

6. 有关合伙人共同事务的决议，如果普通合伙合同没有另行约定，应由合伙人全体一致通过。

7. 普通合伙合同的当事人经授权从事合伙业务的，有权另行领取报酬，合同另有约定的除外。

第九百七十四条　合伙人的知情权

每个合伙人，无论是否被授权管理合伙人的共同事务，都有权了解管理事务的全部文件资料。放弃或者限制此项权利，包括依照合伙人的协议对该权利的放弃或者限制，自始无效。

第九百七十五条　合伙人的共同开支和亏损

1. 与合伙人共同活动有关的开支和亏损的抵补方式，由合伙人协议确定。无协议时，每个合伙人依其对合伙共同事务的出资比例负担开支和亏损。

2. 完全免除任何一个合伙人参加抵补共同开支和亏损的协议，自始无效。

第九百七十六条　合伙人负担共同债务的责任

1. 如果普通合伙合同与其参加人从事的经营活动无关，则每一合伙人以自己的全部财产对合伙共同债务按其对共同事务出资的比例承担责任。

合伙人对非合同产生的共同债务，负连带责任。

2. 如果普通合伙合同与其参加人从事的经营活动有关，则合伙人对全部共同债务负连带责任。

第九百七十七条 利润的分配

对于共同活动所获得的利润，由合伙人按其对共同事务的出资比例进行分配，但普通合伙合同或者合伙人间的其他合同另有约定的除外。取消某个合伙人参加分配利润的协议，自始无效。

第九百七十八条 应其债权人请求分出合伙人的份额

普通合伙合同参加人的债权人有权依照本法第 255 条的规定提出从普通合伙共同财产中分出该参加人份额的请求。

第九百七十九条 普通合伙合同的终止

1. 普通合伙合同出于以下原因终止：

（1）某合伙人被宣告为无民事行为能力人、限制行为能力人或者被宣告失踪；

（2）某一合伙人被宣告为资不抵债（破产）；

（3）合伙人死亡或者参加普通合伙合同的法人清算或者改组，但普通合伙合同或者以后的合同约定继续保留其余合伙人之间的合同关系或者约定由其继承人（权利继受人）接替死亡的合伙人（被清算或改组的法人）的除外；

（4）合伙人拒绝继续参加无期限的普通合伙合同；

（5）有期限的普通合伙合同根据合伙人之一在他与其他合伙人的关系中提出的请求而解除；

（6）双方协议解除合同；

（7）普通合伙合同期限届满；

（8）因合同目的不能实现或发生致使合同目的不能实现的条件；

（9）合伙人的债权人的请求而分出该合伙人的份额；

（10）本法规定或合同约定的其他情形。在本款第 1 项、第 2 项、第 4 项、第 5 项和第 9 项规定的情况下，普通合伙合同或其参与人随后达成的合同可以约定在其余合伙人之间的关系中保持合同。

2. 普通合伙合同终止时，由合伙人交付给合伙人共同占有和（或）共同使用的物，无偿地返还给交付该物的合伙人，但当事人间的合同另有约定的除外。

从普通合伙合同终止时起，其参加人对尚未向第三人履行的共同债务承担连带责任。

合伙人对共有财产的分割和对已产生的共同请求权的分割依照本法第 271 条规定的方式进行。

将特定物品投入共有财产中的合伙人，于普通合伙合同终止时，在维护其余合伙人和债权人的利益的条件下，有权请求返还该物。

第九百八十条　拒绝无期限普通合伙合同

合伙人要求拒绝无期限普通合伙合同的申请，应在他打算退出合同的 3 个月以前提出。

限制拒绝无期限普通合伙合同权利的协议，自始无效。

第九百八十一条　应一方当事人的请求解除普通合伙合同

除本法第 411 条第 2 款规定的理由外，以规定期限或规定目的作为解除条件的普通合伙合同的一方当事人，有权根据正当理由请求解除自己与其余合伙人之间的合同关系，同时赔偿因解除合同而给其余合伙人造成的损失。

第九百八十二条　合伙人拒绝合同或要求解除合同的责任

当普通合伙合同并不因某个参加人拒绝继续加入合伙的申请或者并不按照某个合伙人解除合同的请求而终止时，终止加入合伙合同的人，对在其加入合同期间内产生的共同债务，与他仍为普通合伙合同参加人时一样，向第三人承担责任。

第九百八十三条　隐名合伙

1. 普通合伙合同可以约定，该合同的存在对第三人不公开（隐名合伙）。对隐名合伙适用本章关于普通合伙的规则，但本条有不同规定或者隐名合伙的实质有不同要求的除外。

2. 在同第三人的关系中，隐名合伙的每个参加人均以自己的全部财产对他以自己的名义为合伙人的共同利益而实施的法律行为承担责任。

3. 在合伙人的关系中，在其共同活动过程中产生的债务关系为共同债务关系。

第四十八章　公 开 竞 赛

第九百八十四条　公开竞赛的组织

1. 公开宣布对优秀完成工作或取得其他成果给付奖金或其他奖励（给付奖励）的人，应该向依据竞赛条件而被确认为优胜者的人给付（颁发）约定的奖励（公开竞赛）。

2. 公开竞赛可以公开方式进行，此时竞赛组织者的要约通过报刊或者其他大众信息媒体向一切有意参加者公布，或者以非公开方式进行，此时要约根据竞赛组织者的选择向一定范围的人发出。

公开竞赛可将其参加人的技能作为先决条件，此时，竞赛组织者应对有意参加竞赛的人进行初选淘汰。

3. 公开竞赛的公告至少应包含以下内容：任务的实质，工作成果或者其他成就的评定标准和程序、工作成果及成就提交的地点、期限和方式，奖励的金额和形式，以及公布竞赛结果的方式和期限。

4. 本章的规定适用于内容包括与竞赛获胜者订立合同之债的公开竞赛，但本法第 408 条至第 410 条另有规定的除外。

第九百八十五条　公开竞赛条件的变更和公开竞赛的撤销

1. 宣布公开竞赛的人只有在规定交付工作期限的前半期内，才有权变更竞赛条件或者撤销竞赛。

2. 对变更竞赛条件或者撤销竞赛的通知，应以宣布竞赛的同样方式作出。

3. 在变更竞赛条件或者撤销竞赛时，宣布竞赛的人，应补偿任何人在获悉或者应该获悉有奖竞赛条件变更或者撤销有奖竞赛前因完成广告所规定的工作而支出的费用。

4. 如果在变更竞赛条件或者撤销竞赛时违反了本条第 1 款或者第 2 款的要求，宣布有奖竞赛的人应对完成符合广告规定条件工作的人给付奖励。

5. 宣布竞赛的人如果能够证明，该工作的完成与竞赛无关，其中包括工作在竞赛前已经完成或者所完成的工作明显不符合竞赛的条件，可免除补偿本条第 3 款和第 4 款规定的费用和损失的责任。

第九百八十六条　支付报酬的决定

1. 给付奖励的决定应按竞赛广告中确定的方式和期限作出并通知公开竞赛的参加人。

2. 如果广告中指明的工作成果由两个以上的人共同完成，奖励依据这些人之间达成的协议分配。如果该协议未达成，则奖励分配的方式由法院决定。

第九百八十七条　公开竞赛中获奖的科学、文学和艺术作品的使用

如果公开竞赛的标的是创作科学、文学和艺术作品，并且竞赛的条件没有不同规定，则宣布有奖竞赛的人享有与获奖作品的作者订立关于作品使用并向其支付相应报酬的合同之优先权。该权利可在竞赛结果公布之日起 3 个月内行使。

第九百八十八条　将提交的工作成果返还给公开竞赛的参加人

如果有奖竞赛的公告没有不同规定，且所完成的工作性质无不同要求，宣布有奖竞赛的人应将未获奖的作品返还竞赛的参加人。

第四十九章 悬 赏 广 告

第九百八十九条 支付奖赏的义务

1. 在广告中公开宣布对在广告指定期限内完成指定合法行为的人给付金钱奖赏或者给付其他奖赏（悬赏）的人，应向完成相应行为的任何人包括对拾得遗失物或者向悬赏人告知必要信息资料的人，给付所允诺的奖赏。

2. 在悬赏能确定谁为奖赏允诺人的条件下，给付奖赏的义务即产生。对允诺作出响应的人，有权请求以书面形式确认悬赏，如果实际上悬赏广告并非由广告中所指明的人作出，该人还要承担不提出这一要求的后果。

3. 如果在悬赏中未指明奖赏的金额，则与悬赏人协商确定该金额，有争议时，由法院确定。

4. 无论有关行为的完成是因悬赏而为或与悬赏无关，均发生支付奖赏的义务。

5. 当广告中指明的行为由数人完成时，领取奖赏的权利由这数人中最先完成该行为的人获得。

如果广告中指明的行为由两个以上的人完成且不能确定谁为最先完成该行为的人，以及该行为是由两个以上的人同时完成，则奖赏在他们中平均分配或者按他们之间合同约定的其他数额分配。

6. 如果悬赏广告没有不同规定并且广告指定行为的性质也无不同要求，完成的行为是否符合广告中指定的要求应由悬赏人确定，而在有争议时，由法院确定。

第九百九十条 悬赏广告的撤销

1. 悬赏广告人有权以同样的形式撤销该允诺，但下列情形除外：广告本身规定或广告本身要求不得撤销；对允诺奖赏的行为给出了一定期限；在宣布撤销时已经有一人或数人完成了广告中所指定的行为。

2. 悬赏广告的撤销不免除悬赏人赔偿响应人因实施广告中指定行为而支出的费用的义务，但以广告中指明的奖赏为限。

第五十章 游戏和赌博

第九百九十一条 与游戏和赌博组织和其参加者有关的请求权

公民和法人关于与组织或参加赌博和打赌有关的请求，不应受司法保护，但在受到欺诈、暴力胁迫或者在其代理人与赌博和打赌的组织者恶意串通的影响下而参加赌博和打赌的人的请求，以及本法第 992 条第 4 款规定的请求除外。

第九百九十二条　国家或行政区划单位举办彩票、赛马和其他游戏

1. 国家机关、地方自治机关、已从授权的州机构获得许可（许可证）持有彩票、赌马（相互打赌）和其他基于风险的博彩的人与彩票参与者之间的关系受组织者与彩票参与者之间的协议约束。此协议是通过发行彩票、收据或其他文件来执行的，并且从参与者为参与彩票而支付彩票或其他费用的那一刻起即被确认为协议已缔结。

2. 订立本条第 1 款所列合同的要约，应包括举行博彩的期限和确定中奖的程序及中奖金额的条款。

3. 博彩组织者应按博彩条件规定的奖金额、形式（金钱或实物）和期限向依据彩票、赌马和其他博彩规则而中奖的人给付所赢的奖品或者奖金，如果该规定未指明期限，则从博彩结果确定之时起 10 日内向中奖者给付。

4. 在博彩组织者未履行本条第 3 款所规定的义务时，彩票、赌马和其他博彩的获奖人有权请求组织者给付所赢的奖金，并请求赔偿因组织者一方违反合同所造成的损失。

第五十一章　因损害产生的义务

第一节　损害赔偿的一般规定

第九百九十三条　损害赔偿责任的一般依据

1. 造成公民人身或财产损害及法人财产损害的，应由致害人赔偿全部损失。

法律可以责成非致害人的损害赔偿责任。

法律可以规定或合同可以约定致害人在赔偿损害之外有向受害人给付补偿的义务。

2. 致害人如果证明损害不是其过错所致，则免于损害赔偿。法律也可以规定致害人虽无过错但仍需负赔偿损害责任的情况。

3. 合法行为造成损害的，在法律规定的情形下，应负赔偿责任。

损害如系应受害人的请求或者经其同意所致，而致害人的行为并不违反社会道德原则，可以拒付赔偿。

第九百九十四条　损害的预防

1. 将来发生的损害危险，可作为提起禁止该危险活动诉讼的依据。

2. 如果损害系企业、构筑物的经营或其他生产活动所致，并且该活动正在继续致害或构成新的损害危险，法院有权责成被告除赔偿损失外，还须暂停或终止有关活动。

只有当暂停或终止有关活动违背社会利益时，法院方可驳回请求暂停或终止该活动的诉求。驳回暂停或终止该活动的诉讼请求时，受害人仍有权请求赔偿该活动所造成的伤害。

第九百九十五条　正当防卫造成损害

正当防卫所造成的损害，如防卫行为未超过正当防卫限度，不应予以赔偿。

第九百九十六条　紧急避险造成损害

紧急避险所造成的损害，即为了排除对本人或者他人构成威胁的危险而造成的损害，如果该危险在当时情况下不可能以其他方法排除，紧急避险所致损害应由致害人赔偿。

法院可以考虑造成损害的情况，责成因致害人的行为而受益的第三人负赔偿责任，或者全部或者部分免除该第三人或者致害人的损害赔偿责任。

第九百九十七条　法人或公民对其工作人员所致损害的责任

1. 法人或者公民对其工作人员在履行劳动（公务、职务）义务中所致损害，承担赔偿责任。

2. 根据本章的规定，民事主体如系依照有关法人或者公民下达的任务并处于该法人或公民安全监督之下，按照劳动合同（契约）或者民事法律合同完成工作，即为法人或者公民的工作人员。

3. 商业公司和生产合作社对其参加人（成员）在从事其经营、生产或者其他活动时所造成的损害，承担赔偿责任。

第九百九十八条　国家机关、地方自治机关及其公职人员造成损害的责任

国家机关、地方自治机关或其公职人员实施违法行为（不作为），包括颁布不符合法律或者不符合国家机关或者地方自治机关文件的其他法律文件而给公民或者法人造成的损害，应承担赔偿责任。该项赔偿分别由国家国库（第225条第2款）或地方自治组织国库（第227条第2款）的财产负担。

第九百九十九条　调查、侦查、检察机关和法院的非法行为造成损害的赔偿责任

1. 因非法判人以罪、非法追究刑事责任、非法采用羁押或者具结不外出的强制措施、以逮捕的形式非法处以行政处罚而给公民造成的损害，用国库的财产承担赔偿责任，而且不论调查、侦查、检察机关以及法院的公职人员有无过错，均应依法定程序全部赔偿。

2. 调查、侦查、检察机关以及法院的违法活动给公民和法人造成的损害，如未发生本条第 1 款所列之后果，则依本法第 998 条所规定的根据和方式进行赔偿。在审判时所造成的损害，如果法院的刑事判决认定法官有罪过且刑事判决已经生效，应予以赔偿。

第一千条　责任险投保人的赔偿损害

法人或自然人如为受害人利益依自愿保险或强制保险程序对自己责任投保（第 925 条、第 928 条第 1 款），当保险赔偿金不足以完全赔偿损害时，应赔偿保险金与实际损失之间的差额。

第一千零一条　不满 14 岁的未成年人造成损害的责任

1. 不满 14 岁未成年人（幼年人）造成的损害，如其父母（收养人）或者监护人不能证明损害非其过错所致，则未成年的父母（收养人）或者监护人承担损害赔偿责任。

2. 如果需要监护的幼年人处于教育、医疗、居民社会保障机构以及依法作为幼年人监护人的其他类似机构（第 70 条），而该机构又不能证明损害非幼年人过错所致，则应对其所致损害承担赔偿责任。

3. 如果幼年人在处于教育、教养、医疗或其他应对之实施监督的机构，或者在依合同实施监督的人的监督管理下造成损害，而各该机构或者个人又不能证明损害非实施监督中的过错所致，则应承担损害赔偿责任。

4. 父母（收养人）、监护人、教育、教养、医疗机构以及其他人对幼年人造成损害的赔偿责任，不因该幼年人成年或者取得足以进行损害赔偿的财产而消灭。

如果父母（收养人）、监护人或者本条第 3 款所列其他自然人死亡或者无力赔偿对受害人生命或者健康所造成的损害，而致害人已成为完全行为能力人，且具有进行赔偿的足够财产，则法院考虑受害人和致害人的财产状况及其他情况，有权作出由致害人全部或者部分承担赔偿责任的判决。

第一千零二条　年满 14 岁不满 18 岁的未成年人造成损害的责任

1. 年满 14 岁不满 18 岁的未成年人造成损害的，依照一般规定独立承担责任。

2. 如果年满 14 岁不满 18 岁的未成年人没有收入或其他赔偿损害的足够财产，

而其父母（收养人）或者监护人不能证明损害非未成年人过错所致，则应负赔偿责任，或者赔偿其不足部分。

如果需要监护的年满14岁不满18岁的未成年人处于教育、医疗、居民社会保障机构以及依法作为未成年人监护人的其他类似机构（第70条），而该机构或者个人又不能证明损害非因实施监督中的过错所致，则应承担损害赔偿责任或者负担部分赔偿责任。

3. 父母（收养人）、监护人和有关机构对年满14岁不满18岁的未成年人造成损害的赔偿责任，因致害人成年或虽未成年但已有收入或者拥有进行赔偿的足够财产，以及成年之前已取得行为能力而终止。

第一千零三条　被剥夺亲权的父母对未成年人造成损害的责任

父母在被剥夺亲权后的3年内未成年子女造成损害的，如其致害行为系父母为正确履行父母责任所致，则法院可责成父母对未成年子女所造成的损害承担责任。

第一千零四条　被认定为无民事行为能力的公民造成损害的责任

1. 被认定为无民事行为能力的公民造成损害的，应由其监护人或对之负有监督义务的组织承担赔偿责任，除非他们能证明损害非其过错所致。

2. 监护人或负有监督义务的组织，对被认定为无民事行为能力的公民造成损害的责任，不因该行为人后来被认定具有民事行为能力而终止。

3. 如果监护人死亡或者无足够的资金用以赔偿对受害人的生命或健康所致损害，而致害人本人有该资金，则法院考虑受害人和致害人的财产状况及其他情况，有权作出由致害人本人全部或部分承担赔偿责任的判决。

第一千零五条　被认定为限制行为能力的公民造成损害的责任

因酗酒或吸毒而被限制行为能力的公民造成损害的，由致害人本人负赔偿责任。

第一千零六条　不能理解自己行为意义的公民造成损害的责任

1. 具有民事行为能力的公民或者年满14岁不满18岁的未成年人，在不能理解自己行为意义或者不能控制自己行为的状态下造成损害的，不对所造成的损害负责。

如果受害人的生命或者健康受到损害，法院可考虑受害人和致害人的财产状况及其他情况，责成致害人承担全部或部分赔偿责任。

2. 如果致害人本人酗酒、吸毒或以其他方式使自己处于不能理解自己行为的意义或者不能控制自己行为的状态，则不能免除致害人的责任。

3. 如果致害人因为精神病而在不能理解自己行为意义或不能控制自己行为的状态下造成损害，则法院可以责成与致害人共同生活、知其有精神障碍却未提出认定其无民事行为能力请求且具有劳动能力的配偶、父母、成年子女承担赔偿责任。

第一千零七条　对周围人群有高度危险的活动造成损害的责任

1. 法人和公民，如果其活动对周围人群具有高度危险（使用交通工具、机械、高压电能、原子能、爆炸物品、剧毒物品等，从事建筑和其他与建筑有关的活动等），只要不能证明损害是不可抗力或受害人的故意所致，则必须赔偿高度危险来源所造成的损害。

对高度危险来源享有所有权、经营权或业务管理权或者占有法律依据的（租赁权、交通工具的管理权委托书、有关机关关于交付高度危险来源的指令等）法人或者自然人承担损害赔偿责任。

2. 高度危险来源的占有人，如果能够证明高度危险来源是因他人违法行为而脱离占有人的占有，则对该来源所致损害不承担责任。在这种情况下，高度危险来源所造成损害应由其非法占有人承担责任。当高度危险来源的占有人对该来源非法脱离其占有过错时，既可由高度危险来源的占有人，又可由非法占有人承担赔偿责任。

3. 高度危险来源的占有人因该来源的相互作用（交通工具的碰撞等）而致第三人损害的，依本条第1款的规定，承担连带责任。

因高度危险来源的相互作用给占有人造成的损害，依照一般根据进行赔偿。其中包括：

由一方的过错造成的损害由该方全额赔偿。

双方或多方过失所造成的损害，应按各自过错的程度按比例赔偿。

如果无法确定双方的损害程度，则责任在双方之间平均分配。

在没有当事方造成损害的过失的情况下，任何一方均无权要求损害赔偿。在这种情况下，每一方均承担由此造成的损失风险。

第一千零八条　共同造成损害的责任

共同造成损害的人，向受害人承担连带责任。

按照受害人的申请并为其利益，法院有权责成共同致害人承担责任。

第一千零九条　对致害人的追偿权

1. 对他人（执行公务、职务或其他劳动义务的工作人员，驾驶交通工具的人员等）所造成的损害承担了赔偿责任的人，有权向致害人请求返还（追偿）已付的赔偿金额，但法律规定不同金额的除外。

2. 对共同致害负担了赔偿责任的致害人，有权请求其他致害人依每人的过错程度给付应向受害人给付的相应份额。当过错程度不能确定时，份额应均等。

3. 国家在对调查、侦查、检察机关及法院公职人员造成损害（第 999 条第 1 款）负赔偿责任时，如果法院的刑事判决认定该公职人员有罪过且刑事判决已经生效，则有权向该公职人员进行追偿。

4. 根据本法第 1001 条至第 1004 条的规定赔偿了损害的人，无权向致害人追偿。

第一千零一十条　财产损害赔偿的方式

法院在满足损害赔偿请求权时，应根据案件情况责成对损害负有责任的人以实物赔偿损害（给付同种类和同质量的物、修复被损坏的物等）或赔偿损失（第 14 条第 2 款）。

第一千零一十一条　考虑受害人的过错和致害人的财产状况

1. 因受害人的故意而发生的损害，不应予以赔偿。

2. 如果受害人本人的重大过失促成损害的发生或使损害扩大，则应根据受害人和致害人的过错程度减少赔偿金额。

3. 受害人存在重大过失而致害人没有过错，在致害人的责任不以过错为必要条件时，应减少致害人赔偿的数额或免除赔偿损害，但法律另有规定的除外。对公民生命或健康造成的损害，不得免除损害赔偿。

4. 在赔偿额外费用（第 1013 条第 1 款）、赔偿与抚养人死亡有关的损害（第 1017 条）以及赔偿丧葬费（第 1094 条）时，不考虑受害人的过错。

5. 法院可考虑致害公民的财产状况，减少其赔偿损害的金额，但损害系其故意行为所致的情形除外。

第二节　造成公民健康和由于公民死亡受到损失的人的损害赔偿

第一千零一十二条　履行合同或其他义务时造成健康和由于公民死亡受到损失的人的损害赔偿

履行合同义务以及履行军务、警务和其他有关职务时给公民的生命或健康造成的损害，依本章规定进行赔偿，但法律规定或合同约定更高责任的除外。

第一千零一十三条　健康损害的赔偿范围和性质

1. 造成公民残疾或健康的其他损害时，应赔偿受害人已失去的或预期能获得的工资（收入），以及因健康损害而引起的额外费用，其中包括治疗、补充营养、购置药品、安装假肢义眼、护理、疗养治疗、购置专门交通工具、从事其他职业的培训费等，只要确定受害人需要此类帮助和护理且无权无偿获取这些帮助和护理的。

2. 在确定受害人失去的工资（收入）时，因受害人残疾或其他健康损害而给予的残疾津贴，以及在其健康损害前或者损害后规定的其他赡养金、补助费和其他类似的进项不予考虑（不计入损害赔偿金之内），并且也不得因此减少损害赔偿的金额。受害人于健康损害后所领取的工资（收入）也不得计入损害赔偿金之内。

3. 本条规定的对受害人赔偿的范围和应向其给付的赔偿金额，可根据法律或合同予以增加。

第一千零一十四条　因健康损害而失去的工资（收入）的确定

1. 应赔偿受害人失去的工资（收入）的金额，按照其残疾前或者健康受到其他损害前或者失去劳动能力前的月平均工资百分比确定，该百分比应与受害人失去职业劳动能力的程度相当，而在没有职业劳动能力时，则应与丧失一般劳动能力的程度相当。

2. 受害人失去的工资包括他按照劳动合同和民事合同在本职工作以及在兼职工作中领取的列入所得税征收范围的所有各种劳动报酬。一次性给付，包括未休假的补偿费和离职时的退职金，不列入受害人失去工资的范围，暂时失去劳动能力或者怀孕及产假期间给付的补助金则应计算在内。从事经营活动的收入，以及作者的稿费也应列入失去的工资范围，而经营活动的收入根据税务检查机关的资料确定。

各类工资（收入）均按税前金额计算。

3. 受害人月平均工资（收入）的计算方法是将健康损害前12个月的工资（收入）总额除以12。如果受害人于损害时工作少于12个月，则月平均工资（收入）的计算方法是用健康损害前实际工作月数的工资（收入）总额除以工作的月数。

受害人的工作不满1个月的月份，根据他本人的意愿用之前的满工月的月份替代，或者在不能代替时，不计算该月份。

4. 如果受害人于损害时没有工作，则根据本人意愿按其退职前的工资计算或者当地与之技能相当的工作人员的一般报酬数额计算，但不得少于依法确定的居民最低生活标准额。

5. 如果受害人残疾前或者健康受到其他损害前的工资（收入）中发生了能改善其财产状况的稳定变化（提高了职务工资、调任报酬较高的工作、全日制学校毕业后参加了工作，以及在能证明受害人的劳动报酬有稳定变化和可能变化的其他情况下），在确定其月平均工资（收入）时，仅计算在相关变化之后已经取得的或者应该得到的工资（收入）。

第一千零一十五条　对未成年人健康损害的赔偿

1. 在造成不满 14 岁（幼年人）又无工资（收入）的未成年人残疾或健康的其他损害时，对损害负有责任的人，应赔偿因健康毁损所支出的费用。

2. 当受到健康损害的幼年人年满 14 岁后，以及再给年满 14 岁不满 18 岁且无工资（收入）的未成年人造成损害的情形下，对损害负有责任的人，除了应赔偿受害人因健康受到损害所支出的费用外，还应按照依法确定的整体居民最低生活标准额赔偿与丧失或降低其劳动能力有关的损害。

如果未成年人在其健康受到损害时有工资，损害则依据该工资数额赔偿，但不得低于依法确定的整体居民最低生活标准额。

3. 健康曾经受到损害的未成年人在开始从事劳动活动后，有权请求根据所领取的工资增加损害赔偿金额，但不得低于其职务报酬数额或当地同类技能工作人员的工资额。

第一千零一十六条　因公民死亡遭受损失的人的损害赔偿

1. 在受害人死亡的情况下，下列人有权要求赔偿损害：

依靠死者供养或者在死者生前有权要求死者供养的无劳动能力的人；

死者死亡后出生的子女；

父或母、配偶或其他家庭成员，不论有无劳动能力，只要不工作并从事照管死者供养的未满 14 岁的或者已满 14 岁的但根据医疗机构证明其身体状况需要他人照管的死者子女、孙子女、兄弟姐妹；

靠死者供养并在死者死后 5 年内丧失劳动能力的人；

父或母、配偶或其他家庭成员，只要不工作并从事照管死者的子女、孙子女、兄弟姐妹并在照管期间也丧失劳动能力的，他们在结束对上述人的照管之后，仍享有损害赔偿请求权。

2. 损害赔偿期限：

对未成年人的赔偿——到年满18岁为止；

对年满18岁的学生的赔偿——到全日制学校学习毕业时止，但不得超过23周岁；

对55岁以上的妇女和60岁以上的男子的赔偿——终身；

对残疾人的赔偿——在残疾期间内；

对照管受死者供养的死者子女、孙子女、兄弟姐妹、父或母、配偶或其他家庭成员的赔偿——到所照管的孩子年满14岁或健康状况改变时止。

第一千零一十七条 扶养人死亡时的损害赔偿金额

1. 给付因扶养人死亡而享有损害赔偿请求权的人的赔偿金额，应以该请求权人于死者在世时按本法第1014条的规则确定的死者工资（收入）中获得的或有权获得的扶养费的份额确定。在确定对上述人的赔偿时，死者在世时所领取的赡养金、终生扶养金和其他类似的款项与工资（收入）一并列入死者手中。

2. 确定赔偿金额时，因扶养人死亡发给这些人的抚恤金、扶养人死亡前或者死亡后发给这些人的其他各类赡养金以及由这些人领取的工资（收入）和助学金，都不列入赔偿的范围内。

3. 因扶养人死亡而规定向每一个损害赔偿请求权人的赔偿金额不应该继续重新计算，但以下情况除外：

扶养人死后其子女出生；

给付照管死亡扶养人的子女、孙子女、兄弟姐妹的人的赔偿金的发放或终止；

赔偿的数额可由法律或合同予以增加。

第一千零一十八条 损害赔偿数额的后续变更

1. 丧失部分劳动能力的受害者，如其劳动能力因健康损害而与判决损害赔偿时相比嗣后又有降低，有权随时请求负有赔偿责任的人相应增加赔偿数额。

2. 如果受害人的劳动能力与判决损害赔偿时相比有所提高，则对受害人的健康损害负有赔偿责任的人，有权请求相应地减少赔偿数额。

3. 如果负有赔偿责任的公民曾因本法第1011条第5款的规定而减少赔偿金额，在其财产状况有所改善时，受害人有权请求增加赔偿数额。

4. 造成损害的公民，如果其财产状况因残疾或达到退休年龄而与损害赔偿判决时相比有所降低，法院可根据该公民的请求减少赔偿数额，但损害由其故意行为造成的情形除外。

第一千零一十九条　由于生活成本提高和计算指数增加损害赔偿数额的增加

1. 在生活费提高时，造成生命或健康损害而应给付公民的赔偿金额，应按法定程序依生活费指数相应提高。

2. 当吉尔吉斯共和国的计算指标增加时，损失的工资（收入）的赔偿额以及与受害人的健康或死亡相关的其他赔偿金，按法律规定的计算指标规模成比例增加（第308条）。

第一千零二十条　损害赔偿的支付

1. 因受害人劳动能力降低或因受害人死亡引起的损害赔偿，应按法定程序依生活费指数相应提高。

有正当理由时，法院斟酌致害人支付的可能性，可依有损害赔偿请求权的公民的请求判决一次性支付，但对3年以上的赔偿不适用一次性支付。

2. 可在医疗报告确定的时限内，并在必要的时限内，为今后支付额外费用和支付有关服务和财产的费用（购买旅行证、支付旅行费用、支付专用车辆费用等）。

3. 在受害人依法有权要求终止或提前履行义务的情况下，通过将所涉损失货币化来满足这一要求并付款。

第一千零二十一条　法人终止情况下的损害赔偿

1. 按规定程序被认定对生命或健康损害负赔偿责任的法人改组时，给付有关费用的责任由其权利继受人承担，损害赔偿请求也应向该权利继受人提出。

2. 在清算依法被认定对生命或健康损害负有责任的法人的情况下，依照法律或者其他法规的规定，应将有关款项货币化以支付给该法人。

3. 如果由于被清算的实体没有财产或财产不足而无法将付款货币化，根据法律规定的程序则应向受害人支付赔偿金。

第一千零二十二条　丧葬费的赔偿

对受害人死亡负有责任的人，应向支付丧葬费的人赔偿必要的丧葬费。

支付丧葬费的人取得的丧葬补助金，不列入损害赔偿范围。

第三节　因商品、工作或服务的瑕疵造成损害的赔偿

第一千零二十三条　因商品、工作或服务的瑕疵造成损害的赔偿依据

因商品、工作或服务的结构、配方的瑕疵或者其他瑕疵，以及因关于商品（工作或服务）的信息不真实或不充分而造成的公民生命、健康或财产的损害及法人财产的损害，应由商品的出售者或制造者、完成工作或提供服务的人（执行人）予以

赔偿，而不论他们是否有过错，也不论受害人与他们是否存在合同关系。本条的规则仅适用于以消费目的而不是用于经营活动目的而购买商品（完成工作、给予服务）的情形。

第一千零二十四条　因商品、工作或服务的瑕疵造成损害的责任人

1. 因商品瑕疵造成损害的，应依受害人的选择，由商品的出售者或制造者赔偿。

2. 因工作或服务瑕疵造成损害的，应由完成工作或提供服务的人（执行人）赔偿。

3. 因未提供充分或真实的商品（工作、服务）信息而造成损害的，应由本条第 1 款和第 2 款所列之人赔偿。

第一千零二十五条　因商品、工作或服务的瑕疵造成损害的赔偿期限

1. 因商品、工作或服务的瑕疵造成损害，如果损害系在商品（工作、服务）的适用期或服务期内发生，或者在未规定适用期或服务期时损害于商品（工作、服务）生产之日起的 10 年内发生，应该予以赔偿。

2. 在下列情况下，无论损害何时发生，均应予以赔偿：

违反法律要求而未规定适用期或服务期；

商品的买方、工作成果的定作人或接受服务的人未预先被告知关于在适用期或服务期届满后应采取哪些必要行为以及不采取这些行为而可能出现的后果，或者未向他们提供充分而真实的关于商品（工作、服务）的信息。

第一千零二十六条　因商品、工作或服务的瑕疵造成损害的免责依据

商品的出售者或者制造者、工作或服务的执行人，如能证明损害的发生是因为不可抗力或者由于消费者违反了商品、工作成果及服务使用规则或保管规则，可免除赔偿责任。

第四节　精神损害赔偿

第一千零二十七条　精神损害的赔偿

1. 对公民精神损害赔偿的依据和数额，依本章第 2 条规则确定。

2. 在下列情况下，不论造成损害的人是否有罪，精神损害都应得到赔偿：

对公民生命和健康造成的损害；

由于对公民的非法定罪、非法起诉、非法使用羁押候审和具结不外出的强制措施、非法处以逮捕、劳动教养等行政处罚而给公民造成损害；

传播诋毁名誉、侵害人格尊严和商业信誉而造成的损害；

法律规定的其他情况。

3. 对侵犯公民财产权的行为（不作为）造成的精神损害，除法律规定的情况外，不予赔偿。

第一千零二十八条　精神损害赔偿数额

1. 精神损害的赔偿以金钱方式进行。

2. 精神损害赔偿的数额，由法院根据给受害人造成身体和精神痛苦的性质决定。当以过错为损害赔偿的依据时，法院还要根据致害人的过错程度确定赔偿数额。在确定精神损害赔偿的数额时，应斟酌合理性和公正性的要求。

受害人身体和精神痛苦的性质，由法院根据受害人精神受到损害的实际情况以及受害人的个人特点作出评定。

3. 精神损害的赔偿独立于应赔偿的财产损害。

第五十二章　因不当得利产生的债务

第一千零二十九条　返还不当得利的义务

1. 没有法律、其他规范性文件或者合同的依据，靠损害他人（受损人）利益而取得的财产或者积聚财产的人（受益人），应将无根据取得或者积聚的财产（不当得利）返还受损人，但本法第 1036 条规定的情况除外。

2. 不当得利的发生不论是财产取得人、受损人本人、第三人行为的结果还是他们意志以外的原因造成的，都适用于本章的规定。

第一千零三十条　返还不当得利的请求权与保护民事权利的其他请求权的相互关系

如果本法、其他法律没有不同的规定，并且相关关系的性质也无不同要求，本章规定也适用于以下请求权：

（1）关于返还无效法律行为之履行的请求；

（2）财产所有权人关于财产脱离非法占用的请求；

（3）债的一方基于该债向他方提出的返还履行的请求；

（4）损害赔偿的请求，包括不当得利人的非善意行为造成损害的赔偿请求。

第一千零三十一条　用实物返还不当得利

1. 属于受益人不当得利的财产，应以实物返还受损人。

2. 对于受益人在知道或者应该知道该不当取得或积聚财产系不当得利之后所发

生的该财产的任何短缺或者损坏，包括意外短缺或损坏，受益人均应向受损人承担责任，在此之前，受益人仅对其故意或者重大过失造成财产短少或者损坏承担责任。

第一千零三十二条　不当得利的价值赔偿

1. 如果不能以实物返还不当取得或者积聚的财产，受益人应按取得该财产的实际价值赔偿受损人，如果受益人在得知不当得利后未立即赔偿财产的价值，还应赔偿财产价值后来发生变化而引起的损失。

2. 虽无获取他人财产之意图，但无根据地临时使用他人财产或者使用他人服务的人，应按使用结束时或使用发生地的实际价格，向受损人赔偿因该使用而获取的利益。

第一千零三十三条　向他人不当转让权利的后果

依据不存在或者无效的债，以转让请求权的方式或者以其他方式将属于自己的权利转移给他人的人，有权请求恢复原状，包括请求返还证明所转让权利的文件。

第一千零三十四条　赔偿受害人收入损失

1. 不当取得或者积聚财产的人，对于自其知道或者应该知道不当得利时起从该财产中已经获得或者应当获得的全部收益，向受损人返还或者赔偿。

2. 对于不当取得的金钱，应加算自受益人知道或者应该知道其不当取得或积聚资金时起使用他人资金的利息（第360条）。

第一千零三十五条　应返还财产费用的补偿

在归还非法获得或积聚的财产（第1031条）或赔偿其价值（第1032条）时，受益人有权要求受损人赔偿维护和保管财产的必要费用折抵受益人所取得的利益（第1034条）。受益人如故意扣留应归还的财产，则丧失该费用的赔偿请求权。

第一千零三十六条　不应返还的不当得利

下列财产不应作为不当得利返还：

（1）在履行期限到来之前为履行债务而交付的财产，但债有不同规定的除外；

（2）诉讼时效期限届满后为履行债务而交付的财产；

（3）工资和相当于工资的报酬、退休金、津贴、助学金、致人生命或健康损害的赔偿金、赡养费和作为生活费发给公民的其他金钱，但公民有非善意行为和存在计算错误的除外；

（4）为履行不存在的债而交付的金钱或者其他财产，但受益人须能证明，请求返还财产的人知道债的不存在或者是为了慈善目的而提供该财产。

第四部分　塔吉克斯坦共和国债法

（郝　妍　译　邓社民　周盛杰　校对）

塔吉克斯坦共和国债法于2022年12月24日生效。此文本根据2022年12月24日的文本翻译而成。

目　　录

第三编　债的特定种类

第一分编　债的总则

第二十章　债的概念、产生根据和当事人

第三百二十八条　债的概念及其产生依据

1. 根据债的关系，一方（债务人）有义务为另一方（债权人）实施特定行为，如转让财产、完成工作、支付金钱等，或者不实施特定行为，而债权人有权要求债务人履行其义务。

2. 债因合同、造成的伤害和法律规定的其他理由而产生。

第三百二十九条　债的当事人

1. 一人或多人可以作为债权人或债务人成为债的当事人。

债权人对参与债之数人之一的请求无效，以及对该人的请求时效期间届满，本身并不影响债权人对其他债务人的请求。

2. 如果当事人一方因该债务而对另一方负有义务，在其有义务为对方做的事情上，应被视为另一方的债务人，同时在他对另一方有请求权时视为另一方的债

权人。

3. 一项债不会对没有作为当事人参与的人（第三人）产生义务。

在法律规定或者当事人约定的情况下，一项债可对该债的一方或双方当事人产生第三人的权利。

第二十一章　债的履行

第三百三十条　一般规定

当事人应根据合同条款和法律要求债务人适当履行债务。如果没有条款和法律要求，则应根据商业惯例或其他通常性要求履行。

第三百三十一条　不允许单方拒绝履行债

不允许单方拒绝履行债务和单方变更其条款，但法律另有规定或合同另有约定的除外。在合同约定的情况下，允许单方拒绝履行与当事人开展与经营活动有关的债，以及单方变更其条款，但法律另有规定或债的实质另有要求的除外。

第三百三十二条　债的部分履行

债权人有权不接受债的分期履行，但法律另有规定，合同条款或根据商业惯例、债的实质另有要求的除外。

第三百三十三条　向适格债权人履行债务

如果当事人之间的合同没有另行约定且不违反商业惯例或债的实质，债务人在履行债时，有权要求提供证据，证明接受履行的是债权人本人或其授权的人，并承担未提出该要求的风险。

第三百三十四条　第三人履行债务

1. 如果从法律、合同条款或者债的实质来看，债务人无法亲自履行债的义务，则债务人可将债的履行委托给第三人。在这种情况下，债权人有义务接受第三人的替代履行。

2. 第三人因担心债权人对该财产追索而导致其可能丧失对债务人财产（租赁、抵押或其他）的权利时，可以不经债务人同意履行债务。在这种情况下，债权人应根据本法第 411 条至第 416 条的规定，将债权转让给第三人。

第三百三十五条　债的履行期限

1. 如果债约定了或可以确定其履行日期或履行期限，则该债应在该日期或相应地该期限内的任何时间履行。

2. 如果一项债没有限制履行期限，并且没有可以确定履行期限的条款，则应在债产生后的合理期限内履行。

未在合理期限以及确定的履行期限内履行债，债务人有义务在债权人提出履行要求之日起 7 日内履行，但从法律、债的条款、商业流转习惯或债的实质中可以得出其他债的履行期限的除外。

第三百三十六条　履行的一致性要求

长期债务应在特定类型债务的合理期限内（日、旬、月、季等）均等履行，但法律另有规定或债的条款另有约定，或不符合商业流转习惯、债的实质的除外。

第三百三十七条　债的提前履行

债务人有权在债到期前履行债务，但法律另有规定、债的条款另有约定或债的实质另有要求的除外。然而，只有在法律规定或债的条款约定，或从商业流转习惯或债的实质中得出债务人可以提前履行债务的情况下，才允许债务人提前履行与经营活动有关的债。

第三百三十八条　债的履行进展信息

法律可以规定或债的条款可以约定债务人有义务将债务履行的进展情况通知债权人或其指定的人。

第三百三十九条　债的履行地

1. 债的履行地由双方当事人协商确定，或根据交易习惯或债的实质内容确定。

2. 如果债的履行地点不能确定，则在以下地点履行。

（1）转让不动产之债——在该不动产所在地。

（2）转让提供运输的货物或其他财产的债——在将财产交付给第一承运人后，以交付给债权人的地点。

（3）其他转让货物或财产的债——在财产的制造地或储存地，如果在债产生时，债权人知道这个地方。

（4）金钱之债——在债权人的居住地；如果债权人是法人，则在债产生时的所在地；如果债权人在履行债务时变更了居住地或所在地，并已通知债务人，则在债权人的新居住地或所在地。与变更履行地相关的所有费用由债权人支付。

（5）其他标的——在债务人的居住地；债务人是法人的，在法人住所地。

第三百四十条　金钱之债的履行

1. 在法律规定的情况、顺序和条件下，允许在塔吉克斯坦共和国境内使用外币以及外币支付文件进行结算。

2. 金钱之债应以本国货币表示和支付。

3. 如果对履行金钱之债的地点有疑问，应在债权人所在地（自然人的居住地或法人住所地）履行。

4. 如果债权人在付款地或国家有一个指定用于汇款的银行账户，在债权人不反对的情况下，债务人可以通过向该账户汇款来履行其金钱之债。

5. 如果在付款日到期前，货币单位的价值（汇率）增加或减少，或货币发生变化，债务人应按照债产生时的相应汇率进行支付，但本法另有规定或合同另有约定的除外。如果货币发生变化，兑换关系应以货币变化当天这些货币单位之间的汇率为基础。

第三百四十一条　公民赡养金支付数额的上调

根据金钱之债而直接支付给自然人的生活费：生命或健康损害赔偿、根据终身赡养合同以及其他情况下的生活费，随着结算的法定指标的增加而按比例增加。

第三百四十二条　金钱债务偿还顺序

在没有其他协议的情况下，所支付的金额如果不足以全额履行金钱之债，应首先偿还债权人的履约费用，其次是利息，剩余部分支付债务的本金。

第三百四十三条　选择之债的履行

有义务向债权人转让一项或多项财产，或实施两个或多个行动之一的债务人有权进行选择，但法律另有规定的除外。

第三百四十四条　多数人之债的履行

在有多个债权人或多个债务人参与的债中，每个债权人都有权要求履行，每个债务人都有义务按同等比例履行该债，但法律另有规定或债的条款另有约定的除外。

第三百四十五条　连带之债

1. 如果合同约定或者法律规定，特别是在债的标的物不可分的情况下，产生连带债务或者连带债权。

2. 在与经营活动有关的债中，多个债务人的债务或者多个债权人的债权，是连带债务或者连带债权，但法律另有规定或债的条款有不同要求的除外。

第三百四十六条　连带之债债权人的权利

1. 在债务人共同承担债务的情况下，债权人有权要求所有债务人共同履行，也有权要求其中任何一人单独履行全部或部分债务。

2. 债权人如果没有从一个连带债务人处得到完全清偿，则有权向其他连带债务人索取不足部分。

连带债务人在债被完全清偿前仍应履行其义务。

第三百四十七条　对连带之债债权人债权的抗辩

在连带之债的情况下，债务人不得以未参与的该债务的其他债务人与债权人的关系为由对债权人的债权提出异议。

第三百四十八条　债务中的一人履行连带之债

1. 其中一个债务人履行连带债务后，其他债务人对该债权人的债务免除。

2. 除非连带债务人之间另有约定，否则：

（1）履行连带债务的债务人减去自己应承担的份额后，有权对其他债务人平均追索；

（2）连带债务人之一对已履行连带债务的债务人所欠的未付金额，由该债务人和其他债务人平均承担。

3. 本条规则相应地适用于通过抵销其中一个债务人的反债权而终止的连带之债。

第三百四十九条　连带债权

1. 在连带债权的情况下，任何一个连带债权人都有权对债务人提出全额履行的要求。

在连带债权人之一提出要求之前，债务人有权自行决定对他们中任何一人履行债务。

2. 债务人无权以债务人与其他连带债权人的关系（该债权人不参与其中）为由，对连带债权人之一的债权提出异议。

3. 债务人对连带债权人之一全额清偿债务，可免除其对其他债权人的债务。

4. 从债务人处获得债务清偿的连带债权人，有义务向其他债权人偿还其应得的份额，但他们之间另有约定的除外。

第三百五十条　补充债务的履行

法律可以规定或债权人与债务人之间的合同条款可以约定，如果主债务人未能满足债权人对履行债务的要求，可向另一债务人（补充债务人）主张未履行的部分。

第三百五十一条　债务履行的证明

1. 债权人在接受履行时，有义务应债务人的要求，向其出具全部或部分履行的收据。

如果债务人已向债权人出具债务文件以证明债务，债权人在接受履行时必须将该文件归还债务人。如果无法归还，债权人应在他签发的收据上说明这一点。

该收据可由归还债务人的债务文件上的印章取代。

2. 债务人持有债务文件即证明债务的终止，但另有证明的除外。

3. 如果债权人拒绝为履行债务出具收据，拒绝归还债务文件，或拒绝在收据上注明无法归还，债务人有权推迟履行债务。在这种情况下，债权人应被视为违约。

第三百五十二条　通过提存履行债务

1. 如果债务人由于以下原因不能履行债务，债务人有权将其所欠的金钱或证券存放在公证处，在法律规定的情况下，也可以存放在法院：

（1）债权人或其授权的人不在债的履行地；

（2）债权人无民事行为能力，其代理人也不在场；

（3）债权人身份明显不确定，特别是在债权人与其他人之间存在纠纷的情况下；

（4）债权人回避或存在其他拖延行为。

2. 债务人向公证处或法院存入金钱或证券的行为应被视为债务履行。

存放金钱或证券的公证处或法院应通知债权人。

第三百五十三条　债的同时抗辩

1. 根据合同约定，一方履行义务的条件是另一方当事人履行其义务，前者可以先履行抗辩。

2. 如果合同约定的债务人不履行债务，或者能够证明其在合理时间内明显不能履行债务，承担相对履行的一方有权暂停履行其债务或拒绝履行该债务并要求赔偿损失。

如果合同中约定的债务没有被完全履行，承担后履行债务的一方有权暂停履行其债务或拒绝履行与未履行债务相应的部分。

3. 如果后履行债务已经完成，即使另一方未能按合同约定履行其债务，该方也仍有义务提供这种履约。

4. 除非合同另有约定或法律另有规定，否则适用本条第 2 款和第 3 款的规定。

第二十二章　债的履行担保

第一节　一 般 规 定

第三百五十四条　债务履行的担保方式

1. 可通过违约金、抵押、留置债务人的财产、保证、银行担保、定金以及法律规定或合同约定的其他方式来保证债务的履行。

2. 担保合同的无效不导致该债务（主要债务）的无效。

3. 主债务的无效应导致债务担保的无效，但法律另有规定的除外。

第二节　违　约　金

第三百五十五条　违约金的概念

1. 违约金（罚款、滞纳金）是债务人在不履行或不适当履行债务，特别是在延迟履行的情况下，有义务向债权人支付的法律规定或合同约定的金额。在要求支付违约金时，债权人没有义务证明造成了损失。

2. 违约金的数额应以固定金额或者以不履行或不适当履行的债务金额的百分比来确定。

第三百五十六条　违约金协议的形式

不论主债务的形式如何，违约金协议应以书面形式订立。

违反书面形式的违约金协议无效。

第三百五十七条　法定违约金

1. 债权人有权要求债务人支付法律规定的违约金（法定违约金），而不考虑当事人的合同是否约定有义务支付违约金。

2. 如果法律不禁止，法定违约金的数额可由当事人合同增加。

第三百五十八条　违约金的减少

如果应付的违约金与违约结果明显不相称，法院有权减少违约金。

本条不影响债务人根据本法第 435 条享有的减少其责任的权利和债权人根据本法第 424 条的规定享有追偿损失的权利。

第三节　抵　　押

第三百五十九条　抵押的概念和产生依据

1. 根据抵押，抵押担保之债的债权人（抵押权人）有权在债务人不履行该债时，优先于财产所有人（抵押人）的其他债权人从抵押物的价值中得到清偿，但法律规定的例外情况除外。

对于抵押物的损失或损坏，抵押权人有权按照同样的原则从保险赔偿金中获得满足，而不论是谁投保，但损失或损坏是由于抵押权人造成的除外。

2. 企业、建筑物、构筑物、公寓和其他不动产的抵押应适用抵押法的规定。在本法或抵押法没有规定其他规则的情况下，本法所载的关于抵押的一般规则适用于抵押。

3. 抵押因合同而产生。如果法律规定了何种财产对担保何种债务作抵押，则抵押也根据法律而产生。

本法关于因合同而产生的抵押规则，相应地适用于根据法律产生的抵押，但法律另有规定的除外。

第三百六十条　抵押标的

1. 抵押的标的物可以是任何财产，包括物和财产权利（请求），但禁止流通的物、与债务人人身不可分割的请求，特别是抚养费请求、对生命或健康造成损害的赔偿请求以及其他法律禁止向他人转让的权利除外。

2. 抵押权可以通过合同扩展到未来将成为抵押人所有或经济占有的财产。

3. 法律禁止或限制特定种类财产的抵押，特别是不允许追索的公民财产的抵押。

4. 已废止。

5. 股份公司的证券抵押，包括其他经济实体的银行，应在考虑证券法的情况下进行。

第三百六十一条　抵押担保债权

1. 抵押所担保债权的数额应是在请求权得到清偿时的数额，包括利息、迟延履行造成的损失赔偿、违约金（罚款、罚金）、保管抵押物的必要费用以及追偿费用，但法律另有规定或合同另有约定的除外。

2. 可以为将来产生的债权设立抵押，但当事人必须就该债权的担保金额达成一致。

第三百六十二条　抵押的类型

1. 抵押的类型包括普通抵押、权利抵押、法定抵押、金钱抵押和典当行的物品抵押。

2. 抵押是抵押物仍由抵押人或第三人占有和使用的一种担保类型。

抵押的对象可以是企业、建筑物、构筑物、公寓楼中的寓所、物体和其他非流通的财产。

可分割的孳息可以成为抵押的对象，条件是它们自分离之日起未成为第三人的权利客体。对企业、建筑物、构筑物、公寓楼中的寓所和车辆的抵押，应在登记部门进行登记。

3. 质押是质押财产转移给质押权人占有的一种担保类型。

4. 在权利抵押中，抵押对象是可转让的财产权，特别是企业、建筑物、构筑物的租赁权，合伙企业财产的份额，债权，著作权，发明和其他财产权。

固定期限的权利只能在其期限届满之前被抵押。

抵押权利的债务人有权知道抵押的情况。如果抵押权利有文件证明，抵押合同可以通过转让所有权文件来正式生效。

5. 如果用担保物证明的财产权抵押，应将其交给抵押权人或存放在银行或公证处，但合同另有约定的除外。

6. 金钱抵押应将其转让给抵押权人，但法律另有规定或合同另有约定的除外。

第三百六十三条　共有财产的抵押

共同财产只有在全部所有权人同意的情况下才能被抵押。对共同财产份额的权利可以是一个单独的抵押标的。

第三百六十四条　抵押人

1. 抵押人可以是债务人本人或第三人。

2. 物的抵押人可以是物的所有权人或者对物享有经济管理权的人。

在本法第 312 条第 2 款①规定的情况下，对物享有经济管理权的人有权不经所有权人同意将物抵押。

3. 权利抵押人是被抵押的权利的所有权人。

如果法律规定或合同约定禁止在未经上述人员同意的情况下转让他人物品的租赁权或其他权利，则未经其所有权人或经济管理权人同意，不得将该权利抵押。

第三百六十五条　抵押权人

根据本法规定的抵押关系，公民和法人都可以成为抵押权人。

---

① 国有企业独立处置根据经济管理权分配给它的财产，但法律另有规定的除外。

第三百六十六条 抵押财产保险

1. 合同可以约定或法律可以规定下列人员有对抵押财产进行保险的义务：

（1）抵押权人，如果抵押财产已转移到其手中；

（2）抵押人，如果抵押财产仍由其占有。

2. 如果抵押合同约定抵押人有义务对抵押财产进行保险，则该抵押延伸至本保险单下抵押人的任何权利，抵押权人有权优先从保险金中满足其担保的索赔要求，直接从保险人处获得，而无须征得抵押人同意。

3. 在发生保险事故时，只有在抵押权人放弃本条第 2 款规定的权利时，才会产生抵押人根据保险合同享有的对抵押财产的索赔权利。

如果保险赔偿金的数额超过抵押担保的债务数额，抵押权人有义务在收到保险赔偿金后的 3 个银行工作日内将差额转给抵押人。

4. 如果抵押财产的损毁或遗失是由于抵押权人的过错造成的，则抵押权人无权要求保险赔偿。

第三百六十七条 不移交和移交抵押财产给抵押权人的抵押

1. 除法律另有规定或合同另有约定外，抵押财产仍归抵押人所有。

设立抵押权的财产不应转让给抵押权人。

2. 抵押财产可留在抵押人处，并由抵押权人加锁盖章。

抵押财产可由抵押人保管，并贴上证明抵押的标记（特定抵押）。

3. 抵押人将抵押财产暂时转让给第三人占有或使用的，应视为留置于抵押人处。

4. 如果是以担保财产证明的财产权抵押，应将其交给抵押权人或公证处保管，但合同另有约定的除外。

第三百六十八条 抵押合同的形式和登记

1. 抵押合同必须说明抵押的标的物，抵押所担保债务的实质、金额和履行期限。它还必须说明由哪一方持有抵押财产。

2. 抵押合同必须以书面形式订立。根据本法第 453 条第 3 款的规定签订包含抵押合同内容的混合合同应符合本条的要求。

动产或财产权抵押合同应进行登记。

3. 抵押合同应按照有关财产的交易登记规定的程序进行登记。动产抵押的登记程序由法律规定。

4. 违反本条第 2 款和第 3 款规定的抵押合同无效。

第三百六十九条　抵押权人的权利所涉及的财产

1. 抵押权人对抵押物的权利（抵押权）应延伸至其附属物，但合同另有约定的除外。

在合同约定的情况下，抵押权应延伸至因使用抵押物所产生的孳息、产品和收益。

2. 在企业或其他财产综合体整体抵押的情况下，抵押权延伸至其中包含的所有动产和不动产，包括债权和专有权以及在抵押期间取得的权利，但法律另有规定或合同另有约定的除外。

3. 对于基于法律产生的抵押合同，法律可以规定对抵押人将来取得的物和财产权的抵押。

第三百七十条　抵押权的产生

1. 抵押权应在同时符合下列条件时产生：

（1）符合本法第 368 条规定的抵押合同；

（2）抵押人拥有对抵押物的所有权或其他财产权利。

2. 转让给抵押权人的物的抵押权自该物转让时产生，但抵押合同另有约定的除外。

3. 流通中的物的抵押权，根据本法第 386 条第 2 款的规定产生。

第三百七十一条　后续抵押与抵押权人的优先顺位确定

1. 根据抵押合同为担保一项债务的履行而抵押的物（先抵押），可被抵押以担保另一项债务的履行（再抵押）。

2. 如果同一物先前的抵押合同没有禁止，则允许进行再抵押。如果先前的抵押合同约定了可以签订再抵押合同的条件，则后一合同的签订必须符合这些条件。

3. 同一抵押物的抵押权人的优先权应根据其在司法机关登记抵押的日期来确定（登记抵押）。动产抵押权人的优先顺序的确定由法律规定。

4. 在优先顺序中具有优先权的抵押权人，应被视为先抵押权人。其他抵押权人为后抵押权人。

5. 债权人以物抵押向债务人提供贷款用于购买同一物的，只要他已登记该抵押，就有以该物满足其债权的排他性（不按顺序）权利。

6. 抵押人有义务将本法第 368 条第 1 款规定的同一物的所有现存抵押告知每一个后抵押权人，并对因未履行该债务而给抵押权人造成的任何损失负责。

7. 后抵押权人的债权应在清偿前抵押权人的债权后从抵押物的价值中满足。

经抵押权人书面同意，可以变更清偿债权的优先顺序。

第三百七十二条　抵押财产的维护和保护

1. 根据哪一方持有抵押物（第 367 条），除非法律另有规定或合同另有约定，否则抵押权人或抵押人应该：

（1）为抵押物的全部价值投保，费用由抵押人承担；如果抵押物的全部价值超过抵押担保的债权金额，则投保金额不低于该债权金额；

（2）采取必要措施确保抵押物的安全，包括保护其不受第三人的侵占和追索；

（3）立即将抵押物的任何损毁或灭失的危险通知另一方。

2. 抵押人和抵押权人应通过单证文件和事实检查另一方占有的抵押物的可用性、数量、状况和保护条件。

3. 如果抵押权人严重违反本条第 1 款规定的义务，有造成抵押物损毁或灭失的危险，抵押人有权要求提前终止抵押。

第三百七十三条　抵押财产遗失或损失的后果

1. 抵押人应承担抵押物意外损毁或灭失的风险，但抵押合同另有约定的除外。

2. 抵押权人对已转移给他的抵押物的全部或部分损毁、灭失承担责任，但其证明可以按照本法第 432 条规定的免除责任的除外。

抵押权人应对抵押物的灭失按其实际价值负责，对损毁按该价值减少的数额负责，而不论抵押物移交给抵押权人时的价值如何。

如果抵押物因损毁而不能按其直接用途使用，则抵押人有权拒绝接受抵押物并要求赔偿损失。

合同可以约定抵押权人有义务对因抵押物的损毁或灭失而造成的其他损失进行赔偿。

抵押人作为抵押担保之债的债务人，有权就抵押物的损毁或灭失所造成的损失向抵押权人提出索赔，以抵销抵押担保之债。

第三百七十四条　抵押标的的更换和修复

1. 经抵押权人同意，抵押物可以更换，但法律另有规定或者合同另有约定的除外。

2. 如果抵押物被损毁、灭失或其所有权或经济管理权因法律规定的原因而终止，则抵押人有权在合理期限内修复抵押物或者以价值相等的其他财产更换，但合同另有约定的除外。

第三百七十五条 抵押标的的使用和处分

1. 抵押人有权根据抵押物的用途使用抵押物，包括从中获取孳息和收益，但合同另有约定且违背抵押实质的除外。

2. 抵押人只有在征得抵押权人同意后才有权转让抵押物，将其出租、无偿提供给第三人使用，或以其他方式处分，但法律另有规定或合同另有约定且违背抵押实质的除外。

限制抵押人对抵押物的遗赠权的合同无效。

3. 只有在合同约定的情况下，抵押权人才有权使用转让给他的抵押物，并应定期向抵押人提供有关使用情况的报告。根据合同，抵押权人有权为清偿主债务或为了抵押人的利益而从抵押物中获取孳息和收益。

第三百七十六条 抵押权人保护其抵押标的的权利

1. 占有或者应当占有抵押财产的抵押权人有权请求非法占有人返还抵押物，其中包括抵押人的占有。

2. 在合同约定抵押权人有权使用移交给他的抵押物时，其有权要求其他人包括抵押人在内停止对其权利的一切侵害，即使这些侵犯与剥夺占有无关。

第三百七十七条 追偿抵押财产的依据

1. 在债务人不履行或不适当履行质押所担保的债务，且债务人对此承担责任的情况下，抵押权人（债权人）可对抵押物进行追偿以清偿债务。

2. 如果债务人轻微违反抵押担保之债，且抵押权人请求的数额与抵押物的价值明显不相符，则可以拒绝对抵押物的追偿。

第三百七十八条 追偿抵押标的的程序和条件

1. 对抵押物的追偿，可以通过司法程序或非司法程序进行。

2. 如果抵押合同没有约定对抵押物进行法外拍卖，则可以通过司法程序对抵押物进行拍卖，也可以在以下情况下拍卖：

（1）订立抵押合同需要他人同意或机关授权，但没有得到同意或授权；

（2）抵押物是对公众具有重大历史、艺术或其他文化价值的财产；

（3）抵押人不在且无法确定其所在地。

3. 抵押物的非司法追偿应根据抵押合同或包含非司法追偿条款的合同进行，但法律另有规定的除外。

任何一方当事人都不得单方面改变非司法追偿程序，或者以其他方式放弃合同（协议）约定的非司法追偿程序，但双方当事人对实现抵押有争议的除外。

在有理由要求实现抵押后，当事人有权在补充合同中约定与最初约定的抵押合同或其他合同不同的非司法实现抵押的程序。

4. 即使抵押合同或其他合同已经约定了实现抵押的非司法程序，债务人仍有权向法院提起诉讼，对实现抵押的理由提出质疑。

在审理抵押人和抵押权人之间关于实现抵押权的理由的争议时，法院应就抵押要求追偿的理由的合理性作出裁决。在作出裁决时，法院无权改变经当事人合同确定的实现抵押权的非司法程序。

5. 为了启动对抵押物的非司法或司法追偿程序，抵押权人有义务：

（1）发出通知，说明已开始拍卖程序；

（2）向债务人（抵押人）正式送达书面通知；

（3）将该通知的副本发送给先抵押权人和后抵押权人。

在收到通知时，债务人（抵押人）有权：

（1）满足抵押权人自愿履行债务的建议；

（2）向法院提起诉讼，对抵押物追偿的理由提出质疑。

第三百七十九条　抵押物的变现

1. 根据本法第 378 条的规定，被追偿的抵押物的出售（变卖），应按照诉讼法规定的程序公开拍卖，但法律规定或合同约定了其他程序的除外。

2. 应抵押人的要求，法院有权在关于抵押物的追偿判决中将其公开拍卖的时间推迟一年。推迟不影响各方在抵押物所担保之债下的权利和义务，也不免除债务人应赔偿给债权人在推迟期间所增加的损失和违约金。

3. 抵押物开始拍卖的初始售价，在抵押物的司法拍卖中，由法院判决确定，在其他案件中，由抵押人和抵押权人协议确定。

抵押物应卖给拍卖会上出价最高的人。

4. 如果拍卖宣布失败，抵押人与抵押权人达成协议购买抵押物，并以购买金额抵销抵押担保之债。买卖合同的约定适用于这种协议。

如果重新拍卖宣布失败，抵押权人有权留置抵押物，其估价不超过重新拍卖的初始售价的 10%。

如果抵押权人在重新拍卖宣布失败后一个月内没有行使留置抵押物的权利，则抵押合同终止。

5. 如果出售抵押物所得款项不足以支付抵押权人的债权，抵押权人有权从债务人的其他财产中获得所缺款项，而不享受抵押的优先权，但法律另有规定或合同另有约定的除外。

6. 如果出售抵押物所得金额超过抵押担保之债，则其差额应返还给抵押人。

7. 债务人和作为抵押人的第三人，在抵押物出售前的任何时候均有权清偿抵押担保之债或者迟延履行的部分债务，终止对抵押物的拍卖和出售。

限制该权利的合同无效。

第三百八十条　提前履行抵押担保之债和追偿抵押财产

1. 在下列情况下，抵押权人有权要求提前履行抵押担保之债：

（1）抵押人未遵守抵押合同的约定而使抵押物脱离其占有；

（2）抵押人违反了关于更换抵押物的规定（第 374 条）；

（3）非因抵押权人承担责任的情形使抵押物灭失，而抵押人未行使本法第 374 条第 2 款规定的权利；

（4）抵押人违反了告知抵押人有关第三方对抵押物的权利的义务时（第 371 条第 6 款）；

（5）当抵押物的价值大幅贬值，而抵押人没有遵守更换抵押物的要求时；

（6）法律规定或合同约定的其他情况。

2. 在下列情况下，抵押权人有权要求提前履行抵押担保之债，如果其债权未得到满足，可以对抵押物进行追偿：

（1）抵押人违反有关再抵押的规则（第 371 条）；

（2）抵押人未履行本法第 372 条第 1 款第 1 项和第 2 项以及第 2 款规定的义务；

（3）抵押人违反了关于处分抵押物的规定（第 375 条第 2 款）。

第三百八十一条　抵押的终止

1. 抵押因下列原因终止：

（1）抵押担保之债终止；

（2）应抵押人的要求，根据本法第 372 条第 3 款规定的理由；

（3）抵押物灭失或抵押权终止，而抵押人没有行使本法第 374 条第 2 款规定的权利；

（4）抵押物不可能被公开拍卖或出售（第 379 条第 4 款）；

（5）在法律规定或合同约定的其他情况下。

2. 抵押终止须在抵押合同登记簿上注明。

3. 在抵押因抵押担保之债被履行或应抵押人的要求而终止的情况下（第372条第3款），占有抵押物的抵押权人应立即将其归还给抵押人。

第三百八十二条　在抵押财产权利转让给他人时抵押权保护

1. 因有偿或无偿让与或普遍的法定继承，抵押人将抵押物的所有权或经营管理权转让给他人时，抵押权继续有效。

抵押人的受让人继承抵押人的地位并承担抵押人的所有义务，但与抵押权人另有约定的除外。

2. 如果抵押财产已通过法定继承的方式转让给多人，每个受让人（财产受让人）应按照转让给他的上述财产的比例，承担不履行抵押担保之债的后果。但是，如果抵押物不可分割或者因其他原因仍然是权利承继人的共同财产，则权利承继人为共同抵押人。

第三百八十三条　强制没收抵押财产的后果

1. 如果抵押人对抵押物的所有权因法律规定的理由而终止，因国家需求、征用或国有化而被收回（赎回），并向抵押人提供了其他财产或适当补偿，则抵押权应扩展到代替它而提供的财产，或者相应地，抵押权人有权从应支付给抵押人的赔偿金中优先受偿。抵押权人有权要求提前履行抵押担保之债。

2. 如果作为抵押标的的财产实际上是第三人所有，或实施犯罪行为或者其他违法行为受到制裁而被依法定程序从抵押人处收缴了抵押物，则该财产的抵押终止。在此情况下，抵押权人有权要求提前履行抵押担保之债或变更抵押物。

第三百八十四条　抵押合同权利的让与

抵押权人有权依照债权人让与请求权的规则（本法第411条至第419条），将其抵押合同权利转让给他人。

如果抵押所担保的对债务人的主债被转移给他人，抵押权人将抵押合同权利向同一人的转让有效。

抵押合同权利的转让也意味着抵押担保之债的权利转让，但另有证明的除外。

第三百八十五条　抵押担保之债的转让

如果抵押人没有向抵押权人表示同意对新的债务人承担责任，则抵押随着抵押担保之债转让给他人而终止。

第三百八十六条　流通商品的抵押

1. 流通商品抵押是指由抵押人占有，享有改变抵押财产（储备商品、原料、材料、半成品、成品等）的构成和自然形态的权利，条件是财产的总价值不低于抵押合同约定的商品抵押价值。

抵押的流通商品的价值可以根据抵押担保之债已履行部分的比例相应减少，但合同另有约定的除外。

2. 抵押人转让的流通商品自其所有权、经营权或者业务管理权转让到取得人时起就不再是抵押标的。在流通商品被更换为抵押标的前，其销售所得的金额应作为抵押物。

根据流通商品抵押合同取得的流通商品，自所有权或其他财产权转移给抵押人时起成为抵押标的。

3. 流通商品的抵押人有义务制作抵押记录簿，其中应记录商品的抵押条件和截至最后交易之日的可能引起抵押标的组成或自然形态发生的变化，包括加工在内的一切交易。

4. 如果抵押人违反流通商品抵押的条款，抵押权人有权通过对抵押物加盖其标记和印章以暂停对其进行交易，直至消除违规行为。

第三百八十七条　典当物的抵押

1. 为担保短期贷款而接受公民的个人消费品作抵押，可由获得许可的专业典当行作为一项经营活动进行。

2. 典当物抵押合同，由典当行出具当票正式确定。

3. 典当物被移交给典当行后，典当行有义务为了抵押人的利益，自费为抵押物投保，保险金额为根据接受抵押物时行业内通常确定的同种类和质量的物品价格确定的估价的全部金额。

典当行无权使用和处分抵押物。

4. 典当行对抵押物的损毁和灭失负责，但能证明损毁或灭失是因不可抗力造成的除外。

5. 如果抵押人在规定的期限内没有偿还在典当行的抵押物所担保之债，典当行有权根据公证处的强制执行书，在为出售抵押物约定的一个月宽限期到期后出售该物（第 379 条第 3 款、第 4 款、第 6 款和第 7 款）。此后，典当行对抵押人（债务人）的债权即告消灭，即使出售抵押物所得的金额不足以完全清偿其债权。

6. 典当行以公民的个人消费品为抵押向公民放贷的规则由法律规定。

7. 与本法和其他法律规定的权利相比，限制抵押权人权利的典当物抵押合同的条款无效，取而代之的是法律的相关规定。

第四节 留 置

第三百八十八条 留置的理由

1. 如果债权人占有应当转让给债务人或债务人指定的人的物，在债务人未按期给付物的价款或赔偿与此有关的费用和其他损失时，债权人有权留置该物，直至相应的债务得到履行。

请求权虽与给付物的价款、赔偿物的费用或其他损失无关，但产生于双方当事人均为经营者的债，也可以用留置物进行担保。

2. 即使在债权人占有物之后物的权利由第三人取得，债权人仍可留置该物。

3. 本条规定适用于合同没有约定的情形。

第三百八十九条 以留置财产清偿债权

留置该物的债权人的债权，应在其价值范围内，按照清偿抵押担保之债所规定的程序予以清偿。

第五节 保 证

第三百九十条 保证合同

1. 根据保证合同，保证人有义务对他人的债权人为他人全部或部分履行债务而负责。

2. 签订保证合同的目的也可以是担保未来产生的债务。

只有有效的债权才可由保证人担保。

第三百九十一条 保证合同的形式

保证合同必须以书面形式订立。违反书面形式的保证合同无效。

第三百九十二条 保证人的责任

1. 在债务人不履行或不适当履行担保之债的情况下，保证人和债务人对债权人承担连带责任，但法律规定或保证合同约定保证人的补充责任的除外。

2. 保证人对债权人的责任与债务人相同，包括支付利息、赔偿追偿债务的法律费用以及因债务人不履行或不适当履行债务给债权人造成的其他损失，但保证合同另有约定的除外。

3. 共同保证人对债权人承担连带责任，但保证合同另有约定的除外。

4. 如果银行、其他信贷机构、保险公司或其他以职业商人身份提供担保的人接受了债务人债务的担保，则保证人应在保证合同约定的金额范围内对债权人负责，但合同另有约定的除外。

第三百九十三条　保证人对债权人债权的抗辩权

1. 保证人有权对债权人的债权提出债务人可以提出的所有抗辩，但保证合同另有约定的除外。

即使债务人放弃抗辩权或承认了自己的债务，保证人也不丧失抗辩权。

2. 如果保证人被起诉，保证人有义务在满足债权人的索赔要求前通知债务人，使债务人采取行动。

3. 如果保证人没有履行本条第 2 款规定的义务，债务人有权对保证人的追偿提出其对债权人的抗辩。

第三百九十四条　已履行债务的保证人的权利

1. 已履行债务的保证人应获得债权人在此债务下的权利以及债权人作为抵押权人的权利，但以保证人已清偿债权人的债权为限。保证人也有权要求债务人支付给债权人款项的利息，并赔偿因对债务人负责而产生的其他损失。

2. 保证人履行债务后，债权人有义务向保证人移交证明对债务人索赔的文件，并转让担保该索赔的权利。

3. 本条规定应予适用，但法律、其他法令另有规定或保证人与债务人的合同另有约定，且产生于他们之间的关系的除外。

第三百九十五条　保证人就债务人履行债务的通知

债务人履行了保证人担保之债后，有义务立即通知保证人。否则，已履行债务的保证人有权要求债权人返还不当得利，或向债务人追偿债权。在后一种情况下，债务人只有权要求债权人返还不当得利。

第三百九十六条　保证的终止

1. 保证应在其所担保之债终止，以及在该债发生变化，导致保证人责任增加或对保证人产生其他不利后果，且未经保证人同意时而终止。

2. 如果保证人没有得到债权人的同意对新的债务人负责，则保证责任将随着由其担保的债务的转让而终止。

3. 如果债权人拒绝接受债务人或保证人提出的适当履行，则保证责任应终止。

4. 保证人资格在授予保证人资格的担保合同中指明的期限届满时即告终止。

如果没有约定这样的期限，债权人在担保责任到期之日起1年内没有向保证人提出索赔，则担保责任终止。如果没有约定履行主要义务的最后期限，并且不能确定或由要求的时刻决定，债权人在担保合同签订之日起2年内没有向保证人提出索赔，则担保关系应终止。

第六节 保 函

第三百九十七条 担保的概念

1. 担保合同，是指银行、其他信贷机构或保险组织（担保人）以书面形式承诺，应另一人（委托人）的要求，在委托人的债权人（受益人）提出书面付款要求时，按照保函的债务条款，向债权人支付一笔款项。

2. 本条第1款规定的主体与委托人之间的担保合同应以书面形式订立。违反书面形式的担保合同无效。

3. 担保合同中应明确说明担保人、担保的金额和期限、担保下的债权人名称、被担保的债务、索赔条件、担保期限、担保人的责任和其他必要条款。

第三百九十八条 担保所保障的主债务人的债务

1. 担保应担保委托人适当履行其对受益人的债务（主债务）。

2. 为出具担保，委托人应向担保人支付酬金。酬金数额由合同双方当事人协商确定。

第三百九十九条 担保与主债务的独立性

担保人对担保所规定的受益人的债务，在他们的关系上不依赖于担保所保障的主债务，即使担保提到了这种债务。

第四百条 担保的不可撤销性

担保人不得撤销担保，但担保合同另有约定的除外。

第四百零一条 担保权利的不可转让

受益人根据担保合同享有的对担保人的索赔权利不得转让，但担保合同另有约定的除外。

第四百零二条 担保合同的生效

担保合同自其订立之日起生效，但担保合同另有约定的除外。

第四百零三条 依照担保提出索赔

受益人根据担保合同提出的付款要求，应以书面形式连同担保合同中约定的文件一起提交给担保人。受益人应在索赔书或其附件中说明担保的委托人违反了什么主债务。

受益人的索赔必须在担保合同的期限届满前提交给担保人。

第四百零四条　在审查受益人债权时担保人的义务

1. 担保人在收到受益人的索赔要求后，应立即通知主债务人，并将索赔要求的副本及所有相关文件交给他。

2. 担保人应在合理期间内审查受益人的索赔及所附文件，并采取合理谨慎的措施，以确定该索赔及所附文件是否符合担保条款。

第四百零五条　担保人拒绝清偿受益人债权

1. 如果索赔或所附文件不符合担保条款，或在担保约定的期限届满后交给担保人，则担保人有权拒绝受益人的索赔。

担保人应立即将拒绝清偿债权的情况通知受益人。

2. 如果在清偿债权前，担保人已经知道担保的主债务已全部或部分履行，或因其他原因而过期或无效，则担保人应立即通知受益人和主债务人。

担保人在发出通知后收到受益人的第二次索赔要求的，担保人应予以清偿。

第四百零六条　担保人的债务范围

1. 担保人对受益人的债务仅限于支付保函所涉及的金额。

2. 担保人不履行或不适当履行担保义务时，担保人对受益人的赔偿责任不应限于出具担保的金额，但保函合同中另有约定的除外。

第四百零七条　担保的终止

1. 担保人对受益人的担保在下列情况下终止：

（1）向受益人支付担保金额；

（2）担保期限届满；

（3）受益人放弃其在担保中的权利并将担保合同返还给担保人；

（4）受益人书面申请放弃担保权，解除担保人的债务。

在本款第 1 项、第 2 项、第 4 项规定的情况下，担保的终止并不取决于担保合同是否返还给担保人。

2. 担保人在知道担保终止后，应立即通知委托人。

第四百零八条　担保人对主债务人的追偿权

1. 担保人通过追偿权向主债务人要求偿还根据担保支付给受益人金额的权利，应由担保人与主债务人之间为履行担保而签订的合同确定。

2. 担保人无权要求主债务人赔偿不符合担保条款或违反担保人对受益人的债务而支付的款项，但担保人与主债务人的合同另有约定的除外。

第七节 定 金

第四百零九条 定金的概念，定金合同的形式

1. 定金是指合同一方根据合同应向另一方支付的款项，作为订立合同的证明和履行合同的担保。

2. 无论定金数额多少，定金合同都必须是书面形式。

3. 如果对当事人根据合同应支付的款项是否为定金有疑问，特别是未遵守本条第 2 款的规定，则该金额应被视为预付款，但另有证明的除外。

第四百一十条 终止和不履行定金担保的债务的后果

1. 在债务开始履行前，因双方协议或者因履行不能而终止债务的（第 448 条），应退还定金。

2. 如果给付定金的一方没有履行债务，则定金归另一方。如果接受定金的一方不履行债务，则应当向另一方双倍返还定金。

除此之外，如果合同没有另行约定，对合同的不履行负有责任的一方有义务向另一方赔偿损失，但应扣除定金的数额。

第二十三章 债的主体变更

第一节 债权人的权利转移给他人

第四百一十一条 将债权人的权利转让给他人的理由和程序

1. 属于债权人的基于债的权利（债权）可以根据合同（债权转让）或法律转让给他人。

关于将债权人的权利转让给他人的规则不适用于追索权。

2. 将债权人的权利转让给他人，不需要征得债务人的同意，但法律另有规定或合同另有约定的除外。

3. 如果没有书面通知债务人将债权人的权利转让给他人，新的债权人应承担由此产生的不利后果。在这种情况下，对原债权人的债务履行应被视为对适当债权人的履行。

第四百一十二条 不能转让给他人的权利

与债权人人身密不可分的权利，特别是关于赡养费、生命或健康的损害赔偿的权利，不得转让给他人。

第四百一十三条　转让给他人的债权人的权利范围

原债权人移让给新债权人的债权，以转让时存在的数额及条件为限，但法律另有规定或合同另有约定的除外，特别是保证债务履行的权利以及与债权有关的其他权利，包括获得未付利息的权利，都应转让给新债权人。

第四百一十四条　新债权人的权利证明

1. 在新债权人出示证明债权转让的证据前，债务人有权拒绝对其履行债务。

2. 将债权转让给他人的债权人有义务将有关债权的证明文件移交于该第三人，并告知对债权履行有意义的信息。

第四百一十五条　债务人对新债权人债权的抗辩

债务人在收到债权转让给新债权人的通知后，其对原债权人所提出的一切抗辩，均有权对新债权人提出。

第四百一十六条　根据法律进行的债权转让

在下列法律规定的情形中，债权人的债权可依法转让给第三人：

（1）债权人债权的普遍继承；

（2）根据法院的判决将债权人的债权转让给第三人，如果法律规定了这种转让；

（3）非债务人的担保人或抵押人履行了债务人的债务；

（4）保险事故的责任人为债务人时，债权人对债务人的债权移转于保险人；

（5）法律规定的其他情形。

第四百一十七条　债权转让的条件

1. 在不与法律或者合同相抵触的条件下，允许债权人将债权让与给第三人。

2. 在债权人的人身对债务人具有实质性意义的情况下，未经债务人同意，债权不得转让。

第四百一十八条　债权转让的形式

1. 债权所赖以产生的法律行为为书面形式（普通或公证）时，债权转让应以相应的书面形式完成。

2. 需要国家登记的交易下的债权转让，应按照该交易的登记所规定的程序进行登记，但法律另有规定的除外。

3. 指示有价证券权利的转让以对该种证券进行背书的方式进行。

第四百一十九条　债权转让后债权人的责任

转让债权的原债权人就债权转让的无效性对新债权人负责，不对债务人不履行债务负责，但原债权人向新债权人为债务人提供担保的除外。

第二节　债 务 转 移

第四百二十条　债务转让的条件和形式

1. 债务人只有在征得债权人同意后才能将其债务转让给他人。

2. 债权转让形式的规则相应地适用于债务转让的形式。

第四百二十一条　新债务人对债权人债权的抗辩

新债务人有权根据债权人与原债务人之间的关系，对债权人的债权提出抗辩。

第二十四章　违 约 责 任

第四百二十二条　违约的概念

1. 违约是指不履行或不适当履行债务（逾期货物或服务有缺陷，违约内容约定的其他条款）。在无法适当履行的情况下，债务人必须立即通知债权人。

2. 债务人应根据债权人的要求对违约的行为负责。

第四百二十三条　违约造成损失的赔偿

1. 违约的债务人应向债权人赔偿因违约而造成的损失。违约金所担保的债务的损害赔偿由本法第424条规定确定。

2. 当事人在违约前达成的免除债务人违约的损害赔偿合同无效，但双方当事人可以通过共同协商约定只赔偿财产的实际损失。

3. 除法律另有规定或合同另有约定外，在确定损害时，应考虑债务人自愿满足债权人债权请求之日的债务履行地的价格，或者债权请求未自愿满足，则考虑提起诉讼之日债务履行地的现有价格。法院可以根据具体情况，考虑根据判决日或实际支付日的价格来满足损害赔偿请求。

4. 在确定利润损失数额时，应考虑到债权人为获得利润所采取的措施以及为此所做的准备。

5. 债权人有权宣布债务人为避免违约的责任而实施的任何行为无效。

第四百二十四条　损失和违约金

1. 如果双方对不履行或不适当履行债务约定了违约金，则应在超出违约金的范围内赔偿损失。

法律可以规定或合同可约定以下情况：仅可追索违约金而不追索损失；可追索除违约金外全部损失；可根据债权人的选择追回违约金或损失。

2. 在对不履行或不适当履行债务约定了有限责任的情况下，超出违约金的，或者取代违约金的应当赔偿的损失部分，应在该限制约定的范围内追偿。

第四百二十五条　违约所造成的精神损害赔偿

除本法第 423 条规定的损害外，因违约给公民造成的精神损害（身体和精神痛苦）也应得到赔偿。

第四百二十六条　非法使用他人资金的责任

1. 因不履行金钱之债、逾期支付，或者不合理收取或以他人的金钱储蓄而非法使用他人资金的，应当支付利息。利息金额根据塔吉克斯坦共和国国家银行在履行金钱之债或其相应部分之日确定的平均银行利率计算。在通过司法程序追讨债务时，法院可以根据提起诉讼日或判决日的平均银行利率满足债权人的索赔要求。除非法律另有规定或合同另有约定，否则适用这些规则。

2. 使用他人资金的利息自该款项支付给债权人之日起收取，但法律规定或合同约定规定在更短的期限内收取的除外。

3. 非法使用他人资金给债权人造成的损失超过根据本条第 1 款应支付给他的利息金额时，他有权要求债务人赔偿超过该金额部分的损失。

4. 除非法律规定将上一年的利息纳入债务本金，否则不计算利息。

5. 对于非法使用与商业活动有关的金钱之债下的他人资金，超过本条第 1 款规定的金额的，应收取逾期付款金额每年 5% 的违约金，但合同约定了更高的违约金利率的除外。

第四百二十七条　赔偿责任和实际履行

1. 在不适当履行债务的情况下，支付违约金和损害赔偿不免除债务人实际履行债务的责任，但法律另有规定或合同另有约定的除外。

2. 在不履行债务的情况下，损害赔偿和支付不履行债务的违约金免除债务人实际履行债务的责任，但法律另有规定或合同另有约定的除外。

3. 债权人拒绝接受因迟延而丧失利益的履行（第 436 条第 2 款），以及支付作为补偿的违约金（第 441 条）的，应免除债务人实际履行债务的责任。

第四百二十八条　债务人履行债务

在债务人不履行制造和转让该物的所有权、经济或经营管理权的义务，或者不履行将该物转让给债权人使用，或为其完成某些工作或提供服务的义务时，债权人有权在合理期限内以合理价格委托第三人履行或者亲自履行义务，并要求债务人赔偿必要费用和其他损失，但法律、其他规范性文件另有规定、合同另有约定或债的实质另有要求的除外。

第四百二十九条　不履行交付特定物债务的后果

如果债务人不履行交付特定物给债权人所有、经济管理、经营管理或有偿使用的义务，则债权人有权要求拿走该物品并按照该债务规定的条件将其移交给债权人。如果该物已经被移交给具有相同权利的第三人，则放弃该权利。如果该物尚未移交，则以债务产生较早的债权人为准。如果无法确定，则最先起诉者优先。

债权人有权要求赔偿损失，而不是要求将债务标的物移交给他。

第四百三十条　补充责任

1. 在根据法律或债务条款对主债务人以外的承担责任（补充责任）人提出索赔前，债权人应向主债务人提出索赔。

如果主债务人拒绝或逃避满足债权人的债权，债务人可以向补充责任人提出。

2. 如果该债权可以通过与主债务人抵销或从主债务人的账户中收取无争议的资金来满足，则债权人无权要求补充责任人满足其债权。

3. 补充责任人对主债务人享有索赔权，但法律另有规定或合同另有约定的除外。

4. 补充责任人在满足债权人对其提出的债权前，应将此事通知主债务人。如果债权人对补充责任人提起了诉讼，则应让主债务人参与诉讼，否则，主债务人有权对补充责任人的追索权提出其对债权人的抗辩。

第四百三十一条　对债之责任范围的限制

1. 对特定种类的债以及与特定活动有关的债，可依法限制获得全额损害赔偿的权利（有限责任）。

2. 如果该类债或该种违约责任的责任数额是法律规定的，且该协议是在不履行或不适当履行债务的情况发生前签订的，则限制债务人在格式合同或其他合同下的责任的合同无效。

第四百三十二条　违约责任的依据

1. 在债务人不履行或不适当履行债务有过错（故意或过失）的情况下，债务人应承担赔偿责任，但法律规定或合同约定有其他责任依据的除外。

如果某人以债的性质和周转情况所要求的谨慎和努力程度，采取了一切措施来适当履行债，则视为无过错。

2. 无过错应由违反债的人证明。

3. 如果法律没有另行规定或合同没有另行约定，在进行经营活动中不履行或不适当履行债务的债务人应承担责任，但能证明因不可抗力的除外，即在特定条件下的特殊和不可避免的情况而不可能适当履行。这些情况不包括债务人的交易方违反职责，履行所需的商品无法获得，或债务人缺乏必要资金。

4. 事先订立的消除或限制故意违约责任的合同无效。

第四百三十三条　债务人对其雇员的责任

债务人的雇员履行债务的行为被视为债务人的行为。如果该行为致使不履行或不适当履行债务，债务人应负责。

第四百三十四条　债务人对第三人行为的责任

1. 债务人在第三人对债务人债务的作为或不作为而违约的情况下，也应向债权人负责。

如果法律没有确定直接履行人的责任，债务人也应对第三人的作为或不作为负责，因为债务人已委托债权人履行其义务。

2. 债务人可以通过证明第三人的作为或不作为而造成的违约而免责。

债务人在开展经营活动的情况下，因不可抗力导致第三人作为或不作为而违约的，债务人可以被免除责任（本法第432条第3款）。

3. 在违约的情况下，如果涉及债的主体与第三人权利相抵触，该抵触只有出现在与债权人签订合同前，且在签订合同时警告过后者的情况下，才能免除债务人的责任。

4. 法律可以规定或合同可以约定债务人对第三人行为承担责任的其他条件。

第四百三十五条　因双方过错而违约的后果

1. 因双方过错不履行或不适当履行债，法院应相应减少债务人的责任。如果因债权人故意或过失致使不履行或不适当履行债所造成的损失增加，或债权人未采取合理措施减少损失，法院也有权减少债务人的责任。

2. 本条第1款的规则也应相应适用于债务人因不履行或不适当履行债而承担责任的情况，不论其根据法律规定或合同约定有无过错。

第四百三十六条　债务人迟延

1. 债务人未在合理期限内履行其债务，视为违约。

2. 债务人应对迟延履行造成的损失和迟延期间意外无法履行的后果向债权人负责。

3. 如果因债务人的迟延，履约对债权人不再有利益，则债权人可以拒绝接受履行并要求赔偿损失。

4. 因债权人的迟延而无法履行，债务人不被视为迟延。

第四百三十七条　债权人迟延

1. 如果债权人拒绝接受债务人提供的适当履行或不履行法律规定或合同约定的行为，或根据商业惯例或债的实质而产生的行为，而在该行为完成前债务人又不能履行自己的债务，则视为债权人迟延。

在本法第440条第2款所规定的情况下，债权人也被视为迟延。

2. 如果债权人不能证明迟延是非因其个人或者根据法律或者债权人委托而代为接受履行者应负责任的情形所致，则在债权人迟延的情况下，债务人有权要求债权人赔偿因其迟延而造成的损失。

迟延的债权人应对迟延期间意外发生的不能履行债务的所有不利后果负责。

3. 在金钱之债中，债务人没有义务支付债权人迟延期间的利息。

第四百三十八条　债中的经营风险

如果债包括履行企业家委托的某些工作，则企业家应承担不能或不适当使用该工作成果的风险。适当履行债的人有权获得与完成程度相称的报酬，但合同对企业家风险分配另有约定的除外。

第二十五章　债 的 终 止

第四百三十九条　债的终止依据

1. 债根据本法、其他法律规定或合同约定的理由全部或部分终止。

2. 只有在法律规定或合同约定的情况下，才允许应一方当事人要求终止债务。

第四百四十条　债因履行而终止

1. 债因适当履行而终止。

2. 债权人在接受履行时，有义务应债务人要求，出具全部或部分履行的收据。

如果债务人向债权人出具了债务证明文件，债权人在接受履行时，必须归还该文件，如果不能归还，则应在其出具的收据上注明。收据可以用在要归还的债务文件上的印章来代替。债务文件在债务人处就证明债的终止，但另有证明的除外。

如果债权人拒绝开具收据、归还债务文件或在收据上注明无法归还，债务人有权延迟履行。在这种情况下，视为债权人违约。

第四百四十一条　赔偿

经各方当事人同意，债可因提供赔偿（支付金钱、转让财产等）以代替履行而终止。赔偿的金额、条件和程序由双方当事人协商确定。

第四百四十二条　债因抵销而终止

债因其期限已经截止或者期限没有明确约定，或者其期限根据要求的时间确定同种债权的抵销而全部或部分终止。抵销由一方当事人申请即可。

第四百四十三条　不允许抵销的情况

下列情况不允许抵销债权：

（1）根据一方的请求对债应当适用诉讼时效，而该期限已经届满；

（2）对生命或健康的损害赔偿；

（3）追偿赡养费；

（4）生活费；

（5）法律规定或合同约定的其他情况。

第四百四十四条　债权转让时的抵销

在债权转让时，债务人有权以其对原债权人的相对请求权来抵销新债权人的债权。

如果债权产生的依据是债务人收到债权转让通知时已经存在的，并且债权的期限在收到通知前已经截止，或者该期限没有被明确约定或者以提出债权时间来决定，则可以进行抵销。

第四百四十五条　债因债务人和债权人混同为一人而终止

债因债务人与债权人为同一人而终止。

第四百四十六条　债因更替而终止

1. 债因各方当事人合同而终止，即以相同的人之间约定了不同标的或履行方式的另一项债来取代他们之间存在的原债务（更新）。

2. 对于生命或健康的损害赔偿和赡养费支付，不允许更替。

3. 债的更替终止与原债相关的附属之债，但当事人合同另有约定的除外。

第四百四十七条　债的免除

在不损害他人对债权人财产权利的情况下，债可因债权人免除债务人的债务而终止。

第四百四十八条　债因无法履行而终止

1. 如果债是因任何一方均不负责的情况造成的，则以不能履行为由终止。该规则不适用于金钱之债。

2. 一方当事人因法院或另一方当事人不承担责任的情形而不能履行债务的，无权要求另一方当事人履行债务，已履行债务的每一方当事人都有权要求退还已履行的债务，但法律另有规定或合同另有约定的除外。

3. 在债务人因债权人的过错行为而无法履行债的情况下，债权人无权要求返还其已履行的债。

第四百四十九条　债因国家机关的法律而终止

1. 如果国家机关颁布法律导致债无法全部或者部分履行，则该债全部或部分终止。因此遭受损失的各方当事人有权根据本法第 13 条和第 16 条的规定要求赔偿。

2. 根据规定程序，确认债据以终止的法律被宣告无效，则恢复该债，但当事人的合同另有约定或债的实质另有要求，且债务履行不损害债权人利益的除外。

第四百五十条　债因公民死亡而终止

1. 如果债务人不亲自参与就不能履行债，或者该债与债务人的人身密不可分，则债因债务人死亡而终止。

2. 如果债务履行是针对债权人本人的，或者该债与债权人的人身密不可分，则债因债权人死亡而终止。

第四百五十一条　债因法人清算而终止

1. 债因法人（债务人或债权人）的清算而终止，但法律或其他规范性法条规定他人履行被清算法人的债务的情况除外（对生命或健康造成的损害赔偿等）。

2. 已废止。

第二分编　合同的一般规定

第二十六章　合同的概念和条款

第四百五十二条　合同的概念

1. 合同是两人或多人设立、变更或终止民事权利和民事义务的协议。

2. 本法第七章规定的双方和多方法律行为的规则适用于合同。

3. 债的一般规定（第 328 条至第 451 条）适用于合同产生的债，但本章的规定和本法中关于特定类型合同的规则另有规定的除外。

4. 关于合同的一般规定可适用于两个以上当事人订立的合同，但不违背该类合同的多方性的除外。

第四百五十三条　合同自由

1. 公民和法人可以自由订立合同。不得强迫任何人订立合同，但本法、其他法律规定了订立合同的义务或自愿承担债务的除外。

2. 当事人可以订立法律或其他规范性文件没有规定的协议。

3. 当事人可以订立包含法律或其他规范性文件所规定的各种合同要素的合同（混合合同）。混合合同中包含的合同要素，其各自部分适用于混合合同下的当事人关系，但当事人的合同另有约定或混合合同的性质另有不同的除外。

4. 合同的条款由当事人自行确定，但法律或其他规范性文件对相关条款的内容另有规定的除外（第 454 条）。

如果合同条款是由某项法律规范规定的，只要双方当事人没有另行约定就适用（任意性规范），双方当事人可以通过协议排除该规范的适用，或约定有别于规范规定的条款。在没有该协议的情况下，合同条款以任意性规范为准。

5. 如果当事人的合同没有约定或者任意性规范没有规定合同条款，则相关条款由适用于当事人关系的商业惯例确定。

第四百五十四条　合同与法律

1. 合同应遵守合同订立时有效的法律和其他法律规范规定的对当事人具有强制力的规范（强制性规范）。

2. 如果在合同订立后，通过的法律规定了对当事人具有强制力的规则，而不是在订立合同时有效的规则，则合同的条款仍然有效，但法律规定其适用范围扩大到以前订立的合同所产生的关系的除外。

第四百五十五条　有偿合同和无偿合同

1. 一方当事人因履行其义务而获得报酬或其他对应给付的合同，为有偿合同。

2. 一方当事人承诺向另一方当事人提供某物而不向其收取报酬或其他任何对价的合同，视为无偿合同。

第四百五十六条　价款

1. 合同的履行应按双方合同约定的价款支付。

在法律规定的情况下，应适用国家授权机构制定或规定的价款（关税、费率等）。

2. 合同签订后，在合同约定的情况和条件下允许变更价款。

3. 在有偿合同没有约定并且根据合同条款也不能确定价款的情况下，合同履行应按照在可比情况下类似商品、工作和服务通常收取的价款支付。

第四百五十七条　合同的效力

1. 合同自订立之时起生效，并对双方当事人具有约束力。

2. 双方当事人有权约定，他们所签订的合同条款适用于合同订立前产生的关系。

3. 法律可以规定或者合同可以约定合同有效期限届满即终止当事人的合同义务。

未规定或未约定有效期的合同，直到合同约定的当事人义务履行期限截止前都有效。

4. 合同期限届满并不免除当事人的违约责任。

第四百五十八条　公共合同

1. 公共合同是由商业组织订立，约定因商业组织活动性质必须对每个向其请求的人履行其销售商品、完成工作或提供服务义务（零售贸易、公共交通运输、通信服务、能源供应、医疗、酒店服务等）的合同。

商业组织无权在签订公共合同时优先考虑某人，但法律另有规定的除外。

2. 公共合同的商品、工作和服务的价格以及其他条件对所有消费者一律平等，但法律允许向某类消费者提供优惠的除外。

3. 在商业组织有可能向消费者提供适当的商品、服务或工作的情况下，不得拒绝签订公共合同。

当商业组织无故拒绝签订公共合同的情况时，适用本法第 477 条第 4 款的规定。

4. 在法律规定的情况下，塔吉克斯坦共和国政府可以颁布对订立和履行公共合同的当事人具有约束力的规则。

5. 不符合本条第 2 款和第 4 款规定的公共合同无效。

第四百五十九条　合同的示范条款

1. 合同可以约定，其个别条款根据为相应类型的合同制定并在媒体上公布的示范条款确定。

2. 如果合同中没有提及示范条款，这些示范条款符合本法第 5 条和第 453 条第 5 款规定的要求，则作为商业惯例适用于双方关系。

3. 示范条款可以以示范合同或其他包含此类条款的文件的形式提出。

第四百六十条　格式合同

1. 格式合同是指其条款由一方当事人以模板或其他标准形式确定，并且另一方当事人只能以整体方式接受的合同。

2. 如果合同不违反法律，但剥夺了格式合同接受方依照此类合同通常被赋予的权利，排除或限制另一方的违约责任，或包含其他明显为格式合同接受方当事人在衡量自己合理理解的利益后，在其有机会参与合同条款的形成时所不会接受的负担性条款时，则格式合同接受方可以要求终止或变更合同。

3. 在本条第 2 款提及的情况下，如果格式合同接受方知道或者应该知道合同是在哪些条款下订立的，则该方当事人在实施其商业活动时提出的取消或修改合同的要求不应得到支持。

第四百六十一条　预约合同

1. 根据预约合同，双方当事人有义务在未来按照预约合同约定的条款签订财产转让、完成工作或提供服务的合同（主合同）。

2. 预约合同应以主合同约定的形式订立，如果没有约定主合同的形式，则以书面形式订立。违反预约合同形式约定的合同无效。

3. 预约合同包含允许确定的主合同的标的物以及其他基本性规定的条款。

4. 预约合同应约定双方当事人承诺订立主合同的期限。

如果预约合同没有约定该期限，主合同应在预约合同签订后的一年内订立。

5. 如果在要求各方订立主合同的期限届满前合同仍没有订立，或者一方没有向另一方发出订立合同的邀请，则预约合同终止。

6. 意向合同（意向议定书等）不产生民事法律效力，但明确地表达了当事人将其作为预约合同意愿的除外。

第四百六十二条　为第三人利益的合同

1. 为第三人利益的合同是指双方当事人约定债务人不向债权人，而是向合同中指定或未指定的第三人履行的合同，第三人有权要求债务人为其利益完成履行。

2. 自第三人表示有意行使合同约定的权利时起，未经第三人同意，当事人不得终止或变更他们所订立的合同。但法律、其他规范性文件另有规定或合同另有约定的除外。

3. 合同中的债务人有权对第三人的索赔提出他可以向债权人提出的抗辩。

4. 如果第三人放弃了合同中赋予他的权利，则债权人可以在不违背法律、其他规范性文件规定和合同约定的情况下行使该权利。

第四百六十三条　合同的解释

1. 在解释合同条款时，法院应考虑到其中的文字和表达的字面意思。在出现歧义的情况下，合同条款的字面意思应通过比照其他条款和合同的整体意思进行解释。

2. 如果根据本条第1款的规则无法确定合同的含义，则应根据合同的目的，确定缔约方的共同意愿。在此情况下，应考虑到所有相关情况，包括事先谈判和通信、缔约方相互关系中确立的惯例、商业习惯和缔约方的后续行为。

第二十七章　合同的订立

第四百六十四条　合同订立的基本条款

1. 如果各方以法律规定的形式就合同的所有基本条款达成协议，则合同视为已缔结。

基本条款是指关于合同标的物的条款，法律或其他规范性文件规定的此类合同至关重要或必要的条款，以及经一方当事人申请应达成协议的所有条款。

2. 合同是通过一方发出的要约（缔结合同的建议）和另一方的承诺（接受要约）来达成的。

第四百六十五条　合同订立的时间

1. 发送要约的人收到要约的接受时，合同视为已订立。

2. 如果根据法律规定，订立合同还需要转让财产，则合同自相关财产转让时订立。

3. 须经国家登记的合同自登记时订立，但法律另有规定的除外。

第四百六十六条　合同的形式

1. 合同可以以交易约定的任何形式订立，但法律对此类合同约定了特定形式的除外。

如果双方同意以某种形式订立合同，即使法律对此类合同没有规定该形式，也应视为以商定的形式订立合同。

2. 合同可以通过各方当事人签署的单一文件或通过邮政、电报、电传、电话、电子或其他通信方式交换文件，以书面形式订立，只要可以确定该文件来自合同的一方当事人。

3. 如果订立合同的书面要约在本法第470条第3款规定的程序中被接受，则视为以书面形式提出。

第四百六十七条　要约

1. 要约是向一个或多个特定人发出的、足够明确的邀请，且表达了发出要约的人与将接受要约的收件人订立合同的意图。要约应包含合同的基本条款。

2. 要约自受要约人收到要约时起，对要约人具有约束力。

如果撤回要约的通知提前或与要约同时到达，则视为未收到要约。

第四百六十八条　要约的不可撤销性

受要约人收到的要约在要约确定的接受期限内不得撤回，但要约本身另有规定，或因要约的内容或作出要约的情况另有不同要求的除外。

第四百六十九条　要约邀请与公开要约

1. 向不特定的人发出的广告和其他建议，视为要约邀请，但建议另有明确规定的除外。

2. 包含合同所有基本条款的要约，表明要约人愿意按照该要约提到的条款与任何受要约人订立合同，视为要约（公开要约）。

第四百七十条　承诺

1. 承诺被视为接受要约的人对要约的回应。

承诺应是完整和无条件的。

2. 沉默不构成承诺，但法律、商业习惯另有要求或双方以前的商业关系另有规定的除外。

3. 受要约人在规定的接受期限内履行了合同条款约定的行为（运送商品、提供服务、完成工作、支付相应金额等），视为承诺。但法律、其他规范性文件另有规定或要约中另有说明的除外。

第四百七十一条　承诺的撤销

如果撤销接受的通知被发送要约的人提前或在接受的同时收到，则应视为没有收到撤销接受的通知。

第四百七十二条　根据确定承诺期限的要约订立合同

如果要约约定了承诺期限，要约人在约定期限内收到承诺，则视为合同订立。

第四百七十三条　根据没有确定承诺期限的要约订立合同

1. 如果书面要约没有约定承诺期限，要约人在法律或其他规范性文件规定的期限届满前收到承诺，或者没有约定期限，在通常必要期限内收到承诺，则视为合同订立。

2. 如果要约是口头提出的，没有约定承诺期限，另一方立即承诺，则视为合同订立。

第四百七十四条　逾期收到的承诺

如果承诺的通知及时发出却逾期收到，要约人立即通知另一方收到逾期的承诺，则视为承诺未逾期。

要约人立即通知另一方接受逾期收到的承诺，合同视为订立。

第四百七十五条　其他条款的承诺

同意按要约中提出的条款以外的条件缔结合同的承诺，不构成承诺。这种答复是对要约的拒绝，同时也是新的要约。

第四百七十六条　合同缔结地

如果合同没有明确约定合同缔结地，则合同视为在发出要约的公民住所地或法人住所地订立。

第四百七十七条　强制缔约

1. 在根据本法或其他法律规定，受要约（合同草案）人必须订立合同的情况下，该方应自收到要约之日起 30 日内向另一方发出接受或拒绝接受，或接受其他条件的要约（合同草案异议议定书）的通知。

要约人在收到必须订立合同的另一方当事人发出的以其他条件接受要约（合同草案异议议定书）的通知后，有权自收到该通知或承诺期限届满之日起 30 日内将订立合同时产生的异议提交法院。

2. 如果本法或其他法律规定，要约（合同草案）人必须订立合同，并在 30 日内收到要约的异议议定书，则要约人有义务自收到异议议定书之日起 30 日内通知对方接受合同的版本或拒绝异议议定书。

在拒绝异议议定书或在规定期限内未收到审议结果的通知时，发送异议议定书的一方有权将缔结合同时产生的异议提交法院审议。

3. 本条第1款和第2款规定的期限规则应予适用，但法律、其他规范性文件规定了其他期限，或经当事人同意的除外。

4. 如果本法或其他法律规定有义务缔结合同的一方当事人逃避缔结合同，另一方当事人有权向法院提出强制缔结合同的要求。

一方当事人可以要求无故逃避缔结合同的另一方当事人赔偿缔结合同的费用。

第四百七十八条 缔约前的争议

如果在合同订立前出现的争议被根据本法第477条的规定或当事人的合同交由法院审理，则当事人有争议的合同条款应根据法院的判决确定。

第四百七十九条 竞争缔约

1. 在不违背合同实质的情况下，合同可以通过竞标方式订立。合同与中标人订立。

2. 物的所有权人或者财产权人或者专门组织可以作为竞买的组织者。专门组织根据与物的所有权人或者财产权人的合同并以他们或以自己的名义行事。

3. 在本法或其他法律规定的情况下，出售物或财产权的合同只能通过竞买的方式订立。

4. 竞买可以采取拍卖或招标的形式。拍卖中的中标人是出价最高的人，而在竞争性招标中，中标人是根据招标组织者事先指定的竞争性（招标）委员会的要求，提供最佳条件的人。

竞买的形式由待售物的所有权人或待售物权的持有人决定，但法律另有规定的除外。

5. 本法第480条和第481条的规定适用于按照法院判决的执行顺序进行公开招标，但法律另有规定的除外。

第四百八十条 竞标的组织和程序

1. 拍卖和招标可以公开也可以非公开。任何人均可参加公开拍卖和公开招标（投标）。只有为此目的被特别邀请的人才可以参加封闭拍卖和封闭招标（投标）。

2. 组织者应在竞标前至少30日发出竞买通知，但法律另有规定的除外。在任何情况下，该通知都应包括竞标的时间、地点、形式、标的物和程序等信息，包括参与竞买的登记、中标人的确定以及起拍价等信息。

如果竞标的标的是合同缔结权，在将举行竞标的通知中应当指明为此规定的期限。

3. 如果法律或竞标通知没有不同规定，公开竞标的组织者在发出通知后，有权在任何时候退出竞标，但拍卖不得晚于拍卖日前3天，招标（投标）不得晚于招标（投标）日前30天。

如果公开竞标的组织者违反上述期限拒绝进行拍卖，组织者应赔偿参与者的实际损失。

封闭拍卖或封闭招标（投标）的组织者有义务赔偿被邀请的参与者的实际损失，而不考虑发送拒绝竞标通知的确切时间。

4. 投标人应按投标邀请书中规定的金额、条款和方式支付保证金。如果竞标没有进行，保证金应予退还。参加竞标但没有中标的人也要退还保证金。

与竞标中标人订立合同时，其支付的保证金数额应与订立合同约定的债相抵销。

5. 在拍卖或招标当天，中标人和竞标组织者应签署一份具有合同效力的关于竞标结果的协议。如果中标人拒绝签署协议，则没收其所支付的保证金。逃避签署协议的竞标组织者有义务退还双倍金额的保证金，并赔偿中标人因参加竞标而造成的超过保证金数额的损失。

如果竞标的标的是合同缔结权，双方应在竞标完成和签署竞标结果协议后20日内或通知规定的其他期限内签署该合同。如果其中一方逃避订立合同，另一方有权向法院申请强制订立合同，并要求赔偿因逃避签订合同造成的损失。

第四百八十一条　违反竞标规则的后果

1. 违反法律规定进行的竞买，经利害关系人提出要求，法院可宣布其无效。

2. 承认竞买无效将导致与竞标中标人订立的合同无效。

第二十八章　合同的变更和解除

第四百八十二条　合同变更和解除的理由

1. 合同可经双方同意变更和解除，但本法、其他法律另有规定或合同另有约定的除外。

2. 应一方当事人的要求，只有在下列情况下，才可以通过法院判决变更或解除合同：

（1）在另一方当事人实质性违反合同的情况下；

（2）在本法、其他法律规定或合同约定的其他情况下。

实质性违约是指一方当事人的违约行为对另一方当事人造成的损害，在很大程度上剥夺了他在订立合同时有权期待的利益。

3. 如果单方全部或部分退出合同，在法律允许或双方同意的情况下，合同应被视为已经解除或作出相应的变更。

第四百八十三条 因情势变更合同的变更或解除

1. 当事人订立合同时所依据的情况发生重大变化是变更或解除合同的依据，但合同另有约定或因其实质而产生的除外。

如果情势变更的程度达到了双方当事人能够合理预见到，根本就不会缔结合同，或者会以实质不同的条款缔结合同的程度，则视为重大变化。

2. 如果当事人未就根据情势变更或解除合同达成协议，则法院可以根据本条第4款规定的理由，应利害关系人的要求解除合同或变更合同，但必须同时满足以下条件：

（1）当事人在订立合同时假定情况不会发生这种变化；

（2）情况变化是利害关系人在其产生后尽到了依照合同性质和市场情况所要求的谨慎和努力程度仍不能克服的原因而引起时；

（3）不改变合同条款而履行合同，将严重破坏双方财产利益的相应平衡，并给利害关系人带来损失，使其在很大程度上失去在缔结合同时的应得利益；

（4）从通常的商业流转习惯或合同的实质来看，情况变化的风险不由利害关系人承担。

3. 如果合同因情势变更而终止，法院应根据任何一方的请求，根据各方之间公平分配因履行合同而产生的必要费用，确定合同解除的后果。

4. 在特殊情况下，如果解除合同违背公共利益或对当事人造成的损害超过根据法院修订的条款履行合同所需的费用，则可因情势变更而变更合同。

第四百八十四条 合同变更和解除的程序

1. 变更或解除合同的协议以合同相同的形式作出，但法律、其他规范性文件另有规定，合同另有约定或商业习惯另有要求的除外。

2. 变更或解除合同的请求，只有在一方当事人收到对方拒绝接受变更或解除合同的提议时，或在提议约定的期限内，或在法律规定或合同约定的期限内没有收到答复，或者在没有确定此期限时的30日内没有收到答复时，才可以提出。

第四百八十五条 合同变更和解除的后果

1. 在合同变更的情况下，双方的债以变更后的形式继续。

2. 在合同解除的情况下，双方的债终止。

3. 在合同变更或解除的情况下，债自双方达成变更或解除合同的协议时起变更或终止，但合同另有约定或变更的性质另有要求的除外；在法院变更或解除合同的情况下，债自法院变更或解除合同的判决生效时起变更或终止。

4. 当事人无权要求返还其在合同变更或解除前已履行的债，但法律另有规定或当事人的合同另有约定的除外。

5. 如果变更或解除合同的依据是一方严重违约，则另一方有权要求赔偿变更或解除合同造成的损失。

第四百八十六条　根据一方当事人的声明变更和解除合同的情况

1. 在下列情况下，经一方当事人申请，可变更或解除合同：

（1）无法履行合同（本法第448条）；

（2）另一方违反法律规定或合同约定的质量、履行期限及其他条款；

（3）另一方按照规定程序被宣告破产；

（4）订立合同所依据的国家机关行为被变更或取消；

（5）法律规定或合同约定的其他情况。

2. 单方变更或解除合同，一方应至少提前一个月通知另一方。

第四百八十七条　合同有效期的延长

双方有权延长合同有效期。合同期限的延长应符合本法第472条至第473条的规定。

第四编　债的特定类型

第二十九章　买　卖

第一节　买卖的一般规定

第四百八十八条　买卖合同

1. 根据买卖合同，一方（卖方）有义务将商品的所有权（经济管理权和经营管理权）转让给另一方（买方），买方有义务接收商品并支付一定金额（价格）。

2. 有价证券和外汇贵重物品的买卖，适用本款规定，但法律对其买卖有特殊规定的除外。

3. 财产权的买卖，适用本款规定，但财产权的内容或性质另有要求的除外。

4. 特定类型的买卖合同（零售、商品供应、国家需求的商品供应、承揽、能源供应、不动产买卖、企业买卖等）的具体规定应由本法或其他法律规定。

第四百八十九条　买卖合同的形式

除本法第466条第1款规定的情况外，不动产买卖合同须经公证。

不动产买卖合同应根据本法第189条的规定进行国家登记。

第四百九十条　合同条款

1. 买卖合同的商品可以是符合本法第141条规定的任何物。

2. 买卖合同可就现有之物及将来产生之物订立。但本法另有规定或合同另有约定的除外。

第四百九十一条　卖方交付商品的义务

1. 卖方有义务向买方交付买卖合同中约定的商品。

2. 卖方有义务在交付商品的同时向买方转让其附件，以及法律、其他规范性法条规定或合同约定的与商品相关的文件（技术护照、质量证书等），但买卖合同另有约定的除外。

第四百九十二条　交付商品义务履行的期限

1. 卖方履行向买方交付商品义务的期限应由买卖合同约定，如果合同无法确定该期限，根据本法第335条规定确定。

2. 如果合同明确约定违反履行期限时买方将失去合同利益，则买卖合同被视为是以严格确定的履行期限为条件而签订的合同。

只有在买方同意的情况下，卖方才有权在合同约定的期限到来之前或者届满之后履行合同。

第四百九十三条　卖方交付商品义务履行的时间

1. 如果买卖合同没有另行约定，则卖方向买方交付商品的义务在下列时间的视为履行：

（1）合同约定卖方有义务交付商品时，向买方或买方指定的人交付商品；

（2）商品在商品所在地交付给买方或买方指定的人时，将商品交由买方控制。

如果商品在合同中通过标记、通知买方或其他方式明确识别其为合同标的，则商品视为已交付给买方或买方指定的人处置。

2. 在买卖合同未约定卖方有义务运送商品或在买方所在地交付商品的情况下，卖方履行交付商品的义务自商品移交给承运人或运输组织以交付给买方时视为已履行，但合同另有约定的除外。

第四百九十四条　卖方维护所售财产的义务

当所有权（经济管理权或经营管理权）在财产转让前就被转移给买方时，卖方有义务维护财产直至转让，防止其变质。

买方必须赔偿卖方为此所需的费用，但双方另有约定的除外。

第四百九十五条　商品意外灭失风险的转移

1. 商品意外灭失或意外损毁的风险，自卖方根据法律规定或合同约定被视为已履行商品交付给买方的义务时起转移给买方，但买卖合同另有约定的除外。

2. 所售商品在运输途中发生意外灭失或意外损毁的风险，自买卖合同订立时起转移至买方，但双方另有约定或商业习惯另有要求的除外。

3. 如果卖方在订立合同时知道或应当知道商品已灭失或损毁，但未将此情况通知买方，则应买方要求，商品意外灭失或意外损毁的风险自商品交付给第一承运人时起转移至买方的合同条款可被法院认定为无效。

第四百九十六条　卖方预先通知第三人出售财产权利的义务

1. 卖方有义务向买方交付不附带任何第三方权利的商品，但买方同意接收附有第三方权利的商品的除外。

卖方不履行该义务，买方有权要求减少价款或解除买卖合同，并要求赔偿损失，但卖方能证明买方知道或应当知道第三方权利的除外。

2. 如果向买方交付商品时，卖方知道存在第三方的索赔要求，而这些索赔要求随后按照规定程序被确认为合法，则本条第 1 款规定也适用。

第四百九十七条　在商品扣押提起诉讼时买方和卖方的责任

1. 如果第三人根据买卖合同履行前产生的理由对买方提起追偿商品的诉讼，则买方应要求卖方参加诉讼，卖方有义务与买方作为诉讼一方参加诉讼。

2. 如果卖方能够证明，卖方参加诉讼可能阻止对买方商品的追偿，而买方却没有要求卖方参加诉讼的，则免除卖方对买方的责任。

3. 买方要求卖方参与案件，但未参与案件的卖方无权证明买方有过错。

第四百九十八条　从买方处扣押商品时卖方的责任

1. 在第三人根据买卖合同履行前产生的理由从买方处扣押商品时，卖方有义务赔偿。

2. 双方当事人关于在第三人从买方处扣押所购财产时免除卖方责任或限制卖方责任的约定无效。

第四百九十九条 卖方拒绝交付商品的后果

1. 卖方拒绝向买方交付已售商品的，买方有权拒绝履行买卖合同。

2. 当卖方拒绝交付特定物时，买方有权向卖方提出本法第 429 条规定的要求。

第五百条 不履行交付商品从物和文件义务的后果

如果卖方不交付或拒绝向买方交付其根据法律规定或合同约定（第 491 条第 2 款）有义务交付的商品或相关文件，则买方有权约定合理的交付期限。

如果卖方未能在约定期限内交付商品的从物或相关文件，则买方有权拒绝接收商品，但合同另有约定的除外。

第五百零一条 商品数量

1. 交付给买方的商品数量应在买卖合同中以相应的计量单位或货币形式加以确定。商品数量的条款可在合同中约定其确定程序。

2. 如果买卖合同不确定交付商品的数量，合同视为未订立。

第五百零二条 违反合同数量条款的后果

1. 如果卖方违反合同条款向买方交付的商品数量少于合同约定的数量，且合同没有另行约定，则买方有权要求交付所缺数量的商品，或拒绝接受交付的商品并拒绝付款，如果价款已付，买方有权要求返还已付价款并赔偿损失。

2. 如果卖方向买方转让的商品数量超过买卖合同约定的数量，则买方有义务按照本法第 519 条第 1 款规定的方式通知卖方。如果在收到买方通知后的合理期限内，卖方没有处分相应商品，则买方有权接受全部商品，但合同另有约定的除外。

第五百零三条 商品种类

1. 如果根据买卖合同，卖方需按照特定种类、型号、尺寸、颜色和其他特征（品种）交付商品，则卖方有义务向买方交付双方商定种类的商品。

2. 如果商品的种类合同没有约定或者不能依照合同约定的程序确定，但从债的实质可以知道商品必须按商品种类交付给买方，则卖方有权根据其在订立合同时所知道的买方的需要，向买方交付产品种类，或者拒绝履行合同。

第五百零四条 违反商品种类条款的后果

1. 如果卖方交付的商品种类不符合买卖合同约定，则买方有权拒绝接收和支付价款，如果已经支付价款，买方有权要求返还已付价款。

2. 如果卖方在向买方交付符合合同种类的商品，同时还交付了违反合同种类条款的商品，则买方有权选择：接收符合合同种类条款的商品，拒绝其余商品；拒绝接收所有交付的商品；要求以符合合同约定种类的商品更换不符合的商品；接收所有交付的商品。

3. 如果拒绝接收不符合买卖合同约定种类的商品，或要求更换不符合种类条款的商品，则买方有权拒绝支付这些商品的价款。如果已经支付价款，则买方有权要求退还已付价款。

4. 如果买方在收到不符合买卖合同种类条款的商品后的合理期限内未通知卖方拒绝接收商品，则商品视为已被接收。

5. 如果买方没有拒绝接收不符合买卖合同约定的商品，则有义务按照与卖方商定的价格支付价款。如果卖方未能采取必要措施在合理期限内就价格达成一致，则买方应按合同订立时在可比情况下类似商品的通常价格支付价款。

6. 本条规则应予适用，但买卖合同另有约定的除外。

第五百零五条　商品质量

1. 卖方有义务向买方交付质量符合买卖合同约定的商品。

2. 在买卖合同中未约定商品质量时，卖方有义务向买方交付符合此类商品通常使用目的的商品。

如果卖方已被买方告知购买商品的具体目的，则卖方有义务向买方交付符合购买目的的商品。

3. 如果卖方根据样品和（或）说明出售商品，则卖方有义务向买方交付符合样品和（或）说明的商品。

4. 如果根据法定程序，对所售商品的质量有强制性要求，从事经营活动的卖方有义务向买方交付符合这些强制性要求的商品。

根据卖方和买方之间的协议，卖方可以向买方交付比根据法定程序确定的强制性要求更高质量要求的商品。

第五百零六条　质量担保

1. 卖方交付给买方的商品，在交付时应符合本法第505条规定的要求，除非买卖合同约定了确定商品是否符合该要求的不同时间，并在合理期限内符合该种商品通常使用的目的。

2. 如果买卖合同约定由卖方提供商品质量担保，则卖方有义务在合同约定期限内（保修期）将符合本法第505条规定的商品交付给买方。

3. 商品的质量担保也适用于其所有组成部分（部件），但买卖合同另有约定的除外。

第五百零七条　担保期的计算方式

1. 担保期自商品交付买方时起算（第492条），但买卖合同另有约定的除外。

2. 如果买方由于卖方无法控制的情况而无法使用买卖合同中约定的担保期的商品，则在卖方消除相应事由前不计入担保期，但卖方应根据本法第519条规定的程序收到商品缺陷的通知。

3. 部件的担保期视为等同于主产品的保修期，并与主产品的担保期同时开始计算，但买卖合同另有约定的除外。

4. 当商品（部件）被更换时，担保期重新开始计算。

第五百零八条　商品的保质期

法律、其他规范性文件、国家标准的强制性要求或其他强制性规则可以规定商品在特定期限（保质期）届满后将不适用于按照其用途的使用。

第五百零九条　商品保质期的计算

商品的保质期根据商品自生产之日起计算的适合使用的时间段确定，或根据商品适合使用的日期确定。

第五百一十条　商品质量检测

1. 如果法律规定或买卖合同约定了对商品进行质量检测，则应按照其中规定或约定的要求进行。

如果国家标准、其他标准化规范性文件规定了商品质量检测的强制性要求，则应按照其中的规定进行质量检测。

2. 如果本条第1款规定的程序没有规定商品检测的条款，则应按照商业习惯或其他通常适用的检查合同项下交付商品的条款进行商品质量检测。

3. 如果法律、国家标准的强制性要求、其他标准化规范性文件规定或合同约定卖方有义务对交付给买方的商品进行质量检测（测试、分析、检验等），卖方应按照买方的要求提供实施商品质量检测的证明。

4. 卖方和买方必须在相同的条件下检验商品质量。

第五百一十一条　交付质量不合格商品的后果

1. 如果卖方与买方未就货物缺陷达成一致意见，买方对质量不合格的商品有权选择要求卖方：

（1）相应减少价款；

（2）在合理期限内免费消除商品缺陷；

（3）偿还其消除商品缺陷的费用。

2. 如果出现严重违反商品质量要求的情况（检测出不可恢复的缺陷、在花费过多成本或时间的情况下无法消除的缺陷、重复检测出的缺陷、在消除缺陷后再次出现的缺陷，以及其他类似缺陷），买方有权选择：

（1）拒绝履行买卖合同并要求退还价款；

（2）要求用符合合同约定的商品替换质量不合格的商品。

3. 如果成套商品中的部分商品质量不合格，买方有权对这些商品行使本条第 1 款和第 2 款规定的权利。

第五百一十二条　卖方承担的商品瑕疵

1. 如果买方证明商品瑕疵是在商品交付给买方前或因在此之前的原因而产生，则卖方应对商品瑕疵负责。

2. 已提供质量保证的商品，卖方应对商品瑕疵负责，但卖方证明商品瑕疵是在商品交付给买方后因买方违反商品的使用或储存规则或第三人行为或不可抗力而产生的除外。

第五百一十三条　交付商品瑕疵发现期限

1. 如果法律没有另行规定或者买卖合同没有另行约定，买方有权就商品瑕疵提出索赔，但必须在本条规定的期限内发现瑕疵。

2. 当没有约定商品保修期或使用期时，买方可就瑕疵提出索赔，但条件是所售商品瑕疵是在合理期限内发现，并且是在商品交付给买方之日起 2 年内发现的，但法律规定或买卖合同约定了更长期限的除外。发现运输或邮寄商品瑕疵的期限自商品抵达目的地之日起计算。

3. 如果商品有保修期，在保修期内发现商品瑕疵，则买方有权就商品瑕疵提出索赔。

如果在买卖合同中约定的部件保修期短于主产品的保修期，在主产品的保修期内发现了部件瑕疵，则买方有权提出索赔。

如果合同约定的部件保修期长于主产品的保修期，则无论主产品的保修期是否到期，只要在部件保修期内发现部件存在瑕疵，买方就都有权对商品瑕疵提出索赔。

4. 对于规定使用期的商品，如果在使用期内发现商品存在瑕疵，则买方有权提出索赔。

5. 如果买方在保质期或使用期外发现商品有瑕疵，且买方证明商品瑕疵是在商品交付给买方前或因在此之前的原因而产生，则卖方应承担责任。

第五百一十四条　商品的配套性

1. 卖方必须按照买卖合同中商品配套的条款向买方交付商品。

2. 如果买卖合同没有约定商品的配套性，则卖方有义务向买方交付依照商业习惯或者其他通常所提出的要求所确定的配套性的商品。

第五百一十五条　成套商品

1. 如果买卖合同约定卖方有义务向买方交付特定的一整套商品（成套商品），则自全部成套商品交付时起，视为债务被履行。

2. 如果买卖合同没有另行约定且不能从债的实质中得出不同要求，则卖方有义务将所有成套商品同时交付给买方。

第五百一十六条　交付不成套商品的后果

1. 在交付不成套商品的情况下（第 515 条），买方有权选择要求卖方：

（1）相应减少价款；

（2）在合理期限内配齐成套的商品。

2. 如果卖方未在合理期限内满足买方配齐成套商品的要求，则买方有权选择：

（1）要求用成套商品替换不成套商品；

（2）拒绝履行买卖合同，要求返还已付价款并赔偿损失。

3. 本条第 1 款规定也适用于卖方违反将成套商品交付给买方义务的情况（第 515 条），但买卖合同另有约定或债的实质另有要求的除外。

第五百一十七条　包装

1. 如果买卖合同没有另行约定且债的实质中没有不同要求，则卖方有义务向买方交付带包装的商品，但因其性质不需要包装的商品除外。

2. 如果买卖合同没有约定包装的要求，则以此类商品的通常方式包装商品，如果没有这种方式，则以确保此类商品在通常储存和运输条件下的安全方式包装商品。

3. 如果法律规定了包装的强制性要求，则从事经营活动的卖方应以符合这些强制性要求的包装向买方交付商品。

第五百一十八条 交付无包装或不适当包装商品的后果

如果需要包装的商品在交付给买方时没有包装，或者包装不适当，买方有权要求卖方交付带有包装的商品或者更换不适当包装的商品，但买卖合同另有约定，债的性质或商品的特点另有要求的除外。

买方除了可以向卖方提出这些要求外，还可以向卖方提出因交付质量不合格的商品所引起的其他要求（第511条）。

第五百一十九条 对卖方不适当履行买卖合同的通知

1. 买方有义务在法律规定或合同约定的期限内，通知卖方有关违反商品数量、品种、质量、配套性、包装容器和（或）包装的合同条款的情况，如果法律没有规定或合同没有约定该期限，则应根据商品的性质和用途，在发现违反合同有关条款后的合理期限内通知买方。

2. 在买方不履行本条第1款所述的义务时，如果能够证明这将会导致不可能满足买方的请求或者导致卖方与在及时通知违反合同条款时所遭受的花费不成比例，则卖方有权全部或部分拒绝满足买方的相应索赔要求。

3. 如果卖方知道或应当知道交付给买方的商品不符合买卖合同的条款，则卖方不得以买方未履行本条第1款规定的义务进行抗辩。

第五百二十条 买方接收商品的义务

1. 买方有义务接收交付给他的商品，但买方有权要求更换商品或拒绝履行买卖合同的情况除外。

2. 如果买方违反法律规定或买卖合同的约定，不接收或拒绝接收商品，则卖方有权要求买方接收商品或拒绝履行合同。

第五百二十一条 买方支付价款的义务

1. 买方有义务按本法第456条的规定以确定的价格支付商品价款，并自费履行法律、合同或习惯要求为支付价款所必需之行为。

2. 根据商品重量确定价格时，应按净重确定，但买卖合同另有约定的除外。

3. 如果买卖合同约定，商品价格可根据决定商品价格的指标（成本价格、费用等）变化，但未确定价格修订方法，则应根据履行商品交付义务时这些指标的比率确定价格。

本款规定应予适用，但本法、其他法律另有规定或债的实质内容另有要求的除外。

第五百二十二条　商品价款支付

1. 买方应在卖方交付商品或商品所有权文件时立即支付价款，但法律规定或买卖合同的条款规定在一定期限内支付价款的除外。

2. 买方有义务向卖方支付所交付商品的全部价款，但买卖合同约定分期付款的除外。

3. 如果买方未能及时支付依照买卖合同所交付商品的价款，则卖方有权要求支付价款和利息。

4. 如果买方违反合同，拒绝接收商品和支付价款，则卖方有权选择要求支付价款或拒绝履行合同。

第五百二十三条　预付款

1. 如果买卖合同约定买方有义务在卖方交付商品前支付全部或部分价款（预付款），买方应在合同约定的期限内付款，如果合同未约定期限，则应在根据本法第335条确定的期限内付款。

2. 如果买方未履行合同约定的预付款义务，应适用本法第353条的规定。

3. 如果卖方收到预付款后不履行交付商品的义务，则买方有权要求交付已付款的商品或退还卖方未交付商品的预付款。

预付款的利息自本应交付商品之日起计算，直至商品交付给买方或预付款退还给买方之日止，但合同另有约定的除外。

4. 合同可以约定，卖方有义务自收到买方预付款之日起支付利息。

第五百二十四条　赊销商品的付款

1. 如果买卖合同约定在商品交付买方后的一定时间内付款（赊销商品），买方应在合同约定的期限内付款，如合同未约定该期限，则应根据本法第335条规定的确定期限内付款。

2. 如果卖方不履行交付商品的义务，应适用本法第353条规定。

3. 如果买方收到商品后未履行付款义务，则卖方有权要求买方支付交付商品价款或退还未付款的商品。

如果买方未能在合同约定的期限内履行其支付所交付商品价款的义务，则应根据本法第426条的规定支付逾期金额的利息，利息自应支付价款之日起至买方支付价款之日止，但合同另有约定的除外。

4. 合同可约定买方有义务自卖方交付商品之日起支付与价款相应金额的利息。

5. 赊销商品应按销售当日的有效价格进行。赊销商品的价格在随后发生变化时不得重新计算，但法律另有规定的除外。

第五百二十五条　赊销买卖合同的订立

以分期付款为条件的赊销买卖合同，如明确商品价格、程序、付款条件和金额以及买卖合同的其他基本条款，视为已订立。

第五百二十六条　商品保险

1. 如果买卖合同约定卖方或买方有义务为商品投保，但未约定投保条件和商品最低投保金额，则保险合同约定的保险赔偿金额不得低于商品价格。

2. 负有商品投保义务的一方未按照合同条款对商品投保时，另一方有权对商品投保并要求负保险义务的一方偿还保险费用或拒绝履行合同。

第五百二十七条　卖方所有权保留

1. 在买卖合同约定卖方保留商品所有权直至价款支付或其他情况发生时，买方不得在所有权转让给他之前转让商品或以任何其他方式处置商品，但法律另有规定或合同另有约定或因商品的用途和属性另有要求的除外。

2. 如果卖方交付商品后，买方在合同约定的期限内未支付价款，或发生所有权转移给买方的其他情况，则卖方有权要求买方退还商品，但合同另有约定的除外。

第二节　零售买卖

第五百二十八条　零售买卖合同

1. 根据零售买卖合同，从事零售商品经营活动的卖方承诺将通常用于个人、家庭或与经营活动无关的其他用途的商品交付给买方。

2. 零售买卖合同应公开（第458条）。

第五百二十九条　商品公开要约

1. 在商品广告、价目表和其他提供给不特定人群的商品描述中指明的包含零售买卖合同的所有基本条款的商品要约，为公开要约（第469条第2款）。

2. 在销售地点展示商品、商品样品或提供所售商品的信息（说明、价目表、照片等），不论是否明确规定了价格和买卖合同的其他基本条款，均视为公开要约，但卖方明确表示有关商品不打算出售的除外。

第五百三十条 向买方提供商品信息

1. 卖方有义务向买方提供必要和可靠的商品信息，这些信息应符合法律、法规和零售业对信息内容和提供方式的通常要求。

2. 买方有权在签订合同前对商品进行检查，要求卖方在买方在场的情况下对商品的性能进行测试，或对商品的使用进行演示，前提是商品的性质不排除这种情况，且不违反零售业公认的规则。

3. 如果买方没有机会立即在销售地点获得本条第 1 款和第 2 款所述的商品信息，则有权要求卖方赔偿因无理拒绝签订零售买卖合同而造成的损失（第 477 条第 4 款），如果合同已经签订，则在合理期限内撤销合同，有权要求卖方返还已付价款并赔偿其他损失。

第五百三十一条 使用自动售货机出售商品

1. 在使用自动售货机出售商品的情况下，自动售货机的所有人有义务通过在自动售货机上张贴或以其他方式向买方提供有关卖方名称（公司名称）、地点、操作方式以及买方为接收商品应采取的行动等信息。

2. 使用自动售货机的零售买卖合同，自买方采取必要行动接收商品时起被视为订立。

3. 如果买方未收到已付款项的商品，则卖方有义务立即向买方提供商品或退还买方已付款项。如果卖方未能履行该义务，买方有权要求卖方赔偿损失。

第五百三十二条 附有商品送达给买方条款的合同

1. 如果买卖双方签订的零售买卖合同附有向买方交付商品的条件，则卖方有义务在合同约定的期限内将商品交付到买方指定的地点，如果买方未指定交付商品的地点，则在公民居住地或法人住所地进行交付。

2. 自卖方向买方交付商品时起，视为卖方履行了零售买卖合同；在买方缺席的情况下，视为卖方已向任何出示收据或其他证明合同订立或商品交付文件的人履行了零售买卖合同，但法律另有规定、合同另有约定或债的实质另有要求的除外。

第五百三十三条 附有买方在一定期限内接收商品条款的合同

1. 当事人可订立以附有买方在合同约定的一定期限内接收商品为条件的零售买卖合同，在此期间，商品不得出售给其他买方。

2. 买方在合同约定的期限内未到场或未采取任何必要行动接收商品的，卖方可视为买方拒绝履行合同，但合同另有约定的除外。

3. 卖方为确保在合同约定的期限内向买方交付商品而支付的额外费用应包括在价款内，但法律另有规定或合同另有约定的除外。

第五百三十四条　凭样品出售商品

1. 当事人双方可通过样品（说明、目录等）签订商品零售买卖合同。

2. 此类合同自商品运到合同约定地点时起视为履行，但法律另有规定或合同另有约定的除外。如果合同未约定交货地点，则自商品运到公民居住地或法人住所地时起视为履行。

3. 在商品交付前，买方有权拒绝履行零售买卖合同，但必须赔偿卖方为履行合同而采取的行动所产生的合理费用。

第五百三十五条　商品的价款和支付

1. 买方有义务按照卖方在订立零售买卖合同时公布的价格支付价款，但法律另有规定或债的实质另有要求的除外。

2. 在零售买卖合同约定预付价款的情况下，买方未在规定期限内支付价款的，视为买方拒绝履行合同，但双方另有约定的除外。

3. 本法第525条的规定不适用于赊销零售合同，包括买方分期付款的合同。

4. 买方有权在合同约定的分期付款期限内随时全额支付价款。

第五百三十六条　质量合格商品的更换

1. 如果卖方没有规定更长的期限，则买方有权在非食品商品交付后的14日内，在购买地点或卖方指定的其他地点用不同大小、形状、尺寸、款式、颜色、配置等的类似商品更换所购买的商品。价格存在差异时，可与卖方进行必要的重新结算。

如果卖方无法提供换货所需的商品，买方有权将所购商品退还给卖方，并收取已付价款。

如果商品未被使用过，其消费属性保持完好，且有证据证明是从卖方处购买的，则买方的换货或退货要求应得到满足。

2. 根据本条规定的理由不予换货或退货的商品清单应按法律规定的程序确定。

第五百三十七条　在出售质量不合格商品时买方的权利

1. 如果卖方未说明商品的缺陷，被出售质量不合格商品的买方有权要求卖方：

（1）用质量合格的商品替换不合格的商品；

（2）立即无偿消除商品缺陷；

（3）偿还消除商品缺陷的费用；

（4）相应减少价款。

买方有权要求更换严重违反质量要求的技术复杂或价格昂贵的商品（第511条第2款）。

2. 如果发现商品有缺陷，而这些缺陷的特性又无法消除（食品、家用化学产品等），则买方有权要求卖方用质量合格的商品更换，或相应地降低购买价格。

3. 买方有权将质量不合格的商品退还给卖方，并要求卖方退还已付价款以及赔偿其他损失。

在向买方退还已付价款时，卖方无权扣留因全部或部分使用商品、商品外观丧失等原因造成的商品价值下降的金额。

第五百三十八条　更换商品、降低价款和返还质量不合格商品时的差价补偿

1. 用与零售买卖合同相应的适当质量的商品更换不合格商品时，卖方无权要求买方补偿合同约定的商品价格与更换商品时的商品价格或法院判决更换商品时的价格之间的差价。

2. 卖方用类似但在尺寸、款式、品种等方面不同的适当质量的商品替换不合格商品时，买方应补偿被更换商品在更换时的价格与替代商品的价格之间的差价。

如果卖方不能满足买方的要求，则这些价格根据法院作出更换商品判决时的价格确定。

3. 买方在要求按比例降低商品购买价格时，应考虑提出降价要求时的商品价格，如果买方的要求未得到自愿满足，则以法院判决按比例降低价格时的价格为准。

4. 在将质量不合格的商品退回至卖方时，买方有权要求卖方补偿零售买卖合同确定的商品价格与自愿满足其要求时的相关商品价格之间的差额，如果买方的要求未得到自愿满足，则以法院判决进行补偿。

第五百三十九条　卖方责任与债的实际履行

在卖方未履行零售买卖合同约定的义务时，赔偿损失和支付违约金不免除卖方实际履行的义务。

第五百四十条　精神损害赔偿

因卖方侵犯消费者权利而给消费者造成精神损害的，卖方在有过错的情况下应对受害人进行赔偿。赔偿金额应由法院确定，但法律另有规定的除外。

第三节　供 货 合 同

第五百四十一条　供货合同

根据供货合同，卖方（供应人）承诺在约定期限内将其生产或销售的商品交付给买方，用于经营活动或与个人、家庭及其他类似用途无关的目的。

第五百四十二条　供货合同的有效期

1. 供货合同的期限可以是一年，也可以超过一年（长期合同）或双方合同约定的其他任何期限。

如合同中未约定有效期，则合同有效期视为一年。

2. 如果长期合同约定了一年或更短期限内的供货数量或其他合同条款，则合同应约定一项程序，以便双方在合同有效期届满前就后续各期的相关条款达成一致。如果合同没有约定该程序，则合同视为已签订一年或合同条款约定的期限。

3. 如果长期合同的一方拒绝或逃避按照合同约定的程序就后续各期的供货数量或其他合同条款达成协议，另一方有权向法院提出申请，要求确定有关各期的供货条款或终止合同。

第五百四十三条　供货合同的订立

1. 如果一方当事人以合同草案的形式向另一方当事人提出签订供货合同的要约，而另一方当事人同意以其他条款签订合同，则受要约人应在收到草案后30日内起草一份异议议定书，连同已签署的合同一并退回。收到异议议定书的一方当事人有义务在30日内采取措施（如有可能，与另一方当事人共同采取措施），就合同条款达成一致意见。

2. 如果收到合同草案的一方未在确定期限内采取措施订立合同，则视为合同未生效。

第五百四十四条　供应期限

1. 如果双方当事人约定在合同有效期内分批供应，但分批供应的条件（供货期限）在合同中未作约定，则应按月等量分批供应，但法律、商业惯例另有规定或债的实质另有要求的除外。

2. 在确定供应期限的同时，合同还可约定供应时间表（10天、1天、1小时等）。

3. 经买方同意，卖方可提前交付商品。

提前交付并经买方接收的物品应计入下期交付的物品数量。

第五百四十五条　订立供货合同时分歧的解决

1. 如果双方在订立供货合同时对合同的某些条款产生分歧，提出订立合同的一方在收到另一方关于协调这些条款的建议后，应在收到该建议之日起 30 日内采取措施协调合同的有关条款，或书面通知另一方拒绝订立合同，但法律另有规定或双方另有约定的除外。

2. 一方当事人在收到关于供货合同条款的异议协议后，没有采取措施协商合同条款，也没有在本条第 1 款规定的期限内通知对方拒绝订立合同的，有义务赔偿因逃避商定合同条款而造成的损失。

第五百四十六条　商品供应的程序

1. 供应人应通过向合同约定的买方或合同指定的收货人装运（转移）商品的方式交付商品。

2. 如果合同约定买方有权向供应人发出将商品运给收货人的指示（发货单），则供应人应将商品运送（转移）给发货单中指定的收货人。

发货单的内容以及买方向供应人发送发货单的期限由合同约定。如果合同未约定发送发货单的期限，则应在供应期限前 30 日内将发货单发送给供应人。

3. 买方未在约定期限内发出发货单的，供应人有权拒绝履行合同，但合同另有约定的除外。

第五百四十七条　商品的送达

1. 供应人应按合同约定的运输方式和条件运送商品。

如果供货合同没有约定运输方式或送达条件，则选择运输方式或确定商品送达条件的权利属于供应人，但法律、债的实质有不同要求或商业习惯另有要求的除外。

2. 供货合同可约定买方（收货人）在供应人所在地收货（商品抽样）。

如果合同未约定抽样期限，则买方（收货人）应在收到供应人的商品到达通知后的合理期限内对商品进行抽样。

第五百四十八条　商品供应不足的补足

1. 在某个供应期少供应商品的供应人有义务在合同有效期内的下一个（几个）供应期补足少交付的商品数量，但合同另有约定的除外。

2. 如果商品由供应人发运给合同或买方发货单指定的多个收货人，向其中一个收货人供应的商品超出合同或发货单约定数量的部分，不应计入向其他收货人供应的商品数量不足的范围，并应由供应人予以补足，但合同另有约定的除外。

3. 买方有权通知供应人拒绝接受逾期供应的商品，但合同另有约定的除外。在供应人收到通知前，买方有义务接收已交付的商品并支付价款。

第五百四十九条　补充商品不足时商品的品种

1. 补充短缺的商品范围应由双方协议确定。如果无协议，供应人有义务在发生少供应商品期间所确定的商品范围内补足少供应商品。

2. 供应数量多于合同约定数量的某一商品，不应计入补足同一品种中另一商品供应不足之数，应予以补足，但事先得到买方书面同意的除外。

第五百五十条　买方接收商品

1. 买方（收货人）有义务采取一切必要行动，确保按照合同约定接收所交付的商品。

2. 买方（收货人）接收的商品应由其在法律、供货合同约定或商业习惯规定的期限内检验。

买方（收货人）有义务在该期限内根据法律、合同约定或商业习惯规定的程序检查所供应商品的数量和质量，并立即以书面形式通知供应人商品的任何差异或缺陷。

3. 在收到运输组织运送的商品时，买方（收货人）有义务核实商品是否符合运输单据和随附单据中约定的信息，并按照运输监管法律规定从运输组织处接收商品。

第五百五十一条　买方不接收商品的保管责任

1. 当买方（收货人）根据法律、其他规范性文件或供货合同拒绝接收供货人交付的商品时，其有义务确保该商品的安全（安全保管）并立即通知供货人。

2. 供应人有义务在合理期限内将买方（收货人）接收的商品移走或处置。

如果供应人未能在该期限内处置商品，则买方有权出售商品或将商品退还给供应人。

3. 买方因接收商品进行安全保管、出售商品或将商品退还给卖方而产生的必要费用，应由供应人承担。

出售商品的收益在扣除应付给买方的金额后交给供应人。

第五百五十二条　商品的抽样

1. 如果合同约定在供应人所在地（抽样）向买方（收货人）交付商品，则买方（收货人）应检查所交付的商品。如果发现商品与合同约定不符，则买方有权拒绝接收商品。

2. 如果买方（收货人）未能在规定期限内抽样检查，例如在收到供应人关于商品准备就绪的通知后，未在合理期限内抽样检查，则供应人有权拒绝履行合同或要求买方支付价款。

第五百五十三条　供应商品的结算

1. 买方应按合同约定的结算程序和形式支付价款。

2. 如果合同约定以成套商品中的不同部分供应商品，则买方应在成套商品中的最后部分送达（取样）后支付价款，但合同另有约定的除外。

3. 如果合同约定应由收货人（付款人）支付价款，而收货人（付款人）无故拒付或未在合同约定的期限内支付价款，则供应人有权要求买方支付已供应商品的价款。

第五百五十四条　包装

买方（收货人）有义务按照法律规定或合同约定的程序和期限，将收货时所使用的可重复使用的包装物和包装工具退还给供应人，但合同另有约定的除外。

第五百五十五条　供应质量不合格商品的后果

1. 收到质量不合格商品的买方（收货人）有权向供应人提出本法第 511 条规定的索赔，但供应人在收到买方关于所供应商品存在缺陷的通知后，立即用质量合格的商品替换所供应商品的情况除外。

2. 以零售方式出售所供应商品的买方（收货人）有权在合理期限内要求更换消费者退回的质量不合格商品，但供货合同另有约定的除外。

第五百五十六条　供应不完整商品的后果

1. 买方（收货人）收到的供应商品与供货合同的条款、法律规定或通常的配套性要求相抵触时，有权按照本法第 516 条的规定向供应人索赔，但供应人在收到买方关于供应不配套商品的通知后及时以配套商品替换的情况除外。

2. 以零售方式出售供应商品的买方（收货人）有权要求供应人在合理期限内用配套商品替换消费者退回的不配套商品，但供货合同另有约定的除外。

第五百五十七条　买方在商品供应不足、不履行消除商品瑕疵或商品补充要求时的权利

如果供应人未能在约定期限内供货合同约定数量的商品，或未能满足买方关于更换缺陷商品或使商品配套的要求，则买方（收货人）有权拒绝支付质量缺陷商品和不配套商品的价款。如果已支付商品价款，则买方有权要求退还已付价款，直至消除缺陷和使商品配套或更换商品。

第五百五十八条　商品供应不足的违约金

法律规定或合同约定的商品供应不足或延迟供应商品的违约金，应在合同期限内债务实际履行前向供应人追偿，但法律规定或合同约定了其他追偿违约金的程序的除外。

第五百五十九条　清偿数份供货合同的同类债务

1. 供应人根据数份供货合同同时向买方供应同类商品，且所供应商品的数量不足以清偿供应人所有合同的债务时，所供应的商品应计入在交货时或在交货后立即抵销供应人指定的合同的履行。

2. 如果买方已根据数份供货合同向供应人支付了同类商品的价款，但价款不足以清偿买方所有合同的债务，则所付价款应抵销买方在支付价款时或在付款后立即指定的合同的履行。

3. 如果供应人或买方未行使本条第 1 款和第 2 款规定的权利，则该债的履行应与到期日较早的合同的债相抵销。

如果数份合同的债同时到期，则应按比例抵销所有合同的债。

第五百六十条　单方拒绝履行供货合同

1. 在一方当事人严重违反合同的情况下，应允许单方拒绝履行供货合同（全部或部分）或单方变更合同（第 482 条第 2 款第 2 项）。

2. 在下列情况下，供应人的违约行为被推定为重大违约行为：

（1）交付的商品质量不合格，在买方接受的期限内无法消除缺陷；

（2）多次违反供应条款。

3. 在下列情况下，买方的违约行为被推定为重大违约行为：

（1）多次违反价款支付条款；

（2）多次不接收商品。

4. 双方合同可约定单方拒绝履行供货合同或单方变更供货合同的其他理由。

5. 自一方收到另一方单方拒绝履行合同的通知时起，供货合同被视为变更或终止，但通知中规定了解除或变更合同的不同期限或双方协议另有约定的除外。

第五百六十一条　合同解除时损失的计算

1. 如果在因卖方违约而解除合同后的合理期限内，买方以高于合同约定的合理价格向他人购买了代替合同约定的商品，则买方可以合同约定的价格与代替交易价格之间的差额向卖方提出损害赔偿请求。

2. 如果在因买方违约而解除合同后的合理期限内，卖方以低于合同约定但合理的价格将商品出售给他人，则卖方可以合同约定的价格与替代交易价格之间的差额向买方提出损害赔偿请求。

3. 满足本条第 1 款、第 2 款和第 3 款规定的要求，并不免除未履行或不适当履行义务的一方根据本法第 15 条的规定给另一方造成的其他损失的赔偿义务。

第四节　为国家需要供应商品

第五百六十二条　为国家需求供应商品的理由

1. 为国家需求供应商品应根据国家订单以及据此签订的国家供货合同进行。国家需求应被视为根据法律规定的程序确定的需求，并由财政预算出资提供。

2. 供货合同规则（第 541 条至第 556 条）适用于为国家需求供应商品的关系，但本法规则另有规定的除外。

在本款未作规定的部分，为满足国家需求供应商品的法律适用于为满足国家需求供应商品的关系。

第五百六十三条　为满足国家需求签订商品供货合同

1. 如果国家订单确定，由供应人（承揽人）根据国家供货合同向国家客户指定的买方供应商品，则国家客户应在国家供货合同签订之日起 30 日内，向供应人（承揽人）和买方发出指定供应人（承揽人）的通知。

国家客户根据国家供货合同发出的买方对供应人（承揽人）的指定供应通知是签订国家供货合同的基础。

2. 供应人（承揽人）有义务自收到国家客户通知之日起 30 日内，将国家供货合同草案送交通知中指定的买方，但国家合同约定了其他合同草案编制程序或买方提交了合同草案的除外。

3. 收到国家供货合同草案的一方当事人应在收到草案之日起 30 日内签署该草案并将一份副本返还另一方当事人。如果其在该期限内对合同条款有异议，应起草一份异议议定书，并连同签署的合同一并送交对方。

4. 收到已签署的国家供货合同草案和异议议定书的一方当事人，应在 30 日内考虑异议，采取措施与另一方商定合同条款，并通知另一方接受合同的版本或拒绝异议议定书。30 日内未解决的异议可由相关方提交法院审理。

5. 如果供应人（承揽人）逃避订立国家商品供货合同，采购人有权向法院提起诉讼，要求供应人（承揽人）按照采购人制定的合同草案条款订立合同。

第五百六十四条　买方拒绝签订国家供货合同

1. 买方有权全部或部分拒绝接收指定供应通知中规定的商品，并拒绝签订供货合同。

在此情况下，供应人（承揽人）应立即通知国家客户，并有权要求其向另一买方发出指定供应通知。

2. 国家客户在收到供应人（承揽人）通知之日起30日内，应向另一买方发出指定供应通知，或向供应人（承揽人）发出发货单，指明商品接收人或告知其同意接收商品并支付价款。

3. 如果国家客户未履行本条第2款规定的义务，供应人（承揽人）有权要求国家客户接收商品并支付价款，或自行决定出售商品，并将与出售商品有关的合理费用退还国家客户。

第五百六十五条　国家供货合同的履行

1. 在根据国家供货合同条款直接向国家客户交付商品或根据其指示（发货单）向他人（收货人）供应商品的情况下，双方在履行国家供货合同方面的关系应适用本法第541条至第561条规定。

2. 如果发货单中指定了收货人接收满足国家需求的商品，则应由国家客户支付货款，但国家供货合同约定了其他结算程序的除外。

第五百六十六条　为国家需要商品国家供货合同价款支付

根据国家供货合同向收货人供应商品时，收货人应按国家供货合同确定的价格支付价款，但国家供货合同约定了其他确定价格和结算的程序除外。

当收货人根据国家供货合同支付价款时，国家客户是履行该义务的保证人（第390条至第396条）。

第五百六十七条　由于国家订购的执行和取消造成损失的赔偿

1. 因履行国家供货合同而给供应人（承揽人）造成的损失，应由国家客户在根据国家供货合同供应商品之日起30日内予以赔偿，但有关为国家需求供应商品的法律另有规定的除外。

2. 如果因履行国家供货合同而给供应人（承揽人）造成的损失未按照国家供货合同得到赔偿，供应人（承揽人）有权拒绝履行国家供货合同，并有权要求赔偿因解除国家供货合同而造成的损失。

3. 在以本条第 2 款规定的理由解除国家供货合同的情况下，供应人有权拒绝履行国家供货合同。

第五百六十八条　国家订购人拒绝接收根据国家订购供应的商品

在法律规定的情况下，国家客户有权全部或部分拒绝接收国家供货合同约定的商品，但须向供应人赔偿因拒绝接收而造成的损失。

如果国家客户拒绝接收国家供货合同约定的商品，导致国家供货合同解除或变更，则国家客户应赔偿因解除或变更合同给买方造成的损失。

第五节　能源供应

第五百六十九条　能源供应合同

1. 根据能源供应合同，能源供应机构有义务通过连接的网络供应能源，用户为接收的能源付费，并遵守合同约定的能源使用方式，以保障能源供应机构控制下的管网安全运行，以及其使用的与能源使用相关的装置和设备的可用性。

2. 关于能源供应的法律和其他法律规范以及根据这些法律通过的强制性规则，适用于本法没有规定的能源供应合同关系。

第五百七十条　能源供应合同的订立

1. 如果用户拥有符合规定的能源装置，并按照规定程序与能源供应机构的网络连接，同时拥有必要的设备和能源消耗计量装置，则可以与该用户签订能源供应合同。

2. 在公民为日常消费使用能源而作为能源供应合同的用户时，合同自用户按照规定程序首次实际连接到管网时起被视为订立。

第五百七十一条　能源数量

1. 能源供应机构有义务按照合同约定的数量和双方约定的供应制度通过连接网络向用户供应能源。能源供应机构供应的能源量和用户收到的能源量应根据计量装置的指数确定，如果没有计量装置，则通过计算确定。

2. 合同可以约定用户有权变更合同约定的用户所接收的能源量，但用户必须支付能源供应机构为确保按照合同约定的数量供应能源而产生的费用。

3. 在为日常消费使用能源的公民作为能源供应合同的用户时，有权使用其所需数量的能源。能源供应机构供应的能源量和用户收到的能源量应根据计量装置的指数确定。

第五百七十二条　违反能源供应合同数量条款的后果

如果能源供应机构通过连接的网络向用户提供的能源量少于合同约定的数量，则适用本法第 502 条的规定，但法律另有规定、合同另有约定或债的实质另有要求的除外。

第五百七十三条　能源质量

1. 能源供应机构提供的能源的质量应符合国家标准和其他标准化规范性文件规定的要求或合同约定的要求。

2. 如果能源供应机构违反能源质量要求，则适用本法第 511 条的规定，但法律另有规定、合同另有约定或债的实质另有要求的除外。

第五百七十四条　用户维护和运营网络、仪器和设备的义务

1. 用户有义务确保运行中的管网、装置和设备的适当技术条件和安全，遵守规定的能源消耗制度，并立即向能源供应机构通报能源使用中发生的事故、火灾、能源计量装置故障和其他违规行为。

2. 在为日常消费而使用能源的公民作为能源供应合同的用户时，能源供应机构有义务确保管网和能源消费计量装置的适当技术条件和安全，但法律另有规定的除外。

3. 管网、装置和设备的技术条件和运行的要求，以及其遵守情况的监督程序，由法律规定或根据法律规定的程序确定。

第五百七十五条　能源费用的支付

能源费用根据本法第 571 条规定的用户实际收到的能源量支付，但法律、其他规范性文件另有规定或双方合同另有约定的除外。

第五百七十六条　用户转让能源给他人

1. 用户只有在征得能源供应机构同意的情况下，才能将通过连接网络从能源供应机构获得的能源转让给他人（次级用户）。

2. 本款规定适用于用户向次级用户转让能源的合同，但法律另有规定或能源供应合同另有约定的除外。

3. 向次级用户转让能源时，用户仍应对能源供应机构负责，但法律另有规定的除外。

第五百七十七条　能源供应合同的变更和解除

1. 如果使用家庭能源的公民是能源供应合同的用户，则他有权在通知能源供应机构并全额支付所使用能源的情况下单方解除合同。

如果能源供应合同的用户是法人，能源供应机构有权根据本法第 560 条规定的理由单方解除合同，但法律或其他规范性文件另有规定的除外。

2. 经双方同意，可中断、终止或限制能源供应，但经国家能源监督机构认证的用户能源设备状况不佳可能导致事故或威胁公民生命安全的情况除外。能源供应机构应就能源供应的中断、终止或限制预先向用户发出警告。

3. 在必须采取紧急措施防止或消除能源供应机构系统事故的情况下，允许能源供应机构在未与用户达成协议和未发出适当警告的情况下中断、终止或限制能源供应，但必须立即通知用户。

第五百七十八条　能源供应合同责任

1. 在不履行或不适当履行能源供应合同约定的义务的情况下，能源供应机构和用户有义务赔偿由此造成的实际损失。

2. 如果能源供应的中断是能源供应机构根据法律对能源和能源不足的消费模式进行监管造成的，则能源供应机构应对其过错造成的不履行或不适当履行合同义务承担责任。

第五百七十九条　能源供应合同规则对其他通过连接网络供应关系的适用

1. 本款规定适用于通过连接网络供应热能的关系，但法律另有规定的除外。

2. 本款规定适用于通过连接网络供应天然气、石油和石油产品、水和其他物品的关系，但法律另有规定、合同另有约定或债的实质另有要求的除外。

第六节　不动产买卖

第五百八十条　不动产买卖合同

1. 不动产买卖合同，是指卖方有义务将建筑物、构筑物、公寓或其他不动产转归买方所有的合同。

2. 本款规定之规则适用于企业的出售，但有关企业买卖合同之规则另有规定的除外（第 589 条至第 596 条）。

第五百八十一条　不动产买卖合同的形式

不动产买卖合同应以书面形式订立，起草一份由双方签署的单一文件（第 466 条第 2 款）。

违反不动产买卖合同形式的合同无效。

第五百八十二条　不动产所有权转让的国家登记

1. 根据不动产买卖合同向买方转让不动产所有权的，须进行国家登记。

2. 当事人在国家登记所有权转让前签订的不动产买卖合同，不得作为改变其与第三人关系的依据。

3. 如果一方当事人逃避不动产所有权转让的国家登记，法院有权应另一方当事人的请求，就所有权转让的国家登记作出判决。无理由逃避所有权转让的国家登记的一方应赔偿另一方因延迟登记而造成的损失。

第五百八十三条　建筑物、构筑物或土地上的其他不动产出售时土地使用权

1. 根据建筑物、构筑物或其他不动产的买卖合同，买方在转让该不动产所有权的同时，应转让该不动产所占土地上使用该不动产所必需的那部分土地的使用权。

2. 如果卖方是所售不动产所在地的使用者，则买方获得不动产买卖合同中约定的转让该土地相关部分的使用权、租赁权或任何其他权利。

如果合同中没有明确约定将相关土地的权利转让给买方，则不动产所占用的且为其使用所必需的那部分土地的使用权应转让给买方。

3. 在不违反法律规定或合同约定的土地使用条件的情况下，允许未经土地使用者同意，出售不属于卖方使用权的土地上的不动产。

在出售此类不动产时，买方有权在与卖方相同条件下使用土地的相关部分。

第五百八十四条　不动产买卖合同标的的确定

不动产买卖合同必须载明能够明确确定根据合同转让给买方的不动产数据，包括确定不动产在有关土地上的位置或作为其他不动产组成部分的数据。

如果合同中没有此类数据，则视为双方未就拟转让不动产的条件达成一致，相关合同未订立。

第五百八十五条　不动产买卖合同的价款

不动产买卖合同应约定该不动产的价款。

如果合同中没有当事人书面约定的不动产价格条款，则视为未订立不动产买卖合同。在此情况下，不适用本法第 456 条第 3 款规定的价格确定规则。

第五百八十六条　不动产转让

1. 卖方转让不动产合同且买方接受转让的，应根据双方签署的转让合同或其他转让文件进行。

卖方向买方转让不动产的义务，在不动产交付给买方且双方签署转让文件后被视为履行，但法律另有规定或合同另有约定的除外。

若一方当事人逃避按照合同约定的条款签署不动产转让文件，则视为卖方拒绝履行转让不动产的义务和买方拒绝接受该不动产。

2. 买方接受不符合不动产买卖合同条款的不动产，包括不动产转让文件中约定的不符合条款的情况，不能作为免除卖方不适当履行合同责任的依据。

第五百八十七条　转让质量不合格不动产的后果

如果卖方向买方转让的不动产质量不符合不动产买卖合同的约定，则适用本法第511条的规定，但买方有权要求用符合合同约定的商品替换质量不合格商品的规定除外。

第五百八十八条　住房出售的特殊性

1. 住宅楼、公寓、住宅楼部分或公寓的居住人在买方依法获得住宅财产后仍有权使用该财产的，其销售合同的一项基本条款是提供一份此类人员的名单，并注明其对所售住宅财产的使用权。

2. 住宅楼、公寓、部分住宅或部分公寓的买卖合同应进行国家登记，自登记时起合同视为订立。

第七节　企业买卖

第五百八十九条　企业买卖合同

1. 根据企业买卖合同，卖方有义务将作为财产综合体的企业整体移交买方所有，但卖方无权向他人转移的权利和义务除外。

2. 与企业雇员有关的权利和义务由卖方按照劳动法规定的法人重组时的权利和义务转让程序转让给买方。

3. 除非合同另有约定，卖方的产品、作品或服务、公司名称、商标、服务标志和其他个性化手段的使用权均转让给买方。

4. 卖方依据特别许可（使用许可）取得的从事相应活动的权利不得转移给企业的买方，但法律另有规定的除外。在根据合同转让的企业构成中列入买方在没有该特别许可（使用许可）的情况下不能履行的主债务，并不免除卖方对债权人的相应债务。卖方和买方就未能履行该类义务对债权人承担连带责任。

第五百九十条　企业买卖合同的形式和国家登记

1. 企业买卖合同应以书面形式订立，起草一份由双方签署的单一文件，并必须依据本法第594条第2款规定附上相应文件。

2. 违反企业买卖合同形式的合同无效。

3. 企业买卖合同须经国家登记，自登记之时起订立。

第五百九十一条 确定拟出卖企业的构成和价值评估

1. 拟出卖企业的构成和价值评估，应根据此类清查的既定规则对企业进行全面清查确定。

2. 在签署企业买卖合同前，双方当事人应制作和审查库存清单、资产负债表、审计机构关于企业构成和价值的独立审计报告，以及列明债权人、债权性质、金额和期限的企业所有债务（负债）清单。

上述文件中规定的财产、权利和义务由卖方转让给买方，但本法第582条和合同另有约定的除外。

第五百九十二条 债权人在企业买卖中的权利

1. 在将企业转让给买方之前，卖方应书面通知拟买卖企业所包含债务的债权人。

2. 如果债权人没有书面向卖方表示同意债务转移，则有权自收到企业买卖通知之日起3个月内，要求卖方终止或提前履行债务并赔偿损失，或确认企业买卖合同全部或部分无效。

3. 未按本条第1款规定的方式收到企业买卖通知的债权人，可在知道或应当知道卖方向买方转让企业之日起一年内，向法院提出满足本条第2款规定的要求的诉讼。

4. 在企业被转让给买方后，卖方和买方对纳入被转让企业构成的未经债权人同意而转由买方承担的债务承担连带责任。

第五百九十三条 企业的移交

1. 卖方按照转让文件将企业移交给买方，转让文件应载明企业构成和通知债权人出售企业的资料以及所转让财产的缺陷信息和因损失而无法移交的财产清单。

转让企业的准备工作，包括制作和提交签署移交文件，由卖方负责并承担费用，但合同另有约定的除外。

2. 企业自双方当事人签署移交文件之日起视为已交付给买方。

自该时起，买方承担所移交企业构成中的财产的意外损毁或灭失的风险。

第五百九十四条 企业所有权转让

1. 企业所有权自该权利在国家登记之时起转让给买方。

2. 买方对企业所有权的国家登记应在企业转让给买方后立即进行（第593条）。

第五百九十五条 缺陷企业转让和接收的后果

1. 卖方转让和买方依照转让文件接受不符合合同约定的企业，包括所交付财产的质量不符合合同的约定，应根据本法第 496 条至第 498 条以及第 502 条、第 505 条、第 512 条、第 516 条规定确定，但合同或本条第 2 款至第 4 款另有规定的除外。

2. 如果企业根据转让文件转让并被接受，而转让文件中载有关于企业缺陷和财产损失的信息（第 595 条第 1 款），则买方有权要求相应降低企业的购买价格，但合同约定在这种情况下可以提出其他请求权的除外。

3. 如果卖方的债务（债）在企业买卖合同或转让文件中没有指明，则买方有权要求降低购买价格，但卖方证明买方在订立合同和转让企业时知道该债务（债）的除外。

4. 如果卖方收到买方关于企业中转让的财产缺陷或者企业中没有移交的某些财产的通知，卖方可以立即更换质量不合格的财产或向买方提供缺少的财产。

5. 如果证实企业因卖方应负责的缺陷而不符合买卖合同约定的目的，且卖方未按照本法、其他法律规定或合同约定的条件、方式和期限消除这些缺陷，或不可能消除这些缺陷，则买方有权向法院要求终止或变更企业买卖合同，并要求返还双方根据合同已履行的财产。

第五百九十六条 法律行为无效后果和合同解除与变更规则适用于企业买卖合同

本法规定的关于法律行为无效的后果和关于因买卖合同变更或解除而返还或者依照合同向一方或双方实物追索的规则，适用于企业买卖合同，但这些后果严重侵害卖方和买方的债权人以及其他人的权利和受法律保护的利益，且违反公共利益的除外。

第八节 定 购

第五百九十七条 定购合同

1. 根据定购合同，农产品生产人承诺将农产品交付（转让）给买方（购买农产品进行加工或销售的人），买方承诺接收农产品并在规定期限内按确定价格支付价款。

2. 农产品定购合同适用供货合同的规则，在适当的情况下适用国家供货合同的规则，但本法另有规定或债的实质另有要求的除外。

第五百九十八条　农产品生产人的义务

1. 农产品生产人有义务按照合同约定的数量和种类交付种植（生产）的农产品。

2. 如果生产人没有履行本条第1款规定的义务，买方无法按照合同约定的数量和种类接收农产品，则买方有权要求终止或变更合同并赔偿损失。

第五百九十九条　采购人的义务

1. 采购人有义务在生产人所在地接收农产品，并确保（保证）农产品其运送，但合同另有约定的除外。

2. 如果在采购人所在地或采购人指定的任何其他地方接收农产品，则采购人无权拒绝接收生产人按照合同约定的期限交付的农产品。

3. 如果采购人未能保证农产品的运送或接收，则应向生产人支付农产品的价值和运送农产品的费用。

4. 采购人根据农产品预购合同收到农产品进行加工后，应根据生产人的要求，将农产品加工产生的废料退回给生产人，并按双方商定的价格付款。

第六百条　农产品生产者的责任

不履行或不适当履行义务的农产品生产人应对其过错承担赔偿责任。

第三十章　互　　易

第六百零一条　互易合同

1. 根据互易合同，任何一方当事人都有义务将一种商品交付给另一方当事人所有以换取另一商品。

2. 互易合同相应适用买卖规则（第二十九章），但违背本章规则和互易实质的除外。任何一方当事人均应被视为其承诺转让商品的卖方及承诺接受互易货物的买方。

第六百零二条　互易合同的价格和费用

1. 互易商品推定价值相等，其转让与接受的费用由承担相应义务的当事人承担，但合同另有约定的除外。

2. 如果互易商品不等价，则交付价格低的一方当事人，应在交付商品或其所有权文件后根据合同约定立即支付差价，但合同约定了其他支付方式的除外。

3. 如果互易商品不等价，但其差价未在互易合同中约定，且无法根据合同条款确定，则应根据本法第456条第3款规定确定。

第六百零三条 互易合同下商品交付义务的同时履行

根据互易合同，在互易商品的交付时间不一致的情况下，一方当事人在另一方当事人交付商品后履行商品交付的义务，适用债的同时履行规则（第353条）。

第六百零四条 互易商品所有权的转让

互易商品的所有权在双方当事人履行交付相应商品的义务后同时转让给作为互易合同买方的当事人，但法律另有规定或互易合同另有约定的除外。

第六百零五条 根据互易合同取得的商品被没收的责任

依照互易合同取得的商品由第三人从一方当事人处取回的，在存在本法第498条规定的理由时，一方当事人有权要求另一方当事人返还其互易所取得的商品并（或）赔偿损失。

第三十一章 赠与

第六百零六条 赠与合同

根据赠与合同，一方（赠与人）向另一方（受赠人）无偿转让财产或财产权（请求权），或免除他对自己的财产义务。

第六百零七条 赠与合同的形式

1. 除本条第2款和第3款规定的情况外，附有向赠与人转让赠与物的赠与可以口头作出。

赠与的转让应以交付、象征性转让（交付钥匙等）或交付所有权文件的方式进行。

2. 在下列情况下，动产赠与合同应以简单的书面形式订立：

（1）赠与人为法人，且合同标的物的价格超过20个结算指标；

（2）赠与人为自然人，且合同标的物的价格超过10个结算指标。

在本款规定的情况下，经赠与人起诉，法院确认口头订立的赠与合同无效。

3. 不动产赠与合同须经公证，并进行国家登记。

第六百零八条 受赠人拒绝接受赠与

在赠与物移转前，受赠人有权随时拒绝接受赠与。在此情况下，赠与合同视为终止。

第六百零九条 禁止赠与

除价值较小的普通赠与外，禁止以下赠与：

（1）法人根据经济管理权或经营管理权赠送属于自己的财产；

（2）未成年人和经法定代理人确认为无法律行为能力的公民。

第六百一十条　赠与的限制

1. 共同共有财产的赠与须经全体共有人同意，但须遵守本法第301条的规定。

2. 将属于赠与人的请求权赠与第三人，须遵守本法第411条至第415条、第417条至第419条之规定。

3. 以代替受赠人履行对第三人义务的方式进行的赠与，应遵守本法第334条第1款的规定。以赠与人承担受赠人对第三人债务的方式进行的赠与，应遵守本法第420条和第421条的规定。

4. 发给代理人的没有指明受赠人和赠与标的物的赠与合同自始无效。

第六百一十一条　赠与的撤销

1. 如果受赠人对赠与人、其家庭成员或近亲属的生命或健康实施故意伤害行为，则赠与人有权撤销赠与。

在受赠人蓄意剥夺赠与人生命的情况下，赠与人的继承人有权要求法院撤销赠与。

2. 如果受赠人对赠与人具有重大非财产价值的赠与物的处理造成不可挽回损失的威胁，则赠与人有权要求法院撤销赠与。

3. 在利害关系人的要求下，法院可以撤销个人企业家或法人在被宣布无力偿债（破产）之前6个月内违反有关无力偿债（破产）的法律规定，用与其企业活动有关的资金所作的赠与。

4. 赠与合同可以约定赠与人有权在受赠人去世后撤销赠与。

第六百一十二条　因赠与物瑕疵造成损害的后果

因赠与物的瑕疵对受赠公民的生命、健康或财产造成的损害，应由赠与人根据本法第五十九章的规定予以赔偿，但须证明该瑕疵产生于将该物转让给受赠人之前，且不属于明显瑕疵，而赠与人虽知悉瑕疵，但未就瑕疵通知受赠人。

第六百一十三条　捐赠

1. 捐赠是指为公共利益目的的赠与。

捐赠的对象可以是公民、医疗机构、教育机构、社会保障机构和其他类似机构、慈善机构、科学和教育机构、基金会、博物馆和其他文化机构、社会组织和宗教组织，以及国家和其他民法主体。

2. 接受捐赠不需要任何人的授权或同意。

3. 向公民捐赠财产应附有捐赠人须将该财产用于特定目的的条件，可以是赠与人将财产捐赠给其他人的条件。在缺乏该条件的情况下，捐赠给公民的财产被视为普通赠与，在其他情况下，捐赠人应根据财产的用途使用捐赠的财产。

4. 本法第611条的规定不适用于捐赠。

第三十二章　终身赡养

第六百一十四条　终身赡养合同

1. 终身赡养合同——自然人将所属住宅、公寓或其他不动产转让给赡养人，赡养人承诺终生赡养该自然人和（或）他指定的第三人。

2. 终生赡养合同可由几位自然人共同签署，他们在被赡养权中的份额相等。如果其中一名被赡养人死亡，其被赡养权份额应转移给其他幸存的被赡养人，但合同另有约定的除外；如果最后一名被赡养人死亡，支付赡养费的义务终止。

第六百一十五条　终身赡养合同的形式

1. 被赡养人的终身赡养合同应以书面形式订立，并进行公证，约定以终身赡养为条件转让不动产的合同也应进行国家登记。

2. 未遵守本条第1款规定的合同无效。

第六百一十六条　提供赡养费的义务

1. 年金支付人提供被赡养人生活费的义务包括提供住房、食物和衣服，以及在公民的健康状况需要时提供照料。

合同还可约定年金支付人支付殡葬服务费。

2. 合同应确定赡养费总额的价值。同时，每月的赡养费总额不得少于法律规定的4个计算指标。

3. 法院在处理双方关于向公民提供或应该提供的赡养费数额的争议时，应遵循诚信和合理的原则。

第六百一十七条　以定期付款取代终身赡养

合同可约定以定期支付的方式取代终身赡养的实际履行。

第六百一十八条　转让财产意外灭失或损毁的风险

转让财产发生意外灭失或损毁，并不免除年金支付人提供赡养费的义务。

第六百一十九条　拒绝终身赡养合同

1. 如果因违反合同义务，双方关系已无法继续或因其他重要原因，双方可解除终身赡养合同。

2. 根据合同转让的财产应在合同终止时归还给被赡养人，年金支付人在合同终止前所支付的费用不必退还给被赡养人，但合同另有约定的除外。

第六百二十条　为终身赡养转让的财产的出让和使用

1. 年金支付人只有在事先征得被赡养人同意的情况下，才可以转让、抵押或以其他方式抵押作为生活赡养费担保而转让给他的不动产。

2. 年金支付人有义务采取必要措施，确保在提供终身赡养费期间，使用上述财产不会导致财产的价值降低。

3. 在被赡养人转让财产时，被赡养人有权将该财产留置，以担保义务履行。

第六百二十一条　终身赡养合同的解除

1. 终身赡养合同可根据当事人的要求解除。

2. 在赡养人严重违反合同的情况下，被赡养人有权要求解除合同。

第六百二十二条　终身赡养合同的终止

1. 被赡养人死亡，终身赡养义务终止。

2. 年金支付人严重违反其义务的，被赡养人有权要求年金支付人返还作为终身赡养费担保而转让的不动产或支付赎回价款。同时，年金支付人无权要求赔偿与赡养被赡养人有关的费用。

第六百二十三条　年金支付人死亡的后果

1. 年金支付人死亡时，赡养义务转移给接受转移财产的继承人。

2. 如果继承人拒绝接受遗产，则应将财产交付被赡养人，并终止合同。

第三十三章　财产租赁（出租）

第一节　一 般 规 定

第六百二十四条　财产租赁合同

根据财产租赁（出租）合同，出租人有义务有偿向承租人提供财产，供其临时占有和（或）使用。

第六百二十五条　承租人对承租财产的产品、孳息和收入的所有权

承租人因使用承租财产而获得的产品、孳息和其他收益应属于承租人所有，但法律另有规定或财产租赁合同另有约定的除外。

第六百二十六条 租赁财产的客体

1. 土地、一般有用的矿物和其他独立的自然物、企业和其他财产综合体、建筑物、构筑物、设备、车辆和其他在使用过程中不丧失其自然属性的物（非消耗物）可以出租。

2. 法律可规定不允许或限制租赁的企业类型（类别）和财产类型。

第六百二十七条 出租人

1. 出租财产的权利属于财产所有人。

2. 经法律或所有权人的授权，出租财产的人也可以成为出租人。

第六百二十八条 财产租赁合同的形式

1. 超过一年期限的财产租赁合同，应当以书面形式签订。如果合同的一方当事人是法人，则无论其期限长短，都应以书面形式签订。

2. 不动产租赁合同应进行国家登记，但法律另有规定的除外。

3. 在将来把财产所有权转让给承租人的财产租赁合同应以该财产买卖合同约定的形式签订。

第六百二十九条 财产租赁合同的期限

1. 财产租赁合同的期限应由合同确定。

2. 如果合同中没有约定财产的出租期限，则视为不定期合同。在这种情况下，任何一方当事人都有权在任何时候撤销合同，但需提前一个月通知对方；如果是租用不动产，则需提前3个月通知对方。法律可以规定或合同可以约定预先告知终止不定期财产租赁合同的不同期限。

3. 法律可以对某些财产出租的种类以及出租最长（极限）合同期限作出规定。在这些情况下，如果没有约定租赁期限或者任何一方当事人在法定最长期限届满前要求解除合同，则合同在最长期限届满前终止。

租赁合同约定的期限超过法定最长期限的，其期限视为等于最长期限。

第六百三十条 向承租人提供财产

1. 出租人有义务向承租人提供符合合同条款以及财产用途的财产。

2. 财产应连同所有从物和相关文件（技术护照、质量证书等）一起出租，但合同另有约定的除外。

如果出租人没有提供这些从物和文件，承租人不能按照财产的用途使用财产，或严重剥夺了其在签订合同时有权期待得到的东西，则承租人可要求出租人提供这些从物和文件或终止合同，并要求赔偿损失。

3. 如果出租人未能在约定期限内或（如果合同中未约定期限）在合理期限内向承租人提供所租用的财产，则承租人有权根据本法第429条的规定向出租人索要财产或要求终止合同。

第六百三十一条　出租人的出租财产瑕疵责任

1. 出租人对出租财产的完全或者部分妨碍财产使用的瑕疵承担责任，甚至是在订立合同时他不知道的瑕疵。

一旦发现这些缺陷，承租人有权自行选择要求出租人免费消除财产缺陷，或相应减少租金，或补偿其消除财产缺陷的费用，或直接从财产使用费中扣除其消除缺陷的费用，或提前终止合同。

2. 出租人在收到承租人的要求或承租人打算由出租人承担费用对财产缺陷进行补救的通知后，可立即用其他状况良好的类似财产替换所租用的财产，或免费对财产缺陷进行补救。

3. 如果承租人的要求未得到满足或从租金中扣除弥补缺陷的费用不足以弥补给承租人造成的损失，则承租人可要求出租人赔偿未弥补的部分损失。

4. 对于出租人在订立合同时约定的，或承租人事先知道的，或承租人在订立合同或出租财产时检查财产或其适用性时应当发现的租用财产的缺陷，出租人不承担责任。

第六百三十二条　第三人对租赁物的权利

将财产出租不得作为终止或改变第三人对该财产权利的依据。

在签订合同时，出租人有义务告知承租人第三人对租赁财产的所有权利（地役权、抵押权等）。如果违反该规定，承租人有权要求减少财产使用费或取消合同并赔偿损失。

第六百三十三条　财产使用费

1. 承租人有义务及时缴纳财产使用费。

付款的程序、条件和期限应由合同确定。如果合同未作约定，则适用在类似情况下租用类似财产通常适用的程序、条件和期限。

2. 费用应按租用财产的整体或各组成部分分别确定，其形式为：

（1）定期或一次性支付的固定分期付款；

（2）从使用租用财产所获得的产品、孳息或收入中提取固定份额；

（3）承租人提供某些服务；

（4）承租人向出租人交付合同约定的财产；

（5）承租人合同约定的改善租用财产的费用。

双方当事人可在合同中约定组合上述几种财产使用费的支付方式或其他支付方式。

3. 财产使用费的数额可在合同约定的期限内经双方同意进行变更，但每年不得超过一次。法律可对某些类型的租赁以及某些类型的财产租赁的付款额度的修改规定其他最低期限。

4. 如果因非承租人责任的情况导致合同约定的使用条件或财产状况严重恶化，则承租人有权要求相应减少费用，但法律另有规定的除外。

5. 在承租人严重违反财产使用费的缴纳期限的情况下，出租人有权要求承租人在出租人规定期限内提前缴纳租金，但合同另有约定的除外。出租人不得连续 2 次以上要求提前支付财产使用费。

第六百三十四条　出租财产的使用

1. 承租人有义务按照合同约定的条款使用财产，如果合同中未约定此类条款，则应按照财产的用途使用。

2. 承租人在征得出租人同意后，有权将租赁财产转租（出租）给他人，并将租赁合同约定的权利和义务转让（转移）给他人，有权将租赁财产提供给他人无偿使用，有权将租赁权抵押，将其作为公司和企业注册资本的出资，或作为生产合作社的股份出资，但本法、其他法律另有规定的除外。在上述情况下，除转租外，承租人仍对出租人负责。

转租合同的期限不得超过租赁合同的期限。

租赁合同的相关规定适用于转租合同，但法律另有规定的除外。

3. 如果承租人不按照租赁合同的条款或财产的用途使用财产，出租人有权要求取消合同并要求承租人赔偿损失。

第六百三十五条　承租人处分出租财产

承租人在征得出租人同意后，有权将租赁财产转租（出租）给他人，并将租赁合同约定的权利和义务转让（转移）给他人，有权将租赁财产提供给他人无偿使用，有权将租赁权抵押并将其作为公司和企业注册资本的出资，或作为生产合作社的股份出资，但本法、其他法律另有规定的除外。在上述情况下，除转租外，承租人仍对出租人负责。

向他人转让财产的合同期限不得超过租赁合同的期限。

租赁合同的相关规定适用于转租合同，但法律另有规定的除外。

第六百三十六条　出租人维护财产的义务

1. 出租人有义务自费对出租财产进行重大维修，但法律另有规定或合同另有约定的除外。

2. 出租人有义务自费维修因不可归责于承租人的情形导致的紧急需要。

3. 重大维修必须在租赁合同约定的期限内进行，如果合同没有约定该期限或者因紧急需要，则应当在合理期限内进行。

4. 如果出租人违反进行重大维修的义务，则承租人有权进行合同约定的或者因紧急需要而引发的重大维修，并向出租人追回维修费用或将其从财产使用费中扣除，或要求相应减少价款或终止合同。

第六百三十七条　承租人维护承租财产的义务

承租人有义务保持财产完好，自费进行维修，并承担财产的维修费用，但法律另有规定或合同另有约定的除外。

第六百三十八条　当事人变更时财产租赁合同继续有效

1. 将租用财产的所有权转让给他人，不得被作为变更或取消财产租赁合同的理由。

2. 作为不动产承租人的自然人死亡时，其在该不动产租赁合同下的权利和义务应转移给其继承人，但法律另有规定或合同另有约定的除外。

出租人无权拒绝该继承人在合同剩余有效期内参与合同，但合同的签订是以承租人的个人品质为条件的除外。

第六百三十九条　财产租赁合同提前终止时分租合同的终止

1. 财产租赁合同的提前终止将导致根据该合同签订的转租合同终止，但财产租赁合同另有约定的除外。在这种情况下，转承租人可以对处于其使用中的财产在剩余租赁期内，按照与终止的财产租赁合同条款一致的条件订立出租合同。

2. 如果财产租赁合同根据本法规定的理由被确认为无效，则根据该合同签订的转租合同也无效。

第六百四十条 应出租人要求提前解除合同

1. 在下列情况下，应出租人的要求，法院可提前解除财产租赁合同：

（1）在使用财产时严重违反合同条款或财产用途，或在出租人发出书面警告后仍多次违规；

（2）严重损坏财产；

（3）在合同约定的付款期限届满后，连续两次以上未支付财产使用费；

（4）未能在租赁合同约定的期限内对财产进行重大维修，如果合同中没有此类条款，则根据法律规定应由承租人承担重大维修义务的情况下，未在合理期限内对财产进行重大维修。

根据本法第482条第2款的规定，在出租人的要求下，财产租赁合同也可约定提前解除合同的其他理由。

2. 出租人只有在向承租人提供履行义务的合理机会后，才有权要求提前解除合同。

第六百四十一条 应承租人要求提前解除合同

在下列情况下，法院可应承租人的要求提前解除财产租赁合同：

（1）出租人未能提供财产供承租人使用，或者制造障碍妨碍其按照合同条件或者财产用途使用财产；

（2）交付给承租人的财产存在妨碍其使用的缺陷，而这些缺陷并非出租人在签订合同时约定的，承租人事先未知晓，且承租人在签订合同时检查财产或其适用性时也无法发现；

（3）出租人未能在合同约定的期限内对财产进行重大维修，或在合同未约定期限的情况下，未能在合理期限内对财产进行重大维修；

（4）因出租人不负责任的情况导致财产无法使用。

根据本法第482条第2款的规定，财产租赁合同也可根据承租人的要求，规定提前解除合同的其他理由。

第六百四十二条 承租人订立新期限合同的优先权

1. 在合同期限届满时，承租人在同等条件下享有优先于其他人订立新期限财产租赁合同的权利，但法律另有规定或合同另有约定的除外。承租人有义务在财产租赁合同约定的期限内，或在合同未约定期限时，在合同期限届满前的合理时间内，以书面形式通知出租人希望签订此类合同。

在签订新期限的财产租赁合同时，合同条款可由双方协商更改。

2. 如果承租人在合同期限届满后继续使用该财产，且出租人未提出异议，则合同视为在相同条件下无限期续签（第629条）。

第六百四十三条 财产返还给出租人

1. 财产租赁合同终止时，承租人有义务按照其收到财产时的状况（考虑正常损耗）或合同约定的状况将财产归还给出租人。

2. 如果承租人未归还或未及时归还所租用的财产，则出租人有权要求承租人支付整个延迟期间的财产使用费。如果上述费用不足以弥补给出租人造成的损失，出租人可要求承租人偿还。

在合同对逾期返还承租财产约定了违约金的情况下，出租人对于超出违约金的损失可以全额追索，但合同另有约定的除外。

第六百四十四条 租赁财产的改良

1. 承租人对财产进行的可分离的改良属于其所有的财产，但财产租赁合同另有约定的除外。

2. 在承租人自费并经出租人同意，对承租财产进行非对财产造成损害否则不能分离的改良时，承租人在合同终止后有权要求出租人赔偿这些改良的价值，但合同另有约定的除外。

3. 未经出租人同意，承租人对承租财产进行的不可分离的改良不予以赔偿，但法律另有规定的除外。

4. 以扣除财产折旧为代价而对财产进行的可分离和不可分离的改良均为出租人所有的财产。

第六百四十五条 租赁财产的回赎

1. 财产租赁合同可约定，在财产租赁期届满后或届满前，只要承租人支付合同约定的全部赎回价款，租赁财产即转归承租人所有。

2. 如果合同没有约定租赁财产的赎回条件，则可由双方通过补充协议确定，双方可同意用先前支付的财产使用费抵销赎回价款。

3. 本条第1款和第2款的规定不适用于国有财产租赁合同。

4. 法律可规定禁止赎回租赁财产的情况。

第六百四十六条 财产租赁特殊种类和特殊种类财产租赁的特殊性

本款规定适用于某些种类和某些类型财产的租赁合同（出租、机动车辆租赁、企业租赁、融资租赁)，但本法对其另有规定的除外。

第二节　动产租赁

第六百四十七条　动产租赁合同

1. 根据动产租赁合同，作为永久经营活动出租财产的出租人有义务有偿向承租人提供动产，供其临时占有和使用。

根据动产租赁合同提供的财产应用于消费目的，但合同另有约定或债的实质另有要求的除外。

2. 动产租赁合同应以书面形式订立。

3. 动产租赁合同是公开合同（第458条)。

第六百四十八条　动产租赁合同的期限

1. 动产租赁合同的期限最长为一年。

2. 关于财产租赁合同更新为不定期合同以及承租人优先续订财产租赁合同的规则（第642条)，不适用于动产租赁合同。

3. 承租人有权在任何时候向出租人提前10日发出取消动产租赁合同的书面通知。

第六百四十九条　向承租人提供财产

订立动产租赁合同的出租人有义务在承租人在场时检查所出租财产的完好性，并让承租人了解财产的使用规则，或者向其提供使用财产的书面说明。

第六百五十条　消除出租财产的瑕疵

1. 如果承租人发现出租财产有任何瑕疵，致使承租人无法全部或部分使用财产，则出租人有义务在承租人指出瑕疵之日起10日内（但合同约定了更短期限的除外)，免费消除出租财产的瑕疵，或以其他状况良好的类似财产更换出租财产。

2. 如果出租财产的瑕疵是因承租人违反财产的使用和维护规则造成的，则承租人应向出租人支付财产的维修和运输费用。

第六百五十一条　财产使用费

1. 动产租赁合同约定的财产使用费应以定期或一次性支付固定金额的形式确定。

2. 在承租人提前返还财产的情况下，出租人应将已交付的自实际返还财产之日起次日后的部分财产使用费返还给承租人。

3. 向承租人追索缴纳财产使用费应依据公证处的执行书，按照非纠纷程序进行。

第六百五十二条　租赁财产的使用

1. 根据动产租赁合同，租赁财产的重大维修和日常维修均由出租人负责。

2. 禁止将根据动产租赁合同提供给承租人的财产转租给他人，禁止将承租人的权利抵押并将其作为对合伙企业和公司的财产出资、作为对生产合作社的股份投资。

第三节　交通工具租赁

第一分节　提供管理和技术运营服务的交通工具租赁

第六百五十三条　带司乘人员的交通工具租赁合同

1. 根据带司乘人员的交通工具租赁（定期包租）合同，出租人有义务有偿向承租人提供机动车辆，供其临时占有和使用，并提供管理和技术运营服务。

2. 本章关于无限期续订租赁合同及承租人优先续订租赁合同的规则（第642条），不适用于带乘务人员的交通工具租赁合同。

第六百五十四条　带司乘人员的交通工具租赁合同的形式

带司乘人员的交通工具租赁合同，不论期限长短，均应以书面形式订立。本法第628条第2款关于租赁合同登记的规定不适用于交通工具租赁合同。

第六百五十五条　出租人维护交通工具的义务

在整个合同效力期限内，出租人有义务使所出租的交通工具处于适当的状态，包括进行日常维修和重大维修，并提供必要的配件。

第六百五十六条　出租人交通工具管理和技术运营义务

1. 出租人向承租人提供的交通工具的管理和技术操作，应确保其按照合同约定的租赁目的正常、安全地运行。带乘务人员的交通工具租赁合同可约定出租人向承租人提供更广泛的服务。

2. 乘务人员的组成及其资格应符合对双方有约束力的合同的规则和条款，如果对双方当事人具有强制力的规则没有规定这些要求，则应当符合该种交通工具的通常使用实践的要求和合同条款。

3. 乘务人员应保留与出租人的雇佣关系。他们须遵守出租人关于管理和技术操作的指示以及承租人关于车辆商业运营的指示。

4. 乘务人员的服务费用及其维护费用由出租人承担，但带乘务人员的交通工具租赁合同另有约定的除外。

第六百五十七条　承租人支付与交通工具商业运营有关费用的义务

承租人应承担在使用过程中消耗的燃料以及其他材料的费用，支付与交通工具商业运营有关的费用和其他开支，但带乘务人员的交通工具租赁合同另有约定的除外。

第六百五十八条　交通工具的保险

在法律规定或合同约定必须投保的情况下，出租人有义务为交通工具投保，并（或）为交通工具可能造成的损害或与交通工具运行有关的损害投保。但带乘务人员的交通工具租赁合同另有约定的除外。

第六百五十九条　与第三人使用交通工具合同

1. 承租人有权不经出租人同意转租交通工具，但带乘务人员的交通工具租赁合同另有约定的除外。

2. 承租人有权不经出租人同意，以自己的名义与第三人订立运输合同和其他合同，但其不得违背租赁合同中约定的交通工具的使用目的；如果租赁合同中没有规定这些目的，则不得违背交通工具的用途。

第六百六十条　给交通工具造成损害责任

在租赁的交通工具损毁或灭失的情况下，如果出租人能证明交通工具的损毁或灭失是因法律规定或合同约定的承租人负责的事由造成的，则承租人有义务赔偿出租人的损失。

第六百六十一条　交通工具造成损害的责任

承租人应根据本法第五十五章的规定，对租赁的交通工具以及其机械、装置、设备等给第三方造成的损害承担责任。

第六百六十二条　交通工具特殊类型租赁的特殊性

除本章规定外，法律可以规定某些类型的提供管理和技术运营服务的交通工具租赁的特殊性。

第二分节　出租人未提供管理和技术运营服务的交通工具租赁

第六百六十三条　无司乘人员的交通工具租赁合同

1. 根据无司乘人员的交通工具租赁合同，出租人有义务向承租人有偿提供机动车辆，供其临时占有和使用，但不提供管理和技术操作服务。

2. 本章关于无限期续订租赁合同和承租人优先续订租赁合同的规则（第 642

条)，不适用于无司乘人员的交通工具租赁合同。

第六百六十四条　无司乘人员的交通工具租赁合同的形式

无司乘人员的交通工具租赁合同，不论期限长短，均以书面形式订立。本法第628条第2款关于租赁合同登记的规定不适用于交通工具租赁合同。

第六百六十五条　承租人维护交通工具的义务

在无司乘人员的交通工具租赁合同的整个有效期内，承租人有义务保持租赁的交通工具的正常状况，包括进行日常维修和重大维修，并提供必要的配件，但合同另有约定的除外。

第六百六十六条　承租人交通工具管理和技术运营服务义务

承租人应自行管理租赁的交通工具及其商业和技术操作。

第六百六十七条　承租人支付交通工具维修费用的义务

承租人应承担租赁交通工具的维修费、保险费，包括其责任保险费以及与使用交通工具有关的费用，但无司乘人员的交通工具租赁合同另有约定的除外。

第六百六十八条　与第三方签订的交通工具租赁合同

1. 在征得出租人同意的情况下，承租人有权根据带有或者不带有乘务组的租赁合同转租所出租的交通工具，但租赁合同另有约定的除外。

2. 承租人有权不经出租人同意，以自己的名义与第三方订立运输合同和其他合同，但这些合同不得与租赁合同中约定的交通工具的使用目的相抵触，如果没有规定这些目的，则不得违背交通工具的用途。

第六百六十九条　交通工具造成损害的责任

承租人应根据本法第五十五章的规定，对租赁的交通工具以及其机械、装置、设备等给第三方造成的损害承担责任。

第六百七十条　交通工具特殊类型租赁的特殊性

除本章规定外，法律可以规定某些类型的不提供管理和技术运营服务的交通工具租赁的特殊性。

第四节　建筑物和构筑物租赁

第六百七十一条　建筑物或构筑物租赁合同

1. 根据建筑物或构筑物租赁合同，出租人有义务将建筑物或构筑物转让给承租人临时占有和使用。

2. 本款的规定适用于企业租赁，但本法关于企业租赁的规则另有规定的除外。

第六百七十二条 建筑物或构筑物租赁合同的形式与国家登记

1. 建筑物或构筑物租赁合同应以书面形式订立，起草一份由各方签署的单一文件（第466条第2款）。

违反建筑物或构筑物租赁合同形式的合同无效。

2. 签订期限不少于一年的建筑物或构筑物租赁合同须经国家登记，并自登记之时起视为已订立。

第六百七十三条 土地上的建筑物或构筑物租赁时土地的权利

1. 根据建筑物或构筑物租赁合同，承租人在转让该不动产的所有权和使用权的同时，应转让该不动产所占用的并为其使用所必需的那部分土地的权利。

2. 如果出租人是所出租的建筑物或构筑物所在土地的所有权人，则承租人有权根据建筑物或构筑物租赁合同对该土地的相关部分享有租赁权或其他权利。

如果合同没有明确约定转让给承租人相关土地的权利，则在建筑物或构筑物的租赁期内，承租人有权根据其用途使用建筑物或构筑物所占用的部分土地。

第六百七十四条 建筑物或构筑物租赁时使用土地的权利

当建筑物或构筑物被转让出租时，承租人保留建筑物或构筑物所在地的使用权，直至租赁期结束。

第六百七十五条 租金数额

1. 建筑物或构筑物租赁合同应约定租金数额。如果双方未就租金数额达成书面协议，则视为未订立建筑物或构筑物租赁合同。在此情况下，不适用本法第456条第3款规定的价格确定规则。

2. 建筑物或构筑物租赁合同中确定的建筑物或构筑物租金应包括该建筑物或构筑物所在土地或与该建筑物或构筑物一起转让的土地相关部分的租金，但法律另有规定或合同另有约定的除外。

3. 如果合同约定的建筑物或构筑物的租金是按建筑物或构筑物的单位面积或其他指标确定的，则租金应根据转让给承租人的建筑物或构筑物的实际面积确定。

第六百七十六条 建筑物或构筑物的转让

1. 出租人转让建筑物或构筑物，承租人接受转让的，应根据双方签署的转让书或其他转让文件进行。

出租人向承租人转让建筑物或构筑物的义务，在该建筑物或构筑物交付承租人占有或使用且双方签署相关转让文件后视为履行，但法律另有规定或建筑物、构筑物租赁合同另有约定的除外。

任何一方当事人没有根据合同条款签署转让建筑物或构筑物的文件，则视为出租人拒绝履行转让财产的义务以及承租人拒绝接受该财产。

2. 建筑物或构筑物的租赁终止后，租赁的建筑物或构筑物应按本条第1款的规定归还给出租人。

第五节　企业租赁

第六百七十七条　企业租赁合同

1. 根据企业租赁合同，出租人有义务向承租人有偿提供作为财产综合体的整个企业或其部分供其临时占有和使用，但出租人无权向他人转让的权利义务除外。

2. 出租人有义务将债务转移给承租人的情况书面通知其债权人，债权人在不同意该债务转移时，有权自收到通知之日起3个月内要求出租人终止或提前履行相应债务。

如果在上述期限内债权人未提出任何要求，应视为债权人同意将相关债务转让给承租人。

只有在与要求出租人终止或提前履行义务的债权人达成和解后，企业才能转让给承租人。

作为财产综合体的企业被交付租赁后，出租人和承租人应对转让企业中未经债权人同意转给承租人的债务承担连带责任。

3. 出租人根据从事相关活动的特别许可证（执照）获得的权利不得转让给承租人，但法律另有规定的除外。将承租人在没有这种特别许可证（执照）的情况下不可能履行的义务纳入根据合同转让的企业，并不免除出租人对债权人的相应债务。

4. 与企业雇员有关的权利和义务，应按照劳动法规定的权利和义务转移程序进行，从出租人转移至承租人。

第六百七十八条　企业租赁时债权人的权利

1. 出租人应当在企业移转前将企业出租的事实书面通知其债权人。

2. 债权人未书面通知出租人其同意转让债务的，有权自收到租赁企业转让通知之日起3个月内要求终止或提前履行债务，并赔偿由此造成的损失。

3. 未按本条第1款规定的方式收到企业转让出租通知的债权人，可在知道或应当知道企业转让出租之日起一年内，提出满足本条第2款规定的要求。

4. 企业转让后，出租人和承租人对转让企业中未经债权人同意而转让给承租人的债务承担连带责任。

第六百七十九条　企业租赁合同的形式和国家登记

1. 企业租赁协议应以书面形式订立，起草一份由双方签署的单一文件，并应进行公证和国家登记。

企业租赁协议自国家登记之时起视为订立。

2. 违反本条第1款规定的合同无效。该合同无效，不得执行，不适用本法第190条第2款的规定。

第六百八十条　租赁企业的转让

向承租人转让企业依照转让文件进行。

企业转让的准备工作，包括转让文件的准备和提交签署，是出租人的义务，并由出租人承担费用，但租赁合同另有约定的除外。

第六百八十一条　承租人维护企业和支付企业运营费用的义务

1. 在整个合同效力期限内，承租人有义务将企业保持在适当的技术状态，包括进行日常维修和在合同约定的情况下的重大维修。

2. 承租人应承担与租赁企业经营有关的费用，以及支付租赁财产的保险费、税费和其他必须支付的费用，但合同另有约定的除外。

第六百八十二条　租赁企业财产的使用

1. 如果法律没有另行规定或合同没有另行约定，承租人有权不经出租人同意而将作为企业财产的有形资产出售、交换、出借或者临时使用或者借用、转租，并可在不减少企业价值或不违反企业租赁合同及其他规定的条件下将租赁合同的权利义务移转于第三人。上述程序不适用于土地和其他自然资源以及法律规定的其他情况。

2. 承租人有权对所承租的企业财产进行增值性改造、扩建、技术重装，但租赁合同另有约定的除外。

第六百八十三条　承租人对租赁企业的改良

企业承租人有权要求出租人赔偿其对承租财产所进行的不可分离的改良费用，无论出租人是否同意进行这些改良，但企业租赁合同另有约定的除外。

如果出租人能证明承租人的改良费用超过了承租财产的价值，和对其使用特性的改良不成比例，或在进行改良时违反了诚信和合理的原则，则法院可免除出租人赔偿承租人改良费用的义务。

第六百八十四条　法律行为无效的后果和合同解除与变更规则适用于企业租赁

本法关于法律行为无效的后果、解除和变更合同的规则，规定的返还或者收回一方当事人或者双方当事人依照合同取得的实物，适用于企业租赁合同，但这些后果不得严重侵犯出租人和承租人的债权人、其他人的权利和受法律保护的利益，且不得违反公共利益。

第六百八十五条　租赁企业的返还

企业租赁合同终止时，承租人应按照本法第678条和第681条的规定将租赁财产综合体返还给出租人。在这种情况下，承租人有义务将企业返还给出租人，包括准备和提交签署转让书，费用由承租人承担，但合同另有约定的除外。

第六节　农业用地和其他自然资源的租赁

第六百八十六条　土地和其他自然资源的租赁合同

1. 根据土地和其他自然资源租赁合同，出租人有义务将土地和其他自然资源有偿转让给承租人暂时占有和使用，承租人有义务将其用于预定目的并支付租赁费。

2. 农业用地和其他自然资源的租赁应遵守租赁合同的约定，但法律另有规定或合同另有约定的除外。

第六百八十七条　农业用地和其他自然资源的租赁主体

1. 根据塔吉克斯坦共和国土地法和塔吉克斯坦共和国矿产法，有关行政机关和矿业监督机构有权租赁土地和其他自然资源。

2. 二级土地使用者有权根据塔吉克斯坦共和国土地法独立租赁土地。

3. 承租人应为塔吉克斯坦共和国的自然人和法人、外国法人和自然人、合资企业、国际组织和外国政府。

第六百八十八条　土地和其他自然资源租赁合同的形式和期限

1. 土地和其他自然资源租赁合同应以书面形式签订。

2. 土地租赁合同的最短期限不得少于一个轮作期。

3. 其他自然资源的租赁合同期限为5年或5年以上。

第六百八十九条　出租人的义务

1. 出租人有义务将农业用地转让给承租人，使其符合合同约定的用途。

2. 出租人有义务采取措施，为有效使用租赁土地创造必要条件（供水、增加土壤肥力的措施、铺设和维修道路等）。

3. 出租人有义务偿还租赁土地上发生的必要费用，以及经承租人同意发生的其他必要费用。

4. 如果承租人要求提前终止土地租赁合同，出租人有义务向承租人偿付由此产生的必要费用，包括尚未收获的庄稼的价值。

第六百九十条　承租人的义务

1. 承租人有义务：

（1）将土地用于预期目的；

（2）不得闲置土地；

（3）采取措施改善土地状况。

2. 及时支付租金。

3. 在租赁合同期限届满时，以适当状态归还土地。

第六百九十一条　改良的补偿权

土地和其他自然资源的承租人经出租人同意所做的改良或为正常使用租赁土地所做的必要改良，有权获得费用补偿。

第六百九十二条　租赁合同延迟权

1. 在合同期满后，承租人有权延长合同期限。

2. 在合同期满时，如果一方当事人未声明终止或变更合同，则视为按合同约定的条款延长合同。

第七节　融资租赁（出租）

第六百九十三条　融资租赁合同

1. 根据融资租赁（出租）合同，出租人有义务从承租人确定的卖方处取得承租人指定财产的所有权，并有偿向承租人提供该财产，供其暂时占有并用于经营目的。

出租人不负责选择租赁物和卖方，但合同另有约定的除外。

2. 除土地和其他自然资源外，任何用于经营活动的非消耗物均可根据融资租赁合同转让。

第六百九十四条　卖方关于财产出租的通知

出租人为承租人取得财产时，应告知卖方该财产拟出租给某人。

第六百九十五条　向承租人交付融资租赁合同的标的物

1. 合同的标的物应由卖方在承租人所在地直接交付给承租人，但融资租赁合同另有约定的除外。

2. 融资租赁合同的标的物因出租人负责的情况而在合同约定期限内，或合同未约定期限，而在合理期限内未移交给承租人的，承租人有权要求取消合同并要求出租人赔偿损失。

第六百九十六条　将财产意外损毁或灭失的风险转移给承租人

租赁财产意外损毁或灭失的风险在财产交付给承租人时转移给承租人，但融资租赁合同另有约定的除外。

第六百九十七条　卖方的责任

1. 承租人有权直接向作为融资租赁合同标的财产的卖方提出因出卖人与出租人之间签订的买卖合同而产生的索赔，特别是有关财产的质量和完整性、交付期限以及其他不适当履行合同的情况。在这种情况下，承租人享有本法为买方规定的权利并承担本法为买方规定的义务，如同他是上述财产买卖合同的一方当事人一样。但未经出租人同意，承租人不得终止与卖方的买卖合同。

承租人与出租人在与卖方的关系中作为连带债权人行事（第349条）。

2. 如果融资租赁合同没有另行约定，出租人对卖方履行买卖合同所产生的债权不对承租人负责，但由出租人负责选择卖方的情况除外。在后一种情况下，承租人可自行选择直接向财产的卖方或向出租人提出因买卖合同而产生的索赔要求，出租人和卖方负有连带责任。

第三十四章　住 房 租 赁

第六百九十八条　住房租赁合同

1. 根据住房租赁合同，出租人有义务向承租人及其家庭成员有偿提供住宅，供其占有和使用。

2. 根据住房租赁合同建立的关系受塔吉克斯坦共和国住房法约束。

第三十五章　无偿使用（借用）

第六百九十九条　无偿使用合同的概念

1. 根据无偿使用合同（借用合同），一方当事人（出借人）有义务将物交付或者赠与给另一方当事人（借用人）供其临时无偿使用，而另一方当事人有义务在考虑正常损耗后，以收到时的状态或者合同约定的状态返还该物。

2. 本法第 626 条第 1 款、第 629 条第 1 款及第 2 款第 1 句、第 630 条第 1 款及第 2 款、第 634 条、第 642 条第 2 款、第 644 条第 1 款及第 3 款的规定应适用于无偿使用合同。

第七百条　出借人

将物交付无偿使用的权利属于物的所有权人以及法律或者所有权人授权的其他人。

第七百零一条　提供物无偿使用

1. 出借人有义务提供符合无偿使用合同条款及其目的的物品。

2. 出借人提供的无偿使用的物品应包括其所有从物和相关文件（使用说明、技术手册等），但合同另有约定的除外。如果未交付这些从物和文件，并且没有这些从物和文件该物就不能用于其预定用途，或者其使用在很大程度上失去了对借用人的价值，则借用人有权要求出借人提供这些从物和文件或者终止合同并赔偿实际损失。

第七百零二条　未提供物无偿使用的后果

如果出借人未向借用人提供物品，借用人有权要求解除合同并赔偿实际损失。

第七百零三条　提供无偿使用物的瑕疵责任

出借人对因其故意或重大过失而在订立合同时未说明物的瑕疵负赔偿责任。

借用人在发现此类瑕疵时，有权选择要求出借人无偿消除物的瑕疵或偿还消除物的瑕疵的费用，或提前终止合同并偿还实际损失。

第七百零四条　第三人被交付无偿使用物的权利

将物交付无偿使用不得作为变更或终止第三人对该物权利的依据。

在签订合同时，出借人有义务预先告知借用人所有第三人对该物的权利（地役权、抵押权等）。不履行该义务，借用人有权要求解除合同并赔偿实际损失。

第七百零五条　借用人维护物的义务

借用人有义务将无偿使用物保持在可使用状态。借用人有义务对该物进行日常维修和重大维修并承担所有维护费用。

第七百零六条　借用人的责任

如果借用人不按合同约定或物的用途使用该物，或未经出租人同意将该物转让给第三人致使该物灭失或损毁，则借用人应对财产损失承担责任。

第七百零七条　使用物给第三人造成损害的责任

如果不能证明损害是借用人或者经出借人同意而获得该物的人故意或重大过失造成的，则出借人应对使用物给第三人造成的损害负责。

第七百零八条　无偿使用获得的物转让给第三人

借用人只有在征得出租人同意后，方可将所收无偿使用之物转让给第三人使用，但仍对出借人负有责任。

第七百零九条　应出借人要求提前解除合同

在下列情况下，出借人有权要求提前解除合同：

（1）不按合同或物的用途使用物；

（2）未能履行保持物品完好或维护物的义务；

（3）使物的状况严重恶化；

（4）未经出借人同意将物转让给第三人。

第七百一十条　应借用人要求提前解除合同

借用人有权要求提前解除无偿使用合同：

（1）在发现使物品无法正常使用或造成负担的瑕疵时，而在订立合同时不知道也不可能知道这些瑕疵；

（2）因非借用人负责的情况，该物处于不适合使用的状态；

（3）在订立合同时，出借人未提醒借用人第三人对出借物的权利。

第七百一十一条　拒绝合同

如果合同未约定无偿使用物品的期限，则任何一方当事人均有权在任何时候提前一个月通知另一方取消合同，但合同约定了不同通知期限的除外。

第七百一十二条　合同当事人的变更

1. 出借人有权转让物或者将其交付给第三人有偿使用。在这种情况下，新的所有权人或使用人应获得先前订立的无偿使用合同下的权利，他对该物的权利应受到借用人权利的约束。

2. 在作为出借人的自然人死亡或作为借用人的法人重组或清算的情况下，其合同权利义务转移给其继承人或其他权利承继人，或者物的所有权人或无偿使用权人。

在作为借用人的法人重组时，其合同权利义务转归权利承继人，但无偿使用合同另有约定的除外。

第七百一十三条　合同的终止

除合同终止的通常原因外，无偿使用合同在作为借用人的自然人死亡或者作为借用人的法人清算时终止，但合同另有约定的除外。

第三十六章　承　　揽

第一节　承揽的一般规定

第七百一十四条　承揽合同

1. 根据承揽合同，一方当事人（承揽人）有义务按照另一方当事人（定作人）的要求在规定期限内完成特定的工作并交付给定作人，定作人有义务接受工作并支付报酬（支付工作价款）。工作风险由承揽人承担，但法律另有规定或双方合同另有约定的除外。

2. 本款规定适用于特定类型的承揽合同（日常承揽合同、建筑承揽合同、设计或勘察工作承揽合同），但本法对这些类型的合同另有约定的除外。

第七百一十五条　根据承揽合同完成的工作

1. 承揽合同的订立是为了制造或加工（处理）物或者完成其他工作，并将其成果转让或以任何其他方式交付给定作人。

2. 根据为制造某物而签订的雇佣合同，承揽人应将其权利转让给定作人。

3. 承揽人独立决定完成定作人工作的方式，但合同另有约定的除外。

第七百一十六条　承揽人自费完成工作

1. 工作以承揽人的材料、力量和工具完成，但承揽合同另有约定的除外。

2. 承揽人对其提供的材料和设备的质量，以及提供的材料和设备负担第三人权利承担责任。

第七百一十七条　材料意外损毁或灭失的风险

在合同约定的工作交付期限前，材料的意外损毁或灭失的风险由提供材料的一方当事人承担，在交付期限后由逾期方承担，但法律另有规定或合同另有约定的除外。

第七百一十八条　总承揽人和分承揽人

1. 如果法律未规定或者承揽合同未约定承揽人须亲自完成合同约定的工作的义务，则承揽人有权委托其他人（分承揽人）完成其部分义务。在这种情况下，承揽人为总承揽人。

2. 根据本法第334条第1款和第434条的规定，总承揽人对分承揽人不履行或不适当履行承揽合同约定的义务向定作人承担责任，并对定作人不履行或不适当履行债务向分承揽人承担责任。

定作人和分承揽人无权因各自违反与总承揽人签订的合同而向对方提出索赔，但法律另有规定或承揽合同另有约定的除外。

3. 经总承揽人同意，定作人有权与其他人签订完成某些工作的合同。在这种情况下，上述人员对其不履行或不适当履行工作直接向定作人承担责任。

第七百一十九条　参与数人完成工作

1. 如果两个或两个以上的人同时作为承揽人，在标的物不可分割的情况下，则他们是定作人的连带债务人和共同债权人。

2. 在标的物不可分割以及法律规定或合同约定的其他情况下，本条第1款提及的每个人应获得权利，并在其份额范围内对定作人承担责任（第344条）。

第七百二十条　完成工作的期限

1. 承揽合同应约定完成工作的始期和终期。经双方同意，合同还可以约定完成各阶段工作的期限（中间期限）。

承揽人对违反始期、终期和中间期限的行为承担责任，但承揽合同另有约定的除外。

2. 在合同约定的情况下，双方当事人可根据合同约定的程序更改承揽合同中约定的完成工作的始期、终期和中间期限。

3. 如果承揽人违反完成工作的最后期限，将产生本法第436条规定的逾期履行后果。

第七百二十一条　工作价款

1. 承揽合同应明确规定完成工作的价款或者确定价款的方法。如果合同中没有此类规定，则价款由法院根据本法第456条第3款的规定，在考虑到双方必要开支的情况下，根据类似工作通常适用的价格确定。

2. 承揽合同中的工作价款包括对承揽人成本的补偿和应付给承揽人的报酬。

3. 工作价款可以通过编制预算的方式确定。

如果工作是按照承揽人编制的预算完成的，则预算具有效力并自定作人确认之时起成为承揽合同的一部分。

4. 工作价款（预算）可以是近似值或者确定值。如果承揽合同没有另行约定，则价款（预算）被视为确定价格。

5. 如果有必要进行额外工作，并因此严重超出了约定的工作价款（预算）的大致价格，则承揽人有义务及时通知定作人。不同意超出合同约定的工作价款（预算）的定作人有权撤销合同。在此情况下，承揽人可要求定作人支付已完成部分工作的价款。

如果承揽人没有及时通知定作人需要超出合同约定的价格（预算），则有义务履行合同，并保留按合同约定的价格获得工作价款的权利。

6. 承揽人无权要求提高确定价格（定数预算），定作人也无权降低确定价格，包括在签订承揽合同时排除了提供全部工作范围或必要费用的可能性的情况下。

如果合同签订后，承揽人提供的材料和设备以及第三方为其提供的服务成本大幅增加，则承揽人有权要求提高约定的价格（预算），如果定作人拒绝满足该要求，则承揽人有权根据本法第483条的规定取消合同。

第七百二十二条　承揽人的节约

1. 在承揽人的实际开支低于确定价格（编制预算）的数额时，承揽人保留按照承揽合同约定价款支付工作价款的权利，但定作人证明承揽人所节省的费用影响了工作质量的除外。

2. 承揽合同可约定承揽人在双方之间如何分配所节省的费用。

第七百二十三条　工作价款的支付程序

1. 如果承揽合同没有约定对已完成的工作或其各个阶段预先付款，则定作人有义务在工作最终交付后向承揽人支付规定的价款，条件是工作是以适当的方式且在约定期限内完成的，或者是经定作人同意在最终期限前完成的。

2. 承揽人只有在法律规定或承揽合同约定的情况下，才有权要求支付预付款或定金。

第七百二十四条　承揽人的留置权

如果定作人未履行支付约定价款或与履行合同有关的应向承揽人支付的任何其他款项的义务，则承揽人有权根据本法第388条和第389条的规定留置工作成果以及属于定作人的设备，用于加工（处理）的物、未使用的剩余材料和定作人的其他财产，直至定作人支付相应的款项。

第七百二十五条　使用定作人的材料完成工作

1. 承揽人有义务节约和谨慎地使用定作人提供的材料，在工作完成后对所使用的材料进行核算，并返还剩余材料，或者经定作人同意后以承揽人处未使用的剩余材料的价值抵销工作价款。

2. 如果因定作人提供的材料缺陷，工作未达到预期效果，或已达到的效果存在缺陷，不符合合同约定的用途，或在合同中没有相应条件的情况下，无法正常使用，则承揽人有权要求支付其已完成工作的价款。

3. 如果承揽人能证明在其正式接收材料时无法发现材料的缺陷，则可行使本条第 2 款所述的权利。

第七百二十六条 承揽人对定作人提供的财产的不完整性责任

承揽人对因履行承揽合同而由其占有的定作人提供的材料、设备、物或者其他财产的不完整性承担责任。

第七百二十七条 在完成工作期间定作人的权利

1. 定作人有权在不干扰承揽人活动的情况下，随时检查工作的进度和质量。

2. 如果承揽人没有按时开始履行合同，或者完成工作进展缓慢，无法按期完工，则定作人有权取消合同并要求赔偿损失。在此情况下，定作人必须证明如果工作逾期完成，其将失去合同利益。

3. 如果在完成工作期间发现工作无法正常完成，则定作人有权要求承揽人在合理期限内消除瑕疵，如果承揽人未能在规定期限内消除瑕疵，则定作人有权撤销承揽合同或者由其他人对工作进行修复，由承揽人承担费用并要求赔偿损失。

4. 定作人可以在工作成果交付前的任何时候撤销合同，向承揽人支付其在收到定作人撤销合同通知前已完成工作的部分价款，但合同另有约定的除外。

同时，定作人也有义务在已完成工作所支付的部分价格与全部工作的确定价格之间的差额范围内赔偿承揽人因合同终止而造成的损失。

第七百二十八条 承揽人有义务预先通知定作人的情况

1. 承揽人如发现以下情况，有义务立即预先通知定作人，并在收到定作人指示前暂停工作：

（1）定作人提供的材料、设备、技术文件或交付加工（处理）的物不适合或质量差；

（2）履行定作人关于完成工作方式的指示可能对定作人产生不利后果；

（3）承揽人无法控制的其他情况，可能会危及工作成果的适用性或牢固性，或使工作无法按时完成。

2. 如果承揽人未将本条第1款所述情况通知定作人，或未在合理期限内等待定作人对通知的答复或者不顾定作人关于暂停工作的指示而继续工作，则承揽人无权在被提出或者向定作人提出相应请求时援引上述情况。

3. 如果定作人在承揽人对本条第1款所述情况及时提出合理通知后，未在合理期限内更换不合适或质量差的材料，不改变完成工作方式的指示，或不采取其他必要措施消除对工作适用性或牢固性的威胁，则承揽人有权撤销合同并要求赔偿损失。

第七百二十九条 定作人不履行合同约定的同时履行义务

1. 如果定作人违反其在承揽合同中的同时履行义务，特别是没有提供材料、设备、技术文件或需要加工（处理）的物，导致承揽人无法履行合同以及出现明显表明无法在约定期限内履行这些义务的情况，则承揽人有权不开始工作或暂停已开始的工作（第353条）。

2. 在出现本条第1款所述情况时，承揽人有权拒绝履行合同并要求赔偿损失，但承揽合同另有约定的除外。

第七百三十条 定作人的协助

1. 定作人有义务在承揽合同约定的情况下，在承揽合同约定的范围内，按照约定方式协助承揽人完成工作。

在定作人没有履行该义务时，承揽人有权要求定作人赔偿因此所造成的损失，包括因停工、逾期完成工作或工作价款上涨所造成的额外费用。

2. 如果定作人的作为或不作为导致承揽合同约定的工作无法履行，则承揽人应保留向定作人索要约定价款的权利，同时考虑到已完成的部分工作，减去承揽人因合同无法履行而已收到或本可收到的金额。

第七百三十一条 定作人验收已完成的工作

1. 在承揽人参与下，定作人有义务在合同约定期限内，按照约定的方式对已完成的工作成果进行验收。如果发现已完成的工作成果与合同约定不符，如工作质量下降或工作有其他缺陷，应立即通知承揽人。

2. 在验收过程中发现工作缺陷的定作人，只有在接收证明文件或其他文件中已预先说明这些缺陷或有可能随后提出消除缺陷的要求时，才有权提及这些缺陷。

3. 未经检查就接收工作的定作人无权援引本可在通常验收过程中发现的工作缺陷（明显缺陷）。

4. 定作人在接收工作后发现工作不符合合同约定，或者发现了在通常验收过程中无法发现的其他缺陷（隐蔽缺陷），包括承揽人故意隐瞒的缺陷，必须在发现后的合理期限内通知承揽人。

5. 当定作人和承揽人之间就已完成工作的缺陷或者其他原因发生纠纷时，应按照任何一方当事人的要求指定专家进行鉴定。鉴定费用由承揽人承担，但通过鉴定查明承揽人不存在违约行为或者承揽人的行为与所发现的缺陷之间不存在因果关系的除外。在此情况下，鉴定费用由要求指定鉴定的一方当事人承担，而鉴定是根据双方当事人的合同进行时，则由双方当事人平均承担。

6. 在定作人拒绝接收已完成的工作时，承揽人有权在应交付给定作人之日起一个月届满后连续两次预先通知后将工作成果出售，将所得款项扣除所有应付给承揽人的款项后以定作人的名义存入公证处，但合同另有约定的除外。

7. 如果定作人拒绝接收已完成的工作导致工作迟延交付，则制造（加工）物的所有权在移交时被视为已转移给定作人。

第七百三十二条　工作质量

1. 承揽人所完成的工作必须符合承揽合同的条款，如果无合同条款或者合同条款不充分，则必须符合相应种类工作的通常要求。

已完成的工作成果在移交给定作人时，必须具有合同约定或通常要求的品质。

在合理期限内适合合同约定的使用，如果合同没有约定，则适合该类工作成果的通常使用。

2. 如果法律对根据承揽合同进行的工作规定了强制性要求，则作为经营者的承揽人有义务在完成工作时遵守这些强制性要求。

承揽人可以根据承揽合同承担完成比强制性要求更高的质量的工作义务。

第七百三十三条　工作质量的保证

1. 如果法律规定或承揽合同约定承揽人向定作人提供工作质量保证，则承揽人有义务在保证期限内向定作人移交符合本法第747条第1款要求的工作成果。

2. 工作质量保证适用于工作成果的所有构成部分，但承揽合同另有约定的除外。

第七百三十四条　保证期间的计算程序

1. 保证期限自所完成的工作成果已经或者应当被定作人接收时开始计算，但承揽合同另有约定的除外。

2. 本法第 507 条第 2 款至第 4 款的规定相应适用于承揽合同约定的保证期间的计算，但法律另有规定、当事人之间的合同另有约定的除外。

第七百三十五条 承揽人对工作质量不合格的责任

1. 如果承揽人完成的工作违反合同使工作受损或者因其他缺陷使工作不适用合同约定的用途，或在合同没有相应条款时不适用通常用途，除非法律另有规定或合同另有约定，否则定作人有权选择要求承揽人：

（1）在合理期限内无偿消除工作缺陷；

（2）相应降低工作价格；

（3）在合同中约定定作人有权消除缺陷的情况下，赔偿其消除缺陷的费用。

2. 承揽人有义务因不消除其负责的缺陷而无偿重新完成工作，并赔偿因逾期履行给定作人造成的损失。在此情况下，如果根据工作的特性有返还的可能，定作人有义务将工作退回给承揽人。

3. 如果工作与合同条款的偏差或工作中的其他缺陷很大且无法弥补，或缺陷在定作人规定的合理期限内仍未消除，则定作人有权撤销合同并要求赔偿损失。

4. 如果能够证明缺陷是由承揽人的作为或不作为造成的，则承揽合同中关于承揽人对某些缺陷的免责并不能免除承揽人的责任。

5. 根据卖方对质量不合格商品的责任规则（第 511 条），为完成工作提供材料的承揽人应对材料的质量负责。

第七百三十六条 发现工作成果质量不合格的发现期限

1. 定作人有权就本条规定的期限内发现的工作成果质量不合格提出索赔，但法律另有规定或承揽合同另有约定的除外。

2. 如果没有为工作成果设定保证期限，在工作成果交付之日起 2 年内，定作人可以提出在合理期限内发现的与工作成果缺陷有关的索赔，但法律另有规定、合同另有约定或商业习惯另有要求的除外。

3. 定作人有权对保证期限内发现的工作成果缺陷提出索赔。

4. 如果合同约定的保证期限不足 2 年，而定作人在保证期限届满后，在本条第 5 款规定的时间起 2 年内发现了工作成果的缺陷，且定作人能够证明这些缺陷是在工作成果交付给定作人前或因在此之前的原因而产生的，则承揽人应承担责任。

5. 保证期间自定作人验收或本应验收工作成果之时起算，但承揽合同另有约定的除外。

6. 本法第 507 条第 2 款和第 4 款的规定适用于承揽合同约定的保证期限的计算，但法律、其他法令另有规定，双方当事人的承揽合同另有约定的除外。

第七百三十七条　对工作质量不合格的诉讼时效

1. 因工作质量不合格提出诉讼的时效期应根据本法第 221 条的规则确定。

如果在正常的工作验收过程中无法发现建筑物、构筑物的缺陷，则对这些缺陷的诉讼时效为自发现缺陷之日起 5 年。

2. 如果法律规定或承揽合同约定承揽人应提供工作质量保证，并规定或约定了保证期间，且在保证期间内对工作缺陷进行了说明，则诉讼时效自说明缺陷之日起算。

3. 如果依照承揽合同，定作人按照各部分接收工作，则诉讼时效自整个工作接收之日起开始计算。

第七百三十八条　承揽人向定作人提供信息的义务

如果合同中明确规定提供信息，或没有信息就不可能将工作成果用于合同规定的目的，则承揽人有义务将该信息连同工作成果一并转交给定作人。

第七百三十九条　当事人收到的信息的保密

如果一方当事人通过履行合同义务从另一方当事人处获得了有关新解决方案和技术知识的信息，包括不受法律保护的信息以及可能被视为商业秘密的信息，未经另一方当事人同意，不得向第三方披露。

此类信息的使用方式和条件应通过双方当事人的合同确定。

第七百四十条　材料和设备返还给定作人

在定作人根据本法第 727 条第 4 款或第 735 条第 3 款的规定拒绝履行承揽合同的情况下，承揽人有义务返还定作人提供的材料、设备、物和其他财产，或者将其交付给定作人指定的人，如果无法返还，则赔偿材料、设备、物和其他财产的费用。

第七百四十一条　工作成果验收前承揽合同终止的后果

如果根据法律规定或合同约定的理由终止承揽合同，在定作人接收承揽人完成的工作成果前（第 731 条第 1 款），定作人有权要求将未完成的工作成果移交给他，并向承揽人赔偿所产生的费用。

第二节　日常承揽

第七百四十二条　日常承揽合同

1. 根据日常承揽合同，从事经营活动的承揽人有义务根据定作人的委托完成某些工作，以满足定作人的家庭或其他个人需求，定作人有义务接收工作并支付报酬。

2. 日常承揽合同是公开合同（第458条）。

3. 消费者权利保护法和据此通过的其他法令应适用于本法未作规定的日常承揽关系。

第七百四十三条　定作人权利的保证

1. 承揽人不得强迫定作人在日常承揽合同中列入额外的有偿工作或者服务。如果违反该规定，定作人有权拒绝支付相关工作或服务的费用。

2. 定作人有权在交付工作前的任何时候撤销合同，向承揽人支付在收到撤销合同通知前已完成工作部分的价款，并赔偿承揽人在该时刻前为履行合同而支出的费用，但该费用包含在上述工作价款部分的除外。剥夺定作人该权利的合同条款自始无效。

第七百四十四条　合同形式

如果法律没有另行规定或者合同（包括定作人遵守的格式条款或其他标准格式）没有另行约定，则日常承揽合同自承揽人向定作人出具票证或其他证明合同订立的文件时起视为以适当形式订立。

定作人没有上述文件，并不剥夺其援引证言证明订立日常承揽合同或者合同条款事实的权利。

第七百四十五条　工作的公开要约

1. 本法第530条有关公开提供货物信息的规定，适用于根据承揽合同进行的广告和其他工作。

2. 在向定作人交付工作时，承揽人有义务告知定作人为有效安全使用所制造或改造之物或其他已完成的工作而必须遵守的要求，以及违反有关要求可能对定作人和其他人造成的后果。

3. 如果承揽人提供的信息不完整或不可靠，导致所签订的合同不符合定作人的要求，定作人有权要求取消日常承揽合同并赔偿损失。

第七百四十六条　向定作人提供工作信息

在订立日常承揽合同前，承揽人有义务向定作人提供必要和可靠的信息，说明拟进行的工作、工作的类型和特点、工作的价格和付款方式，并应定作人的要求，告知定作人与合同和相应工作相关的其他信息。如果工作性质需要，承揽人应向定作人说明具体的工作负责人。

第七百四十七条 用承揽人的材料完成工作

1. 如果日常承揽合同的工作是用承揽人的材料完成的，则在合同结束时，定作人应按合同约定支付全部或部分材料的费用，在定作人收到承揽人完成的工作时进行最终结算。

根据日常承揽合同，承揽人可以赊账提供材料，包括附带定作人分期支付材料的条件。

2. 承揽人提供的材料价格在日常承揽合同订立后发生变化不导致重新结算。

第七百四十八条 用定作人的材料完成工作

如果日常承揽合同的工作是用定作人的材料完成的，则承揽人在订立合同时发给定作人的票证或者其他文件中，应当包含双方合同确定的材料的准确名称、说明和价格。定作人可通过提交书面证据在法庭上对票证或者其他类似文件中的材料估价提出质疑。

第七百四十九条 工作的价款与支付

日常承揽合同中工作的价款依照双方当事人的合同确定，且不得超过承揽人在价目表中申明的价格，由定作人在承揽人最终交付时付款。根据双方当事人的合同，工作价款的支付方式可以由定作人在订立合同时全额支付或以预付款支付。

第七百五十条 告知定作人完成工作的使用条件

在向定作人交付工作时，承揽人有义务告知定作人为有效和安全使用工作成果而应遵守的要求，以及违反相关要求可能对定作人和其他人造成的后果。

第七百五十一条 发现完成工作瑕疵的后果

1. 定作人在接收工作或使用合同标的物的过程中发现缺陷时，可在本法第736条规定的一般期限内行使本法第731条规定的权利之一，如果有保证期，则在保证期限内行使。

2. 对于根据日常承揽合同完成的工作中可能对定作人本人或其他人的生命或健康构成威胁的缺陷，定作人或其权利承继人可以在接收工作成果后的10年内提出无偿消除缺陷的要求，但依照法定程序规定了更长期限（服务期限）的除外。无论何时发现缺陷，即使在保证期限届满后发现缺陷，也可以提出该请求。

当承揽人不满足上述请求时，定作人有权在相同期限内要求返还部分已付工作价款，或者赔偿自己或在第三人帮助下消除瑕疵的费用。

第七百五十二条　定作人未领取工作的后果

1. 在定作人不接收或以其他方式逃避接收已完成的工作成果时，承揽人在书面通知定作人后，在通知之日起 2 个月期满时有权以合理价格出售工作成果，将所得价款扣除所有应付给承揽人的款项后按照本法第 352 条的规定以定作人的名义交存公证处。

2. 在本条第 1 款所述情况下，承揽人可行使保留合同标的物的权利（第 724 条）或向定作人追偿所造成的损失，而不是出售合同标的物。

第七百五十三条　在不履行或不适当履行日常承揽合同时定作人的权利

在日常承揽合同不被履行或不被适当履行的情况下，定作人可行使本法第 537 条至第 539 条赋予买方的权利。

第七百五十四条　合同一方当事人死亡的后果

如果日常承揽合同因本法第 450 条规定的原因而终止，合同终止的后果应由当事人的法定继承人与对方当事人协商确定，如果双方协商不成，则由法院根据已完成的工作量及其价格、已消耗和保存的材料价值以及其他重要情况确定。

第三节　建筑承揽

第七百五十五条　建筑承揽合同

1. 根据建筑承揽合同，承揽人有义务在合同约定期限内按照定作人的要求建造特定的客体或者完成其他建筑工程，定作人有义务为承揽人完成工程创造必要的条件，验收过程并支付约定的价款。

2. 建筑承揽合同旨在建造或者重建企业、建筑物（包括住宅）、构筑物或其他客体，以及完成安装、调试和其他与建筑客体具有紧密联系的工程。

如果建筑承揽合同对此有规定，则承揽人在定作人接收客体后在合同约定期限内保障客体的使用。

3. 如果根据建筑承揽合同进行的工程是为了满足公民（客户）的家庭或其他个人需要，则本章第二节关于定作人在日常承揽合同下的权利规则相应适用于该合同。

第七百五十六条　当事人之间风险的分担

1. 承揽人应承担构成建筑合同标的的建造物意外灭失或损毁的风险，直至定作人接收该建造物为止。

2. 在定作人验收前，因定作人提供的材料（部件、结构）或设备质量差或定作人的错误指令，使建筑物体灭失或损毁的，承揽人有权要求定作人支付估价单中确定的全部工程费用，但承揽人须履行本法第728条第1款规定的义务。

第七百五十七条　在建工程的安全责任

承揽人应对在建工程的安全负责。

第七百五十八条　在建工程保险

承揽人有义务自费为合同约定的客体或者整个过程投保，但合同各方当事人约定了其他程序和条件的除外。

承担保险义务的一方当事人应按照建筑承揽合同约定的程序向另一方当事人提供其按照合同条款订立保险合同的证据，包括保险人、保险金数额和保险风险的资料。

第七百五十九条　设计和预算文件

1. 承揽人有义务按照确定工程范围和内容以及其他工程要求的设计文件和确定工程价款的预算文件，进行建造和与之相关的工作。

2. 承揽人在建筑过程中发现设计和预算文件没有考虑到的工程，并因此有必要增加额外工作和增加工程的预算价值时，有义务将此告知定作人。

承揽人在10日内没有收到定作人对其通知的答复，则有义务暂停相应工作，并向定作人收取停工引起的损失。如果定作人证明没有必要进行额外工作，就可以免除其赔偿这些损失的责任。

3. 未履行本条第2款规定的义务的承揽人，应被剥夺要求定作人为已完成的额外工作付款并赔偿造成损失的权利。

第七百六十条　设计和预算文件的修改

1. 定作人有权要求修改设计和预算文件，但不得增加承揽人的费用。

2. 对设计和预算文件的修改如需增加承揽人的费用，应由定作人根据双方商定的额外估价承担费用。

3. 如果因承揽人无法控制的原因，工程费用超过预算的10%，则承揽人有权根据本法第446条的规定要求修改预算。

4. 承揽人有权要求定作人赔偿其为查明和消除设计和预算文件中的缺陷而支付的合理费用。

第七百六十一条　工程的物质保障

1. 承揽人有义务为工程提供材料，包括部件和结构以及设备，但合同约定整个工程或某部分工程的材料支持应由定作人提供的除外。

2. 负责提供建筑材料和设备的承揽人要承担其提供的材料（部件、结构）或设备无法使用而导致工程质量下降的风险。

3. 如果无法在不降低工作质量的情况下使用定作人提供的材料（部件、结构）或设备，则承揽人有义务要求定作人在合理期限内更换这些材料（部件、结构）或设备。如定作人未能满足该要求，则承揽人有权撤销合同，并要求定作人按已完成工程量的比例支付合同价款，并赔偿未包括在该金额内的损失。

第七百六十二条 工程付款

1. 定作人应在法律规定或合同约定的期限内，按照预算规定的金额支付工程款。如果法律或合同中没有适当的指示，应根据本法第723条对承揽人完成的工程付款。

2. 建筑承揽合同可以约定在定作人接收工程后一次性全额支付工程价款。

第七百六十三条 提供建筑用地

定作人有义务按建筑承揽合同约定的面积和条件及时提供土地。如果合同未约定，则土地的面积和条件应确保工程及时开工、正常进行和按时完工。

第七百六十四条 定作人在建筑承揽合同中的补充义务

在建筑承揽合同约定的情况下，定作人有义务按照合同约定的方式，将施工所需的建筑物和构筑物移交给承揽人使用，将货物运输到承揽人的地址，将供电网络、水和蒸汽管道等临时供应给承揽人。

第七百六十五条 定作人对完成合同工程的检查和监督

1. 定作人有权对工程完成的过程和质量、完成工作的期限（进度）、承揽人所提供材料的质量，以及承揽人是否正确地使用定作人的材料进行检查和监督，但不得干涉承揽人的业务经营活动。

2. 定作人在对工程的完成情况进行检查和监督时，如发现承揽人违反建筑承揽合同条款的情况可能致使工程质量降低或者发现工程的其他瑕疵时，应立即将该情况向承揽人声明。定作人未作出声明的，则失去在今后以发现瑕疵为由提出请求的权利。

3. 承揽人有义务履行在建筑过程中收到的定作人指示，但这些指示违背建筑承揽合同条款的除外。

第七百六十六条 建筑承揽合同中当事人的合作

1. 如果在施工和与其有关的工作中发现妨碍适当履行建筑承揽合同的障碍，

任何一方当事人均有义务采取一切可能的合理措施消除此类障碍。

不履行此项义务的一方当事人将丧失要求赔偿损失的权利。

2. 一方当事人为履行本条第1款规定的义务而支出的费用，在建筑承揽合同有约定的情况下，应由另一方当事人赔偿。

第七百六十七条　承揽人保护环境和建筑工程安全的义务

1. 在进行建筑活动和与之相关的工作时，承揽人有义务遵守有关环境保护和建筑工程安全的法律要求，并对第三人违反这些要求的行为承担责任。

2. 如果承揽人在施工过程中使用定作人提供的材料（结构、部件）和设备或者履行其指示将违反各方必须遵守的建筑工程环境保护和安全要求，则承揽人无须在施工过程中使用定作人提供的材料（结构、部件）和设备或者履行其指示。

第七百六十八条　建筑工程停工时当事人的义务

如果因双方当事人无法控制的原因，按照建筑承揽合同进行的工作暂时停止且建筑客体停用，定作人有义务就停工前已完成的工程向承揽人全额付款，并赔偿因必须停工和停用建筑而产生的费用，同时抵偿承揽人因停工而获得或本可获得的利益。

第七百六十九条　工程的交付和验收

1. 定作人在收到承揽人关于准备交付按照建筑承揽合同完成的工程，或者合同约定的阶段性工程的通知后，应立即验收。

2. 定作人自费组织和进行工程的验收，但建筑承揽合同另有约定的除外。在法律规定的情况下，工程的交付应当由国家机关和地方自治机关的代表参加。

3. 预先接收了部分阶段工程的定作人，应承担非因承揽人过错造成的损毁或灭失的风险，包括建筑承揽合同约定由承揽人承担施工风险的情况。

4. 承揽人交付的工作成果和定作人的验收按照双方当事人签署文件的形式进行。当一方当事人拒绝签署文件时，应在文件中就此注明并由另一方当事人签字。

只有在拒绝签署行为的理由被法院认定为不合理的情况下，单方交付或验收工程的行为才能被法院认定为无效。

5. 当法律规定或建筑承揽合同约定，或者根据合同约定的工程性质得出，工程验收前应当进行初步测试时，验收工程前必须进行初步测试。在这种情况下，只有在初步测试得出肯定性结果时才能验收工程。

6. 如果发现工程存在缺陷，该缺陷致使工程无法用于合同约定的目的，且承揽人、定作人或第三人无法消除这些缺陷，定作人有权拒绝接收工程。

第七百七十条 承揽人对工程质量的责任

1. 承揽人对违反建筑承揽合同约定的要求、技术设计和对双方具有约束力的建筑规范和规则，以及未能达到设计和预算文件中确定的建筑客体的包括企业生产能力等在内的指标，向定作人承担责任。

在改造（翻修、重建、复建等）建筑物或构筑物时，承揽人对建筑物、构筑物或其部分的牢固性、稳定性、结实性的降低或丧失承担责任。

2. 承揽人对其未经定作人同意而对设计和预算文件所做的不影响定作人基本利益的细微偏差不承担责任。

第七百七十一条 建筑承揽合同的质量保证

1. 如果建筑承揽合同没有另行约定，承揽人保证建筑工程达到设计和预算文件中规定的指标，并可以在整个保证期限内按照合同约定使用。保证期间为自定作人接受工程之日起 10 年，但法律规定或合同约定了不同的保证期间的除外。

2. 如果承揽人不能证明在保证期间内发现的故障（瑕疵）是因工程或其部分的正常损耗、使用不当或者因定作人或定作人委托的第三人制订的标的使用说明书不正确、定作人或其委托的第三人对物的不当维修造成的，则承揽人应承担责任。

3. 在因承揽人负责的缺陷（瑕疵或不足）而无法使用工程的整个期间，保证期间的计算中断。

4. 如果定作人在本法第 771 条第 1 款规定的保证期间内发现的缺陷，则其必须在发现缺陷后的合理时间内通知承揽人。

第七百七十二条 建筑工程质量不合格发现的期限

当定作人提出与工程质量不合格有关的索赔时，应适用本法第 735 条第 1 款至第 5 款的规定。

在这种情况下，根据本法第 735 条第 2 款和第 4 款，发现缺陷的期限为 5 年。

第七百七十三条 定作人承担消除瑕疵

1. 承揽人有义务在验收书确定的期限内消除瑕疵（不足）。

2. 如果承揽人未按照合同约定或法律规定及时补救瑕疵，应承担责任。

第七百七十四条 精神损害赔偿

因承揽人侵犯定作人权利而对定作人造成的精神损害，应由加害人在其有过错的情况下予以赔偿。赔偿金额由法院确定，但法律另有规定的除外。

第四节 设计和勘测工作承揽

第七百七十五条 设计和勘测工作承揽合同

根据设计和勘测工作承揽合同，承揽人（设计人、勘测人）有义务编制设计概算文件，并（或）根据定作人的委托进行勘测工作，定作人有义务接受并支付费用。

第七百七十六条 设计和勘测工作的初始数据

1. 根据设计和勘测工作承揽合同，定作人有义务向承揽人移交设计任务以及编制设计概算文件所必要的其他初始数据。定作人委托的设计任务可以由承揽人编制。在此情况下，任务自定作人批准之时起对双方当事人具有约束力。

2. 承揽人有义务遵守设计和勘测工作任务书及其他初始数据中的要求，且只有在经定作人同意后才有权偏离这些要求。

第七百七十七条 定作人的义务

根据设计和勘测工作承揽合同，如果合同没有另行约定，定作人应承担以下义务：

（1）在完成所有工作后向承揽人全额支付规定价款，或在承揽人完成阶段工作后就各部分付款；

（2）只能将从承揽人处取得的设计概算文件用于合同约定的目的，未经承揽人同意不得将设计概算文件转交给第三人，也不得披露其中的数据；

（3）在合同约定的范围内，按照合同约定的条件，向承揽人提供完成设计与调查工作的服务；

（4）与承揽人一起参与有关国家机关和地方自治机关就完成的设计概算文件的审批；

（5）赔偿承揽人因其无法控制的情况导致的对设计与调查工作所必须的初始数据的修改而增加的额外费用；

（6）使承揽人参与第三人因设计文件或勘测工作中的缺陷而对定作人提起的诉讼。

第七百七十八条 承揽人的义务

1. 根据设计和勘测工作承揽合同，承揽人有义务：

（1）按照设计任务和其他初始数据以及合同完成工作；

（2）与定作人商定完成设计概算文件，必要时与定作人一起参与相关的国家机关和地方自治机关的审批；

（3）将完成的技术文件和勘测工作成果移交给定作人。

未经定作人同意，承揽人不得将技术文件转让给第三方。

2. 根据设计和勘测工作承揽合同，承揽人向委托人保证，第三人无权阻止或限制其根据承揽人编制的技术文件完成工作。

第七百七十九条　承揽人对文件和工程瑕疵的责任

1. 设计和勘测工作承揽合同的承揽人应对设计概算文件及勘测工程的缺陷负责，包括在施工期间以及在根据设计预算文件及勘测数据而建造的客体使用过程中随后发现的缺陷。

2. 如果在设计概算文件或勘测工作中发现缺陷，承揽人有义务应定作人的要求无偿重做设计预算文件，并相应地进行必要的额外勘测工作，以及赔偿定作人的损失，但法律另有规定或合同另有约定的除外。

第五节　为国家需要的承揽工程

第七百八十条　为国家需要完成承揽工程的国家订购

1. 为满足塔吉克斯坦共和国或塔吉克斯坦共和国主体的需要，由各自预算资金和预算外资金资助的承揽建筑工程（第755条）、设计和勘测工程（第775条），应根据为满足国家需求而实施承揽工程的国家完成承揽工程合同进行。

2. 根据为国家需要完成承揽工程的国家订购（以下简称国家合同），承揽人有义务实施与生产和非生产性设施的建设和维修有关的建筑、设计和其他工程，并将其移交给国家定作人，国家定作人有义务接收已完成的工程，并支付或确保支付工程款。

第七百八十一条　国家合同的当事人

国家定作人为拥有必要投资资源的国家机关或由相关国家机关授权有权处置此类资源的组织，承揽人应为法人或自然人。

第七百八十二条　缔结国家合同的依据和程序

1. 订立国家合同的依据应是国家的命令。

2. 订立国家合同的程序应根据本法第563条的规定确定。

第七百八十三条　国家合同的内容

1. 国家合同应包括拟完成工程的范围和费用、开工和竣工日期、工程资金和付款的金额和程序、确保各方履行义务的方法等条款。

2. 如果国家合同是根据为国家需求的承包工程订单招标的结果签订的，则国家合同的条款应根据公布的招标条件和被确认为中标人的承包人提交给招标人的建议书确定。

第七百八十四条　国家合同的变更

1. 当有关国家机关按照规定程序减少承包工程相关预算资金时，双方应商定新的工程期限，必要时还应商定工程履行的其他条款。承包人有权要求国家定作人赔偿因工程实施条件变化而造成的损失。

2. 与本条第1款规定的情况无关的国家合同的变更应由双方协议进行，但法律另有规定的除外。

第七百八十五条　国家合同的法律调整

公共承包合同法应适用于本法未作规定的为国家需求承包工程的国家合同关系。

第六节　科学研究工作承揽、实验设计与技术工作承揽

第七百八十六条　科学研究、实验设计和技术工作承揽合同

1. 根据科学研究承揽合同，承揽人（执行人）有义务进行定作人指定的科学研究；根据实验设计和技术工作承揽合同，承揽人（执行人）有义务开发新产品样品，为其设计文件、新技术或生产样品。定作人有义务向承揽人（执行人）提出技术任务，接收工作成果并付款。

2. 定作人与承揽人的科学研究、实验设计和技术工作承揽合同可以包括整个研究、设计和生产样品的完整链条，以及某些个别阶段（要素）。

第七百八十七条　工程的完成

1. 承揽人有义务亲自进行科学研究。只有在经定作人同意后，承揽人才有权委托第三人参与履行合同，但科学研究合同另有约定的除外。

2. 在完成实验设计与技术工作时，承揽人有权委托第三人作为分承揽人完成工作，但合同另有约定的除外。

第七百八十八条　工程的交付、验收和付款

承揽人（执行人）有义务交付已全部完成的研究与开发、试验、指导和技术工作，定作人有义务验收并付款。合同可约定对个别阶段的工作进行验收和付款，也可约定其他付款方式。

第七百八十九条　合同信息的保密

除非科学研究承揽合同或者实验设计与技术工作承揽合同另有约定，否则承揽

人（履约方）和定作人均有义务确保对有关合同标的、履约过程和所获成果的信息保密。保密资料的范围在合同中确定。

在定作人的书面同意下，承揽人有权对上述合同所取得的工作成果申请专利。

第七百九十条　当事人的工作成果的权利

1. 科学研究或者实验设计与技术工作承揽合同的各方当事人有权在合同约定的范围和条件下使用工作成果，包括能够得到法律保护的成果。

2. 承揽人（执行人）有权将其收到的工作成果据为己有，但合同另有约定的除外。

3. 合同可约定承揽人（执行人）有权将工作成果变现给第三方。

第七百九十一条　定作人的义务

根据科学研究或者实验设计与技术工作承揽合同，定作人有义务：

（1）向承揽人提出技术任务并与之协商工作方案（技术和经济参数）或工作主题；

（2）向承揽人移交为完成工作所必要的信息；

（3）接收已完成的工作并支付费用（第788条）。

第七百九十二条　承揽人（执行人）的义务

1. 按照科学研究或者实验设计与技术工作承揽合同，承揽人应承担以下义务：

（1）按照与定作人协商一致的工作方案（技术和经济参数）或工作主题完成工作，并在合同约定期限内将成果交付给定作人；

（2）遵守与知识产权法律保护相关的要求；

（3）通过自身努力并自费消除技术文件中可能导致偏离定作人的技术任务或者合同约定的技术和经济参数的任何缺陷；

（4）发现无法获得预期成果或者无法继续工作时，应立即通知定作人；

（5）向定作人担保，第三人对依据该合同而提交的成果不享有专有权；

（6）发放使用工作成果所需的许可证。

2. 除科学研究或者实验设计与技术工作承揽合同另有约定外，承揽人有义务：

（1）未经定作人同意，不得公布在完成工作中所取得的科技成果；

（2）采取措施保护在完成工作中取得的能够得到法律保护的成果，并将其通知定作人；

（3）向定作人提供对使用在完成工作中应用的享有法律保护的科技成果的排他

性许可，但合同另有约定的除外。

第七百九十三条　无法取得科学研究承揽合同成果的后果

如果定作人在科学研究工作过程中，发现有因承揽人无法控制的情况而不可能取得成果的情况时，定作人有义务为在发现不可能取得合同约定的成果之前已经进行工作的价值付款，但不得超过合同约定的工作价款的相应部分。

第七百九十四条　无法取得实验设计承揽合同成果的后果

如果在完成实验设计与技术工作的过程中，发现非因承揽人的过错而不可能或不适宜继续工作，定作人有义务支付承揽人为此花费的费用。

第七百九十五条　承揽人（执行人）的违约责任

1. 承揽人对其不履行和不适当履行科学研究工作或实验设计与技术工作承揽合同的行为向定作人承担责任，但能证明违反合同的行为不是其过错导致的除外。

2. 承揽人有义务在工作价值的范围内根据实际损害赔偿定作人的损失，但合同另有约定的除外。

第七百九十六条　科学技术、实验设计与技术工作承揽合同的法律调整

本法第720条至第723条和第752条的规定相应地适用于工作的履行期限和价格，以及定作人未能收到工作成果的后果。

本法第780条至第785条的规定适用于为国家需求进行科学研究、实验设计和技术工作的国家合同。

第三十七章　提供有偿服务

第七百九十七条　提供有偿服务合同

根据提供有偿服务合同，执行人有义务按照定作人的要求提供不具有物质形式的服务（完成特定行为或者进行特定活动），而定作人有义务为上述服务付款。

第七百九十八条　提供有偿服务合同的标的

合同标的物为通信服务、医疗、兽医、审计、咨询、信息服务、培训服务、文化服务等。

第七百九十九条　合同的履行

如果合同没有另行约定，执行人有义务亲自提供合同约定的服务。

第八百条　服务价格

1. 定作人有义务按合同约定的期限和方式支付所提供服务的费用。

2. 在非因执行人的过错而无法履行合同的情况下，定作人有义务支付合理的报酬，但应扣除执行人因免除提供服务而获得或本可获得的利益。

3. 在因定作人的过错而无法履行合同的情况下，定作人应全额支付服务价款，但法律另有规定或合同另有约定的除外。

第八百零一条　执行人的违约责任

1. 在不履行或不适当履行有偿提供服务合同的情况下，执行人有义务全额赔偿因此给定作人造成的损失，但赔偿额不得超过合同约定的服务价格的 2 倍。

2. 执行人在从事经营活动时不履行或不适当履行义务，有偿提供服务合同可以约定比本条第 1 款规定更高的责任。

第八百零二条　拒绝合同

1. 定作人有权在全额支付合同约定的价款的条件下要求解除有偿提供服务合同，但合同解除是因执行人的过失行为造成的除外。

2. 执行人只有在全额赔偿因解除合同而给定作人造成损失的条件下，才有权要求解除合同，但合同解除是由于定作人的过错造成的除外。

第八百零三条　提供有偿服务合同的法律调整

关于承揽合同的一般规定（第 714 条至第 741 条）和关于日常承揽合同的约定（第 742 条至第 754 条）适用于有偿提供服务的合同，但与本章规定以及有偿提供服务合同标的物的具体情况相抵触的除外。

第三十八章　运　　输

第八百零四条　一般规定

1. 旅客、行李和货物的运输应根据运输合同进行。

2. 特定种类的货物、旅客和行李的运送条件以及运输双方的责任由双方当事人的合同约定，但本法、运输条例和运输法、其他法律和根据法律颁布的其他规范性文件另有规定的除外。

第八百零五条　货物运输合同

1. 根据货物运输合同，承运人有义务将发货人委托其运输的货物交付至目的地，并将货物交给有权接收货物的人（收货人），而发货人有义务为货物运输支付规定价款。

2. 货物运输合同的订立，应通过拟订提单、提货单或运输法规和守则规定的任何其他单据予以确认。

第八百零六条　旅客运输合同

1. 根据旅客运输合同，承运人有义务将旅客运送至目的地，如果旅客交运行李，承运人有义务将行李运至目的地并交给有权接收行李的人；旅客承诺支付规定的旅费，在托运行李的情况下，还要支付行李的运送费用。

2. 旅客和行李运输合同的签订分别以车票和行李收据为凭证。

3. 旅客有权根据运输法和其他法律规定的方式：

（1）免费或以其他优惠条件携带儿童；

（2）在规定范围内免费运送随身行李；

（3）在规定范围内免费托运行李，在超过标准的情况下按照收费标准收费。

第八百零七条　租船运输合同

依照租船运输合同，一方当事人有义务向另一方当事人有偿提供为运输货物、旅客和行李而用于一次或者多次航程的一艘或多艘船舶的全部或者部分舱位，租船运输合同的订立程序，以及上述合同的形式和类型由运输法和其他法律规定。

第八百零八条　多式联运

各运输组织在同一运输单证下以不同运输方式运输货物、旅客和行李（直接混合运输）的关系，以及组织此类运输的程序，由各运输组织之间根据直接混合（联合）运输法律签订的协议确定。

第八百零九条　公共交通运输

如果根据法律、其他法令或发给该组织的许可证，该组织有义务应任何公民或法人的要求从事旅客、货物和（或）行李运输，则该商业组织从事的运输应视为公共运输（第458条）。

第八百一十条　运输费

1. 按照当事人合同约定的价格支付运输旅客、行李和货物的费用，但法律另有规定的除外。

2. 公共交通工具载运货物、旅客和行李的费用，应按照运输法规和规范规定的程序批准的运价确定。

3. 按照使用人的请求所完成的且没有规定费用的工作和服务，依照双方当事人的合同确定。

4. 承运人有权留置交给其运输的货物，以担保应付给其的运费和其他应付款项，但法律另有规定的除外（第388条至第389条）。

5. 如果法律或其他法令对货物、旅客和行李的运输规定了特权或优惠，与此有关的费用应由运输组织从有关预算资金中偿还。

第八百一十一条 提供运输工具、装（卸）货物

1. 承运人有义务在其接受的申请书（订单）、运输合同或组织运输合同约定期限内，向发货人交付使用装载有关货物的可用运输工具。

发货人有权拒绝承运人所提供的不适合运输相应货物的运输工具。

2. 货物的装（卸）由运输组织或发货人（收货人）按照运输合同约定方式进行，并遵守运输法、本法和根据其颁布的规则。

3. 发货人（收货人）的装（卸）货必须在运输合同约定期限内进行，但运输法和其他法律以及根据其颁布的规则规定了此类期限的除外。

第八百一十二条 旅客、行李和货物的送达期限

承运人有义务在运输法、本法或合同约定的期限内，或在没有这些期限时，在合理期限内将旅客、行李或货物送到指定地点。

第八百一十三条 运输产生的义务责任

1. 不履行或不适当履行运输义务的，各方当事人应按照本法、运输法、其他法律以及各方协议的规定承担责任。

2. 运输组织与旅客和货物占有人之间关于限制或者免除法律规定责任的合同无效，但运输法和本法规定可在货物运输中达成此种协议的情况除外。

第八百一十四条 承运人未提供运输工具和发货人未使用所提供运输工具的责任

1. 承运人未按照已接受的申请书（订单）或其他合同所提供的运输工具运送货物，以及发货人未提交货物或因其他原因未使用所提供的运输工具的，应承担运输法规和其他规范以及当事人之间合同约定的赔偿责任。

2. 承运人和发货人在因下列情形未交付或延迟交付运输工具，或者未使用运输工具的情况下，免除责任：

（1）不可抗力或其他自然现象以及战争；

（2）根据运输法规或其他规范规定的程序，终止或限制某些方向或沿某些方向的货物运输；

（3）运输法规和规范性文件规定的其他情况。

第八百一十五条　承运人对延迟运送旅客的责任

1. 除市区或者城市近郊运输外，如果运载旅客的车辆延迟发车或延迟到达目的地，则承运人应按运输法规和其他规范规定的数额向旅客支付赔款，但承运人能证明延迟发车或延迟到达是因不可抗力、车辆故障危及旅客生命和健康以及承运人无法控制的其他情况所致的除外。

2. 在旅客因运输工具发送延迟而拒绝承运时，承运人有义务向旅客返还运费和其他费用。

第八百一十六条　承运人对货物或行李的遗失、短缺或损坏的责任

1. 承运人对接受运输的货物和行李的遗失、短缺或损坏承担责任，但能证明货物或行李的遗失、短缺或损坏（变质）不是承运人的过错造成的除外。

运输法规和运输规章可规定，由收货人或发货人举证证明承运人对货物遗失、短缺或损坏存在过错。

2. 在货物或行李运送过程中发生的损坏，承运人应按以下金额予以赔偿：

（1）在货物或行李丢失或短缺时——按照丢失或短缺的货物或行李的价值赔偿；

（2）在货物或行李损坏时——按照价值降低的数额予以赔偿，在无法恢复被损坏的货物或行李时——按照货物或者行李的价值赔偿；

（3）已申报价值的承运货物或行李的损坏——按照货物或行李的申报价值赔偿。

货物或行李的成本应根据卖方发票约定的价格或合同约定的价格确定，如果没有发票或合同中没有标明价格，则应根据类似货物在可比情况下通常收取的价格确定。

3. 运输组织在赔偿实际损失的同时，应向发货人（收货人）退还因运输丢失、短缺、变质或损坏的货物而收取的运输费用，但该费用包括在货物价格内的除外。

4. 多式联运的承运人对货物的遗失、变质、损毁或短缺向发货人（收货人）承担连带责任。

逾期责任由最后承运人承担，但能证明逾期不是其过错造成的除外。

第八百一十七条　运输组织合同

有经常性运输的需要时，承运人和货物占有人可以签订长期组织运输合同。

组织货物运输合同，是指承运人有义务在约定期限内接收货物，而货物占有人有义务在约定期限内提供约定数量的货物以供运输。组织货物运输合同应约定提供运输工具和提交待运货物的数量、期限和其他条件、结算方式以及组织运输的其他条件的合同。

第八百一十八条　运输组织之间的合同

不同类型的运输组织之间可以根据运输法订立组织货物运输的合同（节点协议、集中化进出口货物合同等）。

第八百一十九条　货物运输索赔和诉讼

1. 因货物运输而向承运人提出索赔之前，必须按照有关运输法或本法规定的程序向承运人提出索赔。

2. 在承运人完全或部分拒绝满足索赔要求，或未能在30日内收到承运人答复的情况下，发货人或收货人可向承运人提起诉讼。

3. 因货物运输引起索赔的诉讼时效为自根据运输法规确定的时间起一年。

第八百二十条　承运人对造成旅客死亡或健康损害的责任

承运人对造成旅客死亡或健康损害的赔偿责任，应根据本法第五十五章的规则确定，但法律规定或合同约定承运人承担更多赔偿责任的除外。

第三十九章　运 输 代 理

第八百二十一条　运输代理合同

1. 根据运输代理合同，货运代理人有义务履行或安排履行运输代理合同中约定的与货物运输有关的服务，并由客户（发货人或收货人）支付报酬和费用。

运输代理合同可以约定货运代理人有义务按照货运代理人或客户选择的运输方式和路线组织货物运输，货运代理人有义务以客户的名义或者自己名义签订货物运输合同，确保货物的发送和接收，以及与货物运输有关的其他义务。

作为附加服务，运输代理合同可约定交付货物的必要操作，比如获取出口或进口、海关和其他手续所需的文件，检查货物的数量和状况，装卸货物，支付关税、海关费用和其他开支，储存货物，在目的地接收货物，以及合同约定的其他操作和服务。

2. 本章规则适用于根据合同由承运人履行货运代理人职责的情形。

3. 履行运输代理合同的条件应由双方当事人合同确定，但关于运输代理活动的法律另有规定的除外。

第八百二十二条 合同形式

1. 运输代理合同应以书面形式签订。

2. 货物的发货人（收货人）必须向货运代理人签发履行其职责所必需的授权书。

第八百二十三条 运输代理人的运输代理合同责任

货运代理人不履行或不适当履行其在运输代理合同下的义务的，应根据本法第二十四章的规则确定的理由和金额承担责任。

如果货运代理人证明，违反义务是因不适当履行运输合同所致，则货运代理人对发货人（收货人）的赔偿责任，依照相应承运人对货运代理人承担责任的规则确定。

第八百二十四条 提供文件和其他资料给运输代理人

1. 客户有义务向货运代理人提供有关货物性质、运输条件的文件和其他资料，以及货运代理人履行合同义务所必需的其他资料。

2. 货运代理人有义务将收到的信息中发现的任何瑕疵告知客户，并在信息不完整的情况下，要求客户提供必要的补充数据。

3. 如果客户未能提供必要的信息，货运代理人有权在客户提供这些信息之前不履行其职责。

4. 客户应对货运代理人因违反本条第1款所述提供信息的义务而造成的损失负责。

第八百二十五条 第三人履行运输代理人的义务

货运代理人有权委托他人履行其职责，但货运代理人履行其职责的义务源于运输代理合同的除外。

将履行义务转让给第三人并不免除货运代理人对客户履行合同的责任。

第八百二十六条 拒绝运输代理合同

客户或货运代理人有权在合理时间内通知另一方，其退出运输代理合同的履行。

在单方面撤销合同的情况下，宣布撤销合同的一方应赔偿另一方因合同终止而造成的损失。

第四十章　借款和信贷

第一节　借　　款

第八百二十七条　借款合同

1. 根据借款合同，一方当事人（出借人）将货币或者其他种类物交给另一方当事人（借款人），而借款人有义务一次性或分期向出借人归还同等数量的货币或者相同种类和质量的物品（借款数额）。

2. 借款合同自资金或物品交付时起订立。

3. 遵守本法第 155 条、第 156 条和第 340 条的规定的情形下，在塔吉克斯坦共和国境内可以以外币和货币贵重物品作为借款合同的标的物。

第八百二十八条　借款合同的形式

1. 如果借款金额超过法律规定的 20 个结算指标，则应以书面形式签订借款合同；如果合同一方当事人为法人，则不论金额多少，均应以书面形式签订借款合同。

2. 违反书面形式的借款合同将导致本法第 187 条规定的后果。

3. 如果借款人的收据或其他文件能够证明出借人已经将特定数额的金钱或者约定数量的物交付，则借款合同视为以书面形式订立。

4. 如果出借人出具的票据、债券或其他担保证明了借款义务，确定了借款金额和出借人收回借款的权利，则视为其遵守了借款合同的书面形式。

第八百二十九条　借款合同的利息

1. 出借人有权按照合同约定的数额和方式向借款人收取借款利息，但法律另有规定或借款合同另有约定的除外。如果合同中没有约定利息的条款，则利息的数额应根据借款人偿还债务或其相关部分当日的银行利率确定。

2. 公民之间签订的金额不超过法律规定的结算金额 100 倍指标，且至少一方当事人与经营活动无关的借款合同，除非法律另有明确规定，否则应推定为无息借贷。

3. 如果根据借款合同，交付给借款人的是种类物，则仅在合同约定了利息数额和形式（货币利息或实物利息）的情况下才应支付利息。

4. 支付利息的方式和期限由借款合同约定。如果合同没有约定支付利息的方式和期限，则按照合同为返还主债务而约定的方式和期限支付。

第八百三十条 借款人偿还借款的义务

1. 借款人有义务按照借款合同约定的期限和方式向出借人返还收到的借款数额。

如果合同没有约定返还借款的期限，则借款人应在出借人提出相关要求之日起30日内返还。

2. 借款人可提前归还无息借款。

经出借人同意，借款人可提前归还有息借款。

借款利息可随时提前支付。

3. 借款金额在其转给出借人或相关资金记入出借人银行账户时视为已偿还，但借贷合同另有约定的除外。

第八百三十一条 借款人违约的后果

1. 如果法律没有另行规定或借贷合同没有另行约定，借款人在未如期返还借款时，应按本法第426条第1款规定的数额支付利息，利息自应归还借款之日起至借款人归还借款之日止。

2. 如果借贷合同约定分期（分批）返还借款，则在借款人违反当期借款的返还期限时，出借人有权要求提前返还剩余的全部借款和应付利息。如果借款人已经偿还了一半以上的借款，则不适用本条规定。

3. 如果合同约定借款人在偿还借款前支付借款利息，则出借人有权在借款人违反该义务的情况下，要求借款人提前偿还借款和应付利息。

第八百三十二条 对借款合同的异议

1. 如果借款人能证明其并未实际从出借人处收到金钱或物品，或者收到的金钱或物品少于合同约定的数量，则有权对借款合同提出异议。

2. 对于必须以书面形式订立的借款合同（第828条），不得以证人证言的方式提出异议，但该合同是在受到欺诈、暴力、威胁、借款人代理人与出借人的恶意约定或者一系列严重情况的影响下订立的除外。

3. 如果借款人对借款合同提出异议的过程中，证明并未从出借人处实际收到金钱或其他物，则借款合同视为未订立。如果借款人从出借人处实际收到的金钱或其他物的数量少于合同约定的数量，则视为就该数量的金钱或物订立合同。

第八百三十三条 借款人履行义务的担保

如果借款人未能履行借款合同约定的担保返还借款金额的义务，以及在因非可归责于出借人的原因而担保物灭失或担保物状况恶化的情况下，出借人有权要求借款人提前偿还债务，但合同另有约定的除外。

第八百三十四条　目的性借款

1. 借款人应自行决定使用借款合同下收到的资金，但合同另有约定的除外。

2. 如果借款合同约定借款人须将所获资金用于特定用途（借款目的），则借款人有义务向出借人提供对借款目的性进行监督的机会。

3. 如果借款人未能遵守借款合同目的性使用的约定，则出借人有权要求借款人提前返还借款。

第八百三十五条　债更新为借款之债

1. 经各方当事人同意，因买卖、财产出租或其他理由产生的任何债务，均可替换为借款之债。

2. 以借款之债替换债务应遵照本法关于债务更替的规定（第446条），并以借贷合同约定的形式（第828条）进行。

第八百三十六条　国家借款合同

1. 根据国家借款合同，国家为借款人，公民或法人为出借人。

2. 国家借款是自愿的。

3. 国家借款合同通过出借人取得所发行的国家债券或者其他国家有价证券来签订，证明出借人有权按照借款条款在约定期限向借款人提供借款的货币资金或者根据其借款条款应提供的其他财产，以及约定的利息或者其他财产权利。

4. 不得根据本法第483条规定的情形改变流通借款的条件（借款转让），但法律另有规定的除外。

5. 国家应根据本法第151条的规定对国家借款合同承担责任。

第八百三十七条　期票

如果根据双方合同，借款人已签发期票，证明出票人（简单本票）或期票中指定的其他付款人（汇票）有义务在期票规定期限届满时无条件支付借款，则双方在期票下的关系应受可转让期票和简单本票的法律管辖。

自期票签发之日起，在不违背可转让期票和单式汇票法的前提下，本款规则可适用于这些关系。

第八百三十八条　债券

在法律或其他法令可以规定通过发行和出售债券的方式签订借贷合同。

债券是一种担保，证明其持有人有权在债券确定的期限内从债券发行人处获得债券的面值或其他等值财产。债券还赋予其持有人获得债券面值固定利息或者其他财产的权利。

本款的规定适用于发行债券的人与债券持有人之间的关系，但法律或法律规定的程序另有规定的除外。

第二节　信　　贷

第八百三十九条　信贷合同

1. 根据信贷合同，一方当事人是银行或其他信贷组织（信贷人），有义务按照合同约定的数额和条件向另一方当事人（借款人）提供货币资金（信贷），而借款人有义务返还所借的借款并支付利息。

2. 在法律允许非信贷组织的商业组织从事信贷业务时，信贷合同的规则适用于此类商业组织所进行的信贷关系。

3. 本法关于信贷合同的规则应适用于信贷合同下的关系，但本节规则另有规定或者信贷合同的实质有不同要求的除外。

第八百四十条　信贷合同的形式

信贷合同应以书面形式订立。

违反书面形式的信贷合同无效。该合同自始无效。

第八百四十一条　拒绝提供或获得信贷

1. 在确认借款人无支付能力、不履行信贷担保义务，违反合同约定的目的性信贷使用义务以及在合同约定的其他情况下，信贷人有权全部或部分拒绝向借款人提供信贷合同约定的信贷。

2. 借款人有权拒绝接受全部或部分信贷，并应在合同约定的信贷期限届满前通知信贷人。借款人（法人）应赔偿信贷人因拒绝接受信贷而造成的损失，但合同另有约定的除外。

第八百四十二条　商品信贷

当事人可订立合同，约定一方当事人有义务根据信贷合同的条款，向另一方当事人提供特定种类物。

关于所提供物品的质量、范围、完整性、质量、皮重和（或）包装的条款，应按照商品买卖合同的规则（第 488 条至第 527 条）履行，但合同另有约定的除外。

第八百四十三条　商业信贷

1. 凡合同的履行涉及将货币金额或特定种类物转移至另一方所有的，可规定向该方提供信贷，包括预付款、预先付款、延期付款和分期支付货物、工作和服务的形式（商业信贷），但法律另有规定的除外。

2. 本法第 839 条至第 841 条的规定相应适用于商业信贷。

第四十一章　金钱债权转让融资

第八百四十四条　金钱债权转让融资合同

1. 根据金钱债权转让融资合同，一方当事人（金融代理人）向客户转让或承诺向第三方转让已交付货物、已完成工作或已提供服务的款项，客户有义务向金融代理人转让其对第三人的金钱债权并支付一定报酬。

客户可以将对其债务人的金钱债权转让给金融代理人，以确保客户履行对金融代理人的债务。

2. 金融代理人的金钱债权转让融资合同义务可包括为客户记账，以及向客户提供与作为转让标的的金钱债权有关的其他金融服务。

第八百四十五条　金融代理人

银行和其他信贷组织，以及其他拥有开展此类活动许可证（执照）的商业组织，可作为金融代理人签订金钱债权转让融资合同。

第八百四十六条　为获得融资而转让的金钱债权

1. 提供融资的转让标的既可以是付款期限届满的金钱债权（现有债权），也可以是将来产生的收取货币资金的权利（未来债权）。

作为转让标的的金钱债权必须在客户与金融代理人签订的合同中加以界定，以便在签订合同时确定现有债权，并最迟在将来债权发生时确定未来债权。

2. 在转让未来债权的情况下，金融代理人从债务人处收取合同约定的债权转让标的金钱债权产生后，该债权被视为已转移给金融代理人。如果金钱债权转让以某一事件为条件，则在该事件发生时生效。

在这些情况下，金钱债权转让无须进行额外的债权转让登记。

第八百四十七条　客户对金融代理人的责任

1. 客户应就所转让的金钱债权的有效性对金融代理人负责，但金钱债权转让融资合同另有约定的除外。

2. 如果客户有权转让金钱债权，且在转让该债权时未发现债务人有可以不履行该债权的情况，则应承认作为转让标的的金融债权有效。

3. 如果金融代理人将作为转让标的之债权提交履行，客户对债务人不履行或不适当履行债权不承担责任，但客户与金融代理人之间的金钱债权转让融资合同另有约定的除外。

第八百四十八条　禁止转让金钱债权的约定无效

1. 向金融代理人转让金钱债权是有效的，即使客户与其债务人之间的合同禁止或限制金钱债权转让。

2. 本条第1款的规定并不免除客户因违反其与债务人之间有关禁止或限制债权转让的合同而向债务人转让债权的义务或责任。

第八百四十九条　金钱债权的再转让

不允许金融代理人对金钱债权进行再转让，但金钱债权转让融资合同另有约定的除外。

金钱债权转让融资合同允许金钱债权再转让的情形，相应适用于本章的规定。

第八百五十条　债务人向金融代理人履行金钱之债

1. 债务人有义务向金融代理人付款，条件是他已收到客户或金融代理人关于将金钱债权转让给该金融代理人的书面通知，且通知中指明了债务人要履行的金钱债权以及应向其付款的金融代理人。

2. 应债务人的要求，金融代理人应在合理期限内向债务人提供证据，证明客户向金融代理人转让金钱债权的事实已经发生。如果金融代理人未履行该义务，债务人有权就该债权向客户付款，以履行其对客户的义务。

3. 债务人按本条规定向金融代理人履行金钱债权后，即解除债务人对客户的相应义务。

第八百五十一条　金融代理人从债务人处获得款项的权利

1. 如果根据金钱债权转让融资合同的条款，金融代理人通过从客户处购买债权为客户提供融资，则金融代理人有权从债务人处获得为履行债权而收到的所有款项。此外，当金融代理人收到的金额低于取得债权的金额时，客户对金融代理人不负责任。

2. 如果向金融代理人转让金钱债权是为了保证其履行客户的债务，并且金钱债权转让融资合同没有另行约定，则金融代理人有义务向客户报告并向其转让超过以债权转让为担保的客户债务的金额。如果金融代理人从债务人处收到的金钱少于客户对金融代理人的债权转让所担保的债务金额，则客户仍对金融代理人承担剩余债务的责任。

第八百五十二条　债务人的同时履行

1. 如果金融代理人要求债务人付款，则债务人有权根据本法第442条至第444条的规定，以其在收到金融代理人的债权转让通知时已拥有的，与客户所订合同为基础之金钱债权抵销。

2. 债务人因客户违反禁止限制债权转让的合同而本可向客户主张的权利，对金融代理人没有效力。

第八百五十三条　金融代理人退还给债务人所收款项

1. 如果客户违反其与债务人订立的合同之义务，而债务人有权直接从客户处收取已按转让给金融代理人之债权支付给其之款项，则债务人无权要求金融代理人返还该款项。

2. 债务人有权直接从客户处收取因债权转让而支付给金融代理人的款项，但如果其能够证明金融代理人未履行向客户支付与债权转让有关的允诺付款的义务，或明知客户已违反对债务人的义务而仍支付与债权转让有关的付款，则债务人有权要求金融代理人返还该款项。

第四十二章　银 行 存 款

第八百五十四条　银行存款合同

1. 根据银行存款合同，一方当事人（银行）接受另一方当事人（存款人）账户上收到的货币金额（存款）后，有义务按照合同约定的条款和方式将该金额退还给存款人并以其他方式支付利息或收入。

银行存款合同自银行收到存款之日起订立。

2. 存款人为公民的银行存款合同为公开合同（第458条）。

3. 银行与存款人在存款账户上的关系适用银行账户合同规则（第43章），但本章规则另有规定或银行存款合同的实质内容有不同要求的除外。

法人无权将存款中的货币资金转给其他人。

4. 本章有关银行的规则，也适用于缔结银行存款合同的其他信贷组织。

第八百五十五条　吸引存款的权利

根据法律程序颁发的许可证赋予银行吸引存款的权利。

第八百五十六条　存款担保

储蓄银行或其分支机构应保证在任何时候都能保全和退还存款金额。

第八百五十七条　银行存款合同的形式

1. 银行存款合同应以书面形式订立。

如果以存折、银行（储蓄）证明或者其他由银行向存款人出具的符合法律、依照银行法以及适用于银行业务的交易习惯对此类文件要求的文件证明已经交付存款，则视为遵守银行存款合同的书面形式。

2. 未遵守银行存款合同书面形式的合同无效。

第八百五十八条　存款种类

1. 银行存款合同应按第一要求交付存款（活期存款）的条款或在合同确定的期限届满时退还存款（定期存款）的条款订立。

合同可约定在不违反法律规定的其他条件下退还存款。

2. 根据任何类型的银行存款合同，银行都有义务在存款人首次提出要求时退还全部或部分存款金额，但法人按合同约定的其他返还条件退还存款的除外。

合同关于放弃在第一次要求时退还存款权利的条款无效。

3. 如果定期存款或活期存款以外的其他存款在期限届满前或合同约定的其他情况发生前应存款人的要求返还给存款人，存款利息应按银行支付活期存款利息的数额支付，但合同另有约定的除外。

4. 如果存款人在定期存款期满后或在合同约定的其他情况发生时，未要求返还定期存款金额或按其他返还条件返还存入的存款金额，则合同视为按活期存款的条款延期，但合同另有约定的除外。

第八百五十九条　存款利息

1. 银行应按合同约定的金额向存款人支付存款利息。

如果银行存款合同没有约定支付利息金额，则银行根据本法第 829 条第 1 款规定的确定金额支付利息。

2. 银行有权变更活期存款的应付利息金额，但银行存款合同另有约定的除外。

如果银行减少利息额，新的利息额自相应通知之时起一个月后，适用于在通知存款人减少利息前存入的存款，但银行存款合同约定了其他期限的除外。

3. 银行不得单方面减少按合同约定在一定期限届满或出现合同约定的情况时退还存款的条款而确定的存款利息额，但银行存款合同另有约定的除外。

第八百六十条　存款利息的计算和支付程序

1. 银行存款的利息自银行收到存款的次日起计算，直至存款退还存款人或因其他原因从存款人账户中扣除的前一日止。

2. 银行存款的利息应根据存款人的要求在每年每个季度结束时与存款金额一起分开支付给存款人，但银行存款合同另有约定的除外。银行在退还存款时应支付此前的所有利息。

第八百六十一条　存款返还的保障

1. 银行为确保其所收存款的返还而必须采取的手段和方法，由法律规定和合同约定。

2. 银行有义务根据存款人的要求，提供有关保证返还存款的信息。

3. 在银行未能履行其返还存款的义务，以及丧失担保或担保条件恶化时，存款人有权据本法第 829 条的规定要求银行立即返还存款、支付利息和赔偿损失。

第八百六十二条　未履行返还存款债权的责任

如果银行违反本法第 861 条的规定，在期限内未履行返还全部或部分存款的债权，则无论是否支付存款利息，银行均有义务根据本法第 426 条的规定赔偿所造成的损失。

第八百六十三条　第三人将货币资金存入存款人账户

银行以存款人的名义从第三人收到的货币资金，在存款人的存款账户上注明必要的数据后，应存入存款人的账户，但银行存款合同另有约定的除外。在此情况下，推定存款人在提供必要的存款账户资料后，同意接受这些人的货币资金。

第八百六十四条　为第三人利益的存款

1. 以第三人的名义向银行存款。

注明存款受益人的公民姓名或法人名称，是有关银行存款合同的必要条款。

2. 以其名义存款的第三人自存款记入其账户之时起获得存款人的权利，但合同另有约定的除外。

3. 以签订合同时已死亡的公民或当时不存在的法人为受益人的银行存款合同无效。

4. 在第三人表示有意使用存款人的权利之前，签订银行存款合同的人可使用存款人对存入存款账户的款项的权利。

5. 在以其名义存款的第三人拒绝接受存款的情况下，以第三人名义签订银行存款合同的人有权要求退还存款或将其转至自己或他人名下。

6. 有利于第三人的合同规则（第 462 条）应适用于有利于第三人的银行存款合同，只要它不违反本条的规则和银行存款的实质。

第八百六十五条　存折

1. 与公民签订银行存款合同并将资金存入其存款账户以存折证明，但当事人另有约定的除外。

银行或其相应分行的名称和地点、存款账户的号码、存入该账户的所有资金数额、从该账户中扣除的所有资金数额以及向银行提交存折时该账户的资金余额均应由银行注明和证明。

由于没有证明存款的其他状况，存折上记载的存款数据应作为银行与存款人之间进行存款结算的依据。

2. 银行存款合同可约定签发记名储蓄存折或不记名储蓄存折。无记名储蓄存折是一种证券。

3. 存款的发放、利息的支付以及存款人将存款账户中的资金转给他人指令的执行，应由银行在存款人出示存折后进行。

如果存折遗失或无法出示，银行应根据存款人的申请签发新存折。

无记名储蓄存折遗失后，应按照无记名证券规定的程序恢复其权利。

第四十三章　银 行 账 户

第八百六十六条　银行账户合同

根据银行账户合同，银行或其他信贷机构（以下简称银行）作为一方当事人有义务接受另一方当事人（账户持有人）账户上收到的货币资金并将其记入账户，履行账户持有人的指令，从账户中划拨和支付相关金额，并在账户上进行其他操作。

第八百六十七条　银行使用账户持有人资金

银行可使用账户持有人在银行账户上的可用资金，但应保证账户持有人提出申请后，可用该账户的资金，并保证账户持有人有权在账户金额范围内自由支配这些资金。

第八百六十八条 账户持有人对资金的支配

账户持有人应独立处置其在银行开立的账户上的资金。

银行无权决定和控制账户持有人资金的使用方向，也无权对其自主支配资金的权利设置法律未规定或合同未约定的其他限制。

第八百六十九条 银行账户合同的形式

1. 银行账户合同应以书面形式订立。

2. 未遵守银行账户合同书面形式的合同无效。该合同自始无效。

第八百七十条 银行账户合同的订立

1. 银行账户合同应由银行根据双方商定的条款为客户或客户指定的人在银行开立账户而订立。

2. 法人和公民应自主选择银行为其提供结算和现金服务，并可与一家或多家银行签订银行账户合同。

3. 对于提出开户申请的客户，银行有义务按照银行公布的开户条款，与客户签订符合法律和银行法规要求的开户合同。

银行无权拒绝开立账户，也无权拒绝履行法律、银行组织文件和银行执照规定的相关业务，但银行因无法提供银行服务而拒绝的情况除外。

在银行无故逃避签订银行账户合同的情况下，客户有权向银行提出本法第 477 条第 4 款规定的索赔要求。

第八百七十一条 处分账户资金权利证明

1. 代表账户持有人履行账户资金转账和支付指令的人的权利，应由账户持有人通过向银行提交法律、银行法规规定的文件和据此订立的合同予以证明。

2. 账户持有人可应第三方的要求，包括与履行客户对第三方的义务有关的要求，向银行发出从账户中支取资金的指令。银行应接受此类指令，但账户持有人必须以书面形式提供必要的数据，使银行能够识别有权提交相关请求的人，并确定该请求的性质和理由。

3. 银行账户合同可约定对账户上货币金额的处置权属、电子支付手段和使用类似手写签名的其他文件、验证码、密码和认证授权人的其他指令方式。

第八百七十二条 银行履行的账户业务

银行有义务完成法律、银行法规以及银行惯例中适用的商业习惯对此类账户规定的业务，接受账户上收到的资金并将其记入账户，并完成账户持有人关于转账和支付资金的指令，但银行账户合同另有约定的除外。

第八百七十三条　账户业务的期限

银行有义务在收到有关付款单据的次日前，按照账户持有人的指令，将收到的资金记入账户，支付或从该账户转出资金，但合同另有约定的除外。

第八百七十四条　贷记账户

1. 如果银行根据合同，在账户无资金的情况下，仍对账户持有人的债权付款，则视为银行自付款之日起，已将相应金额贷记客户账户（账户信贷）。

2. 当事人与账户信贷有关的权利和义务应根据借贷规则确定，但银行账户合同另有约定的除外。

第八百七十五条　银行实施账户业务支付的费用

1. 账户持有人应按合同约定的条款，支付银行完成账户资金交易的服务费用。

如果银行账户合同没有约定完成上述业务的服务价格，则应根据本法第 456 条的规定确定服务费用。

2. 本条第 1 款规定的银行服务费应由银行在每季度结束时从账户持有人的账户资金中收取，但银行账户合同另有约定的除外。

第八百七十六条　银行使用账户资金的利息

1. 银行应向账户持有人支付其使用账户货币资金的利息，利息金额应记入账户，但银行账户合同另有约定的除外。

2. 银行应按合同约定的数额支付本条第 1 款规定的利息，如果合同中没有相关约定，则应按银行通常支付的活期存款数额支付利息（第 859 条）。

3. 利息应在合同约定的期限内记入账户，在合同未约定期限的情况下，应在每季度到期时记入账户。

第八百七十七条　银行和账户持有人相互债权的抵销

1. 银行对账户持有人有关账户信贷（第 874 条）和银行服务付款（第 875 条）的金钱债权，以及账户持有人对银行有关支付资金使用利息（第 876 条）的债权，应通过抵销终止，但合同另有约定的除外。

2. 本条第 1 款所述债权的抵销由银行进行，银行有义务按合同约定的程序和期限将抵销通知账户持有人，如果双方未就相关条款达成一致，则应按银行惯例的程序和期限提供有关账户资金状况的信息。

第八百七十八条　账户资金注销的依据

1. 银行应根据账户持有人的命令从账户中支取资金。

2. 在无账户持有人命令的情况下，应根据法院判决以及本法、其他法律规定或银行与账户持有人之间的合同约定的其他情况，从账户中支取资金。

第八百七十九条　账户资金注销的顺序

1. 如果账户持有人的账户上有资金，且金额足以满足对账户持有人的所有索赔，则应按收到账户持有人的指令和其他扣款文件的顺序（日历优先）从账户中扣除这些资金，但法律另有规定的除外。

2. 如果账户资金不足以清偿对账户持有人提出的所有索赔，应按以下优先顺序扣款：

（1）第一顺序：扣除强制执行文件中规定的从账户中划拨或支付的资金，以满足对生命和健康造成损害的赔偿要求，以及对赡养费的要求；

（2）第二顺序：扣除执行文件中规定的转移或发放资金，用于支付根据劳动合同工作的人员的解雇费和工资，以及根据著作权合同支付的报酬；

（3）第三顺序：根据规定，向预算基金付款的付款文件进行扣除；

（4）第四顺序：根据规定，清偿其他金钱债权的执行文件进行扣除；

（5）第五顺序：根据日历优先顺序，在其他付款单据下扣除。

从账户中扣除属于同一顺序债权的资金的，应按收到文件的日历优先顺序进行。

第八百八十条　银行对未及时进行账户交易和不合理地核销资金的责任

在银行未及时向账户存入账户持有人收到的货币资金或者无依据而从账户支取资金的情况下，银行有义务根据账户持有人的要求将相应金额记入账户。

根据本法第426条的规定，银行有义务为未及时入账或不合理扣款支付利息并赔偿损失。银行对未及时从账户中划拨资金和未及时完成账户持有人从账户中划拨资金的指令承担同样的责任。

第八百八十一条　银行账户的保密

1. 银行应保证银行账户、账户交易和账户持有人信息的保密性。

2. 如果账户上的资金可能被扣押、取消赎回权或这些资金可能被没收，则有关交易和账户的信息只能提供给账户持有人或其代理人，以及向法院、调查机构和待审案件调查机构提供有关交易和账户的信息。

此类信息也可提供给公证人，用于处理已故账户持有人的财产继承案件，以及提供给已故者已向银行下达遗嘱命令的人。

3. 如果银行披露了构成账户保密的信息，其权利受到侵犯的客户有权要求银行赔偿所造成的损失。

第八百八十二条　账户资金冻结

1. 除非塔吉克斯坦共和国法律规定了其他程序，否则只能通过法院判决、与执行文件有关的法警决议或调查机构决议对账户资金进行扣押。

2. 银行账户资金的扣押期限不得超过相关案件诉讼法规定的期限，但塔吉克斯坦共和国法律规定了不同程序的除外。

第八百八十三条　追偿账户资金

只能根据可执行的判决或法院决定，或法院法警关于执行文件的决议，强制没收法人和公民在银行账户上的资金，包括强制注销和没收，但塔吉克斯坦共和国法律规定了其他程序的除外。

第八百八十四条　账户的注销

1. 银行账户合同可随时根据其所有人的申请予以注销。

2. 当账户资金低于法律、根据法律指定的银行法规或合同约定的最低金额时，银行有权要求注销银行账户。

3. 银行账户合同的终止是注销账户的依据。

4. 账户资金余额应发给其所有人或根据其指示转入另一账户。

第八百八十五条　银行账户

本章规则适用于代理账户、代理子账户、银行的其他账户，但法律、其他法令或据以银行法另有规定的除外。

第四十四章　结　　算

第一节　一 般 规 定

第八百八十六条　现金和非现金结算

1. 公民之间的结算和公民参与的与其经营活动无关的结算可以现金支付，金额不限。

2. 法人之间的结算以及公民参与的与其经营活动有关的结算，应以非现金方式进行。上述人员之间的结算也可以使用现金，但法律另有规定的除外。

3. 非现金结算应通过银行和其他信贷组织进行，结算所涉人员应在银行开设账户，但法律另有规定并受所使用的结算形式限制的除外。

4. 根据与客户签订的合同，银行可承担接收和偿还客户债务的义务（托收信贷合同）。在偿还债务后，银行应将收到的款项转给客户，并按合同确定的金额向客户收取费用，包括偿债服务的佣金费用。

第八百八十七条　非现金结算的形式

1. 在进行非现金结算时，允许使用支付令、信用证、支票、托收结算，以及法律规定、根据法律制定的银行法规和银行实践中适用的业务周转习惯确定的其他结算形式。

2. 合同当事人有权选择并在合同中约定本条第 1 款规定的任何结算方式。

第二节　付款委托结算

第八百八十八条　一般规定

1. 在以付款委托进行结算时，银行有义务根据客户的指示，在规定的期限内，以客户账户上的资金为代价，将一定数额的款项转入客户指定的人在本行或他行开立的账户。

2. 付款委托中指定的收款人不得取得要求银行付款的权利，但法律规定或客户与银行签订的合同约定有此权利的除外。

第八百八十九条　银行接受付款委托的条件

1. 付款通知和随同付款通知提交的结算文件的内容及其形式应符合法律和银行法规的规定。

2. 如果付款委托不符合本条第 1 款规定的要求，银行应弄清楚付款委托的内容，并应在收到指令后立即向付款人提出该要求。如果在法律或根据法律制定的银行法规规定的期限内未收到答复，或在合理期限内未收到答复，银行可以不履行付款委托，并将其退还付款人，但法律、根据法律制定的银行法规另有规定或银行与付款人之间的合同另有约定的除外。

3. 银行只有在客户账户资金充足的情况下才接受客户的指令，但客户与银行之间的合同另有约定的除外。

第八百九十条　委托履行

1. 接受客户支付指令的银行有义务在银行账户合同约定的期限内，将相应金额的款项转入收款人银行，以便执行到指令指定人的账户中；如果合同未约定期限，则应在银行法或银行实践适用的业务周转习惯确定的期限内完成。

2. 银行有权委托其他银行完成向客户指令中指定的账户转账的业务。

3. 银行有义务立即通知客户指令的执行情况，但合同另有约定的除外。

第八百九十一条　不履行或不适当履行委托的责任

1. 在不履行或者不适当履行客户委托的情况下，银行应根据本法第 426 条的规定对违约行为负责。

2. 如果因受雇履行付款人指令的银行违反支付令结算业务的规则而不履行或不适当履行指令，法院可对该银行施加本条第 1 款所规定的责任。

3. 如果银行违反结算业务规则导致资金被非法扣留，银行有义务按照本法第 426 条规定的程序和金额支付利息。

第三节　信用证结算

第八百九十二条　关于信用证结算的一般规定

1. 在信用证结算时，按照客户（付款人）的指示开立信用证并依照其指示的银行（开证行）有义务向收款人付款或支付、承兑或核算汇票，或授权另一家银行（履约行）向收款人付款或支付、承兑或核算汇票。

开证行向收款人付款或支付、承兑或核算汇票时，应适用有关履约行的规定。

2. 在开立保兑信用证的情况下，开证行有义务在开证行义务的整个有效期内，将保兑信用证金额转给履约银行，费用由付款人承担，或将给予付款人的信贷转给履约行支配。

在开立不保兑信用证的情况下，履约行有权从开证行在其开立的账户中扣除信用证的全部金额。

3. 信用证的结算程序由法律、银行法规和银行实务中适用的业务周转惯例加以明确。

第八百九十三条　可撤销信用证

1. 可撤销信用证是指开证行无须事先通知收款人即可变更或撤销的信用证。信用证的撤销不产生开证行对收款人的任何义务。

2. 履约行有义务根据可撤销信用证进行付款和其他业务，但在履约时收到变更或撤销信用证通知的除外。

第八百九十四条　不可撤销信用证

1. 不可撤销信用证是指未经收款人同意不得撤销的信用证。

2. 应开证行要求，参与信用证业务的履约行可对不可撤销信用证（保兑信用证）进行保兑。这种保兑意味着履约行接受开证行根据信用证条款承担的付款义务之外的附加义务。

未经开证行同意，不得变更或撤销受担保的信用证。

第八百九十五条　信用证的履行

1. 为履行信用证，收款人应向议付行提交证明履行信用证所有条款的文件。在发现违反任何一项条款的情况下，不得支付信用证费用。

2. 如果履约行根据信用证的条款完成了付款或其他业务，则开证行有义务根据银行法规规定的程序偿还所产生的费用。这些费用以及开证行与履行信用证有关的所有其他费用应由付款人偿还。

第八百九十六条　拒绝接受文件

1. 如果履约行拒收外部标志不符合信用证条款的单据，应立即通知收款人和开证行，并说明拒收理由。

2. 如果开证行在收到履约行接受的单据后，认为这些单据的外部标志不符合信用证条款，则有权拒绝接受这些单据，并要求履约行偿还违反信用证条款支付给收款人的金额，在信用证未开立的情况下，开证行有权拒绝偿还已支付的金额。

第八百九十七条　执行信用证银行的责任

如果履约行违反银行法规规定的义务导致信用证款项支付错误或被无故拒付，则履约行应对开证行负责；如果信用证是由开证行开立的，则开证行应对付款人负责。

第八百九十八条　信用证的注销

1. 履约行开立的信用证因下列原因而注销：

（1）信用证期限届满；

（2）根据收款人在信用证有效期届满前提出的拒绝使用信用证的申请，如果信用证的条款明确了拒绝使用信用证的可能性；

（3）在付款人要求全部或部分撤销信用证时，根据信用证条款可以撤销的信用证。

履约行应将信用证的注销通知开证行。

2. 履约行应在注销信用证的同时，将已交存信用证中未使用的金额退还给开证行。开证行有义务将退还的金额记入付款人的存款账户。

第四节 托收结算

第八百九十九条 基本条款

1. 在托收结算的情况下，客户向银行（开证行）发出指令，要求银行使用客户的账户从付款人处收取付款。

2. 收到托收指令的开证行有权委托另一家银行（履约行）履行托收指令。

托收结算的程序由法律、根据法律制定的银行法规以及银行业务实践中适用的业务周转惯例规定。

3. 如果开证行不履行或不适当履行客户指令，应按本法第二十五章规定的理由和金额对客户承担责任。

如果开证行因履约行违反结算业务规则而不履行或不适当履行客户的指令，则可要求该银行对客户承担责任。

第九百条 托收委托的履行

1. 在没有任何文件或文件的外部特征与托收指令不一致的情况下，履约行有义务立即通知收到托收指令的人。如果未能消除上述缺陷，银行有权不履行并退回文件。

2. 除履行托收业务所需的银行印章和题名外，单据应按收到的原样提交付款人。

3. 如果单据是见票即付的，履约行应在收到托收令后立即见票付款。

如果单据应按其他期限付款，为取得付款人的承兑，履约行应在收到托收令后立即将单据提交承兑，并在不迟于单据规定的到期日当天提出付款要求。

4. 在银行法规定或在托收单有特别授权的情况下，可以接受分期付款。

5. 履约行应立即将收到（收取）的款项转给开证行，开证行有义务将这些款项记入客户的账户。履约行有权从收取的款项中扣除应支付的报酬和费用。

第九百零一条 拒付通知

1. 如果未收到付款和（或）承兑汇票，履约行有义务立即将拒付或拒付理由通知开证行。

开证行有义务立即将此情况通知客户，并要求客户提供进一步行动的指示。

2. 如果未在银行法规定的期限内或未在合理期限内收到进一步行动的指示，履约行有权将单据退还给收到托收指令的银行。

第五节　支票结算

第九百零二条　一般规定

1. 支票为一种证券，其中载有支票签发人向银行发出的无条件指令，要求银行向支票持有人支付其中约定的金额。

2. 支票付款人仅由银行指定，支票付款人在该银行中有权通过签发支票支配资金。

3. 不允许在出示支票的期限届满前撤销支票。

4. 支票的签发不得免除签发支票时所履行的金钱之债。

5. 支票在支付周转中的使用程序和条件由本法规定，本法未规定的由其他法律和根据法律颁布的银行法规规定。

第九百零三条　支票必备信息

1. 支票应包含：

（1）单据正文中包含“支票”名称；

（2）付款人支付一定金额的指示；

（3）付款人姓名并注明付款账户；

（4）指明付款货币；

（5）签发支票的日期和地点；

（6）支票签发人，即支票持有人的签名。

如果单据中缺少上述任何一项必要条件，则支票无效。

未标明出票地点的支票视为在支票签发人所在地签发。

2. 支票的形式及填写支票的程序，由法律及根据法律颁布的银行法规规定。

第九百零四条　支票兑现

1. 支票由支票签发人的资金支付。

如果以存款支付，则存款支付支票的程序和条件应由银行法规规定。

2. 支票应由付款人在法律规定的期限内支付。

3. 支票付款人有义务通过一切可用手段核实支票的真实性以及支票持有人是否为支票授权人。

在支付背书支票时，支票付款人有义务核实背书形式的正确性，但无义务核实背书人的签名。

4. 因支票付款人支付了一张伪造、被盗或遗失的支票而造成的损失，应由有过错的支票付款人或支票签发人承担。

5. 支票付款人有权要求将支票连同付款收据一并交给他。

第九百零五条　支票权利的转让

1. 支票权利的转让，应按本法第160条规定的程序办理，但须遵守本条规定。

2. 记名支票不得转让。

3. 在可转让支票中，支票付款人的背书具有付款收据的效力。

支票付款人背书无效。

持有经背书的可转让支票的人，如果其权利以一系列连续背书为基础，应将其视为该支票的合法所有人。

第九百零六条　付款担保（保兑）

1. 支票的全部或部分付款，可以由保证（票据背书担保）担保。

票据背书担保可由付款人以外的任何人提供。

2. 票据背书担保应在支票正面或另页上注明“视为票据背书担保”，并注明由何人和为何人签发。如未写明为谁签发，则应视为为支票付款人签发。

如果是法人，则应注明其地址和落款日期。

3. 票据背书人的责任与票据担保人的责任相同。即使票据担保人所担保的义务因形式缺陷以外的任何原因而无效，票据背书人的义务也仍然存在。

4. 支付支票的担保人取得因支票而产生的权利，以对抗他所提供担保的人和对后者负有义务的人。

第九百零七条　支票兑现

1. 将支票提交为支票持有人服务的银行托收以获取承兑，应视为提交付款。

支票应按本法第900条规定的程序兑现。

2. 在收到付款人的付款后，应将已兑现支票的资金记入支票持有人的账户，但支票持有人与银行之间的合同另有约定的除外。

第九百零八条　付款人的义务

支票付款人有义务通过一切可用的手段核实支票的真实性，以及支票的持票人是否为该支票所授权的人。

在兑现支票时，支票付款人有义务核实背书的正确性，但无义务核实背书人的签名。

第九百零九条　拒付支票的证明

1. 支票拒付应以下列方式之一证明：

（1）由公证人以法律规定的方式提出异议；

（2）付款人在支票上注明拒绝兑付并指明提交支票付款的日期；

（3）兑现银行的标记，注明支票及时签发但未支付的日期。

2. 异议书或者与其同义的文件应当在提交支票付款期限届满前提出。

如果支票提交是在期限届满的最后一天，则异议书或者与其同义的文件可以在下一个工作日提出。

第九百一十条　支票拒付通知

支票持有人有义务在提出异议书或者与其同义的文件之日后的 2 个工作日内通知其背书人和出票人支票未获承兑。

每个背书人应在收到通知后的 2 个工作日内将其收到的通知告知其（前）背书人。在同一期限内，应向为其提供担保的人发出通知。

未在规定期限内发出通知的人并不丧失其在支票上的权利。该人有义务赔偿因未通知支票未承兑而造成的损失，但以支票金额为限。

第九百一十一条　支票拒付后果

1. 如果付款人拒付支票，持票人有权选择对支票的一个、数个或所有义务人（出票人、票据背书担保人、背书人）提起诉讼，这些义务人应对持票人承担连带责任。

2. 支票持有人有权按照本法第 426 条第 1 款规定的程序，要求上述人员支付支票金额、其为收到付款而支出的费用以及相应金额的利息。

3. 支票持有人对本条第 1 款所规定之人的追索权可在提交支票付款期限届满之日起 6 个月内提出。义务人相互之间的追索权，应自各义务人清偿债权之日起或自向其提出追索权之日起 6 个月内消灭。

第四十五章　委　　托

第九百一十二条　委托合同

1. 根据委托合同，一方当事人（受托人）有义务代表另一方当事人（委托人）完成特定的法律行为并承担费用。由受托人完成的法律行为，直接产生委托人的权利和义务。

2. 委托可能涉及受托人完成一项或多项特定法律行为，或按照委托人的指示处理委托人的事务。

3. 委托合同应以书面形式订立。

第九百一十三条　委托合同的报酬

1. 如果法律有规定或委托合同有约定，则委托人有义务向受托人支付报酬。

如果委托合同与双方当事人或其中一方从事经营活动有关，则委托人有义务向受托人支付报酬，但合同另有约定的除外。

2. 在有偿委托合同中没有关于报酬数额和支付方式的条款时，可以依照本法第456条第3款的规定确定，并应在完成委托后支付。

第九百一十四条　根据委托人指示履行委托

1. 受托人有义务按照委托人的指示完成委托。委托人的指示应具体、可行及可能。

2. 如果事件的情况对委托人的利益有必要，且受托人不可能事先向委托人提出请求或未及时收到委托人对其请求的答复，则受托人可偏离委托人的指示。在这种情况下，受托人必须在可能的情况下尽快将偏离情况通知委托人。

3. 经双方同意，商业代理人可免于履行本条第2款所述的义务。

第九百一十五条　受托人的义务

1. 受托人有义务亲自履行其所受之委托。

2. 受托人有义务应委托人的要求，将履行委托的一切进展情况通知委托人。

3. 受托人有义务立即将法律行为下收到的所有资金交给委托人。

4. 在完成委托后，受托人有义务立即向委托人归还未到期的委托书，并根据委托性质的需要提交一份附有证明文件的报告。

第九百一十六条　委托人的义务

除非合同另有约定，否则委托人应：

（1）为受托人提供完成履行所必要的手段保障；

（2）毫不迟延地接受受托人按合同约定完成的工作；

（3）向受托人偿付为完成任务而产生的必要费用；

（4）如果法律有规定或合同有约定，在完成委托后向受托人支付报酬。

第九百一十七条　转委托

1. 如果委托合同有约定或者为保护委托人的利益，受托人有权转交他人（转委托人）履行委托。

2. 转委托他人代理的受托人应立即将此事通知委托人。

委托人有权撤回受托人选择的转委托人，但委托合同中已指定转受托人的除外。

3. 如果合同中指定了受托人的转受托人，则受托人对转受托人处理事务的行为不承担责任。

4. 如果委托合同中约定了由转受托人处理事务，但没有明确指出名字，则受托人对转受托人的过错行为不承担责任。

5. 如果委托合同中未约定由受托人的转受托人处理事务，则受托人对其转受托人的任何行为承担责任。

第九百一十八条　委托合同的终止

1. 委托合同在下列情况下，应与终止义务的一般理由一同终止：

（1）委托人取消委托；

（2）受托人拒绝履行委托；

（3）委托人或受托人死亡，其中任何一方被确认为无民事行为能力人、限制行为能力人或失踪人。

2. 如果受托人在上述情形下取消了合同，且委托人被剥夺了取代受托人或以其他方式确保其利益的机会，则受托人有义务赔偿因合同终止而造成的损失。

3. 如果受托人不知道且不应当知道委托合同已终止，则其在委托人指示下合法实施的行为对委托人（其法定继承人）与第三方和受托人具有约束力。

4. 一方当事人撤销与作为经营者的受托人签订的合同，应提前一个月通知另一方当事人终止合同，但合同约定了更长期限的除外。

在作为商业代理人的法人重组的情况下，委托人可随时取消委托，无须提前通知。

第九百一十九条　委托合同终止的后果

1. 如果委托合同在受托人全面履行委托前终止，则委托人有义务赔偿受托人在履行委托时支出的费用，如果受托人应获得报酬，委托人亦有义务向其支付与其所完成的工作相称的报酬。本条规则不适用于受托人在知道或应当知道委托终止后履行委托的情况。

2. 委托人取消委托不得作为赔偿因合同终止给受托人造成损失的理由，但作为经营者的受托人终止合同的情况除外。

3. 受托人拒绝履行委托人的委托，不得作为赔偿因合同终止而给委托人造成损失的理由，但受托人在委托人被剥夺以其他方式确保其利益的可能性的情况下拒绝履行委托，以及受托人以经营者身份终止合同的情况除外。

第九百二十条　委托合同的权利承继

1. 受托人死亡时，其继承人或其他受委托保管所继承财产之人有义务通知委托人委托合同终止，并采取必要措施保护委托人的财产，特别是保存委托人的财物及文件，然后将其移交给委托人。

作为代理人的法人的清算人也承担该义务。

2. 作为代理人的法人进行重组时，应根据本法第61条的规定立即通知委托人。在上述情况下，除非委托人在合理期限内通知其退出合同，否则该法人的权利和义务应转移给其权利承继人。

第四十六章　无 因 管 理

第九百二十一条　无因管理

1. 无因管理人有义务在第一时间通知当事人。如果当事人同意，委托合同的规则应适用于此后双方的关系。如果当事人不同意上述行为，则无因管理人应对其行为负责。

2. 如果无法通知当事人，则无因管理人有义务采取一切措施终止该行为，以防对当事人造成不利的财产后果。同时，无因管理人有义务承担与事务进行有关的一切责任，包括已达成交易的义务。

3. 如果无因管理人在第一时间没有通知当事人，则无权要求当事人偿还所产生的费用。

4. 在自然人死亡或法人终止的情况下，在当事人的继承人（法定继承人）无法取代当事人前，无因管理人有义务继续已开始的活动。

第九百二十二条　为他人利益实施法律行为

1. 如果另一方当事人在缔结交易时知道或应当知道该交易是为另一方的利益而缔结的，则为另一方的利益而缔结的交易下的义务应自该人同意交易时起转移给该人。

在该交易的义务被转归为其利益缔结交易人时，根据该交易产生的权利也应当转移至其享有。

2. 达成交易者可延迟权利转让，直至其为他人利益而进行的活动所产生的费用已偿还给他。

第九百二十三条 无因管理人的义务

1. 无因管理人有义务赔偿为其利益行事的人的必要费用和实际损失。即使为他人利益而采取的行动是合理的，但没有达到预期结果，其就仍有上述义务。

2. 如果某人的活动并非直接以保护他人利益为目的，包括在该人错误地认为其行为是为了自身利益的情况，法院在判决赔偿所产生的费用及其数额时，应考虑到从事相关活动的人的行为所带来的利益。

3. 在为他人利益行事属于其经营活动范围的情况下，其有权在要求赔偿实际损失的同时，要求支付相应的报酬。

第九百二十四条 为他人利益活动造成损害的赔偿

因他人利益活动而造成的损害赔偿关系应根据本法第五十五章（侵权行为）的规定予以调整。

第九百二十五条 赔偿与防止他人财产遭受损害有关的费用

如果某人未经适当授权，在无法向他人发出通知的情况下阻止了对他人财产造成损害的实际威胁，则该人有权要求他人赔偿在此过程中产生的必要费用以及与此相关的其他实际损害。

第九百二十六条 为他人利益行事人的报告

为他人利益行事的人有义务向为其利益行事的人提交报告，说明所获得的收入、支出和损失。

第四十七章 行 纪

第九百二十七条 行纪合同

1. 根据行纪合同，一方当事人（行纪人）有义务代表当事人（委托人）以自己的名义实施一项或多项法律行为，并由委托人支付报酬。

在行纪人与第三人进行的合同中，行纪人获得权利并承担义务，即使委托人在交易中被指明或为履行法律行为与第三方建立了直接关系。

2. 行纪合同可以固定期限，也可以不固定期限，可以约定或不约定履行合同的地区，可以约定或不约定委托人有义务赋予第三人以其利益和费用进行委托交易的权利，可以约定或不约定代理商品的种类。

3. 法律和其他法令可规定某些类型的行纪合同的特殊性。

4. 行纪合同应以书面形式订立。

第九百二十八条　行纪报酬

委托人有义务按合同约定的数额向代理人支付行纪报酬，在本章第930条规定的情况下，还应支付额外报酬。如果合同中未约定该金额，且无法根据合同条款确定，则应根据本法第456条第3款的规定确定报酬金额。

如果行纪合同因委托人的原因而未履行，则代理人保留获得行纪报酬以及要求委托人赔偿所支出费用的权利。

第九百二十九条　行纪人与第三人法律行为的权利和义务

1. 在代理人与第三人进行的合同中，代理人获得权利并承担义务，即使委托人在交易中被指明或为履行法律行为与第三方建立了直接关系。

2. 在委托人的要求下，行纪人有义务将该合同的权利转让给他，并将转让事宜通知与之订立合同的第三人。第三人无权以其对行纪人的请求权为由，对委托人非因该合同产生的请求权提出异议。

第九百三十条　行纪合同的履行

1. 委托人应当履行其与第三人订立的法律行为的所有义务并行使所有权利。

2. 行纪人有义务按照委托人的指示，或在合同无指示的情况下，按照商业交易习惯或其他习惯要求，以对委托人最有利的条件，完成所接受的委托。如果行纪人以比委托人指定的更优惠的条件完成了法律行为，则利益由双方平分，但合同另有约定的除外。

3. 第三人不履行由委托人出资与其进行的合同的，行纪人对委托人不承担责任，但行纪人在选择此人时没有尽到应尽的注意义务或为履行合同作担保（履约担保）的除外。

4. 如果第三人违反了行纪人与其达成的合同，行纪人应立即通知委托人，收集并提供必要的证据。

5. 委托人在得知第三人违反行纪人与其达成的合同时，有权要求行纪人将代理人在该合同中对该人的债权转让给他。

第九百三十一条　分行纪合同

1. 行纪人可与他人签订分行纪合同，并对分行纪人的行为向委托人负责，但合同另有约定的除外。

根据分行纪合同，分行纪人获得行纪人的权利和义务，但本法第 929 条第 2 款规定的权利除外。

在法律仅允许特别授权人实施某些法律行为的情况下，分行纪合同只能与该人签订。

2. 在行纪合同终止前，行纪人不得与分代理人建立直接关系，但合同另有约定的除外。

第九百三十二条　行纪人出售财产的价格

行纪人出售财产的价格应与委托人协商确定，但法律、其他法令另有规定或代理合同另有约定的除外。

第九百三十三条　违背委托人的指示

1. 在本法第 930 条规定的情况下，行纪人有权违背委托人的指示。

2. 以低于与委托人商定的价格出售财产的行纪人有义务向委托人赔偿差额，但他能证明不可能以商定价格出售财产，且以较低价格出售避免了更大的损失，以及其是因没有机会获得委托人事先同意而偏离指示的除外。

3. 如果行纪人购买财产的价格高于与委托人商定的价格，不愿意接受该购买的委托人有义务在收到行纪人与第三人达成交易的通知后立即向行纪人声明这一点。否则，该购买行为视为已被委托人接受。

如果行纪人告知由其自己承担差价，则委托人无权拒绝行纪人为其达成的交易。

第九百三十四条　行纪标的财产权利

1. 行纪人从委托人处收到的财产或由委托人出资获得的财产应为委托人的财产。

2. 行纪人有权留置根据行纪合同应移交给委托人或第三人的物品，直至委托人支付应付给行纪人的款项。

3. 在宣布委托人破产的情况下，行纪人的上述权利终止。行纪人对委托人的债权，以其留置物品的价值为限，且应根据本法第 388 条至第 389 条的规定，在与抵押担保的债权平等的基础上予以清偿。

第九百三十五条　行纪人留置委托人应得的款项

行纪人有权从其收到的所有款项中扣留根据行纪合同应付给他的款项，费用由委托人承担。

第九百三十六条　行纪人对委托人财产丢失、短缺或损坏的责任

1. 行纪人就其任何可造成其占有的委托人财产丢失、短缺或损毁的行为向委托人承担责任。

2. 如果行纪人在接受由委托人寄送的财产或行纪人代委托人接收财产时，发现该财产已损坏或存在其他可通过外部检查发现的缺陷，以及任何人对行纪人占有的委托人财物造成损坏时，行纪人应采取措施保护委托人的权利，收集必要的证据并及时通知委托人。

3. 行纪人未对其占有的委托人财产投保的，只有在委托人命令其投保或法律规定必须对该财产投保的情况下才承担责任。

第九百三十七条　行纪人的报告

行纪人在完成行纪后，有义务向委托人提交报告，并向委托人移交根据行纪合同收到的所有物品。如果委托人对报告有异议，应在收到报告之日起 30 天内通知行纪人，但双方另有约定的除外。在没有其他约定的情况下，报告视为已被接受。

第九百三十八条　委托人接受已履行的债务

委托人应：

（1）接受行纪人根据行纪合同履行的所有事项；

（2）检查行纪人为其取得的财产，如发现财产有任何缺陷，立即通知行纪人；

（3）向行纪人提供一切必要条件（向其交付货物、转账等），以便行纪人履行其为完成转让而对第三人承担的义务。

第九百三十九条　偿还执行委托任务的费用

委托人除应支付代理费及（如适用）额外的代理报酬外，还有义务偿还代理人在执行委托任务中所支出的费用。

代理人无权要求委托人偿还其保管委托人财产的费用，但法律另有规定或代理合同另有约定的除外。

第九百四十条　委托人取消委托

1. 委托人可在任何时候取消给行纪人的委托。在此情况下，对因取消委托而给行纪人造成的损失，委托人应按一般情况予以赔偿。

2. 在取消委托的情况下，委托人有义务在取消委托后一个月内处置由行纪人占有的财产，但合同约定了不同期限的除外。如果委托人未履行该义务，行纪人可将财产存放或以对委托人最有利的价格出售。

第九百四十一条　行纪人拒绝履行委托

1. 除合同另有约定外，行纪人无权拒绝履行已接受的委托，但委托人违反其义务，致使无法按照委托人的指示履行委托，或其他因委托人不负责的情况而无法履行委托的除外。

行纪人有义务以书面形式通知委托人其拒绝履行委托，并采取措施保护委托人所拥有的财产。

委托人在接到行纪人拒绝履行委托的通知后，有义务自收到拒绝通知之日起一个月内处置行纪人持有的财产，但合同约定了不同期限的除外。如果委托人未履行该义务，行纪人有权将财产寄存或以对委托人最有利的价格出售。

2. 因委托人违反其义务而拒绝履行委托的行纪人，应保留获得行纪报酬和报销费用的权利。

3. 拒绝履行委托的行纪人保留对其在合同终止前完成的法律行为收取行纪报酬以及要求委托人赔偿截至此时所产生费用的权利，但行纪合同另有约定的除外。

第九百四十二条　行纪合同的终止

行纪合同的终止，除一般原因外，还包括以下原因：

（1）委托人拒绝履行合同；

（2）行纪人拒绝履行合同；

（3）行纪人死亡，被认定为无民事行为能力人、限制行为能力人、失踪人或破产人。

第四十八章　财产信托管理

第九百四十三条　财产信托管理合同

1. 根据财产信托管理合同，一方当事人（设立人）在一定期限内将财产转让给另一方当事人（信托管理人）进行信托管理，而另一方有义务为设立人或其指定的人（受益人）的利益管理该财产。

将财产转入信托管理并不意味着将财产所有权转移给信托管理人。

2. 在对财产进行信托管理时，信托管理人有权根据信托管理合同就该财产为受益人实施任何法律行为和事实行为。

法律可以规定或合同可以约定对与财产信托管理有关的特定行为的限制。

3. 信托管理人应以自己的名义对转入信托管理的财产进行交易，并表明其作为信托管理人行事。在实施不需要书面形式的行动时，信托管理人以信托管理人的身份通知另一方，并在信托管理人的姓名后在书面文件中注明“……”，则视为符合该条件。

信托管理人在没有说明其以这种身份行事的情况下，信托管理人应对第三人负责，并仅以属于他的财产对第三人负责。

第九百四十四条　财产信托管理的客体

1. 财产信托管理的客体可以是企业和其他财产联合体、与不动产有关的独立客体、证券、无凭证证券所证明的权利、专有权和其他财产。

2. 处于经营管理或业务管理中的财产不得转让进行信托管理。

第九百四十五条　财产信托管理产生（设立）的依据

财产信托管理的产生（设立）应基于以下条件：

（1）设立人与信托管理人订立的财产信托管理合同；

（2）指定遗嘱执行人（信托管理人）的遗嘱；

（3）法院判决；

（4）监护和看管机构对被监护人财产设立监护的决定；

（5）法律规定的其他法律事实。

第九百四十六条　财产信托管理的主体

1. 管理设立人可以是：

（1）财产所有人；

（2）拥有土地终身继承占有权的人；

（3）国有财产，由获授权的国家机关；

（4）在法律规定的情况下，可以由公证人、监护和看管机关、法院或其他授权机关。

2. 信托管理人可以是：

（1）自然人；

（2）法人。

财产不得移交给国家机关管理。

信托管理人的任命必须征得本人同意。

3. 除信托管理人外，受益人可以是任何人。

第九百四十七条　财产信托管理合同的基本条款

1. 财产信托管理合同应约定：

（1）根据合同管理的财产清单；

（2）指明受益人；

（3）信托管理人提交报告的期限；

（4）管理终止时财产的接收人；

（5）信托管理人的报酬数额和支付形式。

如果不具备上述条款，合同视为未订立。

2. 合同期超过5年，在合同有效期届满时，若其中一方当事人未声明终止或变更合同，则视为按合同约定的相同期限、相同条款延长合同。

对于为管理而转让的某些类型的财产，法律可规定合同有效期的其他期限。

第九百四十八条　合同的形式

1. 财产信托管理合同应以书面形式订立。

2. 不动产信托管理合同应以不动产转让合同约定的形式及程序订立。

3. 违反合同形式或未办理不动产登记的合同无效。

第九百四十九条　信托管理财产的独立性

1. 移交信托管理的财产应与设立人的其他财产以及信托管理人的财产分开。信托管理人应在单独的资产负债表中对这些财产进行核算，即独立核算。

2. 不允许对设立人转移到信托管理财产上的债务进行赎回，但设立人破产的除外。在设立人破产的情况下，应终止对该财产的信托管理，并将其纳入破产财产。

第九百五十条　第三人权利担保的财产信托管理

1. 信托管理人应在订立合同前被告知，移交给其管理的财产附有第三方权利。

如果违反了该条款，信托管理人有权要求确认合同无效，并赔偿实际损失和支付相应的报酬。

2. 如果移交信托管理的财产在订立合同后负担了第三人权利，而信托管理人未在合理期限内收到相关通知，则信托管理人有权要求解除信托管理合同，并要求赔偿实际损失和支付相应报酬。

第九百五十一条　信托管理人的权利和义务

1. 信托管理人应以自己的名义对移交管理的财产进行交易，并必须表明他是信托管理人。如果没有说明，则信托管理人应以自己的名义对第三人负责，并仅以属于他的财产对第三人负责。

2. 信托管理人因管理财产的行为而获得的权利应包括在该财产中。因信托管理人的这些行为而产生的债务应由该财产支付。

3. 信托管理人只有在信托管理合同约定的情况下，才有权转让和抵押交付管理的不动产。

4. 信托管理人应按照财产信托管理合同约定的条款和程序，向设立人和受益人提交活动报告。

第九百五十二条　信托管理财产的转让

1. 除本条第 2 款规定的情况外，信托管理人应亲自对财产进行信托管理。

2. 信托管理人可委托他人代表信托管理人实施管理财产的必要行动，条件是财产信托管理合同授权他这样做，或已得到设立人的书面同意，或因保护设立人或受益人的利益而必须这样做，且无法在合理时间内收到设立人的指示。

信托管理人应对其选定的代理人的行为负责。

第九百五十三条　信托管理人的责任

1. 信托管理人在管理财产时，如果未适当注意受益人和财产所有权、终身继承占有权或经济管理权所属人的利益，应赔偿受益人其在管理财产期间所造成的利润损失，赔偿财产所有权、终身继承占有权或经济管理权所属人因财产损毁、灭失而造成的损失。

2. 在财产管理不当的情况下，财产所有权、经济管理权或终身继承占有权所属人可向法院提起诉讼，要求终止管理并赔偿损失。

3. 如果参与交易的第三人不知道也不应当知道交易的限制条款，则信托管理人违反限制条款进行的交易应被认定为有效。在这种情况下，信托管理人应承担本条第 1 款规定的责任。

4. 信托管理人应对其个人财产给第三人造成的损失承担替代责任。

第九百五十四条　信托管理人的报酬

信托管理人有权获得信托管理合同中约定的报酬，并有权从转入管理的财产或使用该财产的收入中报销其管理财产的必要开支。

第九百五十五条　信托管理合同的终止

1. 信托管理合同，连同终止义务的一般理由，应予终止：

（1）一方当事人在合同期限届满时提出终止合同；

（2）作为受益人的自然人死亡或作为受益人的法人清算，但合同另有约定的除外；

（3）受益人拒绝接受合同约定的报酬，但合同另有约定的除外；

（4）作为信托管理人的自然人死亡，被确认为无民事行为能力、限制行为能力或失踪，作为信托管理人的法人被清算或宣告破产；

（5）信托管理人或设立人因无法亲自管理财产而拒绝管理；

（6）向信托管理人支付合同约定的报酬，设立人取消合同；

（7）财产所有人或拥有财产经济管理权的人破产，并将财产移交给管理人；

（8）在信托管理人不适当履行其义务的情况下，按照法院判决终止合同；

（9）法律规定或合同约定的其他理由。

2. 在管理终止时，信托管理人管理下的财产应移交给因所有权、经济管理权或经营管理权而拥有该财产的人，但合同另有约定的除外。

3. 一方当事人主动终止合同时，应至少提前 3 个月通知另一方，但合同另有约定的除外。

第九百五十六条　有价证券信托管理

在向证券信托管理机构转让证券时，可以考虑将不同人转让给信托管理机构的证券合并。

信托管理人处分证券的权利应在信托管理合同中约定。

证券信托管理的特殊性应由法律确定。

本条规则相应适用于无凭证式证券所证明的权利。

第九百五十七条　根据法律规定的理由对财产进行信托管理

1. 下列情况可以设立财产信托管理：

（1）在本法第 39 条规定的情况下，因需要永久管理被监护人的财产；

（2）根据已指定遗嘱执行人的遗嘱；

（3）法律规定的其他理由。

2. 本章规定适用于基于本条第 1 款规定的理由而建立的财产信托管理关系，但法律另有规定或债的实质另有要求的除外。

在基于本条第 1 款规定的理由建立财产信托管理关系的情况下，本章规则规定的设立人的权利应分别属于监护和看管机构、遗嘱执行人或法律规定的其他人。

第四十九章　商业特许

第九百五十八条　商业特许合同

1. 根据商业特许合同，一方当事人（权利人）有义务有偿或无偿在一定期限内向另一方当事人（使用人）提供使用经营活动中属于权利人的一系列专有权，包括使用权利人的商号和（或）商业名称的权利、使用受保护的商业信息的权利，以及使用合同约定的其他专有权客体，商标、服务商标等权利。

2. 商业特许合同可以约定，在特定经营活动范围内（销售从权利持有人处收到的商品或使用人自己生产的商品、开展其他贸易活动、完成工作、提供服务），可以使用权利人的专有权综合体、商业信誉和商业经验［特别是确定最低和（或）最高使用量］，可以不约定使用地区。

3. 商业特许合同的当事人可以是商业组织，也可以是注册为个体工商户的公民。

第九百五十九条　商业特许合同的形式和登记

1. 商业特许合同应以书面形式订立。

未按书面形式订立的合同无效。

2. 商业特许合同应由已将根据合同行事的法人或个体经营者登记为权利持有人的机构进行登记。

如果权利人是在外国注册的法人或个体工商户，则商业特许合同的登记应由对作为使用人的法人或个体工商户进行登记的机构进行。

在与第三人的关系中，商业特许合同的当事人只有在合同登记之时起才有权援引合同。

使用受专利法保护的物品的商业特许合同必须在专利和商标领域的联邦执行机构注册。如果未遵守该规定，合同无效。

第九百六十条　商业分许可

1. 商业分许可合同可约定使用人有权授权其他人按照其与权利人商定的或在商业分许可合同中约定的再特许条款，使用向其出示的专有权综合体或部分专有权综合体。合同可以约定使用人有义务在一定期限内按照分许可条款向一定数量的人授予使用专有权。

签订的商业分许可合同的期限不得长于据以签订的商业分许可合同的期限。

2. 如果商业分许可合同无效，在其基础上订立的商业分许可合同也无效。

3. 除非按期限订立的商业分许可合同另有约定，否则在合同提前终止时，次权利人（商业分许可合同的使用人）在商业分许可合同下的权利和义务应转移给权利人，但他拒绝承担本合同下的权利和义务的除外。本规则同样适用于终止未约定期限的商业分许可合同。

4. 使用人应对次使用人的行为给权利人造成的损害承担补充责任，但商业分许可合同另有约定的除外。

5. 本章规定的关于商业分许可合同的规则适用于商业分许可合同，但因分许可的特殊性而另有规定的除外。

第九百六十一条　商业特许合同的报酬

商业特许合同的报酬可由使用人以一次性或定期固定支付、从收入中扣除、权利人提供的用以转售商品批发价格的利润或合同约定的任何其他形式支付给权利人。

第九百六十二条　权利持有人的义务

1. 权利持有人有义务：

（1）向使用人转交技术和商业文件，提供之后使用人行使商业特许合同赋予其的权利所需的其他信息，并就与行使这些权利有关的事项向使用人及其雇员提供指导；

（2）向使用人发放合同中约定的许可证，并确保按照规定程序登记。

2. 除非商业特许合同另有约定，否则权利持有人有义务：

（1）确保商业特许合同的登记（第959条第2款）；

（2）向使用人提供持续的技术和咨询援助，包括在沟通和提高员工素质方面的援助；

（3）控制使用人根据商业特许合同生产（实施、提供）的商品（作品、服务）的质量。

第九百六十三条　使用人的义务

考虑到使用人根据商业特许合同开展活动的性质和特殊性，使用人有义务：

（1）在进行合同约定的活动时，按合同约定的方式使用权利人的商号和（或）商业名称；

（2）确保其根据合同生产的商品、完成的工作或提供的服务质量与权利人直接生产、完成或提供的同类商品、工作或服务质量一致；

(3) 遵守权利持有人的指示和指令，以确保专有权综合体的性质、使用方法和条件与权利持有人的使用方式相一致，包括有关使用人在行使合同赋予的权利时使用的商业场所的外部和内部设计的指示；

(4) 向买方（客户）提供所有附加服务，这些服务是买方（客户）直接向权利人购买（订购）商品（工作、服务）时可以期待的；

(5) 不泄露权利人的生产秘密和从权利人处获得的其他商业秘密信息；

(6) 提供约定数量的次级特许权（如果合同中约定了此项义务）；

(7) 以最明显的方式告知买方（客户），他根据商业特许合同使用了商号、商业名称、商标、服务标志或其他个性化手段。

第九百六十四条　商业特许合同当事人权利的限制

1. 商业特许合同可约定对本合同下当事人权利的限制，特别是：

(1) 权利持有人有义务不向其他人提供类似的综合专有权，供其在分配给使用人的领域上使用，或不在该领域上从事与自己类似的活动；

(2) 使用人有义务不在商业特许合同所涉及的地区内，就使用人使用权利人拥有的专有权所开展的商业活动与权利人竞争；

(3) 使用人拒绝根据商业特许合同从权利持有人的竞争者（潜在竞争者）处获得类似权利；

(4) 使用人有义务与权利人就行使合同授予的专有权使用的经营场所的位置及其外部和内部设计达成一致。

在反垄断机构或其他相关方的要求下，如果考虑到相关市场状况和各方的经济状况，限制性条款与反垄断法相抵触，则这些条款可被认定为无效。

2. 商业特许合同的限制性条款在下列情形下无效：

(1) 权利持有人有权决定使用人的商品销售价格或使用人完成（提供）的工作（服务）价格，或确定这些价格的上限或下限；

(2) 使用人有权专门对特定范畴的买方（定作人）或仅有权对具有在合同约定地域内的所在地（住所地）的买方（定作人）出售商品、完成工作或提供服务。

第九百六十五条　权利持有人对使用人提出要求的责任

权利持有人应承担因使用人根据商业特许合同交付（完成、提供）的商品（工程、服务）质量不合格导致第三人对使用人提出索赔的补充责任。

权利持有人作为权利持有人产品（货物）的制造人，与使用人承担连带责任。

第九百六十六条　使用人签订新期限商业特许合同的权利

1. 使用人在适当履行其义务后，有权在商业特许合同期限届满时，以相同的条款签订新合同。

2. 权利人有权拒绝签订新期限的商业特许合同，条件是在本合同期限届满之日起 3 年内，不与其他人签订类似的商业特许合同，也不签订与被终止合同适用统一区域的类似的商业再特许合同。如果在 3 年期限届满前，权利持有人希望将已终止合同中授予使用人的相同权利授予他人，有义务与使用人签订新的合同或赔偿因此给使用人造成的损失。在签订新合同时，其条款对使用人的优惠不得低于被终止合同的条款。

第九百六十七条　商业特许合同的变更

商业特许合同可根据本法第二十八章的规定进行修改。

第九百六十八条　商业特许合同的终止

1. 未指明期限而订立的商业特许合同的每一方当事人有权在任何时候提前 6 个月通知另一方当事人退出合同，但合同约定了更长期限的除外。

2. 提前终止所订立的有明确期限的商业特许合同，以及终止所订立的无明确期限的合同，均应按照本法第 959 条第 2 款规定的程序办理登记手续。

3. 如果属于权利持有人的商号和商业名称权被终止，且未以新的类似权利取代，则商业特许合同应予终止。

4. 如果权利持有人或使用人被宣布无力偿债（破产），商业特许合同终止。

第九百六十九条　当事人变更时商业特许合同继续有效

1. 不得将授予使用人的专有权综合体中的任何专有权转让给他人，作为变更或取消商业特许合同的理由。新的权利持有人成为本合同当事人，享有与所转让专有权相关的权利并承担相关义务。

2. 如果权利持有人死亡，其在商业特许合同下的权利和义务应转移给继承人，条件是继承人已登记或自继承开始之日起 6 个月内注册为个体工商户，否则合同终止。

在继承人承担这些权利和义务之前，或在继承人注册为个体经营者之前，已故权利人的权利行使和义务履行应由公证处指定的管理人执行。

第九百七十条　权利持有人商业名称或商业标志变更的后果

如果权利人变更了其公司名称或商业名称（其使用权包含在专有权综合体

中），商业特许合同对权利人的新公司名称或商业名称有效，但使用人要求取消合同并赔偿损失的除外。如果合同继续有效，使用人有权要求相应减少应支付给权利持有人的报酬。

第九百七十一条　根据商业特许合同授予使用的专有权终止的后果

如果在商业特许合同有效期内，根据合同授予使用的专有权的有效期届满，或该权利因其他原因被终止，除与终止的权利有关的规定外，商业特许合同继续有效。使用人有权要求相应减少应付给权利持有人的报酬，但合同另有约定的除外。

在终止属于权利人的商号权或商业名称权的情况下，应产生本章第 968 条第 2 款和第 970 条规定的后果。

第五十章　保　　管

第一节　保管的一般规定

第九百七十二条　保管合同

1. 根据保管合同，一方当事人（保管人）有义务保管另一方当事人（寄存人）交付给其的物品，并将该物品完好返还。

2. 保管合同自移交保管物之时起视为已订立。

第九百七十三条　接收保管物的合同

1. 以保管为业务或其他专业活动的保管人，可以依照本章规定，以合同方式承诺接管寄存人的财物，并储存寄存人移交的物。

2. 寄存人未在合同约定的期限内移交保管物的，应对保管人因保管失败而造成的损失负责，但法律另有规定或合同另有约定的除外。

如果寄存人在合理期限内声明拒绝保管人的服务，则应免除寄存人未移交保管物的责任。

3. 如果寄存人未在合同约定的期限内交付保管物，应免除保管人接收保管物的义务，但合同另有约定的除外；如果合同未约定期限，保管人应在合同订立之日起 6 个月届满时被免除接收保管物的义务。

第九百七十四条　保管合同的形式

1. 在保管合同必须以书面形式订立的情况下（第 186 条），如果保管人通过向寄存人出具保管收据、证书或保管人签署的其他文件，证明已接收保管物，则视为遵守了合同的书面形式。

2. 在特殊情况下（火灾、自然灾害、突发疾病、袭击威胁等）将物品移交保管的，无须遵守合同的书面形式。

3. 如果法律允许或通常适用于此类保管，保管人可向寄存人签发有编号的令牌（号码）或证明接收保管物品的其他标志，以订立保管合同。

4. 如果对方对接收保管之物与保管人退回之物的同一性有争议，应允许证人作证。

第九百七十五条　接收保管物的义务

进行经营活动或其他专业活动，在公用仓库（商会、场所）进行保管的人，无权拒绝签订保管合同。在这种情况下签订的合同应视为公开合同（第458条）。

第九百七十六条　保管期限

保管人有义务在合同约定的期限内保管物品。如果合同未约定保管期限，且无法根据合同条款确定保管期限，则保管人应履行保管义务，直至寄存人认领该物为止。

第九百七十七条　非特定化物品的保管

在非特定化物品保管的情况下，接收保管的物品可与其他寄存人的同种类和同品质物品混合。保管人应将双方指定的同等或一定数量的同类同质物品退还给寄存人。

第九百七十八条　保管人确保物品安全的义务

1. 保管人有义务采取合同约定的一切措施及其他必要措施，确保所保管之物的安全。

如果保管是免费的，保管人有义务将所保管的物品视同自己的物品一样加以保管。

2. 保管人有义务将所保管之物归还寄存人或其指定为接收人的其他人，但合同约定以非特定化方式存放的除外（第977条）。

3. 物应当以其被接收保管时的状态并考虑其自然损坏或者自然损耗的情况返还。

4. 在归还物品的同时，保管人有义务交还保管期间的孳息，但合同另有约定的除外。

第九百七十九条　交付保管物的使用

未经寄存人同意，保管人无权使用委托其保管之物，也无权使第三人使用该物，但为确保所保管之物的安全而必须使用时除外。

第九百八十条　保管条件的变更

1. 保管人有义务立即通知保管人必须改变物品的保管条件，并等待寄存人的答复。

2. 如果该物有灭失或损坏的危险，保管人有义务改变合同约定的保管方法和地点，无须等待寄存人的答复（本条第1款）。

3. 如果物品在保管期间受损或出现其他情况，无法确保其安全，且无法指望寄存人采取任何行动，则保管人有权出售该物品或其部分，并以购买价偿还其出售该物品的费用。

第九百八十一条　保管物货转让给第三方

1 如果法律没有另行规定或保管合同没有另行约定，未经寄存人同意，保管人无权将物交付第三人保管，但为了寄存人的利益且保管人无法取得其同意的除外。保管人有义务将物交付第三人保管的情况立即通知寄存人。

2. 保管人应对其委托保管之第三人的行为负责。

第九百八十二条　保管报酬

1. 保管报酬应在保管期限届满时支付给保管人，如果保管报酬分期支付，则应在每期结束时分期支付。

2. 如果逾期支付保管费超过应支付期限的一半，保管人有权拒绝履行合同，并要求寄存人立即取回寄存物品。

3. 非因保管人原因导致在规定期限届满前终止保管，则保管人有权获得相应比例的报酬，在本法第984条第1款规定的情况下，其有权获得全部报酬。

如果因保管人原因而提前终止保管，则保管人无权要求获得保管报酬，因索要报酬而收到的款项应退还寄存人。

4. 如果寄存人在合同约定期限届满后没有取回保管物，则寄存人有义务向保管人支付继续保管该物的相应报酬。如果保管人有义务在保管期满前取回该物，本法亦适用。

5. 本条规则应予适用，但保管合同另有约定的除外。

第九百八十三条　危险物品的保管

对于具有易燃、易爆或一般危险性质的物品，如果寄存人在移交时未提醒保管人注意这些性质，保管人可随时将其停用或销毁，而不对寄存人进行赔偿。寄存人对保管人和第三人因保管这些物品而造成的损失负责。

第九百八十四条 保管费用的补偿

1. 如果合同没有另行约定，则保管费用计入报酬金额。特殊费用不包括在报酬金额或合同约定的费用中。

2. 在无偿保管的情况下，寄存人有义务偿还实际发生的必要费用。

第九百八十五条 寄存人取回物品

1. 寄存人有义务在合同约定的保管期限届满时接收移交保管之物。

2. 如果寄存人逃避接收该物，保管人有权自行变卖该物，但合同另有约定的除外。如果其价值超过 100 个法定结算指标，则按本法第 480 条规定的方式变卖。

变卖物品所得款项应减去应支付给保管人的款项后转给寄存人。

第九百八十六条 保管的额外费用

1. 如果寄存人同意或事后批准，以及在法律、其他规范性法条规定或合同约定的其他情况下，超出此类通常费用的物品保管费用（额外费用），应偿还给保管人。

2. 如果需支付额外费用，保管人有义务征得寄存人的同意。如果寄存人未在保管人约定的期限内或者在通常要求的答复期限内表示其不同意，则视为寄存人同意额外费用。

如果保管人在未事先征得寄存人同意的情况下，为保管而支付了额外费用，在当时的情况下这样做，寄存人有可能不予批准，保管人也可要求偿还额外费用，但以未支付该费用可能对物品造成的损害为限。

3. 额外费用应在保管报酬之外予以补偿，但保管合同另有约定的除外。

第九百八十七条 保管人归还物品的义务

1. 保管人有义务向寄存人或其指定的接收人归还为保存而转移的同一物品，但合同约定非特定保管的除外（第 977 条）。

2. 保管人应按接收保管时的状况归还物品，但应考虑到其自然损坏、自然损耗或因其自然属性引起的其他变化。

3. 保管人在归还该物的同时，有义务交出保管该物期间所得的孳息和收入，但保管合同另有约定的除外。

第九百八十八条 保管人对物的丢失、短缺或损毁的责任

1. 保管人应根据本法第 24 章规定的理由，对接收保管物品的丢失、短缺或损毁承担责任。

2. 作为企业或其他专业活动进行保管的保管人（专业保管人）应对所保管物品的丢失、短缺或损毁承担责任，除非能证明物品的丢失、短缺或损毁是因以下原因发生的：

（1）不可抗力；

（2）保管人在接收保管物时不知道也不应当知道的物之隐蔽特性所致；

（3）寄存人的故意或者重大过失而造成的。

3. 如果寄存人在合同约定的保管期限或寄存人有义务应保管人要求取回该物的期限届满后，仍未取回保管物，则保管人只有在其有故意或重大过失的情况下，才对该物的丢失、短缺或损毁承担责任。

第九百八十九条　保管人的责任范围

1. 因物的丢失、短缺或损坏而对寄存人造成的损失，应由保管人根据本法第423条的规定予以赔偿，但法律另有规定或合同另有约定的除外。

2. 在无偿保管的情况下，因物的丢失、短缺或损坏而给寄存人造成的损失应予赔偿：

（1）对于物品的丢失和短缺，应赔偿丢失或短缺物品的价值；

（2）对于物品的损坏，应赔偿物品价值减少的数额；

3. 如果因保管人应负责的情况，物品质量发生变化，不能用于原来的目的，则寄存人有权放弃该物品，并要求保管人赔偿物品的价值，以及在法律规定或合同有约定时赔偿其他损失。

第九百九十条　造成保管人损失的赔偿

如果保管人在接收保管物时不知道也不应当知道保管物的属性，则寄存人有义务赔偿保管物的属性给保管人造成的损失。

第九百九十一条　应寄存人要求保管义务终止

保管人有义务应寄存人的请求立即归还所保管之物，即使合同已确定不同的归还期限。

但是，在这种情况下，寄存人有义务赔偿因提前终止债务而给保管人造成的损失，但保管合同另有约定的除外。

第九百九十二条　将保管的一般规定适用于特定种类保管

关于保管的一般规定（第972条至第991条）应适用于特定类型的保管，但本法第994条至第1112条、其他法律对特定种类保管另有规定的除外。

第九百九十三条　依法保管

本章的规定也适用于依法产生的保管义务，但法律另有规定的除外。

第二节　特殊种类的保管

第九百九十四条　典当行保管

1. 典当行可接受公民寄存的供个人消费的动产。

2. 典当行应签发个人保管收据，以正式订立在典当行保管物品的合同。

3. 存放在典当行的物品，应根据双方当事人的合同，按照接受存放时和存放地点通常确定的此类物品的种类和质量的价格进行评估。

4. 典当行有义务自费为寄存人投保，保额为按本条第3款规定估价之全额。

第九百九十五条　典当行无人认领之物

1. 在寄存人逃避取回物的情况下，典当行有义务将其保管3个月。该期限届满后，无人认领的物品可由典当行按本法第985条第2款规定的方式出售。

2. 典当行应从变卖物品的收益中偿还保管费和其他应付款项。剩余款项应由典当行在出示保管收据后退还给收据所有人。

第九百九十六条　银行贵重物品保管

1. 银行可以接受有价证券、贵金属和宝石、其他贵重物品和文件，对其进行保管。

2. 与银行签订的贵重物品保管合同，应由银行向寄存人签发个人保管单据，银行据此向寄存人移交所保管的贵重物品。

3. 在有价证券保管（存放）合同约定的情况下，银行除确保有价证券的安全外，还应对有价证券采取具有法律意义的行动（代理等）。

4. 银行保管的贵重物品可由银行凭保管文件发给寄存人或其代理人。

5. 使用银行个人保险箱（保险箱、独立储藏室）保管贵重物品的合同，可通过银行接受贵重物品保管并向寄存人发放保险箱钥匙、寄存人身份证、证明持证人有权进入保险箱和从保险箱领取贵重物品的其他标志或文件的方式订立。

寄存人有权随时从保险箱中取出贵重物品、归还贵重物品、处理保管的文件，但合同另有约定的除外。银行有权记录寄存人接收和归还贵重物品的情况。

如果寄存人（包括临时寄存人）从保险箱中取出部分贵重物品，银行应对剩余部分贵重物品的安全负责。

本条规定的在银行保险箱中保管贵重物品的规则不适用于银行将其保险箱按财产租赁条款提供给他人使用的情况。

第九百九十七条 在运输组织寄存处的保管

1. 运输组织经营的储藏室有义务接、收保管乘客和其他公民的物品，不论其是否持有旅行证件。在运输组织储藏室保管物品的合同为公开合同（第458条）。

2. 运输组织应向寄存人出具收据或编号凭证以证明接受物放入储藏室保管（自动储存室除外）。

3. 因存放于储藏室内的物品遗失、短缺或损坏而给寄存人造成损失的金额，如果在保管物品时已作出评估，或双方已就赔偿损失金额达成协议，则应在索赔之日起24小时内支付给寄存人。

4. 物品可在特别规则规定或双方合同约定的期限内存放在储藏室。储藏室有义务将未在规定或约定期限内认领的物品再存放3个月。期限届满，无人认领的物品可以出售，并根据本法第995条的规定分配出售所得。

5. 如果收据或令牌被遗失，寄存人在出示物品归其所有的证明后，运输组织储藏室应将存放在储藏室的物品交还寄存人。

第九百九十八条 组织寄存处的保管

1. 组织寄存处的保管应免费，但寄存物品时已商定保管费用的除外。

2. 保管人应给寄存人一个编号徽章或其他标志，确认接受物品存放于寄存处。

3. 保管在寄存处的物品应交给凭证持有人。保管人没有义务核实牌证持有人对接收物品的授权。但是，如果保管人对牌证是否属于持证人有疑问，则保管人有权推迟将物品归还给持证人。

4. 即使寄存人遗失了牌证，只要保管人对该物品已保管在寄存处或该物品属于寄存人的事实没有怀疑，或寄存人已证明了该事实，保管人就有义务从寄存处返还该物品。

第九百九十九条 旅馆的保管

1. 除金钱、其他货币贵重物品及有价证券外，住宿客人保管于旅馆内的物品如果发生遗失或损坏，旅馆应作为保管人承担责任，无须特别约定，但因不可抗力、物品本身属性或因住宿人、随行人员或其访客的过失而发生遗失或损坏的情况除外。

委托旅馆工作人员保管或者放置在指定地点（旅馆房间等）的物品视为已交

付旅馆。

2. 旅馆只有在接收保管的情况下，才对金钱、其他货币贵重物品和有价证券的遗失负责。

3. 住宿客人如发现财物丢失或损坏，应立即向旅馆报告。否则，旅馆可免责。

4. 即使旅馆已宣布不承担客人物品的安全责任，也不能被免除该责任。

5. 本条的规定也适用于汽车旅馆、养老院、疗养所、招待所、澡堂和类似组织中的物品保管，以及专门指定存放来访公民的外衣、帽子和其他类似物品的组织中的物品保管。

第一千条　有争议物品的保管（争讼物）

1. 根据争讼物保管合同，两个或两个以上对某一物品的权利发生争议的人应将争议物品转让给第三人，第三人有义务在争议解决后将该物品归还给根据法院判决或所有争议人的协议将物品返还给应取得该物之人（协议扣押）。

2. 争讼物可以依照法院判决按照扣押程序交付保管（司法扣押）。

司法扣押的保管人既可以是法院指定的人，也可以是争议双方当事人相互协商确定的人。无论是在哪种情况下，都必须征得保管人同意，但法律另有规定的除外。

3. 动产和不动产均可交存查封。

4. 保管被查封之物的保管人有权获得报酬，费用由争议各方承担，但合同另有约定或确立查封的法院判决另有规定的除外。

第三节　仓　　储

第一千零一条　商品仓储人

商品仓储人是指作为经营活动保管商品并提供与保管有关服务的组织。

第一千零二条　仓储合同

1. 根据仓储合同，商品仓储人（保管人）有义务有偿保管商品占有人（寄存人）交付给他的商品，并完好返还这些商品。

2. 仓储合同应以出具仓储单据的书面形式订立（第1007条）。

第一千零三条　附有物处置权保管

如果根据法律规定或仓储合同约定，商品仓储人可以处分交付其保管的商品，则有关借用之规定应适用于双方关系，但归还商品的时间及地点应按仓储的规定确定。

第一千零四条　仓库的义务

1. 商品仓储人有义务遵守标准、技术规范、技术说明、保管说明、特定类型商品的保管规则、对仓库有约束力的其他特殊规范文件中规定的保管条件（制度）。

2. 商品仓储人在接收商品保管时，有义务自费检查商品。

3. 商品仓储人有义务向商品占有人提供检查商品或商品样品的机会，如果保管是以非特定化方式进行的，则应抽取样品并采取必要措施确保商品的安全。

4. 如果需要紧急改变保管条件以确保商品安全，仓储人有权自行采取必要的紧急措施。仓储人有义务将所采取的措施通知商品占有人。

5. 如果发现商品有任何损坏，仓储人应立即起草报告，并在同一天按商品占有人向仓储人申报的地址通知商品占有人。

第一千零五条　商品占有人对仓库的债权

商品占有人有权在从仓储人处收到商品时向仓储人报告因其不当保管造成的商品丢失、短缺或损坏，并在发现隐蔽缺陷后7天内报告此类缺陷，但合同另有约定的除外。如果商品占有人未在相关期限内向仓储人报告商品情况，仓储人不承担损害赔偿责任，但因仓储人故意或重大过失造成的损害除外。

第一千零六条　仓库拒绝保管合同

如果寄存人隐瞒商品的危险性质，可能造成重大损失，仓储人有权拒绝履行仓储合同。

第一千零七条　仓库文件

1. 仓库可签发下列仓储单据，作为接收商品保管的证明：

（1）双联仓单；

（2）普通仓单；

（3）仓单。

2. 双联仓单、仓单各部分及普通仓单为有价证券。

3. 两用仓单和单用仓单均可抵押。

第一千零八条　双联仓单

1. 双联仓单由仓储证明和抵押证明（权证）组成，两者可相互分离。

2. 双联仓单的每一部分都应表明：

（1）接收商品保管的仓库名称和地址；

（2）根据仓库登记册确定的当前仓储证编号；

（3）接收保管商品的组织或公民的名称，以及商品所有人所在地（居住地）；

（4）商品名称和数量，商品位置；

（5）接收商品保管的期限（如果有）；

（6）支付仓储费的数额和程序；

（7）接受和交付商品的日期；

（8）授权人签字和仓库盖章。

第一千零九条　商品仓单和抵押证书持有人的权利

1. 仓单和抵押证书持有人有权全权处置保管在仓库中的商品。

2. 与抵押证书分离的仓单持有人有权处置商品，但在偿还根据抵押证书发放的贷款前，不得从仓库中提取商品。

3. 除仓单持有人外，抵押证书持有人也对商品享有留置权，留置金额为抵押证书下的贷款数额及其利息。当商品被抵押时，应在抵押权证上注明此事。

第一千零一十条　仓单和抵押证书的转让

仓单和抵押证书可以同时或者通过背书单独转让。

第一千零一十一条　双联仓单

1. 应向持票人签发双联仓单。

2. 双联仓单须包含第 1008 条所规定的信息，并注明该仓单是签发给持票人的。

第一千零一十二条　按照双联仓单交付商品

1. 商品仓储人将商品交付给仓单和抵押证书（双联仓单）的持有人，同时换取这两个证书。

对于未持有抵押证书但已付清抵押证书项下欠款的仓单持有人，仓储人不得向其交付商品，但以其付清抵押证书项下欠款为条件换取抵押证书者除外。

2. 仓单和抵押证书持有人有权要求分期交付商品。作为对原始凭证的交换，他应为仓库中剩余的商品获得新的凭证。

3. 仓储人如果违反本条规定，向未持有抵押证书的仓单持有人交付商品，而该仓单持有人未支付抵押证书项下的应付款项，则该仓储人应向抵押证书持有人支付抵押证书项下的全部应付款项。

第五十一章　保　　险

第一千零一十三条　自愿保险和强制保险

1. 保险应根据公民或法人（投保人）与保险组织（保险人）签订的财产保险

合同或人身保险合同进行。

人身保险合同属于公开合同（第458条）。

2. 如果法律规定有关人员有义务作为投保人自费或由有关人员出资为他人的生命、健康或财产投保，或为其对他人的民事责任投保（强制保险），则应根据本章的规定签订合同进行投保。

在强制保险的情况下，投保人有义务按照调整此类保险的法律规定的条款与保险人订立合同。

3. 法律可以规定用国家预算支付公民的生命、健康和财产的强制保险的情况（国家强制保险）。

第一千零一十四条　不得投保的利益

1. 不允许为非法利益投保。

2. 不允许为参与游戏、彩票和博彩所造成的损失投保。

3. 不允许为某人因释放人质而被迫支付的费用投保。

4. 与本条第1款至第3款相抵触的保险合同条款无效。

第一千零一十五条　财产保险合同

1. 根据财产保险合同，一方当事人（保险人）有义务在合同约定的事件（保险事故）发生时，按合同约定的费用（保险费），在合同约定的金额（保险金额）范围内，赔偿另一方（投保人）或合同受益的另一人（受益人）因该事件造成的投保财产的损失或与投保人其他财产利益有关的损失（支付保险赔偿金）。

2. 根据财产保险合同，下列各项可以投保：

（1）财产；

（2）民事责任风险，因对他人的生命、健康或财产造成损害而承担义务的风险，在法律规定的情况下，也包括合同责任（第1017条和第1018条）；

（3）经营风险——因经营者的交易对手违反义务或因经营者无法控制的情况，经营活动的条件发生变化，经营者无法从经营活动中获得预期收入的风险（第1019条）。

第一千零一十六条　财产保险

1. 可以通过保险合同为根据法律规定或合同约定对财产的保全具有利害关系的人（被保险人或受益人）投保，为财产所有人、对财产享有其他权益的人、承租人、承包人、保管人、佣金人等投保。

2. 为受益人投保的财产保险合同可以不指定受益人的姓名或名称。

在签订此类合同时，应向投保人签发不记名保险单。在行使该合同的权利时，必须向保险人出示该保单。

第一千零一十七条　造成损害的责任保险

1. 对他人的生命、健康或财产造成损害所产生的责任风险的保险合同，可以对投保人本人或可能被要求承担责任的其他人的责任风险投保。

2. 被保险人必须在保险合同中指明。如果合同中没有指明被保险人，则投保人应视为被保险人。

3. 致害风险责任保险合同视为为可能致害的人（受益人）的利益而订立。

第一千零一十八条　合同责任保险

1. 对于个体经营户或商业组织不履行或不适当履行公开合同的责任（第458条）以及法律规定的其他情况，应允许进行违反责任风险保险。

2. 根据违反责任风险保险合同，只能对投保人自己的责任风险进行投保。不符合此规定的保险合同无效。

3. 违反合同责任风险视为为投保人根据合同条款应负责的一方当事人（受益人）投保。

第一千零一十九条　经营风险保险

根据经营风险保险合同（第1015条第2款第3项），经营风险只能为投保人本人投保，且只能以投保人为受益人。

以非投保人为受益人的经营风险保险合同无效。

以非投保人为受益人的经营风险保险合同应视为以投保人为受益人而订立。

第一千零二十条　人身保险合同

1. 在人身保险合同中，一方当事人（保险人）有义务在投保人本人或合同指定的另一公民（被保险人）的生命或健康受到损害、达到一定年龄或在其生命中发生合同约定的其他事件（保险事故）时，按合同约定的费用（保险费）向另一方（投保人）一次性支付或定期支付合同约定的金额（保险金）。

获得保险金的权利属于合同的受益人。

2. 人身保险合同视为以被保险人为受益人而订立的，但合同指定其他人为受益人的除外。在合同中没有指定其他受益人的情况下，如果被保险人死亡，被保险人的继承人应被确认为受益人。

以非被保险人为受益人的人身保险合同，包括以非被保险人的投保人为受益人的人身保险合同，只有在征得被保险人的书面同意后方可签订。如果未征得被保险人的同意，该合同可在被保险人提出诉讼时被确认无效，如果被保险人死亡，该合同可在其继承人提出诉讼时确认无效。

第一千零二十一条　强制保险

1. 法律可规定下列投保义务：

（1）法律规定的其他人的生命、健康或财产受到损害时；

（2）因对他人的生命、健康或财产造成损害或违反与他人的合同而可能产生的民事责任风险。

法律规定作为投保人的义务。法律可规定其他类型的强制保险。

2. 法律或合同均不得规定或约定公民有义务为自己的生命或健康投保。

3. 在法律规定的情况下，或根据法律规定的程序，对国有财产享有经营管理权或者业务管理权的法人有义务为这些财产投保。

4. 如果为财产投保的义务不是基于法律，而是基于与财产所有人签订的合同或作为财产所有人的法人的设立文件，则该保险不具有本条意义上的强制性，也不产生本法第 1023 条规定的后果。

第一千零二十二条　强制保险的实施

1. 强制保险应由负有保险义务的人（投保人）与保险人签订保险合同来实施。

2. 强制保险的费用由投保人承担。

3. 强制保险的对象、必须投保的风险以及最低保险金额应由法律确定，在本法第 1036 条第 3 款规定的情况下，应由法律或以法律规定的方式确定。

第一千零二十三条　违反强制保险规则的后果

1. 法律规定必须为其投保强制保险的人，如果知悉尚未投保，有权向法院要求由有义务投保的人为其投保。

2. 如果负有投保义务的人没有履行该义务，或在与法律规定的条件相比使受益人的地位恶化的条件下签订了保险合同，则在发生保险事故时，投保人应按照在适当投保的情况下支付保险金的相同条件向受益人承担赔偿责任。

3. 因不履行或不适当履行保险义务而被指定履行保险义务的人不当节省的金额，应根据国家保险监督机关的诉讼追回，计入塔吉克斯坦共和国的收入，并根据本法第 426 条的规定对这些金额计息。

第一千零二十四条　保险人

作为商业组织且具有从事相应种类保险许可的法人可以作为保险人订立保险合同。

保险组织应满足的要求、其许可程序以及国家对其活动的监督，应由有关组织保险业务的法律确定。

第一千零二十五条　被保险人和受益人履行合同义务

1. 为受益人订立保险合同，包括受益人为被保险人时，投保人不得被免除履行合同义务，但合同另有约定或投保人应履行的义务已由合同受益人履行的除外。

2. 当受益人要求支付财产保险合同的保险赔偿金或人身保险合同的保险金时，保险人有权要求受益人（包括受益人为被保险人时）履行保险合同的义务，包括投保人应履行但未履行的义务。受益人对应由投保人提前履行义务的不履行或者不及时履行的后果承担风险。

第一千零二十六条　保险合同的形式

1. 保险合同应以书面形式订立。

未遵守此规定的合同无效，但国家强制保险合同除外。

2. 订立保险合同的方式可以是起草一份单一文件（第466条第2款），或由保险人根据投保人的书面或口头申请，向投保人交付一份由保险人签署并载有保险合同条款的保险单（证明、凭证、收据）。

在第二种情况下，投保人同意按照保险人提出的条款签订合同的，应通过接受本条第1款规定的文件向保险人支付保险费，或者在分期支付保险费的情况下，通过支付首期保险费予以确认。

3. 订立合同时，保险人有权使用其对某些种类保险起草的保险合同（保险单）的标准格式。

第一千零二十七条　总保单保险

1. 经投保人与保险人同意，在一定时期内，在类似条件下对不同批次的同品质财产（商品、货物等）的系统保险，可通过签发总保险单，在一份保险合同的基础上进行。

2. 保险金根据投保人的建议，按每年进出投保人范围的商品的平均金额确定。

第一千零二十八条　保险合同的基本条款

1. 在订立财产保险合同时，投保人与保险人之间必须就以下事项达成协议：

(1) 作为保险标的的特定财产或其他财产权益；

(2) 被保险事件（保险事故）的性质；

(3) 保险金额；

(4) 如果合同约定的保险赔偿金额可能低于保险金额，确定保险赔偿金额的程序；

(5) 保险费金额及其支付期限（条款）；

(6) 合同的有效期。

2. 在签订人身保险合同时，投保人与保险人之间必须就以下事项达成一致：

(1) 被保险人；

(2) 被保险人生活中发生的保险事故的性质；

(3) 保险金额；

(4) 保险费金额及其支付期限（条款）；

(5) 合同的有效期。

3. 与法律规定相比，如果保险合同包含的条款使作为投保人、被保险人或受益人的公民的处境恶化，则应适用相关法律规定，而不是这些合同条款。

第一千零二十九条　保险规则中保险合同条款的确定

1. 订立保险合同的条款，可在保险人或保险人协会通过、批准或认可的有关类型的标准保险条例（保险条例）中确定。

2. 如果保险合同（保单）明确表示适用保险条例，且保险条例本身载于与合同（保单）相同的文件中，或载于合同（保单）背面，或附于合同（保单）之后，则保险条例中包含的，但未载入保险合同（保单）正文的条款对投保人（受益人）具有约束力。在后一种情况下，在合同订立时向投保人交付保险条例应在合同中注明。

3. 在订立保险合同时，投保人和保险人可同意变更或排除保险条例中的某些条款，并在合同中列入保险条例中缺乏的条款。

4. 投保人（受益人）为维护其利益，有权援引保险合同（保单）中提及的相关类型的保险条例，即使根据本条规定，这些条例对其并非强制性。

第一千零三十条　投保人在订立合同时应提供的信息

1. 在订立合同时，投保人有义务向保险人告知投保人已知的、对确定保险事故发生的概率及其可能造成的损失金额（保险风险）等至关重要的情况。

保险人在保险合同（保单）的标准格式、交给投保人的保险条例或书面询问中明确约定的情况应被视为基本条款。

2. 如果保险合同是在投保人未回答保险人任何问题的情况下订立的，则保险人不得事后以投保人未告知相关情况为由请求解除合同或确认合同无效。

3. 如果在合同签订后，保险人能够证实投保人在知情的情况下向保险人提供了与本条第 1 款所述情况有关的虚假信息，则保险人有权请求确认合同无效，并适用本法第 204 条第 2 款规定的后果。

如果投保人保持沉默的情况已经消失，则保险人不得请求确认合同无效。

第一千零三十一条　保险人的保险风险评估权利

1. 在订立财产保险合同时，保险人有权检查可保财产，并在必要时指定专家进行检查，以确定其实际价值。

2. 在签订人身保险合同时，保险人有权对被保险人进行检查，以确定其实际健康状况。

第一千零三十二条　保险保密

保险人无权披露其通过保险获得的有关投保人、被保险人和受益人的信息、健康状况以及财产状况。根据被侵犯权利的类型和侵犯行为的性质，保险人应根据本法第 153 条的规定对违反保险保密规定的行为承担责任。

第一千零三十三条　保险金额

1. 保险人在财产保险合同中承诺支付保险赔偿金或在人身保险合同中承诺支付保险赔偿金的限额（保险金额），应由投保人与保险人根据本条规定协商确定。

2. 在为财产或经营风险进行投保时，除非合同中另有约定，否则保险金额不得超过其实际价值（可保价值）：

（1）对于财产而言，其在保险合同签订之日所在地的实际价值；

（2）对于经营保险而言，投保人在保险事故发生时可能损失的商业收入。

3. 在人身保险合同和民事责任保险合同中，保险金额应由当事人自行决定。

第一千零三十四条　财产保险价值的异议

对保险合同中确定的财产的可保价值，保险人事后不得提出异议，但保险人在订立合同前未行使其评估被保险风险的权利，且在此价值上被故意误导的除外。

第一千零三十五条　附加财产保险

1. 如果财产或经营风险的保险金额仅为可保价值的一部分，投保人（受益人）

有权投保附加险，包括向另一保险人投保，但以所有保险合同的总保险金额不超过可保价值为限。

2. 投保人如果违反本条第 1 款的规定，应承担本法第 1036 条第 4 款规定的后果。

第一千零三十六条　超过可保价值保险的后果

1. 如果财产或经营风险保险合同中约定的保险金额超过可保价值，则合同中超过可保价值的部分无效。

在这种情况下，超出部分的保险费不予退还。

2. 如果根据保险合同分期支付保险费，而在本条第 1 款规定的情况发生，保险费尚未付清时，剩余的保险费应按保险金额减少的比例支付。

3. 如果保险合同中高估的保险金额是投保人的欺骗行为造成的，则保险人有权要求投保人赔偿给其造成的超过从投保人处收到的保险费金额的损失。

4. 本条第 1 款至第 3 款规定也适用于同一保险标的在两个或数个保险人处投保（双重保险）而导致的保险金额超过可保价值的情况。

在这种情况下，每个保险人应支付的保险赔偿金额应根据相关保险合同约定的初始保险金额的减少比例相应减少。

第一千零三十七条　双重保险

1. 本法第 1036 条的规定也相应适用于因同一财产或经营风险在两个或两个以上保险人处投保（双重保险）而导致保险金额超过可保价值的情况。

2. 在财产或企业风险双重保险的情况下，每个保险人都有义务在其签订的合同范围内支付保险赔偿金，但从所有保险人处获得的保险赔偿金总额不得超过实际损失。

同时，投保人（受益人）有权在与保险人签订的合同约定的保险金额范围内从任何保险人处获得保险赔偿。如果收到的保险赔偿金不足以弥补实际损失，投保人（受益人）有权从另一家保险公司获得所缺金额。

3. 在双重人身保险的情况下，各保险人应独立履行其对投保人、被保险人和受益人的保险义务，而不论其他保险人是否履行义务。

第一千零三十八条　共同保险

一个保险标的可由几个保险人根据一份合同共同承保（共同保险）。保险人应共同和个别地对投保人（受益人）承担财产保险合同中的保险赔偿金或人身保险合同中的保险赔偿金额的支付责任，但在该合同中对每个保险人的权利和义务作出规定的除外。

第一千零三十九条　保险费和保险费缴纳

1. 保险费是指投保人（受益人）有义务按照保险合同约定的程序和期限向保险人支付的保险费用。

2. 在确定保险合同应支付的保险费金额时，保险人有权采用其制定的保险费率，该费率根据保险标的和被保险风险的性质，确定每单位保险金额所收取的保险费。

3. 如果保险合同约定分期支付保险费，合同可约定未在规定期限内定期支付保险费的后果。

4. 如果保险事故在支付定期保险费前已经发生，而保险费逾期未付，则保险人有权将财产保险合同中应支付的保险赔偿金额或人身保险合同中应支付的保险金额限制为与已向其支付的保险费部分成比例的金额，并有权抵销逾期未付的保险费金额。

第一千零四十条　保险合同无效

在下列情况下，保险合同无效；

（1）订立合同时，保险标的不存在；

（2）在财产保险合同中，投保人投保的财产是通过犯罪手段获得的、属于犯罪标的或应被没收的财产。

在本法第 1041 条以及本法和其他法律规定的其他情况下，保险合同也无效。

第一千零四十一条　被保险人的更换

1. 如果根据造成损害的责任保险合同，投保人以外的人的责任已投保，投保人有权在保险事故发生前的任何时候，书面通知保险人，用另一人替换此人，但合同另有约定的除外。

2. 投保人只有在征得被保险人和保险人的同意后，方可将人身保险合同中指定的被保险人更换为他人。

第一千零四十二条　受益人的更换

投保人有权以书面形式通知保险人，将保险合同中指定的受益人更换为他人。

受益人向保险人提出支付保险赔偿金或保险金额的要求后，不得由他人替换。

第一千零四十三条　保险合同的生效

1. 保险合同应于支付保险费或第一期保险费时生效，但合同另有约定的除外。

2. 合同约定的保险适用于保险合同生效后发生的保险事故。

第一千零四十四条　保险合同的提前终止

1. 在下列情况下，保险合同应在订立期限届满之前终止：

（1）由于发生保险事故以外的原因造成保险财产损失；

（2）经营风险或与此活动相关的民事责任风险的投保人按照规定程序终止经营活动；

（3）已投保民事责任风险的公民被宣布丧失行为能力或限制行为能力。

2. 投保人（受益人）有权在任何时候撤销保险合同，如果在撤销合同时，由于本条第1款规定的情况，保险事故发生的可能性尚未消失。

3. 因本条第1款规定的情况而提前终止保险合同时，如果这些情况的发生是投保人（受益人）无法控制的，则保险人有权按照保险生效时间的比例收取部分保险费，并应退还多收的部分保险费。在其他因本条第1款第1项规定的情况而提前终止保险合同的情况下，保险人有权保留全部保险费。

在投保人（受益人）提前终止保险合同的情况下，已支付给保险人的保险费不予退还，但合同另有约定的除外。

第一千零四十五条　保险合同有效期内保险风险增加的后果

1. 在财产保险合同有效期内，投保人（受益人）有义务立即通知保险人他所了解的、在合同订立时已告知保险人的情况发生的任何重大变化，特别是这些变化可能对保险风险的增加产生重大影响的情况下。

在任何情况下，保险合同（投保单）和交给投保人的保险条款中规定的变化都应被视为重大变化。

2. 保险人在获知保险风险增加的情况后，有权要求修改保险合同的条款，或要求投保人支付与风险增加相应的额外保险费。

如果投保人（受益人）反对修改保险合同的条款或支付额外的保险费，保险人有权根据本法第二十八章的规定要求解除合同。

3. 如果投保人或受益人未能履行本条第1款规定的义务，保险人有权要求解除保险合同，并要求投保人或受益人赔偿因解除合同而造成的损失（第485条第5款）。

4. 如果是人身保险，在本条第2款和第3款规定的保险合同有效期内，被保险风险发生变化的后果，只有在合同中明确规定的情况下才有可能发生。

第一千零四十六条 投保财产权利转让给他人

当投保财产的权利被从保险合同的受益人转移给另一人时，本合同的权利和义务应转移给被转移财产的受益人，但根据本法第259条第2款规定的理由强行扣押财产和放弃所有权的情况除外（第260条）。

受让投保财产权利的人应以书面形式通知保险人。

第一千零四十七条 保险人对保险事故发生的通知

1. 财产保险合同的被保险人在知道保险事故发生后，应立即通知保险人或其代理人。如果合同约定了通知的期限和（或）方式，则必须在约定的期限内按照合同约定的方式进行通知。

如果受益人知道以其为受益人订立了保险合同，并打算行使以其为受益人订立的合同的保险赔偿权，则应承担同样的义务。

2. 未能履行本条第1款所规定的义务，保险人有权拒绝支付保险赔偿金，但能证明保险人已及时得知保险事故的发生，或保险人不知情并不影响其支付保险赔偿金义务的除外。

3. 如果保险事故使被保险人死亡或健康受损，则本条第1款和第2款的规定相应适用于人身保险合同。同时，合同约定的通知保险人的期限不得少于20日。

第一千零四十八条 减少保险事故损失

1. 在发生财产保险合同中约定的保险事故时，投保人有义务采取一切可能的措施降低损失。

在采取这些措施时，如果保险人已向投保人发出指示，投保人必须遵照执行。

2. 为减少应由保险人赔偿的损失而发生的费用，如果这些费用是必要的，或者是为完成保险人的指示而产生的，则保险人应予赔偿，即使相关措施并不成功。

这些费用应按照保险金额与可保价值的比例进行赔偿，无论这些费用是否与其他损失的赔偿一起超过了保险金额。

3. 因投保人故意不采取措施降低可能的损失而造成的额外损失，保险人应免予赔偿。

第一千零四十九条 因投保人、受益人或被保险人的过错而导致发生保险事故的后果

1. 因投保人、受益人或被保险人的故意而发生保险事故的，保险人免于支付保险赔偿金或保险金额。

2. 在财产保险合同中，因投保人或受益人的重大过失而发生保险事故时，法律可规定保险人免于支付保险赔偿金或减少赔偿金额的情况。

第一千零五十条　保险人免于支付保险赔偿金和保险金额的理由

1. 除法律另有规定或保险合同另有约定外，如果保险事故是因以下原因发生的，保险人应免于支付保险赔偿金（保险金额）：

（1）核爆炸、核辐射或者放射性污染的影响；

（2）军事活动、军事演习或其他军事措施以及内战。

2. 对于国家机关下令扣押、没收、征用、逮捕或毁坏被保险财产造成的损失，保险人免于支付保险赔偿金，但财产保险合同另有约定的除外。

第一千零五十一条　拒绝支付保险赔偿金或保险金额

1. 在下列情况下，保险人有权拒绝向财产保险合同的投保人（受益人）支付保险赔偿金或人身保险合同的保险金额：

（1）保险合同在保险事故发生前终止，包括基于本法第1043条和第1044条规定的理由；

（2）基于本法或其他法律规定的理由，包括本法第1040条规定的理由，保险合同无效；

（3）保险人因本法第1047条至第1049条规定的理由被免除支付保险赔偿金或保险金额；

（4）保险人以本法或其他法律规定的理由提起诉讼，要求确认保险合同无效，或因投保人（受益人）阻止调查保险事故的情况或确定造成的损失金额而终止保险合同。

2. 保险人拒绝支付保险赔偿金或保险金额的决定，应在不迟于投保人（受益人）申请支付保险赔偿金和保险金额后的15日内通知投保人（受益人），并应包含拒绝支付的合理理由。

3. 对于保险人拒绝支付保险赔偿金或保险金额的行为，投保人（受益人）可向法院提起诉讼。

第一千零五十二条　根据人身保险合同支付保险金额

1. 人身保险合同的保险金额应支付给合同受益人（第1020条第2款），而不论投保人、被保险人或受益人根据社会保险、社会保障、其他保险合同或损害赔偿应得的金额。

2. 根据本法第1020条第2款的规定支付给被保险人继承人的人身保险合同项下的保险金额，不得计入被保险人的遗产。

第一千零五十三条　向保险人转让被保险人的损害赔偿权（代位权）

1. 投保人（受益人）对因保险偿付的损失承担责任的人所享有的请求权，可在所支付金额范围内转移给支付了保险赔偿金的保险人，但法律另有规定或财产保险合同另有约定的除外。

2. 转让给保险人的索赔权应由保险人按照投保人（受益人）与损失责任人之间关系的有关规定行使。

3. 投保人（受益人）有义务向保险人提交所有文件和证据，并向保险人通报所有必要信息，以便保险人行使转交给其的索赔权。

4. 如果投保人（受益人）放弃了对保险人赔偿损失的责任人的索赔权，或者由于投保人（受益人）的过错而无法行使这一权利，则保险人应免除全部或部分保险赔偿金的支付，并有权要求退还多付的赔偿金。

第一千零五十四条　再保险

1. 保险人根据保险合同承担的支付保险赔偿金或保险金额的风险，可根据与另一保险人订立的再保险合同，全部或部分向后者投保。

2. 本章关于经营风险保险的规则适用于再保险合同。在此情况下，签订了再保险合同的保险合同（主合同）的保险人应被视为再保险合同的投保人。

3. 在再保险的情况下，主保险合同的保险人对主保险合同的投保人仍负有支付保险赔偿金或保险金额的责任。但是，如果作为主保险合同保险人的保险组织在保险事故发生之前进行清算，则其在本合同中再保险部分的权利和义务将转移给再保险合同的保险人。

4. 允许连续签订两份或数份再保险合同。对下一份再保险合同而言，每一份此类合同均应被视为主保险合同。

第一千零五十五条　互助保险

1. 自然人及法人可在互助基础上通过向互助保险协会缴纳必要的资金为财产及本章第1015条第2款规定的其他财产权益投保。

2. 互助保险协会应为其成员的财产和其他财产权益投保，并且应为非营利性组织。

互助保险协会的法律地位的特殊性及其活动条件应根据本法和互助保险法

确定。

3. 如果互助保险协会的设立文件未规定在这些情况下订立保险合同，互相保险协会对其成员的财产和财产利益的保险直接依据其成员的地位进行。

本章的规则适用于互助保险协会与其成员之间的保险关系，但互助保险法、相关协会的组成文件或其制定的保险规则另有规定的除外。

4. 只有在互助保险法规定的情况下，才能通过相互保险的方式实施强制保险。

5. 互助保险协会可以作为保险人为非协会成员人的利益提供保险，条件是这种保险活动由其组成文件规定，公司以商业组织形式成立，拥有相关类型的保险执照，并符合保险业务组织法规定的其他要求。

非互助保险协会会员人的利益的保险应由该协会根据本章规定的保险合同进行。

第一千零五十六条　国家强制保险

1. 为确保公民的社会利益和国家利益，法律可规定对某些类别公务员的生命、健康和财产实行国家强制保险。国家强制保险应由国家预算为此划拨的资金支付。

2. 国家强制保险应由这些法案中规定的国家保险或其他国家组织（保险人）根据有关此类保险的法律直接实施，或由保险人和被保险人根据这些法案签订保险合同。

3. 本章规则适用于国家强制保险，但有关此类保险的法律另有规定或保险关系的实质内容另有要求的除外。

第一千零五十七条　一般保险规则适用于特殊类型保险

本章规定应适用于非商业风险的外国投资保险、海上保险、医疗保险、银行存款保险和养老金保险，但有关这些险种的法律另作规定的除外。

第五十二章　共同活动（普通合伙）

第一千零五十八条　共同活动（普通合伙）合同

1. 根据普通合伙合同，两人或多人有义务将其出资合并，在非法人的情况下共同行动，以获取利润或实现不违反法律的其他目的。

2. 普通合伙合同应以书面形式订立。

3. 合同各方当事人可以是个人独资企业和（或）商业组织。

第一千零五十九条　合伙人的出资

1. 所有合伙人投入共同事务的一切，特别是金钱、其他财产、专业知识和其他知识、技能和技巧以及商业信誉和商业关系，均被视为合伙人的出资。

2. 合伙人的出资视为具有同等价值，但合同另有规定或者实际情况另有要求的除外。对合伙人出资的货币评估由合伙人协商确定。

第一千零六十条　合伙人的共同财产

1. 合伙人以其享有所有权而投入的财产，以及因共同活动而产生的产品、从该活动中获得的果实与收益均被视为合伙人的按份共有财产，但法律另有规定或者合同另有约定的除外。

合伙人共同共有财产及其共同债权和共同专有权构成合伙人的共同财产。共同财产的使用应符合所有合伙人的利益。

2. 共同财产的会计工作可委托给其中一名合伙人。

3. 合伙人对共同财产的使用应征得所有人的共同同意，如果未能达成一致，则应按照法院确定的方式进行。

4. 合伙人共同财产的维护义务和支付因履行这些义务而产生的有关费用的方式由普通合伙合同约定。

第一千零六十一条　合伙人共同事务的管理

1 合伙人办理普通合伙合同的共同事务应按照合同约定的程序进行。

2. 在处理共同事务时，每个合伙人都有权代表所有合伙人行事，但合同约定所有合伙人共同处理事务或委托不同合伙人处理事务的除外。

在共同处理事务的情况下，每项交易都必须征得所有合伙人的同意。

3. 在与第三人的关系中，合伙人以全体合伙人的名义进行交易的权利应由其他合伙人向其出具的授权书予以证明，或在合同中约定。

4. 在与第三人的关系中，合伙人不得援引对进行交易的合伙人处理一般事务权利的限制，但他们证明在交易达成时第三人知道或应当知道存在这种限制的除外。

5. 合伙人代表所有合伙人进行交易而其处理事务的权利受到限制，或以自己的名义为所有合伙人的利益进行交易时，如果其他合伙人未在合理的时间内对这些交易的必要性提出异议，则该合伙人有权用自己的资金报销在此情况下发生的费用。

如果这些交易给其他合伙人造成了损失，合伙人有权要求赔偿。

6. 有关共同事务的决定应由合伙人共同商定，但合同另有约定的除外。

7. 如果合同有约定，则被授权办理共同事务的合同当事人有权要求获得单独的报酬。

第一千零六十二条　合伙人的知情权

每个合伙人，无论是否有权处理一般事务，都有权了解处理事务有关的所有文件。这一权利不得放弃或限制，包括合伙人不得同意放弃或限制。

第一千零六十三条　合伙人的共同费用、损失和责任

1. 与合伙人共同事务有关的费用和损失的承担程序应由合伙人协议确定。如果没有协议，各合伙人应按其对共同事务所作贡献的价值比例承担费用和损失。

任何协议都不得完全免除任何合伙人对共同事务的费用或损失的分担。

2. 如果普通合伙合同与合伙人从事经营活动无关，则每个合伙人应以其全部财产按其对共同事务所作贡献的价值比例承担普通合伙合同义务。

合伙人应对非合同产生的一般债务承担连带责任。

如果普通合伙合同与合伙人从事经营活动有关，则合伙人应对其共同债务承担连带责任。

第一千零六十四条　利润分配

合伙人对在共同活动中获得的利润，按照每个合伙人对共同事务的贡献价值的比例进行分配，但合同或合伙人的其他合同另有约定的除外。不得有任何协议排除任何合伙人分享利润。

第一千零六十五条　应债权人要求分出合伙人的份额

普通合伙合同合伙人的债权人有权根据本法第 303 条的规定要求分配其债务人在共同财产中的份额。

第一千零六十六条　普通合伙合同的终止

1. 普通合伙合同应在以下情况下终止：

（1）合伙人之一被宣布失踪、无行为能力或成为限制行为能力人；

（2）合伙人之一被宣布无力偿债（破产）；

（3）合伙人死亡或参与合同的法人被清算或重组，但合同或后续合同约定保留其余合伙人之间的合同关系，或由其继承人（权利承继人）取代已故合伙人（重整后的法人）的除外；

（4）因合伙人之一拒绝继续参与无限期普通合伙合同；

（5）应其中一名合伙人的要求，在其与其他合伙人的关系中，取消签订的有期限普通合伙合同；

（6）合伙人协议终止合同；

（7）普通合伙合同期限届满；

（8）普通合伙合同的目的已经实现，或出现了使该目的无法实现的情况；

（9）合伙人应其债权人的要求分配其份额；

（10）本法规定或普通合伙合同约定的其他理由。

在本款第1、2、4、5和9项规定的情况下，普通合伙合同或其合伙人的后续合同可约定在其余合伙人之间的关系中保留合同。

2. 在普通合伙合同终止时，转由合伙人共同占有和（或）使用的物品应无偿归还给提供这些物品的合伙人，但合同有约定的除外。

自普通合伙合同终止之时起，其合伙人应对第三人的共同债务承担连带责任。

合伙人共有财产及其共同债权的分割应根据本法第302条规定的程序进行。

在普通合伙合同终止时，向共有财产投入特定物的合伙人有权提出将该物返还给他的请求，但必须尊重其他合伙人和债权人的利益。

第一千零六十七条　拒绝无期限普通合伙合同

某人终止无期限普通合伙合同的声明应当由该人在打算解除合同的前3个月内作出，但合同约定了不同期限的除外。

不允许订立限制退出无期限普通合伙合同的权利的合同。

第一千零六十八条　应当事人请求解除普通合伙合同

除本法第482条第2款第1项规定的理由外，以指明期限或者指明目的作为终止条件而订立普通合伙合同的当事人，有权以正当理由要求终止其与其他合伙人之间的合同，并向其他合伙人赔偿因终止合同而造成的实际损失。

第一千零六十九条　拒绝合同或要求解除合同的合伙人的责任

如果合伙人未宣布终止普通合伙合同或未应合伙人之一的要求终止合同，则其已停止参与合伙的人仍然和普通合伙合同的合伙人一样，对其参与合伙期间产生的共同债务对第三人承担责任。

第五十三章 公 开 竞 赛

第一千零七十条 公开竞赛的组织

1. 公开宣布为最佳完成工作或达到其他结果（公开竞赛）支付金钱报酬或其他奖励（支付奖励）的人，应向按照竞赛条件被确认为优胜者的人支付奖励。

2. 公开竞赛可以是公开的，即竞赛组织者通过在报刊和其他大众媒体上发布公告，向所有感兴趣的人发布邀请；也可以是非公开的，即向竞赛组织者选定的特定范围的人发出参加竞赛的邀请。

在竞赛组织者进行预先征集愿意参与竞赛的人时，公开竞赛可以预先约定其参加者资格。

3. 公开竞赛的声明必须包含明确任务的实质，工作成果或其他成果的评价标准和评价方式，提交地点、期限和方式，奖励数额和形式，以及宣布结果的方式和期限的条款。

4. 在本法第 479 条至第 481 条未另作规定的情况下，本章的规定适用于含有与竞赛优胜者订立合同之义务的公开竞赛。

第一千零七十一条 公开竞赛条件的变更和撤销

1. 宣布公开竞赛的人只有在确定提交工程截止日期的前半期内才有权变更条件或者撤销竞赛。

2. 变更条件或撤销竞赛的通知应以和宣布竞赛同样的方式发出。

3. 如果在变更竞赛条件或撤销竞赛的过程中违反了本条第 1 款或第 2 款规定的要求，则宣布竞赛的人应赔偿此前已全部或部分完成通知中确定工作的竞赛参与者因此遭受的损失。

4. 如果在变更或撤销竞赛条件时违反了本条第 1 款或第 2 款规定的要求，则招标公告人应赔偿投标人因此遭受的损失。

5. 宣布举行竞赛者如果能证明上述工作在知情的情况下不符合竞赛条件，则可被免除赔偿本条第 3 款规定的费用和损失的义务。

第一千零七十二条 支付奖金的决定

1. 向竞赛优胜者支付奖金的决定应按竞赛公告规定的方式和期限作出并通知公开竞赛的参赛者。

2. 如果两个或两个以上的人共同完成的作品取得了公告中规定的成果，则应根据他们的协议在他们之间分配奖金。如果未达成一致，则由法院决定奖金的分配方式。

第一千零七十三条　在公开竞赛中对科学、文学和艺术获奖作品的使用

如果公开竞赛的标的是科学、文学或艺术作品，则宣布公开竞赛的人应获得与作品作者签订使用该作品并支付版税合同的优先权，但竞赛条款另有规定的除外。

第一千零七十四条　将提交的作品返还给公开竞赛的参赛者

宣布公开竞赛的人有义务将未获奖的作品退还给竞赛参与者，但竞赛公告另有规定或因作品性质无法归还的除外。

第五十四章　悬 赏 广 告

第一节　一 般 规 定

第一千零七十五条　支付奖金的义务

1. 任何人如果公开宣布向在公告规定的期限内作出公告所指明的行为的人支付酬金或其他奖励（奖赏），则有义务向作出有关行为的人支付所承诺的奖赏，特别是拾得遗失物或将必要的信息告知宣布奖赏的人。

2. 如果悬赏广告没有明确奖励金额，则应与悬赏广告人协商确定奖励金额，如有争议，则由法院确定奖励金额。

3. 支付奖励的义务产生于相关行动是与公告有关还是独立于公告之外。

4. 如果公告中规定的行为是由几个人共同完成的，则应由最先完成相应行为的人获得奖励的权利。

如果公告中规定的行为由两个或两个以上的人同时实施，则应在他们之间平均分配或以他们之间的合同约定的其他方式分配奖金。

5. 所实施的行为是否符合公告的要求，应由悬赏广告人确定，如有争议，则由法院确定，但公告另有规定，或因公告规定的行为性质所引起的除外。

第一千零七十六条　悬赏广告的撤消

1. 悬赏广告人可以以同样的形式撤销该承诺，但该公告本身规定或暗示不允许取消，或对实施承诺奖励的行为规定了一定期限，或在宣布取消时，一个或多个被取消者已经实施了公告中规定的行为的除外。

2. 悬赏广告的撤消并不免除承诺奖励者偿还被取消者因实施公告中指明的行为而产生的费用。在所有情况下，补偿金额不得超过公告规定的奖励金额。

第二节 游戏和赌博的特殊性

第一千零七十七条 与组织和参与赌博和游戏有关的债权

与组织和参与赌博和博彩有关的公民和法人基于风险（赌博和博彩）的债权不受司法保护，但在欺诈、暴力、胁迫或者其代理人与赌博或博彩组织者的恶意约定的影响下而参与赌博和博彩的人的债权以及因本法第1088条规定的关系而产生的债权除外。

第一千零七十八条 国家和地方权力机关举办彩票、抽奖和其他游戏的特殊性

1. 国家、行政区域单位或获得国家授权机构颁发的许可证（执照）的个人与彩票、抽奖（相互投注）和其他基于风险的游戏参与者之间的关系应以合同为基础。此类合同应通过签发彩票、收据或其他文件的方式正式确定，并应在参与者支付彩票费用或其他参与游戏的费用时视为已订立合同。

2. 根据彩票、抽奖或其他游戏的条款被视为中奖的人，应由游戏组织者按游戏条款确定的金额、形式（现金或实物）和期限支付奖金，如果这些条款未明确期限，则应在游戏结果汇总后10日内支付。

3. 如果游戏组织者不履行本条第2款规定的义务，在彩票、抽奖或其他游戏中获胜的参赛者有权要求支付其奖金，并要求组织者赔偿因组织者违约而造成的损失。

第五十五章 因损害而产生的债务

第一节 一般规定

第一千零七十九条 损害责任的一般依据

1. 因非法行为（不作为）对公民的人身或财产造成的损害，以及对法人造成的损害，应由加害人全额赔偿。

法律可规定非加害者有赔偿损害的义务。

法律可以规定或合同可以约定加害人的责任加重或赔偿金额提高。

2. 如果加害人能证明损害并非因其过错造成，则可被免除损害赔偿责任。法律可规定加害人在无过错的情况下赔偿损害。

3. 在法律规定的情况下，合法行为造成的损害也应予赔偿。

第一千零八十条 防止损害

1. 将来造成损害的危险，可作为要求禁止造成此种危险行为的根据。

2. 如果损害是企业、设备或其他生产活动的运作造成的，且该企业、设备或其他生产活动正在继续造成损害或有可能造成新的损害，则法院除可责令被告对损害进行赔偿外，还可责成被告停止相关活动。

如果终止相关活动违反公共利益，法院可拒绝终止相关活动的要求。拒绝停止此类活动并不意味着剥夺受害人因该活动对其造成的损害而享有的获得赔偿的权利。

第一千零八十一条　正当防卫所致损害

在正当防卫状态下造成的损害不应得到赔偿，除非超出了其限度。

第一千零八十二条　紧急避险所致损害

紧急避险所致损害，即为了消除威胁加害人本人或他人的危险，即使在当时的情况下无法用其他手段消除这种危险，加害者也应予赔偿。

考虑到造成这种损害的情况，法院可将赔偿义务强加于加害者为其利益行事的第三人，或免除第三人和加害人的全部或部分损害赔偿责任。

第一千零八十三条　法人或公民对其雇员造成损害责任

1. 法人或自然人应赔偿其雇员在履行劳动（服务、公务）义务时造成的损害。

2. 根据劳动合同以及根据民法合同完成工作的自然人，如果在此情况下他们是按照或者是应当按照相应法人或者自然人的要求和在相应法人或自然人的监督下安全进行工作的，则他们被视为本章关于造成损害之债的规定中的雇员。

经营性合伙和生产合作社应赔偿其参加者（成员）在其从事合伙或者合作社的经营活动、生产活动或者其他活动时给他人造成的损害。

第一千零八十四条　国家机关、地方权力机关及其公职人员造成损害的责任

1. 因国家机关发布不符合法律规定的命令而造成的损害，不论发布的机关和官员是否有过错，均应根据法院判决予以赔偿。损害赔偿应由国家预算承担（第151条）。财政机构或其他机构和自然人根据特别授权可成为赔偿代理人（第150条第3款）。

2. 国家机关工作人员在行政管理领域的违法行为（不作为）造成的损害，应根据一般理由由这些机关支配的资金进行赔偿。在资金不足的情况下，由国家预算进行损害赔偿。

第一千零八十五条　代表预算承担损害赔偿责任的机关和个人

如果根据本法或其他法律的规定，国家机关、地方自治机关及其官员所造成的损害应由塔吉克斯坦共和国预算或地方机关预算承担赔偿费用，则相关财政机关应以预算行事。

第一千零八十六条　调查机关、侦查机关、检察院和法院的非法行为造成损害的责任

1. 由于非法审判、非法追究刑事责任、非法适用羁押候审或禁止离境的限制措施、非法实施逮捕或劳动教养形式的行政处罚而对公民造成的损害，无论调查机关、侦查机关、检察院和法院的官员是否有罪，均应由国家按照法律规定的程序全额赔偿。

2. 调查机关、侦查机关、检察院和法院的其他非法活动给自然人或法人造成损害的，依照一般依据予以赔偿，但法律另有规定除外（第1084条第2款）。

3. 在民事案件中，如果按照法律规定的方式确定法官有罪，则应赔偿因非法判决造成的损害。

第一千零八十七条　责任险被保险人的损害赔偿

以自愿或强制保险方式投保责任险的法人或自然人，如果其保险金额不足以完全赔偿所造成的损害，其应赔偿保险金额与实际损害额之间的差额。

第一千零八十八条　未满14岁的未成年人所致损害的责任

1. 未满14岁的未成年人（幼年人）所致的损害，由其父母（养父母）或监护人承担责任，但能够证明损害并非他们的过错造成的除外。

2. 如果需要被照顾的幼年人在教育机构、治疗机构、社会福利机构或其他依法作为其托管人的类似机构中，则该机构有义务赔偿幼年人所致的损害，但能证明损害非其过错所致的除外。

3. 如果幼年人是在其处于教育机构、教养机构、治疗机构或者其他有义务对其进行监督的机构中，以及依据合同对其进行监督的个人的监督下所致的损害，这些机构和个人对损害承担责任，但能证明损害非其实施监管的过错所致的除外。

如果父母（养父母）或监护人已经去世，或者他们和本条第3款提到的其他公民没有足够的财力对受害人的生命或健康造成的损害进行赔偿，而加害人本人已经具有完全行为能力且拥有足够资金，则法院在考虑到受害人和加害人的财产状况以及其他情况后，可以决定用加害人本人的财产对损害进行全部或部分赔偿。

第一千零八十九条　已满14岁未满18岁的未成年人所致损害的责任

1. 已满14岁未满18岁的未成年人依照一般理由对所致损害承担责任。

2. 在已满 14 岁未满 18 岁的未成年人没有足够的财产或其他收入来源赔偿损害时，损害由其父母（养父母）或监护人全部或部分予以赔偿，但他们能证明损害非由其过错产生的除外。

如果已满 14 岁未满 18 岁的未成年人被安置在相应的教养机构、治疗机构、居民社会保障机构或者其他依照法律作为其托管人的类似机构中，这些机构如果不能证明损害非由于其过错而产生，则有义务赔偿全部或部分损害。

3. 父母（养父母）、监护人和相应机构的损害赔偿义务在加害人成年时，或者在其成年前拥有足以赔偿损害的财产或者其他收入来源时，或者在其成年前已经取得民事行为能力时终止。

第一千零九十条　被剥夺亲权的父母对未成年人造成损害的责任

被剥夺监护职责的父母在剥夺权利后 3 年内其未成年子女造成他人伤害的，如果造成伤害的子女的行为是其不适当履行监护职责的结果，法院可要求父母承担责任。

第一千零九十一条　被认定为无民事行为能力的公民给他人造成损害的责任

1. 被认定为无民事行为能力的公民所造成的损害应由其监护人或有义务对其进行监管的组织进行赔偿，但他们能证明损害的发生并非他们的过错所致的除外。

2. 监护人或组织对被确认为无民事行为能力的公民所致损害进行赔偿的义务，并不因其法律行为能力的恢复而终止。

3. 如果监护人已经死亡或没有足够资金对损害进行赔偿，而加害人本人有这种能力，法院在考虑到受害人和加害人的财产状况以及其他情况后，有权决定用加害人本人的财产对受害人予以赔偿。

第一千零九十二条　被认定为限制民事行为能力的公民给他人造成损害的责任

因酗酒或吸毒（第 31 条）而被认定为限制民事行为能力的公民给他人造成损害的，应由肇事者本人基于一般理由予以赔偿。

第一千零九十三条　不能理解其行为意义的公民所致损害的责任

1. 具有民事行为能力的公民，以及 14 岁至 18 岁的未成年人，如果在无法理解其行为意义或无法指挥其行为的状态下给他人造成损害，不对其造成的损害承担责任。

2. 如肇事者本人因饮用含酒精的饮料、使用麻醉药品或以任何其他方式使自己处于此种状态，则不免除其责任。

3. 如果该损害是因精神病或痴呆而不能理解其行为意义或控制其行为的人所致的，则法院可以责令与该人共同生活的健全人，知道加害人的这种状况但没有提出确认其为无民事行为能力人并对其设立监护权的配偶、父母、成年子女承担损害赔偿义务。

第一千零九十四条　对因从事对周围人具有高度危险活动所造成损害的责任

1. 增加危险的来源应理解为民事主体因所有权、经济管理权或经营管理权归其所有或基于其他允许的理由（合同、法律、行政行为等）而使用物理、化学和生物力量，并对他人造成增加的危险。

2. 其活动与增加对他人危险有关的法人和公民（运输组织、工业企业、建筑工地、车辆所有人等）有义务对增加危险源造成的损害进行赔偿，但他们能证明损害是由于不可抗力或受害人故意造成的除外。

根据所有权、经济管理权或经营管理权，或根据任何其他法律依据（财产租赁合同、运输工具管理权委托书、根据主管机关转让危险源的命令等），拥有危险源的法人或自然人应承担损害赔偿义务。

3. 根据本条第1款规定的理由，增加危险源的所有人应对危险源因相互作用（车辆碰撞等）而给第三人造成的损害承担连带责任。

危险源相互作用对其所有人造成的损害，应根据一般理由予以赔偿。在这种情况下：

（1）因一方过错造成的损害应由该方全额赔偿；

（2）因双方或多方过错造成的损害，应由各方根据各方的过错程度按比例赔偿。

如果无法确定各方的过错程度，则由各方平均分担责任。如果各方对造成的损害均无过错，则任何一方均无权要求对损害进行赔偿。在此情况下，各方均应承担由其造成的损失风险。

4. 如果危险源所有人能证明该危险源是因其他人的非法行为而使该危险源离开了其所有人的管控，则其对该危险源造成的损害不承担责任。在这种情况下，非法占有危险源的人应对危险源造成的危害负责。如果所有权人有非法将增加危险源从其占有中撤出的罪行，则可同时追究所有权人和占有增加危险源的人的责任。

第一千零九十五条　共同造成损害的责任

共同造成损害的人应对受害人承担连带责任。

应受害人的请求且为了其利益，法院可责令共同造成损害的人承担共同责任。

第一千零九十六条 向造成损害的人追索的权利

1. 对他人［履行劳动（服务、公务）职责的雇员、驾驶车辆者等］造成的损害进行赔偿的人，有权向加害人追索其所支付的赔偿金额，但法律规定了不同金额的除外。

2. 赔偿了共同致人损害的加害人，有权要求每个加害人分担其支付给受害人的赔偿金，其数额与该加害人的过错程度相当。如果无法确定过错程度，则视为份额相等。

3. 对调查机关、侦查机关、检察院和法院的官员造成的损害进行赔偿的国家（第 1086 条第 1 款），在法院生效判决确定这些人有罪的情况下，有权向这些人追偿。

4. 已对受害者所受损害进行赔偿的国家社会保护机构有权对有过错的加害人进行追偿。

5. 以本章第 1088 条至第 1091 条规定的理由赔偿受害人的，无权向加害人追偿。

第一千零九十七条 损害赔偿的范围和数额

1. 损害赔偿金额应为受害人的财产状况因此而减少的金额。

2. 应予赔偿的损害数额为受害人可要求赔偿的数额。

第一千零九十八条 财产损失的赔偿方法

法院在判决损害赔偿时，应根据案件的具体情况，责成损害责任人全额赔偿所造成的损失（第 15 条第 2 款）或进行实物赔偿（提供相同种类和质量的物品、修复受损害的物品等）。

第一千零九十九条 考虑受害人过错和加害人的财产状况

1. 因受害人故意而造成的损害不应得到赔偿。

2. 如果受害人本人的重大过失导致损害发生或增加，则应根据受害人及加害人的过错程度减少赔偿金额。

3. 如果受害人有重大过失，而加害人无过错，则不论加害人是否有罪，均应减少赔偿金额或拒绝赔偿损害，但法律另有规定的除外。在对公民的生命和健康造成损害的情况下，加害人不得拒绝赔偿。

4. 在赔偿额外费用、赔偿与遗属有关的损害以及赔偿丧葬费用时，不得考虑受害人的过错。

5. 考虑到公民的财产状况，法院可减少其损害赔偿金额，但因故意行为造成的损害除外。

第二节　造成公民生命和健康损害的赔偿

第一千一百条　在履行合同或其他义务时造成公民生命或健康损害的赔偿

公民在履行合同义务以及服兵役、执行警务和其他相关职责时生命或健康受到损害，应根据本章规定予以赔偿，但法律规定或合同约定了更高赔偿责任金额的除外。

第一千一百零一条　健康损失赔偿的范围和性质

1. 当公民遭受伤害或其他健康损害时，如果确认受害人需要这些类型的援助和护理，且无权免费获得这些援助和护理，则应赔偿受害人失去或肯定失去的收入，以及因健康被损害而产生的费用（治疗、额外营养、购买药品、假肢、外部护理、疗养治疗、购买特殊车辆、接受其他职业培训等）。

2. 在确定损失的收入时，受害人因受伤或其他健康损害而获得的残疾抚恤金，以及在健康损害发生之前和之后获得的其他类型的抚恤金、津贴和类似款项不应计算在内。受害人在受伤后获得的收入不应计入赔偿。

3. 本条规定的对受害人的赔偿范围和金额可根据法律规定或合同约定予以增加。

第一千一百零二条　因健康损丧失去工资（收益）的确定

1. 应予赔偿的收入（所得）损失的数额，应按受害人受伤或健康遭受其他损害前或丧失工作能力前的平均月收入（所得）与受害人丧失职业能力程度的百分比确定，如果无职业能力，则应与一般工作能力相对应。

2. 收入损失（收入）应包括根据劳动法和民法合同（契约）获得的所有类型的劳动报酬，既包括在主要工作地获得的劳动报酬，也包括在兼职就业地获得的劳动报酬，但须缴纳所得税。一次性付款（未使用假期的补偿、解雇时的遣散费等）不计在内。暂时无劳动能力和产假期间的带薪津贴计算在内。经营活动收入和特许权使用费计入损失收入，经营活动收入则根据税务局检查的数据计算。

各类收入（收益）均计入预扣税款前的应计金额。

平均月收入（所得）的计算方法是将受伤前12个月的工作收入（所得）总额除以12。如果受害人受伤时的工作月数不足12个月，平均月收入的计算方法是将受害人受伤前实际工作月数的收入总额除以这些月数。

如果受害人在受伤时没有工作，则应考虑其被解雇前的收入或其资历在特定地区工人的通常报酬率，但计算时不得少于10个法定指标。

3. 如果受害人在遭受伤害或其他健康损害之前的收入（所得）发生了可持续的变化，改善了其财产状况（所担任职位的工资增加、调到了收入更高的工作岗位、在完成全日制教育后进入劳动力市场），以及在其他情况下，经证明工资变化是可持续的或可以改变的，则在确定月平均收入时，只考虑其在遭受伤害或其他健康损害时已经获得或应当获得的收入（所得）。

第一千一百零三条　未成年人健康损失时的损害赔偿

1. 未满14岁且无收入的未成年人的健康受到伤害或其他损害时，加害人有义务赔偿与健康损害有关的费用。

2. 当受害人年满14岁时，在对14岁至18岁无收入的未成年人造成伤害的情况下，加害人有义务根据法定10项计算指标，除赔偿健康损害造成的费用外，还应赔偿与受害人丧失或降低劳动能力有关的伤害。

如果未成年人在受伤时有收入，则应根据其收入数额赔偿损失，但不得低于法律规定的10项计算指标。

在开始工作后，受害人有权要求根据其获得的收入增加损害赔偿，但不得低于其所担任职位的规定薪酬金额或其工作地点同等资历雇员的收入。

第一千一百零四条　因公民死亡遭受损失者的损害赔偿

1. 在自然人死亡的情况下，下列人员有权获得损害赔偿：死者的受抚养人或在其死亡之日有资格从其处获得抚养费的残疾人，死者死后出生的子女以及死者的父母、配偶或其他家庭成员之一，无论其工作能力如何，或没有工作但正在照顾死者未满14岁的受抚养子女、孙子女、兄弟姐妹，或虽已满14岁但根据医疗报告需要额外照顾的人。

2. 作为已故公民的受抚养人，且在其去世后5年内丧失工作能力的人也有权获得赔偿。

父母、配偶或其他家庭成员如果失业并参与照顾本条第1款所述已故公民的子女、孙子女、兄弟姐妹，且在照顾期间丧失工作能力，则在结束对这些人的照顾后，仍保留获得损害赔偿的权利。

3. 损害应予赔偿：未成年人——直至其年满18岁，18岁及18岁以上的学生——直至其在全日制教育机构完成学业，但不得超过23岁；55岁以上的妇女和60岁以上的男子，直至终身；残疾人——在残疾期间；父母、配偶或参与照顾死者受抚养子女、孙子女、兄弟姐妹的其他家庭成员——直至其年满14岁或其健康状况发生变化。

第一千一百零五条　公民死亡时遭受损害的赔偿金额

1. 因公民死亡而有权获得损害赔偿的人，其损害赔偿金额应为其在死者生前为维持生活而获得或有权获得的收入份额，该份额根据本法第1102条的规定计算。在确定对这些人的损害赔偿时，死者的收入包括其生前领取的抚恤金、终身赡养费和其他类似款项。

2. 在确定损害赔偿金额时，因养家糊口的人死亡而向其发放的抚恤金以及在养家糊口的人死亡前后发放的其他类型的抚恤金以及收入、奖学金不得计入赔偿金额。

3. 因养家糊口者死亡而有资格获得补偿的每个人计算的赔偿金额不得再重新计算，但以下情况除外：养家糊口者死亡后子女出生；向照顾已故养家糊口者的子女、孙子女、兄弟姐妹的人转让（终止）支付赔偿。

赔偿的范围和金额可根据法律规定或合同约定予以增加。

第一千一百零六条　损害赔偿额的变更

1. 对于部分丧失劳动能力的受害人，如果健康受损导致其劳动能力较其获得赔偿时有所下降，其有权在任何时候要求承担损害赔偿义务的人相应增加赔偿金额。

2. 如果受害人的工作能力比其在获得损害赔偿时的工作能力有所提高，则对受害人的健康损害负有赔偿义务的人有权要求相应减少赔偿金额。

3. 如果被要求承担损害赔偿义务的公民的财产状况有所改善，且赔偿金额已根据本法第1099条第5款的规定减少，则受害人有权要求增加损害赔偿金额。

4. 如果造成损害的公民因残疾或达到退休年龄，其财产状况较作出损害赔偿裁决时恶化，法院可应其请求减少损害赔偿数额（第1099条第5款）。

第一千一百零七条　因生活成本提高和计算指标增加损害赔偿的增加

当生活费用增加时，向公民支付的与受害人健康损害或死亡有关的损害赔偿金额应根据法律规定的程序相应增加。

当计算指数按照法律规定程序上升时，与受害人健康损害或死亡有关的收入损失赔偿金额和其他赔偿金额应根据计算指数上升的比例而有所增加（第341条）。

第一千一百零八条 损害赔偿金的支付

1. 与受害人工作能力下降或死亡有关的损害赔偿应按月分期支付。

如果有正当理由，法院可根据有权获得赔偿的公民的请求，在考虑到加害人能力的情况下，责令加害人一次性向其支付应付的赔偿金，但赔付范围不得超过3年。

2. 在根据医学鉴定结论确定的期限内，以及在有必要提前支付服务和财产费用（购买凭证、支付旅费、支付特殊交通工具费用等）时，有权获得赔偿的公民可以追偿未来一段时间的额外费用。

3. 在受害人依法要求终止或提前履行义务的情况下，其要求应以将相应按期付款货币化的方式被满足。

第一千一百零九条 法人终止时的损害赔偿

1. 在法人重组时，如果根据规定程序确认该法人应对他人生命和健康造成的损害负有责任，则支付相关款项的义务应由其合法的权利承继人承担。损害赔偿要求应向其提出。

2. 如果按照规定程序被确认为对生命和健康造成损害负有责任的法人被清算，则应根据法律或其他规范性法条规定，将相关款项货币化，以支付给受害人。

3. 如果被清算的法人没有财产或财产不足，无法将赔偿金货币化，则应由国家按照法律规定的方式将赔偿金支付给受害人。

第一千一百一十条 丧葬费用的赔偿

与受害人死亡有关的损害责任人有义务向支付丧葬费用的人赔偿必要的丧葬费用。

支付丧葬费用的公民所获得的丧葬费用不得计入损害赔偿。

第三节 因商品、工作和服务瑕疵所致损害的赔偿

第一千一百一十一条 因商品、工作和服务瑕疵造成损害的赔偿依据

由于商品（工作、服务）的构造瑕疵、时效瑕疵或其他瑕疵，以及商品（工作、服务）信息不准确或不充分而对公民的生命、健康或财产或法人的财产造成的损害，无论销售者或生产商（执行者）是否有过错，也无论受害人与他们是否有合同关系，均应得到赔偿。本法仅适用于以消费为目的的购买商品（工作或服务）的情况。

第一千一百一十二条　因商品、工作和服务瑕疵造成损害的责任人

1. 因商品瑕疵造成的损害，应由受害人选择由商品销售商或生产商予以赔偿。

2. 因工作（服务）瑕疵造成的损害，应由其履行人予以赔偿。

3. 因未提供有关商品属性和使用规则的完整或可靠信息而造成的损害，应根据本条第1款至第2款的规定予以赔偿。

第一千一百一十三条　因商品、工作和服务瑕疵造成损害的赔偿期限

1. 因商品（工作、服务）瑕疵造成的损害，如果该损害是在商品（工作、服务）确定的有效期内造成的，应予赔偿；如果未明确有效期，但该损害是自商品（工作、服务）生产之日起10年内造成的，应予赔偿。

2. 超过规定期限的损害应予赔偿：

（1）违反法律规定，未确定有效期；

（2）未提醒当事人在有效期届满时应采取的必要行动以及不采取上述行动可能产生的后果。

第一千一百一十四条　因商品、工作或服务瑕疵造成损害的免责理由

商品销售商或生产商、工作（服务）履行人只有在证明损害是由于不可抗力或消费者违反商品（工作、服务）使用或储存规则造成的情况下，才可被免除责任。

第四节　精神损害赔偿

第一千一百一十五条　精神损害赔偿

1. 精神损害应由有过错的加害人赔偿，但本条第2款规定的情况除外。

2. 在下列情况下，不论加害人有无过错，精神损害均应得到赔偿：

（1）因危险源增加而对公民的生命和健康造成伤害；

（2）由于对公民非法审判、非法追究刑事责任、非法采取羁押候审限制措施或禁止离境措施、非法以逮捕或劳动教养的形式实施行政处罚而对公民造成伤害；

（3）因传播诋毁名誉、尊严或商业信誉的信息而给他人造成伤害；

（4）法律规定的其他情形。

3. 因侵犯公民财产权的作为（不作为）造成的精神损害，除法律规定的情形外，不予赔偿。

第一千一百一十六条　精神损害赔偿数额

1. 精神损害应以金钱形式赔偿。

2. 精神损害赔偿数额由法院根据加害人对受害人造成的身体和精神痛苦的性

质以及在以过错作为赔偿依据的情况下以加害人的过错程度确定。在确定损害赔偿金额时，应考虑合理性和公平性的要求。

身体和精神痛苦的性质应由法院根据造成精神损害的实际情况和受害人的个人特征进行评估。

3. 精神损害应予赔偿，且与应予赔偿的财产损失无关。

第五十六章　不当得利之债

第一千一百一十七条　返还不当得利的义务

1. 在没有法律规定或合同约定理由的情况下，以他人（受害人）的利益为代价取得或保存财产的人（取得人），有义务将不正当取得或保存的财产（不当得利）返还给受害人，但本法第1123条规定的情况除外。

2. 本条第1款所规定的义务也应在取得或保存财产的依据在后来消失的情况下产生。

3. 不论不当得利是财产取得人、受害人本人或第三人的行为所致，还是某一事件的后果，均适用本章的规定。

第一千一百一十八条　返还不当得利请求与其他公民权利保护请求的关系

如果法律没有不同规定，也不能从相应关系的实质中得出不同规定，本章规则亦应适用于下列请求权：

（1）关于返还在无效法律行为中已履行的义务；

（2）财产所有权人从他人的非法占有中索回财产的请求；

（3）债务一方要求另一方返还与该债务有关的已履行的义务；

（4）损害赔偿，包括不当得利人的恶意行为造成的损害赔偿。

第一千一百一十九条　不当得利的实物返还

1. 不当得利人构成不当得利的财产应当以实物返还给受害人。

2. 不当得利人在知道或应当知道不当得利后，应向受害人承担任何责任，包括不当取得或保存的财产意外短缺或变质。在此之前，他只对故意和重大过失负责。

第一千一百二十条　不当得利的价值赔偿

1. 如果不能以实物返还不当取得或保存的财产，不当得利人应向受害人赔偿该财产在被取得时的实际价值，如果不当得利人没有立即赔偿该财产的价值，则应赔偿该财产价值后续发生变化所造成的损失。

2. 无正当理由临时使用他人财产而无意取得该财产或他人服务的人，应按使用结束时和使用发生地的价格，赔偿受害人因使用该财产而产生的费用。

第一千一百二十一条　不合理地转让权利给他人的后果

以债权转让或其他方式将属于自己的权利基于不存在或无效的债务转让给他人的人应有权要求恢复原状，包括要求返还转让权利的证明文件。

第一千一百二十二条　赔偿受害人没有获得的收益

1. 以不正当手段获得或保存财产的人，有义务向受害人返还或赔偿自其知道或应当知道不当得利之时起其从该财产中获得或应当获得的所有收入。

2. 转让资金的使用利息（第 426 条）应从不当得利人知道或应当知道不当收取或保管资金之时起，按不当得利的金额收取。

第一千一百二十三条　返还财产的费用赔偿

在返还不当收取或保存的财产（第 1119 条）或收回其价值（第 1120 条）时，不当得利人有权要求受害人赔偿自其有义务返还收益之时起（第 1122 条）其为维持和保全该财产而支出的必要费用，并抵销其所获得的利益。如果不当得利人故意扣留应归还的财产，则丧失费用偿还权。

第一千一百二十四条　不应返还的不当得利

以下财产不得作为不当得利返还：

（1）为履行其有效期尚未届满的债务而支付的财产，但该债另有要求的除外；

（2）为履行诉讼时效已经经过的债务而交付的财产；

（3）在公民没有恶意和计算错误的情况下，向其提供的工资和等价物、养老金、津贴、奖学金、生命或健康损害赔偿、赡养费和其他作为生存手段的金钱；

（4）为履行不存在的义务而提供的金钱和其他财产，条件是不当得利人能证明要求返还财产的人知道不存在义务或是为慈善目的而提供财产。

第五部分　土库曼斯坦债法

（李越一　译　邓社民　周盛杰　校对）

土库曼斯坦债法根据1998年7月17日第294－Ⅰ号决议生效，经历4次修改和补充。此文本根据2019年10月5日的文本翻译而成。

目　录

第三编　债　　权

第一分编　债的总则

第三百三十条　概念

1. 基于债的原因，债权人有权请求债务人为一定行为或不为一定行为。

2. 考虑到债务的内容和性质，可能会使一方当事人对另一方当事人的权利和财产特别关注。债务关系可能因此受限。

第三百三十一条　合同

1. 须双方当事人签订合同以产生债或改变债的内容，但债是基于损害（侵权行为)、不当得利或法律规定的其他原因而产生的除外。

2. 本法第 330 条规定的债也可依预约产生。

3. 因一方当事人过失而未能订立合同，另一方可请求有过失一方赔偿其为签订合同而支出的费用。

第三百三十二条　提供信息

基于债可产生获取某一信息的权利。提供信息是指有义务提交相关文件。信息与确定债的内容有关，且提供信息不会损害当事人自己的权益的，应当确保提供信息。接收信息方应当向提供信息方赔偿提供信息的费用。

第一章　合　同　法

第一节　一 般 规 定

第三百三十三条　合同自由

1. 个人（民事主体）可在法律允许的范围内自由缔结合同并确定合同内容。以维护社会或个人的基本利益为目的而签订的合同，其有效性取决于国家许可，应由专门法律予以调整。

2. 合同一方当事人在市场上占据支配地位的，在此活动领域内该方有义务签订合同。一方不能无根据地向另一方提出不平等的合同条款。

3. 合同的一方当事人在其业务范围内行事的，不得拒绝与以商业或满足其基本利益为目的而购买或使用财产和服务的人订立合同。

第三百三十四条　财产转让合同

一方承诺转让其全部财产或大部分财产的合同，或者以用益物权为担保的合同，均应进行公证。

第三百三十五条　未来财产转让合同

一方承诺转让其全部未来财产或大部分未来财产的合同，或者以用益物权为担保的此类合同无效。

第三百三十六条　在世第三人的继承合同

1. 在世第三人的继承合同无效。该规定也适用于针对在世第三人的遗产订立的强制继承份额或者遗赠的合同。

2. 本规定不适用于法律规定的未来继承人之间就其中任何一方的法定或强制性继承份额订立的合同，此种合同应当进行公证。

第三百三十七条　不动产合同形式

使一方负有向他方转移不动产所有权义务或使其取得不动产所有权的合同应进行公证。未按此形式订立的合同，若已在公共登记处登记，即为有效。

第三百三十八条　债的效力及于从物

一方承担了出让或担保义务的，该义务也延伸至从物，但合同另有约定的除外。

第三百三十九条　履行方式的确定

1. 履行方式须由一方当事人或第三人确定的，推定该确定是根据公平意愿作出的。确定须以声明的方式向另一方当事人作出。

2. 履行方式是由一方当事人根据公平意愿确定的，仅在该确定符合公平的情形下，才对另一方当事人具有约束力。该确定不符合公平标准的，根据判决确定履行方式；一方当事人迟延确定履行方式的亦同。

第三百四十条　类推

合同之债的相关规定也适用于其他非合同之债，但依债的性质另有要求的除外。

第二节　合同的订立

第三百四十一条　合同的订立

1. 双方当事人就合同的所有必要条款达成一致的，视为合同成立。

2. 合同的必要条款是指根据任意一方当事人的意愿皆达成一致的条款，或法律认为是合同的基本要素的条款。

3. 合同可以设定嗣后缔结合同的义务。规定的合同格式也适用于预约合同。

第三百四十二条　合同形式

1. 法律为合同的有效性规定了某种形式，或者双方当事人为合同预先约定了某种形式的，合同仅在满足该形式要件后生效。

2. 当事人约定以书面形式签订合同的，合同可由当事人共同签署的单份文件订立；电报、电传或书信等方式足以确保形式要求。

第三百四十三条　要约

1. 在向一人或数人作出的要约中表示一经对方同意（承诺），提议人（要约人）即准备履行其要约的，订立合同的提议（要约）应视为已作出。

2. 向不特定人作出的要约即构成要约邀请，但该要约另有明确规定的除外。

第三百四十四条　承诺

1. 对在场的人（直接接触）提出的要约，其应立即作出承诺表示。

2. 对不在场的人提出的要约，其仅能在作出通常要约的人能够期待得到答复的时间之前作出承诺。

第三百四十五条　承诺期间

要约人已确定承诺期间的，承诺只可在该期间内作出。

第三百四十六条　逾期承诺

承诺逾期到达要约人，但可证明承诺是按时发出的，仅在要约人立即通知受要约人迟延的，承诺才被视为逾期作出。

第三百四十七条　新要约

1. 对要约的逾期承诺视为新要约。

2. 答复中表示同意订立合同，但以要约约定以外的条件订立合同的，该答复被视为拒绝要约，同时被视为一项新要约。

第三百四十八条　承诺变更

在商业关系中，承诺是以变更条件作出的，若承诺人有权认为要约人同意，而后者未立即拒绝的，合同即告成立。

第三百四十九条　默示承诺

1. 为他人开展活动的经营者收到与其有业务关系的人提出的开展此类活动的要约的，其有义务在合理期间内对该要约作出承诺；其沉默将被视为作出承诺。该规定同样适用于经营者从其要求进行此类活动的人处收到这种要约的情况。

2. 经营者拒绝要约，而货物已经发运的，其有义务暂时保管货物，以免造成损害。

第三百五十条　非正式场合订立的合同

1. 消费者在1周内未书面拒绝合同的，其与在另一方企业内部，街道，门前和类似地点进行交易的人之间的合同是有效的，但在合同订立后履行合同的除外。

2. 该规定也适用于为非商业目的发放信贷（消费信贷）的合同和保险合同。

第三百五十一条　地方习惯

对合同的个别表述可能有不同的解释的，应优先考虑订立合同的当事人居住地通常采用的表述。当事人居住地不同的，则以承诺人的居住地为准。

第三百五十二条　不明确的含义

如果存在相互矛盾或多重含义的表述，则应优先考虑最符合合同内容的表述。

第三百五十三条　交易习惯和传统

在确定合同当事人的权利和义务时，可以考虑交易习惯和传统。

第三百五十四条　混合合同解释

在解释混合合同时要考虑与该合同履行性质最接近和最相关的条约规则。

第三百五十五条　债务确认

承认义务关系存在（承认债务存在）的合同的效力需要书面声明承认。如果对已确认存在的债务关系规定了某种形式，则承认债务的合同也应以这种形式设立。如果债务是通过结算（付款）或协议承认，则不必须遵守此形式。

第三节　合同格式条款

第三百五十六条　定义

1. 合同格式条款是提出要约的一方向另一方提出的可重复使用的预先规定的条款，通过这些条款确立了不同于法律规范或弥补法律规范的规则。

2. 由双方当事人详细约定的条款不应被视为格式条款。

第三百五十七条　格式条款列入合同

1. 仅在下列情形下，格式条款才构成要约方与对方当事人订立的合同的组成部分：

（1）要约方在合同中的签订地显著标记并引证这些条款；

（2）对方当事人有了解这些条款并同意接受的可能。

2. 对方当事人是经营者的，若要约方在商业关系中已尽到必要理性而作出此规定的，格式条款构成合同的组成部分。

第三百五十八条　合同格式条款的异常规定

格式条款中的规定形式过于异常以至于对方当事人不能理解的，该规定不能成为合同的组成部分。

第三百五十九条　文本不明的作出有利于对方的解释

格式条款的文本含义不明时，应作出有利于对方当事人的解释。

第三百六十条　违反诚信原则的条款无效

格式条款即使已被列入合同，但若该条款违反诚信原则，损害对方当事人利益，该格式条款无效。此时应当考虑这些条款是在何种情形下订立的，以及双方的共同利益和其他因素。

第三百六十一条　格式条款的不相称性

提供方对不从事经营活动的自然人采用的格式条款包含下列内容的，该格式条款应视为无效：

（1）提供方对接受、拒绝承诺或完成某项工作所规定的期限过长或过短（承诺期间和履行期间）；

（2）提供方为履行义务规定的期限与法律规定不同，规定的期限过长或规定不明确的条款（债务违反的期间）；

（3）规定提供方有权根据无基础的或合同中未指明的理由拒绝履行其义务；该规定不适用于长期债务关系（拒绝履行义务的条款）；

（4）规定提供方有权变更或者免于履行其所承诺的工作，但合同相对人对此同意的除外（变更条款）；

（5）规定提供方有权请求对方当事人承担不相称的高额赔偿费用。

第三百六十二条　格式条款的无效

提供方对不从事经营活动的自然人采用的格式条款包含下列内容的，亦无效：

（1）价格在不合理的短时间内上涨的条款，该规定适用于长期债务关系（短期涨价）；

（2）限制或者排除本法赋予对方拒绝履行义务的权利，或者合同当事人在对方当事人履行其所负债务前享有的拒绝履行合同的权利的条款（抗辩权）；

（3）剥夺合同一方当事人不诉抵销权或者诉讼权的条款（禁止相互抵销权）；

（4）免除提供方的法定催告义务或者为对方指定履行期限的法定义务的条款（义务履行通知，指定期限）；

（5）过高的损害赔偿金协议（高额损害赔偿）；

（6）限制或者排除提供方或其代理人因重大过失造成损害的赔偿责任的条款（过失责任）；

（7）在提供方违反主要义务时限制或者排除对方合同解除权的规定，或者违反本条第5项规定，限制或者排除对方因提供方未履行合同而请求损害赔偿的权利的条款（违反履行主要义务）；

（8）排除对方当事人因提供方未全部履行义务的损害赔偿请求权或者因提供方预期违约而形成的合同解除权的条款（部分履行义务丧失利益）；

(9) 违反法律规定，限制提供方在提供新产品或履行工作时负担的瑕疵责任条款。

第四节　为第三人利益合同

第三百六十三条　合同履行请求权

债权人和第三人均有权请求履行利益第三人合同，但法律另有规定或者合同实质义务另有约定的除外。

第三百六十四条　合同中保留

1. 在没有专门保留的情形下，须根据实际情况，特别是根据合同目的来确定以下内容：

(1) 第三人是否必须取得权利；

(2) 权利是立即产生的还是在某些条件下产生的；

(3) 合同当事人未经第三人同意是否有权终止或者变更第三人权利。

2. 在合同中作出利益第三人保留的一方保留不经第三人同意的合同变更权。

第三百六十五条　第三人的放弃权

第三人放弃依合同取得的权利的，债权人可以自行请求履行，但合同另有约定或者根据债的实质不得请求履行的除外。

第五节　拒绝合同履行

第三百六十六条　拒绝合同的后果

1. 一方当事人解除合同的，双方当事人应相互返还已受领的履行和获得利益。

2. 在下列情形下，债务人应以金钱赔偿代替实物返还：

(1) 依据取得标的物的性质无法返还的；

(2) 取得标的物的一方依法使用、处分、抵押、加工或改造标的物的；

(3) 取得的标的物已经毁损、灭失的；不适用于因合理使用而磨损的情形。

3. 合同预先约定相互履行义务（对待给付）的，以该义务履行（对待给付）代替金钱赔偿。

4. 不发生赔偿义务的情形：

(1) 引起合同解除的标的物瑕疵是在再加工或者改造时发现的；

(2) 债权人过错导致标的物毁损灭失的；

(3) 即使权利人对该标的物已尽到相似于所有权人的注意，但标的物依然毁损、灭失的，则应当返还所剩利益。

5. 违反本条第1款规定之义务的，债权人可根据本法第405条的规定请求损害赔偿。

第三百六十七条　损害赔偿

1. 债务人虽然原本有取得利益的可能，但因违反标的物的使用规则未取得利益的，其应当向债权人赔偿损失。

2. 债务人已返还标的物，或已进行金钱赔偿的，或依本法第366条第4款第1项和第2项规定不发生损害赔偿请求权的，其应当赔偿维护标的物的必要费用。其他费用仅以债权人在合同成立的情况下所能获得的利益为限予以赔偿。

第三百六十八条　退出合同时债务的同时履行

因退出合同产生的债务应当有当事人直接和同时履行。

第三百六十九条　通知

退出合同时应当通知另一方当事人该情况。

第三百七十条　退出合同的期限

没有规定退出期限的，合同另一方当事人给退出人确定期限。如果在期限届满前未声明退出的，退出权丧失。

第三百七十一条　合同解除权的不可分性

合同一方当事人或另一方当事人为数人的，解除权只能由全体参与人共同行使。若一方当事人中的一人的合同解除权消灭，则该方全体当事人的解除权消灭。

第三百七十二条　不得退出合同

如果债务人通过债务抵销和在退出后立即申请债务抵销可以免除债务的，则不允许因未履行债务而退出合同。

第三百七十三条　权利丧失

如果合同订立了条件，根据合同债务人在未履行其义务时丧失其权利的，债权人有权在发生该事由时拒绝合同。

第三百七十四条　和解理由错误

1. 当事人通过相互妥协（和解）的方式消除有争议和不明确的法律关系时，若根据协议内容，该和解赖以存在的基础与真实情况不符，以及当事人知道该真实情况本不会产生争议和不明确的法律关系，则该合同无效。

2. 能主张某种请求存疑的，视为法律关系不明确。

第二章 债的履行

第一节 一般规定

第三百七十五条 推定债的存在

1. 每个履行意味着债的存在。

2. 债应基于诚信原则按照约定的时间和地点适当履行。

第三百七十六条 债的履行地点

1. 没有事先约定或者根据债的实质无法明确履行地的，应以债务发生时债务人住所地为履行地。

2. 债务履行前，债务人住所或者经营地发生变更，给债权人造成额外费用的，债务人应当向债权人赔偿额外的费用。

3. 债务履行前，债权人住所或者经营地发生变更，由此增加履行义务的费用或者风险的，由债权人承担额外费用和额外风险。

第三百七十七条 债的提前履行

债务人有权提前履行债务，但债权人有正当理由拒绝履行的除外。

第三百七十八条 履行期限

1. 没有约定履行期限或者约定不明确的，债权人可请求立即履行，债务人也有义务立即履行。

2. 履行期限确定的，债权人不能早于该期限请求履行。

第三百七十九条 提前履行请求权

如果为债务人利益规定了履行期限，债权人可以在债务人丧失偿债能力或约定的担保物价值减少或根本未提供担保的情况下请求立即履行。

第三百八十条 履行附条件法律行为的债

法律行为的效力取决于某一条件的成就的，应在该条件成就之日履行债务。

第三百八十一条 拒绝履行双方合同债

债务人对到期债权人的债权与其债务所依据的法律关系相同的，除非合同另有约定，债务人有权在债权人履行前拒绝履行其债务。

第三百八十二条 消费信贷

1. 还款合同与信贷合同共同构成了一种相互关联的法律关系，其中贷款用于支付价款，这两个合同被视为一个经济统一体。债务人（买方）在准备订立或订立贷款合同时依赖卖方的协助，应被视为经济统一体。

2. 如果相互关联的合同中卖方有权拒绝履行义务，导致消费贷款的受益人有权拒绝履行其债务，则消费贷款的受益人可拒绝偿还贷款。

第三百八十三条　第三人履行债务

1. 第三人可代为履行债务，但法律规定或者合同约定以及从债的性质来看必须由债务人亲自履行的除外。

2. 债务人反对第三人提出的履行的，债权人不得受领。

第三百八十四条　第三人对债权人的清偿

1. 债权人就债务人所有物申请强制执行的，因该强制执行而受有对该物丧失权利危险的人有权向债权人清偿。

2. 第三人向债权人清偿的，债权请求权转移给第三人。该权利移转不得损害债权人的利益。

第三百八十五条　接受无授权人的履行

1. 债务人应向债权人或根据法律或法院判决有权接受履行的人履行其义务。

2. 债务人向无权利人履行债务，若债权人同意或其从履行中受益，该债务视为已经履行。

第三百八十六条　选择之债

存在数种债的履行方式，而履行须以其中一种方式进行的，有疑义时，债务人享有选择权。

第三百八十七条　选择应履行的债务

存在两种履行行为的，债务人有权拒绝其中一种履行，而履行另一种行为的义务继续存在。

第三百八十八条　选择之债的选择程序

依本法第 386 条规定，以向另一方当事人声明或者以实际履行的方式进行选择。所选择的债视为自始应履行之债。

第三百八十九条　两种以上应履行债务的选择

有两种以上应履行之债的，适用本法第 386 条至第 388 条的规定。

第三百九十条　分期履行债务

经债权人同意，债务人有权分期履行债务。

第三百九十一条　债权人接受其他履行的权利

债权人无义务接受其他履行，但合同另有约定的除外；该规定也适用于具有重大利益的履行。

第三百九十二条　债务履行质量

合同中未详细规定履行质量的，债务人应当至少完成中等质量的工作或交付中等质量的物品。

第三百九十三条　种类债的履行

确定履行标的物为种类物的，只要可以提供该种类的物，债务人在非其过错导致不履行义务的情形下，仍应当对不履行义务负责。

第二节　金钱之债的履行

第三百九十四条　概念

金钱之债应当以本国货币计算。双方也可以以外国货币确定金钱之债，但法律禁止的除外。

第三百九十五条　年利率的确定方式

根据法律规定或者合同约定应计算利息的，应当按照最近的年利率4%提取利息，但法律另有规定的除外。

第三百九十六条　已付款超出债务的追偿

对超过债务的清偿可以根据不当得利的规定请求返还。

第三百九十七条　金钱之债的履行地

1. 金钱之债尚未确定履行地的，债务人应当在债权人住所地或者营业地清偿债务，并自担风险、自付费用。

2. 债权人在付款地点或国家设有可供转账的银行账户的，除债权人反对外，债务人可以通过向该账户转账的方式履行其金钱之债。

第三百九十八条　金钱之债的履行顺序

1. 债务人基于不同的债务而被要求履行若干类似行为，且其履行不足以清偿所有债务的，则应当先清偿债务人在履行时选择的债务，债务人未选择的，则应当先清偿先到期的债务。

2. 债务履行期限同时届至的，应当先履行负担最重的债务。

3. 债务负担相同的，应当先履行担保最少的。

第三百九十九条　诉讼费支付优先权

债务人不能清偿全部到期债务的，首先应支付诉讼费，其次偿还本金（债务），最后支付利息。

第四百条 货币汇率变动时金钱之债的履行

如果在债务履行期限届至前货币单位（汇率）升值或贬值或外汇变动，债务人应当按照债务发生时的汇率清偿。外汇变动时，基于交换关系应当采用外汇变动日货币单位之间存在的汇率。

第三节 债权人的迟延

第四百零一条 概念

1. 债权人不接受已届清偿期的履行，视为债权人迟延。

2. 债务人仅在债权人履行义务的情况下有履行义务的，债权人愿意接受债务人提出的履行，但未作对待给付的，视为债权人迟延。

第四百零二条 债权人的损害赔偿义务

债权人应当赔偿因逾期受领债之履行而给债务人造成的损失。

第四百零三条 债权人迟延时债务人的责任

债权人迟延期间，债务人仅对故意或重大过失承担责任。

第四百零四条 债权人迟延的后果

在债权人迟延的情形下，无论其是否存在过错，均应承担以下后果：

（1）应当赔偿债务人因保存债之标的物而额外支付的费用；

（2）承担标的物意外毁损、灭失的风险；

（3）丧失获取金钱之债利息的权利。

第三章 妨碍债履行的情形

第一节 一般规定

第四百零五条 违反义务时损害赔偿请求权

1. 债务人违反义务时，债权人可以要求债务人赔偿由此遭受的损害。债务人对违反义务不承担责任的，不适用该规则。

2. 债务人逾期的，债权人可以指定必要履行期限。债务人在该期限内仍未履行债务的，债权人有权要求其赔偿损失。

3. 如果明显不会产生任何结果或者存在基于双方利益有理由立即行使损害赔偿请求权的特殊情形，则没有必要规定额外履行期限。

第四百零六条 不得预先协议免除损害赔偿

1. 债务人仅承担因其故意或者过失造成的损害赔偿责任，但法律另有规定或者依债的实质另有约定的除外。

2. 禁止预先承诺免除债务人故意违反合同义务的损害赔偿责任。

第四百零七条　债务人为其代表人的行为所承担的责任

债务人为其法定代表人或者其他履行债务人的过错行为负责。

第四百零八条　从他人处获得履行标的时债务人的责任

债务人应当从他人处取得履行标的物而未能取得履行标的物的，应当对履行承担责任，但合同另有约定或者存在其他情形的除外。

第四百零九条　根据情势变更履行合同

1. 作为缔结合同基础的情势，在订立合同后明显发生变更，且双方当事人在此种情形下本不会订立该合同或者订立其他内容的合同时，则考虑到个别情形，包括根据规范类型不可苛责一方当事人严格遵守未经变更的合同，可以请求变更合同使其适应情势变更。

2. 合同基础发生认识错误时等同于情势变更。

3. 双方当事人首先应努力使合同适应情势变更。

4. 合同不可能适应情势变更或者双方不能达成一致意见的，利益受损一方当事人可以解除合同。

第四百一十条　拒绝长期合同义务

1. 合同的任何一方都可以基于正当理由，在违反合同终止期限的情况下解除长期义务合同。因包括不可抗力和考虑双方利益在内的具体情况终止合同的，一方当事人不能在承诺期届满前或者合同终止期届满前请求延长或继续合同关系的，视为正当理由。

2. 如果违反合同义务也是理由，则在瑕疵补正无效期届满无效后或者通知无效后可以解除合同，相应地适用本法第 416 条第 2 款的规定。

3. 权利人可在知悉合同解除事由后的合理时间内解除合同。

4. 如果已经履行的义务因合同解除而不再具有任何利益，则解除也可扩大适用于该履行。为确保履行的返还，应相应适用本法第 366 条至第 368 条的规定。

5. 损害赔偿请求，相应地适用本法第 417 条的规定。

第二节　债务人的迟延

第四百一十一条　概念

债务人有下列情形之一的，视为迟延履行义务：

（1）债务未能在规定的履行期限内履行；

（2）履行期限届满，经债权人通知后仍不履行义务。

第四百一十二条 履行不能

非因债务人过错而未履行义务的，不视为债务人迟延履行。

第四百一十三条 债务人的责任

债务人应对逾期期间的任何过失负责。债务人还应对迟延期间的意外导致的履行不能承担赔偿责任，但按时履行义务仍会受损失的除外。

第四百一十四条 不得对利息收取利息

1. 逾期期间的金钱之债应按法律规定的数额计息。债权人根据其他法律依据可以要求较高利息的，应当相应收取较高利息。

2. 不得对逾期期间的利息收取利息。

第四百一十五条 债权人的损失赔偿

债权人有权请求逾期损失赔偿。

第三节 违反双务合同中的义务

第四百一十六条 违反义务时宽限期的规定

1. 如果合同一方违反双务合同产生的义务，另一方在其指定的履行义务的宽限期届满无效后，可以拒绝合同。根据违反义务的性质不适用宽限期的，通知视为指规定的宽限期。部分违反义务的，债权人仅在履行剩余义务对其失去利益的情况下才可以拒绝合同。

2. 在下列情形下，无须指定宽限期或催告：

（1）明显不会产生预期结果；

（2）未在合同指定期限内履行债务，且根据合同，继续履行与按时履行关系密切；

（3）基于特殊理由并考虑到双方利益，有理由立即拒绝合同。

3. 下列情形下，债权人不得拒绝合同：

（1）轻微违约；

（2）违反本法第 330 条第 2 款规定，但仍可要求债权人使合同继续有效；

（3）债权人对违约承担全部或者部分责任；

（4）债务受到债务人已经提出或者在拒绝合同后立即提出的反诉的对抗。

4. 拒绝合同的事由明显会发生的，债权人有权在履行期限届满前拒绝合同。

5. 债务人可以为债权人指定拒绝合同的期限。如果债权人在此期限内未行使该权利，那么其只能在债务人指定的合理期限届满或通知无效后拒绝合同。

第四百一十七条　退出合同的损害赔偿

1. 退出合同的，债权人可以请求赔偿因不履行合同而造成的损害。

2. 非债务人过错导致退出合同的，不适用该规定。

第四章　损害赔偿之债

第四百一十八条　恢复原状

1. 有赔偿义务的人应将标的物恢复到在不存在要求赔偿的情况时标的物本应存在的状态。

2. 受害人因身体或者健康受到损害而丧失、减损劳动能力或者需求增加的，义务人应当向受害人以按月支付生活费的方式赔偿损害。

3. 受害人有权提前请求赔偿医疗费。该规定同样适用于必须进行职业再培训的情形。

4. 有重大理由的，受害人可以请求以发放补偿金方式代替生活费。

第四百一十九条　无法恢复原状

无法恢复原状，或者须支付不成比例的高额费用的，可以金钱赔偿债权人。

第四百二十条　不得事先拒绝损害赔偿请求权

债权人不得依据事先协议放弃因违约产生的损害赔偿请求权。

第四百二十一条　可期待利益

赔偿范围应当及于实际财产损失和可期待利益。在适当履行义务的情况下本可获得而未能获得的利益视为可期待利益。

第四百二十二条　损害确定

债务人仅应赔偿其能够预见到的直接损害。

第四百二十三条　金钱补偿

1. 仅在法律有明文规定的情况下可以请求非财产性损害的金钱补偿。

2. 在人身伤害、健康损害和限制人身自由的情况下，受害人可以请求公平的非财产性损害金钱补偿。

第四百二十四条　损害范围的确定

在确定损害程度时，还应考虑债权人在适当履行义务方面的利益。为了确定损害赔偿金额，必须考虑履行合同的地点和时间。

第四百二十五条　受害人对损害发生的过错

1. 若受害人行为也对损害发生有促进作用，则按照双方过错程度决定损害赔偿责任及损害赔偿金额。

2. 本法也适用于受害人未采取措施防止或减轻损害的过错。

第五章　债务担保的补充方式

第四百二十六条　债务履行担保的补充方式种类

双方可以通过合同约定其他方式担保债务：违约金、定金和债务人担保。

第一节　违　约　金

第四百二十七条　概念

1. 违约金是指当事人约定的债务人因不履行或者不适当履行义务而应当向债权人支付的款额。

2. 在未履行定金义务的情况下相应地适用违约金条款。

第四百二十八条　违约金形式的确定

1. 合同双方当事人可以自由确定违约金，其数额可高于可能造成的损害。

2. 违约金协议应以书面形式订立。

第四百二十九条　不得同时请求支付违约金和履行债务

1. 债权人不得同时请求支付违约金和履行债务，但有债务人未在规定时间内履行债务的应当支付违约金这一约定的除外。

2. 债权人始终有权请求损害赔偿。

第四百三十条　由法院减少违约金

法院可根据案件的具体情况，减少过高的违约金。

第二节　定　　金

第四百三十一条　概念

定金是指一方向另一方支付以确认合同成立的款额。

第四百三十二条　定金抵销付款

定金应抵销约定的债务，若未抵销，则应当在合同履行后予以返还。

第四百三十三条　定金抵销损害赔偿金

1. 定金给付方因过错应承担债务，定金归收受方持有。此时，定金应抵销损害赔偿金。

2. 定金收受方过错导致债务不能履行的，收受方应当双倍返还定金。此时，定金给付方可以请求损害赔偿。

第三节 债务人保证

第四百三十四条 概念

债务人保证是指债务人负有无条件履行义务或者超出合同标的之外的履行义务。

第四百三十五条 保证的有效性

不违反法律规定或者未过分加重债务人负担的债务人保证有效。

第四百三十六条 保证的形式

保证应当采用书面形式。

第六章 债的终止

第一节 债的履行终止

第四百三十七条 以有利于债权人履行终止债务

为债权人利益履行债务，债务关系终止。

第四百三十八条 以债务更新终止债务

债务人接受其他债务履行（重新订约）以代替履行原债务，原债务关系终止。

第四百三十九条 债务履行的受领

1. 应债务人要求，债权人应当出具文件，证明其全部或者部分接受履行。

2. 收款证明文件未显示利息信息的，推定为利息已支付，债务关系完全终止。

3. 分期定期偿还债务的，其最后的清偿文件可供证明此前已履行的部分，但当事人另有规定的除外。

第四百四十条 债务受领文件的记载项目

债权人或者被授权人制作的履行凭证，应当载明债务的金额、种类、债务人或者清偿人的姓名、履行时间和地点。

第四百四十一条 债务文件请求权

对债权出具债务凭证的，债务人可以连同履行凭证一并请求返还或者销毁该凭证。如果债权人不能归还债务凭证，债务人有权请求出具官方公证，证明债务已经消灭。

第四百四十二条　出具履行凭证的费用补偿

1. 出具履行凭证的费用由债务人负担，但债务人与债权人之间另有约定的除外。

2. 债权人变更住所或者死亡后其继承人在其他住所的，出具履行凭证所增加的费用应由债权人或其继承人承担。

第四百四十三条　因债权人不履行义务而撤销履行

债权人拒绝出具履行凭证、返还债务凭证或者承认债务已经清偿的，债务人有权撤销其履行。在这种情况下，视为债权人迟延。

第二节　以提存终止债

第四百四十四条　概念

1. 债权人迟延接受履行或者履行地不明确的，债务人有权将履行标的物交由法院或者公证处保管，将金钱或者有价证券存入公证处的存款账户。

2. 债务人因提存而解除其对债权人的债务。

第四百四十五条　向债权人转交提存财产

法院或者公证员应当向债权人转交提存财产。法院或者公证员应选任保管人，但相关文件仍由其保存。

第四百四十六条　提存标的的适用性

标的物应当适用提存，不接受提存易腐标的物。

第四百四十七条　保管地

保管应当在履行地进行。

第四百四十八条　要求债权人受领标的物

由法院或者公证员通知债权人受领提存标的物，并要求其受领标的物。

第四百四十九条　保管相关费用补偿

一切保管相关费用由债权人负担。

第四百五十条　债务人对提交保管的标的物的追索

1. 在债权人受领前债务人享有对提存物的取回权。债务人请求取回的视为未提存。

2. 债权人拒绝受领或者超过本法第451条规定的期限的，债务人可以请求返还提存物。

3. 债务人请求返还的，保存费用由其负担。

第四百五十一条　履行标的物保存期限

法院或者公证员对标的物的保存不超过1年。债权人在该期限内未受领的，通知债务人返还提交标的物。债务人未在必要返还期间收到标的物的，其归国家所有。

第三节　以抵销终止债

第四百五十二条　债抵销可能性

1. 双方之间互负的到期债权可以通过抵销消灭。

2. 若其中一个债权尚未到期，该债权请求权人主张抵销的，可以进行抵销。抵销应通过通知对方的方式实现。

第四百五十三条　抵销请求权的时效期间

被抵销债权时效尚未经过的，仍可抵销，该债权时效不排除抵销该债。

第四百五十四条　可抵销的债权

待抵销债权不能完全相互覆盖的，仅在较小债权金额范围内发生抵销。

第四百五十五条　数个可抵销债权

1. 被通知抵销的合同一方当事人有数个待抵销债权的，适用本法第398条之规定。

2. 如果另一方当事人在承担主债务的同时，还承担支付利息和其他费用的义务，则应适用本法第399条的规定。

第四百五十六条　履行地不同时的债务抵销

约定的债务履行地不同的，可以进行抵销。

第四百五十七条　不得抵销的债务

以下债务不得抵销：

（1）合同预先约定排除抵销的。

（2）债的标的物无法强制执行或者属于谋生手段的。

（3）因人身损害或者致人死亡产生的损害赔偿之债。

（4）法律规定的其他情形。

第四节　以债务免除终止债

第四百五十八条　概念

债务免除可以通过双方协议进行。

第四百五十九条　债务免除对其他连带债务人的后果

1. 对连带债务人中一人免除债务的，对其他连带债务人同样免除，但债权人对其保留债权的除外。

2. 在此情形下债权人对其他连带债务人仅享有除免除的债务份额以外的剩余债权债务关系。

第四百六十条　主债务人债务免除的后果

1. 对主要债务人债务的免除导致担保人责任的免除。

2. 担保人责任的免除不导致主要债务人的债务履行的免除。

3. 对担保人之一责任的免除导致其他保证人责任的免除。

第四百六十一条　放弃双务合同债权的后果

双务合同一方当事人对债权的放弃不导致其债务消灭。在一方未放弃其债权前，另一方仍应当按照合同约定履行债务。

第五节　债终止的其他理由

第四百六十二条　债务人和债权人成为同一人时债的终止

债务人和债权人是同一人的，债权债务关系终止。

第四百六十三条　因债务人死亡债的终止

1. 债必须由债务人亲自履行的，债务人死亡将导致债的消灭。

2. 债的履行具有债权人专属性的，债权人死亡将导致债的消灭。

第四百六十四条　因法人终止债的终止

法人债务自其注销登记完成时起消灭。

第七章　债 权 让 与

第四百六十五条　让与

债权人可以与他人订立合同的方式将债权转让给他人。自该合同订立时起，新债权人享有原债权人债权。

第四百六十六条　不得让与

1. 不变更合同内容就不能向新债权人履行的，或者原债权人与债务人达成协议排除让与的，不得让与。

2. 不可强制执行的债权不得让与。

第四百六十七条　债权让与时担保资金的转让

1. 为担保该债权而设立的抵押和保证随债权转让一并转移给新债权人。

2. 新债权人可以就受让债权在强制履行或者破产程序中行使优先受偿权。

第四百六十八条　文件和资料转让

原债权人应当告知新债权人行使债权的必要信息，以及转交其所拥有的证明债权的必要文件。

第四百六十九条　让与证明

原债权人应当依新债权人要求向其提供经官方公证的债权转让证明文件。该文件的证明费用由新债权人负担。

第四百七十条　债务人的抗辩

债务人有权向新债权人提出在债权让与时对原债权人享有的抗辩和反诉。

第四百七十一条　让与通知

1. 债权转让通知到达债务人之前，债务人有权为原债权人的利益履行其义务。

2. 债权人已通知债务人转让债权的，债务人无权对已履行通知义务的债权让与的有效性提出抗辩，即使该债权让与实际未发生或者是无效的。

3. 仅在被指定的新债权人同意的情况下，可以撤回通知。

第四百七十二条　重复让与

原债权人就同一债权与多人约定转让的，最先与原债务人进行约定的人取得对债务人的权利。

第四百七十三条　债权依法转让

根据法律规定或者法院判决进行的债权让与，适用本法第466条至第472条规定。

第四百七十四条　其他权利让与

其他权利的让与相应地适用债权让与的规定，但法律另有规定的除外。

第八章　债 务 承 担

第四百七十五条　债务承担

第三人可以与债权人订立合同，约定代替原债务人承担债务。

第四百七十六条　经债务人同意转让债务

1. 第三人经债务人同意承担债务的，协议有效性取决于债权人的同意。

2. 债权人拒绝同意的，债务转让视为未发生。

第四百七十七条　债务承担人的抗辩

1. 债务承担人可以基于债权人和原债务人之间的法律关系对债权人提出抗辩，

不可以原债务人的债权提出抵销。

2. 债务承担人不得基于其与原债务人之间因债务承担产生的法律关系对债权人提出抗辩。

第四百七十八条　保证和抵押的消灭

发生债务承担的，为担保原债务人设定的所有保证和抵押均消灭。

第九章　债的多数债权人或者债务人

第一节　连带债权人

第四百七十九条　连带权限

数人有权请求履行，且其中一人即可请求履行全部债务，而债务人仅有义务履行一次的，该数人是连带权利人，即连带债权人。

第四百八十条　连带权限产生的依据

连带债权人依合同约定、法律规定或者不可分之债产生。

第四百八十一条　向任何债权人履行债务

债务人可以根据自己意愿向任一债权人履行债务，但债权人之一对本法第 479 条指定的债权已提起诉讼的除外。

第四百八十二条　向债权人中的一人履行债务

债务人对债权人之一履行全部债务的，免除其对其他债权人的履行义务。

第四百八十三条　连带债权人中的一人放弃债权的后果

连带债权人之一放弃债权的，免除债务人对该债权人应负的债务部分。

第四百八十四条　不得使用与其他债权人有关的事实

债务人不得对连带债权人之一主张其与其他债权人相关的事实。

第四百八十五条　连带债权人的继承人的权利

连带债权人有数个继承人的，每个继承人仅能继承与其继承份额相应的债权份额。

第四百八十六条　连带债权人对其他债权人的义务

1. 受领债务人全部履行的连带债权人有义务向其他债权人交付他们应得的份额。

2. 各连带债权人在其相互关系中享有相同份额，但各连带债权人之间另有约定的除外。

第二节　连带债务人

第四百八十七条　连带债务

债务履行由数人承担，且每个人都应当承担履行全部债务，而债权人有权请求一次性履行的，该数人是连带债务人（连带债务）。

第四百八十八条　连带债务产生的依据

连带债务依合同约定、法律规定或者不可分之债产生。

第四百八十九条　债权人请求任何债务人履行的权利

债权人可以根据自己意愿请求任何债务人履行全部或者部分债务。在债务全部清偿前仍可向其余债务人求偿。

第四百九十条　连带债务人对债权人的反请求

连带债务人有权对债权人提起基于合同性质产生的或者仅其专有或连带债务人共有的反诉。

第四百九十一条　债务人中一人履行债务的后果

连带债务人之一履行全部债务的，免除其他债务人的履行义务。债务人对债权人行使抵销的，适用该规定。

第四百九十二条　不得使用与其他连带债务人有关的事实

连带债务人仅能主张与其相关的事实，但基于债的性质有其他情形的除外。

第四百九十三条　对连带债务人中一人的诉讼

对连带债务人之一提起诉讼的，不排除债权人对其他连带债务人提起诉讼的权利。

第四百九十四条　迟延受领履行的后果

1. 债权人迟延受领连带债务人之一的债务履行的后果，及于其他连带债务人。
2. 连带债务人之一未遵守履行期限的后果，不及于其他连带债务人。

第四百九十五条　连带债务人的继承人的义务

连带债务人之一有数个继承人的，数个继承人有义务履行与其继承份额相当的债务份额。该规定不适用于不可分之债。

第四百九十六条　债权人的债权与连带债务人中一人的债务合并

连带债务人之一的债务与债权人的债权发生混同的，其他债务人的债务在该连带债务人应当承担的债务份额内消灭。

第四百九十七条　连带债务人之一履行全部债务时的追偿请求权

1. 在扣除自身债务份额后，履行全部连带债务的债务人对其他债务人享有与其份额相应的追偿权，但合同另有约定或者法律另有规定的除外。

2. 无法确定债务人责任份额的，彼此承担相等责任份额。

第四百九十八条　连带债务人破产的后果

连带债务人之一破产的，其承担的份额相应地分摊给其他有履行能力的债务人。

第四百九十九条　连带债务人的补偿

仅一个连带债务人从连带债务中获益的，未获益的连带债务人可以请求对其债务履行予以补偿。

第五百条　时效期间届满的后果

对连带债务人之一发生时效期限消灭或中止的，效力不及于其他债务人。

第二分编　债的特定种类

第一章　买卖　互易

第一节　一 般 规 定

第五百零一条　概念　内容

1. 卖方应当依照买卖合同向买方转移财产所有权，相关的文件以及交付货物。

2. 买方应当向卖方支付约定的价金，并受领所购货物。

3. 合同中未约定价金的，双方当事人可以协议价金的确定方式。

第五百零二条　出售动产的相关费用

动产转交相关费用，特别是称重费、测量费以及包装费，均由卖方承担；动产验收费用和转寄至非合同签订地的费用由买方承担。合同另有约定的除外。

第五百零三条　出售不动产的相关费用

签订买卖合同、所有权转移公证、不动产登记和提交必要文件的相关费用，均由土地和其他不动产买受人承担。

第五百零四条　卖方的货物转寄义务

1. 卖方依照合同货交承运人，货物未用识别标志或其他方式作显著标记的，卖方应当通知买方装运货物，并向其寄送详细的货物清单。

2. 卖方承担发货义务的，应当签订必要的合同，将货物按照运输的一般条件运送到约定地点。

3. 卖方不承担购买运输保险义务的，应按照买方的要求提供其所掌握的购买保险所需的一切信息。

第五百零五条　土地出卖人的义务

1. 为开发土地和实施具体措施而订立合同，在订立合同前产生的费用应当由土地出卖人承担，与支付义务产生的时间无关。

2. 土地出卖人对未在不动产登记簿上登记的公共义务不承担责任。

第五百零六条　货物意外灭失的风险转移

1. 货物意外毁损、灭失的风险随标的物交付而转移，但合同双方当事人另有约定的除外。

2. 出卖人应买受人的要求将货物运送至合同约定之外的其他地点的，货物意外毁损、灭失的风险自货交承运人或者履行责任人时移转。

第五百零七条　货物受领

买受人有确认受领行为的，视为已受领货物。

第五百零八条　拒绝履行合同的理由

1. 合同签订后一方存在不履行主要债务的现实危险的，合同另一方当事人可以拒绝债务履行。

2. 合同双方当事人交易安全能够得到保障的，不得拒绝。

第五百零九条　一物数卖

出卖人将同一货物出卖给数人的，由首先占有的买受人优先取得所有权。未向任何买受人交付货物的，则由最先订立合同的买受人优先取得所有权。

第五百一十条　分期交付货物

在分期交付货物中，一方当事人仅一次债务未交付就导致出现预期履行不能和无法交付剩余货物的现实危险的，对方当事人可以在相应期限届满后解除合同。

第五百一十一条　交付无瑕疵货物的义务

出卖人应当向买受人交付无瑕疵的货物。

第五百一十二条　无瑕疵物

1. 货物符合约定质量的，即为无瑕疵物。事先未约定质量，若物符合合同约定的用途或者使用习惯，则视为无瑕疵物。

2. 出卖人仅交付物的一部分、交付他物、交付缺陷物或者交付部分瑕疵物的，均视为瑕疵交付。但瑕疵对履行不具有实质影响的除外。

第五百一十三条 出售无第三人权利负担的标的物

1. 出卖人应当向买受人提供不负担第三人权利的物。

2. 不存在的权利被登记在不动产登记簿上的，视为存在第三人权利负担。

第五百一十四条 出卖人出卖瑕疵物的责任

1. 出卖物存有瑕疵的，出卖人应当去除瑕疵，或者出卖物为种类物的，出卖人应当在合理期限内更换该瑕疵物。

2. 去除瑕疵的必要费用由出卖人负担，包括交通费、运输费、加工费、材料费。

3. 履行费用过高的，出卖人可以拒绝去除瑕疵或者更换。

4. 出卖人为去除瑕疵向买受人交付无瑕疵物的，其有权请求买受人返还瑕疵物。

第五百一十五条 买受人的合同解除权

1. 买受人可以瑕疵物为由，依据本法第 366 条之规定请求解除合同。

2. 出卖人应当赔偿买受人由此产生的费用。

第五百一十六条 降价请求权

买受人既不请求去除瑕疵或在规定期限届满前更换新物，也不请求解除合同的，其可以在去除瑕疵所必需的费用内请求降低价格。该价格是指合同订立时的价格。

第五百一十七条 拒绝受领货物的权利

1. 出卖人不按合同约定足额交付货物的，买受人有权拒绝受领货物。买受人受领货物的，则应当依合同约定的价格按比例支付价金。

2. 货物数量多于合同约定的，买受人可以受领并依合同约定价格按比例支付价金，也可以仅受领合同约定数量的货物并向出卖人返还超过的部分。

第五百一十八条 与买卖相关的损害赔偿方式

对瑕疵物或者违反合同约定的其他条件所造成的损失，出卖人应当按照一般规定予以赔偿。

第五百一十九条 买受人受领瑕疵物

1. 买受人在受领时知道是瑕疵物仍全部受领的，其不享有瑕疵物相关请求权。

2. 买受人是经营者的，其有义务立即验货。否则，在相应期限届满后发现是瑕疵物的，或者在该期限内其本应知道存在瑕疵而未向出卖人提出的，买受人将丧失瑕疵物相关请求权。

3. 出卖人故意隐瞒货物存在瑕疵的，则无权享有本条规定的权利。

第五百二十条　物的保质期限

出卖人为物确定了保质期限的，推定在该期限内发现物存在瑕疵的，买受人享有请求权。

第五百二十一条　出卖人责任的免除

合同可以限制或者免除出卖瑕疵物的责任，但如果出卖人故意隐瞒瑕疵，该合同无效。

第五百二十二条　权利或者其他财产的转让

1. 调整货物买卖的规定同样适用于权利或者其他财产的转让。

2. 权利转让的，出卖人有义务证明该权利的有效性，并承担转让费用。

3. 赋予占有物能力的权利转让的，出卖人应当将无瑕疵物交付买受人。

第五百二十三条　物的多次出卖

物经过数次转让的，担保债务实现的权利转移给每一个后续买受人。买受人可以在其权限范围内对持续买卖中的每一个出让人提出请求。

第五百二十四条　留置权

买受人未按时受领货物的，出卖人有义务保管货物，且在此情形下，买受人未支付保管补偿金的，出卖人有权留置货物。

第五百二十五条　买受人退货

买受人受领货物后，有正当理由退货的，其应当尽到保管义务；买受人在出卖人赔偿相应费用前，对该物享有留置权。

第五百二十六条　保管费用

有保管义务的一方当事人可以将货物交由第三方仓库保管，保管费用由对方当事人负担，但是保管费用过高的除外。

第五百二十七条　物的保管人的权利

1. 对方当事人迟延受领物或者迟延补偿保管费用的，依据本法第 524 条至第 526 条之规定，保管物品的一方可以按照有关规定出售该物，但应通知对方当事人。

2. 出售物品的一方有权从收益中保留与保管和出售物品的费用相对应的金额，

剩余金额应当转交给对方当事人。

第五百二十八条　保管易腐物品的特殊性

有本法第524条至第525条规定的情形的，物品容易腐烂，或正在贬值，或其保管费用过高的，负有保管义务的一方应当依据本法第527条规定的条件出售该物。

第二节　分期付款买卖

第五百二十九条　概念

在分期付款买卖中，出卖人应当在价款付清前向买受人交付货物。买受人应当在约定时间内分期支付价款。

第五百三十条　分期付款买卖合同的形式

1. 分期付款买卖合同应当以书面形式订立。

2. 合同应当规定以下内容：

（1）现金支付的金额；

（2）分期应付金额和支付时间；

（3）实际年利率金额。

3. 出卖人应当向买受人转交文件副本。

第五百三十一条　自物交付时推定合同订立

不符合本法第530条规定订立的合同，自物交付时推定合同订立。在此情形下，买受人只须支付不计利息的物的价款。

第五百三十二条　义务为履行时双方恢复原状

出卖人保留买受人未履行其义务时拒绝合同的权利，在拒绝时，每一方都有义务向另一方返还所有依合同取得的款项。与此相反的合同无效。

第三节　赎　　回

第五百三十三条　概念

出卖人事先在买卖合同中约定保留买回权的，在出卖人对买受人作出行使买回权的意思表示时，买回即成立。该意思表示无须遵守为买卖合同而规定的形式。

第五百三十四条　买回价金

买回的价金数额为原买卖之价金。此时，原买受人在买回前就购买物支出的费用，原买受人有权请求偿还，但偿还费用以该费用导致标的物价值的增加为限。原买受人为买回物配置的装置可由其回收。

第五百三十五条　买卖时从物的归属

原买受人有义务向回购权人交付标的物和从物。

第五百三十六条　赎回前发生的损害赔偿

原买受人在赎回前因自身过错而使物毁损、灭失或者出于其他原因不能交付购买物，或者使物发生重大变化的，原买受人应当承当由此造成的损害赔偿责任。

第五百三十七条　赎回前对物的处分无效

原买受人在赎回前处分购买物的，原买受人有义务消除由此产生的第三人权利。

第五百三十八条　赎回的时效期限

赎回期限不超过5年。该期限不得延长。

第四节　选　择　权

第五百三十九条　选择权

双方当事人可以合同约定，买受人单方有权在规定时间内或者特定事件发生前取得某物（购买选择权），或者在相同条件下出卖人有权向买受人出售某物（出售选择权）。选择权协议适用买卖合同的规定，但当事人另有约定的除外。

第五节　优先购买权

第五百四十条　概念

1. 义务人与第三人签订买卖合同的，优先购买权人可以行使优先购买权。

2. 优先购买权不得转让给他人或继承，但法律另有规定的除外。

第五百四十一条　待售物的通知义务

1. 义务人应当及时将拟与第三人订立的合同内容告知优先购买权人。

2. 优先购买权以向义务人通知的方式行使。权利人通过与义务人之间的通知以义务人向第三人提出的条件订立买卖合同。

3. 优先购买权人仅能在义务人指定的期限内行使优先购买权。

第五百四十二条　排除优先购买权的协议无效

买卖合同以排除优先购买权为成立条件或者约定义务人有权在行使优先购买权时解除合同的，义务人与第三人之间的合同无效。

第五百四十三条　履行补充义务

1. 第三人已履行补充义务，优先购买权人无履行可能的，后者应当以支付价金的方式代替履行。

2. 无法对补充义务评估作价的，不得行使优先购买权；但是以规避优先购买权为目的签订合同的，关于补充义务的协议不发生前述效力。

第五百四十四条　附标的物认可条件的买卖合同

买受人在约定期限内未认定物不合格的，可以物被认可为条件订立买卖合同。若认定不合格，双方应当相互返还合同利益。

第六节　互　　易

第五百四十五条　概念

1. 互易合同双方当事人应当相互转移财产所有权。

2. 互易合同的每一方当事人都被视为其所交换财物的出卖人和交换所得财物的买受人。

第五百四十六条　互易财产不等价

互易财产不等价的，双方可协议以金钱补偿不对等部分的财产价值。

第五百四十七条　适用于互易的规则

互易合同适用买卖合同的相关规定。

第二章　赠　　与

第五百四十八条　概念

经受赠人同意，赠与人依赠与合同将财物所有权无偿转移给受赠人。

第五百四十九条　赠与合同的签订　赠与承诺

1. 赠与合同自交付财物时订立。

2. 赠与物只有符合法定形式才产生所有权的，赠与合同必须符合该形式。

3. 赠与承诺经过公证的，承诺即产生赠与义务。

第五百五十条　不得赠与

赠与财物会使赠与人的被抚养人陷入严重经济困难的，赠与人无权赠与财物。

第五百五十一条　赠与财产的瑕疵

赠与人恶意隐瞒赠与财产的瑕疵的，赠与人负有赔偿受赠人因此遭受的损失的义务。

第五百五十二条　捐赠

1. 双方当事人可以约定赠与合同的效力取决于是否履行某一条件或者达成某特定目的，该目的可以为公益服务（捐赠）。

2. 除赠与人外，任何为其利益提出条件的人都可以请求履行条件。

3. 受赠人不履行条件的，赠与人可以解除合同。

第五百五十三条　因受赠人的忘恩负义撤销赠与

1. 受赠人严重损害赠与人或其近亲属利益的，赠与人可撤销赠与。

2. 赠与被依法撤销的，赠与人对捐赠财产享有请求权。

3. 赠与人可在知道存在赠与撤销情形后1年内撤销赠与。

第五百五十四条　赠与物的追偿

1. 赠与人在赠与后陷入危困境地，致使其无法供养自己及被抚养人的，若赠与财物现实存在，赠与人有权请求受赠人返还赠与财物。

2. 赠与人贫困是自己故意或者重大过失导致的，其不享有赠与财产返还请求权。

第三章　财 产 租 赁

第五百五十五条　概念

出租人根据财产租赁合同应当在确定的时间内向承租人交付财产。承租人有义务向出租人支付约定的租金。

第五百五十六条　以完整状态交付租赁物

出租人应当向承租人交付适合合同约定用途的租赁物，且租赁物于租赁期间内均应保持该状态。

第五百五十七条　交付无瑕疵物的义务

出租人应当向承租人交付无瑕疵物。

第五百五十八条　交付无第三人权利负担的物

出租人有义务向承租人交付没有负担第三人权利的租赁物。

第五百五十九条　无瑕疵物

租赁物具有约定特性的，即为无瑕疵物。未约定特性的，若租赁物适用于合同约定的业务或者日常用途，应视租赁物为无瑕疵物。

第五百六十条　因租赁物瑕疵而减少租金

1. 租赁物存在瑕疵的，承租人向出租人支付的租金可随租赁物的财产可用性下降而相应减少；去除瑕疵的，该权利消灭；轻微瑕疵不适用。

2. 订立的有损承租人利益的房屋居住租赁合同无效。

第五百六十一条　因物的瑕疵产生的损失赔偿

1. 减损租赁物可用性的瑕疵在合同订立前就已经存在的，或者嗣后因可归责于出租人的情形产生的瑕疵，或者出租人迟延去除瑕疵的，承租人可以请求赔偿损失，且在此情形下不丧失减少租金请求权。

2. 出租人迟延去除瑕疵的，承租人可以自行去除瑕疵并请求偿还费用。

第五百六十二条　未提出物的瑕疵索赔的后果

承租人在合同签订前已知晓租赁物存在瑕疵，但未对此提出请求的，不享有本法第560条规定的权利。

第五百六十三条　免责协议无效

出租人故意隐瞒瑕疵的，排除或者限制出租人对租赁物责任的合同无效。

第五百六十四条　住房租赁时允许影响的义务

房屋承租人应当容许出租人对租赁物采取为维护租赁房屋所必要的措施。在可能的情形下，出租人采取这些措施时应当通知承租人，且不得采取没有必要的措施。

第五百六十五条　拒绝合同

1. 出租人未及时向承租人完全或者部分交付出租屋，或者嗣后剥夺承租人使用权的，承租人可以在不遵守解除合同规定的期限拒绝合同。

仅在出租人未于承租人指定期限内排除使用障碍的，允许拒绝合同。

2. 拒绝合同导致承租人丧失合同利益的，则无须设定期限。

3. 住房租赁中，排除或者限制合同解除权的合同无效。

第五百六十六条　承租人解除住房合同

住房或者其他供人居住的不动产存在严重危害居住人身体健康的情形的，承租人可以不受期限限制解除租赁合同。承租人在订立合同时已经知道存在危险的或者未就此提出请求的，也享有合同解除权。

第五百六十七条　发现租赁物瑕疵时承租人的义务

租赁住房存在瑕疵或者发生须采取必要措施保护住房的可预见的危险，承租人应当立即通知出租人。第三人对该租赁住房提出请求权的，同样适用该规定。

第五百六十八条　租赁财产的担保

租赁房屋上的法定担保由出租人承担。

第五百六十九条　出租人的义务

1. 出租人有义务向承租人偿还与租赁物有关的必要费用。

2. 根据无因管理规定确定偿还其他费用的义务。

第五百七十条　承租人配置租赁物的权利

1. 承租人有权保留其为租赁财产配置的物品。

2. 住房出租人可以相应补偿代替本条第1款所述权利，但承租人有正当理由拒绝出租人的除外。

第五百七十一条　租赁物正常损耗的责任

承租人对根据合同约定的使用引起的租赁物改变或者减损不承担责任。

第五百七十二条　维修费用

1. 维修通常由承租人负责实施。承租人未经出租人同意无权改造或者重建住房。

2. 承租人有义务自费完成上述工作。

3. 出租人可以请求赔偿因承租人不履行本条第1款规定的义务所造成的损失。

第五百七十三条　出租人对转租的同意

承租人未经出租人同意无权将住房转租给第三人。承租人的家庭成员不视为第三人。

第五百七十四条　出租人不得拒绝转租

承租人有正当理由期望将住房部分或者全部转租给第三人的，出租人不可以拒绝住房转租。第三人身份是出租人拒绝转租的重大事由的，居住空间负担过重或者其他原因转租不被出租人接受的，不适用该规定。

第五百七十五条　租赁关系终止时的转租

租赁合同意在规避担保的，在租赁关系终止时出租人承担承租人和次承租人之间的权利义务关系。

第五百七十六条　租赁关系的担保金额

1. 住房租赁合同约定承租人须承担履行义务的担保，担保金额不应当超过租金的3倍。须提前支付担保金的，承租人有权在3个月内按月等额支付。

2. 预先存入的担保金应当支付法定利息，并在租赁关系终止时连同利息一同返还给承租人。

3. 签订的损害承租人利益的其他合同无效。

第五百七十七条　租金支付方式

1. 应当在租赁合同约定的期限结束时支付租金。按时间段确定租金支付的，应当在这些时间段结束时支付租金。

2. 仅在当事人双方协商一致时，才须支付额外费用。

第五百七十八条　因承租人过错未支付租金的后果

因承租人过错出现住所使用障碍的，承租人将不能免于支付租金。

第五百七十九条　根据住房承租人的建议提前解除合同

住房承租人提前1个月预先通知出租人，并提供有支付能力和可被接受的同意在剩余租期内成为租户的承租人的，则有权提前解除租赁合同。

第五百八十条　承租人对出租人请求权的抗辩

承租人对抗辩租金请求权有保留权或者有对由租赁关系产生的其他请求权的抵销权的，即使在合同另有约定的情况下，只要预先通知出租人，承租人也可以行使这些权利。

第五百八十一条　根据住房出租人的建议提前解除合同

在出租人预先警告的情况下，承租人仍严重损害租赁物或者对租赁物造成现实危险的，出租人可提前解除合同。

第五百八十二条　因未支付租金解除合同

承租人3个月内未支付租金的，出租人可以提前解除合同。

第五百八十三条　期限届满租赁关系终止

1. 合同期限届满时租赁关系终止。

2. 承租人在租赁期限届满后仍然使用租赁财产，而出租人对此未提出异议的，则以不定期租赁的方式续约。

3. 租赁期限不确定的，以通知解除合同的方式终止租赁关系。

第五百八十四条　不定期租赁合同的延期请求权

签订定期住所租赁合同的，承租人可以在租赁关系终止前两个月内以书面通知的方式请求不定期延长租赁合同，但出租人有正当理由终止租赁关系的除外。

第五百八十五条　合同解除期限

租赁合同解除期限为3个月，但另有情形或者当事人双方另有协议的除外。

第五百八十六条　有正当理由时住房租赁合同的终止

1. 出租人仅在有正当理由时才可以终止租赁合同。

2. 以下为正当理由：

（1）承租人有过错，且严重违反自身义务的；

（2）出租人本人或者其近亲属需要居住的；

（3）承租人拒绝支付出租人提出的与现有市租价相应增加的租金。

3. 租赁标的为附带家具的住所的，出租人可以在合同解除期限内解除合同。

第五百八十七条　终止合同的形式

住所租赁合同须以书面形式终止。

第五百八十八条　根据承租人建议住房租赁合同的延长

租赁期限届满时承租人或其家庭成员陷入危困境地，不论出租人是否有正当理由，承租人均有权请求出租人延长住所租赁合同。承租人不能将没有可以接受的条件租到其他住所也视为危困境地。

第五百八十九条　租赁合同终止时承租人的义务

1. 财产租赁合同终止时，承租人有义务向出租人返还租赁财产，所返还的财产应当处于考虑正常磨损后所处的状态或者合同约定的状态。

2. 土地承租人无权为满足其债权行使留置权。

3. 承租人向第三人转移财产的，出租人可以在租赁合同终止后向第三人请求返还财产，但与次承租人建立租赁关系的除外。

第五百九十条　租赁物未返还造成损害的赔偿

1. 承租人在租赁关系终止时未返还租赁财产的，出租人有权要求承租人以支付合同约定的迟延返还期间的租金作为损害赔偿。

2. 约定承租人应赔偿的金额高于其所造成的损害的合同无效。

第五百九十一条　对承租人物的抵押权

为担保租赁关系所生的债权，土地、房屋或者住所的出租人对承租人提供的物享有抵押权。按照通常的生活关系将物品从租用区域移走的，抵押权同时消灭。

第五百九十二条　土地租赁合同的形式

土地租赁合同期限超过 1 年的须以书面形式订立。未以书面形式订立的合同为不定期租赁合同，仅在 1 年期限届满时才可终止合同。

第五百九十三条　签订期限超过十年的合同解除程序

签订的租赁合同期限超过 10 年的，10 年后任一方当事人均可在本法第 585 条规定的期限内解除合同。

第五百九十四条　承租人的权利转移给其家庭成员

已签订住所租赁合同，且承租人与其家庭成员共同居住生活的，在承租人死亡的情况下，其家庭成员将与出租人建立法律关系。他们有权在法定期限内解除租赁合同。

第五百九十五条　出租财产转让时的继承

出租人在将租赁财产交付给承租人后，又将其让与第三人的，受让人取代出租人，且基于租赁关系所生的权利义务一并转移给受让人。

第五百九十六条　损害赔偿请求权的时效期间

1. 对返还时房产的改变和恶化，出租人有权请求赔偿损失，承租人应当在6个月内对因此产生的费用提出赔偿。

2. 出租人损害赔偿请求权的时效期间自财产返还时，即财产租赁合同终止之时开始计算。

第五百九十七条　婚姻解除时夫妻之间的争议

1. 夫妻双方在离婚期间对哪一方应该居住在租赁住所里产生争议的，该争议由法院判决。

2. 夫妻中何方是承租人对法院来说无关紧要。若法院认定承租人的配偶享有住所权利，则其配偶就成为租赁关系的一方当事人。

第五百九十八条　承租人的权利保护

承租人有权保护自己的占有免受他人侵犯，其中包括租赁物所有权人。

第四章　融资租赁

第五百九十九条　概念　内容

1. 根据融资租赁合同，出租人有义务在合同约定期限内转移双方确定的财产供承租人使用。承租人有义务按约定定期支付租金。

2. 出租人有义务制造或者取得合同约定的财产。

3. 承租人在合同期限届满，且完成全部分期支付后，依合同约定有权购买或者租用融资租赁标的。在任何情形下租金的计算均应考虑分期支付的情况。合同中未作约定的，承租人有权购买租赁标的。

第六百条　融资租赁合同的形式

融资租赁合同须以书面形式订立。合同应当包括以下内容：

（1）总价金；

（2）融资租赁的租金数额和支付期限；

(3) 最后1期支付的金额和提前履行合同时最后1期支付金额的计算方法。

第六百零一条　出租人的责任

1. 出租人根据租赁合同约定就迟延交付或者不交付财产或者交付瑕疵财产向承租人承担责任。

2. 当事人双方可以约定，承租人在向出租人提出请求前，应当请求财产供应方赔偿。

第六百零二条　承租人的责任

因承租人过错提前终止合同的，出租人不得提出与其履行利益无关的请求。确定请求数额应当考虑融资租赁财产的剩余成本、融资租赁租金利息余额以及其他储蓄费用。

第六百零三条　适用于融资租赁的其他规则

与本法第599条至第602条规定不相冲突的其他租赁合同条款适用于融资租赁合同。

第五章　租　　赁

第六百零四条　概念

1. 根据租赁合同，出租人有义务将指定财产转移给承租人临时使用，并允许承租人在租赁期间使用孳息，但非作为正当经济管理产生的收入取得的孳息除外。承租人有义务向出租人支付租金。租金可以现金或者实物确定。双方可就确定租金的其他方式达成协议。

2. 对租赁合同适用住房租赁合同规定，但本法第604条至第628条另有规定的除外。

第六百零五条　租赁期限超过十年的租赁合同的解除

租赁合同签订超过10年的，合同任何一方当事人均可在该期间届满后6个月内解除租赁合同关系，但合同另有约定的除外。

第六百零六条　与财物一起的土地租赁

1. 附清单物品随土地一并出租的，承租人负责维护附清单物品的每一部分。

2. 承租人无法控制的原因造成清单物品不能使用的，承租人有义务更换部分清单物品。尽管属于正当经济管理，但承租人有义务对附属于清单物品的牲畜赔偿损失。

3. 承租人应当依照有序的经济状态维护清单物品的圆满状态，并在租赁期限内将其更换至与有序经济相适应的程度。个人财物与出租人财物清单混同的，归出租人所有。

第六百零七条　财物意外灭失的风险

1. 如果土地承租人按评估接受清单财产，负有在租赁合同关系终止时仍按照该评估价额返还财产的义务，财物意外毁损、灭失的风险由土地承租人承担。承租人可以在正当经济管理活动的限度内处分清单财产的各个部分。

2. 承租人在租赁期限届满时应当向出租人返还清单财产。承租人的清单财产对于在土地上进行正常经济管理活动来说过量或者过于昂贵的，出租人可以拒绝接受承租人的清单财产；出租人拒绝的，未被接受的清单财产的所有权转移给承租人。接收时的评估和返还的清单财产之间存在差异的，该差异应以金钱补偿。约定价格应当以租赁关系终止时的评估为基础。

第六百零八条　财产抵押权

1. 土地承租人对向出租人提出的与取得的清单财产有关的债权，其基于对清单财产的占有享有抵押权。

2. 出租人可通过提供担保排除承租人的抵押权，若其为该部分价值提供相应担保，即可解除清单财产任一部分的抵押权。

第六百零九条　不得禁止处分部分清单财产

规定承租人不得处分部分清单财产或者仅在出租人同意的情况下处分清单内财产以及不得向出租人出售清单财产的合同条款，只有在出租人有义务在租赁关系终止时取得清单内财产时有效。

第六百一十条　转租

1. 未经出租人同意，承租人无权转租。

2. 出租租赁财产的某些部分会给出租人造成重大损失的，出租人可以拒绝出租部分财产。

3. 承租人应对转承租人或其未经出租人同意使用租赁物的行为负责。出租人可以直接中止转承租人或者承租人对该财产的使用。

第六百一十一条　提前返还租赁财产

1. 承租人在租赁关系终止前返还租赁财产的，只有在其提供 1 个有支付能力且被出租人认可的承租人替代自己时，才会被免除租金。新承租人必须同意按同样条款接受租赁合同。

2. 承租人无法提供上述新承租人的，其必须支付租赁关系终止前应付的租金。

第六百一十二条　无期限租赁合同的解除

1. 租赁合同未约定租期的，只能在自然年度的年末解除该合同；该合同最迟可在自然年度结束后1个月内解除。

2. 可在法定期间之前解除租赁关系的，适用前款的规定。

第六百一十三条　承租人死亡时租赁合同的解除

1. 承租人死亡的，其继承人和出租人均可在公历年每季季度末结束后的6个月内解除租赁关系。

2. 继承人能够直接或者通过第三方对租赁财产进行适当的经济利用的，其可以拒绝解除合同并请求延长租赁关系。

第六百一十四条　未返还租赁财产时损害赔偿

承租人在租赁关系终止后不返还租赁财产的，出租人可以请求其支付迟延返还财产期间的租金，以及承租人在此期间取得的利润或在自然年度内本应获得的利益。出租人还可以要求赔偿其他损失。

第六章　农用地的租赁

第六百一十五条　概念

1. 根据农用地土地租赁合同，具有或不具有经济使用目的的住房建筑和农用土地一并出租。

2. 农用地租赁应适用租赁规定，除非农用地土地租赁合同另有约定。

第六百一十六条　合同的形式

农用地土地租赁合同须以书面形式订立。

第六百一十七条　租赁财产说明书

签订租赁合同时，出租人和承租人应共同制作1份租赁财产说明书，其中应包括租赁财产的数量以及移交时的状态。该规定同样适用于租赁关系终止。说明书应当包含制作日期，并且必须由双方当事人签名。

第六百一十八条　出租人与承租人的义务

出租人有义务将适合合同约定用途的状态的租赁财产转移给承租人，并在整个租期内保持该状态。承租人有义务自费对租赁财产进行定期维修，特别是对住宅和附属建筑、道路、壕沟、下水道和围篱的维修。承租人有义务正当使用租赁财产。

第六百一十九条 出租人的抵押权

出租人为保障其基于租赁关系的债权，对移交于承租人的租赁物和租赁物的孳息享有抵押权，该抵押权不得针对未来损害赔偿请求权行使。

第六百二十条 必要费用的赔偿

出租人有义务赔偿承租人为租赁财物支出的必要费用。

第六百二十一条 经出租人同意所支出的费用的赔偿

除本法第620条规定的费用外，经出租人同意的其他费用，出租人应当在租赁关系终止时赔偿承租人。

第六百二十二条 未收割农作物的补偿

1. 在自然年度终止租赁关系的，出租人应当向承租人赔偿尚未收割但按正当经济管理活动的规定本应在自然年度结束前收割的农作物的价值，但此时必须考虑收割农作物的相关风险。

2. 本条第1款规定的价值因季节无法确定的，出租人应当在正当经济管理活动会造成的费用范围内赔偿承租人收割这些孳息所支出的费用。

第六百二十三条 承租人对新承租人的义务

1. 在租赁关系终止时承租人应为新承租人维持处于良好状态的土地结构，以及下一次收割前为耕作所需数量的农产品，即使其在签订租赁合同时未移交上述农产品。

2. 如果承租人留下相较于其签订租赁合同时获得更多和更好的产品，则承租人可以要求新承租人返还其价值。

第六百二十四条 返还租赁物的义务

1. 承租人应在租赁期结束后返还租赁物，并确保其具有返还前进行经济活动时延续的状态。

2. 承租人就出租人的请求权不享有土地留置权。

第六百二十五条 承租人的取回权

1. 承租人有权取回其为租赁财产配置的设备。出租人可通过支付相应的补偿预防承租人行使取回权，但承租人对设备的取回具有合法利益的除外。

2. 排除承租人取回权的协议仅在约定与其相适应的补偿时有效。

第六百二十六条　租赁合同的延长请求

若有以下情形，承租人可以请求出租人延长租赁合同：

（1）土地构成其赖以生存的经济基础；

（2）土地构成其企业赖以生存的经济基础。

第六百二十七条　期限届满的合同终止

租赁合同因签订的租赁期限届满而终止。签订的租赁期限不足3年的合同，若一方当事人提出延长租赁关系而另一方在3个月内未拒绝，可以视为不定期租赁。要约和拒绝均应以书面形式作出。

第六百二十八条　订立的不定期租赁合同的终止

不定期租赁合同的各方均可在不迟于租赁年度的3个工作日宣布终止租赁合同，并在下一个租赁年度结束时终止合同。若存在疑义，自然年度是指日历年。约定较短解除期间的协议应当以书面形式订立。

第七章　特许经营

第六百二十九条　概念

特许经营合同是一种独立企业相互承诺通过履行特定义务以促进商品的销售和提升服务质量的长期债权债务关系。

第六百三十条　特许人的义务

1. 特许人有义务向被许可人提供：标准格式的非财产权、货物和商标、样品、包装、采购、销售和管理活动的理念以及其他促进销售的必要信息。

2. 特许人有义务保护共同行动方案免受第三方干扰，不断改进方案，并通过介绍商业技巧、提供信息和提高技能的方式支持被许可人。

第六百三十一条　被特许人的义务

被特许人有义务支付报酬，其数额实质上是根据特许经营方案中的销售份额所计算的，若与特许经营合同的目的直接相关，被特许人应作为诚信理性的企业家从事经营活动，并从特许人或其所指定的人处接受服务和商品。

第六百三十二条　信息的传递

在订立合同时，双方当事人应当坦诚充分地相互告知特许经营相关情况，并真诚地向对方提供信息。即使合同未订立，当事人也不得泄露其所获信息。

第六百三十三条　合同的形式与内容

特许经营合同须以书面形式订立才有效。除明确说明双边义务、合同存续期间、合同解除条件或合同期限的延长以及其他基本要素外，双方还必须在合同文本中对特许经营方案进行全面描述说明。

第六百三十四条　合同期限

1. 合同期限应由双方当事人根据与销售商品和服务有关的需求来确定。

2. 合同未约定期限或者规定的期限超过 10 年的，任一方合同当事人有权在约定的 1 年解除期限内解除合同。双方均不行使该解除权的，合同应顺延两年。合同因期限届满或者当事人主张而终止的，当事人必须在遵循互信原则的前提下，尽可能以相同或者变更的条款延长合同关系至商业关系实际终止时。

第六百三十五条　诚信竞争

1. 在合同关系终止后双方也负有彼此之间进行诚信竞争的义务。可在该义务的限度范围内限制被许可人参与竞争，但限制期限不得超过 1 年。

2. 禁止竞争可能危害被许可人的商业活动的，即使合同期限届满，特许人仍应向被许可人提供相应补偿。

第六百三十六条　特许人的责任

特许人应对特许经营方案中规定的权利与信息负责。因权利不存在或特许人过失违反其他合同义务的，被许可人有权减少报酬。减少的数额应根据独立专家的意见确定，其费用由各方当事人分担。

第八章　借　　用

第六百三十七条　概念

根据借用合同，出借人有义务向借用人转移物，供其暂时无偿使用。

第六百三十八条　出借人的责任

出借人仅对故意或重大过失负责。

第六百三十九条　瑕疵责任

出借人故意隐瞒权利瑕疵或物品缺陷的，出借人有义务赔偿借用人因此造成的损失。

第六百四十条　按照用途使用用物

借用人不得在合同约定之外使用借用物。未经出借人允许，无权将借用物转交给第三人使用。

第六百四十一条　承担费用的义务

1. 借用人应承担维护无偿借用物的通常费用。

2. 出借人偿还其他费用的义务应当依照有关无因管理的规定确定。借用人有权取回其为借用物配置的设备。

第六百四十二条　物的损耗

借用人不对因按照合同约定使用而造成的借用物的改变或者损耗承担责任。

第六百四十三条　返还义务

1. 借用人有义务在借用合同期限届满后返还借用物。

2. 借用合同未确定期限的，借用人在按照合同约定的目的使用借用物后即须归还该物。若足以满足借用人使用该物的期间已过，出借人可以要求提前返还借用物。

3. 既未确定借用期限，也不能根据使用物品的目的确定期限的，出租人可以随时要求返还借用物。

第六百四十四条　借用合同的解除权

在下列情形下，出借人可以解除借用合同：

（1）不可预见的情形导致出借人自己需要借用物的；

（2）借用人未按合同的约定使用借用物的，特别是未经出借人许可将借用物转交给第三人使用的，或借用人未尽到应有的注意义务而使借用物面临显著危险的；

（3）借用人死亡的；

（4）借用人为法人，该法人终止的。

第九章　借　　款

第六百四十五条　概念

1. 根据借款合同，出借人将金钱或者其他种类物的所有权转交给借款人，借款人承诺以相同种类、质量和数量的财产偿还出借人。

2. 基于其他原因而负担偿还金钱或其他种类物义务的人，可与债权人约定，将该金钱或其他种类物视为借款合同的标的物。

第六百四十六条　合同的形式

借款合同应当以口头形式订立。双方当事人也可协议以书面形式订立。合同以口头形式订立的，不得仅依证人证言确定合同效力。

第六百四十七条　合同利息

1. 根据借款合同，双方当事人可约定利息，该利息必须合理符合土库曼斯坦中央银行确定的限额。违反本规定的利息约定无效。

2. 除非另有约定，利息必须在每年年底支付。借款须在年终前归还的，在还款时支付利息。

第六百四十八条　合同的终止

1. 未约定还款期限的，应当根据出借人或借款人的主张确定；

2. 必须提前 3 个月通知解除借款合同；

3. 合同不收取利息的，借款人有权违反解除合同期间，直接偿还借款。

第六百四十九条　借款承诺的撤销

请求借款一方的财产状况显著恶化以至于可能危及偿还借款的，承诺提供借款的一方在有疑义的情况下可撤销借款承诺。

第十章　承　　揽

第六百五十条　概念

1. 根据承揽合同，承揽人负有完成约定工作的义务，定作人负有支付约定报酬的义务；

2. 承揽合同的标的物可以是某物的制作或改造，也可以是通过完成工作或者提供劳务所取得的成果；

3. 承揽人无须支付与承揽有关的评估费用，但当事人另有约定的除外。

第六百五十一条　报酬

1. 若依情形完成工作目的是取得报酬，则应视为默示同意支付报酬；

2. 未规定报酬的，有经过确认的价目表的，按照价目表确定报酬，没有价目表的，按照类似工作通常应付的报酬支付。

第六百五十二条　超支

1. 合同以承揽人所评估的不确保准确的费用为基础，且在不严重超出估算的情况下无法完成工作，定作人因此解除合同的，承揽人仅享有本法第 668 条规定的权利；

2. 承揽人有义务立即通知定作人可能超出预算的情况。

第六百五十三条　承揽人亲自履行义务

承揽人仅在具体情形或者工作性质所需时才负有亲自完成工作的义务。

第六百五十三条之一　总承揽人和分承揽人

1. 如果法律或合同没有规定承揽人有义务亲自完成合同规定的工作，承揽人经与客户协商，有权要求自然人和法人（分承揽人）履行其义务。在这种情况下，承揽人是总承揽人。

2. 总承揽人违反本条第1款或合同的规定使分承揽人履行合同的，应当对分承揽人参与履行合同所造成的损失向委托人承担赔偿责任。

3. 根据本法第383条第1款的规定，总承揽人应对分承揽人不履行或不适当履行义务的后果向订货人承担责任，并对分承揽人承担责任，对订货人不履行或不适当履行合同义务的责任。除非法律或合同另有规定，定作人和分承揽人不得因违反各自与总承包人签订的合同而相互索赔。

第六百五十四条　定作人的协助

1. 定作人不接受适当完成的工作的，承揽人可以请求赔偿。定作人未采取履行工作所需的行为的，有义务赔偿因此造成的损害。

2. 赔偿金额应根据延误时间的长短和固定报酬的数额，以及承揽人因延误而支出的费用或在延误期间运用其劳动力本应获得的利益来确定。

第六百五十五条　承揽人的抵押权

为了保证定作人在合同项下的赔偿，在制作或维修时，定作人的动产由承揽人占有的，应赋予承揽人抵押权。

第六百五十六条　完成建筑工程时担保按揭

为了保证承揽人在合同项下的债权，建造结构或部分结构的承揽人可以要求在定作人交给施工的土地上设立担保抵押。工作尚未完成的，其只可要求提供与所完成的工作相应的报酬数额以及不包含在报酬中的支出的抵押担保费用。

第六百五十七条　定作人的合同解除权

在工作完成前，定作人可以随时要求解除合同。定作人解除合同的，承揽人有权要求支付约定的报酬，但应减去承揽人因合同解除所节省的或者因此获得的费用。

第六百五十八条　无瑕疵完成工作的义务

承揽人在完成工作时，应使其具有所承诺的质量，并且没有会破坏或损害其价值和正常或合同用途的缺陷。

第六百五十九条　消除瑕疵

1. 工作不符合承诺的特性的，定作人可以要求消除瑕疵，需要支付不相称的费用的，承揽人有权拒绝消除；

2. 承揽人迟延消除瑕疵的，定作人可以自己消除瑕疵并请求偿还费用。

第六百六十条　消除瑕疵的期限　合同的解除或报酬的减少

1. 定作人可以给承揽人适当的期限消除本法第658条中提到的瑕疵，并说明其拒绝接受在该期限到期后的瑕疵消除。瑕疵没有得到及时消除的，定作人有权要求解除合同或在期限届满时减少报酬。

2. 瑕疵无法消除的，或承揽人拒绝消除的，或依定作人的特殊利益证明有理由立即解除合同或减少报酬的，不应规定瑕疵消除期限。

3. 瑕疵仅稍微降低产品的价值或可用性的，不得解除合同。

第六百六十一条　使用承揽人的材料完成工作

承揽人承诺用自己的材料完成工作的，其必须将定作物及其所有权一并转移给定作人。以制作种类物为标的的合同，适用关于买卖合同的约定。

第六百六十二条　预先通知义务

有下列情形之一的，承揽人有义务及时通知定作人：

（1）定作人提供的材料不符合质量要求或者不适合的；

（2）依定作人指示完成工作，所完成的工作无法避免存在破坏或者损害其价值和正常或合同用途的瑕疵的；

（3）存在任何超出承揽人控制的会造成定作物的价值和适用性被破坏或损害的风险的情况。

第六百六十三条　报酬的支付

报酬应在验收工作完成后支付。工作是分部分接受的，并且也确定了执行各个部分的报酬的，应在接受工作的相关部分时支付每个部分的报酬。

第六百六十四条　接收工作

1. 定作人有义务接受按照合同完成的工作，但有证据证明由于工作的质量问题而无法接收的除外；

2. 如果定作人在明知有瑕疵的情况下仍接收定作物，其只有在接收定作物时说明了其对发现的瑕疵的权利，才享有本法第659条和第660条所规定的权利。

第六百六十五条　保证

承揽人对已完成的工作提供了保证，在保证期间内发现瑕疵的，定作人享有请求消除瑕疵的权利。

第六百六十六条　合同责任免除

承揽人故意隐瞒工作中的瑕疵，完全或部分排除其责任的协议应属无效。

第六百六十七条　风险分担

1. 承揽人应承担工程意外损毁或扩大的风险，直到工程验收为止。定作人迟延不接收工作的，风险应转移给定作人。

2. 承揽人对定作人提供的材料的意外灭失或意外毁损不承担责任。

第六百六十八条　定作人的责任

定作人提供的材料有瑕疵，或定作人就完成工作作出的指示，导致工作成果灭失、工作质量下降或工作不可实施，且不可归责于承揽人的，承揽人可要求定作人根据已完成的工作支付部分报酬，并偿还未包括在报酬中的费用。

第十一章　旅 游 服 务

第六百六十九条　概念

根据旅游服务合同，旅游组织者（旅游公司）有义务向旅客提供组织旅行的总体服务。旅客有义务就其提供的服务向旅游组织者支付约定的报酬。

第六百七十条　第三人替换游客

1. 在旅行开始前，游客可请求由第三人代替其参加旅行。第三人不符合参加旅行的特殊要求，或者第三人的参加违反法律规定的，旅行组织者可以拒绝第三人参加。

2. 旅行组织者可请求游客偿还因第三人参加旅行而造成的额外费用。

第六百七十一条　提供保证和消除瑕疵

1. 旅行组织者有义务按照保证标准组织旅行，并且其服务不应当存在可能使旅行价值贬损、灭失，无法满足旅行通常目的或合同预期目的的瑕疵。

2. 旅行不具备上述标准的，旅客可以请求消除瑕疵。消除瑕疵需要过高费用的，旅行组织者可以拒绝消除瑕疵。

3. 旅行组织者没有在游客指定的合理期限内消除瑕疵的，游客可自行消除瑕疵，并请求其赔偿所产生的必要费用。旅行组织者拒绝消除瑕疵，或为游客特殊利益应当立即消除瑕疵的，无须指定期限。

第六百七十二条 减少报酬

旅行存在瑕疵的，根据瑕疵存续时间相应减少报酬。游客未向旅行组织者通知瑕疵的，报酬不予减少。

第六百七十三条 游客因瑕疵主张解除合同

1. 旅行价值因本法第 671 条规定的瑕疵而受到重大损害的，游客可解除合同。游客因正当理由不能参加旅行，而旅行组织者也已知悉，同样适用该规定。

2. 仅在旅行组织者未在游客指定的合理期限内消除瑕疵时，游客才能解除合同。无法消除瑕疵或旅行组织者拒绝消除瑕疵的，或为游客的特殊利益有理由立即解除合同的，无须规定期限。

3. 旅游服务合同被解除，旅行组织者就失去了获得指定服务报酬的权利。但是其有权就已经提供的没有瑕疵的服务请求支付报酬。

4. 合同中约定游客的回程运输的，旅行组织者有义务在合同解除后将游客送回。在这种情况下，额外费用应由旅行组织者承担。

第六百七十四条 损害赔偿

1. 因可归责于旅行组织者的情形发生旅行瑕疵的，游客可请求其赔偿因不履行合同而造成的损害，该请求不影响游客请求减少报酬和解除合同的权利。

2. 旅行被缩短或未得到合理组织的，游客可为浪费假期时间请求适当的金钱赔偿。

第六百七十五条 诉讼时效

1. 游客可在合同中注明的旅行期限结束后 1 个月内向旅行组织者提出本法第 671 条至第 674 条规定的请求。游客也可在指定期限届满时提出请求，但其对迟延提出旅行有过错的除外。

2. 游客请求权的消灭时效为 6 个月。消灭时效应从旅行组织者拒绝游客的请求之日起计算。

第六百七十六条 允许的责任限制

下列情形下，旅行组织者经与游客达成协议，可将其责任限制在其服务费的 3 倍之内：

（1）游客所受损害非因故意或者重大过失造成的；

（2）因给付承担人之一的过失给游客造成损害的，旅行组织者承担全部责任。

第六百七十七条　旅行开始前放弃合同

1. 游客可以在旅行开始前随时放弃合同。

2. 游客放弃合同的，旅行组织者丧失对约定报酬的请求权。但旅行组织者可请求适当赔偿。赔偿数额应当根据商定的报酬数额减去旅行组织者节省的费用和减去其以其他方式提供服务可能取得的利益来确定。

第六百七十八条　因不可抗力解除合同

1. 由于合同签订时无法预见的不可抗力，旅行受到严重阻碍或者危害的，游客和旅行组织者均可解除合同。

2. 合同依本条第 1 款规定解除的，应当适用本法第 673 条第 3 款第 1 句、第 4 款第 1 句的规定。游客回程的额外费用由双方平均承担。在其他情况下额外费用由游客承担。

第六百七十九条　不得签订损害游客合法权利的协议

不得对本法第 669 条至第 678 条的规定作出损害游客利益的变更。

第十二章　运　　输

第一节　运输合同

第六百八十条　概念

根据运输合同，承运人有义务按照约定将货物或乘客运送至目的地。

第六百八十一条　承运人的责任

1. 承运人应对乘客遭受的损害和行李的损坏或灭失承担责任。

2. 由不可抗力或由乘客本人或其行李造成的损害，承运人不承担责任。

3. 不得以协议的方式排除或限制承运人的责任。

第六百八十二条　签订合同的义务

提供公共客货运输的人应签订运输合同，但有理由拒绝的除外。

第六百八十三条　多式运输

载货车辆在某段行程中通过海运、铁路或空运，且在本法第 696 条规定的情形下货物未卸下的，适用本章关于整体运输的规定。

第六百八十四条　合同形式

运输合同应采用托运单的形式。运输合同的内容和效力由本章规定确定，不受无运单、运单瑕疵或灭失的影响。

第六百八十五条 托运单编制规则

1. 托运单应一式3份，由托运人和承运人签字。第1份副本由托运人保留，第2份随货运输，第3份由承运人保存。

2. 货物由多种方式运输的，或有不同种类的，或分为不同批次的，托运人和承运人均可请求签发与运输方式或者货物种类数量相同的运单。

第六百八十六条 托运单要件

1. 托运单必须包含以下信息：

（1）签发日期和地点。

（2）托运人姓名和住址。

（3）承运人名称和住址。

（4）交货地点和日期，以及货运地。

（5）收件人姓名和住址。

（6）货物种类的通常名称、包装类型，具有隐藏危险的货物，应载明其公认的标志。

（7）所运货物的数量、标记和编号。

（8）货物重量或其他数量标志。

（9）运输相关费用（运费、额外费用、关税和在签订合同后至交付货物前发生的其他费用）。

（10）海关和其他类似机构的标志。

（11）注明无论当事人订立何种协议，其运输均应遵守本章规定。

2. 必要时，托运单应包含下列事项：

（1）禁止将货物转运至其他运输工具上。

（2）由托运人承担的费用。

（3）托运货物应支付的附加费用数额。

（4）货物价值和货物运输的特殊利益。

（5）托运人向承运人发出的为货物投保的指示。

（6）完成运输的约定时限。

（7）移交给承运人的运输文件清单。

3. 托运单可包含各方认为适当的其他信息。

第六百八十七条 托运人的责任

1. 托运人应承担因托运单提交不正确或不包含以下事项而产生的所有费用和

损失：

（1）本法第686条第1款第2、4、5、6、7、8、10项规定的事项；

（2）本法第686条第2款规定的事项；

（3）托运人为签发托运单或其载明事项而提供的任何其他信息或指示。

2. 承运人根据托运人的请求在托运单上记载本条第1款所述事项的，在相反情况得到证明前，应视为承运人以托运人名义所作的记载。

3. 托运单不包含本法第686条第1款第11项规定事项的，托运人应对货物权利人因此产生的所有费用和损失承担责任。

第六百八十八条　承运人收到货物时的义务

1. 在接收托运货物时，承运人有义务检查下列事项：

（1）托运单上注明的托运货物的数量、标记和尺寸是否正确；

（2）货物包装及其外部状态。

2. 承运人无法检验本条第1款第1项规定事项的，应在托运单上标注应满足的条件，同时其必须说明影响货物包装及外部状态的情况。这些说明对托运人无约束力，但其在托运单中明确表示认可的除外。

3. 托运人可请求承运人复查货物重量或以其他方式注明的数量。托运人还可以请求承运人检查所运货物的成分。承运人有权请求补偿因此产生的检查费用。复查结果应在托运单上注明。

第六百八十九条　运输合同订立的推定

1. 在相反情形被证明前，托运单（提单或其他运输单据）是合同已订立，其内容已确定，货物已被承运人接收运输的证明。

2. 托运单不包含承运人条款的，在相反情形被证明前，应推定货物及其包装在收到时处于良好状态，且货物各部分数量、标志和编号与托运单上的记录一致。

第六百九十条　托运人货物包装造成损害的责任

对因包装瑕疵造成的人员或财产损失以及因包装瑕疵支出的费用，托运人应向承运人承担责任，若为明显瑕疵，或者承运人在接收货物时已知悉该瑕疵，但对此未规定任何条款的除外。

第六百九十一条　托运人提供必要信息的义务

1. 托运人应在货物运输前，在托运单上附上报关单以及其他类似业务所需的所有文件，或将文件交给承运人并向其提供所有必要的信息。

2. 承运人没有义务检查这些文件和信息的准确性和充分性。托运人应向承运人承担因文件和信息瑕疵和不准确而造成的损失，但承运人有过错的情况除外。

3. 承运人应对托运单上载明的或交给其文件的遗失或不当使用负责。承运人的责任不应重于因货物遗失应承担的责任。

第六百九十二条 托运人权利

1. 托运人有权处分货物、请求终止运输、改变交货地，以及请求承运人不得将货物交付托运单指定的人以外的人。

2. 第2份托运单交付收货人时或收货人依本法第693条第1款规定行使权利时，托运人权利消灭。此时起，承运人应执行收货人的指示。

3. 收货人有权在托运单签发后处分货物，前提是托运人在托运单上作出相关指示。

4. 收货人行使处分权时指示向第三方交付货物的，后者无权再指定另一收货人。

5. 行使处分权须遵守以下规定：

（1）收货人或在本条第3款规定的情形下，希望行使其处分权的，应向承运人提交载明向承运人作出新指示的托运单的第1份副本，并应赔偿承运人因执行新指示产生的所有费用和损失。

（2）在指令到达执行人时，必须能够执行该指令，并且不允许干扰承运人的正常业务操作或对其他托运人或收货人的货物造成损害。

（3）指示不得导致货物的分散。

6. 承运人不能执行收到的本条第5款第3项规定的指示的，应立即通知指示人。

7. 承运人未依本条款要求执行指示的，或未要求提供托运单的第1份副本而执行指示的，应对由此造成的损害向权利人承担责任。

第六百九十三条 交付货物时收货人的权利

1. 当货物运至约定的交货目的地时，收货人确认接收货物后有权请求承运人交付第2份托运单，货物因此被视为已交付。货物存在短缺或未在本法第700条规定的时限内交付的，收货人可以自己的名义对承运人行使合同约定的权利。

2. 行使本条第1款规定的权利的收货人有义务全额支付托运单产生的费用。对此有争议的，承运人仅在收货人向其提供担保时才有义务移交货物。

第六百九十四条　合同的履行不能

1. 在约定的交货地接收货物前，根据托运单规定的条件不可能履行合同或合同已履行不能的，承运人应依本法第 692 条向有权处分货物的人提出请求。

2. 因情况改变使运输可能与托运单上所规定的条件不同的，且承运人不能在适当期限内收到本法第 692 条规定的权利人关于货物的指示时，应采取其认为最符合权利人利益的措施。

第六百九十五条　妨碍货物交付的情形

1. 在货物运至目的地后，发生妨碍货物交付的情形，承运人应请求托运人发出指示。托运人不发出指示，且收货人拒绝接收货物的，无须出示托运单的第 1 份副本，承运人即有权处分货物。

2. 收货人已拒绝接收货物，承运人尚未收到托运人的相反指示的，收货人仍可请求交付货物。

3. 收货人根据本法第 692 条第 3 款的指示向第三人处分货物后，发生阻碍货物交付情形的，适用本条第 1 款和第 2 款的规定，收货人取代托运人，第三方取代收货人。

第六百九十六条　根据托运人指示发生的费用补偿权

1. 承运人有权请求补偿其因收到或执行托运人的指示而产生的费用，但因其自身过错产生的费用除外。

2. 在本法第 694 条第 1 款和第 695 条规定的情况下，承运人可以紧急卸载货物，费用由权利人承担；一旦卸载完成即视为运输完成。承运人应当为权利人保管货物。承运人也可委托第三方保管货物，此时，承运人仅对第三方的选任负责。基于托运单产生的所有请求权和费用均应从货物价值中支付。

3. 涉及易腐货物或货物状况证明有必要采取如下措施，或保管费用超过货物价值的，承运人可无须等待权利人指示，直接出售货物。承运人在确定期限内未收到任一方当事人指示的，可出售货物。

4. 货物已按本条规定出售的，应将扣除货物成本后的收益返还权利人。相关费用超过收益的，承运人可请求补偿差额。

5. 出售规则应遵循货物所在地的法律和习俗。

第六百九十七条　承运人的抵押权

只要承运人有权处分所承运的货物，即有权为运输合同产生的费用抵押该批货物。

第二节 承运人的责任

第六百九十八条 概念

1. 货物自接收时起至交货时止丢失或毁损的，承运人应对货物的全部或部分丢失或毁损承担责任，并对延迟交货承担责任。

2. 因权利人过错或按权利人指示发生货物的丢失、毁损或迟延交付的，承运人不承担责任。因货物瑕疵或承运人不能消除且无法防止的情况造成的，承运人也不承担责任。

3. 承运人不得以使用的运输工具存在缺陷、租用人的过失或租用人的服务人员有过错为由免除责任。

4. 依本法第699条第2、3、4、5款的规定，货物的灭失或毁损是由下列特定情形的危险造成的，应免除承运人的责任：

（1）托运人明确同意并在托运单上注明使用露天无盖的运输方式；

（2）托运货物未包装或包装不良；

（3）货物应由托运人、收货人或第三人进行检验、装载、堆放或卸载；

（4）因某些托运货物的特性，推定存在全部或部分丢失或毁损的风险，特别是破损、生锈、腐蚀、萎缩、挥发、正常损耗和昆虫或啮齿动物毁损的风险；

（5）运载货物未做适当分散或编号；

（6）运载货物是动物。

承运人对引起损害的个别情形不承担赔偿责任的，仅在承运人根据本条规定应承担赔偿责任的情形产生的损害范围内承担责任。

第六百九十九条 举证责任

1. 本法第698条第2款规定的情形造成的货物丢失、毁损或延迟交货的，由承运人承担举证责任。

2. 承运人证明在特定情况下，货物的丢失或毁损是由本法第698条第4款所列的一种或多种危险造成的，则应视为损害是由该危险造成的。但权利人可以证明损害不是由该危险或不完全由该危险造成的除外。

3. 在本法第698条第4款第1项规定的情况下，极端条件运输的货物发生丢失或毁损的，不适用该规定。

4. 通过专门为保护货物免受寒冷、高温、温度变化或大风损害而配备的运输工具进行的运输，承运人只有在证明已采取所有必要措施选择、操作和使用这些设备并已满足对其提出的所有要求时，才能援用本法第 698 条第 4 款的规定。

5. 承运人只有在证明其已采取由其为之的全部措施和向其发出的所有指示时，才能适用本法第 698 条第 4 款第 4 项的规定。

第七百条　迟延交付

货物未在约定期限内交付，或者未约定期限的，在考虑到确定货物分装时各批货物联成整体需要一定时间的情况下，超过作为谨慎的承运人通常会遵守的期限的，应视为延迟交付。

第七百零一条　货物遗失

1. 在约定期限届满后 30 日内，未在指定地点交货，或未约定时限，自承运人接收货物 60 日届满后，权利人无须提供其他证据即可认为货物已经遗失。

2. 权利人对货物的遗失需要获得补偿的，其可书面请求，在补偿后的 1 年内货物被重新找到的，应立即向其通知。对该请求的答复也须采用书面形式。

3. 权利人履行托运单产生的请求后，可在收到此类通知的 30 日内交货，但须返还已取得的补偿，必要时应扣除弥补损失的费用；权利人依本法第 704 条和第 706 条规定享有的赔偿请求权不受影响。

4. 未认可本条第 2 款规定的请求，或未遵守本条第 3 款规定的 30 日期限，或在补偿 1 年后才重新找到货物的，承运人可按照货物所在地的现行规定处分货物。

第七百零二条　补缴款请求权

承运人将货物运达目的地并交付收货人，但未收到本应收取的补缴款的，其可以援引收货人的追索权向托运人追索。

第七百零三条　危险货物发送规则

1. 托运人发送危险货物的，其有义务向承运人提供准确信息并通知货物存在危险，必要时必须为该货物投保。托运单中未记载该义务的，托运人和收货人均有义务以其他方式证明承运人知道货物种类及潜在危险。

2. 承运人不知道本条第 1 款规定的危险的，可随时随地卸载、销毁或消除危险，而不承担赔偿责任。托运人还应对因转移运输或运输此类货物而产生的损害和费用承担责任。

第七百零四条　货物遗失时的价值确定

1. 依本章规定，承运人有义务对货物全部或者部分遗失造成的损害进行赔偿，赔偿数额应当按照交货地和交货时该货物的价格确定。

2. 货物价值按照交易价格确定，无交易价格的，按市场价格确定，无市场价格的，则按照类似种类和价值的货物价格确定。

3. 运费、关税及其他类似费用应予返还。货物全部遗失的，应予全部返还，货物部分遗失的，应部分返还。

4. 货物逾期交付，且经权利人证明造成损害的，承运人有义务在该货物价值范围内赔偿损害。依本法第 706 条规定，对货物有特殊利益，或对货物价值作具体说明的，权利人可请求更多数额的赔偿。

第七百零五条　货物损毁时损害赔偿

1. 货物损坏时，承运人应当赔偿货物价值减少的数额。该数额应按本法第 704 条第 1 款、第 2 款和第 3 款规定的方式确定。

2. 损害赔偿不得超过以下数额：

（1）货物因损害而完全丧失其价值的，不超过全部货物丢失时的应赔数额；

（2）货物因损害而部分丧失其价值的，不超过部分货物丢失时的应赔数额。

第七百零六条　在托运单上注明特殊利益

1. 托运人可以在支付额外费用的基础上，在货物灭失、损坏或迟延交付的情况下，表明其对该运输的特殊利益。

2. 明确注明对特定运输具有特殊利益的，托运人可在该利益确定的数额内请求额外损害赔偿，不受本法第 704 条和第 705 条损害赔偿规定的影响。

第七百零七条　担保损害赔偿的利息请求权

1. 货物权利人可就已确定的损害请求按 5% 的年利率支付赔偿金利息。该利息自权利人向承运人提出赔偿请求之日起计算；未提出赔偿请求的，从提起诉讼之日起计算。

2. 损害赔偿是以未在该国流通的货币单位确定的，且权利人请求赔偿的，应按损害赔偿支付时的汇率确定。

第七百零八条　运输中的非合同请求权

1. 货物在运输中丢失、毁损或迟延交付可能导致根据现行规定提出合同外请求的，承运人可援用本章有关责任免除或赔偿数额确定、限制的规定以抗辩。

2. 因货物丢失、毁损或迟延交付而发生的合同外请求是向其中一人提出的，其可援用本章有关责任免除或赔偿数额确定、限制的规定。

第七百零九条　不得免除的承运人责任

因承运人的过错造成损害的，承运人不得援用本章中有关责任免除或免于承担举证责任的规定。

第三节　索赔诉讼

第七百一十条　概念　内容

1. 收货人接收货物时未与承运人共同检验货物的，也未就货物短缺和毁损向承运人提出一般性请求的，在相反情形被证明前，视为收货人以托运单中规定的方式接收了货物；当事人指明明显短缺或毁损的情形的，应在接收之日提出请求；外部存在不明显短缺或损坏的，应在接收之日起1周内提出请求，周末以及公共节假日不应计算在此期限内。外部存在不明显短缺或损坏的，应以书面形式提出请求。

2. 收货人和承运人共同检验货物状况的，仅当与检验结果相反的涉及货物缺货和损坏的证据在外观上是不明显的，且收货人在验收后7天内（周末和节假日不计算在内）未提出书面请求时，方可采信。

3. 收货人仅在接收货物之日起21日内向承运人提出书面请求的，才有权请求赔偿因迟延造成的损害。

4. 在计算本条规定的期限时，货物运输、检验及交货的时间不计算在内。

5. 承运人和收货人应当相互配合，进行必要的检验及确定必要事实。

第七百一十一条　因运输产生的权利时效期间

本章规定基于运输关系所产生的权利的消灭时效为1年。在故意或重大过失的情形下，该期限为3年。消灭时效按下列方式计算：

（1）货物部分丢失、损坏或迟延交付的，自货物送达之日起计算；

（2）货物全部丢失的，自约定的运输期限届满后第30日起算，未约定运输期限的，自承运人接收货物后第60日起算；

（3）在其他情形下，自订立运输合同后3个月届满之日起算。

第七百一十二条　诉讼时效期间的中止

1. 消灭时效自向承运人发出书面请求之日起中止，直至承运人对此发出拒绝赔偿请求的书面通知。仅承认部分赔偿请求的，争议部分的消灭时效继续。收到请求或发出拒绝通知的举证责任由主张人承担。与同一标的物有关的其他赔偿请求的消灭时效不中止。

2. 不得以反诉、抗辩的方式行使逾期请求权。

第四节　由承运人实施的联运

第七百一十三条　联运承运人的责任

根据合同约定，运输由不同承运人联合进行的，任一承运人均对整个运输承担责任；第二承运人和任一后续承运人因接收货物和运单而成为合同的当事人。

第七百一十四条　移交相关文件的义务

1. 从前一承运人处接收货物的承运人有义务出具注明日期并由其签字的确认收货文件。在第2份运单上须注明其姓名和住址，必要时，其应将本法第688条第2款规定的事项和接收货物确认书记载于托运单的第2份副本中。

2. 承运人之间的相互关系适用本法第689条规定。

第七百一十五条　对联运承运人主张的损害赔偿请求权

对因货物丢失、毁损或迟延交付造成的损害提出赔偿请求的，除反诉或抗辩外，仅能向第一承运人、最后承运人或发生丢失、毁损或迟延交付时运输货物的承运人提出。同一诉讼可向多个承运人主张。

第七百一十六条　损害赔偿的追索权

根据本章规定已经赔偿损失的，承运人在下列情形下享有追索权：

（1）造成货物丢失或毁损的承运人须赔偿本人或多名承运人应赔偿的损害；

（2）货物的丢失或毁损由两个或者两个以上承运人造成的，各承运人应当按各自责任份额承担赔偿责任；无法确定责任份额的，应承担与其获得报酬份额相当的责任；

（3）无法确定应承担赔偿责任的承运人的，全体承运人应按本条第2项规定的比例赔偿。

第七百一十七条　承运人支付不能的后果

任一承运人无清偿能力的，应支付而未支付的数额由其他承运人按所获报酬的比例分担。

第七百一十八条　对已行使的追索权的异议

依本法第716条和第717条规定被行使追索权的承运人，不得对其他承运人根据判决请求其支付的款项的正当性提出异议，但被追索人被适当通知诉讼并可参加诉讼的除外。

第七百一十九条　联运承运人间的相互协议

承运人有权对本法第716条和第717条规定以外的事项达成协议。

第七百二十条　协议无效

1. 除本法第 719 条的规定外，任何直接或间接不符合本章规定的协议均无效。

2. 承运人转让货物保险请求权的任何协议及转移举证责任的其他类似协议均无效。

第十三章　委　　托

第七百二十一条　概念

根据委托合同，受托人有义务以委托人的名义和费用履行一项或多项行为。

第七百二十二条　委托报酬

1. 仅在合同约定或法律规定的情况下，委托人才应向受托人支付报酬。

2. 在特定情形下，受托人履行行为被认为是有偿的，则视为无条件约定报酬。

3. 未确定报酬数额，但存在价目表的，按价目表确定报酬；无价目表的，按通常报酬来确定。

第七百二十三条　转委托给第三人

1. 受托人必须亲自执行委托，但经授权转委托给第三人或因当时情况而被迫转委托的除外。允许有辅助人员参与。

2. 委托人允许转委托的，受托人只对转委托存在的过错及对转委托人的选任承担责任。

第七百二十四条　违背指示

1. 受托人有义务执行委托人的指示。

2. 基于客观情形，受托人推定委托人知道情况会同意其不依指示的行为时，即有权违背委托人的指示。在违背委托人的指示前，受托人有义务通知委托人并等待其决定，但迟延可能对履行造成危险的除外。

3. 受托人执行委托人的指示可能对委托人造成重大损害的，受托人仅在通知委托人损害且委托人不改变其指示时才能执行指示。

第七百二十五条　提供信息和报告义务

1. 受托人应按委托人的要求向其提供必要的信息，向其报告情况，并在完成委托后提交报告。

2. 限制或排除本条第 1 款规定的受托人今后义务的协议应以书面形式提出。

第七百二十六条　保密

1. 受托人有义务对在其活动范围内知悉的、委托人有合法利益的事实保密，但法律规定有披露义务或者委托人允许受托人披露的除外。

2. 在合同关系结束后仍然存在保密义务。

第七百二十七条　向委托人交付成果的义务

1. 受托人有义务将其受领的用于履行委托事务或因履行委托获得的一切财产交付委托人。

2. 受托人为自身利益使用本应交付委托人的金钱或本应为委托人利益而使用的金钱的，有义务支付为其自身利益使用该金钱期间的利息。

第七百二十八条　委托人财产

受托人以委托人的名义使用委托人财产在履行委托事务时获得的财产，或者委托人为履行委托交付受托人的财产，在受托人与债权人的关系中视为委托人的财产。

第七百二十九条　费用补偿

委托人有义务补偿受托人基于履行委托目的而支出的费用以及根据客观情况认为的必要费用支出。

第七百三十条　预付款义务

委托人应基于受托人请求，向受托人预付履行委托所必需的费用。

第七百三十一条　无过错损害赔偿

1. 委托人的指示导致受托人遭受与履行委托事务相联系的重大危险的，即使损害非因委托人的过错造成，委托人也有义务对受托人在履行委托时遭受的损害承担赔偿责任。

2. 报酬中已包含损害赔偿金或损害是由受托人行为引起的，不适用本条第 1 款的规定。对报酬中是否包含损害赔偿金存在争议的，举证责任由受托人承担。

第七百三十二条　过错行为损害赔偿

受托人无偿履行委托的，仅对故意或过失造成的损害负责。

第七百三十三条　合同解除

1. 委托人可随时解除委托，受托人可解除委托合同。

2. 仅在委托人能够采取其他方式履行委托事务的情形下，受托人才能解除合同，但有正当理由立即解除合同的除外。受托人无正当理由立即解除合同的，应赔偿因此造成的损失。

3. 委托人终止合同的，应当向受托人补偿履行委托事务所产生的所有必要费用。合同为有偿的，委托人应按照所完成的工作量支付报酬。

第七百三十四条　委托人死亡或无行为能力

1. 合同不因委托人死亡或被宣告为无民事行为能力而终止，但委托内容另有约定的除外。

2. 因委托人死亡或者被宣告为无民事行为能力而终止合同，终止委托可能产生不利后果的，受托人应继续履行义务，直至委托人的继承人或者法定代理人采取其他措施保护其利益时止。

3. 合同因委托人死亡或被宣告为无民事行为能力而终止的，基于维护受托人利益应视为合同继续存在，直至其被告知合同终止时止。

第七百三十五条　受托人死亡

1. 受托人死亡的，合同应当终止，但委托合同另有约定的除外。

2. 终止委托会对委托人造成不利后果的，受托人的继承人应立即向委托人通知受托人的死亡情况，并继续履行委托事务，直至委托人采取其他利益保护措施时止。

第十四章　财产信托管理

第七百三十六条　概念

根据财产信托合同，财产信托人应将动产或权利移交给信托管理人，信托管理人应受领并为财产信托人的利益予以处分。

第七百三十七条　信托管理人的权利和义务

1. 信托管理人有义务以自己的名义处分信托财产，但风险和费用由财产信托人承担。

2. 在与第三人的关系中，信托管理人享有所有财产信托人的权利。信托管理人违背委托人利益未以与处理自己事务相当的谨慎态度行为的，有义务赔偿因此所造成的损害。

第七百三十八条　与财产信托管理相关的费用补偿

1. 信托管理人不得因所有权信托的相关活动收取财产信托人的报酬，但当事人另有约定的除外。

2. 委托管理所有权的一切费用由财产信托人承担。

3. 物的孳息归财产信托人所有。

第七百三十九条　财产信托管理合同的形式

所有权信托管理合同应采用书面形式。

第七百四十条　信托管理人的责任

在与第三人的关系中产生的责任由信托管理人承担。

第七百四十一条　委托合同的适用

对财产信托人适用委托合同的有关规定。

第十五章　运 输 代 理

第七百四十二条　概念

1. 根据运输合同，运输代理人有义务以自己的名义使用订货人费用实施与货物运输有关的行为。订货人有义务支付约定的报酬。

2. 委托合同规则适用运输代理关系，但本章另有规定的除外。

第七百四十三条　运输代理人的诚信要求

运输代理人应当善意装运货物，挑选参与运输的人员，维护订货人的利益，遵守委托人的指示。

第七百四十四条　委托人的责任

1. 订货人基于运输代理人的请求，应及时向其提供货物信息，对运输文件的制作给予必要指示，提供为报关或其他行为所需的必要信息，并在必要时支付报关费用。此外，订货人还应提交必要的文件，以证明上述信息的真实性。

2. 运输危险货物时，订货人应将该危险的确切种类通知运输代理人，必要时应告知其安全措施。

3. 运输代理人不知货物具有危险性的，可随时随地卸载、销毁或消除危险，并且对此不承担赔偿责任。

4. 货物种类有包装要求的，订货人应按运输要求包装。

5. 为识别货物而须对其标记的，应在货物交付前以清晰可识别的方式进行标记。

6. 订货人未履行本条规定而给运输代理人造成损害的，应当承担损害赔偿责任，但运输代理人在接收货物时已清楚或知道货物具有本条第 3 款和第 4 款规定的内容，明知货物明显缺少包装、标记或存在瑕疵的除外。

第七百四十五条　货物的逐件检验

订货人可以请求运输代理人在接收货物时逐件检验货物，但须支付特殊报酬。

第七百四十六条　货物保险义务

运输代理人仅在收到订货人指示时才承担特殊的货物投保义务。无特别指示的，运输代理人有义务按通常条件为货物投保。

第七百四十七条　运输代理保险合同

订货人未以书面形式明确拒绝的，运输代理人有义务以订货人的费用与其选择的保险机构签订保险合同，对在履行订货人指示中的行为可能对发包方造成的损害投保。运输代理人应当将与其订立保险合同的人告知订货人。

第七百四十八条　损害及时通知义务

根据本法第 747 条规定订立的保险合同，订货人应当保证及时通知损害。运输代理人收到损害通知的，有义务及时将此通知转达保险机构。

第七百四十九条　未收到货物的后果

收货人在目的地未接收货物或者其他原因无法接收货物的，运输代理人的权利和义务按运输合同约定确定。

第七百五十条　接收时无法检验货物状态

当事人无法在场检验货物的状况的，在证明存在相反的情况前，接收货物即视为确认货物在受领时不存在短缺或毁损，但收货人向交付货物的人指出货物损害的一般特征的除外。货物存在明显短缺或毁损的，收货人应在接收货物当日通知；存在非明显短缺或毁损的，收货人最迟应在接收货物后 3 日内通知。

第七百五十一条　自行运输货物的权利

1. 运输代理人有权自行运输货物，但另有约定的除外。该权利的行使不得侵害委托人的权利和利益。

2. 运输代理人行使该权利的，同时取得货物承运人的权利和义务。

第七百五十二条　运输代理人责任

运输代理人通常应对因其自身过错或其辅助人过错而引起的合同债务承担责任。

第七百五十三条　第三人造成的损害

合同第三人造成损害的，基于订货人请求，运输代理人有义务将其对第三人享有的请求权让与订货人，但根据特别协议，订货人承担行使请求权的费用和风险的除外。

第七百五十四条　运输代理人过错行为导致的损害赔偿

1. 运输代理人因故意或重大过失造成损害的，不得援引本章排除或限制其赔偿责任或转移举证责任的规定。

2. 运输代理人因其故意或重大过失造成损害而应承担合同以外责任的，适用本条第 1 款规定。

第七百五十五条　报酬支付方式

报酬应在运输代理人将货物交付运输组织后支付。

第十六章　中 介 合 同

第一节　一 般 规 定

第七百五十六条　概念

对报告订立合同的机会或协助订立合同并约定支付中介佣金的人，仅在合同因该报告或中介人的媒介而订立时，才有支付报酬的义务。合同是附延缓条件订立的，则仅在该条件成就时才能请求支付中介佣金。未约定佣金数额的，通常支付给这类工作的佣金被视为约定的佣金。违反本条第 1、2 句规定损害委托人利益订立的合同无效。

第七百五十七条　中介人的服务补偿

1. 关于中介人在居间服务外提供的服务，无论中介人的服务活动是否促成合同订立，均可对此约定佣金。

2. 依本法第 756 条规定，中介人不得约定提前支付佣金或者收取佣金。

3. 中介人支出的费用仅在有约定时才能补偿；本规定也适用于未订立合同的情况。约定对支出的履行中介合同的非必要费用进行补偿的合同无效。

第七百五十八条　独家委托

1. 委托人必须在一定期间内拒绝其他中介人提供的服务的（独家委托），居间人有义务在该期限内促成合同的签订。委托人违反上述规定义务的，中介人可请求赔偿损失。在经证实的损害限度内，双方可以约定损害赔偿的总额。为买卖合同的订立提供中介服务的，此数额不得超过买卖合同价款的 2%。

2. 违反上述规定签订的损害委托人利益的合同无效。

3. 独家委托协议应以书面形式订立。

第七百五十九条　中介合同的解除

1. 中介合同可随时终止，但合同期限已确定的除外。

2. 仅当出现重大事由时，才能解除独家委托。6 个月期限届满可随时解除合同，不受任何期间限制。所订立合同的类型或标的物有特殊要求的，即使在更长期间内，也不得撤销合同。

第七百六十条　不得向中介人支付报酬

1. 与第三人订立的合同涉及中介人所有物的，中介人无权请求支付佣金或补偿费用。因下列情形，可能使中介人无法维护委托人利益的，适用相同规定：

（1）中介人是第三人在法律和经济上参与的法人或个体户；

（2）第三人是中介人在法律和经济上参与的法人或个体户；

（3）中介人与第三人之间存在雇佣或劳务关系；

（4）中介人是第三人的配偶。

2. 中介人在与第三人签订合同前已向委托人告知上述特定情形的，其有权请求支付佣金或补偿费用。

3. 他人以中介人的费用行事或合同是以第三人的费用订立的，适用本条第 1 款规定。

4. 中介人为第三人利益而违反合同内容的，无权请求支付佣金和补偿费用。

5. 违反本条第 1 款、第 2 款、第 3 款规定的约定无效。

第二节　住房租赁中介

第七百六十一条　住房中介人

1. 对于个人承诺为订立住房租赁合同中介的合同关系（住房中介人），适用居间的一般规定，但住房租赁合同另有约定的除外。

2. 以旅游、商务出行住房中介为标的的合同，不适用关于住房租赁居间的规定。

第七百六十二条　不得收取报酬

1. 在下列情形下，住房中介人无权请求支付佣金或补偿费用：

（1）将同一住所的租赁合同延长或以其他方式改变现有的租赁关系；

（2）以中介人管理的住房为标的订立的住房租赁合同。

2. 除本法第 757 条第 1 款规定的佣金外，住房中介人不得就其与住房租赁合同有关的行为请求补偿。

3. 损害委托人利益的合同无效。

第三节 借款中介

第七百六十三条 借款中介人

对于承诺为订立借款合同中介（借款中介人）的合同，适用中介的一般规定。

第七百六十四条 合同形式

1. 合同应当以书面形式订立。

2. 合同应载明中介人的佣金数额，注明借款的一定利息。此外，合同还应载明：借款金额、期限、借款利率、还贷日期、还贷汇率、应计利息期间、额外费用、委托人应还总额以及姓、名、父称和住址。凡涉及以土地抵押作担保的借款，或涉及为购置土地而借的借款，或委托人用于其独立职业或商业、部门活动或雇佣活动的借款，均不适用前述规定。

3. 合同文本不得与贷款申请相联系。借贷中介人应将合同副本交付委托人。

第七百六十五条 支付报酬义务

委托人仅在因中介获得借款的情况下，才有义务支付佣金。损害委托人利益的合同无效。

第四节 商事中介人

第七百六十六条 概念

1. 为他人就获取转让货物、有价证券、保险、货物运输、船舶租用或其他商业流转标的订立合同中介，并以此为职业，而未由他人依合同关系永久授权实施此种行为的人，享有商事中介人的权利并承担义务。

2. 为指定交易以外的其他交易中介的，如为不动产交易居间，即使中介是由商事中介人进行的，也不适用商事中介人的规定。

第七百六十七条 最终合同文本

1. 当事人或根据当地惯例不免除商事中介人以下义务的，商事中介人须在交易成立后立即向任一方当事人提交一份由其签署的最终合同文本，其中应具体说明交易的当事各方、交易的对象和条件，特别是在出售货物或有价证券时，其种类和数量，以及交货价格和交货时间。

2. 对于不需要立即进行的交易，应将合同最后文本提交双方签字，并将他方签字的合同最后文本送交各方当事人。

3. 一方拒绝接受或签署合同的最后文本，中介人应立即通知另一方当事人。

第七百六十八条　约定的任务

1. 一方接受合同的最后文本，而商事中介人在该文本中保留指明另一方合同当事人的，该交易约束嗣后其所指明的另一方当事人，但另一方当事人提出有根据的异议的除外。

2. 另一方当事人应在当地规定的期限内具体指定，无当地规定的，应在与情况相称的期限内指定。

3. 未作指定的，或对指定的人提出有根据的异议的，一方当事人有权请求商事中介人履行交易。但该当事人经商事中介人催告未立即请求履行的，其请求权消灭。

第七百六十九条　样品保存

1. 当事人或根据地方规定不免除商事中介人以下义务的，商事中介人为样品买卖中介时，应保存交付其的各种商品样品，直到商品在无异议的情况下被接收或以其他方式完成交易时止。

2. 商事中介人应用标签标记样品。

第七百七十条　无权收授权

商事中介人无权受领付款或合同约定的其他形式的付款。

第七百七十一条　对双方当事人的责任

商事中介人对因其过错造成的损害应向双方当事人承担责任。

第七百七十二条　对双方当事人的报酬请求权

当事人未约定由何方支付中介人报酬的，除当地另有规定外，双方应各支付一半佣金。

第七百七十三条　工作日志

商事中介人有义务记明日志，并将每日成立的所有交易计入该日志。记录应按时间顺序进行，并应包含本法第 767 条规定的信息。每日的记录应由商事中介人签字。

第七百七十四条　日志摘录

商事中介人有义务随时依请求向各方当事人提供日志摘录，摘录应由其签字，并包含由其记载的关于经其中介成交的一切事项。

第十七章 商事代理人

第七百七十五条 概念

商事代理人是指永久性独立从事其他经营者中介交易的营业人或以其他经营者的名义成立交易的营业人。独立是指能够基本自由地组织其活动和确定其工作时间。

第七百七十六条 商事代理人的义务

商事代理人必须向其为之工作的经营者提供财务报告。商事代理人有义务在约定期间内，或未约定期间的，在每个季度结束后 10 日内，以书面形式向经营者提供所有交易及代理佣金结算的信息。

第七百七十七条 佣金的支付

1. 经营者达成交易的，商事代理人有权获得佣金。

2. 明确认定第三人不履行的，佣金请求权消灭；已受领款额必须返还。

3. 能够明确确定经营者完全不缔结、部分缔结，或未按约定方式缔结交易的，商事代理人仍享有佣金请求权。因经营者无法控制的事由无法缔结交易的，商事代理人的佣金请求权消灭。

4. 经营者应在签订协议的当月月末向商事代理人支付佣金。

5. 不得违反本条规定损害商事代理人的利益。

第七百七十八条 佣金数额

1. 未约定佣金数额的，视为同意按该业务领域的通常费用确定佣金数额。

2. 佣金按照经营者或者第三人应当支付的数额计算，现金支付应扣除折扣；该规定同样适用于额外费用，特别是运费、包装费、关税、税款，但额外费用特别计入第三方账户的除外。

3. 订立的合同为使用权转让合同和有一定期限的使用合同的，应根据第三人首次解除合同时的应付金额计算佣金，合同延续的，商事代理人有权继续获得相应数额的佣金。

4. 订立保险合同的，按照投保金额计算佣金。投保金额不确定的，按保险费的比例计算佣金。

第七百七十九条 特别佣金

1. 如果商事代理人承诺为履行交易中的义务提供担保，可以要求获得特别报酬；这一权利预先不得排除。该承诺只能针对某项法律行为，或针对商事代理人作为居间人或与某些第三方达成的交易。承诺需要书面形式作出。

2. 特别佣金请求权随交易达成而产生。

第七百八十条　竞争约定

1. 未经被代理的经营者同意，商事代理人不得在其为经营者中介或缔结交易的客户范围或客户群或领域外活动，不得直接或间接参与竞争经营者的活动（竞争约定），但在财务上参与另一企业的情形除外。该经营者在订立合同时已知悉商事代理人参与的，视为同意其参与此类活动。

2. 商事代理人违反上述义务的，经营者可请求赔偿损失；此外，经营者可请求商事代理人将其为竞争经营者达成的交易转交给自己，返还从这些交易中获得的利益，或拒绝交付利益。

3. 合同约定在合同关系终止后竞争约定继续有效的，仅在经营者为此支付补偿金后，该规定才有效，补偿金应按照本法第782条的规定计算。该合同约定的期限不得超过1年。

第七百八十一条　合同的效力

1. 与商事代理人签订的合同期限为1年，但合同另有约定的除外。双方在合同期限届满前3个月内均未提出解除合同的，视为合同期限延长1年。

2. 出现重大事由可立即终止合同关系。

第七百八十二条　补偿请求权

1. 在下列情形下，商事代理人可在合同关系终止后向经营者请求相应补偿：

（1）经营者在合同关系终止后，仍可从与商事代理人确定的新客户的商业联系中获得显著利益；

（2）商事代理人因合同关系的终止而丧失基于其所争取的客户已达成或将要达成的交易时本应得到的佣金；

2. 争取客户是指商事代理人与客户的业务关系出现实质性扩展，以致在经济方面相当于争取到一个新客户；

3. 最高补偿金为按商事代理人最近5年活动的佣金平均值计算的1年佣金，合同关系存续期间较短的，依活动期间佣金的平均值确定；

4. 在下列情形下，商事代理人不享有补偿请求权：

（1）商事代理人已解除合同关系，除非经营者的行为有合理证明，或者商事代理人因年龄或疾病而被认为不适合继续从事其业务；

（2）经营者因商事代理人的过错解除合同关系；

（3）根据经营者与商事代理人之间的协议，由第三人代替商事代理人加入合同关系；该协议不得在合同关系终止前订立；

5. 不得预先排除补偿请求权，该请求应在合同关系终止后1年内提出。

第十八章 行 纪 人

第七百八十三条 行纪人

行纪人是指在行业秩序中以自己的名义购买或出售商品或有价证券，而费用由另一方（委托人）承担的人。

第七百八十四条 行纪人的义务

1. 行纪人有义务以通常商人应尽的注意义务履行其所接受的交易；此时行纪人应维护委托人利益并遵循委托人的指示。

2. 行纪人应向委托人提供其所要求的信息，尤其是应当立即告知其行纪业务的履行情况；行纪人有义务向委托人提供与交易相关情况的工作报告，并交付委托人要求的完成交易所获之物。

3. 行纪人在通知履行交易时未指明与其达成交易的第三人的，其应当对履行交易向委托人负责。

第七百八十五条 委托人指示

行纪人未按委托人指示行为的，其有义务赔偿后者损失；委托人没有义务承认交易对其的效力。

第七百八十六条 价格限额

1. 行纪人以低于指定价格出卖或者高于指定价格购买的，委托人若以该交易非以自己利益缔结为由拒绝，应当在收到履行交易的通知后立即对此作出声明；否则，指定价格偏差视为已得到委托人追认。

2. 行纪人在通知履行交易时被要求弥补差价的，委托人无权拒绝交易。委托人对超过差价的损害赔偿请求权不因此受影响。

第七百八十七条 有利协议

1. 行纪人以比指定的条件更有利的条件缔结交易的，该利益归委托人。

2. 特别是在行纪人出卖的价格超过委托人指定的最低价格时，或其购买的价格低于委托人指定的最高价格时，适用该规定。

第七百八十八条　残损或存在瑕疵的寄售货物

运送行纪人的货物在进行检验时发现受损或者存在瑕疵的，行纪人有义务为承运人或委托人注意关于货物状态的证据，并立即向委托人提供信息；行纪人如未进行上述行为，应承担损害赔偿责任。

第七百八十九条　行纪人对货物的责任

1. 行纪人应对其保管的货物的丢失和毁损承担责任，但丢失和毁损是通常商人无法预防的事由导致的除外。

2. 仅在委托人指示行纪人为货物投保的情形下，行纪人才应对未投保承担责任。

第七百九十条　预付款　信贷

1. 未经委托人同意，行纪人向第三人支付预付款或者信贷的，行纪人自行承担由此引发的风险。

2. 当地规定允许延期付款的，委托人若无其他指示，行纪人也享有此权利。

3. 行纪人擅自信贷的，其有义务立即作为债务人向委托人清偿。现金买卖时价金可能较低的，行纪人仅偿付较低价金，该较低价金低于指定价金的，行纪人应当按本法第 786 条规定补偿差价。

第七百九十一条　行纪人的佣金　费用补偿

交易已履行的，行纪人可以请求支付佣金。交易未履行的，根据当地规定允许的，行纪人仍有权请求支付佣金；行纪人缔结的交易因委托人自身未履行的，其仍可以请求支付佣金。

第七百九十二条　类似法律行为

1. 行纪人在商业活动中由他人负担费用以自己名义缔结本法第 783 条规定的交易以外的其他类似交易的，适用本章规定。不是行纪人的商人在商业活动中以指定方式缔结交易的，适用本章规定。

2. 以交付由经营者获得的材料生产出的不可替代的动产为内容的买卖行纪视为本章意义上的行纪。

第七百九十三条　规则的适用性

本章未规定的行纪活动发生争议的，适用代理人的相关规定。

第十九章　悬赏广告　竞赛

第七百九十四条　概念

公开宣布对某一行为，特别是对取得某一结果给予悬赏的人，有义务向实施上述行为的人支付悬赏，即使行为人非因考虑悬赏而行为的亦同。

第七百九十五条　取消悬赏

1. 仅在悬赏的行为实施前，才能取消悬赏。以与悬赏承诺相同的方式取消的，或以特别通知的方式取消的，悬赏的取消有效。

2. 可以在悬赏中放弃取消权；在有疑义时，确定了履行行为的最后期限的，推定为放弃取消权。

第七百九十六条　多人的悬赏请求权

1. 多人完成悬赏行为的，由最先完成该行为的人享有悬赏请求权。

2. 多人同时完成悬赏行为的，每人有权获得相等份额的悬赏。悬赏因其性质不可分的，或依悬赏内容只能由一人取得的，抽签决定取得悬赏的人。

第七百九十七条　竞赛

为最佳履行工作设定悬赏的，仅在公告时确定了工作完成期限的才有效。

第七百九十八条　不得变更竞赛条件

不得对竞赛条件做不利于参赛人的变更。

第七百九十九条　优胜者的确定

对于提交的工作结果，由竞赛公告中指定的人评定登记，公告中未指定评定人的，由悬赏人评定。该评定对全体竞标人有约束力。

第八百条　多人竞赛的胜利

提交的工作结果被评定为同级的，应适用本法第796条第2款的规定分配悬赏。

第八百零一条　完成工作的所有权

仅在悬赏公告中指定必须交付的，悬赏人才可请求向其交付所完成的工作结果的所有权。

第二十章　保　　管

第八百零二条　定义

根据保管合同，保管人有义务保管托管人所交付的动产。

第八百零三条　无偿保管

1. 保管应是无偿的，但另有约定的除外。保管人在业务范围内为其保管，即使保管人未作表示，也应视为已约定报酬。

2. 未约定报酬的，若有价目表，视为同意按价目表支付报酬；没有价目表的，以通常报酬计算。

第八百零四条　无偿保管时保管人的责任

无偿保管的，保管人有义务以其在处理自己事务中通常应尽的勤勉义务实施保管。

第八百零五条　转保管

1. 未经托管人同意，保管人无权将保管物转交给第三人保管。

2. 经托管人同意转保管的，保管人仅在选任第三人和选择保管地存在过错时承担责任。

第八百零六条　不得使用保管物

未经托管人同意，保管人无权使用保管物，但必须使用保管物的除外。

第八百零七条　物的保管方式的变更

必要时，保管人有权改变保管方式。保管人应将变更情况通知托管人。第三人对保管物提出请求的，保管人有同样的通知义务。

第八百零八条　因物性质造成损害的赔偿

托管人应当赔偿保管物给保管人造成的损害，但其不知道且不应当知道保管物的危险性质的除外。

第八百零九条　寄存物的返还期间

即使已经设定了保管期限，托管人也可随时请求返还寄存物。

第八百一十条　保管人请求取回保管物

1. 未约定保管期间的，保管人可随时请求托管人取回保管物。

2. 保管人仅在托管人可通过其他方式保管保管物的情形下才能返还保管物，但有重要原因需要返还保管物的除外。

第八百一十一条　寄存物返还地

寄存物返还须在合同约定的地点进行，但又达成于其他地点返还的协议的除外。运输费用应由托管人承担。

第八百一十二条　交付寄存物孳息的义务

1. 保管人有义务将保管期间寄存物所生孳息返还托管人。

2. 托管人有义务补偿保管人为寄存物品所支出的必要费用。

第八百一十三条　保管人的故意或重大过失责任

约定保管物的返还期限的，期限届满后，保管人仅对其故意或重大过失的行为承担责任。

第八百一十四条　支付报酬的义务

有偿保管的，托管人有义务在合同终止时向保管人支付约定的报酬。

第八百一十五条　寄存物留置权

保管人在取得其应得报酬及支出的报关费用前，有权拒绝返还寄存物。

第八百一十六条　种类物保管的特殊性

双方约定种类物的保管方式是将所有权转移给保管人，且保管人有义务归还相同种类、质量和数量物品的，则应适用借用合同的相关规定。

第八百一十七条　酒店等地寄存的特殊性

酒店、疗养院和度假屋对顾客随身携带的物品的丢失、损坏或灭失承担责任。该规定不适用于金钱和珠宝，但其是专门移交保管的除外。

第八百一十八条　不可抗力时的责任免除

1. 损害是由不可抗力、顾客或陪同人员，或由保管物本身的特性造成的，保管人不承担责任。

2. 损害赔偿责任不包括机动车辆和留在车内的物品。

第二十一章　仓　　储

第八百一十九条　概念

除非本章另有规定，仓储合同适用保管合同的有关规定。

第八百二十条　诚信履行保管义务

仓储保管人须以货物所有权人的谨慎诚信态度履行保管货物的义务。

第八百二十一条　保管人检验货物数量

1. 仓储保管人没有义务在接收存储时检查货物的数量、尺寸、重量、类型、质量和其他属性，但本章另有规定的除外。

2. 移交给仓储保管人保管的货物在移交时被证明有损坏或不完整的，且在外部检查时即可辨识的，仓储保管人有义务立即通知托管人；未履行上述义务的，仓储保管人应赔偿损失。

第八百二十二条　寄存货物的检查权利

仓储保管人有义务在营业期间允许托管人检验货物、取样和实施必要的措施。

第八百二十三条　通知义务

仓储保管人将存放的货物转移到另一个仓库，或发现货物的属性发生变化或有变化的危险时，其有义务立即通知托管人。仓储保管人须通知其所知道的仓单最后持有人，未履行本义务的，其应对由此造成的损失进行赔偿。

第八百二十四条　损害赔偿义务

仓储保管人应对委托其保管的货物的丢失或损坏承担损害赔偿责任，但无法防止损害发生的善意保管人除外。

第八百二十五条　种类物保管的特殊性

1. 保管种类物时，仓储保管人只有在得到授权的情况下，才有权将其与其他托管人同种类和同性质的货物混合。

2. 托管人对混合后的货物享有共同所有权。每个托管人的份额根据他们所存储货物的数量来确定。

3. 仓储保管人有义务按照每个托管人的份额返还保管物，无须经其他托管人同意。

第八百二十六条　寄存物的出售

寄存保管的货物因腐烂或改变而丧失价值，且仓储保管人没有时间通知或无法通知或无权利人的，仓储保管人有权出卖货物。取得的销售收入，在扣除保管费和销售费用后交付托管人。

第八百二十七条　仓单

仓储保管人有义务在接收货物时向托管人签发仓单。

第八百二十八条　仓单应填事项

1. 应在仓单上载明以下事项：

（1）仓单的签发日期和登记号码；

（2）双方当事人的名称（姓名）和地址；

（3）保管货物的仓库地址；

（4）对保管货物（数量、体积或重量）及其质量的描述；有包装的，对包装的描述；

（5）报酬及其他必要费用；

（6）保管货物须投保的，其保险价格；

（7）合同期限；

（8）保管人签字并加盖公章。

2. 本条规定的事项未完全载入仓单的，不免除当事人的责任。各方当事人均有权在仓单中载明其他事项。

第八百二十九条　入库证明书

仓单持有人可通过入库证明书的方式将已交付保管的货物为另一债务设定抵押担保，而无须将货物移出仓库。

第八百三十条　记名仓单

仓储保管人签发记名仓单的，可通过背书的方式将该仓单让与第三人。

第八百三十一条　仓单背书责任

1. 以背书方式签发仓单的，仓储保管人应就仓单内容的真实性对仓单持有人承担责任，但仓单明确注明其内容是由托管人或第三人提供的除外。

2. 仓储保管人知道仓单内容不真实的，即使依本条第 1 款规定已做出标注，亦应承担责任。

3. 在货物混合保管的情形下，仓储保管人无权做出本条第 1 款规定的标注。

第八百三十二条　背书真实性的推定

1. 签发记名仓单的仓储保管人仅负有将保管的货物返还仓单合法持有人的义务。

2. 签发抵押仓单的，仓储保管人应请求其归还该仓单。

3. 仓储保管人不负核实背书真实性的义务。转让应在仓单上相应予以注明。

第八百三十三条　仓单的遗失

1. 仓单或抵押证明书遗失或毁损的，其合法持有人有权向法院申请确认遗失的文件无效并签发新的替代文件。法院应以特殊程序审核该申请。

2. 仓储保管人应依法院裁决签发新的仓单和抵押证明书。

第八百三十四条　寄存物的抵押

1. 为对保管的货物进行抵押，货物所有人应在抵押明证书上进行特别背书，并以此进行转让。

2. 背书必须说明托管人和债权人的身份，以及债务金额。

3. 转让仓单时应通知仓储保管人，保管人应对此做出相应记载。

第八百三十五条　将抵押权转让给新的仓单持有人

1. 因保管货物而支出费用的，仓储保管人在占有货物期间享有抵押权。

2. 以背书方式签发仓单的，持有人就新的仓单享有抵押权。

第八百三十六条　不得请求返还寄存货物

仓储保管人无权请求托管人在约定期限届满前，或未约定期限的，在交货后3个月届满前取回保管的货物。未约定保管期间，或者在约定期间届满后继续存储货物的，仓储保管人可请求托管人仅在合同终止后1个月内取回货物。

第八百三十七条　补充期间的指定

1. 仓单持有人拒绝在保管期间届满后将货物从仓库移走的，仓储保管人应为其指定两周的额外期间。货物在该期限内仍未被移走的，仓储保管人有权出售该货物。

2. 出售的所得收益在扣除仓储保管人应得费用后返还仓单持有人。

第二十二章　保　　险

第一节　一般规定

第八百三十八条　概念

1. 根据保险合同，保险人有义务依合同约定的条款赔偿投保人因保险事故发生而造成的损害。保险金额是固定的，保险人有义务支付保险金额或实施约定的行为。

2. 投保人有义务支付保险费。

第八百三十九条　签订保险合同的义务

提出签订保险合同的保险人负有签订合同的义务，但其有真实理由拒绝的除外。

第八百四十条　强制国家保险

法律可以规定强制保险，适用本章规定，但违反强制保险法的除外。

第八百四十一条　保险证明（保险单）

1. 保险人有义务向投保人提供一份有签名的保险文件，即保险证明（保险单）。

2. 保险证明应包括：

（1）当事人的身份及其住址（居住地）；

（2）被保险物或人的名称（姓名）；

（3）保险风险的类型；

（4）保险起始时间和保险期间；

（5）保险金额；

（6）保险费，支付地和支付期限。

3. 以人的生命为保险标的的，须提供以下补充信息：

（1）收益的结算地和参与地；

（2）购买金额、保险费以外的款项以及对被担保支付数额的限制。

第八百四十二条 转保险合同

保险单是向持有人签发或以记名单据的形式签发的，保险人可以向持有人主张其对原投保人的所有请求。保险单持有人通知保险人与保险有关的权利转让事实，而后者未立即主张其请求的，不适用该规定。

第八百四十三条 保险单遗失的后果

1. 合同约定保险人在提交保险单后才须履行其义务，但凭证已遗失或毁损的，投保人只有在保险单依特殊规则被宣布无效的情况下才能请求保险人履行义务。

2. 保险单遗失或毁损的，投保人可请求保险人提供副本。签发副本的费用由投保人承担。

第八百四十四条 保险代理人的权利

1. 保险代理人（代表）有权签订保险合同，亦可变更合同的条款，延长合同期限或解除合同。

2. 在缔结保险合同中充当中间人的保险代理人有权订立保险合同。

3. 代表保险人并以其名义实施行为的保险代理人有权获得报酬。

第八百四十五条 保险的开始

1. 保险开始于合同签订之日的 24 时，终止于合同约定期限的最后 1 日的 24 时。

2. 签订的保险合同期限超过 5 年的，任何一方当事人均可在解除通知满 3 个月后解除合同。

3. 保险合同延长期限超过 1 年，约定以默示延续且不得提前终止的，该约定无效。投保人始终负有遵守 3 个月合同解除期间规定的义务。

第八百四十六条 保费增加的后果

保险人增加保费的，投保人可按 1 个月合同解除期间的规定终止合同。保险费轻微增加的，投保人不享有该权利。

第八百四十七条　提供信息的义务

1. 投保人在签订合同时须将其所知的对危险或保险事故的发生有实质性影响的所有情形告知保险人。实质性影响的情形是指可能影响保险人解除合同或导致保险人做出以变更后内容重新签订合同的决定的情形。

2. 保险人以书面形式明确询问投保人的情况也被视为具有实质性影响的情形。

3. 保险人未被告知具有实质性影响的情形的，其可以解除合同。投保人故意回避告知此情形的也同样适用。

4. 保险人知道被隐瞒的情形的，或者投保人不存在未告知该情形的过错的，保险人不得解除合同。

第八百四十八条　告知错误信息的后果

1. 被告知含有错误信息的具有实质性影响的情形的，保险人可以解除合同。

2. 保险人知道错误信息且投保人对提交错误信息不存在过错的，保险人不得解除合同。在被告知错误信息的1个月内，保险人可以解除合同。

第八百四十九条　因未提供信息保险合同解除

投保人被要求回答有关危险情况的书面问题时，保险人有权因未被告知有关情形而解除合同，尽管没有提出问题，但投保人故意隐瞒的亦同。

第八百五十条　未提供信息保险合同解除的期限

1. 在未提供本章规定的信息后1个月内，保险人可以解除合同，该期间自保险人知道投保人违反告知义务时开始。

2. 解除保险合同的，须通知投保人。

第八百五十一条　保险事故发生后合同解除

保险人在保险事故发生后解除合同的，不应免除其义务，但告知义务的违反对保险事故的发生及保险人义务的履行产生影响的除外。

第八百五十二条　高风险信息通知义务

1. 合同签订后，风险增加且风险增加会对合同签订造成实质性影响的，投保人有义务将此立即通知给保险人。

2. 在这种情形下，保险人有权在1个月内解除合同或请求适当增加保险费。投保人故意造成危险增加的，保险人可不受1个月期限的限制而终止合同。

第八百五十三条　保险事故发生时的通知义务

1. 在得知保险事故发生后，投保人有义务立即通知保险人。

2. 保险人可在保险事故发生时请求投保人提供确定保险事故或义务范围所需的任何必要信息。

3. 投保人未履行通知义务，但保险人的利益未因此受到实质性损害的，保险人不得以协议方式排除其应负义务。

4. 一旦保险事故发生，保险人的赔款确定后，保险人必须履行其义务。

第二节　保　险　费

第八百五十四条　缴纳保险费的义务

1. 投保人在收到保险单后有义务支付保险费。

2. 保险利益丧失的，保险人可请求支付与所承担的风险期限相应的部分保险费。保险人可以请求获得与所提供服务相应的报酬。

第八百五十五条　首笔保险费

在投保人按时支付首笔或单笔保险费之前，保险人可以不承担其义务。

第八百五十六条　未按时支付保险费

1. 未按时缴纳保险费的，保险人可以书面形式确定两周的支付期限。此时应指明迟延支付的后果。

2. 保险事故发生在期限届满后，且投保人迟于该期限支付保险费或利息的，保险人免于承担其义务。

第八百五十七条　因未按时支付保险费合同解除

投保人未按时支付保险费的，保险人可以提前1个月通知投保人解除合同，在该期限届满无果的，合同解除。

第八百五十八条　终止支付保费

在合同签订后，发现保险人的经济状况明显恶化，以致在发生保险事故后存在无法履行合同义务的现实危险的，投保人可终止支付保险费。

第三节　损 害 保 险

第八百五十九条　金钱损害赔偿义务

保险人应以金钱形式赔偿损失。

第八百六十条　损害赔偿限额

保险人对损害的赔偿只能在保险金额范围内进行。

第八百六十一条　保险比价

1. 保险金额显著超过被保险利益的价值（保险价值）的，投保人和保险人均可请求减少保险金额，以防止超额保险，同时应相应减少保险费。

2. 投保人通过超额投保以获得非法收入为目的而订立保险合同的，该合同无效。保险人在签订合同时不知道合同无效的，合同被宣告无效前投保人支付的保险费应由保险人保留。

第八百六十二条　财产保险的特殊性

为财产投保的，财产的价值应视为保险金额，但存在其他不同情形的除外。

第八百六十三条　利益损失保险

保险还应包含为因发生保险事故而未获得的利益投保，但合同未约定的除外。

第八百六十四条　物的集合保险

如果物是综合投保的，保险应及于构成集合的所有物。

第八百六十五条　保险赔偿金的数额

保险事故发生时保险费超过保险金额的，保险人不负有向投保人支付超过所造成损害的赔偿金的义务。

第八百六十六条　减额或不足额保险　双重保险

1. 保险价值低于保险事故发生时的保险金额（减额或不足额）的，保险人仅应赔偿与保险金额和保险费相当的那部分损害。

2. 同时向多个保险人投保同一保险利益的投保人有义务将此情形立即通知各保险人。

3. 向多个保险人为同一保险利益的相同风险投保，并且投保的总保险金额超过保险价值的，或其他原因，任一保险人在不存在其他保险合同的情形下应支付的赔偿金总额超过全部损失的（双重保险），作为连带债务人的各保险人有义务在各自与投保人签订的合同确定的保险金额限度内承担责任，但投保人获得的总金额不得超过实际损失。

第八百六十七条　双重保险无效

投保人为获得非法收入而购买双重保险的，为此签订的合同都应被视为无效。

第八百六十八条　保险事故发生时投保人的过错

投保人故意或因重大过失造成保险事故的，保险人免于承担义务。

第八百六十九条　执行保险人指示的义务

1. 投保人有义务在保险事故发生时，防止或减少损失，并执行保险人作出的指示。

2. 保险人有义务偿付因执行其指示而产生的费用。

第八百七十条 不可抗力造成的损害的保险

仅在有特别合同约定的情况下，保险人才对不可抗力造成的损害承担责任。

第八百七十一条 第三人导致损害的赔偿请求权

1. 投保人可就发生的损害向第三人主张损害赔偿的，保险人对投保人进行赔偿后，该请求权应转归保险人。投保人放弃对第三人行使请求权的或放弃担保该请求权的权利的，在行使请求第三人赔偿其费用支出的权利或提出请求权而本可获得的数额限度内免除保险人的损害赔偿义务。

2. 投保人的损害赔偿请求权涉及与投保人同住的家庭成员的，该请求权不得转归保险人享有，但损害是由该家庭成员故意造成的除外。

第八百七十二条 被保险财产转让的后果

投保财产被转让的，投保人的权利应转归财产受让人。

第八百七十三条 被保险财产转让的通知义务

转让投保财产须立即通知保险人。受让人或出让人未立即通知保险人的，若保险事故发生在保险人本应被通知之日起 1 个月内，其就可以免于承担赔偿义务。

第八百七十四条 被保险财产转让时保险终止

1. 保险人有权依 1 个月合同解除期间的规定终止与受让人的保险合同关系。保险人在知道财产被转让后 1 个月内未行使该权利的，解除权消灭。

2. 受让人享有合同解除权；受让人仅可立即或在当前保险期间届满后解除合同。受让人在受让财产后 1 个月内未行使该权利的，解除权消灭；受让人不知道财产被投保的，在知道存在保险关系之日起的 1 个月内享有解除权。

3. 保险合同依本条规定终止的，出让人有义务向保险人支付保险费，但数额不超过包括解除合同期间在内的保险期间应当支付的保险费；在此情形下，受让人不承担支付保险费的责任。

第八百七十五条 为他人利益订立保险合同

投保人可以自己的名义为他人的利益与保险人订立保险合同。

第八百七十六条 保险合同中他人的权利

1. 为他人利益投保的，本合同产生的权利属于该人。请求签发保险单的权利仅归投保人享有。

2. 被保险人可以在不征求投保人意见的情况下行使自己的权利，其仅在持有保险单的情况下才可通过法院主张其权利。

第八百七十七条 投保人的权利

1. 投保人可以自己的名义行使合同中属于被保险人的权利。

2. 已签发保险单的，无须被保险人同意即可受领保险金额，但投保人仅在持有保险单的情形下可将权利转让给被保险人。

3. 仅在投保人证明被保险人符合保险合同的情形下，保险人才有义务为被保险人利益支付保险金。

第四节 公民权利责任保险

第八百七十八条 概念

根据民事责任保险合同，保险人有义务使投保人免于承担其对第三人在保险期间产生的债务责任。

第八百七十九条 直接损害赔偿请求权

受害人向保险人主张赔偿请求的，保险人应在其义务范围内直接赔偿损失。

第八百八十条 诉讼费和诉讼外费用

保险应包括根据具体情况，支付为对抗第三人索赔而产生的必要的诉讼费和诉讼外费用。

第八百八十一条 免除保险人的责任

投保人明知会发生引起保险人对第三人承担责任的情形的，可免除保险人的责任。

第八百八十二条 强制保险下的赔偿责任

1. 全部或部分免除保险人对投保人责任的，在法定强制保险下，保险人仍应对第三人承担责任。

2. 保险人已满足第三人请求的，第三人对投保人的请求权应转归保险人享有。

第五节 人寿保险

第八百八十三条 概念

1. 人寿保险可能涉及投保人本人或他人。

2. 为第三人利益签订人寿保险合同的，须经第三人或其法定代理人的书面同意。

第八百八十四条 不得拒绝签订合同

投保人在签订合同时违反其通知义务的，保险人在合同签订后 5 年内不得解除合同。投保人故意不履行通知义务的，允许解除合同。

第八百八十五条　定期缴纳保险费时合同的解除

如果保险费定期缴纳，保险人可随时解除保险关系，但解除权应在当前的保险期间届满前行使。

第八百八十六条　将赔偿请求权转让给第三人

1. 在存储保险中，保险人可将受领权转让给第三人，也可由他人替代第三人，但合同另有约定的除外。有疑义时，当第三人的名称被记载于合同时，有受领权的第三人取缔投保人的权利应当被承认。

2. 享有受领权的第三人仅在保险事故发生时才能行使该权利，但投保人另有指示的除外。

第八百八十七条　不适格的第三人

1. 在存储保险中，第三人的权利与保险人的义务不一致的，该权利仍然归属于投保人。

2. 第三人不行使其在存储保险中取得利益的权利的，该权利仍然归属于投保人。

第八百八十八条　保险人损害赔偿义务的免除

1. 以投保人以外的人的死亡为保险标的签订合同，投保人实施非法行为造成该人死亡的，保险人可免于承担义务。

2. 在以死亡为保险事故的保险中，享有受领权的第三人故意实施非法行为造成被保险人死亡的，丧失受领权。

第八百八十九条　自杀时免于赔偿

1. 在人寿保险中被保险人自杀的，保险人免于承担赔偿义务，但合同另有约定的除外。

2. 投保人的继承人有权请求保险人返还已支付的保险费。

第八百九十条　保险合同的变更

1. 投保人可在当前保险期间届满前随时请求将保险合同更换为终止支付此后保险费的合同。

2. 投保人请求上述替换的，若所收取的保险费被视为一次性支付的保险费，则自此合同中约定的保险金额或受益额将被替换为根据被保险人的年龄确定的数额。

第八百九十一条　保险合同终止时扣除额

人寿保险合同因放弃、解除或上诉而终止的，保险人有义务在其根据该合同收取的保险费范围内返还保险费。在返还时，保险人可进行适当扣除。

第八百九十二条　强制执行的后果

1. 对保险请求权强制执行判决或提起的诉讼涉及保险人支付不能的，被明确指定为受益人的人有权取代保险合同中投保人的地位。受益人参与合同的，其必须清偿债权人的所有债权，或为支付不能提供担保的，担保数额不超过其在合同解除时可向保险人请求的数额。

2. 受益人无意领取保险金或未被以姓名指定的，投保人的配偶或子女享有该权利。

第六节　意外事故保险

第八百九十三条　概念

1. 意外事故保险合同可为投保人本人和第三人订立。

2. 保险合同是由被保险人以外的人签订，但以其为受益人的，适用人寿保险的规定。

第八百九十四条　损害健康的后果

保险人的义务不取决于投保人和第三人对健康的故意伤害（损害），在有相反情形被证明前，推定其不存在主观故意。

第八百九十五条　故意造成事故的后果

1. 在为他人投保时，签订保险合同的人故意采取非法行为造成事故的，保险人免于承担义务。

2. 受益人故意采取非法行为造成事故的，丧失收益权。

第八百九十六条　意外事故通知义务

须向受益人履行义务的，该受益人负有意外事故通知义务，该规定也适用于提供信息义务和移交文件义务。

第八百九十七条　不得行使追索权

投保人无权对造成损害的责任人进行追索。

第二十三章　银 行 服 务

第一节　结　　算

第八百九十八条　概念

1. 根据银行账户合同，信贷机构有义务在客户账户现有资金限度内进行支付，并将收到的款项记入账户中。

2. 根据账户持有人的指示，可以现金方式进行上述交易。

3. 经双方当事人合同，可由账户持有人承担服务费的支付义务。

第八百九十九条　出具账单的义务

1. 信贷机构有义务保存现金和非现金支付的账簿。

2. 信贷机构有义务在合同约定的期限内向账户持有人提供有关账户状态的信息（账单），账户持有人有权随时请求提供该信息。

第九百条　资金划转

信贷机构有义务基于账户持有人的许可或指示从其账户中扣款。未经许可或指示扣款的，信贷机构有义务将造成的损失和错误划拨的金额重新计入账户持有人的账户。

第九百零一条　撤销账户持有人委托的后果

1. 账户持有人有权在未实际转账前取消对信贷机构的委托。在其他情形下信贷机构有义务就账户持有人拒绝支付立即通知相关当事人。

2. 及时取消的，信贷机构有义务将该金额重新记入持有人的账户中。

第九百零二条　保守秘密的义务

1. 信贷机构有义务对其在与账户持有人的业务关系中知悉的账户相关及其他事实保密，但法律另有规定或不侵犯账户持有人利益的普通银行信息除外。

2. 信贷机构的保密义务在合同终止后仍然有效。

第九百零三条　合同终止

1. 双方当事人均可随时终止银行账户合同。

2. 信贷机构仅在账户持有人能够以其他方式获得结算服务的情况下才可以终止协议，但有重大理由必须终止的除外。

第九百零四条　支票付款

基于相应协议，对于由账户持有人签发的支票，信贷机构有义务依土库曼斯坦现行法律在资金限额内支付，对此适用非现金支付合同的约定。

第九百零五条　支票兑现

根据与账户持有人的结算合同，信贷机构在无任何补充协议的情形下，有义务及时承兑账户持有人签发的支票，而在不予承兑的情形下应采取必要的担保措施。

第二节 银行信贷

第九百零六条 概念

根据银行信贷合同，贷款人应以消费借贷的形式向借款人提供有偿贷款或负义务提供有偿贷款。

第九百零七条 银行贷款利率

1. 贷款利率采取固定或可变利率由当事人双方协议确定。

2. 合同约定可变利率，且贷款人可以确定利率的，其有义务基于公平确定此利率。贷款人须随市场利率的上升或下降对信贷利率做相应的增减。

3. 利率改变须与土库曼斯坦中央银行的贴现率保持一致。

4. 在签订信贷合同时，必须确定利率的增减幅度以及利率改变的最小间隔。

5. 贷款人有义务以适当形式通知借款人信贷利率。

6. 未规定年利率的，仅适用法定年利率。在计算年利率时未计支出的费用的，不应补偿该费用。

第九百零八条 法定利率

1. 借款人迟延偿还银行信贷合同约定的款项的，应加收超过同期土库曼斯坦中央银行确定的贴现费的3%的款额。

2. 贷款人因借款人迟延还款而终止银行信贷合同的，享有法定利息支付请求权。该规定不适用于贷款人或借款人在具体情形下有证据证明存在更大或更小损害的权利的情况。

第九百零九条 补充担保的应用

1. 在发放贷款时约定有财产担保或者个人担保的，贷款人可以在借款人未全额偿还贷款的情况下请求其提供补充担保。

2. 债权人应根据借款人的请求，返还超出约定还款限额的担保。

第九百一十条 合同的终止

1. 约定贷款在确定期间采用固定利率的，若利息支付义务在还款期限届满前消灭且未约定新的利率协议，借款人可以终止信贷合同。终止权的除斥期间为1个月。

2. 借款人是消费者，且借款无抵押担保的，合同终止权在收到贷款6个月后产生，终止权的除斥期间为3个月。

3. 10年期限届满后，在任何情况下当事人双方均享有合同终止权。终止权的除斥期间为6个月。

4. 债务人可随时终止浮动利率贷款合同，但应遵守3个月的除斥期间。

第九百一十一条 提前偿还贷款时的损害赔偿

借款人在信贷关系终结前返还贷款的，贷款人可请求相应的损害赔偿。损害赔偿应扣除因提前还款节省的费用，贷款人将信贷资金用于他处可获得的利益或本可获得的但借款人故意使其无法获得的上述利益。

第九百一十二条 分期偿还贷款时信贷关系终止

约定分期还款，且借款人至少连续两次迟延还款的，贷款人可终止信贷关系。在贷款人指定的两周额外还款期间仍未付款的，终止生效。

第三节 存 款

第九百一十三条 概念

1. 信贷机构以接收存款的方式取得存款的所有权，其有义务在存款期间届满时以相同的货币返还存款。

2. 未确定期限的，可随时请求返还存款。

3. 对存款应支付相应利息。

第九百一十四条 信贷机构负责人的责任

1. 存款受益人和信贷机构的负责人有义务向存款人提供银行兑现能力和信贷清偿能力的相关信息。

2. 对提供错误信息有过错或拒绝提供必要信息的人有义务对存款人因错误信息造成的损害进行赔偿。

3. 在宣传手册中或以其他方式公开散布银行兑现能力和信贷清偿能力的相关信息的信贷机构负责人，应承担连带责任。

第九百一十五条 存折

信贷机构发放存折的，其有权以记名或不记名的方式填写。持证人未被授权的，在填写存折时信贷机构无故意或重大过失的，可免除其责任。

第四节 跟单（商业）信用证 跟单托收

第九百一十六条 概念

1. 信贷机构（开证行）有义务应客户（信用证委托付款方）的请求和指示，向第三方（收款方）付款并收回信用证，依该第三人的指示付款或为其出示的汇票付款，或承兑该汇票，或在信用证条件成就的情形下委托其他银行为上述行为。

2. 客户有义务支付约定佣金。

第九百一十七条　托收委托书

基于托收委托书，有权实施托收行为的信贷机构（银行）负有根据客户（委托人）的委托签发商业证券以代替承兑，或在必要时，以代替付款人的付款的义务。

第九百一十八条　国际法惯例

应根据国际法中票据信用证或票据托收的惯例确定双方当事人的权利和义务，但另有约定的除外。

第五节　银行保函

第九百一十九条　概念

基于银行担保，其他信贷机构或保险机构（保证人）依他人（委托人）请求承担书面债务的，根据所承担的条款，基于受益人的书面请求向委托人的债权人（受益人）付款。

第九百二十条　银行保函的报酬

1. 银行保函确保委托人对受益人的义务得以适当履行。

2. 委托人为出具银行担保的保证人支付约定的佣金。

第九百二十一条　保证人对主债务的独立性

银行保函所规定的保证人对受益人的义务，独立于银行保函担保的主债务，即使保函中包含对该债务的说明。

第九百二十二条　银行保函不得撤销

银行保函不可撤销，但保函中另有规定的除外。

第九百二十三条　不得将属于受益人的请求权转让给他人

银行保函中的受益人不得将对保证人的请求权转让给第三人，但保函中另有规定的除外。

第九百二十四条　银行保函的生效

银行保函自其签发之日起生效，但保函中另有规定的除外。

第九百二十五条　提出请求权的形式

1. 受益人请求支付银行保函下的款项的，应以书面形式向保证人提出，并附上保函中规定的文件。受益人应在请求书或其附件中说明委托人对保函所担保的主债务人违反主债务的事实。

2. 受益人须在保证期间届满前向保证人提出请求。

第九百二十六条 担保人在收到受益人请求的义务

1. 在收到受益人的请求后，担保人应立即通知委托人，并向其交付请求书副本和所有相关文件。

2. 担保人应在合理期间内审查受益人的请求书及所附文件，并应合理确定该请求书及所附文件是否符合保函约定的条件。

第九百二十七条 担保人拒绝清偿受益人的请求

1. 请求书或所附文件不符合保函条件的，或受益人在保函确定期限届满后提交向担保人主张的，担保人应拒绝满足受益人的请求。担保人应立即向受益人通知拒绝满足其请求的事实。

2. 在受益人的债权被满足前，担保人知悉银行保函所担保的主债务的相应部分已全部履行的，或基于其他事由终止或无效的，须立即将此通知受益人和委托人。受益人在收到担保人上述通知后再次请求的，应由担保人履行支付。

第九百二十八条 担保人的义务范围

1. 银行保函中规定的担保人对受益人的义务仅以保函所担保支付的数额为限。

2. 担保人不履行或不适当履行保证债务的，对受益人所负的责任不以保函所担保的数额为限，但在保函中另有约定的除外。

第九百二十九条 担保人义务终止事由

1. 担保人对受益人的义务终止事由：

（1）向受益人支付保函所担保的金额；

（2）开具的保函期限届满；

（3）受益人放弃其在保函中的权利并将其返还保证人；

（4）担保人书面确认受益人放弃其权利。

2. 不论担保人是否返还保函，均应根据本条第1款第1项、第2项、第3项规定之事由终止担保人的义务。

第九百三十条 追索权

1. 担保人请求委托人偿还其依银行保函支付给受益人款额的追索权，应由保证人与委托人之间为开具保函所签订的协议来确定。

2. 担保人无权请求委托人返还因违反保函条件或因违反担保人对受益人的义务而向受益人赔偿的款额，但担保人与委托人之间另有约定的除外。

第二十四章　保　　证

第九百三十一条　概念

1. 根据保证合同，保证人应对第三人向债权人履行其义务承担责任。

2. 对将来或附条件的义务也可设定保证。

第九百三十二条　书面形式

1. 为使保证合同有效，须有保证人的书面声明，并在保证文书中注明保证人的最高保证责任金额。

2. 行为人在其职业活动范围内声明保证的，无须遵守书面形式。

第九百三十三条　保证人的义务范围

1. 为确定保证人的义务范围，主债务的内容应是确定的。主债务人过错或迟延致使主债务改变的，适用此规定。主债务人在保证设立后进行的交易不影响保证人的义务范围。

2. 保证人应承担解除合同和法院审理的费用支出，主债务人应向保证人偿还上述费用。

第九百三十四条　拒绝保证

债权人在未尝试向主债务人强制执行前，保证人可拒绝向债权人履行义务。

第九百三十五条　保证人的连带责任

保证人承担连带责任或以其他同等方式承担连带责任的，若主债务人迟延履行或经催告后无果或其明显支付不能，债权人未尝试向主债务人强制执行的也可向保证人提出请求。

第九百三十六条　数个保证人

数人为同一债务设立保证的，即使他们没有共同承担保证，也应作为连带债务人承担保证责任。

第九百三十七条　对以前债权人负担的债务责任

保证人向债权人负义务履行由原债务人所承担的债务的，应当作为一般保证人同主债务人一并向其承担责任。

第九百三十八条　保证人的责任范围

1. 保证人在任何情形下都仅对保证文书中约定的最高保证金额承担责任。

2. 无其他合同约定的，保证人应在上述最高保证金额范围内承担以下责任：

(1) 与主债务相对应的金额，特别是当主债务因主债务人的过错或迟延支付而发生变化时的金额。对于合同约定的违约金或合同终止时约定的全部损害金额，保证人仅在有特别约定的情形下才承担责任。

(2) 保证人可能有以履行义务的方式避免支付合同终止费用及诉讼费的，应由主债务人偿付。

(3) 合同明确约定的主债务人应支付的利息。

第九百三十九条　保证人的抗辩

1. 保证人可向债权人主张属于主债务人享有的抗辩权。主债务人死亡的，保证人不得援引继承人对该债务的有限责任。

2. 主债务人放弃抗辩权的，保证人不丧失抗辩权。

第九百四十条　依据可争议性和抵销可能性的抗辩

1. 主债务人有理由对其债务的基础交易提出异议的，保证人可拒绝向债权人履行义务。

2. 债权人能够通过抵销使应追索的主债务人的债权得以清偿的，保证人也享有同样的权利。

第九百四十一条　减轻保证人责任

债权人减少抵押权、其他形式的担保或优先权，且损害保证人利益的，应依前述减少的相应数额减轻保证人的责任。

第九百四十二条　主债务人逾期支付的后果

1. 主债务人逾期支付的，债权人须将此通知保证人。债权人须依保证人请求随时向其提供有关主债务状况的信息。

2. 债权人未履行上述任一行为的，其将丧失对保证人的请求权，但以未履行可能造成的损失为限。

第九百四十三条　无期限保证合同的终止

1. 保证合同是长期的，保证人有义务遵守3个月的合同终止期间的规定。

2. 固定期限保证合同满5年后，可终止合同，但要遵守3个月期限的规定。

3. 单方终止合同的，保证人有义务履行终止前的应负义务。

第九百四十四条　保证人的豁免请求权

1. 保证人为主债务人设立保证的，或根据无因管理之规定因设立保证而对主债务人享有代理权的，保证人可以在下列情形下向主债务人请求免除保证责任：

（1）主债务人的财产状况实质性恶化；

（2）保证设立后，主债务人的住所地、营业地或居住地变更致使法院对其的审理存在困难的；

（3）债权人已取得法院对保证人的强制执行判决的。

2. 主债务的履行期限尚未届至的，主债务人可向保证人提供相应的担保，以免除保证人责任。

第九百四十五条　向保证人转移请求权

保证人已满足债权人请求权的，债权人对主债务人的债权应转移给保证人。债权移转不得损害债权人的利益。主债务人基于其与保证人之间的法律关系而提出的抗辩不受此影响。

第二十五章　活期账户（往来账户）

第九百四十六条　概念　内容

1. 根据往来账户合同，双方当事人有义务将其商业关系中所产生的有关付款的债权和债务记入同一账户中，且在账户定期结算前不得单独履行。

2. 往来账户的结余应在约定期限内支付。账户结算后，账户余额所属方未请求支付的，该余额应记入往来账户中。

3. 账户结算产生结余请求权，在执行过程中，结余请求权将取代来往账户中的请求权。

4. 应每年进行一次账户结算，但有其他约定的除外。

第九百四十七条　往来账户的撤销

有疑义时，双方当事人可随时撤销往来账户并进行结算。

第九百四十八条　支付利息

依规定付款的，应在法律规定的利率范围内支付利息，但合同另有约定的除外。

第九百四十九条　往来账户债权项下的人保或物保

1. 记入往来账户的债权有人保或物保的，即使在结算后，债权人也可以结余担保清偿其债权。

2. 本条第1款的规定同样适用于有连带债务人的债权。

第二十六章 债 务

第一节 无记名债券

第九百五十条 概念

1. 债券持有人可请求签发载有向持有人履行债务内容的债券（无记名债券）的人履行，但持有人无权处分该债券的除外。

2. 债券上签名的有效性，可以通过债券上记载的规定是否符合某种特殊形式来判断。可以任何技术上可行的方式签名。

第九百五十一条 债券发行人的抗辩

债券发行人只能基于债券发行有效性的相关事由，或基于产生于债券文本的事由，或基于以发行人与持有人之间的直接关系为依据的事由向债券持有人主张抗辩。

第九百五十二条 权利转让的规则

1. 债券所赋予的权利是依照动产转让规则进行转让的。该权利也可以根据与第三人签订的合同进行转让。

2. 以任何方式获得遗失债券的人都被视为该债券的合法持有人，除非其在取得该债券时具有恶意或重大过失。

第九百五十三条 向持票人的索赔

1. 发行人可以其未发行无记名债券为由对任一持有人持有的债券有效性提出异议。此外，其可向持有人提出由债券引起的抗辩。

2. 发行人使用技术手段在债券上签字的，其不得以其无权使用该手段为由对持有人提出抗辩，但持有人知道签名是伪造的或具有过失的除外。

3. 债券被原持有人转让给他人的，发行人不得因其与原持有人的直接关系而对后任持有人提出抗辩，但债券后任持有人恶意或重大过失损害发行人利益的除外。

4. 抗辩非基于直接关系产生的，发行人仅能对取得债券时具有恶意或重大过失的持有人提出抗辩。

第九百五十四条 债券发行人的义务

1. 发行人仅在债券交付与其时有义务履行其义务。

2. 违约的债务人，如果不是故意或重大过失，并能证明持有人有恶意的，应免除其债务。

第九百五十五条　转为记名债券

将无记名债券转为某个符合条件的人名下的记名债券，仅能由发行人完成。但后者无义务为此行为。

第九百五十六条　重新发行

无记名债券因毁损而不适合继续流通的，若可以确定债券的基本内容和独特标志，持有人可请求发行人向其提供新的无记名债券，同时返还毁损的债券。持有人应承担所有费用，且须预先支付。

第九百五十七条　认定债券无效

1. 丢失或毁损的无记名债券可由法院宣告无效，但债券中另有规定的除外。

2. 发行人有义务依最后持有人请求向其提供法院审理案件以及禁止付款的全部信息，并出具必要的证明。出具证明的费用须由最后持有人承担。

第九百五十八条　认定债券失效的后果

无记名债券被宣告无效的，为其利益作出终止债券效力决定的人可向发行人请求签发新的无记名债券，以代替被宣告无效的无记名债券，其依债券提出主张的权利不受影响，由其承担因此产生的全部费用并预先支付。

第九百五十九条　时效期限

1. 基于无记名债券所产生的请求权应在债券履行期届满后30年终止。

2. 发行人可在债券中规定不同的时效期限和起算时间。

3. 为保护债券持有人的利益，消灭时效的起算时间和经过应因持有人声明禁止向其付款而中止。

第九百六十条　未指示债权人的无记名债券

签发未指定债权人债券的发行人，在能够证明其打算对持有人承担义务的情形下，应相应适用本法第950条第1款、第952条至第954条以及第959条之规定。

第二节　指 示 债 券

第九百六十一条　概念

1. 发行人承诺在持有人出示债券时即向指定的人进行支付，并可以指示债券的发行形式。

2. 可以任何技术上可行的方式签名。

第九百六十二条　背书

1. 权利可以通过背书和发行债券的方式转让。

2. 应在债券上或以附件形式进行背书。

3. 背书无须标注背书人的名称，可仅有签名（空白背书）。债券的有权持有人可以自己或他人的名义完成空白背书，签发空白债券，或为特定人进行后续背书。

第九百六十三条　权利转让

指示债券是通过背书取得的，应相应适用本法第953条之规定。

第九百六十四条　履行请求权

有连续背书证明的指示债券的持有人可请求履行，以替代根据承诺已签字的债券，但该持有人未被授权的除外。

第九百六十五条　向不适格人支付的后果

向通过连续背书证明其权利的不适格人支付的，可免除债务人的责任，但其具有故意或重大过失的除外。

第九百六十六条　债券的更换和失效

在指示债券上对大额债权设立担保的，应相应适用债券发行规则和债券无效宣告规则。

第九百六十七条　请求权的时效期限

基于指示债券产生的请求权的时效期限适用无记名债券请求权时效期限的规定。

第三节　个 人 债 务

第九百六十八条　概念

1. 以特定人名义制作的证券，只有以债务人仅在该特定人交付债券时才有义务支付为条件的才可发行。

2. 债券中指明的权利应按照为该权利设置的规定进行转让，但另有规定的除外。

3. 债券丢失或毁损的，除另有规定外，均应通过特别程序宣告无效。该规定不适用于小额权利债券丢失的情形。

第九百六十九条　交易和付款的有效性条件

以特定人名义签发的债券中载有可向任何持有人支付的指示的，若债务人不具有故意或重大过失，债务人与债券持有人之间的事实交易和付款均有效。

第二十七章 共同活动（合伙）

第九百七十条 概念

根据合资业务合同（合伙合同），其参与者有义务以协议中确定的方式为实现共同目标而相互促进。

第九百七十一条 合伙合同

1. 合伙合同可以书面或口头形式订立。

2. 以书面形式订立的合同应包含以下事项：

（1）各参与人的姓名及其住址；

（2）合伙的类型及目的的相关信息；

（3）参与人的权利和义务；

（4）管理机构的结构和职能；

（5）各参与人之间的收益分配和损失分担的规则和条件；

（6）退出合同的程序；

（7）合伙的存续期间；

（8）合同终止和剩余资产分配的程序。

第九百七十二条 合伙人的出资

1. 合伙企业的合伙人应按协议的约定出资。未确定出资金额的，合伙人应以同等份额出资。

2. 可以金钱、财产或服务出资。

第九百七十三条 合伙人的共同财产

1. 合伙企业中参与人的出资和合伙企业在经营中取得的物品，构成参与人的共同财产。

2. 基于合伙财产的权利，因为被毁坏、损坏或侵夺合伙财产而取得的补偿也是合伙财产。

第九百七十四条 不得向第三人转让份额

1. 未经其他参与人同意，不得将其财产或权利份额转让给第三人。仅在存在正当事由时才允许不经同意的转让。

2. 其他参与人有权优先收购转让给第三人的权利份额。

第九百七十五条 事务执行

1. 合伙企业事务的执行以及对第三人的代表合伙，由所有合伙人共同行为；

每次交易均须全体合伙人的同意。根据合伙协议决定由多数票做出决议的，多数票是按合伙人总数而非出资额来计算。

2. 根据合伙协议授权由全体或数位合伙参与人执行合伙事务，其中任一人均有权单独执行合伙事务的，任一参与合伙人可就其他参与人缔结的交易提出异议。被提出异议的交易不可缔结。

3. 根据合伙协议授权由一个或数个合伙人执行合伙事务的，其余合伙人不得执行合伙事务。

4. 存在重大事由的，经其他合伙人的多数决议可剥夺合伙人执行合伙事务的权利；该事由特指公然违反义务或无能力执行合伙事务。

5. 执行事务的参与合伙人的权利和义务应依委托合同之规定确定，但合伙合同另有约定的除外。

第九百七十六条　利润和亏损分担

无法确定参与人利润分配和亏损分担的，应根据其出资额确定。

第九百七十七条　合伙人的权利不可转让

参与合伙人基于合同相互享有的请求权不得转让给第三人。

第九百七十八条　拒绝合伙合同

1. 除非合同中规定了合伙期限，否则各合伙人均可随时拒绝合伙合同。规定期限的，仅存在重大事由时，才可在期限届满前退出合伙协议；重大事由特指参与合伙人之一因故意或重大过失违反合同约定的主要义务，或该义务已履行不能。

2. 合伙人之一退出合伙协议，其在合伙企业中的财产份额应转归其他合伙人。后者有义务向退出的合伙人返还其交由合伙企业使用的物，并向该合伙人支付若合伙企业在其退出时已解散，其本应从共同财产分割中获得的金额。合伙人之一退出时，合伙企业共同财产的价值不足以清偿共同债务和返还出资的，退出的合伙人有义务依其应承担的亏损份额向其他合伙人补充所缺的金额。

3. 改变上述规定以限制或排除合同解除权的协议是无效的。

第九百七十九条　合伙终止事由

1. 合伙终止的事由有：

（1）协议确定的合伙期限届满；

（2）全体合伙人的决定；

（3）对合伙企业的共同财产启动破产程序；

(4) 合同约定的合伙目标已实现，或目标实现不能。

2. 合伙协议也可以规定其他终止事由：

(1) 参与合伙人之一死亡；

(2) 参与合伙人之一支付不能。

第九百八十条　合伙终止的程序

1. 合伙终止后，应在参与人之间对合伙企业的财产进行分割。合伙终止后，应完成未完成的交易。

2. 合伙共同财产应首先清偿共同债务。共同资产不足以清偿共同债务和返还出资的，合伙参与人有义务按其亏损份额补足所缺金额。合伙参与人之一无力补足其应承担的份额的，应由其他合伙人按同一比例偿付。

第二十八章　终身赡养

第九百八十一条　概念

承担提供终身赡养费的人（赡养人）应当为受益人（被赡养人）终身提供赡养费。终身赡养费可以现金或实物形式设立（住房、食物、扶养和其他必要协助）。

第九百八十二条　合同的形式

终身赡养合同必须以书面形式订立。基于终身赡养合同转让的不动产须进行公证。

第九百八十三条　赡养费数额

终身赡养费的数额应由双方协议确定。

第九百八十四条　赡养期限

赡养期限应依其性质和目的由双方协议确定。

第九百八十五条　已转让财产不得让与

1. 被赡养人在世期间，未经其同意，赡养人不得转让、抵押或以其他方式在所转让的财产上设定负担。不得将该财产执行扣押用于清偿赡养人的债务。

2. 被赡养人将不动产转让于扶养人的，为担保债权其对该财产享有抵押权。

第九百八十六条　终身赡养合同的异议

他人在法律上有权从赡养人处取得赡养费，但因扶养人签订争议合同而无法取得赡养费的，其可对终身赡养合同提出异议。合同终止时，财产应返还给被赡养人。

第九百八十七条　转让财产意外毁损或灭失的风险

转让于扶养人的财产意外毁损或灭失的，不应免除其提供扶养费的义务。

第九百八十八条　终身赡养合同的撤销

1. 当事人因违反合同义务而使双方关系难以维持的，或者因其他重大事由合同极难或无法延续的，赡养人和被赡养人均可拒绝终身赡养合同。

2. 合同终止后，转让的不动产应返还被扶养人，赡养人在合同终止前支出的费用不应予以补偿，但合同另有约定的除外。

第九百八十九条　赡养人死亡的后果

赡养人死亡的，提供赡养费的义务应转归接受转让财产的继承人。继承人拒绝承担该义务的，合同终止，转让财产返还被赡养人。

第二十九章　游戏　赌博

第九百九十条　无债务

游戏和赌博不产生任何债务。请求返还基于游戏和赌博已履行的财物的，不予支持，因为本债务不存在。

第九百九十一条　博彩和抽奖

博彩或抽奖是经国家批准的，博彩或抽奖合同一经签订即具有履行约束力。

第九百九十二条　差额交易

以交付货物或转让有价证券为标的的合同，其订立目的是让输的一方向赢的一方支付合同约定的价格与交付时交易所价格或市场价格之间的差额，该合同应被视为赌博。该规定同样适用于仅一方当事人有支付差额的意图，但另一方知道或应知道该意图的情形。

第三分编　法定债的关系

第一章　共　有　权

第九百九十三条　概念

权利由数人按确定份额共同享有的，适用本章规定，但法律另有规定的除外。

第九百九十四条　份额平等

各所有人享有相同份额，但法律有特别规定的除外。

第九百九十五条　对孳息享有的权利

1. 各所有人均享有相应的孳息份额。

2. 各所有人均有权以不妨碍他人使用的方式使用共有物。

第九百九十六条　共有物的管理

1. 共有物由各所有人共同管理。

2. 各所有人均有权采取维护共有物的必要措施，无须经其他所有人同意。

第九百九十七条　共有物管理中的决议

1. 共有物的管理和使用可依其性质以多数票决定。多数票应按份额计算。

2. 任一所有人可为公平考虑请求按全体所有人利益来管理和使用共有物，但以协议或多数票决作出规定的除外。

3. 未经所有人同意，不得减少其份额使用权。

第九百九十八条　共有物管理规定扩张适用于法定继承人

各所有人已确定共有物的管理和使用规则的，这些规则同样适用于其法定继承人。

第九百九十九条　共有物的处分方式

各所有人均可处分其份额，而对共有物的处分只能共同处分。

第一千条　维护共有物的费用

对其他所有人而言，任一所有人均有义务按其份额承担与共有物有关的费用。

第一千零一条　共有权的撤销

1. 任一所有人均有权请求撤销共有权。

2. 如果协议永久性地排除或限制了要求终止协议的权利，在有正当理由的情况下，仍可要求终止协议。

3. 违反上述规定排除或限制终止权利的协议无效。

第一千零二条　撤销共有权协议

如果在一定期间内排除份额所有人要求撤销共有权的，协议在份额所有人死亡时失效，但协议另有约定的除外。

第一千零三条　实物分割时共有权的撤销

共有物（或多个物）可被分割成同质的部分且不降低其价值的，共有权因实物分割而撤销。份额所有人之间平等份额的分配应通过抽签方式进行。

第一千零四条 通过转让方式撤销共有权

1. 实物不能分割的，共有权应通过出售共有物、出售抵押物或土地，分配其收益来终止该权利。不动产强制买卖规则应适用于该土地。不得将共有物转让给第三人，须在份额所有人之间公开拍卖共有物。

2. 共有物未售出的，任一份额所有人可请求再次拍卖；此时，再次拍卖仍未达成的，应由该份额所有人承担费用。

第一千零五条 份额所有人的连带责任

1. 各所有人依照本法第1000条的规定按其份额和比例履行，或以履行此债务为目的而承担连带债务的，任一份额所有人均可在共有权撤销时请求以共有物清偿债务。

2. 为清偿债务须出售共有物的，应根据本法第1004条的规定进行出售。

第一千零六条 对共同所有人债权的清偿

某所有人依共有权对另一所有人提出请求的，其可在共有权撤销时，请求从应付给债务人的那部分共有财产中清偿其债权。

第一千零七条 共有权终止时份额所有人的责任

共有权撤销时，共有物被转让给份额所有人之一的，其余份额所有人应根据其份额，以与卖方相同的方式对该物品或权利的瑕疵负责。

第一千零八条 共有权撤销的请求权时效期间

共有权撤销请求权不受消灭时效的限制。

第二章 无因管理

第一千零九条 管理他人事务的义务

未受他人委托或未经授权而为其（本人）管理事务的人（管理人），有义务按照所有人的利益要求处理事务，但要符合所有人的实际或预期的意愿。

第一千零一十条 为预防危险管理事务

1. 以防止发生可能危害本人的现实危险为目的管理事务的，管理人仅对故意和重大过失承担责任。

2. 为防止现实危及他人人身或财产的危险时进行的事务管理不属于管理人的法定义务，管理人因此造成的损害须由引起危险的人或事务管理的受益人予以赔偿。

第一千零一十一条　通知义务

管理人有义务在管理事务时能够通知的第一时间通知本人，并等待其作决定，但拖延会造成不利后果的除外。

第一千零一十二条　提交完成工作的报告

管理人有义务向本人提交事务管理报告，并向本人返还事务管理的全部所得。

第一千零一十三条　费用赔偿

事务管理符合本人利益和实际或预期意愿的，管理人有权请求偿还其支出的费用。

第一千零一十四条　不得赔偿的费用

管理人管理事务的行为违反本人利益和实际或预期意愿的，不得请求偿还其支出的费用。管理人对此明知而为的，其有义务对管理事务所造成的损害进行赔偿。

第一千零一十五条　履行自己事务的推定

误将他人事务当作自己事务而进行管理的，不适用本章规定。

第三章　不当得利

第一千零一十六条　返还义务

一人无法律上的依据因他人给付或以其他方式由后者承担费用而取得任何财物的，其有义务向该人返还所取得的财物。在下列情形下也存在上述义务：

(1) 法律依据嗣后失效，或根据交易内容履行未达到目的；

(2) 在延长期限内因债权清偿不能而对该请求权提出抗辩。

第一千零一十七条　不可能返还请求

在下列情形下不能提出返还为履行债务而提供的财产：

(1) 明知无给付义务而给付的；

(2) 基于道德上的义务或为遵守礼仪的要求而给付的；

(3) 诉讼时效期间届满。

第一千零一十八条　未达到结果

结果自始不可能实现，且履行给付的人对此明知或者恶意阻碍结果实现的，不得因履行所追求的结果未实现而请求返还。

第一千零一十九条　不当得利的实物返还

1. 不当得利人所取得的财产应以实物形式返还受害人。

2. 在知道或应当知道存在不当得利后，无法律依据取得的财产发生短缺或毁损的，不当得利人应向受害者承担责任。在此之前，不当得利人仅对故意或重大过失承担责任。

第一千零二十条 不当得利价值赔偿

1. 不能以实物形式返还不当得利的，不当得利人应向受害人赔偿取得该财产时财产的实际价值，不当得利人知道不当得利后未立即赔偿的，还应赔偿因财产价值后来发生变化所造成的损失。

2. 无意获取他人财产或他人服务，但无依据地临时使用他人财产或接受他人劳务的人，应按使用结束时和使用发生地的现有价格，赔偿受害人因自身使用所得的利益。

第一千零二十一条 无依据将权利转让给他人的后果

基于非财产之债或无效之债以转让请求权或其他方式将属于其所有的权利转让给他人的人，有权请求恢复原状，包括请求返还证明所转让权利的文件。

第一千零二十二条 赔偿受害人未取得的收益

1. 不当得利人有义务返还或赔偿受害人自其知道或应当知道不当得利时从该财产中取得或本应取得的全部收益。

2. 对不当取得的金钱应当计算自不当得利人知道或应当知道不当得利时起使用他人资金的利息。

第一千零二十三条 应返还的财产支出费用的补偿

在不当得利人返还不当得利或赔偿价值时，不当得利人有权请求接收人偿还自其有义务返还利益时起维护和保存该财产所需的必要费用。不当得利人故意扣留应返还财产的，丧失费用偿还请求权。

第一千零二十四条 在知悉缺乏法律依据时加重责任

1. 不当得利人在取得财产时知道或嗣后知道缺乏取得的法律依据的，自取得或不当得利人知道缺乏法律依据时起产生不当得利的返还义务，此时的返还请求权已被司法程序认可。

2. 不当得利人因接受履行而违反法律禁止性规定或违背善良风俗的，其自接受给付之日起负有返还义务。

第一千零二十五条 无权限人的处分

1. 无权限人处分标的物且该处分对权利人有效的，前者有义务向权利人返还因该处分而取得的利益。处分结果具有无偿性质的，由基于该处分直接获得合法利益的人承担责任。

2. 向无权限人给付，且该给付对权利人有效的，无权限人有义务返还权利人其因该给付而取得的利益。

第一千零二十六条　违反法律或公序良俗的履行

给付目的是通过因接受给付该人会违反法律或善良风俗的方式实现的，不当得利人有义务返还所得利益。给付人自身对这种违反有过错的，其不得请求返还，但给付是受领债务的除外；不得请求返还以履行这种债务为目的所提供之物。

第四分编　侵权行为之债

第一章　一 般 规 定

第一千零二十七条　概念

以非法、故意或过失行为造成他人损害的人有义务赔偿因此造成的损害。

第一千零二十八条　传播有害信息的后果

1. 某人因故意或重大过失传播或公开明显是虚假的信息，而对他人财产造成损害的，该人负有赔偿义务。

2. 信息传播人自身或信息接收人获取该信息具有正当利益的，且信息传播人不知道是虚假信息而传播的，不负损害赔偿义务。

第一千零二十九条　未成年人的致害责任

1. 未满 10 岁的人不承担其对他人造成损害的责任。

2. 年满 10 岁的未成年人，在造成损害时不能辨识其行为意义的，不承担其对他人造成损害的责任。

3. 父母或对未成年人负有监护义务的人有义务为未成年人的不法行为对他人造成的损害予以赔偿。但监护人不能阻止损害发生的除外。

第一千零三十条　精神病人造成损害的赔偿

1. 痴呆患者或精神病人的非法行为给他人造成损害的，不负损害赔偿责任。

2. 对加害人负有监护义务的人，有义务对造成的损害予以赔偿，但监护人不能阻止损害发生的除外。

第一千零三十一条　暂时性精神失常造成的损害赔偿

暂时处于无意识或精神错乱状态的人，不负损害赔偿责任。该人采用酒精饮料、麻醉品或类似手段使自己陷入这种状态的，不免除其责任，但非其过错致使其处于该状态的除外。

第一千零三十二条　职务行为造成的损害赔偿

某人有义务对其雇员在履行劳动（职务）职责中的非法行为给第三人造成的损害予以赔偿。雇员行为没有过错的，不负赔偿责任。

第一千零三十三条　造成损害的连带责任

1. 数人造成损害的，应作为连带债务人承担损害赔偿责任。

2. 直接造成损害的人、教唆或协助造成损害的人，以及故意利用对他人造成损害的人，均应承担损害赔偿责任。

第一千零三十四条　因车辆运营造成的损害赔偿

1. 车辆运行造成人员死亡、重伤、健康受损或财产损失的，运输乘客和运送货物的车辆所有人对因此造成的损害负有赔偿义务。

2. 损害是由不可抗力造成的，不产生本条第1款规定的损害赔偿义务，但损害是在航空运输中产生的除外。

3. 未经所有人同意使用其运输工具的人应替代所有人承担损害赔偿义务，但所有人过错致使其使用运输工具的，所有人负有损害赔偿义务。所有人指使使用人驾驶运输工具或者所有人将运输工具转让于使用人的，不适用第3款第1句的规定。

第一千零三十五条　建筑物引发危险造成损害的责任

1. 如果建筑物因其生产、放置或供应的能源或易燃或易爆、有毒或有毒物质而构成特殊危险，如果该危险的实际发生导致人员死亡、受伤或健康不良或货物损坏，则该建筑物的所有者应赔偿受害者因此造成的损失。易燃、易爆、有毒、有害物质导致危险增加的，上述物质所有人同样应对损害负责。

2. 建筑物或物因本条第1款规定以外的其他情况而危险增加的，建筑物或物的所有人对危险发生造成的损害负有类似赔偿义务。

3. 损害是在建筑物所有人的占有范围外或在其地块范围外发生的，则不产生本条第1款所述的损害赔偿义务。

4. 损害是由不可抗力造成的，不产生本条第1款规定的损害赔偿义务，但损害是由输电线路故障或石油、天然气、水或石油运输管道损坏造成的除外。

5. 使用放射性物质造成的损害应由使用该物质的人予以赔偿。

第一千零三十六条　灭火时产生的损害赔偿

在灭火和防止火势蔓延至邻近住房和建筑物时对他人造成的损害，应由对火灾的发生有过错的人负赔偿责任。

第一千零三十七条　不得排除损害赔偿义务

1. 本法第 1034 条和第 1035 条规定的损害赔偿义务，涉及自然人的，不得事先排除或限制。该规定同样适用于对事物造成的损害，但赔偿义务人与法人之间达成责任免除或限制协议的除外。

2. 违反本条第 1 款规定的合同无效。

第一千零三十八条　动物造成的损害赔偿

动物对人的生命、身体的不可侵犯性，健康或财物造成损害的，动物的饲养人对受害人因此遭受的损害负赔偿义务。损害是由用于进行职业、商业活动或获取饲养人生活资料的家养动物造成的，且动物饲养人在监管动物时已在民事流转上尽到了必要的注意，或尽管已尽到类似的注意但仍造成该损害的，不产生损害赔偿义务。

第一千零三十九条　建筑物倒塌造成的损害赔偿

1. 建筑物或构筑物的所有人有义务对建筑物或构筑物的全部或部分倒塌造成的损害进行赔偿，但损害是由建筑物或构筑物的维护不当或瑕疵造成的除外。

2. 损害是由从建筑物中抛出、脱落或倾泄之物造成的，相关住宅的居住者应承担责任，但损害的发生是因不可抗力或受害人的过错造成的除外。

第一千零四十条　公职人员致害的国家责任

1. 公职人员故意或过失违反对第三人所负的公务义务的，国家或该公职人员所在机关有义务赔偿因此造成的损害。在故意或重大过失的情形下，公职人员与国家承担连带责任。

2. 受害人因故意或因重大过失未尝试通过法律手段避免损害的，不产生损害赔偿义务。

3. 因非法定罪、非法追究刑事责任、非法适用羁押措施或具结不得离境，或以拘留或劳动教养作为行政处罚对公民名誉造成损害的，不论调查、预审、检察院和法院的机关负责人是否存在过错，国家都应予以赔偿。上述人员具有故意或重大过失的，应与国家承担连带责任。

第一千零四十一条 受害人死亡情形下的损害赔偿

1. 受害人死亡的，侵权人应通过向依靠死者扶养的人支付扶养费的方式赔偿损害。该支付义务在受害人负有提供扶养费义务期间均有效。

2. 存在重大事由的，可以一次性赔偿代替协议扶养义务。

第一千零四十二条 医疗机构造成的损害赔偿

医疗机构在治疗期间造成他人健康受损的（因外科手术、错诊等），应依一般事由进行赔偿。致害人能够证明损害非因其过错发生，应免除其责任。

第一千零四十三条 诉讼时效期间

侵权行为引发的损害赔偿请求权的诉讼时效期限为3年，自受害人知道损害或损害赔偿义务人时起计算。

第二章 质量不合格产品的致害责任

第一千零四十四条 质量不合格产品制造者的责任

1. 不论与受害人之间是否存在合同关系，质量不合格产品制造者，均应对该产品造成的损害承担责任，但下列情形除外：

（1）未将产品投入流通；

（2）依具体情形可推定引起损害的瑕疵在产品流通期间不存在；

（3）非销售或其他经济目的，也非在其商业范围内制造产品；

（4）产品存在瑕疵，但符合投入流通时现行有效的规定；

（5）基于产品投入流通时的科技水平，无法识别出瑕疵。

2. 瑕疵是由产品组成部分的产品结构引起的，或是该部分是依照该产品制造者的指示制造的，可免除该部分制造者的责任。

3. 损害是因受害人或责任人的过错行为造成的，应减少甚至免除制造者的赔偿责任。

4. 损害是因产品瑕疵和第三人行为共同造成的，应减少制造者的赔偿责任。

第一千零四十五条 质量不合格产品的概念

1. 产品不能保障在所有情形下具有预期可靠性的，应被视为质量不合格。

2. 不应仅因嗣后有质量更好的产品投入流通而认为先前产品质量不合格。

第一千零四十六条 产品的概念

1. 根据本法，任何构成其他动产或不动产一部分的动产以及电力均为产品。

来自农耕业、畜牧业、养蜂业或养鱼业的未加工的农产品（天然农产品）不是产品。该规定同样适用于通过狩猎获得的产品。

2. 根据本法，制造者是指制造成品、产品的主要部件或部分的人。制造者行业包括所有以自己姓名、商标或其他显著标志标注自己为制造者的人。

3. 在其活动领域内以销售、出租、融资租赁或其他经济目的形式带来转移产品的人也应被视为制造者，但须符合本法规定。

4. 无法确定制造者的身份的，任一供应方均为制造者，但其在接到请求后的一个月内提供制造者或向他提供产品的人的身份信息的除外。该规定也适用于已知制造者姓名，但无法确定最初销售者的进口货物。

第一千零四十七条　举证责任

质量不合格产品造成损害的举证责任由受害人承担。

第一千零四十八条　连带责任

数个制造者对同一损害负有损害赔偿责任的，应作为连带债务人承担责任。

第一千零四十九条　健康受损的损害赔偿

根据本法第 1044 条规定，损害赔偿义务中的损害应包括死亡、健康受损或身体受损。

第一千零五十条　诉讼时效期间

1. 根据本法第 1044 条规定，请求权的诉讼时效期限为 3 年，自有权获得赔偿的人知道损害、瑕疵或赔偿义务人之时起计算。

2. 根据本法第 1044 条规定，请求权应自制造者将致害产品投入流通之时起 10 年后消灭。

第一千零五十一条　不得排除责任

不得事先排除或限制制造者对质量不合格产品的责任。违反该规定的合同无效。

第六部分　乌克兰债法

（郝　妍　译　邓社民　周盛杰　校对）

乌克兰债法于2003年1月16日生效，经历5次修改和补充。此文本是根据2022年12月1日的文本翻译而成。

目　录

第五编　债　　法

第一分编　债 的 总 则

第四十七章　债的概念和债的当事人

第五百零九条　债的概念和产生根据

1. 基于债的关系，一个人（债务人）有义务为他人（债权人）的利益实施一定的行为（移交财产、完成任务、提供服务、支付金钱等）或者不实施一定的行为，而债权人有权要求债务人履行义务。

2. 债基于本法第 11 条规定的理由而产生。

3. 债的产生必须遵守诚实守信原则、合理原则和公平原则。

第五百一十条　债的当事人

1. 债的当事人是债务人和债权人。

2. 债务人或债权人可以是一人，也可以是多人。

3. 债的每一方当事人都有权利和义务，他在为另一方的利益而必须做的事情上是债务人，他在有权要求另一方当事人实施一定的行为时是债权人。

第五百一十一条　债的第三人

债不对第三人产生义务。在合同约定的情况下，该债务可能会引起第三人对债务人和（或）债权人的权利。

第五百一十二条　变更债权人的事由

1. 债务中的债权人可能因为以下事由被其他人替代：

（1）根据合同，债权人将债权转让给第三人（请求权的转让）；

（2）继承；

（3）由保证人或抵押人（财产保证人）履行了债务人的债务；

（4）由第三人履行债务人的债务。

2. 在法律规定的其他情况下，也可以变更债权人。

3. 合同约定或者法律规定不得变更债权人的，不得变更。

第五百一十三条　债权人更换的合同形式

1. 变更债权人的合同形式，应与债务产生的合同形式相同，将债权转让给新的债权人。

2. 变更债权人需要办理登记手续的，必须依法登记，但法律另有规定的除外。

第五百一十四条　转让给新债权人的权利范围

原债权人的权利应当以债权转让时存在的范围和条件转让给新债权人，但合同另有约定或者法律另有规定的除外。

第五百一十五条　债权人不得变更

在与债权人个人密不可分的债务中，特别是在对残疾、健康伤害或死亡造成的损害进行赔偿的债务中，不允许更换债权人。

第五百一十六条　债权人更换的程序

1. 债权人的变更不需要经过债务人同意，但合同另有约定或者法律另有规定的除外。

2. 如果没有书面通知债务人变更债权人，则新债权人承担由此产生不利后果的风险。在这种情况下，债务人向原债权人履行债务被视为向新债权人的适当履行。

第五百一十七条　新债权人权利证明

1. 原债权人必须向新债权人转让其所转让的债权的证明文件，并有义务告知新债权人关于行使债权的重要信息。

2. 在债务人收到债权转让给新债权人的证明文件之前，债务人有权不向新债权人履行债务。

第五百一十八条　债务人对新债权人的抗辩权

1. 债务人有权对新债权人的债权在收到变更债权人的书面通知时对原债权人

提出抗辩。

2. 如果债务人没有接到债权转让的书面通知，则债务人有权对新债权人的请求主张其对原债权人的抗辩。如果债务人在新债权人向他提出请求之前已经履行了债务，则债务履行完毕。

第五百一十九条　原债权人的责任

原债权人应就转让债权的无效性对新债权人负责，但不对债务人不履行债务负责，除非原债权人为债务人履行债务向新债权人作了担保。

第五百二十条　债务人的更换

债务人必须经债权人同意才可以转让债务（债务转移），但法律另有规定的除外。

第五百二十一条　债务人更换的合同形式

债务转让的合同形式适用本法第513条的规定。

第五百二十二条　新债务人对债权人债权的抗辩

新债务人有权对债权人的请求提出基于债权人与原债务人之间关系的所有抗辩。

第五百二十三条　保证或者抵押担保的债中债务人更换的法律后果

1. 如果保证人或抵押人不同意为新的债务人提供担保，则在债务人更换后，由其他人设定的保证或抵押终止。

2. 原债务人设立的抵押在债务人更换后继续有效，但合同或者法律另有规定的除外。

第五百二十四条　债务货币

1. 债务应以乌克兰的货币单位——格里夫纳表示。

2. 当事人之间可以确定债务的外币等值。

第五百二十五条　不允许单方面拒绝履行债务

不允许单方面拒绝履行某项债务或单方面变更合同条款，但合同另有约定或者法律另有规定的除外。

第四十八章　债 的 履 行

第五百二十六条　债务履行的一般条款

债务必须按照合同和本法、其他民事法律规范的要求履行。在没有这些条款和要求的情况下，按照商业习惯或其他通常要求适当履行。

第五百二十七条 适格当事人的债务履行

1. 债务人有履行债务的义务，债权人应亲自接受其履行，但合同另有约定或法律另有规定，或者按照债的实质、交易习惯另有要求的除外。

2. 债的各方当事人均有权要求提供证明文件，证明债务已由适当的债务人履行，或者证明债务履行已被适当的债权人或经其授权的人接受，并应承担未提出证明要求的后果的风险。

第五百二十八条 其他人履行债务人的债务

1. 合同未约定，本法、其他法律规范中未规定必须由债务人亲自履行债务的，债务人可以委托第三人代为履行债务，债权人有义务接受第三人的履行。

2. 第三人不履行或者不适当履行债务人的债务的，债务人有义务自己履行。

3. 第三人因债权人对债务人财产的追偿，有丧失自己对债务人财产的权利（租赁权、抵押权等）的危险时，第三人可以不经债务人同意履行债务。在这种情况下，该债务下的债权转移给第三人，适用本法第 512 条至第 519 条的规定。

第五百二十九条 部分履行债务

债权人有权不接受债务人以分期付款的方式履行债务，但合同另有约定，民事法律规范另有规定，根据债的实质或者交易习惯另有要求的除外。

第五百三十条 债的履行期限（日期）

1. 如果债的履行有期限（日期）限制，则应在期限（日期）内履行。

如果债的履行期限（日期）是参照即将发生的事件来确定的，应在该事件发生时到期。

2. 如果债的履行期限（日期）没有规定或者约定在提出请求权时确定，债权人有权随时要求债务人履行债务。债务人应当债权人在提出履行请求之日起 7 日内履行该债务，但立即履行的债务是由合同约定或民事法律规范规定的除外。

第五百三十一条 债的提前履行

债务人有权提前履行其债务，但合同另有约定，民事法律规范另有规定，或根据债的实质或交易习惯另有要求的除外。

第五百三十二条 债的履行地

1. 债的履行地应在合同中确定。如果合同中没有明确约定，则应当按照下列规定确定债的履行地：

(1) 转让不动产之债——在该不动产的所在地;

(2) 根据运输合同产生的转移货物(财产)的债务——在货物(财产)交付给承运人的地点;

(3) 其他合同产生的转移货物(财产)的债务,如果该地点债权人在合同订立时已经知道,那么以货物(财产)的生产地或储存地为债的履行地;

(4) 金钱之债——在债权人的居住地履行,如果债权人是法人,则在债产生时的法人住所地履行;如果在债务履行前,债权人变更居住地(住所)并通知了债务人,则在债权人的新居住地(住所)履行,但因变更履行地而产生的相关费用,由债权人承担;

(5) 其他债务——在债务人的居住地(住所)。

2. 民法另有规定及债的实质或者交易习惯另有要求的,也可以在其他地点履行债务。

第五百三十三条　金钱债务履行的货币

1. 债务履行的货币必须以格里夫纳为单位。

2. 如果债约定了以外币支付,则以格里夫纳支付的金额按付款日相关货币的官方汇率确定支付金额,但合同约定、法律或者其他法律规范文件规定了其他确定标准的除外。

3. 在乌克兰境内进行债务结算时,在法律规定的情况、程序和条件下,允许使用外币以及外币支付凭证。

第五百三十四条　金钱之债债权清偿顺序

债务人在不能全额履行其应当履行的债务的情况下,除合同另有约定外,应当按下列顺序清偿债权人的债权:

(1) 债权人为实现债权而产生的费用;

(2) 利息和违约金;

(3) 债务的本金。

第五百三十五条　支付给自然人金钱之债金额的增加

1. 在法律规定的公民最低免税收入提高的情况下,根据金钱之债支付给自然人的金额[因残疾、其他健康伤害或死亡造成的损害赔偿,根据终身赡养(照顾)合同,在合同约定或法律规定的其他情况下]应按比例增加。

2. 由于支付金额的增加,有义务支付的一方丧失了在订立合同时的希望获得的利益，可以请求法院终止合同。

第五百三十六条 利息

1. 向他人借用资金，债务人应当支付利息，但当事人之间另有约定的除外。

2. 借用他人资金的利息数额应当依据合同约定、法律规定或其他民事法律规范确定。

第五百三十七条 以债务存入公证处公证人账户履行义务

1. 债务人在下列情形下，有权将欠债权人的金钱或证券存入公证处：

（1）债权人或其授权的人不在债的履行地；

（2）债权人或其授权的人逃避接受履行或因其他原因迟延履行；

（3）无民事行为能力债权人的法定代表人缺席。

2. 公证人应当按照法律规定的方式通知债权人有关债务的存放情况。

3. 向公证人（公证处）存放以非文件形式存在的证券的程序，应当根据乌克兰关于存款系统的法律规定。

在公证处存放以文件形式存在的证券时，应向公证处出示证券证明文件。

第五百三十八条 债的同时履行（债的对待履行）

1. 根据合同的约定，一方当事人履行债务以另一方的债务履行为条件的，视为债的同时履行。

2. 在同时履行的情况下，双方必须同时履行债务，但合同另有约定或法律另有规定，不符合债的实质或商业习惯的除外。

明知自己将无法履行债务的一方当事人必须及时通知另一方当事人。

3. 一方当事人不履行债务或者有明显理由认为其不能在规定的时间（日期）内履行债务或者完全履行债务的，另一方有中止履行债务、拒绝履行部分或全部债务的权利。

4. 在合同中没有约定同时履行的，其中一方进行了债的同时履行，另一方必须履行其债务。（如果债的对待履行已经完成，无论另一方当事人是否提供合同约定的对自己债的履行，该当事人都有义务提供该履行）

第五百三十九条 选择之债的履行

选择之债是指债务人有义务履行两个或多个债务中的一个债。债务人有权选择履行的对象，但合同另有约定、法律另有规定、债的实质或交易习惯另有要求的除外。

第五百四十条　多数人之债的履行

在债中有多个债权人或者多个债务人的，每个债权人均有权要求债务人清偿，每个债务人都有义务按照相同份额履行债务，但合同另有约定或民法另有规定的除外。

第五百四十一条　连带之债

连带债权或连带债务发生在合同约定或法律规定的情况下，特别是债权的标的物不可分割时。

第五百四十二条　债权人的连带债权

1. 债权人（共同和单一债权人）享有连带债权的，每个债权人均有权要求债务人全额履行债务。

在连带债权人之一提出履行请求前，债务人有权自行决定对其中任何一个债权人履行债务。

2. 债务人无权根据某一个债权人没有参与债务人与其他连带债权人的这种关系为由，对一个连带债权人的反对意见提出抗辩。

3. 债务人对连带债权人之一的债务履行完毕后，就不再需要对其他连带债权人履行债务。

4. 从债务人处收到清偿的连带债权人，有义务将清偿款平均分给其他连带债权人，但合同另有约定的除外。

第五百四十三条　债务人的连带债务

1. 在债务人（连带债务人）发生连带债务的情况下，债权人有权要求全体债务人共同履行，或者其中一个债务人单独履行部分或全部债务。

2. 连带债务人中的一个债务人未足额履行债务的，债权人有权要求其他连带债务人履行剩余债务。

连带债务人在其债务全部履行完毕之前仍需承担责任。

3. 连带债务人无权以自己不参与其余连带债务人与债权人的关系为由，对债权人的债权提出异议。

4. 其中一个债务人完全履行连带债务后，其余连带债务人对债权人的债务终止。

第五百四十四条　履行连带债务的债务人的追偿权

1. 已全部履行连带债务的债务人在扣除自己的应缴份额后，有权向其他连带债务人进行平等份额的追偿，但合同另有约定或法律另有规定的除外。

2. 连带债务人中的一人没有向已完全履行债务的连带债务人支付其应承担的份额的，未支付的份额应按同等比例由其他连带债务人承担。

第五百四十五条　债务履行的确认

1. 债权人接受债务履行后，应当根据债务人的要求，出具接受部分或者全部履行债务的收据。

2. 债务人向债权人出具了债务凭证，债权人接受债务履行时必须将其退还给债务人。如果无法返还债务凭证，债权人必须在其出具的收据中注明。

3. 债务人持有债务凭证，证明其债务履行完毕。

4. 债权人拒绝返还债务凭证或者开具收据的，债务人有权延迟履行债务。在这种情况下，债权人构成违约。

第四十九章　债务履行担保

第一节　一般规定

第五百四十六条　债务履行担保的种类

1. 通过违约金、保证、银行保函、抵押、留置、定金来担保债务的履行。

2. 合同可以约定或法律可以规定其他种类的债务履行担保方式。

第五百四十七条　债务履行担保的合同形式

1. 为担保债务履行而签订的合同必须是书面形式的。

2. 为担保债务履行而签订的合同，在不采取书面形式的情况下是无效的。

第五百四十八条　债务履行担保的一般条款

1. 债务履行担保由合同约定或由法律规定。

2. 无效的债务不得担保。主债务（要求）的无效意味着为其提供担保的合同无效，但本法另有规定的除外。

3. 担保债务履行的合同无效，并不意味着主债务的无效。

第二节　违约金

第五百四十九条　违约金的概念

1. 违约金（罚款、滞纳金）是债务人在违反义务的情况下，向债权人交付的一笔金钱或其他财产。

2. 罚款按照不履行或不适当履行的债务金额的百分比计算。

3. 滞纳金按照每延迟一天未及时履行的金钱之债的金额的百分比计算。

第五百五十条　违约金权利产生的理由

1. 无论债权人是否因不履行或不适当履行债务而遭受损失，债务人均应给付违约金。

2. 对违约金不收取利息。

3. 若债务人对违反义务不承担责任，则债权人无权获得违约金（本法第617条）。

第五百五十一条　违约金的标的物

1. 违约金的标的物可以是一笔金钱、动产和不动产。

2. 违约金的标的物是一笔金钱的，其数额由合同约定或由民事法律规范规定。

合同中可以约定增加法律规定的违约金数额。

当事人可以约定减少民事法律规范规定的违约金数额，但法律另有规定的除外。

3. 违约金数额明显超过损失金额且存在其他重大情形时，法院可判决减少违约金数额。

第五百五十二条　支付（转让）违约金的法律后果

1. 支付（转让）违约金并不免除债务人对实际债务的履行义务。

2. 支付（转让）违约金并不剥夺债权人对债务人不履行或者不适当履行义务所造成的损失要求赔偿的权利。

第三节　保　　证

第五百五十三条　保证合同

1. 根据保证合同，保证人为债务人履行债务提供担保。

保证人对债务人的违约行为承担责任。

2. 保证人可以担保部分或全部债务的履行。

3. 保证人可为一人或多人。

第五百五十四条　违反保证担保债务的法律后果

1. 债务人违反保证人所担保的债务的，债务人和保证人对债权人承担连带责任，但保证合同约定保证人承担补充（从属）责任的除外。

2. 保证人对债权人承担与债务人同等数额的责任，包括偿还本金，支付利息、违约金，赔偿损失，但保证合同另有约定的除外。

3. 连带保证人对债权人承担连带责任，但保证合同另有约定的除外。

第五百五十五条　索赔时保证人的权利和义务

1. 保证人收到债权人的索赔通知后，有义务通知债务人，并在债权人向其提出索赔时申请债务人参加案件。

保证人未将债权人要求履行债务的请求通知债务人而自行履行的，债务人有权就保证人的索赔提出其对债权人的抗辩。

2. 保证人有权对债权人的索赔提出异议，但该异议与债务人的人身有关的除外。即使债务人已放弃抗辩权或者承认其债务，保证人也有权提出抗辩。

第五百五十六条　履行债务的保证人的权利

1. 保证人履行其所担保的债务后，债权人必须向保证人送达确认收到该债务的文件。

2. 已履行所担保债务的保证人，债权人在该债务中的全部权利，包括担保其履行的权利，均应转让给保证人。

3. 每位已履行所担保债务的保证人，均应在所履行的部分债务的范围内获得债权人的权利。

第五百五十七条　债务人履行债务对保证人的通知

1. 债务人已履行保证人所担保的债务的，应立即通知保证人。

2. 债务人已履行保证人所担保的债务，未向保证人发出通知的，保证人有权向债权人主张不当得利返还，或向债务人提出追偿请求。

第五百五十八条　保证人服务费的支付

保证人有权就其向债务人提供的服务要求支付报酬。

第五百五十九条　保证的终止

1. 在保证人所担保的债务终止，未经保证人同意便更改债务且导致保证人责任增加的情况下，保证终止。

2. 债务履行期限届满后，债权人拒绝接受债务人或保证人的履行的，保证终止。

3. 保证人在债务转让给他人时，没有为新债务人提供保证的，保证终止。

4. 保证合同约定的保证期限届满，保证终止。在保证期限未确定的情况下，债权人自主债务到期之日起 6 个月内未向保证人主张债权的，保证终止。主债务履行期限未确定或者在提出请求时已经确定的，债权人自保证合同订立之日起一年内未向保证人主张债权的，保证终止。

第四节　银行保函

第五百六十条　银行保函的概念

1. 银行保函是指银行、其他金融机构或者保险机构（保证人）向债权人（受益人）担保债务人（委托人）履行债务时签发的合同。

2. 银行保函人对债务人的违约行为承担责任。

第五百六十一条　银行保函的有效期

1. 银行保函合同在其签发期间内有效。

2. 银行保函合同自签发之日起有效，但保证合同另有约定的除外。

3. 银行保函人不得撤销保证，但保证合同另有约定的除外。

第五百六十二条　银行保函独立于主债务

银行保函对债权人的债务不受主债务（其终止或无效）的影响，特别是当银行保函合同中提及主债务时。

第五百六十三条　债务人违反银行保函所担保债务的法律后果

1. 债务人违反银行保函所担保的债务的，银行保函人有义务按照保证条款向债权人支付一笔钱。

2. 债权人根据银行保函人出具的银行保函合同向银行保函人提出支付金钱的要求应以书面形式提出，该请求应附有银行保函中规定的文件。

3. 债权人在向银行保函人提出的索赔中或在其所附文件中应说明债务人以何种方式违反了所担保的主要债务。

4. 债权人可以在银行保函合同约定的期限内向银行保函人主张债权。

5. 债权人不得将银行保函请求权转让给他人，但银行保函合同另有约定的除外。

第五百六十四条　保函人在审查债权人债权时的义务

1. 银行保函人收到债权人主张债权的请求后，必须立即通知债务人，并将债权副本及所附文件一并送交债务人。

2. 银行保函人必须在规定的保证期限内审查债权人的债权及其所附文件，如果银行保函中没有规定期限，则应在合理的时间内确定债权和所附文件是否符合保证条款。

第五百六十五条　银行保函人拒绝清偿债权人债权的权利

1. 债权或其所附文件不符合保证条款或在保证期届满后向银行保函人提出的，

银行保函人有权拒绝清偿债权人的债权。

2. 银行保函人拒绝清偿的，必须立即通知债权人。

3. 银行保函人在债权人的索赔请求提交给他之后，知道主债权无效或者主债权终止的，应当立即通知债权人和债务人。

4. 银行保函人作出上述通知后如果再次收到债权人的履行请求，应当清偿债权。

第五百六十六条　银行保函人的义务

1. 银行保函人对债权人的义务仅限于支付银行保函合同约定的金额。

2. 在银行保函人违反其义务的情况下，其对债权人的责任不限于银行保函合同约定的金额，但银行保函合同另有约定的除外。

第五百六十七条　银行保函人的服务报酬

银行保函人有权就其向债务人提供的服务收取报酬。

第五百六十八条　银行保函的终止

1. 银行保函人对债权人的义务在下列情况下终止：

（1）向债权人支付保证金额；

（2）保证期间届满；

（3）债权人将银行保函合同退还给银行保函人或书面表明放弃保证。

2. 银行保函人知道银行保函终止的，必须立即通知债务人。

第五百六十九条　银行保函人对债务人的追偿权

1. 银行保函人有权以其向债权人支付的金额向债务人追偿（追索），但银行保函人与债务人另有约定的除外。

2. 银行保函人向债权人支付的款项不符合保证条款的，银行保函人无权向债务人追偿（追索），但银行保函人和债务人另有约定的除外。

第五节　定　　金

第五百七十条　定金的概念

1. 定金是缔约当事人一方为证明合同缔结和担保合同履行而向另一方当事人交付的一笔钱或动产。

2. 如果不能确定一方当事人依据合同所交付的款项是否为定金，则该款项应被视为预付款。

第五百七十一条　违反或者终止定金所担保债务的法律后果

1. 因债务人的过错而违约的，定金归债权人所有。

因债权人的过错而违约的，债权人应将定金双倍返还给债务人。

2. 违约方必须赔偿对方超过定金数额（价值）的损失，但合同另有约定的除外。

3. 债务在履行开始前终止或因不能履行而终止的，定金应退还给债务人。

第六节 抵 押

第五百七十二条 抵押的概念

债权人（抵押权人）凭借抵押，有权在债务人（抵押人）不履行债务时，就抵押财产优先于其他债权人受偿，但法律另有规定的（抵押权）除外。

第五百七十三条 将来债权的担保

抵押可以为将来可能出现的债权提供担保。

第五百七十四条 抵押产生依据

1. 抵押基于合同约定、法律规定或法院判决产生。

2. 根据本法产生的抵押，适用于本法关于合同产生的抵押的规定，但其他法律另有规定的除外。

第五百七十五条 抵押的特殊类型

1. 不动产抵押是对抵押人或第三人占有的不动产进行抵押。

2. 动产抵押是将动产转移给抵押权人占有或者根据抵押人的命令转移给第三人占有。

3. 土地抵押及其他类型的抵押的规则，由法律规定。

第五百七十六条 抵押标的

1. 抵押标的是抵押人可以转让并赎回的任何财产（特别是物、有价证券、财产权）。

2. 抵押标的可以是抵押产生后抵押人将来取得的财产（未来收成、生下的幼崽等）。

3. 抵押权人对抵押标的的权利（抵押权）应延伸于该物的附加物，但合同另有约定的除外。在合同约定的情况下，抵押权适用于抵押财产所得的果实、产品和收益。

4. 抵押标的不能是：

文化珍品，它们是国家财产或公共财产，并已被列入或将被列入国家文化遗产登记册；

列入文化遗产纪念物清单的文化遗产纪念物，其不属于私有化的范围。

5. 抵押标的不能是具有人身性质的债权，也不能是法律禁止抵押的其他债权。

6. 抵押标的仍属于抵押人，但合同另有约定或法律另有规定的除外。

7. 法律禁止或限制某些类型的财产抵押。

第五百七十七条　抵押合同的公证和抵押登记

1. 如果抵押物为不动产以及法律规定的其他情形，抵押合同应当经过公证，但法律另有规定的除外。

2. 不动产抵押应按法律规定的程序和方式办理登记。

3. 动产抵押可以根据抵押权人或抵押人的申请在国家动产抵押登记簿上登记。

4. 抵押登记时间为在国家动产抵押登记簿上登记的日期和时间。

第五百七十八条　共有财产的抵押

共有财产须经全体共有人同意方可抵押。

第五百七十九条　抵押标的的更换

更换抵押标的必须经抵押权人同意，但合同另有约定或者法律另有规定的除外。

第五百八十条　抵押标的被意外毁坏或者意外损坏的风险

1. 抵押标的意外毁坏或意外损坏的风险由抵押标的所有人承担，但合同另有约定或法律另有规定的除外。

2. 抵押标的被意外毁坏、损坏的，抵押人有义务根据抵押权人的要求提供同等价值的物品，或者在可能的情况下恢复被毁坏的抵押标的。

第五百八十一条　抵押标的的保险

如果抵押标的不在强制保险范围内，经当事人同意，可以按约定的金额投保。在发生保险事故时，向保险人索赔的权利成为抵押标的。

第五百八十二条　抵押标的的估价

1. 抵押标的在合同约定或法律规定的情况下进行估价。

2. 如果合同没有约定或法律没有规定抵押标的估价的程序，则应由抵押人和抵押权人一起按照抵押权发生时的市场价格进行估价。

第五百八十三条　抵押合同的当事人

1. 抵押人可以是债务人，也可以是第三人（财产保证人）。

2. 抵押人可以是物的所有权人或者财产权人，也可以是物的所有人或者财产权人将物、财产连同抵押权转让的人。

3. 根据合同约定或法律规定，转让他人物权需要经该物权人同意，那么对他人物权进行抵押，也必须征得该物权人同意。

第五百八十四条　抵押合同的内容

1. 抵押合同应约定担保债的实质、数额和履行期限，抵押物的描述，以及合同中各方约定的其他条款。

2. 抵押合同中对抵押物的描述可以采用一般形式（注明抵押财产的类型等）。

第五百八十五条　抵押权产生的时间

1. 抵押权自订立抵押合同之时起产生，合同须经公证的，自公证之时起产生，但法律另有规定的除外。

2. 依照合同约定或法律规定，抵押物必须由抵押权人占有的，抵押权自抵押物转移占有时产生。如果转移占有是在抵押合同订立前进行的，抵押权自合同订立之日起产生。

第五百八十六条　抵押标的的使用和处分

1. 抵押人有权按照其目的使用抵押标的，包括从中取得孳息和收益，但合同另有约定且符合抵押性质的除外。

2. 除非合同中另有约定，否则抵押人有权转让抵押标的，将其转让给他人使用或以其他方式处分，但需征得抵押权人同意。

3. 抵押人有权将抵押财产遗赠，限制抵押人对抵押财产进行遗赠的交易无效。

4. 抵押权人只有在合同约定的情况下才有权使用抵押标的。根据合同的约定，抵押人有义务从抵押物中提取孳息和收益。

第五百八十七条　抵押标的占有人的义务

1. 除合同另有约定外，占有抵押标的的人应尽到以下责任：

（1）采取必要措施保证抵押标的的安全；

（2）妥善维护抵押标的；

（3）在抵押标的面临损毁、灭失的威胁时，立即通知抵押合同的另一方。

2. 占有抵押财产的抵押人，其过错导致抵押财产灭失、变质、损坏或毁坏的，抵押人有义务变更财产或恢复该财产，但合同另有约定的除外。

3. 占有抵押标的的抵押人，其过错导致抵押标的灭失、变质、损坏或毁坏的，有义务赔偿造成的损失。

第五百八十八条　后续抵押

1. 已抵押的财产允许再抵押，但前抵押合同另有约定或法律另有规定的除外。

2. 财产的后续抵押不终止于前抵押权人的抵押权。

3. 第一个抵押权人以抵押财产为限，享有优先于后续抵押权人清偿其债权的权利。后续抵押权人的债权，除本条第4款规定的情形外，按抵押权发生的先后顺序清偿。

4. 抵押标的为动产的，已经登记的抵押权人优先于未登记的抵押权人和后登记的抵押权人受偿。

5. 未登记的抵押人有义务在本法第584条规定的范围内，向每个抵押权人提供所有以前的财产抵押信息。

第五百八十九条　未履行抵押所担保的债务的法律后果

1. 抵押人不履行抵押所担保的债务的，抵押权人取得对抵押物征收执行的权利。

2. 抵押权人有权以抵押物的价值为限，全额清偿其在实际清偿时确定的债权，包括支付利息、违约金，赔偿因违约而造成的损失，维护抵押财产所必需的费用，以及与提出索赔有关的费用，但合同另有约定的除外。

第五百九十条　抵押标的的追偿

1. 抵押标的的追偿应通过法院判决执行，但合同另有约定或法律另有规定的除外。

2. 抵押人在约定的期限（日期）内未履行债务的，抵押权人取得对抵押标的的征收执行的权利，但合同另有约定或法律另有规定的除外。

3. 抵押人法人清算后，抵押权人获得对抵押财产进行征收执行的权利，无论抵押担保的债务是否到期。

4. 债务人部分履行抵押所担保的债务的，对抵押标的的追偿权应按初始金额保留。

5. 如果抵押标的是两项或者多项的物（两项或者多项的权利），抵押权人可以选择对所有物（权）或任何一样物（权）进行征收执行。

抵押权人对某物（一项权利）进行追偿，但其债权未得到全部履行的，抵押权人有权保留对作为抵押标的的其他物（权）的抵押权。

第五百九十一条　抵押标的的变现

1. 被追偿的抵押标的以公开拍卖的方式变现，但合同另有约定或法律另有规定的除外。公开拍卖抵押标的的程序由法律规定。

2. 公开拍卖的抵押标的的起拍价按照合同约定或法律规定的程序确定。如果抵押标的是由法院判决强制执行的，法院可以在其判决中确定抵押标的的初始价格。

3. 如果公开拍卖被宣布无效，经抵押人和抵押权人协商一致，抵押标的可按初始价格转让给抵押权人，但合同另有约定或法律另有规定的除外。

4. 拍卖抵押标的所得的金额不能满足债权人要求的，抵押权人有权依照本法第 112 条规定的先后顺序，从债务人的其他财产中获取所缺金额。但合同另有约定或法律另有规定的除外。

第五百九十二条　抵押担保债务的提前履行

1. 在下列情况下，抵押权人有权要求提前履行抵押担保的债务：

（1）抵押人需要抵押权人的同意才能将抵押标的转让给他人，但未经抵押权人同意转让抵押标的的；

（2）抵押人违反抵押标的更换规定的；

（3）抵押权人不承担责任的情况下，抵押标的损毁的，但抵押人更换或者恢复抵押标的的除外。

2. 抵押权人有权要求提前履行抵押所担保的债务，如果其请求不被满足，在下列情况下，抵押权人有权对抵押物采取强制措施：

（1）抵押人违反重复抵押规则的；

（2）抵押人违反抵押标的处置规则的；

（3）合同约定的其他情况。

第五百九十三条　抵押权的终止

1. 抵押权在下列情况下终止：

（1）抵押担保的债务终止；

（2）抵押标的灭失，抵押人未更换抵押标的；

（3）出卖抵押标的；

（4）抵押权人取得抵押标的所有权。

在法律规定的其他情形下，抵押权也终止。

2. 不动产抵押权终止后，相关信息应记入国家不动产登记簿。

3. 抵押权因抵押担保债务的履行而终止时，抵押权人占有抵押标的的，应立即返还抵押标的。

第七节　留　　置

第五百九十四条　留置权

1. 债权人合法占有应移交给债务人或者债务人指定的人的物品，如果债务人不及时支付或者不向债权人偿还有关费用和其他损失，则债权人有权留置该物直到债务履行。

2. 债权人的其他债权可以通过留置物品来担保，但合同另有约定或者法律另有规定的除外。

3. 在留置后第三人取得了物品的所有权，债权人仍有权留置该物。

4. 留置物的意外毁坏或意外损坏风险由债权人承担，但法律另有规定的除外。

第五百九十五条　留置权人的义务

1. 留置权人应当及时通知债务人。

2. 留置物的灭失、损坏或毁坏，债权人有过错的，债权人应负责。

3. 债权人无权使用其留置的物品。

第五百九十六条　债权人对留置物品的处置

1. 债权人保留对债务人物品的占有，不获得该物品的所有权。

2. 债务人的物品被留置后，债务人有权在通知购买者占有物和债权人权利后处分该物。

第五百九十七条　以债权人留置的物清偿债权

留置权人的债权依照本法第591条的规定，从留置物品的价值中清偿。

第五十章　债务的终止

第五百九十八条　债务终止的理由

1. 债务因合同约定或者法律规定的原因部分或者全部终止。

2. 只有在合同约定或法律规定的情况下，才可根据一方的要求终止债务。

3. 在证券交易所签订的证券买卖合同的债务终止的特点，由法律规定。

4. 法律可以规定在某些情况下，不得以某些理由终止债务。

第五百九十九条　通过履行终止债务

债务通过适当履行终止。

第六百条　通过和解的方式终止债务。

经双方同意，债务人向债权人转让财物（金钱、其他财产等），债务终止。和解金额、期限和程序由双方当事人确定。

第六百零一条　通过抵销方式终止债务

1. 债务通过抵销已到期的同类反债权（对待请求）、到期日尚未确定或提出债权之时确定的债权而终止。

2. 应一方的请求，可以抵销反债权。

第六百零二条　不允许抵销对抗债权

不允许抵销的对抗债权如下：

（1）因残疾、其他健康伤害或死亡而造成的损害赔偿；

（2）追索赡养费；

（3）追索终身赡养（照顾）费；

（4）诉讼时效期满的。

破产银行作为债务的一方当事人，但法律规定的除外。

（5）合同约定或者法律规定的其他情形。

第六百零三条　更换债权人时的抵销

1. 更换债务人时，债务人有权针对新债权人的债权向原债权人提出反债权。

2. 更换债权人时，如果债权是基于债务人收到更换债权人的书面通知时存在的理由而产生的，并且债权履行期限已经届满，或者在提出债权时尚未确定，则应予以抵销。

如果债务人没有收到关于更换债权人的书面通知，债权是基于新债权人向债务人提出债权时存在的理由而产生的，或者债务人在新债权人向其提出债权之前已经履行了债务，则应予以抵销。

第六百零四条　当事人协商终止债务

1. 经当事人协商一致，债务终止。

2. 债务经当事人同意，以相同当事人之间的新债务替换原债务而终止（更替）。

3. 在因残疾、其他健康伤害或死亡所形成的损害赔偿、支付赡养费以及法律规定的其他情况下，不得以新债务替换原债务。

4. 以新债务替换原债务的，终止与原债务相关的附加债务，但合同另有约定的除外。

第六百零五条 通过债务减免终止债务

在不侵犯第三方对债权人财产的权利的情况下，债权人解除（免除）债务，债务终止。

第六百零六条 债务人与债权人合为一人终止债务

因债务人与债权人合为一人而终止债务。

第六百零七条 债务无法履行而终止

因双方均不承担责任，无法履行债务而终止。

第六百零八条 自然人死亡债务终止

1. 债务与债务人的人身有不可分割的联系，不能由他人代为履行的，债务因债务人的死亡而终止。

2. 债务与债权人的人身有不可分割的联系，债务因债权人的死亡而终止。

第六百零九条 法人清算终止债务

债务因法人（债务人或债权人）的清算而终止，但下列情况除外：法律或其他法规规定将清算法人的债务交给另一法人履行，特别是残疾、其他健康伤害或死亡造成的损害赔偿。

第五十一章 违约的法律后果

第六百一十条 违约

违约是指不履行或违反规定履行义务（不当履行）。

第六百一十一条 违约的法律后果

违约产生合同约定或者法律规定的后果，特别是以下后果：

（1）合同约定或者法律规定的单方面放弃债务或者解除合同的，债务终止；

（2）修改承诺条款；

（3）支付违约金；

（4）赔偿损失和精神损害。

第六百一十二条 债务人的迟延履行

1. 债务人不继续履行或未在合同约定、法律规定的期限内履行的，视为违约。

2. 债务人迟延履行债务的，应当对造成的损失和迟延后意外发生的不能履行的债务向债权人承担责任。

3. 债务人迟延履行债务致使债权人丧失利益的，债权人可以拒绝履行，并要求赔偿损失。

4. 债权人违约导致债务人不能履行债务的，不属于债务人迟延履行债务。

第六百一十三条　债权人的迟延履行

1. 债权人拒绝接受债务人提供的适当履行，或不履行合同约定、民事法律规范规定、债的实质或交易习惯要求的行为，导致债务人无法履行其义务的，视为债权人违约。

在本法第545条第4款规定的情况下，也视为债权人违约。

2. 债权人迟延履行导致债务人无法履行义务的，在迟延履行期间内，债务人可以迟延履行债务。

3. 如果债权人可以证明迟延履行不是他的过错或者不是法律规定的、受债权人的委托接受履行的人的过错造成的，则对于债权人迟延造成的损失，债务人无权要求赔偿。

4. 在金钱之债中，债务人不支付债权人迟延期间的利息。

第六百一十四条　作为违约责任依据的过错

1. 违约人应在其有过错（故意或过失）的情况下承担责任，但合同另有约定或法律另有规定的除外。

如果一方证明他已经采取了一切力所能及的措施来正确履行义务，那么他是没有过错的。

2. 由违约方证明自己没有过错。

3. 取消或限制故意违约责任的交易无效。

第六百一十五条　单方面放弃债务

1. 在合同约定或法律规定的情况下，一方违约的，另一方有权部分或全部放弃该债务。

2. 单方面放弃债务并不免除违约方的违约责任。

3. 由于部分或全部单方面放弃债务，债务的条款应相应地改变或终止。

第六百一十六条　因债权人过错违约的法律后果

1. 因债权人的过错而违约的，法院应相应地减少向债务人追讨的损失及违约金。

2. 债权人故意、过失，或未采取措施而导致损失增加的，法院有权减少向债务人追讨的损失和违约金。

第六百一十七条　免责事由

违约人如果证明其违约是由于事故或不可抗力而发生的，则免除其违约责任。

与债务人交易的人违反其义务、市场上缺乏履行债务所需的商品、债务人缺乏必要的资金等，不应被视为事故。

第六百一十八条　债务人对第三人行为的责任

债务人对受托履行债务的第三人的违约承担责任（本法第 528 条），但合同约定或法律规定作为直接履行者的第三人的责任的除外。

第六百一十九条　补充责任

1. 除债务人的责任外，其他人的补充（附属）责任可以由合同约定或由法律规定。

2. 债权人在向补充责任人提出索赔之前，必须先向主债务人提出索赔。

主债务人拒绝清偿债权或者债权人在合理时间内未收到答复的，债权人可以向补充责任人提出履行全额债权的请求。

3. 如果债权可以通过抵销主债务人的反债权来满足，则债权人不得要求补充责任人清偿债权。

4. 补充责任人必须在清偿债权前通知主债务人，如果发生诉讼，应提交主债务人参与案件的请求。

如果补充责任人违反这些规定，则主债务人对债权人的抗辩有权向补充责任人提出。

第六百二十条　未履行转让特定物债务的法律后果

1. 债务人没有向债权人转让特定物，债权人有权要求债务人提供该物品，并要求债务人按照合同条款转让该物品。

2. 具有独特性的物已经转让给第三人所有或者使用的，债权人丧失向债务人索取的权利。

具有独特性的物尚未转让的，在先债权人优先受偿，不能确定的，由最先提出债权的债权人优先受偿。

第六百二十一条　由于债务人履行债务

债务人不为债权人实施某些工作或者不为其提供服务的，债权人有权自行履行或委托第三人履行或提供服务，并要求债务人赔偿损失，但合同另有约定、民事法律规范另有规定或者根据债的实质另有要求的除外。

第六百二十二条　赔偿责任与实际履行

1. 债务人已支付违约金并赔偿违约造成的损失的，并不免除其实际履行的债务，但合同另有约定或法律另有规定的除外。

2. 债权人拒绝接受因延误（本法第 612 条）而丧失利益的履行或通过赔偿方式履行债务（本法第 600 条）的，债务人免除以实际履行的债务。

3. 债权人单方面解除合同的（本法第 615 条），债务人免除以实际履行的债务。

第六百二十三条　违约造成的损失赔偿

1. 违约的债务人必须赔偿债权人因此而产生的损失。

2. 违约造成的损失金额由债权人证明。

3. 损失是根据债务人在债务履行地自愿清偿债权之日的市场价格确定的，如果债权未自愿清偿，则在提出诉讼之日，但合同另有约定或法律另有规定的除外。法院可以在考虑判决之日的市场价格的情况下满足损害赔偿要求。

4. 在确定收入损失（利润损失）时，应考虑债权人为获得收入而采取的措施。

第六百二十四条　损失赔偿和违约金

1. 如果对违约行为规定了违约金，则无论损失赔偿如何，违约金都应全额收回。

2. 合同可以约定只在超出违约金的范围时赔偿损失。

3. 合同可以约定在没有损害赔偿权利的情况下收取违约金，或者由债权人选择收取违约金或损失赔偿。

第六百二十五条　违反金钱之债的责任

1. 债务人不能履行金钱之债的，不免除其责任。

2. 逾期未履行金钱之债的债务人，应债权人的要求，应在逾期期间内按既定通货膨胀指数支付债务金额，以及逾期金额的 3% 年利率，但合同约定或法律规定了不同的利息数额的除外。

第二分编　合同的总则

第五十二章　合同的概念和条款

第六百二十六条　合同的概念和类型

1. 合同是两方或多方之间旨在确立、变更或终止民事权利与义务的协议。

2. 如果一方对另一方承担实施或不实施某些行动的义务，而另一方只享有权利不承担义务，则该合同是单方的。

3. 如果合同双方都被赋予权利和义务，则该合同是双方的。

4. 由两方以上订立的合同（多边合同）应适用合同的一般规定，但与合同的多边性相抵触的除外。

5. 合同是有偿的，但合同另有约定、法律另有规定或根据合同的性质另有要求的除外。

第六百二十七条　合同自由

1. 根据本法第 6 条，当事人可以自由订立合同、选择交易对象并确定合同条款，同时要考虑本法的规定以及其他民法规范、交易习惯、合理性和公平性的要求。

2. 在自然人——消费者参与的合同中，应符合消费者权益保护法的规定。

第六百二十八条　合同的内容

1. 合同的内容包括当事人自行决定并同意的条件（条款），以及民事法律规定的强制性条款。

2. 当事人有权订立包含不同合同要素的合同（混合合同）。对于混合合同中双方当事人的关系，除非合同另有约定或混合合同的实质另有要求，否则混合合同中包含的合同要素应适用民法规范中关于合同的规定。

第六百二十九条　合同义务

合同是当事人履行的义务。

第六百三十条　合同的示范条款

1. 合同可以约定，其个别条款应根据按既定程序颁布的某一类型合同的示范条款来确定。

2. 合同未约定示范条款，符合本法第 7 条规定的，可作为商业惯例适用。

第六百三十一条　合同期限

1. 合同期限是当事人按照合同约定行使权利、履行义务的期限。

2. 合同自订立之日起生效。

3. 当事人可以确定合同条款适用于合同订立前的双方关系。

4. 合同期限届满并不免除当事人在合同期限内的违约责任。

第六百三十二条　价格

1. 合同中的价格由双方协商确定。

在法律有所规定的情况下，价格（关税、税率等）由经授权的国家机关或地方自治机关制定或管理。

2. 仅在合同约定或法律规定的情况下，才允许在合同订立后更改价格。

3. 合同履行后不得更改价格。

4. 如果合同中的价格未确定且无法根据其条款确定，则根据订立合同时类似商品、工程或服务的市场价格确定。

第六百三十三条　公共合同

1. 公共合同是指一方承诺向任何申请者出售商品、完成工作或提供服务的合同（零售、公共交通运输、通信服务、医疗、酒店、银行等）。

2. 公共合同的条款对所有消费者一视同仁，但依法享有适当优惠的消费者除外。

3. 企业无权在公共合同中优先考虑一个消费者，但法律另有规定的除外。

4. 如果企业有能力向消费者提供相关商品（工程、服务），则无权拒绝签订公开合同。

如果企业不合理地拒绝签订公共合同，则必须赔偿其拒绝行为给消费者造成的损失。

5. 民法可以规定当事人在签订和履行公共合同时必须遵守的规则。

6. 不符合本条第2款规定和双方签订、履行公共合同时必须遵守的规则的公开合同条款自始无效。

第六百三十四条　格式合同

1. 格式合同是指合同的条款由一方当事人以表格或其他标准形式确定，并且另一方当事人只能以整体格式的方式接受的合同，另一方不得提出自己的合同条款。

2. 如果格式方被剥夺了通常拥有的权利，以及如果合同免除或限制了另一方违反义务的责任，或包含对格式方明显苛刻的其他条件，则可根据格式方的要求修改或终止格式合同。但格式方必须证明，基于自身利益，如果能够参与确定合同条款，他就不会接受这些条件。

3. 如果格式方知道或者应当知道缔结合同的条件，则格式方因自己从事的经营活动而提出的变更或者解除合同的要求不应被满足。

第六百三十五条　预约合同

1. 预约合同是指双方承诺在一定期限内（在一定时间内）依照预约合同约定

的条款签订本约合同（主合同）的合同。

法律可以对根据预约合同签订的主合同的期限（日期）规定限制。

主合同的必要条款未经预约合同约定的，按照双方在预约合同中约定的方式进行协商，但民法另有规定的除外。

预约合同采用为主合同约定的形式签订，如果对主合同的形式没有约定，则采用书面形式。

2. 一方不合理地回避签订预约合同所约定的合同的，应当赔偿另一方当事人因逾期而产生的损失，但预约合同另有约定或民法另有规定的除外。

3. 如果在预约合同约定的期限（日期）内没有订立主合同，或者双方都没有向对方发出订立合同的要约，则预约合同中约定的义务终止。

4. 在意向性协议（意向议定书等）中没有任何一方表示愿意赋予预约合同效力的，则不应被视为预约合同。

第六百三十六条　为第三人利益的合同

1. 为第三人利益的合同，是指在合同中约定，债务人不是向债权人，而是向合同中指定的或没有指定的第三人履行，而该第三人有权要求债务人为自己的利益完成履行的合同。

2. 订立合同的人和第三人均可要求履行合同，但合同另有约定、法律另有规定或根据合同的性质另有要求的除外。

3. 自第三人表示有意行使其权利之时起，未经第三人同意，当事人不得解除或变更合同，但合同另有约定或法律另有规定的除外。

4. 在第三人拒绝接受合同约定的权利时，债权人可以享有该权利，但合同的实质内容另有要求的除外。

第六百三十七条　合同条款的解释

1. 本法第 213 条规定了合同条款的解释。

2. 在解释合同条款时，也可以考虑格式条款（标准合同），即使合同没有提及这些条款。

第五十三章　合同的订立、变更和解除

第六百三十八条　合同的订立

1. 双方就合同的所有基本条款以适当的形式达成合意，视为合同成立。

合同的基本条款是关于合同标的的条款、法律规定此类合同必不可少或必要的条款，以及经至少一方当事人申请必须具备的所有条款。

2. 合同由一方提出订立合同（要约），另一方接受该提议（承诺）而成立。

第六百三十九条 合同的形式

1. 合同可以以任何形式订立，但法律对合同形式另有规定的除外。

2. 当事人约定以某种形式订立合同的，自收到该形式之日起即视为合同已成立，即使法律对此类合同不要求该形式。

当事人约定借助信息通信系统订立合同的，视为以书面形式订立。

3. 当事人约定以书面形式订立合同，而法律未规定书面形式的，自当事人签字之日起成立。

4. 当事人约定对合同进行公证，而法律规定不需要公证的，自公证之日起成立。

第六百四十条 合同的订立时间

1. 自发出要约的人收到接受回复之时起，合同即成立。

2. 根据民事法律规范，订立合同需要转让财产或者其他行为的，自相关财产转让或者某行为发生之时起合同成立。

3. 经公证的合同自公证之日起成立。

第六百四十一条 要约

1. 订立合同的建议（要约）可由未来合同的任何一方提出。

要约必须包含合同的基本条款，并表明提出要约的人在接受要约时认为自己受其约束的意图。

2. 除非广告或其他要约中另有说明，否则向不确定的人发出的广告或其他要约就是一种订立合同的要约邀请。

3. 要约可以在相对方收到之前或到达之时同时撤回。相对方收到的订立合同的要约，在答复期限内不得撤回，但要约另有约定或者因要约的性质和作出的情况有所不同的除外。

第六百四十二条 承诺

1. 接受要约的人对接受要约的答复（承诺）必须是完整、无条件的。

2. 接受要约的人，在答复期限内按照要约中约定的合同条款实施行为（发货、提供服务、完成工作、支付相应金额等），证明他愿意订立合同的，该行为视为承诺，但要约另有要求或者法律另有规定的除外。

3. 接受要约的人可以在对方收到承诺之前或承诺到达之时同时通知要约人订立合同，从而撤回承诺。

第六百四十三条　根据要约指定的期限承诺

要约中载明答复期限的，要约人在该期限内收到承诺的，合同即成立。

第六百四十四条　根据要约未指定期限承诺

1. 口头提出的要约，未规定答复期限的，当受要约人立即表示接受时，合同成立。

2. 以书面形式提出要约，但没有规定答复期限的，如果要约人在民法规定的期限内收到承诺，合同即成立。如果没有规定期限，则在通常所需的时间内收到承诺，合同即成立。

第六百四十五条　迟到的承诺

1. 逾期收到承诺的，要约人免除有关义务。

2. 承诺已按时发出，但到达时间太晚，如果要约人及时通知受要约人收到了迟到的承诺，则应解除其义务。

迟到的承诺是一个新要约。

3. 经要约人同意，无论承诺是否迟到，均可视为合同成立。

第六百四十六条　在其他条件下的承诺

同意以要约以外的其他条件订立合同的答复，是对收到的要约的拒绝，也是对当事人的新要约。

第六百四十七条　合同缔结地

合同是在自然人居住地或者发出要约的法人的所在地订立的，但合同另有约定的除外。

第六百四十八条　国家权力机关、克里米亚自治共和国权力机关、地方自治机关的条约和法律规范

1. 根据国家权力机关、克里米亚自治共和国权力机关、地方自治机关的法律规范缔结的对合同各方（当事人）有约束力的合同内容必须符合该法。

2. 根据国家权力机关、克里米亚自治共和国权力机关、地方自治机关的法律规范所签订的合同的特点由法律规定。

第六百四十九条　合同前争议的解决

1. 在根据国家权力机关、克里米亚自治共和国权力机关、地方自治机关的法律规定签订合同以及法律规定的其他情况下，双方发生的分歧由法院解决。

2. 不是根据国家权力机关、克里米亚自治共和国权力机关、地方自治机关的法律规定所签订的合同，双方在签订合同时发生的分歧，在双方同意或法律规定的情况下可以由法院解决。

第六百五十条　在证券交易所、拍卖会、招标会上订立合同

在证券交易所、拍卖、招标会中订立合同的特点，由有关民事法律规范规定。

第六百五十一条　合同变更或解除的理由

1. 合同只有在双方同意的情况下才允许变更或解除，但合同另有约定或法律另有规定的除外。

2. 在另一方严重违反合同，以及合同约定或法律规定的其他情况下，应一方当事人的请求，可以通过法院判决变更或解除合同。

如果由此造成的损害导致另一方在很大程度上无法获得订立合同时的预期利益，就构成严重违约。

3. 在单方面部分或全部解除合同的情况下，如果合同约定或法律规定了解除合同的权利，则合同可以变更或终止。

第六百五十二条　因情势变更合同的变更或解除

1. 当事人订立合同时所依据情势变更的，经当事人同意，可以变更或解除合同，但合同另有约定或者合同性质不允许的除外。

情势变更是指如果当事人能够合理预见该情势的变更，他们就不会订立合同或以不同的条款订立合同。

2. 如果各方当事人没有依照情势变更达成变更或解除合同的一致意见，可根据本条第4款的规定予以解除，在同时存在以下条件时按照利害关系方的请求予以变更合同：

（1）在订立合同时，双方当事人认为不会发生这种情况变化；

（2）情势变更是一些以应有的谨慎和努力难以补救的原因造成的；

（3）合同的履行会损害双方的经济利益，并会使利益方失去其在订立合同时希望得到的利益；

（4）从合同的性质或交易习惯来看，情势变更的风险不应由利害关系方承担。

3. 因情势变更而解除合同时，法院应根据任何一方的要求，在各方之间公平分配其因履行该合同而产生的必要费用，确定合同解除的后果。

4. 在特殊情况下，如果解除合同损害公共利益，或对当事人造成的损失超过在法院变更的条款下履行合同所需的费用，则允许依照法院判决由于情势变更而变更合同。

第六百五十三条　合同变更或解除的法律后果

1. 合同变更时，当事人的义务根据标的物、地点、期限等条款的变更而发生变化。

2. 合同解除后，当事人的义务也终止。

3. 变更或解除合同时，义务自达成变更或解除合同的合意之时起变更或解除，但合同另有约定或变更的性质另有要求的除外。如果合同被法院判决变更或解除，则从法院判决生效之日起，合同变更或解除。

4. 当事人无权要求返还其在合同变更或解除前履行的债务，但合同另有约定或法律另有规定的除外。

5. 一方重大违约导致合同变更或解除的，另一方可以要求赔偿因合同变更或解除而产生的损失。

第六百五十四条　合同变更或解除的形式

变更或解除合同的协议以合同的形式完成，但合同另有约定、法律另有规定、交易习惯另有要求的除外。

第三分编　债的特定种类

第一部分　合同之债

第五十四章　买　卖

第一节　买卖的一般规定

第六百五十五条　买卖合同

根据买卖合同，一方（卖方）将财产（商品）转让或承诺转让给另一方（买方），买方接受或承诺接受财产（商品）并支付一定数额的金钱。

第六百五十六条　买卖合同的标的物

1. 买卖合同的标的物可以是卖方在合同订立时拥有的或将来由卖方创造（购

买、接收）的商品。

2. 买卖合同的标的物可以是财产权。财产权买卖合同适用买卖合同的一般规定，但该权利的内容或者性质另有要求的除外。

3. 买卖合同的标的物可以是追偿权，但追偿权具有个人性质的除外。债权转让适用于债权买卖合同的相关约定，但合同另有约定或者法律另有规定的除外。

4. 证券交易所的销售、招标、拍卖（公开拍卖）、外汇和有价证券的买卖适用买卖合同的一般规定，但合同另有约定、根据其性质另有要求或者法律对这些类型另有规定的除外。

5. 某些类型财产的买卖合同的特殊性可以由法律规定。

第六百五十七条　某些类型的买卖合同的形式

土地、别墅、住宅（公寓）等不动产的买卖合同应以书面形式订立，并需进行公证，但处于抵押状态的财产买卖合同除外。

第六百五十八条　销售权

销售商品的权利属于商品所有人，但强制销售和其他法律规定的情况除外。如果卖方不是商品的所有人，则买方只有在所有人无权要求归还商品时才获得所有权。

第六百五十九条　卖方通知买方第三人对商品权利的义务

卖方有义务将所售商品的第三方的所有权利（承租人的权利、抵押权、终身使用权等）通知买方。如果违反此规定，买方不知道也不可能知道第三方对商品的权利，则买方有权要求降价或终止买卖合同。

第六百六十条　买方和卖方在第三方提出商品追偿诉讼时的责任

1. 如果第三方对买方提起诉讼要求收回商品，买方必须将此事通知卖方并要求其参与诉讼，卖方必须代表买方进行诉讼。

2. 如果买方未将第三方提起诉讼通知卖方，也没有要求卖方介入，卖方证明通过参与诉讼，他可以防止从买方手中收回所售商品，则卖方不对买方负责。

3. 卖方被要求参与诉讼但拒绝参与诉讼的，他无权证明买方没有正确处理案件。

第六百六十一条　买方未收到商品时卖方的责任

1. 商品被法院命令以第三方为受益人，根据商品销售前产生的理由从买方手中扣押的，如果买方不知道或不可能知道这些理由，则卖方必须赔偿买方的损失。

2. 在第三方向买方索要商品时，免除或限制卖方责任的合同是无效的。

第六百六十二条 卖方向买方交付商品的义务

1. 卖方有义务向买方交付买卖合同中约定的商品。

2. 卖方在交付商品时应向买方移交根据合同约定或民事法律规范的规定必须与商品一起移交的与商品有关的附件和文件（技术合格证、质量证明等）。

第六百六十三条 交货期限

卖方有义务在买卖合同约定的期限内将商品移交给买方，如果合同没有确定该期限，则按照本法第530条的规定进行。

第六百六十四条 卖方交付商品的时间

1. 卖方向买方履行交付商品的义务，在下列情况下视为已经履行：

（1）如果合同约定卖方有义务交付商品，则自商品交付给买方时；

（2）如果应当在商品所在地交给买方，则自商品提交给买方支配时。

买卖合同可以约定卖方履行交付商品义务的不同时间。

当商品在合同约定的时间内在适当的地点移交给买方并且已告知买方时，商品即被视为完成交付。准备交付的商品必须按照合同的约定进行适当的识别，特别是通过标记。

2. 卖方交货的义务在商品移交给承运人或邮政组织时被视为已经履行，但根据买卖合同，卖方必须在其所在地送达或移交商品的除外。

第六百六十五条 卖方拒绝交付商品的法律后果

1. 卖方拒绝交付商品的，买方有权解除买卖合同。

2. 卖方拒绝交付由个人特征确定的商品的，买方有权根据本法第620条向卖方追偿。

第六百六十六条 卖方未履行交付商品相关附件和文件的法律后果

1. 卖方未将买卖合同或民法规定的应与商品同时移交的相关附件和文件交给买方的，买方有权为其确定合理的期限。

2. 如果卖方在规定的期限内没有移交商品的附件或相关文件，买方有权解除买卖合同并将商品退回。

第六百六十七条 卖方保管所售商品的义务

如果商品所有权在转让前转移给买方，则卖方有义务在转让前保管商品，防止其变质。买方应向卖方支付必要的费用，但合同另有约定的除外。

第六百六十八条　商品意外损毁或灭失的风险转移

1. 商品意外损毁、灭失的风险，自商品移交给买方的那一刻起由买方承担，但合同另有约定或法律另有规定的除外。

2. 已售在途商品的意外损毁、灭失的风险，自买卖合同缔结时起由买方承担，但合同另有约定、交易习惯另有要求的除外。

3. 如果卖方在订立合同时知道或可能知道商品有损毁灭失的可能，但没有通知买方，则法院可根据买方的要求，将买卖合同中关于风险转移给买方的条款视为无效。

第六百六十九条　商品数量

1. 销售商品的数量以相应的计量单位或货币在买卖合同中确定。

2. 商品数量条款可以通过在买卖合同中约定其确定程序的方式达成一致。

第六百七十条　违反合同数量条款的法律后果

1. 如果卖方违反合同条款，交付给买方的商品数量少于合同约定的数量，则买方有权要求卖方交付所缺数量的商品，或拒绝接受已交付的商品及付款，如果已付款，则有权要求退还已支付的价款。

2. 如果卖方交付给买方的商品数量多于合同约定的数量，则买方有义务通知卖方。如果卖方在收到该通知后的合理时间内没有处置商品，买方有权接受全部商品，但合同另有约定的除外。

3. 如果买方接受的商品数量多于合同约定的数量，则买方有义务按照合同约定的商品价格支付额外接受的商品的价款，但双方商定不同价格的除外。

第六百七十一条　商品的品种

1. 如果按照买卖合同约定，应当交付特定品种、型号、尺寸、颜色或其他特征（分类）的商品，则卖方有义务按双方商定的品种向买方交付商品。

2. 如果商品的品种没有约定或者不能按照合同约定的程序确定，但从债的实质可以知道，商品应按照某品种交付给买方，则卖方有权根据买方的需要（卖方在订立合同时已知道这些需要）将商品转让给买方，或者解除合同。

第六百七十二条　违反合同品种条款的法律后果

1. 如果卖方交付的商品品种不符合合同约定，则买方有权拒绝接受和拒绝支付。如果买方已经支付价款，则其有权要求退还所支付的货款。

2. 如果卖方将部分符合约定的商品交给买方，而其他商品不符合约定，则买方有权选择：

（1）接受符合合同品种条款的部分商品，拒绝其余商品；

（2）拒绝全部商品；

（3）要求用合同中约定品种的商品更换不符合约定的商品；

（4）接受全部商品。

3. 在拒收不符合合同品种条款的商品或提出更换商品的要求时，买方有权拒绝为这些商品付款，如果已经付款，则有权要求退还已付的款项。

4. 如果买方在收到商品后的合理时间内没有通知卖方拒绝接受这些商品，则商品视为被接受。

5. 买方没有拒绝不符合要求的商品的，应按与卖方商定的价格支付货款。

如果卖方没有在合理的时间内采取必要的措施来谈判价格，买方应按签订买卖合同时类似商品的价格支付。

第六百七十三条　商品质量

1. 卖方必须向买方交付质量符合买卖合同条款的商品。

2. 买卖合同没有约定商品质量的，卖方必须向买方交付符合常规标准的商品。

如果卖方在订立买卖合同时已被买方告知购买商品的具体目的，则卖方应向买方交付适合该目的使用的商品。

3. 根据样品或描述出售商品的，卖方必须向买方交付与样品或描述相符的商品。

4. 如果法律规定了商品的质量要求，则卖方应向买方提供符合这些要求的商品。

卖方和买方可以同意提供比法律规定的质量更高的商品。

第六百七十四条　确认商品符合法定要求

以法律和其他法规规定的方式和程序确认商品是否符合法定要求。

第六百七十五条　商品质量担保

1. 卖方交付给买方的商品必须符合质量要求，但买卖合同另有约定的除外。

2. 合同可以约定或法律可以规定卖方担保商品质量的期限（保修期）。

3. 质量担保适用于所有商品，但合同另有约定的除外。

第六百七十六条　保修期的起算

1. 保修期自商品交付给买方时起算，但买卖合同另有约定的除外。

2. 买卖合同中约定的保修期应从买方因可归咎于卖方的情况而无法使用商品的时间起延长，直至卖方消除这些情况。

在商品因发现瑕疵而无法使用的期间，保修期应相应延长，但须按本法第688条规定的方式通知卖方。

3. 配套产品的保修期与主产品的保修期相同，并与主产品同时开始计算。

4. 如果用符合买卖合同条款的商品（部件）替换质量不合格的商品（部件），其保修期从替换时重新开始计算。

第六百七十七条　商品的有效期

1. 法律或其他规范性文件可以规定一个期限，超过这个期限的商品被视为不适合其预定用途（有效期）。

2. 商品的有效期是由从制造日开始计算的时间段或者由商品适合使用的期限（日期）决定的，在这段时间内，商品适合使用。

3. 卖方有义务将规定了有效期的商品移交给买方，使买方在有效期届满前能将其用于预定用途。

第六百七十八条　交付质量不合格商品的法律后果

1. 买方在收到质量不合格的商品后，无论是否有可能将商品用于预定用途，都有权选择向卖方提出以下要求：

（1）相应降低价格；

（2）在合理期限内无偿消除商品的瑕疵；

（3）赔偿消除瑕疵的费用。

2. 在实质性违反商品质量要求的情况下（发现不可消除的瑕疵，消除瑕疵费用过高或花费时间过长，反复发现或消除后再次出现的瑕疵），买方有权选择：

（1）解除合同并要求退还已支付的价款；

（2）要求更换商品。

3. 如果瑕疵商品的卖方不是制造商，可以向卖方或商品的制造商提出更换、无偿消除瑕疵和赔偿损失的要求。

4. 除本法或者其他法律另有规定外，适用本条规定。

第六百七十九条　卖方负责商品瑕疵

1. 如果买方证明，商品瑕疵是在交付给买方之前或者是由于在此之前存在的原因而产生的，则卖方对商品的瑕疵负责。

2. 如果卖方提供了对商品质量的保证，则卖方应对商品的瑕疵负责，除非他能证明这些瑕疵是在商品转让给买方后由于买方违反使用或储存商品的规则、第三方的行为、事故或不可抗力而产生的。

第六百八十条　由于所售商品瑕疵提出索赔和瑕疵发现的期限

1. 买方有权对商品的瑕疵提出索赔，但必须在本条规定的期限内发现瑕疵，但合同另有约定或法律另有规定的除外。

2. 商品的保修期或使用期没有规定的，买方可以在合理的期限内发现瑕疵并提出索赔，但要在2年内，不动产自交付给买方之日起3年内提出，但合同约定或法律规定了更长期限的除外。

无法确定不动产交付日期的，或者买方在签订买卖合同前已经占有该不动产的，期限应从合同签订之日起计算。

发现运输或邮寄中的商品瑕疵的时限自到达指定地点收到商品之日起计算。

3. 商品设定保修期的，买方有权对保修期内发现的商品瑕疵提出索赔。

如果配件的保修期短于主产品的保修期，并且瑕疵是在主产品的保修期内发现的，则买方有权对配件的瑕疵要求索赔。

如果配件的保修期长于主产品的保修期，并且瑕疵是在配件的保修期内发现的，无论主产品的保修期是否到期，买方都有权对配件的瑕疵要求索赔。

4. 在保修期内发现商品的瑕疵，买方有权对已设定保修期的商品瑕疵提出索赔。

5. 如果买方在保修期或使用期结束后发现商品有瑕疵，买方证明商品的瑕疵是在交付之前产生的，或者是在此之前存在的原因产生的，则卖方应承担责任。

第六百八十一条　由于所售商品瑕疵适用于索赔的诉讼时效

所售商品瑕疵的索赔适用一年的诉讼时效，从在本法第680条规定的时限内发现瑕疵之日起计算，如果商品有保修期（保质期）——从在保修期（保质期）内发现瑕疵之日起计算。

第六百八十一条之一　从买方处召回商品的法律后果

1. 如果商品制造商依法向买方召回商品，买方有权选择向卖方或制造商提出以下要求：

（1）在合理期限内无偿消除商品的瑕疵。

（2）返还为商品支付的款项。

（3）用相同的产品或卖方（制造商）提供的类似产品替换商品。

2. 召回商品应根据被召回时的价格确定向买方退还的已付货款金额。在降价时，应根据买方购买商品时的价格确定。

3. 制造商应在买方实际向制造商或制造商授权的人退回商品时，或在与买方商定的其他时间，退还买方为商品支付的款项。

4. 本条没有规定的向买方召回商品的法律后果有关的内容，适用本法和消费者保护法的规定。

第六百八十二条　成套商品

1. 卖方必须按照买卖合同的条款向买方交付成套的商品。

2. 卖方按照商业习惯或其他通常性要求向买方交付成套商品，但买卖合同约定了这种成套性的除外。

第六百八十三条　商品套装

1. 买卖合同约定卖方有义务向买方交付特定的一整套商品（商品套装），则自全部商品套装交付之时起，债务视为被履行。

2. 卖方有义务在同一时间交付商品套装中的所有商品，但合同另有约定或债的实质另有要求的除外。

第六百八十四条　交付非成套商品的法律后果

1. 在交付非成套商品的情况下，买方有权向卖方要求：

（1）相应降低价格；

（2）在合理时间内交付成套商品。

2. 如果卖方未能在合理时间内交付使商品配套，买方有权选择：

（1）要求用成套的商品替代非成套的商品；

（2）解除合同并要求退款。

3. 本条第1款和第2款规定的后果也适用于卖方违反向买方交付成套商品的义务（本法第683条）的情况，但合同另有约定或债的实质另有要求的除外。

第六百八十五条　包装容器与包装

1. 卖方应将商品装在容器和（或）包装中交付给买方，但买卖合同另有约定或债的实质另有要求的除外。

以容器和（或）包装交付商品的义务不适用于因其性质而不需要使用容器和（或）包装的商品。

2. 商品必须以其通常的包装方式移交，如果没有包装，则必须保证在正常的储存和运输条件下保护商品，但买卖合同另有约定的除外。

3. 从事经营活动的卖方有义务使用符合民事法律规范规定的容器和（或）包装将商品移交给买方。

第六百八十六条　违反交付商品包装要求的法律后果

卖方向买方交付的商品没有容器和（或）包装或容器和（或）包装不当的，买方有权要求卖方以适当的容器和（或）包装交付商品，或更换不当的容器和（或）包装，但根据债的实质或商品的性质另有要求的或主张因交付质量不合格的商品而产生的其他索赔的除外（本法第678条）。

第六百八十七条　买卖合同条件遵守的审查

1. 对买卖合同中卖方关于商品数量、种类、质量、成套性、容器和（或）包装以及其他条款的遵守情况的检验，按照合同约定或民事法律规范规定的情况和程序进行。

如果标准化规范性文件和法律规定了检查商品的数量、种类、质量、成套性、容器和（或）包装的要求，那么合同约定的检查程序必须符合这些要求。

2. 如果没有按照本条第1款规定检查卖方是否遵守买卖合同的条款和程序，则应按照商业习惯或其他通常情况的要求进行检查。

3. 根据买卖合同约定、法律、标准化规范性文件的规定，卖方有义务检查（测试、分析、检查等）商品的数量、种类、质量、配套性、容器和（或）包装，卖方应按要求向买方提供所进行的商品检测的证据。

4. 卖方和买方必须在相同的条件下对合同标的物是否符合买卖合同条款要求进行核查。

第六百八十八条　卖方违反买卖合同条款的通知

1. 买方应在合同或民事法律规定的期限内，或没有规定期限，在根据商品的性质和用途可以发现违约行为后的合理时间内，通知卖方违反商品数量、种类、质量、成套性、容器和（或）包装的任何情况。

在买方不履行上述义务的情况下，如果卖方能够证明买方没有通知其违约，导致其无法满足买方要求，或给卖方带来超过其及时通知的费用，则卖方有权部分或全部拒绝买方的相应要求。

2. 如果卖方知道或应当知道交付给买方的商品不符合买卖合同的条款，他无权以没有收到买方的通知以及买方不履行本条第 1 款规定的义务为由拒绝承担责任。

第六百八十九条　买方接收商品的义务

1. 买方有义务接收商品，但买方有权要求变更或终止买卖合同的除外。

2. 买方有义务按照惯例要求，为确保货物的转移和接收采取必要行为，但合同另有约定或民法另有规定的除外。

第六百九十条　买方不接收的商品的保管

1. 买方（收货人）拒绝接收卖方交付的商品，其有义务立即通知卖方。

2. 卖方必须在合理的时间内收回（运送）或处置未被买方（收货人）接收的商品。

如果卖方没有在合理时间内处置商品，买方有权将商品出售或退还给卖方。

3. 买方因保管商品、出售或退回商品而产生的费用由卖方承担。在这种情况下，销售商品所得的款项在扣除应付给买方的款项后，应交给卖方。

4. 买方没有合理的理由拖延或拒绝接收商品，卖方有权要求买方接收商品并付款，或解除买卖合同。

第六百九十一条　商品的价格

1. 买方有义务按照买卖合同中约定的价格支付商品，如果合同中没有约定，也无法从合同条款中确定，则按照本法第 632 条确定的价格支付。

2. 如果价格是根据商品的重量确定的，则应按净重确定，但买卖合同另有约定的除外。

3. 如果买卖合同约定，商品的价格应根据决定商品价格的指标（成本价格、费用等）进行修改，但修改方法尚未确定，则应根据订立合同和移交商品时的这些指标的比率来确定价格。

如果卖方拖延交付，价格应按订立合同时和合同约定的交货日的比率确定，如果合同中没有约定交货日，则按本法第 530 条确定。

本条适用于确定商品的价格，但民法或因合同的性质而另有要求的除外。

第六百九十二条　商品价款支付

1. 买方有义务在接收商品或接收商品所有权文件时支付价款，但合同约定或民法规定了不同的价款支付期限的除外。

2. 买方必须向卖方支付所交付商品的全部价款。买卖合同可以约定分期付款。

3. 延迟付款的，卖方有权要求买方支付价款和延迟付款的利息。

4. 买方拒绝接收商品和支付价款的，卖方有权要求支付价款或终止买卖合同。

5. 如果卖方有义务向买方交付未付款商品以外的其他商品，则其有权暂停这些商品的交付，直到之前交付的所有商品的价款全部付清为止，但合同另有约定或民法另有规定的除外。

第六百九十三条　预付款

1. 买方有义务在卖方移交商品之前支付部分或全部款项（预付款），买方必须在买卖合同约定的期限内支付，如果合同中没有约定，则在本法第530条确定的期限内支付。

如果买方未能履行其预付款义务，应适用本法第538条的规定。

2. 如果收到商品预付款的卖方没有在合理的期间内交付商品，买方有权要求交付已付款的商品或退还预付款。

3. 根据本法第536条的规定，自应交付商品之日起计算利息，直到实际交付商品或退还预付款项之日。合同可以约定，卖方有义务自收到预付款之日起支付预付款的利息。

第六百九十四条　赊销商品

1. 买卖合同可以约定以延期或分期付款的方式赊销商品。

2. 商品应按销售当天的有效价格进行赊销。赊销商品的价格变化不是重新计算的依据，但合同另有约定或法律另有规定的除外。

3. 卖方未能履行其交付赊销商品的义务的，应适用本法第665条的规定。

4. 买方迟迟不支付赊销的商品的价款的，卖方有权要求买方退回未支付的商品。

5. 买方逾期未付价款的，应根据本法第536条的规定，从应支付之日起到实际支付之日止，对逾期金额计收利息。

买卖合同可以约定，买方有义务自卖方交付商品之日起支付与赊销商品价格相应的利息。

6. 卖方对赊销的商品有留置权，时间为赊销商品交付之日起到付清价款之日止。

第六百九十五条　分期付款的特点

1. 赊销商品的合同可以约定分期付款。

以分期付款为条件的赊销商品合同的基本条款应包括商品的价格、付款的程序、条件和金额。

2. 买方未能在合同约定的期限内为已售出并移交的商品支付下一期价款的，卖方有权撤销合同并要求买方归还已售出的商品。

3. 本法第694条第2、5、6款的规定应适用于以分期付款为条件的赊销商品合同。

第六百九十六条　商品保险

1. 合同可以约定卖方或买方有对商品投保的义务。

2. 有义务为商品投保的一方没有投保的，另一方有权为商品投保并要求对方偿还保险费用或终止合同。

第六百九十七条　卖方的所有权保留

1. 合同可以约定，转让给买方的商品的所有权由卖方保留，直到价款付清或发生其他情况。在这种情况下，买方在所有权转让之前无权处置商品，但合同另有约定、法律另有规定或根据商品特殊性另有要求的除外。

2. 买方拖欠价款的，卖方有权要求买方退回商品。

卖方也有权在商品所有权应转移给买方的情况未发生时要求买方退还商品。

第二节　零售买卖

第六百九十八条　零售买卖合同

1. 零售买卖合同，从事商品零售业务的卖方承诺将通常用于个人、家庭或其他目的的与经营活动无关的商品交付给买方，而买方承诺接收商品并付款。

2. 零售买卖合同是一种公开合同。

3. 消费者保护法适用于不受本法约束的自然人参与的零售买卖合同的关系。

4. 与本法和消费者保护法中规定的权利相比，限制买方自然人权利的合同条款是无效的。

5. 买方有权要求卖方利用其在生产或贸易中的地位而给他造成的损失进行赔偿。

第六百九十九条　买卖合同订立的公开要约

1. 在商品广告、价目表以及其他针对不特定人群的商品描述中包含了零售买卖合同的所有实质条款的商品要约为公开要约。

2. 在销售场所的展览商品、展示样品或提供的有关商品的信息（说明、价目表、照片等)，无论是否标明价格和具备其他买卖合同的必要条款，都视为公开要约，但卖方已明确规定商品不出售的除外。

第七百条　向买方提供商品信息

1. 卖方有义务向买方提供有关出售商品的必要的和准确的信息。这些信息的内容和提供方式必须符合法律要求和零售业规则。

2. 买方有权在缔结合同前检查商品，要求在其在场时检测商品的性能或演示商品的使用，但商品的特征被排除和不违反零售业的通常规则的情形除外。

3. 如果买方在商品出售时没有机会获得关于商品的全面正确的信息，他有权要求卖方赔偿因无理逃避缔结合同而产生的损失，如果合同已经缔结，他有权在合理的时间内撤销合同，要求退还价款、赔偿财产损失和精神损失。

4. 卖方没有向买方提供获得关于商品的全面准确信息的机会，如果买方能证明商品瑕疵是因缺乏该信息而产生的，则卖方对商品的瑕疵负责。

第七百零一条　附买方在规定期限内接收商品条款的合同

1. 当事人可以在签订买卖合同时约定买方应在合同约定的期限内接收商品，在此期间，卖方不得将商品出售给其他人。

2. 如果买方未能在规定的期限内出现或采取其他必要行动接收商品，则视为买方解除合同，但合同另有约定的除外。

3. 卖方为保证在规定期限内交货所产生的额外费用应计入商品价格，但合同另有约定或民法另有规定的除外。

第七百零二条　凭样品商品销售

1. 双方可以在买方熟悉商品样品（从描述、说明书等处）的基础上签订商品买卖合同。

2. 以样品为基础的商品买卖合同在商品交付到合同约定的地点时被视为履行完毕，如果合同中没有约定交付地点，则在商品交付到自然人居住地或法人住所地时视为履行完毕，但合同另有约定或法律另有规定的除外。

3. 买方有权在商品交付前终止合同，但必须向卖方偿还因履行合同而产生的费用。

第七百零三条　使用自动售货机销售商品

1. 自动售货机销售商品的，机器所有人必须在机器上张贴通知或以其他方式向买方提供有关卖方的名称、所在地、工作时间以及买方为接收商品所应实施的行为等信息。

2. 自动售货机的零售买卖合同，从买方完成为获得商品所必要的行为时起视为已经缔结。

3. 如果买方没有得到所支付的商品，卖方应根据买方的要求，立即向买方提供商品或退还价款。

4. 如果自动售货机用于兑换货币、购买支付工具或兑换外币，则适用零售业的规定，但债的实质内容另有要求的除外。

第七百零四条　附商品送达买方条款的合同

1. 如果签订的零售买卖合同有将商品运送给买方的条款，则卖方有义务在合同约定的期限内将商品运送至买方指定的地点，如果没有指定商品交付地点，则运送到作为买方的自然人的居住地或法人的所在地。

2. 附带向买方运送商品的条款的零售买卖合同，从向买方运送商品时开始履行。如果买方不在，则向任何出示证明合同订立、商品交付登记的收据或其他文件的人履行，但合同另有约定、民法另有规定或者债的实质另有要求的除外。

3. 如果合同没有约定商品交付给买方的期限，则卖方必须在收到买方要求交付后的合理时间内交付商品。

第七百零五条　租售合同

1. 根据租售合同，在商品的所有权转移给买方之前，买方是该商品的承租人（承租人）。

2. 买方根据租购合同自支付价款时起成为商品的所有人，但合同另有约定的除外。

第七百零六条　商品的价款和支付

1. 买方必须按卖方在订立合同时的报价支付价款，但法律另有规定或根据债的实质另有要求的除外。

2. 在合同约定商品的预付款的情况下（本法第 693 条），买方延迟付款就视为放弃合同，但合同另有约定的除外。

3. 本法第 694 条第 5 款第 1 项的规定不应适用于分期付款在内的零售赊销合同。

4. 买方有权在合同约定的分期付款期内的任何时候全额支付价款。

第七百零七条　更换商品

1. 如果卖方没有规定更长的期限，买方有权在购买质量合格的非食品商品之日起14日内，在购买地点或卖方规定的其他地点将其更换为不同大小、形状、尺寸、款式、配套等的类似商品。价格有差异的，买方与卖方协商确定。

在卖方缺乏必要的可更换商品时，买方有权将购买的商品退还给卖方，并获得退款。

如果商品没有使用，保留其商业外观和消费特性，并且有证据证明从该卖方处购买了商品，则买方换货或退货的要求应当被满足。

2. 根据本条规定的理由不得换货或退货的商品清单应由法律规定。

第七百零八条 出售质量不合格商品时买方的权利

1. 买方在保修期或对双方有约束力的规则、合同约定的其他任何期限内，发现商品有卖方没有说明的瑕疵或商品有掺假现象的，买方有权选择：

（1）要求卖方或制造商免费纠正商品的瑕疵，或偿还买方或第三方为纠正瑕疵而产生的费用。

（2）要求卖方或制造商用质量合格的类似商品或不同型号的类似商品更换瑕疵商品，并在出现价格差异的情况下重新进行适当计算。

（3）要求卖方或制造商相应地降低价格。

（4）解除合同并要求退还已支付的价款。

2. 买方购买并已经使用的通过零售点销售的非食品类商品，卖方未告知所购商品有重大瑕疵的，买方有权根据本条第1款提出索赔。

第七百零九条 清偿买方更换商品或消除瑕疵要求的程序和期限

1. 卖方或制造商（或其授权代表）有义务接受买方退回的质量不合格的商品，并满足其更换商品或消除瑕疵的要求。如果卖方、制造商没有将商品交付给卖方并返还给买方，或者卖方、制造商不在买方所在地，买方可以退回商品，但需承担返还的费用。

2. 买方的更换要求应立即被满足，如果需要进行质量测试，应在14日内完成，或者按照双方的约定在其他期限内完成。

没有商品的，买方提出的更换要求应在提交相关申请后的两个月内得到满足。

买方更换产品的要求不能在期限内得到满足的，买方有权根据本法第708条的规定，自行选择向卖方或制造商提出其他要求。

3. 对于买方提出的免费更换商品的要求，卖方或制造商应在14日内或者双方约定在其他期限内予以满足。根据买方的要求，卖方在维修期间内可以提供一个不分型号的类似产品。

4. 当瑕疵通过更换商品的某一零件或部分得到纠正时，新零件或部分的保修期从瑕疵得到纠正后移交给买方的那天开始计算。

5. 卖方或制造商每拖延一天消除瑕疵，并且没有在消除瑕疵期间内为买方提供类似产品的，卖方应向买方支付产品价值的1%的罚金。

第七百一十条　在换货、降价、退回质量不合格的商品时的差价补偿

1. 以质量合格的商品替换劣质商品时，卖方无权要求赔偿合同约定的商品价格与商品替换时或法院判决替换商品时的价格之间的差价。

2. 用尺寸、样式、类型等方面不同的合格的类似商品替换劣质商品时，卖方应赔偿被替换商品与替换的质量合格的商品或者法院判决的替换商品之间的差价。

3. 在要求适当降价的情况下，应考虑提出降价要求时的商品价格，如果卖方没有满足买方的要求，则应考虑法院作出适当降价的判决时的价格。

4. 如果买方解除合同并将质量不合格的商品退还给卖方，买方有权要求赔偿合同价格与自愿满足其要求时的相关商品价格之间的差价，如果卖方不自愿满足其要求，买方可以在法院判决时要求赔偿。

5. 在执行法院关于换货、降价或退回质量不合格的商品的差价赔偿的判决时，买方可以根据这些理由向卖方提出额外的索赔。

第七百一十一条　因商品瑕疵造成损失的责任

因购买有瑕疵的商品而造成买方财产损失，以及造成买方残疾、其他健康伤害或者死亡的，卖方应按照本法第82条的规定予以赔偿。

第三节　供　　应

第七百一十二条　供货合同

1. 根据供货合同，从事经营活动的卖方（供应方）承诺在规定或约定的期限内将商品的所有权转让给买方，用于经营活动或与个人、家人、家庭无关的用途或其他类似用途，买方承诺接收商品并支付一定数额的金钱。

2. 供货合同应适用关于买卖的一般规定，但合同另有约定、法律另有规定或当事人之间关系的性质另有要求的除外。

3. 法律可以规定供货合同的订立和履行的特点，包括提供国家需求的商品的合同。

第四节　农产品定购

第七百一十三条　农产品定购合同

1. 根据农产品定购合同，农产品生产者承诺生产合同中约定的农产品，并将其转让给买方（订约人）或其指定的收货人，而买方承诺接受这些产品并按照合同条款以固定价格付款。

2. 关于购买和销售的一般规定以及关于交付合同的约定应适用于定购合同，但合同另有约定或法律另有规定的除外。

3. 法律可以规定签订和履行农产品定购合同的特点。

第五节　通过连接的网络供应能源和其他资源

第七百一十四条　通过连接的网络供应能源和其他资源的合同

1. 根据通过连接的能源网络供应能源和其他资源的合同，一方（供应方）承诺向另一方（消费者、用户）提供合同约定的能源和其他资源，而消费者（用户）承诺支付费用，并遵守合同约定的使用制度，以及保障能源网络和其他设备的安全运行。

2. 通过连接的能源网络供应能源和其他资源的合同适用买卖合同的一般规定、供货合同的约定，但法律另有规定或源于双方关系的性质另有要求的除外。

3. 法律可以规定订立和履行能源和其他资源供货合同的具体情况。

第六节　互　　易

第七百一十五条　互易合同

1. 根据互易（交换）合同，任何一方都承诺将一种商品的所有权转让给另一方以换取另一种商品。

2. 互易合同的每一方都是他所转让的商品的卖方，以及他所收到的商品的买方。

3. 合同可以约定用价值较高的商品换取价值较低的商品的附加费。

4. 被交换商品的所有权在双方移交商品后同时转移给双方，但合同另有约定或法律另有规定的除外。

5. 合同中可以约定以财产换取工程（服务）。

6. 法律可以规定互易合同缔结和履行的特点。

第七百一十六条　互易的法律调整

互易合同适用一般买卖条款、供货合同条款、订购合同或其他合同的条款，但与债的实质内容相抵触的除外。

第五十五章 赠 与

第七百一十七条 赠与合同

1. 根据赠与合同，一方（赠与人）将财产（赠品）无偿转让或承诺在未来转让给另一方（受赠人）。

2. 规定赠与人有义务为受赠人实施任何财产性或非财产性行为的合同不是赠与合同。

第七百一十八条 赠与合同的标的物

1. 赠与的标的物可以是动产，包括金钱和证券，也可以是不动产。

2. 赠与的标的物可以是赠与人已经获得或可能在未来获得的财产权。

第七百一十九条 赠与合同的形式

1. 个人和家庭使用的物品的赠与合同可以口头签订。

2. 不动产赠与合同应以书面形式订立，并须经公证。

3. 赠与财产权和在未来赠与财产权的合同应以书面形式签订。不采取书面形式的合同是无效的。

4. 赠与具有特殊价值的动产的合同应以书面形式签订。口头转让具有特殊价值的动产的合同是合法的，但法院确定赠与人是非法占有的除外。

5. 赠与货币或贵重物品的合同，金额超过公民最低免税收入的50倍的，应以书面形式签订，并须经公证。

第七百二十条 赠与合同的当事人

1. 赠与合同的各方当事人可以是自然人、法人、乌克兰国家、克里米亚自治共和国、领土社区。

2. 父母（养父母）和监护人无权赠与子女或被监护人的财产。

3. 如果赠与人的组成文件中明确规定了赠与的权利，企业协会之间可以签订赠与合同。这一规定不适用于法人签订赠与合同的权利。

4. 赠与合同可以由赠与人的代表签订。没有写明赠与人姓名的赠与合同委托书是无效的。

第七百二十一条 赠与人的义务

1. 赠与人知道因赠与物的瑕疵或其特殊性，可能对受赠人或其他人的生命、健康、财产造成损害的，其有义务告知受赠人。

2. 如果赠与人知道赠与物的瑕疵或特殊性而没有告知受赠人，则其应对因拥有或使用赠与物而产生的财产损失和残疾、其他健康伤害或死亡进行赔偿。

第七百二十二条　接受赠与

1. 受赠人从接受赠与的那一刻起享有赠与物的所有权。

2. 赠与人将物品移交给企业，运输、通信组织或其他人员，以便将其移交给受赠人的，有权在物品交给受赠人之前解除赠与合同。

3. 未经受赠人事先同意赠送物品的，视为接受赠与，但受赠人及时撤回接受的除外。

4. 受赠人接受证明赠与物所有权的文件、证明赠与人对赠与物的所有权的其他文件或物品的符号（钥匙、模型等）的，应视为接受赠与。

第七百二十三条　未来赠与合同

1. 未来赠与合同可以约定赠与人在未来一定时期（一定期限内）或发生规定情形时将赠与物转让给受赠人。

2. 未来赠与合同约定的期限（日期）到达或发生规定情形时，赠与人有义务赠与的，受赠人有权要求赠与人赠与物品或偿还赠与物的价值。

3. 在赠与到期日前或者发生赠与规定情形之前赠与人死亡的，赠与合同应终止。

第七百二十四条　单方面放弃未来赠与合同

1. 赠与人的财产状况在合同签订后明显恶化的，有权拒绝在未来赠与。

2. 受赠人有权在接受赠与之前的任何时候根据赠与合同拒绝赠与。

第七百二十五条　受赠人为第三人利益的义务

1. 赠与合同可以约定为第三人的利益，受赠人有义务实施或者不实施某种行为（转让享有所有权的金钱或其他财产、支付年金、提供永久使用赠与物或其中一部分的权利、不向第三人提出关于驱逐的要求等）。

2. 为第三人的利益，赠与人有权要求受赠人履行其义务。

如果赠与人死亡、被宣布死亡、被宣布失踪或无民事行为能力，那么第三人有权要求受赠人履行义务。

第七百二十六条　受赠人违反为第三人利益义务的法律后果

受赠人违反了对第三人的义务，赠与人有权要求终止合同并归还赠与物，不能归还的，可以要求赔偿。

第七百二十七条　应赠与人的要求解除赠与合同

1. 受赠人故意对赠与人及赠与人的父母、妻子（丈夫）或子女的生命、健康、财产实施犯罪的，赠与人有权要求终止不动产或其他特别有价值的财产的赠与合同。

受赠人故意杀害赠与人的，赠与人的继承人有权要求终止赠与合同。

2. 受赠人威胁要对赠与人有重大的非财产价值的赠与物造成不可挽回的损失的，赠与人有权要求终止赠与合同。

3. 受赠人疏忽导致文物可能被毁坏或严重损坏的，赠与人有权要求终止赠与合同。

4. 在赠与人提出要求时赠与物仍被保留的，赠与人有权要求终止赠与合同。

5. 赠与合同终止后，受赠人有义务返还保持原状的赠与物。

第七百二十八条　适用于赠与合同解除要求的诉讼时效

赠与合同终止的请求适用一年的诉讼时效。

第七百二十九条　捐赠

1. 捐赠是指为实现特定的、预先确定的目的，向本法第720条第1款规定的人员捐赠不动产和动产，特别是货币和证券。

2. 赠与合同从接受捐赠的那一刻起就已经缔结。

3. 赠与合同适用赠与合同的约定，但法律另有规定的除外。

第七百三十条　捐赠人的权利

1. 捐赠人有权按照赠与合同中约定的目的控制捐赠款的使用。

2. 如果捐赠不能用于预期目的，那么只有在捐赠人同意的情况下或者在法人死亡、清算的情况下通过法院判决，才能用于其他目的。

3. 如果捐赠没有用于预期目的，则捐赠人或其继承人有权要求解除捐赠合同。

第五十六章　年　　金

第七百三十一条　年金合同

1. 根据年金合同，一方当事人（年金取得人）将财产所有权转让给另一方当事人（年金支付人），而年金支付人作为交换，承诺以一定金额或其他形式向年金取得人支付租金。

2. 年金合同可以约定无期限支付年金的义务（永久年金），也可以规定一定的期限。

第七百三十二条 年金合同的形式

1. 年金合同是以书面形式订立的。

2. 年金合同和不动产转让合同必须经过公证。

第七百三十三条 年金合同的当事人

年金合同的当事人可以是自然人或法人。

第七百三十四条 以支付年金为条件转让财产

1. 年金合同可以约定，年金取得人将财产有偿或无偿转移给年金支付人使用。

2. 年金合同约定年金取得人将财产有偿转移给年金支付人的，转移财产的当事人关系适用买卖的一般规定。无偿转让财产的，则适用关于赠与合同的约定，但与年金合同的性质相抵触的除外。

第七百三十五条 年金支付的担保

1. 以支付年金为条件转移土地或者其他不动产时，年金支付人取得对该不动产的抵押权以担保年金支付人的债务。

2. 年金支付人只有在得到年金取得人的同意后，才有权转让年金支付项下转移给他的财产。

当不动产被转让给另一个人时，年金支付人的职责就转移给了他。

3. 年金的支付可以通过约定年金支付人有责任为其未能履行年金合同下的义务投购保险而获得保障。

第七百三十六条 逾期支付年金的责任

逾期支付年金的，年金支付人应向年金取得人支付利息。

第七百三十七条 年金的形式和数额

1. 年金可以用货币支付，也可以通过转让物品、完成工作或服务的方式支付。

年金的支付形式由年金合同约定。

2. 年金的数额在合同中约定。

年金取得人将货币转移到年金支付人的财产中，如果年金合同没有约定更大的金额，则年金的数额以乌克兰国家银行的利率为准。

年金的数额根据乌克兰国家银行利率的变化而变化，但合同另有约定的除外。

第七百三十八条 年金的支付期限

年金在每个季度末支付，但年金合同另有约定的除外。

第七百三十九条　永久年金付款人拒绝年金合同的权利

1. 永久年金付款人有权拒绝年金合同。

永久年金付款人不能拒绝年金合同的条款是无效的。

2. 年金合同可以约定永久年金付款人拒绝年金合同的条款。

3. 年金合同在收到永久年金付款人在全额结算的情况下提出书面终止合同之日起3个月后终止。

第七百四十条　永久年金领受人解除年金合同的权利

1. 在下列情况下，永久年金领受人有权要求解除年金合同：

（1）永久年金付款人逾期1年以上；

（2）永久年金付款人违反自己的担保年金支付的债务；

（3）永久年金付款人被确认为无支付能力或出现了其他情况，明确表明永久年金支付人不可能按合同约定的金额和期限支付年金。

2. 永久年金领受人也有权在年金合同约定的其他情况下要求解除年金合同。

第七百四十一条　年金合同解除时当事人之间的结算

1. 如果年金合同没有约定合同解除的法律后果，则根据财产转让是有偿还是无偿进行结算。

2. 如果财产已经无偿转让给年金付款人，则年金取得人有权在解除年金合同时要求年金支付人支付年金的年度金额。

3. 如果财产有偿转让给年金付款人，则年金取得人有权要求年金付款人支付年金的年度金额和转让财产的价格。

第七百四十二条　以支付永久年金为条件转让的财产意外损毁或灭失的风险

1. 以支付永久年金为条件的无偿转让的财产的意外损毁或灭失的风险由年金支付人承担。

2. 以支付永久年金为条件的有偿转让的财产意外损毁或灭失的，年金取得人有权要求终止年金支付债务或变更支付条件。

第七百四十三条　以支付固定期限年金为条件转让的财产意外损毁或灭失的风险

根据固定期限的年金转让的财产意外损毁或灭失的，在年金合同约定的条件下，年金支付人在年金期满前不得解除支付义务。

第五十七章 终身赡养（照顾）

第七百四十四条 终身赡养（照顾）合同的概念

根据终身赡养（照顾）合同，一方（出让人）向另一方（受让人）转让住宅、公寓或其部分，其他具有重要价值的不动产或动产的所有权，作为交换，受让人有义务终身赡养和（或）照顾出让人。

第七百四十五条 终身赡养（照顾）合同的形式

终身赡养（照顾）合同应以书面形式订立，并须经公证。

第七百四十六条 终身赡养（照顾）合同的当事人

1. 终身赡养合同中的被赡养人可以是一个不论年龄或健康状况的自然人。

2. 终身赡养合同中的赡养人可以是具有完全民事行为能力的成年自然人或法人。

3. 赡养人是多个自然人的，他们就成为根据赡养（照顾）合同转让的财产的共同所有人，享有共同的所有权。

如果赡养人是多人，则他们对被赡养人的义务是共同的。

4. 终身赡养（照顾）合同可以由被赡养人以第三人的名义签订。

第七百四十七条 就共有财产签订的终身赡养（照顾）合同的特点

1. 享有共同所有权的共有人的财产，特别是属于配偶的财产，可以由他们根据终身赡养（照顾）合同进行转让。

如果他们根据终身赡养（照顾）合同转让的财产的共有人之一死亡，则受让人的责任范围相应减少。

2. 如果出让人是共有财产的共有人之一，在确定该共有人在共同财产中的份额或确定共有人之间使用该财产的顺序后，可以签订终身赡养（照顾）合同。

第七百四十八条 根据终身赡养（照顾）合同转让的财产受让人获得所有权的时间

根据本法第334条，受让人成为根据终身赡养（照顾）合同转让给他的财产的所有人。

第七百四十九条 终身赡养（照顾）合同受让人的义务

1. 终身赡养（照顾）合同可以确定所有类型的物质供应，以及受让人向出让人提供的所有类型的照顾（护理）。

2. 如果受让人的职责没有具体规定，或需要向出让人提供其他类型的物质供应和照顾，则应根据公正和合理的原则解决纠纷。

3. 受让人有义务在出让人死亡的情况下将其埋葬，即使在赡养（照顾）合同中没有约定。

如果出让人的部分财产已经转让给他的继承人，则出让人的安葬费应由继承人和受让人公平分摊。

第七百五十条　受让人保障出让人住房的义务

受让人有义务根据终身赡养（照顾）合同在转让给他的房屋（公寓）中为出让人或第三人提供住所。

在这种情况下，合同必须具体约定出让人有权居住的房屋部分。

第七百五十一条　对出让人物质保障货币估价

每月应对出让人提供的物质担保进行估价。估价应以法律规定的方式进行。

第七百五十二条　终身赡养（照顾）合同受让人的更换

1. 如果受让人因必要的原因无法继续履行终身赡养（照顾）合同约定的义务，经出让人同意，受让人的义务可以转让给受让人的家庭成员或其他人。

2. 出让人不同意将受让人在终身赡养（照顾）合同下的义务转让给其他人的，可以向法院提出诉讼，在这种情况下，法院应考虑到合同的期限和其他重要情况。

第七百五十三条　根据终身赡养（照顾）合同交付给受让人财产的更换

出让人和受让人可以商定用另一物品替换根据终身赡养（照顾）合同转让的物品。

在这种情况下，经过双方协议，受让人的义务范围可以改变或不改变。

第七百五十四条　终身赡养（照顾）合同履行情况

1. 受让人在出让人死亡前无权出售、赠送、变更根据赡养（照顾）合同转让的财产，无权将财产抵押，无权在其他交易的基础上将财产转移给他人。

2. 根据终身赡养（照顾）合同转让给受让人的财产在出让人活着时不能强制执行。

3. 已转让给受让人的财产的灭失（毁坏）、损毁不应成为终止或减少其对出让人的义务的理由。

第七百五十五条　终身赡养（照顾）合同的终止

1. 终身赡养（照顾）合同在下列情况下可由法院判决终止：

（1）应出让人或作为受益人的第三人的要求，在受让人不履行或不适当履行其职责的情况下，无论受让人是否有过错；

（2）应受让人的要求。

2. 终身赡养（照顾）合同随着出让人的死亡而终止。

第七百五十六条　终身赡养（照顾）合同解除的法律后果

1. 由于受让人不履行或不适当履行合同约定的义务而终止赡养（照顾）合同的，出让人有权要求归还转让财产的所有权。

在这种情况下，受让人为维护和（或）照顾出让人而支付的费用不用退还。

2. 受让人以不能继续履行合同为由终止合同的，法院考虑到他适当履行合同义务的时间长短，可将该部分财产的所有权保留给受让人。

第七百五十七条　受让人死亡的法律后果

1. 受让人在终身赡养（照顾）合同下的义务应转让给已享有转让财产所有权的继承人。

如果遗嘱继承人拒绝接受出让人转让的财产，该财产的所有权可以转让给其法定继承人。

2. 如果受让人没有继承人，或者他们拒绝接受出让人转让的财产，则出让人获得该财产的所有权，在这种情况下，终身赡养（照顾）合同应终止。

第七百五十八条　法人受让人终止的法律后果

1. 在法人终止并确定权利义务承继人后，终身赡养（照顾）合同下的权利和义务转移给权利义务承继人。

2. 在法人清算时，根据终身赡养（照顾）合同转让的财产的所有权应转移给出让人。

如果由于法人的清算，根据终身赡养（照顾）合同转让给法人的财产被转让给发起人（合伙人），则终身赡养（照顾）合同的权利和义务转让给发起人。

第五十八章　租　　赁

第一节　租赁的一般规定

第七百五十九条　租赁合同

1. 根据租赁合同，出租人将财产转让或承诺在一定期限内转让给承租人使用。

2. 法律可以规定缔结和履行租赁合同的特点。

第七百六十条　租赁合同的标的物

1. 租赁合同的标的物可以是具有独特的特征，并可在反复使用过程中保持其原始状态的物品（非消耗性物品）。

法律可以规定哪些类型的财产不能成为租赁合同的标的物。

2. 租赁合同的标的物可以是财产权。

3. 租赁某些类型财产的特殊性应根据本法和其他法律规定。

第七百六十一条　租赁权

1. 物的所有人或财产权归于他的人有租赁权。

2. 出租人也可以是被授权签订租赁合同的人。

第七百六十二条　租金

1. 承租人使用财产要收取一定的费用，其数额由租赁合同确定。

如果合同没有约定金额，则应根据财产的使用价值和其他重要情况来确定。

2. 租金可由双方选择以现金或实物支付。租金的付款形式应根据租赁合同确定。

3. 合同可以约定或法律可以规定定期修订、变更（指数化）租金。

4. 出租人不负责任导致使用财产的可能性大大降低的，承租人有权要求减少租金。

5. 租金按月支付，但合同另有约定的除外。

6. 因出租人不负责而无法使用财产的所有时间的，出租人应免除费用。

第七百六十三条　租赁合同的期限

1. 租赁合同应在合同约定的期限内签订。

2. 租赁期限不确定的，租赁合同视为不定期合同。

不定期租赁合同的任何一方都可以在任何时候解除合同，并需要提前 1 个月向另一方发出书面通知，不动产需提前 3 个月发出通知，但合同约定或法律规定了其他通知期限的除外。

3. 法律可以规定某些类型财产的最长租赁期限。

如果在法定最长租赁期限届满前，任何一方都没有解除不定期合同，则合同在最长期限届满时终止。

超过法定最长期限的应将法定最长期限视为合同的租赁期限。

第七百六十四条　租赁合同到期后继续使用财产的法律后果

承租人在租赁合同到期后继续使用财产，并且出租人在 1 个月内没有提出异议的，该合同视为按合同先前确定的期限续约。

第七百六十五条 向承租人移交财产

出租人有义务立即或在租赁合同约定的期限内将财产移交给承租人使用。

第七百六十六条 未向承租人移交财产的法律后果

出租人未将财产移交给承租人，承租人有权选择：

(1) 要求出租人移交财产，并赔偿逾期造成的损失；

(2) 解除租赁合同并要求赔偿损失。

第七百六十七条 租赁物的质量

1. 出租人有义务向承租人交付符合合同条件和财产用途的财产。

2. 出租人有义务告知承租人该财产的已知的可能对承租人或其他人的生命、健康、财产造成损害，或者在使用该财产时可能对其本身造成损害的特殊属性和瑕疵。

承租人有义务在出租人面前检查财产的良好状况。如果承租人不确定在移交时该财产是否处于良好状态，则视为财产在状态下移交。

第七百六十八条 租赁物的质量保证

1. 出租人在租赁期内应保证出租财产的质量。

2. 如果已交付给承租人的有质量保证的财产出现瑕疵，使其无法按照合同约定使用，承租人有权选择：

(1) 可能的话，要求更换该财产；

(2) 要求合理减少使用该财产的费用；

(3) 要求免费消除财产的瑕疵或偿还清除瑕疵的费用；

(4) 终止合同并要求赔偿所造成的损失。

第七百六十九条 第三人对租赁物的权利

1. 出租财产的移交并不终止或改变第三人对该财产的权利，特别是抵押权。

2. 在签订租赁合同时，出租人应告知承租人关于第三人对出租财产的所有权利。如果出租人没有履行通知义务，则承租人有权要求减少租金或终止合同并要求赔偿损失。

第七百七十条 租赁物所有权变更时的继承

1. 在出租财产的所有权人变更的情况下，出租人的权利和义务应转移给新的所有人。

2. 当事人可以在租赁合同中约定，如果出租人转让出租财产，租赁合同即终止。

第七百七十一条　租赁物的保险

1. 由出租人投保的出租财产的转让不应终止保险合同。

2. 合同可以约定或法律可以规定承租人有义务为出租财产签订保险合同。

第七百七十二条　租赁物意外损毁或灭失的风险

承租人逾期向出租人归还出租财产的，应承担其意外损毁或灭失的风险。

第七百七十三条　租赁物的使用

1. 承租人有义务按照出租财产的用途和合同的条款来使用出租财产。

2. 承租人不按其用途或违反租赁条款使用出租财产的，出租人有权要求终止合同并赔偿损失。

承租人只有在征得出租人同意的情况下才可以改变出租财产的用途。

第七百七十四条　转租

1. 转租合同是指必须经出租人同意，承租人将财产出租给另一个人（转租）的合同，但合同另有约定或法律另有规定的除外。

2. 转租合同的期限不应超过租赁合同的期限。

3. 关于租赁合同的约定适用于转租合同。

第七百七十五条　使用租赁物获得的果实、产品和收益的所有权

承租人对由于使用出租财产而获得的果实、产品和收益享有所有权。

第七百七十六条　租赁物的维修

1. 承租人有义务自费对出租财产进行维修，但合同另有约定或法律另有规定的除外。

2. 出租人有义务自费对出租财产进行重大维修，但合同另有约定或法律另有规定的除外。

重大维修应在合同约定的期限内进行。如果合同中没有约定期限或者紧急需要维修，则必须在合理的时间内进行维修。

3. 出租人未按照约定对阻碍使用的物品进行重大维修的，承租人有权要求：

（1）维修该物品，将维修费计入该财产的使用费中，或偿还维修费用；

（2）终止合同并赔偿损失。

第七百七十七条　承租人的优先权

1. 根据租赁合同适当履行职责的承租人在合同期满后，有权优先于其他人签订新期限的租赁合同。

承租人如果想使用优先权重新签订租赁合同，应在租赁合同期满前，在合同约定的期限内通知出租人，如果合同没有约定期限，则应在合理期限内通知出租人。

新租赁合同的条款是由双方商定的，如果双方未能就费用和合同的其他条款达成一致，承租人签订合同的优先权就会终止。

2. 在出售出租财产时，承租人享有优先购买权。

第七百七十八条 承租人改善租赁物

1. 承租人只有征得出租人同意后，才能改善出租财产。

2. 出租财产改善后可以分离而不损坏的，承租人有权拆除。

3. 如果改善是在出租人的同意下进行的，则承租人有权要求偿还必要的费用或将其价值计入租金中。

4. 经出租人同意，承租人改善产生了一个新的物，那么承租人成为该物的共同所有人，承租人享有与其在改善方面的支出价值相应的所有权份额，但合同另有约定或法律另有规定的除外。

5. 如果承租人未经出租人同意而进行了改善，但这些改善又不能在不对事物造成损害的情况下分开，那么承租人无权要求偿还其价值。

第七百七十九条 租赁物恶化的后果

1. 承租人有义务消除其过失导致的恶化。

2. 该财产不能恢复的，出租人有权要求赔偿损失。

3. 正常的磨损或出租人的疏忽导致的恶化，承租人不承担责任。

第七百八十条 因使用租赁物而造成损害的责任

1. 因使用出租财产给第三人造成损害的，承租人应根据一般情况予以赔偿。

2. 因财产的特殊性或瑕疵造成损害，而出租人没有告知承租人，并且承租人不知道或不可能知道的，出租人应赔偿因使用财产而造成的损害。

如果租赁合同的条款免除了出租人对因财产的特殊性或瑕疵造成损害的赔偿责任，而出租人没有告知承租人，并且承租人不知道也不可能知道其存在，则该条款是无效的。

第七百八十一条 租赁合同的终止

1. 作为自然人的承租人死亡的，租赁合同终止，但合同另有约定或法律另有规定的除外。

2. 作为法人的承租人清算时，租赁合同终止。

第七百八十二条　出租人拒绝租赁合同的权利

1. 如果承租人连续3个月没有支付使用出租财产的费用，则出租人有权拒绝租赁合同并要求归还出租财产。

2. 出租人拒绝租赁合同的，该合同应自承租人收到出租人终止合同的通知之日起解除。

第七百八十三条　应出租人的要求解除租赁合同

在下列情况下，出租人有权要求解除租赁合同：

（1）承租人在使用该财产时违反了合同的约定或该财产的用途；

（2）承租人未经出租人同意，将该财产转让给他人使用；

（3）承租人粗心大意的行为对出租财产造成了损害；

（4）承租人有进行维修的义务而没有对该物进行维修。

第七百八十四条　应承租人的要求解除租赁合同

在以下情况下，承租人有权要求解除租赁合同：

（1）出租人移交财产的质量不符合合同条款和财产用途；

（2）出租人不履行对出租财产进行重大维修的义务。

第七百八十五条　租赁合同终止后承租人的义务

1. 租赁合同终止后，承租人有义务立即将出租财产按接收时的状态归还给出租人，但要考虑到正常损耗或按合同约定的状态归还。

2. 如果承租人不履行归还的义务，出租人有权要求承租人支付相当于逾期时间的两倍费用的罚金。

第七百八十六条　适用于租赁合同产生要求的诉讼时效

1. 一年的时效适用于因出租财产受损而提出的赔偿要求，以及对维修出租财产的费用提出的赔偿要求。

2. 出租人的诉讼时效从承租人归还出租财产时起开始计算，承租人的诉讼时效从租赁合同终止时起开始计算。

第二节　消 费 租 赁

第七百八十七条　消费租赁合同

1. 根据消费租赁合同，将财产出租作为日常经营活动的出租人有义务向承租人交付动产以供有偿临时占有和使用。

2. 消费租赁合同是一种格式合同。出租人可以制定租赁合同的标准条款。租赁合同的标准条款不得侵犯法律规定的承租人的权利。

与合同标准条款中规定的内容相比，使承租人情况恶化的租赁合同条款是无效的。

3. 消费租赁合同为公共合同。

第七百八十八条　消费租赁合同的标的物

1. 消费租赁合同的标的物应是用于满足家庭非生产性需求的可移动物品。

2. 如果合同有约定，消费租赁合同的标的物可以用于生产需要。

第七百八十九条　租金

租赁动产的费用应根据出租人的标准来确定。

第七百九十条　承租人拒绝消费租赁合同的权利

1. 承租人有权在任何时候拒绝消费租赁合同并将动产归还给出租人。

2. 承租人在整个合同期内支付的租金应根据实际使用该物的时间长短而减少。

第七百九十一条　消费租赁合同的特殊性

1. 承租人无权签订转租合同。

2. 出租人出售该动产时，承租人没有优先购买权。

3. 出租人应自费对动产进行维修和保养，但出租人能证明动产的损坏是承租人的过错导致的除外。

第三节　土 地 租 赁

第七百九十二条　土地租赁合同

1. 根据土地租赁合同，出租人应承诺将土地转让给承租人占有和使用，并在合同约定的期限内收取费用。

土地租赁既可以包括位于土地之上的植物、建筑物、构筑物、水体，也可以不包括。

2. 租赁土地的关系由法律规定。

第四节　建筑物或其他基本设施　租赁

第七百九十三条　建筑物或其他基本设施的租赁合同的形式

1. 建筑物或其他基本设施（其独立部分）的租赁合同应以书面形式签订。

2. 租赁期限为 3 年以上的建筑物或其他基本设施（其独立部分）的租赁合同应进行公证。

第七百九十四条　在建筑物或其他基本设施租赁合同基础上产生的不动产使用权国家登记

根据签订的租赁期限不少于3年的建筑物或其他基本设施（其独立部分）的租赁合同产生的不动产使用权应依法进行国家登记。

第七百九十五条　租赁建筑物或其他基本设施租赁

1. 由合同各方签署相应的文件（合同）来正式确定建筑物或其他基本设施（其独立部分）的转让。此时租赁合同的期限开始计算，但合同另有约定的除外。

2. 承租人归还出租财产应以合同双方签署的文件（合同）为证。从归还财产之时起，租赁合同终止。

第七百九十六条　提供土地使用权给承租人

1. 在租赁建筑物、其他基本设施或其部分时，承租人享有使用该土地的权利，以及在实现租赁目的的必要范围内使用与该建筑物或基础设施相邻的土地的权利。

2. 在租赁合同中，双方可以确定转让给承租人的土地的大小。如果合同中没有约定土地的大小，承租人有权使用出租人拥有的整个土地。

3. 如果出租人不是土地所有人，则视为土地所有人同意授予承租人使用该土地的权利，但出租人与土地所有人的合同另有约定的除外。

第七百九十七条　使用费

向建筑物或其他基本设施（其独立部分）的承租人收取的费用包括其使用费和土地使用费。

第五节　交通工具租赁

第七百九十八条　交通工具租赁合同的标的物

1. 交通工具租赁合同的标的物可以是空中、海上、河上的交通工具，以及自动汽车等。

2. 交通工具租赁合同可以约定，租赁交通工具时要配备人员为其服务。

3. 双方可商定由出租人向承租人提供一套服务，以确保交通工具的正常使用。

第七百九十九条　交通工具租赁合同的形式

1. 交通工具租赁合同是以书面形式签订的。

2. 有自然人参与的交通工具租赁合同须经公证。

第八百条　交通工具承租人的活动

承租人应在活动中独立使用交通工具，并有权根据交通工具的用途以自己的名义签订运输合同以及其他合同，而无须征得出租人的同意。

第八百零一条　与使用交通工具有关的费用

1. 承租人有义务使交通工具保持在适当的技术状态。

2. 使用交通工具的有关费用，包括税款和其他费用，都由承租者承担。

第八百零二条　交通工具的保险

1. 交通工具的保险由出租人提供。

2. 承租人因使用交通工具可能对他人造成损害的责任保险程序应由法律规定。

第八百零三条　交通工具损坏的法律后果

承租人有义务赔偿因交通工具丢失或损坏而产生的损失，但承租人能够证明不是其过错造成的除外。

第八百零四条　由于使用交通工具给他人造成损害的法律后果

根据本法第 82 章的规定，承租人有义务赔偿因使用交通工具而给他人造成的损失。

第八百零五条　带有司乘人员和其服务交通工具租赁的特殊性

1. 租赁交通工具的管理和技术操作应由其工作人员进行。乘务组的成员不应终止与出租人的雇佣关系。乘务人员的费用由出租人承担。

2. 如果承租人的指示与租赁合同的条款、交通工具的使用条款相抵触，并且可能对乘务人员、交通工具或其他人的权利造成损害，那么乘务人员有权拒绝执行。

3. 法律还可以规定租赁带乘务组的交通工具的其他特殊性。

第六节　融 资 租 赁

第八百零六条　融资租赁合同

1. 根据融资租赁合同，一方（出租人）向另一方（承租人）转让或承诺转让使用出租人所拥有并在未事先与承租人达成协议的情况下购买的财产（直接租赁），或由出租人按照规格和条款从卖方（供应方）那里专门购买财产（间接租赁），承租人在一定时间内使用并支付一定费用（租赁付款）。

2. 关于融资租赁合同的一般规定适用于租赁合同，但须符合本款和法律规定的具体内容。

关于买卖的一般规定和融资租赁合同的约定应适用于与租赁有关的关系，但法律另有规定的除外。

3. 融资租赁合同的某些类型和形式由法律规定。

第八百零七条　融资租赁合同的标的物

1. 融资租赁合同的标的物可以是具有独特性，依法归类为固定资产的未使用的物品。

2. 不动产和其他自然物，以及法律规定的其他物品不能成为融资租赁合同的标的物。

第八百零八条　融资租赁合同标的物卖方（供应方）的责任

1. 根据融资租赁合同，承租人选择了租赁合同的卖方（供应方），则卖方（供应方）对违反租赁合同标的物的质量、完整性、适用性保证、交付、更换、免费消除瑕疵、安装和调试等义务向承租人承担责任。如果融资租赁合同标的物的卖方（供应方）已被出租人选定，则卖方（供应方）和出租人向承租人承担连带责任。

2. 融资租赁合同标的物的维修和保养应由卖方（供应方）根据承租人和卖方（供应方）之间的合同进行。

第八百零九条　融资租赁合同标的物意外损毁或灭失的风险

1. 融资租赁合同标的物意外损毁或灭失的风险由承租人承担，但合同另有约定或法律另有规定的除外。

2. 如果出租人或卖方（供应方）迟延向承租人移交融资租赁合同的标的物，或承租人迟延向出租人归还融资租赁合同的标的物，则意外损毁或灭失的风险由违约方承担。

第五十九章　住 宅 租 赁

第八百一十条　住宅租赁合同

1. 根据住宅租赁合同，一方——住宅的所有人（出租人）在一定时期内向另一方（承租人）转让或承诺转让住宅，以获得报酬。

2. 签订或终止国家或者市镇所有制住宅租赁合同的理由、条件和程序由本法规定。

3. 本法的规定适用于住宅租赁合同，但国家或市镇所有制的住宅租赁除外，除非法律另有规定。

第八百一十条之一　附带赎买权的住房租赁

1. 带赎买权的住宅租赁是一种特殊类型的租赁（租约），它可以规定出租人将债权转让给另一个人，即受益人。

2. 根据带赎买权的住宅租赁合同，一方出租人应将住宅长期（最长30年）转让给另一方——自然人（承租人），在合同到期或提前到期时，在全额支付租金的前提下，住宅归承租人所有。

3. 企业出租人拥有承租人预先选定的住宅的所有权，以便进一步将该住宅长期租赁，承租人可以赎回该住宅，在住宅全部赎回之前，企业出租人可以对住宅进行处分。

4. 签订和终止带赎买权的住宅租赁合同要符合法律规定的条件和程序。

5. 带赎买权的住宅租赁合同的基本条款如下：

（1）当事人的姓名；

（2）建立租购关系的住宅的特点；

（3）签订合同的日期；

（4）租金的金额、形成程序、支付方式、形式、条款及其修改条件；

（5）提前终止合同的条件；

（6）提前终止或终止合同时的退款程序；

（7）双方的权利和义务；

（8）各方的责任；

（9）法律规定的其他条款。

6. 本法第811条、第813条至第820条、第823条、第825条第2款、第826条和第1232条之一的规定适用于带赎买权的住宅租赁合同，但须遵守法律规定的特殊性。

7. 带赎买权的住宅租赁合同是在法律规定的特殊情形下，一份证明房地产所有权从出租人——企业转让给承租人的文件。

第八百一十一条　住宅租赁合同的形式

1. 住宅租赁合同应采用书面形式。

2. 带赎买权的住宅租赁合同必须经过公证。

第八百一十二条　住宅租赁合同的标的物

1. 住宅租赁合同的标的物可以是房间，特别是公寓或其部分、住宅或其部分。

2. 该处所必须适合永久居住。

3. 公寓楼内住宅的承租人有权使用为该楼服务的财产。

第八百一十三条　住宅租赁合同的当事人

1. 自然人和法人可以成为住宅租赁合同的当事人。

2. 承租人是法人的，只能将住所用于个人居住。

第八百一十四条　租赁住宅所有人变更时的继承

当出租住宅的所有权人发生变化时，出租人的权利和义务应转移给新的所有人。

第八百一十五条　住宅承租人的义务

1. 承租人有义务将住宅仅用于居住，确保住宅的安全，并保持住宅的正常状态。

2. 未经出租人同意，承租人不得对其住宅进行改建和重建。

3. 承租人有义务按时支付租金。承租人有义务支付水电费，但住宅租赁合同另有约定的除外。

第八百一十六条　承租人和与他长期共同生活的人

1. 住宅租赁合同应约定与承租人共同生活的人员，这些人在住宅的使用方面获得与承租人相同的权利和义务。

2. 承租人对同住人员的违约行为向出租人负责。

3. 如果承租人不止一人，那么他们在租赁合同下的义务是共同的。

4. 承租人和与他长期共同生活的人使用住宅的顺序由他们之间的合同决定，在发生争议的情况下，由法院裁决。

第八百一十七条　承租人和与其长期共同生活的人将他人安置在住宅的权利

1. 承租人和与其长期共同生活的人，经双方和出租人同意，有权将其他人迁入该住宅，在住宅中长期居住。

2. 根据本条第1款搬入住宅的人有权享有与其他人相同的使用权，但他们在搬入时另有约定的除外。

第八百一十八条　临时住户

1. 承租人和与他长期共同生活的人，经双方同意并事先通知出租人，可以允许另一个人临时占用住宅，而不必支付租金（临时占用者）。

2. 临时住户没有独立的权利来使用该住所。

3. 临时住户需要在与他们约定的居住期满后或在出租人要求搬出的7日内搬出住宅。

第八百一十九条 租赁住宅的维修

1. 承租人有义务对租用住宅进行日常维修，但合同另有约定的除外。

2. 出租人有义务对出租住宅进行重大维修，但合同另有约定的除外。

3. 未经承租人同意，不得对租赁的住宅进行明显改变住宅使用条件的重新装修。

第八百二十条 住房租金

1. 住房租金的数额应在住宅租赁合同中确定。

如果法律规定了住宅租金的最高支付金额，则合同中约定的金额不得超过这一标准。

2. 不允许单方面修改住房租金，但合同另有约定或法律另有规定的除外。

3. 承租人应在住宅租赁合同约定的到期日支付租金。

如果合同中没有约定支付租金的最后期限，则承租人应按月支付租金。

4. 住宅租赁合同下的租金支付是指承租人在合同有效期内按照住宅租赁合同条款向出租人定期支付的款项。租金包括承租人所选住宅的赎回费和出租人的报酬（收入）。承租人有义务对企业出租人支付法律规定的赔偿费用。

第八百二十一条 住宅租赁合同的期限

1. 住宅租赁合同应按合同约定的期限签订，如果合同中没有约定期限，则视为5年。

2. 本法第816条第1款、第818条和第822条至第824条的规定不适用于租期不超过1年的住宅租赁合同（短期租赁）。

第八百二十二条 住宅承租人的优先权

1. 当住宅租赁合同到期时，承租人对签订新期限的租赁合同享有优先权。

住房租赁期满前3个月，出租人可向承租人提出以相同条件或其他条件签订合同，或通知承租人拒绝签订新合同。如果出租人没有通知承租人，承租人也没有腾出住宅，则视为以相同的条款和期限签订新合同。

如果出租人拒绝签订新的租赁合同，并在1年内与其他人签订租赁合同，承租人有权要求出租人将权利转让给他，并（或）赔偿因拒绝与其签订新租赁合同而产生的损失。

2. 住宅租赁合同的住宅被出售的，承租人享有优先购买权。

第八百二十三条 住房转租合同

1. 根据住房转租合同，承租人经出租人同意，可在固定期限内将其租用的部分或全部住宅转让给转承租人使用。转承租人不享有使用住房的独立权利。

2. 住房转租合同是有偿的，使用住宅的费用应根据住房转租合同确定。

3. 住房转租合同的期限不得超过住宅租赁合同的期限。

4. 住宅租赁合同提前终止时，住房转租合同也应同时终止。

5. 关于签订新合同的优先权的规定不适用于住房转租合同。

第八百二十四条　住宅租赁合同承租人的变更

1. 应承租人及与其长期共同生活的人的要求，并经出租人同意，在住宅租赁合同中，承租人可被与其长期共同生活的成年人之一取代。

2. 承租人死亡或搬离的，所有与前承租人长期共同生活的其他成年人，或者这些人中的一个或多个可以与出租人达成协议，成为承租人，在这种情况下，住宅租赁合同在相同条件下仍然有效。

第八百二十五条　住宅租赁合同的解除

1. 承租人在征得其他长期共同居住者的同意后，有权在任何时候提前 3 个月向出租人发出解除住宅租赁合同的通知。

如果承租人没有通知出租人就腾出住宅，并且出租人证明不可能在相同条件下与他人签订住宅租赁合同，则出租人有权要求承租人支付 3 个月的租金。

如果住房已不适合长期居住，承租人有权解除租赁。

如果在出租人获得住宅所有权之前，提前解除住宅租赁合同并买断，并且是按照法律规定的方式进行的，则在法律规定的情况下，可以解除住宅租赁合同。

2. 在下列情况下，可应出租人的要求，通过法院裁决解除住宅租赁合同：

（1）承租人 6 个月不支付租金，除非合同中约定了更长的期限，如果是短期租赁，则超过两次不支付的；

（2）承租人或其他对其行为负责的人对住宅造成破坏或损害。

法院可以判决承租人在不超过 1 年的时间内修复住宅。

如果承租人未能在法院确定的期限内对其违约行为进行补救，再审法院应就出租人提出的解除住宅租赁合同的要求作出裁决。应承租人的要求，法院可将裁决的执行时间推迟不超过 1 年的时间。

3. 如果有必要将住宅用于出租人及其家庭成员的住宿，可以根据出租人的要求终止部分住宅、公寓、房间（部分房间）的住宅租赁合同。

出租人必须至少提前两个月通知承租人合同解除。

4. 如果承租人或其负责的其他人滥用住宿设施或有计划地侵犯邻居的权利和利益，出租人可以警告承租人停止侵权行为。

如果承租人或其负责的其他人在被警告后继续滥用住宅或侵犯邻居的权益，出租人有权要求终止住宅租赁合同。

第八百二十六条　住宅租赁合同解除的法律后果

在解除租赁的情况下，根据法院的裁决，承租人和居住在该住宅中的其他人员将被驱逐出该住宅，而无须为他们提供其他住宅。

第六十章　借　　用

第八百二十七条　借用合同

1. 根据借用合同，一方当事人（出借人）应向另一方当事人（借用人）无偿转让或承诺转让一件物品，以供其在一定时期内使用。

2. 当事人直接约定或依关系性质使用的物品，视为无偿使用。

3. 本法第 58 章的规定适用于无偿使用合同。

第八百二十八条　借用合同的形式

1. 自然人之间的家庭物品的借用合同可以通过口头方式签订。

2. 法人之间以及法人与自然人之间的借用合同应以书面形式订立。

3. 建筑物、其他基础设施（其独立部分）的借用合同应根据本法第 793 条确定的形式签订。

4. 机动车（自走式陆地车辆除外）的借用合同，如果至少有一方是自然人，则应以书面形式签订并公证。

第八百二十九条　出借人

1. 出借人可以是自然人或法人。经所有权人同意，出借人可以是房产管理人。

2. 从事营业活动的法人不得将物品无偿借给其发起人、合伙人、经理、管理或监督机构的成员。

第八百三十条　未履行交付物使用义务的法律后果

出借人未履行交付物使用的义务的，借用人有权要求终止借用合同并赔偿造成的损失。

第八百三十一条　借用合同的期限

当事人没有确定物品使用期限的，应根据其使用目的确定。

第八百三十二条　出借人转让物品的权利

1. 出借人有权处置其移交使用的物品。出借人的权利和义务应转让给物品的购买者。

2. 借用人对移交给他使用的物品不享有优先购买权。

第八百三十三条　借用人的义务

1. 借用人有义务承担用来维持使用物的适当状态的费用。

2. 借用人有下列义务：

(1) 按预定目的或按照合同中约定的目的使用该物品；

(2) 亲自使用该物品，但合同中另有约定的除外；

(3) 在合同结束时，以移交时的相同状态归还该物品。

第八百三十四条　借用合同的解除

1. 借用人有权在合同期满前的任何时候归还借给他的物品。如果该物品需要特殊保管或储存，借用人有义务在归还该物品前至少7日通知（出借人）解除借用合同。

2. 在下列情况下，出借人有权要求解除合同并归还该物品：

(1) 由于不可预见的情况，出借人必须使用该物品；

(2) 物品的使用不符合其用途和合同的条款；

(3) 该物品已被非法交给他人使用；

(4) 因处理不慎，该物品有可能毁坏或损坏。

3. 出借物所有权人有权要求解除无固定期限的合同。解除合同的通知应在符合借用合同目的的期限内提前送达借用人。

第八百三十五条　借用合同的终止

自然人死亡或法人清算的，无偿使用合同终止，但合同另有约定的除外。

第八百三十六条　使用期限届满不归还物品的法律后果

在合同终止后，借用人不归还物品的，出借人有权强制其归还，并要求赔偿造成的损失。

第六十一章　承　　揽

第一节　关于承揽的一般规定

第八百三十七条　承揽合同

1. 根据承揽合同，一方当事人（承揽人）承担风险，按照另一方（定作人）

的指示完成特定的工作，而定作人承诺接受并支付已完成工作的费用。

2. 承揽合同可以在制造、处理、加工、修理一件物品或完成其他工作并将其结果移交给定作人的情况下签订。

3. 承揽人（分承揽人）在从事法律规定的某些类型的工作时须取得特别许可证。

4. 本条的规定适用于本章第2条至第四节规定的某些类型的承揽合同，但本法关于这些类型的承揽合同另有约定的除外。

第八百三十八条　总承揽人和分承揽人

1. 承揽人有权雇佣其他人（分承揽人）工作，同时对他们的工作结果向定作人负责，但合同另有约定的除外，在这种情况下，承揽人对定作人来说是总承揽人，而对分承揽人来说是定作人。

2. 总承揽人对分承揽人不履行或不适当履行承揽合同约定的义务以及分承揽人的违约承担责任。

定作人和分承揽人无权就各自与总承揽人签订的合同的违约行为向对方提出索赔，但合同另有约定或法律另有规定的除外。

第八百三十九条　用承揽人的材料和设备完成工作

1. 承揽人应该用自己的材料和设备完成承揽合同中约定的工作，但承揽合同另有约定的除外。

2. 承揽人应对其提供的材料和设备的质量不合格以及材料或设备被第三方权利约束承担责任。

第八百四十条　用定作人的材料完成工作

1. 工作是部分或全部使用定作人的材料进行的，承揽人应对该材料的不当使用负责。承揽人有义务向定作人报告材料的使用情况，并归还剩余材料。

2. 工作是使用定作人的材料完成的，承揽合同应约定材料的消耗率、归还剩余材料和基本废料的时限，以及承揽人不履行或不适当履行职责的责任。

3. 承揽人应对定作人提供的材料存在瑕疵导致的不履行或不适当履行工作负责，但承揽人能证明这些瑕疵是他在适当验收材料时无法发现的除外。

第八百四十一条　承揽人有义务保护提供给他的材料

承揽人有义务采取一切措施保护定作人提供给他的材料，并对材料的丢失或损坏负责。

第八百四十二条　材料意外灭失或损毁的风险

在承揽合同确定的工作交付日期之前，材料的意外灭失或损毁（变质）的风险应由提供材料的一方承担，而在该日期之后由逾期方承担，但合同另有约定或法律另有规定的除外。

第八百四十三条　工作的价格

1. 工作的价格或其确定方式应在承揽合同中约定。

2. 如果承揽合同中没有约定工作价格或确定方式，则由法院判决根据通常类似工作的价格确定，并考虑到签订方确定的必要费用。

3. 承揽合同中的工作价格包括承揽人的成本和承揽人所做工作的报酬。

第八百四十四条　预算

1. 承揽合同中的价格可以在预算中确定。

如果工作是按照承揽人的预算完成的，那么预算具有效力并自定作人确认之时起成为承揽合同的一部分。

2. 完成工作的预算可能是粗略的，也可能是确定的。除非合同中另有约定，否则该预算应是确定的。

3. 只有在双方同意的情况下，才能对确定的预算进行修改。如果超过了确定的预算，所有相关费用应由承揽人承担，但法律另有规定的除外。

4. 如果有必要进行额外的工作，并因此大大超出了预算，承揽人必须及时通知定作人。不同意超过预算的定作人有权放弃合同，在这种情况下，承揽人有权要求定作人为已完成部分的工作付款。

承揽人如果不及时通知定作人超出预算，就按照合同约定的价格履行合同。

5. 承包人无权要求增加确定的预算，定作人也无权要求减少确定的预算，即使在缔结合同时无法预见全部应当完成的工作范围或者所必要的开支的范围。

如果在承揽合同签订后，由承揽人提供的材料、设备费用和由他人提供的服务费用大幅增加，承揽人有权要求增加预算。如果定作人拒绝提高预算，承揽人有权要求终止合同。

第八百四十五条　承揽人的节余

1. 承揽人有权以节省成本的方式进行建设工作，但须确保工作质量合格。

2. 如果承揽人的实际成本低于确定价格（概算）时规定的价款，承揽人有权按承揽合同中约定的价格获得工作价款，但定作人证明承揽人节省费用造成工作质量下降的除外。

3. 双方可就承揽人节省的成本在双方之间的分配上达成协议。

第八百四十六条　完成工作的期限

1. 应在承揽合同中约定完成工作的期限或各个阶段的时限。

2. 承揽合同未约定完成工作的时限的，承揽人有义务完成工作，定作人有权根据合同的性质、工作的性质和范围以及商业习惯，要求其在合理的时间内完成。

第八百四十七条　承揽人必须通知定作人的情况

承揽人在下列情况下有义务及时通知定作人：

（1）从定作人处收到的材料质量差或不合格；

（2）遵守定作人的指示会危及工作的质量或适用性；

（3）存在承揽人无法控制的其他情况，危及工作结果的质量或适用性。

第八百四十八条　定作人未履行承揽人要求的法律后果

1. 定作人不顾承揽人的及时警告，在合理的时间内没有更换有瑕疵或不合格的材料，不改变有关工作方式的指示，或不消除其他危及工作质量或适用性的，承揽人有权终止承揽合同并要求定作人赔偿损失。

2. 如果使用不合格或有瑕疵的材料或遵守定作人的指示，会危及人的生命和健康，或导致违反环境、健康、安全和其他要求，承揽人有权终止承揽合同，并要求定作人赔偿损失。

第八百四十九条　定作人在完成工作时的权利

1. 定作人有权在不干扰承揽人工作的情况下，随时检查工作的进度和质量。

2. 承揽人未能按时开始工作或工作进度太慢，以至于明显不可能按时完成工作的，定作人有权撤销承揽合同并要求承揽人赔偿损失。

3. 如果在施工过程中发现工作将无法正常进行，定作人有权为承揽人设定一个弥补瑕疵的期限，如果承揽人没有弥补瑕疵，定作人可以撤销合同并要求承揽人赔偿损失，或由其他人来弥补瑕疵，费用由承揽人承担。

4. 定作人有权在工作完成前的任何时候退出承揽合同，向承揽人支付已完成部分的费用，并向其赔偿终止合同造成的损失。

第八百五十条　定作人的协助

1. 在承揽合同约定的情况下，定作人有义务按照承揽合同约定的范围和方式协助承揽人完成工作。

如果定作人没有履行协助义务，承揽人有权要求定作人赔偿损失，包括因停工、推迟工作或提高工作价格而产生的额外费用。

2. 如果定作人的作为或不作为导致承揽合同下的工作无法进行，则承揽人有权获得合同确定的价款，包括已完成部分工作的价款，并扣除承揽人由于定作人未能履行合同而已经收到或可能收到的费用。

第八百五十一条　定作人不履行承揽合同义务

定作人未能提供材料、设备或应当加工的物品，导致承揽人无法履行合同的，承揽人有权不开始工作以及暂停已开始的工作。

第八百五十二条　定作人在承揽人违约时的权利

1. 承揽人违反合同义务，使工作恶化或者导致工作的其他瑕疵的，定作人有权要求承揽人在合理的时间内无偿纠正这些瑕疵，或自费纠正这些瑕疵，要求承揽人赔偿纠正瑕疵的费用或减少相应的工作价款，但合同另有约定的除外。

2. 如果出现严重违反合同的情况或其他重大瑕疵，定作人有权终止合同并要求承揽人赔偿损失。

第八百五十三条　定作人接收承揽人完成工作的义务

1. 定作人有义务接受承揽人按照承揽合同完成的工作，并对其进行检查，如果定作人发现工作存在与合同不符的地方或其他瑕疵，应及时通知承揽人，不得无故拖延。

如果定作人不通知，就失去了援引合同条款提出这些减损或工作中的瑕疵的权利。

2. 如果定作人没有检查就接受了工作，其就失去了在正常验收过程中提出可以发现的工作瑕疵（明显瑕疵）的权利。

3. 在工作验收后，如果定作人发现与承揽合同有偏差或其他在正常验收过程中无法发现的瑕疵（潜在瑕疵），包括被承揽人故意隐瞒的瑕疵，应立即通知承揽人。

4. 如果定作人和承揽人对已完成的工作中的瑕疵或其原因发生争议，可根据任何一方的要求指定专家进行鉴定。鉴定费用应由承揽人承担，但鉴定确定承揽人没有违反合同或者其行为与发现的瑕疵之间不存在因果关系的除外。在这种情况下，鉴定费用应由要求鉴定的一方承担，如果鉴定是根据双方当事人之间的协议指定进行的，则由双方平均承担。

5. 如果定作人逃避接受已完成的工作，承揽人有权在应当交付工作成果之日起1个月届满并两次通知后出售该工作成果，并将所得款项减去其应得的所有费用后，以定作人的名义存入提存处，但合同另有约定的除外。

6. 如果定作人拒绝接受已完成的工作，导致移交工作的最后期限发生变化，则制造（加工）物品的所有权在应该移交时即视为已经转移给定作人。

第八百五十四条　工作价款的支付程序

1. 如果承揽合同没有约定对已完成的工作或其任何部分进行预付款，则定作人应在工作最后交付时向承揽人支付合同约定的价款，其条件是工作在商定的时间内完成，或者经定作人同意提前完成。

2. 承揽人只能在合同约定的情况下按照其约定的金额要求定作人支付预付款。

第八百五十五条　在承揽合同标的物意外灭失或无法完成工作时当事人之间的结算

1. 承揽合同的标的物被意外毁坏，或者在双方没有过错的情况下无法完成工作的，承揽人无权要求定作人支付工作价款。

2. 如果标的物的毁坏、无法完成工作是由于定作人移交的材料有瑕疵，或者是由于定作人对工作方式的指示而产生，或者这种情况是在定作人错过验收已完成工作的最后期限后发生的，则承揽人有权要求定作人支付工作价款。

第八百五十六条　承揽人的留置权

定作人没有支付规定的工作价款或其他与履行承揽合同有关的应付给承揽人的价款的，承揽人有权留置工作成果以及设备、未使用的剩余材料和承揽人拥有的定作人的其他财产。

第八百五十七条　工作的质量

1. 承揽人完成的工作应符合承揽合同的条款和条件，如果不符合或不完全符合要求，则应当符合对相应种类工作的通常要求。

2. 完成的工作必须符合承揽合同中约定的质量，或符合移交给定作人时普遍适用的要求。

3. 工作成果必须在合理期限内适合于按照承揽合同使用，或适合这种性质的工作的通常使用。

第八百五十八条　承揽人对工作质量不合格的责任

1. 如果承揽人在建设工作时违反承揽合同的约定，使工作恶化或有其他瑕疵，使其不符合合同约定的用途或这种性质的工作的正常使用，除非合同另有约定或法律另有规定，否则定作人有权要求承揽人：

（1）在合理的时间内无偿消除工作中的瑕疵；

（2）适当降低工作价格；

（3）如果合同约定了定作人消除瑕疵的权利，则赔偿定作人消除瑕疵的费用。

2. 承揽人可以在不消除工作瑕疵的情况下无偿重新完成工作，并赔偿定作人因逾期履行而产生的损失，在这种情况下，定作人有义务归还之前交给承揽人的工作成果，前提是工作成果根据工作的性质是可以返还的。

3. 如果工作中对合同条款的偏离或其他工作瑕疵是实质性的且不可消除，或在定作人规定的合理期限内瑕疵没有消除，则定作人有权解除合同并要求承揽人赔偿损失。

4. 承揽人对某些瑕疵的免责并不能免除承揽人对其故意作为或不作为导致的瑕疵的责任。

5. 为工作提供材料的承揽人应根据对卖方的质量不合格商品的责任规定，对材料质量承担责任。

第八百五十九条　工作质量担保

1. 合同约定或者法律规定承揽人应当向定作人提供工作质量保证的，承揽人应当将在整个保修期内符合本法第 857 条要求的工作成果交给定作人。

2. 工作质量保证适用于工作成果的所有组成部分，但承揽合同另有约定的除外。

第八百六十条　保修期的计算方式

1. 保修期自所完成的工作被定作人接受或应被定作人接受时开始计算，但合同另有约定的除外。

2. 承揽合同约定的保修期的计算应适用本法第 676 条的规定，但合同另有约定或法律另有规定的除外。

第八百六十一条　承揽人向定作人提供信息的义务

如果合同约定了承揽人向定作人提供信息的义务，或者如果没有这些信息，就无法为合同约定的目的使用工作成果，则承揽人有义务在交付工作成果的同时向定作人提供有关承揽合同标的物的操作或其他使用的信息。

第八百六十二条　当事人获得信息的保密

如果承揽合同中的一方当事人由于履行合同，从另一方获得了关于新的解决方案和技术知识的信息，包括可能被视为商业秘密的信息，则其无权在未经另一方当事人同意的情况下将信息告知第三人。

第八百六十三条　适用于工作质量不合格请求的诉讼时效

工作质量瑕疵请求适用1年的诉讼时效，关于建筑物和构筑物瑕疵的诉讼时效为定作人接受工作成果之日起3年内。

第八百六十四条　在特定情况下诉讼时效期间的开始

1. 合同约定或法律规定了保修期，并且在保修期内提出了有关工作瑕疵的声明的，则时效从提出瑕疵声明之日起算。

2. 如果定作人根据承揽合同接受了部分工作，则时效从接受整个工作成果之日开始计算。

第二节　日 常 承 揽

第八百六十五条　日常承揽合同

1. 根据日常承揽合同，从事经营活动的承揽人有义务按照自然人（定作人）的要求完成特定的旨在满足家庭和其他个人需求的工作，定作人承诺接受工作并支付报酬。

2. 日常承揽合同是一种公开合同。

3. 关于保护消费者权利的法律适用于本法没有规定的日常承揽合同下的关系。

第八百六十六条　日常承揽合同的形式

承揽人向定作人出具确认合同订立的收据或其他文件的，应视为以适当的形式订立日常承揽合同。

缺少此文件并不剥夺定作人邀请证人确认合同订立的事实或合同条款的权利。

第八百六十七条　定作人权利担保

1. 承揽人无权强行将额外的工作或服务纳入日常承揽合同并要求定作人支付费用。如果违反这一要求，定作人有权拒绝支付相应的工作或服务的费用。

2. 定作人有权在工作交付前的任何时候终止合同，向承揽人按比例支付终止合同通知前实际完成部分的工作价款。如果所付的部分工作价款中未包括承揽人在解除合同前为履行合同而支付的费用，则定作人应支付。剥夺定作人上诉权利的合同条款自始无效。

第八百六十八条　向定作人提供关于工作的信息

在签订日常承揽合同之前，承揽人有义务向定作人提供必要、准确的信息，包括所提供的工作、类型和特点、工作价款和支付方式，以及应定作人的要求告知其有关合同的其他信息。如果工作性质需要，承揽人应将完成工作的具体人员向定作人说明。

第八百六十九条　工作的公开要约

1. 本法第641条的规定适用于根据日常承揽合同完成工作的广告和其他要约。

2. 在向定作人交付工作时，承揽人有义务告知定作人为有效、安全地使用所制造或加工的物品或其他所完成的工作而必须遵守的要求，以及违反相关要求对定作人或其他人可能产生的后果。

3. 如果承揽人提供的信息不完整或不可靠导致签订的承揽合同不具备定作人所期望的性质，则定作人有权要求终止日常承揽合同并要求承揽人赔偿损失。

第八百七十条　使用承揽人的材料完成日常承揽合同工作

1. 根据日常承揽合同，承揽人应根据定作人的要求，使用自己的材料完成工作。

2. 如果工作是使用承揽人的材料完成的，那么材料的费用应根据双方的约定由定作人部分或全部支付，在定作人收到承揽人完成的工作后进行最终结算。在合同约定的情况下，材料可由承揽人赊账提供（分期付款）。赊账提供的材料价格的进一步变化不应导致重新结算，但合同另有约定的除外。

第八百七十一条　使用定作人的材料完成日常承揽合同工作

如果工作是使用定作人的材料完成的，承揽人在缔结日常承揽合同时出具的收据或其他文件中应说明材料的准确名称、数量和双方商定的概算。

第八百七十二条　在承揽人严重违反日常承揽合同时定作人的权利

1. 承揽人严重违反日常承揽合同，或在用定作人材料制作的工作中存在其他重大瑕疵的，承揽人有权选择：

（1）制造另一件具有相同质量的同样材料的物品；

（2）终止合同并赔偿损失。

2. 如果出现其他违约行为或其他瑕疵，定作人有权要求承揽人在合理期限内消除这些瑕疵，而不给予赔偿或偿还消除瑕疵的费用或相应减少付款。

3. 根据日常承揽合同完成的工作中的瑕疵，如果可能危及定作人或其他人的生命或健康安全，则定作人或其法定继承人可以在承揽人接受工作后的10年内提出索赔，但法律规定了更长期限（服务期限）的除外。无论何时发现瑕疵，包括在保修期结束后发现瑕疵，都可以提出这样的索赔。

如果承揽人未能满足这一要求，定作人有权在同一期间要求承揽人退还部分已付的工作价款，或赔偿其消除瑕疵的费用。

第八百七十三条 日常承揽合同的费用

1. 根据日常承揽合同完成的工作的价款，应通过双方的合同约定来确定，但既定的价格表（价目表）、关税等另有规定的除外。

2. 该工作价款应在承揽人最后交接时由定作人支付。经定作人同意，在签订日常承揽合同时，可以由定作人以预付款或全额付款的方式支付。

第八百七十四条 定作人拒绝接收工作的法律后果

1. 如果定作人未能接受已完成的工作，或者以其他方式拒绝接受，承揽人有权在书面通知定作人后的两个月内以合理的价格出售日常承揽合同的标的物，并在扣除所有应付其自己的款项后，以定作人的名义将收益存入公证处。

2. 在本条第1款规定的情况下，承揽人有权留置日常承揽合同的标的物或向定作人追索造成的损失，而不出售标的物。

第三节 建筑承揽

第八百七十五条 建筑承揽合同

1. 根据建筑承揽合同，承揽人承诺在规定期限内按照设计概算文件，建造和交付工程或完成其他建筑工作，定作人应向承揽人提供施工场地（施工地），移交给承揽人经批准的设计概算文件（承揽人不履行批准义务的情况下），验收已完成的实物或建筑工程并支付费用。

2. 签订建筑承揽合同是为了对企业、建筑物（包括住宅）进行重建、重大维修、改建（技术改造）、施工、安装、调试和其他与建筑工程具有紧密联系的工作。

3. 本法的规定适用于建筑承揽合同，但法律另有规定的除外。

第八百七十六条 建筑工程的所有权

建筑工程或其他建筑工程成果的所有权人是定作人，但合同另有约定的除外。

第八百七十七条 设计预算文件

1. 承揽人有义务按照确定的工作范围、工作内容及与工作有关的其他要求的设计文件和确定工程价款的预算书进行施工和相关的工作。

承揽人有义务完成项目文件和预算（设计预算文件）中规定的所有工作，但建筑承揽合同另有约定的除外。

2. 建筑承揽合同应确定设计预算文件的构成和内容，并约定哪一方当事人在什么期限内应当提交相应的文件。

3. 承揽人如果在施工过程中发现需要进行设计文件中没有包括的工作，并因此有必要增加额外的工作和与此相关的预算，则有义务通知定作人。

如果定作人未能在合理的时间内对通知作出答复，则承揽人应暂停有关工作，由定作人承担因暂停工作而产生的损失。如果定作人证明没有必要进行额外的工作，就可以免除赔偿的义务。

4. 如果承揽人未能履行本条第3款规定的义务，则无权要求定作人支付额外工作的价款和要求定作人赔偿损失，但能证明是为了定作人的利益的除外，特别是停工可能导致建筑中客体的灭失或者毁损的。

第八百七十八条　设计预算文件的修改

1. 定作人有权在工作开始前或在工作执行期间对设计预算文件进行修改，但这种修改造成的额外工作的价值不得超过预算中确定价格的30%，并且不能改变合同所确定的工作性质。

2. 需要增加费用超过预算中确定价格的10%的额外工作的，只有在承揽人同意的情况下，才允许对设计预算文件进行修改，在这种情况下，承揽人有权退出合同并要求赔偿。

第八百七十九条　建筑保障和支付工作价款

1. 建筑的材料和技术支持由承揽人负责，但建筑承揽合同另有约定的除外。

合同可以约定定作人有义务协助承揽人，为建筑提供水、电等其他服务。

2. 有义务为建筑提供材料和技术支持的承揽人必须承担其提供的材料（部件、结构）或设备无法使用而导致工程质量下降的风险。

3. 如果定作人提供的材料（部件、结构）或设备不能在不降低工程质量的情况下使用，承揽人有权退出合同，并要求定作人按已完成部分的比例支付工作价款，以及赔偿该金额所不能包括的损失。

4. 工作价款应在定作人接受所建造的工程（已完成的工作）时支付，但双方商定了不同的结算程序的除外。

5. 如果在建筑承揽合同约定的检验期限前，建筑工程因不可抗力而遭到破坏或损坏，以及其他不取决于定作人的原因而无法完成施工（建筑工程），承揽人无权要求定作人支付工作价款或支付费用，但合同另有约定的除外。

6. 如果由于独立于双方的情况而必须停工，定作人有义务向承揽人支付停工前的工作费用，并向其偿还停工的相关费用。

第八百八十条 建筑工程意外损毁或灭失的风险

在定作人验收前，建筑工程的意外损毁或灭失的风险应按照法律规定分配给定作人和承揽人，但定作人无法控制的情况导致风险的除外。

第八百八十一条 建设工程的保险

1. 建筑物或成套工程的保险应由承揽人或定作人依法办理。

承担保险义务的一方当事人可以按照合同约定的方式向另一方提供其缔结保险合同的证据，包括投保人、保险金数额和所承保的风险的信息。

2. 承揽人（或分承揽人）的过错导致工程或工程所用材料瑕疵的，应由承揽人自行补救并承担相关费用。

3. 为了控制和监督施工并代表定作人作出适当的决定，定作人有权与专门的组织或专家签订控制和监督服务合同，在这种情况下，建筑承揽合同应约定专家的职能和权力。

第八百八十二条 工作的交付和验收

1. 定作人在收到承揽人根据建筑承揽合同完成的工作或阶段工作的交付已经准备就绪的验收通知时，必须立即开始验收。

2. 定作人应自费组织和进行工作验收，但合同另有约定的除外。在法律或其他法规规定的情况下，国家权力机关和地方自治机关的代表应参与工程的验收。

3. 预先已接受部分阶段工作的定作人应承担非因承揽人过错而造成的损毁或灭失的风险，包括建筑承揽合同约定由承揽人承担风险的情况。

4. 承揽人的工作交付和定作人的验收应以双方签署的文件的形式进行，如果其中一方拒绝签署该文件，则应在文件中注明并由另一方签字。

只有在法院认定另一方拒绝签署文件的理由合理的情况下，法院才能宣布单方的交付和接受工作的文件无效。

5. 在建筑承揽合同有约定或按照工作的特点可以得出在工作接收前应当初步测试的情况下，应在初步测试后进行工作验收。在此情况下，只有在初步测试结果合格的情况下，才能对工作进行验收。

6. 如果发现有瑕疵，导致无法按合同约定的目的使用该工作，且承揽人、定作人或第三方无法消除这些瑕疵，定作人有权拒绝接受该工作。

第八百八十三条 承揽人的责任

1. 承揽人对所建工程的瑕疵、向定作人逾期交付工作以及其他违反合同的行为（未达到设计水平、其他预测值等）负有责任，除非他能证明违约行为的发生并非他的过错。

2. 如果不履行或不适当履行建筑承揽合同约定的义务，承揽人应支付合同约定或法律规定的违约金，并全额赔偿损失。

3. 承揽人因违反部分工作的完工日期而支付的违约金（罚款），应在所有工作完成后，在合同约定的最后期限前退还给承揽人。

第八百八十四条　建筑承揽合同的质量担保

1. 承揽人应保证建筑工程达到设计预算文件中约定的标准，并保证建筑工程在保修期内能够按照合同约定使用，但建筑承揽合同另有约定的除外。保修期为自定作人接受之日起10年，但合同约定或法律规定了更长保修期的除外。

2. 承揽人对在保修期内发现的瑕疵负责，除非他能证明这些瑕疵是客体或其部件的自然磨损、定作人或定作人聘用的第三人对物品的不当使用、定作人或定作人聘用的第三人对客体进行不当修理导致的。

3. 在承揽人负责的瑕疵导致建筑工程无法使用的整个期间内，保修期的计算中断。

4. 如果在保修期内发现瑕疵，定作人必须在发现后的合理期限内通知承揽人。

5. 建筑承揽合同可以约定，定作人有权在保修期结束后支付合同中约定的、概算中确定的部分工程价款。

第八百八十五条　由定作人负责消除瑕疵

1. 建筑承揽合同可以约定承揽人有义务根据定作人的要求，以定作人的费用消除承揽人并不需要为之承担责任的瑕疵。

2. 如果这些瑕疵与合同标的物无直接关系，或由于承揽人无法控制的原因而无法完成，则承揽人有权拒绝履行上述义务。

第八百八十六条　定作人的责任

如果定作人不履行或不适当地履行建筑承揽合同约定的义务，定作人应向承揽人支付合同约定或法律规定的违约金，并全额赔偿损失，但定作人能证明违约不是由于其过错导致的除外。

第四节　设计和勘测工作承揽

第八百八十七条　设计和勘测工作承揽合同

1. 根据工程勘测设计承揽合同，承揽人承诺根据定作人的要求制定设计或其他技术文件并（或）开展勘察工作，而定作人接受并付款。

2. 本法的规定应适用于工程勘测设计承揽合同，但法律另有规定的除外。

第八百八十八条　设计和勘测工程的基础数据

1. 根据工程勘测设计承揽合同，定作人有义务向承揽人移交设计任务，以及编制设计概算文件所需的其他基础数据。设计任务可以由承揽人代表定作人准备，在这种情况下，设计任务一经定作人批准，就对各方具有约束力。

2. 承揽人有义务遵守包含在任务和其他为设计和勘测工程所必需的基础数据中的要求，且只有在定作人同意后才有权偏离这些要求。

第八百八十九条　定作人的义务

如果工程勘测设计承揽合同没有另行约定，定作人有下列义务：

（1）在完成所有工作后向承揽人支付确定的工作价款，或在完成部分阶段工作后或按合同约定、法律规定的其他方式分期支付；

（2）只能将从承揽人处收到的设计概算文件用于合同约定的目的，未经承揽人同意，不得将设计概算文件转让给他人，也不得透露其中的数据；

（3）按照合同约定的范围和条款，为承揽人提供完成设计和勘测工作所需的服务；

（4）与承揽人一起参与与国家权力机关和地方自治机关对完成的设计概算文件的协商；

（5）赔偿承揽人因承揽人无法控制的情况而导致设计和勘测工程的基础数据变化而增加的额外费用；

（6）使承揽人参与第三人对定作人因所编制的设计文件的瑕疵或者所完成的勘测工作的瑕疵而提起的诉讼。

第八百九十条　承揽人的义务

承揽人有下列义务：

（1）按照合同约定的基础设计数据完成工作；

（2）与定作人协商准备好的设计概算文件，必要时与授权的国家权力机关和地方自治机构协商；

（3）将准备好的设计概算文件以及勘测工作的结果移交给定作人；

（4）未经定作人同意，不得将设计概算文件转让给其他人；

（5）向定作人保证，其他人无权阻止或限制根据合同规定的设计和概算文件进行施工。

第八百九十一条　承揽人对文件和工作的瑕疵的责任

1. 承揽人应对设计预算文件及勘测工作中的瑕疵负责，包括后来在施工过程中发现的瑕疵，以及在设计预算文件、勘测工作基础上建造的客体的使用过程中发现的瑕疵。

2. 如果发现设计预算文件或勘测工作有瑕疵，承揽人有义务根据定作人的要求无偿重新编制设计预算文件或进行必要的补充勘测工作，并对造成的损失进行赔偿，但合同另有约定或法律另有规定的除外。

第六十二章　科学研究或实验设计与技术开发工作完成

第八百九十二条　科学研究或实验设计与技术开发工作完成合同

1. 根据科研或技术开发工作承揽合同，承揽人（执行人）承诺根据定作人的要求进行科学研究，开发新产品的样品和设计文件、新技术等，而定作人接受已完成的工作并支付费用。

2. 合同可以包括研究、设计和生产样品的整个周期或其个别阶段。

第八百九十三条　工作的完成

1. 承揽人有义务亲自进行科学研究，但科研或技术开发工作承揽合同另有约定的除外。

承揽人只有经定作人同意，才有权聘请其他人参与科学研究工作。

2. 承揽人有权聘请其他人（分承揽人）参与实验设计与技术工作，但合同另有约定的除外。

第八百九十四条　工作交付、接受和价款支付

1. 执行人有义务交付，定作人有义务接收并支付全部完成的科学研究工作、实验设计和技术工作。合同可约定对不同阶段的工作进行验收和付款，或约定其他付款方法。

2. 合同约定的工作价款可以由定作人根据实际获得的工作与合同约定的工作相比来减少，这种减少的可能性和限度是双方商定的。

第八百九十五条　合同信息的保密

承揽人和定作人有义务确保有关合同标的、执行进程和取得结果等信息的保密性，但合同另有约定的除外。保密信息的范围在合同中确定。

第八百九十六条　当事人的工作成果权

1. 根据科研或技术开发工作承揽合同，定作人有权在合同约定的范围和条件下使用移交给他的工作成果。

2. 承揽人有权自己使用收到的工作成果，但合同另有约定的除外。

合同可以约定承揽人有权将工作成果转让给第三人。

第八百九十七条　承揽人的义务

根据科研或技术开发工作承揽合同，承揽人应承担以下义务：

（1）按照与定作人商定的方案（技术经济参数）或主题完成工作，并在合同约定的期限内将成果移交给定作人；

（2）遵守有关保护知识产权的要求；

（3）未经定作人同意，不公布工作过程中获得的科技成果；

（4）采取措施保护工作过程中获得的、受法律保护的成果，并将其告知定作人；

（5）自费消除其过错导致的技术文件中可能会引起对定作人的技术任务或合同约定的技术经济参数偏离的瑕疵；

（6）发现无法获得预期结果或不适宜继续工作时，立即通知定作人。

第八百九十八条　定作人的义务

根据科研或技术开发工作承揽合同，定作人应承担以下义务：

（1）向承揽人提出技术任务，并与他商定方案（技术经济参数）或工作主题。

（2）向承揽人移交为完成工作所必要的信息。

（3）接受已完成的工作并支付费用。

第八百九十九条　无法取得成果的后果

1. 如果在完成科学研究工作的过程中，发现由于承揽人无法控制的情况而不可能取得成果，定作人有义务为之前所进行的工作支付费用，但不得超过合同约定的工作价格的相应部分。

2. 如果在完成实验设计与技术开发工作的过程中，不是承揽人的过错导致无法取得成果，定作人应向承揽人支付费用。

第九百条　承揽人的违约责任

1. 承揽人应对定作人就不履行或不适当履行科学研究或者实验设计与技术工作承揽合同承担责任，但能证明违约行为不是承揽人的过错导致的除外。

2. 如果合同约定承揽人有义务在发现瑕疵的工作价款的范围内赔偿定作人的实际损失，则可在合同约定的工作的总价款范围内予以赔偿。

在法律规定的情况下，损失的利润应得到赔偿。

第六十三章　关于有偿服务的一般规定

第九百零一条　提供服务合同

1. 根据提供有偿服务合同，一方（执行人）承诺根据另一方（定作人）的要求提供服务，该服务在实施某种行动或进行某种活动的过程中被消耗，定作人承诺为该服务向执行人付款，但合同另有约定的除外。

2. 本章的规定可适用于所有的服务合同，但不能违反义务的性质。

第九百零二条　提供有偿服务合同的履行

1. 执行人有义务亲自提供服务。

2. 在合同约定的情况下，执行人有权将有偿服务合同委托给其他人，仍对违约行为负全部责任。

第九百零三条　提供有偿服务合同付款

1. 如果合同约定提供有偿服务，则定作人有义务按照合同约定的金额、期限和方式为所提供的服务支付。

2. 非因执行人的过错而无法履行有偿服务合同的，定作人有义务向执行人支付合理的费用。定作人的过错导致无法履行合同的，其有义务向执行人全额支付，但合同另有约定或法律另有规定的除外。

第九百零四条　根据无偿服务合同向执行人偿付实际开支

1. 根据无偿服务合同，定作人有义务向执行人支付履行合同所需的一切实际开支。

2. 本条第1款的规定也适用于由于定作人的过错或不可抗力而无法履行无偿服务合同的情况。

第九百零五条　服务合同的期限

服务合同的期限应通过双方协议确定，但法律或其他规范性文件另有规定的除外。

第九百零六条　执行人违反服务合同的责任

1. 因不履行或不适当履行服务合同而给定作人造成的损失，应由有过错的执行人全额赔偿，但合同另有约定的除外。除非执行人能证明由于不可抗力而无法适当履行，否则执行人要对违约行为负责，但合同另有约定、法律另有规定的除外。

2. 因不履行或不适当履行无偿服务合同而造成的损失，执行人的赔偿金额应不超过公民最低免税收入的两倍，但合同对金额另有约定的除外。

第九百零七条　服务合同的解除

1. 服务合同可以根据本法、其他法律或双方合同约定的程序和理由终止，包括单方终止合同。

2. 终止服务合同的程序和后果应通过双方的合同或法律来确定。

第六十四章　运　　输

第九百零八条　关于运输的一般规定

1. 货物、旅客、行李、邮件的运输应根据运输合同进行。

2. 运输的一般规定由本法、其他法律、运输规章（守则）、其他法律规范以及根据它们颁布的规则规定。

某些种类的货物、旅客和行李的运送条件，以及运输各方对运输的责任应由合同约定，但本法、其他法律、运输规章（守则）、其他法律规范以及根据它们颁布的规则另有规定的除外。

第九百零九条　货物运输合同

1. 根据货物运输合同，一方当事人（承运人）承诺将另一方当事人（发货人）委托的货物运送到指定地点，并将其交给有权接收货物的人（收货人），而发货人为货物运输支付规定的费用。

2. 货物运输合同是以书面形式订立的。

3. 货物运输合同的签订通过编制运输运单［提货单或由运输规章（守则）规定的其他文件］予以确认。

4. 货物运输合同的签订和履行的特殊性由法律规定。

第九百一十条　旅客和行李运输合同

1. 根据旅客运输合同，一方（承运人）承诺将另一方（旅客）运送到指定地点，在交付行李的情况下，承运人要将行李送到指定地点并交付给有权接收行李的人，而旅客有义务支付规定的旅程费用，行李托运时也要支付运费。

2. 旅客和行李运输合同的签订是通过签发车票和行李收据来确认的，其形式是根据运输规章（守则）确定的。

第九百一十一条　旅客的权利

1. 旅客有以下权利：

（1）根据购买的车票，在车上找到座位；

（2）免费带一名6岁以下的儿童，但无权占用单独的座位；

（3）6岁至14岁的儿童以优惠价格购买儿童票；

（4）在运输规章（守则）规定的范围内免费运输手提行李；

（5）中途停留不超过一站，旅行证件（机票）有效期延长不超过10日，如果生病，则可延长整个疾病期间；

（6）根据运输规章（守则）中的规定，在车票的有效期内取消行程，退票并收回全部或部分票价；

（7）及时、完整地收到关于旅行证件（车票）上所标明路线的出发时间和地点的信息。

2. 旅客还可以拥有本法、其他法律、运输规章（守则）、其他法律规范以及根据这些法律颁布的规则所规定的其他权利。

第九百一十二条　租船合同

1. 根据租船合同，一方（承租人）有义务向另一方（包租人）有偿提供一个或多个运输工具的全部或部分运力，用于一次或多次航程的货物、乘客、行李、邮件或其他用途的运输，但不得违反法律和其他法律规范的规定。

2. 签订租船合同的程序以及该合同的形式应由运输规章（守则）规定。

第九百一十三条　多式联运运输

1. 货物、旅客、行李、邮件的运输可以在统一的运输文件下采用多式联运方式进行。

2. 在多式联运中进行运输的组织、运输企业之间的关系由他们之间签订的合同决定。

第九百一十四条　长期合同

1. 承运人和货物所有人（所有人）可在必要时签订长期合同。

2. 根据长期合同，承运人有义务在规定的时间内接收货物所有人（所有人）按规定数量交付的货物。长期货物运输合同中应明确规定提供运输工具的数量和转移运输货物的期限和其他条件、结算程序，以及其他运输条件。

第九百一十五条 公共交通运输

1. 根据本法、其他法律或者颁发给该组织的许可证的规定，该组织根据任何自然人或者法人的要求运输货物、旅客、行李和邮件时，该组织从事的运输应被视为公共交通运输。

2. 公共交通运输合同是公开合同。

第九百一十六条 运输费用

1. 对货物、旅客、行李和邮件的运输应收取运输费用，其数额由双方协议确定，但法律或其他规范性文件另有规定的除外。运输费用的数额不确定的，应收取合理的费用。

2. 公共交通运输的货物、旅客、行李和邮件的运输费用，如果没有按照关税确定，则由双方在规定的标准中协商确定。

对于货物、旅客、行李、邮件的公共交通运输，可由组织、运输企业自费，或在法律和其他法律规范规定的情况下，由相关概算制定优惠条件。

3. 根据货物所有人（所有人）的要求所完成的没有规定费率的工作和服务，应按照双方的协议确定。

4. 承运人有权留置交给其运输的货物，以担保应支付的运费和其他款项，但本法、其他法律另有规定或义务的性质另有要求的除外。

第九百一十七条 提供交通工具和货物交付运输

1. 承运人有义务在合同约定的期限内提供用于装载的运输工具。

所提供的运输工具不适合运输货物的，发货人有权拒绝。

2. 发货人必须在约定的期限内将要运输的货物放在适当的容器和（或）包装中；货物还必须按照规定的要求贴上标签。

3. 承运人有权拒绝接受以不符合要求的容器和（或）包装提交的货物，以及没有商品标签或没有适当的商品标签的货物。

第九百一十八条 货物的装卸

1. 货物的装载（卸货）应由运输组织、运输企业或发货人（收货人）按照合同约定的程序进行，并遵守运输规章（守则）、其他法规和条例制定的规则。

2. 货物发货人（收货人）进行的货物装载（卸货），必须按照合同约定的条款进行，但运输规章（守则）、其他法规和条例制定的规则另有规定的除外。

第九百一十九条　货物、旅客、行李和邮件送达的期限

1. 承运人有义务在合同约定的期限内将货物、旅客、行李和邮件运送到指定地点，但运输规章（守则）、其他法规和根据这些法规发布的规则规定了其他期限的除外，如果没有这些期限，则应在合理期限内。

2. 合同、运输规章（守则）没有规定更长期限，货物在交货期满后30日内没有按收货人的要求发出的，视为货物丢失。

收货人必须接受上述条款规定的期限届满后到达的货物，并退还承运人就货物损失向其支付的金额，但合同另有约定、运输规章（守则）另有规定的除外。

第九百二十条　运输合同产生义务的责任

在违反运输合同义务的情况下，各方应承担由合同确定的责任，但本法、其他法律、运输规章（守则）另有规定的除外。

第九百二十一条　承运人未提供运输工具的责任和发货人未使用所提供的运输工具的责任

1. 承运人应对未提供运输工具负责，发货人应对未提供货物或因其他原因而未能使用所提供的运输工具负责，但运输规章（守则）另有规定的除外。

2. 如果不提供运输工具或不使用所提供的运输工具不是由于他们的过错，特别是在按照运输规章（守则）规定的方式确定的特定方向终止（限制）货物运输时，承运人和发货人可免除责任。

第九百二十二条　承运人延迟运送旅客和违反旅客到达目的地时间的责任

1. 如果运送旅客的车辆延误启程或该车辆延迟到达指定地点，承运人应向旅客支付运输规章（守则）规定的罚金，但承运人能够证明延误是不可抗力、消除威胁旅客生命或健康的车辆故障或其他不取决于承运人的情况造成的除外。

2. 旅客因车辆延迟出发而拒绝乘坐的，承运人有义务向旅客退还车费。

3. 运送旅客的车辆延误，导致旅客无法从转运点出发的，承运人有义务赔偿对旅客造成的损失。

第九百二十三条　承运人延迟运送货物的责任

在货物延迟交付的情况下，承运人有义务赔偿对方因延迟交付而产生的损失，但合同另有约定或运输规章（守则）另有规定的除外。

第九百二十四条　承运人对货物、行李和邮件的丢失、短缺、损坏的责任

1. 承运人应从接收货物、行李和邮件的运输时起，直到交付给收货人时止，对货物、行李和邮件的安全负责，除非承运人能够证明货物、行李或邮件的丢失、短缺、损坏是他不能防止的情况造成的，而且这种情况的消除是他无法控制的。

2. 承运人应对运输的货物、行李和邮件的丢失、短缺、损坏以实际损失金额为限承担责任，但他能证明不是他的过错造成的除外。

第九百二十五条　由运输合同引起的索赔和诉讼

1. 在根据货物、邮件运输合同向承运人提出诉讼之前，发货人必须按照法律或运输规章（守则）规定的方式向承运人提出索赔。

2. 如果承运人全部或部分拒绝赔偿，或者在1个月内未收到承运人的答复，则发货人或收货人可向承运人提出索赔。

3. 一年的诉讼时效适用于货物、邮件运输合同引起的索赔，诉讼时效从运输规章（守则）确定的日期开始计算。

第九百二十六条　海外运输诉讼

与海外运输有关的诉讼时效和诉讼程序由乌克兰国际条约和运输规章（守则）规定。

第九百二十七条　货物、旅客和行李运输的保险

货物、旅客和行李的运输应依法投保。

第九百二十八条　承运人对导致旅客残疾、其他健康伤害或死亡的责任

承运人对导致旅客的残疾、其他健康伤害或死亡的责任应根据本法第82章确定，但合同约定或法律规定承运人的无过错责任的除外。

第六十五章　运输代理

第九百二十九条　运输代理合同

1. 根据运输代理合同，一方当事人（货运代理人）承诺履行或安排履行合同中约定的与货物运输有关的服务，并收取费用，由另一方当事人（客户）支付费用。

运输代理合同可以约定货运代理人有义务按照货运代理人或客户选择的方式和路线安排货物运输，货运代理人能够以自己的名义或以客户的名义签订运输代理合同来保障货物的发送和收取，以及其他与转运有关的义务。

运输代理合同可以约定运送货物所需的额外服务（检查货物的数量和状况，装载和卸载货物，支付对客户征收的关税、税费和支出，在指定地点收到货物之前储存货物，获得出口和进口的必要文件，办理海关手续等）。

2. 本章的规定也适用于承运人履行货运代理义务的情况。

3. 运输代理合同的条款应通过双方协议确定，但法律或其他规范性文件另有规定的除外。

第九百三十条　运输代理合同的形式

1. 运输代理合同应以书面形式订立。

2. 为履行职责所必要的，客户应向货运代理人出具委托书。

第九百三十一条　运输代理合同的付款

货运代理的费用应在运输代理合同中确定，但法律另有规定的除外。如果费用的数额没有确定，客户应向货运代理人支付合理的费用。

第九百三十二条　运输代理合同的履行

1. 货运代理人有权雇用其他人履行其职责。

2. 货运代理人聘请其他人履行运输代理合同约定的职责的，应对他们的违约行为负责。

第九百三十三条　提供给运输代理人的文件和其他信息

1. 客户应向货运代理人提供有关货物特性、运输条件和货运代理人履行合同约定的职责所需的文件和其他信息。

2. 货运代理人应将收到的信息中的任何不足之处告知客户，如果信息不完整，可要求客户提供必要的补充信息。

3. 如果客户未能提供文件和必要的信息，货运代理人有权推迟履行运输代理合同的职责，直到客户提供了完整文件和信息。

4. 客户对违反本条第 1 款规定的提供文件和信息的义务而给货运代理人造成的损失负责。

第九百三十四条　运输代理合同代理人的责任

根据本法第 51 章的规定，货运代理人违反运输代理合同义务的，应对客户负责。

第九百三十五条　拒绝运输代理合同

客户或货运代理人有权通过向对方发出合理的通知来拒绝运输代理合同。宣布拒绝的一方有责任赔偿另一方因拒绝合同而产生的损失。

第六十六章　保　　管

第一节　保管的一般规定

第九百三十六条　保管合同

1. 根据保管合同，一方（保管人）承诺保管另一方（寄存人）交给他的物品，并将其安全归还寄存人。

2. 在保管合同中可以约定，以从事保管为经营活动的保管人（专业保管人）有义务保管将来交给其保管的物品。

3. 如果企业在通用仓库（储藏室、厂房）储存物品，则保管合同为公开合同。

第九百三十七条　保管合同的形式

1. 在本法第208条规定的情况下，保管合同应以书面形式订立。

保管人承诺在未来接受某件物品的保管合同应以书面形式签订，而不考虑保管物品的价值。

经保管人签字的收据、凭证或其他文件证明接收保管的，视为遵守合同的书面形式要求。

2. 在火灾、洪水、突发疾病或其他紧急情况下，可通过证人的证词确认接受物品。

3. 如果法律、其他民事法律或这种保管通常允许，则可以通过向保管人发放带编号的徽章或证明接收保管的其他标志来确认对该物品的接受。

第九百三十八条　保管期限

1. 保管人有义务在保管合同约定的期限内保管物品。

2. 在保管合同中没有约定保管期限，并且不能从其条款中确定的，则保管人有义务保管该物品，直到寄存人提出归还要求。

3. 如果保管期限是以寄存人要求归还物品的时间确定的，则保管人有权在这种情况下，对物的保管期限届满后，要求寄存人在合理时间内取回物品。

第九百三十九条　寄存人拒绝交付保管物的法律后果

1. 保管人如果承诺在未来接受对某件物品进行保管，则无权要求将其移交保管。

2. 未交出保管物的寄存人，如果没有在合理时间内通知保管人退出保管合同，则有义务赔偿保管人因未保管而遭受的损失。

第九百四十条　接收保管物的义务

1. 在通用仓库（储藏室、厂房）中保存物品的专业保管人在可以保管的情况下无权拒绝签订保管合同。

2. 如果保管人因重大情况而无法保证保管物的安全，则应免除其保管物品的义务。

如果该物品将来要被保管，保管人因重大情况而无法确保可以保管的，则应免除其保管该物品的义务。

第九百四十一条　种类物的保管

经寄存人同意，保管人可以将已存入的其他寄存人的同种类和同品质的物品混同。

第九百四十二条　保管人保障保管物品的义务

1. 保管人有义务采取合同约定的及法律和其他民事法律规定的一切措施，以保障物品的完好。

2. 如果保管是无偿的，保管人有义务像对待自己的东西一样保管它。

第九百四十三条　保管合同的履行

1. 保管人有义务亲自履行保管合同约定的义务。

2. 保管人在为了寄存人的利益又无法获得寄存人同意的情况下，有权将保管物交付给第三人保管。

保管人有义务立即就其将保管物交付给第三人保管通知寄存人。

3. 如果保管人将物品委托给第三人保管，则保管合同的条款继续有效，原保管人对其委托第三人保管物品的行为负责。

第九百四十四条　交付保管的物的使用

保管人未经寄存人同意，不得使用委托给他保管的物品，也不得将其提供给他人使用。

第九百四十五条　变更条件的变更

1. 保管人需要变更保管物的保管条件的，应立即通知寄存人，并等待答复。

如果保管物有丢失、短缺或损毁的风险，则保管人有义务改变保管方式、地点和其他条件，而不必等待寄存人的答复。

2. 在保管物有损毁的危险或其他不足以保障其完好的情况下，并且寄存人无法采取措施的，保管人有权出售保管物或其部分。

如果上述情况不是保管人责任造成的，他有权从出售物品的收益中取出相应的保管费用。上述情况的存在应由保管人证明。

第九百四十六条 保管费

1. 保管费和支付方式应在保管合同中约定。

2. 保管人不负责任提前终止保管的，保管人有权获得相应的费用。

3. 寄存人在保管合同到期时没有取回保管物的，有义务支付整个实际保管期间的费用。

4. 法人的设立文件或合同可以约定免费储存该物品。

第九百四十七条 保管费用的赔偿

1. 保管人因保管物品而产生的费用可包括在保管费中。

2. 当事人在签订保管合同时无法预见的费用（额外费用）应该在应付给保管人的费用之外予以赔偿。

3. 在无偿保管的情况下，寄存人有义务向保管人偿还因保管该物品而产生的费用，但合同另有约定或法律另有规定的除外。

第九百四十八条 寄存人保管期届满后取回物品的义务

寄存人有义务在保管期届满后向保管人取回该物品。

第九百四十九条 保管人返还物的义务

1. 保管人应将提交保管的物品或同种类、同品质的相应数量的物品归还寄存人。

2. 保管物应按接收保管时的状态归还给寄存人，同时考虑到其自然属性的变化。保管人有义务交出他从该物品中获得的成果和收入。

3. 被保管的物品和已归还寄存人的物品的身份可由证人确认。

第九百五十条 保管人对物品的丢失（短缺）或损毁的责任

1. 保管人应根据一般规定对所保管物品的丢失（短缺）或损毁承担责任。

2. 专业保管人对保管物的丢失或损毁负责，除非他能证明这是由于不可抗力，或由于保管人在接收保管物时不知道也不可能知道的保管物的特性，或由于寄存人的故意或重大过失而发生的。

3. 保管人只有在故意或重大过失的情况下，才对保管期届满后被保管物的丢失（短缺）或损毁承担责任。

第九百五十一条　造成寄存人损失的赔偿

1. 保管物丢失（短缺）或损毁给寄存人造成的下列损失应由保管人赔偿：

（1）在保管物丢失（短缺）的情况下——以丢失物的价值为限赔偿；

（2）在保管物损毁的情况下——以其价值减少的数额为限赔偿。

2. 如果由于保管物的损毁，其质量发生了变化，以至于不能用于原来的用途，寄存人有权拒绝接受该物并要求保管人赔偿其价值。

第九百五十二条　造成保管人损失的赔偿

如果保管人在接收保管物时，不知道也不可能知道其特性，则寄存人有义务对保管物的特性给保管人造成的损失进行赔偿。

第九百五十三条　按照寄存人的要求归还保管物

保管人有义务在寄存人第一次提出请求时归还保管物，即使保管期限未届满。

第九百五十四条　依法保管

本章的规定应适用于依法进行的保管，但法律另有规定的除外。

第九百五十五条　将保管的一般规定适用于保管的某些种类

本章第一节的规定应适用于某些种类的保管，但法律或本法关于某些类型的保管另有规定的除外。

第二节　商品仓储保管

第九百五十六条　商品仓储的概念

1. 商品仓储是指从事商品保管并将提供与保管有关的服务作为其经营活动的组织。

2. 如果商品仓储根据本法、其他法律或许可证（执照）有义务接受任何人的商品保管，则该仓储为通用商品仓储。

第九百五十七条　仓储保管合同

1. 根据仓储保管合同，商品仓储人有义务对寄存人委托的货物进行有偿保管，并将这些商品完好返还。

2. 通用商品仓储人缔结的仓储保管合同为公开合同。

3. 仓储保管合同应以书面形式订立。如果商品入库有仓单证明，则仓储保管合同的书面形式要求视为已得到遵守。

第九百五十八条　种类物的保管并有权对其进行处分

如果商品仓储人有权处分交付其保管的通用商品，则当事人的关系适用于借贷合同的约定，但归还商品的时间和地点适用保管的一般规定。

第九百五十九条 商品检查

1. 商品仓储人有义务自费对接收的商品进行检查，以确定其数量和状况。

2. 商品仓储人有义务在整个保管期间检查商品或其样品，如果商品属于非专利性质，则允许其取样并采取必要措施确保其安全。

3. 商品仓储人或寄存人有权在归还商品时要求进行检查和质量检验。检查的费用应由要求检查的一方承担。

如果商品在归还时没有经过商品仓储人和寄存人的共同检查或检验，寄存人可以在收到商品的同时以书面形式声明商品有瑕疵或损坏。对于在正常的收货方式下无法发现的瑕疵和损坏，则在收到商品后3日内通知，否则，商品仓储人被视为已按照合同约定归还商品。

第九百六十条 保管条件和商品状况的变更

1. 如果为了保障商品的完好需要立即改变保管条件，则商品仓储人有义务立即采取适当措施并通知寄存人。

2. 如果发现商品损坏，商品仓储人应立即编制文件，并在同一天通知寄存人。

第九百六十一条 仓单

1. 商品仓储可以以下列仓储文件证明接收商品保管：

（1）仓储收据；

（2）单联仓单；

（3）双联仓单。

2. 根据单联仓单或双联仓单接收保管的货物，在商品保管期间内可根据该证明进行抵押。

第九百六十二条 双联仓单

1. 双联仓单由相互分离的仓单和抵押证书两部分构成。

2. 双联仓单的每一部分都应当指明下列信息：

（1）接收商品保管的商品仓储人的名称和地址；

（2）商品仓储人登记簿中的仓单编号；

（3）接收商品保管的法人的名称或自然人的姓名，以及其所在地或居住地；

（4）接收保管的商品的名称和数量——包括商品的数量单位和（或）数量以及（或）商品的计量方式（重量、体积）；

（5）接收商品保管的期限或者表明商品已接受即期寄存的；

（6）保管费的数额或计算保管费所依据的税率以及支付方式；

（7）签发证明文件的日期。

双联仓单的任何一部分都应带有商品仓储人和授权人的相同签名。

3. 不符合本条要求的文件不是双联仓单。

第九百六十三条　仓储和抵押证书持有人的权利

1. 仓储和抵押证书的持有人有权处分仓储人所保管的商品。

2. 持有与抵押证书分离的仓单的人有权处分商品，但不能在清偿按照抵押证书提供的贷款之前将商品从仓储人处取出。

3. 抵押证书的持有人在依照该抵押证书提供的贷款及其利息的范围内对商品享有抵押权。商品被抵押时应在仓单上将相关情况注明。

第九百六十四条　仓单和抵押证书的转让

仓单和抵押证书可以一起转让，也可以通过背书分别转让。

第九百六十五条　单联仓单

1. 应向持证人签发一份单联仓单。

2. 单联仓单应包含本法第 962 条第 2 款第 1、2、4、7 项和第 2 款第 9 句规定的信息，以及向持证人签发的说明。

3. 不符合本条要求的文件不是单联仓单。

第九百六十六条　按照双联仓单交付商品

1. 商品仓储人应将商品交付给仓单和抵押证书（双联仓单）的持有人，同时换取这两个证书。

2. 仓储人可以将商品交付给虽然没有抵押证书，但按照抵押证书已支付其债务的仓单持有人，否则须在按照抵押证书支付所有债款的条件下换取仓单。

仓储人向没有抵押证书且未支付债务金额的仓单持有人交付商品的，就所有应付抵押证书持有人的款项对抵押证书持有人承担责任。

3. 仓单持有人和抵押证书持有人有权要求按照各部分交付商品，在这种情况下，应向其发放剩余仓储商品的新证书，换取原证书。

第三节　特殊类型的保管

第九百六十七条　典当行保管

1. 典当行接受自然人的商品的保管合同通过开具个人收据正式生效。

2. 商品的价格是由当事人的合同决定的。

3. 典当行有义务为了寄存人的利益，自己承担费用对所接受的保管物依照估价进行全额投保。

第九百六十八条　寄存人未从典当行提取的物的出售

1. 寄存人在保管合同期限届满 3 个月后仍未从典当行取回的商品，可由典当行按法律规定的方式出售。

2. 应从出售商品所得中清偿保管费用和其他应支付给典当行的款项，剩余的收益应还给寄存人。

第九百六十九条　银行贵重物品保管

1. 银行可以接收文件、证券、贵重金属、宝石、其他贵重物品并进行保管。

2. 寄存人可授权银行对保管物进行交易。

3. 与银行签订的保管合同由银行向寄存人签发记名凭证证明，该凭证是将贵重物品归还寄存人的依据。

第九百七十条　提供由银行保管的个人保险箱的合同

1. 银行可以给寄存人一个单独的银行保险箱（其部分或一个专门的房间），用于保管和处分其中的贵重物品。

2. 银行应向寄存人提供保险箱的钥匙、识别寄存人的牌证、其他证明寄存人有权进入保险箱并从保险箱中取得贵重物品的标志或文件。

3. 银行应接受寄存人的贵重物品，管理其在保险箱中的放置，并支持寄存人从保险箱中取出或者放回。

第九百七十一条　提供银行不保管的个人银行保险箱的合同

本法关于财产租赁（出租）的规定应适用于向某人提供银行保险箱而银行对保险箱内的物品不承担责任的合同。

第九百七十二条　运输企业、组织寄存处物的保管

1. 由运输组织经营的公共寄存处有义务接受乘客和其他人员的物品存放，无论他们是否有旅行证件。

2. 寄存人会收到一张票据或带编号的牌证，以确认接受物品存放在寄存处（自动寄存处除外）。

3. 存放在寄存处的物品遗失、短缺或损毁给寄存人造成的损失，在寄存人提出赔偿要求后的 24 小时内按存放物品时的评估金额进行赔偿。

4. 寄存处保管物品的期限是根据运输规章（守则）发布的条例或各方合同约定的。如果当事人在规定期限内没有认领物品，寄存处有义务继续保管3个月，该期限届满后，该物品可按法律规定的方式出售。

5. 如果票据或牌证遗失，在出示物品属于寄存人的证明后，保管人应将存放在寄存处的物品归还寄存人。

6. 本法关于财产出租（租赁）的规定应适用于在自动寄存处存储物品的合同。

第九百七十三条　组织衣帽间物的保管

1. 物品存放在组织的衣帽间中的，由该组织保管。无论保管是无偿的还是有偿的，保管人都有义务采取一切必要措施确保物品的安全。

2. 本条的规定应适用于外衣、头饰在卫生机构和其他机构的专门指定地方的保管。

第九百七十四条　运输过程中旅客物品的保管

承运人有义务确保将旅客携带的行李箱（包）、个人物品（贵重物品和金钱除外）安全地存放在专门指定的地方。

第九百七十五条　旅馆物品的保管

1. 旅店负责保管住在旅店的人带来的财物。如果该物品被交给旅店的服务员，或被存放在分配给住宿人的房间内，则被视为存放在旅店内。

2. 金钱、其他贵重物品（证券、珠宝）的损失，旅店仅在单独移交到旅店存放的情况下负责。

3. 保管的物品丢失或损坏的，当事人有义务立即通知旅店。

如果住宿人在住宿结束前没有通知旅店，则视为该物品没有丢失或损坏。

4. 本条规定适用于自然人在宿舍、汽车旅馆、疗养院、寄宿公寓或其他组织中临时住宿的个人物品的存放。

第九百七十六条　争议标的物的保管

1. 两人或多人之间对某一标的物的权利发生争议的，可将该标的物交付给第三人，第三人有义务在争议解决后将该标的物返还给按照法院判决或按照所有争议人的协议归其所有的人。

2. 争议的标的物可以按照法院判决交付保管。

这种情况下，保管人可以是法院指定的人，也可以是争议各方商定的人。经保管人同意，该物移交其保管，但法律另有规定的除外。保管人有权获得费用，费用由争议方承担。

第九百七十七条　机动车辆的保管

1. 如果机动车辆由商业组织保管，则该合同为公开合同。

2. 根据在集装箱、车库和特殊停车场存放机动车的合同，保管人承诺防止未经授权的人进入，并在寄存人第一次要求时交出车辆。

机动车保管合同也适用于车库或车库合作社与其成员之间的关系，但法律或合作社章程另有规定的除外。

机动车接收保管由收据（编号、令牌）证明。

第九百七十八条　安保合同

根据安保合同，作为商业组织的安保人员应承诺确保被保护人或财产不受侵犯。财产所有人或被保护人有义务遵守合同中约定的人身和财产安全保障规则，并按月向安保人员支付固定费用。

第六十七章　保　　险

第九百七十九条　保险合同

根据保险合同，一方（保险人）承诺在某一事件（保险事故）发生时，向另一方（投保人）或合同中指定的其他人支付一笔钱（保险金），而投保人支付保险费并履行合同的其他条款。

第九百八十条　保险合同标的

保险合同标的可以是不违反法律规定的财产性利益，包括：

（1）生命、健康、劳动能力和养老金（人身保险）；

（2）财产的占有、使用和处置（财产保险）；

（3）赔偿投保人造成的损失（责任保险）。

第九百八十一条　保险合同的形式

1. 保险合同应以书面形式订立。

保险合同可以通过保险人向投保人签发保险凭证（保单、证书）的方式订立。

2. 违反书面形式的保险合同是无效的。

第九百八十二条　保险合同的基本条款

保险合同的基本条款包括保险合同的主体、保险事故、保险人在保险事故发生时有义务赔付的金额（保险金额）、保险费的数额及其支付方式、合同期限以及民事法律确定的其他条款。

第九百八十三条　保险合同的生效时间

保险合同从投保人支付第一笔保险费时起生效，但合同另有约定的除外。

第九百八十四条　保险合同的当事人

1. 保险人是为开展保险活动而专门设立的法人，具有从事保险活动的正式许可。

保险公司应当符合的要求、获得的许可以及国家对保险活动进行监督的程序都由法律规定。

2. 投保人可以是自然人或法人。

第九百八十五条　订立为第三人利益的保险合同

1. 投保人有权与保险人签订以第三人为受益人的保险合同，当投保人达到一定年龄或发生其他保险事故时，保险人有义务向第三人支付保险金。

2. 投保人有权在签订保险合同时指定一个自然人或法人作为受益人，并有权在保险事故发生前更换受益人，但保险合同另有约定的除外。

3. 签订以第三人为受益人的保险合同的具体内容由法律规定。

第九百八十六条　社会保险

1. 经投保人同意，保险合同的标的物可以由多个保险人在一份保险合同下共同承保（社会保险），并确定每个保险人的权利和义务。

2. 根据共同保险人和投保人之间的合同，任意一名共同保险人可在与投保人的相互关系中代表所有共同保险人，同时仍按照其份额承担责任。

第九百八十七条　再保险合同

1. 根据再保险合同，保险人与另一保险人（再保险人）订立保险合同，对履行其对投保人的部分义务的风险进行保险。

2. 签订再保险合同的保险人仍然按照保险合同的约定对投保人承担全部责任。

第九百八十八条　保险人的义务

1. 保险人应承担以下义务：

（1）让投保人熟悉保险的条款和规则。

（2）在得知保险事故发生后的两个工作日内，采取措施准备所有必要的文件，以便及时向投保人支付保险金。

（3）发生保险事故时，在合同约定的期限内支付保险金。

人身保险合同下的保险金，无论国家社会保险、社会保障和损害赔偿的支付金额如何，均应支付。

财产保险合同和责任保险合同的保险金（保险赔偿金）不得超过实际损失的金额。如果合同中有约定，其他损失应视为已投保。

财产保险合同下的保险金应由保险人在保险金额范围内支付，保险金额应在签订合同时的财产价值内确定。

（4）如果合同有约定，则应偿还投保人在保险事故发生时为防止或减少损失而产生的费用。

（5）根据投保人的要求，在实施降低保险风险的措施后或在财产价值增加的情况下，修改保险合同。

（6）不披露有关投保人及其财产状况的信息，但法律规定的情况除外。

2. 保险合同还可以约定保险人的其他义务。

第九百八十九条　投保人的义务

1. 投保人应承担以下义务：

（1）按合同约定的金额及时支付保险费（保费）。

（2）在签订保险合同时，向保险人提供保险人应知道的、对评估保险风险至关重要的所有情况，并在此后通知保险人风险的任何变化。

（3）在签订保险合同时，通知保险人就被保险标的签订的任何其他保险合同。

如果投保人没有通知保险人该标的物已经投保，则新保险合同无效。

（4）采取措施避免和减少保险事故造成的损失。

（5）在合同约定的时间内将保险事故的发生通知保险人。

2. 保险合同还可以约定投保人的其他义务。

第九百九十条　保险金支付的条件和程序

1. 保险人应根据投保人（其法定继承人）或合同和保险文件（事故证明）中确定的其他人的申请，按照合同的条件支付保险金。

2. 保险合同应由保险人或保险人授权的人按照保险人确定的格式编制。

第九百九十一条　拒绝支付保险金

1. 在下列情况下，保险人有权拒绝支付保险金：

（1）投保人或保险合同受益人的故意行为导致发生保险事故的，但履行公民职责或执行公务的行为除外，这些行为是在必要的防卫状态下（不超过其限度）实施的，或为了保护财产、生命、健康、荣誉、尊严和商业信誉而实施的；

（2）投保人或保险合同受益人故意犯罪，导致保险事故发生；

（3）投保人故意提供有关保险标的或保险事故的虚假信息；

（4）投保人已从造成损失的人处得到财产保险合同约定的全部损失赔偿；

（5）投保人没有正当理由未及时通知保险人保险事故的发生，或对保险人确定损失的情况、性质和程度造成障碍；

（6）法律规定的其他理由。

2. 保险合同还可以约定拒绝支付保险金的其他理由，但与法律相违背的除外。

3. 保险人拒绝支付保险金的决定应以书面形式通知投保人，并说明拒绝的理由。

第九百九十二条　保险人的责任

如果保险人未向投保人或任何其他人支付保险金，保险人应按合同约定或法律规定的金额支付违约金。

第九百九十三条　投保人对造成损害的责任人的权利转移给保险人

根据财产保险合同支付了保险金的保险人，应在实际支出的范围内，获得投保人或获得保险赔偿金的其他人对造成损害的责任人所拥有的索赔权利。

第九百九十四条　保险合同中自然人投保人的变更

1. 如果签订了财产保险合同的投保人死亡，其权利和义务将转移到继承财产的人身上。

在其他情况下，投保人的权利和义务只有在保险人同意的情况下才能转移给第三人，但保险合同另有约定的除外。

2. 如果第三人为受益人的人身保险合同的投保人死亡，投保人的权利和义务可以转移给受益人或依法受托保护投保人权益的人。

第九百九十五条　投保人（法人）终止的后果

如果投保人（法人）终止并确定了其权利义务承继人，投保人的权利和义务应转移到权利义务承继人身上。

第九百九十六条　自然人投保人被认定为无民事行为能力或限制民事行为能力的后果

1. 投保人的权利和义务应自该人被宣告为无民事行为能力之时起由其监护人行使。

自然人责任险合同自该自然人被宣告无民事行为能力之时起终止。

2. 如果投保人被法院宣布为限制民事行为能力人，则只有在监护人的同意下才能行使其作为投保人的权利和义务。

第九百九十七条　保险合同的终止

1. 保险合同应在合同约定和法律规定的情况下终止。

2. 如果投保人逾期未支付保险费，并且在保险人书面要求支付保险费后 10 个工作日内仍未支付，保险人可以终止保险合同，但合同另有约定的除外。

在合同约定的其他情况下，投保人或保险人可以退出保险合同。

3. 投保人或保险人有义务在合同终止至少 30 日前将其退出保险合同的意图通知对方，但合同另有约定的除外。

未经投保人同意，保险人无权终止人身保险合同，但合同另有约定或法律另有规定的除外。

4. 如果投保人退出保险合同（人身保险合同除外），保险人应在扣除计算保险税率时确定的标准业务费用和保险人实际支付的保险金后，退还直至合同期满的剩余保险费。

如果投保人因保险人违反合同的条款而终止合同，保险人应全额退还投保人所支付的保险费。

5. 如果保险人终止保险合同（人身保险合同除外），保险人应全额退还投保人支付的保险费。

如果保险人因投保人未遵守保险合同的条款而退出合同，保险人应向投保人退还直至合同期满的剩余保险费，并扣除计算保险税率时确定的标准业务费用和保险人实际支付的保险金。

终止人身保险合同的后果由法律规定。

6. 如果投保人或保险人退出保险合同，合同即告终止。

第九百九十八条　保险合同的无效

1. 在本法规定的情形下，保险合同无效或被视为无效。

在下列情况下，法院认定保险合同无效：

（1）在发生保险事故后订立的；

（2）保险合同的标的是应没收的财产。

2. 保险合同无效的后果应根据本法中关于交易无效的规定来确定。

第九百九十九条　强制保险

1. 法律可以规定自然人或法人有义务自费或由利害关系人出资成为其他人的生命、健康、财产或责任的投保人（强制保险）。

2. 本法的规定应适用于因强制保险而产生的关系，但民事法律规范另有规定的除外。

第六十八章　委　　托

第一千条　委托合同

1. 根据委托合同，一方当事人（受托人）承诺代表另一方当事人（委托人）实施某些法律行为，并由委托人承担费用。受托人进行的交易旨在设立、变更、终止委托人的民事权利和义务。

2. 委托合同可以约定受托人的专属权利，代表委托人实施合同约定的全部或部分法律行为，并由委托人承担费用。合同可以约定委托的期限和（或）受托人专有权有效的地区范围。

第一千零一条　委托合同的期限

委托合同可以约定受托人有权代表委托人实施民事法律行为的期限。

第一千零二条　受托人要求付款的权利

1. 受托人在履行委托合同的义务时，有权获得报酬，但合同另有约定或法律另有规定的除外。

2. 委托合同没有约定支付受托人的金额或支付方式的，则应在委托执行后按照此类服务的通常价格支付。

第一千零三条　委托合同的内容

委托合同或根据合同签发的委托书必须明确说明受托人要实施的民事法律行为。由受托人实施的行为必须是合法的、具体的和可执行的。

第一千零四条　委托履行

1. 受托人有义务按照委托合同的内容实施行为。如果为了委托人的利益，且受托人事先无法向委托人提出请求或在合理的时间内没有收到其答复，则受托人有权违背委托人的指示，在这种情况下，受托人有义务尽快将所做的违背情况通知委托人。

2. 委托人可以授予作为商业组织的受托人为委托人的利益而减损委托内容的

权利而无须事先请求。商业组织应在合理的时间内通知委托人任何改变其委托的情况，但合同另有约定的除外。

第一千零五条　委托合同的亲自履行

1. 受托人必须亲自实施委托给他的事项。

合同有约定或为情势所迫，为了保护委托人的利益，受托人可以委托第三人（转受托人）履行委托。受托人必须立即通知委托人，不得无故拖延。在这种情况下，受托人只对转受托人的选择负责。

2. 委托人有权在任何时候撤回受托人选择的转受托人。

3. 如果委托合同中已经指定了转受托人，则受托人不对转受托人的选择或其实施的行为负责。

4. 如果委托合同没有约定可以由受托人的转受托人实施行为，或者虽然约定了这种可能性，但合同中没有约定转受托人，则受托人应对转受托人的选择承担责任。

第一千零六条　受托人的义务

受托人应承担以下义务：

（1）根据委托人的要求，向其传达所有关于履行委托进展的情况；

（2）在完成委托后或在委托合同提前终止时，立即将未到期的委托合同返还委托人，合同的条件和转让的性质有要求的，还需要提交一份关于完成委托的报告和证明文件；

（3）立即将收到的与完成委托有关的所有东西交给委托人。

第一千零七条　委托人的义务

1. 委托人应当向受托人出具委托书，授权其履行委托合同约定的法律行为。

2. 除合同另有约定外，委托人有下列义务：

（1）向受托人提供完成委托所必要的手段；

（2）向受托人偿还完成委托有关的费用。

3. 委托人应立即接受受托人就执行委托所收到的一切。

4. 委托人有义务向受托人支付其应得的报酬。

第一千零八条　委托合同的终止

1. 委托合同可以合同终止的一般理由终止，也可以在下列情况下终止：

（1）委托人或受托人退出合同；

（2）宣告委托人或受托人无民事行为能力、限制民事行为能力或失踪；

（3）委托人或受托人死亡。

2. 委托人或受托人有权在任何时候退出委托合同，放弃退出委托合同的权利应是无效的。

3. 受托人是商业组织的，退出合同的一方应提前至少1个月通知另一方终止合同，但合同约定了更长期限的除外。

作为经营者的法人终止后，委托人有权退出委托合同，而无须事先通知受托人。

第一千零九条　委托合同终止的后果

1. 委托合同在受托人完全完成委托前终止的，委托人必须偿还在履行委托时支付的相关费用。受托人有权获得与他所完成的委托相应的费用。本规定不适用于受托人在知道或可能知道委托合同终止后的委托行为。

2. 委托人终止委托合同，不能作为合同终止给受托人造成的损失的赔偿依据，但受托人为商业组织的委托合同终止的除外。

3. 受托人退出委托合同，不构成终止合同给委托人造成损失的赔偿依据，除非受托人在无法以其他方式确保其利益的情况下终止合同以及受托人为商业组织的委托合同终止。

第一千零一十条　受托人的继承人和法人的清算人－受托人的义务

1. 如果受托人死亡，其继承人必须通知委托人终止委托合同，并采取必要的措施保护委托人的财产，尤其是保护其财产和文件并转交给委托人。

2. 在法人清算的情况下，清算人应通知委托人终止委托合同，并采取必要的措施保护委托人的财产，保护其财产和文件并将其转交给委托人。

第六十九章　行　　纪

第一千零一十一条　行纪合同

根据行纪合同，一方（行纪人）根据另一方（委托人）的指示，承诺以自己的名义进行一项或多项交易，由委托人承担费用。

第一千零一十二条　行纪合同的条款

1. 行纪合同可以为定期合同或不定期合同，可以规定或不规定履行地点，可以对作为委托对象的商品种类设定或者不设定条件。

2. 行纪人有义务不与其他人签订行纪合同。

3. 行纪合同的基本条款是委托人承诺出售或购买财产及其价格的条款。

第一千零一十三条 行纪费用

1. 委托人应按照行纪合同中约定的金额和方式向行纪人支付费用。

2. 行纪人为第三人履行交易提供担保的，行纪人有权获得额外的费用。

3. 行纪合同没有约定费用金额的，应在行纪合同履行完毕后，根据此类服务的正常价格支付。

4. 行纪合同由于委托人的原因未能履行的，行纪人有权按通常的方式获得行纪费用。

5. 在终止或单方退出行纪合同的情况下，行纪人有权获得实际履行的费用。

第一千零一十四条 行纪合同的履行

1. 行纪人有义务根据委托人的指示，以最有利于委托人的条件履行委托。如果行纪合同中没有约定，行纪人有义务按照商业惯例或习惯要求进行交易。

2. 行纪人以比委托人确定的更有利的条件履行委托的，所获得的额外利益应归于委托人。

第一千零一十五条 分行纪

1. 经委托人同意，行纪人可与第三人（分行纪人）签订分行纪合同，对分行纪人的行为负责。

根据分行纪合同，行纪人对分行纪人取得委托人的权利和义务。

2. 在特殊情况下，为了委托人的利益，行纪人有权不经委托人同意而签订分行纪合同。

3. 未经委托人的同意，行纪人无权与转行纪人建立关系。

第一千零一十六条 行纪人与第三人签订的合同履行

1. 委托人有义务向行纪人提供履行对第三人的义务所需的一切。

2. 根据与第三人签订的合同，即使在合同中指定了委托人或接受第三人履行合同的情况下，行纪人仍获得权利。

3. 如果第三人不履行与行纪人签订的由委托人承担费用的合同，行纪人不应对其承担责任，但行纪人在选择该人时有过失或对合同的履行作担保的除外。

4. 如果第三人违反与行纪人签订的合同，行纪人有义务立刻通知委托人，收集并提供必要的证据。委托人有权要求行纪人转让对该人的索赔权。

第一千零一十七条　违背委托人的指示

1. 如果为了委托人的利益，并且行纪人无法事先向委托人征询意见，或在合理的时间内没有收到答复，则行纪人有权违背委托人的指示，在这种情况下，行纪人应立即通知委托人未按其指示办事的情况。

2. 具有经营资格的行纪人有权违背委托人的指示而无须事先征询意见，但应将违背指示的情况通知委托人。

3. 以较低价格出售财产的行纪人应向委托人支付差额，除非行纪人证明他没有机会以商定的价格出售财产，而且以较低的价格出售可以防止更大的损失。

想要违背委托人指示的行纪人应事先征询委托人同意，否则行纪人必须证明他无法事先向委托人征询意见或在合理时间内没有收到答复。

4. 行纪人以高于约定的价格购进财产的，委托人在收到行纪人的购买通知后的合理时间内有权向行纪人声明不接受。

如果委托人没有通知行纪人拒绝为其购买的财产，则应视为委托人已接受该财产。

5. 如果行纪人在购买财产时已经支付了差价，委托人无权拒绝接受合同的履行。

第一千零一十八条　委托人的所有权

行纪人以委托人的费用取得的财产为委托人的财产。

第一千零一十九条　行纪人留置权

1. 行纪人有权留置将移交给委托人的财产，以保证其在行纪合同下的请求权。

2. 在委托人宣布破产的情况下，行纪人应被视为他所留置财产的留置权人。

第一千零二十条　行纪人有权将应付给行纪人的款项扣除

行纪人有权从收到的所有款项中扣除合同中委托人应付的金额，但委托人的其他债权人在属于委托人的款项中有优先权的除外。

第一千零二十一条　行纪人保护委托人财产的义务

1. 行纪人应对委托人财产的丢失、短缺或损毁承担责任。

2. 行纪人在接受从委托人处收到的财产或为委托人接收财产时发现有任何短缺或损坏，以及在委托人的财产受到损坏的情况下，行纪人应立即通知委托人，并采取措施保护其权利和利益。

3. 没有为委托人的财产投保的行纪人，如果他有义务按照合同或通常的业务要求为委托人的财产投保，则应对财产的丢失、短缺或者损毁负责。

第一千零二十二条　行纪人的报告

1. 在根据委托人的指示完成交易后，行纪人应向委托人提交报告，并将根据行纪合同收到的所有款项交给委托人。

2. 委托人对行纪人的报告有异议的，应在收到报告之日起 30 日内通知行纪人。如果没有收到异议，则应视为接受该报告。

第一千零二十三条　委托人接收行纪合同的履行

委托人有以下义务：

（1）接受行纪人根据行纪合同适当履行的一切；

（2）检查行纪人为其购入的财产，并立即通知行纪人在这些财产中发现的任何瑕疵。

第一千零二十四条　行纪人履行行纪合同支出的费用补偿权

行纪人有权获得与履行行纪合同约定的职责有关的费用的赔偿，特别是在行纪人或转行纪人已采取一切措施履行委托，但由于无法控制的情况而无法履行的情况下。

第一千零二十五条　委托人拒绝行纪合同的权利

1. 委托人有权拒绝行纪合同。

2. 签订无期限行纪合同的，委托人应至少提前 30 日通知行纪人拒绝合同。

3. 委托人退出行纪合同必须在合同约定的期限内，或者在没有规定期限的情况下，立即处置在行纪人处的财产。如果委托人不履行这一义务，行纪人有权将财产提存，由委托人承担费用，或以对委托人最有利的价格出售财产。

4. 委托人拒绝行纪合同的，行纪人有权获得与履行合同有关的费用的赔偿。

第一千零二十六条　行纪人拒绝行纪合同的权利

1. 只有在合同中没有约定期限的情况下，行纪人才有权拒绝行纪合同。行纪人应在至少 30 日前将拒绝合同的情况通知委托人。

拒绝行纪合同的行纪人应采取必要的措施来保护委托人的财产。

2. 行纪人拒绝行纪合同的，委托人应在收到拒绝合同的通知之日起 15 日内处分其持有的财产。如果委托人未能履行这一义务，行纪人有权将财产保管，由委托人承担费用，或以对委托人最有利的价格出售该财产。

第一千零二十七条　行纪人——自然人死亡或法人终止的后果

1. 在作为行纪人的自然人死亡或法人清算的情况下，行纪合同终止。

2. 如果行纪人（法人）清算，并且确定了其权利义务承继人，那么行纪人的权利和义务应转移给其权利义务承继人，除非行纪人在为其债权人申请规定的期限内发出终止合同的通知。

第一千零二十八条　某些类型行纪合同的特殊性

法律可以规定与某些类型的财产有关的行纪合同的特殊性。

第七十章　财 产 管 理

第一千零二十九条　财产信托管理合同

1. 根据财产信托管理合同，一方（管理设立人）应在固定期限内将财产移交给另一方（信托管理人）进行管理，信托管理人应承诺为管理设立人或其指定的人（受益人）的利益有偿代表其管理该财产。

2. 财产信托管理合同可以证明信托管理人对接受管理的财产享有信托权。

法律可以规定或财产信托管理合同可以约定对信托管理人信托权的限制。

第一千零三十条　财产信托管理合同的标的物

1. 财产信托管理合同的标的物可以是作为单一财产综合体的企业、不动产、证券、财产权和其他财产。

2. 财产信托管理合同的标的物不能是货币，但法律直接规定了货币管理权的情况除外。

3. 为管理而转让的财产必须与管理设立人的其他财产和信托管理人的财产分开。

置于管理之下的财产应在信托管理人的单独资产负债表中进行核算，并为其单独记账。

与财产管理有关的结算应在单独的银行账户中进行。

4. 财产信托管理人因管理财产而获得的财产应包括在因管理而获得的财产中。

第一千零三十一条　财产信托管理合同的形式

1. 财产信托管理合同应以书面形式订立。

2. 不动产信托管理合同应经过公证。

第一千零三十二条　管理设立人

1. 管理设立人是财产所有人。

2. 财产所有人是居住地不详或被确认失踪的自然人的，管理设立人是其监护机构。

3. 财产所有人是未成年人或被宣告为无民事行为能力人的自然人的，管理设立人可以是监护人或者监护机构。

4. 财产所有人是未成年人的，在父母（养父母）或监护人的允许下，管理设立人是其本人。

5. 财产所有人是限制民事行为能力人的，管理设立人是其监护人。

6. 在法律规定的情况下，从贪污和其他犯罪中获得的资产，乌克兰侦查、搜查和管理局可以作为管理设立人。

7. 当管理合同标的物的财产所有权从管理设立人转移给其他人时，财产信托管理合同不得终止，但财产的所有权因取消赎回权而转移的除外。

第一千零三十三条 信托管理人

1. 信托管理人可以是一个商业组织。

2. 国家权力机关、克里米亚自治共和国机关或地方自治机关不得成为信托管理人，但法律另有规定的除外。

3. 信托管理人不可以是受益人。

4. 信托管理人在没有授权书的情况下的管理是有效的。

5. 由财产信托管理合同确定，信托管理人是该财产的受托人，其可以按照法律规定和财产信托管理合同的约定占有、使用和处置该财产。财产信托管理合同不应导致转让给信托管理人的财产所有权的转移。

第一千零三十四条 获得管理财产利益的人

1. 为管理而转让的财产的利益应属于管理设立人。

2. 管理设立人可以在合同中约定有权从管理财产中获得利益的人（受益人）。

第一千零三十五条 财产信托管理合同的必要条款

财产信托管理合同的必要条款如下：

（1）拟移交管理的财产清单；

（2）财产管理的支付金额和形式。

第一千零三十六条 财产信托管理合同的期限

1. 财产信托管理合同的期限应在财产信托管理合同中确定。

如果双方没有确定财产信托管理合同的期限，则视为签订5年的合同。

2. 如果一方没有声明终止财产信托管理合同或修改其期限，则合同被视为在相同的期限和条件下延长。

第一千零三十七条　信托管理人的权利和义务

1. 信托管理人根据合同条款管理财产。信托管理人只有在征得管理设立人的同意后，才可以转让管理的财产，并就其签订抵押合同。

2. 根据本法第 396 条，信托管理人有权要求消除对移交管理的财产的权利的任何负担。

第一千零三十八条　财产管理的实施

1. 信托管理人亲自管理财产，但本法第 1041 条规定的情况除外。

2. 信托管理人在实施与财产管理有关的实际行为和法律行为时，有义务告知与他进行交易的人，他是信托管理人，而不是财产所有人。

3. 关于被管理财产的交易，如果以书面形式进行，则应表明是由信托管理人进行的。如果没有表明，信托管理人应亲自向第三人说明。

第一千零三十九条　作为抵押合同标的物财产交付管理

1. 作为抵押合同的标的物的财产可以移交管理。

2. 管理设立人有义务通知信托管理人，要管理的财产是抵押合同的标的物。如果管理设立人没有通知信托管理人，并且信托管理人不知道也不可能知道移交管理的财产是抵押合同的标的物，则信托管理人有权要求终止合同并按照财产管理期限支付合同约定的费用。

第一千零四十条　应管理设立人债权人的要求移交管理财产的追偿

不得经管理设立人的债权人请求对移交管理的财产进行追偿，但宣布管理设立人破产或应抵押人的要求对作为抵押合同标的物的财产进行追偿的除外。当管理设立人被宣布破产时，财产信托管理合同终止，该财产应被纳入清算财产。

第一千零四十一条　管理财产权利转让给他人

如果财产信托管理合同约定或为管理设立人、受益人的利益，在合理时间内无法获得管理设立人的相关指示的情况下，信托管理人可以指定另一个人（次管理人）代表他实施财产管理的必要行为，信托管理人应对他选择的次管理人的行为，像对自己的行为一样承担责任。

第一千零四十二条　信托管理人的报酬权

1. 信托管理人有权获得合同约定的报酬，并有权要求赔偿在管理财产时支出的必要费用。

2. 法律有规定或根据法律签订的合同有约定的，财产信托管理人有权直接从管理财产的使用收益中支付本条第1款规定的属于他的款项。

第一千零四十三条 信托管理人的责任

1. 信托管理人如果没有为管理设立人或受益人的利益而尽职尽责地管理财产，就有义务赔偿管理设立人和受益人的损失和利润损失。

信托管理人应对所造成的损失负责，但能证明是不可抗力、管理设立人或受益人的过失行为导致的除外。

2. 如果为管理而移交的财产的价值不能满足债权人的要求，则信托管理人对因其管理而产生的债务承担补充责任。

3. 本条第2款规定的信托管理人的补充责任也发生在超越授权或规定的限制进行交易的情况下，只要参与交易的第三人证明他们不知道也不可能知道超越授权或规定的限制。在这种情况下，管理设立人可以向信托管理人要求赔偿。

第一千零四十四条 财产信托管理合同的终止

1. 在下列情况下，财产信托管理合同终止：

（1）移交给信托管理的财产灭失；

（2）因合同期限届满，经一方申请终止合同；

（3）作为受益人的自然人死亡或作为受益人的法人被清算，但合同另有约定的除外；

（4）受益人拒绝接受合同约定的利益；

（5）信托管理人被宣告为限制民事行为能力人、无民事行为能力人，失踪或死亡；

（6）信托管理人或管理设立人因信托管理人无力管理财产而终止财产信托管理合同；

（7）管理设立人因本条第6款以外的原因而终止合同，但须向信托管理人支付合同中约定的费用；

（8）作为管理设立人的法人被宣布破产；

（9）双方全面完成财产信托管理合同的履行；

（10）合同约定或法院判决提前终止财产管理。

2. 如果一方退出财产信托管理合同，应在合同终止前3个月通知对方，但合同约定了不同期限的除外。

3. 在财产信托管理合同终止的情况下，已移交给信托管理人的财产或从该信托管理人处获得的财产应按照合同约定的程序移交给管理设立人。

第一千零四十五条 有价证券管理的特殊性

有价证券管理的特殊性由法律规定。

第七十一章 借贷、信贷、银行存款

第一节 借 贷

第一千零四十六条 借贷合同

1. 根据借贷合同，一方（出借人）应向另一方（借用人）移交货币或其他种类物，而借用人应向出借人归还相同数量的货币（借贷金额）或与所借种类物数量和质量相同的同类物品。

2. 借贷合同应从移交货币或其他种类物时起视为缔结。

第一千零四十七条 借贷合同的形式

1. 当数额超过了法定的公民最低免税收入的10倍，以及借用人是法人时，无论其数额，借贷合同应当以书面形式缔结。

2. 可以提交借用人的收据或其他文件，证明出借人移交了一定数量的货币或一定数量的种类物，以证明借贷合同的缔结及其条件。

第一千零四十八条 借贷合同的利息

1. 出借人有权从借用人处获得借贷利息，但合同另有约定或法律另有规定的除外。收取利息的数额和程序由合同约定。合同中没有约定利息数额的，应按照乌克兰国家银行的利率确定。

在双方没有其他协议的情况下，利息应按月支付，直到偿还债务之日。

2. 在下列情况下，借贷合同应被视为无利息：

（1）自然人之间签订的金额不超过法定的公民最低免税收入的50倍，且与任何一方当事人从事经营活动无关的借贷合同；

（2）借用人已经获得了种类物。

第一千零四十九条 借款人偿还借款的义务

1. 借款人有义务按照合同约定的期限和方式向出借人归还借款（出借人移交给他的货币或相同数量、相同质量的种类物）。

如果合同没有约定偿还借款的期限，或者期限是由提出索赔的时间决定的，则借款人必须在出借人提出索赔之日起30日内偿还，但合同另有约定的除外。

2. 根据无利息借贷合同发放的借款可由借款人提前偿还，但合同另有约定的除外。

3. 向出借人移交种类物或将所借货币转入其银行账户时，应视为借款已经偿还。

第一千零五十条 借款人违反合同的后果

1. 如果借款人没有及时偿还借款，则其有义务按照本法第625条的规定支付违约金。如果借款人没有及时归还种类物，则其有义务按照本法第549条至第552条的规定支付违约金，违约金从应归还物品之日起算，直到实际归还之日止，而不考虑按照本法第1048条的规定向出借人支付利息。

2. 如果合同约定了借款人分期（分批）偿还借款，那么在逾期偿还当前借款部分的情况下，借款人有权要求提前偿还剩余部分的借款，并根据本法第1048条支付其应得的利息。

第一千零五十一条 借贷合同的异议

1. 借款人有权以没有实际收到或收到的金额少于合同约定的金额为由对借贷合同提出异议。

2. 如果借贷合同必须是书面的，则法院不能依靠证人的证词来证明借用人没有从出借人处实际收到钱或物，或者收到的钱或物少于合同中约定的数额。本规定不适用于在欺骗、胁迫、借用人的代理人与出借人的恶意协议或在危困情况下签订合同的情况。

第一千零五十二条 借款人履行债务的担保

在借款人没有履行借贷合同约定的担保归还借款的义务，以及在非出借人的原因导致借款人丧失担保或者担保条件恶化的情况下，出借人有权要求借用人提前归还借款，并按照本法第1048条的规定支付到期利息，但合同另有约定的除外。

第一千零五十三条 债务转换为借贷之债

1. 经各方同意，由买卖合同、财产租赁合同或其他原因产生的债务，均可转换为借贷之债。

2. 以借贷之债替代债务应遵守变更的要求，并应以借贷合同的形式进行（本法第1047条）。

第二节 信 贷

第一千零五十四条 信贷合同

1. 根据信贷合同，银行或其他金融机构（信贷人）承诺按照合同约定的数额和条件向借款人提供货币资金（信贷），而借款人承诺偿还贷款并支付利息。

2. 本章第一节的规定适用于信贷合同关系，但本节另有规定和从信贷合同的实质中可以得出不同规定的除外。

3. 法律规定了信贷合同关系的特殊性。

第一千零五十五条 信贷合同的形式

1. 信贷合同应以书面形式缔结。

2. 违反书面形式要求而缔结的信贷合同无效。

第一千零五十六条 拒绝提供或获得贷款

1. 在违反宣布借款人破产的程序，或者有其他情况明显表明贷款不会被按时偿还的情况下，信贷人有权拒绝向借款人发放合同约定的部分或全部贷款。

2. 借款人有权在合同约定的期限前通知信贷人，拒绝接受部分或全部贷款，但合同另有约定或法律另有规定的除外。

3. 如果借款人违反了信贷合同中约定的将贷款用于预定目的的义务，则信贷人有权拒绝向借款人提供后续贷款。

第一千零五十六条之一 信贷合同的利息

1. 贷款的利率可以是固定的或可变的，利率的类型由信贷合同确定。

2. 信贷合同下的利息金额、利率类型（固定或可变）和支付利息的程序应根据信贷风险、提供的担保、信贷市场上形成的需求和供应、使用贷款的期限、利率的大小和其他因素在合同中确定。

3. 固定利率在整个信贷合同的期限内是不变的。合同中约定的固定利率不得由银行单方面提高。约定银行有权单方面改变固定利率的合同无效。

4. 信贷合同中约定的利率周期独立适用可变利率的，信贷人有权按照信贷合同中约定的周期独立提高或者降低利率。信贷人有义务在适用新利率的日期至少15日前以书面形式通知借款人、担保人和其他根据合同承担义务的人有关利率的变化。信贷合同应确定通过应用双方商定的指数来计算可变利率的程序。计算可变利率的程序应允许在信贷合同期间的任何时候准确确定贷款利率。未经借款人同意，信贷人无权改变信贷合同中约定的可变利率计算程序。

5. 确定可变利率的公式中使用的指数应符合以下要求：

（1）指数的当前值应定期（至少每月一次）在媒体上公布或通过其他公开的定期信息来源公布。信贷合同必须包含对相关指数信息来源的参考。

（2）该指数应基于客观的财务指标，允许评估信贷资源的市场价值。

（3）指数值应该由一个在金融服务市场上具有公认商业信誉的独立机构制定。

6. 如果采用可变利率，信贷合同应约定利率提高的最大数额。

第一千零五十七条 商业信贷

1. 合同的履行与向另一方移交财产或种类物有关的，可以约定以商品、工程或服务的预付款、定金、延期付款或分期付款（商业信贷）的形式提供贷款，但法律另有规定的除外。

2. 本法第 1054 条至第 1056 条的规定适用于商业信贷，但相应之债所据以产生的合同中有不同规定且违反该债的实质的除外。

第一千零五十七条之一 信贷合同无效的法律后果

1. 在信贷合同无效的情况下，经一方申请，法院应强制适用本法第 216 条第 1 款规定的交易无效的后果，并确定向信贷人归还的货币金额。

2. 在宣布信贷合同无效时，如果借款人的债务履行是以借款人或担保人的财产为抵押的，则法院应根据债权人的申请扣押该财产。

3. 如果借款人在法院关于信贷合同无效的判决生效后 30 日内，将法院确定金额的资金返还给信贷人，则应解除对财产的扣押。如果借款人在规定的期限内没有履行归还资金的义务，则债权人有权向法院申请没收被扣押的财产。

4. 根据本条第 2 款实施的财产扣押，在向信贷人归还法院确定金额的资金后予以解除。

5. 宣布担保借款人履行信贷合同义务的抵押合同无效的，法院应根据信贷人的申请扣押抵押财产。这种扣押应在归还信贷合同约定的资金后解除。如果信贷合同被宣布无效，则应在归还法院根据本条第 1 款确定金额的资金后解除。

第三节 银 行 存 款

第一千零五十八条 银行存款合同

1. 根据银行存款合同，一方（银行）从另一方（存款人）那里接受或为其接受一笔钱（存款），银行有义务按照合同约定的条件和方式向存款人返还该款项，并支付利息或其他形式的收益。

2. 存款人为自然人的银行存款合同是公开合同（本法第633条）。

3. 关于银行存款合同的约定应适用于银行与存款人之间的关系，但本章另有规定或根据银行存款合同的性质另有要求的除外。

第一千零五十九条　银行存款合同的形式

1. 银行存款合同应以书面形式缔结。

如果银行存款合同确认了存款金额，并出具了符合法律、其他银行规范性法律文件（银行法规）和商业习惯的规定和要求的存折、证明或其他文件，则视为银行存款合同的书面形式已经被遵守。

2. 违反书面形式要求的银行存款合同无效。

第一千零六十条　银行存款的类型

1. 银行存款合同应根据第一次请求即支付存款（活期存款）的条件或在合同约定的期限届满时返还存款（定期存款）的条件缔结。

合同可以约定在其他条件下返还存款。

2. 根据银行活期存款合同，银行有义务在存款人第一次要求时即支付存款或部分存款。

活期存款合同中关于放弃第一次请求获得存款的权利的条款是无效的。

3. 根据银行定期存款合同，银行有义务在合同约定的期限届满时返还存款和该存款的应计利息。

只有在银行定期存款合同约定的情况下，才可以根据存款人提出的提款要求，在合同期限届满前或合同约定的其他情况下，返还银行定期存款和该存款的应计利息。

4. 如果存款人在银行存款合同约定的期限届满时没有要求返还定期存款，或在当以其他返还条件交存的存款在合同约定的情形到来后没有要求返还存款，合同视为在活期存款条件下延续，但合同另有约定的除外。

第一千零六十一条　银行存款的利息

1. 银行应按银行存款合同约定的金额向存款人支付存款利息。

如果合同没有约定利息，银行应按乌克兰国家银行的利率支付利息。

2. 银行有权改变活期存款的应付利息数额，但合同另有约定的除外。在银行降低活期存款利率的情况下，新的利率在相应通知之日起1个月后，适用于在通知存款人降低利率之前存入的存款，但合同中约定了其他利率的除外。

3. 银行不得单方面减少定期存款或在发生合同约定的情况下有条件归还的存款的合同约定的利息金额，但法律另有规定的除外。

4. 关于银行有权单方面改变定期存款利率的条款是无效的。

5. 银行存款的利息应从银行收到存款的次日起计算，直至将其返还给存款人或从存款人的账户中扣除的前一天为止。

6. 银行存款的任何利息应根据存款人的要求在每个季度到期时与存款本金分开支付。在该期间内未追索的利息应增加到计算利息的存款本金中，但银行存款合同另有约定的除外。

存款返还后，应支付此前的所有利息。

第一千零六十二条　第三人将资金存入存款人账户

1. 第三人以存款人名义存入银行的资金应当计入银行存款账户，但银行存款合同另有约定的除外。在这种情况下，应视为存款人同意向另一人提供有关存款账户的必要信息来接收资金。

2. 被错误地存入存款人账户的资金应根据本法第388条的规定予以返还。

第一千零六十三条　为第三人利益的银行存款合同

1. 自然人或法人可以签订以第三人为受益人的银行存款合同（进行存款）。该人从向银行提出由存款人权利产生的第一项要求或以其他方式表达打算行使这种权利时起即获得存款人的权利。

在银行存款的受益人获得存款人的权利之前，这些权利属于存款人。

规定作为受益人的自然人的姓名（本法第28条）或法人的名称（本法第90条），是存款合同的基本条款。

2. 如果以其名义存款的第三人拒绝存款，则签订银行存款合同的人有权要求返还存款或以自己的名义存款。

第一千零六十四条　存折

1. 与自然人签订银行存款合同并将资金存入其存款账户，应以存折为证。

存折上应注明银行（其分行）的名称和地点、存款账户的号码和所有存入和取出的金额以及向银行提交存折时的账户余额。

2. 存折中证明的存款信息是银行和存款人之间进行存款结算的依据。

3. 银行存款的发放、利息的支付以及存款人将资金从存款账户转移给其他人的指示，在向银行提交存折后执行。

如果存折丢失或不适宜出示，则银行应根据存款人的申请发放新的存折。

第一千零六十五条 储蓄（存款）证

储蓄（存款）证确认存入银行的存款金额以及存款人（证书持有人）在规定期限届满后从发行储蓄（存款）证的银行取得规定的存款金额和利息的权利。

第七十二章 银 行 账 户

第一千零六十六条 银行账户合同

1. 根据银行账户合同，银行有义务接受客户（账户持有人）收到的资金并将其存入为其开设的账户，执行客户的指令，从账户中转移和支付相应款项以及进行其他账户业务。

2. 银行有权使用账户占有人账户中的资金，保证账户占有人自由处置这些资金的权利。

3. 银行无权决定和控制账户占有人账户中资金的使用，也无权对账户占有人的资金处置权制定合同未约定或法律未规定的其他限制。

4. 本章的规定应适用于其他金融机构根据所授予的许可证签订银行账户合同，也适用于代理账户和银行的其他账户，但法律另有规定的除外。

第一千零六十七条 银行账户合同的订立

1. 银行账户合同应根据双方商定的条件，为客户或其指定的人在银行开立银行账户而订立。

2. 银行有义务与提出开户申请的客户订立银行账户合同，其条款和条件由银行公布并应符合法律和银行法规。

银行无权拒绝开立依照法律、银行设立文件以及许可证的规定属于其相应业务的账户，但由于银行无法提供银行服务而拒绝，或者法律或银行法规允许拒绝的除外。

如果银行不合理地回避订立银行账户合同，客户有权根据本法获得保护。

第一千零六十八条 银行完成的账户业务

1. 银行有义务为客户进行法律、银行法规和此类账户的交易习惯所规定或要求的业务，但银行账户合同另有约定的除外。

2. 在银行收到相应结算文件的当天，银行有义务将收到的资金存入客户的账户，但银行账户合同另有约定或法律另有规定的除外。

3. 在银行收到相关结算文件的当天，银行有义务向客户的账户发放或转移资金，但银行账户合同另有约定或法律另有规定的除外。

4. 如果合同有约定，客户需要为银行对客户的账户进行操作而支付费用。

第一千零六十九条　贷记账户

1. 根据银行账户合同，如果银行在客户账户缺乏资金的情况下仍从客户的账户中支付款项（贷记账户），则银行被视为在支付该款项的当天给予客户相应金额的信贷。

2. 与账户信贷有关的各方权利和义务应根据贷款和信贷的规定（本法第 71 章第 1 节和第 2 节）来确定，但合同另有约定或法律另有规定的除外。

3. 银行使用客户资金的费用金额在合同中没有约定的，不得超过乌克兰国家银行贴现率的两倍。

第一千零七十条　使用账户资金的利息

1. 对于客户账户中资金的使用，银行应支付利息，其金额应存入客户账户，但银行账户合同另有约定或法律另有规定的除外。

利息金额应在合同约定的期限内存入客户的账户，如果合同没有约定期限，则在每个季度结束时计入。

2. 本条第 1 款规定的利息应由银行按合同约定的数额支付，如果合同没有约定相应的条款，则按银行通常为活期存款支付的数额支付。

第一千零七十一条　从账户划扣资金的依据

1. 银行可以根据客户的指令从客户的账户中划扣资金。

2. 依照法院判决以及在法律规定或银行账户合同约定的情况下，可以在没有客户指令的情况下从客户的账户中划扣资金。

第一千零七十二条　从账户扣划资金的顺序

1. 银行应按照收到文件的顺序，仅在客户账户余额的范围内执行结算文件，但银行与客户之间的合同另有约定的除外。

2. 如果银行同时收到几份结算文件，并根据这些文件从客户的账户中划扣资金，应按以下顺序进行：

（1）根据法院判决划扣资金，以满足对残疾、其他健康伤害或死亡的损害赔偿请求，以及对赡养费的请求；

（2）根据法院判决划扣资金，用于支付离职金和根据就业合同（协议）工作的人员的工资，以及根据著作权合同的报酬；

（3）根据法院的其他判决划扣资金；

（4）根据规定支付概算的结算文件划扣资金；

（5）其他结算单据按先后顺序划扣资金。

3. 在客户账户上没有资金（资金不足）的情况下，银行不保存结算文件的记录，但银行与客户之间的合同另有约定的除外。

第一千零七十三条 银行不当履行客户账户业务的法律后果

如果客户收到的资金没有及时入账，银行从客户的账户中无端扣款，或者银行违反客户的指令从其账户中转移资金，则银行在发现违约行为后，应立即将相应的金额存入客户或适当收款人的账户，并支付利息和赔偿损失，但法律另有规定的除外。

第一千零七十四条 账户支配权的限制

不允许限制客户管理其账户资金的权利，除非是在法院判决或法律规定的其他情况下限制账户支配权，以及法律规定的可能与洗钱或资助恐怖主义或资助大规模毁灭性武器扩散有关的金融交易。

第一千零七十五条 银行账户合同的解除

1. 经客户申请，银行账户合同可在任何时候解除。

2. 在下列情况下，银行有权要求解除银行账户合同：

（1）客户账户中的资金数额一直低于银行法规规定或合同约定的最低数额，且在银行通知之日起1个月内未恢复；

（2）在1年内，该账户没有任何交易，但合同另有约定的除外；

（3）在有关防止和打击洗钱、资助恐怖主义和资助大规模毁灭性武器扩散的法律规定的情况下；

（4）在合同约定或法律规定的其他情况下。

3. 账户余额应以银行法规规定的条件和方式，根据客户的指令发放给客户或划拨到其他账户。

4. 如果客户账户连续3年没有交易，并且账户没有余额，银行可以终止银行账户合同并注销账户。

第一千零七十六条 银行秘密

1. 银行应保证银行账户、账户业务和客户信息的保密性。

关于业务和账户的信息只能向客户或其代理人披露。对于其他人员，包括政府及其官员和工作人员，只能在有关银行和银行活动的法律规定的情况和程序下提供此类信息。

2. 银行泄露秘密信息的，客户有权要求银行赔偿物质损失和精神损害。

第七十三章　保　　理

第一千零七十七条　保理合同的概念

1. 根据保理合同（金钱债权让与的融资），一方（保理人）应向另一方（应收账款债权人）转让或承诺转让货币，而应收账款债权人应向保理人转让或承诺转让其对第三人（债务人）的金钱债权。

应收账款债权人可将其对债务人的金钱债权转让给保理人，以保证应收账款债权人对保理人的义务得到履行。

2. 保理人在保理合同下的义务包括向应收账款债权人提供与其转让的金钱债权有关的服务。

第一千零七十八条　保理合同的标的物

1. 保理合同的标的物可以是已经到期的金钱债权（现有债权），也可以是将来产生的债权（未来债权）。

2. 未来债权从对债务人产生债权之日起转让给保理人。如果金钱债权的转让以某一特定事件为条件，则在该事件发生时视为转让。

在这些情况下，不需要对金钱债权的转让进行额外的正式确认。

第一千零七十九条　保理合同的当事人

1. 保理合同的当事人是保理人和应收账款债权人。

2. 保理合同中的应收账款债权人可以是自然人或从事经营活动的法人。

3. 保理人可以是法律规定的有权从事保理业务的银行或其他金融机构。

第一千零八十条　禁止转让金钱债权的权利无效

1. 无论应收账款债权人与债务人之间是否存在禁止或限制转让金钱债权的合同，保理合同都有效。

2. 在这种情况下，应收账款债权人不应由于违反禁止或限制转让金钱债权的规定而免除对债务人的义务或责任。

第一千零八十一条　应收账款债权人对保理人的责任

1. 应收账款债权人应就其转让的金钱债权的有效性对保理人负责，但保理合同另有约定的除外。

2. 如果应收账款债权人有权转让金钱债权，并且在转让该债权时，不知道何种情况导致债务人有权不履行该债权，则被转让的金钱债权是有效的。

3. 应收账款债权人对债务人不履行或不适当履行已转让的金钱债权不承担责任，但保理合同另有约定的除外。

第一千零八十二条　债务人向保理人履行金钱债权

1. 债务人有义务向保理人履行债务，前提是他已经从应收账款债权人或保理人处收到了向保理人转让金钱债权的书面通知，而且该通知具体说明了要履行的金钱债权，并指明了要向其付款的保理人。

2. 债务人有权要求保理人在合理的时间内向其提供证据，证明向保理人转让金钱债权的行为已经实际发生。如果保理人未履行该义务，债务人有权向应收账款债权人履行债务。

3. 根据本条规定，债务人履行了向保理人转让的金钱债权后，就免除了债务人对应收账款债权人的债务。

第一千零八十三条　金钱债权的后续转让

1. 不允许保理人后续向第三人转让金钱债权，但保理合同中另有约定的除外。

2. 如果保理合同允许金钱债权的后续转让，则应按照本章的规定执行。

第一千零八十四条　保理人的权利

1. 如果根据保理合同的条款，应收账款债权人的融资是通过保理人向应收账款债权人购买金钱债权进行的，则保理人获得其在行使债权时从债务人处收到的所有金额的权利。如果保理人收到的金额少于保理人向应收账款债权人支付的金额，则应收账款债权人不对保理人负责。

2. 如果向保理人转让金钱债权是为了担保应收账款债权人履行对保理人的债务，则保理人有义务向应收账款债权人提供报告，并转移超过债权转让所担保的应收账款债权人的债务金额，但保理合同另有约定的除外。

如果保理人从债务人处收到的金额少于应收账款债权人对保理人的债权转让所担保的债务金额，应收账款债权人应向保理人支付剩余债务。

第一千零八十五条　债务人互抵债权

1. 如果保理人要求债务人履行债务，债务人有权根据债务人与应收账款债权人的合同抵销其金钱债权，该合同必须是在债务人收到金钱债权的转让通知前产生的。

2. 债务人不得因违反禁止或限制金钱债权转让的条款而对保理人主张其对应收账款债权人的索赔。

第一千零八十六条　债务人的权利保护

1. 如果应收账款债权人违反了与债务人签订的合同约定的义务，则债务人无权要求保理人返还已经支付给他的转让金钱债权的款项，债务人有权直接从应收账款债权人处获得这些款项。

2. 如果保理人没有向应收账款债权人转移与金钱债权转让有关的资金，或者明知应收账款债权人违反了对债务人的义务，而向应收账款债权人转移了与金钱债权转让有关的资金，则债务人有权直接从应收账款债权人处，收到根据转让的金钱债权支付给保理人的款项，并有权要求保理人归还这些款项。

第七十四章　结　　算

第一节　结算的一般规定

第一千零八十七条　结算的形式

1. 涉及自然人的非商业结算，可通过电子或纸质结算文件以现金或非现金形式进行。

2. 法人之间的结算，以及涉及自然人从事经营活动的结算，应以非现金形式进行。这些人之间的结算也可以用现金进行，但法律另有规定的除外。

3. 根据本条的规定，自然人和法人以及非法人组织的现金结算限额由乌克兰国家银行确定。

第一千零八十八条　非现金结算的类型

1. 在进行非现金结算时，可以使用汇票结算、信用证结算、支票结算、托收承付结算以及法律、银行法规规定的和商业交易习惯要求的其他结算方式。

2. 当事人有权自行选择任何类型的非现金结算。

3. 非现金结算应通过已开立相关账户的银行、其他金融机构（以下简称银行）进行，但法律规定和非现金结算的类型另有要求的除外。

4. 非现金结算的程序由本法、其他法律和银行法规规定。

第二节　使用付款委托书结算

第一千零八十九条　使用付款委托书结算的一般规定

1. 根据汇票，银行承诺在法律或银行法规规定的期限内，根据客户的指令，将其在银行账户中的资金转移到客户指定的人（受益人）在该银行或其他银行的账户中，但合同约定或商业习惯要求了其他期限的除外。

2. 本款的规定也适用于在银行没有账户的人通过银行转移资金的关系，但法律、银行法规另有规定或因关系的实质而产生的除外。

第一千零九十条 银行履行付款委托的条件

1. 汇票以及所附结算文件的内容和形式应当符合法律和银行规定的要求。

2. 银行无权对客户的付款委托进行更正，但法律或银行法规另有规定的除外。

3. 银行应接受客户的付款委托以便执行，但汇票金额不得超过客户账户的资金数额，但客户与银行之间的合同另有约定的除外。

第一千零九十一条 付款委托的履行

1. 银行在收到客户的付款委托后，应将相应的款项转到受益人的银行，以便将其存入付款委托中指定的人的账户。

2. 银行有权委托另一家银行（执行银行）将资金转入客户指定的账户。

3. 银行应根据客户的要求立即通知其付款委托的履行情况。银行履行付款委托通知的程序和内容要求，应由法律、银行法规规定或银行与客户之间的合同约定。

第一千零九十二条 不履行或不适当履行付款委托的责任

1. 不履行或不适当履行客户付款委托的，银行应根据本法和其他法律规定承担责任。

2. 如果由于执行银行违反结算业务规则而不履行或不适当履行付款委托，法院可要求该银行承担责任。

3. 如果银行违反结算交易的规则，导致错误地转移资金，则其应根据本法和其他法律承担责任。

第三节 信用证结算

第一千零九十三条 信用证

1. 在根据信用证结算时，银行（开证行）根据客户（付款人）即信用证申请人的要求，按照其指示或以自己的名义承诺按照信用证确定的条件付款，或指示另一家（执行）银行向受益人或指定受益人付款。

2. 开立信用证时，客户的资金应保留在开证行或承兑行的一个单独账户中。

在开立无担保信用证的情况下，开证行应在客户账户暂时没有资金的情况下，以银行信用为代价保证信用证的支付。

第一千零九十四条　可撤销的信用证

1. 可撤销的信用证可由开证行随时变更或撤销，无须事先通知收款人。撤销信用证并不为开证行创设对收款人的任何债务。

2. 如果银行在付款时没有收到变更或撤销信用证的通知，则应按照可撤销信用证完成支付以及其他业务。

第一千零九十五条　不可撤销的信用证

1. 不可撤销的信用证只能在收款人同意的情况下撤销或变更。

2. 应开证行的要求，执行银行可确认不可撤销信用证，其除承担开证行的义务外，还要承担按照信用证条款和条件履行付款的义务。

经执行银行确认的不可撤销信用证，未经执行银行同意，不得变更或撤销。

第一千零九十六条　信用证的履行

1. 为了履行信用证，收款人应向执行银行提交信用证条款约定的文件，以确认信用证满足所有条件。

如果违反其中任何一项条件，则不履行信用证。

2. 如果执行银行拒绝承兑不符合信用证条款的单据，它应立即通知收款人和开证行，并说明拒绝的理由。

3. 开证行在收到执行银行承兑的单据后认为这些单据不符合信用证的条款的，有权拒绝承兑，并要求执行银行支付违反信用证条款支付给收款人的金额。

第一千零九十七条　履行信用证银行的责任

1. 执行银行因违反信用证条款而无故拒绝支付或错误支付信用证项下的金钱的，其应向开证行承担责任。

2. 如果执行银行违反了担保信用证或由其确认的不可撤销信用证的条款，可通过法院判决要求执行银行对付款人承担责任。

第一千零九十八条　信用证的注销

1. 信用证在下列情况下注销：

（1）信用证期限届满；

（2）如果信用证条款约定了这种拒绝的权利，则收款人在信用证有效期届满前可以拒绝使用信用证；

（3）如果信用证条款约定可撤销，则付款人可以全部或部分撤销信用证。

信用证结算时，执行银行应当通知开证行。

2. 执行银行在注销信用证的同时，应及时将信用证的未用金额退还给开证行。开证行应将退还的金额存入付款人的账户。

第四节　托收委托结算

第一千零九十九条　托收委托结算的一般规定

1. 在托收委托（托收）结算时，银行（开证行）应根据客户的要求采取行动，由客户承担费用，接收付款人的付款和（或）接受承兑。

2. 收到托收委托的开证行有权委托其他银行（执行银行）执行。

3. 托收委托的适用情况和结算程序应由法律、银行法和商业惯例来确定。

第一千一百条　托收委托的履行

1. 如果执行银行缺少任何单据，或者单据表面与托收委托不符，应立即通知客户。如果未能消除上述瑕疵，银行应退回单据，不予履行。

2. 托收委托应以收到的形式提交给付款人，但办理托收业务所需的银行单据和标记除外。

3. 执行银行在收到托收委托后，应立即提交出示的付款文件。

如果单据的支付时间不同，执行银行应在收到托收承付后立即将单据提交给付款人接受，付款要求的提出应不迟于单据中规定的付款到期日。

4. 如果银行法规有规定，或者托收承付有特别授权，则可以接受部分付款。

5. 收到的金额（兑现）应立即由执行银行转交到开证行，开证行应将这些金额计入客户的账户。执行银行有权从托收委托的款项中扣除其应得的费用以及其花费和（或）开支。

第一千一百零一条　交易通知

没有收到付款和（或）承兑的，执行银行应立即通知开证行不付款或不承兑的原因。开证行应立即通知客户，要求其作出进一步行动的指示。

在银行法规规定的期限内，或者没有规定的，在合理的期限内没有收到关于进一步行动的指示，执行银行有权将文件退回给开证行。

第五节　支 票 结 算

第一千一百零二条　支票结算的一般规定

1. 支票是一份包含账户持有人（出票人）向银行发出的无条件书面命令的文件，其要求将支票中指定的金额转给收款人（支票持有人）。

2. 支票的付款人只能是出票人在其账户上有资金可供其支配的银行。

3. 不得在支票到期日之前撤销支票。

4. 签发支票并不消灭签发支票所依据的金钱义务。

5. 支票的使用程序和条件应由本法、其他法律和银行法规规定。

6. 支票应包含银行法规规定的所有必要条件，缺乏任何必要条件的支票或已变更的支票应属无效。

7. 支票的形式和填写的程序应由法律和银行法规规定。

第一千一百零三条 支票支付

1. 支票由出票人的资金支付。

应在银行法规中规定，在账户中保留资金以便用支票结算的程序和条件。

2. 在银行法规规定的期限内提交支票的，付款人应当承兑支票。

3. 支票付款人须以一切可能的方法验证支票的真伪以及持票人是否为被授权人。

4. 由于支付伪造、被盗或遗失的支票而产生的损失，应由有过错的支票付款人或出票人承担。

第一千一百零四条 支票承兑

1. 支票持有人向银行出示支票以收取款项的，视为出示支票以便承兑。

支票承兑应按照本法第1100条规定的程序进行。

2. 在收到付款人的付款后，应将其计入支票持有人的账户，但支票持有人与银行之间的合同另有约定的除外。

第一千一百零五条 支票不支付的通知

1. 支票持有人应在提出异议或者同等行为后的两个工作日内通知付款人未承兑的情况。

2. 未在规定期限内发出通知的支票持有人不应丧失其权利，但他应赔偿未通知支票未承兑可能导致的任何损失，赔偿的损失金额不得超过支票的金额。

第一千一百零六条 支票不支付的后果

1. 如果付款人拒绝承兑支票，支票持有人有权向法院提起诉讼。支票持有人除要求承兑支票金额外，还有权要求报销其追偿的费用以及利息。

2. 支票持有人的承兑要求适用1年的诉讼时效。

第七十五章 知识产权财产权处分

第一节 知识产权

第一千一百零七条 知识产权财产权处分合同类型

1. 知识产权财产权处分应根据以下合同进行：

（1）知识产权客体的许可使用合同；

（2）许可合同；

（3）关于创作和使用知识产权客体的合同；

（4）知识产权客体专有权的转让合同；

（5）关于处置知识产权的其他合同。

2. 关于知识产权财产权处分的合同应以书面形式订立。

违反知识产权财产权处分合同的书面形式的合同是无效的。

法律可以规定在哪些情况下可以口头签订知识产权财产权处分的合同。

第一千一百零八条 知识产权客体的使用许可

1. 拥有授权使用知识产权客体的专属权利的人（许可人）可以向另一个人（被许可人）书面授权，使其有权在某一有限领域内使用该客体（使用知识产权客体的许可）。

2. 知识产权客体的许可使用合同可以是单独文件的形式，也可以是许可合同的一部分。

3. 知识产权客体的许可合同可以是排他性的、普通的、非排他性的，也可以是不违反法律的其他类型。

排他性许可合同只将知识产权授予一个被许可人，并排除许可人在该许可合同所限制的范围内使用知识产权客体的可能性，以及向其他人授予在该范围内使用该客体的许可。

普通许可合同只授予一个被许可人，并排除许可人许可其他人在许可合同所限制的领域内使用该知识产权客体，但不排除许可人在指定领域内使用该客体。

非排他性许可合同并不排除许可人在许可合同所限制的领域使用知识产权客体，也不排除授予其他人在该领域使用该客体的许可。

4. 经许可人书面同意，被许可人可以书面授权他人使用该知识产权客体（分许可）。

第一千一百零九条 许可合同

1. 根据许可合同，一方（许可人）应允许另一方（被许可人）按照双方合同确定的条件使用知识产权客体（许可），同时考虑到本法和其他法律的要求。

2. 在许可合同约定的情况下，可以签订再许可合同，根据该合同，被许可人向另一人（再被许可人）授予分许可，使用知识产权的客体。在这种情况下，被许可人对再被许可人的行为向许可人负责，但许可合同另有约定的除外。

3. 许可合同包括了许可的类型，知识产权客体的使用范围（合同确定的具体权利、使用客体的方式、授予权利的地区和期限等），使用知识产权客体的金额、程序和付款条件，以及各方认为适合纳入合同的其他条款。

4. 许可合同应被视为授予非排他性许可，但许可合同另有约定的除外。

5. 许可合同的标的物不能是合同缔结时未生效的知识产权客体的使用权。

6. 在许可合同中没有约定的知识产权客体的使用权及其使用方法应被视为没有授予许可。

7. 如果许可合同中没有关于授予的知识产权客体使用权适用于哪个地区的条款，则许可适用于乌克兰领土。

8. 作品出版或其他复制作品的许可合同以固定金额确定报酬的，必须在合同中约定该作品的最大发行量。

9. 违反本法规定的许可合同的条款无效。

第一千一百一十条 许可合同的期限

1. 许可合同应在合同约定的期限内签订，该期限不得晚于合同中约定的知识产权客体的专有权的到期日。

2. 如果被许可人违反了合同中约定的知识产权客体开始使用的期限，许可人可以退出许可合同。如果另一方违反了合同的其他条款，许可人或被许可人可以退出许可合同。

3. 如果许可合同没有约定合同期限，则视为在知识产权客体的专有权到期前的剩余时间内签订，但不得超过 5 年。如果任何一方在规定的 5 年期满前 6 个月没有以书面形式通知另一方取消合同，则合同被视为无限期延长。在这种情况下，任何一方在任何时候都可以退出合同，只要提前 6 个月书面通知另一方，但双方约定了更长的通知期限的除外。

第一千一百一十一条 示范许可合同

1. 示范许可合同可由经授权的部门或创作联盟批准。

2. 许可合同可以包含示范许可合同没有规定的条款。与知识产权创造者签订的许可合同的条款，如果与法律或示范许可合同规定的情况相比，使他的情况恶化，则无效，并由示范许可合同或法律规定的条款取代。

第一千一百一十二条　知识产权客体委托创作和使用合同

1. 根据知识产权客体的委托创作和使用合同，一方（创作者——作家、艺术家等）承诺按照另一方（定作人）的要求，在规定的时限内创作知识产权客体。

2. 关于知识产权客体的委托创作和使用合同必须约定定作人使用该客体的方式和目的。

3. 受委托创作的美术作品原件应成为客户的财产，但合同中另有约定的，该作品的知识产权仍归作者所有。

4. 知识产权客体的委托创作和使用合同限制该客体的创造者创造其他客体的权利的条款无效。

第一千一百一十三条　知识产权财产专有权转让合同

1. 根据知识产权财产专有权转让合同，一方（拥有财产专有权的人）应根据法律规定和合同中约定的条款将这些权利部分或全部转让给另一方。

2. 签订知识产权财产专有权转让合同不影响之前签订的许可合同。

3. 知识产权财产专有权转让合同的条款，如果与本法或其他法律规定相比，使知识产权财产专有权的创作人或其权利义务承继人的情况恶化，并且限制了创作人创作其他客体的权利，那么这些条款无效。

第一千一百一十四条　知识产权财产专有权转让合同的国家登记

1. 本法第1109条、第1112条和第1113条中提到的使用知识产权客体的许可合同不需要进行强制性国家登记。

它们的国家登记应根据许可人或被许可人的要求以法律规定的方式进行。

缺乏国家登记不影响根据许可合同或其他合同授予的权利以及对相关知识产权客体的其他权利的有效性，特别是被许可人向法院申请保护的权利。

2. 根据本法或其他法律的规定在登记后生效的专有权的转让，应进行国家登记。

第七十六章　商 业 特 许

第一千一百一十五条　商业特许合同

根据商业特许合同，一方（权利人）承诺有偿授予另一方（使用人）按照其要求使用属于该方的综合权利，以生产和（或）销售某类商品和（或）提供服务。

与授予综合使用权有关的关系由本法和其他法律规定。

第一千一百一十六条　商业特许合同的标的物

1. 商业特许合同的标的物是知识产权（商标、工业设计、发明、创造、商业秘密等）的使用权、商业经验和商业信誉。

2. 商业特许合同可以约定使用合同的标的物，可以指明也可以不指明在特定民事流通领域中使用。

第一千一百一十七条　商业特许合同的当事人

商业特许合同的当事人可以是从事商业活动的自然人和法人。

第一千一百一十八条　商业特许合同的形式

商业特许合同应以书面形式签订，如果商业特许合同的签订没有采取书面形式，则该合同无效。

第一千一百一十九条　商业分特许经营合同

1. 根据商业特许合同的约定，使用人可以签订商业分特许经营合同，根据该合同，使用人授予另一个人（分特许人）使用权利人授予其的全部或部分权利，条件是与权利人商定或由商业特许合同约定。

2. 本法或其他法律关于商业特许合同的约定应适用于商业分特许经营合同，但分特许经营权的具体内容另有规定的除外。

3. 使用人和转使用人对所造成的损失向权利人承担连带责任。

4. 商业特许合同无效会导致商业分特许经营权合同无效。

第一千一百二十条　权利持有人的义务

1. 权利持有人有义务向使用人提供技术和商业文件以及其他必要信息，以行使商业特许合同授予的权利，并告知使用人及其雇员与行使这些权利有关的问题。

2. 权利持有人有下列义务，但商业特许合同另有约定的除外：

（1）已废止；

（2）向使用人提供长期的技术和咨询援助，包括协助培训和提高其雇员的能力；

（3）控制使用人根据商业特许合同生产（执行、提供）的货物（工程、服务）的质量。

第一千一百二十一条　使用人的义务

考虑到使用人根据商业特许合同进行活动的性质和特点，使用人有下列义务：

（1）以合同约定的方式使用权利人的商标和其他名称；

（2）确保根据商业特许合同生产（执行、提供）的商品（工程、服务）的质量与权利人生产（执行、提供）的类似商品（工程、服务）的质量相一致；

（3）遵守权利人的指示，以确保使用综合权利的性质、方式和条件与权利人的要求一致；

（4）为买方（使用人）提供额外的服务，这些服务是他们通过直接向权利人购买（订购）商品（工程、服务）而期望得到的；

（5）以最明显的方式告知买方（使用人）商业特许合同下权利人的商标和其他名称的使用；

（6）不泄露权利人的生产秘密以及从中知悉的其他保密信息。

第一千一百二十二条　商业特许合同的特殊条款

1. 商业特许合同可以约定特殊条款，特别是以下条款：

（1）权利人有义务不向其他人授予类似的权利供其在分配给使用人的地域内使用，或不在该地域内进行类似活动；

（2）使用人有义务不在合同覆盖的地域内使用权利人授予的特许权与权利人进行商业竞争；

（3）使用人有义务不从权利人的竞争者（潜在竞争者）处获得类似的权利；

（4）使用人有义务与权利人商定合同约定的商品销售（工程实施、服务提供）的场所位置，以及其内部和外部装饰。

2. 根据合同条款，权利人有权决定合同约定的商品（工程、服务）的价格，或规定该价格的上限或下限的条款无效。

3. 根据合同条款，使用人有权向特定类别的买方（使用人）或专门向在合同约定的地域内有注册地（居住地）的买方（使用人）出售商品（执行工作、提供服务）。

第一千一百二十三条　权利持有人向使用人索赔的责任

1. 因使用人销售（执行、提供）的商品（工程、服务）质量不符合要求而对使用人提出的索赔，权利人应承担补充责任。

2. 根据对使用人作为权利人商品（产品）生产者提出的索赔，权利人应与使用人承担连带责任。

第一千一百二十四条　使用人签订新期限的商业特许合同的权利

1. 已适当履行职责的使用人有权在相同条件下签订新期限的商业特许合同。

2. 法律可以规定权利人有权拒绝签订新期限的商业特许合同。

第一千一百二十五条　商业特许合同的变更

商业特许合同可根据本法第五十三章的规定进行变更。

第一千一百二十六条　商业特许合同的终止

1. 如果合同中没有约定更长的期限，商业特许合同的每一方都有权在任何时候向另一方发出终止合同的通知，该通知必须提前6个月发出。

2. 已废止。

3. 商业特许合同应在下列情况下终止：

（1）终止权利人对合同中约定的商标或其他名称的权利，且不被类似的权利替代；

（2）权利持有人或使用人被宣告无力偿还（破产）。

第一千一百二十七条　在当事人变更时商业特许合同继续有效

1. 权利持有人将商业特许合同中约定的知识产权客体的专有权转让给另一人，不应成为变更或终止商业特许合同的依据。

2. 权利持有人死亡的，他在商业特许合同下的权利和义务应转移给其继承人，但其继承人必须在开始继承之日起6个月内注册为营业主体或将其权利和义务转移给有权进行商业活动的人。

在按照本条规定将死者的权利和义务转移给其继承人或其他人之前，合同应由按照本法第1285条指定的管理继承的人执行。

第一千一百二十八条　权利持有人商标或其他标志变更的后果

在商标或其他其他标志变更时，由于其使用权属于商业特许权合同授予使用人的一系列权利，则该合同应继续适用于权利持有人的新标志，但使用人不要求解除合同并赔偿损失的除外。

在延长合同时，使用人有权要求相应减少应付给权利人的费用。

第一千一百二十九条　商业特许合同授予的使用权终止的后果

在商业特许合同有效期内，根据该合同授予的使用权被终止，合同不终止，但涉及有关被终止权利的条款的除外。使用人有权要求相应减少应付给权利人的款项，但合同另有约定的除外。

如果商标或其他名称的所有人的权利被终止，应适用本法第 1126 条第 3 款的规定或第 1128 条所规定的后果。

第七十七章 合 伙

第一节 关于合伙的一般规定

第一千一百三十条 合伙合同

1. 根据合伙合同，各方（合伙人）承诺在不成法律人的情况下联合行动，以实现某个不违反法律的目标。

2. 合伙可以在合伙人共同出资（普通公司）的基础上进行，也可以不在合伙人共同出资的基础上进行。

第一千一百三十一条 合伙合同的形式和条款

1. 合伙合同应以书面形式签订。

2. 合伙合同的条款，包括协调合伙人的合伙行动或管理共同事务，分配给合伙财产的法律地位，合伙人的费用和损失的分担，他们参与合伙活动的结果和其他条款应通过各方的合同确定，但对于某些类型的合伙的法律另有规定的除外。

第二节 普 通 合 伙

第一千一百三十二条 普通合伙合同

根据普通合伙合同，各方（合伙人）承诺结合起来，并为盈利或实现其他目标而共同活动。

第一千一百三十三条 合伙人的出资

1. 合伙人的出资是其对合伙（共同事务）的一切贡献，包括金钱、其他财产、专业和其他知识、技能和技巧，以及商业信誉和商业关系。

2. 合伙人的出资应视为价值相等，但普通合伙合同另有约定或实际情况另有要求的除外。对合伙人出资的货币评估按照合伙人之间的合同进行。

第一千一百三十四条 合伙人的共同财产

1. 合伙人以所有权出资的财产、因共同活动而产生的产品以及从该活动中获得的成果和收益，均视为合伙人的共同财产，但普通合伙合同另有约定或法律另有规定的除外。

合伙人以所有权以外的理由拥有的财产，如果是为了所有合伙人的利益而使用的，则是合伙人的共同财产。

2. 合伙人的共同财产的会计事务可以委托给其中一个合伙人。

3. 合伙人的共同财产的使用应在合伙人一致同意下进行，在无法达成合意的情况下，应按照法院规定的方式使用。

4. 合伙人共同财产的维护义务和与履行这些义务有关费用的报销程序应由普通合伙合同确定。

第一千一百三十五条　合伙人的共同事务管理

1. 在处理共同事务时，如果合伙合同没有约定由单独合伙人或所有合伙人共同处理，则每个合伙人都有权代表所有合伙人行事。

合伙人处理共同事务时，每项交易都要得到全体合伙人的一致同意。

2. 在与第三人的关系中，合伙人代表所有合伙人行事的权力，应通过其他合伙人向他发出的授权书或合伙合同来证明。

3. 在与第三人的关系中，各方不得规定对实施交易的一方在处理事务中的权利的任何限制，但可以证明在交易时第三人知道或可能知道这种限制存在的除外。

4. 代表所有合伙人进行交易的合伙人，其管理共同事务的权利受到限制或为了所有合伙人的利益以自己的名义进行交易的，可要求报销费用，但该交易必须符合所有合伙人的利益。因这种交易而遭受损失的合伙人有权要求赔偿。

5. 如果合伙合同没有约定其他方式，则合伙人共同事务的决定应由合伙人一致同意作出。

第一千一百三十六条　合伙人的知情权

普通合伙合同的每个合伙人都有权了解有关合伙事务的所有文件，任何放弃或限制这一权利的约定，即使经合伙人同意也无效。

第一千一百三十七条　合伙人的共同费用和损失

与合伙有关的费用和损失的偿还顺序应通过他们之间的合同确定，在缺乏该合同的情况下，每个合伙人应按其对共同财产的出资比例承担费用和损失。

合伙人完全免于参与共同费用或损失的分担的条款是无效的。

第一千一百三十八条　合伙人共同债务的责任

1. 如果普通合伙合同与合伙人实施的经营活动无关，每个合伙人应以其全部财产按其对共同财产的出资比例对合伙债务负责。合伙人应对非合同引起的共同债务承担连带责任。

2. 如果普通合伙合同与合伙人实施的经营活动有关，合伙人应对所有的共同债务负责，而不论其来源是什么。

第一千一百三十九条　利润分配

1. 如果普通合伙合同或其他合伙人的合同没有约定，普通合伙合同的合伙人因其共同活动而获得的利润应按合伙人对共同财产的出资比例分配。

2. 剥夺或限制合伙人获得利润份额的权利的条款是无效的。

第一千一百四十条　根据债权人的要求分割合伙人的份额

普通合伙合同中的合伙人的债权人有权根据本法的规定，对合伙人在共同财产中的份额提出分割要求。

第一千一百四十一条　普通合伙合同的终止

1. 在下列情况下，普通合伙合同应终止：

（1）合伙人被宣告失踪，被确认为限制民事行为能力人、无民事行为能力人，但合伙合同约定在剩余合伙人之间保持该合同的除外；

（2）合伙人宣告破产的，但合伙合同约定在剩余合伙人之间保持该合同的除外；

（3）作为合伙人的自然人死亡或法人被清算的，但合伙合同约定在剩余合伙人之间保留该合同或由其继承人（法定继承人）取代已死亡的合伙人（清算的法人）的除外；

（4）合伙人拒绝继续参与普通合伙合同或应其中一个合伙人的请求解除合同，但合伙合同约定在剩余合伙人之间保持该合同的除外；

（5）普通合伙合同期限届满；

（6）应债权人的要求分割合伙人的份额，但合伙合同约定在剩余合伙人之间保持该合同的除外；

（7）实现合伙目的或出现无法实现合伙目的的情况。

2. 在普通合伙合同终止时，交付合伙人共同占有和（或）使用的财产无偿返还给提供该物的合伙人，但当事人的合同另有约定的除外。

合伙人共同共有财产以及共同请求权的分割，应按照本法规定的程序进行。

合伙人对共同财产的出资是具有人身专属性的，他有权在普通合伙合同终止时要求法院判决在遵守其他合伙人和债权人利益的条件下将该物品返还给他。

3. 自普通合伙合同终止之日起，其合伙人就未履行的共同债务对第三人承担连带责任。

第一千一百四十二条 合伙人拒绝继续参与普通合伙合同和合同解除

1. 合伙人可以在退出合同前至少 3 个月声明放弃继续参与无期限普通合伙合同。

限制放弃无期限普通合伙合同的权利的条款是无效的。

2. 缔结有明确期限或以达到目的为终止条件的普通合伙合同的合伙人，有权以合理的理由要求终止与其他合伙人的合同，并赔偿因终止合同而给其他合伙人带来的实际损失。

第一千一百四十三条 普通合同终止合伙人的责任

如果普通合伙合同没有因合伙人放弃继续参与而终止，或没有因某一合伙人解除合同的要求而终止，则在合同中参与终止的合伙人应就其参与普通合伙合同期间产生的共同债务向第三人承担责任。

第二部分 非合同之债

第七十八章 悬 赏 广 告

第一节 非竞争悬赏广告

第一千一百四十四条 非竞争悬赏广告权利

1. 一个人有权悬赏广告为完成相应的行为（传递信息、找到一件东西、找到一个自然人等）支付奖励（报酬）。

2. 如果承诺奖励是通过大众传媒或其他方式传达给不确定的多数人的，则该承诺为公开承诺。

3. 悬赏广告应指明任务、执行的时间和地点、奖励的形式和金额。

第一千一百四十五条 任务内容

在悬赏广告的情况下，需要完成的任务可能涉及单一行为或不限数量的同类行为，这些行为可能由不同的人完成。

第一千一百四十六条 完成任务的期限（日期）

在悬赏广告的情况下，可以为完成任务设定一个期限（日期）。如果没有规定完成任务的期限（日期），则应根据任务的内容，判断是否在合理的时间内完成。

第一千一百四十七条 悬赏广告条件的变更

1. 悬赏广告人有权变更取得奖励的任务和条件。

2. 已经开始执行任务的人有权要求赔偿因变更任务而给他带来的损失。

3. 因奖励条件变更，在变更前开始执行任务的人对任务失去兴趣的，有权要求赔偿所花费的费用。

第一千一百四十八条 完成任务的法律后果

1. 在完成一项任务并交出其结果时，悬赏广告人有义务支付奖励。

2. 如果任务涉及单一行动，则奖励支付给首先完成任务的人。

如果任务是由几个人同时完成的，则奖励由他们平均分配。

第一千一百四十九条 悬赏广告义务终止

1. 悬赏广告义务应在以下情况下终止：

（1）提交结果的期限届满；

（2）第一个完成任务的人已经交付了结果。

2. 悬赏广告人有权公开宣布终止任务。

在这种情况下，为执行任务而产生实际费用的人有权得到赔偿。

第二节 竞赛成果悬赏广告

第一千一百五十条 宣布竞赛的权利

1. 自然人或法人（竞赛发起人）有权宣布举行一项竞赛。

2. 竞赛通过大众媒体公开宣布。竞赛的公告可以用其他方式作出。

3. 竞赛发起人有权邀请个人参赛（非公开竞赛）。

第一千一百五十一条 竞赛的条款

1. 竞赛发起人在公布竞赛的同时宣布其参加条件，或者亲自向希望参加竞赛的人公布参加条件。

2. 竞赛的标的物可以是智力成果、创造性活动的成果，也可以是特定行为、工作完成的成果等。

3. 根据竞赛结果颁发奖项（奖金）。奖项的数量、每个奖项的奖励类型（奖金数额）等都在竞赛条款中规定。

竞赛的条款可以规定，只给获胜者颁发精神奖励。

4. 竞赛条款中应规定为竞赛或某项行动提交作品的最后期限。

5. 竞赛的标的物和给予获奖者的奖励（奖品）是竞赛公告的基本条款。

第一千一百五十二条 竞赛条件的变更

1. 竞赛发起人有权在竞赛开始前修改竞赛的条件。竞赛开始后不允许有任何变更。竞赛条件变更的通知应当以与竞赛声明相同的方式宣布。

2. 竞赛条件变更导致参加竞赛没有意义或者无法参加竞赛的，该竞赛参加人有权要求发起人赔偿其为准备参加竞赛而花费的费用。

第一千一百五十三条　拒绝举行竞赛

与竞赛发起人无关的情况导致无法举行竞赛的，竞赛发起人有权拒绝举行竞赛。

如果发起人以其他理由拒绝举行竞赛，竞赛参与人有权要求赔偿为准备参加竞赛而花费的费用。

第一千一百五十四条　竞赛获胜者

1. 竞赛获胜者应是取得最佳成绩的人。

2. 竞赛获胜者应根据竞赛发起人制定的程序来确定，竞赛结果应按公布的顺序宣布。

3. 有关人员可对竞赛结果向法院提出诉讼。

第一千一百五十五条　评估提交竞赛的智力和创造性活动成果的特点

根据对提交给竞赛的智力成果、创造性成果的评估结果，竞赛的发起人（竞赛委员会、评委会）可以决定下列事项：

（1）根据竞赛条件确定的所有获奖名额和奖品（奖金）；

（2）设立多个奖项的，分别颁发奖品（奖金）；

（3）提交给竞赛的任何作品不符合其要求的，则拒绝颁奖；

（4）颁发鼓励奖和（或）奖品（奖金）。

第一千一百五十六条　竞赛获胜者的权利

1. 竞赛获胜者有权要求其发起人在竞赛条款确定的期限内履行其义务。

2. 如果竞赛的标的物是智力成果、创造性成果，那么竞赛的发起人只有在征得竞赛获胜者的同意后才有权继续使用它们。

3. 竞赛发起人有权优先于其他人与竞赛获胜者签订使用竞赛标的物的合同。

第一千一百五十七条　将提交竞赛的物品返还给参赛者

1. 参赛者将某一物品提交竞赛并不终止其对该物品的所有权。

竞赛发起人不退还参赛者提交的物品的条款是无效的。

2. 只有在征得参赛者同意的情况下，竞赛发起人才能保留提交竞赛的物品。如果参赛者在竞赛结果公布后 1 个月内没有提出归还参赛物品的要求，应视为发起人有权继续拥有该物品。

3. 如果提交给竞赛的物品不是赠送给发起人或由发起人购买的，发起人可以根据本法第344条（获得性限制）获得该物品的所有权。

第七十九章　无 因 管 理

第一千一百五十八条　无因管理的权利

1. 如果他人的财产利益受到对其不利财产后果的威胁，该人有权不经指示采取行动，防止、消除或减轻这些后果。

2. 无因管理人有义务在第一时间将其行为告知他人。如果这些行为得到了对方的认可，相关合同的约定适用于此后双方的关系。

3. 如果无因管理人实施了一项行为，他有义务采取一切力所能及的措施来防止、消除或减少不利后果。无因管理人实施行为的，有义务承担相关的所有责任，特别是实施法律行为的义务。

第一千一百五十九条　提供无因管理报告

无因管理人在行动结束时，有义务立即向其财产利益受到影响的人提供有关行动的报告，并将所获得的一切资料交给此人。

第一千一百六十条　无因管理人产生的费用

1. 无因管理人有权要求他人偿还实际发生的费用，条件是该行为发生时的情况是合理的。

2. 无因管理人在第一时间未将其行为通知该人的，其无权要求赔偿所发生的费用。

第八十章　紧 急 避 险

第一千一百六十一条　因拯救自然人的健康和生命而产生的义务

未经授权，将自然人的健康和生命从对实际威胁中拯救出来的人所造成的损害，应由国家全额赔偿。

第一千一百六十二条　因拯救他人财产而产生的义务

1. 自然人在没有适当授权的情况下，将他人具有重要价值的财产从实际威胁中拯救出来，由此造成的残疾、其他健康伤害或死亡，应由国家全额赔偿。

2. 在没有适当授权的情况下，将他人具有重要价值的财产从实际威胁中拯救出来，对他人财产造成的损害应由该财产的所有人（占有者）在考虑其经济状况的情况下予以赔偿。

损害赔偿应考虑到被损害的财产的所有人（占有者）的财产状况。

损害赔偿金额不得超过获救财产的价值。

第八十一章　对自然人的生命、健康、财产或法人的财产造成威胁

第一千一百六十三条　消除对自然人的生命、健康、财产或法人财产威胁的消除

自然人的生命、健康、财产或法人的财产受到威胁的，有权要求制造威胁的人消除威胁。

第一千一百六十四条　未能消除对自然人的生命、健康、财产或法人财产威胁未消除的后果

未能消除对自然人的生命、健康、财产或法人财产的威胁的，有关人员有权要求：

（1）立即采取措施，消除威胁。

（2）对所造成的损害要求赔偿。

（3）禁止造成威胁的活动。

第一千一百六十五条　因未消除对自然人生命、健康、财产或对法人财产威胁造成损害的赔偿

因未能消除对自然人的生命、健康、财产或法人财产的威胁而产生的损失，应根据本法进行赔偿。

第八十二章　损 害 赔 偿

第一节　关于损害赔偿的一般规定

第一千一百六十六条　财产损害责任的一般依据

1. 非法决定、作为或不作为对自然人或法人的个人非财产权造成的损害，以及对自然人或法人的财产造成的损害，应由造成损害的人全额赔偿。

2. 造成损害的人如果能证明损害不是其过错造成的，则免除其赔偿责任。

3. 不可抗力造成自然人残疾、其他健康伤害或死亡的，应在法律规定的情况下予以赔偿。

4. 在本法和其他法律规定的情况下，合法行为造成的损害应得到赔偿。

第一千一百六十七条　精神损害责任的依据

1. 非法决定、作为或不作为对自然人或法人造成的精神损害，由造成损害的人在有过错的情况下赔偿，但本条第2款规定的情况除外。

2. 对于国家权力机关、克里米亚自治共和国权力机构、地方自治机关，无论遭受精神伤害的自然人或法人是否有过错，在下列情况下，都应得到赔偿：

（1）危险源增加导致自然人残疾、其他健康伤害或死亡；

（2）对自然人的非法审判、非法追诉刑事责任、非法实施强制措施、非法拘留、非法实施逮捕或劳动教养的行政处罚造成的损害；

（3）在法律规定的其他情况下。

第一千一百六十八条　造成自然人残疾、其他健康伤害或死亡的精神损害赔偿

1. 因自然人残疾或其他健康伤害而产生的精神损害，可以通过一次性支付或按月支付的方式进行赔偿。

2. 因自然人死亡而产生的精神损害，应向其丈夫（妻子）、父母（养父母）、子女（养子女）以及与其作为一个家庭生活的人进行赔偿。

第一千一百六十九条　行使自卫权人造成的损害赔偿

1. 在行使自卫权对抗非法侵害时，如果是在必要的防卫状态下，且没有超过其限度，所造成的损害不应得到赔偿。

2. 某人在正当防卫时对他人造成了损害，这种损害应由造成损害的人赔偿。如果这种损害是法律不禁止的、不违背社会道德原则的自卫手段造成的，则应由实施非法行为的人予以赔偿。

第一千一百七十条　因通过终止某些财产所有权的法律造成的损害赔偿

如果通过了终止某些财产所有权的法律，对这些财产所有人造成的损失应由国家给予充分的赔偿。

第一千一百七十一条　紧急避险造成的损害赔偿

1. 为消除威胁其他自然人、法人的民事权利或利益的危险而采取的行动对他人造成损害，并且这种威胁在特定条件下无法通过其他手段消除（极端必要）的，应由造成这种损害的人进行赔偿。

赔偿了损害的人有权对他所维护利益的人提起诉讼。

2. 考虑到紧急避险造成损害的情况，法院可以对受益人施加赔偿义务，或责令其各自按一定比例赔偿损害，或免除他们的全部或部分赔偿。

第一千一百七十二条　法人或自然人对其雇员或其他人员造成的损害赔偿

1. 自然人或法人应赔偿其雇员在履行劳动（工作）职责时造成的损害。

2. 承包人按照定作人的指示行事的，定作人应赔偿承包人给他人造成的损害。

3. 商业协会、合作社应赔偿其参与者（成员）在代表协会或合作社开展商业活动或其他活动时造成的损害。

第一千一百七十三条　国家权力机关、克里米亚自治共和国权力机关或地方自治机关造成的损害赔偿

国家权力机关、克里米亚自治共和国权力机关或地方自治机关在行使权力时的非法决定、作为或不作为给自然人或法人造成的损害，应由国家、克里米亚自治共和国或地方自治机关赔偿，而不论这些机关是否有过错。

第一千一百七十四条　国家权力机关、克里米亚自治共和国权力机关或地方自治机关的公职人员或工作人员造成的损害赔偿

国家权力机关、克里米亚自治共和国权力机关或地方自治机关的公职人员或工作人员在行使职权时的非法决定、作为或不作为给自然人或法人造成的损害，不论此人是否有过错，均应由国家、克里米亚自治共和国或地方自治机关予以赔偿。

第一千一百七十五条　国家权力机关、克里米亚自治共和国权力机关或地方自治机关在制定法律规范范围造成的损害赔偿

国家权力机关、克里米亚自治共和国权力机关或地方自治机关通过的法律被宣布为非法并被废除给自然人或法人造成的损失，应由国家、克里米亚自治共和国或地方自治机关予以赔偿，而不论这些机关的公职人员和工作人员是否有过错。

第一千一百七十六条　从事侦查、审前调查、检察院或法院的非法决定、作为或不作为造成的损害赔偿

1. 非法审判、非法追诉刑事责任、非法适用强制措施、非法拘留、非法实施逮捕或劳动教育形式的行政处罚给自然人造成损害的，无论侦查机关、审前调查机关、检察院或法院的负责人是否有过错，国家都应全额赔偿。

2. 在法律规定的情况下，侦查机关、审前调查机关、检察院或法院的非法行为给自然人造成的损害，遭受损害的自然人有权获得赔偿。

3. 根据大赦法或赦免法结束刑事诉讼的，没有获得赔偿的权利。

4. 自然人在审前调查或法庭诉讼中，自说自话，阻碍查清真相，从而促成非法审判、非法追诉刑事责任、非法适用强制措施、非法拘留、非法实施逮捕或劳动教育形式的行政处罚的，无权获得赔偿。

5. 法院在民事案件中的非法裁决给自然人或法人造成了损害，如果发现法官的行为影响了具有法律效力的有罪判决，构成非法审判，国家应全额赔偿。

6. 侦查机关、审前调查机关、检察院或法院的作为或不作为的非法行为或非法决定给自然人或法人造成损害的，应根据一般理由予以赔偿。

7. 对侦查机关、审前调查机关、检察院或法院的非法决定、作为或不作为所造成的损失的赔偿程序应由法律规定。

第一千一百七十七条　刑事犯罪被害的自然人损害赔偿

1. 对刑事犯罪被害人造成的损害应依法予以赔偿。

2. 因刑事犯罪而遭受损失的自然人，应根据法律规定的情况和程序，由乌克兰国家概算对其进行赔偿。

第一千一百七十八条　不满 14 岁的未成年人造成的损害赔偿

1. 不满 14 岁的未成年人造成的损害，由其父母（养父母）、监护人或其他合法抚养儿童的自然人赔偿，但他们能证明该损害不是他们的过错或逃避对儿童的抚养和监督造成的除外。

2. 儿童在教育机构、医疗机构或其他有监护义务的机构的监护下，以及在根据合同监护儿童的期间造成了损害，这些机构和工作人员有义务进行赔偿，但能证明损害不是他们的过错造成的除外。

3. 儿童一直由依法具有监护职能的机构监护的，该机构有义务对儿童造成的损害进行赔偿，但该机构能证明损害不是其过错造成的除外。

4. 儿童既因其父母（养父母）或监护人的过错，又因监护机构或人员的过错而造成损害的，父母（养父母）、监护人或该机构、人员必须按照他们之间的合同或法院判决确定的比例对损害进行赔偿。

5. 本条第 1 款所规定的人员对儿童造成损害的赔偿，不应在该儿童成年时停止。如果本条第 1 款所规定的人员无力偿还或已经死亡，而致害人成年后具备完全民事行为能力且拥有资金，则法院可以责成他部分或全部赔偿在未满 14 岁时对受害人的生命或健康所造成的损害。

第一千一百七十九条　已满 14 岁不满 18 岁的未成年人造成的损害赔偿

1. 根据一般规定，已满 14 岁不满 18 岁的未成年人应独立对其造成的损害负责。

2. 如果已满 14 岁不满 18 岁的未成年人没有足够的资产来赔偿他造成的损害，应由他的父母（养父母）或监护人全额或部分赔偿，但他们能证明这种损害不是他们的过错造成的除外。已满 14 岁不满 18 岁的未成年人被安置在依法行使监护职能的机构的，该机构有义务赔偿部分或全部损失，但其能证明损害不是其过错造成的除外。

3. 父母（养父母）、监护人、根据法律行使监护职能的机构，在未成年人成年后或在他成年前有足以赔偿损害的财产时，应停止赔偿。

第一千一百八十条　获得完全民事行为能力后的未成年人造成的损害赔偿

1. 根据一般规定，未成年人在具有完全民事行为能力后造成的损害，应由其本人独立赔偿。

2. 未成年人已取得完全民事行为能力，但没有足够的财产赔偿造成的损害的，如果他的父母（养父母）或监护人同意他获得完全民事行为能力，并且不能证明损害不是他们的过错造成的，则应由他的父母（养父母）或监护人赔偿所缺的部分或全部。这些人对损害的赔偿义务在致损人成年时停止。

第一千一百八十一条　数个幼年人造成的损害赔偿

1. 数个幼年人的共同行动造成的损害应由他们的父母（养父母）、监护人按照他们之间的合同或法院判决确定的比例进行赔偿。

2. 在数个幼年人造成损害时，其中一人由依法行使监护职能的机构监护的，该机构应按法院判决确定的份额赔偿所造成的损害。

第一千一百八十二条　数个未成年人造成的损害赔偿

1. 数个未成年人的共同行动所造成的损害应由他们按照他们之间的合同或法院判决确定的比例进行赔偿。

2. 在数个未成年人造成损害时，其中一人由依法行使监护职能的机构监护的，该机构应按法院判决确定的份额赔偿所造成的损害。

第一千一百八十三条　被剥夺父母权利的父母的损害赔偿

父母有义务在被剥夺父母权利后 3 年内对孩子造成的损害进行赔偿，但他们证明这种损害不是他们不履行义务造成的除外。

第一千一百八十四条　无民事行为能力人造成的损害赔偿

1. 无民事行为能力人造成的损害应由监护人或有义务监护的机构予以赔偿，

但能证明损害不是其过错造成的除外。这些人对无民事行为能力人所造成的损害进行赔偿的义务并不因其民事行为能力的恢复而停止。

2. 造成损害的无民事行为能力人的监护人已经死亡或没有足够的财产进行赔偿，而无民事行为能力人有财产的，法院可以裁定以该无民事行为能力人的财产部分或全部赔偿受害人残疾、其他健康伤害或死亡的损害。

第一千一百八十五条　限制民事行为能力人造成的损害赔偿

根据一般规定，限制民事行为能力人造成的损害由其本人赔偿。

第一千一百八十六条　不能理解和（或）无法控制其行为的自然人造成的损害赔偿

1. 不能理解和（或）无法控制其行为的自然人造成损害的，不予赔偿。考虑到受害人和致害人的经济状况，法院可以判决致害人对损害进行部分或全部赔偿。

如果造成损害的自然人使自己处于不理解自己行为意义的状态，和（或）由于使用酒精饮料、麻醉品、有毒物质等而不能控制自己的行为，那么他造成的损害应按一般规定予以赔偿。

2. 如果损害是由具有精神疾病或者痴呆症而不能理解自己行为的意义或者无法控制自己行为的人造成的，在其与丈夫（妻子）、父母、成年子女住在一起，并且他们知道其精神疾病或痴呆但没有采取预防措施的情况下，法院可以责令他的丈夫（妻子）、父母、成年子女进行赔偿。

第一千一百八十七条　高度危险源造成的损害赔偿

1. 高度危险源是指与使用、储存或维修运输工具、机械和设备，使用、储存化学性、放射性、爆炸性、易燃性物品和其他物质，饲养野生动物、警犬和战斗犬等有关的活动，其对从事这种活动的人和其他人具有很大的危险。

2. 高度危险源造成的损失应由基于适当法律理由（所有权、其他所有权、合同契约、租赁等）拥有、使用、储存或维护运输工具、机器或其他物品，造成危险增加的人进行赔偿。

3. 根据一般规定，非法占有车辆、机械装置、其他物品的人，因其使用、储存或维修活动而造成损害的，有义务予以赔偿。

4. 如果他人非法占有车辆、机械装置、其他物品是其所有人（持有者）的过错造成的，那么由于使用、储存或维护活动而产生的损失，应由他们共同赔偿，其份额由法院在考虑到至关重要的因素的情况下决定。

5. 从事高度危险活动的人，对造成的损害负责，但能证明损害是不可抗力或受害人的意图造成的除外。

第一千一百八十八条 由于多个危险源相互作用造成的损害赔偿

1. 多个危险源相互作用造成的损害应根据以下一般规定予以赔偿：

（1）他人过错造成损害的，由过错方进行赔偿；

（2）只有受害人有过错的，不予赔偿；

（3）如果造成损害的所有人都有过错，则应根据重要的情况，按适当的比例确定赔偿金额。

2. 多个危险源相互作用对其他人造成了损害的，那么共同造成损害的人有义务对其进行赔偿，而不论是否有过错。

第一千一百八十九条 核损害的赔偿

核损害赔偿的具体内容由法律规定。

第一千一百九十条 数人共同造成的损害赔偿

1. 共同作为或者不作为造成损害的，共同造成损害的人向受害人承担连带责任。

2. 根据受害人的申请，法院可以根据共同造成损害的人的过错程度确定他们的责任。

第一千一百九十一条 对致害人的追偿权

1. 对他人造成的损害进行赔偿的人，有权按已支付的赔偿金额对致害人提出追偿，但法律另有规定的除外。

2. 国家、克里米亚自治共和国、社区、法人有权对致害人进行追偿，追偿金额为用于治疗受害人的资金金额。

3. 国家对侦查机关、审前调查机关、检察院或者法院的工作人员造成的损失进行赔偿后，只有在根据法院判决确定其行为是刑事犯罪并且判决已生效的情况下，才有权向此人追偿。

4. 国家、克里米亚自治共和国、社区在对国家机关、克里米亚自治共和国机关、地方自治机关作出的非法决定、作为或不作为造成的损害进行赔偿后，有权向致害人收回已支付的赔偿金额（与劳动关系有关的赔偿和精神损害赔偿除外）。

5. 父母（养父母）、监护人或受托人以及有义务监护未成年人的机构或其他自然人，对未成年人或无民事行为能力人造成的损害进行赔偿的，无权追偿。

第一千一百九十二条　给受害人财产造成损害的赔偿方式

根据案件情节，法院可以根据受害人的选择，责令造成损害的人以实物赔偿（提供相同种类和质量的物品，修复被损害的物品等）或赔偿全部损失。

赔偿给受害人的损失金额，应根据审理案件时损失财产的实际价值或为恢复受损物品而进行的必要工作确定。

第一千一百九十三条　考虑受害人的过失和造成损害的自然人的经济状况

1. 受害人故意造成的损失不予赔偿。

2. 受害人的重大过失造成损害发生或增加的，赔偿金额应根据受害人的过错程度（也取决于致害人的过错程度）减少，但法律另有规定的除外。

3. 在赔偿本法第 1195 条第 1 款规定的额外费用以及在赔偿供养人死亡的损害和丧葬费时，不应考虑受害人的过错。

4. 法院有权根据自然人的经济状况减少损害赔偿金额，但犯罪造成损害的情况除外。

第一千一百九十四条　投保自己民事责任的人造成损害的赔偿

投保民事责任的人，在保险金（保险赔偿金）不足以完全赔偿损害时，有义务向受害人支付实际损害金额与保险金（保险赔偿金）之间的差额。

第二节　造成残疾、其他健康损害或死亡的损害赔偿

第一千一百九十五条　残疾或其他健康伤害损害的赔偿

1. 给自然人造成残疾或其他健康损害的自然人或法人有义务赔偿受害人的工资（收入），丧失或降低专业或一般劳动能力造成的损失，以及需要增加营养、疗养和温泉治疗、购买药品、假肢、外部护理等造成的额外费用。

2. 没有工作的自然人受到残疾或其他健康损害的，赔偿金额应根据最低工资标准确定。

3. 残疾或其他健康损害给自然人造成损失的，应在不考虑因健康损失而授予的养老金或自然人以前获得的养老金以及其他收入的情况下进行赔偿。

4. 法律或者合同可以增加应付受害人的赔偿的范围和数额。

第一千一百九十六条　在履行合同义务时造成自然人损害的赔偿

自然人在履行合同义务（运输合同等）的过程中造成的残疾、其他健康伤害或死亡，应根据本法第 1166 条和第 1187 条规定的理由予以赔偿。

第一千一百九十七条　确定根据劳动合同工作的自然人因残疾或其他健康损害而损失的工资（收入）的确定

1. 自然人因残疾或其他健康损害而损失的工资（收入）数额，应按受害人在受到伤害之前的月平均工资（收入）的百分比确定，同时考虑到专业工作能力的损失程度，以及在没有专业能力的情况下丧失一般劳动能力的程度。

根据受害人的要求，计算出因残疾或其他健康损害而丧失劳动能力之前的 12 个月或最近 3 个月的月平均工资（收入）。如果受害人的月平均工资（收入）低于最低工资的 5 倍，则损失的工资（收入）数额按最低工资的 5 倍计算。

2. 可根据受害人的要求，因残疾或其他健康损害产生职业病的，应考虑终止工作前 12 个月或最近 3 个月的月平均工资（收入），确定赔偿金额。

3. 所有根据主要工作地和兼职工作地的劳动合同支付的所有种类的收入，再扣除个人所得税后的剩余金额，均纳入所损失的工资（收入）中。损失的工资（收入）不包括一次性付款、未使用休假的补偿金、遣散费、生育津贴等。

如果受害人在受到伤害时没有工作，根据他的要求，他的月平均工资（收入）根据他被解雇前的收入或该地区的技术工人的通常工资来确定。

4. 如果受害人在受到残疾或其他健康损害前的工资（收入）发生了变化，其经济状况得到了改善（职位工资增加、调到更高薪的工作岗位、毕业后就业），在确定月平均工资（收入）时，只考虑其在变化后已经获得或应该获得的收入。

第一千一百九十八条　自然人企业主因残疾或其他健康损害损失的收入确定

1. 自然人企业主因残疾或其他健康损害而损失的收入数额，应根据他在上一年度获得的年收入除以 12 来确定。如果此人获得收入的时间少于 12 个月，则应通过确定相应月数的累计收入额来确定其损失的收入额。

2. 自然人企业主因残疾或其他健康损害而损失的商业收入数额，应根据税收部门的数据来确定。

3. 自然人企业主因残疾或其他健康损害而损失的收入金额，应根据受害人在残疾或其他健康损害前的应纳税额计算。

4. 自营职业者（律师、从事创作活动的人等）损失的收入数额应根据本条第 1 款至第 3 款的规定确定。

第一千一百九十九条　造成幼年或未成年人残疾或其他健康伤害的损害赔偿

1. 造成不满 14 岁的未成年人残疾或其他健康损害的，造成伤害的自然人或法人有义务赔偿治疗、使用假肢、长期护理、加强营养和其他方面的费用。

当受害人年满14岁（学生年满18岁）时，造成损害的法人或自然人也要按照法律规定的最低工资标准，对受害人劳动能力的丧失或降低进行赔偿。

2. 如果未成年人在受伤时有收入，应根据其收入进行赔偿，但不得低于法律规定的最低工资。

3. 受害人获得工作资格开始工作的，受害人有权要求增加因残疾或其他健康损害而降低专业工作能力所造成的损失的赔偿金额，赔偿金额以受害人的工资为标准，但不低于法定最低工资。

4. 受害人不具备专业资格，并且在成年后仍因成年前造成的残疾或其他健康损害而无法工作的，有权要求赔偿损失，赔偿金额不低于法定最低工资。

第一千二百条　造成受害人死亡的损害赔偿

1. 在受害人死亡的情况下，他的被抚养人或有权从他那里获得抚养费的残疾人，以及受害人死后出生的子女，有权获得赔偿。

损害赔偿具体规定如下：

（1）孩子——直到其年满18岁（中学生、大学生——直到其学业结束，但不超过23岁）。

（2）达到法律规定的退休年龄的丈夫、妻子、父母（养父母）——终身。

（3）残疾人——在其残疾期间。

（4）父母（养父母）之一、配偶或其他家庭成员，无论其年龄和劳动能力如何，如果他们不工作并需要照顾死者的子女、兄弟、姐妹或孙子女——直到死者的子女、兄弟、姐妹或孙子女年满14岁。

（5）由受害人供养的其他残疾人——在受害者死亡后的5年内。

2. 对于本条第1款第1项至第5项所确定的人员，损害赔偿额为受害人的月平均工资（收入），并扣除本人和曾是其被抚养人但无权获得损害赔偿的有劳动能力的人应得的份额。受害人的收入还应包括他的养老金、根据终身赡养（照顾）合同应支付给他的金额，以及他应收到的其他类似款项。

3. 失去供养人的人应得到全额赔偿，不考虑因供养人死亡而分配给他们的抚恤金和其他收入。

4. 每一个因供养人死亡而拥有损害赔偿权的人计算的赔偿数额不应当再重新计算，但以下情况除外：在供养人去世后生下的孩子以及将赔偿金分配（终止）给照顾死者子女、兄弟姐妹、孙子女的人。

赔偿金额可依法增加。

第一千二百零一条 丧葬费用的赔偿

导致受害人死亡的人，有义务赔偿因葬礼和建造墓碑而产生的必要费用。承担这些费用的自然人收到的丧葬津贴不应包括在损害赔偿中。

第一千二百零二条 损害赔偿的程序

1. 对受害人残疾、其他健康伤害或死亡造成的损害赔偿应按月分期支付。在存在重大情况并考虑到致害人经济状况的情况下，可以一次性支付赔偿金，但不超过3年。

2. 本法第1195条第1款规定的额外费用的追偿，可以在根据相关医疗专家的意见确定的期限范围内提前支付，也可以在有必要购买服务和财产的情况下提前支付（购买门票、支付路费、为专用交通工具付款等）。

第一千二百零三条 在受害人劳动能力状况改变时应其要求增加损害赔偿数额

如果受害人的劳动能力与作出损害赔偿决定时相比有所下降，则他有权要求增加损害赔偿的金额。

第一千二百零四条 应致害人的要求减少损害赔偿的数额

有责任对受害人的残疾或其他健康损害进行赔偿的人，如果受害人的劳动能力与作出赔偿决定时相比有所增加，可以要求减少赔偿金额。

第一千二百零五条 负有损害赔偿义务的法人终止时的损害赔偿

1. 对残疾、其他健康伤害或死亡负有赔偿责任的法人被终止，且其权利义务承继人已确定的，每月支付的款项应由其权利义务承继人承担。

在这种情况下，增加损害赔偿金额的要求应向其权利义务承继人提出。

2. 在法人清算的情况下，应支付给受害人或本法第1200条规定的人员的款项必须被货币化，以便按照法律或其他法令文件规定的程序支付给受害人或这些人员。如果被清算的法人无法将要支付的款项货币化，则应根据法院作出的判决，要求清算委员会承担货币化的义务。

第一千二百零六条 犯罪人受害人的治疗费用赔偿

1. 实施犯罪的人有义务向医疗机构偿还治疗该受害人的费用，但伤害是在超过必要的防卫限度或受害人的暴力或严重侮辱导致犯罪人处于严重的精神紊乱状态下造成的除外。

2. 未成年人犯罪的，治疗受害人的费用将由本法第1178条和第1179条中提到的人赔偿。

3. 如果医疗是由国家、克里米亚自治共和国或领土社区拥有的医疗机构进行的，用于报销医疗费用的资金应计入有关概算。

第一千二百零七条 因犯罪造成残疾、其他健康伤害或死亡的国家损害赔偿义务

1. 犯罪造成的残疾、其他健康伤害或死亡，如果犯罪人未被查明或无力偿还，则由国家对受害人或本法第1200条中确定的人进行赔偿。

2. 国家对残疾、其他健康伤害或死亡造成的损害进行赔偿的条件和程序由法律规定。

第一千二百零八条 因生活成本提高和最低工资支付增加的损害赔偿数额的增加

1. 根据受害人的申请，在生活成本提高的情况下，对残疾、其他健康伤害或死亡造成的损害的赔偿金额，应根据法院的判决予以指数化。

2. 根据受害人的申请，在最低工资标准提高的情况下，对残疾、其他健康伤害或死亡造成的损害的赔偿金额应根据法院判决相应增加。

3. 对商品、工作（服务）的瑕疵造成的损害进行赔偿。

第三节 由于商品、工作（服务）瑕疵造成的损害赔偿

第一千二百零九条 商品、工作（服务）瑕疵造成损害的赔偿理由

1. 不动产的商品生产者、工作（服务）履行人有义务赔偿由于商品、工作（服务）的设计、制作、配方和其他瑕疵，以及由于商品的信息不准确或不充分而给自然人或法人造成的损失。

损害赔偿不取决于不动产的商品生产者、工作（服务）履行人是否有过错，也不取决于受害人是否与他们存在合同关系。

2. 不动产的商品生产者、工作（服务）履行人，如果证明损害是不可抗力或受害人违反商品和工作（服务）成果的使用或储存规则造成的，则免除赔偿责任。

3. 对于属于动产的商品，包括构成其他动产或不动产（包括电力）的组成部分的商品的瑕疵所造成的损害，其赔偿依据由法律规定。

第一千二百一十条 因商品、工作（服务）瑕疵造成损害的赔偿责任的人

1. 不动产商品的瑕疵造成的损害由商品生产者赔偿。

动产商品，包括其他动产或不动产的组成部分（包括电力）的瑕疵造成的损害，由商品生产者或者依法确定的其他人赔偿。

2. 工作（服务）的瑕疵造成的损害应由其履行人赔偿。

3. 未能提供有关不动产商品的性质和使用规则的完整或可靠信息造成的损害，可根据本条第1款予以赔偿。

第一千二百一十一条　由于商品、工作（服务）瑕疵造成损害的赔偿期限

1. 如果不动产商品、工作（服务）瑕疵造成的损害在商品、工作（服务）成果的规定使用期限（适用期限）内发生，没有规定使用期，且是在生产商品、履行工作（提供服务）之日起10年内发生的，应当赔偿。

2. 不动产商品、工作（服务）的瑕疵造成的损害在下列情况下也应得到赔偿：

（1）违反法律规定，未规定商品、工作成果（服务）的使用期限（适用期限）；

（2）没有预先告知当事人在使用期限（适用期限）届满后的必要行为和不采取上述行动的可能后果。

3. 动产商品瑕疵造成的损害的赔偿期限，包括电力在内的其他动产或不动产的组成部分，由法律规定。

第一千二百一十一条之一　由于动产商品瑕疵造成损害的赔偿特点

动产［包括作为其他动产或不动产组成部分（包括电力）的商品］的瑕疵造成的损害赔偿的特点应由法律规定。

第八十三章　不当得利

第一千二百一十二条　不当得利义务的一般规定

1. 在没有充分法律依据的情况下，依靠他人（受害人）取得或保留财产的人（不当得利人），有义务将该财产归还给受害人。即使获得财产的依据随着时间的推移而消失，不当得利人也有义务归还财产。

2. 无论不当得利是财产取得人、受害人或第三人行为所致，还是某一事件的后果，都适用本章的规定。

3. 本章的规定也应适用于下列请求：

（1）返还按照无效法律行为所得的请求；

（2）财产所有权人从他人的非法占有中追回财产的请求；

（3）债的一方当事人向另一方当事人返还因债之履行所得的请求；

（4）不当得利人的恶意行为所造成的损害的赔偿的请求。

第一千二百一十三条　以实物形式返还不当得利

1. 不当得利人有义务将不当得利以实物形式返还给受害人。

2. 如果不可能将不当得利以实物形式返还给受害人，则应按照法院审理返还财产的案件时确定的金额赔偿其价值。

第一千二百一十四条　不当得利收益和维护费用的赔偿

1. 不当得利人应赔偿自知道或可能知道在没有充分法律依据的情况下拥有该财产时起，他从该财产中已经收取或者应当收取的所有收益。从此时起，他还应对财产的恶化负责。

不当得利人有权要求受害人赔偿自其有义务返还收益之时起，对财产的维护和维持所支出的必要费用。

2. 无故收取或扣留金钱的，应收取使用他人资金的利息（本法第536条）。

第一千二百一十五条　不应当返还的不当得利

不应当作为不当得利返还的情形如下：

（1）在没有计算错误且买方没有恶意的情况下，自然人或法人自愿支付的工资和同等款项，抚恤金，补助金，奖学金，残疾、其他健康伤害或死亡造成的损害赔偿、赡养费和其他作为生计手段提供给个人的货币金额。

（2）法律规定的其他财产。

第七部分　乌兹别克斯坦共和国债法

（郝　妍　译　邓社民　周盛杰　校对）

乌兹别克斯坦共和国债法由1995年12月21日第163－Ⅰ号法案批准，1997年3月1日根据乌兹别克斯坦共和国最高会议1996年8月29日第257－Ⅰ号决议生效，此文本是根据2022年11月7日的文本翻译而成。

目　　录

第四节　设计与勘查工作承揽
第五节　科学研究工作、实验设计与技术工作承揽
第三十八章　提供有偿服务
第三十九章　运输
第四十章　运输代理
第四十一章　借款与信贷
第一节　借款
第二节　信贷
第四十二章　金钱债权让与融资
第四十三章　银行存款
第四十四章　银行账户
第四十五章　结算
第一节　结算的一般规定
第二节　付款委托结算
第三节　信用证结算
第四节　托收结算
第五节　支票结算
第四十六章　委托
第四十七章　无因管理
第四十八章　行纪
第四十九章　信托管理财产
第五十章　综合经营许可（特许经营）
第五十一章　保管
第一节　保管的一般规定
第二节　特殊种类的保管
第三节　仓　　储
第五十二章　保险
第五十三章　普通合伙
第五十四章　公开竞赛
第五十五章　悬赏广告

第三编　债　　法

第一分编　债 的 总 则

第二十章　债的概念和当事人

第二百三十四条　债的概念和产生依据

根据债的关系，一方（债务人）有义务为另一方（债权人）采取一定行动，如转让财产、完成工作、提供服务、支付金钱等，或者不采取一定行动，而债权人有权要求债务人履行其义务。

债因合同、损害和本法规定的其他理由而产生。

第二百三十五条　债的当事人

一人或多人可以作为债权人或债务人成为债的当事人。

债权人对债务人一方参与的债权无效，以及对该人的债权时效期满，本身不影响其对其他此类人员的债权。

如果合同双方对彼此都有义务，则每一方都被认为是另一方的债务人，因为他有义务为其利益做什么，同时也是债权人，因为他有权向其索取什么。

一项债并不对没有作为当事人参与的人（第三人）产生义务。

在法律规定或当事人约定的情况下，一项债可对该债的一方或双方当事人产生第三人的权利。

第二十一章　债的履行

第二百三十六条　一般规定

应根据合同条款和法律要求适当履行债务，如果没有这些条款和要求，则应根据商业惯例或其他通常性要求履行。

第二百三十七条　不允许单方拒绝履行债

不允许单方拒绝履行债务和单方改变合同条款，但法律另有规定或合同另有约定的除外。

第二百三十八条　以商定和可接受的方式履行债

债应以各方商定并接受的方式履行。

履行方式应当在合同中约定，但债是由债务的实质内容引起的，以及法律规定的除外。

第二百三十九条　债的部分履行

债权人有权不接受债务的分期履行，但法律另有规定、合同条款另有约定或根据商业惯例，债的实质另有要求的除外。

第二百四十条　向适当的人履行债

债务人在履行债时，有权要求债权人本人或其授权的人提供接受履行的证明，并应承担未能提出这种要求所造成的后果的风险，但各方当事人的合同另有约定，以及根据商业惯例或债的实质而产生的除外。

第二百四十一条　委托第三人履行

如果法律规定或合同有约定，或第三人受相关合同的约束，可将合同义务的履行全部或部分转让给第三人。

如果从法律、合同或债的实质来看，债务人不需要亲自履行债务，则债权人有义务接受第三人代表债务人提出的履行。

不履行债务的责任由合同方承担，但法律规定或合同约定由第三人承担的除外。

第二百四十二条　债的履行期限

如果债的履行期限没有规定或由要求履行的时刻决定，债权人有权要求履行，而债务人有权随时履行。债务人有义务在债权人提出要求之日起 7 日内履行债务，但法律规定、合同约定或债的实质明确了立即履行的除外。

第二百四十三条　债的提前履行

债务人有权提前履行债务，如果法律规定或合同有约定，或从债务的实质、商业惯例、其他习惯性要求出发，则债权人有义务接受提前履行。

第二百四十四条　债的迟延或分期履行

不允许迟延或分期履行债务，但法律另有规定或合同另有约定的除外。

如果有充分的理由，则法院有权批准债务人迟延或分期履行债务。

第二百四十五条　金钱之债的货种

金钱之债可以规定以相当于一定数额的外币或常规货币单位（欧元、“特别提款权”等）支付。在这种情况下，如果法律没有规定或当事人的合同没有约定其他汇率或其他确定日期，则应按支付日期的各自货币或常规货币单位的官方汇率确定应付金额。

在乌兹别克斯坦共和国境内进行结算时使用外币以及外币支付凭证。

乌兹别克斯坦共和国允许在法律规定的情况下，按照法律规定的顺序和条件履行债。

第二百四十六条　债的履行地

如果法律或合同，或者根据债的实质或商业习惯或其他通常性要求，没有明确债的履行地点，则在下列地点履行债务。

（1）转让不动产之债的，在不动产所在地。

（2）涉及运输的转让货物或其他财产的债务的，在将货物交付给第一承运人的地点将其交付给债权人。

（3）债务人转让货物或其他货物的其他债务的，如果在债产生时债权人已经知道该地，则在货物的制造地或储存地。

（4）金钱之债，在债产生时债权人的居住地；债权人是法人的，在债产生时的法人住所地；如果债权人在履行债务时变更了居住地或所在地，并已通知债务人，则在债权人的新居住地或所在地。与变更履行地相关的所有费用由债权人支付。

（5）其他债务，在债务人的居住地；债务人是法人的，在法人住所地。

第二百四十七条　公民赡养费金额的增加

根据金钱之债而直接支付给公民的工资的数额（对其生命或健康造成损害的赔偿，根据终身赡养合同和其他情况）随着结算的法定指标的增加按比例增加。

第二百四十八条 金钱之债债权的偿还顺序

在没有其他协议的情况下，所支付的金额如果不足以全额履行金钱之债，则应首先偿还债权人的履约费用，然后是利息，剩余部分支付债务的本金。

第二百四十九条 通过提存履行债务

在债务人因下列原因不能履行债务的情况下，债务人有权将其所欠的金钱或证券存入公证处，在法律规定的情况下，也可以存放在法院账户：

（1）债权人或者其授权的人不在债的履行地；

（2）债权人无民事行为能力，没有代理人在场或者同意；

（3）债权人身份明显不确定，特别是在债权人与其他人之间存在纠纷的情况下；

（4）债权人拒绝接受履行或者存在其他逾期行为。

在公证处或法院的账户中存入金钱或证券的行为应视为债务履行。

存放金钱或证券的公证处或法院应将此事通知债权人。

第二百五十条 选择之债的履行

有义务向债权人转让一项或多项财产，或实施两个或多个行动之一的债务人有权进行选择，但法律另有规定的除外。

第二百五十一条 多数人之债的履行

在有多个债权人或多个债务人参与的债中，每个债权人都有权要求债务人履行相关债务，每个债务人都有义务按同等比例履行该债，但法律另有规定或合同另有约定的除外。

债权人在连带之债下的权利：

在债务人共同承担债务的情况下，债权人有权要求所有债务人共同履行，也有权要求其中任何一人单独履行全部或部分债务。

债权人如果没有从一个连带债务人处获得全部清偿，则有权向其他连带债务人索取不足部分。

第二百五十二条 债务人承担连带责任时债权人的权利

在债务人共同承担债务的情况下，债权人有权要求所有债务人共同履行，也有权要求其中任何一人单独履行全部或部分债务。

债权人如果没有从一个连带债务人处获得全部清偿，则有权向其他连带债务人索取不足部分。

连带债务人在债完全清偿前仍有义务履行。

第二百五十三条　连带债务人对债权人债权的抗辩

在连带之债中，债务人不得以其他债务人与债权人的关系，该债务人未参与为由，对债权人的债权提出抗辩。

第二百五十四条　由债务人中一人履行连带债务

一个债务人完全履行连带债务后，其他债务人对该债权人的债务免除。

履行连带债务的债务人，在扣除自己的份额后，有权对其他债务人提出份额相等的反向（追索）债权，但法律另有规定或合同另有约定的除外。如果其中一个债务人没有支付，则其未付款项由已履行连带债务的债务人和其他债务人平均承担。

第二百五十五条　连带债权

在连带债权的情况下，任何一个连带债权人都有权对债务人提出全额履行的要求。

债务人不得以自己与其他连带债权人的关系，该连带债权人未参与为由，对连带债权人的债权提出抗辩。

债务人对连带债权人之一全额清偿债务，可免除其对其他债权人的债务。

从债务人处获得债务清偿的连带债权人，有义务向其他债权人偿还其应得的份额，但他们之间另有约定的除外。

第二百五十六条　同时履行债务

债的同时履行是指，根据合同的约定，一方当事人履行债务以另一方当事人的债务履行为条件。

如果债务人未能履行合同约定的债务，或者有情况明显表明不能在规定的时间内履行债务，则另一方当事人有权中止履行债务或拒绝履行债务并要求赔偿损失。

未充分履行合同约定的债务的，另一方当事人有权中止履行债务或者拒绝履行与未履行债务相对应的部分债务。

如果在另一方当事人未履行合同约定的债务的情况下仍履行了债务，则该方当事人有义务履行债务。

除合同另有约定或者法律另有规定外，适用本条第 2、3、4 款规定。

第二百五十七条　债务履行的证明

债权人在接受债务履行时，应根据债务人的要求，出具接收全部或部分债务履行的收据。在法人和自然人进行口头法律行为时，为商品或服务付款的法人必须从另一方获得证明支付金钱及其依据的文件。

债务人向债权人出具债务文件以证明债务的，债权人在接受履行时必须归还该文件，如果无法归还，则在出具的收据上注明。收据可以用在要归还的债务文件上的印章来代替。债务人持有债务文件即证明债务的终止，但另有证明的除外。

第二百五十八条　未提供履行债务证明的后果

如果债权人拒绝出具收据、拒绝归还债务文件或拒绝在收据上注明无法归还，债务人有权延迟履行。在这些情况下，债权人被视为违约。

第二十二章　债务履行担保

第二百五十九条　一般规定

债务的履行可以通过违约金、抵押、留置债务人的财产、保证、银行保函、定金以及法律规定或合同约定的其他方式来担保。

担保债务履行的合同无效，不应导致该债务（主要债务）的无效。

主债务的无效应导致债务担保的无效，但法律另有规定的除外。

第一节　违　约　金

第二百六十条　违约金的概念

违约金是指法律规定或合同约定的，债务人在不履行或不适当履行义务时必须向债权人支付的金额。

在要求支付违约金时，债权人无须证明其遭受的损失。

只有有效的索赔才能得到满足。

如果债务人对不履行或不适当履行义务没有责任，则债权人无权要求对方支付违约金。

第二百六十一条　违约金的形式

违约金应采取罚款或滞纳金的形式。

罚款是债务人在不履行或不适当履行债务的情况下应支付的罚金，通常以固定金额计算。

滞纳金是债务人在延迟履行债务时应支付的罚金，每延迟一天，按未履行部分的百分比计算。

第二百六十二条　违约金合同的形式

违约金合同必须以书面形式订立。

第二百六十三条　法定违约金

债权人有权要求支付法律规定的违约金（法定违约金），而不论当事人之间的合同是否规定有义务支付违约金。

如果法律不禁止，那么法定违约金的数额可由当事人合同增加。

第二节　抵　　押

第二百六十四条　抵押的概念和产生依据

抵押是指一个人将财产或财产权利转让给另一个人作为债务的担保。

根据抵押，抵押担保之债的债权人（抵押权人）有权在债务人不履行该债务时，优先于财产所有人（抵押人）的其他债权人从抵押财产的价值中得到清偿，但法律规定的例外情况除外。

对于抵押财产的损失或损坏，抵押权人有权按照同样的原则从保险赔偿金中得到清偿，而不论是谁投保，但损失或损坏是由于抵押权人负责的原因造成的除外。

抵押应根据合同或法律的实施而产生。

第二百六十五条　抵押的类型

抵押可以采取抵押、不动产抵押以及权利抵押的形式。

抵押是指将抵押财产从抵押人手中转移到抵押人占有的抵押。

不动产抵押是一种抵押，对象是不动产。

第二百六十六条　抵押人

抵押人可以是债务人本人，也可以是第三人。

物的抵押人是它的所有权人。

权利抵押人是拥有抵押权利的人。

未经所有权人同意，不允许以物权作抵押，但法律另有规定或合同另有约定的除外。

第二百六十七条　抵押的对象

抵押的对象可以是任何财产，包括物和财产权利（请求），但禁止流通的物、与债权人的人身不可分割的请求，特别是对生命或健康造成伤害的赔偿请求、赡养费以及其他法律禁止向他人转让的权利除外。

法律禁止或限制特定种类财产的抵押，特别是不允许追索的公民财产的抵押。

第二百六十八条　抵押担保的债权

抵押所担保的请求权的数额应是在请求权得到清偿时的数额，包括利息、迟延履行造成的损失赔偿、违约金（罚款、罚金）、保管抵押财产的必要费用以及追偿费用，但合同另有约定的除外。

第二百六十九条 抵押财产未转让和转让给抵押权人的抵押

抵押财产应留在抵押人手中，但合同中另有约定的除外。

流通中的抵押物不得转让给抵押权人。

抵押物可以由抵押人保管，并带有抵押人的锁和印章（如果有印章的话）。

抵押物可以留在抵押人处，并带有抵押标志（硬抵押）。

抵押人暂时交给第三人占有或使用的抵押物，应视为由抵押人保留。

经有价证券证明的物权抵押时，该抵押物应转让给抵押权人或存放在公证处，但合同中另有约定的除外。

第二百七十条 抵押权的产生

抵押权自抵押合同订立时产生，如果合同须经公证，则自公证时起产生，如果合同须经强制登记，则自登记时起产生。

如果根据法律或合同，抵押物由抵押权人持有，则抵押权应在抵押物交付时产生，如果这种转让是在订立合同前进行，则在订立合同时产生。

第二百七十一条 抵押合同、其形式和登记

抵押合同应明确规定抵押的对象及其估价，抵押担保的债务的实质、金额和履行期限，还必须说明哪一方持有抵押财产。

抵押合同必须以书面形式订立。

不动产抵押合同，以及动产或财产权利抵押合同，必须进行登记。

抵押合同必须按照有关财产的交易登记规定的程序进行登记。

违反本条第2、3和4款的规定，抵押合同无效。

第二百七十二条 抵押权人的权利所及的财产

抵押权人对作为抵押财产的权利（抵押权）应延伸至其从物，但合同另有约定的除外。

在合同约定的情况下，抵押权应延伸至因使用抵押财产所产生的孳息、产品和收益。

在企业或其他财产综合体整体抵押的情况下，抵押权延伸至其中包含的所有动产和不动产，包括债权和专有权以及在抵押期间取得的权利，但法律另有规定或合同另有约定的除外。

只有根据建筑物或构筑物所在的同一合同，或该土地的一部分作为抵押物的功能担保，或抵押人拥有的该不动产或其相应部分的租赁权，才能同时抵押建筑物或构筑物。

在不动产抵押的情况下，抵押权不应延伸至位于或正在该土地上建造的建筑物和构筑物，但合同另有约定的除外。

如果合同中没有这样的条款，抵押人在收回抵押土地的情况下，抵押人应保留其中按照指定使用建筑物或构筑物所需的那一部分的限制使用权（地役权）。这部分土地的使用条件由抵押人和抵押权人之间的合同来确定，如有争议，则由法院决定。

如果抵押权设定在不属于抵押人而是属于另一人的建筑物或构筑物所在的土地上，那么在抵押权人对该土地强制执行并公开拍卖时，抵押权人对该人的权利和义务应转给不动产的买主。

对于基于法律产生的抵押合同，法律可以规定对抵押人将来取得的物和财产权的抵押。

第二百七十三条　后续抵押

如果已经抵押的财产又成为另一抵押的对象以担保其他债权（后续抵押），则再抵押权人的债权应在前一抵押权人的债权之后从该抵押物的价值中满足。

除非以前的抵押合同禁止，否则允许后续抵押。

抵押人有义务将所有就该财产已经存在的抵押通知后来的每个抵押权人，并对由于未履行该义务而给抵押权人造成的损失负责。

第二百七十四条　抵押财产的维护和保管

根据该抵押财产在何人手中，由抵押人或抵押权人承担下列义务，但法律另有规定或合同另有约定的除外：

（1）为抵押物的全部价值投保，费用由抵押人承担；如果抵押物的全部价值超过抵押担保的债权金额，则投保金额不低于该债权金额。

（2）采取必要措施确保抵押财产的安全，包括保护其不受第三人的侵占和追索。

（3）立即将抵押物的任何损毁或灭失的危险通知另一方。

抵押人和抵押权人有权根据文件检查对方持有的抵押财产的事实存在、数量、储存状态和条件。

如果抵押权人严重违反本条第 1 款规定的义务，造成抵押物损毁或灭失的危险，抵押人有权要求提前终止抵押。

第二百七十五条　抵押物遗失或损坏的后果

抵押人应承担抵押财产意外损毁或灭失的风险，但抵押合同另有约定的除外。

抵押权人应对转让给他的抵押对象的全部或部分损毁或灭失负责，但证明可以根据本法第 333 条免除责任的除外。

抵押权人在实际价值数额范围内对抵押对象的灭失负责，在抵押财产价值降低的范围内对抵押对象的损毁负责，不考虑抵押对象在移交给抵押权人时的估价数额。

如果由于抵押对象的损毁，使其不能按照正常用途使用，则抵押人有权放弃，并要求对其损失进行赔偿。

合同还可以约定，抵押权人有义务对抵押对象的损毁或灭失造成的其他损失进行赔偿。

作为抵押所担保之债的债务人的抵押人，有权以对抵押物的损毁或灭失造成的损失赔偿请求来抵销抵押所担保的债务。

第二百七十六条　抵押标的的更换和恢复

只有经过抵押权人同意才能替换抵押标的，但法律另有规定或合同另有约定的除外。

如果抵押物被损毁或灭失，或其所有权、经营管理权依照法律规定的理由终止，则抵押权人有权在合理的时间内（如有争议，在法院规定的期限内）恢复抵押物或以其他等值财产替换，但合同另有约定的除外。

第二百七十七条　抵押标的的使用和处分

抵押人有权按照其用途使用抵押标的，包括从中获取孳息和收入。但合同中另有约定或者由抵押实质产生的除外。

抵押人在经抵押权人同意后，有权转让抵押标的，将其出租或转让给他人无偿使用，或以其他方式处分，但法律另有规定或合同另有约定或者由抵押实质产生的除外。

限制抵押人对抵押财产的遗赠权的合同自始无效。

抵押人仅在合同约定的情况下，有权使用移交给他的抵押标的，并须定期向抵押人报告其使用情况。依照合同，抵押权人可以承担以清偿主债务或为抵押人的利益为目的而从抵押对象中获取孳息和收入的义务。

第二百七十八条　抵押权人对抵押标的权利的保护

拥有或应该拥有抵押财产的抵押权人有权从非法占有，包括抵押人的占有中索要抵押财产（本法第228条、第229条、第230条、第232条）。

如果根据合同条款，抵押权人有权使用转移给他的抵押标的时，可以要求其他人，包括抵押人，排除任何对其权利的妨碍，即使这种妨碍没有剥夺其占有。

第二百七十九条　追偿抵押财产的依据

在债务人由于其应负责之情形不履行或不适当履行抵押担保的债务时，可以追索抵押财产以满足抵押权人（债权人）的请求。

如果债务人违反抵押担保的债务的行为极其微不足道，和其导致的抵押权人请求数额与抵押财产的价值明显不成比例，则可以拒绝追索抵押财产，但法律规定的情况除外。

第二百八十条　追偿抵押物的程序

抵押权人（债权人）的债权应通过法院判决从抵押不动产的价值中满足。

如果在抵押合同中明确规定，或根据抵押人和抵押权人之间的公证合同，在出现取消抵押对象的理由后达成的协议，应允许以抵押的不动产为代价满足抵押权人的要求，而无须诉诸司法机关。根据权利受到侵犯的人的要求，法院可以判决这种合同无效。

抵押权人的债权应通过法院判决由抵押动产来满足，但抵押人与抵押权人之间的合同另有约定的除外。移交给抵押权人的抵押物可以按照抵押合同中约定的程序进行追偿，但法律另有规定的除外。

只有在以下情况下，才可以根据法院的判决收回抵押对象：

（1）订立抵押合同需要他人或机关的同意或授权。

（2）抵押物是对公众具有历史、艺术或其他文化价值的财产。

（3）抵押人不在且无法确定其所在地。

第二百八十一条　抵押财产的变现

根据本法第280条追索抵押财产的变现（出售），应按照法律规定的程序公开拍卖。

应抵押人的要求，法院有权在关于抵押物的追偿判决中将其公开拍卖的时间推迟一年。推迟不影响各方在抵押物所担保之债下的权利和义务，也不免除债务人赔偿债权人在推迟期间所增加的损失和违约金。

开始拍卖的抵押财产的初始售价，由法院判决或者抵押权人和抵押人协议确定。

抵押财产应卖给拍卖会上出价最高的人。

如果拍卖宣布失败，抵押人可与抵押权人达成协议购买抵押物，并以购买金额抵销抵押担保之债。买卖合同的约定适用于这种协议。

如果重新拍卖宣布失败，抵押权人有权留置抵押财产，其估价不超过重新拍卖初始价格的10%。

如果抵押权人在重复拍卖宣布失败后一个月内没有行使留置抵押物的权利，则抵押合同终止。

如果出售抵押物所得款项不足以支付抵押权人的债权，抵押权人有权从债务人的其他财产中获得所缺款项，而不享受抵押的优先权，但法律另有规定或合同另有约定的除外。

如果出售抵押财产所得超过抵押担保的债权，则差额应返还给抵押人。

债务人或抵押人，有权在出售前的任何时候，通过履行抵押担保的债务或其部分，终止抵押财产的拍卖和变卖。

限制该权利的合同无效。

第二百八十二条　提前履行抵押担保之债和对抵押物追偿

在下列情况下，抵押权人有权要求提前履行抵押担保的债务：

（1）抵押人未遵守抵押合同的约定而使抵押物脱离其占有；

（2）抵押人违反关于替换抵押物的规定（本法第276条）；

（3）非因抵押权人承担责任的情形使抵押物灭失，而抵押人未行使本法第374条第2款规定的权利。

在下列情况下，抵押权人有权要求提前履行抵押担保的债务，如果其要求没有得到满足，可以对抵押物进行追偿：

（1）抵押人违反关于再抵押的规则（本法第273条）；

（2）抵押人未履行本法第274条第1款和第2款规定的维护和保管抵押物的义务；

（3）抵押人违反处分抵押物的规则（本法第277条第2款和第3款）；

（4）在强制执行司法行为和其他机构的行为时，对抵押财产提起追索诉讼。

第二百八十三条　抵押的终止

抵押终止：

（1）因抵押担保之债的终止；

（2）依照本法第 274 条第 3 款规定的理由，抵押人提出的请求；

（3）在抵押物灭失或抵押权终止的情况下，如果抵押人没有行使本法第 276 条第 2 款规定的权利。

（4）在公开拍卖抵押财产的情况下，以及在证明无法出售的情况下（本法第 281 条第 5、6、7 款）。抵押终止应在登记抵押合同的登记簿中注明；

（5）抵押权人没有行使本法第 282 条第 2 款第 4 项规定的权利，但抵押财产未被出售，且其债权未被抵押担保的债权人拒绝接受该财产以满足其债权的情况除外。

在抵押因抵押担保之债被履行或应抵押人的要求而终止的情况下（本法第 274 条第 3 款），占有抵押物的抵押权人应立即将其归还抵押人。

第二百八十四条　在抵押财产权转让给他人时抵押的保护

因有偿或无偿让与或普遍的法定继承，抵押人将抵押物的所有权或经营管理权转让给他人时，抵押权继续有效。

抵押人的权利承继人取代抵押人的地位并承担其全部义务，但抵押人与抵押权人的合同另有约定的除外。

如果抵押财产已通过法定继承的方式转让给多人，则每个继承人（财产受让人）应按照转让给他的上述财产的比例，承担不履行抵押担保之债的后果。如果抵押物不可分割或者因其他原因仍然是权利承继人的共同财产，则权利承继人为共同抵押人。

第二百八十五条　强制没收抵押财产的后果

如果抵押人对抵押财产的所有权因法律规定的理由和方式而终止，由于国家需求、征用或国有化而收回（赎回），则抵押人应得到其他财产或相应的补偿。在这种情况下抵押权应延伸到所提供的替代财产，或者抵押权人有权获得从应支付给抵押人的赔偿金中优先受偿。

如果抵押财产因他人实际上是所有人或者因犯罪或其他违法行为而被依法从抵押人处没收，则该财产的抵押权应终止。

在本条第 1 款和第 2 款规定的情况下，抵押权人有权要求提前履行抵押担保之债。

第二百八十六条　抵押合同权利的转让

抵押权人有权依照债权人让与请求权的规则（本法第313条至第321条），将其抵押合同权利转让给他人。

如果抵押所担保的对债务人的主债转移给他人时，抵押权人将抵押合同权利向同一人的转让有效。

抵押合同权利的转让也意味着抵押担保之债的权利转让，但另有证明的除外。

第二百八十七条　抵押担保的债务的转让

如果抵押人没有向抵押权人表示同意对新的债务人承担责任，则抵押随着抵押担保之债转让给他人而终止（本法第322条）。

第二百八十八条　流通商品的抵押

流通商品抵押是指由抵押人占有，享有改变抵押财产（储备商品、原料、材料、半成品、成品等）的构成和自然形态的权利，条件是财产的总价值不低于抵押合同约定的价值的商品抵押。

抵押的流通商品的价值可以按照抵押担保之债已履行部分的比例相应减少，但合同另有约定的除外。

已经被抵押人转让的流通中商品，自其转归取得人所有、经营管理或者业务管理之时起，不再是抵押的对象。根据流通商品抵押合同取得的流通商品，自所有权或其他财产权转移给抵押人时起成为抵押标的。

如果抵押人违反流通中商品抵押的条款，抵押权人有权在抵押对象上加盖其标记和印章（如果有印章），暂停与抵押对象的交易，直到消除违约行为。

第二百八十九条　典当行中物的抵押

为担保短期贷款而接受公民的个人消费品作抵押，可由获得许可的专业典当行作为一项经营活动进行。

典当物抵押合同，由典当行出具当票正式确定。

抵押物须移交给典当行。

典当行有义务为抵押人的利益，自费为抵押物投保，保险金额为依照通常在接受抵押时流通中对该种类和品质的物价格而规定的估价的全部金额。

典当行无权使用和处分抵押物。

典当行对抵押物的损毁和灭失负责，但能够证明损毁或灭失是由不可抗力造成的除外。

如果未能在规定期限内偿还在典当行的抵押担保的借款时，典当行有权根据公证人的执行签注在一个月的宽展期届满后，依照抵押财产的变价规定的程序（本法第281条第3、4、5、6、7、9、10款）出售该财产。此后，典当行对抵押人（债务人）的债权即告消灭，即使出售抵押物所得的金额不足以完全清偿其债权。

典当行将公民的个人消费物品作为抵押向公民放贷的规则由法律规定。

与本法和其他法律赋予的权利相比，限制抵押人权利的典当行中物的抵押的条款无效。

第三节　留　　置

第二百九十条　留置的依据

如果债权人占有应当转让给债务人或债务人指定的人的物，那么在债务人未按期支付该物的价款或赔偿与此有关的费用和其他损失时，债权人有权留置该物，直至相应的债务得到履行。

留置权可以被用于担保即使是与支付物的价款或者赔偿开支无关，但产生于双方当事人均参加的债的请求。

即使在债权人占有物之后物的权利由第三人取得，债权人仍可留置该物。

第二百九十一条　因留置财产清偿债权

留置该物的债权人的债权，应当在其价值范围内，按照为清偿抵押担保的债权所规定的程序予以清偿。

第四节　保　　证

第二百九十二条　保证合同

根据保证合同，保证人有义务向他人的债权人为他人全部或部分履行债务负责。

保证合同也可以为将来产生之债而订立。

保证必须是书面形式。

违反书面形式的保证合同无效。

第二百九十三条　保证人的责任

在债务人不履行或不适当履行保证所担保的债务时，保证人和债务人应对债权人承担连带责任，但法律或保证合同约定保证人承担补充责任的除外。

保证人应对债权人承担与债务人相同的责任，包括支付利息、赔偿追偿债务的法律费用以及因债务人不履行或不适当履行债务而给债权人造成的其他损失，但保证合同另有约定的除外。

共同保证人对债权人承担连带责任，但保证合同另有约定的除外。

第二百九十四条　保证人在被提出请求时的权利与义务

保证人有权对债权人的债权提出债务人可以提出的所有抗辩。即使债务人放弃抗辩或承认自己的债务，保证人也不丧失抗辩权。

如果保证人被起诉，保证人有义务让债务人参与案件。否则，债务人有权对保证人的追偿提出其对债权人的所有抗辩。

第二百九十五条　已履行债务的保证人的权利

已履行债务的保证人应获得债权人对该债务的权利以及属于债权人作为抵押权人的权利，但以保证人已满足债权人的要求为限。保证人也有权要求债务人支付给债权人的款项的利息，并赔偿因对债务人负责而产生的其他损失。

保证人履行债务后，债权人有义务将证明其对债务人的请求的文件交付给保证人，并转让担保该债权的权利。

除非法律另有规定或保证人与债务人之间的合同另有约定，否则应适用本条规定。

第二百九十六条　债务人履行债务通知保证人

已经履行了保证所担保债务的债务人，有义务立即通知保证人。否则，已经履行债务的保证人有权向债权人返还不当得利，或向债务人提出追偿请求。在后一种情况下，债务人只有权要求债权人返还不当得利。

第二百九十七条　保证人的服务付款

保证人有权获得其为债务人提供的服务的报酬，但合同中另有约定的除外。

第二百九十八条　保证的终止

保证因其所担保债务的终止而停止，以及因该债务在未经保证人同意，且导致保证人责任增加或者其他对保证人不利的后果的变更而停止。

如果保证人不同意为新的债务人对债权人承担保证责任，以及在保证所担保之债的履行期限届满时，债权人拒绝接受债务人或保证人提供的适当履行，则保证应随着保证所担保的债务转移到他人身上而终止。

保证因在合同中约定的保证期间届满而终止。在没有明确该期限时，如果债权人自保证所担保之债的履行期限届满之日起一年内没有向保证人提起诉讼，则保证终止。如果主债务的履行期限没有规定，且不能确定或者不能确定请求时间，在债权人自订立保证合同签订之日起一年内没有起诉保证人，则保证终止。

第五节 担　保

第二百九十九条　担保的概念

担保是指银行、其他信贷机构或保险组织（保证人）应根据他人（委托人）的请求，提供的依照保证债务的条款向委托人的债权人（受益人）支付款项的书面承诺。

第三百条　担保保障委托人的债务

担保应保障委托人对受益人（主债务）的适当履行。

委托人应向担保人签发支付报酬的担保。

第三百零一条　担保独立于主债务

担保不得使担保人对受益人的责任取决于担保所设想的主要责任，即使担保中提到了这种责任。

第三百零二条　担保的不可撤销性

担保人不得撤销担保，但担保另有约定的除外。

第三百零三条　担保权利的不可转让性

受益人根据担保对担保人的索赔权利不得转让，但担保另有约定的除外。

第三百零四条　担保的生效

担保自其订立之日起生效，但担保另有约定的除外。

第三百零五条　担保请求的提出

受益人依照担保提出支付款项的请求，应以书面形式提交给保证人，并附上银行保函中规定的文件。受益人应在请求书或其附件中指出委托人违反担保所担保的主债务的情况。

受益人的请求应在担保约定的有效期间内提交给保证人。

第三百零六条　担保人在审查受益人的请求时的义务

担保人在收到受益人的索赔请求后，应立即通知委托人，并将请求的副本及所有相关文件转交给他。

担保人应在担保约定的期限内，或没有约定时，在合理的期限内审查受益人的请求和所附文件，以确定请求和所附文件是否符合担保的条款。

第三百零七条　担保人拒绝清偿受益人的请求

如果请求或所附文件不符合担保的条款，或者在担保约定的期限届满后向担保人提出，则担保人有权拒绝清偿受益人的请求。

担保人应立即将该拒绝通知受益人。

如果在清偿债权前，担保人已经知道担保的主债务已经全部或部分履行，或因其他原因而过期或无效，则担保人应立即通知受益人和委托人。

第三百零八条　担保人的债务范围

担保人对受益人的债务仅限于支付担保金额。

担保人对受益人不履行或不适当履行担保债务的责任，不应限于担保签发的金额，但担保另有约定的除外。

第三百零九条　担保的终止

担保人依据担保对受益人的债务终止：

（1）向受益人支付担保中明确的款项；

（2）在担保约定的有效期限届满时；

（3）受益人放弃其在担保中的权利，并将担保返还给保证人；

（4）受益人以书面形式声明免除担保人的债务，放弃自己在担保中的权利。

担保人的债务因本条第1款第1、2、4项规定的依据而终止，不考虑担保是否返还给担保人。

担保人在知道担保终止后，应立即通知委托人。

第三百一十条　担保人对委托人的追偿请求

担保人收回根据担保支付给受益人的款项的权利，应根据担保人和委托人之间的合同发出的担保确定。

担保人无权要求委托人赔偿非依照担保条款或者违反担保人对受益人的债务而支付的款项，但担保人与委托人的合同另有约定的除外。

第六节　定　　金

第三百一十一条　定金的概念、定金的合同形式

定金是指缔约一方为证明合同的订立和担保合同的履行而交付的款项。

不管定金数额多少，定金合同必须是书面形式。

如果对根据合同一方应支付的款项是否为定金有疑问，特别是由于不符合本条第2款规定，则该款项应被视为预付款，但另有证明的除外。

第三百一十二条 终止和不履行定金担保的债务的后果

在债务开始履行前，因双方当事人合同或者因不能履行而终止债务时（本法第349条），应退还定金。

如果给付定金一方不履行债务，则另一方保留定金。如果接受定金一方不履行债务，则应当向另一方双倍返还定金。

除此之外，如果合同没有另行约定，对合同的不履行负有责任的一方有义务向另一方赔偿损失，但应扣除定金的数额。

第二十三章 债的主体变更

第三百一十三条 债权人权利转让给他人的依据和程序

属于债权人依据债而享有的权利（债权），可以依照法律行为（债权转让）向他人转移，或者依照法律转让给他人。

将债权人的权利转让给他人，不需要债务人的同意，但法律另有规定或合同另有约定的除外。

如果没有以书面形式通知债务人将债权人的权利转让给他人，新的债权人要承担由此产生的不利后果的风险。在这种情况下，对原债权人的债务履行被视为是向债权人的适当履行。

债权人的权利向他人转移的规则不适用于追偿请求。

第三百一十四条 不能转让给他人的权利

与债权人的人身密不可分的权利，特别是对赡养费和对生命或健康造成伤害的赔偿请求，不得转让给他人。

第三百一十五条 转让给他人的债权人的权利范围

原债权人的权利应在转让时存在的范围和条件下转移给新债权人，但是法律另有规定或合同另有约定的除外。特别是，担保债务履行的权利，以及与债权有关的其他权利，包括对未支付利息的权利，均应转让给新债权人。

第三百一十六条 新债权人的权利证明

将债权转让给他人的债权人，有义务向他人移交证明债权权利的文件，并告知对实现债权的重要信息。

债务人有权在向新债权人提供债权转让的证据前不履行对新债权人的债务。

第三百一十七条 债务人对新债权人债权的抗辩

债务人有权针对新债权人的债权提出他在收到债权转让通知时对原债权人提出

的抗辩。

第三百一十八条　债权人的权利依据法律转让给他人

债权人下列情况下的权利应转让给他人：

（1）债权人债权的普遍继承；

（2）法院判决将债权人的权利转让给他人；

（3）因非该债的债务人的保证人或抵押人履行了债务人的债务；

（4）在保险事故的责任人为债务人时债权人对债务人的债权移转于保险人；

（5）在法律规定的其他情况下。

第三百一十九条　债权转让的条件

在不与法律或者合同相抵触的条件下，允许债权人将债权让与第三人。

在债权人的人身对债务人具有实质性意义的情况下，未经债务人同意，债权不得转让。

第三百二十条　债权转让的形式

债权所赖以产生的法律行为为书面形式（普通或公证）时，则债权转让应以相应的书面形式完成。

需要国家登记的交易下的债权转让，应按照为该交易的登记所规定的程序进行登记，但法律另有规定的除外。

指示有价证券权利的转让以对该种证券进行背书的方式实施。

第三百二十一条　转让债权的债权人责任

转让债权的原债权人应就转让债权的无效对新债权人负责，但不为债务人不履行该债务负责，但原债权人向新债权人为债务人提供担保的除外。

第三百二十二条　债务转移

债务人将其债务转让给他人，必须经过债权人同意。

新债务人有权对债权人的债权提出基于债权人与原债务人之间关系的所有抗辩。

如果保证人或抵押人没有表示同意对新债务人负责，那么由第三人设立的保证或抵押就随着债务的转移而终止。

本法第 320 条第 1 款和第 2 款中的规则应相应适用于债务转移的形式。

第三百二十三条　并行债务转移和履行义务转移

允许转让全部或部分债务，但不免除原债务人履行债的义务。在这种情况下，两个债务人对债务履行负有连带责任。

基于债务人与第三人的合同，后者只负责履行对债务人的债务，而不是对债权人的债务。

第二十四章 违约责任

第三百二十四条 债务人赔偿损失的义务

债务人有义务赔偿因不履行或不适当履行债务而给债权人造成的损失。

如果法律没有另行规定或合同没有另行约定，在确定损害赔偿时，应考虑债务人自愿满足债权人债权请求之日的债务履行地的价格，或者债权请求未自愿满足，则考虑提起诉讼之日债务履行地的现有价格。根据相关情况，法院可以考虑以判决日的现存价格满足损害赔偿请求。

在确定利润损失时，应考虑到债权人为取得利益而采取的措施和为此所做的准备。

第三百二十五条 损失和违约金

如果规定对不履行或不适当履行债务的行为赔偿违约金，应在违约金未涉及的范围内赔偿损失。

法律可以规定或合同可以约定只可以追偿违约金或不可以追偿违约金的情形；可以追偿超过违约金的全部损失的情形；可以根据债权人的选择追偿违约金或损失的情形。

第三百二十六条 减少违约金

如果要支付的违约金与债权人违约的后果明显不相称，法院有权减少违约金。在这种情况下，应考虑到债务人履行债务的程度、债各方的财产状况以及债权人的利益。

在特殊情况下，考虑到债务人和债权人的利益，法院有权减少应付给债权人的违约金。

第三百二十七条 未履行金钱之债的责任

由于非法留置、逃避返还、逾期支付或不当取得或者以他人的资金储蓄而非法使用他人资金的，应支付利息。

利息的数额根据债权人住所地的现有银行利率确定，如果债权人是法人，则应根据其履行金钱之债或其部分当日的所在地确定。在依照司法程序追讨债务时，法院可以根据起诉日或判决日的银行利率满足债权人的请求。如果法律没有规定或合同没有约定不同利率，则可以适用上述规则。

如果非法使用金钱给债权人造成的损失超过根据本条第 1、2 款应支付的利息数额，则他有权要求债务人赔偿超出该数额的损失部分。

第三百二十八条 由于债务人履行债务

如果债务人不履行制作物并交付债权人所有、经营管理、业务管理，或将该物品移交给债权人使用，或完成为其某些工作或向其提供服务的债务，则债权人有权在合理的时间内以合理的价格将该债务的履行转让给第三方，或以自己的力量履行债务，并要求债务人赔偿必要的费用和其他损失，但法律、合同或债的实质没有不同要求的除外。

第三百二十九条 补充责任

在根据法律或债的条款对作为主债务人的他人的责任（补充责任）补充承担责任的人提出索赔前，债权人应向主债务人提出索赔。

如果主债务人拒绝满足债权人的索赔请求，或者债权人在合理的时间内没有收到对索赔请求的答复，可以向承担补充责任的人提出索赔请求。

如果该债权可以通过与主债务人抵销或从主债务人的账户中收取无争议的资金来满足，则债权人无权要求补充责任人满足其债权。

承担补充责任的人必须在满足债权人对其提出的索赔前通知主债务人，在向承担补充责任的人提起诉讼时应当传唤主债务人参加案件，否则，主债务人有权对承担补充责任的人的追索请求提出其对债权人的抗辩。

第三百三十条 责任和实物履行

在不适当履行债务的情况下，支付违约金和损害赔偿金并不免除债务人实际履行职务，但法律另有规定或合同另有约定的除外。

在不履行债务的情况下，赔偿损失和支付不履行债务的违约金免除债务人对债务的实际履行，但法律另有规定或合同另有约定的除外。

债权人因逾期导致其丧失利益而拒绝接受履行（本法第 337 条第 2 款），以及支付作为补偿的违约金（本法第 342 条），免除债务人对债务的实际履行。

第三百三十一条 未履行交付特定物债务的后果

如果不履行交付单独特定的物给债权人所有、经营管理、业务管理或有偿使用的义务，则债权人有权要求拿走该物品并按照该债务规定的条件将其移交给债权人。如果该物已经被移交给具有相同权利的第三人，则放弃该权利。如果物尚未移交，则最先为其利益而设定债务的债权人优先，如果无法确定，则最先起诉者优先。

债权人有权要求损害赔偿，而不是要求将债务标的物交给他。

第三百三十二条　债务责任范围的限制

对特定种类的债和与特定活动有关的债，法律可以对要求全额赔偿损失的权利作出限制（有限责任）。

在加入合同或者债权人是作为消费者的公民的其他合同关系中，如果法律规定了该类债或该类违约行为的赔偿责任金额，而且该协议是在不履行或不适当履行债务的情况发生之前签订的，则限制债务人责任数额的协议自始无效。

第三百三十三条　违约责任的依据

债务人应对不履行或不适当履行债务承担责任，但法律另有规定或合同另有约定的除外。如果债务人证明已采取一切可能的措施来适当履行债务，则应被视为无过错。

违约的人应证明无过错。

如果不能证明，由于不可抗力，即在极端的且在该种条件下无法克服的情形而不可能适当履行时，则在从事经营活动时不履行或不适当履行债务的人承担责任，但法律另有规定或合同另有约定的除外。此类情形不包括债务人契约相对人违约，市场上缺乏为履行所必要的商品或者债务人缺乏必要的资金。

之前订立的消除或者限制故意违约的责任的协议自始无效。

第三百三十四条　债务人对第三人行为的责任

债务人对履行债务的第三人不履行或不适当履行债务的行为负责，但法律规定或合同约定责任由作为直接履行者的第三人承担的除外。

第三百三十五条　债权人的过错

如果债权人故意或过失地造成了不能履行债务的发生，或者不履行债务所造成的损失的扩大，以及债权人故意或过失没有采取措施减少不履行债务所造成的损失，法院有权根据情况减少赔偿金额或拒绝向债权人赔偿。

第三百三十六条　不履行双务合同的后果

如果在双务合同中，由于一方当事人应承担责任的情况而无法履行，另一方当事人在法律没有其他规定或合同没有另行约定的情况下，有权退出合同，并追回因不履行合同而造成的损失。

第三百三十七条　债务人和债权人的迟延履行

迟延履行的债务人对因迟延而造成的损失和在迟延期间偶然发生的履行不能的后果对债权人负责。

如果因债务人的迟延，履约对债权人不再有利益，则债权人可以拒绝接受履行并要求赔偿损失。

如果债权人拒绝接受债务人提出的适当履行，或未采取他应该采取的行动，而在此之前，债务人不可能履行其债务，则债权人视为迟延。

第三百三十八条　债权人迟延的后果

债权人迟延受领合同项下的应付款项，使债务人有权就迟延造成的损害获得赔偿，并应免除其对随后无法履行的责任，但债务人故意或严重过失的情况除外。

对于金钱之债，债务人没有义务在债权人迟延期间支付利息。

第三百三十九条　债权人迟延履行责任的免除

债权人证明迟延履行是由于法律规定或债权人的委托人的故意或过失造成的，则应免除其责任。

第二十五章　债 的 终 止

第三百四十条　债的终止依据

债务应根据本法、其他规范性法条规定或合同约定的理由全部或部分终止。

只有在法律规定或合同约定的情况下，才允许根据一方当事人的请求终止债。

第三百四十一条　债因履行而终止

一般而言，债以其适当履行而终止。

第三百四十二条　代偿

经各方同意，债可以通过提供代偿（支付金钱、交付财产等）替代履行而终止。代偿的金额、期限和程序由双方当事人决定。

第三百四十三条　债因抵销而终止

债因其期限已经截止或者期限没有明确规定，或者其期限根据要求的时间确定同种债权的抵销而全部或部分终止。对于抵销，一方当事人的声明足矣。

第三百四十四条　不允许抵销

在追诉时效期届满的情况下，对公民健康损害或死亡的赔偿，对赡养费的追偿，对有终身赡养费的房屋转让，以及法律规定或合同约定的其他情况下，不允许抵销。

第三百四十五条　债权转让时的抵销

在债权转让的情况下，债务人有权以其对原债权人的相对请求权抵销新债权人的债权。

如果依照在债务人获得债权转让的通知时所存在的依据，且债权的期限在收到通知前已经到来，或者该期限没有明确或者该期限依照请求的时间确定，则可进行抵销。

第三百四十六条　债因债务人和债权人身份重合而终止

债因债务人和债权人身份重合而终止。

第三百四十七条　债因更新而终止

债因各方当事人合同而终止，即以相同的人之间规定了不同标的或履行方式的另一项债来取代他们之间存在的原债务（更新）。

对于生命或健康的损害赔偿和赡养费支付，不允许更替。

债的更替终止与原债相关的附属之债，但当事人合同另有约定的除外。

第三百四十八条　债务免除

债因债权人免除债务人所承担的义务而终止，但因此侵犯他人对债权人的财产的权利除外。

第三百四十九条　债因履行不能而终止

债因无法履行而终止，但因任何一方当事人应承担责任的情况造成的除外。

如果债权人的过错行为导致债务人无法履行债务，债权人无权要求返还已经履行的债务。

第三百五十条　债依据国家权力机关的文件而终止

如果由于国家权力机关颁布文件而使债的履行全部或部分变得不可能，该债务相应地全部或部分终止。

因此而遭受损失的当事人有权根据本法第 12 条和第 15 条要求赔偿。

在按照规定程序确认债据以终止的法律无效时，债可恢复，但从当事人的合同或者债的实质中可以得出不同要求和履行已经对债权人丧失利益的除外。

第三百五十一条　债因自然人死亡而终止

如果债务人不亲自参与就不能履行债，或者该债与债务人的人身密不可分，则债因债务人的死亡而终止。

如果债务履行是针对债权人本人，或者如果该债与债权人的人身密不可分，则债因债权人死亡而终止。

第三百五十二条　债因法人的清算而终止

债因法人（债务人或债权人）的清算而终止，但法律或其他规范性法条规定他人履行被清算法人的债务的情况除外（对生命或健康造成的损害赔偿等）。

第二分编　合同的一般规定

第二十六章　合同的概念和条款

第三百五十三条　合同的概念

合同是指两人或多人之间设立、变更或终止民事权利和义务的协议。

本法第 9 章规定的双方和多方法律行为的规则适用于合同。

关于债的一般规定（本法第 234 条至第 352 条）适用于合同产生的债务，但本章规则和本法中关于合同的特别种类的规则另有规定的除外。

关于合同的一般约定可适用于两个以上当事人订立的合同，但不违背该类合同的多方性的除外。

第三百五十四条　合同自由

公民和法人可以自由订立合同。

不允许强迫订立合同，但本法、其他法律或者自愿承担的债务明确了订立合同的义务的除外。

当事人可以订立法律没有规定的合同。

当事人可以订立包含各种合同要素的合同（混合合同）。混合合同中包含的合同要素，其各自部分适用于混合合同下的当事人关系，但当事人的合同或混合合同的实质中另有规定的除外。

合同的条款按照各方当事人的意愿确定，但法律规定了相应条款的内容的情形除外。

如果合同条款是由某项法律规范规定，只要双方当事人没有另行约定就适用（任意性规范），双方当事人可以通过协议排除该规范的适用，或约定有别于规范规定的条款。在没有该协议的情况下，合同条款以任意性规范为准。

如果当事人的合同或者任意性规范没有规定合同条款，则相关条款由适用于当事人关系的商业惯例确定。

第三百五十五条　有偿合同和无偿合同

一方当事人因履行其义务而获得报酬或其他对待给付的合同是有偿合同。

一方当事人承诺向另一方当事人提供某种东西且不取得对价或其他对待给付的合同，为无偿合同。

合同被推定为有偿合同，但法律另有规定、合同内容或实质内容另有要求的除外。

第三百五十六条　价款

合同的履行应按双方协议确定的价格结算。

在法律规定的情况下，应适用经授权的国家机关规定或调整的价款（关税、费率等）。

在法律规定或合同约定的情况和条件下，允许在合同订立后变更价格。

如果有偿合同没有约定价格且无法根据合同条款确定，则合同的履行应当按照在可比情况下类似商品、工作或服务的通常价格进行结算。

第三百五十七条　合同的效力

合同自其订立时起生效并对各方当事人具有约束力。

各方当事人有权约定，其所订立合同的条款适用于在合同订立前所产生的关系。

法律可以规定或者合同可以约定合同有效期限届满即终止当事人的合同义务。

未规定有效期的合同，直到合同约定的当事人义务履行期限截止前有效。

合同期限届满并不免除当事人的违约责任。

第三百五十八条　公共合同

公共合同，是指由商业组织订立且规定了其依照自己的活动特点向任何一个愿意订立合同的人出售商品、完成工作或者提供服务（零售贸易、公共交通运输、通信服务、能源供应、医疗、酒店服务等）的义务的合同。商业组织无权在签订公共合同时优先考虑某人，但法律另有规定的除外。

商品、工作和服务的价格以及公共合同的其他条款对所有消费者一律平等，但法律允许向某些类型的消费者提供优惠的除外。

在商业组织有可能向消费者提供适当的商品、服务或工作的情况下，不得拒绝签订公共合同。

在商业组织无故拒绝签订公共合同的情况下，适用本法第 377 条第 6 款和第 7 款的规定。

在法律规定的情况下，应适用乌兹别克斯坦共和国政府颁布的、对当事人订立和履行公共合同具有约束力的规则（示范合同、示范条款等）。

不符合本条第 2 款和第 5 款要求的公共合同条款自始无效。

第三百五十九条　合同的示范条款

合同中可以约定，其某些条款依照为相应类型的合同制定的示范条款确定。

如果合同中没有提及示范条款，则这些示范条款作为商业习惯适用于当事人之间的关系。

示范条款可以以示范合同或者其他包含此类条款的文件的形式提出。

第三百六十条　格式合同

格式合同，是指其条款由一方当事人以表格或其他标准形式确定，且另一方当事人只能通过对所提出的合同的整体格式而接受的合同。

如果格式合同不违反法律，但剥夺了格式方当事人依照该类合同通常被赋予的权利，排除或限制另一方当事人对债务违反的责任，或者包含其他明显为格式方当事人在衡量自己合理理解的利益后，在其有机会参与合同条款的形成时所不会接受的负担性条款时，则格式方当事人有权要求解除或者变更合同。

在本条第 2 款规定的情况下，格式方当事人知道或者应该知道合同是在哪些条款下订立的，则格式方当事人由于从事自己的经营活动而提出的解除或者变更合同的请求不应当被满足。

第三百六十一条　预约合同

依照预约合同，各方当事人均有义务在将来依照预约合同约定的条款签订财产转让、完成工作或提供服务的合同（主合同）。

预约合同应以主合同约定的形式订立，如果没有规定主合同的形式，则以书面形式订立。违反预约合同的形式规则将导致合同自始无效。

预约合同包含允许确定主合同的标的物以及其他基本性规定的条款。

预约合同应约定各方当事人承诺订立主合同的期限。如果预约合同中没有约定该期限，则主合同应在预约合同订立后一年内签订。

在订立预约合同的当事人逃避订立主合同时，应适用本法第 377 条第 6 款和第 7 款规定的条款。

如果在要求各方当事人订立主合同的期限届满前合同仍没有订立，或者一方当事人没有向另一方发出订立合同的邀请，则预约合同终止。

第三百六十二条　为第三人利益的合同

为第三人利益的合同是指双方当事人规定债务人不向债权人，而是向合同中指定或未指定的第三人履行的合同，第三人有权要求债务人为其利益完成履行。

如果法律没有另行规定或合同没有另行约定，则自第三人向债务人表明享有自己的合同权利之时起，各方当事人未经第三人同意不得解除或变更他们所订立的合同。

合同中的债务人有权对第三人的索赔提出其可以向债权人提出的抗辩。

如果第三人放弃了合同赋予他的权利，则债权人可以享有该权利，但违反法律规定和合同约定的除外。

第三百六十三条　合同的解释

法院在解释合同条款时应考虑到其中的文字和表达的字面意思。在出现歧义的情况下，合同条款的字面意思应通过比照其他条款和合同的整体意思进行解释。

如果本条第 1 款的规则无法确定合同的含义，则应根据合同的目的，确定缔约方的共同意愿。在此情况下，应考虑到所有相关情况，包括事先谈判和通信、缔约方相互关系中确立的惯例、商业习惯和缔约方的后续行为。

第二十七章　合同的订立

第三百六十四条　合同订立的基本规定

如果各方以法律规定的形式就合同的所有基本条款达成协议，则合同视为已缔结。

基本条款是指关于合同标的物的条款，法律或其他规范性文件规定的此类合同至关重要或必要的条款，以及经一方当事人申请应达成协议的所有条款。

合同通过一方当事人提出要约（订立合同的建议）和另一方当事人接受要约（承诺）而订立。

第三百六十五条　合同订立的时间

合同应在要约人收到要约的承诺时视为订立。

如果根据法律规定，订立合同还需要交付财产，则合同从相关财产交付之时视为订立。

第三百六十六条　合同的形式

合同可以任何为实施法律行为所规定的形式订立，但法律对特定种类的合同约定特定形式的除外。

须经公证认证或国家登记的合同，应自公证认证或登记之时起视为订立，如果需要公证认证和登记，则自合同登记之时起视为订立。

如果各方当事人同意以特定形式订立合同，则该合同自其被赋予规定的形式时起视为订立，即使法律对该种合同没有此种形式要求。

书面形式合同可以通过各方签署的单一文件或通过邮政、电报、电传、电话、电子通信或其他通信手段交换文件而订立，只要该通信手段能够确定地查明文件是从合同当事人发出的。

如果以本法第370条第4款规定的方式接受了订立合同的书面建议，则视为遵守了合同的书面形式。

第三百六十七条　要约

要约是向一个或多个特定人发出的、足够明确的邀请，且表达了发出要约的人与将接受要约的收件人订立合同的意图。

要约应包含合同的基本条款。

要约自受要约人收到时起约束要约人。

如果撤回要约的通知早于或者与要约同时收到，则要约被视为未收到。

第三百六十八条　要约的不可撤销性

受要约人收到的要约在规定的接受期限内不得撤回，但要约本身另有规定，或者从要约的实质中或者作出要约的情势中另有规定的除外。

第三百六十九条　要约与公开要约

向不特定的人发出的广告和其他建议，视为要约邀请，但建议另有明确规定的除外。

包含合同所有基本条款的要约，表明要约人愿意按照该要约提到的条款与任何受要约人订立合同，视为要约（公开要约）。

第三百七十条　承诺

承诺是收到要约的人对接受要约的答复。

承诺应当是完整和无条件的。

沉默不是承诺，但法律、商业习惯或者双方之前的业务关系另有规定的除外。

收到要约的人在承诺规定的期限内，实施了履行要约中约定的合同条款（交付运输、提供服务、完成工作、支付相应价款等）的行为，视为承诺，但法律另有规定或要约另有约定的除外。

第三百七十一条　承诺的撤销

如果撤销承诺的通知早于或者与承诺同时到达要约人，则承诺视为未收到。

第三百七十二条　依据含有承诺期限的要约订立合同

如果要约约定了承诺期限，要约人在规定期限内收到承诺，则视为合同订立。

第三百七十三条　依据没有承诺期限的要约订立合同

当书面要约没有规定承诺期限时，要约人在法律规定的期限届满前或者在通常必要期限内收到承诺，则视为合同订立。

当要约是口头形式作出且没有规定承诺期限时，另一方立即表明接受要约，视为合同订立。

第三百七十四条　逾期承诺

在及时发出逾期承诺时，如果要约人立即就逾期承诺通知另一方当事人，则视为承诺未逾期。

如果要约人立即就逾期承诺通知另一方当事人，则视为合同订立。

第三百七十五条　在其他条件的承诺

同意按要约中提出的条款以外的条件缔结合同的承诺，不构成承诺。该答复是对要约的拒绝，同时也是一个新的要约。

第三百七十六条　合同缔结地

如果合同没有约定订立地，则合同视为在发出要约的公民住所地或者发出要约的法人住所地订立。

第三百七十七条　强制订立合同

在根据本法或其他法律规定，受要约（合同草案）人必须订立合同的情况下，该方应自收到要约之日起 30 日内向另一方发出接受或拒绝接受，或接受其他条件的要约（合同草案异议议定书）的通知。

要约人在收到必须订立合同的另一方当事人发出的以其他条件接受要约（合同草案异议议定书）的通知，有权自收到该通知或承诺期限届满之日起 30 日内将订立合同时产生的异议提交法院。

如果本法或其他法律规定，要约（合同草案）人必须订立合同，并在30日内收到要约的异议议定书，则要约人有义务自收到异议议定书之日起30日内通知对方接受合同的版本或拒绝异议议定书。

如果拒绝异议议定书或者在规定期限内没有收到审议结果的通知，则发送异议议定书的一方当事人有权将在合同订立时产生的分歧提交法院审理。

本条第1、2、3、4款规定的期限应予适用，但法律规定或当事人同意其他期限的除外。

如果本法或其他法律规定有义务缔结合同的一方当事人逃避订立合同，另一方当事人有权向法院起诉要求强制缔结合同。

无故逃避订立合同的当事人应赔偿另一方当事人因此而造成的损失。

第三百七十八条　先合同争议

根据本法第377条，当事人之间在订立合同时产生的争议由法院的判决来确定。

第三百七十九条　通过拍竞价订立合同

在不违背合同的实质的情况下，合同可以通过竞价订立。合同与中标人订立。

物的所有权人或者财产权人或者专门组织可以作为竞价的组织者。专门组织根据与物的所有权人或者财产权人的合同并以他们或以自己的名义行事。

在本法或者其他法律规定的情况下，物或者财产权的出售合同只能通过竞价的方式订立。

竞价可以采取拍卖或招标的方式。

竞价的方式由所出售物的所有权人或者所变卖的财产权人确定，但法律另有规定的除外。

只有一个参与者参与的拍卖和招标，视为未举行。

本法第380条和第381条规定，可适用于依照法院判决程序进行的公开出售，但法律另有规定的除外。

第三百八十条　竞价的组织和程序

拍卖和招标可以是公开的和非公开的。任何人均可参加公开拍卖和公开招标。在封闭拍卖和封闭招标中，只有专门为此目的被特别邀请的人才能参加。

组织者应在竞价前至少30日发出竞价通知，但法律另有规定的除外。在任何情况下，通知书都应包含竞价的时间、地点和竞价方式、标的物和程序，包括参加竞价的手续以及起拍价等信息。

如果竞价的标的是合同缔结权，则在将举行竞价通知中应当指明为此约定的期限。

如果法律或竞价通知没有不同要求，公开竞价的组织者在发出通知后，有权在任何时候退出竞价，但拍卖不得晚于拍卖日前3日，招标（投标）不得晚于招标（投标）日前30日。

如果公开竞价的组织者违反上述期限而拒绝进行拍卖，组织者应赔偿参与者的实际损失。

封闭拍卖或封闭招标（投标）的组织者有义务赔偿被邀请的参与者的实际损失，而不考虑发送拒绝竞价通知的确切时间。

投标人应按投标邀请书中规定的金额、条款和方式支付保证金。如果竞价没有进行，保证金应予退还。参加竞价但没有中标的人也要退还保证金。

与竞价中标人订立合同时，已经支付的定金款项计入所订立合同之债的履行。

在拍卖或招标当天，中标人和竞价组织者应签署一份具有合同效力的关于竞价结果的协议。如果中标人拒绝签署协议，则没收其所支付的保证金。逃避签署协议的竞价组织者有义务退还双倍金额的保证金，并赔偿中标人因参加竞买而造成的超过保证金数额的损失。

如果竞价的标的是合同缔结权，则该合同应当自竞买完成和签署竞价结果协议后不迟于20日内或者竞价通知规定的其他期限内签署。在一方当事人逃避订立合同时，另一方当事人有权向法院要求强制订立合同，并赔偿所造成的损失。

第三百八十一条　违反竞价规则的后果

违反法律规定进行的竞买，经利害关系人提出要求，法院可宣布其无效。

确认竞买无效将导致与竞买中标人订立的合同无效。

第二十八章　合同的变更和解除

第三百八十二条　合同变更和解除的理由

合同可经双方同意变更和解除，但本法、其他法律另有规定或合同另有约定的除外。

应一方当事人的要求，只有在下列情况下，才可以通过法院判决变更或解除合同：

（1）在另一方当事人实质性违反合同的其他情况下；

（2）在本法、其他法律规定或合同约定的其他情况下。

实质性违约，是指一方当事人的违约行为给另一方当事人造成的损害，在很大程度上剥夺了其在订立合同时有权期待的利益。

如果单方全部或部分退出合同，在法律允许或双方同意的情况下，合同应被视为已经解除或作出相应的变更。

第三百八十三条　因情势变更合同的变更和解除

当事人在订立合同时情势变更，是变更或解除合同的依据，但合同另有约定或实质要求不同的除外。

如果情况变化的程度达到了双方当事人能够合理预见到的程度，他们根本就不会缔结合同，或者会以实质不同的条款缔结合同，则为情势变更。

在各方没有依照情势变更达成变更或终止合同的协议时，法院可以根据本条第4款规定的理由，应利害关系人的要求解除合同或变更合同，但必须同时满足以下条件：

（1）在订立合同时，双方当事人假定不会发生这种情势变更；

（2）情势变更是因利害关系人在其产生后尽到了依照合同性质和市场情况所要求的谨慎和努力程度仍不能克服的原因而引起时；

（3）不改变合同条款而履行合同，将严重破坏双方财产利益的相应平衡，并给利害关系人带来损失，使其在很大程度上失去在缔结合同时的应得利益；

（4）从通常的商业流转习惯或者合同的实质中不能得出由利害关系人承担情势变更的风险。

如果合同因情势变更而终止，法院应根据任何一方的请求，根据各方之间公平分配因履行合同而产生的必要费用，确定合同解除的后果。

在特殊情况下，如果解除合同违背公共利益或对当事人造成的损害超过根据法院修订的条款履行合同所需的费用，则可因情势变更而变更合同。

第三百八十四条　合同变更和解除的程序

变更或解除合同的协议以与合同相同的形式作出，但法律另有规定、合同另有约定或商业习惯另有要求的除外。

变更或解除合同的请求，只有在一方当事人收到对方拒绝接受变更或解除合同的提议时，或在提议规定的期限内，或在法律规定或合同约定的期限内没有收到答复时，或者在没有明确此期限时的 30 日内没有收到答复时，才可以提出。

第三百八十五条　合同变更和解除的后果

在变更合同时，各方当事人的债以变更的形式继续保留。

在解除合同时，各方当事人的债也随之终止。

在合同变更或解除的情况下，债自双方达成变更或解除合同的协议时起变更或终止，但合同或变更的性质另有要求的除外；在法院变更或解除合同的情况下，债自法院变更或解除合同的判决生效时起变更或终止。

各方当事人无权要求返还在合同变更或解除前已履行的债，但法律另有规定或当事人另有约定的除外。

如果一方当事人的实质性违约是合同变更或解除的依据，则另一方当事人有权要求赔偿变更或解除合同造成的损失。

第三分编　债的特定种类

第二十九章　买　　卖

第一节　买卖的一般规定

第三百八十六条　买卖合同

按照买卖合同，一方当事人（卖方）有义务将商品转让给另一方当事人（买方）所有，而买方有义务接收商品并支付规定的金钱（价款）。

本款规定适用于有价证券和外汇贵重物品的买卖，但法律对其买卖有特殊规定的除外。

在本法或任何其他法律规定的情况下，个别类型的商品的买卖的特殊性由法律规定。

按照法律规定的程序，须经国家登记的机动车的买卖合同应予公证，但乌兹别克斯坦共和国政府规定的情况除外。

本款规定适用于财产权的买卖，但财产权的内容或性质另有要求的除外。

本款规定的条款可以适用于特定类型的买卖合同（零售买卖、商品供应、能源供应、企业买卖等），但本法关于此类合同的规则另有规定的除外。

第三百八十七条　商品合同条款

买卖合同的商品可以是任何遵守本法第 82 条的规则的物。

买卖合同可以针对订立合同时已经存在于卖方处的商品，也可以针对将来由卖方创造或获得的商品，但法律另有规定或者因商品的特性而产生的除外。

如果合同可以确定商品的名称和数量，则买卖合同中的一项条款应被视为已经商定。

第三百八十八条　卖方交付商品的义务

卖方应向买方交付买卖合同中约定的商品。

卖方应在交付商品的同时向买方提供商品的附件，以及法律规定或合同约定的有关文件（技术登记证、质量证明书、操作指南等），但买卖合同另有约定的除外。

第三百八十九条　交付商品义务的履行期限

卖方履行向买方交付商品的义务的期限由买卖合同约定，如果合同无法确定该期限，则按照本法第 242 条规定确定。

如果合同明确约定违反履行期限时买方将失去合同利益，则买卖合同视为以严格确定的履行期限为条件而签订。未经买方同意，卖方不得在该合同约定的期限到期前或届满后履行该合同。

第三百九十条　卖方交付商品义务的履行时间

卖方向买方交付商品的义务在以下时刻视为已经履行，但买卖合同另有约定的除外。

如果合同约定卖方有义务交付商品，则自将商品交付给买方或其指定的人。

如果商品必须在商品所在地交付给买方，则自将商品交付买方控制时。在合同约定的期限内，商品已准备好在适当地点交付，并且买方知道商品已经准备好按照合同的条款交付时，则商品视为已交付给买方。如果商品没有通过标记或其他方式识别为合同的标的，则商品不应视为已准备好交付。

在买卖合同未约定卖方有义务运送商品或在买方所在地交付商品的情况下，卖方履行交付商品的义务自商品移交给承运人或运输组织以便交付给买方时视为已履行，但合同另有约定的除外。

第三百九十一条　卖方保存所售财产的义务

如果所有权或其他物权在财产交付前已经转移给买方，则卖方有义务在交付前保存财产，不允许其减损。买方应赔偿卖方为此所必要的花费，但双方另有约定的除外。

第三百九十二条　商品意外损毁或灭失风险的转移

商品意外灭失或意外损毁的风险，自卖方根据法律或合同被视为已履行商品交付给买方的义务时起转移给买方，但买卖合同另有约定的除外。

所售商品在运输途中发生意外灭失或意外损毁的风险，自合同订立时起由买方承担，但双方另有约定的除外。

买卖合同中约定商品意外损毁或灭失的风险自商品交付给第一承运人时起转移给买方的条款，如果卖方在订立合同时知道或应当知道商品已经灭失或损毁而没有通知买方，则法院可根据买方的请求确认其无效。

第三百九十三条　卖方交付无第三人权利负担商品的义务

卖方有义务将不负担任何第三人权利的商品交付给买方，但买方同意接受负担第三人权利的商品的情形除外。违反该规则，买方有权要求降低购买价格或解除买卖合同并赔偿损失，但能证明买方知道或应当知道第三人权利的情形除外。

本条规定应相应地适用于在交付给买方时商品存在卖方知道的第三人争竞，而这些争竞在后来按照规定程序被认为合法。

第三百九十四条　在提起没收商品诉讼时买方和卖方的义务

如果第三人根据买卖合同履行前产生的理由而对买方提起追偿商品的诉讼，则买方应要求卖方参加诉讼，卖方有义务与买方作为诉讼一方参加诉讼。

如果卖方能够证明，假如他参加诉讼即可能阻止对买方商品的追偿，而买方却没有要求卖方参加诉讼，则免除卖方对买方的责任。

买方要求参与案件但未参与案件的卖方无权证明买方有过错。

第三百九十五条　在从买方处没收商品的情况下卖方责任

如果商品因买卖合同履行前发生的原因而被第三人从买方手中拿走，卖方应赔偿买方的损失，但买方知道或应当知道其中的原因的情形除外。

双方当事人关于在第三人从买方处追偿所购财产时免除卖方责任或限制卖方责任的约定无效。

第三百九十六条　卖方拒绝交付商品的后果

如果卖方拒绝交付买方所出售的商品，则买方有权拒绝履行买卖合同。

如果卖方拒绝交付商品，买方有权根据本法第331条向卖方索赔。

第三百九十七条　不履行交付从物和商品附属文件义务的后果

如果卖方不交付或拒绝交付商品的从物或者根据法律或买卖合同应当交付的文件（本法第388条第2款）给买方，则买方有权指定合理的交付期限。

如果卖方在规定的期限内没有交付商品的从物或者文件，买方有权拒绝接收商品，但买卖合同另有约定的除外。

第三百九十八条　商品的数量

应当交付给买方的商品数量应在买卖合同中以相应的计量单位或货币规定。商品数量条款可以通过在合同中约定其确定程序的方式达成一致。

如果买卖合同不能确定应当交付的商品的数量，则合同视为未订立。

第三百九十九条　违反合同数量条款的后果

如果卖方违反买卖合同，交付给买方的商品数量少于合同约定的数量，则买方有权要求交付所缺数量的商品，或拒绝接受已交付的商品并拒绝付款，或在付款的情况下要求退还已付的价款，但合同另有约定的除外。

如果卖方向买方交付的商品数量超过买卖合同中约定的数量，买方应按本法第416条第1款规定的程序通知卖方。如果卖方在收到买方的通知后的合理期限内没有处分相应商品，则买方应有权接受全部商品，但合同另有约定的除外。

如果买方接受的商品数量超过买卖合同约定的数量，应按合同约定的价格支付相关商品，但双方商定不同价格的除外。

第四百条　商品的种类

如果买卖合同约定按特定种类、样式、规格、花色和其他特征（品种）交付商品，则卖方有义务按双方约定的品种向买方交付商品。

如果商品的种类没有规定或者不能依照合同约定的程序确定，但从债的实质可以知道商品应当按照某品种交付买方，则卖方有权根据在订立合同时已经知悉的买方的需求交付该品种的商品，或者拒绝履行合同。

第四百零一条　违反合同品种条款的后果

如果卖方交付的商品品种不符合合同约定，则买方有权拒绝接受和拒绝付款，如果已经付款，则有权要求退还已支付的价款。

如果卖方在向买方交付符合合同品种的商品，同时还交付了违反合同品种条款的商品，则买方有权选择：

（1）接受符合合同品种条款的商品，拒绝其余的商品；

（2）拒绝接收所有交付的商品；

（3）要求以符合合同约定品种的商品更换不符合合同品种条款的商品；

（4）接收所有交付的商品。

当拒绝接收不符合买卖合同条款的商品或要求更换不符合买卖合同条款的商品时，买方有权拒绝支付这些商品的价款，如果已经付款，有权要求退还已付价款。

如果买方在收到不符合合同品种条款的商品后没有在合理时间内通知卖方自己拒绝接收商品，则不符合合同品种条款的商品视为已被接收。

如果买方没有拒绝接收不符合合同品种条款的商品，则他有义务按照与卖方协议的价格支付价款。如果卖方没有在合理期限内采取必要措施协商价格，买方应按照合同订立时在可比情况下通常为类似商品支付的价格支付价款。

除非买卖合同另有约定，否则应适用本条的规则。

第四百零二条　商品质量

卖方有义务向买方交付符合合同质量的商品。

如果买卖合同没有约定商品的质量，则卖方应向买方交付适合通常使用目的的商品。

如果买方在订立合同时告知了卖方购买商品的具体目的，则卖方有义务向买方交付适合依照该目的使用的商品。

在按照样式和（或）描述出售商品时，卖方有义务向买方交付符合样品和（或）描述的商品。

如果按照法定程序规定了所售商品的质量的强制性要求，则从事经营活动的卖方有义务向买方交付符合该强制性要求的商品。

按照卖方和买方之间的协议，可以交付相应高于法定程序规定的强制性质量要求的商品。

第四百零三条　质量担保

卖方有义务交付给买方的商品在其交付买方时必须符合本法第402条规定的要求，除非买卖合同约定了确定商品是否符合该要求的不同时间，并在合理期限内符合该种商品通常使用的目的。

如果买卖合同约定了卖方提供商品质量担保，则卖方应在合同约定的时间内（保修期）向买方交付符合本法第402条规定的要求的商品。

商品质量担保也适用于所有配套产品，但买卖合同另有约定的除外。

第四百零四条 商品保修期的计算

保修期自商品交付买方时起算，但买卖合同另有约定的除外。

如果买方由于卖方无法控制的情况而无法使用买卖合同中约定了保修期的商品，则在卖方消除相应事由前不计入保修期。

在商品因缺陷而无法使用的期间，保修期应相应延长，条件是已按本法第 416 条规定的方式通知卖方商品存在缺陷，但买卖合同另有约定的除外。

配套产品的保修期视为与主要产品的保修期相同，且与主要产品的保修期同时开始计算，但买卖合同另有约定的除外。

在商品（配套产品）更换时，保修期也同时更新。

第四百零五条 商品有效期

法律、国家标准可以规定商品在特定期限（有效期）届满后将不适用于按照其用途的使用。

卖方应将规定了有效期的商品交付给买方，使其能在使用期届满前按照其用途使用。

第四百零六条 商品有效期的计算

商品的有效期根据商品自生产之日起计算的适合使用的时间段确定，或根据商品适合使用的日期确定。

第四百零七条 商品质量检测

如果法律规定或买卖合同约定了对商品进行质量检测，则应按照其中的要求进行。

如果国家标准或其他标准化规范性文件规定了商品质量检测的强制性要求，则应按照其中的规定进行检测。

如果本条第 1 款和第 2 款规定的程序，没有规定商品质量检测的条款，则商品质量检测应当按照商业习惯或者其他通常的对应按照合同交付的商品检测所适用的条件进行。

如果法律、国家标准规定或买卖合同约定卖方有义务检测交付给买方的商品的质量（测试、分析、检验等），则卖方应根据买方的要求向其提供商品质量检测的证据。

卖方和买方应在相同条件下检测商品的质量。

第四百零八条　交付质量不合格商品的后果

如果卖方没有事先说明商品的缺陷，则被交付了质量不合格商品的买方有权使用本法第 434 条所规定的权利。

如果部分商品的质量不合格，则买方有权对这些商品行使本法第 434 条规定的权利。

在缺陷商品的卖方不是制造商时，可以向卖方或制造商提出更换或无偿消除商品缺陷的要求。

在本法或其他法律没有不同规定时，适用本条规定。

第四百零九条　卖方负责商品瑕疵

买方证明商品瑕疵是交付给买方之前或者是由于此时之前产生的原因而产生的，则卖方应对商品瑕疵负责。

对于卖方已提供质量担保的商品，卖方对商品瑕疵负责，但卖方证明商品瑕疵是在商品交付给买方后因买方违反商品的使用或储存规则或第三人行为或不可抗力而产生的除外。

第四百一十条　交付的商品瑕疵发现期限

如果法律没有其他规定或者买卖合同没有另行约定，买方有权就商品瑕疵提出索赔，但必须在本条规定的期限内发现瑕疵。

如果商品没有涉及使用期或保修期，则买方可以对在合理期限内发现的所售商品的瑕疵提出索赔，并且是在商品交付给买方之日起两年内发现，但法律或买卖合同约定了其他期限的除外。发现运送或者邮寄商品瑕疵的期限商品抵达目的地之日起计算。

如果商品有保修期，则买方在保修期内发现商品存在瑕疵时，有权提出与商品瑕疵有关的索赔。

如果买卖合同中配套产品的保修期短于主产品的保质期，则买方在主产品保质期内发现配套产品的瑕疵时，有权提出有关配套产品的瑕疵的索赔。

如果配套产品的保质期长于主产品的保修期，则买方在配套产品保质期内发现配套产品的瑕疵时，有权提出有关商品瑕疵的请求，无论主产品的保修期是否届满。

在商品有使用期的情况下，如果在商品使用期内发现了商品的瑕疵，则买方有权提出索赔。

如果买方在保质期或使用期外发现了商品的瑕疵，买方证明这些瑕疵是在商品交付给买方之前或者是由于在此之前发生的原因而产生，则卖方承担责任。

第四百一十一条　商品的完整性

卖方必须向买方交付符合买卖合同完整性条款的商品。

如果买卖合同没有约定商品的完整性，则卖方有义务向买方交付依照商业习惯或者其他通常所提出的要求所确定的完整性的商品。

第四百一十二条　成套商品

如果买卖合同约定卖方有义务向买方交付特定的一整套商品（成套商品），则自全部成套商品交付之时起债务视为被履行。

如果买卖合同没有另行约定且从债的实质没有不同要求，则卖方有义务将所有成套商品同时交付给买方。

第四百一十三条　交付不成套商品的后果

在交付不成套商品的情况下，买方有权选择要求卖方：相应地减少购买价格；在合理期限内配齐成套的商品。

如果卖方未在合理期限内满足买方配齐成套商品的要求，则买方有权选择：用成套商品替换不成套商品；拒绝履行买卖合同并要求退还价款和赔偿损失。

本条第 1 款和第 2 款规定的后果也适用于卖方未能向买方交付成套商品的情况，但买卖合同另有约定或债的实质另有要求的除外。

第四百一十四条　包装容器和包装

如果买卖合同没有另行约定且从债的实质没有不同要求，则卖方有义务向买方交付带包装容器和（或）包装的商品，但按照其特点不需要包装的商品除外。

如果合同没有约定包装容器和包装的要求，则商品应当以此类商品的通常方式进行包装，在缺乏这种通常方式时，则以确保此类商品在通常储存和运输条件下的安全方式包装商品。

如果法律规定了包装容器和包装的强制性要求，则从事经营活动的卖方应以符合这些强制性要求的包装容器和（或）包装向买方交付商品。

第四百一十五条　交付无包装或者不适当包装商品的后果

如果需要包装的商品在交付给买方时没有包装，或者包装不适当的情况下，买方有权要求卖方交付带有包装的商品或者更换不适当包装的商品，但买卖合同另有约定、债的性质或商品的特点另有要求的除外。买方除了向卖方提出这些要求外，还可以根据本法第434条向卖方提出因交付质量不合格的商品所引起的其他要求。

第四百一十六条　卖方不适当履行买卖合同的通知

买方有义务在法律规定或合同约定的期限内，通知卖方有关违反商品数量、品种、质量、配套性、包装容器和（或）包装的合同条款的情况，如果没有规定该期限，则应在根据商品的性质和用途，在发现违反合同有关条款后的合理期限内通知买方。

在买方不履行本条第1款所述的义务时，如果卖方能证明缺少通知导致卖方无法满足买方的要求，或者相较于买方适时通知违反买卖合同条款的情况下，卖方承担的费用过高，则卖方有权全部或部分拒绝满足买方的要求。

如果卖方知道或应当知道交付给买方的商品不符合买卖合同的条款，则他无权以买方未履行本条第1款规定的义务为依据。

第四百一十七条　买方接收商品的义务

买方有义务接收卖方所交付的商品，但他有权要求更换商品或拒绝履行买卖合同的除外。

买方有义务完成依照通常要求为保障买方转移和取得相应商品所必要的行为，但法律另有规定或买卖合同另有约定的除外。

如果买方违反法律的规定或买卖合同的约定，不接收或拒绝接收商品，则卖方应有权拒绝履行合同并要求赔偿。

第四百一十八条　商品的价格

买方有义务按照本法第356条确定的价格支付商品价款，并自费履行根据法律、合同或习惯要求为支付价款所必需之行为。

如果价格是根据商品重量而确定的，应按净重确定，但买卖合同另有约定的除外。

如果合同约定，商品价格应当依据决定商品价格的指标（成本、花费等）变更，但又没有规定重新审定价格的方式，则价格根据在订立合同和履行商品交付义务时这些指标的相互关系确定。

如果卖方迟延履行交付商品的义务，价格应在订立合同时与在合同约定的商品交付日的这些指标的相互关系确定，如果合同没有约定交付商品的时间，则根据本法第242条规定的时间确定。

如果本法或者买卖合同没有另行约定或者债的实质没有不同要求，则应适用本条第 3 款规定。

第四百一十九条　商品价款支付

买方应在卖方交付商品或商品所有权文件时立即支付价款，但法律规定或买卖合同的条款约定在一定期限内支付价款的除外。

买方有义务向卖方支付所交付商品的全部价款，但买卖合同约定分期付款的除外。

如果买方未能及时支付依照买卖合同所交付商品的价款，则卖方有权要求支付价款和利息。

如果买方违反合同，拒绝接收商品和支付价款，则卖方有权选择要求支付价款或拒绝履行合同。

在卖方根据买卖合同有义务向买方交付除未付款商品以外的其他商品时，卖方有权暂停交付商品，直到以前所交付的全部商品足额付款，但法律另有规定或合同另有约定的除外。

第四百二十条　预付款

如果买卖合同约定买方有义务在卖方交付商品前支付全部或部分价款（预付款），买方应在合同约定的期限内付款，如果合同未约定期限，则应在根据本法第 242 条确定的期限内付款。

如果买方未能按照买卖合同履行预付款的义务，应适用本法第 256 条规定。

如果卖方收到预付款后不履行交付商品的义务，则买方有权要求交付已付款的商品或退还卖方未交付商品的预付款。

如果卖方未能履行交付商品的义务，应根据本法第 327 条的规定，自本应交付商品之日起计算，直至商品交付给买方或预付款退还买方之日止支付利息，但合同另有约定的除外。合同可以约定，卖方有义务自收到买方预付款之日起支付该款项的利息。

第四百二十一条　赊销商品的付款

如果买卖合同约定在商品交付买方后的一定时间内付款（赊销商品），则买方应在合同约定的期限内付款，如果合同没有约定该期限，则应在根据本法第 242 条确定的期限内付款。

如果卖方未能履行其交付商品的义务，应适用本法第 256 条规定。

如果买方在收到商品后未能在买卖合同约定的期限内付款，则卖方有权要求支付所交付商品的价款或返还未付款的商品。

如果买方未能在合同约定的期限内支付所交付商品的价款，则应按照本法第327条的规定，自根据合同应支付商品价款之日起至买方支付商品价款之日，对逾期支付款项支付利息，但本法另有规定或买卖合同另有约定的除外。

买卖合同可以约定，买方自卖方交付商品之日起支付与商品价款相应的利息。

赊销商品依照出售日的市价进行，但法律另有规定或合同另有约定的除外。

自商品交付买方时起至价款全部付清为止，赊销商品视为由卖方抵押以担保买方履行支付价款的义务。

第四百二十二条　分期支付商品价款

信用出售商品合同可以约定分期支付商品价款。

如果除买卖合同的其他必要条款外，还规定了商品的价格、支付方式、期限和数额，则附分期付款条件的信用出售合同视为已经订立。

当买方未能在合同约定的期限内依次支付分期出售且交付给他的商品时，卖方有权拒绝履行合同并要求返还已经出售的商品，但自买方收到的付款金额超过商品价款的2/3时除外，合同另有约定的除外。

第四百二十三条　商品保险

如果买卖合同约定卖方或买方有义务为商品投保，但未规定投保条件和商品最低投保金额，则保险合同约定的保险赔偿金额不得低于商品价格。

负有商品投保义务的一方未按照合同条款对商品投保时，另一方有权对商品投保并要求负保险义务的一方偿还保险费用或拒绝履行合同。

第四百二十四条　卖方的所有权保留

如果买卖合同约定，交付给买方的商品的所有权在价款支付或发生其他情况前保留卖方所有，则买方在商品所有权转移给他之前无权转让商品或以任何其他方式处置商品，但法律另有规定、合同另有约定或因商品的用途和特性另有规定的除外。

如果交付商品在合同约定的期限内没有付款，或没有产生所有权转移给买方的其他情况，则卖方有权要求买方返还商品，但合同另有约定的除外。

第二节　零售买卖

第四百二十五条　零售买卖合同

根据零售买卖合同，从事零售商品经营活动的卖方承诺将通常用于个人、家庭或与经营活动无关的其他用途的商品交付给买方。

零售买卖合同是公开合同。

第四百二十六条 商品的公开要约

在商品广告、价目表和其他提供给不特定人群的商品描述中指明的，包含零售买卖合同的所有基本条款的商品要约，为公开要约（本法第369条第2款）。

在销售地点展览商品、展示样品或提供所售商品的信息（说明、价目表、照片等），视为公开要约，无论是否指明价格和买卖合同的其他基本条款，但卖方明确表示相应商品不出售的除外。

第四百二十七条 向买方提供商品信息

卖方有义务向买方提供有关出售商品的必要和可靠的信息，该信息应符合法律规定或者通常对零售买卖所提出的对维护和提供方式的要求。

买方有权在签订合同前对商品进行检查，要求在买方在场的情况下对商品的性能进行测试，或对商品的使用进行演示，前提是商品的性质不排除这种情况，且不违反零售业公认的规则。

如果买方没有机会在出售地立即收到本条第1款和第2款所述的商品信息，则买方有权要求卖方赔偿因无理逃避签订零售买卖合同而造成的损失，如果合同已经订立，则买方有权在合理的时间内拒绝履行合同，要求退还已付价款并赔偿其他损失。

没有向买方提供获取商品相应信息的机会的卖方，对经买方证实因其缺乏该信息而在商品交付买方后产生的缺陷也须承担责任。

第四百二十八条 以买方在规定时间内接受为条件的销售

当事人可以订立以买方在规定时间内接受为条件的销售的零售买卖合同，在该期限内商品不得出售给其他买方。

买方在合同约定的期限内未出现或未采取其他必要行为接收商品，卖方可视为买方拒绝履行合同，但零售买卖合同另有约定的除外。

卖方为保障在零售买卖合同约定的期限内向买方交付商品而产生的额外费用应包括在商品价格中，但法律另有规定或合同另有约定的除外。

第四百二十九条 凭样品出售商品

当事人可以凭样品（描述、目录等）订立商品买卖合同。

凭样品买卖合同应按照本法第431条的规定执行。

买方有权在商品交付前拒绝履行零售买卖合同，但须赔偿卖方与履行合同有关的必要费用。

第四百三十条　使用自动售货机出售商品

在使用自动售货机出售商品的情况下，自动售货机的所有人有义务通过在自动售货机上张贴或以其他方式向买方提供有关卖方名称（公司名称）、地点、操作方式以及买方为接收商品应采取的行动等信息。

使用自动售货机的零售买卖合同，自买方完成为获得商品所必要的行动时起视为订立。

如果买方未收到已付款项的商品，则卖方有义务确保立即向买方提供商品或退还买方已付款项。如果买方未能履行该义务，买方有权要求卖方赔偿损失。

如果自动售货机被用来兑换货币、获得付款标志或兑换货币，则适用零售买卖规则，但债的性质另有要求的除外。

第四百三十一条　以商品送达买方为条件的合同

当零售买卖合同是以商品送达买方为条件订立时，卖方有义务在合同约定的期限内将商品运送到买方指定地点，如果买方没有指定商品交付地点，则运送到作为买方的公民住所地或法人住所地。

零售买卖合同自将商品交付买方之时视为已经履行，在买方不在场的情况下，自交付给任何提出凭证或者其他证明订立合同或者办理商品运送手续的人之时起视为合同已经履行，但法律另有规定、合同另有约定或债的实质另有要求的除外。

在零售买卖合同没有约定向买方交付商品的时间的情况下，商品应在买方规定的时间内交送。

第四百三十二条　商品的价款和支付

买方有义务按照卖方在订立零售买卖合同时提出的价格支付商品价款，但法律另有规定或债的实质另有要求的除外。

在零售买卖合同约定预付款的情况下，买方未能在合同约定的期限内支付价款，视为买方拒绝履行合同，但当事人的合同另有约定的除外。

本法第 421 条第 4 款和第 5 款规定不应适用于商品的信用零售买卖合同，包括附商品买方分期付款条件的合同。

买方有权在合同约定的分期付款期限内随时全额支付商品价款。

第四百三十三条　质量合格商品的更换

如果卖方没有规定更长的期限，则买方有权在非食品商品交付后的 10 日内，在购买地点或卖方指定的其他地点用不同大小、形状、尺寸、款式、颜色、配置等的类似商品更换所购买的商品。在价格有差异的情况下，还须与卖方进行必要的重新结算。

如果卖方无法提供换货所需的商品，买方有权将所购商品退还给卖方，并收取已付价款。

如果商品未被使用过，其消费属性保持完好，且有证据证明是从卖方处购买，则买方的换货或退货要求应得到满足。

根据本条规定的理由不予换货或退货的商品清单，应按法律规定的程序确定。

第四百三十四条　买方在出售给其质量不合格商品时的权利

如果在订立合同时没有说明缺陷，买方被出售质量不合格的商品，则买方有权要求：更换质量合格的类似品牌（型号、订单号）的商品；更换另一品牌（型号、订单号）的相同商品，并相应重新计算购买价格；由买方或第三人无偿消除缺陷或赔偿消除缺陷的费用；按比例降低购买价格；解除合同并赔偿损失。

在向买方退还已支付的价款时，卖方无权从中扣除因全部或部分使用商品、商品外观丧失或其他类似情况而导致商品价值降低的价款。

第四百三十五条　更换商品、降低价款和退回质量不合格商品时的差价补偿

卖方无权要求补偿零售买卖合同中约定的商品价格与更换商品时或法院判决更换商品时的价格之间的差价。

用类似但在尺寸、款式、品种等方面不同的适当质量的商品替换不合格商品时，应补偿被更换商品在更换时的价格与替代商品的价格之间的差价。如果卖方不能满足买方的要求，则这些价格以法院作出更换商品判决时的价格确定。

在提出相应降低商品购买价格的要求时，商品价格按照在提出降价要求时的商品价格结算，如果买方的善意要求没有得到满足，则按照法院作出相应减少价款判决时的价格结算。

在将质量不合格的商品退回卖方时，买方有权要求补偿零售买卖合同确定的商品价格与自愿满足其要求时的相关商品价格之间的差额，如果买方的要求未得到自愿满足，则以法院判决进行补偿。

第四百三十六条　卖方的责任和以实物履行债务

在卖方未履行零售买卖合同约定的义务时，赔偿损失和支付违约金不免除卖方以实物履行债务的义务。

第三节 供 货

第四百三十七条 供货合同

根据供货合同，从事经营活动的供应人——卖方有义务在规定期限内将其生产或销售的商品交付给买方，用于经营活动或其他与个人、家庭、家居和其他类似用途无关的目的，而买方承诺接收商品并支付价款。

第四百三十八条 供货合同有效期限

供货合同的期限可以是一年、超过一年（长期合同）或双方合同约定的其他任何期限。

如合同中未约定有效期，则合同有效期视为一年。

如果长期合同约定了一年或更长期限内的供货数量或其他合同条款，则合同应约定一项程序，以便双方在合同有效期届满前就后续各期的相关条款达成一致。如果合同没有约定该程序，则合同视为已签订一年或合同条款约定的期限。

如果长期合同的一方拒绝或逃避按照合同约定的程序就后续各期的供货数量或其他合同条款达成协议，另一方有权向法院提出申请，要求确定有关各期的供货条款或终止合同。

第四百三十九条 订立供货合同时争议的解决

如果一方当事人订立供货合同的要约以合同草案的形式发给另一方当事人，而另一方同意在不同条件下订立合同时，则应在收到相应草案后30日内起草一份异议协议，并将其与签署的合同一起退回，收到异议协议的当事人有义务在30日内采取措施（尽可能与另一方当事人一起）就合同条款达成一致或者书面通知对方拒绝订立合同。

一方当事人在收到关于供货合同条款的异议协议后，没有采取措施协商合同条款，也没有在本条第1款规定的期限内通知对方拒绝订立合同，就有义务赔偿因逃避商定合同条款而造成的损失。

第四百四十条 供货期间

如果双方当事人规定在合同有效期内分批供货，而分批供货的条件（供货期限）在合同中未作规定，则应按月等量分批供货，但法律另有规定、商业惯例或债的实质另有要求的除外。

在确定供货期限的同时，合同还可约定供货时间表（10天、1天、1小时等）。

经买方同意可提前交付商品。提前交付并经买方接受的物品应计入下期交付的物品数量。

第四百四十一条 商品供货的程序

供货人应通过向合同约定的买方或合同指定的收货人装运（转移）商品的方式交付商品。

如果合同约定买方有权向供货人发出将商品运给收货人的指示（发货单），则供货人应将商品运送（转移）给发货单中指定的收货人。

发货单的内容以及买方向供货人发送发货单的期限由合同约定。如果合同未约定发送发货单的期限，则应在供货期限前30日内将发货单发送给供货人。

买方未在规定期限内发出发货单，供应人有权拒绝履行合同或要求买方支付价款，但合同另有约定的除外。

供应人也有权对因未提交装货单而造成的任何损失提出赔偿要求。

第四百四十二条 商品的送达

供应人应按照供货合同约定的运输方式和条件运送商品。

如果供货合同没有约定运输方式或送达条件，则选择运输方式或确定商品送达条件的权利属于供应人，但法律另有规定、债的实质或商业习惯另有要求的除外。

第四百四十三条 商品供货不足的补足

在某个供货期间少供货商品的供货人，有义务在合同有效期内的下一个（多个）期间补足少交付的商品数量，但合同另有约定的除外。

根据长期合同，供货人在某个供货期没有供货的商品数量应在没有全额供应商品当年内的下一个（多个）期间补足，但供货合同另有约定的除外。

如果商品由供应人发运给合同或买方发货单指定的多个收货人，向其中一个收货人供货的商品超出合同或发货单规定数量的部分，不应计入向其他收货人供货的商品数量不足的范围，并应由供应人予以补足，但合同另有约定的除外。

第四百四十四条 拒绝接收逾期供货

买方在通知供应人后有权拒绝接受逾期供应的商品，但合同另有约定的除外。买方有义务在供货人收到该通知前接受所交付的商品并付款。

第四百四十五条 补充少供货商品时的商品品种

补充短缺的商品范围应由双方协议确定。如果无协议，供货人有义务在发生少供应商品期间所确定的商品范围内补足少供应商品。

供应数量多于合同约定数量的某一商品，不应计入补足同一品种中另一商品供应不足之数，并应予以补足，但事先得到买方书面同意的除外。

第四百四十六条　买方接收商品

买方（收货人）有义务采取一切必要行动，确保按照合同约定接受所交付的商品。

买方（收货人）接受的商品应由其在法律规定、供货合同约定或商业习惯要求的期限内检验。

买方（收货人）应在该期限内按照法律规定、供货合同约定或通常的商业习惯要求的程序检查所供应商品的数量和质量，且在发现商品不符或者有缺陷时立即书面通知供应人。

在收到运输组织运送的商品时，买方（收货人）有义务核实商品是否符合运输单据和随附单据中规定的信息，并应按照既定规则从运输组织处接收商品。

第四百四十七条　买方未接收接受商品的保管

当买方（收货人）根据法律或供货合同拒绝接受供应人供应的商品时，买方有义务确保商品的安全（安全保管），并立即通知供应人。

供应人应在合理期限内将买方（收货人）未接受的商品移出，进行安全保管或处置。如果供应人未能在该期限内处置商品，买方有权出售商品或将其退回给供应人。

买方接收商品进行安全保管、出售商品或将商品退回给供应人所产生的必要费用，应由供应人偿还。在这种情况下，应将出售所得减去应付给买方的金额转交给供应人。

如果买方不接受供应人的商品或在没有法律规定或合同约定的理由的情况下拒绝商品，供应人有权要求买方支付商品价款。

第四百四十八条　商品的抽样

如果供货合同约定在供应人所在地抽样交付商品给买方（收货人），则买方（收货人）应当检查所交付商品。如果发现商品与合同约定不符，则买方（收货人）有权拒绝接收商品。

买方（收货人）未能在供货合同约定的期限内抽样，而在缺乏该期限的情况下在自收到供应人已经备妥商品的通知后的合理期限内没有抽样，则供应人有权拒绝履行合同或要求买方支付商品价款。

第四百四十九条　所供应商品的结算

买方应按照合同约定的结算方式和形式支付所供应商品的价款。如果当事人的合同没有规定结算的方式和形式，则结算以委托支付进行。

如果合同约定以成套商品中的不同部分供应商品，则买方应在成套商品中的最后部分送达（取样）后支付价款，但合同另有约定的除外。

如果供货合同约定收货人（付款人）支付价款且收货人无故拒绝付款或未在合同约定的期限内支付价款，则供应人有权要求买方支付所供应商品的价款。

第四百五十条 归还容器和包装

买方（收货人）有义务按照法律规定的程序和期限，将收货时所使用的可重复使用的包装物和包装工具退还给供应人，但供货合同另有约定的除外。

其他容器和包装只能在供货合同约定的情况下退回给供应人。

第四百五十一条 供应质量不合格商品的后果

买方（收货人）在收到质量不合格的商品后，有权按照本法第434条的规定向供应人索赔，但供应人在收到买方关于所供应商品缺陷的通知后，立即用质量合格的商品替换所供应商品的情况除外。

以零售方式出售所供应商品的买方（收货人）有权在合理时间内要求更换消费者退回的质量不合格的商品，但供货合同另有约定的除外。

第四百五十二条 供应不配套商品的后果

买方（收货人）收到的供应商品与供货合同的条款、法律规定或通常的配套性要求相抵触时，有权按照本法第413条的规定向供应人索赔，但供应人在收到买方关于供应不配套商品的通知后及时以配套商品替换的情况除外。

零售商品的买方（收货人）有权要求在合理期限内，将消费者退回的不配套商品更换为配套商品，但供货合同另有约定的除外。

第四百五十三条 买方在未足额供应商品、未履行消除商品瑕疵或补足商品要求时的权利

如果供应人没有供应在合同中约定的商品数量，或未能在约定期限内满足买方（收货人）更换劣质商品或使商品配套的要求，买方有权向其他人购买商品，并要求供应人承担购买商品的所有必要和合理费用。

如果供应人未能供应商品或未能满足买方消除商品缺陷或使商品配套的要求，买方向其他人购买商品的费用应按照本法第456条第1款规定计算。

买方（收货人）有权拒绝支付质量不合格商品和不配套商品的价款，如果已经付款，则买方有权要求退还在消除商品缺陷和使商品配套或者更换之前已经支付的款项。

第四百五十四条　未足额供货的违约金

法律规定或合同约定的未足额供应商品，或者逾期供应商品的违约金在合同期内债务实际履行之前向供应人追索，但法律规定或合同约定了不同的违约金追索方式的除外。

第四百五十五条　单方拒绝履行供货合同

在一方当事人严重违反合同时，允许单方拒绝（全部或部分）履行合同。

在下列情况下，供应人的违约行为被推定为重大违约行为：

（1）交付的商品质量不合格，且在买方接受的期限内无法消除缺陷；

（2）在下列情况下，买方的违约行为被推定为重大违约行为；

（3）多次违反价款支付条款；

（4）多次不接收商品。

当事人可协商规定单方拒绝履行供货合同或单方变更供货合同的其他理由。

供货合同自收到另一方当事人单方全部或部分拒绝履行合同通知时起，视为变更或解除，但通知或者当事人合同约定了不同的合同解除或变更期限的除外。

第四百五十六条　合同解除时损失计算

如果在因卖方违约而解除合同后的合理期限内，买方以高于合同约定的合理的价格向他人购买了商品，则买方可以合同约定的价格与代替交易价格之间的差额向卖方提出损害赔偿请求。

如果在因买方违约而解除合同后的合理期限内，卖方以低于合同约定的合理价格将商品卖给了他人，则卖方可以合同约定的价格与替代交易价格之间的差额向买方提出损害赔偿请求。

如果在根据本条第 1 款和第 2 款的理由解除合同后，没有发生替代交易，则一方可以要求赔偿合同约定价格与解除合同时的现行价格之间的差价。

现行价格是指在可比情况下，在转让发生地对类似商品通常收取的价格。如果该地不存在现行价格，可使用另一地适用的可作为合理替代物的现行价格，同时应考虑到商品运输成本的差异。

对本条规定的索赔的满足，不应免除未履行或未适当履行义务的一方根据本法第 14 条对另一方造成的其他损失的赔偿。

第四节　商品供货国家合同

第四百五十七条　为国家需要供应商品

为国家需要供应商品，应根据国家订单以及据此签订的国家供货合同进行。国家需要是指根据法定程序确定的乌兹别克斯坦共和国的需求，由国家预算和预算外资金来源提供。

本法第437条至第456条的规则也适用于为国家商品供应的关系。本法没有规定的关系，由其他规定国家商品供应的法律来管理。

第四百五十八条　为满足国家需要签订商品供货合同

根据为国家需要供应商品的合同（以下简称国家供货合同），供应人（承揽人）承诺在规定的期限内向国家定作人或其他根据供货合同指定的人供应商品，而国家定作人确保在付款期限内支付所供应商品的价款。

第四百五十九条　国家合同订立的依据

国家合同是根据供应人（承揽人）接受国家定作人为国家需求供应商品的订单订立的。

订立国家合同对于下了被供应人（承揽人）接受的订单的国家定作人具有强制性。

只有在法律规定的情况下，国家合同的订立才对供应人（承揽人）有约束力，并且国家定作人必须赔偿供应人（承揽人）因履行国家合同而可能遭受的全部损失。

本条第3款的损害赔偿条款，不适用于国有企业。

如果为国家需求供应商品的订单是通过招标发出，则与宣布为竞买获胜者的供应人（承揽人）订立国家合同对国家定作人来说是强制性的。

第四百六十条　订立国家供货合同的程序

国家供货合同的草案应由国家定作人制定并发送给供应人（承揽人），但他们之间的合同另有约定的除外。

收到国家供货合同草案的一方当事人应在30日内签署国家供货合同，并将国家供货合同的一份副本返还给另一方，如果在同一期限内对国家供货合同的条款有异议，则应起草异议议定书，连同签署的国家供货合同一起寄给另一方，或通知其拒绝订立国家供货合同。

收到国家供货合同和异议议定书的一方当事人必须在30日内审查争议，采取措施与另一方当事人协商合同条款，并将通过商定版本的国家供货合同或拒绝异议议定书通知对方。此期届满后，任何未解决的争议可由相关当事人在30日内提交法院审理。

如果国家供货合同是根据为国家需求的商品供应订单的招标结果订立，则国家供货合同应在招标之日起30日内签订。

如果有义务订立国家供货合同的一方当事人逃避订立合同，另一方有权向法院提出诉讼，强制对方订立国家供货合同。

第四百六十一条　国家供货合同的履行

如果根据国家供货合同的条款，商品直接供应给国家定作人或根据指示（装运单）供应给他人（收货人），双方履行合同的关系应受本法第437条至第456条规定约束。

如果国家供货合同约定，供应人（承揽人）根据国家定作人确定的国家供货合同向买方供应商品，国家定作人不迟于国家供货合同签署之日起30日内向供应人和买方发出将买方附属于供应人（承揽人）的通知。

买方附属于供应人（承揽人）的通知是订立为国家需求供应商品合同的基础。

如果向装运单上指定的收货人供应商品，则由国家定作人支付价款，但国家供货合同约定其他支付程序的除外。

根据为国家需求供应商品的合同向卖方供应商品时，买方应按国家供货合同确定的价格支付价款，但国家供货合同另有约定的除外。

当买方根据为国家需求供应商品的合同供应商品时，国家定作人被视为买方履行该义务的担保人。

第四百六十二条　订立为国家需求供应商品的合同

如果国家供货合同没有约定编制合同草案的其他程序或者买方没有提交合同草案，则供应人（承揽人）有义务在收到国家定作人通知之日起30日内将为国家需求供应商品的合同草案发送给买方。

收到为国家需求供应商品的合同草案的一方当事人，应最迟在30日内签字，并将合同的一份副本返还给另一方当事人，如果在同一期限内对合同条款有异议，应起草一份异议议定书，并将其与签字的合同一起寄给对方。

一方当事人在收到为国家需求供应商品的合同并附有异议议定书时，应在30日内审查争议，采取措施与另一方就合同条款进行谈判，并通知其接受商定版本的合同或拒绝异议议定书。未解决的分歧可在30日内由相关方提交给法院审理。

如果供应人（承揽人）逃避订立为国家需求供应商品的合同，买方有权向法院提出申请，强制供应人（承揽人）按照买方制定的合同草案的条款订立合同。

第四百六十三条　买方拒绝签订国家供货合同

买方有权全部或部分拒绝接受附属通知中规定的商品，并拒绝签订供货合同。在这种情况下，供应人（承揽人）应立即通知国家定作人，并有权要求国家定作人向另一买方发出通知。

国家客户在收到供应人（承包人）通知之日起30日内，应向另一买方发出通知，或向供应人（承包人）发出发货单，指明商品接收人或告知其同意接收商品并支付价款。

如果国家定作人未能履行本条第2款规定的义务，供应人（承揽人）有权要求国家定作人接收商品并支付价款，或自行决定出售商品，并将与出售商品有关的合理费用退还给国家定作人。

第四百六十四条　因履行或解除国家供货合同而造成的损害赔偿

因履行国家供货合同而给供应人（承揽人）造成的损失（本法第459条第3款），国家定作人应在根据国家供货合同供应商品之日起30日内赔偿，但关于为国家需求供应商品的法律或国家供货合同另有约定的除外。

如果因履行国家供货合同而给供应人（承揽人）造成的损失没有按照国家供货合同得到赔偿，供应人（承揽人）有权拒绝履行国家供货合同，并要求对解除国家供货合同造成的损失进行赔偿。

如果根据本条第2款规定的理由解除国家供货合同，供应人有权拒绝履行国家供货合同。

因供应人拒绝履行合同给买方造成的损失应由国家定作人赔偿。

第五节　订　　购

第四百六十五条　定购合同

根据农产品定购合同，农产品生产人承诺将农产品交付（转让）给买方——购买农产品进行加工或销售的人，买方承诺接收农产品并在规定期限内按确定价格支付价款（支付）。

定购合同适用供货合同的规则，在适当的情况下适用国家供货合同的规则，但本法另有规定或债的实质另有要求的除外。

第四百六十六条　农产品生产人的义务

农产品生产人有义务按照合同约定的数量和种类交付种植（生产）的农产品。

如果明知因生产人没有履行本条第1款规定的义务，无法按照合同约定的数量和种类接收农产品，则买方有权要求终止或变更合同并赔偿损失。

第四百六十七条　买方的义务

买方有义务在生产人所在地接收（接受）农产品并保证（确保）其运送，但合同另有约定的除外。

如果在买方所在地或买方指定的任何其他地方接收农产品，则买方无权拒绝接收生产人按照合同约定的期限交付的农产品。

如果买方未能保证农产品的运送或接收，则他应向生产人支付农产品的价值和运送农产品的费用。

买方根据农产品预购合同收到农产品进行加工后，应根据生产人的要求，将农产品加工产生的废料退回给生产人，并按双方商定的价格付款。

第六节　能 源 供 应

第四百六十八条　能源供应合同

根据能源供应合同，能源供应组织有义务通过连接的管网向用户（消费者）供应能源，用户为接受的能源付款，并遵守合同约定的能源使用制度，保障其所管理的管网的使用安全，以及所使用的与能源使用有关的设施和设备的操作性能。

第四百六十九条　能源供应合同的订立和延长

在用户拥有按照法定程序接入能源供应组织的网络的能源设备，以及为能源使用所必要的设备和计量设备的情况下，才与用户签订能源供应合同。

在公民为日常消费使用能源而作为能源供应合同的用户时，合同自用户依照规定程序首次实际接入管网时视为订立。

如果在期限届满后一方当事人没有提出终止或变更能源供应合同的申请，则该合同视为在原合同约定的期限和条件下延长。当合同延长至新的期限时，合同条款可以由双方当事人合同变更。

如果在合同效力期限届满前，一方当事人提出了订立新合同的要约，则当事人之间的关系由在新合同订立前所订立的合同调整。

第四百七十条　能源数量

能源供应组织有义务通过所属网络向客户出售合同约定数量的要约，并遵守当事人合同的提供制度。能源供应组织提供的数量和用户接收的能源量按照计量设备的指数确定。

能源供应合同可以约定用户有权变更合同约定的其所接受的电量，但必须支付能源供应组织因保障合同约定数量的能源供应所产生的费用。

在为日常消费使用能源的公民作为能源供应合同的用户时，有权按其需要的数量使用电力。

第四百七十一条 违反能源供应合同能源数量条款的后果

如果能源供应组织通过连接网络提供给用户的能源数量少于合同约定的数量，则适用本法第 399 条规定，但法律另有规定、合同另有约定或债的实质另有要求的除外。

第四百七十二条 能源质量

能源供应组织提供的能源质量应符合国家标准或能源供应合同约定的要求。

如果能源供应组织违反了能源质量要求，则适用本法第 408 条的规定，但法律另有规定、能源供应合同另有约定或债的实质另有要求的除外。

第四百七十三条 用户对网络、仪器和设备维护和运营的义务

用户有义务保障所使用的管网、设施和设备的适当技术状态和安全，遵守规定的能源利用制度，以及立即通知能源组织关于事故、火灾、能源计量设备和其他违规行为。

在为日常消费而使用能源的公民作为能源供应合同的用户时，保障管网以及能源使用计量设备的适当技术状态和安全的义务由能源供应组织承担，但法律另有规定的除外。

管网、设施和设备的技术条件和使用要求，以及其遵守情况的监督程序由法律规定。

第四百七十四条 能源价款的支付

能源的价款依照本法第 470 条确定的用户实际接收的能源量支付，但法律另有规定或能源供应合同另有约定的除外。

第四百七十五条 用户将能源转让给他人

只有经过能源供应组织同意，用户才可以将其通过连接的网络从能源供应组织接收的能源转让给他人（次级用户）。

本款规则适用于用户向将次级用户转让能源的合同，但法律另有规定或能源供应合同另有约定的除外。

当能源被转让给次级用户时，用户仍对能源供应组织负责，但法律另有规定的除外。

第四百七十六条　能源供应合同的变更与解除

只有经当事人协商一致才允许中断、终止或者限制能源供应，但经国家能源监督机构认证的用户能源设备状况不佳可能导致事故或威胁公民生命安全的情况除外。能源供应机构应就能源供应的中断、终止或限制预先向用户发出警告。

在必须采取紧急措施防止或消除能源供应机构系统事故的情况下，允许在未与用户达成协议和未发出适当警告的情况下中断、终止或限制能源供应，但必须立即通知用户。

当为日常消费而使用能源的公民作为能源供应合同的用户时，有权在通知能源供应机构并全额支付所使用的能源的情况下单方解除合同。

当为日常消费而使用能源的公民作为能源供应合同的用户时，能源供应组织有权因用户不支付所使用的电力价款而单方拒绝履行合同，其条件是在不迟于拒绝履行合同前一个月预先警告用户。

在法人作为能源供应合同的用户时，能源供应组织有权根据本法第 455 条规定的理由单方拒绝履行合同，但法律另有规定的除外。

第四百七十七条　能源供应合同的责任

在不履行或不适当履行能源供应合同的情况下，能源供应组织和用户有义务赔偿因此造成的实际损失。

如果能源供应的中断是因能源供应机构根据法律对能源不足的消费模式进行监管造成，则能源供应组织仅在其有过错的情况下才对不履行或不适当履行合同义务承担责任。

第四百七十八条　能源供应合同的规则适用于其他通过连接网络供应的关系

本款规则适用于通过连接的网络供应热能的关系，但法律另有规定的除外。

本款规则适用于通过连接的网络供应天然气、石油和石油产品、水和其他货物的关系，但法律另有规定、合同另有约定或从债的实质另有要求的除外。

第七节　不动产买卖

第四百七十九条　不动产买卖合同

根据不动产买卖合同（不动产买卖合同），卖方有义务将地块、建筑物、构筑物、公寓或其他不动产的所有权转让给买方。

本款规定适用于企业的出售，但企业买卖合同的规则另有规定的除外。

第四百八十条 不动产买卖合同的形式

不动产买卖合同应以书面形式订立，起草一份由各方签署的单一文件（本法第366条第4款）。

违反不动产买卖合同形式的合同无效。

第四百八十一条 不动产所有权转让的国家登记

根据不动产买卖合同，向买方转让不动产所有权应进行国家登记。

当事人在国家登记所有权转移前签订不动产买卖合同，不得作为改变其与第三人关系的依据。

如果其中一方当事人逃避不动产所有权转让的国家登记，法院有权应另一方当事人的请求，就所有权转让的国家登记作出判决。无理逃避所有权转让的国家登记的一方必须赔偿另一方因延迟登记造成的损失。

第四百八十二条 在建筑物、构筑物或土地上的其他不动产出售时土地权利

根据建筑物、构筑物或其他不动产的买卖合同，买方在转让该不动产所有权的同时，应转让该不动产所占土地上使用该不动产所必需的那部分土地的使用权。

如果卖方是所售不动产所在地的使用者，则买方获得不动产买卖合同中约定的转让的该土地相关部分的使用权、租赁权或任何其他权利。

如果合同中没有明确规定转让给不动产买方的相应土地的权利，买方应获得不动产所占用的、为其使用所必需的那部分土地的所有权。

如果不违反法律规定或合同约定的土地使用条件，则未经土地所有人同意，允许出售位于非卖方所有的土地上的不动产。在出售该不动产时，买方获得在与不动产卖方相同条件下使用土地相应部分的权利。

第四百八十三条 土地出售时不动产权利

当卖方所有的建筑物、构筑物或其他不动产所在的土地在未转让给买方的情况下出售，卖方有权根据买卖合同约定的条件使用该不动产所占用的、为其使用所必需的那部分土地。

如果买卖合同未约定土地相关部分的使用条件，则卖方保留对土地上被不动产占用部分的限制使用权（地役权），该部分是根据其用途使用所必需的。

第四百八十四条　不动产买卖合同标的物的确定

不动产买卖合同必须载明能够明确确定根据合同转让给买方的不动产的数据，包括确定不动产在有关土地上的位置或作为其他不动产组成部分的数据。

如果合同中没有这些数据，则视为当事人没有同意转让不动产的条件，相关合同未订立。

第四百八十五条　不动产买卖合同的价格

不动产买卖合同应约定该不动产的价格。

如果合同中没有关于不动产价格的书面条款，则不动产买卖合同视为没有订立。在这种情况下，不适用本法第356条第4款规定的价格确定规则。

位于土地上的建筑物、构筑物或其他不动产的确定价格，应包括与不动产一起转让的土地的相应部分或其权利的价格，但法律另有规定或不动产买卖合同另有约定的除外。

如果不动产买卖合同中的不动产价格是按其面积单位或其他面积指数确定，则应根据转让给买方的不动产的实际面积确定应支付的总价格。

第四百八十六条　不动产转让

卖方转让不动产和买方接受不动产是通过双方签署的转让合同或其他转让文件进行的。

卖方向买方转让不动产的义务，在不动产交付给买方并由双方签署转让文件后视为履行，但法律另有规定或合同另有约定的除外。

如果一方当事人拒绝按照合同约定的条款签署不动产转让文件，则视为卖方拒绝履行转让不动产的义务和买方拒绝该不动产。

买方接受不符合不动产买卖合同条款的不动产，包括不动产转让文件中规定的不符合条款的情况，不能作为免除卖方不适当履行合同的责任的依据。

第四百八十七条　转让质量不合格的不动产的后果

如果卖方向买方转让的不动产不符合不动产买卖合同中的质量条款，则适用本法第434条的规则，但关于买方有权要求用合格质量的商品替换不合规质量商品的规定除外。

第四百八十八条　住宅出售的特殊性

在买方购买后依法保留使用权的人所居住的住宅、公寓、部分住宅或部分公寓的买卖合同，其基本条件是这些人的名单及其对所出售住宅的使用权。

出售住宅、公寓、部分住宅或部分公寓的合同须经公证和国家登记。

第八节　企 业 买 卖

第四百八十九条　企业买卖合同

根据企业买卖合同，卖方有义务将作为财产综合体的企业整体移交买方所有，但卖方无权向他人转移的权利和义务的除外。

企业名称使用权、商标、服务标志和其他对卖方及其产品、所完成的工作或者服务的个别化手段的权利转移给买方，但合同另有约定的除外。

卖方依据特别许可（使用许可）取得的从事相应活动的权利不得转移给企业的买方，但法律另有规定的除外。在根据合同转让的企业构成中列入买方在没有该特别许可（使用许可）的情况下不能履行的主债务，并不免除卖方对债权人的相应债务。卖方和买方就未能履行该类义务对债权人承担连带责任。

第四百九十条　企业买卖合同的形式和国家登记

企业买卖合同通过编制一份由当事人签字的文件且须附上本法第 491 条第 2 款规定的文件以书面形式订立，并进行公证和国家登记。根据国家权力机关的决定，在竞买（投标）基础上签订的企业买卖合同不进行公证，但本法第 110 条第 2 款第 2 项规定的情况除外。

违反本条第 1 款规定的要求将导致合同无效。该合同自始无效，不得履行且不能适用本法第 112 条第 2 款和第 3 款规定。

第四百九十一条　拟出售企业的组成确定和价值评估

拟出售企业的组成和价值评估，应根据此类清查的既定规则对企业进行全面清查确定。

在签署企业买卖合同前，双方当事人应制作和审查库存清单、资产负债表、审计机构关于企业构成和价值的独立审计报告，以及列明债权人、债权性质、金额和期限的企业所有债务（负债）清单。上述文件中规定的财产、权利和义务由卖方转让给买方，但本法第 489 条和企业买卖合同另有约定的除外。

第四百九十二条　企业出售时债权人的权利

在企业转让给买方之前，卖方应书面通知拟出售企业所包含债务的债权人。

如果债权人没有书面向卖方表示同意债务转移，则有权在收到企业出售通知的 3 个月内，要求卖方终止或提前履行债务并赔偿损失，或确认企业买卖合同全部或部分无效。

未按本条第 1 款规定的方式收到企业出售通知的债权人，可在知道或应当知道卖方向买方转让企业之日起 1 年内，向法院提出满足本条第 2 款规定的要求的诉讼。

在企业转让给买方后，卖方和买方对纳入被转让企业构成的未经债权人同意而转由买方承担的债务承担连带责任。

第四百九十三条　企业的转让

卖方按照转让文件将企业转让给买方，转让文件载明企业构成和通知债权人出售企业的资料以及所转让财产的缺陷信息和因损失而无法转让的财产清单。

转让企业的准备工作，包括制作和提交签署转让文件，由卖方负责并承担费用，但合同另有约定的除外。

企业自双方当事人签署在转让文件之日起视为已交付给买方。自该时起，买方承担所移交的企业构成中的财产的意外损毁或灭失的风险。

第四百九十四条　企业所有权的转让

企业所有权自其国家登记之日起转移给买方。

在企业转让买方后立即进行买方对企业所有权的国家登记，但企业买卖合同另有约定的除外。

如果企业买卖合同约定卖方保留转移给买方的企业所有权，在企业价款完全支付之前或者发生其他情况之前，买方在所有权转移给他之前，有权在为保障作为财产综合体的企业活动的范围内处分纳入所转让企业的财产和权利。

第四百九十五条　瑕疵企业转让和接收的后果

卖方转让和买方依照转让文件接受其构成不符合合同约定的企业，包括所交付财产的质量不符合合同约定的后果，根据本法第 393 条至第 395 条、第 399 条、第 402 条、第 408 条、第 412 条规定确定，但合同和本条第 2、3 和 4 款另有规定的除外。

如果企业根据转让文件转让并被接受，而转让文件中载有关于企业缺陷和财产损失的信息，则买方有权要求相应减少购买企业的价格，但企业买卖合同约定在这种情况下可以提出其他请求权的除外。

如果卖方的债务（债）在企业买卖合同或转让文件中没有指明，则买方有权要求降低购买价格，但卖方证明买方在订立合同和转让企业时知道该债务（债）的除外。

卖方在收到买方关于所交付的企业构成中财产缺陷或者缺少应交付的某些种类财产的通知时，可以立即替换质量不合格的财产或向买方提供缺少的财产。

如果证实企业因卖方应负责的缺陷而不符合于企业买卖合同约定的目的且卖方没有按照本法、法律或在合同中涉及的条件、程序和期限消除这些缺陷或不可能消除这些缺陷，则买方有权请求法院终止或变更企业买卖合同，并返还双方根据合同履行所得。

第四百九十六条　法律行为无效后果和合同解除或变更规则适用于企业买卖合同

本法规定的关于法律行为无效的后果，以及关于因买卖合同变更或解除而返还或者依照合同向一方或双方实物追索的规则，适用于企业买卖合同，但这些后果严重侵害卖方和买方的债权人以及其他人的权利和受法律保护的利益，且违反本法第116条的规则的除外。

第三十章　互　　易

第四百九十七条　互易合同

根据互易合同，任何一方当事人都有义务将一商品交付给另一方当事人所有以换取另一商品。

关于买卖的规则可以相应地适用于互易合同，但违背本章规则和互易实质的除外。任何一方当事人均应被视为其承诺转让商品的卖方及承诺接受互易货物的买方。

按照法定程序进行国家登记的机动车互易合同应进行公证。

第四百九十八条　互易合同的价格和费用

互易商品推定价值相等，其转让与接受的费用由承担相应义务的当事人承担，但合同另有约定的除外。

如果根据互易合同，互易商品价值不等，有义务交付价格低于互易商品之价格的商品的一方当事人应在交付商品或其所有权文件后立即支付差价，但合同约定了其他支付方式的除外。

如果互易商品不等价，但其差价未在互易合同中约定，且无法根据合同条款确定，则应按本法第356条第4款规定确定。

第四百九十九条　互易合同商品交付义务的同时履行

在根据互易合同，互易商品的交付时间不一致的情况下，一方当事人在另一方当事人交付商品后履行商品交付的义务，适用债的同时履行规则。

第五百条　互易商品所有权的转让

互易商品的所有权在双方当事人履行交付相应商品的义务后，同时转让给作为互易合同买方的当事人，但法律或互易合同另有约定的除外。

第五百零一条　依照互易合同取得的商品被没收的责任

在被第三人追偿依照互易合同取得的商品的一方当事人，在存在本法第 395 条规定的理由时，有权要求另一方当事人返还其互易所取得的商品并（或）赔偿损失。

第三十一章　赠　　与

第五百零二条　赠与合同

根据赠与合同，一方当事人（赠与人）向另一方当事人（受赠人）无偿转让或负有义务转让物或财产权（请求）给自己或第三人，或免除对自己或对第三人的财产义务。

存在财产或权利的对待给付或者存在对待履行之债的合同不得视为赠与合同。本法第 124 条第 2 款的规则适用于该合同。

如果承诺以适当形式作出，且包含将来向具体的人无偿转让财产或权利或者免除其财产义务的明确意思表示，则无偿向某人转让财产或权利或免除某人的财产义务的承诺（赠与承诺）被视为赠与合同并约束承诺人。

承诺赠与全部财产或部分财产而不指明何物、何种权利或免除何种义务作为具体赠与对象的承诺自始无效。

规定在赠与人死亡后将财产转让给受赠人的合同自始无效。本法关于继承的规则适用于这种赠与。

第五百零三条　受赠人拒绝接受赠与

受赠人有权在转让赠与物前随时拒绝。在这种情况下，赠与合同视为终止。

如果赠与合同是以书面形式订立，拒绝赠与也必须以书面形式作出。如果赠与合同已经登记，拒绝接受赠与的行为也要进行国家登记。

如果赠与合同是以书面形式订立，则赠与人有权要求受赠人赔偿因拒绝接受赠与而造成的实际损失。

第五百零四条　赠与合同的形式

附有向赠与人转让赠与物的赠与可以口头作出，但本条第 3 款和第 5 款规定的情况除外。

赠与的转让应以交付、象征性转让（交付钥匙等）或交付所有权文件的方式进行。

在以下情况下，应以简单书面形式订立动产赠与合同：赠与人是法人；公民之间签订的金额超过最低工资 10 倍的合同；合同包含未来的赠与承诺。

在本条第 3 款规定的情况下，口头达成的赠与合同是无效的。

不动产赠与合同须经公证，并进行国家登记。

按照法律规定的程序进行国家登记的机动车赠与合同应进行公证。

第五百零五条　赠与限制

享有财产的经济管理权或经营管理权的法人，在征得所有人同意的情况下，有权赠与财产，但法律另有规定的除外。这一限制不适用于价值小的普通赠与。

在本法第 225 条规定下，共同共有财产的赠与须经全体共有人同意。

将属于赠与人的请求权赠与第三人，应遵守本法第 313 条至第 317 条、第 319 条和第 320 条规定。

租赁权或其他对他人之物的权利的赠与允许不需要物之所有权人或者经营管理权人的同意，但法律或者该权利所依据的合同禁止未经上述人等同意而转移权利的情形除外。

通过代替赠与人向第三人履行义务的方式进行的赠与，应遵守本法第 241 条第 1 款和第 2 款规定。

通过赠与人承担受赠人对第三人债务的方式进行的赠与，应遵守本法第 322 条第 1 款和第 2 款规定。

发给代理人的没有指明受赠人和赠与标的物的赠与合同自始无效。

第五百零六条　拒绝履行赠与合同

如果在合同签订后赠与人的财产状况发生实质性恶化，则赠与人有权拒绝履行包含将来转让财产或者权利给受赠人或者免除受赠人财产义务的承诺的合同。

赠与人有权根据本法第 507 条第 1 款规定的理由，拒绝履行包含承诺将来转让财产或者权利给受赠人或者免除受赠人财产义务的合同。

赠与人以本条规定的理由拒绝履行赠与合同的，受赠人无权要求对损失进行赔偿。

第五百零七条　撤销赠与

在受赠人对赠与人、其家庭成员或近亲属的生命或健康实施故意伤害行为的情况下，允许依照司法程序撤销赠与。

在受赠人故意剥夺赠与人生命的情况下，赠与人的继承人有权向法院请求撤销赠与。

如果受赠人对具有重大非财产价值的赠与物的处理有可能造成其无法挽回的损失，则赠与人有权向法院请求撤销赠与。

应利害关系人的要求，法院可以撤销个人企业家或法人违反破产相关的规定，在其宣布破产前一年的经营活动中所作的赠与。

赠与合同可以约定赠与人有权在受赠人去世后撤销赠与。

在撤销赠与的情况下，受赠人有义务返还在撤销赠与时还保持原状的赠与物。

第五百零八条　不能拒绝履行赠与合同和不能撤销赠与的情形

关于拒绝履行赠与合同和撤销赠与的规则不适用于口头赠与合同。

第五百零九条　瑕疵财产赠与的后果

因赠与物的瑕疵对受赠公民的生命、健康或财产造成的损害，应由赠与人根据本法第57章规定予以赔偿，但须证明该瑕疵产生于将该物转让给受赠人之前，且不属于明显瑕疵，而赠与人虽知悉瑕疵，但未就瑕疵通知受赠人。

第五百一十条　承诺赠与时继承

根据赠与合同承诺的受赠人的权利不应转移给其继承人（权利概括转移承继人），但赠与合同另有约定的除外。

根据赠与合同承诺的赠与人的义务应转移给其继承人（权利概括转移承继人），但赠与合同另有约定的除外。

第五百一十一条　捐赠

捐赠是指为公共利益目的的赠与。

可以由公民、医疗机构、教育机构、社会保障机构和其他类似机构、慈善机构、科学和教学机构、基金会、博物馆和其他文化机构、社会组织和宗教组织以及国家和其他民事权利主体发起捐赠。

捐赠不需要任何人的批准或同意。

捐赠给公民的财产应当附有捐赠人规定按照特定用途使用该财产的条件，捐赠给法人的财产可以由捐赠人规定按照特定用途使用该财产的条件。在缺乏该条件时，捐赠给公民的财产视为普通赠与，而在其他情况下，捐赠人应根据财产的用途使用捐赠的财产。

接受捐赠的法人，在确定了具体用途后，应单独记录所有关于捐赠财产使用的业务。

如果因情况变化导致不可能按照捐赠人指定的用途使用捐赠财产，只有在捐赠人同意的情况下，以及在捐赠财产的自然人死亡或捐赠财产的法人重组或清算的情况下，依照法院判决将其用于其他用途。

捐赠财产的使用不符合捐赠人指定的用途，或违反本条第6款规定而改变用途，捐赠人、其继承人或其他权利概括转移承继人有权要求撤销捐赠。

本法第507条和第510条的规定不适用于捐赠。

第三十二章　年　　金

第一节　一般规定

第五百一十二条　年金合同

根据年金合同，一方当事人（年金取得人）将不动产或动产的所有权转移给另一方当事人（年金支付人），而年金支付人有义务定期向年金取得人支付一定数额的款项或者以其他形式为其提供生活资金以换取所取得的财产。

年金合同可以设定无限期支付年金的义务（永久年金）或者在年金取得人生存期间支付年金的义务（终身年金）。终身年金可以按照公民终身赡养费条件规定。

第五百一十三条　年金合同的形式

年金合同应经公证，规定以支付年金为条件的不动产转让合同还须进行国家登记。

第五百一十四条　以年金支付为条件的财产让与

以支付年金为条件而转让的财产，可以由年金取得人付款或无偿转让给年金支付人所有。

如果年金合同约定了付款才能转让财产，则当事人之间转让和付款的关系适用买卖合同的规则，在该财产是无偿转让时适用赠与合同的规则，但本章另有规定或违反年金合同实质的除外。

第五百一十五条　不动产年金担保

年金以土地、企业、建筑物、构筑物或其他不动产为担保。

在年金支付人转让该财产时，年金合同的债务转归财产的取得人承担。

将担保的不动产转让给他人所有的人，对年金取得人因违反年金合同而提出的索赔承担补充责任，但本法、其他法律或合同就该债明确了连带责任的除外。

第五百一十六条　年金支付担保

在以支付年金为条件转让土地或者其他不动产时，年金取得人取得对该财产的抵押权以担保年金支付人的债务。

以支付年金为条件而交纳现金或交付其他动产的合同的基本条款是年金支付人有义务对其债务履行提供担保，或者有义务为年金取得人的利益而将债务不履行或不适当履行的风险投保。

在年金支付人不履行本条第 2 款规定的义务的情况下，以及在非由年金取得人负责的情况而导致担保丧失或者担保条件恶化的情况下，年金取得人有权解除合同并要求赔偿因解除合同而造成的损失。

第五百一十七条　逾期支付年金的责任

如果租金合同没有规定另外的利息，在拖欠租金时租金支付人向受益人支付本法典第 327 条规定的利息。

第二节　永久年金

第五百一十八条　永久年金领受人

只有公民和非商业组织可以成为永久年金的领受人，只要其不违反法律并符合其活动的目的。

永久年金合同的永久年金领受人的权利可以通过继承或在法人重组期间进行转让，但法律另有规定或合同另有约定的除外。

第五百一十九条　永久年金的形式和数额

永久年金以货币形式支付，金额由合同确定，不超过财产使用的平均费率，该费率适用于与收受租金的财产和其他类似的财产的租赁；根据年金支付租金时，不得超过本法第 327 条规定的适当确定的银行利率。

合同可以约定以提供与年金价值相当的物品、完成与年金价值相当的工作或者服务的方式支付年金。

所支付年金的数额应根据使用财产的费率或银行利率的变化而按照比例变化，

但永久年金合同另有约定的除外。

第五百二十条 永久年金的支付期限

永久年金应在每个季度末支付，但合同另有约定的除外。

第五百二十一条 付款人赎买永久年金的权利

永久年金付款人有权通过赎买年金来拒绝继续支付年金。年金付款人在年金支付终止前至少3个月或在合同约定的更长期限内以书面形式声明的拒绝才有效。在这种情况下，年金支付债务在年金取得人收到全部赎买款项之后才终止，但合同约定了不同的赎买程序的除外。

永久年金支付人放弃赎买永久年金的权利的合同条款自始无效。

合同可以约定，赎买永久年金的权利不得在年金取得人生前或者在不超过自合同订立之时起30年内的其他期限内行使。

第五百二十二条 按照年金领受人的请求赎买永久年金

在下列情况下，永久年金领受人有权要求支付人赎买年金：

（1）年金付款人逾期支付年金超过一年，但合同另有约定的除外；

（2）年金付款人违反了自己的担保年金支付的债务；

（3）年金付款人被确认无支付能力或者出现其他情况表明将不能在合同约定的数额和期限内支付年金；

（4）以支付年金为条件而转移的不动产成为共同财产或者被数人分割；

（5）合同约定的其他情况。

第五百二十三条 永久年金的赎买价格

在本法第521条和第522条规定的情况下，永久年金的赎买应按合同约定的价格进行。

在依据以支付年金而有偿转移财产的合同中没有关于赎买价格的条款时，赎买按照与年度年金的付款数额一致的价格进行。

在依据以支付年金而有偿转移财产的合同中没有关于赎买价格的条款时，依照本法第356条第4款规定确定的所转让财产的价格与年金支付的年度总额，一并纳入赎买价格。

第五百二十四条 以支付永久年金为条件转让的财产意外损毁或灭失的风险

以支付永久年金而无偿转让财产的意外损毁或灭失的风险由年金支付人承担。

在为支付永久年金而有偿转让的财产意外损毁或灭失时，支付人有权要求相应地终止年金支付债务或者变更支付条件。

第三节 终身年金

第五百二十五条 终身年金的领受人

终身年金可以设定为在以支付年金而转让财产的公民生存期间或者在该公民指定的其他公民生存期间。

允许为数人的利益设立终身年金，他们在获取年金权利中的份额推定为同等份额，但合同另有约定的除外。

在年金领受人之一死亡的情况下，其在年金取得权利中的份额转归健在的年金取得人，但合同另有约定的除外；如果最后一个年金领受人死亡，则年金支付债务终止。

为在订立合同时已经死亡的公民的利益而设定终身年金的合同自始无效。

第五百二十六条 终身年金的数额

合同中约定的终身年金是指在年金取得人生存期间定期支付给他的款项。

在合同中约定的按月计算的终身年金的数额不得低于法律规定的最低工资，在本法第247条规定的情况下，年金数额必须增加。

第五百二十七条 终身年金的支付期限

终身年金应在每月的月底支付，但合同另有约定的除外。

第五百二十八条 按照年金领受人的请求解除终身年金合同

在年金支付人实质性违反终身年金合同的情况下，年金取得人有权要求年金支付人按照本法第523条规定的条件赎买年金，或解除合同并赔偿损失。

如果住宅套房、住宅大厦或者其他财产是以支付终身年金而无偿转让，则年金取得人有权在年金支付人实质性违反合同的情况下，要求返还该财产，并以年金的赎买价格抵销其成本。

第五百二十九条 以支付永久年金为条件转让的财产意外灭失或者意外损毁的风险

以支付永久年金为条件转让的财产意外灭失或者意外损毁的，不免除年金付款人按照合同规定的条件支付义务。

第三十三章 附有终身赡养条件的住宅（公寓）转让

第五百三十条 终身赡养合同

按照终身赡养合同，一方当事人（转让者）将其所有的住宅大厦、住宅套房、土地或者其他不动产转让给另一当事人（年金支付人）所有，而另一当事人有义务终身赡养因年龄或健康状况而残疾的公民（以住房、食品、护理和必要援助的形式）。

第五百三十一条　终身赡养合同的形式和条款

以终身赡养为条件的住宅（公寓）转让合同应约定向转让者提供哪些类型的物品供应，其每月的货币价值以及住宅（部分住宅）和公寓的价值。

拟转让的住宅房屋（部分房屋）、公寓和物质供应的价值由双方协议确定。

有生活保障条件的住宅（部分住宅）、公寓的转让合同应以书面形式签订，并按照本法第110条的规定进行公证。

第五百三十二条　当事人的权利和义务

根据终身赡养合同，年金支付人在合同有效期内无权出售该住宅（部分）、公寓，无权将其作为礼物赠送，无权抵押，也无权采取其他保障该住宅（部分）、公寓所有权的行动。该住宅（部分）、公寓不会因年金付款人债务的影响而被取消赎回权。

根据有终身赡养条件的住宅（公寓）转让合同，从转让人处得到的住宅（部分房屋）、公寓的意外毁坏，并不免除年金付款人在合同中承担的义务。

第五百三十三条　附有终身赡养条件住宅合同的变更或解除

如果住宅（部分）、公寓的年金付款人不履行或不适当地履行终身赡养合同的义务，则转让人可以要求以定期付款来替代终身赡养或者解除合同。

如因年金付款人无法控制的情况，其经济状况发生了变化，使其无法向转让人提供约定的生活费，或者转让人恢复了工作能力，则可根据转让人的要求解除以终身赡养为条件的住宅（公寓）转让合同。

如果根据本条第1款和第2款规定的理由，解除以终身赡养为条件的住宅（公寓）转让合同，则该住宅（部分住宅）、公寓应归还转让人。

如果应转让人的要求解除终身赡养合同，则年金付款人有权要求转让人赔偿住宅（部分住宅）、公寓在合同有效期内的维护费用。

第五百三十四条　附有终身赡养条件住宅转让合同义务转移给继承人

如果年金支付人死亡，终身赡养合同的义务应转移给其继承人。如果没有继承人或继承人拒绝履行终身赡养合同，则转让给年金支付人的住宅（部分住宅）、公寓应归还给转让人。

第三十四章　财产租赁（出租）

第一节　一 般 规 定

第五百三十五条　财产租赁合同

根据财产租赁合同，出租人有义务向承租人提供财产供其有偿临时占有和使用或者提供有偿使用。

第五百三十六条　承租人对承租财产的产品、孳息和收益的所有权

承租人因使用承租财产而获得的产品、孳息和其他收益应属于承租人所有，但法律另有规定或财产租赁合同另有约定的除外。

第五百三十七条　财产出租的客体

土地、地下资源地块和其他独立的自然资源客体、企业和其他财产综合体、建筑物、构筑物、设备、交通工具和其他在使用过程中不丧失其自然属性的物（非消耗品）可以出租。

法律可以规定禁止或者限制进行财产出租的企业类型（类别）和财产种类。

第五百三十八条　出租人

财产的出租权属于财产的所有权人。

依照法律或者所有权人的授权有权进行出租的人也可以成为出租人。

第五百三十九条　财产租赁合同的形式

超过一年期限的财产租赁合同，应当以书面形式签订，如果合同的一方当事人是法人，则无论其期限，都应以书面形式签订。

不动产租赁合同须经国家登记。

在将来把财产所有权转让给承租人的财产租赁合同应以该财产买卖合同约定的形式签订。

第五百四十条　财产租赁合同的期限

财产租赁合同应按合同约定期限订立。

如果合同中没有约定财产的出租期限，则合同视为不定期合同。在此情况下任何一方当事人都有权在任何时候在提前 1 个月书面通知另一方当事人后取消合同，在不动产出租的情况下应提前 3 个月通知。法律可以规定或合同可以约定预先告知终止不定期财产租赁合同的不同期限。

法律可以对某些种类的财产出租以及某些种类财产的出租规定最长（极限）

合同期限。在这些情况下，如果没有规定租赁期限或者任何一方当事人在法定最长期限届满前要求解除合同，则合同在最长期限届满前终止。租赁合同约定的期限超过法定最长期限的，其期限视为等于最长期限。

第五百四十一条 向承租人提供财产

出租人有义务向承租人提供符合合同条款和财产用途的财产。

提供财产的准备工作是出租人的责任，包括提供合同的起草协议和提交签署，并由其承担费用。

该财产应将连同其所有从物和相关文件（技术数据表、质量证书等）一并移交出租，但合同另有约定的除外。如果承租人不能按预定用途使用财产或被严重剥夺了订立合同时的权利，承租人可以要求出租人提供这些从物和文件或要求解除合同并赔偿损失。

如果出租人没有在合同约定期限内向承租人提供财产，或在合同中没有约定该期限，而出租人没有在合理期限内提供该财产的，承租人有权根据本法第 331 条向出租人索要该财产并要求赔偿因逾期履行造成的损失，或要求解除合同并赔偿因不履行造成的损失。

第五百四十二条 出租人对出租财产的瑕疵责任

出租人对出租财产的完全或者部分妨碍财产使用的瑕疵承担责任，甚至是在订立合同时他不知道的瑕疵。在出现此类瑕疵时，承租人有权选择要求：

（1）出租人要么无偿消除瑕疵，要么按比例减少租金，要么赔偿消除瑕疵的费用。

（2）在事先通知出租人后从财产使用金中直接扣除消除瑕疵的费用。

（3）要求提前终止合同。

出租人在收到承租人的要求或承租人打算由出租人承担费用对财产缺陷进行补救的通知后，出租人可以立即用其他类似的状态良好的财产替换所出租的财产或免费弥补财产的瑕疵。

如果满足承租人的要求或从财产的使用租金中扣除消除瑕疵的费用仍不足以抵偿给承租人造成的损失，则承租人有权要求赔偿没有被抵偿的损失部分。

出租人对其在订立合同时规定的或者承租人事先知道的或在合同订立时或出租财产时在检查财产或其适用性时应当发现的出租财产的任何瑕疵，不承担责任。

第五百四十三条　第三人对出租财产的权利

将财产出租并不构成终止或变更第三人对该财产的权利的理由。

在订立合同时，出租人有义务告知承租人第三人对出租财产的所有权利（役权、抵押权等）。如果出租人不履行该义务，承租人有权要求降低财产使用租金或解除合同并赔偿损失。

第五百四十四条　财产使用租金

承租人有义务及时缴纳财产使用租金。

租金缴纳的方式、条件和期限应由财产租赁合同确定。在合同没有约定时，按照类似财产在可比情况下通常使用的方式、条件和期限。

租金按以下形式对承租财产的整体或者各构成部分单独规定：

（1）以定期或者一次性交付的固定租金数额；

（2）从使用租用财产所获得的产品、孳息或收入中提取固定份额；

（3）承租人提供规定的服务；

（4）承租人向出租人交付合同约定的物归其所有或者承租；

（5）承租人承担合同约定的改善承租财产的费用。

双方当事人可以在租赁合同中约定组合本条第3款所述的财产使用费的支付方式或者其他支付方式。

财产使用的租金数额可依据双方当事人的合同在合同约定的期限内进行变更，每年不得超过一次，但财产租赁合同另有约定的除外。法律可对某些类型的租赁以及某些类型的财产租赁的付款额度的修改规定其他最低期限。

如果因非承租人责任的情况使合同约定的使用条件或财产的状况严重恶化，则承租人有权要求相应减少费用，但法律另有规定的除外。

在承租人严重违反财产使用租金的缴纳期限的情况下，出租人有权要求承租人在出租人规定期限内提前缴纳租金，但合同另有约定的除外。出租人不得连续两次以上要求提前支付财产使用租金。

第五百四十五条　承租财产的使用

承租人有义务按照合同约定的条款使用财产，如果合同中未约定此类条款，则应按照财产的用途使用。

如果承租人不按照合同条款或财产用途使用财产，无视出租人的书面警告，则出租人有权要求提前终止合同并赔偿损失。

第五百四十六条 承租财产的处分

承租人经出租人同意有权将承租财产出租（转租），将其在财产租赁合同中的权利和义务转让给他人（移转），有权将租赁财产提供给他人无偿使用，以及将这些权利抵押或者作为商业合伙和公司的注册资本投资或者生产合作社的股份出资，但法律另有规定的除外。在上述情况下，除转租外，承租人仍对出租人承担合同责任。向他人转让财产的合同期限不得超过租赁合同的期限。

此类转租合同适用财产租赁合同的规则，但法律另有规定的除外。

第五百四十七条 出租人维护承租财产的义务

出租人有义务自费对承租财产进行重大维修，但法律另有规定或合同另有约定的除外。

出租人有义务自费维修因不可归责于承租人的情形导致的紧急需要。

重大维修必须在租赁合同约定的期限内进行，如果合同没有约定该期限或者因紧急需要，则应当在合理期限内进行。

出租人违反进行重大维修的义务，承租人有权自己选择：

（1）进行合同约定的或者因紧急需要引起的重大维修，并向出租人收取维修费用或者从财产使用租金中扣除；

（2）要求相应减少财产使用租金；

（3）要求提前解除合同并赔偿损失。

第五百四十八条 承租人维护承租财产的义务

承租人有义务将财产保持在良好状态，自费进行日常维修并承担财产维护的费用，但法律另有规定或合同另有约定的除外。

第五百四十九条 在当事人变更的情况下保留财产租赁合同的效力

所出租财产的所有权（经济管理、经营管理、终身可继承占有）转让给他人，不得作为变更或终止财产租赁合同的依据。

在作为不动产承租人的公民死亡的情况下，其依照该租赁合同的权利和义务转移给其继承人，但法律另有规定或合同另有约定的除外。出租人无权拒绝该继承人在合同剩余有效期内参与合同，但合同的签订是以承租人的个人特性为条件的除外。

第五百五十条 财产租赁合同提前终止时转租合同的终止

财产租赁合同的提前终止将导致根据该合同签订的转租合同终止，但财产租赁合同另有约定的除外。在这种情况下，转承租人可以对处于在其使用中的财产在剩余租赁期内，在与终止的财产租赁合同条款一致的条件下订立出租合同。

如果财产租赁合同根据本法规定的理由被确认为无效，则根据该合同签订的转租合同也无效。

第五百五十一条　按照出租人的要求提前解除财产租赁合同

在承租人有下列行为时可以按照出租人的要求由法院提前解除财产租赁合同：使用财产严重违反合同条款或财产用途或者多次违反，不顾出租人的书面警告；严重损坏财产；在合同约定的期限届满后连续两次以上未缴纳财产使用租金；不在合同约定的期限内或者在合同中没有约定该期限时，未在合理期限内对财产进行重大维修。

财产租赁合同也可以由出租人根据本法第382条要求提出解除合同的其他依据。

出租人只有在向承租人发出书面通知并提供合理机会履行自己债务后才有权要求提前解除合同。

第五百五十二条　按照承租人的要求提前解除财产租赁合同

在以下情况下，法院可按照承租人的要求提前解除租赁合同：出租人没有提供财产供承租人使用，或者制造障碍妨碍按照合同条件或者财产用途使用财产；交付给承租人的财产存在妨碍其使用的缺陷，而这些缺陷并非出租人在签订合同时约定的，承租人事先未知晓，且承租人在签订合同时，检查财产或其适用性时也无法发现；出租人未能在合同约定的期限内对财产进行重大修理，或在合同未约定期限的情况下，未能在合理期限内对财产进行重大修理；承租人不负责任导致财产无法使用。

根据本法第382条的规定，财产租赁合同可应承租人的要求提前规定解除合同的其他理由。

第五百五十三条　承租人订立新期限合同的优先权

适当履行了自己义务的承租人在合同期限届满时享有在同等条件下优先于他人订立新期限的财产租赁合同的权利，但法律另有规定或合同另有约定的除外。承租人有义务书面通知出租人希望在财产租赁合同中约定的期限内订立合同，如果合同未约定该期限，则承租人必须在合同期届满前的合理时间订立合同。

在订立新期限的财产租赁合同时，合同条款可依照双方的协议变更。

如果出租人拒绝与承租人订立新期限合同，但在自财产租赁合同期限届满之日起1年内与他人已经订立了财产租赁合同，则承租人有权向法院要求转移所订立合同中的权利义务并要求赔偿因拒绝与其续签合同而造成的损失，或者只要求赔偿损失。

如果承租人在合同期限届满后继续使用财产且出租人未提出异议，则该合同视为在相同条件下被设立为不定期合同。

第五百五十四条　向出租人返还财产

财产租赁合同终止后，承租人有义务将考虑正常损耗后，处于其取得时状态的财产或者将处于合同约定状态的财产归还给出租人。

如果承租人未归还或未及时归还所租用的财产，则出租人有权要求缴纳整个延迟期间的财产使用租金。如果上述费用不足以弥补给出租人造成的损失，出租人可要求偿还。

在合同对逾期返还承租财产规定了违约金的情况下，出租人对于超出违约金的损失可以全额追索，但合同另有约定的除外。

第五百五十五条　承租财产的改良

承租人对财产进行的可分离的改良属于其所有的财产，但财产租赁合同另有约定的除外。

在承租人自费并经出租人同意，对承租财产进行非对财产造成损害否则不能分离的改良时，承租人在合同终止后有权要求赔偿这些改善的价值，但合同另有约定的除外。

未经出租人同意，承租人对承租财产进行不可分离的改良不予以赔偿，但法律另有规定的除外。

以扣除财产折旧为代价而对财产进行的可分离和不可分离的改良均为出租人所有的财产。

第五百五十六条　承租财产的赎买

财产租赁合同可约定，在财产租用期届满后或届满前，只要承租人支付合同约定的全部赎回价款，租用财产即转归承租人所有。

如果合同未约定承租财产的赎买条件，则可由双方当事人以补充协议来确定。在此情况下，当事人有权就先前支付的财产使用租金抵销赎买价格达成协议。

法律可以规定禁止赎买承租财产的情形。

第五百五十七条　财产租赁的某些种类和某些种类财产租赁的特殊性

本款规定适用于某些种类的租赁合同和某些类型财产的租赁合同（出租、机动车辆租赁、企业租赁、融资租赁），但本法对其另有规定的除外。

第二节　动 产 租 赁

第五百五十八条　动产租赁合同

根据动产租赁合同，出租人将财产出租作为日常经营活动，有义务向承租人交付动产供其有偿临时占有和使用。

根据动产租赁合同提供的财产用于消费目的，但合同另有约定或从债的实质得出不同要求的除外。

动产租赁合同应以书面形式订立。动产租赁合同是公开合同。

第五百五十九条　动产租赁合同的期限

动产租赁合同期限不超过一年。

关于财产租赁合同更新为不定期合同以及承租人优先续订财产租赁合同的规则不适用于动产租赁合同。

承租人有权在任何时候取消动产租赁合同。

第五百六十条　向承租人提供财产

订立动产租赁合同的出租人有义务在承租人在场时检查所出租财产的完好性，并让承租人了解财产的使用规则，或者向其提供使用财产的书面说明。

第五百六十一条　消除出租财产的瑕疵

出租财产的瑕疵是因承租人违反财产的使用和维护规则造成的，则承租人应向出租人支付财产的维修和运输费用。

第五百六十二条　动产租赁财产使用租金

根据动产租赁合同，财产使用租金应以定期或一次性支付固定金额的形式确定。

在承租人提前返还财产的情况下，出租人将已交付的自实际返还财产之日起次日后的部分财产使用租金返还承租人。

向承租人追索缴纳财产使用租金应依据公证处的执行书，按照非纠纷程序进行。

第五百六十三条　承租财产的使用

根据动产租赁合同出租财产的重大维修和日常维修均由出租人负责。

禁止将按照动产租赁合同提供给承租人的财产转租，禁止承租人将其在动产租赁合同中的权利和义务转让给他人、免费使用该财产，禁止将承租人的权利抵押以及将其作为对合伙企业和公司的财产出资、对生产合作社的股份投资。

第三节　交通工具租赁

第五百六十四条　交通工具租赁合同

根据带乘务组的交通工具租赁合同，出租人有义务向承租人提供交通工具以供有偿临时占有和使用，并提供交通工具管理和技术操作服务。

根据无乘务组的交通工具租赁合同，出租人有义务向承租人提供交通工具以供有偿临时占有和使用，但不提供交通工具管理和技术操作服务。

本章关于无限期续订租赁合同以及承租人优先续订租赁合同的规则，不适用于交通工具租赁合同。

第五百六十五条　交通工具租赁合同的形式

交通工具租赁合同，无论其期限长短，都必须以书面形式订立。

按照法定程序需要国家登记的交通工具租赁合同必须经过公证。

第五百六十六条　出租人在附带提供维修、管理和技术操作服务时交通工具租赁的义务

在整个合同效力期限内，出租人有义务将所出租的交通工具处于适当的状态，包括进行日常维修和重大维修，并提供必要的配件。

出租人向承租人提供的交通工具的管理和技术操作服务，应当保障按照合同约定的租赁目的正常和安全地使用交通工具。租赁合同可以约定向承租人提供更广泛的服务。

交通工具乘务组的构成及其技术水平应当符合对双方当事人而言具有约束力的规则和合同条件，如果对双方当事人具有强制力的规则没有规定这些要求，则应当符合该种交通工具的通常使用实践的要求和合同条件。

乘务组的成员保持跟出租人的雇佣关系。他们遵守出租人的管理和技术操作的指令和承租人的涉及交通工具商业性使用的指令。

出租人应承担乘务组成员的服务费用以及维修费用，但交通工具租赁合同另有约定的除外。

在法律规定或合同约定必须强制性投保时，出租人有义务为交通工具投保和（或）可能造成的损害或者与使用有关的损害投保，这种保险是强制性的，但交通工具租赁合同另有约定的除外。

第五百六十七条　承租人支付与交通工具商业使用有关的费用的义务

承租人应承担在使用过程中消耗的燃料以及其他材料的费用、支付与交通工具商业使用有关的费用和其他开支，但交通工具租赁合同另有约定的除外。

第五百六十八条　承租人在交通工具租赁没有提供维修、管理和技术操作服务时的义务

在交通工具租赁合同的整个期限内，承租人有义务保持所出租的交通工具的适当状态，包括进行日常维修和重大维修，但合同另有约定的除外。

承租人应自行管理租赁的交通工具及其商业和技术操作。

承租人应承担租赁交通工具的维修费、保险费，包括其责任保险费以及与使用交通工具有关的费用，但合同另有约定的除外。

第五百六十九条　与第三人签订的使用交通工具的合同

在征得出租人同意的情况下，承租人有权根据带有或者不带有乘务组的租赁合同转租所出租的交通工具，但租赁合同另有约定的除外。

承租人有权不经出租人同意，以自己的名义与第三人订立运输合同和其他合同，但它们不得违背租赁合同中约定的交通工具的使用目的，如果没有规定这些目的，则不得违背交通工具的用途。

第五百七十条　造成交通工具损害的责任

在出租的交通工具损毁或者灭失的情况下，如果出租人证明交通工具的损毁或灭失是因法律规定或合同约定的承租人负责的事由造成，则承租人有义务赔偿给出租人所造成的损失。

第五百七十一条　交通工具致害的责任

出租人应根据本法第 57 章的规定，对交通工具及其机械、设施、设备等给第三人造成的损失承担责任。如果证明损害是因承租人的过错造成，则出租人有权向承租人追偿支付给第三人的赔偿款项。

在没有提供维护、管理和技术操作的情况下进行租赁，交通工具及其机械、设施、设备等对第三人造成的损失，应由承租人按照本法第 57 章的规定承担。

第五百七十二条　某些类型的交通工具租赁的特殊性

除本章规定外，法律可以规定某些类型的交通工具租赁的特殊性。

第四节　建筑物和构筑物租赁

第五百七十三条　建筑物或构筑物租赁合同

根据建筑物或构筑物租赁合同，出租人有义务将建筑物或构筑物转让给承租人临时占有和使用。

本款的规则适用于企业租赁，但本法关于企业租赁的规则另有规定的除外。

第五百七十四条　建筑物或构筑物租赁合同的形式和国家登记

建筑物或构筑物租赁合同应以书面形式订立，由双方当事人签署。

违反建筑物或构筑物租赁合同形式的合同无效。

公民之间的建筑物或构筑物或其部分的租赁合同必须经过公证。

期限不少于 1 年的建筑物或构筑物租赁合同须经国家登记，在登记时视为订立。

第五百七十五条　在租赁土地上的建筑物或构筑物时土地的权利

根据建筑物或构筑物租赁合同，承租人在转让该不动产的所有权和使用权的同时，应转让对该不动产所占用的并为其使用所必需的那部分地块的权利。

如果出租人是所出租的建筑物或构筑物所在土地的所有权人，则承租人有权根据建筑物或构筑物租赁合同对该土地的相关部分享有租赁权或其他权利。

如果合同没有明确约定转让给承租人的相关土地的权利，则在建筑物或构筑物的租赁期内，承租人有权根据其用途使用建筑物或构筑物所占用的部分土地。

未经土地所有权人同意，允许租赁土地上不属于出租人所有的建筑物或构筑物存在，但违背法律规定的土地使用条件或与土地所有权人达成的合同的除外。

第五百七十六条　在建筑物或构筑物出售时承租人保留土地使用权

如果出租的建筑物或构筑物所在的土地出售给他人，则建筑物或构筑物的承租人仍有权按照土地出售前的条件，使用该建筑物或构筑物所占用并为其使用所必需的部分土地。

第五百七十七条　租金数额

建筑物或构筑物租赁合同必须约定租金的数额。如果双方未就租金数额达成书面协议，则视为未订立建筑物或构筑物租赁合同。在这种情况下，不适用本法第 356 条第 4 款规定的价格确定规则。

租赁合同约定的建筑物或构筑物的租金包括使用其所在土地或与其一起转让的土地的相应部分的租金，但法律另有规定或合同另有约定的除外。

如果合同约定建筑物或构筑物的租金是按建筑物（构筑物）的单位面积或其他指标确定，则租金应根据转让给承租人的建筑物或构筑物的实际面积确定。

第五百七十八条　建筑物或构筑物的转让

出租人转让建筑物或构筑物，承租人接受转让，应根据双方签署的转让书或其他转让文件进行。

出租人向承租人转让建筑物或构筑物的义务，在该建筑物或构筑物交付承租人占有或使用且双方签署相关转让文件后视为履行，但法律规定或建筑物、构筑物租赁合同另有约定的除外。

任何一方当事人没有根据合同条款签署转让建筑物或构筑物的文件，则视为出租人拒绝履行转让财产的义务以及承租人拒绝接受该财产。

建筑物或构筑物的租赁终止后，必须按照本条规定，将租赁的建筑物或构筑物归还给出租人。

第五节　企 业 租 赁

第五百七十九条　企业租赁合同

根据企业租赁合同，出租人有义务向承租人有偿提供作为财产综合体的整个企业或其部分供其临时占有和使用，但出租人无权向他人转让的权利义务除外。

出租人有义务将债务转移给承租人的情况通知其债权人，债权人在不同意该债务转移时有权自收到通知之日起 3 个月内要求出租人终止或提前履行相应债务，并赔偿由此造成的损失。

如果在上述期限内债权人没有提出任何请求，则视为债权人同意将相应债务转移给承租人。

只有在与要求出租人终止或提前履行义务的债权人达成和解后，企业才能转让给承租人。

在作为财产综合体的企业交付租赁后，出租人和承租人应对转让企业中未经债权人同意转给承租人的债务承担连带责任。

出租人根据从事相关活动的特别许可证（执照）获得的权利不得转让给承租人，但法律另有规定的除外。纳入依照合同移交的企业构成的债务，承租人在没有该特别批准（许可）将不能履行时，不免除出租人对债权人的相应债务。

第五百八十条　企业租赁合同的形式

企业租赁协议应以书面形式订立，起草一份由双方签署的单一文件，并应进行公证和国家登记。

企业租赁合同自进行国家登记之时起视为订立。

违反企业租赁合同的形式的合同无效。

第五百八十一条　所出租企业的移交

向承租人移交企业依照移交文件进行。

所出租企业的移交准备，包括编制和提交签署移交文件，是出租人的义务并由其承担费用，但租赁合同另有约定的除外。

第五百八十二条　承租人维护企业和支付企业运营费用的义务

在整个合同效力期限内，承租人有义务将企业保持在适当的技术状态，包括进行日常维修和在合同约定的情况下的重大维修。

承租人应承担与租赁企业经营有关的费用，以及支付租赁财产的保险费、税费和其他必须支付的费用，但合同另有约定的除外。

第五百八十三条　使用承租企业的财产

如果法律没有另行规定或合同没有另行约定，承租人有权不经出租人同意而将作为企业财产的有形资产出售、交换、出借或者临时使用或者借用、转租并可在不减少企业价值或不违反企业租赁合同及其他规定的条件下将租赁合同的权利义务移转于第三人。

承租人有权在不征得出租人同意的情况下，对所承租的企业财产进行增值性改造、扩建、技术重装，但租赁合同另有约定的除外。

第五百八十四条　承租人对所承租企业的改良

企业承租人有权要求赔偿其对承租财产所进行的不可分离的改善的费用，无论出租人是否同意进行这些改善，但企业租赁合同另有约定的除外。

如果出租人能证明承租人的改善费用超过了承租财产的价值，和对其使用特性的改善不成比例，或在进行改善时违反了诚信和合理的原则，则法院可免除出租人赔偿承租人改善费用的义务。

第五百八十五条　法律行为无效后果和合同解除或变更规则适用于企业租赁合同

本法关于法律行为无效的后果、解除和变更合同的规则，规定的返还或者收回一方当事人或者双方当事人依照合同取得的实物，适用于企业租赁合同，但这些后果不得严重侵犯出租人和承租人的债权人、其他人的权利和受法律保护的利益，也不得违背本法第116条的规则。

第五百八十六条　返还承租企业

企业租赁合同终止时，必须按照本法第579条和第581条规定，将作为财产综合体的企业整体返还给出租人。

第六节　融资租赁

第五百八十七条　融资租赁合同

根据融资租赁合同，一方当事人（出租人）代表另一方当事人（承租人），承诺与第三人卖方订立合同，为承租人从卖方处购买财产，而承租人向出租人支付租金。

第五百八十八条　融资租赁客体

融资租赁客体可以是任何用于经营活动的非消耗物，但土地和其他自然资源除外。

第五百八十九条　融资租赁主体

出租人是指获得财产以便根据租赁合同将其交付给承租人的人。

承租人是指取得租赁物并由其占有和使用的人。

卖方是指出租人从其手中获得租赁物的人。

如果出租人从将来的使用者处购买财产，或者如果出租人向生产者提供资金以便购买财产，然后将其出租给同一个人，承租人和卖方可以混同为一个人。

第五百九十条　租金支付

租金支付是承租人向出租人支付租赁物的价值以及出租人的利息收入。

第五百九十一条　卖方关于租赁财产出租的通知

出租人在为承租人购买财产时，应通知卖方该财产拟出租给某人。

第五百九十二条　向承租人移交融资租赁合同标的物

作为合同标的物的财产应由卖方在承租人所在地直接交付给承租人，但租赁合同另有约定的除外。

因出租人负责的情况，当合同标的物在合同约定的期限内，合同未约定该期限在合理期限内，未移交给承租人时，承租人有权要求取消合同并赔偿损失。

第五百九十三条　将财产意外损毁或灭失的风险转移承租人

租赁财产的意外损毁或意外灭失的风险，在财产移交给承租人时转移给承租人，但租赁合同另有约定的除外。

第五百九十四条　出租人的义务和责任

出租人有义务在符合合同条款的条件下，在合同约定期限向承租人提供租赁财产。

出租人因其过错和不作为而未交付、少交付、迟延交付或交付的财产质量不合格对承租人承担责任。

第五百九十五条　承租人的权利

在未交付、少交付、迟延交付或交付的财产质量不合格的情况下，除合同另有约定外，承租人有权：

（1）延迟支付租金；

（2）放弃交付财产并要求解除租赁合同。

在租赁合同提前终止的情况下，承租人有权要求返还其之前支付的预付款，减去其从使用租赁财产中获得的利益价值。

租赁合同期限届满后，租赁财产应转为承租人所有，但合同另有约定的除外。

第五百九十六条　转租

经出租人同意，承租人有权将根据租赁合同获得的财产转租，但仍根据合同对出租人负责。

第五百九十七条　承租人的义务和责任

承租人有义务及时支付租金，按照交付条件使用财产，保持财产的良好状态，自费进行日常维修，承担其他维护费用，但租赁合同另有约定的除外。

租赁合同终止后，承租人应考虑到财产的正常损耗和变化，将财产按照其从出租人处得到的财产的状况归还财产。

如果承租人不履行支付租金的义务，则出租人可以收取应付给承租人的款项和利息。

如果承租人严重违反其义务，出租人可以要求提前支付将来的租金或者要求终止合同，收回租赁财产并追偿损失，但租赁合同另有约定的除外。

第五百九十八条　卖方的责任

承租人有权直接向作为融资租赁合同标的之财产的卖方提出因出卖人与出租人之间签订的买卖合同而产生的索赔，特别是有关财产的质量和完整性、交付期限以及其他不适当履行合同的情况。在此情况下，承租人享有本法为买方规定的权利并承担义务（支付所购财产的义务除外），等同其是上述财产的买卖合同的当事人。

但承租人未经出租人同意，不得解除与卖方的买卖合同。

对卖方而言，承租人和出租人为连带债权人。

如果租赁合同没有另行约定，则出租人对卖方履行因买卖合同产生的请求不对承租人负责，但由出租人负责选择卖方的情况除外。在后一种情况下，承租人有权选择直接向财产卖方或向出租人提出因买卖合同而产生的索赔，出租人和卖方应承担连带责任。

第五百九十九条　在租赁财产转让给另一个所有人时，保留租赁合同的效力

当租赁财产的所有权从出租人手中转移到另一个人手中时，租赁合同对新的所有人仍然有效。

第三十五章　住 宅 租 赁

第六百条　住宅租赁合同

根据住宅租赁合同，一方当事人——住宅的所有权人或其授权的人（出租人）有义务向另一方当事人（承租人）提供住宅，供其有偿占有和使用。

法人可以根据租赁合同或其他合同占有和/或使用住宅。法人只能将住宅用于公民住宿。

第六百零一条　公共住房专用基金住宅租赁合同

根据住宅租赁合同，向公民提供指定用途的公共住宅。根据住宅租赁合同与承租人共同生活的家庭成员应与承租人平等享有住宅租赁合同约定的所有权利并承担所有义务。

根据承租人及其家庭成员的要求，可与其中一名家庭成员签订合同。如果承租人死亡或离开住宅，则应与居住在住宅内的一名家庭成员签订合同。

公共住房专用基金住宅租赁合同是根据住房法规定的理由、条件和程序订立的。本法第603条、第604条、第607条、第609条、第610条和第613条第1、2、3款的规则适用于这种合同。本法的其他规定应适用于公共住房专用基金住宅租赁合同，但法律另有规定的除外。

第六百零二条　住宅租赁合同的标的

住宅租赁合同的标的是适合永久居住的独立住房（公寓、住宅、部分公寓或部分住宅）。

根据住房相关法律规定的程序确定住宅的可居住性。

公寓楼内住宅用房的承租人在使用住宅用房的同时，应使用本法第 211 条规定的财产。

第六百零三条　住宅租赁合同的形式

住宅租赁合同应以书面形式签订。

公民之间的住宅租赁合同应进行公证。

第六百零四条　住房所有权转移时住宅租赁合同有效

租赁合同约定的住宅所有权转让不导致合同的变更或终止。在这种情况下，新业主根据之前签订的租赁合同的条款成为住宅出租人。

第六百零五条　住宅出租人的义务

出租人有义务为承租人提供适合永久居住的空置住宅。

出租人有义务对租赁住宅所在的公寓楼进行适当维护，有偿向承租人提供或确保提供必要的公共设施，确保对公寓楼的公共财产和住宅内的公共服务设备的维修。

第六百零六条　承租人和与其长期居住的公民

只有公民才能成为住宅租赁合同的承租人。

合同应明确约定与承租人长期居住在住宅的公民。如果合同中没有此类约定，则按照本法第 608 条规定安置这些公民。

与承租人长期居住的公民与承租人享有同等权利使用该住所。承租人和这些公民之间的关系由法律规定。

承租人对与其一起长期居住的公民违反租赁合同的行为向出租人承担责任。

与承租人长期居住的公民在告知出租人后，可以与出租人签订一份合同，规定承租人要为居住在该住宅的所有公民向出租人承担连带责任。在这种情况下，这些公民是共同承租人。

第六百零七条　承租人的义务

承租人有义务只按照预定用途使用住宅，确保住宅的安全并保持其适当状态。

未经出租人同意，承租人不得对住宅进行改建或改造。

承租人有义务按时支付租金。承租人有义务自己支付公共服务费用，但合同另有约定的除外。

第六百零八条　将新的家庭成员纳入住宅租赁合同

住宅的承租人及其家庭成员有权要求将其他公民作为家庭成员纳入住宅租赁合同中。将这些公民纳入租赁合同的程序和条件应由法律确定。

第六百零九条　临时居住者

承租人和与其长期居住的公民在出租人一致同意和事先通知出租人的情况下，有权允许临时住户（使用者）免费居住在住宅内。在临时居住者不遵守人均居住面积标准的法律要求时，出租人可以禁止临时居住者居住。临时居住者的居住时间不得超过6个月。

临时住户没有独立使用住宅的权利。承租人对他们的行为承担责任。

临时住户有义务在约定的居住期限届满时搬出住宅，如果没有约定，则在承租人或任何长期居住在该住宅的公民提出要求之日起7日内。

第六百一十条　租赁住宅的维修

租赁住宅的日常维修应由承租人负责，但住宅租赁合同另有约定的除外。

租赁住宅的重大维修应由出租人负责，但住宅租赁合同另有约定的除外。

未经承租人同意，不得对出租住宅进行对住宅的使用条件有重大影响的改造。

第六百一十一条　住宅租赁的租金

住宅租赁的租金数额应由双方当事人在住宅租赁合同中约定。如果法律规定了住宅的最高租金数额，则合同约定的租金数额不得超过该数额。

不允许单方变更租金，但法律另有规定或合同另有约定的除外。

承租人必须在合同约定的期限内支付租金。如果合同没有约定期限，承租人应按照法律规定的方式按月支付。

第六百一十二条　住宅租赁合同的期限

住宅租赁合同的期限不得超过5年。如果合同没有约定期限，则视为订立5年的合同。

本法第606条第2款和第3款、第609条、本条第3款、第613条和第614条规定，不适用于签订期限不超过1年的住宅租赁合同（短期租赁），但合同另有约定的除外。

承租人有权优先订立新期限合同。

如果出租人决定至少1年不出租住宅，则可以拒绝签订新合同。

第六百一十三条　住宅转租

根据住宅转租合同，承租人在征得出租人同意后，可以将其租用的部分或全部住宅转让给转租人使用一段时期。转租人并没有获得独立的公寓使用权。根据租赁合同，承租人对出租人负责。

在符合人均居住空间标准的法律要求的情况下，可以签订住房转租合同。

住宅转租合同是有偿的。

住宅转租合同的期限不得超过住宅租赁合同的期限。

如果住宅租赁合同提前终止，住宅转租合同同时终止。

住宅转租合同不受关于签订新期限合同的优先权的规则约束。

第六百一十四条　住宅租赁合同中承租人的替换

根据承租人和与其长期居住的公民的要求，并经出租人同意，承租人可以更换为在住宅租赁合同中与其长期居住的成年公民。

如果承租人死亡或离开住宅，合同按相同的条款继续履行，与承租人长期居住的公民根据他们之间的合同成为承租人。如果没有达成这样的合同，所有长期居住在该住宅的公民应成为共同承租人。

第六百一十五条　租赁合同的解除

住宅租赁合同应在双方同意的情况下解除。

住宅的承租人有权在任何时候经长期居住的其他公民的同意，提前3个月书面通知出租人解除住宅租赁合同。

在下列情况下，可应出租人的请求，通过司法程序解除住宅租赁合同：

承租人在6个月内未支付租金，但住宅租赁合同约定了更长期限的除外；如果是短期租赁，在约定的支付期限届满后超过两次未支付租金；承租人或承租人对其行为负责的其他人破坏或损害住宅。

在下列情况下，根据合同任何一方当事人的要求，可通过司法程序解除住宅租赁合同：

（1）住宅不再适合长期居住，并且处于紧急情况；

（2）住宅法规定的其他情况。

如果住宅的承租人或其所负责的其他人违反住宅用途使用住宅或者系统地侵犯邻居的权利和利益，出租人可以警告承租人消除违规行为。

如果承租人或其所负责的其他人继续滥用住宅或侵犯邻居的权利和利益，出租人有权通过司法程序解除住宅租赁合同。

消除作为解除住宅租赁合同依据的违法行为的程序和条件应由法律规定。

第六百一十六条　住宅租赁合同解除的后果

在合同解除之日，承租人和与其长期居住的公民根据法院的判决被驱逐出住宅。

第三十六章　无 偿 使 用

第六百一十七条　无偿使用合同的概念

根据无偿使用合同（借用合同），一方当事人（出借人）有义务将物交付或者赠与给另一方当事人（借用人）供其临时无偿使用，而另一方当事人有义务在考虑正常损耗后，以收到时的状态或者合同约定的状态返还该物。

本法第537条、第540条第1款和第2款、第545条、第553条第4款、第555条第1款和第3款规定应相应适用于无偿使用合同。

第六百一十八条　出借人

将物交付无偿使用的权利属于物的所有权人以及法律或者所有权人授权的其他人。

商业组织无权将物交付作为其设立人、参加者（股东）、总经理、管理机关或者监督机关的成员无偿使用。

第六百一十九条　提供物无偿使用

出借人有义务提供符合无偿使用合同条款及其目的的物品。

提供无偿使用的物品应包括其所有从物和相关文件（使用说明、技术手册等），但合同另有约定的除外。

如果未交付这些从物和文件，并且没有这些从物和文件该物就不能用于其预定用途，或者其使用在很大程度上失去了对借用人的价值，则借用人有权要求提供这些从物和文件或者终止合同并赔偿实际损失。

第六百二十条　未提供物无偿使用的后果

如果出借人未向借用人提供物，借用人有权要求解除合同并赔偿实际损失。

第六百二十一条　交付无偿使用之物的瑕疵责任

出借人对因其故意或重大过失而没有在订立无偿使用合同时预先说明的物之瑕疵负责。

在发现此类瑕疵的情况下，借用人有权选择要求出借人无偿消除瑕疵或赔偿消除瑕疵的费用，或提前解除合同并赔偿实际损失。

出借人在收到借用人的索赔要求或者打算由出借人赔偿瑕疵的通知后，可以立即以处在适当状态的其他相同物替换有瑕疵的物。

出借人对在订立合同时已经预先说明的或者借用人事先知道的，或者应当在订立合同或者交付物时检查物或者其可用性时就应发现的物的瑕疵不承担责任。

第六百二十二条　第三人对交付无偿使用的物的权利

将物交付无偿使用不得作为变更或终止第三人对该物的权利的依据。

在订立无偿使用合同时，出借人有义务预先告知借用人所有关于第三人对该物的权利（地役权、抵押权等）。不履行该义务，借用人有权要求解除合同并赔偿实际损失。

第六百二十三条　借用人维护物的义务

借用人有义务将无偿使用的物保持在可使用状态。借用人有义务对该物进行日常维修和重大维修并承担所有维护费用，但合同另有约定的除外。

第六百二十四条　物的意外损毁或灭失的风险

如果因借用人不按照合同约定或者物的用途使用物，或者是未经出借人同意而将其转让给第三人导致物的损毁或者灭失，则借用人对该物的意外损毁或者灭失的风险承担责任。如果借用人牺牲自己的物来防止无偿使用物灭失或者损毁，则借用人也要承担物的意外损毁或者灭失的责任。

第六百二十五条　因使用物品给第三人造成损害的责任

如果不能证明损害是由于借用人或者经出借人同意而获得该物的人的故意或重大过失造成，或者损害是由于使用未经出借人同意而脱离借用人占有的物的使用造成，则出借人应对使用物而给第三人造成的损害负责。

第六百二十六条　将取得无偿使用的物转让给第三人

借用人只有在经出借人同意后，才有权将取得的无偿使用的物转让给第三人使用，同时仍对出借人负责。

第六百二十七条　无偿使用合同的提前解除

出借人有权在下列情况下要求提前解除无偿使用合同：

（1）不按照合同或物的用途使用物；

（2）未能履行保持物品完好或维护物的义务；

（3）使物的状况严重恶化；

（4）未经出借人同意，将物转让给第三人。

借用人有权在下列情况下要求提前终止无偿使用合同：

（1）如果发现有瑕疵导致无法正常使用该物或造成负担，并且在订立合同时不知道也不可能知道。

（2）如果该物因借用人不负责任的情况而处于不适合使用的状态。

（3）如果借用人在订立合同时没有通知他第三人对转让物的权利。

（4）如果借用人未履行其移交物或其从物及相关文件的义务。

第六百二十八条　取消无偿使用合同

如果合同未约定物的无偿使用的期限，则任何一方当事人都有权在任何时候提前 1 个月通知对方当事人取消合同，但合同约定了不同通知期限的除外。

借用人有权在任何时候按照本条第 1 款规定的程序取消所签订的指明期限的合同，但无偿使用合同另有约定的除外。

第六百二十九条　无偿使用合同当事人的变更

出借人有权转让物或者将其交付给第三人有偿使用。在这种情况下，新的所有权人或使用人应获得先前订立的无偿使用合同下的权利，其对该物的权利应受到借用人权利的约束。

在作为借用人的公民死亡或作为借用人的法人重组或清算的情况下，其合同权利义务转移给继承人或其他权利承继人，或者物的所有权或者其他据以将物交付无偿使用的权利已经转归其所有的其他人。

在作为借用人的法人重组时，其合同权利义务转归权利承继人，但无偿使用合同另有约定的除外。

第六百三十条　无偿使用合同的终止

无偿使用合同在作为借用人的自然人死亡或者作为借用人的法人清算时终止，但合同另有约定的除外。

第三十七章　承　　揽

第一节　承揽的一般规定

第六百三十一条　承揽合同

根据承揽合同，一方当事人（承揽人）有义务按照另一方当事人（定作人）的要求在规定期限内完成特定的工作并交付给定作人，而定作人有义务接受工作并支付价款。工作风险由承揽人承担，但法律另有规定或双方合同另有约定的除外。

对某些种类的承揽合同（日常承揽、建筑承揽、设计或勘察工作承揽、科学研究、实验设计和技术工作承揽）可以适用本款规定，但本法对这些种类的合同另有约定的除外。

第六百三十二条 依照承揽合同完成的工作

承揽合同的订立是为了制造或加工（处理）物或者完成其他工作，并将其成果转让或以任何其他方式交付定作人。

工作以承揽人的材料、力量和工具完成，但承揽合同另有约定的除外。

承揽人独立决定完成定作人工作的方式，但合同另有约定的除外。

承揽人对其提供的材料和设备的质量不合格，以及提供的负担第三人权利的材料和设备承担责任。

第六百三十三条 材料意外损毁或灭失的风险

在合同约定的工作交付期限前，材料的意外损毁或灭失的风险由提供材料的一方当事人承担，而在交付期限后由逾期方承担，但法律另有规定或合同另有约定的除外。

第六百三十四条 总承揽人和分承揽人

如果法律未规定或者承揽合同未约定承揽人须亲自完成合同约定的工作的义务，则承揽人有权委托其他人（分承揽人）完成其部分义务。在这种情况下，承揽人为总承揽人。

根据本法第 241 条第 2 款和第 3 款以及第 334 条的规定，总承揽人对分承揽人不履行或不适当履行承揽合同约定的义务向定作人承担责任，并对定作人不履行或不适当履行债务向分承揽人承担责任。

定作人和分承揽人无权因各自违反与总承揽人签订的合同而向对方提出索赔，但法律另有规定或承揽合同另有约定的除外。

在承揽人所委托的分承揽人违反本条第 1 款的规定或承揽合同的约定时，承揽人对因该分承揽人履行合同而造成的损失向定作人承担责任。

经总承揽人同意，定作人有权与其他人签订完成某些工作的合同。在这种情况下，上述人员对其不履行或不适当履行工作直接向定作人承担责任。

第六百三十五条 完成工作的期限

承揽合同应约定完成工作的始期和终期。经双方同意，合同还可以约定完成的各阶段工作的期限（中间期限）。

承揽人对违反始期、终期和中间期限的行为承担责任，但承揽合同另有约定的除外。

在合同约定的情况下，可根据合同约定的程序更改承揽合同中约定的完成工作的始期、终期和中间期限。

本法第 337 条第 2 款规定的逾期履行的后果在违反完成工作的最后期限时产生。

第六百三十六条　工作价款

承揽合同应明确规定完成工作的价款或者其确定方式。如果合同中没有此类规定，则价款应根据本法第 356 条第 4 款确定。

承揽合同中的工作价款包括对承揽人成本的补偿和应付给承揽人的报酬。

工作价款可以通过编制预算的方式确定。

如果工作是按照承揽人编制的预算完成，则预算具有效力并自定作人确认之时起成为承揽合同的一部分。

工作价款（预算）可以是近似值或者确定值。如果承揽合同没有另行约定，则价款（预算）被视为确定价格。

如果有必要进行额外工作，并因此严重超出了规定工作（预算）的大致价格，则承揽人有义务及时通知定作人。不同意超出合同约定的工作价款（预算）的定作人有权撤销合同。在此情况下，承揽人可要求定作人支付已完成部分工作的价款。

没有及时通知定作人必须超出合同约定的工作价款（预算）的承揽人有义务完成合同，并保留按合同约定的价格获得工作价款的权利。

通常情况下，承揽人无权要求提高确定价格（定数预算），而定作人也无权降低确定价格，包括在签订承揽合同时排除了提供全部工作范围或必要费用的可能性的情况下。

在签订合同后，承揽人提供的材料和设备以及由第三人为其提供的服务的成本大幅增加，承揽人有权要求提高规定的价款（预算），如果定作人拒绝满足该要求，则承揽人有权根据本法第 383 条取消合同。

第六百三十七条　承揽人的节余

在承揽人的实际开支低于确定价格（编制预算）的数额时，承揽人保留按照承揽合同约定价款支付工作价款的权利，但定作人证明承揽人所节省的费用影响了工作质量的除外。

承揽合同可以约定承揽人所节省的费用如何在当事人之间进行分配。

第六百三十八条　工作价款的支付程序

如果承揽合同没有约定对已完成的工作或其各个阶段预先付款，则定作人有义务在工作最终交付后向承揽人支付规定的价款，条件是工作是以适当方式且在约定期限内完成，或者是经定作人同意在最终期限前完成。

承揽人只有在法律规定或承揽合同约定的情况下，才有权要求支付预付款或定金。

第六百三十九条　承揽人的留置权

在定作人不履行支付规定价款或者与履行合同有关的应向承包人支付的任何其他款项的义务，承揽人有权根据本法第 290 条和第 291 条留置工作成果，以及属于定作人的设备，用于加工（处理）的物、未使用的剩余材料和定作人的其他财产，直至定作人支付相应的款项。

第六百四十条　使用定作人的材料完成工作

承揽人有义务节约而谨慎地使用定作人提供的材料，在工作完成后对所使用的材料进行核算，并返还剩余材料，或者经定作人同意后以承揽人处未使用的剩余材料的价值抵销工作价款。

承揽人对因定作人提供材料的瑕疵造成的工作不合格承担责任，但承揽人能证明瑕疵是在正确验收材料时无法发现的除外。

第六百四十一条　承揽人对定作人提供的财产保管不当的责任

承揽人对因履行承揽合同而由承揽人占有的定作人提供的材料、设备、物或者其他财产的保管不当承担责任。

第六百四十二条　承揽人在完成工作期间定作人的权利

定作人有权在不干扰承揽人活动的情况下，随时检查工作的进度和质量。

如果承揽人没有按时开始履行合同，或者完成工作进展缓慢，显然无法按期完工，则定作人有权取消合同并要求赔偿损失。在此情况下，定作人必须证明如果工作逾期完成，就失去合同利益。

如果在完成工作期间发现工作无法正常完成，则定作人有权要求承揽人在合理期限内消除瑕疵，如果承揽人未能在规定期限内消除瑕疵，则定作人有权撤销承揽合同或者由其他人对工作进行修复，由承揽人承担费用并要求赔偿损失。

定作人可以在工作成果交付前的任何时候撤销合同，向承揽人支付在收到定作人撤销合同的通知前已完成工作的部分价款，但合同另有约定的除外。定作人也有义务在已完成工作所支付的部分价格与全部工作的确定价格之间的差额范围内，赔偿承揽人因合同终止而造成的损失。

第六百四十三条　承揽人有义务通知定作人的情况

承揽人如发现以下情况，有义务立即通知定作人，并在收到定作人指示前暂停工作：

（1）定作人提供的材料、设备、技术文件或交付加工（处理）的物不适合或质量差；

（2）履行定作人关于完成工作的方式的指示可能对定作人产生的不利后果；

（3）承揽人无法控制的其他情况，危及工作成果的适用性或牢固性，或使工作无法按时完成。

如果承揽人未将本条第1款所述情况通知定作人，或未在合理期限内等待对通知的答复或者不顾定作人关于暂停工作的指示而继续工作，则承揽人无权在被提出或者向定作人提出相应请求时援引上述情况。

如果定作人在承揽人对本条第1款所述情况及时提出合理通知后，未在合理期限内更换不合适或质量差的材料，不改变完成工作方式的指示，或不采取其他必要措施消除对工作适用性或牢固性的威胁，则承揽人有权撤销合同并要求赔偿损失。

第六百四十四条　定作人未履行承揽合同的相应义务

如果定作人违反其在承揽合同中的相应义务，特别是没有提供材料、设备、技术文件或需要加工（处理）的物，导致承揽人无法履行合同以及出现明显表明无法在规定期限内履行这些义务的情况，则承揽人有权不开始工作或暂停已开始的工作（本法第256条）。

在出现本条第1款所述的情况时，承揽人有权拒绝履行合同并要求赔偿损失，但承揽合同另有约定的除外。

第六百四十五条　定作人的协助

定作人有义务在承揽合同约定的情况下，在承揽合同约定的范围内，按照规定方式协助承揽人完成工作。

在定作人没有履行该义务时，承揽人有权要求赔偿所造成的损失，包括因停工、逾期完成工作或工作价款上涨所造成的额外费用。

如果因定作人的作为或不作为导致承揽合同约定的工作无法履行，则承揽人应保留支付合同中约定价款的权利，同时考虑到已完成的部分工作。

第六百四十六条　定作人接收完成的工作

在承揽人参与下，定作人有义务在合同约定期限内，按照规定的方式对已完成的工作成果进行验收，如果发现与合同不符，使工作质量下降或工作有其他缺陷，应立即通知承揽人。

在接受工作时发现工作缺陷的定作人，只有在接收证明文件或其他文件中已预先说明这些缺陷或有可能随后提出消除缺陷的要求时，才有权提及这些缺陷。

未经检查就接受工作的定作人无权援引本可在通常接收方式时发现的工作缺陷（明显缺陷）。

定作人在接受工作后发现工作不符合合同约定或者其他不可能在以通常接收方式时可以发现的瑕疵（隐蔽缺陷），包括承揽人故意隐瞒的缺陷，必须在发现后10日内通知承揽人。

在定作人和承揽人之间就已完成工作的缺陷或者其他原因发生纠纷时，应按照任何一方当事人的要求指定专家进行鉴定。鉴定费用由承揽人承担，但通过鉴定查明不存在违约行为或者承揽人的行为与所发现的缺陷之间不存在因果关系的除外。在此情况下，鉴定费用由要求指定鉴定的一方当事人承担，而鉴定是根据双方当事人的合同进行时，则由双方当事人平均承担。

在定作人拒绝接受已完成的工作时，承揽人有权在应交付给定作人之日起1个月届满后连续两次预先通知后将工作成果出售，将所得款项扣除所有应付承揽人的款项后以定作人名义存入公证处，但合同另有约定的除外。

如果定作人拒绝接受已完成的工作导致工作迟延交付，则制造（加工）物的所有权在移交时被视为已转移给定作人。

第六百四十七条　工作质量

承揽人所完成的工作必须符合承揽合同的条款，如果无合同条款或者合同条款不充分，则必须符合相应种类工作的通常要求。已完成的工作成果在移交给定作人时，必须具有合同约定的品质或通常要求的品质，并在合理期限内适合合同约定的使用，如果合同没有约定，则适合该类工作成果的通常使用，但法律另有规定或合同另有约定的除外。

如果法律对根据承揽合同进行的工作规定了强制性要求，则作为经营者的承揽人有义务在完成工作时遵守这些强制性要求。

承揽人可以根据承揽合同承担完成比强制性要求更高的质量要求的工作的

义务。

第六百四十八条　工作质量保证

如果法律规定或承揽合同约定承揽人向定作人提供工作质量保证，则承揽人有义务在保证期限内向定作人移交符合本法第647条第1款要求的工作成果。

工作质量保证适用于工作成果的所有构成部分，但承揽合同另有约定的除外。

第六百四十九条　保证期间的计算方式

保证期限自所完成的工作成果已经或者应当被定作人接受时开始计算，但承揽合同另有约定的除外。

本法第404条第2、3、4、5款中的规则适用于合同约定的保证期间的计算，但法律、当事人之间的协议或合同的特殊性另有约定的除外。

第六百五十条　承揽人对不合格工作质量的责任

如果承揽人完成的工作违反合同使工作受损或者因其他缺陷使工作不适用合同约定的用途，或在合同没有相应条款时不适用通常用途，除非法律另有规定或合同另有约定，否则定作人有权选择要求承揽人：

（1）在合理期限内无偿消除瑕疵；

（2）按比例降低工作价格；

（3）在合同中约定定作人有权消除缺陷的情况下，赔偿其消除缺陷的费用。

承揽人有权不消除其负责的缺陷而无偿重新完成工作，并赔偿因逾期履行给定作人造成的损失。在此情况下，如果根据工作的特性有返还的可能时，定作人有义务将工作退回给承揽人。

工作中对合同条款的违反或者其他工作缺陷是实质性的且不可消除或者是在定作人规定的合理期限内所发现的缺陷没有被消除，则定作人有权撤销合同并要求赔偿所造成的损失。

如果证明缺陷是由承揽人的作为或不作为造成，则承揽合同中关于承揽人对某些缺陷的免责并不能免除承揽人的责任。

为完成工作提供材料的承揽人应根据卖方对质量不合格商品的责任规则，对材料质量承担责任。

第六百五十一条　工作成果质量不合格发现的期限

定作人有权在本条规定的期限内发现的工作成果质量不合格提出索赔，但法律另有规定或承揽合同另有约定的除外。

如果没有为工作成果设定保证期限，在工作成果交付之日起2年内，定作人可以提出在合理期限内发现的与工作成果的缺陷有关的索赔，但法律另有规定、合同另有约定或商业习惯另有要求的除外。

定作人有权对保证期限内发现的工作成果的缺陷提出索赔。

如果合同约定的保证期限不足两年，而定作人在保证期限届满后，但在本条规定的时间起2年内发现了工作成果的缺陷，而定作人证明这些缺陷是在工作成果交付给定作人前或因在此之前的原因而产生的，则承揽人应承担责任。

第六百五十二条　对工作质量不合格的诉讼时效

因工作质量不合格提出诉讼的时效期应根据本法第150条的规则确定。

如果法律规定或承揽合同约定承揽人应提供工作质量保证，并规定了保证期间，且在保证期间内对工作缺陷进行了说明，则诉讼时效自说明缺陷之日起算。

如果依照承揽合同，定作人按照各部分接收工作，则诉讼时效自整个工作接收之日起开始计算。

第六百五十三条　承揽人向定作人提交信息的义务

如果合同约定或者信息的性质导致没有该信息将无法为合同约定目的使用工作成果，则承揽人有义务将有关合同标的物的操作或其他用途的信息连同工作成果转交给定作人。

第六百五十四条　获得信息的当事人的保密

如果一方当事人通过履行合同义务，从另一方当事人处获得了有关新解决方案和技术知识的信息，包括不受法律保护的信息以及可能被视为商业秘密的信息，则未经另一方当事人同意，不得向第三方披露。此类信息的使用方式和条件应通过双方当事人的合同确定。

第六百五十五条　向定作人返还材料和设备

如果定作人根据本法第642条第4款或第650条第3款拒绝履行承揽合同，则承揽人有义务返还定作人提供的材料、设备、物和其他财产，或者将其交付给定作人指定的人，如果不能这样做，则赔偿材料、设备、物和其他财产的费用。

第二节　日 常 承 揽

第六百五十六条　日常承揽合同

根据日常承揽合同，从事经营活动的承揽人有义务根据定作人的委托完成某些工作，以满足定作人的家庭或其他个人需求，定作人有义务接受工作并支付报酬。

如果法律或者合同，包括定作人所附的格式条款或者其他标准格式没有不同规定，则日常承揽合同自承揽人向定作人出具票证或其他证明合同订立的文件时起视为以适当形式订立。

定作人没有上述文件并不剥夺其援引证言证明订立日常承揽合同或者合同条款事实的权利。

日常承揽合同是公开合同。

第六百五十七条　定作人的权利保障

承揽人不得强迫定作人在日常承揽合同中列入额外的有偿工作或者服务。如果违反该规定，定作人有权拒绝支付相关工作或服务的费用。

定作人有权在交付工作前的任何时候撤销合同，向承揽人支付在收到撤销合同通知前已完成工作部分的价款，并赔偿在该时刻前为履行合同而支出的费用，但该费用包含在上述工作价款部分的除外。剥夺定作人该权利的合同条款自始无效。

第六百五十八条　向定作人提供有关工作建议的信息

在订立日常承揽合同前，承揽人有义务向定作人提供必要和可靠的信息，说明拟进行的工作、工作的类型和特点、工作的价格和付款方式，并应定作人的要求，告知与合同和相应工作相关的其他信息。如果工作性质需要，承揽人应向定作人说明具体的工作负责人。

如果因从承揽人处得到的信息不完整或不可信，使订立合同所完成的工作不具备定作人所要求的特点，则定作人有权要求终止日常承揽合同，拒绝支付所完成工作的费用并要求赔偿损失。

第六百五十九条　提醒定作人完成工作的使用条件

在向定作人交付工作时，承揽人有义务告知定作人为有效和安全使用工作成果必须遵守的要求，以及违反相关要求可能对定作人和其他人造成的后果。

第六百六十条　用承揽人的材料完成工作

如果日常承揽合同的工作是用承揽人的材料完成，则在合同结束时，定作人应按合同约定支付全部或部分材料的费用，在定作人收到承揽人完成的工作时进行最终结算。

根据日常承揽合同，承揽人可以赊账提供材料，包括附带定作人分期支付材料的条件。

由承揽人提供的材料价格在日常承揽合同订立后的变化不导致重新结算。

第六百六十一条　用定作人的材料完成工作

如果日常承揽合同的工作是用定作人的材料完成，则由承揽人在订立合同时发给定作人的票证或者其他文件中，应当包含双方合同确定的材料的准确名称、说明和价格。定作人随后可通过提交书面证据在法庭上对票证或者其他类似文件中的材料估价提出质疑。

第六百六十二条　工作的价款与支付

日常承揽合同中工作的价款依照双方当事人的合同确定，且不得超过承揽人在价目表中申明的价格。工作由定作人在承揽人最终交付时付款。根据双方当事人的合同，工作可以由定作人在订立合同时全额支付或以预付款支付。

第六百六十三条　发现已完成工作瑕疵的后果

当定作人在接受工作成果时或者在使用合同标的物时——在本法第 652 条第 1 款规定的一般期间内，在存在保证期间时或在保证期间内发现瑕疵时，定作人可以行使本法第 650 条规定的权利。

对于根据日常承揽合同完成的工作中可能对定作人本人或其他人的生命或健康构成威胁的瑕疵，定作人或其权利承继人可以在接受工作成果后的 10 年内提出无偿消除瑕疵的要求，但依照法定程序规定了更长期限（服务期限）的除外。无论何时发现瑕疵，即使在保证期限届满后发现，也可以提出该请求。在承揽人不满足上述请求时，定作人有权在相同期限内要求返还部分已付工作价款，或者赔偿自己或在第三人帮助下消除瑕疵的费用。

第六百六十四条　定作人未领取工作成果的后果

在定作人未领取或以其他方式逃避接收已完成的工作成果时，承揽人有权在书面通知定作人后，在通知之日起 2 个月期满时以合理价格出售工作成果，将所得价款扣除所有应付承揽人的款项后按照本法第 249 条以定作人的名义交存公证处。

在本条第 1 款所述的情况下，承揽人可以行使留置权或者向定作人追偿损失以替代出售工作成果。

第六百六十五条　在未履行或不适当履行日常承揽合同时定作人的权利

如果日常承揽合同下的工作不履行或不适当履行，定作人可以根据本法第 434 条至第 436 条行使赋予买方的权利。

第三节　建筑承揽

第六百六十六条　建筑承揽合同

根据建筑承揽合同，承揽人有义务在合同约定期限内按照定作人的要求建造特定的客体或者完成其他建筑工程，定作人有义务为承揽人完成工程创造必要条件，验收过程并支付约定的价款。

建筑承揽合同旨在建造或者重建企业、建筑物（包括住宅）、构筑物或其他客体，以及完成安装、调试和其他与建筑客体具有紧密联系的工程。建筑承揽合同的规则也适用于建筑物和构筑物的基本维修工作，但合同另有约定的除外。

如果建筑承揽合同对此有约定，则承揽人应在定作人接收客体后在合同约定期限内保障客体的使用。

在建工程在交付定作人并由其付款之前以承揽人为所有权人。

第六百六十七条　承揽客体意外损毁或灭失的风险

如果承揽客体灭失或损毁，客体在接受前的意外灭失或损毁的风险由承揽人承担。

第六百六十八条　在建工程的安全责任

承揽人应对在建工程的安全负责。

第六百六十九条　建筑客体的保险

承揽人有义务自费为合同约定的客体或者整个过程投保，但合同各方当事人规定了其他程序和条件的除外。

承担保险义务的一方当事人应按照建筑承揽合同约定的程序向另一方当事人提供其按照合同条款订立保险合同的证据，包括保险人、保险金数额和保险风险的资料。

对风险的投保并不免除相应当事人采取必要措施防止保险事故发生的义务。

第六百七十条　设计和预算文件

承揽人有义务按照确定工程范围和内容以及其他工程要求的设计文件和确定工程价款的预算文件，进行建造和与之相关的工作。

在建筑承揽合同缺乏上述指示时，推定承揽人有义务完成在设计和预算文件中规定的工作。

建筑承揽合同应当确定设计和预算文件的构成和内容，并应当规定哪一方当事人在何种期限内应当提交相应的文件。

承揽人在建筑过程中发现设计和预算文件没有考虑到的工程，并因此有必要增加额外工作和增加工程的预算价值，有义务就此告知定作人。

承揽人在 10 日内没有收到定作人对其通知的答复，则有义务暂停相应工作，并向定作人收取停工引起的损失，但法律规定或建筑承揽合同约定了其他期限的除外。如果定作人证明没有必要进行额外工作，就可以免除赔偿这些损失。

未履行本条第 4 款和第 5 款规定义务的承揽人将被剥夺要求定作人为已完成的额外工作付款并赔偿造成的损失的权利，但能证明为了定作人的利益有必要立即采取行动，特别是停工可能导致建筑客体损毁或灭失的除外。

在定作人同意进行额外工作并为其付款时，承揽人只能在上述工作不属于承揽人的职业活动范围内或者因不取决于承揽人的原因而不能完成的情况下才有权利拒绝完成上述工程。

第六百七十一条　设计和预算文件的修改

定作人有权修改设计和预算文件，但由此产生的额外工作不超过预算中总建筑成本的 10%，并且不改变建筑承揽合同中约定的工作性质。

对设计和预算文件进行超过本条第 1 款规定范围的修改，应根据双方当事人商定的额外预算进行。

如果因承揽人无法控制的原因，工程费用超过预算的 10%，则承揽人有权根据本法第 382 条要求修改预算。

承揽人有权要求赔偿为查明和消除设计和预算文件中的缺陷而支付的合理费用。

第六百七十二条　建筑材料和设备的供应采购

承揽人有义务为工程提供材料，包括部件和结构以及设备，但合同约定整个工程或某部分工程的材料支持应由定作人提供的除外。

负责提供建筑材料和设备的承揽人要承担其提供的材料（部件、结构）或设备无法使用而导致工程质量下降的风险，但能证明无法使用是因另一方当事人负责的情况造成的除外。

如果无法在不降低工作质量的情况下使用定作人提供的材料或设备，而定作人又拒绝更换，则承揽人有权退出建筑承揽合同，并要求定作人按已完成的工程部分相应支付合同价款。

第六百七十三条　工程付款

定作人应依照预算规定的数额按照法律或建筑承揽合同约定的期限和程序，对已完成的工程付款。在法律或合同缺少上述指示时，应根据本法第 638 条的规定，对承揽人完成的工程付款。

建筑承揽合同可以约定在定作人接受工程后一次性全额支付工程价款。

第六百七十四条　提供建筑用地

定作人有义务按建筑承揽合同约定的面积和条件及时提供土地。如果合同未约定，则土地的面积和条件应确保工程及时开工、正常进行和按时完工。

第六百七十五条　建筑承揽合同定作人的补充义务

在建筑承揽合同约定的情况下，定作人有义务按照合同约定的程序向承揽人移交施工所必要的建筑物和设施以供使用，保障运输、临时能源供应、水管和蒸汽管道网络的铺设，并提供其他服务。

第六百七十六条　定作人对完成建筑承揽合同工程的检查和监督

定作人有权对工程完成的过程和质量、完成工作的期限（进度）、承揽人所提供材料的质量，以及承揽人是否正确地使用定作人的材料进行检查和监督，但不得干涉承揽人的业务经营活动。

定作人在对工程的完成进行检查和监督时，如发现违反建筑承揽合同条款的情况可能致使工程质量降低或者发现工程的其他瑕疵时，应立即将该情况向承揽人声明。定作人未作出声明的，则失去在今后以发现瑕疵为由提出请求的权利。

承揽人有义务履行在建筑过程中收到的定作人的指示，但这些指示违背建筑承揽合同的条款，且干涉承揽人的业务经营活动的除外。

未以适当方式完成工程的承揽人无权援引定作人没有对其工程完成进行监督和监察，但法律规定定作人有义务进行此类监督和监察的除外。

第六百七十七条　建筑承揽合同当事人的合作

如果在施工和与其有关的工作时发现妨碍适当履行建筑承揽合同的障碍时，任何一方当事人均有义务采取一切可能的合理措施消除此类障碍。未履行该义务的当事人丧失要求赔偿因相应障碍没有被消除而给其造成的损失的权利。

一方当事人在履行本条第1款规定义务所产生的有关费用，在建筑承揽合同有约定的情况下，应由另一方当事人赔偿。

第六百七十八条　承揽人保护环境和建筑工程安全的义务

在进行建筑活动和相关工作时，承揽人有义务遵守有关环境保护和建筑工程安全的法律要求，并对第三人违反这些要求承担责任。

承揽人无权在施工过程中使用定作人提供的材料（结构、部件）和设备或者履行其指示，如果这样做会导致违反对双方当事人均具有强制性的关于环境保护和建筑工程安全的要求。

第六百七十九条 定作人在建筑工程停工时各方的义务

如果因双方当事人无法控制的原因，按照建筑承揽合同的工作暂时停止且建筑客体停用，定作人有义务向承揽人就停工前已完成的工程全额付款，并赔偿因必须停工和停用建筑而产生的费用。

第六百八十条 工程的交付和验收

定作人在收到承揽人关于准备交付按照建筑承揽合同完成的工程，或者合同约定的阶段性工程的通知后，应立即验收。

定作人自费组织和进行工程的验收，但建筑承揽合同另有约定的除外。在法律规定的情况下，工程的交付应当由国家机关和地方自治机关的代表参加。

预先接受了部分阶段工程的定作人，应承担非因承揽人过错造成的损毁或灭失的风险，包括建筑承揽合同约定由承揽人承担施工风险的情况。

承揽人交付的工作成果和定作人的验收按照双方当事人签署文件的形式进行。在一方当事人拒绝签署文件时，在文件中就此注明并由另一方当事人签字。

只有在拒绝签署行为的理由被法院认定为不合理的情况下，单方交付或验收工程的行为才能被法院认定为无效。

在法律规定或建筑承揽合同约定，或者根据合同约定的工程性质得出，工程验收前应当进行初步测试时，在验收工程前必须进行初步测试。在这种情况下，只有在初步测试得出肯定性结果时才能验收工程。

如果发现工程存在缺陷，致使工程无法用于合同约定的目的，且承揽人、定作人或第三人无法消除这些缺陷，则定作人有权拒绝接收工程。

第六百八十一条 承揽人对工程质量的责任

承揽人对违反建筑承揽合同约定的要求、技术设计和对双方具有约束力的建筑规范和规则，以及未能达到设计和预算文件中规定的建筑客体的包括企业生产能力等指标，向定作人承担责任。

在改造（翻修、重建、复建等）建筑物或构筑物时，承揽人对建筑物、构筑物或其部分的牢固性、稳定性、结实性的降低或丧失承担责任。

承揽人不对虽未经定作人同意，但微小不涉及定作人实质利益的设计预算文件偏离承担责任，只要能证明这些偏离不影响改造质量。

第六百八十二条 建筑承揽合同的质量保证

如果建筑承揽合同没有另行约定，承揽人保证建筑工程达到设计和预算文件中规定的指标，并可以在整个保证期限内按照合同约定使用。保证期间为自定作人接受工程之日起10年，但法律规定或合同约定了不同的保证期间的除外。

如果承揽人不能证明在保证期间内发现的故障（瑕疵）是因工程或其部分的正常损耗、使用不当或者因定作人或定作人委托的第三人制订的标的使用说明书不正确、定作人或其委托的第三人对物的不当维修造成，则承揽人应承担责任。

在因承揽人负责的瑕疵而无法使用工程的整个期间，保证期间的计算中断。

如果在保证期间内发现本法第681条第1款和第2款规定的瑕疵，则定作人必须在发现瑕疵后的合理时间内通知承揽人。

第六百八十三条　定作人承担消除瑕疵的费用

建筑承揽合同可以约定，承揽人有义务根据定作人的要求，以定作人的费用消除承揽人不负责任的瑕疵。

如果消除瑕疵与建筑承揽合同的标的物没有直接关系，或者由于非取决于承揽人的原因而承揽人无法完成，则承揽人有权拒绝履行本条第1款规定的工作。

第六百八十四条　土地抵押

除了留置权外，建筑承揽合同还可以约定，定作人任何依照合同的债务履行，包括支付工程价款，均可以建筑或相关工作所据以进行的土地的抵押来担保。

第六百八十五条　建筑承揽的法律调整

建筑承揽合同下的关系应受本法以及建筑承揽相关法律的约束。

第四节　设计与勘查工作承揽

第六百八十六条　设计与勘查工作承揽合同

根据设计与勘查工作承揽合同，承揽人（设计人、调查人）有义务在规定期限内按照定作人的要求制定设计概算文件并（或）完成调查工作，定作人有义务接受并付款。

设计与勘查工作承揽合同的履行不能的意外风险由定作人承担，但法律另有规定或合同另有约定的除外。

第六百八十七条　设计和勘查工作的原始数据

根据设计与勘查工作承揽合同，定作人有义务向承揽人移交设计任务以及编制设计概算文件所必要的其他原始数据。定作人委托的设计任务可以由承揽人编制。在此情况下，任务经定作人批准之时起对双方当事人具有约束力。

承揽人有义务遵守包含在任务和其他为设计和完成勘查工作所必要的原始数据

中的要求，且只有在经定作人同意后才有权偏离这些要求。

第六百八十八条　定作人的义务

根据设计与勘查工作承揽合同，如果合同没有另行约定，定作人应承担以下义务：

（1）在完成所有工作后向承揽人全额支付规定价款，或在完成阶段工作后就各部分付款；

（2）只能将从承揽人处取得设计概算文件用于合同约定的目的使用，未经承揽人同意不得第三人转交设计概算文件，也不得披露其中的数据；

（3）在合同约定的范围内，按照合同约定的条件，向承揽人提供完成设计与勘查工作的服务；

（4）与承揽人一起参与有关国家机关和地方自治机关就完成的设计概算文件的审批；

（5）赔偿承揽人因其无法控制的情况而导致的对设计与勘查工作所必须的原始数据的修改而增加的额外费用；

（6）使承揽人参与第三人对定作人因所编制的设计文件的缺陷或者所完成的勘查工作的缺陷而提起的诉讼。

第六百八十九条　承揽人的义务

根据设计与勘查工作承揽合同，承揽人应承担以下义务：

（1）根据设计任务和其他原始设计数据完成工作；

（2）与定作人就准备好的设计概算文件进行协商，并与定作人一起与相关的国家机关和地方自治机关进行审批；

（3）在合同约定的期限内，向定作人交付完成的设计概算文件和勘查工作成果；

（4）未经定作人同意，不得将设计概算文件移交给第三人。

第六百九十条　承揽人的担保

按照设计与勘查工作承揽合同，承揽人向定作人担保第三人无权阻止或限制根据承揽人编制的技术文件完成工作。

第六百九十一条　承揽人对文件和工作的瑕疵责任

承揽人按照设计与勘查工作承揽合同对设计概算文件和勘查工作的瑕疵，包括后来在建筑过程中发现的瑕疵，以及在根据所进行的设计概算文件和勘查工作数据而建造的客体的使用过程中发现的瑕疵承担责任。

在发现设计概算文件或者勘查工作有瑕疵时，承揽人按照定作人的要求有义务无偿将设计概算文件交付并进行相应的必要额外勘查工作，以及赔偿定作人的损失，但法律另有规定或合同另有约定的除外。

第六百九十二条　设计与勘查工作承揽合同的法律规定

设计与勘查工作承揽合同下的关系应受本法以及关于设计与勘查工作承揽合同法律的约束。

第五节　科学研究工作、实验设计与技术工作承揽

第六百九十三条　科学研究、实验设计和技术工作承揽合同

根据科学研究承揽合同，承揽人（执行人）有义务进行定作人指定的科学研究；根据实验设计和技术工作承揽合同，承揽人（执行人）有义务开发新产品样品、为其设计文件、新技术或生产样品。定作人有义务向承揽人（执行人）提出技术任务，接受工作并付款。

与承揽人的合同可以包括整个研究、设计和生产样品的完整链条，以及某些个别阶段（要素）。

第六百九十四条　完成工作

承揽人有义务亲自进行科学研究。只有在经定作人同意后，承揽人才有权委托第三人参与履行合同，但科学研究合同另有约定的除外。

在完成实验设计与技术工作时，承揽人有权委托第三人作为分承揽人完成工作，但合同另有约定的除外。本法第634条规定应适用于承揽人与第三人的关系。

第六百九十五条　合同资料的保密

双方当事人有义务确保涉及合同标的、执行进程和取得结果等资料的保密性，但科学研究承揽合同或者实验设计与技术工作承揽合同另有约定的除外。保密资料的范围从合同中确定。在定作人的书面同意下，承揽人有权对上述合同所取得的工作成果申请专利。

第六百九十六条　当事人的工作成果权

科学研究或者实验设计与技术工作承揽合同的各方当事人有权在合同约定的范围和条件下使用工作成果，包括能够得到法律保护的成果。

定作人有权使用承揽人交付的工作成果，包括能够得到法律保护的成果，而承揽人也有权为自己的需要使用工作成果，但合同另有约定的除外。

第六百九十七条 定作人的义务

根据科学研究或者实验设计与技术工作承揽合同，定作人有义务：

（1）向承揽人提出技术任务并与之协商工作方案（技术和经济参数）或工作主题；

（2）向承揽人移交为完成工作所必要的信息；

（3）接受已完成的工作并支付费用。

第六百九十八条 承揽人的义务

按照科学研究或者实验设计与技术工作承揽合同，承揽人应承担以下义务：

（1）按照与定作人协商一致的工作方案（技术和经济参数）或工作主题完成工作，并在合同约定期限内将成果交付定作人；

（2）遵守与知识产权保护有关的要求；

（3）通过自身努力并自费消除因其过错而导致的技术文件中可能导致偏离定作人的技术任务或者合同约定的技术和经济参数的瑕疵；

（4）发现无法获得预期成果或者无法继续工作时，应立即通知定作人；

（5）向定作人担保，第三人对依据该合同而提交的成果不享有专有权。

除科学研究或者实验设计与技术工作承揽合同另有约定，承揽人有如下义务：

（1）未经定作人同意，不得公布在完成工作中所取得的科技成果；

（2）采取措施保护在完成工作中取得的能够得到法律保护的成果，并将其通知定作人；

（3）向定作人提供对使用在完成工作中应用的享有法律保护的科技成果的排他性许可。

第六百九十九条 未取得科学研究承揽合同的成果的后果

如果在科学研究工作过程中，发现因承揽人无法控制的情况而不可能取得成果，定作人有义务为在发现不可能取得合同约定的成果之前已经进行的工作的价值付款，但不得超过合同约定的工作价款的相应部分。

第七百条 未取得实验设计承揽合同的成果的后果

如果在完成实验设计与技术工作过程中，发现非因承揽人的过错而不可能或不适宜继续工作，则定作人有义务支付为承揽人花费的费用。

第七百零一条 承揽人的违约责任

承揽人对定作人不履行和不适当履行科学研究工作或实验设计与技术工作承揽

合同的行为向定作人承担责任，但能证明违反合同的行为不是其过错导致的除外。

承揽人有义务在工作价值的范围内根据实际损害赔偿定作人的损失，但合同另有约定的除外。

第七百零二条　科学技术工作、实验设计与技术工作承揽合同的法律调整

科学研究或者实验设计与技术工作承揽合同关系应由本法以及关于科学研究或者实验设计与技术工作承揽合同的法律来予以调整。

第三十八章　提供有偿服务

第七百零三条　有偿提供服务合同

根据有偿提供服务合同，执行人有义务按照定作人的要求提供不具有物质形式的服务（完成特定行为或者进行特定活动），而定作人有义务为上述服务付款。

本章规则应适用于提供通信服务、医疗、兽医、审计、咨询、信息服务、培训服务、旅游服务和其他服务的合同，但根据本法第 37、39、40、43、44、45、46、48、49 和 51 章规定的合同提供的服务除外。

第七百零四条　有偿提供服务合同的履行

如果合同没有另行约定，执行人有义务亲自提供合同约定的服务（服务）。

第七百零五条　服务费的支付

定作人有义务在规定期限内，按照有偿提供服务合同约定的程序，支付所提供服务的价款。

在非因执行人的过错而导致履行不能的情况下，定作人有义务支付在扣除执行人因免除提供服务而获得或者可能获得的利益后的合理报酬。如果因定作人的过错而不能履行，应全额支付服务价格，但法律另有规定或合同另有约定的除外。

第七百零六条　执行人违反有偿服务合同的责任

在不履行或不适当履行有偿服务合同的情况下，执行人有义务全额赔偿定作人的损失，但不得超过合同约定的服务价格的两倍。

在从事经营活动时执行人不履行或不适当履行义务，提供服务合同可以约定比本条第 1 款规定的更高的责任。

第七百零七条　有偿服务合同的解除

定作人有权在全额支付合同约定的价款的条件下要求解除有偿提供服务合同，但合同解除是因执行人的过失行为造成的除外。

执行人只有在全额赔偿因解除合同而给定作人造成的损失的条件下，才有权要求解除合同，但合同解除是由于定作人的过错造成的除外。

第七百零八条 有偿服务合同的法律调整

关于承揽合同的一般规定和关于日常承揽合同的约定可适用于有偿提供服务合同，但与本章规定相矛盾的除外。

第三十九章 运 输

第七百零九条 运输的一般规定

旅客、行李和货物的运输应根据运输合同进行。

运输的一般条件由本法、运输法和守则、其他法律和根据它们颁布的规定确定。

特定种类的货物、旅客和行李的运送条件以及运输双方就此的责任由双方当事人的合同约定，但本法、运输法和守则、其他法律和根据它们颁布的规则另有规定的除外。

第七百一十条 旅客运输合同

根据旅客运输合同，承运人有义务将旅客运送到目的地，在旅客托运行李时，有义务将其运送到目的地并交付指定的行李收取人。旅客有义务为运送支付规定的价款，在托运行李的情况下，还要支付行李的运送费用。

旅客和行李运输合同的订立分别由票证和行李收据证明。

旅客有权根据运输法和其他法律规定的方式：

（1）免费或者以其他优惠条件携带儿童；

（2）在规定标准的最大范围内免费运送随身行李；

（3）在标准规定的最大范围内免费托运行李，在超过标准的情况下按照收费标准收费。

第七百一十一条 货物运输合同

根据货物运输合同，承运人有义务将发货人委托给他的货物运送到指定地点，并将其交付给被指定接收货物的人（收货人），而发货人有义务为货物运输支付规定价款。

货物运输合同的签订是通过起草并向发货人签发相关运输法规或者法律规定的文件（运输运单、提货单或其他货物文件）来确认。

第七百一十二条　租船合同

依照租船运输合同，一方（船舶出租人）应向他方（租船人）有偿提供为运输货物、旅客和行李而用于一次或者多次航程的一艘或多艘船舶的全部或者部分舱位，租船运输合同的订立程序，以及上述合同的形式和类型由运输法和其他法律规定。

第七百一十三条　多式联运

不同种类的运输组织在运送旅客、行李和货物时按照统一的运输文件（多式联运）的相互关系，以及组织这些运输的方式，由相应运输种类的组织依照多式（联合）运输法律签订的合同约定。

第七百一十四条　公共交通运输

如果从法律或颁发给该组织的许可证（执照）中可以知道，该组织有义务按照任何公民或法人的请求运送旅客、行李和（或）货物，则商业组织从事的运输被视为公共交通运输。

公共交通运输合同是公共合同。

第七百一十五条　运费

按照当事人合同约定的价格支付运输旅客、行李和货物的费用，但法律另有规定的除外。

公共交通运输的旅客、行李和货物的运输费用，按照运输法和其他法律规定的程序批准的运价确定。

按照使用人的请求完成的且没有规定费用的工作和服务，依照双方当事人的合同确定。

承运人有权留置交给他运输的货物，以担保应付给他的运费和其他应付款项，但法律另有规定、运输合同另有约定或债的实质另有要求的除外。

第七百一十六条　提供运输工具、装（卸）货物

承运人有义务在其接受的申请书（订单）、运输合同或组织运输合同约定期限内，向发货人交付维护合宜的适用于相应货物运输状态的运输工具。

发货人有权拒绝所提供的不适合运输相应货物的运输工具。

货物的装（卸）由运输组织或发货人（收货人）按照运输合同约定方式进行，并遵守运输法、本法和根据其颁布的规则。

发货人（收货人）装（卸）货必须在运输合同约定期限进行，但运输法和相关法律以及根据其颁布的规则规定了此类期限的除外。

第七百一十七条 旅客、行李和货物的送达期限

承运人有义务在运输法、本法或合同明确的期限内，或在没有这些期限时，在合理期限内将旅客、行李或货物送到指定地点。

第七百一十八条 运输产生的债务责任

不履行或不适当履行运输义务的，各方当事人应按照本法、运输法和法律以及各方协议的规定承担责任。

运输组织与旅客和货物占有人之间关于限制或者免除法律规定的责任的合同无效。

第七百一十九条 承运人未提供运输工具和发货人未使用所提供运输工具的责任

没有按照所接受的申请（预定）书或其他运输合同提供运输工具运送货物的承运人，由于其他原因没有提供货物或者没有使用所提供的运输工具的发货人，承担运输法、相关法律以及双方合同中明确的责任。

承运人和发货人在因下列原因未交付或延迟交付运输工具，或者未使用运输工具的情况下，免除责任：

（1）不可抗力或其他自然现象以及战争；

（2）按照有关运输法或法律规定的方式，终止或限制特定方向的货物运输。

第七百二十条 承运人延迟运送旅客的责任

除市区或者城市近郊运输外，如果运载旅客的车辆延迟发车或延迟到达目的地，则承运人应向旅客支付罚金，但能证明延迟或者延缓是因不可抗力和其他承运人无法控制的情况造成的除外。罚金的数额和支付方式由运输法和其他法律规定。

向旅客支付罚金并不能免除承运人向旅客赔偿因车辆延迟出发或延迟到达目的地而造成的损失的义务。

在旅客因运输工具发送延迟而拒绝承运时，承运人有义务向旅客返还运费和其他费用。

第七百二十一条 承运人对货物或行李的丢失、短缺和损坏（变质）的责任

承运人对接受运输的货物和行李的丢失、短缺或损坏（变质）承担责任，但能证明货物或行李的丢失、短缺或损坏（变质）不是由于承运人的过错造成的除外。

在货物或行李运送过程中发生的损坏，承运人应按以下金额予以赔偿：

（1）在货物或行李丢失或短缺时，按照丢失或短缺的货物或行李的价值赔偿；

（2）在货物或行李损坏（变质）时，按照货物或者行李价值所降低的数额赔偿，在无法恢复被损坏（变质）的货物或行李时，按照货物或者行李的价值赔偿；

（3）在交付运输时声明其价值的货物或者行李丢失时，按照所声明的货物或行李价值赔偿。

运输组织在赔偿实际损失的同时，应向发货人（收货人）退还因运输丢失、短缺或损坏的货物而收取的运费，但该费用包括货物价格的除外。

发货人有权要求承运人赔偿因货物丢失、短缺或损坏（变质）造成的其他损失。

在直接混合运输中的多个承运人为货物的丢失、短缺或损坏对发货人（收货人）承担连带责任。

逾期责任由最后承运人承担，但能证明逾期不是由于其过错造成的除外。

第七百二十二条　组织运输合同

如果必须进行系统运输，承运人和货物占有人可以签订长期组织运输合同。

根据组织货物运输合同，承运人有义务在规定期限内接收货物，而货物占有人有义务在规定期限内提供规定数量的货物以供运输。组织货物运输合同应约定提供运输工具和提交待运货物的数量、期限和其他条件、结算方式以及组织运输的其他条件。

第七百二十三条　运输组织之间的合同

不同类型的运输组织之间可以订立组织货物运输的合同（节点协议、集中化进出口货物合同等）。订立此类合同的方式由运输法和其他法律规定。

第七百二十四条　货物运输索赔和诉讼

在因货物运输而向承运人提出诉讼前，应按照运输法或本法规定的方式向承运人提出索赔。

承运人完全或部分拒绝满足索赔要求，或未能在30日内收到承运人答复的情况下，发货人或收货人可向承运人提起诉讼。

因货物运输引起的索赔的诉讼时效为自本法第154条规定的时刻起1年。

本条的规则不适用于因运送旅客或行李而引起的索赔。

第七百二十五条　承运人对旅客生命或健康造成损害的责任

承运人对旅客的生命或健康造成损害的责任根据本法第57章的规则确定，但法律规定或合同约定增加承运人责任的除外。

第四十章　运 输 代 理

第七百二十六条　运输代理合同

根据运输代理合同，货运代理人有义务履行或安排履行运输代理合同中约定的与货物运输有关的服务，并由客户（发货人或收货人）支付报酬和费用。

运输代理合同可以约定货运代理人有义务按照货运代理人或者客户选择的路线组织货物运输，货运代理人有义务以客户名义或者自己名义签订货物运输合同，确保货物的发送和接收，以及与货物运输有关的其他义务。

作为附加服务，运输代理合同可约定交付货物的必要操作，比如获取出口或进口、海关和其他手续所需的文件，检查货物的数量和状况，装卸货物，支付关税、费用和发货人（收货人）产生的其他费用，储存货物，在目的地接收货物，以及合同约定的其他操作和服务。

本章的规则适用于根据运输代理合同由承运人履行货运代理人职责的情形。

履行运输代理合同的条件应由双方当事人合同确定，但关于运输代理活动的法律另有规定的除外。

第七百二十七条　合同形式

运输代理合同应以书面形式签订。

货物的发货人必须向货运代理人签发履行其职责所必需的授权书。

第七百二十八条　运输代理合同的货运代理人的责任

货运代理人不履行或不适当履行运输代理合同的，依照本法第 24 章规则规定的理由和金额承担责任。

如果货运代理人证明，违反义务是由于运输合同的不当履行造成的，则货运代理对客户的责任应与相关承运人对货运代理人负责的规则相同。

第七百二十九条　向货运代理人提供的文件和其他信息

客户应向货运代理人提供关于货物性质、运输条件的文件和其他信息，以及货运代理人履行合同义务所必需的其他资料。

货运代理人应将收到的信息中发现的任何瑕疵通知客户，如果信息不完整，应要求客户提供必要的补充信息。

如果客户未能提供必要信息，货运代理人有权在提供该信息前不继续履行其义务。

客户对因违反本条第1款规定的提供信息的义务而给货运代理人造成的任何损失承担责任。

第七百三十条　由第三人履行货运代理人的义务

如果运输代理合同没有约定货运代理人有义务亲自履行其义务，则货运代理人有权委托其他人履行其义务。

将履行义务转让给第三人并不免除货运代理人对客户履行合同的责任。

第七百三十一条　拒绝运输代理合同

客户或货运代理人有权提前10日通知对方当事人后拒绝运输代理合同。

在单方拒绝运输代理合同的情况下，声明拒绝的一方当事人应向另一方赔偿因终止合同而造成的损失。

第四十一章　借款与信贷

第一节　借　　款

第七百三十二条　借款合同

根据借款合同，一方当事人（出借人）将货币或者其他种类物交给另一方当事人（借款人），而借款人有义务一次性或分期向出借人归还同等数量的货币或者相同种类和质量的物品（借款数额）。

借款合同自货币或者物交付时起订立。

第七百三十三条　借款合同的形式

如果公民之间的借款合同的金额超过规定的最低工资的10倍，则必须以简单的书面形式订立，在合同一方当事人是法人时，不考虑其数额。

如果违反借款合同的书面形式，将产生本法第109条规定的后果。

如果借款人的收据或其他文件证明出借人已经将特定数额的金钱或者规定数量的物交付，则借款合同视为以书面形式订立。

如果所借款之债由出借人出具的票据、证券或者其他规定了借款数额和出借人的追索权的有价证券证明，则借款合同的书面形式视为已经遵守。

第七百三十四条　借款合同的利息

出借人（法人或自然人）有权按照合同约定的数额和方式向借款人收取借款利息，但法律或借款合同另有约定的除外。

如果根据借款合同，交付给借款人的是种类物，则仅在合同约定了利息数额和形式（货币利息或实物利息）时才应支付利息。

支付利息的方式和期限由借款合同约定。如果合同没有约定支付利息的方式和期限，则按照合同为返还主债务而规定的方式和期限支付。

第七百三十五条　借款人返还借款数额的义务

借款人有义务按照借款合同约定的期限和方式向出借人返还收到的借款数额。

如果合同没有约定返还借款的期限，则借款人应在出借人提出相关要求之日起30日内返还。

无利息借款可以由借款人提前返还。

如果借款合同允许或经出借人同意，可提前返还支付利息的借款。

第七百三十六条　借款人违反借款合同的后果

如果法律或借款合同没有另行约定，在借款人未如期返还借款时，该借款应当自其被返还之日起到返还出借人之日止按照本法第327条第1款和第2款规定的数额支付利息，而不考虑支付本法第734条第1款规定的利息。

如果借款合同约定分期返还借款，则在借款人违反当期借款的返还期限时，出借人有权要求提前返还全部剩余的借款和应付利息。

如果借款合同约定在返还借款的最后期限前支付借款利息，则出借人有权在借款人违反该义务的情况下，要求借款人提前偿还借款和应付利息。

第七百三十七条　借款合同的异议

借款人在证明货币或者物实际上没有从出借人取得或者收到低于合同约定数额时，有权就其短缺对借款合同提出异议。

借款合同必须以书面形式订立，不得以证人证言的方式提出异议，但该合同是在受到欺诈、暴力、威胁、借款人代理人与出借人的恶意约定或者危难的影响下而订立的除外。

如果在借款人对借款合同提出异议的过程中，证明并未从出借人处实际收到金钱或其他物，则借款合同视为未订立。如果借款人从出借人处实际收到的金钱或其他物的数量少于合同约定的数量，则视为就该数量的金钱或物订立合同。

第七百三十八条　借款人履行义务的保障

如果借款人未能履行借款合同约定的担保返还借款金额的义务，以及在因非可归责于出借人的原因使借款人丧失担保或恶化担保条件时，出借人有权要求借款人提前返还借款金额并支付到期利息，但合同另有约定的除外。

第七百三十九条 专项借款

如果订立借款合同的条件是借款人将收到的资金用于特定目的（专项借款），则借款人有义务向出借人提供对借款的目的性进行监督的机会。

如果借款人未能遵守借贷合同中关于借款的目标性使用的约定，则出借人有权要求借款人提前返还借款和应付利息，但合同另有约定的除外。

第七百四十条 期票

如果根据双方合同，借款人已签发期票，证明出票人（本票）或期票中指定的任何其他付款人（汇票）有义务在期票规定期限到期时无条件支付借款，期票双方当事人的关系由法律规定。

第七百四十一条 债券

在法律规定的情况下，可以通过发行和出售债券的方式订立借贷合同。

债券是一种担保，证明其持有人有权在债券规定的期限内从债券发行人处获得债券的面值或其他等值财产。债券还赋予其持有人获得债券面值固定利息或者其他财产的权利。

第七百四十二条 债务更新为借款之债

经各方当事人同意，因买卖、财产出租或其他理由产生的任何债务，均可替换为借款之债。

以借款之债替换债务应遵守本法第347条规定的债之更新规则，并以借款合同约定的形式办理。

第七百四十三条 国家借款合同

根据国家借款合同，借款人是国家，出借人是自然人或法人。

国家借款是自愿的。

国家借款合同通过出借人取得所发行的国家债券或者其他国家有价证券来签订，证明出借人有权按照借款条款在规定期限向借款人提供借款的货币资金或者根据其借款条款的其他财产，以及规定的利息或者其他财产权利。

不允许变更已经流通的借款（借款转让）的条款，包括根据本法第383条规定的理由，但法律另有规定的除外。

国家根据本法的规则对国家借款合同承担责任。

第二节 信 贷

第七百四十四条 信贷合同

根据信贷合同，一方当事人是银行或其他信贷组织（信贷人），有义务按照合同约定的数额和条件向另一方当事人（借款人）提供货币资金（信贷），而借款人有义务返还所借的借款并支付利息。

在法律允许非信贷组织的商业组织从事信贷业务时，信贷合同的规则适用于此类商业组织所进行的信贷关系。

本条第 1 款的规则适用于信贷合同关系，但本款规则或者从信贷合同的实质有不同要求的除外。

第七百四十五条　信贷合同的形式

信贷合同应以书面形式订立。

违反书面形式的信贷合同无效。该合同自始无效。

第七百四十六条　拒绝提供或获得信贷

在确认借款人无支付能力、不履行信贷担保义务，违反合同约定的目的性信贷使用义务以及在合同约定的其他情况下，信贷人有权全部或部分拒绝向借款人提供信贷合同约定的信贷。

借款人有权全部或部分拒绝接受信贷。借款人必须在信贷期限届满前就此通知信贷人，但法律另有规定或合同另有约定的除外。如果借款人违反了信贷合同约定的目的性信贷使用义务，则信贷人有权拒绝根据合同向借款人进一步放贷。

第七百四十七条　实物信贷合同

双方当事人可以订立规定在信贷合同条件下，一方当事人有义务向另一方当事人提供种类物的合同。

关于所提供的物的数量、种类、配套性、质量、集装箱和（或）包装的条件应当依照买卖合同的规则履行，但信贷合同另有约定的除外。

第七百四十八条　商业信贷

与履行转移货币或种类物给另一方当事人有关的合同，可以规定提供信贷，包括对商品、工作或者服务以预付款、预先付款、延期付款和分期付款（商业信贷），但法律另有规定的除外。

本章规则相应适用于商业信贷，但债所据以产生的合同另有约定且违反债的实质的除外。

第四十二章　金钱债权让与融资

第七百四十九条　金钱债权让与融资合同

根据金钱债权让与融资合同，一方当事人（金融代理人）向另一方当事人

（客户）转让或承诺向另一方当事人（客户）转让金钱债权，以抵销客户（债权人）因向第三人（债务人）提供商品、工作或服务而产生的金钱债权，客户转让或承诺将该金钱债权转让给金融代理人。

客户可以将对债务人的金钱债权转让给金融代理人，以确保客户履行对金融代理人的债务。

金融代理人在金钱债权转让融资合同下的义务可包括为客户记账，以及向客户提供与作为转让标的的金钱债权有关的其他金融服务。

第七百五十条　金融代理人

银行和其他信贷组织，以及其他获准从事此类活动的商业组织可以作为金融代理人。

第七百五十一条　为获得融资而让与的金钱债权

提供融资的转让标的，既可以是已经到期的金钱债权（现有债权），也可以是在未来产生的获得金钱债权（未来债权）。

必须在客户和金融代理人订立的合同中明确规定要转让的金钱债权，以便在订立合同时能够识别现有债权，而未来债权最迟在其产生时能够确定。

在未来债权的转让中，一旦有权从债务人处获得作为合同转让标的的金钱债权，未来债权即视为已转让给金融代理人。如果金钱债权转让以某一事件为条件，则在该事件发生时生效。在这些情况下，无须再办理金钱债权的转让手续。

第七百五十二条　客户对金融代理人的责任

客户应就所转让的金钱债权的有效性对金融代理人负责，但金钱债权转让融资合同另有约定的除外。

如果客户有权转让债权，并且在转让债权时不知道债务人有权不履行债权的情况，则转让的债权应视为有效。

客户对债务人不履行或不适当履行被转让的债权不承担责任，但客户与金融代理人的合同另有约定的除外。

第七百五十三条　禁止转让金钱债权无效

向金融代理人转让金钱债权是有效的，即使客户与其债务人之间的合同禁止或限制金钱债权转让。

本条第 1 款的规定不免除客户在违反其与债务人之间有关禁止或限制转让债权的合同的情况下对债务人的义务或责任。

第七百五十四条 金钱债权的后续转让

不允许金融代理人对金钱债权进行后续转让，但金钱债权转让融资合同另有约定的除外。

在合同允许金钱债权后续转让时，相应适用于本章的规定。

第七百五十五条 债务人向金融代理人履行金钱之债

债务人有义务向金融代理人付款，条件是债务人已收到客户或金融代理人关于将金钱债权转让给该金融代理人的书面通知，并在通知中指明要履行的金钱债权以及应向其付款的金融代理人。

应债务人的要求，金融代理人应在合理期限内向债务人提供证据，证明向金融代理人转让金钱债权的事实已经发生。如果金融代理人未履行该义务，债务人有权就该债权向客户付款，以履行其对客户的义务。

债务人按照本条规则向金融代理人履行金钱债权，债务人即解除对客户的相应债务。

第七百五十六条 金融代理人从债务人处获得款项的权利

如果根据金钱债权转让融资合同的条款，金融代理人通过从客户处购买债权为客户提供融资，则金融代理人有权从债务人处获得为履行债权而收到的所有款项，而在金融代理人收到的金额低于取得债权的金额时，客户对金融代理人不负责任。

如果向金融代理人转让金钱债权是为了保证其履行客户的债务，并且转让融资合同没有另行约定，则金融代理人有义务向客户报告并向其转让超过以债权转让为担保的客户债务的金额。如果金融代理人从债务人处收到的钱少于客户对金融代理人的债权转让所担保的债务金额，则客户仍对金融代理人承担剩余债务的责任。

第七百五十七条 债务人的互抵债权

如果金融代理人要求债务人付款，则债务人有权根据本法第 343 条至第 345 条的规定，以其在收到金融代理人的债权转让通知时已拥有的，与客户所订合同为基础之金钱债权抵销。

债务人因客户违反禁止或限制转让债权的合同而可以对客户提出的抗辩权，对金融代理人没有效力。

第七百五十八条 金融代理人收到的款项返还给债务人

在客户违反了与债务人订立的合同约定的义务时，如果债务人有权直接从客户处获得这些款项，则债务人无权要求金融代理人退还已向其支付的款项。

债务人有权直接从客户处收取因债权转让而支付给金融代理人的款项，但如果证明金融代理人未履行向客户支付与债权转让有关的允诺付款的义务，或明知客户已违反对债务人的义务而仍支付与债权转让有关的付款，则债务人有权要求金融代理人返还该款项。

第四十三章　银 行 存 款

第七百五十九条　银行存款合同

根据银行存款合同，一方当事人（银行）接受另一方当事人（存款人）提供的资金或为其提供的资金（存款），有义务根据合同约定的条款和方式返还该款项并支付利息。

银行存款合同自银行收到存款之日起订立。

公民作为存款人的银行存款合同为公开合同。

银行存款合同的规则相应地适用于银行和存款人之间就存款所注入的账户的关系，但本章规则另有规定或者从银行存款合同的实质中另有规定的除外。

本章有关银行的规则也适用于根据法律接受法人存款的其他信贷机构。

第七百六十条　吸引存款的权利

由依照法定程序颁发的许可证赋予该项权利的银行，享有吸引资金存款的权利。

在不享有该权利的银行接受公民存款的情况下，存款人可以要求立即退还存款，以及支付本法第 327 条规定的利息，并赔偿所有超过利息的给存款人造成的任何损失。

如果该银行以银行存款合同的条款接受法人的货币资金，则适用本法关于法律行为无效的依据和后果的相关规则。

除法律另有规定外，本条第 2 款和第 3 款规定的后果也适用于任何人将公民和法人的资金用于：

（1）汇票或其他证券，使其持有人无法按要求提取存款，也无法使存款人行使本章规则规定的其他权利；

（2）通过出售被认为是非法发行的债券和其他有价证券。

第七百六十一条　银行存款合同的形式

银行存款合同应以书面形式订立。

如果以存折、银行（储蓄）证明或者其他由银行向存款人出具的符合法律、依照银行法以及适用于银行业务的交易习惯对此类文件规定的要求的文件证明已经交付存款，则视为遵守银行存款合同的书面形式。

违反银行存款合同的书面形式将导致该合同无效，这种合同自始无效。

第七百六十二条　存款的种类

银行存款合同按照请求支付存款（活期存款）的条件或以合同约定的期限届满退还存款（定期存款）的条件订立。

银行存款合同可约定在不违反法律规定的其他条件下退还存款。

根据任何种类的银行存款合同，银行均有义务按照存款人的请求退还存款或者部分，但法人按合同约定的其他返还条件退还存款的除外。

银行存款合同中关于公民在法定通知期届满后放弃获得活期存款、定期或其他存款的权利的条款无效。

如果存款人打算在银行存款合同约定的期限届满前或其他情况发生前要求返还任何定期存款或其他存款（活期存款除外），应在预计提款日前1个月内将其意图通知银行。

如果定期存款或任何其他存款（活期存款除外）在存款期满前或发生存款合同约定的其他情况前应存款人的要求被返还，则不支付存款利息，但合同另有约定的除外。

在当期限届满存款人没有要求返还定期存款，或者当以其他返还条件交存的存款在合同约定的情形到来后没有要求退还存款时，合同视为在活期存款的条件下延续，但合同另有约定的除外。

第七百六十三条　存款利息

银行按照存款合同约定的数额向存款人支付存款利息。

如果银行存款合同没有约定支付利息数额，银行应按银行对活期存款支付的利率支付利息。

银行有权变更活期存款的应付利息数额，但银行存款合同另有约定的除外。

在银行降低利息数额时，新的利息数额在自相应通知之时起1个月后适用于在通知存款人关于利息降低前的存款，但银行存款合同约定了其他期限的除外。

合同约定的对依照特定期限届满后退还存款的条件交存的或者按照在合同约定的情形到来后退还存款的条件交存的存款的利息数额，银行无权单方面减少，但合同另有约定的除外。

第七百六十四条　存款利息的计算和支付方式

存款利息自其交付银行之日的次日起计算，直至将存款退还存款人之前的那天或者依据其他理由注销存款人的账户之日。在银行因存款人账户被冻结而无法使用该账户中的资金期间，不应计算利息。

银行存款利息应根据存款人要求在每月到期时与存款本金分开支付，在该期限内未追索的利息增加为计算利息的存款本金，但银行存款合同另有约定的除外。

在退还存款时应支付此前的所有利息。

第七百六十五条　存款返还的保障

银行为确保其所收存款的返还而必须采取的手段和方法，由法律规定和银行合同约定。

银行有义务根据存款人的要求，提供有关保证返还存款的信息。

在银行未能履行其返还存款的义务，以及丧失担保或担保条件恶化时，存款人有权据本法第327条要求立即返还存款、支付利息和赔偿损失。

第七百六十六条　未履行返还存款请求的责任

如果银行在本法第762条规定的条件下未履行返还存款或部分存款的请求，则银行应根据本法第327条规定赔偿损失，无论是否支付利息。

第七百六十七条　第三人将货币资金存入存款人账户

银行以存款人的名义从第三方收到的货币资金，在存款人的存款账户上注明必要的数据后，应存入存款人的账户，但银行存款合同另有约定的除外。在此情况下，推定存款人在提供了必要的存款账户资料后，同意接受这些人的货币资金。

第七百六十八条　为第三人利益的存款

存款可以特定第三人的姓名存入银行。

注明存款受益人为公民的姓名或法人的名称，是有关银行存款合同的必要条款。

以其名义存款的第三人自存款进入其账户时立即取得存款人的权利，但合同另有约定的除外。

在当以其名义存款的第三人拒绝时，以第三人名义订立银行存款合同的人有权要求退还存款或以自己的名义存款。

第七百六十九条　存折

以存折证明与公民订立银行存款合同和将货币资金存入其存款账户，但双方另有约定的除外。

存折应指出并由银行证明银行或其相应分行的名称和地点、存款账号，以及所有存入其账户上的货币资金数额、所有从账户上取走的货币资金数额以及账户上的剩余资金数额。

存折上指出的存款数额为银行与存款人之间存款结算的依据，但有其他存款状况的证明的除外。

银行存款合同约定发行记名存折。

存款的发放、利息的支付以及履行存款人将存款账户中的货币资金转给其他人的指示，都由银行在出示存折后进行。

如果记名存折遗失或不适宜出示，银行可根据存款人的申请换发新的存折。

第七百七十条 储蓄（存款）证

储蓄（存款）证是一种记名证券，证明向银行交付的存款数额以及存款人（证书持有人）在指定期限届满时向签发证书的银行或该银行的任何分行领取证书中规定的存款本金和利息的权利。

如果提前出示储蓄（存款）证进行支付，银行应支付存款本金和活期存款的应付利息，但储蓄证的条款规定了不同利率的除外。

第四十四章 银 行 账 户

第七百七十一条 银行账户合同

根据银行账户合同，银行或其他信贷机构（以下简称银行）有义务接受货币资金并计入客户（账户持有人）的账户，履行账户持有人关于从账户上划拨和支付相应款项以及进行其他账户业务的指令。

本章与银行有关的规则也适用于其他信贷机构根据颁发的许可证（执照）订立和履行银行账户合同。

第七百七十二条 银行使用客户资金

银行可使用客户在银行账户上的可用资金，保证其在向账户提出申请后可用，并保证客户有权在账户金额范围内自由支配这些资金。

第七百七十三条 客户处分资金

客户自主处分自己在银行账户上的货币资金。

银行无权决定和监督客户资金的使用方向，也无权对其处置资金的权利施加法律或银行账户协议未规定的其他限制。

根据法定程序，客户在银行账户上的货币资金可以作为现金接收。

第七百七十四条　银行账户合同的形式

银行账户合同以书面形式订立。

违反银行账户合同的书面形式将导致该合同无效，该合同自始无效。

第七百七十五条　银行账户合同的订立

银行账户合同通过银行按照双方当事人合同的条款为客户或其指定的人在银行开立账户而订立。

法人和公民自主选择银行进行结算和现金服务。

银行有义务与要求开立账户的客户订立银行账户合同，该合同应符合银行为开立此类账户所规定的条件，并符合法律和据此制定的银行法规的要求。

银行无权拒绝依照法律、银行设立文件以及颁发给它的许可的规定属于其相应业务的账户的开立，但因银行无法提供银行服务而拒绝的情况除外。

在银行无故逃避订立银行账户合同时，客户有权提出本法第377条第6款和第7款规定的要求。

第七百七十六条　账户资金处分权的证明

以客户名义从账户划转和支付资金的人的权利，由占有人向银行提交法律、依照银行法规定的和银行账户合同约定的文件来证明。

客户可以向银行发出关于依照第三人的请求从账户支取货币资金的指令，包括与客户履行其对这些人的债务有关的请求。银行接受这些指令的条件是其中以书面形式说能够在提出相应请求时鉴别有权提出该请求的人，和查明该请求的种类和依据的必要资料。

银行账户合同可以约定以电子支付手段和在其中使用与亲笔签名、号码、密码和其他类似能够证明指令是有权作出指令的人作出的手段证明对账户上的货币资金的处分权。

第七百七十七条　银行履行的账户业务

银行有义务通过完成法律、依照银行法和在银行业务中使用的业务交易惯例对该种账户规定的业务，接受和计算存入账户的货币资金，并完成客户划拨和支付货币资金的指令，但银行账户合同另有约定的除外。

第七百七十八条 账户业务的期限

银行有义务在不迟于自向银行提交相应支付文件之日的次日计算将存入账户的货币资金，按照客户的指令从账户支付或者划拨货币资金，但另有规定或银行账户合同另有约定的除外。违反规定的账户业务条款银行将产生本法第 327 条规定的后果。

第七百七十九条 账户信贷

如果银行根据合同，在账户无资金的情况下，仍对客户的债权付款，则视为银行自付款之日起，已将相应金额贷记客户账户（账户信贷）。

当事人与账户信贷有关的权利和义务应根据借贷规则确定，但银行账户合同另有约定的除外。

第七百八十条 支付银行完成账户业务费用

客户按照银行账户合同约定的条款，为银行对账户上的货币资金所完成的业务服务付款。如果银行账户合同没有约定完成上述业务的服务价格，则应根据本法第 356 条确定服务价格。

本条第 1 款规定的银行服务价款，可由银行在每月到期后客户的账户资金中收取，但银行账户合同另有约定的除外。

第七百八十一条 银行使用账户上货币资金的利息

银行对使用账户上的货币资金向账户持有人支付利息，但银行账户合同另有约定的除外。

本条第 1 款规定的利息由银行按照银行账户合同约定的数额支付，如果合同中没有相关规定，则按照银行通常为活期存款支付的数额支付。

账户的利息数额按照银行账户合同约定的期限计算，如果合同没有约定此类条款，则应在每个季度期满时计算。

第七百八十二条 银行和客户互抵债权的抵销

银行对银行占有人的与账户信贷有关的和为银行服务付款的金钱债权，以及客户对银行的为使用货币资金支付利息的请求可以抵销终止，但银行账户合同另有约定的除外。

本条第 1 款规定的债权的抵销由银行进行，银行有义务就所进行的抵销按照银行账户合同约定的方式和期限通知客户，如果双方未就相关条款达成一致，则按照银行惯例要求的方式和期限有关账户资金状况的信息。

第七百八十三条　划扣账户资金的依据

银行应根据客户的指令划扣账户资金。

依照法院的判决以及在本法或者其他法律规定的其他情况下，可以没有客户的指令划扣账户资金。

第七百八十四条　划扣账户资金的顺序

在账户上存在的资金数额足以满足所有对客户提出的请求时，从其账户划扣这些资金的顺序按照账户持有人发出指令以及其他支取文件的方式（日历顺序）进行，但法律另有规定的除外。

如果账户资金不足以清偿对客户提出的所有索赔，应按以下优先顺序扣款：

（1）第一顺序是按照执行文件进行划扣，向预算、预算外基金支付和发放工资资金，从账户划拨或者支付货币资金以满足赔偿生命和健康损害的请求以及追索赡养费的请求，以结算支付与按照劳动合同工作的雇员的遣散补助和劳动工资，以及支付按照著作权合同的报酬。

（2）第二顺序是按照执行文件进行划扣，满足其他的金钱债权。

（3）第三顺序是按照日历顺序的方式，对其他支付文件进行划扣。

与生产活动直接相关的紧急需求的数额由法律规定的资金划扣，应在日历顺序之外进行。

第七百八十五条　银行未及时操作和不当扣划资金的责任

在银行未及时向账户存入账户持有人收到的货币资金或者无依据从账户支取资金的情况下，银行有义务按照账户持有人的要求将相应款项存入账户，但法律另有规定的除外。

根据本法第327条的规定，银行有义务对未及时入账或者不合理扣款支付利息并赔偿损失。除法律规定的情况外，银行对未及时从账户中支取资金以及未及时完成账户持有人关于从账户划拨资金的指令承担同样责任。

第七百八十六条　银行秘密

银行应保证银行账户、账户交易和账户持有人信息的保密性。

构成账户秘密的资料只能提供给账户持有人及其代理人。这些信息可以在法律规定的情况下并按照法定程序提供给国家机关及其官员。

在银行披露构成账户秘密的资料时，其权利被侵犯的客户有权要求银行赔偿其损失。

第七百八十七条　处分账户的限制

不允许限制客户处分账户上的资金的权利，但在法律规定的情况下，扣押账户上的资金或暂停账户业务除外。

第七百八十八条　银行账户合同的解除

经账户持有人申请，银行账户合同可在任何时候解除。

应银行的要求，银行账户合同在以下情况下可由法院解除：

（1）账户持有人账户中的资金数额低于银行法或合同约定的最低数额，除非在通知银行后一个月内收回；

（2）该账户一年内没有任何业务，但合同另有约定的除外；

（3）账户余额应在收到账户持有人的书面申请后按照账户持有人的指示7日内划拨到其他账户。

银行账户合同的解除是注销账户的依据。

第七百八十九条　银行账户

本章规则适用于代理账户、代理分账户、其他银行账户，但法律另有规定的除外。

第四十五章　结　　算

第一节　结算的一般规定

第七百九十条　现金和非现金结算

公民之间的结算和公民参与的与其从事经营活动有关的结算可以不受金额限制的现金形式进行，也可以采取非现金形式。

法人之间的结算，以及有公民参与的，与其从事经营活动有关的结算按照非现金方式进行。上述人员之间的结算也可以使用现金，但法律另有规定的除外。

非现金结算通过结算参与人在其中开立账户的银行、其他信贷组织进行，但法律另有规定且规定了所使用的结算方式的除外。

第七百九十一条　非现金结算的形式

在进行非现金结算时，可以进行委托支付结算、信用证结算、支票结算、托收结算，以及法律、按照银行法和在银行业务中使用的业务交易惯例要求的其他形式的结算。

合同当事人有权选择并在合同中约定本条第1款规定的任何一种结算方式。

第二节　付款委托结算

第七百九十二条　付款委托结算的一般规定

在付款委托结算时，银行有义务按照客户的委托以处分在其账户上的资金，在法律规定期限内向客户指定的人在该银行或者其他银行的账户上转入规定数额的货币，但银行账户合同约定了更短的期限，或在银行业务中适用的通常商业习惯另有要求的除外。

在付款委托中被指定为收款人的人不享有要求银行完成支付的权利，但法律规定或者客户与银行的合同约定了该权利的除外。

第七百九十三条　银行接受付款委托的条件

支付委托书及其所附结算文件的内容与形式应当符合银行法规定。

银行只有在客户账户上存在资金的条件下才可着手履行客户的委托书，但客户与银行之间的合同另有约定的除外。

第七百九十四条　委托履行

接受客户的付款委托的银行有义务在本法第 792 条第 1 款规定的期限内，将相应资金数额转入在委托书中指定的人的账户。

银行有权延请其他银行向客户委托书指定的账户汇转货币资金的业务。

银行有义务立即通知客户已经履行委托，但合同另有约定的除外。

第七百九十五条　不履行或不适当履行委托的责任

在不履行或者不适当履行客户委托的情况下，银行按照本法第 327 条的规定，对此违反行为承担责任。

参与进行支付委托结算业务的银行对发出该委托的人承担连带责任。

第三节　信用证结算

第七百九十六条　信用证结算的一般规定

在信用证结算时，按照客户（付款人）的指示开立信用证并依照其指示的银行（开证行）有义务在收款人或其指定的人（以下合称收款人）提交信用证规定的文件和履行信用证规定的其他条件时进行支付。

在开立抵偿性（寄存式）信用证时，开证行在开立信用证时有义务计算客户的自有资金或者在整个开证行的债务有效期内将其提供的信贷转入议付行支配。

在开立不可抵偿性信用证时，开证行向议付行授予从开证行在议付行开立的账户上支取全部信用证金额的权利。

第七百九十七条　信用证结算的有效期和方式

信用证结算的期限和方式应在付款人和收款人之间的合同中约定。

该合同还应当包括：

(1) 签发银行的名称；

(2) 信用证的种类及其履行方式；

(3) 通知收款人签发信用证的方式；

(4) 收款人为提取信用证资金所需提交的文件的完整清单和准确描述；

(5) 货物装运后提交文件的条件（提供服务、完成工作），履行的要求。

第七百九十八条　可撤销的信用证

可撤销信用证，指可以由开证行无须告知收款人而予以变更或撤销的信用证。撤销信用证并不为开证行创设对收款人的任何债务。

议付行有义务按照可撤销信用证完成支付以及其他业务，但在此时收到变更信用证条款或者撤销信用证的通知的除外。

信用证是可撤销的，但信用证文件另有要求的除外。

第七百九十九条　不可撤销的信用证

未经收款人同意不得撤销的信用证为不可撤销信用证。

按照开证行的请求，参与实施信用证业务的议付行可以确认不可撤销的信用证（受担保的信用证）。这种确认意味着议付行接受按照信用证条款进行支付的对开证行债务的补充债务。

受担保的信用证未经议付行同意不得变更或者撤销。

第八百条　信用证的履行

为履行信用证，收款人向议付行提交证明履行信用证所有条款的文件。在发现违反任何一项条款的情况下，不得支付信用证费用。

如果议付行按照信用证条款完成了支付或者其他业务，则开证行有义务赔偿给议付行造成的费用。这些费用以及开证行所有因履行信用证而产生的其他费用都由付款人赔偿。

第八百零一条　拒绝接受文件

如果议付行拒绝接受不符合信用证条款的文件，则有义务立即通知收款人和开证行，并说明拒绝接受的理由。

如果开证行收到议付行接收的文件后，认为其外观特征不符合信用证条款，则有权拒绝接受并向议付行索还其违反信用证条款而支付给收款人的款项，在非抵偿性信用证的情况下，有权拒绝赔偿已经支付的款项。

第八百零二条　银行违反信用证条款的责任

在违反信用证的条款的情况下，开证行应对客户负责，议付行对开证行承担责任，但本条规定的情况除外。

如果议付行无故拒绝信用证付款或保兑信用证的款项，则议付行对收款人负责。

如果议付行因违反信用证的条款而在保兑或保兑信用证下错误付款，可要求议付行对客户承担责任。

第八百零三条　信用证注销

议付行的信用证因以下原因而注销：

（1）因信用证期限届满；

（2）如果信用证条款明确了这种拒绝的权利，按照收款人在信用证有效期届满前拒绝使用信用证的请求；

（3）如果按照信用证条款这种撤销是可能的，按照付款人全部或部分撤销信用证的请求；

（4）议付行应将信用证的注销通知开证行。

没有使用的寄存式信用证的款项应当在信用证注销的同时返还给开证行。开证行有义务将退还的金额记入付款人的存款账户。

第四节　托收结算

第八百零四条　托收结算的一般规定

在托收结算时，客户向其银行（开户行）发出依靠客户的账户实施向付款人收取付款的委托。

收到托收委托的开户行有权延请其他银行（议付行）履行该委托。

托收结算的程序由法律和银行实践中通常使用的业务交易惯例规定。

如果开户行不履行或不适当履行客户指令，开户行应根据本法第 24 章规定的理由和范围对客户承担责任。

如果由于议付行违反履行结算交易规则而不履行或不适当履行客户的指令，则该银行要对客户承担责任。

第八百零五条　托收委托的履行

如果缺乏任何文件或文件与托收指令不一致，银行有义务立即通知收到托付指令的人。如果银行未能消除这些缺陷，则银行有权不履行并退回文件。

单据应以收到的形式提交给付款人，但办理托收业务所需的银行印章和题名除外。

如果单据是见票即付，则议付行应在收到托收单后立即进行出示支付。

如果单据的支付日期不同，议付行应在收到托收单后立即将单据提交给付款人接受，付款要求必须不迟于单据上注明的付款到期日。

在银行法规定或者在托收单上有特别授权的情况下，可以接受分期付款。

收到（托收）的款项应当由议付行立即转交开户行支配，开户行有义务将该款项计入客户账户。议付行有权从托收的款项中扣除其应得的报酬和赔偿其花费与开支。

第八百零六条　拒绝付款的通知

如果议付行没有收到付款和（或）承兑，则议付行有义务立即通知开证行拒绝付款或拒绝承兑的原因。开户行有义务立即通知客户，向其询问进一步行动的指示。

议付行在银行法规定的期限内没有收到进一步行动的指示时，议付行有权将文件返还给收到托收指令的银行。

第五节　支 票 结 算

第八百零七条　关于支票结算的一般规定

支票是支票签发人无条件命令银行向支票持有人支付其中规定金额的证券。

只有支票签发人有权通过签发支票来支配资金的银行才可被指定为支票付款人。

不允许在出示支票的期限届满前撤销支票。

签发支票并不导致其用以履行的金钱之债的清偿。

在支付流转中使用支票的程序和条件受本法和其他法律的约束。

第八百零八条　支票信息

支票应当包括：

（1）“支票”的名称，包括在文件文本中；

（2）指示付款人支付确定的货币金额；

（3）付款人的名称并指明付款的账户；

（4）指明支付的货币；

（5）指明提取支票的日期和地点；

（6）支票签发人的签名。

在文件中缺少上述任何一项信息将剥夺支票的效力。

其中没有指明出票地点的支票，视为在出票人所在地签署。

支票的形式及其填写方式由法律规定。

第八百零九条　支票付款

支票依靠支票签发人的账户资金支付。

在法律规定期限内出示支票付款的条件下，付款人应当兑付支票。

兑付支票的人有权要求将支票连同付款收据一并交给他。

第八百一十条　支票权利的转移

支票权利的移转按照本条规定进行。

记名支票不得移转。

在收到的票据上对付款人的背书具有收到付款的收据的效力。

付款人所做的背书无效。

持有经背书收到的支票的人，如果其权利是依据不间断的（相互制约的）背书，则视为支票的合法所有人。

第八百一十一条　付款担保（保兑）

按照支票的付款可以全部或部分通过担保（保兑）的方式得到保障。

保兑可以由付款人以外的任何人提出。

保兑应在支票正面或另页上注明“视为保兑”，并注明由何人和为何人签发。如果未指明为何人签发，则视为出票人出具。

保兑由票据背书担保人签名，并注明其地址（住所地）和完成签名的时间。

保兑人对他为之签发的票据背书担保的人承担责任。

即使在他所担保的债务因与形式瑕疵无关的原因而无效的情况下，其债务仍然有效。

为支票付款的保兑人取得源自支票的权利，可对抗其曾予以担保的人和对后者负有义务的人。

第八百一十二条　支票的兑现

向为支票持有人提供服务的银行出示托收支票以便获得承兑，应视为出示付款。

支票按照本法第805条规定的程序支付。

在收到付款人的付款后，应将已兑现支票的资金记入支票持有人的账户，但支票持有人与银行之间的合同另有约定的除外。

第八百一十三条　付款人的义务

支票付款人有义务以其所有可用的方式验明支票的真实性，以及支票的持票人是否为该支票所授权的人。

在兑现支票时，付款人有义务审查背书的正确性，但不审查背书人的签名。

因付款人支付伪造、被盗或遗失的支票而造成的损失，应由付款人或出票人承担，取决于损失是因谁的过错造成。

第八百一十四条　支票拒付证明书

拒绝兑付支票应以下列方式之一证明：

（1）公证人按照法律规定程序提出的异议书；

（2）付款人在支票上注明拒绝兑付并指明提交支票付款的日期；

（3）托收承付银行注明并指出票据及时开出但未获承兑的日期。

异议书或者与其同义的文件应当在提交支票付款期限届满前提出。

如果支票提交是在期限届满的最后一天，则异议书或者与其同义的文件可以在下一个工作日提出。

第八百一十五条　支票拒付的通知

支票持有人有义务在提出异议书或者与其同义文件之日后的两个工作日内通知其背书人和出票人支票未获承兑。

每个背书人自收到通知之日起两个工作日内，将收到的通知告知其（前）背书人。在相同期限内通知为该人提供票据背书担保的人。没有在上述期限内发出通知的人，并不丧失支票下的权利。背书人有义务在支票金额范围内赔偿由于没有通知支票未获承兑而造成的损失。

第八百一十六条　支票拒付的后果

在根据本法第814条证明付款人拒绝承兑支票的情况下，支票持有人有权选择向对其负有连带责任的一人、数人或所有人（出票人、票据背书担保人、背书人）提出诉讼。

支票持有人有权按照本法第327条第1款和第2款规定的金额和程序要求支付支票金额、支票持有人的支出和利息。在支票上的义务人支付支票后，也拥有同样的权利。

支票持有人对本条第 1 款所述人员的诉讼，可以在出示支票付款期限届满之日起 6 个月内提出。义务人对对方索赔的追索权自义务人满足索赔要求之日起或向其提出索赔之日起 6 个月内清偿。

第四十六章　委　　托

第八百一十七条　委托合同

根据委托合同，一方当事人（受托人）有义务代表另一方当事人（委托人）完成特定的法律行为，并承担相应费用。根据受托人完成的法律行为，直接产生委托人的权利和义务。

委托可以是由受托人完成一个或多个特定的法律行为，也可以是依照委托人的指示管理委托人的事务。

按照受托人享有专有权的委托合同，一方当事人（委托人）委托另一方当事人（具有专有权的委托人）以委托人的名义并由委托人承担费用在特定领域和/或特定地区完成所有对委托人具有重大法律意义的行为。

委托合同以书面形式订立。

订立委托合同时，可以说明或不说明受托人有权代表委托人行事的期限。

第八百一十八条　委托合同的报酬

如果法律有规定或委托合同有约定，则委托人有义务向受托人支付报酬。

如果委托合同与双方当事人或其中一方从事经营活动有关，则委托人有义务向受托人支付报酬，但合同另有约定的除外。

在有偿委托合同中没有关于报酬数额和支付方式的条款时，可以依照本法第 356 条第 4 款确定，并在完成委托后支付。

如果受托人已经适当完成了所要求的所有行为，在非因其过错而未完成委托的情况下，也应支付报酬。

作为商业代理人的受托人有权根据本法第 290 条留置其所占有的、将移交给委托人的物，作为他在委托合同下的索赔的担保。

第八百一十九条　按照委托人的指示履行委托

受托人有义务按照委托人的指示履行委托。委托人的指示必须具体、可行和可能。

如果按照事务的情形，在为委托人利益所必须且受托人不可能事先征询委托人或者未及时收到对其请求的答复，则受托人有权偏离委托人的指示。在这种情况下，受托人必须在可能的情况下尽快将偏离情况通知委托人。

作为商业代理人的受托人可由受托人授权，为了受托人的利益，不必事先提出要求，就可以偏离其指示。在此情况下，商业代理人应在合理时间内将偏离情况通知委托人，但委托合同另有约定的除外。

第八百二十条 受托人的义务

受托人的义务：

（1）亲自履行委托，但本法第 822 条规定的情况除外；

（2）根据委托人的要求，通知其所有关于委托履行进展的信息；

（3）立即依据所实施的法律行为的所有所得移交委托人；

（4）在完成委托后，立即将期限尚未届满的委托书返还给委托人并提交报告，如果合同的条款或委托的特点有要求，则附上适当的文件。

第八百二十一条 委托人的义务

除委托合同另有约定，委托人有义务：

（1）为受托人提供完成履行所必要的手段保障；

（2）毫不拖延地依照合同接受受托人的履行；

（3）赔偿受托人为完成委托所必要的费用；

（4）在完成委托后向受托人支付报酬，但法律没有规定或合同没有约定的除外。

第八百二十二条 转委托

如果委托合同有约定或者为保护委托人的利益，受托人有权转交他人（转委托人）履行委托。

转委托他人的受托人有义务立即告知委托人。

委托人有权不接受受托人选择的转委托人，但委托合同中已指定转受托人的除外。

如果合同中指定了受托人的转受托人，则受托人对转受托人处理事务的行为不承担责任。

如果委托合同中约定了由转受托人处理事务，但没有明确指出名字，则受托人对转受托人的过错行为不承担责任。

如果委托合同中未约定由受托人的转受托人处理事务，则受托人对其转受托人的任何行为承担责任。

第八百二十三条　委托合同的终止

委托合同因以下情形而终止：

（1）委托人解除合同；

（2）受托人拒绝履行委托；

（3）委托人或受托人死亡，或其中一方被确认为无民事行为能力人、限制行为能力人或失踪。

委托人可以取消委托，受托人可以在任何时候退出。放弃该权利的合同无效。

如果受托人不知道也不应当知道委托合同终止，受托人其根据委托合同的指示已经合法实施的行为对委托人（或委托人的权利承继人）与第三人和受托人的关系中产生约束力。

放弃与作为经营者的受托人订立的委托合同的一方当事人，应至少提前30日通知对方当事人终止合同，但合同约定了更长期限的除外。在作为商业代理人的法人重组的情况下，委托人应有权取消委托，而无须事先通知。

第八百二十四条　委托合同终止的后果

如果委托合同在受托人全面履行委托前终止，则委托人有义务赔偿受托人在履行委托时支出的费用，而在对受托人规定了报酬时，也应当按照其完成工作的比例向其支付报酬。本法不适用于受托人在知道或应当知道合同终止后所完成的委托。

第八百二十五条　委托合同中的权利承继

在受托人死亡的情况下，其继承人或者其他承担保障遗产完好性的人有义务就委托合同的终止立即通知委托人，并采取必要措施保护委托人的财产，特别是保护委托人的物以及文件，然后转交给委托人。作为受托人的法人的清算人也承担该义务。

在作为代理人行事的法人改组时，应立即通知委托人。在上述情况下，如果委托人在30日内没有通知自己退出委托合同，则该法人的权利和义务转归其权利承继人。

第四十七章　无 因 管 理

第八百二十六条　无因管理的条件

在没有委托、其他指示或利害关系人事先同意的情况下，为防止对利害关系人的人身或财产造成损害而采取的行动（无因管理），履行其义务或为了其他非法利益，必须基于明显的利益或好处以及利害关系人的实际或可能的意图，并根据案件的具体情况采取必要的谨慎和努力。

本章规定不适用于国家机关和地方自治机构为他人利益而实施的行为，因为这种行为是其活动的目的之一。

第八百二十七条 无因管理人的义务

无因管理人有义务在第一时间通知利害关系人。如果利害关系人同意这些行为，则将来双方的关系适用委托合同的规则。在不同意上述行为的情况下，由无因管理人承担责任。

在无法通知利害关系人的情况下，无因管理人有义务采取一切措施终止该行为，以防止对当事人造成不利的财产后果。在此情况下，无因管理人有义务承担所有与事务管理有关的事情，包括所订立的法律行为的义务。

如果无因管理人在第一时间没有通知利害关系人，则其无权要求赔偿所造成的损失。

即使在相应活动是为其利益而实施的自然人死亡或为法人终止的情况下，无因管理人有义务继续已开始的活动，直至被利益相关人的继承人（权利承继人）取代。

第八百二十八条 为他人利益实施的法律行为

如果对方当事人反对这种转移或者在缔结合同时已经知道或应当知道交易是为他人利益而订立，则按照为他人利益而缔结交易所产生的义务，自为其利益实施该交易的人赞同该法律行为之时起转归其承担。在该交易的义务转归为其利益缔结交易的人时，根据该交易产生的权利也应当转移其享有。

达成交易的人可以延迟转移权利直至其为他人利益的活动而支出的费用得到补偿时为止。

第八百二十九条 无因管理受益人的义务

无因管理受益人有义务向无因管理人支付必要的费用和其他实际损失。如果为他人利益而采取的行动是合理的，但没有达到预期结果，仍有上述义务。但是，在防止他人财产受损的情况下，赔偿金不应超过财产的价值。

如果一个人的行为不是为了保护另一个人的利益而直接采取的，包括实施行为的人错误地认为他在为自己的利益行事，他的行为导致另一个人无端致富，则适用本法典第58条规定的规则。如果涉及他人利益的行为属于其经营活动范围，则该人有权要求在赔偿实际损失的同时，支付相应的报酬。

无因管理人在获得利害关系人批准后采取的行动所产生的费用和其他损失，应根据相应类型的合同规则赔偿。

第八百三十条　为他人利益的行为造成损害的赔偿

由于为他人利益的行为而给利害关系人或第三人造成的损害，应根据本法第57章的规定进行赔偿。

第八百三十一条　为他人利益行事的人的报告

为他人利益行事的人有义务向为其利益而活动的人提交报告，并指明所取得收益和支出的费用与损失。

第四十八章　行　　纪

第八百三十二条　行纪合同

根据行纪合同，一方当事人（行纪人）有义务代表当事人（委托人）以自己的名义实施一项或多项法律行为，并由委托人支付报酬。行纪合同必须以书面形式订立。

在行纪人与第三人实施的法律行为中，行纪人获得权利并承担义务，即使行纪人在法律行为中被指明或与第三人建立了直接关系。

行纪合同可以签订固定期限或为未注明有效期，可以注明或未注明履行合同的地区，可以约定委托人不得向第三方授予以其名义和费用进行委托给行纪人交易的权利，或不作此约定，可以约定或不约定作为委托标的商品的种类。

法律可以规定某些类型的行纪合同的特殊性。

第八百三十三条　行纪报酬

委托人有义务向行纪人支付报酬，如果委托人接受了第三人履行交易的担保（履约担保），也应支付合同约定的额外报酬。如果合同中未约定该金额，且无法根据合同条款确定，则应根据本法第356条第4款确定报酬金额。

如果行纪合同因委托人的原因而未履行，则行纪人保留获得行纪报酬以及赔偿所支出费用的权利。

第八百三十四条　行纪合同的履行

行纪人应当履行其与第三人订立的法律行为的所有义务并行使所有权利。

如果行纪合同中没有这些指示，按照交易惯例或其他普遍适用要求，以最有利于委托人的条件履行委托。如果行纪人以比委托人指定的更有利的条件完成了法律行为，则利益由当事人均分，但合同另有约定的除外。

如果行纪人对委托人承担履约担保，则其有权获得行纪合同约定的额外报酬。

行纪人就第三人不履行由委托人承担费用实施的法律行为不对委托人承担责任，但行纪人在选择该人时没有表现出必要的谨慎时或者承担了对法律行为履行担保（履约担保）的除外。

在第三人违反行纪人与之订立的法律行为时，行纪人有义务立即通知委托人，收集和保障必要的证据，并在委托人的要求下，按照债权转让规则（本法第 313 条至第 317 条、第 319 条、第 320 条）转让该法律行为下的权利。

无论行纪人和第三人之间是否规定禁止或限制这种转让，都允许根据本条第 5 款规定向委托人转让权利。这并不免除行纪人在违反禁止或限制合同的情况下转让权利而对第三人的责任。

第八百三十五条　分行纪合同

为了履行行纪合同，行纪人有权与他人订立分行纪合同，并对分行纪人的行为对委托人承担责任，但合同另有约定的除外。

根据分行纪合同，分行纪人获得代理人的权利和义务，在法律只允许特别授权人实施某些法律行为时，分行纪合同才能与此类人订立。

在行纪合同终止之前，未经委托人同意，行纪人不得与分行纪人建立直接关系，但合同另有约定的除外。

第八百三十六条　行纪人所出售财产的价格

行纪人出售财产的价格应与委托人协商确定，但法律另有规定或行纪合同另有约定的除外。

第八百三十七条　背离委托人的指示

在本法第 819 条规定的情况下，行纪人有权背离委托人的指示。

以低于与委托人商定的价格出售财产的行纪人有义务向委托人赔偿差额，但行纪人能证明不可能以商定价格出售财产，且以较低价格出售避免了更大的损失，以及行纪人没有机会获得委托人事先同意而背离指示的除外。如果行纪人有义务事先向委托人提出请求，行纪人也必须证明其无法事先获得委托人的同意而背离其指示。

如果行纪人按照高于与委托人协议的价格购买财产，且委托人不接受该价格，则必须在收到行纪人与第三方达成交易的通知后的合理时间内，向行纪人声明。否则买卖视为已被委托人接受。

如果行纪人告知由其自己承担价差，则委托人无权拒绝为其达成的交易。

第八百三十八条　行纪标的物的权利

行纪人从委托人处收到的物或者行纪人以委托人费用购买的物属于委托人所有。

根据本法第 290 条的规定，行纪人有权留置其所占有的应当交付给委托人或者委托人指定的人的物，作为其在行纪合同下的索赔担保。

如果委托人被确认为无偿付能力（破产），则行纪人的上述权利终止，并根据本法第 291 条的规定，在留置物品的价值范围内，满足其对委托人的索赔要求，与有担保抵押的索赔要求相同。

第八百三十九条　从委托人应得的款项中清偿行纪人的债权

行纪人可以根据本法第 343 条的规定，从其收到的所有款项中扣除根据行纪合同应得的款项，费用由委托人承担。但是，在清偿债权的优先顺序方面，委托人的债权人优先于抵押人的，不得被剥夺用行纪人留置的款项清偿该债权的权利。

第八百四十条　行纪人对委托人财产丢失、短缺或损毁的责任

行纪人就其任何可造成其占有的委托人财产丢失、短缺或损毁的行为向委托人承担责任。

如果在行纪人收到委托人发来的或者行纪人为委托人收到的财产时，发现该财产已损坏或存在其他可通过外部检查发现的缺陷，以及任何人对行纪人占有的委托人的财物造成损坏，则行纪人有义务采取措施保护委托人的权利，收集必要的证据并立即通知委托人。

行纪人未对其占有的委托人财产投保的，只有当委托人责令其为财产投保时费用才由委托人承担，或者行纪合同、商业习惯中规定必须为该财产投保的情况下才对此承担责任。

第八百四十一条　委托人接收行纪合同的履行

委托人有义务：

(1) 接收行纪人根据行纪合同履行的一切；

(2) 检查行纪人为其取得的财产，并立即将在该财产中发现的瑕疵通知行纪人；

（3）免除行纪人在履行行纪任务时对第三人承担的债务。

第八百四十二条　赔偿履行行纪委托

委托人除了支付行纪费用，以及在相应情况下对买方支付担保人的额外报酬外，还有义务赔偿行纪人履行委托所花费的款项。

行纪人无权要求赔偿其占有的委托人财产的保管费用，但法律另有规定或代理合同另有约定的除外。

第八百四十三条　委托人取消行纪委托

委托人有权在任何时候拒绝履行行纪合同，取消给行纪人的委托任务。在这种情况下，取消委托造成的行纪人的损失按照一般情况赔偿。

如果行纪合同没有明确约定其有效期，委托人必须至少提前 30 日通知行纪人终止合同，但合同约定了更长通知期的除外。在这种情况下，委托人有义务为行纪人在合同终止前实施的法律行为支付报酬，以及偿还行纪人在合同终止前产生的费用。

在取消委托的情况下，委托人有义务在行纪合同约定期限内立即处置在行纪人处保管的财产，如果没有规定期限，则立即处置行纪人处保管的财产。如果委托人未能履行该义务，行纪人有权将该财产交付保管，费用由委托人承担，或按照尽可能对委托人有利的价格出售该财产。

第八百四十四条　行纪人拒绝履行委托

行纪人无权在合同订立时没有明确规定有效期的情况下拒绝履行合同，但行纪合同另有约定的除外。在这种情况下，行纪人应至少提前 30 日通知委托人合同终止，但合同约定了更长通知时间的除外。

行纪人应采取必要措施，确保位于其处的委托人的财产的完好性。

已经知悉行纪人拒绝履行委托的委托人有义务自收到拒绝之日起 1 个月内处分位于行纪人处的财产，但合同约定了不同期限的除外。如果委托人没有履行该义务，行纪人有权将财产交付保管，或者以对委托人尽可能有利的价格出售财产。

拒绝履行委托的行纪人保留对其在合同终止前完成的法律行为收取行纪费用以及赔偿截至此时所产生的费用的权利，但行纪合同另有约定的除外。

第八百四十五条　行纪合同的终止

行纪合同应因以下原因而终止：

（1）委托人拒绝履行合同；

（2）行纪人拒绝履行合同；

（3）行纪人死亡、被确认为无民事行为能力人、限制行为能力人、失踪或者破产。

第八百四十六条　委托人拒绝订立无期限的行纪合同

委托人有权在任何时候，提前30日通知行纪人拒绝订立无期限的行纪合同，但合同约定了更长的通知期限的除外。

在此情况下，委托人有义务向行纪人支付代理合同终止前的报酬，以及赔偿行纪人在合同终止前所支出的费用。

在拒绝行纪合同的情况下，委托人应履行本法第844条第3款规定的义务。

第八百四十七条　行纪人拒绝订立无期限的行纪合同

行纪人有权在任何时候，提前1个月通知委托人拒绝订立无期限的行纪合同，但合同约定了更长的通知期限的除外。

在此情况下，行纪人有义务采取措施保护处在其处的委托人财产的完好。委托人有义务在合同终止前处分行纪人占有的财产。如果委托人没有履行该义务，行纪人有权将财产交付保管，费用由委托人承担，或按照对委托人最有利的价格出售财产。

拒绝行纪合同的行纪人有权取得报酬和要求赔偿合同终止时应付的费用。

第八百四十八条　公民死亡或法人清算的后果

在作为行纪人的公民死亡或法人清算时，行纪合同终止。

在作为行纪人的法人改组的情况下，如果在收到改组通知之日起30日内委托人没有通知解除合同，则行纪人的权利和义务转归其权利承继人。

作为委托人的公民死亡、被确认为无民事行为能力人或者限制行为能力人，或者作为委托人的法人清算的情况下，行纪人有义务继续履行委托，直至收到委托人的继承人或者行纪人的适当指示为止。

第四十九章　信托管理财产

第八百四十九条　信托管理财产合同

根据信托管理财产合同，一方当事人（设立人）在一定期限内将财产转让给另一方当事人（信托管理人）进行信托管理，而另一方有义务为设立人或其指定的人

（受益人）的利益管理该财产。

财产转入信托管理并不意味着将财产的所有权转移给信托管理人。

信托管理是指由信托管理人依据财产信托管理合同为受益人的利益而实施的包括处分在内的与该财产有关的任何法律行为和事实行为。

法律可以规定或合同可以约定对与财产信托管理有关的特定行为的限制。

信托管理人应以自己的名义处分信托管理下的财产，表明作为信托管理人行事。如果在不需要书面形式的法律行为中，另一方当事人被告知信托管理人是以这种身份行事，并且在书面文件中对信托管理人的名字或指定后有相关说明，则视为满足该条件。

如果没有任何迹象表明信托管理人是以该种管理人的身份行事，则信托管理人对第三人承担义务且只能以属于其所有的财产对第三人承担责任。

第八百五十条　信托管理财产产生（设立）的依据

信托管理财产产生（设立）依据：

（1）设立人与信托管理人订立的财产信托管理合同；

（2）指定了遗嘱执行人（信托管理人）的遗嘱；

（3）法院判决；

（4）监护和看管机构关于对被监护人财产设立监护的决定；

（5）法律规定的其他法律事实。

第八百五十一条　信托管理财产的对象

信托管理财产的对象可以是企业和其他财产综合体、与不动产有关的独立客体、有价证券、专有权和其他财产。

金钱不得作为信托管理的独立对象，但法律另有规定的除外。

处于经营管理或业务管理中的财产不得转让进行信托管理。处于经营管理或业务管理中的财产，只有在该财产所在的经营管理或业务管理的法人清算后，或在该财产的经营管理或业务管理的权利终止后，以及在法律允许的其他理由下，该财产进入所有权人的手中，才有可能转让。

第八百五十二条　信托管理财产的主体

管理设立人是：

（1）财产所有权人；

（2）土地终生可继承占有权的权利人；

（3）获授权的国家机关——针对国有财产；

（4）经所有权人批准的其财产处在经营管理权之中的企业；

（5）在法律规定的情况下，公证人、监护机关、法院或其他被授权机关。

信托管理人可以是：

（1）公民；

（2）法人；

（3）财产不得移交给国家机关管理。

指定信托管理人只有经其本人同意才能进行。

受益人可以是任何人，但信托管理人除外。

第八百五十三条　信托管理财产合同的基本条款

信托管理财产合同应约定：

（1）按照合同移交信托管理的财产清单；

（2）指明受益人；

（3）信托管理人提交报告的期限；

（4）在信托管理终止时取得财产的人；

（5）信托管理人报酬的数额和形式，如果合同约定了报酬的支付。

在缺乏本条第1款规定的条款时，合同视为未订立。

财产信托管理合同的期限不得超过5年。在合同效力期限届满后任何一方当事人均未提出终止合同，则视为按合同约定的相同期限和相同条件延续合同。

法律可以对移交管理的某些种类的财产规定不同的最长合同效力期限。

第八百五十四条　信托管理财产合同的形式

财产信托管理合同以书面形式订立。

不动产信托管理合同按照不动产转让合同约定的形式和程序订立。不动产转入信托管理，须按财产所有权转让的方式进行国家登记。

违反信托管理合同的形式或者信托管理不动产转让的登记要求将导致合同无效。

第八百五十五条　信托管理财产的独立性

移交信托管理的财产独立于对之享有所有权或者经营管理权的人的其他财产。信托管理人应在单独的资产负债表中对这些财产进行核算，并单独入账。信托管理人应在单独的资产负债表中对这些财产进行核算。

不允许对设立人转移到信托管理的财产上的债务进行赎回，但设立人破产的除外。在设立人破产的情况下，该财产的信托管理终止并应纳入破产财产中。

第八百五十六条 负担第三人权利的信托管理财产

信托管理人订立合同前应被告知，移交其管理的财产负担了第三人权利。在违反该条款的情况下，信托管理人有权要求确认合同无效，并要求赔偿实际损失和支付相应报酬。

如果移交信托管理的财产在订立合同后负担了第三人权利，而若信托管理人在10日内没有得到通知，则信托管理人有权要求解除信托管理合同，赔偿实际损失并支付相应报酬。

第八百五十七条 信托管理人的权利和义务

信托管理人应在法律和财产信托管理合同约定的范围内，对移交信托管理的财产行使所有权人的权利。

信托管理人因所实施的财产管理行为而取得的权利应包括在该财产中。因信托管理人实施此类行为而产生的债务应由该财产支付。

信托管理人只有在信托管理合同中约定的情况下，才有权转让和抵押交付管理的不动产。

为了保护对信托管理财产的权利，信托管理人有权要求对侵犯其权利的行为采取所有补救措施。

信托管理人应按照财产信托管理合同约定的期限和方式向设立人和受益人提交其活动报告。

第八百五十八条 信托管理财产的转让

信托管理人应亲自管理财产，但本条第2款和第3款规定的情况除外。

信托管理人可以委托他人代表信托管理人实施管理财产的必要行动，条件是财产管理合同授权这样做，或得到设立人的书面同意，或因保护设立人或受益人利益的情况而必须这样做，并且这样做无法在合理期限内获得设立人的指示。

信托管理人应对其选定的代理人的行为负责。

第八百五十九条 信托管理人的责任

信托管理人在对财产进行信托管理的过程中，如果没有对受益人或管理机构的设立人的利益给予应有的关注，应赔偿受益人在对财产进行信托管理期间的利润损失，赔偿管理机构的设立人的财产丢失或损坏以及利润损失。

信托管理人要对发生的损害负责，但能证明这些损害是因不可抗力或受益人或设立人的行为造成的除外。

信托管理人超越授予其的权力或违反对其规定的限制实施的法律行为，后果由信托管理人个人承担。如果参与法律行为的第三人不知道也不应当知道滥用权利或对其的限制，则应按照本条第 4 款规定的方式履行由此产生的义务。在这种情况下，设立人可以要求信托管理人对其遭受的损失进行赔偿。

与财产信托管理有关的债务应从该财产中支付。如果该财产不足，可以对信托管理人的财产进行追偿，如果信托管理人的财产也不足，可以对未转入信托管理的设立人的财产进行追偿。

财产信托管理合同可以约定由信托管理人进行抵押，以担保因不当履行信托管理合同对可能造成的损失向设立人或受益人进行赔偿。

第八百六十条　信托管理人的报酬

信托管理人对移交管理的财产或者对该财产的使用收益享有信托管理合同约定的报酬权，以及要求赔偿在管理财产时支出的必要费用的权利。

第八百六十一条　信托管理财产合同的终止

信托管理财产合同在以下情况下终止：

（1）一方当事人在合同期限届满时提出终止合同；

（2）作为受益人的公民死亡，作为受益人的法人清算，但合同另有约定的除外；

（3）作为信托管理人的公民死亡，被确认为无民事行为能力人、限制行为能力人或失踪，或个体经营者被宣布无力偿还（破产）；

（4）作为信托管理人的法人清算或被宣告无力偿还（破产）；

（5）受益人拒绝接受合同约定的报酬，但合同另有约定的除外；

（6）信托管理人或设立人因信托管理人不能亲自实施财产信托管理而拒绝的；

（7）设立人因本条第 6 项所述以外的原因终止合同，但须根据合同向信托管理人支付合同报酬；

（8）在信托管理人不适当履行其义务的情况下，按照法院判决终止合同；

（9）根据法律规定或合同约定的其他依据。

在信托管理财产合同终止时，信托管理下的财产应移交给设立人，但合同另有约定的除外。

在信托管理财产合同依照一方当事人的请求而终止的情况下，必须至少提前3个月通知另一方当事人，但合同约定了不同期限的除外。

第五十章　综合经营许可（特许经营）

第八百六十二条　综合经营许可合同

根据综合经营许可合同（特许经营合同），一方当事人（综合许可人）有义务为了报酬向另一方当事人（综合被许可人）提供专有权综合体（许可综合体），包括许可人企业名称使用权和受法律保护的商业信息，以及其他合同约定的在被许可人经营活动中的专有权客体（商标、服务标记和专利等）在内的。

综合经营许可合同约定在特定范围内［特别是规定最小和（或）最大的使用范围］使用许可人的许可综合体、商业信誉和商业经验，可以约定或不约定对特定活动领域（出售从许可人处取得的或者被许可人生产的商品、提供服务、完成工作、从事贸易活动等）的使用地区。

综合经营特许合同的当事人只能是商业组织和注册为个体工商户的公民。

综合经营许可合同可以约定或不约定期限（无期限合同）。

本法关于知识产权的规则相应适用于综合经营许可合同，但本章另有规定或者从合同的实质中得出不同要求的除外。

第八百六十三条　综合经营许可合同的形式及其登记要求

综合经营许可合同应以书面形式订立，并应由从事对作为合同被许可人的法人或者个体经营者的机关登记。违反该规则将导致合同无效。

第八百六十四条　综合经营分许可

综合经营许可合同可以约定被许可人有权允许在与许可人协商的条款下，或者在综合经营许可合同约定的条件下，向其他人通过对许可使用综合体或者其部分的使用。同样，在合同中可以包含被许可人在特定的期限内颁发特定数量的指明或者不指明其使用地域的分许可的义务。

综合经营许可合同终止，综合经营分许可合同亦终止。

第八百六十五条　综合经营许可合同的报酬的形式

被许可人以固定的一次性或定期付款、从所售货款中扣除、对许可人提供的用以转售的商品批发价格中的利润以及合同约定的其他形式向许可人支付报酬。

第八百六十六条　许可人的义务

许可人有义务：

（1）向被许可人移交技术性和商业性文件并提供被许可人为行使依照合同赋予其的权利所必要的其他信息，并对被许可人以及其雇员与行使这些权利有关的问题提供指导。

（2）向被许可人颁发合同约定的许可证，保障按照规定程序办理手续。

（3）向被许可人提供日常的技术性和咨询性协助，包括协助培训和提高雇员的技能。

综合经营许可合同还可以约定许可人的其他义务。

第八百六十七条　被许可人的义务

考虑到被许可人依照综合经营许可合同所从事的活动的性质和特点，被许可人应承担以下义务：

（1）在从事合同约定的活动时，以合同约定的方式使用许可人的企业名称；

（2）保障基于合同所生产的商品、提供的服务和完成的工作的质量准确符合许可人直接生产的商品、提供的服务或完成的工作的质量；

（3）遵守许可人为达到与许可人对纳入许可综合体的专有权的使用的特点、方式和条件的严格相符所发出的所有指导和指示，包括涉及被许可人在行使按照合同授予其的权利而使用的商业建筑物的内外布置的指示；

（4）为买方（定作人）提供他们在直接从许可人处购买（预定）商品（服务、工作）时所可期待的所有额外服务；

（5）避免披露许可人的生产秘密和其他从许可人处获得的商业秘密；

（6）如果合同直接规定了该义务，则颁发预定数量的再许可。

以对买方（定作人）最明显的方式告知他们，他依照综合经营许可合同使用了企业名称、商标、服务标记或其他个性化手段。

第八百六十八条　综合经营的许可合同的限制条件

综合经营许可合同可以约定限制性（排他性）条件，特别是：

（1）不得在划定给被许可人的地域内颁发其他类似的综合经营许可，供其使用或者避免在该地域中直接自主活动的义务；

（2）被许可人有义务在综合商业许可证使用地域不与许可人竞争；

（3）被许可人拒绝从许可人的竞争对手（潜在竞争对手）处获得其他综合商

业许可证；

（4）被许可人与许可人协商下行使依照合同提供的专有权时使用的商业建筑物所位于的地点以及其内外布置的义务。

限制性条款，如果它们根据相应市场的状况和当事人的经济地位违背了反垄断法律，则可以依照反垄断机关或者其他利害关系人的起诉被确认为无效。

综合经营许可合同的限制性条款在下列情形下无效：

（1）许可人有权决定被许可人所出售商品的价格或者被许可人所完成（提供）的工作（服务）的价格，或者决定上述价格的最高或最低范围；

（2）被许可人仅有权专门对特定范畴的买方（定作人）或仅有权对具有在合同约定地域内的所在地（住所地）的买方（定作人）出售商品、完成工作或提供服务。

第八百六十九条　许可人对被许可人提出的要求的责任

许可人对被许可人提出的关于被许可人按照综合经营许可合同所出售（完成、提供）的商品（工作、服务）的质量不符合要求承担补充责任。

许可人对作为许可人的产品（商品）的制造者的被许可人提出的索赔，许可人与被许可人承担连带责任。

第八百七十条　综合经营许可合同的变更

综合经营许可合同可以根据本法第 28 章的规则变更。

自相应的变更按照本法第 863 条规定的程序登记之时起视为已变更。

第八百七十一条　综合经营许可合同的终止

根据本法第 28 章的规定，可以终止以指明期限而订立的综合经营许可合同。

任何一方当事人在提前 6 个月通知对方当事人之后，在任何时候均可终止无期限的综合经营许可合同，但合同约定了更长的通知期限的除外。

在纳入许可综合体的企业名称权终止后而没有以新企业名称替换的情况下，综合经营许可合同终止。

提前终止以指明期限而订立的综合经营许可合同，以及终止无期限的综合经营许可合同，应按本法第 863 条规定的程序进行登记。

第八百七十二条　在当事人变更时综合经营许可合同继续有效

将授予被许可人的专有权综合体中的任何专有权转让给他人，不得作为变更或取消综合经营许可合同的理由。新的许可人成为本合同当事人，享有与所转让专有权相关的权利并承担相关义务。

在作为许可人的公民死亡的情况下，其依照综合经营许可合同的权利和义务转归继承人，其条件是继承人已经登记或者自继承开始之日起6个月内登记为经营者。在相反的情况下合同终止。

在继承人接受相应权利和义务之前，或者在继承人登记为经营者之前的期间内许可综合体的管理由公证人按照规定程序任命的管理人进行。

第八百七十三条　在商业名称变更时综合经营许可合同继续有效

在许可人变更其商业名称的情况下，综合经营许可合同保持对许可人的新的商业名称生效，但被许可人要求终止合同的除外。在合同效力保持的情况下，被许可人有权按照相应比例减少应付给许可人的报酬。

第八百七十四条　纳入许可综合体的专有权终止的后果

如果在综合经营许可合同效力期限内纳入许可综合体的专有权的效力届满，或者该权利由于其他理由而终止，则合同针对已经终止的权利的条款外仍然有效，并且被许可人有权要求按照相应比例减少应付许可人的报酬，但合同另有约定的除外。

第五十一章　保　　管

第一节　保管的一般规定

第八百七十五条　保管合同

根据保管合同，一方当事人（保管人）有义务保管另一方当事人（寄存人）交付给其的物品，并将该物品完好返还。

如果保管人是将保管作为其营业活动之一的组织（专业保管人），保管合同可以约定保管人有义务在合同约定期限内接受寄存人的物品进行保管。

第八百七十六条　履行接收保管物的义务

以保管作为经营活动或者其他职业活动的保管人，可以按照保管合同自己承担寄存人的物的债务，并依照本章规定保管寄存人交付的物。

根据保管合同承担保管义务的保管人无权要求保管该物品。但是，未在保管合同约定期限内将物交付保管的寄存人，应对保管人因保管不及时而造成的损失负责，但法律另有规定或合同另有约定的除外。

如果保管合同没有另行约定，在合同约定期限内未将物移交保管，则应免除保管人接收保管物的义务，如果该期限未确定，则应在合同订立之日起 3 个月后免除。

第八百七十七条　保管合同的形式

在保管合同应当以书面形式订立的情况下，如果保管人以向寄存人发出存票、凭证、证书、保管人签署的其他文件的形式证明了接收保管物时，合同书面形式视为已经遵守。

如果物是在紧急情况（火灾、自然灾害、突发疾病、进攻威胁等）下交付保管物时，则不需要遵守合同的书面形式。

如果法律或者该种保管通常允许，则可以通过由保管人向寄存人发给带有编号的牌证（号码）或者能够证明接收保管物的其他标志的方式订立。

违反保管合同的简单书面形式，并不剥夺当事人在对接收保管物和保管人返还的物的同一性发生争议的情况下，援引证人证词的权利。

第八百七十八条　保管期限

保管人有义务在合同约定期限内保管物。如果合同没有约定保管期限也不能根据合同条款确定，则保管直至寄存人取回物为止。

如果保管期限是以寄存人取回物的时间确定，保管人有权在保管期限届满时，要求寄存人取回该物品，并给予寄存人一个合理的取回该物品的期限。如果保管人不履行该义务，将导致本法第 888 条第 2 款和第 3 款规定的后果。

第八百七十九条　非特定化物品的保管

在对物进行非特定化保管的情况下，接受的保管物可以与其他寄存人的同种类和同品质的物混同。返还寄存人相同的或者双方当事人约定的数量的同种类和同品质的物。

非特定化物保管在保管合同直接约定的情况下才可以进行。

第八百八十条　保管人保障物品安全的义务

保管人有义务采取保管合同约定的，以及其他所必要的措施以保障交付保管的物的完好。

保管人有义务向寄存人或者其所指定的收取人返还交付保管的原物，但合同约定非特定化后保管的除外。物应当以其被接收保管时的状态并考虑其自然损坏或者自然损耗的情况返还。

在返还物的同时，保管人有义务交付在保管期间收取的果实和收益，但保管合同另有约定的除外。

第八百八十一条　保管物的使用

未经寄存人同意，保管人无权使用交付保管的物或者提供第三人使用的权利，但使用保管物为保障其完好所必要的情形除外。

第八百八十二条　变更保管条件

保管人有义务立即通知寄存人关于必须变更物之保管条件并等待其答复。

如果该物有灭失或损坏的危险，保管人有义务变更合同约定的保管方式和地点，而无须等待寄存人的答复。

如果物品在保管期间受损或出现其他情况，无法确保其安全，且无法指望寄存人采取任何行动，则保管人有权按照保管地的现行价格自行出售该物或其部分。如果这些情况不是由保管人造成，则保管人有权从出售价格中收回其代为出售的费用。

第八百八十三条　危险物品的保管

如果寄存人在保管易燃、易爆或危险性物品时，未能告知保管人注意其性质，保管人可随时将其停用或销毁，而不对寄存人赔偿。寄存人对保管人和第三人因保管这些物品而造成的损失负责。

在将危险性物品交付专业保管人保管时，如果这些物品以错误名称被保管，并且保管人在接受这些物品时无法通过外部检查确定其危险特性，则适用本条第1款规定。

在本条第1款和第2款规定的有偿保管的情况下，为保管物所支付的费用不得退还，如果没有支付，保管人可以全额追回。

如果在遵守保管条件的情况下，在保管人知情和同意的情况下接收保管物，本条第1款所规定的物已经对他人或保管人或第三人的财产造成危险，而情况又使保管人无法要求寄存人立即清除这些物品，或寄存人违反该要求，则这些物可由保管人解除或销毁，而不赔偿寄存人的损失。在这种情况下，寄存人对保管人和第三人因保管这些物而产生的任何损失不承担责任。

第八百八十四条　保管物交付第三人

如果法律没有另行规定或保管合同没有另行约定，保管人未经寄存人同意，无权将物交付第三人保管，但为了寄存人的利益且保管人无法取得其同意的除外。保管人有义务在将物交付第三人保管时立即通知寄存人。

保管人应对其将物交付第三人保管的行为负责。

第八百八十五条 保管报酬

保管报酬应当在保管期限届满时向保管人支付，在分期支付情形下，在每个阶段期满时支付。

如果因保管人不负责任的情况而在约定期限届满前终止保管，则保管人有权获得相应比例的报酬；在本法第 883 条第 1 款、第 2 款和第 3 款的情况下，有权获得全部报酬。

如果因保管人负责任的情况而提前终止保管，则保管人无权要求获得保管报酬，用这种报酬收到的款项应退还给寄存人。

如果在合同约定期限届满后寄存人没有取回保管物，则寄存人有义务向保管人支付继续保管该物的相应报酬。

如果保管合同没有另行约定，则适用本条的规则。

第八百八十六条 赔偿保管费用

如果合同没有另行约定，则保管费用计入报酬金额。紧急费用不包括在报酬金额或合同约定的费用中。

在无偿保管的情况下，寄存人有义务向保管人赔偿实际支出的必要费用，但保管合同另有约定的除外。

第八百八十七条 额外的保管费用

如果寄存人同意或事后批准，以及在法律、其他规范性法条规定或合同约定的其他情况下，超出此类通常费用且双方在订立保管合同时无法预见的物品保管费用（额外费用），应偿还保管人。

如果需支付额外费用，保管人有义务征得寄存人的同意。如果寄存人未在保管人规定的期限内或者在通常要求的答复期限内表示其不同意，则视为寄存人同意额外费用。

如果保管人在未事先征得寄存人同意的情况下，为保管而支付了额外费用，尽管在当时的情况下有可能这样做，但寄存人随后未予批准，则保管人仅可要求偿还额外费用，偿还的费用以未支付该费用可能对物品造成的损害为限。

额外费用应在保管报酬之外予以补偿，但保管合同另有约定的除外。

第八百八十八条 寄存人取回物

寄存人有义务在合同约定的保管期限届满后取回保管物。

在寄存人逃避取回保管物的情况下，保管人有权自主将物变卖，而在其价值超过最低工资的50倍时按照本法第379条、第380条和第381条规定的程序出售，但保管合同另有约定的除外。

物之变卖所得价款扣除应付保管人款项后交付寄存人。

第八百八十九条　保管人的责任

保管人根据本法第333条规定的依据，对所接收的保管物的丢失、短缺或损毁承担责任。

职业保管人应对保管物的丢失、短缺或损毁负责，但其能证明该物的丢失、短缺或损毁是由于以下情形引起的除外：

（1）因不可抗力；

（2）因保管人在接收保管物时不知道也不应当知道的物之隐蔽特性所致；

（3）因寄存人的故意或者重大过失而造成的。

如果保管物在合同约定的保管期限届满后，或者在寄存人按照保管人的要求有义务取回物的期限届满后没有被寄存人取回，则保管人只有在其存在故意或者重大过失的情况下，才继续对该物的丢失、短缺或损毁承担责任。

第八百九十条　保管人的责任范围

保管人依照本法第324条赔偿因物的丢失、短缺或损毁而给寄存人造成的损失，但法律另有规定或保管合同另有约定的除外。

在无偿保管的情况下因物的丢失、短缺或损毁而给寄存人造成的损失予以赔偿。

（1）物的丢失和短缺：在丢失或者短缺的物的价值范围内赔偿。

（2）物的损毁：在其价值降低的范围内赔偿。

如果因保管人应负责的损坏，物品质量发生变化，使其不能用于原来的目的，则寄存人有权放弃该物品，并要求保管人赔偿物品的价值，以及在法律规定或合同有约定时赔偿其他损失。

第八百九十一条　造成保管人损失的赔偿

如果保管人在接收保管物时不知道也不应当知道这些特性，则寄存人有义务赔偿因所交付保管之物的特性而给保管人造成的损失。

第八百九十二条　应寄存人的要求终止保管义务

保管人有义务根据寄存人的请求，立即返还所保管之物，即使合同约定了不同的返还期限。在这种情况下，寄存人有义务赔偿因提前终止债务而给保管人造成的损失，但保管合同另有约定的除外。

第八百九十三条　将保管的一般规定适用于保管的特定种类

关于保管的一般规定适用于保管的特定种类的，但本法第 894 条至第 913 条规定的某些种类的保管规则或者其他法律另有规定的除外。

第二节　特殊种类的保管

第八百九十四条　典当行保管

公民可以将个人消费用途的动产交付典当行保管。

典当行中的物的保管合同可以由典当行向寄存人（客户）发记名当票的形式订立。

交付典当行保管的物应当按照双方当事人的合同，依据接收存放时和存放地点通常确定的此类物品的种类和质量的价格进行评估。

典当行有义务为寄存人的利益，自费为接受的保管物依照本条第 3 款进行的估价全额投保。

第八百九十五条　典当行中无人认领的物

在寄存人逃避取回物的情况下，典当行有义务将其保管 3 个月。该期限届满后，无人认领的物品可由典当行按照本法第 289 条第 7 款规定的程序出售。

典当行应从变卖物品的收益中偿还保管费和其他应付款项。剩余款项应由典当行在出示保管收据后退还给收据所有人。

第八百九十六条　银行贵重物品的保管

银行可以接收有价证券、贵金属和宝石、其他贵重物品和文件进行保管。

银行保管贵重物品的合同应由银行发给寄存人记名凭证的形式办理，提交该凭证是银行将所保管的贵重物品交给寄存人的依据。

在有价证券保管（提存）合同约定的情况下，银行除了保障其完好之外还可以对这些证券实施具有法律意义的行动（代理活动等）。

使用个人银行保险箱（安全保险箱，单独的保管室）的贵重物品保管合同，可以通过银行接受贵重物品保管，并向寄存人交付保险箱钥匙、可以识别寄存人的牌证、其他证明持有人有权进入保险箱并取得其中的贵重物品的权利的标志或文件的形式订立。

寄存人有权在任何时候将贵重物品从保险箱中取出，将其放回，并对保管的文件进行处理，但合同另有约定的除外。银行有权登记寄存人取回和放回贵重物品的情况。

如果寄存人从保险箱中取出部分贵重物品，银行应对剩余部分贵重物品的安全负责。

本条规定的在银行保险箱中保管贵重物品的规则，不适用于银行根据财产租赁条款将其保险箱提供给他人使用的情况。

第八百九十七条　在运输组织的储存室中的保管

运输组织经营的储存室有义务接收保管旅客和其他公民的物品，无论其是否持有旅行证件。在运输组织储存室的保管合同为公开合同。

可以发给寄存人票证或者带有编号的牌证作为证明接受物放入储存室保管（自动储存室除外）。

在遗失票证或者牌证的情况下存入储存室的物在寄存人出示证明这些物属于他的证据后还给寄存人。

因存放于储存室内的物品遗失、短缺或损坏而给寄存人造成损失的金额，如果在保管物品时已作出评估，或双方已就赔偿损失金额达成协议，则应在索赔之日起24小时内支付给寄存人。

该物可以在专门规则或者双方当事人的合同约定的最大期限范围内存入储存室中。在上述期限内未被认领的物，储存室有义务再保管30日。在该期限届满后，可将无人认领的物出售，并根据本法第895条的规定分配所得出售款项。

第八百九十八条　组织衣帽间的保管

如果在交付保管物时没有预先说明保管报酬，则在组织的衣帽间中的保管推定为无偿保管。

保管人向寄存人交付带有编号的牌证或者其他证明接收了保管物的标志以证明接收在衣帽间保管的物。

衣帽间保管的物应交给出示牌证的人。保管人没有义务审查牌证出示人是否有权取得物之权限。但如果对牌证是否属于牌证出示人有疑问，则保管人有权暂缓将物返还给牌证出示人。

在寄存人遗失牌证，但保管人对将物交存衣帽间或者物之归属没有疑问或者寄存人举证证明了时，保管人有权将物从衣帽间取出返还。组织对衣帽间物的完好性的责任，以及无人认领物品的保存条件，应根据本法第897条第4款和第5款规定确定。

第八百九十九条　旅馆的保管

在没有特别约定的情况下，旅店作为保管人对客人存放的物品的丢失、短缺或损毁负责，但丢失、短缺或损毁是因不可抗力、物本身的特性或者入住旅客、同行人或者访客的过错造成的除外。

委托旅馆工作人员保管或者放置在指定地点（旅馆房间等）的物品视为已交付旅馆。

旅馆仅对根据单独保管合同接收保管的金钱、其他外汇贵重物品、有价证券和其他贵重物品的损失负责。

任何客人如果发现自己的物品丢失、短缺或损坏，必须立即向旅馆报告，不得无故拖延。否则旅馆将免除责任。

即使旅馆表明不承担该责任，也不得免除其对住宿客人的物的安全保管责任。

旅馆内无担保物的保管和归属条款由本法第 897 条第 5 款规定确定。

本条的规定也适用于在汽车旅馆、养老院、疗养院、招待所、浴室以及其他为造访该组织的公民的物品特别指定的储存室中的物品保管。

第九百条　争议物的保管（扣押）

根据扣押合同，两个或两个以上的人相互之间就物的权利产生争议的，并将争议物交付第三人，第三人有义务在争议解决后将物返还给依照法院判决或者按照争议方的协议将归其所有的人（协议扣押）。

争讼物可以依照法院判决按照扣押程序交付保管（司法扣押）。

司法扣押的保管人既可以是法院指定的人，也可以是争议方当事人相互协商确定的人。在这两种情况下，都必须征得保管人同意，但法律另有规定的除外。

依照封存程序交付保管的既可以是动产，也可以是不动产。

第三节　仓　　储

第九百零一条　商品仓库

以从事商品保管并提供与保管有关的服务作为其经营活动的组织为商品仓库。

第九百零二条　通用商品仓库

如果按照法律不属于从限定范围内的人处接收商品保管的仓库，即为通用商品仓库。

通用商品仓库订立的仓储保管合同为公开合同。

第九百零三条　仓储保管合同

根据仓储保管合同，仓库（保管人）有义务有偿保管商品占有人（寄存人）交付给他的商品，并完好返还这些商品。

仓储合同应以书面形式订立。如果以仓储文件证明订立合同和接收商品仓储，则仓储合同的书面形式视为已经得到遵守。

第九百零四条　附有处分权的物的保管

如果根据法律或仓储合同约定，仓库可以处分交付其保管的商品，则可以对双方当事人的关系适用本法第 41 章的规则，但返还商品的时间和地点按照本章的规则确定。

第九百零五条　商品仓库的义务

商品仓库有义务遵守适用于仓库的标准、技术指南、保管指南、某些种类商品的保管规则和其他特别规范文件中规定的保管条件（制度）。

商品仓库有义务在接收保管时自费检查商品，但仓储合同另有约定的除外。

如果保管是按照非特定保管进行，则商品仓库有义务向商品占有人提供检查商品或者其样品、采样并所采取的保障商品完好的必要措施的机会。

在为保障商品完好而需要紧急变更保管条件时，商品仓库有权自主采取所要求的提前措施，且有义务就所采取的措施通知商品占有人。

如果在保管期间发现商品的损坏，超过了仓储合同中约定的限度或自然恶化的通常规范，则商品仓库应立即起草一份有关报告，并同时通知商品占有人。

第九百零六条　在返还给商品占有人时商品数量和状况的检查

商品仓库和商品占有人都有权要求在退货时对商品进行查验并核对商品的数量。由此产生的费用由要求查验商品或者检查商品数量的人承担。

如果商品返还给商品占有人时，商品占有人没有对商品进行查验或联合检查，则应在收到商品时以书面形式向仓库说明因保管不当而造成的商品短缺或损坏，对于在正常接收商品的方式下无法发现的短缺或损坏，应在发现的合理时间内说明。

如果没有本条第 2 款所述的声明，视为仓库已按照仓储合同的条款返还商品，但另有证明的除外。

第九百零七条　仓库拒绝履行仓储合同

在寄存人隐瞒商品的危险性可能导致重大损害时，仓库有权拒绝履行仓储合同。

第九百零八条　仓单

仓库可以以下仓单证明接收商品保管：

(1) 双联仓单；

(2) 单联仓单；

(3) 仓储收据。

双联仓单、仓单各部分及单联仓单为有价证券。

双联仓单和单联仓单均可作为抵押标的物。

第九百零九条　双联仓单

双联仓单由相互分离的仓单和抵押权证书（权证）构成。

双联仓单的每一部分都应表明：

(1) 接收商品保管的仓储人的名称和地址；

(2) 按照仓库登记簿中的仓单的当前编号；

(3) 从其处接收保管商品的组织的名称或者公民的名字，以及商品占有人所在地（住所地）；

(4) 接收仓储商品的名称和数量，商品单位数，商品位置、商品度量（重量，体积）；

(5) 接收仓储货物的期限，如果有此期限规定，或者提取之前接收的仓储货物的指示；

(6) 商品接收保管的期限（如果规定了该期限）或者商品接收活期保管的说明；

(7) 仓储费的数额或计算仓储费所依据的费率以及支付仓储费的方式；

(8) 仓储单的签发日期。

双联仓单的两部分都应带有相同的被授权人的签名和商品仓库的印章（如果有印章）。

不符合本条规定的文件不构成双联仓单。

第九百一十条　商品仓单和抵押证书持有人的权利

持有商品仓单和抵押证书的人拥有处分仓库所保管商品的全权。

与抵押证书分离的仓单持有人有权处分商品，但在清偿按照抵押证书提供的信贷前不能将商品从仓库处取出。

抵押证书持有人在依照该抵押证书提供的信贷及其利息的范围内对商品享有抵

押权。在设立对商品的抵押权的情况下，应就此在仓单上注明。

第九百一十一条　仓单和抵押证书的转让

仓单和抵押证书可以同时或者通过背书单独转让。

第九百一十二条　单联仓单

单联仓单发给持票人。

单联仓单应当包含本法第 909 条规定的信息，并指明发给出示人。

第九百一十三条　按照双联仓单发货

仓库将商品交付仓单和抵押证书（两用仓单）的持有人，同时换取这两个证书。

仓库可以将商品交付给不持有抵押证书但按照抵押证书支付债款的仓单持有人，否则须在按照抵押证书支付所有债款的条件下换取仓单。

仓单和抵押证书持有人有权要求按照分期交付商品。在此情况下，为了换取最初的证书可以发给持有人对剩余仓储商品的新证书。

仓库如果违反本条规定，将商品交给没有抵押证书且没有按照抵押证书支付债款的仓单的持有人时，仓库就所有应付抵押证书持有人的款项对抵押证书持有人承担责任。

第五十二章　保　　险

第九百一十四条　自愿保险和强制保险

保险依据公民或法人（投保人）与保险组织（保险人）订立的财产保险合同或者人身保险合同进行。

保险合同为公开合同。

如果法律规定有关人员有义务作为投保人自费或由有关人员出资为他人的生命、健康或财产投保，或为其对他人的民事责任投保（强制保险），则应根据本章的规定签订合同进行投保。

在强制保险的情况下，投保人有义务按照调整此类保险的法律规定的条款与保险人订立合同。

法律可以规定由国家预算支付公民的生命、健康和财产的强制保险的情况（国家强制保险）。

第九百一十五条　财产保险合同

根据财产保险合同，一方当事人（保险人）有义务在合同约定的事件（保险事故）发生时，按合同约定的费用（保险费），在合同约定的金额（保险金额）范围内，赔偿另一方（投保人）或合同受益的另一人（受益人）因该事件造成的投保财产的损失或与投保人其他财产利益有关的损失（支付保险赔偿金）。

根据财产保险合同，以下内容可以投保。

（1）某些财产的丢失（破坏）、短缺或损毁的风险。

（2）民事责任风险。因对他人的生命、健康或者财产造成损害之债的责任风险以及在法律规定的情况下对合同的责任风险。

（3）经营风险。因经营者的交易对手违反义务或因经营者无法控制的情况导致经营活动的条件发生变化而无法从经营活动中获得预期收入的风险。

第九百一十六条　不允许投保的利益

不允许为非法利益投保。

不允许为参加游戏、彩票和博彩的损失投保。

不允许为释放人质而被迫支付的费用投保。

与本条第 1 款至第 3 款相抵触的保险合同条款无效。

第九百一十七条　财产保险

财产可以通过保险合同为根据法律或合同对财产的保全具有利害关系的人（被保险人或受益人）投保，为财产所有人、对财产享有其他权益的人、承租人、承包人、保管人、佣金人等投保。

在投保人或者受益人对投保财产的完好缺乏利益的情况下，所订立的财产保险合同无效。

为受益人投保的财产保险合同可以不指定受益人的姓名或名称。在订立该合同时发给投保人不记名保单。在依照该合同行使权利时，必须向保险人出示这份保单。

第九百一十八条　致害的责任保险

按照由于给他人的生命、健康或者财产造成损害之债的责任风险的保险合同，可以对投保人自己或者其他可能承担该责任的人的责任风险投保。

在保险合同中必须指明为其致害风险责任投保的人。如果合同中没有指定该人，则视为投保人为自己的风险责任投保。

致害风险责任保险合同视为为可能致害的人（受益人）的利益而订立的，即使该合同是为投保人或其他对造成损害负有责任的人而订立的，或者该合同没有说明是为谁而订立的。

在对造成损害的责任进行投保的情况下，由于其保险是强制性的，以及在法律或这种责任的保险合同约定的其他情况下，保险合同视为对其有利的人应有权直接向保险人提出在保险金额范围内的损害赔偿要求。

第九百一十九条　合同责任保险

在法律规定的情况下，允许对违反合同的责任风险进行投保。

按照违反合同责任风险保险合同，只能对投保人自己的责任风险进行投保。不符合该要求的保险合同自始无效。

违反合同的责任风险视为为按照合同条件投保人应当对之承担相应责任的当事人（受益人）投保，即使保险合同是以另一人为受益人而订立的，或者没有说是以谁为受益人而订立的。

第九百二十条　经营风险保险

按照经营风险保险合同，经营风险只能为投保人本人投保，且只能以投保人为受益人。

以非投保人为受益人的经营风险保险合同无效。

以非投保人为受益人的经营风险保险合同应视为以投保人为受益人而订立。

第九百二十一条　人身保险合同

按照人身保险合同，一方当事人（保险人）有义务为另一方当事人（投保人）按照合同约定支付的付款（保险费），而在投保人本人或者其在合同中指明的其他公民（被保险人）发生生命或者健康损害，在达到规定的年龄或者在其生命中发生合同约定的其他事件（保险事故）时，一次性支付或者定期支付合同约定的款项（保险金）。

取得保险金的权利属于为其利益订立合同的人。

如果在合同中没有指明其他人作为受益人，则人身保险合同视为为被保险人的利益而订立。在合同中的被保险人死亡而合同中又没有指明其他受益人的情况下，则确认被保险人的继承人为受益人。

为非被保险人的利益，包括为非作为被保险人的投保人的利益的人身保险合同，只有经被保险人的书面同意后才能订立。在缺乏该同意时合同可按照被保险人的起诉确认为无效，而在该人死亡的情况下依照其继承人的起诉确认无效。

第九百二十二条　强制保险

法律可以规定以下保险义务：

（1）在致其生命、健康或财产损害时在法律中规定的其他人的生命、健康或财产的保险义务；

（2）因给他人的生命、健康或财产造成损害或违反与他人的合同可能引起的自己的民事责任的保险义务。

法律中规定了作为投保人的义务。

法律可以规定其他种类的强制保险。

法律不得规定公民有义务对自己的生命或健康投保。

在法律规定的情况下，或根据法律规定的程序，对国有财产享有经营管理权或者业务管理权的法人有义务为这些财产投保。

如果财产的投保义务不是由法律产生，而是基于与财产占有人的合同或者作为财产所有权人的法人设立文件，该保险不是本条意义上的强制保险也不产生本法第924条所规定的后果。

第九百二十三条　实施强制保险

强制保险通过承担该保险义务的人（投保人）与保险人订立的保险合同进行。

强制保险的费用由投保人承担，但旅客的强制保险除外，在法律规定的情况下，旅客的费用可以由他们承担。

应当强制保险的客体、应当投保的风险及其保险金的最低数额均由法律规定。

第九百二十四条　违反强制保险规则的后果

依照法律为其利益应当进行强制保险的人，如果知道保险没有进行，有权依照司法程序要求承担保险义务的人作为投保人进行强制保险。

如果承担保险义务的人没有作为投保人进行投保，或者在与法律规定的条件相比较而言恶化了受益人的地位的条件下订立了保险合同，则发生保险事故时按照在适当保险的情况下应当支付的保险赔偿金的条件下对受益人承担责任。

第九百二十五条　保险人

作为商业组织且具有从事相应种类保险许可的法人可以作为保险人订立保险合同，但法律另有规定的除外。

保险组织应满足的要求、其许可程序以及国家对其活动的监督，应由有关组织保险业务的法律确定。

第九百二十六条　投保人和受益人履行保险合同义务

为受益人的利益包括在被保险人作为受益人时订立保险合同，并不免除投保人履行该合同约定的义务，但合同另有约定或投保人应履行的义务已由合同受益人履行的除外。

在受益人提出按照财产保险合同支付保险赔偿金或者按照人身保险合同支付保险金的情况下，保险人有权要求（在受益人是被保险人的情况下）履行保险合同约定的义务，包括投保人承担的但未履行的义务。受益人对应由投保人提前履行的义务的不履行或者不及时履行的后果承担风险。

第九百二十七条　保险合同的形式

保险合同应以书面形式订立。

违反该要求的保险合同无效。

保险合同可以通过起草一份文件或由保险人根据投保人的书面或口头申请，向投保人交付一份由保险人签署并载有保险合同条款的保险单（证明、凭证、收据）的形式订立。在这种情况下，投保人同意按照保险人提出的条款签订合同，接受来自保险人的上述文件和支付保险费来证明，或者在分期支付保险费时以首期保险费的支付来证明。

保险人在订立合同时，有权使用其对某些种类保险所起草的标准格式保险合同（保险单）。

第九百二十八条　总保单保险

对不同类别的同种财产（商品、货物等）在相似条件下在特定期限内的系统保险，可以按照投保人和保险人之间的协议，依照单一保险合同（总保单）进行。

对于总保单保险范围内的每个类别的财产，投保人有义务在其规定期限内，将该保单规定的信息告诉保险人，如果没有规定该期限，应在收到保单后，立即通知保险人。即使在投保人取得该信息时，由于保险人应当赔偿损失的可能性已经过去了，投保人也不免除该义务。

按照投保人的要求，保险人有义务对总保单保险范围内的每类财产分发保单。

在保单内容与总保单不相符的情况下总保单优先。

第九百二十九条　保险合同的基本条款

在订立财产保险合同时，在投保人和保险人之间应当就以下达成协议：

(1) 关于特定的财产或者其他作为保险客体的财产利益；

(2) 保险所据以进行的事件（保险事故）的性质；

(3) 保险金额；

（4）确定保险赔偿金额的程序，如果合同约定了所支付的赔偿金数额可能低于保险金数额；

（5）保险费的数额和支付的到期日期；

（6）合同的有效期限。

在订立人身保险合同时，在投保人和保险人之间应当就以下达成协议：

（1）被保险人；

（2）被保险人生活中发生的保险事故（保险事故）的性质；

（3）保险金的数额；

（4）保险费的数额和支付的到期日期；

（5）合同的有效期限。

经各方当事人同意，其他条款可列入合同。如果保险合同包含了与法律规定相比恶化作为投保人、被保险人或受益人的公民的地位的条款，则适用相应法律规定替代这些合同条款。

第九百三十条　保险规则中保险合同条款的确定

订立保险合同的条款，可以在保险人或保险人社会团体通过、赞成或者批准的对相应类型保险的标准规则（保险规则）中规定。

如果在合同（保单）中明确表示指明适用保险规则，且该规则本身载于与合同（保单）相同的文件中，或载于合同（保单）背面，或附于合同（保单）之后，则包含在保险规则中，但未载入保险合同（保单）正文的条款对投保人（受益人）具有约束力。在后一种情况下，在订立合同时向投保人解释保险规则应当以在合同上记录作为证明。

在订立保险合同时，投保人和保险人可以就变更或者删除保险规则的某些条款以及将规则中缺乏的条款纳入合同达成协议。

投保人（受益人）有权援引在保险合同（保单）中引用的相应类型的保险规则以保护自己的利益，即使这些规则因本条的效力而对其不具有强制性。

第九百三十一条　订立保险合同时投标人提供的信息

在订立保险合同时，投保人有义务将其知悉的，对确定保险事故发生的概率和因保险事故可能造成的损失数额具有重要意义的情况（承保风险）告知保险人。

保险人在保险合同（保单）的标准格式、交给投保人的保险条例或书面询问中明确约定的情况应被视为基本条款。

如果保险合同在投保人未回答保险人任何问题的情况下订立，则保险人不得事后以投保人未告知相关情况为由请求解除合同或确认合同无效。

如果在合同签订后，证实投保人在知情的情况下向保险人提供了与本条第 1 款所述情况的虚假信息，则保险人有权请求确认合同无效并适用本法第 123 条第 2 款规定的后果。

如果合同遗漏的事项已经消灭，则保险人不得以该理由请求确认保险合同无效。

第九百三十二条　保险人的保险风险评估权

在订立财产保险合同时，保险人有权对所承保的财产进行检查，并在必要时可以为查明其真实价值而指定进行鉴定。

在订立人身保险合同时，保险人有权对被保险人进行调查，以查明其真实的健康状况。

保险人根据本条对承保风险的评估对投保人不具有强制性，投保人有权证明其不同的估价。

第九百三十三条　保险秘密

保险人无权披露因保险而获得的关于投保人、被保险人和受益人，以及他们因职业活动而获得的健康状况和财产状况的信息。根据被侵犯权利的类型和侵犯行为的性质，保险人应根据本法第 985 条、第 1021 条和第 1022 条的规定对违反保险保密规定的行为承担责任。

第九百三十四条　保险金

保险金由投保人和保险人依照本条规则协议确定，由保险人在保险金范围内承担按财产保险合同支付保险赔偿金或者按照人身保险合同支付的保险金的义务（保险金额）。

在财产或者经营风险投保的情况下，如果保险合同没有另行约定，则保险金不得超过其实际价值（保险价值）：

（1）财产。其在订立保险合同当日财产所在地的实际价值。

（2）经营风险。为投保人本可期待的但由于保险事故的发生而被剥夺的从经营活动中可获取的收益。

在人身保险合同和民事责任保险合同中，保险金额由双方当事人自行确定，但法律另有规定的除外。

第九百三十五条 财产的保险价值

保险价值（保险估价）是指双方当事人在订立保险合同时确定的，与保险权益相关的财产的价值，但法律另有规定的除外。

对保险合同约定的财产的保险价值不得事后提出异议，但保险人在订立合同前未行使其评估被保风险的权利而故意在该价值上被误导的情况除外。

第九百三十六条 不完全的财产保险

如果在财产保险合同或经营风险保险合同中保险金额的设定低于保险价值，则保险人在保险事故发生时有义务按照保险金额对保险价值的比例赔偿投保人（受益人）所遭受的损失。

第九百三十七条 补充财产保险

如果财产或者经营风险只是在部分保险价值内被投保，则投保人（受益人）有权进行补充保险，包括向其他保险人投保，但所有保险合同的保险金额总额不得超过保险价值。

违反本条第 1 款的规定将导致本法第 938 条规定的后果。

第九百三十八条 超过保险价值的保险后果

如果财产或者经营风险保险合同中约定的保险金额超过了保险价值，则合同超出保险价值的保险金额部分自始无效。

在这种情况下，超出部分的保险费不予退还。

如果按照保险合同约定，保险费是分期支付且在发现本条第 1 款规定的情况前，保险费尚未全部缴纳，则剩余保险费应当在保险金额减少的相应比例的范围内支付。

如果在保险合同中保险金额超出是由于投保人欺诈的结果，则保险人有权在超过自投保人收取的保险费的范围内要求因此赔偿造成的损失。

第九百三十九条 双重保险

本法第 938 条规定相应地适用于保险金额超过保险价值是由于对同一财产或同一经营风险向两个或者多个保险人投保所致的情形（双重保险）。

在对财产或经营风险双重保险的情况下，每个保险人在所订立的合同范围内支付保险赔偿金，但所有保险人获得的保险赔偿金总额不得超过实际损害。

在此情况下，投保人（受益人）有权向任何一个保险人在与之订立的保险合同约定的保险金额范围内获得保险赔偿金。在所取到的保险赔偿金不能抵偿实际损害的情况下，投保人（受益人）有权向另一个保险人获取剩余的金额。

因其他保险人赔偿了所造成的实际损害而全部或部分免除支付保险赔偿金的保险人，有义务在扣除所支出的费用后将相应保险付款返还。

在双重人身保险的情况下，任何一个保险人无论其他保险人是否履行义务均对投保人、被保险人和受益人独立履行自己的保险义务。

第九百四十条　不同保险风险的财产保险

财产和经营风险可以根据不同的保险风险进行投保，既可以按照一个保险合同，也可以分为多个保险合同，包括与不同保险人的合同。

在此情况下，允许所有合同的保险金额总额超过保险价值，本法第 939 条的规则应相应适用。

第九百四十一条　共同保险

保险客体可以由多个保险人依照一份合同共同承保（共同保险）。如果合同中没有约定每个保险人的权利和义务，则他们就依照财产保险合同支付保险赔偿金或者依照人身保险合同支付保险金对投保人（受益人）承担连带责任。

为了对重大或者特别重大的风险进行共同承保，多个共同保险人可以依据共同活动合同建立普通合伙（保险池）。

在共同保险人之间存在相应协议时，任一共同保险人可在与投保人（受益人）的相互关系中代表所有共同保险人，但仍按照自己的份额对投保人承担责任。

第九百四十二条　保险金和保费缴纳

保险费是指投保人（受益人）有义务向保险人按照保险合同约定的方式和期限为保险支付的款项。

保险人在确定应当按照保险合同支付的保险费金额时，有权适用其起草的保险费率，考虑保险客体和保险风险的特点，确定每单位保险金额所收取的保险费。

在法律规定的情况下，保险费应按照国家保险监督部门制定或规定的保险费率来确定。

如果保险合同约定了分期缴纳保险费，则合同可以约定没有按照规定期限支付固定的保险费的后果。

如果保险事故在逾期支付的当期保险费缴纳之前发生，则保险人有权按照已支付的保险费部分的比例限制按照财产保险合同应当支付的保险赔偿金的范围或者按照人身保险合同应当支付的保险金的范围，并扣除逾期的保险费金额。

第九百四十三条　保险合同无效

在下列情况下，保险合同无效：

（1）在订立合同时，保险客体并不存在；

（2）以犯罪方式取得的、作为犯罪行为标的物的或者应当没收的财产按照财产保险合同已经被投保；

（3）按照合同为违法利益投保；

（4）作为保险合同中的保险事故规定的事件没有概率特征和发生的偶然性。

在本法和其他法律规定的其他情况下，保险合同也无效。

第九百四十四条　被保险人的更换

如果投保人以外的人根据保险合同对造成损害的责任风险负有保险责任，则投保人有权在保险事故发生前的任何时候以书面形式通知保险人后可将该人更换为他人，但合同另有约定的除外。

在人身保险合同中指明的被保险人只有经被保险人本人和保险人同意后，才可由投保人更换为其他人。

第九百四十五条　受益人的更换

投保人有权以书面形式通知保险人后，将保险合同中指定的受益人变更为其他人。变更人身保险合同中经被保险人同意的受益人，只有经该人同意才允许。

受益人在已经履行了保险合同约定的某项义务或者向保险人提出了支付保险赔偿金或保险金的请求后，不得将受益人变更为其他人。

第九百四十六条　投保人的更换

如果订立财产保险合同的投保人死亡，则投保人的权利和义务应转移给财产继承人。在其他所有权转让的情况下，投保人的权利和义务应经保险人同意转移给新的所有权人，但合同另有约定或法律另有规定的除外。

如果为被保险人订立人身保险合同的投保人死亡，经被保险人同意，合同中约定的权利和义务将转移给被保险人。如果被保险人不能履行其在保险合同中的义务，其权利和义务可以转让给依法履行保护其权利和合法利益义务的人。

如果投保人在保险合同效力期内被法院确认为无民事行为能力人或限制行为能力人，则投保人的权利和义务应由其监护人或保管人承担。在这种情况下，投保人对第三人的责任保险应在投保人的法律能力终止或受到限制时终止。

在保险合同期间，如果作为投保人的法人改组，则其在本合同下的权利和义务应在保险人的同意下按照本法确定的程序转移给相应的权利承继人。

第九百四十七条　保险合同的生效

保险合同自支付保险费或者首期保费时生效，但合同另有约定的除外。

合同约定的保险适用于在保险合同生效后发生的保险事故，但合同中约定了保险效力开始的其他期限的除外。

第九百四十八条　保险合同的提前终止

如果保险合同生效后，保险事故发生的可能性消失和保险风险由于与保险事故不同的情事而终止，则保险合同在其订立的期限到来之前终止。这些情况包括：

（1）由于发生保险事故以外的原因造成保险财产损失；

（2）投保经营风险或者与该活动有关的民事责任风险的人依照规定程序终止了经营活动。

如果保险合同因本条第 1 款规定的情况而提前终止，则保险人有权按照保险有效期内的时间比例获得部分保险费。

投保人（受益人）有权在任何时候撤销保险合同，如果在撤销合同时，由于本条第 1 款规定的情况，保险事故发生的可能性尚未消失。

如果投保人（受益人）提前退出保险合同，已支付给保险人的保险费将不予退还，但合同另有约定的除外。

第九百四十九条　在保险合同有效期内保险风险增加的后果

在财产保险合同的有效期内，投保人（受益人）应承担以下义务：

投保人（受益人）有义务立即向保险人报告在订立合同时向保险人报告发生的重大变化，如果这种变化可能对保险风险的增加有重大影响；保险合同（保险单）和提供给投保人的保险条款中规定的变化应被视为重大变化。

保险人在被告知导致保险风险增加的情况下，有权要求修改保险合同的条款，或支付与风险增加相应的额外保险费。

如果投保人（受益人）反对修改保险合同条款或反对支付额外保险费，则保险人有权根据本法第 28 章规定要求解除合同。

如果投保人或受益人不履行本条第 1 款规定的义务，保险人有权要求解除保险合同并赔偿因解除合同造成的损失。

如果导致保险风险增加的情况已经消失，保险人无权要求终止保险合同。

就人身保险而言，本条第 2、3、4 款规定的在保险合同有效期内发生的保险风险变化的后果，只有在合同中明确约定的情况下才能发生。

第九百五十条　投保财产的权利转移给他人

在投保财产的权利从为其利益订立保险合同的人转移给他人的情况下，就该合同的权利和义务转移给财产权利的受让人，但根据本法第 197 条、第 199 条规定的理由强制扣押财产的情况除外。

受让投保财产权利的人应以书面形式通知保险人。

第九百五十一条　通知保险人保险事故的发生

财产保险合同的投保人在其知悉保险事故发生后应当立即通知保险人或其代理人保险事故的发生。如果合同约定了通知的期限和（或）方式，则他应当在约定期限内以合同指明的方式通知。如果受益人有意依据为其利益而订立的合同享有对保险赔偿金的权利，则受益人也承担该义务。

未履行本条第 1 款规定的义务，保险人有权拒绝支付保险赔偿金，但能证明保险人及时知道保险事故的发生或者保险人不知情并不影响其支付赔偿保险金的义务的除外。

如果保险事故是被保险人的死亡或其健康损害，则本条规定相应地适用于人身保险合同。在此情况下合同约定的通知保险人的期限不得少于 20 日。

第九百五十二条　减少保险事故的损失

在发生财产保险合同约定的保险事故的情况下，投保人有义务采取所有可能的措施降低可能的损失。在采取这些措施时，如果保险人的指示已传达给投保人，则投保人应遵循这些指示。

为了减少保险人应赔偿的损失而支出的费用，如果这些费用是必要的或者为履行保险人的指示而支出，则应当由保险人赔偿，即使相应的措施没有效果亦同。这些费用按照保险金额与保险价值的比例赔偿，无论这些费用是否与其他损失的赔偿一起超过了保险金额。

保险人免除赔偿因投保人故意不采取减少可能的损失的措施而引起的损失。

第九百五十三条　因投保人、受益人或被保险人的过错而发生保险事故发生的后果

因投保人、受益人或被保险人的故意而使保险事故发生的，保险人免于支付保险赔偿金或保险金额。但本条第 3、4 款规定的情况，或者故意行为是在正当防卫或者紧急避险状态下而完成的除外。

因投保人或受益人的重大过失而使保险事故发生时，法律可以规定在财产保险合同下保险人免于支付保险赔偿金或者减少赔偿范围的情形。

如果对被保险人的生命或健康造成损害是由于责任人的过错造成，则保险人不得免除民事责任保险合同约定的保险赔偿金的支付。

如果被保险人的死亡是由于自杀造成，并且当时保险合同生效不少于两年，则保险人不得被免除根据人身保险合同应支付的保险金。

第九百五十四条　免除保险人支付保险赔偿金和保险金的依据

法律没有不同规定或保险合同没有另行约定，如果保险事故是由于以下情形而发生，则保险人免予支付保险赔偿金和保险金：

（1）核爆炸、核辐射或者放射性污染的影响；

（2）军事活动、军事演习或其他军事措施。

保险人免予对因国家机关的命令被剥夺、没收、征用、扣押或销毁的被保险财产而造成的损失支付保险赔偿金，但财产保险合同另有约定的除外。

第九百五十五条　拒绝支付保险赔偿金或保险金

在下列情况下，保险人有权拒绝向投保人（受益人）支付依照财产保险合同支付保险赔偿金或依照人身保险合同支付保险金：

（1）保险合同的效力在保险事故发生前已经终止，包括本法第 948 条、第 950 条规定的理由；

（2）保险合同因本法或其他法律规定的理由而无效。

保险人根据本法第 951 条至第 954 条规定的理由免予支付保险赔偿金或者保险金。

保险人根据本法或其他法律规定的理由提起确认合同无效之诉，或者因投保人（受益人）阻碍调查保险事故情形或确定造成的损失的数额而提起解除合同之诉。

保险人拒绝支付保险赔偿金或者保险金的决定，应当在投保人（受益人）提出支付保险赔偿金或保险金的请求后的 15 日内通知投保人，并应包含拒绝的合理理由。

保险人拒绝支付保险赔偿金或保险金可以向法院提起诉讼。

第九百五十六条　按照人身保险合同支付保险金

按照人身保险合同保险金支付给合同受益人，无论依照特别保险、特别保障、其他保险合同还是按照损害赔偿程序应付投保人、被保险人或者受益人的金额。

按照人身保险合同根据本法第 921 条第 3 款规定支付给被保险人的继承人的保险金，不应包括在被保险人的遗产中。

第九百五十七条　投保人的损失赔偿权转移给保险人（代位权）

投保人（受益人）对因保险偿付的损失承担责任的人所享有的请求权，在所支付金额范围内转移给支付了保险赔偿金的保险人，但财产保险合同另有约定的除外。然而，排除向保险人转移对故意造成损失的人的请求权的合同条款无效。

转移给保险人的请求权，由其遵循调整投保人（受益人）与对损失承担责任的人之间的关系的规则行使。

投保人（受益人）有义务将所有文件和证据移交给保险人，并告知其所有为保险人行使转移给他的请求权所必要的全部信息。

如果投保人（受益人）放弃了对保险人已经赔偿的损失承担责任的人的请求权，或者由于保险人（受益人）的过错使得无法行使该权利，则保险人免除全部或部分支付保险赔偿金，并有权要求返还多余支付的赔偿金额。

第九百五十八条　被保险的财产权利转移给保险人

在财产保险的情况下，投保人（受益人）在保险事故发生后，经保险人同意，可以向其转让对被保险财产的权利，并在保险金额范围内全额获得保险赔偿金。

第九百五十九条　再保险

保险人所承担的根据保险合同支付保险赔偿金或者保险金风险，可以由保险人按照与其他保险人（多个保险人）订立的再保险合同全部或部分投保。

本章适用于经营风险保险的规则适用于再保险合同，但再保险合同另有约定的除外。保险合同（主合同）在订立再保险合同时视为投保人。

在再保险的情况下，主保险合同下的保险人仍然对投保人负责，支付该合同约定的保险赔偿金或保险金。

但在作为主保险合同保险人的保险组织清算时，在保险事故发生前按照该合同在再保险部分的权利和义务转移给再保险合同的保险人。

允许连续订立两个或者多个再保险合同。其中的每个合同相对于后来的再保险合同均为主保险合同。

第九百六十条　互助保险

公民和法人可以在相互基础上通过向互助保险协会缴纳所必要的资金将自己的

财产和本法第 915 条第 2 款规定的其他财产利益投保。

互助保险协会对其成员的财产和其他财产利益投保，且为非营利性组织。

如果协会的设立文件未规定在这些情况下订立保险合同，互助保险协会对其成员的财产和财产利益的保险直接依据其成员的地位进行。

本章的规则适用于互助保险协会与其成员之间的保险关系，但法律、各协会设立文件或其制定的保险规则另有规定的除外。

只有在法律规定的情况下，才允许通过互助保险的方式实施强制保险。

如果设立文件允许对作为非协会成员的人的利益投保，协会以商业组织形式组建，拥有从事相应种类的保险的许可并且符合保险事务组织法规定的其他要求，则互助保险协会可以作为保险人对作为非协会成员的人的利益投保。

对非作为互助保险协会成员的人的利益投保，由协会依据保险合同按照本章规则进行。

互助保险协会的法律地位的特殊性及其活动的条件由法律规定。

第九百六十一条　国家强制保险

为了保障公民的社会利益和国家利益，可以依法设立生命、健康和财产的国家强制保险。

国家强制保险由为此目的划拨的国家预算资金支付。

国家强制保险应在保险法的基础上直接由国家保险组织或其中规定的其他国家组织（保险人）进行。

本章规则适用于国家强制保险，但关于保险的法律另有规定或者从相应保险关系的实质中可以得出不同要求的除外。

第五十三章　普 通 合 伙

第九百六十二条　普通合伙合同

根据普通合伙合同（共同活动合同），两个或者更多的被称为合伙人（参与者）的人，有义务集合资金并共同活动，但不设法律人，以达到获取利润或者不违背法律的其他目的。

只有个人独资企业和（或）商业组织可以成为为开展创业活动而订立的合伙合同的缔约人。

普通合伙合同以书面形式订立。

第九百六十三条　合伙人的出资

所有合伙人投入共同事务的一切，特别是金钱、其他财产、专业知识和其他知识、技能和技巧以及商业信誉，均视为合伙人的出资。

合伙人的出资应视为具有同等价值，但合伙合同或者实际情况另有约定的除外。对合伙人出资的货币评估按照合伙人之间的协议进行。

第九百六十四条　合伙人的共同财产

合伙人以其享有所有权而投入的财产，以及因共同活动而产生的产品、从该活动中获得的果实与收益均视为合伙人的按份共有财产，但法律另有规定或者普通合伙合同另有约定或者债务的实质另有要求的除外。

合伙人按份共有的财产以及他们共同的请求和共同的专有权，构成合伙人的共同财产。共同财产为全体合伙人的利益使用。

合伙人共同财产的会计事务可以由合伙人委托给参与合伙的法人之一进行。

对合伙人共同财产的使用按照共同意志进行，而在不能达成一致时按照法院规定的方式使用。

合伙人共同财产的维护义务和偿还因履行这些义务有关的费用的方式由普通合伙合同约定。

第九百六十五条　合伙人的共同事务

合伙人办理普通合伙合同的共同事务依照合同约定的方式进行。

在办理共同事务时，如果普通合伙合同没有约定所有合伙人共同办理事务或者委托某几个合伙人办理，则每个合伙人都有权以全体合伙人的名义行事。

在共同办理实施每个法律行为的事务时需要征得全体合伙人的同意。

在与第三人的关系中，合伙人以全体合伙人的名义实施法律行为的权限以其他合伙人发给他的或者在普通合伙合同中出现的授权委托书证明。

在与第三人的关系中，合伙人不得援引对实施法律行为的人办理共同事务的权利的限制，但他们证明在订立法律行为时第三人知道或应当知道此类限制存在的除外。

其在法律行为方面的事务办理权受到限制的合伙人以全体合伙人名义实施了该法律行为，或者以自己名义为全体合伙人的利益订立了法律行为，如果这些法律行为的必要性没有在合理期限内被其他参加者争议，则其享有要求赔偿其以自己的资金办理事务所支出的费用的权利。如果这些法律行为给其他合伙人造成了损失，他们有权要求赔偿。

涉及共同事务的决定由全体合伙人按照共同意愿作出，但普通合伙合同另有约定的除外。

如果普通合伙合同有约定，则被授权办理共同事务的合同当事人有权要求获得单独的报酬。

第九百六十六条　合伙人的知情权

每个合伙人，无论是否被授权办理合伙事务，均有权了解事务办理的所有文件。放弃或限制对该权利的条款无效，包括依照合伙人的协议。

第九百六十七条　合伙人的共同费用、损失和责任责任

抵偿与合伙人共同活动有关的费用和损失的方式由合伙人协议确定。在没有该协议的情况下，每个合伙人按照其投入共同事务的出资的价值比例承担费用和损失。

完全免除任何合伙人参与抵偿共同费用或者损失的合同无效。

如果普通合伙合同与其参加者从事经营活动无关，则每个合伙人均以其全部财产按照投入共同事务的出资价值的比例对共同合同债务承担责任。

合伙人对未由普通合伙合同产生的一般债务承担连带责任。

如果普通合伙合同与其参与者从事经营活动有关，则全体合伙人对共同债务承担连带责任，而不论其产生基础如何。

第九百六十八条　利润分配

合伙人对在共同活动中获得的利润，按照每个合伙人对共同事务的贡献价值的比例分配，但普通合伙合同或合伙人的其他合同另有约定的除外。排除任何合伙人参与利润的合同无效。

第九百六十九条　按照合伙人的债权人的要求分割合伙人的份额

普通合伙合同合伙人的债权人有权按照本法第 227 条提出分割当事人在共同财产中的份额的请求。

第九百七十条　普通合伙合同终止的理由

普通合伙合同因以下原因而终止：

（1）某一合伙人被宣布失踪、被确认为无民事行为能力或者限制行为能力，但普通合伙合同或后续合同约定在其他合伙人之间保留该合同的除外；

（2）某一合伙人宣布无力偿还（破产），但本条第 1 项规定的情况除外；

（3）合伙人死亡，或参与合伙合同的法人被清算或者改组，但合同或后续合同约定在其他合伙人之间保留合同，或者由其继承人（权利承继人）替代死亡的合伙人（清算或改组的法人）的除外；

（4）某一合伙人拒绝继续参与无限期普通合伙合同，但本条第 1 项规定的情况除外；

（5）指明期限的普通合伙合同按照某一合伙人的请求在其与其他合伙人之间被解除，但本条第 1 项规定的情况除外；

（6）普通合伙合同的期限届满；

（7）按照债权人的请求分割合伙人的份额，但本条第 1 项规定的情况除外；

（8）本法或合同约定的其他理由。

第九百七十一条　普通合伙合同终止的后果

如果普通合伙合同终止，交付合伙人共同占有和（或）使用的物无偿返还给提供该物的合伙人，但当事人的合同另有约定的除外。

从普通合伙合同终止时期普通合伙合同的当事人就未履行的共同债务对第三人承担连带责任。

合伙人共同共有财产以及共同请求权的分割按照本法第 223 条规定的程序进行。

在考虑到其他合伙人和债权人的利益的情况下，向共有财产投入特定物的合伙人有权在普通合伙合同终止时提出将该物返还给他的请求。

第九百七十二条　拒绝无期限普通合伙合同

某人拒绝无期限普通合伙合同的声明应当由该人在打算退出合同前 3 个月内作出，但合同约定了不同期限的除外。

限制解除无期限普通合伙合同的权利的合同无效。

第九百七十三条　按照当事人的请求解除普通合伙合同

除本法第 382 条第 2 款规定的理由外，以指明期限或者指明目的作为解除条件而订立的普通合伙合同的当事人，有权以正当理由要求解除其与其他合伙人之间的合同，并向其他合伙人赔偿因解除合同而造成的实际损失。

第九百七十四条　拒绝参加合同或要求解除合同的合伙人责任

在普通合伙合同由于某一当事人声明拒绝继续参与合伙或者按照某一合伙人的要求解除合同而并未终止时，其参与合伙的行为已停止的人应就其在参与合伙期间所产生的所有共同债务向第三人承担责任，如同他仍为普通合伙合同的合伙人一样。

第九百七十五条　隐名合伙

普通合伙合同可以约定不得向第三人披露合伙的存在（隐名合伙）。本章规则适用于该合同，但本条或从隐名合伙的实质中得出不同要求的除外。

在与第三人的关系中每个隐名合伙的合伙人以自己所有财产对以自己名义为合伙共同利益订立的法律行为承担责任。

在合伙人之间，在其合伙活动过程中产生的债务应被视为共同债务。

第五十四章　公开竞赛

第九百七十六条　公开竞赛组织

公开宣布为最佳完成工作或达到其他结果（公开竞赛）支付金钱报酬或其他奖励（支付奖励）的人，应向按照竞赛条件被确认为优胜者的人支付规定奖励。

公开竞赛可以是公开的，即竞赛组织者通过在报刊和其他大众媒体上向所有感兴趣的人发布邀请；也可以是非公开的，即向竞赛组织者选定的特定范围的人发出参加竞赛的邀请。

在竞赛组织者进行预先征集愿意参与竞赛的人时，公开竞赛可以预先约定其参加者资格。

公开竞赛的声明必须包含任务实质内容、工作成果或其他成就的评价标准和评价程序，提交地点、期限和方式，奖励数额和形式，以及宣布结果的方式和期限的条款。

本章规则适用于包含与竞赛优胜者订立合同之债的公开竞赛，但本法第 379 条至第 381 条另有规定的除外。

第九百七十七条　公开竞赛的条件变更与撤销

宣布公开竞赛的人只能在规定的提交工程截止日期的前半期内才有权变更条件或者取消竞赛。

竞赛的条件变更或者取消的声明应当以竞赛声明的方式进行。

在变更竞赛条件或者取消时，声明竞赛的人应当赔偿对任何在此之前已经全部或者部分完成了通知中规定的工作的人造成的损失。

如果在变更竞赛条件或者取消竞赛时，违反了本条第 1 款或第 2 款规定的要求，则声明竞赛的人应当向完成符合声明规定条件的工作的人支付奖励。

如果证明上述工作明显不符合竞赛条件，特别是在宣布前进行的或故意不符合竞赛条件，则声明进行竞赛的人免除赔偿的责任。

第九百七十八条　奖励发放决定

应当按照竞赛声明中规定的程序和期限作出向竞赛优胜者支付奖励的决定并通知公开竞赛的参加者。

如果两个或两个以上的人共同完成的作品取得了公告中规定的成果，则应根据他们的协议在他们之间分配奖金。如果未达成一致，则由法院决定奖金的分配方式。

第九百七十九条　使用公开竞赛优胜者的科学、文学和艺术作品

如果公开竞赛的标的是科学、文学或艺术作品，声明竞赛的人取得与作品的作者订立作品使用合同的优先权并向作者支付稿费，但竞赛条款另有规定的除外。

第九百八十条　向公开竞赛的参加者返还所提交的工作

宣布公开竞赛的人有义务将未获奖的作品退还给竞赛参与者，但竞赛公告另有规定或因作品性质所致无法退还的除外。

第五十五章　悬 赏 广 告

第九百八十一条　奖励的支付义务

公开声明向在声明中规定的期限内完成指定行为的人支付金钱报酬或者支付其他奖励（奖励支付），有义务向任何完成了相应行为的人支付承诺的奖励。

在奖励的承诺足以查明何人承诺了奖励的条件下即产生奖励支付的义务。已经回复承诺的人有权要求书面确认承诺，并承担不提出该要求的后果的风险，除非事实证明竞赛声明不是由声明中的人作出的。

如果公开承诺奖励没有规定奖励数额，则按照与承诺奖励协商确定，而在发生争议时由法院决定。

奖励支付的义务产生于相关行动是与公告有关还是独立于公告之外。

在由多个人完成声明中指定的行为的情况下，取得奖励的权利由其中最先完成相应行为的人取得。

如果声明中规定的行为是由两个或两个以上的人完成，而且无法确定哪一个人最先完成了相关行为，以及如果该行为是由两个或两个以上的人同时完成，则奖励在他们之间均分，或者按照他们之间的合同约定的另一个数额分配。

所实施的行为是否符合声明要求，由公开承诺奖励的人确定，如有争议，由法院决定，但竞赛声明或因声明中规定的行为性质而另有要求的除外。

第九百八十二条　悬赏广告的撤销

悬赏广告人有权以其承诺奖励的方式放弃该承诺，但声明本身规定或暗示不允许撤销，或者已经规定了实施承诺所奖励的行动的特定期限的，或者在放弃声明前已经有一个或多个人回复已经完成了声明中规定的行为的除外。

撤销悬赏广告并不免除声明奖励的人赔偿已回复的人因完成声明中规定的行为而支出的费用。所有情况下的赔偿数额都不得超过声明规定的奖励。

第五十六章　游戏和赌博

第九百八十三条　与游戏和赌博组织以及参与游戏和赌博有关的请求

与游戏和赌博组织以及参与游戏和赌博有关的公民和法人基于风险（游戏和赌博）的请求，不受司法保护，但在欺诈、暴力、胁迫或者其代理人与游戏或赌博组织者的恶意约定的影响下而参与游戏或赌博的人的请求以及本法第 984 条规定的关系所引起的请求除外。

第九百八十四条　国家发行彩票的特殊性

彩票组织者——在国家、从国家授权机构获得许可（执照）的人与彩票参加者之间的关系是以合同为依据。该种合同以发行彩票的形式办理，且自参加者支付彩票价款时起视为已经订立。

本条第 1 款规定的订立合同的建议应包括抽奖日期和确定中奖金额的程序的条款。

如果彩票组织者拒绝在规定期限内举行彩票，彩票参与者有权要求组织者赔偿由于彩票的取消或推迟而造成的实际损失。

根据彩票条款被确认为中奖者的人，必须由彩票组织者按照彩票条款规定的金额、形式（现金或实物）和期限支付奖金，如果这些条款中没有规定期限，则最迟在彩票结果汇总后的 10 日内支付。

如果彩票组织者未履行本条第 4 款规定的义务，中奖的参与者有权要求彩票组织者支付奖金，以及赔偿因组织者违反合同而造成的损失。

第五十七章 损害赔偿之债

第一节 一般规定

第九百八十五条 损害责任的一般依据

非法行为（不作为）对自然人的人身或财产造成的损害，以及对法人造成的损害，应由致害人全额赔偿，包括利润损失。

法律可以规定非加害者有赔偿损害的义务。

法律可以规定或合同可以约定加害人的责任加重或赔偿金额提高。

如果致害人证明损害不是由于其过错造成，则应免除赔偿损害。法律也可以规定在加害人不存在过错时的损害赔偿。

在法律规定的情况下，合法行为造成的损害应得到赔偿。

如果损害是依照受害人的请求或者经受害人同意而且致害人的行为不违反社会的道德原则，则可以拒绝赔偿损害。

第九百八十六条 预防损害

可在将来造成损害的危险构成提起禁止产生该种危险的行为之诉的依据。

如果所致损害是因操作企业、设备或者其他生产活动的后果，且持续造成损害或者有造成新的损害的威胁，则法院有权命令被告支付损害赔偿金，并暂停或终止有关活动。

只有在暂停或终止相关活动违反公共利益的情况下，法院才可以拒绝暂停或终止。拒绝暂停或终止这种活动，不应剥夺受害人对该活动所致损害的赔偿权。

第九百八十七条 正当防卫所致损害

正当防卫所致损害，如果没有超过必要防卫的限度，则不应得到赔偿。

如果在防御非法攻击时，防御者对第三人造成了损害，则应由攻击者进行赔偿。

因制止某人的犯罪行为或将其拘留并送交有关机构而对其造成的损害不应予以赔偿。

第九百八十八条 紧急避险所致损害

紧急避险所致损害，即为了消除威胁致害人本人或他人的危险，如果该危险在此情况下无法通过其他方式消除，则应由致害人予以赔偿，但法律规定的情况除外。

考虑到所致损害时的情况，法院可以责令由为其利益而发生损害的第三人承担赔偿义务，或者完全或部分免除该第三人和致害人的损害赔偿。

第九百八十九条　法人或者公民对其雇员所致损害的责任

法人或公民应赔偿其雇员在履行劳动义务（职务、公务）时所致的损害。

根据劳动合同以及根据民法合同完成工作的公民，如果在此情况下他们是按照或者应当按照相应法人或者公民的要求和监督下安全进行工作，则视为本章关于造成损害之债的规定中的雇员。

经营性合伙和生产合作社赔偿其参加者（成员）在其从事合伙或者合作社的经营活动、生产活动或者其他活动时所致的损害。

第九百九十条　国家机关、公民自治机关及其官员造成损害的责任

由于国家机关或公民自治机关的非法决定而对公民或法人造成的损害，应根据法院的判决予以赔偿，而不论其负责人是否有过错。

由于国家机关、公民自治机关的官员非法行为（不作为）给公民或法人造成的损害，应根据法院的判决予以赔偿。

应按照本法第15条规定的程序对损害进行赔偿。

第九百九十一条　调查机关、侦查机关、检察院和法院的非法行为所致损害的责任

由于非法审判、非法追究刑事责任、非法采取作为强制措施的羁押或者出具不离境担保、非法实施拘留形式的行政处罚而给公民造成的损害，由国家按照法律规定程序全额赔偿，无论调查机关、侦查机关、检察院和法院的负责人是否有过错。根据法院的判决，可由造成损害的负责人进行赔偿。

由于调查机关、侦查机关、检察院和法院的其他非法活动而给公民或法人造成的损害依照一般依据赔偿，但法律另有规定的除外。

第九百九十二条　投保责任险的人的损害赔偿

以自愿或强制保险方式投保责任险的法人或公民，如果保险金额不足以完全赔偿所造成的损害，应赔偿保险金额与实际损害额之间的差额。

第九百九十三条　未满14岁的未成年人所致损害的责任

对未满14岁的未成年人（幼年人）所致损害由其父母（养父母）或其他监护人承担责任，但能够证明损害非他们的过错造成的除外。

如果需要照顾的幼年人在教育机构、治疗机构、社会福利机构或其他依法作为其托管人的类似机构中，则该机构有义务赔偿幼年人所致损害，但能证明损害非其过错所致的除外。

如果幼年人所致损害时是在其处于教育机构、教养机构、治疗机构或者其他有义务对其进行监督的机构中，以及依据合同对其进行监督的个人的监督下时，这些机构和个人对损害承担责任，但能证明损害非由于其在实施监管的过错所致者除外。

父母（养父母）、监护人、教育机构、教养机构、治疗机构和其他机构对幼年人所致损害的赔偿义务并不因幼年人达到成年或取得了足以赔偿损害的财产而停止。

如果父母（养父母）、其他监护人以及本条第 3 款规定的其他公民已经死亡，或者他们没有足够资金赔偿损害，而致害人本人已经具有完全行为能力且拥有这些资金，则法院考虑到各方当事人的财产状况以及其他情况后，有权作出依靠致害人自己的财产全部或者部分赔偿损害的判决。

第九百九十四条　已满 14 岁未满 18 岁的未成年人所致损害的责任

已满 14 岁未满 18 岁的未成年人依照一般理由对所致损害承担责任。

在已满 14 岁未满 18 岁的未成年人没有足够的财产或其他收入来源来赔偿损害时，损害由其父母（养父母）或其他监护人全部或部分赔偿，但他们能证明损害非由其过错产生的除外。

如果已满 14 岁未满 18 岁的未成年人被安置在相应的教养机构、治疗机构、居民社会保障机构或者其他依照法律作为其托管人的类似机构中，这些机构如果不能证明损害非由于其过错而产生，则有义务赔偿全部或部分损害。

父母（养父母）、其他监护人和相应机构的损害赔偿义务在致害人达到成年时，或者在其达到成年前拥有足以赔偿损害的财产或者其他收入来源时，或者在其达到成年前已经取得行为能力时终止。

第九百九十五条　被剥夺亲权的父母对未成年人所致损害的责任

如果儿童的致害行为是被剥夺亲权的父母不适当履行儿童教养义务的结果，则法院可在该父母被剥夺亲权后 3 年内责令其承担未成年儿童所致损害的责任。

第九百九十六条　被确认为无民事行为能力的公民所致损害的责任

如果监护人或承担对其有监督义务的组织不能证明损害非他们的过错而产生，则被确认为无民事行为能力公民所致损害由其监护人或者承担对其进行监督义务的组织赔偿。

监护人或组织对被确认为无民事行为能力的公民所致损害进行赔偿的义务，并不因其法律行为能力的恢复而终止。

如果监护人死亡或没有足够的损害赔偿金，而致害人本人拥有这些资金，则法院在考虑到受害人和致害人的财产状况以及其他情况后，有权判决依靠致害人的财产全部或部分赔偿给受害人造成的生命和健康的损害。

第九百九十七条　被确认为限制行为能力的公民所致损害的责任

因酗酒或滥用毒品被确认为限制行为能力的公民所致损害由致害人本人依照一般依据赔偿。

第九百九十八条　不能理解其行为意义的公民所致损害的责任

具有民事行为能力的公民，以及 14 岁至 18 岁的未成年人，如果在无法理解其行为意义或无法指挥其行为的状态下造成损害，不对其造成的损害承担责任。

如果对受害人的生命或健康造成了损害，则法院可以在考虑到受害人和致害人的经济状况以及其他情况下，责令致害人全部或部分承担损害赔偿的义务。

如果致害人因酗酒、滥用毒品或任何其他方式使自己处于这种状态，则不应免除责任。

如果是由于精神障碍（精神病或痴呆）而不能理解其行为的意义或控制其行为的人所致损害，则法院可以责令与该人共同生活的具有劳动能力的，知道致害人的这种状况但没有提出确认其为无民事行为能力并对其设立监护问题的配偶、父母、成年子女承担损害赔偿义务。

第九百九十九条　高度危险活动所致损害的责任

其活动与高度危险有关（运输组织、工业企业、建筑工地、车辆所有人等）的法人和公民有义务赔偿因高度危险来源所致的损害，但能证明损害是由不可抗力或受害人的故意造成的除外。

损害赔偿义务由以所有权、经营管理权或业务管理权或任何其他法律依据（财产租赁合同、运输工具管理权委托书、根据主管机关移交来源的指令等）而占有来源的法人或公民承担。

多个高度危险源的占有人对多个来源相互作用（运输工具相撞等）导致的损害应根据本条第 1 款和第 2 款规定的理由，向第三人承担连带责任。

由于多个高度危险来源相互作用而给其占有人造成的损害依照一般依据赔偿。

在此情况下，一方当事人所致损害由该方当事人全额赔偿，双方当事人或数个当事人的过错所致损害按照每个当事人的过错程度按比例进行赔偿。在不能查明每个当事人的过错程度时，由他们平均分配责任。在当事人对损害的发生均无过错的情况下，任何一个当事人均无权要求赔偿损害。在此情况下每个当事人承担自己所遭受的损失风险。

如果证明高度危险来源由于他人的非法行为（不法行为）脱离了占有人的掌握，则高度危险来源占有人对该来源所造成的损害不承担责任。在此情况下，高度危险来源所致损害的责任由非法占有来源的人承担。在占有人对高度危险来源被非法剥夺出其掌握存在过错的情况下，责任既可以由占有人承担，也可以由夺取高度危险来源的人承担。

第一千条　共同造成损害的责任

共同造成损害的数人向受害人承担连带责任。

按照受害人的请求并为了受害人的利益，法院有权责令共同造成损害的数人承担按份责任。

第一千零一条　向致害人的追偿权

赔偿了他人（履行劳动义务的雇员、管理运输工作的人等）所致损害的人，有权在所支付赔偿的范围内向该加害人提出追索，但法律规定了不同范围的除外。

赔偿了共同造成损害的致害人有权要求每个致害人在该致害人的过错程度范围内支付已经支付给受害人的赔偿的份额。在不能确定过错程度时，份额视为均等。

赔偿了调查机关、侦查机关、检察院和法院的负责人所致的损害的国家，在该人的过错为法院的生效刑事判决所确认时享有对该人的追偿权。

赔偿了反恐行动造成的损失的国家，有权在所支付的赔偿金范围内对因其过错行为造成反恐行动的人进行追诉（倒诉）。

根据本法第 993 条、第 996 条、第 998 条规定的依据支付了损害赔偿的人无权向致害人提出追索请求（追偿）。

第一千零二条　家养动物造成损害的责任

家养动物的主人、占有或使用家养动物的人一般情况下应承担家养动物造成损害的责任。

第一千零三条　损害赔偿的方法

法院在判决损害赔偿时，根据案件情况，责令损害责任人全额赔偿所造成的损失或者赔偿其实物（提供同种类和同品质的物，修复受损物等）。

第一千零四条　考虑受害人过错和致害人财产状况

由于受害人的故意而产生的损害不应当赔偿。

如果受害人本人的重大过失推动了损害的产生或增加，则根据受害人和致害人的过错程度赔偿的范围应当予以减少。

在受害人存在重大过失而致害人没有过错，且致害人的责任的产生不取决于过错时，赔偿范围应当减少或者拒绝赔偿损害，但法律另有规定的除外。在导致公民生命或健康损害的情况下，不得拒绝赔偿。

在赔偿额外费用、赔偿由于供养人死亡的损害或赔偿丧葬费用时，不考虑受害人的过错。

法院在考虑到致害人的财产状况后，可以降低公民所致损害的赔偿范围，但损害是由于故意实施的行为（不作为）所引起的除外。

第二节　造成公民生命和健康的损害赔偿

第一千零五条　在履行合同或其他义务时造成公民生命或健康损害的赔偿

公民在履行合同义务，以及履行兵役义务、内政机构职务和其他相关义务时，生命或健康所受损害应根据本章规定予以赔偿，但法律规定或合同约定了更高赔偿金额的除外。

第一千零六条　致人健康损害赔偿的范围和特点

在造成公民残疾或其他健康伤害时，应当赔偿确定受害人需要这些类型的援助和照顾而无权获得这些援助和照顾的费用，包括治疗费、营养费、医药费、假肢费、护理费、医疗疗养费和温泉治疗费、购买专门交通工具费、其他职业培训费。

在确定所丧失的工资（收入）时，不考虑由于残疾或者其他健康损害而分配给受害人的残疾补助金，以及其他种类的养老金、补助金和其他类似款项，无论是在健康损害前还是后，都不需要考虑，也不会导致损害赔偿金额的减少（它们不计入损害赔偿）。受害人在健康损害后取得的工资（收入）也不计入损害赔偿。

法律或合同可以依照本条规定增加应付受害人的赔偿数额和范围。

第一千零七条　由于健康损害所丧失的工资（收入）的确定

应当赔偿的所丧失的工资（收入）的数额按照在残疾或者其他健康损害前或者在受害人劳动能力丧失、相应程度的职业劳动能力丧失之前，而在缺乏时按照一般劳动能力丧失之前的月平均工资（收入）的百分比确定。

所有依照劳动合同和民法合同的包括在主要工作地和兼职所得的应纳个人所得税的劳动支付种类，均纳入所丧失的工作（收入）的构成。一次性的支付（未使用休假的补偿金，终止劳动合同时的遣散费）不包括在内。包括在暂时无劳动能力和产假期间所支付的补助。经营活动的收入以及特许权使用费被纳入所丧失的工资（收入）中，经营活动的收入依据税务检查的资料计算。

所有的工资（收入）种类考虑到税前应计数额中。

平均月工资（收入）以发生健康损害之前12个月的工资（收入）除以12个月得出。当受害人在发生损害时工作时间不足12个月时，月平均工资（收入）以在发生健康损害前实际工作月数的工资（收入）总额除以实际工作月数得出。

受害人未完全工作的月份将由以前完全工作的月份替代，如果不能替代，则不计入计算。

如果受害人在发生损害时没有工作，根据其意愿考虑其在劳动合同终止前的工资（收入），或者在该地区以其资格的雇员的通常报酬数额，但不能低于法律规定的最低劳动工资的5倍。

如果在导致受害人致残或其他健康损害之前的工资（收入）中发生了稳定的改善其财产状况的变化（所从事职位的工资提高，转入更高工资的工作，在全日制教育结束后去工作），以及在其他将可证明的劳动工资的稳定变化或者变化的可能性时，在确定月平均工资时只考虑他在相应变化后已经取得的工资（收入）。

第一千零八条　未成年人健康受损时的损害赔偿

在造成未满14岁且没有工资（收入）的未成年人残疾或者其他健康损害时，损害责任人有义务赔偿与健康损害有关的费用。

在受害人已满14岁，或者在没有工资（收入）的已满14岁不满18岁的未成年人造成损害时，损害责任人有义务赔偿受害人与健康损害有关的费用，并根据法律规定的最低劳动工资数额5倍赔偿与劳动能力丧失或降低有关的损害。

如果在造成健康损害之前未成年人已经拥有工资（收入），则损害根据该工资（收入）数额赔偿，但不得低于法律规定的最低劳动工资数额的5倍。

在劳动活动开始后，其健康收到损害的未成年人有权根据其所取得的工资，或者按照其所从事的职位所规定的报酬数额或者根据其工作地该种资格的雇员的工资（收入）要求增加损害赔偿。

第一千零九条　由于供养人死亡遭受损失的人的损害赔偿

在供养人死亡的情况下，下列人员有权获得赔偿：

（1）由死者供养的或者在死者死亡前有权从其获得赡养的无劳动能力人；

（2）死者去世后出生的孩子；

（3）父母、配偶或其他没有工作而是忙于照看由死者供养的未满14岁的或者虽满14岁，但由于医疗机构对健康状况的鉴定需要护理的子女、孙子女、兄弟姐妹的，家庭成员，无论是否有劳动能力；

（4）在死者死后5年内处于死者供养的人或者成为无劳动能力的人；

（5）父母、配偶或其他没有工作而是忙于照看死者的子女、孙子女、兄弟姐妹和在从事照看期间成为无劳动能力的人的家庭成员，在其对这些人的照看结束后，仍保留其损害赔偿权。

下列人员应得的损害赔偿：

（1）对未成年人，直到他们年满18岁；

（2）对已满18岁的学生，直到其全日制教育学业终结，但不得超过23周岁；

（3）对超过55周岁的妇女和60周岁的男子，终生；

（4）对残疾人，残疾期间。

父母、配偶或其他忙于照看死者供养的子女、孙子女、兄弟姐妹的家庭成员，直到所照管的人年满14岁。

第一千零一十条　在供养人死亡的情况下造成损害的赔偿数额

有权获得与供养人死亡有关的损害赔偿的人，其损害应根据本法第1007条的规则确定的死者工资（收入）在公民生前已经取得或者有权取得的份额形式赔偿。在确定对此类人员的损害赔偿时，已经在其生前取得的养老金、赡养金和其他类似的支付连同工资（收入）纳入死者的收入构成。

在确定损害赔偿数额时，由于供养人死亡而分配的养老金和在供养人生前和死后分配的其他补助金，以及工资（收入），奖金不计入赔偿。

对每个因供养人死亡而拥有损害赔偿权的人计算的赔偿数额不得再重新计算，除非有下列情况：

（1）供养人死亡后儿童出生。

（2）转让或终止支付对照看死亡供养人的子女、孙子女、兄弟姐妹的人的赔偿。法律可以规定或合同可以约定增加赔偿数额。

第一千零一十一条 致害人的继承人的损害赔偿

公民死亡后，对其造成的损害进行赔偿的义务应转给其接受继承权的继承人。继承人对受害人的责任以转让给其的继承财产的实际价值为限。基于同样的理由，作为遗赠品收到的财产的国家机关或地方自治机关应承担责任。

第一千零一十二条 损害赔偿数额的变更

如果其劳动能力部分由于所造成的健康损害与在判决赔偿时所剩余的劳动能力相比有所降低，则部分丧失劳动能力的受害人有权在任何时候要求承担损害赔偿义务的人相应增加赔偿数额。

如果受害人的劳动能力与判决损害赔偿时所剩余的劳动能力相比有所增加，则承担与造成受害人健康损害有关的损害赔偿义务的人，有权要求相应地减少赔偿数额。

如果承担损害赔偿义务的公民的赔偿数额被根据本法第1004条第5款予以降低，在其财产状况有所改善时，受害人有权要求增加损害赔偿数额。

如果造成损害的公民的财产状况与被判决损害赔偿时相比因公民残疾或者达到退休年龄而恶化，则法院可按照其要求降低损害赔偿数额，但故意造成损害的除外。

第一千零一十三条 因生活成本提高和法律规定的最低工资增加损害赔偿增加

在按照法律规定程序提高最低劳动工资数额时，对所丧失的工资（收入）、其他由于造成受害人健康损害和死亡所判处的赔偿支付数额按照最低劳动工资提高的比例增加。

第一千零一十四条 损害赔偿的支付

劳动能力降低或受害人死亡的所致损害赔偿，应按月分期支付损害赔偿金。

在存在合理理由时，法院考虑到受害人的能力可以按照享有赔偿权的公民的要求判决一次性支付，但不得超过3年。

在根据医疗鉴定结论的基础上确定的期限范围内，以及在必须预先为服务和财产付款（购买门票、交通费、为专门交通工具付款等）的情况下，可以提出追索额外费用。

在受害人依法有权要求终止或提前履行债务的情况下，这种要求以将相应按期付款货币化的方式满足。

第一千零一十五条 在法人终止时的损害赔偿金

在依照规定程序被确认为对所致生命和健康损害承担责任的法人改组时，支付相应款项的义务由其权利承继人承担。可以对之提出损害赔偿请求。

在商品农产品生产者的改组法人没有资金或资金不足的情况下，对因履行劳动义务而对工人的生命和健康造成的损害承担责任，赔偿金额由国家按照法律规定程序支付。在法律规定的其他情况下，国家也会支付此类款项。

在依照规定程序被确认为所致生命和健康损害承担责任的法人清算时，相应付款应当被货币化以便按照法律规定向受害人支付。

在由于被清算的法人缺乏财产或财产不足而不能将付款货币化时，所判决的款项由国家按照法律规定程序向受害人支付。

第一千零一十六条　赔偿丧葬费用

对受害人死亡有关的损害责任人，有义务向支付该费用的人赔偿必要的丧葬费。

支出丧葬费用的公民所获得的丧葬补助不计入损害赔偿。

第三节　因商品、工作、服务瑕疵造成的损害赔偿

第一千零一十七条　由于商品、工作、服务瑕疵所致损害的赔偿依据

由于商品（工作、服务）的瑕疵，以及由于商品（工作、服务）的不可靠或者不充分的信息而造成公民的生命、健康或财产损害，或者法人的财产损害，应当由销售者或者生产者（履行人）赔偿，无论他们是否有过错和受害人是否与他们存在合同关系。

本条规定仅适用于为消费目的而不是为经营活动使用购买商品（完成工作、提供服务）的情形。

第一千零一十八条　对由于商品、工作、服务瑕疵而所致损害的责任人

由于商品瑕疵所致损害应按照受害人的选择由商品的销售者或生产者赔偿。

由于工作（服务）瑕疵所致损害，由完成工作或提供服务的人（履行人）赔偿。

由于未能提供关于商品（工作、服务）的全部或准确信息所致损害，应根据本条规则予以赔偿。

第一千零一十九条　由于商品、工作、服务瑕疵所致损害的赔偿期限

如果在规定的商品（工作、服务）的使用期内，因商品（工作、服务）瑕疵所引起的损害应当赔偿；如果没有规定使用期，则是自商品（工作、服务）生产之日起10年内。

在本条第1款规定的条件之外，以下情形损害应得到赔偿：

（1）如果违反法律要求没有规定使用期；

（2）向其出售商品、为其完成工作或提供服务的人没有被预先告知使用期届满后的必要行为和不完成上述行为的可能后果。

第一千零二十条　免除因商品、工作、服务瑕疵所致损害的责任的依据

商品的销售者或生产者、工作（服务）的履行人只有在证明损害是由于不可抗力或者消费者违反商品（工作成果、服务）的使用或保管规则所致时才免除责任。

第四节　精神损害赔偿

第一千零二十一条　一般规定

在致害人有过错时，精神损害由致害人赔偿，但本条第2款规定的情况除外。

在下列情况下，无论致害人是否存在过错，精神损害均应赔偿：

（1）因高度危险来源导致公民的生命和健康损害；

（2）因非法审判、非法追诉刑事责任、非法采取作为强制措施的羁押或者出具不离境担保、非法实施拘留或者矫正工作的行政处罚而给公民所致的损害；

（3）因传播损害名誉、尊严或商业信誉的信息所致的损害；

（4）在法律规定的其他情况下。

第一千零二十二条　精神损害赔偿的数额和方式

精神损害以金钱形式赔偿。

精神损害赔偿的金额由法院根据给受害人造成的身体和精神痛苦的特点以及在过错作为赔偿依据的情况下致害人过错的程度确定。在确定精神损害赔偿的数额时，应当考虑合理和公平的要求。

身体或精神痛苦的特点由法院考虑造成精神损害的实际情况和受害人的个体特性进行评价。

无论要赔偿的财产损失如何，精神损害都应得到赔偿。

第五十八章　不当得利之债

第一千零二十三条　返还不当得利的义务

没有法律或者法律行为规定的依靠他人（受害人）取得财产或者少支出财产的人（不当得利人），有义务向受害人返还其不当取得或者少支出的财产（不当得利），但本法第1030条规定的情况除外。

本条第1款所规定的义务也应在取得或保存财产的依据消失的情况下产生。

无论不当得利是否为财产取得人、受害人本人或者第三人行为的结果，或者违背第三人的意愿造成，均适用本章的规则。

第一千零二十四条　返还不当得利请求与其他保护民事权利的请求的相互关系

如果法律没有不同规定，也不能从相应关系的实质中得出不同要求，则本章的规则应当适用于：

（1）返还按照无效法律行为所取得的请求；

（2）财产所有权人从他人的非法占有中索回财产的请求；

（3）债的一方当事人向另一方当事人返还因该债的履行所得的请求；

（4）损害赔偿的请求，包括赔偿因得利人的恶意行为所致的损害的请求。

第一千零二十五条　实物返还不当得利

不当得利人构成不当得利的财产应当以实物返还受害人。

不当得利人在其知道或者应当知道得利的不当性后就不当获得的或者少支出的财产，发生的所有偶然的短缺或者恶化，均向受害人承担责任。在此之前他仅对故意和重大过失负责。

第一千零二十六条　赔偿不当得利的价值

在不能实物返还不当取得或者少支出的财产的情况下，不当得利人应当向受害人赔偿在其取得财产时该财产的实际价值，如果不当得利人在已经知道得利不当性后没有立即赔偿其价值，则还须赔偿后来财产价值变更引起的损失。

没有依据而暂时使用他人财产且无意取得财产或者使用他人服务的情况下，应当向受害人赔偿他因该使用而少支出的费用，该费用按照使用结束时和使用发生地当时的价格确定。

第一千零二十七条　无故将权利转让给他人的后果

通过债权转让或者其他方式将所属权利依据不存在或者无效之债而转让给他人的人，有权要求恢复原状，特别是要求返还证明已转让权利的文件。

第一千零二十八条　赔偿受害人没有获得的收益

没有依据取得或者少支出财产的人有义务返还或者赔偿受害人所有从他已经知道或应当知道得利的不当性时起他已经收取或者应当从该财产收取的利益。

对不当的金钱得利应当自不当得利人已经知道或者应当知道其所取得的或者少支出的货币资金的不当性时起计算使用他人资金的利息。

第一千零二十九条　应返还财产的费用赔偿

在返还没有依据而取得或者少支出的财产时或者赔偿其价值时，不当得利人有权要求受害人赔偿自其有义务返还收益时起对财产的维护和维持所支出的必要费用，抵销其所取得的利益。在不当得利人故意拖延应当返还的财产时丧失费用赔偿权。

第一千零三十条　不应当返还的不当得利

不应当作为不当得利返还：

（1）为履行其有效期尚未届满的债务而支付的财产，但该债另有要求的除外；

（2）为履行诉讼时效已经经过的债务而交付的财产；

（3）在公民没有恶意和计算错误的情况下，向其提供的工资和等价物、养老金、津贴、奖学金、生命或健康损害赔偿、赡养费和其他作为生存手段的金钱；

（4）为履行不存在的债务而提供的金钱款项和其他财产，如果取得人证明要求返还财产的人已经知道不存在债务或为慈善目的而提供财产。